刑事訴訟 理論과 實務

2024

사단법인 **한국형사소송법학회**
The Korean Association of Criminal Procedure

題字 松隱 沈禹植

머리말

2024년 한 해 동안 『형사소송 이론과 실무』에 게재된 총 26편의 주옥같은 글들을 모은 통합본을 발행합니다. 형사소송의 이론과 실무분야에 특화된 학술지로 연구재단 등재지의 위상에 걸맞게 한 해 동안 해당 분야의 관심 대상이었던 주제들은 물론이고 형사소송의 고전적 주제에 대한 새로운 인식들도 담겨 있습니다.

1954년 우리 형사소송법이 제정된 후 70주년을 맞는 2024년 한 해 동안의 연구결과물들을 모아 출간하는 통합본인 만큼 게재된 글들을 일독하시면 형사소송법의 향후 과제와 개정 방향 등에 대한 회원분들의 글은 물론이고 지난 80년대 전후의 한국 사회를 모두 경험해 오신 학계의 고문님들의 시대적 관조도 접할 수 있는 좋은 기회가 될 것입니다.

형사소송법은 그 시대의 주도적 정치세력의 의사에 따른 국민의 기본권에 대한 부침이 그대로 드러날 뿐만 아니라, 당시 국가기관의 힘의 분배를 적나라하게 보여주기도 하는 가장 정치적인 영향을 많이 받는 법률입니다. 최근까지 수년에 걸쳐 일어나고 있는 형사사법의 근본적 체계변화 시도를 어떻게 평가할 것인지는 판단의 주체인 개인의 인식과 가치에 따라 천차만별일 수 있을 것이나, 그것이 과연 국가와 국민을 위해 바람직한 방향인지를 끊임없이 성찰하고, 불편해도 해야 할 말은 하는 것이 학회와 연구자의 존재가치이기도 할 것입니다. 소금이 짠맛을 잃으면 바깥에 내버려져 사람들의 발에 짓밟힌다고 했듯이, 학계와 학자가 입법권과 사법권 그리고 행정권의 권한 행사에 대해 실질적 법치주의로 무장한 감시와 비판의 태도를 잃어버린다면 일개 정치적 이익집단과 다르지 않을 것입니다.

2024년 12월 이후 우리가 경험하는 미증유의 사건들과 수사기관, 법원, 법률가 등 법 관련 전문가들의 극단적인 의견 대립과 판단 차이가 국민들에게 어떤 모습으로 보일 것인지에 대해서는 장황설이 필요하지 않을 것입니다. 해당 분야의 전문가라는 신뢰를 회복하기 위해서는 각자의 자리에 꼭 필요한 자질을 갖추기 위해 관련된 지식 기반을 넓히려는 끊임없는 노력과 함께 자신의 판단의 편향성과 오류를 줄이고자 하는 쉼 없는 성찰의 자세가 필요할 것입니다. 저를 포함한 한국형사소송법학회원분들은 물론이고 독자분들도 흥분을 가라앉히고 이 시대가 미래세대에게 어떤 시절로 평가될 것인지를 생각해 보면서 돌아보는 시간을 가졌으면 합니다. 자신의 생각을 드러내기에 조심스럽다면 이미 그 사회는 건전한 생각이 공유될 수 있는 민주주의의 기반이 상실된 공간일 것입니다.

흔히 학문(Wissenschaft) 또는 과학(science)은 정치권력이 자신의 이익을 실현하려는 시도를 이성적으로 견제하고, 합법적 권력행사라는 이름으로 남용의 유혹에 빠지기 쉬운 행정권을 비판하고, 법률해석이라는 이름으로 새로운 법률을 만들려는 사법의 추동에 제동기의 역할을 하는 것이라고 정의되기도 합니다. 언제부터 이러한 학문의 역할과 기능의 부전이 일상화되어 버린 것이 아닌가하는 안타까움과 두려움이 있습니다. 국가 형사사법의 근간을 흔들어대는 법률들에 대한 세심한 토론과 검토는 고사하고 관련 전문학회에 대한 형식적인 의견조회마저도 생략된 채, 몇 줄의 입법·개정이유를 내세워, 일사천리로 처리됩니다. 인내와 관용, 양보와 타협이라는 초보적 민주주의가 회복되고, 이른바 집단지성이라고 하는 관련 학회와 연구자집단의 의견조회가 필수적인 절차로 인식되기를 바랍니다.

2024년 제16권 제1호에서 제4호까지 한국연구재단의 요구에 부응하고, 다가올 학술지 평가를 준비하기 위해 논문모집에서 출간에 이르기까지 개인의 일을 미뤄두고 수고해 주신 편집위원장 김혁돈 교수님, 편집집행이사 이수진 교수님, 그리고 편집위원분들과 좋은 글이 게재되도록 불편한 비판도 마다하지 않으신 익명의 많은 심사자분들에게도 깊은 감사의 말씀을 드립니다. 전통과 유행을 모두 챙긴 멋진 옷을 입은 2024년 『형사소송 이론과 실무』 통합호 출판을 담당해 주신 박영사 안종만 회장님과 안상준 대표님, 편집작업을 총괄하신 장유나 차장님에게도 감사의 말씀을 드립니다.

한국형사소송법학회의 등재학술지 『형사소송 이론과 실무』가 형사소송법의 이론과 실무분야의 유일무이한 최고 수준의 학술지로서 그 명성을 이어갈 수 있도록 모든 학회원분들과 독자 여러분들의 지속적인 관심과 애정을 부탁드립니다.

감사합니다.

2025년 6월 27일
(사) 한국형사소송법학회 회장
김 성 룡

목 차

【第16권 第1호】

【第16권 第2호】

제16권 제1호

한국형사소송법학회『형사소송 이론과 실무』
제16권 제1호 (2024.3) 1~38면.
Theories and Practices of Criminal Procedure Vol. 16 No. 1 (March. 2024) pp. 1~38.
10.34222/kdps.2024.16.1.1

피의자·피고인 신상공개 여부 결정에 대한 불복절차

박 경 규*

목 차

Ⅰ. 서론

우리나라는 2010년 4월에 「특정강력범죄의 처벌에 관한 특례법」(이하 '특정강력범죄법')을 개정하여 특정강력범죄에서 ① 범행수단이 잔인하고 중대한 피해가 발생한 특정강력범죄사건일 것, ② 피의자가 그 죄를 범하였다고 믿을 만한 충분한 증거가 있을 것, ③ 국민의 알권리 보장, 피의자의 재범방지 및 범죄예방 등 오로지 공공의 이익을 위하여 필요할 것, ④ 피의자가 「청소년 보호법」 제2조제1호의 청소년에 해당하지 아니할 것이라는 요건을 충족하는 사건에 한해 피의자신상공개심의위원회의 신상공개결정을 통해 특정강력범죄피의자의 신상을 공개해 왔었다. 그러나 기존의 특정강력범죄법상의 피의자신상공개제도의 경우, 신상공개로 결정된 사건일지라도 피의자가 사진촬영을 거부하는 경우 피의자의 최근 모습을 공개할 수 없고, 소위 '부산 돌려차기 男' 사건에서 문제된 바와 같이 재판단계에서야 공소장변경에 의해 피의범죄가 '특정강력범죄'로 변경된 경우 신상정보공개 대상사건이 될 수 없다는 문제점 등이 있었고, 언론보도에서 나타나는 국민여론은 피의자 신상정보공개가 적극적으로 이루어지는 것을 지지하는 방향으로 나타나자, 국회는 2023년 10월 24일 피의자신상정보공개제도 적용대상범죄를 확대하는 것 등을 내용

* 한국형사·법무정책연구원 부연구위원, 법학박사.

으로 하는 「특정중대범죄 피의자 등 신상정보 공개에 관한 법률」(이하 '중대범죄신상공개법')을 제정하였고, 동 법률은 2024년 1월 25일부터 시행되었다. 중대범죄신상공개법은 ① 피의자신상공개제도 적용대상 범죄를 특정강력범죄법상의 '특정강력범죄'에서 범죄단체조직죄, 중상해, 특수상해, 일정 마약류범죄 등 중대범죄신상공개법상의 '특정중대범죄'로 확대하고,[1] ② 재판단계에서야 공소장변경에 의해 피

1) 특정강력범죄법상의 '특정강력범죄' 그리고 중대범죄신상공개법상의 '중대범죄'를 표로 비교하면 다음과 같다.

[표] 피의자 · 피고인 신상공개제도 적용대상 범죄 비교

'특정강력범죄'	'특정중대범죄'
1. 「형법」 제2편제24장 살인의 죄 중 제250조[살인 · 존속살해(尊屬殺害)], 제253조[위계(僞計)등에 의한 촉탁살인(囑託殺人)등] 및 제254조(미수범. 다만, 제251조 및 제252조의 미수범은 제외한다)의 죄 2. 「형법」 제2편제31장 약취(略取), 유인(誘引) 및 인신매매의 죄 중 제287조부터 제291조까지 및 제294조(제292조제1항의 미수범은 제외한다)의 죄 3. 「형법」 제2편제32장 강간과 추행의 죄 중 제301조(강간등 상해 · 치상), 제301조의2(강간등 살인 · 치사)의 죄 및 흉기나 그 밖의 위험한 물건을 휴대하거나 2명 이상이 합동하여 범한 제297조(강간), 제297조의2(유사강간), 제298조(강제추행), 제299조(준강간 · 준강제추행), 제300조(미수범) 및 제305조(미성년자에 대한 간음, 추행)의 죄 4. 「형법」 제2편제32장 강간과 추행의 죄, 「성폭력범죄의 처벌 등에 관한 특례법」 제3조부터 제10조까지 및 제15조(제13조의 미수범은 제외한다)의 죄 또는 「아동 · 청소년의 성보호에 관한 법률」 제13조의 죄로 두 번 이상 실형을 선고받은 사람이 범한 「형법」 제297조, 제297조의2, 제298조부터 제300조까지, 제305조 및 「아동 · 청소년의 성보호에 관한 법률」 제13조의 죄 5. 「형법」 제2편제38장 절도와 강도의 죄 중 제333조(강도), 제334조(특수강도), 제335조(준강도), 제336조(인질강도), 제337조(강도상해 · 치상), 제338조(강도살인 · 치사), 제339조(강도강간), 제340조(해상강도), 제341조(상습범) 및 제342조(미수범. 다만, 제329조부터 제331조까지, 제331조의2 및 제332조의 미수범은 제외한다)의 죄	1. 「형법」 제2편제1장 내란의 죄 및 같은 편 제2장 외환의 죄 2. 「형법」 제114조(범죄단체 등의 조직)의 죄 3. 「형법」 제119조(폭발물 사용)의 죄 4. 「형법」 제164조(현주건조물 등 방화)제2항의 죄 5. 「형법」 제2편제25장 상해와 폭행의 죄 중 제258조(중상해, 존속중상해), 제258조의2(특수상해), 제259조(상해치사) 및 제262조(폭행치사상)의 죄. 다만, 제262조(폭행치사상)의 죄의 경우 중상해 또는 사망에 이른 경우에 한정한다. 6. 「특정강력범죄의 처벌에 관한 특례법」 제2조의 특정강력범죄 7. 「성폭력범죄의 처벌 등에 관한 특례법」 제2조의 성폭력범죄 8. 「아동 · 청소년의 성보호에 관한 법률」 제2조제2호의 아동 · 청소년대상 성범죄. 다만, 같은 법 제13조, 제14조제3항, 제15조제2항 · 제3항 및 제15조의2의 죄는 제외한다. 9. 「마약류 관리에 관한 법률」 제58조의 죄. 다만, 같은 조 제4항의 죄는 제외한다. 10. 「마약류 불법거래 방지에 관한 특례법」 제6조 및 제9조제1항의 죄 11. 제1호부터 제10호까지의 죄로서 다른 법률에 따라 가중처벌되는 죄

의자신상공개제도 적용대상범죄로 피의범죄가 변경된 경우에도 적용대상범죄로 하고, ③ 피고인의 경우(재판단계에서야 공소장 변경에 의해 피의자신상공개제도 적용대상 범죄로 된 사건의 경우) 피고인의 현재지 또는 최후 거주지를 관할하는 법원이 신상공개여부 결정을 하도록 하고, ④ 검사·사법경찰관에 의해 피의자신상을 공개하기로 결정된 사건의 경우 5일 이상의 유예기간을 두고 신상정보를 공개하며, ⑤ 신상공개결정된 사건에서는 공개결정일 전후 30일 이내의 모습을 공개하며, ⑥ 불송치결정·불기소처분 또는 무죄판결이 내려지는 경우 신상공개된 피의자 또는 피고인에 대한 보상이 이루어지도록 하고, ⑦ 신상정보공개심의위원회의 구성·운영에 관한 주요 사항을 법률에서 명시하고 ③ 피의자·피고인 신상정보공개제도의 집행 등에 관한 세부적인 사항, 신상정보공개심의위원회의 구성·운영에 관한 구체적인 사항 등은 시행령에서 규율하도록 하는 것 등을 내용으로 한다.

언론에서 나타나는 국민여론은 피의자신상공개가 적극적으로 이루어지는 것을 원하고 있지만, 현재와 같이 고도의 디지털 시대에서는 유죄의 증거가 충분한 경우일지라도 한번 피의자의 신상이 공개되면 피의자의 신상은 계속적으로 디지털매체를 통해 반복 유포될 수 있기에 과거에 비해 피의자에 대한 낙인효과는 매우 크기에 피의자신상공개제도 및 제도의 확대에 대해서는 끊임없이 찬반론이 대립하고 있다.[2] 기존 특정강력범죄법상의 피의자신상공개제도에 대해서는 신상공개여부 결정을 함에 있어서 피의자에게 의견진술 기회를 부여하고, 공개결정에 대해 피의자가 이의제기를 할 수 있도록 하는 등 피의자에게 절차적 권리를 보장할 필요가 있고,[3] 사법통제가 이루어질 필요 있다는 비판이 있었는데,[4] 중대범죄신상공개법은

6. 「폭력행위 등 처벌에 관한 법률」 제4조(단체 등의 구성·활동)의 죄	

2) 무죄추정원칙 및 범죄자의 인격권과의 관계에서 피의자신상공개제도를 다루는 글로는 많은 문헌이 있지만, 예컨대 강서영, 피의자 신상공개제도에 관한 헌법적 연구, 헌법재판소 헌법재판연구원, 2021; 박경규, “강력범죄 피의자 신상공개와 범죄자 인격권 보호②”, 언론중재 2023 여름호, 2023, 52면 이하; 김대성, “피의사실공표죄와 피의자 신상정보 공개에 대한 법적 검토와 개선방안”, 외법논집 제45권 제2호, 2021, 216면 이하; 원혜욱, “‘피의자의 피의사실 보도와 무죄추정의 원칙”, 언론중재 2019 가을 호, 2019, 5면 이하; 정철호, “강력범죄 피의자의 신상공개에 대한 법적 고찰”, 한국콘텐츠학회 논문지 제12권 제7호, 2012, 157면 이하; 이용식, “피의자 신상공개의 정당성과 공익성의 의미 검토”, 법학연구 통권 제33집, 2011, 29면 이하.

3) 장재성, “강력범죄 피의자 신상공개 제도의 법적 문제와 개선 방안”, 한국경찰학회보 21권 4호, 2019, 211면; 윤석빈, “경찰피의자신상공개제도의 법적 성격과 개선방안에 관한 연구”, 범

피의자에게 의견진술기회를 보장하고, 5일 이상의 유예기간을 두도록 하고 있지만, 피의자의 경우, 신상공개여부결정에 대한 불복절차에 대해서는 침묵하고 있다. 지금까지 경찰은 유죄의 증거가 충분하고, 사회적 지탄이 큰 사건에서만 피의자의 신상을 공개해 왔기에 신상공개결정에 대한 불복절차의 문제는 지금까지 상대적으로 큰 관심을 받지 못했다. 그러나 중대범죄신상공개법에 의해 피의자 신상공개 적용대상범죄가 매우 확대된 만큼 향후 신상공개여부결정에 대한 불복절차가 중요한 의미를 가질 수 있기에 이 글은 현행 불복절차의 문제점에 대해 살펴보고, 개선방안에 대해 검토한다. 먼저 II에서는 현행법상 피의자 · 피고인 신상공개여부 결정절차 및 불복절차에 대해 살펴보고, III에서는 현행 불복절차의 문제점, 해외 입법례 및 개선방안에 대해 검토한다.

Ⅱ. 현행법상 피의자 · 피고인 신상공개여부 결정에 대한 불복절차

1. 피의자 · 피고인 신상공개여부 결정권자 및 결정절차

(1) 피의자의 경우

1) 결정권자

기존 특정강력범죄법상의 피의자신상공개제도에서 경찰은 실무상으로 신상정보공개심의위원회의 결정을 통해 피의자의 신상을 공개해 왔는데, 이에 대해서는 신상정보공개심의위원회가 법률적 근거 없이 운영되고 있다는 비판이 있었는바,[5] 중대범죄신상공개법은 신상공개심의위원회의 주요 사항에 대해서는 법률에서 규율하고, 세부사항은 하위규범으로 정할 수 있도록 하고 있다. 중대범죄신상공개법 제8

죄수사학연구 통권 제10호, 2020, 47－48면; 이인영, "피의사실공표죄의 허용요건으로서 피의자의 얼굴 등 정보공개에 관한 연구", 홍익법학 제24권 제1호, 2023, 555면; 정성희, 특정강력범죄의 처벌에 관한 특례법 일부개정안 등에 대한 검토보고서, 2023.5, 19면; 박찬걸 · 정광진, "강력범죄 피의자 신상공개제도에 대한 비판적 검토", 형사정책 제31권 제3호, 2019, 49면.

4) 이무선, "강력범죄피의자의 얼굴(신상)공개의 정당성 여부", 법학연구 제39호, 2010, 234면; 정용기, "흉악범죄 피의자의 신상공개 기준과 절차", 성균관법학 제22권 제2호, 2010, 229면; 박찬걸 · 정광진, "강력범죄 피의자 신상공개제도에 대한 비판적 검토", 형사정책 제31권 제3호, 2019, 50면.

5) 예컨대 윤석빈, "경찰피의자신상공개제도의 법적 성격과 개선방안에 관한 연구", 범죄수사학연구 통권 제10호, 2020, 48면 참조.

조제1항에 의하면 검찰총장 및 경찰청장은 피의자신상정보 공개 여부에 관한 사항을 심의하기 위하여 신상정보공개심의위원회를 둘 수 있다. 신상정보공개심의위원회는 위원장을 포함하여 10인 이내의 위원으로 구성되고, 위원 또는 위원이었던 사람은 심의 과정에서 알게 된 비밀을 외부에 공개하거나 누설하여서는 아니 된다(동조 제2항 및 제4항). 이에 위반하여 비밀을 외부에 공개하거나 누설한 사람은 1년 이하의 징역이나 금고 또는 1천만원 이하의 벌금으로 처벌된다(제9조). 기타 신상정보공개심의위원회의 구성 및 운영 등에 관한 구체적인 사항은 검찰총장 및 경찰청장이 정한다(제8조제5항).

구 특정강력범죄법상의 피의자신상공개제도에서 실무상으로는 경찰이 신상공개심의위원회의 공개여부결정을 통해 신상공개를 하였지만, 구 특정강력범죄법 제8조의2에 의하면[6] 특정강력범죄 사건에서 피의자신상 공개여부 결정권자는 "검사 또는 사법경찰관"이었다. 즉, 실무상으로는 신상공개심의위원회의 공개여부 결정을 통해 피의자의 신상을 공개하였지만, 심의위원회의 결정은 자문의 성격을 가지고, 법률상 피의자신상공개여부 결정권자는 "검사 또는 사법경찰관"이었다. 비록 하급심 판례이긴 하지만, N번방 사건에서 피의자가 사법경찰관을 피고로 하여 제기한 신상공개결정 취소소송에서 법원은 "신상공개심의위원회의 의결은 피고[사법경찰관을 의미함]에 대하여 어떠한 구속적인 의결이 아니며, 신상공개 여부의 결정을 위한 참고자료에 불과하다"고[7] 함으로써 법원 또한 이러한 입장에 있다. 중대범죄신상공개법도 제4조에서 "검사와 사법경찰관"을 피의자신상 공개여부 결정권자로 하고 있다.

---

6) 구 특정강력범죄법 제8조의2(피의자의 얼굴 등 공개) ① 검사와 사법경찰관은 다음 각 호의 요건을 모두 갖춘 특정강력범죄사건의 피의자의 얼굴, 성명 및 나이 등 신상에 관한 정보를 공개할 수 있다.

1. 범행수단이 잔인하고 중대한 피해가 발생한 특정강력범죄사건일 것
2. 피의자가 그 죄를 범하였다고 믿을 만한 충분한 증거가 있을 것
3. 국민의 알권리 보장, 피의자의 재범방지 및 범죄예방 등 오로지 공공의 이익을 위하여 필요할 것
4. 피의자가 「청소년 보호법」 제2조제1호의 청소년에 해당하지 아니할 것

② 제1항에 따라 공개를 할 때에는 피의자의 인권을 고려하여 신중하게 결정하고 이를 남용하여서는 아니 된다.

7) 서울행정법원 2021. 1. 15. 선고 2020구합61713 판결.

2) 결정절차 및 피의자에게로의 절차적 권리 보장

중대범죄신상공개법 제4조제6항은 "검사와 사법경찰관은 제1항에 따라 피의자의 신상정보 공개를 결정하기 전에 피의자에게 의견을 진술할 기회를 주어야 한다. 다만, 신상정보공개심의위원회에서 피의자의 의견을 청취한 경우에는 이를 생략할 수 있다."고 하여 신상정보공개여부를 결정함에 있어서 피의자에게 의견진술기회를 주도록 하고 있다.

중대범죄신상공개법 제4조제7항에 의하면, 피의자의 신상을 공개하기로 결정한 경우 검사와 사법경찰관은 신상정보 공개를 통지한 날부터 5일 이상의 유예기간을 두고 신상정보를 공개하여야 한다. 다만, 피의자가 신상정보공개결정에 대하여 서면으로 이의 없음을 표시한 때에는 유예기간을 두지 아니할 수 있다. 신상정보공개 결정 후 '통지일로부터 5일 이상의 유예기간'을 두도록 한 것은 피의자에게 이의제기 기회를 보장하기 위한 것이다.[8] 국회 검토과정에서 ① 법무부는 '통지일로부터 3일의 유예기간'을 제안하였고, ② 법원행정처는 '3일의 즉시항고기간에 대해 헌재가 재판청구권 침해를 이유로 헌법불합치결정을 한 바 있기에 7일의 유예기간을 두는 방안'을 제안하였으며, ③ 경찰청은 '경찰구속기간 10일 내에 충분한 증거를 확보하고 신상정보공개심의위원회 소집·개최를 하는데에도 시간이 부족한데 유예기간을 두면 사건이 검찰에 송치되고 나서야 신상공개가 이루어질 수 있다'는 문제점을 지적하면서 유예기간을 두지 않는 방안을 제안하였다.[9] 위헌여부 문제가 발생하지 않도록 유예기간을 3일 이상으로 할 필요성에 대해 법사위위원들은 공감하였고, 유예기간을 두더라도 신상공개 여부 심의가 이루어질 수 있는 사건인 경우 경찰이 조기에 신상정보공개심의위원회를 소집하는 것과 같이 검찰송치 전에 신상공개가 이루어질 수 있도록 실무상 대응방안을 마련하도록 협의가 이루어짐으로써 '통지일로부터 5일 이상의 유예기간'을 두는 방안이 채택되었다.[10]

8) 국회사무처, 제410회국회(정기회), 법제사법위원회회의록 제1호, 2023년 9월 12일, 15면 이하 참조.

9) 국회사무처, 제410회국회(정기회), 법제사법위원회회의록 제1호, 2023년 9월 12일, 15면 이하 참조.

10) 국회사무처, 제410회국회(정기회), 법제사법위원회회의록 제1호, 2023년 9월 12일, 15면 이하 참조.

(2) 피고인의 경우

1) 결정권자

중대범죄신상공개법에 의하면, '공소제기 시까지 특정중대범죄사건이 아니었으나 재판 과정에서 특정중대범죄사건으로 공소사실이 변경된 사건'의 경우 검사의 신청에 의해 법원이 신상공개여부에 대해 결정하는데, 관할법원은 피고인의 현재지 또는 최후거주지를 관할하는 법원이다(제5조제1항 참조). '피고인 신상정보공개 여부 신청'에 대해서는 피고사건을 심리하는 재판부가 아닌 별도의 재판부가 결정한다(제5조제3항). 공소장변경은 항소심에서도 가능하기에 피고인에 대한 신상정보공개 청구를 '항소심 변론종결 시까지' 할 수 있도록 하고 있다(제5조제2항).

국회 논의과정에서 법무부는 '피고인의 경우 법원이 신상공개여부 결정을 하면 피고인에 대한 유무죄의 심증을 대외적으로 공개하는 것이 될 수 있기에 무죄추정의 원칙에 반할 수 있다'는 의견을 피력하였고, 법원행정처는 '상대편 당사자측인 소추기관 측에서 피고인에 대해 신상공개여부 결정을 하는 것은 무기대등원칙에 반할 수 있고, 본안재판부가 아닌 신청재판부가 신상공개여부에 대해 결정한다면 본안재판부가 예단을 가질 우려가 없다'는 의견을 피력하였는데,[11] 종국적으로는 법원이 판단하되 본안재판부가 아닌 별도의 재판부가 판단하는 방안으로 협의되었다.

2) 공개여부 결정절차

'피고인에 대한 신상정보 공개'청구를 받은 법원은 신상정보 공개 여부를 결정하기 위하여 필요하다고 인정하는 때에는 검사, 피고인, 그 밖의 참고인으로부터 의견을 들을 수 있다(제5조제4항). 법원의 '피고인 신상공개 여부 결정'에 대해 피고인 또는 검사는 즉시항고를 할 수 있다(제5조제6항). 공개결정이 내려진 경우 검사가 신상정보 공개결정을 집행한다.

2. 현행법상 피의자·피고인 신상공개여부결정에 대한 불복절차

(1) 피의자의 경우

구 특정강력범죄법 제8조의2 및 구 「성폭력범죄의 처벌등에 관한 특례법」 제25

11) 국회사무처, 제408회국회(임시회) 법제사법위원회회의록(법안심사제1소위원회) 제1호, 2023년 7월 13일, 29－30면.

조는 피의자신상공개결정에 대한 불복방안 및 불복절차에 대해서는 규율하지 않고 있었다. 그리고 새로이 제정된 중대범죄신상공개법 또한 '5일 이상의 유예기간'을 두고 신상공개를 집행하도록 하고 있지만, 신상공개결정에 대한 불복절차에 대해서는 규율하지 않고 있다. 구법하에서 사법경찰관 또는 검사의 피의자신상공개결정이 '항고소송(취소소송)의 대상이 되는 처분'에 해당할 수 있는지에 대해 논란이 있었는데,[12] 하급심 판례이긴 하지만, 2021년 법원은 '피의자신상공개결정'은 항고소송의 대상이 되는 처분에 해당한다는 것을 명확히 하였다.

아동·청소년성착취물 제작·유포 등의 혐의로 구속수사 받고 있는 피의자에 대해 경찰이 2020년 4월 16일, 성폭력처벌법 제25조에 근거하여 신상공개결정을 하자 피의자가 항고소송을 제기하면서 신상공개결정 집행정지 가처분을 신청한 사건에서 서울행정법원은 2021년 1월 15일 "성폭법 제25조제1항에 따른 사법경찰관의 피의자 신상정보공개결정은 항고소송의 대상이 되는 행정처분에 해당하고, 그 이후 실제로 신상정보가 공개되는 것은 해당 처분의 집행에 해당하는 것이지 이 사건 신상공개가 단순한 사실행위에 불과하다고 볼 수는 없다. … 만약 이를 항고소송의 대상이 되는 처분으로 보지 않는다면 국가배상청구 외에는 침해된 권리 또는 법률상 이익을 구제받을 적절한 방법이 없다. … 형사소송법 제417조는 검사 또는 사법경찰관의 '구금, 압수 또는 압수물의 환부에 관한 처분과 같은 법 제243조의2에 따른 변호인의 참여 등에 관한 처분'에 대한 불복은 그 직무집행지의 관할법원 또는 검사의 소속검찰청에 대응한 법원에 그 처분의 취소 또는 변경을 청구하는 방법에 의하도록 정하고 있으나, 이 사건 신상공개에 대해서는 아무런 형사절차상의 구제절차를 두지 아니하고 있다. 그렇다면 현행 성폭법 하에서 이루어지는 신상공개에 대해서는 형사소송 이외의 절차로서 국가 공권력 행사의 당부를 일반적으로 다투는 행정소송의 절차에 따라 사법적 통제를 도모함이 타당하다."고 하여 항고소송의 대상이 되는 '처분'으로 보았다. 그리고 "당해 사안의 경우 주된 범죄피의자의 신상공개 등으로 인해 해당 사건에 대한 국민의 알권리는 충족되었다고 볼 수 있기에 범행에 적극 가담하지 않은 원고의 신상까지 공개할 공공의 이익이 인정된다고 보기 어려운 점, 원고는 갓 미성년자를 벗어난 어린 나이로서 교육과 보호의 대상인바 이 사건 신상공개로 인한 법익침해의 정도가 더욱 심각한 점, 이 사건 신상공개

---

12) 이에 대해서는 윤석빈, "경찰피의자신상공개제도의 법적 성격과 개선방안에 관한 연구", 범죄수사학연구 통권 제10호, 2020, 41면 이하 참조.

로 인하여 언론이 원고의 총체적인 인격이 아닌 부정적인 측면만을 부각하여 보도하며, 사실에 기반하지 않은 인터넷 게시물들도 발견되는 등 원고가 사회에 정상적으로 복귀하는 것이 불가능한 점, 이 사건 신상공개 이후 원고의 가족들은 지역 주민들의 시선과 비난을 피해 기존의 주거를 떠나 이사를 가는 등 사실상의 연좌제를 겪고 있는 점 등을 고려하면, 이 사건 신상공개로 얻을 수 있는 공익에 비하여 원고 및 원고의 가족들에게 가해지는 불이익이 지나치게 커서 원고의 신상을 공개하는 것은 비례원칙에 반한다"고 하면서 경찰의 신상공개결정을 취소하는 판결을 하였다.[13]

위와 같이 판례에 의하면 '사법경찰관 또는 검사의 피의자신상공개결정'은 '행정청의 처분'에 해당하기에 공개결정이 있음을 알게 된 날부터 90일 이내에 행정심판을 청구하거나 항고소송(취소소송)을 제기할 수 있다.[14][15] 다만, 행정심판청구 또는 취소소송 제기는 처분의 집행을 정지하는 효력이 인정되지는 않기에 신상공개결정의 집행이 정지되도록 하기 위해서는 피의자가 행정심판 또는 취소소송을 제기하면서 집행정지 가처분을 신청하여야 한다.[16]

구 특정강력범죄법과 마찬가지로 중대범죄신상공개법 또한 피의자신상공개결정의 불복절차에 대해서는 특별히 규율하지 않고 있기에 구법하에서와 마찬가지로 현행법에서도 신상공개결정을 받은 피의자는 행정심판 또는 취소소송을 제기할 수 있고, 취소소송을 제기하면서 신상공개 집행정지 가처분을 신청할 수 있다. 중대범죄신상공개법 시행령 제4조에 의하면, 검사와 사법경찰관이 피의자신상공개결정을 한 경우, "신상정보 공개가 결정된 위 피의자 본인 또는 법정대리인은 「행정심판법」 제27조, 「행정소송법」 제20조에 따라 신상정보 공개 결정이 있음을 안 날로부터 90일 이내에 행정심판, 행정소송 등을 청구할 수 있습니다."라는 안내문구가 기재되어 있는 별지 제4호 서식(신상정보공개결정 통지서 – 피의자)을 통해 피의자에게 신상정보공개결정을 통지해야 한다.

13) 서울행정법원 2021. 1. 15. 선고 2020구합61713 판결.
14) 행정심판법 제27조, 행정소송법 제20조 참조.
15) 행정소송법 제18조에 의하면, 법률에 의해 행정심판전치주의가 적용되는 경우가 아닌 한, 행정심판을 거치지 아니하고도 취소소송을 제기할 수 있다.
16) 행정심판법 제30조, 행정소송법 제23조 참조.

(2) 피고인의 경우

중대범죄신상공개법이 피의자신상공개결정에 대한 불복방안에 대해 명시적으로 규율하지 않고 있을지라도 판례에 의하면 피의자가 행정심판 및 항고소송(취소소송)으로 사법경찰관 또는 검사의 피의자신상공개결정에 대해 다툴 수 있다. 반면에 중대범죄신상공개법은 피고인의 경우 불복방안을 명시하고 있다. 피고인의 경우, 법 제5조제4항에 의하면, 피고사건을 심리하는 재판부가 아닌 별도의 재판부에서 신상공개여부를 결정하는데, 별도의 재판부가 할지라도 관할법원은 지방법원이다. 그리고 제5조제6항에 의하면 '법원의 피고인 신상공개여부 결정'에 대해 피고인 또는 검사는 즉시항고를 할 수 있다. 중대범죄신상공개법 시행령 제7조에 의하면, 법원의 피고인신상정보공개결정이 있는 경우, 검사는 "신상정보 공개가 결정된 위 피고인 본인 또는 법정대리인은 법원으로부터 신상정보 공개 결정을 고지받은 날로부터 7일 이내에 신상정보 공개결정을 한 법원에 즉시항고를 할 수 있습니다(「특정중대범죄 피의자 등 신상정보 공개에 관한 법률」 제5조제6항, 「형사소송법」 제405조)." 라는 안내문구가 기재된 별지 제7호 서식(신상정보공개결정 통지서 – 피고인)을 통해 피고인에게 신상정보공개결정을 통지해야 한다.

피고인신상 공개여부결정은 관할법원이 지방법원이기에 이러한 즉시항고는 '항고'에 해당한다. 따라서 피고인은 집행정지효력을 가지는 즉시항고로 '법원의 신상공개결정'에 대해 '항고'할 수 있다. 형사소송법 제415조에 의하면 항고법원의 결정에 대하여는 재판에 영향을 미친 헌법·법률·명령 또는 규칙의 위반이 있음을 이유로 하는 때에 한하여 대법원에 즉시항고를 할 수 있는바, 항고법원의 신상공개여부 결정에 대해 피고인 또는 검사는 요건이 충족되는 한, 대법원에 재항고까지 할 수 있다.

Ⅲ. 현행 불복절차의 문제점 및 개선방안

1. 현행 불복절차의 문제점

피의자신상공개결정이 있는 경우 '5일 이상의 유예기간'을 두도록 한 것은 한편으로는 피의자에게 권리구제절차를 보장하기 위한 것이고, 다른 한편으로는 신상공개결정의 특성상 신상이 공개되면 피의자에게 회복될 수 없는 손해를 줄 수 있는바 피의자의 불복이 가능하여 종국적인 신상공개결정이 확정되기 전까지는 신상공개결정이 집행되지 않도록 하기 위한 것이라고 할 수 있다. 그러나 국회 논의과정에서는 피의자 · 피고인의 불복방안 및 불복절차와 관련하여, '며칠간의 유예기간을 둘 것인지', '피고인의 경우 검사 또는 법원을 신상공개여부 결정권자로 할 것인지'에 대해 논의가 집중되었고,[17] 행정소송을 통해 피의자가 신상공개결정에 대해 다투도록 하는 것이 적절한지에 대해서는 논의되지 않았다.

피의자의 신상이 한번 공개되면 비록 단기간 공개된다고 할지라도 언론 또는 사인에 의해 피의자신상이 반복적으로 유포될 수 있기에 사법경찰관 또는 검사의 피의자신상공개결정에 대해 피의자에게 불복방안을 인정한다면, 피의자가 불복절차를 거치고 있는 동안에는 피의자신상공개결정이 집행되지 않도록 할 필요가 있고, 다른 한편으로는 확정적인 피의자신상공개여부 결정이 내려지기까지 너무 오래 걸리지 않도록 할 필요가 있다. 중대범죄신상공개법이 법원의 피고인신상공개결정에 대해 집행정지효력이 인정되고, 7일의 제기기간이 있는 즉시항고로 항고할 수 있도록 한 것도 이러한 고려 때문이라고 할 수 있다. 그러나 피고인의 경우 법원이 신상공개여부에 대해 판단하고, 법원의 신상공개여부 결정에 대해 즉시항고로 불복할 수 있도록 하면서, 피의자의 경우 신상공개결정에 대해 행정소송으로 다투도록 하는 것은 다음과 같은 문제점이 있어 보인다.

먼저, 피고인신상공개결정에 대한 불복방안과 피의자신상공개결정에 대한 불복방안의 형평성 문제이다. 피고인은 법원의 신상공개결정에 대해 집행정지효력을 가지는 즉시항고로 항고할 수 있다. 피의자가 행정심판 또는 행정소송으로 다투는 경우일지라도 집행정지 가처분 신청을 하여 신상공개결정의 집행을 정지시킬 수는 있다. 그러나 피고인의 경우 즉시항고를 통해 당연히 집행정지효가 인정되는데 반해, 피의자의 경우 불복신청을 하더라도 당연히 집행정지효력이 인정되지는 않는다는 것은 피고인에 비해 피의자 단계에서 신상공개제도가 보다 더 엄격한 요건하에 이루어져야 한다는 체계정합성의 요청과 부합하지 않는다.

다음으로, 취소소송 1심 판단이 내려지기까지 시간이 걸릴 뿐만 아니라(앞에서

17) 국회사무처, 제408회국회(임시회) 법제사법위원회회의록(법안심사제1소위원회) 제1호, 2023년 7월 13일, 29면 이하; 국회사무처, 제409회국회(임시회 · 폐회중), 법제사법위원회회의록(법안심사제1소위원회) 제1호, 2023년 8월 31일, 5면 이하; 국회사무처, 제410회국회(정기회), 법제사법위원회회의록 제1호, 2023년 9월 12일, 9면 이하 참조.

언급한 서울행정법원 사건에서도 사법경찰관의 신상공개결정에서 취소소송 1심 판단이 내려지기까지 거의 1년이 걸렸음), 취소소송 1심 판단에 대해서는 항소, 상고의 절차가 있을 수 있기에 행정소송절차를 통해서는 종국적인 판단이 내려지기까지 시간이 너무 오래 걸린다는 문제점이 있다.

마지막으로, 무엇보다도, 신상공개결정은 수사단계에서 피의자에게 내려지는 일종의 행정처분인데, 형사소송법 제417조에 의해 구금, 압수 또는 압수물의 환부에 관한 수사기관의 처분과 같이 수사단계에서 수사기관에 의해 내려지는 수사관련 일종의 행정처분에 대해서는 형사법원에 그 처분의 취소·처분을 청구할 수 있도록 하는 준항고 제도가 인정되고 있음을 고려할 때,[18] 피의자신상공개결정에 대해 행정법원이 심판하도록 하는 것이 적절한지 의문이다.

2. 피의자신상공개여부 결정 불복절차 관련 해외 입법례

(1) 미국

1) 연방정보자유법의 입법취지 및 연혁

연방차원에서 피의자의 얼굴, 성명과 같은 피의자신상정보의 공개를 규율하는 법률은 연방정보자유법(The Freedom of Information Act, FOIA)이다. 1946년에 미국은 행정기관의 활동·기록에 대한 국민의 알권리를 보장하기 위해 연방행정절차법(Administrative Procedure Act, APA)을 제정하였고,[19] 주요 내용은 '행정기관은 그들의 규칙, 의견, 명령을 원칙적으로 공개해야 하지만, 연방정부의 비밀기능과 관련되거나 오로지 기관내부적 활동에 관한 것이거나 비밀로 분류된 경우에는 공개되지 않을 수 있다'는 것이었다.[20] 미 연방의회는 국민의 알권리 보장을 위해 연방행정절차법을 제정하였지만, 연방 정부기관은 오히려 공개예외규정에 해당한다고 하면서 연방 기록·정보를 공개하지 않는 방향으로 연방행정절차법을 남용하였고, 이에 미 연방의회는 행정기관의 투명성을 보다 증대하기 위해, 1966년에 연방정보자유법으로 지칭되는 연방법전 5 U.S. Code § 552를 제정하였다.[21] 연방정보자유

18) 판례에 의하면 준항고는 일종의 항고소송이다(대법원 2015. 10. 15.자 2013모1970 결정 참조).

19) 5 U.S.C. § 1002 (1946).

20) Kathryn Shephard, Mug shot Disclosure under FOIA: Does privacy or public interest prevail?, 108 Northwestern University Law Review 343 (2014), p. 347.

21) Kathryn Shephard, Mug shot Disclosure under FOIA: Does privacy or public interest

법(5 U.S. Code § 552)은 연방정부 행정의 투명성 증대 및 국민의 알권리 보장을 위해 연방정부 행정정보의 원칙적 공개를 선언하면서, 공개 거부사유, 공개절차 등에 대해 자세히 규율하고 있다.

2) 연방정보자유법상 피의자신상정보 공개의 요건

연방법전 5 U.S. Code § 552 제(a)항은 모든 연방정부 기관은 제(a)항에 따라 법률, 규칙, 절차, 의견, 자료 등 모든 정보를 원칙적으로 일반에 이용가능케 하여야 한다고 선언하고 있다. 그리고 제(b)항에서는 연방정부의 행정정보공개가 거부될 수 있는 경우를 다음과 같이 열거하고 있다.

> 5 U.S. Code § 552. 공중 정보(public information); 기관 규칙, 의견, 명령, 기록 그리고 절차
> (b) 동 조(section)는 다음 각 호의 경우에 적용되지 않는다.
> (1) 행정명령(Executive order)에 의해 국가 안보 또는 외교정책상의 비밀로 분류되었고, 그러한 행정명령상의 기준에 따라 적절하게 그러한 비밀로 분류된 경우
> (2) 오직 내부적 인적 규칙 그리고 기관 실무와 관련된 경우
> (3) (제552b조 이외의) 다른 법률규정에 의하여 공개가 면제된 경우
> (4) 영업 비밀 또는 비밀 또는 특권으로부터 획득된 금융정보
> (5) 해당 정부기관과의 소송이 있는 경우 외에는 공개하지 못하도록 법률에서 규정하고 있는 정부의 내부적 의견, 단 공개요청일로부터 25년 이상 이전의 데이터의 경우 그러하지 않다.
> (6) 공개됨으로써 개인의 프라이버시권을 부당하게 침해하는 개인적인 인사자료 및 의료자료
> (7) 수사기관(법집행기관)에서 수집된 기록 또는 정보, 단, (A) 해당 정보 또는 기록의 생산이 수사(법집행)에 방해가 될 것이라고 합리적으로 예상되는 경우, (B) 공정한 판결 또는 심리를 해할 우려가 있는 경우, (C) 개인의 사생활을 부당하게 침해할 것이라고 합리적으로 예상되는 경우, (D) 국가, 지방정부 또는 외국기관에 대한 비밀정보가 누출될 것이라고 합리적으로 예상되는 경우, (E) 수사기관의 수사, 기소에 대한 기술, 절차를 공개하여 그와 같은 공개가 법집행을 방해할 우려가 합리적으로 예상되

prevail?, 108 Northwestern University Law Review 343 (2014), p 348; Morgan E. Hammes, Mugged of the public interest in mugshots: The improper balancing of interests under exemption 7(c) of the Freedom of Information Act, 57 Washburn L.J. 397 (2018), p. 400.

는 경우 또는 (F) 어느 개인의 생명이나 신체적 안전을 위험에 빠뜨릴 것이라고 합리적으로 예상되는 경우
(8) 금융기관의 감독 또는 규정을 담당하고 있는 기관을 위하여 마련된 기록물, 또는
(9) 석유 자원에 영향을 미치는 지질 또는 그에 대한 정보, 자료
공개요청이 있는 경우, 분리가능하면서 공개가 허용되지 않는 부분은 삭제처리되어 공개되어야 한다. 동 항에서 공개거부사유로 인정하고 있는 사유에 반하지 않는 한, 삭제처리된 부분과 내용은 표시되어 공개된 부분에서 표현되어야 한다. 기술적으로 가능하다면, 삭제된 부분의 양과 공개금지사유는 삭제된 부분에서 표현되어야 한다.

5 U.S. Code § 552 제(b)항제(7)호에 의하면 '수사기관에서 수집된 기록 또는 정보를 공개하는 경우 (A) 수사(법집행)에 방해가 될 것이라고 합리적으로 예상되는 경우, (C) 공정한 판결 또는 심리를 해할 우려가 있는 경우, (B) 개인의 사생활을 부당하게 침해할 것이라고 합리적으로 예상되는 경우, (D) 국가, 지방정부 또는 외국기관에 대한 비밀정보가 누출될 것이라고 합리적으로 예상되는 경우, (E) 수사기관의 수사, 기소에 대한 기술, 절차를 공개하여 그와 같은 공개가 법집행을 방해할 우려가 합리적으로 예상되는 경우 또는 (F) 어느 개인의 생명이나 신체적 안전을 위험에 빠뜨릴 것이라고 합리적으로 예상되는 경우'라면 수사기관에서 수집된 기록 또는 정보의 공개는 허용되지 않는다.[22] 1986년에 연방의회는 수사기관이 피의자의 사생활권을 더욱 보장할 수 있도록 하기 위해 '개인의 사생활을 부당하게 침해할 것으로 "예상되는 경우"("would" constitute an unwarranted invasion)'라는 자구를 '사생활권을 부당하게 침해할 것으로 "합리적으로 예상되는 경우"("could reasonably" constitute an unwarranted invasion)'라는 자구로 개정하였다.[23]

피체포자 머그샷을 포함하여 피체포자 성명, 주소, 직업 등 피체포자의 신원을 확인하기 위한 정보는 수사기관에 의해 수집된 기록·정보에 해당한다. 따라서 5 U.S. Code § 552(b)(7)은 연방범죄로 연방수사기관에 체포된 피의자의 신상정보 특히, 머그샷 공개 요건을 규율하고 있는 규정에 해당한다. 연방법무부는 5 U.S. Code § 552(b)(7)의 공개예외 요건에 해당하는지 여부에 따라 피의자신상을 스스로 공개하거나 5 U.S. Code § 552(a)에 근거하여 사인 또는 언론사가 피체포자 신상정보제공요청 특히, 피체포자 머그샷 제공요청을 하면 머그샷제공 여부에 대해 결정해 왔다.[24] 그리고 이러한 결정을 함에 있어서 '피의자의 사생활권을 부당하게

22) 제552조제(b)항제(7)호의 원문은 다음과 같다.

침해할 것으로 합리적으로 예상되는 경우'라는 공개예외 규정은 미 연방차원에서 피의자의 머그샷 공개를 인정하는 범위와 관련하여 핵심적인 기준으로 작용해 왔고, 작용하고 있다. 이는 5 U.S. Code § 552(b)(7)에서 인정되고 있는 다른 공개예외 사유는 일반적으로 많은 국가에서 인정되고 있는 공개예외사유와 같은 사유이기에 그렇기도 하지만, 5 U.S. Code § 552(b)(7)이 피의자신상 공개 예외사유에 대해서만 규정하고 있을 뿐, 공개요건 적용대상인 연방범죄의 범위에 대해서는 아무런 제한을 두지 않고 있기 때문에 그렇기도 하다.

연방범죄에서 어떠한 경우가 5 U.S. Code § 552(b)(7)(c)의 공개예외 요건 즉, '피의자의 사생활권을 부당하게 침해할 것으로 합리적으로 예상되는 경우'에 해당하는지에 대한 세부적인 판단기준은 연방법원의 판례 및 연방법무부의 실무지침·태도에 의해 구체화되고 있다.

(b) This section does not apply to matters that are—
(7) records or information compiled for law enforcement purposes, but only to the extent that the production of such law enforcement records or information (A) could reasonably be expected to interfere with enforcement proceedings, (B) would deprive a person of a right to a fair trial or an impartial adjudication, (C) could reasonably be expected to constitute an unwarranted invasion of personal privacy, (D) could reasonably be expected to disclose the identity of a confidential source, including a State, local, or foreign agency or authority or any private institution which furnished information on a confidential basis, and, in the case of a record or information compiled by criminal law enforcement authority in the course of a criminal investigation or by an agency conducting a lawful national security intelligence investigation, information furnished by a confidential source, (E) would disclose techniques and procedures for law enforcement investigations or prosecutions, or would disclose guidelines for law enforcement investigations or prosecutions if such disclosure could reasonably be expected to risk circumvention of the law, or (F) could reasonably be expected to endanger the life or physical safety of any individual;

23) Morgan E. Hammes, Mugged of the public interest in mugshots: The improper balancing of interests under exemption 7(c) of the Freedom of Information Act, 57 Washburn L.J. 397 (2018), p. 400.

24) Morgan E. Hammes, Mugged of the public interest in mugshots: The improper balancing of interests under exemption 7(c) of the Freedom of Information Act, 57 Washburn L.J. 397 (2018), p. 399.

3) 연방보안국의 피의자사진 제공거부결정에 대한 불복절차

(가) 행정적 불복절차

연방법전 5 U.S. Code § 552(a)(6)에 의하면 불복신청을 받은 해당 행정기관장은 통상의 경우, 20일 이내에[25] 정보제공거부결정이 정당한지에 대해 판단해야 한다. 정보제공거부결정이 부당하다고 판단하면 정보제공을 거부한 해당 기구에 정보를 제공토록 하고, 정보제공거부결정이 정당하다고 결정하면, 그 결정이유 및 사법부에 소를 제기할 수 있다는 사실과 함께 그러한 결정을 요청자에게 통지한다. 정보제공거부결정이 있는 경우, 요청자는 원칙적으로 행정적 불복절차를 거치지 않는 한, 법원에 소송을 제기할 수 없다.[26]

연방정보정책국(Office of Information Police, OIP)은 연방법무부 산하의 기구로서 연방법무부의 연방정보자유법 준수를 촉진·감독하는 역할을 담당한다.[27] 연방법무부가 관리하는 기록·정보에 대한, 연방정보자유법에 따른 정보제공요청에 대해 연방법무부 산하 기구가 정보제공거부결정을 한 경우 연방법무부 산하 연방정보정책국(OIP)이 해당 기구의 정보제공거부결정의 정당성 유무에 대해 판단한다. 따라서 연방보안국이 머그샷제공요청에 대해 거부결정을 한 경우 요청자가 연방법무부에 불복신청하면 실질적으로는 연방정보정책국이 연방보안국의 머그샷제공거부결정이 정당한지에 대해 판단한다.

(나) 사법적 불복절차

연방법전 5 U.S. Code § 552(a)(4)(B)에 의하면, 정보제공요청자는 행정적 불복절차가 성공하지 못한 경우, 관할 연방지방법원에 '요청한 정보를 제공하도록 명령해 줄 것'을 청구하면서 소를 제기할 수 있다. 관할 연방지방법원은 정보제공요청자의 거주지, 사무지 또는 해당 정보를 관리하는 행정기관의 소재지이다. 연방법전 5 U.S. Code § 552(a)(4)(F)에 의하면, 소를 제기받은 연방지방법원은 '정보제공을 하는 것이 타당하다'고 판단하는 경우 정보제공을 거부한 관련 담당자가 정보제공거부와 관련하여 자의적으로(arbitrarily or capriciously) 행동하였는지에 대해서도 판단할 수 있다. 연방지방법원의 결정에 대해 원고(정보제공요청자)와 피고(정보제공거부결정 행정기관장)는 상급법원에 상소할 수 있다.

---

25) 특별한 사정이 인정되는 경우 '20일 기한'은 연장될 수 있다.

26) DoJ OIP, OIP Guide to the Freedom of Information Act, Procedural Requirements, p. 80.

27) 연방정보정책국 홈페이지(https://www.justice.gov/oip) 참조 (최종 방문 : 2023. 10. 1.).

위와 같은 규정에 따라, 연방법무부가 연방보안국의 머그샷제공 거부결정을 인용하면, 머그샷제공요청자는 관할 연방지방법원에 '머그샷을 제공하도록 명령해 줄 것'을 청구하면서 소를 제기할 수 있고, 항소법원이 원고패소 판결을 하면 상급법원에 상소할 수 있다.

3) '사생활권 침해' 거부사유 판단기준 관련 연방법원 판례

(가) 2011년 이전까지의 상황

가) 개관

전통적으로 미국은 언론·출판의 자유가 강하게 인정되는 국가이고, 개인의 프라이버시권과 언론·출판의 자유가 충돌하는 사안에서 언론·출판의 자유를 보다 우선시해 왔다. 예컨대 연방대법원은 New York Times v. Sullivan 판결에서[28] '진술자의 실질적 악의("actual malice") 즉, 진술자가 공적 인물에 대하여 진술한 내용이 허위임을 알았거나 그 내용이 허위인지 여부에 대하여 부주의하게 무시하였음을 원고가 입증하지 않으면 명예훼손으로 인한 손해배상청구권이 인정되지 않는다'고 판시하였고,[29] Cox Broadc Corp. v. Cohn 판결에서는[30] '범죄피해자의 이름은 "공적인 기록(public record)"으로 그에 대한 공개는 수정헌법 제1조에 따라 보호되며, 공적인 기록에 대한 사적인 이익은 감소된다'고 판시하였다.[31]

언론·출판의 자유의 강한 보호 경향은 행정정보 또는 국가기관의 활동에 대한 국민의 알권리 강조 경향과 결합하여 2011년 이전까지 연방법원이 5 U.S. Code §

28) 이 사건은 1960년 미국 주요 신문사인 뉴욕타임즈에 당시 흑인 인권운동가였던 마틴 루터 킹에 대한 경찰의 가혹한 진압을 비난하는 내용의 기사가 실렸는바, 앨라배마주 몽고메리시 경찰 책임자인 Sullivan은 신문사와 광고주를 상대로 허위사실유포에 따른 명예훼손 소송을 제기한 사건이다. 재판 과정에서 경찰이 항의하는 대학생들을 굶겨서 굴복시킬 목적으로 식당을 폐쇄했다는 것과 각종 명목으로 마틴 루터 킹 목사를 7차례 체포했다는 보도내용은 사실이 아닌 것으로 밝혀졌다(김성원, "미국 내 체포된 피의자의 초상권 및 성명권에 관한 연구", 국외훈련검사연구논문집 32(2), 2017, 719 참조).

29) New York Times v. Sullivan 376 U.S. 254 (1964); 김성원, "미국 내 체포된 피의자의 초상권 및 성명권에 관한 연구", 국외훈련검사연구논문집 32(2), 2017, 719 참조.

30) 이 사건은 강간범죄로 사망한 피해자의 아버지가 재판과정에서 공개된 해당 피해자의 실명을 TV 프로그램에 방영한 방송사를 상대로 프라이버시권에 근거하여 손해배상을 청구한 사건이다(김성원, "미국 내 체포된 피의자의 초상권 및 성명권에 관한 연구", 국외훈련검사연구논문집 32(2), 2017, 720 참조)

31) Cox Broad. Corp. v. Cohn, 420 U.S. 469, 95 (1975); 김성원, "미국 내 체포된 피의자의 초상권 및 성명권에 관한 연구", 국외훈련검사연구논문집 32(2), 2017, 720 참조.

552(b)(7)(c)의 '피의자의 사생활 보호 관련' 공개예외 요건을 해석함에 있어서 피의자의 프라이버시권보다는 국민의 알권리 또는 언론·출판의 자유를 보다 강조하는 방향으로 나타났다. 그러한 주요 판결을 소개하면 다음과 같다.

나) Paul v. Davis 판결

Paul v. Davis 사건에서[32] 연방대법원은 "개인의 프라이버시권은 헌법적 보호가치가 있는 개인의 자유의 근본적인 권리, 가령 결혼, 가족 관계, 양육이나 교육과 관련된 권리에 한정되며, 국가기관의 체포 행위와 같은 공적인 행위에 대한 공개를 금지하는 권리를 포함하지 않으며, 절도행위로 인한 원고에 대한 체포 행위와 관련된 기록의 공개를 금지하는 권리는 헌법에 의하여 보호되는 개인의 자유의 근본적 권리의 범위에 포함되지 않아 위 경찰서의 사진 등 신상공개 정보가 담긴 전단지 배포 행위는 결국 원고의 프라이버시권을 침해하지 않았다"고 판시하였다.[33]

다) Detroit Free Press, Inc. v. Dep't of Justice, 73 F.3d 93, 97 (6th Cir. 1996) (이하 'Detroit Free Press I 판결')

이 사건에서[34] 디트로이트 자유 언론 조합(Detroit Free Press)은 5. U.S.C. § 552(a) 조항을 근거로 연방보안국에 연방범죄로 기소되어 재판을 받고 있는 8명의 피고인들에[35] 대한 머그샷 제공을 요청하였으나, 연방보안국은 신문사 등에 대한 사진의 제공은 해당 피고인들의 프라이버시권을 침해한다는 이유로 그 요청을 거절하였다. 이에 디트로이트 자유 언론 조합(Detroit Free Press)은 5 U.S.C. § 552(a)

32) 이 사건에서 켄터키 주 루이빌(Louisville) 경찰서장 Paul은 1972년 크리스마스를 앞두고 상점 주인들이 상점절도를 경계하도록 "활동 중인 절도범"이라는 제목 하에 80명의 절도범(그들은 1971년과 1972년에 체포된 자 또는 상점밀집 구역에서 범죄활동을 행하는 자들이었다) 사진과 성명이 나열된 전단지를 약 800명의 지역 상점 주인들에게 배포하였다. 그 80명 중에는 Edward Charles Davis도 포함되었는데, 그는 1971년 6월 14일에 상점절도혐의로 체포되었지만, 그는 재판에서 범행을 부인하였고, 그 전단지가 배포될 당시 그의 유죄는 확정되지 않았으며, 그 전단지가 배포된 얼마 후 그는 무죄판결을 받았다. 그는 당시 지역 신문사의 기자로 재직 중이었는데, 전단지를 본 그의 상급자가 그를 불러 사실여부에 대해 물어봤고, 상급자는 "그를 해고하지는 않을 것이지만, 이전과 같은 대우를 받을 수는 없을 것이다"라는 말을 하였다. Davis는 Paul을 피고로 하여 불법행위에 기한 손해배상청구소송을 제기하였다. 사실관계에 대해서는 Paul v. Davis, 424 U.S. 693 (1976) 참조.

33) Paul v. Davis, 424 U.S. 693 (1976).

34) Detroit Free Press, Inc. v. Department of Justice, 73 F.3d 93 (1996).

35) 그들은 조직범죄로 기소되었다(Amy Gajda, PRIVACY RIGHTS, INTERNET MUG SHOTS, AND A RIGHT TO BE FORGOTTEN, 3 Journal of Free Speech Law 121 (2023), p. 124).

(4)(B)에 따라 연방 미시건동부지법에 머그샷 제공 명령을 내려 줄 것을 청구하면서 소를 제기하였고, 연방 미시건동부지법은 '언론사에게로 머그샷 제공은 사생활 문제와 관련 없다'는 이유로 원고승소 판결을 하였고, 연방법무부는 제6연방항소법원에 항소하였다.

제6연방항소법원 다수의견(2인의 재판관)은 '정보자유법은 머그샷을 포함한 수사기록·정보의 최대한 공개를 입법취지로 하기에 공개거부사유는 가능한 좁게 해석되어야 한다'고 하면서, '이미 기소되어 법정에 출석하여 재판을 받고 있고, 성명이 이미 공개된 자의 경우 머그샷을 언론에 제공하는 것은 사생활 침해가 합리적으로 우려되는 경우에 해당하지 않는다'는 이유로 원고승소 판결을 하였다. 반면에 1인의 재판관은 '머그샷을 보는 일반인은 그 피고인이 혐의범죄를 저질렀다는 인상을 가진다. 따라서 이미 기소되어 재판을 받고 있고, 성명이 공개된 자일지라도 사생활 이익이 공적 이익에 우선하며, 머그샷을 언론사에 제공하는 것은 사생활 침해가 합리적으로 우려되는 경우에 해당하므로 연방보안국이 디트로이트 자유언론조합에 머그샷을 제공하지 않은 것은 정당하다'는 반대의견을 개진하였다.[36)]

라) Bailey v. City of Port Huron 판결

이 사건에서 제6연방항소법원은 음주 교통사고를 일으켜 체포된 피고인의 신상을 공개한 경찰서에 대하여 프라이버시권의 침해를 인정하지 않았다.

이 사건에서 Bailey와 그녀의 남편은 – 그녀의 남편은 마약 단속팀에서 비밀경찰(undercover)로 활동 중인 경찰관이었다– 2004년 3월 28일 밤에 자동차를 몰고 가다가 사고를 냈는데, 실제로는 그녀의 남편이 음주운전하다 사고를 냈음에도 불구하고 Bailey는 자신이 운전하다가 사고를 냈다고 진술하였다. 조사결과 그녀의 남편이 운전하였다는 것이 밝혀져, Bailey는 공무집행방해죄로 그녀의 남편은 음주운전으로 인한 교통사고로 조사를 받게 되었다.

Port Huron 경찰서는 '언론보도'로 그들의 성명, 혐의사실 및 거주지역을 공개하였다. Port Huron 경찰서는 또한 언론사의 정보제공요청(FOIA 요청)에 응해 Bailey의 머그샷, '그녀의 남편은 비밀경찰'이기에 머그샷이 제공될 수 없다는 기재, Bailey의 전화번호가 포함된 교통사고보고서 사본을 언론사에 제공하였다. 그 후 위 부부는 남편이 조사하였던 사람들로부터 미행을 당하게 되었고, 집 케이블 선이 절단되었으며, 집 앞에 세워둔 자동차가 파손되고, 누군가로부터 협박을 받는 등

36) Detroit Free Press, Inc. v. Department of Justice, 73 F.3d 93 (1996).

신상공개로 인한 피해를 입게 되었다. 이에 Bailey는 위 경찰서가 그녀의 사진, 거주지역, 남편의 직업 등 신상정보를 언론에 공개한 행위는 수정헌법 제14조에 의하여 보장되는 프라이버시권을 침해하였다는 소송을 제기하였다.[37)]

제6연방항소법원은 절도범으로 체포된 사람의 얼굴이 포함된 전단지를 배포한 행위가 절도범에 대한 프라이버시권의 침해를 구성하지 아니한다고 판시한 위 Paul v. Davis 연방 대법원 판결을 인용하며, "형사 피혐의자(a criminal suspect)는 자신의 범인식별용 사진(mug shot) 및 경찰 체포 기록에 포함된 정보에 대한 언론의 공개 요청에 대하여 이를 비밀로 유지할 권리가 없으므로 이를 공개한 경찰서의 행위는 피혐의자의 프라이버시권을 침해하지 않는다"고 판시하였다.[38)]

2) 2011년 이후

가) Karantsalis v. U.S. Dep't of Justice 판결(2011년)

이 사건에서 자칭 프리랜서 기자인 Karantsalis는 연방보안국에 메일로, 2009년 증권 사기범죄로 기소되어 법원에서 유죄를 인정한 피고인(Luis Giro)의 머그샷을 제공해 줄 것을 요청하였는데, 연방보안국은 그러한 피고인의 머그샷을 제공하는 것은 정보자유법상 공개의 예외사유인 "부당한 사생활 침해가 합리적으로 예상되는 경우"에 해당한다는 이유로 그 요청을 거부하였다. 이에 Karantsalis는 연방 플로리다 동부지법에 연방보안국의 결정을 취소하고 피고인의 머그샷을 제공하도록 명령해 달라고 청구하면서 소송을 제기하였다.[39)]

제11연방항소법원은 "범인식별용 사진은 범죄행위의 명백한 징표로, 만일 일반 대중에 공개된다면 이는 유죄를 암시하게 될 뿐만 아니라, 위 사진은 체포된 바로 직후의 사진으로 체포된 사람의 가장 취약하고 당황한 모습을 담고 있어 이에 대한 일반 대중에의 공개는 개인의 자유를 박탈하는 결과를 초래한다"고 판시하였다. 제11연방항소법원은 첫째, 범인식별용 사진은 체포 당시의 사진으로 당사자의 형사범죄를 암시하고 있고, 당사자는 자신의 형사적 기록에 대한 중대한 개인적 이익을 보유하고 있어 개인적 프라이버시권과 관련이 있으며, 둘째, 피고인에 대한 사진의 공개는 공공의 이익과 무관하며, 셋째, 피고인은 자신의 범인식별용 사진의 공개를 금지하는 것에 대하여 중대한 개인적 사생활 이익을 보유하는 반면, 일반 대중은

37) Paul v. Davis, 424 U.S. 693 (1976).

38) Paul v. Davis, 424 U.S. 693 (1976).

39) Karantsalis v. U.S. Dep't of Justice, 635 F.3d 497 (11th Cir. 2011).

피고인의 얼굴 사진에 대하여 단순히 호기심을 충족시키는 이외에는 달리 어떠한 공적 이익도 보유하지 않으므로 사진의 공개로 인한 프라이버시권의 침해가 사진의 공개로 인한 공익보다 훨씬 더 크다고 판단하여, 피고인의 머그샷 공개를 거부한 연방보안국의 행위에 어떠한 잘못이나 오류가 없다고 판단하였다.[40]

나) World Pub. Co. v. U.S. Dep't of Justice 판결(2012년)

2008년 8월 Oklahoma 주에 위치한 Tulsa World Pub. 신문사는 '연방범죄를 범하였다는 혐의로 기소되어 재판을 기다리고 있는 6명의 피고인'과 관련하여 연방보안국(USMC)에 연방정보자유법에 근거하여 그 6명의 피고인에 대한 머그샷 등을 제공해 줄 것을 요청하였다. 연방보안국은 정보자유법상 정보공개 예외조항인 5 U.S.C. § 552(b)(7)(c) 조항을 근거로 "개인의 사생활을 부당하게 침해할 것이라고 합리적으로 예상되는 경우"에 해당한다는 이유로 머그샷 증 제공을 거부하였다. 연방보안국의 공개거부결정에 불복하여 Tulsa World Pub.가 연방법무부에 이의신청하자 연방법무부는 연방보안국의 공개거부결정은 적절하다고 판단하였다. 이에 Tulsa World Pub.는 연방 오클라호마북부지법에 소를 제기하였고, 연방 오클라호마북부지법은 '구속 피고인은 머그샷 공개와 관련하여 사생활 이익을 가진다. 구속 피고인의 머그샷 비공개에 대한 사생활 이익은 머그샷 공개와 관련된 공적 이익에 우선한다'고 하면서 연방보안국 및 연방법무부의 비공개결정은 정당하다고 판단하였다. 이에 Tulsa World Pub.는 연방항소법원에 항소하였다.[41]

제10연방항소법원은 위 제11연방항소법원과 마찬가지로 사진의 공개로 인한 공공의 이익과 침해되는 프라이버시권을 비교·형량하여 재판계속 중인 해당 구속 피고인에 대한 사진의 공개는 공공의 이익과 무관하며 해당 피고인의 사적 생활에 대한 이익이 공적 이해관계보다 보다 중요하다고 판단하여 연방보안국의 결정 및 1심판결을 지지하였다.[42]

다) 연방보안국의 2012년도 머그샷 비공개 정책

머그샷 공개에 대한 연방보안국의 실무지침은 연방법원의 판례에 따라 변화되어 왔다. 1996년의 'Detroit Free Press I 판결' 이전까지 연방보안국은 수사기관의 집행목적을 위해서만 머그샷제공요청에 응한다는 정책을 취해왔다.[43] 그러나 제6연

40) Karantsalis v. U.S. Dep't of Justice, 635 F.3d 497 (11th Cir. 2011).

41) 사실관계는 World Pub. Co. v. U.S. Dep't of Justice, 672 F.3d 825 (10th Cir. 2012) 참조.

42) World Pub. Co. v. U.S. Dep't of Justice, 672 F.3d 825 (10th Cir. 2012).

방항소법원의 'Detroit Free Press I 판결' 이후 연방보안국은 제6연방항소법원 관할 구역 내에서 머그샷제공요청이 이루어지는 경우에는 머그샷을 공개하는 정책을 취하였다.[44] 이에 따라 제6연방항소법원의 관할구역 아닌 지역의 상업적인 머그샷 웹사이트 운영자 등은 제6연방항소법원 관할구역에 주소 또는 사무소를 등록하여 머그샷제공요청을 하는 방법 등을 통해 연방보안국의 머그샷공개 정책을 악용해 왔다. 2011년과 2012년에 제10연방항소법원 및 제11연방항소법원이 '피체포자는 머그샷 공개와 관련하여 사생활 이익을 가지고, 기소된 피고인일지라도 피고인의 사생활 이익이 공익에 우선하여 피고인의 머그샷은 공개될 수 없다'고 판시하자, 연방보안국은 '연방항소법원의 관할구역에 상관 없이 머그샷제공요청에 원칙적으로 응하지 않는다'는 정책을 발표하였다.

3) Detroit Free Press Inc. v. United States Department of Justice **판결** (2016년, 이하 'Detroit Free Press II **판결**')

▣ 사실관계

신문사를 운영하고 있는 Detroit Free Press는 2013년 1월 25일 연방정보자유법에 따라, '수뢰죄 및 마약범죄를 범하였다는 혐의로 기소되어 재판을 받고 있는 4명의 경찰 피고인'에 대한 머그샷 제공을 연방보안국에 신청하였다. 4명의 피고인은 공개된 법정에 자발적으로 출석하였고, 그들의 성명은 대중에 공개된 상태였다. 연방보안국은 5 U.S.C. § 552(b)(7)(C)를 근거로 즉, '머그샷을 공개하는 경우, 부당한 사생활침해가 예상될 수 있는 경우에 해당한다'고 하면서 머그샹제공 요청을 거부하였다. Detroit Free Press는 연방법무부에 불복신청하였는데, 연방법무부는 연방보안국의 결정이 정당하다고 하면서 머그샷제공요청을 거부하였다. Detroit Free Press는 미시건주 동부 연방지방법원에 '머그샷을 제공하도록 명령해 줄 것', '연방법무부의 행동은 법원경멸(contempt)에 해당한다', '연방보안국의 2012년도 머그샷 비공개 정책은 제6연방항소법원의 판결에 위배된다는 선언해 줄 것'을 청구하면서 소를 제기하였다.[45]

---

43) Morgan E. Hammes, Mugged of the public interest in mugshots: The improper balancing of interests under exemption 7(c) of the Freedom of Information Act, 57 Washburn L.J. 397 (2018), p. 405.

44) Morgan E. Hammes, Mugged of the public interest in mugshots: The improper balancing of interests under exemption 7(c) of the Freedom of Information Act, 57 Washburn L.J. 397 (2018), p. 405.

▣ 미시건주 동부 연방지방법원의 판단

미시건주 동부 연방지방법원은 'Detroit Free Press I 판결'을 인용하면서 해당 머그샷 주체들은 이미 공개재판에서 재판을 받고 있고, 그들의 성명은 이미 대중에게 공개되었기에 당해 사안의 경우 사생활의 이익보다는 공적 이익이 우선한다고 하면서 연방법무부의 머그샷제공거부는 연방정보자유법에 반한다고 판단하였다. 그리고 연방보안국의 2012도 머그샷비공개 정책은 법원경멸에는 해당하지 않지만, 제6연방항소법원의 판결에 배치된다고 판단하였다.[46] 이 판결에 대해 연방법무부는 항소하였다.

▣ 제6연방항소법원의 판단

다수의견은[47] '① 머그샷은 사람들로 하여금, 그 사람이 범죄혐의를 받고 있다는 사실을 인식하도록 하기보다는 그 사람이 범죄를 저질렀다는 인상을 가지도록 한다. 따라서 이것만으로도 "머그샷 주체는 머그샷 공개와 관련하여 사소하지 않은 사생활 이익을 향유한다는 점이 인정된다(This alone establish a non-trivial privacy interest in booking photo.)",[48] ② 머그샷 공개는 머그샷 주체에게 장기간, 계속적으로 해악을 미친다. 1996년 'Detroit Free Press I 판결' 당시에는 머그샷이 텔레비전이나 오프라인 신문을 통해 공개되었다. 그러나 지금은 한번 머그샷이 제공되면 인터넷을 통해 머그샷이 계속적으로 유포된다. 인터넷 환경이 발달하지 않은 상황에서 내려진 'Detroit Free Press I 판결'의 재판부는 머그샷 공개가 수십년 동안 해당 머그샷 주체에게 피해를 미친다는 것을 알 수 없었다. 물론 머그샷 공개와 관련하여 공적 이익은 존재하지만, 'Detroit Free Press I 판결'은 머그샷 공개와 관련하여 머그샷 주체의 사생활 이익을 제로로 보았다는 점에서 부당하다. 이에 우리는 'Detroit Free Press I 판결'을 폐기한다.'고 하면서 1심판결을 파기환송하였다.

이에 반해 소수의견은[49] '기소되어 이미 공개법정에서 재판을 받고 있는 자의 경우 그의 머그샷에 대한 사생활 이익보다는 공적 이익이 우선하고, 그러한 경우 머

45) 이상의 사실관계에 대해서는 Detroit Free Press, Inc. v. U.S. Dept. of Justice, 16 F.Supp.3d 798 (2014) 참조.

46) Detroit Free Press, Inc. v. U.S. Dept. of Justice, 16 F.Supp.3d 798 (2014).

47) 16명의 법관 중 9명의 법관이 다수의견을 형성하였다.

48) Detroit Free Press Inc. v. United States Department of Justice, 829 F.3d 478 (2016), p. 4.

49) 16명의 법관 중 7명의 법관이 소수의견을 형성하였다.

그샷 공개는 부당한 사생활침해에 해당하지 않는다'는 반대의견을 개진하였다.

Detroit Free Press는 연방대법원에 상고하였으나 연방대법원은 상고불허가결정을 하였다.[50)]

(2) 독일

1) 수사기관의 피의자신상정보공개에 대한 성문법적 규율

(가) 법률 차원

독일에서도 '공공 서류 · 기록의 원칙적 비공개 → 원칙적 공개'라는 인식전환에 따라 '민주주의적 표현 및 의사형성의 자유를 촉진하고, 국가기관의 활동에 대한 통제를 가능하도록 한다'는 입법목적 하에 독일 각 주는 이른바 '투명성법률(Transparenzgesetz)을 입법하였다.[51)] 그러나 이러한 각 주의 투명성법률도 '공공기록 · 서류는 인적 정보 보호의 원칙하에(unter Wahrung des Schutzes personenbezogener Daten) 원칙적으로 공개된다'고 하고 있고, '법원, 형사소추기관 및 형집행기관이 사법기관으로 활동하는 경우 원칙적으로 적극적 · 선제적인 정보제공 의무(proaktive Transparenz)가 부과되지 않는다'고 하고 있다.[52)53)]

독일 형사소송법 제474조 이하에서는 법원의 정보제공과 기록열람에 대해 규율하고 있는데, 그러한 규정들도 인적 정보의 제공은 해당 당사자에 대해서만 인정되는 것으로 하고 있다.

한편 공개재판이 원칙인 재판단계와 달리 수사단계는 원칙적으로 비공개절차이다. 수사상 비밀을 누설한 수사관은 독일 형법 제203조(사적비밀침해죄), 제353b조(복무비밀과 특별한 비밀보지의무의 침해), 제353d조(법원절차에 관한 고지의 금지) 제3호의[54)] 요건이 충족되는 경우라면 그러한 규정에 의해 처벌될 수 있다. 물론, 이러한 규정들은 수사상의 비밀을 보호하기 위한 규정이지, 피의자의 인격권을 보호하기 위한 규정은 아니다.

---

50) Detroit Free Press, Inc. v. Department of Justice, 581 U.S. 992 (2017).

51) 예컨대 '함부르크 투명성법률(Das Hamburgische Transparenzgesetz)'에 대해서는 https://transparenz.hamburg.de/gesetzestext-des-hmbtg-636070 참조 (최종 방문 : 2023. 10. 1.).

52) 예컨대 함부르크 투명성법률 제5조제1항.

53) Andreas Popp, Strafjustiz und (neue) Medien: Datenschutzrechtliche Defizite digitaler Justiz－ PR, ZD 2021, S. 501.

54) 동 규정에 의하면, 공소장이 공판에서 낭독되거나 형사소송이 종료되기 전까지 일부 또는 전체적인 부분을 구두로 공개하는 자는 1년 이하의 자유형 또는 벌금형으로 처벌된다.

위와 같이 독일 형법과 형사소송법 및 형사특별법은 특정 범죄군과 관련하여 수사기관이 체포된 피의자의 신상정보를 선제적으로(즉, 언론 또는 사인의 정보제공요청이 없더라도) 공개할 수 있도록 하는 명시적 규정을 두지 않고 있다. 한편 독일 각 주의 언론법률(Pressegesetz)에 의하더라도 수사기관이 언론에 수사단계에 있는 피의자의 신상정보를 제공할 일반적 의무가 도출되지는 않는다. 오히려 각 주의 언론법률은 '보호되어야 할 사적 이익이 침해될 수 있는 경우' 언론사에 정보제공요구권이 인정되지 않는다고 하고 있다. 예컨대 노르트라인－베스트팔렌 주 언론법률(Landespressegesetz NRW) 제4조는 언론의 국가기관에 대한 정보제공요구권에 대해 다음과 같이 규정하고 있다.

> 제4조 언론의 정보제공요구권
> (1) 기관은 언론사에 그의 공적 임무의 수행을 위해 필요한 정보를 제공할 의무를 부담한다.
> (2) 다음 각 호의 경우 언론사는 정보제공요구권을 가지지 않는다.
> 1. 정보제공에 의해 진행중인 절차의 적절한 진행이 방해되거나, 어렵게 되거나 지연되거나 위태할 될 수 있는 경우
> 2. 비밀유지에 관한 규정이 인정되는 경우
> 3. 우월한 공적 이익 또는 보호되어야 할 사적 이익이 침해될 수 있는 경우
> 4. 정보제공요구의 정도·범위가 기대될 수 있는 정도·범위를 넘어서는 경우

(나) 훈령 등

독일의 「형사절차 및 과태료 절차에 대한 지침(Richtlinien für das Strafverfahren und das Bußgeldverfahren)」 제4a조는 검사로 하여금 수사 목적 외의 이유로 피의자가 노출될 수 있는 경우를 회피하여야 하고, 이름을 밝힐 필요가 있는 경우에는 그가 범죄혐의를 받고 있다는 점을 분명히 해야 한다고 하고 있다. 제23조(신문 및 방송과의 협업)에서는 다음과 같이 수사기관의 공보활동에 대해 규정하고 있다: "(1) 공보활동을 함에 있어서 신문, 라디오 및 텔레비전방송의 특별한 임무 그리고 그들의 여론형성 관련 역할을 고려하면서 그들과 협력하여야 한다. 이러한 공보활동은 수사를 위태롭게 하거나 재판에 예단을 주어서는 아니 된다. 또한, 완전한 내용의 보도가 이루어지는 것에 대해 공공이 가지는 이익이 피의자 또는 다른 절차참가자, 특히 피해자의 인격권에 비하여 우월한 것인지 여부를 개별적 사안에서 심사

하여야 한다. 대중이 가지는 수사사건정보에 관한 이익은 원칙적으로 실명을 밝히지 않고서도 충족될 수 있다."

(다) 피의자신상정보 비공개 원칙

위 법령을 통해 알 수 있듯이, 독일에서는 특정 범죄군에 한해 피의자신상정보공개제도를 명시적으로 인정하는 법률상의 규정은 존재하지 않는다. 오히려 피의자신상정보는 비공개가 원칙이고, 피의자 성명도 수사기관의 공보활동에서 공개되지 않는 것이 원칙이다. 그러나 독일에서도 피의자신상정보가 절대적으로 수사기관에 의해 공개될 수 없는 것이 아니고, 아주 예외적으로 수사기관에 의해 선제적으로 또는 언론사의 요청에 의해 성명, 사진과 같은 피의자신상이 공개될 수도 있는데, 이는 개개 사안별로 공개로 인한 공적 이익과 관련자 특히, 피의자 및 피해자의 인격권을 비교형량하여 공적 이익이 우월한 것으로 인정되는 경우에만 그러하다.[55] 어떠한 경우에 공적 이익이 우선하는가에 대한 세부적인 판단기준, 공적 이익이 우선하는 경우의 신상공개 정도(성명만 공개될 수 있는지, 아니면 사진까지 공개될 수 있는지)는 판례에 의해 구체화되고 있다.[56]

2) 예외적인 피의자신상공개 해당여부 판단기준

(가) 국민의 알권리 관련 요소

성명, 사진과 같은 피의자의 신상을 공개하는 것이 단지 일반인들의 호기심을 만족시키는 것인지, 아니면 공적 이익의 실현 및 공적 여론의 형성에 기여할 것인지는 매우 중요한 판단기준으로 작용한다.[57] 알권리 관련 공적 이익이 클수록 인격권 보호의 필요성은 작아진다고 할 수 있지만, 알권리 관련 공적 이익이 크다는 것만으로 바로 피의자의 신상공개 필요성이 인정될 수는 없다.[58] 알권리 관련 공적 이

55) Georgios Gounalakis, Verdachtsberichterstaatung durch den Staatsanwalt, NJW 2021, 1473 ff.; Till Dunckel, Recht und Grenzen der staatsanwaltlichen Medienarbeit, NStZ 2021, 656 ff.; 김성룡, "대중매체를 통한 범죄혐의보도와 형사사법 – 독일의 논의를 중심으로 –", 형사정책연구 제25권 제4호, 2014, 360면 이하.

56) 법률에서 수사기관의 공보활동에 대한 명시적 규정이 없기에 형사소송법을 개정하여 형사소송법에서 수사기관의 공보활동에 대해 규율할 필요성이 제기되고 있고, 구체적인 법률개정안이 제안되기도 하였는데, 이에 대해서는 Horst Hund, Medienarbeit in Strafsachen: ein Thema fur den Gesetzgeber? – Eine personliche Anmerkung, in: Mark A. Zöller/Robert Esser (Hrsg.), Justizielle Medienarbeit im Strafverfahren, 2019, 17 ff. 참조.

57) BGH NJW–RR 2017, 1516 Rn. 25; AfP 2012, 53 Rn. 19.

58) Till Dunckel, Recht und Grenzen der staatsanwaltlichen Medienarbeit, NStZ 2021, S. 660.

익과 피의자의 인격권을 비교형량함에 있어서 중요한 요소는 '대중의 알권리가 피의사실과 피의자의 신원 간의 관련성까지 미치는가'이다.[59] 대중이 피의자의 신원까지 알 필요가 없는 경우라면 피의자의 신상은 공개될 수 없다.

해당 사건에서 피의사실 및 피의자에 대한 국민의 알권리가 어느 정도로 인정되는가를 판단함에 있어서는 범행방법, 범죄습성의 중대성을 고려해야 한다. 판례는 "아주 중한 범죄", "중한 폭력범죄" 또는 "중범죄"의 경우 단순한 호기심이나 센세이션욕구를 넘어서는, 피의사실과 피의자에 대한 알권리적 가치를 인정하고 있지만, 중간 정도의 범죄에서는 다른 알권리적 가치를 증대시키는 요소가 인정되는 경우에 한해 피의자의 인격권보다 공익이 우선한다고 보고 있다.[60] 이러한 기준에 따라 '검사가 주식회사법위반죄 및 사기방조로 수사가 개시된 변호사의 성명과 직업을 언론에 공개한 사례'에서 "검사가 피의자 성명 및 직업을 언론에 공개하였고, 이에 기해 이루어진 실명 언론보도가 피의자에 대한 중대한 인격권 침해를 초래한 경우 검사는 불법행위로 인한 손해배상책임을 부담한다'고 판단하였다.[61]

중간정도로 중한 범죄일지라도 피의자의 신분·지위로 인해 국민의 알권리가 큰 것으로 인정될 수도 있는데, 피의자가 공적 지위·신분을 가지거나 피의자가 유명인이거나 피의범행이 대중에게 알려진 피의자의 이미지·모습과 다른 피의자의 모습을 드러내는 것인 경우에 그러하다.[62]

(나) 피의사실의 진실개연성

피의범죄가 중한 범죄라는 것 또는 피의자가 유명인이라는 점은 피의자의 신원에 대한 국민의 알권리 가치를 증가시키는 요소이지만, 동시에 그러한 요소는 피의자신원이 공개되면 피의자의 인격권 침해가 매우 큰 것으로 인정되는 요소로 작용한다.[63] 무죄추정원칙과의 조화를 위해서는 피의범죄가 중한 범죄라는 점 또는 피의자가 유명인이라는 점과 같은 요소로 국민의 알권리적 가치가 높은 것으로 인정되는 사건일지라도 그것만으로 피의자신상공개가 정당화될 수는 없고, 피의자가 피의범행을 저질렀다는 높은 개연성이 인정되어야 신상공개의 공적 이익이 인격권 침해보다 우선할 수 있다.[64]

---

59) Till Dunckel, Recht und Grenzen der staatsanwaltlichen Medienarbeit, NStZ 2021, S. 660.

60) BGH NJW 2000, 1036 (1038).

61) BGH, Urteil vom 17-03-1994 – III ZR 15/93 (Frankfurt a. M.)

62) OLG Hamm NJW-RR 2015, 936; NJW 2000, 1278.

63) BVerfG NJW 2009, 350 Rn. 15.

(다) 얼굴의 경우

독일 연방대법원 판례에 의하면 사진 공개를 통해 신원을 특정할 수 있도록 하는 것의 허용 여부는 성명 등 언어적 기재를 통해 신원을 특정할 수 있도록 하는 것에 비해 보다 더 엄격한 기준이 적용되어야 한다.[65] 최근의 한 사건에서는 배임죄 등 경제범죄 혐의가 제기된 기업대표의 성명뿐만 아니라 매우 큰 사진을 함께 공개하여 범죄혐의를 인터넷 기사로 보도한 것이 피의자의 인격권을 침해하여 위법한지가 문제되었다. 이 사건에서 뮌헨 고등법원은 혐의범죄의 중대성, 규모 등을 고려하면 성명을 공개하여 범죄혐의를 보도한 것은 적법하지만, 혐의자가 이전에 일반인에게 공개되지도 않았다는 점, 성명뿐만 아니라 매우 큰 사진을 함께 공개하였다는 점을 종합적으로 고려하면 혐의범죄의 중대성, 규모 등을 고려하더라도 그에게 미치는 낙인효과가 너무 크기에 과도한 인격권 침해이므로 사진을 공개한 것은 부적법하다고 판단하였다.[66]

(라) 언론평의회의 언론윤리규정

수사기관이 선제적으로 피의자의 신상을 공개하거나 수사기관이 언론사의 요청에 기해 피의자의 신상을 공개한 경우와 수사기관의 피의자신상공개 없이 오로지 언론이 자신의 취재활동을 통해 피의자의 신상을 파악하여 피의자의 성명이나 사진과 적시하며 범죄보도를 하는 경우에 있어서 그러한 양자의 신상공개 행위의 적법성이 동일한 기준에 따라 판단될 수는 없다.[67] 후자에 비해 전자의 경우에 보다 더 엄격한 기준이 적용될 수 있다는 점에서 후자에 대한 판단기준을 살펴보는 것은 독일 실무상 전자의 행위가 어느 정도로 허용되는지를 가늠케 한다. 독일 언론평의회는 후자의 적법성 판단기준에 관한 독일 판례의 태도를 반영하여 다음과 같이 '언론윤리규정'에서 피의자 등의 인격권 보호에 대해 규정하고 있다.

독일 언론평의회(Presserat)의 언론윤리규정(Pressekodex) 제8조(인격권 보호)는 "언론은 사람의 사생활과 그의 정보자기결정권을 존중한다. 사람의 행동이 공적 관

---

64) Till Dunckel, Recht und Grenzen der staatsanwaltlichen Medienarbeit, NStZ 2021, S. 661.

65) BGH, Urteil vom 17.12.2019, Az. VI ZR 249/18.

66) OLG München, Urteil vom 01.06.2021, Az. 18 U 144/21.

67) Till Dunckel, Recht und Grenzen der staatsanwaltlichen Medienarbeit, NStZ 2021, S. 660; 반면에 동일한 기준이 적용될 수 있다는 견해로는 Gernot Lehr, Pressefreiheit und Persönlichkeitsrechte – Ein Spannungsverhältnis für die Öffentlichkeitsarbeit der Justiz, NJW 2013, S. 728.

심의 대상이 된 경우라면 그의 행동은 언론에 의해 보도될 수 있다. 신원을 특정할 수 있는 보도는 대중의 알권리가 관련인의 보호 이익보다 우세한 경우에만 인정된다. 단순히 흥미유발 또는 센세이션을 위해 신원을 특정할 수 있는 보도를 하는 것은 허용되지 않는다. 익명보도가 요구되는 경우라면 익명보도가 이루어져야 한다." 고 하고 있다. 그리고 제8조 관련 가이드라인 8.1에서 범죄혐의보도와 관련하여 상세 가이드라인을 제시하고 있다. 가이드라인 8.1의 (2)는 "범죄, 수사·재판절차 관련 보도를 함에 있어서 언론은, 개개 사례에서 정당한 공중의 이익과 범죄혐의자 또는 범죄자의 보호가치 있는 이익을 형량할 때 전자가 후자보다 우월한 경우에만 범죄혐의자 또는 범죄자의 신원을 특정할 수 있는 성명, 사진 그리고 기타 정보를 공개할 수 있다. 그러한 이익을 형량함에 있어서는 특히 다음의 사항들이 고려되어야 한다. 즉, 범죄혐의의 정도, 범죄의 중함 정도, 절차 진행단계, 범죄혐의자 또는 범죄자가 이미 대중에게 알려져 있는 정도, 범죄혐의자 또는 범죄자의 이전 행동, 대중의 사안에 대한 관심정도이다."

가이드라인에 의하면, 일반적으로 다음과 같은 경우 공적 이익이 우세하다. 즉, 매우 중한 정도의 범죄 또는 그 종류나 규모에서 매우 특별한 범죄인 경우, 그 사람의 공적 임무, 사회적 역할이나 기능과 그의 혐의 간에 관련성이 있거나 모순이 존재하는 경우, 유명인사인데 대중이 그에 대해서 가지는 이미지와 그의 지위 및 그의 혐의 간에 모순이 존재하는 경우, 사회전체가 관심을 가질 정도의 중한 범죄, 지명수배자인 경우이다. 또, 가이드라인에 의하면 범죄혐의자에게 무죄의 가능성이 있는 경우 신원을 특정할 수 있도록 하는 보도가 이루어져서는 아니 된다. 가이드라인은 과거의 범죄에 대한 보도는 범죄자의 사회복귀 이익을 위해 일반적으로 성명과 사진 공개 없이 이루어져야 하고, 오래된 범죄일수록 더욱 더 사회복귀이익은 더 크다고 하고 있다. 판사, 검사, 변호사, 감정인과 같이 사법업무에 종사하는 자의 경우 그가 업무를 수행하고 있는 중이라면 신원을 밝히는 보도가 일반적으로 가능하다고 한다.

3) 피의자의 권리구제 절차

수사기관이 선제적으로 또는 언론사의 정보제공요청에 기해 언론사에 피의사실을 공표하는 과정에서 성명과 같은 피의자신상까지 공개하였고, 언론사가 성명과 함께 피의범죄를 보도하는 경우 피의자는 민사소송으로 부작위청구소송을 제기할 수 있다.[68]

한편, 독일 법원조직법시행법률(Einführungsgesetz zum Gerichtsverfassungsgesetz, EGGVG) 제3장은 '법무행정처분에 대한 불복(Anfechtung von Justizverwaltungsakten)'에 대해 규율하고 있는데, 제23조제1항에 의하면, "법무기관(Justizbehörde)의 민법, 상법, 민사소송법 및 형사법무와 관련하여 행한 명령, 처분 및 기타 조치의 적법성에 대해서는 신청에 기해 통상의 법원이 판단한다. 형사구속의 집행에서 집행기관의 명령, 처분 또는 기타 조치 그리고 법부집행 이외 분야에서 집행되는 보안처분의 경우에도 마찬가지이다." 동조 제2항에 의하면, "법무기관 또는 집행기관이 거부 또는 부작위 행정처분(Verwaltungsakt)을 행한 경우 그러한 거부처분 또는 부작위처분에 불복하여 법원에 의무이행하도록 해 줄 것을 청구할 수 있다." 제3항에 의하면, "다른 법규정에 기해 통상의 법원에 불복신청할 수 있는 경우에는 그러하지 않다." 독일의 경우 수사기관이 언론사에 피의자의 신상을 공개하는 경우 피의자에게로 통지가 이루어지는 것은 아니고, 수사기관의 피의자신상공개와 관련하여 피의자가 법원조직법시행법률 제23조 이하의 불복절차를 신청할 수 있다는 명문규정이 없기에 법원조직법시행법률 제23조 이하의 불복절차가 적용될 수는 없다고 한다.[69] 그러나 문헌에서는, '실질적으로는 수사기관의 피의자신상 공개 사안은 법원조직법시행법률 제23조 이하의 불복절차가 적용되어야 할 사안이라고 할 수 있다'라는 견해가 있다.[70]

부적법하게 피의자의 신상이 공개된 경우 피의자는 수사기관 그리고 언론사에 불법행위로 인한 손해배상을 청구할 수 있다.[71]

3. 불복절차 개선방안

(1) 해외입법례 시사점

미국의 경우, 미국 연방정보자유법이 언론사·사인의 머그샷제공요청에 연방보안

68) Gernot Lehr, Pressefreiheit und Persönlichkeitsrechte – Ein Spannungsverhältnis für die Öffentlichkeitsarbeit der Justiz, NJW 2013, S. 733.

69) Gernot Lehr, Pressefreiheit und Persönlichkeitsrechte – Ein Spannungsverhältnis für die Öffentlichkeitsarbeit der Justiz, NJW 2013, S. 733.

70) Andreas Popp, Strafjustiz und (neue) Medien: Datenschutzrechtliche Defizite digitaler Justiz– PR, ZD 2021, 504.

71) Gernot Lehr, Pressefreiheit und Persönlichkeitsrechte – Ein Spannungsverhältnis für die Öffentlichkeitsarbeit der Justiz, NJW 2013, S. 733.

국이 응하지 않은 경우 언론사·사인이 행정항고를 거쳐 민사소송절차에 따라 법원에 행정소송을 제기할 수 있도록 하고 있지만, 이는 미국이 머그샷 제공을 정보공개청구제도를 통해 규율하고 있기 때문이다. 반면에 독일에서는 수사기관의 신상정보공개에 대해서는 우리의 준항고 제도와 유사하다고 할 수 있는, 독일 법원조직법 시행법률 제23조의 불복절차가 적용되도록 하는 것이 적절하다는 의견이 문헌에서 제기되고 있다.

위와 같은 점을 고려한다면, 피의자신상공개결정에 대해 피의자가 형사법원에 준항고를 제기하여 다툴 수 있도록 하는 방안을 도입하는 것에 대해 검토할 필요성이 있어 보인다.

(2) 준항고제도를 통한 불복절차 도입

그동안 피의자신상공개결정에 대한 불복방안에 대해서는 명문규정이 없었고, 법원이 최근에서야 '피의자가 행정심판 및 취소소송으로 다투면서 신상공개결정의 집행을 정지하는 신청을 할 수 있다'고 하였다. 아마도 그렇기에 '피의자신상공개결정에 대해 피의자가 행정소송으로 다투도록 하는 불복방안보다는 준항고 제도를 통해 다투도록 하는 것이 보다 더 적절하지 않은가'에 대한 논란이 아직까지는 많지 않아 보인다. 그러나 앞에서 언급한 현행 피의자신상공개결정 불복절차의 문제점(피고인신상공개여부 결정 불복절차와의 형평성 문제, 취소소송은 장기라는 점, 수사기관의 행정처분에 대해 행정법원이 결정하는 것의 합목적성) 외에도, 피의자신상공개제도가 가지는 다음과 같은 문제점으로 인해 준항고 불복절차를 도입하는 것이 적절해 보인다.

구법에서뿐만 아니라,[72] 현행법에서도[73] 피의자신상공개심의위원회의 심의는 비공개로 이루어지는데, 피의자신상공개제도의 실무상 운용과 관련하여 제기되는 가장 큰 비판은 '판단기준의 적용이 일관적이지 못하다'는 비판이라고 할 수 있다.[74]

---

72) 구법 하에서 경찰은 경찰청 내부지침인 「강력범죄 피의자 얼굴 및 신상공개 지침」으로 신상공개심의위원회에 대해 규율하고 있었는데, 신상공개심의위원회의 심의는 비공개로 이루어졌다.

73) 중대범죄신상공개법 시행령 제8조제9항 참조.

74) 이병도, "경찰의 피의자 신상공개에 대한 비판적 소고", 한국경찰학회보 20권 1호, 2018, 234－235면; 장재성, "강력범죄 피의자 신상공개 제도의 법적 문제와 개선 방안", 한국경찰학회보 21권 4호, 2019, 210면 이하; 윤석빈, "경찰피의자신상공개제도의 법적 성격과 개선방안에 관한 연구", 범죄수사학연구 통권 제10호, 2020, 43－44.

특히, 유사한 사안인데 어느 사건에서는 신상공개로 결정되고, 어느 사건에서는 비공개로 결정되는 경우 언론 등에서는 판단기준 적용의 일관성에 대한 문제제기가 자주 이루어진다. 비공개원칙에 의해 피의자신상공개심의위원회의 의결서가 공개되지는 않지만, 비공개 사건에서도 대부분의 경우 비공개 결정사유가 언론을 통하여 보도되지만, 비공개 사유만 간략히 소개되곤 하다 보니 공개여부 판단기준 적용의 일관성에 대한 의문이 제기되는 것이라고 할 수 있다. 최근 이재명 야당대표 피습자의 신상정보 비공개결정에 대한 논란이 대표적인 일례라고 할 수 있다.[75] 그러나 사법적 불복절차의 경우 판결문은 공개되기에 비공개결정 이유의 투명성을 제고할 수 있다. 중대범죄신상공개법 시행과 함께 피의자신상공개제도 적용대상 범죄의 범위가 기존보다 매우 확대되었기에 신상공개여부 판단기준 적용의 일관성 및 비공개결정 이유의 투명성 제고는 향후 피의자신상공개제도에서 가장 중요한 사항이라고 할 수 있다. 비록, 현행의 취소소송 불복절차에서도 비공개결정 이유의 투명성이 확보될 수 있지만, 취소소송 불복절차는 앞에서 언급하였듯이, ① 피고인신상공개여부 결정 불복절차와의 형평성 또는 체계정합성 문제, ② 신상공개제도의 취지상 피의자신상공개여부 결정은 가능한 빨리 확정판단이 내려져야 하지만, 취소소송 확정판결이 내려지기까지는 장기간이 걸릴 수 있다는 문제점, ③ 준항고제도가 인정되고 있음에도 불구하고 수사기관의 수사관련(피의자 관련) 행정처분에 대해 행정법원이 결정하는 것이 합목적적이라고 할 수 있는가라는 의문이 있고, 이러한 문제점을 함께 해결하는 방안으로는 피의자신상공개심의위원회의 심의는 비공개로 하더라도 "검사 또는 사법경찰관"의 공개결정에 대해서는 피의자가 취소소송보다는 준항고로 불복할 수 있도록 하는 것이 적절해 보인다.

형사소송법 제419조에 의해 준항고의 경우 형사소송법 제409조가 준용되기에 준항고의 대상이 된 수사기관의 처분에 대해 당연히 집행정지의 효력이 발생하지는 않지만, 항고법원은 결정으로 항고에 대한 결정이 있을 때까지 집행을 정지할 수 있다. 피고인의 경우, 집행정지효를 가지는 즉시항고로 지방법원의 피고인신상공개결정에 대해 불복할 수 있는바, 피고인신상공개결정에 대한 불복절차와의 형평성을 고려하면, 피의자신상공개결정에 대한 준항고를 인정하는 경우 단서규정으로, 준항

75) 예컨대 "'이재명 피습범' 신상 공개 없다…당적·변명문 공개 논란 여전(종합)", 이데일리 2024.2.5.자 기사, https://www.edaily.co.kr/news/read?newsId=03237366638756080&mediaCodeNo=257, 2024.2.5. 검색.

고가 제기된 경우 '검사 또는 사법경찰관의 피의자신상공개결정'에 대해서는 당연히 집행정지의 효력이 발생하도록 하는 것이 적절해 보인다.

Ⅳ. 맺음말

미국은 피의자신상공개 특히, 머그샷 공개에 가장 적극적이었지만, 연방의 경우, 미연방보안국이 2012년 이후 머그샷 비공개 원칙을 발표하고, 제6연방항소법원이 2016년에 '기소된 피고인일지라도 원칙적으로 머그샷 공개에 대한 피의자의 사적 이익이 국민의 알권리 등 공적 이익보다 우월하다'고 하여 기존의 입장을 변경한 것은 고도로 발달한 디지털 시대에 머그샷이 한번이라도 공개되면, 영리를 목적으로 하는 사인 등에 의해 피의자의 신상이 사실상 영구히 공개될 수 있고, 이는 피의자 및 그 가족에게 너무나 큰 형벌 이외의 낙인효과 및 회복될 수 없는 영향을 미치기 때문이다. '범죄자의 잊혀질 권리'에 대한 논의가[76] 촉발된 것도 이와 같은 맥락이라고 할 수 있다.

피의자 신상공개제도는 국민의 알권리, 언론의 범죄보도 관련 공익적 기능, 피의자의 재범 방지, 일반예방효과의 강화에 그 근거를 두고 있지만, '피의자의 성명, 얼굴 등이 공개되어야만 범죄현상에 대한 국민의 알권리가 충족된다고 할 수 없고, 언론의 범죄보도 관련 공익적 기능이 실현된다고 할 수 없으며, 피의자의 성명·얼굴 공개는 공개결정된 강력범죄자와 같은 경우 피의자의 재범방지나 재사회화에 크게 기여할 수 없다'는 관점에서 본다면,[77] 피의자 신상공개제도가 인정될 수 있는 실질적 의의는 '피의자의 성명, 얼굴 등을 공개함으로써 그러한 범죄를 저지르는 경우 성명, 얼굴 등이 공개될 수 있다는 것을 다른 일반인에게도 주지시킴으로써 다른 일반인에 대한 위하효과를 강화하여 그러한 범죄가 발생하는 것을 방지'하는데 있다고 할 수 있다. 그러나 피의자 신상공개제도의 가장 큰 문제점은 피의자 신상공개제도가 목적으로 하는 그러한 일반예방효과의 강화가 실제로 효과가 있는지에 대해서는 실증적으로 검증된 자료가 없다는 점이다.[78]

76) 이에 대해 많은 문헌이 있지만, 예컨대 이경렬, "성범죄자의 신상정보 공개와 범죄인의 잊혀질 권리", 성균관법학 제33권 제2호, 2021, 297면 이하.

77) 성범죄자 신상정보 등록 및 공개제도의 실효성에 대한 실증적 연구로는 김지선 외 4인, 중형주의 형사제재의 실효성 평가연구(Ⅰ): 신상정보등록 및 공개제도의 실효성 평가연구, 한국형사·법무정책연구원 연구보고서, 2020, 199면 이하.

지금까지 경찰은 국민적 지탄이 큰 특정강력범죄사건에 한정해서 신상공개심의 회부를 해 왔고, 피의자신상공개심의위원회 또한 신상공개여부를 결정할 때 신상이 공개될 경우 피의자에게 미치는 낙인효과 및 피의자의 재사회화에 미칠 수 있는 영향 그리고 피의자 가족의 인격권 발현에 미칠 수 있는 영향을 종합적으로 고려해 왔다. 한 연구에 의하면, '수용자의 자녀들은 학교부적응 위기를 겪는 경우가 많은데, 학교부적응 위기를 겪게 되는 수용자자녀들은 부모의 교도소 수용을 반복적으로 경험한 자녀, 경제적으로 빈곤한 가정의 자녀. 부모들이 이혼하여 부부관계가 해체된 가정의 자녀, 그리고 부모의 수용사실을 알고 있는 자녀들'이고, '학교부적응 위기를 겪는 수용자자녀들은 학교부적응 및 비행행동에서 더 나아가 범죄자가 될 위험에 노출되는데, 수용자자녀의 범죄율은 우리나라 전체 소년범죄율의 2.2배 정도로 높다'고[79] 한다. 즉, 범죄의 대물림 현상은 경험적 연구에 의해 입증되고 있다. 이러한 점에서 피의자신상 공개여부를 결정함에 있어서 피의자뿐만 아니라, 피의자 가족의 인격권에 미치는 영향도 충분히 고려하여 신상공개여부를 결정할 필요가 있고, 이는 새로이 피의자신상공개제도 적용대상 범죄로 추가되었지만 특정강력범죄에 비해 상대적으로 경한 범죄들의 경우(예컨대 특수상해, 폭행치사죄 등) 더욱 그러하다. 이러한 점에서 국민의 알권리와 피의자 및 그 가족의 인격권을 적절히 조화시키는 선에서 중대범죄신상공개법상의 피의자신상공개제도가 운용될 필요가 있고, 피의자신상 공개 또는 비공개결정의 투명성을 제고하는 동시에 피의자신상공개여부결정에 대해 가능한 신속히 사법부에 의한 확정판단이 내려지도록 하기 위해서는 검사 또는 사법경찰관의 피의자신상공개결정에 대한 사법적 불복절차로 취소소송보다는 준항고제도를 활용하는 것이 적절하다.

---

78) 중대범죄신상공개법 국회 논의과정에서도 피의자신상공개제도가 재범방지나 범죄예방에 어느 정도로 기여할 수 있는가의 문제가 언급되기도 하였다(국회사무처, 제408회국회(임시회) 법제사법위원회회의록(법안심사제1소위원회) 제1호, 2023년 7월 13일, 28면).

79) 신연희 외 5인, 수용자자녀 인권상황 실태조사, 국가인권위원회 연구용역보고서, 2017.11, 20－21면 참조.

【참고문헌】

강서영, 피의자 신상공개제도에 관한 헌법적 연구, 헌법재판소 헌법재판연구원, 2021.

김대성, “피의사실공표죄와 피의자 신상정보 공개에 대한 법적 검토와 개선방안”, 외법논집 제45권 제2호, 2021.

김성룡, “대중매체를 통한 범죄혐의보도와 형사사법 – 독일의 논의를 중심으로 –”, 형사정책연구 제25권 제4호, 2014.

김성원, “미국 내 체포된 피의자의 초상권 및 성명권에 관한 연구”, 국외훈련검사연구논문집 32(2), 2017.

김지선 외 4인, 중형주의 형사제재의 실효성 평가연구(Ⅰ): 신상정보등록 및 공개제도의 실효성 평가연구, 한국형사·법무정책연구원 연구보고서, 2020.

박경규, “강력범죄 피의자 신상공개와 범죄자 인격권 보호②”, 언론중재 2023 여름호, 2023.

박찬걸·정광진, “강력범죄 피의자 신상공개제도에 대한 비판적 검토”, 형사정책 제31권 제3호, 2019.

신연희 외 5인, 수용자자녀 인권상황 실태조사, 국가인권위원회 연구용역보고서, 2017.11.

원혜욱, “‘피의자의 피의사실 보도와 무죄추정의 원칙”, 언론중재 2019 가을 호, 2019.

윤석빈, “경찰피의자신상공개제도의 법적 성격과 개선방안에 관한 연구”, 범죄수사학연구 통권 제10호, 2020.

이경렬, “성범죄자의 신상정보 공개와 범죄인의 잊혀질 권리”, 성균관법학 제33권 제2호, 2021.

이무선, “강력범죄피의자의 얼굴(신상)공개의 정당성 여부”, 법학연구 제39호, 2010.

이병도, “경찰의 피의자 신상공개에 대한 비판적 소고”, 한국경찰학회보 20권 1호, 2018.

이용식, “피의자 신상공개의 정당성과 공익성의 의미 검토”, 법학연구 통권 제33집, 2011.

이인영, "피의사실공표죄의 허용요건으로서 피의자의 얼굴 등 정보공개에 관한 연구", 홍익법학 제24권 제1호, 2023.

장재성, "강력범죄 피의자 신상공개 제도의 법적 문제와 개선 방안", 한국경찰학회보 21권 4호, 2019.

정성희, 특정강력범죄의 처벌에 관한 특례법 일부개정안 등에 대한 검토보고서, 2023.5.

정용기, "흉악범죄 피의자의 신상공개 기준과 절차", 성균관법학 제22권 제2호, 2010.

정철호, "강력범죄 피의자의 신상공개에 대한 법적 고찰", 한국콘텐츠학회 논문지 제12권 제7호, 2012.

Amy Gajda, PRIVACY RIGHTS, INTERNET MUG SHOTS, AND A RIGHT TO BE FORGOTTEN, 3 Journal of Free Speech Law 121 (2023).

Andreas Popp, Strafjustiz und (neue) Medien: Datenschutzrechtliche Defizite digitaler Justiz–PR, ZD 2021, 501 ff.

Georgios Gounalakis, Verdachtsberichterstaatung durch den Staatsanwalt, NJW 2021, 1473 ff.

Gernot Lehr, Pressefreiheit und Persönlichkeitsrechte – Ein Spannungsverhältnis für die Öffentlichkeitsarbeit der Justiz, NJW 2013, 728 ff.

Horst Hund, Medienarbeit in Strafsachen: ein Thema fur den Gesetzgeber? – Eine personliche Anmerkung, in: Mark A. Zöller/Robert Esser (Hrsg.), Justizielle Medienarbeit im Strafverfahren, 2019, 17 ff.

Kathryn Shephard, Mug shot Disclosure under FOIA: Does privacy or public interest prevail?, 108 Northwestern University Law Review 343 (2014).

Morgan E. Hammes, Mugged of the public interest in mugshots: The improper balancing of interests under exemption 7(c) of the Freedom of Information Act, 57 Washburn L.J. 397, (2018).

Till Dunckel, Recht und Grenzen der staatsanwaltlichen Medienarbeit, NStZ 2021, 656 ff.

【국문초록】

중대범죄신상공개법은 피의자에게 의견진술기회를 보장하고, 5일 이상의 유예기간을 두도록 하고 있지만, 피의자의 경우, 신상공개여부결정에 대한 불복절차에 대해서는 침묵하고 있다. 지금까지 경찰은 유죄의 증거가 충분하고, 사회적 지탄이 큰 사건에서만 피의자의 신상을 공개해 왔기에 신상공개결정에 대한 불복절차의 문제는 지금까지 상대적으로 큰 관심을 받지 못했다. 그러나 중대범죄신상공개법에 의해 피의자 신상공개 적용대상범죄가 매우 확대된 만큼 향후 신상공개여부결정에 대한 불복절차가 중요한 의미를 가질 수 있다. 이에 이 글은 현행법상 피의자·피고인 신상공개여부 결정절차 및 불복절차에 대해 살펴보고, 현행 불복절차의 문제점, 해외 입법례를 비교 분석하여 피의자신상공개여부 결정에 대한 불복절차 개선방안을 제시한다. 국민의 알권리와 피의자 및 그 가족의 인격권을 적절히 조화시키는 선에서 중대범죄신상공개법상의 피의자신상공개제도가 운용될 필요가 있고, 피의자신상 공개 또는 비공개 결정의 투명성을 제고하는 동시에 피의자신상공개여부결정에 대해 가능한 신속히 사법부에 의한 확정판단이 내려지도록 하기 위해서는 검사 또는 사법경찰관의 피의자신상공개결정에 대한 사법적 불복절차로 취소소송보다는 준항고제도를 활용하는 것이 적절하다.

◈ 주제어: 중대범죄신상공개법, 피의자 신상공개, 피고인 신상공개, 신상공개 불복절차, 준항고

【Abstract】

Appeal procedure against decision on the disclosure of suspect's identity

Kyung－Gyu Park*

「Act on special cases concerning the punishment of specific violent crimes」 didn't have no provision on the appeal procedure against decision on the disclosure of suspects identity. According to precedents, the suspect can file an administrative litigation against an identity disclosure decision. This situation is the same under the 「Act on the disclosure of suspect's identity concerning specific serious crimes」. However, the 「Act on the disclosure of suspects identity concerning specific serious crimes」 expanded the application scope of the institution of disclosure of suspects identity. Therefore, Appeal procedure against decision on the disclosure of suspects identity can be crucial in future. In this light, this article examines problems of the current appeal procedure against decision on the disclosure of suspects identity and suggests improvement methods after comparative law research.

Disclosure decision of a public prosecutor or a judicial police officer is an administrative disposition of investigative agency during investigation phase. Therefore, it has rationality that the criminal court has jurisdiction over the appeal against an disclosure decision. Furthermore, in order that an determinate judicial ruling can be made quickly quasi－appeal procedure is appropriate for the appeal process against suspect's identity disclosure decision.

◈ Key Words: Act on the disclosure of suspect's identity concerning specific serious crimes, disclosure of suspect's identity, disclosure of defendant's identity, appeal procedure against identity disclosure decision, quasi-appeal procedure

---

* Associate Research Fellow at the KICJ, Ph.d. in Law

한국형사소송법학회 『형사소송 이론과 실무』
제16권 제1호 (2024.3) 39~82면.
Theories and Practices of Criminal Procedure Vol. 16 No. 1 (March. 2024) pp. 39~82.
10.34222/kdps.2024.16.1.39

제3자 소지·보관 정보증거의 압수·수색과 참여권자 문제

이 경 렬·김 대 홍*

목 차

Ⅰ. 들어가는 말

전자정보의 압수·수색에서 중요한 쟁점은 무관정보의 무분별한 탐색과 복제, 별건정보의 수집 등 위법한 과잉의 압수·수색 방지에 있다. 2011년 전교조 사건[1)]과 2015년 종근당 결정[2)] 등에서 전자정보 압수·수색의 적법성에 관한 기준을 제시한 대법원은 위법한 과잉수사를 방지하기 위한 절차적 장치로 피압수자의 참여권 보장의 중요성을 강조한 이래로 피압수자의 참여권에 관한 일련의 판례가 선고되고 있다.[3)]

전자정보의 압수·수색을 규율하는 법적 근거로는 2011년 7월 법률 제10864호로 신설된 형사소송법 제106조 제3항을 제외하면, 여전히 종래의 유체물(건) 증거를 상정하고 있는 현행법제 하에서 대법원은 동법 제121조(영장집행과 당사자의 참여)

* 성균관대학교 법학전문대학원 교수, 법학박사(제1저자)·성균관대학교 대학원 과학수사학석사(공동저자)

1) 대법원 2011. 5. 26.자 2009모1190 결정.
2) 대법원 2015. 7. 16.자 2011모1839 전원합의체 결정.
3) 여기서는 특히 대법원 2021. 11. 18. 선고 2016도348 전원합의체 판결; 대법원 2022. 1. 27. 선고 2021도1170 판결; 대법원 2023. 12. 14. 선고 2020도1669 판결 등.

와 제123조(영장집행과 책임자의 참여) 등을 피압수자에 대한 참여권의 보장의 근거 규정으로 제시하고 있다. 그러나 이들 두 규정은 그 취지와 내용이 상이하고, 각 규정에서 정하고 있는 참여권자의 모습과 실제 전자정보의 피압수자가 반드시 일치한다고 볼 수 없는 문제가 있다. 특히, 최근 판례에서 형성된 '실질적 피압수자의 참여권' 법리는 그 개념의 필요성을 별론으로 하더라도 의미가 모호할 뿐만 아니라 법률적 근거가 반드시 명확한 것도 아니다. 이러한 사실은 최근 2023년 9월 18일에 선고된 대법원 2022도7453 전원합의체 판결에서 다수의견과 반대의견의 대립에서도 여실히 드러난다. 따라서 대법원 2022도7453 전원합의체 판결[4]에도 불구하고 이른바 '피압수자의 참여권 보장' 법리의 취지나 그 인정 범위에 대해서는 여전히 논의의 여지가 있다.

이 연구는 대법원에 의해 선도·축적되어온 전자정보 압수·수색에서의 참여권의 법리를 각 참여권자가 지니는 현행법상 참여권의 취지나 성질, 헌법적 근거 등을 기준으로 명확하게 구별하고, 그러한 법이론적 기반 위에서 전자정보 압수·수색의 참여권자에 관하여 헌법상 영장주의와 디지털 적법절차에 합당한 규정을 마련하는 것이 바람직할 것이라는 관점에서 시작되었다. 이하에서는 먼저 전자정보 압수·수색에서 참여권자에 관한 대법원의 판례 동향을 살펴보아 그동안 산적된, 모순되는 듯한 판례의 태도를 정리한다(Ⅱ). 다음으로 현행 형사소송법에 기초하여 도출한 '참여권의 주체'와 판례에서 혼용되는 당사자와 피의자, 피압수자의 참여권을 구별하여 각 주체에게 참여권의 인정 여부, 취지, 성질 및 법적 근거 등을 규명한다(Ⅲ). 끝으로 이러한 검토분석에 근거하여 종래 전자정보 압수·수색영장의 제3자 집행과정에서 간과했거나 미흡하였던 부분을 정보저장'매체 피압수자'와 '정보증거 피압수자'의 관계에 따른 참여권자의 확정과 참여권 보장 관점에서 검토해보았다. 여기서는 특히 전자정보의 현존과 그 특성에 착안하여 수사상 피의자, 저장매체 피압수자, 정보증거 피압수자 등 당사자 참여의 유형을 분별하여 압수수색영장의 제3자 집행과 당사자의 참여권 보장을 위하여 제언하고자 한다(Ⅳ).

4) 대법원 2023. 9. 18. 선고 2022도7453 전원합의체 판결.

Ⅱ. 전자정보 압수 · 수색과 당사자의 참여에 관한 판례 법리

1. 전자정보의 압수와 당사자 참여

대법원은 2011. 5. 26.자 2009모1190 결정[5]에서 전자정보에 대한 압수·수색 영장집행의 적법성 요건으로 혐의사실과 관련성 있는 증거의 선별 원칙을 최초로 제시하였다.[6] 이에 더하여 적법한 영장 집행의 절차요건으로 피압수·수색 당사자의 참여라는 절차적 권리 보장을 강조하였다.[7] 이 사건에서 대법원은 참여권의 주체를 '피압수·수색 당사자'라면서 그 법적 근거에 대해서는 별도의 언급을 하지 않았다. 또한 피압수·수색 당사자는 전국교직원노동조합, 피의자는 소속 조합원인 교사 개인으로 이른바 '제3자 집행' 사안에 해당하는 것으로 보이는데, 피압수·수색 당사자인 전교조 측의 참여권에 대해서만 설시하고 있을 뿐 정작 피의자인 전교조 간부 41명의 참여권 보장 여하에 관하여는 별도의 판단이 보이지 않았다.

이후에도 대법원은 이른바 '종근당 결정'으로 알려진 2015. 7. 16.자 2011모1839 전원합의체 결정[8]을 통해 피압수·수색 당사자의 절차 참여권 보장의 중요성을 강

---

5) 수사기관이 전국교직원노동조합 본부 사무실에 대한 압수·수색영장을 집행하면서 방대한 전자정보가 담긴 저장매체 자체를 영장 기재 집행장소에서 수사기관 사무실로 가져가 그곳에서 저장매체 내 전자정보파일을 다른 저장매체로 복사하자, 이에 대하여 위 조합 등이 준항고를 제기한 사안임.

6) 대법원 2011. 5. 26.자 2009모1190 결정 [준항고기각결정에대한재항고]: "전자정보에 대한 압수·수색영장의 집행에 있어서는 원칙적으로 영장 발부의 사유로 된 혐의사실과 관련된 부분만을 문서 출력물로 수집하거나 수사기관이 휴대한 저장매체에 해당 파일을 복사하는 방식으로 이루어져야 하고".

7) 대법원 2011. 5. 26.자 2009모1190 결정: "검사나 사법경찰관이 압수·수색영장을 집행함에 있어서는 (중략) 그 전체과정을 통하여 <u>피압수·수색 당사자나 그 변호인의 계속적인 참여권 보장</u>, 피압수·수색 당사자가 배제된 상태에서의 저장매체에 대한 열람·복사 금지, 복사대상 전자정보 목록의 작성·교부 등 압수·수색의 대상인 저장매체 내 전자정보의 왜곡이나 훼손과 오·남용 및 임의적인 복제나 복사 등을 막기 위한 적절한 조치가 이루어져야만 그 집행절차가 적법한 것으로 될 것이다."(강조는 필자에 의함).

8) 주식회사 대표이사의 특정경제범죄가중처벌법 위반(배임) 혐의를 수사하기 위하여 회사 사무실을 적법하게 압수·수색하여(1차 처분) 확보한 전자정보 전부를 사건과의 관련성에 대한 구분이나 피압수자의 참여 없이 임의로 검사 개인이 소지한 저장매체로 재복제·출력(2차·3차 처분)하고, 2차·3차 처분 이후 전자정보 탐색 도중 별도의 약사법 위반 혐의의 증거를 발견하여 추가로 영장을 발부받아 압수한 사안임.

조한 바 있다.[9)] 위 결정의 다수의견은 앞의 전교조 사건 판례의 태도를 그대로 이어받아 피압수·수색 당사자에 대한 참여권을 보장해야 한다고 하면서 근거 조항으로 형사소송법 제121조를 들고 있다.[10)] 전교조 사건과 마찬가지로 종근당 결정 역시 대표이사 개인의 범죄 수사를 위하여 회사 사무실에 대하여 압수·수색한 제3자 집행 사안에 해당한다고 볼 여지가 있다. 다만 본 사건에서는 대표이사가 피의자일 뿐만 아니라 피압수자 지위도 겸하고 있어서 완전히 피의자와 피압수자가 분리된 경우(제3자 집행 법리)라고 할 수는 없다.

앞의 두 판례는 적법한 전자정보 압수·수색에 관한 주요 사례로 후속 판례에 계속 인용되어왔고 탐색·출력·복제 등 전 과정에 대한 참여권 보장의 법리도 확립되기에 이르렀다.

2. 실질적 피압수자의 등장과 의미변천

1) 대법원 2021. 11. 18. 선고 2016도348 전원합의체 판결

이는 성폭력처벌법 위반의 카메라등이용촬영죄의 피해자가 해당 촬영물이 저장된 피의자의 휴대전화를 경찰에 임의제출한 사안이다.[11)] 대법원은 "피해자 등 제3

9) 위 전원합의체 결정에 대한 비판적 의견으로 이순옥, "디지털 증거의 압수·수색절차에 관한 판례 연구: 대법원 2015. 7. 16.자 2011모1839 전원합의체 결정을 중심으로", 중앙법학 제19집 제2호(2017.6), 132－150면.

10) 대법원 2015. 7. 16.자 2011모1839 전원합의체 결정[준항고인용결정에대한재항고]: "전자정보는 복제가 용이하여 전자정보가 수록된 저장매체 또는 복제본이 압수·수색 과정에서 외부로 반출되면 압수·수색이 종료한 후에도 복제본이 남아있을 가능성을 배제할 수 없고, 그 경우 혐의사실과 무관한 전자정보가 수사기관에 의해 다 범죄의 수사의 단서 내지 증거로 위법하게 사용되는 등 새로운 법익침해를 초래할 가능성이 있으므로, 혐의사실 관련성에 대한 구분 없이 이루어지는 복제·탐색·출력을 막는 절차적 조치가 중요성을 가지게 된다. 따라서 저장매체에 대한 압수·수색 과정에서 ... 형사소송법 제219조, 제121조에서 규정하는 피압수·수색 당사자(이하 '피압수자'라 한다)나 그 변호인에게 참여의 기회를 보장하고 혐의사실과 무관한 전자정보의 임의적인 복제 등을 막기 위한 적절한 조치를 취하는 등 영장주의 원칙과 적법절차를 준수하여야 한다."

11) 대법원 2021. 11. 18. 선고 2016도348 전원합의체 판결 [준강제추행·성폭력범죄의처벌등에관한특례법위반(카메라등이용촬영)]<경찰이 「성폭력범죄의 처벌 등에 관한 특례법」 위반(카메라등이용촬영)죄의 피해자가 임의제출한 피고인 소유·관리의 휴대전화 2대의 전자정보를 탐색하다가 피해자를 촬영한 휴대전화가 아닌 다른 휴대전화에서 다른 피해자 2명에 대한 동종 범행 등에 관한 1년 전 사진·동영상을 발견하고 영장 없이 이를 복제한 CD를 증거로 제

자가 피의자의 소유·관리에 속하는 정보저장매체를 영장에 의하지 않고 임의제출한 경우에는 실질적 피압수자인 피의자가 수사기관으로 하여금 그 전자정보 전부를 무제한 탐색하는 데 동의한 것으로 보기 어려울 뿐만 아니라 피의자 스스로 임의제출한 경우 피의자의 참여권 등이 보장되어야 하는 것과 견주어 보더라도 특별한 사정이 없는 한 형사소송법 제219조, 제121조, 제129조에 따라 피의자에게 참여권을 보장하고 압수한 전자정보 목록을 교부하는 등 피의자의 절차적 권리를 보장하기 위한 적절한 조치가 이루어져야 한다."고 판시하면서 '실질적 피압수자'라는 개념을 최초로 언급하였다.

대법원은 이 사건에서 임의제출된 정보저장매체 내 전자정보의 탐색 과정에도 참여권을 보장해야 한다고 피의자의 참여권에 관하여 법 제121조를 근거로 제시하면서도 피의자가 '실질적인 피압수자에 해당하기 때문에' 참여의 주체가 되는 것처럼 판시하고 있다. 이러한 설명은 압수·수색 절차에 대한 당사자가 피의자인데도 그의 참여권은 피압수자의 지위에서 인정되는 권리라는 전제에서 판단한 것이다. 즉 피의자가 당사자임에도 임의제출(의 형식적 피압수)자가 아니어서 실질적 피압수자라는 개념을 무리하게 형성한 것이다.

2) **대법원** 2021. 11. 25. **선고** 2019도7342 **판결**

이 사건은 경찰이 피해자로부터 피고인이 모텔 방실에 침입한 혐의로 임의제출받은 위장형 카메라의 메모리카드를 탐색하다가 다른 3개 호실에 설치된 위장형 카메라의 메모리카드에서 성폭력처벌 위반(카메라등이용촬영) 범행에 관한 불법촬영물을 발견하고, 이를 피고인의 참여 없이 탐색·수집하여 함께 기소된 사건에서 위 불법영상의 증거능력이 문제된 사안이다.[12]

대법원은 이 사건에서 위 2016도348 전원합의체 판결을 인용하면서 제3자에 의해 임의제출된 정보저장매체를 소유·관리하는 피의자가 실질적 피압수자에 해당하므로 참여권자에 해당한다는 법리를 재확인하였다. 다만 "수사기관이 임의제출받은 정보저장매체가 그 기능과 속성상 임의제출에 따른 적법한 압수의 대상이 되는 전자정보와 그렇지 않은 전자정보가 혼재될 여지가 거의 없어 사실상 대부분 압수의

출한 사안>.

12) 대법원 홈페이지, 판례속보 참조(https://www.scourt.go.kr/portal/news/NewsViewAction.work?pageIndex=1&searchWord=&searchOption=&seqnum=8094&gubun=4&type=5, 최종검색일: 2024.02.20.).

대상이 되는 전자정보만이 저장되어 있는 경우"에는 임의제출에 따른 통상의 압수 절차 외에 피의자에게 참여의 기회를 보장하지 않은 점만으로 곧바로 증거능력을 부정할 것은 아니라고 판시하였다.[13)]

그러나 위 판례에 의하면, 실질적 피압수자인 피의자의 참여권 법리는 휴대전화뿐만 아니라 일반적인 정보저장매체, 경우에 따라서는 휴대전화에도 동일하게 적용될 수 있으며, 또 당사자 참여권 제도의 취지가 혐의사실과 관련성 있는 정보의 선별을 담보하기 위한 절차적 장치이므로 무관정보 혼재의 염려가 없다면 '형식적' 피압수자인 소지·보관자 또는 임의제출자 외에 '실질적' 피압수자인 피의자에 대해 추가적 참여의 기회를 구태여 부여할 필요가 없다는 결론에 도달하게 된다. 요컨대, 이러한 귀결은 수사기관이 소지·보관자의 임의제출이나 형식적 피압수자에 대한 영장 제3자 집행의 경우 피의자에게 참여의 기회를 별도로 보장해야 하는지 여부를 정보저장매체나 전자정보의 성질 및 상태, 참여권의 취지 등과 결부하여 판단해야 하는 우를 범할 수 있다.

3) 대법원 2022. 5. 31.자 2016모587 결정

이는 "집회 및 시위에 관한 법률" 위반의 범죄사실로 수사받는 피의자의 카카오톡 대화 내용을 확보하기 위해 수사기관이 주식회사 카카오를 대상으로 집행한 압수·수색의 위법이 문제된 사건이다.[14)] 이 사건에서 수사기관은 주식회사 카카오로부터 제공받은 피의자의 대화 내용을 탐색·출력하는 과정에서 계정주인 피의자에게 참여할 기회를 부여하지 않았다.

대법원은 카카오 서버에 대한 집행 사실을 피의자에게 사전 통지하지 않은 것은 형사소송법 제122조 단서 "급속을 요하는 때"에 해당할 여지가 있으나, 이후 범죄혐의와 관련된 정보를 선별하여 추출하는 과정에 '서비스이용자로서 실질적 피압수자이자 피의자인' 준항고인을 참여시키지 않은 위법이 있음을 지적하였다.[15)] 실질

13) '정보저장매체 소지·보관자'의 임의제출에 대한 통상의 절차 외에 '실질적 피압수자에 해당하는 피의자'에게 참여권을 추가로 보장할 필요가 없다는 취지인지, 아니면 사안과 같이 특수한 저장매체의 탐색에는 피의자에게 참여권을 보장하지 않은 위법이 위 특수한 전자정보의 증거능력을 부정할 정도로 중대하지는 않다는 취지로 받아들여야 할지와 관련하여 후자의 분석이 판례의 진의로 파악되어야 하지만, 논란은 있다.

14) 대법원 2022. 5. 31.자 2016모587 결정 [준항고인용결정에대한재항고]. 이 결정에 대한 상세한 평석으로 김홍섭, "제3자 보관 전자정보에 대한 압수·수색영장 집행에 있어 참여권 보장", 사법, 제1권 제65호(2023), 721－733면 참조.

적 피압수자인 피의자의 참여권 보장 문제와 관련하여 위 대법원 2016도348 전원합의체 판결과 미묘한 차이는 압수·수색 대상인 전자정보의 성질이 피의자의 프라이버시와 관련되어 있다는 점이다. 하지만 피해자 등 '제3자 임의제출'에 관한 대법원 2016도348 전원합의체 판결의 법리는 피의자의 정보저장매체를 관리·보유하고 있는 '제3자에 대한 압수·수색영장의 집행'에서도 그대로 적용된다.[16]

4) **대법원** 2022. 1. 27. **선고** 2021**도**11170 **판결**

피의자의 사문서위조, 위계공무집행방해 등 범죄혐의를 수사하기 위해 피의자가 근무하던 대학의 공용 pc를 대학교 측으로부터 임의제출 받는 과정에서 임의제출자인 대학교 물품관리담당자 등은 전자정보 탐색·복제·출력 과정에 대한 참여를 포기하였는데, 위 '임의제출자 아닌 피의자'에게 별도로 참여권을 보장하지 않은 위법이 있는지 문제가 된 사안이다.[17]

위 사안에서 대법원은 피해자 등 제3자가 피의자의 소유·관리에 속하는 정보저장매체를 영장에 의하지 않고 임의제출한 경우 특별한 사정이 없는 한 형사소송법 제219조, 제121조, 제129조에 따라 피의자의 참여권을 보장하는 등의 절차적 권리를 보장하기 위한 적절한 조치가 이루어져야 한다는 위 대법원 2016도348 전원합의체 판결 등 선례의 법리를 다시 확인하면서도, 피의자는 임의제출된 pc와 그에 저장된 전자정보의 전속적 관리처분권자가 아니기 때문에 참여권을 별도로 보장받아야 하는 실질적 피압수자가 아니라고 설시하여 압수·수색 절차에 위법이 있는 것은 아니라고 판단하였다.[18]

---

15) 원심이 인터넷서비스업체인 카카오 본사 서버에 보관된 이 사건 전자정보에 대한 이 사건 압수·수색영장의 집행에 의하여 전자정보를 취득하는 것이 참여권자에게 통지하지 않을 수 있는 형사소송법 제122조 단서의 '급속을 요하는 때'에 해당하지 않는다고 판단한 것은 잘못이나, 그 과정에서 압수·수색영장의 원본을 제시하지 않은 위법, 수사기관이 카카오로부터 입수한 전자정보에서 범죄혐의사실과 관련된 부분의 선별 없이 그 일체를 출력하여 증거물로 압수한 위법, 그 과정에서 서비스이용자로서 실질적 피압수자이자 피의자인 준항고인에게 참여권을 보장하지 않은 위법과 압수한 전자정보 목록을 교부하지 않은 위법을 종합하면, 이 사건 압수·수색에서 나타난 위법이 압수·수색 절차 전체를 위법하게 할 정도로 중대하다는 원심의 결론을 수긍할 수 있다(대법원 2022. 5. 31.자 2016모587 결정 중 결정이유 참조).

16) 저장매체를 소유·관리·보유하고 있는 제3자는 저장매체 내 정보도 함께 관리 보관하는 것일까, 아니면 정보주체가 그 정보를 소유·관리·보유하는 것으로 이해해야 할까의 의문에는 전자정보의 '존재사실 형태'와 '매체 독립성'의 특성 간 미묘한 차이가 있다.

17) 대법원 2022. 1. 27. 선고 2021도11170 판결 중 "인정사실" 참조.

위와 같이 대법원은 정보저장매체를 영장에 의하지 않고 임의제출한 피압수자에 더하여 임의제출자(형식적 피압수자) 아닌 피의자(실질적 피압수자)에게도 참여권을 보장해야 하는 '실질적 피압수자의 구체적 판단 기준'으로 '전속적 관리처분권의 보유'를 제시하였다. 이러한 관리처분권은 개별적인 파일 단위가 아닌 정보저장매체 내에 저장된 정보 전체를 기준으로 판단해야 한다고 한다. 판례 논리에 따르면 개별 정보의 생성·이용 등에 관여했거나 정보주체, 또는 피의자라는 이유만으로 언제나 참여권이 보장되는 것은 아니다. 이로써 제3자의 임의제출이나 압수·수색영장의 제3자 집행 등에 있어서 실질적 피압수자인 피의자에 대해 참여의 기회를 보장해야 하는 경우와 그렇지 않아도 되는 경우가 생기게 되었다.

5) **대법원** 2023. 12. 14. **선고** 2020**도**1669 **판결**

이 사건은 피고인이 분실한 휴대전화를 우연히 습득한 성명불상자가 주인을 찾아주기 위해 열어보니 다수의 피해자에 대한 딥페이크 합성사진과 불법촬영물 등을 발견하고, 성명불상자로부터 위 휴대전화를 전달받은 피해자 중 한 명이 수사기관에 휴대전화를 임의제출한 사안이다.

위 대법원 2020도1669 판결은 앞의 대법원 2016도348 전원합의체 판결 등 선례의 법리를 재확인하면서 "피고인은 피해자 공소외 3이 이 사건 휴대전화를 임의제출한 시점과 시간적으로 근접한 시기까지 위 휴대전화를 현실적으로 지배·관리하면서 휴대전화 내 전자정보 전반에 관한 전속적인 관리처분권을 보유·행사하였고, 달리 이를 자신의 의사에 따라 제3자에게 양도하거나 포기하지 않았다. 따라서 이

---

18) 대법원 2022. 1. 27. 선고 2021도11170 판결: "정보저장매체를 임의제출한 피압수자에 더하여 임의제출자 아닌 피의자에게도 참여권이 보장되어야 하는 '피의자의 소유·관리에 속하는 정보저장매체'라 함은, 피의자가 압수·수색 당시 또는 이와 시간적으로 근접한 시기까지 해당 정보를 현실적으로 지배·관리하면서 그 정보저장매체 내 전자정보 전반에 관한 전속적인 관리처분권을 보유·행사하고, 달리 이를 자신의 의사에 따라 제3자에게 양도하거나 포기하지 아니한 경우로써, 피의자를 그 정보저장매체에 저장된 전자정보에 대하여 실질적인 압수·수색 당사자로 평가할 수 있는 경우를 말하는 것이다. 이에 해당하는지 여부는 민사법상 권리의 귀속에 따른 법률적·사후적 판단이 아니라 압수·수색 당시 외형적·객관적으로 인식 가능한 사실상의 상태를 기준으로 판단하여야 한다. 이러한 정보저장매체의 외형적·객관적 지배·관리 등 상태와 별도로 단지 피의자나 그 밖의 제3자가 과거 그 정보저장매체의 이용 내지 개별 전자정보의 생성·이용 등에 관여한 사실이 있다거나 그 과정에서 생성된 전자정보에 의해 식별되는 정보주체에 해당한다는 사정만으로 그들을 실질적으로 압수·수색을 받는 당사자로 취급하여야 하는 것은 아니다."

사건 휴대전화에 저장된 전자정보 전반에 관하여 피고인을 실질적인 압수·수색 당사자로 평가할 수 있으므로, 임의제출자가 아닌 피고인에 대하여도 참여권 등 절차적인 권리가 보장되어야 한다."고 판시하였다.[19)]

여기서 판례는 위의 대법원 2021도11170 판결과 같이 임의제출자가 아닌 피의자가 실질적 피압수자로 평가될 수 있는 요건으로 '정보저장매체의 현실적 지배 관리와 저장매체 내 전자정보에 대한 전속적 관리처분권의 보유·행사'를 제시함으로써, 정보저장매체를 임의제출한 '형식적 피압수자'에 더하여 임의제출자 아닌 피의자에게도 '실질적 피압수자'로서 참여권이 보장되어야 하는 '피의자의 소유·관리에 속하는 정보저장매체'의 의미와 그 판단 기준을 다시금 확인하고 있다.

3. 관련사건과 참여권자 : 대법원 2023. 9. 18. 선고 2022도7453 전원합의체 판결

1) 수사의 경위 및 사실관계

수사기관은 2019. 8.경 공소외 갑, 공소외 병의 입시 부정 및 투자 비리 혐의 등을 수사에 착수하였다. 갑은 압수·수색에 대비하여 혐의사실과 관련된 전자정보가 저장된 컴퓨터 등을 은닉하고자, 2019. 8. 31.경 갑이 재직 중이던 대학 조교인 공소외 을에게 갑, 병 등(이하 '갑 등'이라 한다)이 자택에서 사용하던 하드디스크 등 3개의 정보저장매체(이하 '이 사건 하드디스크'라 한다)를 건네주면서 "수사가 끝날 때까지 숨겨 놓으라."라는 취지로 지시하였다. 을은 이 사건 하드디스크를 자신이 타고 다니던 차량과 헬스장 개인 보관함 등에 숨겨두었다. 이 사건 하드디스크에는 갑이 은닉하고자 했던 증거들, 즉 자녀들의 대학원 입시에 활용한 인턴증명서 및 피고인을 포함한 사건 관련자들과 나눈 문자메시지 등이 저장되어 있었다.

수사기관이 2019. 9. 10.경 을을 증거은닉혐의 피의자로 입건하자, 을은 다음날 수사기관에 이 사건 하드디스크를 임의제출하였다.[20)] 수사기관은 이 사건 하드디

---

19) 대법원 2023. 12. 14. 선고 2020도1669 판결[정보통신망이용촉진및정보보호등에관한법률위반(명예훼손), 성폭력범죄의처벌등에관한특례법위반(카메라등이용촬영), 음화제조교사].

20) 을은 이 사건 하드디스크를 제출한 경위에 관하여 "2019. 9. 6. 갑이 기소되고, 다음 날 자신이 가지고 나온 대학교 PC에서 엄청난 것들이 발견됐다는 내용의 뉴스가 보도되고, 9. 8.에는 오랜 지인인 기자로부터 수사기관이 자신의 죄를 엄격히 보고 있다는 말을 듣게 되면서 검찰 조사에 순순히 협조를 해야 되겠다는 마음을 먹었다"는 취지로 설명하였다(서울중앙지방법원 2022. 5. 20. 선고 2021노363 판결 참조).

스크 임의제출 및 그에 저장된 전자정보에 관한 탐색·복제·출력 과정에서 을과 그 변호인에게 참여 의사를 확인하고 참여 기회를 부여하였으나 을 측은 위 과정에 참여하지 않았다. 반면 수사기관은 이 사건 하드디스크 은닉을 교사한 하드디스크 소유자 갑 등에게는 위와 같은 참여 의사를 확인하거나 참여 기회를 부여하지 않았다.

이후 수사기관은 을로부터 임의제출 받은 이 사건 하드디스크에 저장된 인턴증명서 파일 등을 증거로 하여 2020. 1. 23. 피고인을 허위의 인턴증명서를 발급해주고 갑 등의 자녀 대학원 입시에 활용하도록 하는 방법으로 대학원 입학사정업무를 방해했다는 혐의로 기소하였다.

2) [다수의견] 및 [반대의견] 요지의 정리

위 대법원 2022도7453 전원합의체판결 사안에서 증거은닉을 교사한 본범의 참여권 보장이 필수적인지에 대해 대법관들 간에 견해의 대립을 보였다.

먼저 [다수의견]의 입장을 요약하면, 증거은닉 범인이자 임의제출자로서 을은 전자정보 압수·수색 과정에 대한 참여권이 있는 반면에 증거은닉을 교사한 본범 갑은 별도의 참여권자가 아니라는 것이다. 을의 참여권 근거로는 임의제출의 동기가 된 범죄혐의사실, 즉 증거은닉행위의 피의자인 을이 압수·수색에 실질적 이해관계를 지닌 자이고[21], 증거은닉 목적으로 하드디스크를 양도받은 시점부터 그에 저장된 전자정보의 전속적 관리처분권자(실질적 피압수자)는 갑이 아닌 을이기 때문이라는 것이 [다수의견]의 설명이다.[22] 그에 반하여 본범 갑은 증거은닉 혐의의 직접적인 피의자도 아닐뿐더러 전속적 관리처분권을 양도·포기한 자라서 임의제출자에 더하여 별도로 참여권을 보장받아야 할 사람이 아니라고 한다.[23]

---

21) 대법원 2023. 9. 18. 선고 2022도7453 전원합의체 판결: "이 사건 하드디스크 및 그에 저장된 전자정보는 본범인 갑 등의 혐의사실에 관한 증거이기도 하지만 동시에 은닉행위의 직접적인 목적물에 해당하므로 을의 증거은닉 혐의사실에 관한 증거이기도 하다. 따라서 을은 이 사건 하드디스크와 그에 저장된 전자정보에 관하여 실질적 이해관계가 있는 자에 해당한다. 이 사건 하드디스크 자체의 임의제출을 비롯하여 증거은닉 혐의사실 관련 전자정보의 탐색·복제·출력 과정 전체에 걸쳐 을은 참여의 이익이 있다."

22) 대법원 2023. 9. 18. 선고 2022도7453 전원합의체 판결: "이 사건 하드디스크의 은닉과 임의제출 경위, 그 과정에서 을과 갑 등의 개입 정도 등에 비추어 압수·수색 당시 또는 이에 근접한 시기에 이 사건 하드디스크를 현실적으로 점유한 사람은 을이라고 할 것이다. 나아가 을이 그 무렵 위와 같은 경위로 이 사건 하드디스크를 현실적으로 점유한 이상 다른 특별한 사정이 없는 한 저장된 전자정보에 관한 관리처분권을 사실상 보유·행사할 수 있는 지위에 있는 사람도 을이라고 볼 수 있다."

이에 대하여 [반대의견]은 [다수의견]이 선례의 취지에 배치된다고 비판하면서, “증거은닉범이 본범으로부터 증거은닉을 교사받아 소지·보관하고 있던 본범 소유·관리의 정보저장매체를 피의자의 지위에서 수사기관에 임의로 제출하였고, 본범이 그 정보저장매체에 저장된 전자정보의 탐색·복제·출력 시 사생활의 비밀과 자유 등을 침해받지 않을 실질적인 이익을 갖는다고 평가될 수 있는 경우, 임의제출자이자 피의자인 증거은닉범과 함께 그러한 실질적 이익을 갖는 본범에게도 참여권이 보장되어야 한다.”라고 설시하고 있다.[24)]

3) 보충의견 요약 및 정리

위 대법원 2022도7453 전원합의체판결 사건은 증거은닉범과 본범이라는 특수한 문제에서 시작하였으나 참여권의 보장 취지와 범위 확장이라는 일반론의 영역까지 그 논의가 확대되어 다수의견 및 반대의견의 각 보충의견까지 첨예한 견해 대립이 이어졌다.

[다수의견의 보충의견]에 따르면 선례가 고안한 ‘실질적 피압수자’는 전자정보의 실질적 이해관계도 없는 사람이 압수·수색의 형식적인 당사자가 되는 상황이 빈번한 현실을 반영하여 고안한 도구적 개념이므로 ‘피의자’로부터 정보저장매체를 압수하는 경우는 그 피의자 아닌 정보저장매체의 소유자를 실질적 피압수자에 포섭하여 별도로 참여권을 부여할 이유가 없다고 덧붙였다.[25)] 다른 한편 [반대의견의

---

23) 대법원 2023. 9. 18. 선고 2022도7453 전원합의체 판결: “갑은 임의제출의 원인된 범죄혐의사실인 증거은닉범행의 피의자가 아닐 뿐만 아니라 이 사건 하드디스크의 존재 자체를 은폐할 목적으로 막연히 ‘자신에 대한 수사가 끝날 때까지’ 은닉할 것을 부탁하며 이 사건 하드디스크를 을에게 교부하였다. 이는 자신과 이 사건 하드디스크 및 그에 저장된 전자정보 사이의 외형적 연관성을 은폐·단절하겠다는 목적 하에 그 목적 달성에 필요하다면 ‘수사 종료’라는 불확정 기한까지 이 사건 하드디스크에 관한 전속적인 지배·관리권을 포기하거나 을에게 전적으로 양도한다는 의사를 표명한 것으로 볼 수 있다.”

24) 대법원 2023. 9. 18. 선고 2022도7453 전원합의체 판결 중 대법관 민유숙, 이흥구, 오경미의 반대의견: “다수의견은 참여권을 보장받는 주체인 ‘실질적 피압수자’를 압수·수색의 원인이 된 범죄혐의사실의 피의자를 중심으로 협소하게 파악하는 것으로서 선례의 취지와 방향에 부합하지 않는다. 또 다수의견에 의하면 현대사회의 개인과 기업에게 갈수록 중요한 의미를 갖는 전자정보에 관한 수사기관의 강제처분에서 적법절차와 영장주의를 구현해야 하는 헌법적 요청을 외면함으로써 실질적 피압수자인 전자정보 관리처분권자의 사생활의 비밀과 자유 등에 관한 기본권이 침해되는 반헌법적 결과를 용인하게 된다. (중략) 실질적 피압수자가 압수·수색의 원인이 된 범죄혐의사실의 피의자일 것을 요하는 것은 아니다.”

보충의견]에서는, 피의자성을 전제로 참여권자 여부를 판단하는 [다수의견]이 선례의 취지에 부합하지 않는다는 비판과 함께 피의자인지를 불문하고 정보의 전속적 관리처분권 보유 여부라는 통일된 기준으로 참여권을 보장한다면 정보사회에서 기본권을 보장하는 방향으로의 수사 실무를 선도할 수 있다고 하였다.[26)]

위 사건은 소유자가 자신의 전자정보가 담긴 정보저장매체를 증거은닉을 위해 타인에게 양도한 경우, 그가 전속적 관리처분권자(실질적 피압수자)에 해당하는지가 직접적인 쟁점이었다. 그러나 각 [보충의견]까지 들여다보면, '실질적 피압수자'라는 개념이 범죄혐의와의 관계없이도 국민의 기본권 보호 차원의 일반개념인지, 피의자 지위와 피압수자 지위 중 정확히 어느 것을 기준으로 참여권자임을 파악해야 하는가에 대한 근본적인 다툼이 숨어 있음을 알 수 있다.[27)] 다시 말해 압수·수색의 영장 집행에 대한 참여권의 보장 취지나 참여권자 범위에 관해서는 대법관들 간에도 여전히 의견이 통일·확립되지 않았다는 점이다.

4. 소결: 검토 및 비판

위와 같이 대법원판결은 정보저장매체나 그 저장매체 내 전자정보의 압수·수색 영장 집행과 참여권자에 관하여 법적인 근거를 형사소송법 제219조, 제121조에 두고서도 '피압수·수색 당사자 또는 피압수자'라고 표현하거나, 피해자 등 제3자가 영장에 의하지 않고 임의제출(제218조) 또는 압수·수색영장의 제3자 집행인 경우(제219조, 제106조 제2항)에서는 '피의자'의 참여권 보장을 위하여 '실질적 피압수자' 개념을 사용하는 등 피압수자의 의미·대상을 세분하고 있다.

나아가 법원의 대물적 강제처분을 수사상 강제처분에 '준용'하는 현행법의 규정 및 동법 제121조의 참여권과 제123조의 참여권이 그 주체와 성질, 취지 등이 명백히 구별되어야 하는데 판례는 이를 간과하고 있는 것으로도 여겨진다.[28)] 특히 피의

---

25) 대법원 2022도7453 전원합의체 판결 중 대법관 안철상, 노태악, 천대엽의 [보충의견].

26) 대법원 2022도7453 전원합의체 판결 중 대법관 오경미의 [보충의견].

27) 위 판결에 대한 자세한 평석으로 이창현, "정보저장매체 임의제출 후 집행과정의 참여권 보장과 증거능력", 형사소송 이론과 실무, 제15권 제4호 (2023), 76－90면.

28) 이관희·이상진, "디지털 증거 압수수색에서 피의자의 참여권 보장 법리에 대한 비판적 고찰", 형사정책연구 제34권 제3호(2023.가을), 209면도 제121조와 제123조의 취지가 다름을 지적한다.

자 또는 정보소유자와 현실적인 (형식적) 피압수자가 분리되어 빈번하게 영장의 제3자 집행이 행해지는 정보저장매체 또는 그 저장매체 내 전자정보의 압수·수색 절차에는 피의자와 피압수자, 정보소유자와 정보(또는 매체)의 관리권자 등을 명확히 구별하여 각각의 절차적 권리 보장을 논의해야 함에도 판례는 이에 대한 명확한 판단 기준을 제공하지 못하고 있다. 이러한 태도는 전자정보의 압수·수색에서도 헌법상 영장주의 정신과 적법절차의 원칙을 중시하여 당사자 참여의 절차적 권리보장을 강조하여 온 판례의 법리와 모순된다. 이에 대법원은 영장의 제3자 집행과정에서 피의자 또는 정보소유자의 참여권 등 절차적 권리보장을 위하여 이른바 '실질적 피압수자' 참여권 법리를 창설하였지만, 이는 역설적으로 피해자 등 제3자가 영장에 의하지 않고 임의제출하거나 또는 제3자에게 영장을 집행의 경우 원칙적으로 피의자는 참여권자가 아니라는 전제하에서 피의자를 압수·수색의 당사자로 판단할 예외를 인정하는 해석으로 될 여지가 있다. 이러한 해석은 형사사건의 당사자인 피의자에게 원칙적으로 참여권을 인정하는 기존의 태도와 배치된다.[29][30]

반대로 위와 같은 판례의 법리 창설이 정보소유자의 절차적 참여권을 보장하기 위한 궁여지책이라면, 전자정보 자체를 기준으로 실질적 피압수자 여부를 판단하는 것이 논리적일 것인데, 판례는 '피의자 소유·관리의 정보저장매체'인지 여부, 즉 전자정보가 아닌 그 정보증거의 저장매체를 기준으로 영장집행과 참여권자를 판단하고 있어 전자정보와 정보저장매체를 엄격히 구분하지 않고 있다. 예컨대, 대법원 2016도348 전원합의체 판결에서 피의자 소유·관리의 정보저장매체인지를 판단하는 기준으로 제시한 '매체 내 전자정보 전반에 대한 전속적 관리처분권의 보유'라는

29) 대법원 2012. 10. 11. 선고 2012도7455 판결 등. 참고로 헌법재판소 역시 2012. 12. 27. 선고 2011헌바225 전원재판부 결정[형사소송법 제122조 단서 위헌소원]에서 "형사소송법 제122조 본문은 압수수색절차의 공정을 확보하고 집행을 당하는 자의 이익을 보호하고자 마련된 형사소송법 제121조의 참여권의 실질적인 보장을 위하여 압수수색의 일시와 장소를 참여권자인 피의자 및 변호인에게 사전에 통지하도록 함으로써 피의자의 절차적 권리를 보장하고자 한 것"이라고 판시하고 있다. 최근에는 대법원 2023. 10. 18. 선고 2023도8752 판결에서 전자정보 압수·수색에서 "피의자·피압수자 또는 변호인(이하 '피의자 등'이라 한다)은 압수·수색영장의 집행에 참여할 권리가 있으므로(형사소송법 제219조, 제121조) 수사기관이 압수·수색영장을 집행할 때에도 원칙적으로는 피의자 등에게 미리 집행의 일시와 장소를 통지하여야 하고(형사소송법 제219조, 제122조) (후략)"라고 판시하면서 피의자와 피압수자의 참여권의 근거를 모두 동법 제121조에서 찾고 있다.

30) 강우예, "제3자 보관 전자정보 탐색 시 피의자 참여권 보장에 관한 비판적 분석", 비교형사법연구 제25권 제4호 (2023), 159-160면도 필자와 같은 입장인 것으로 보인다.

개념도 개별·구체적 사안에 따라 판단자의 주관이 개입될 여지가 많고 통상의 소유권 개념과 정확히 어떻게 다른지 불명확하며, 무엇보다 전속적 관리처분권이 양도·포기될 수 있다는 전제하에서 '집행 당시와 시간상으로 근접한 시기까지 이를 보유하고 있을 것'의 요건까지도 요구하고 있어 참여의 절차적 권리 향유 주체가 대체 누구인지 그 예측성을 매우 저해하고 있다.[31] 실례로 최근에는 대법원 2022도7453 전원합의체 판결에서 증거은닉 목적의 정보저장매체 양도가 저장매체 내 전자정보의 전속적 관리처분권의 양도·포기인지 여부의 해석에 대하여 대법관들 사이에 의견 대립이 있었다.

끝으로 대법원 2022도7453 전원합의체 판결에서 알 수 있는 또 하나의 문제점은 여전히 대법원이 전자정보 압수·수색에서의 참여권의 주체와 근거·취지·한계 등에 대하여 입장 통일이 안 되어 있는 상태에서 현행법과 유리된 법리 창설 및 답습으로 구체적 사안에 따라 해결하려다 보니 자기모순이 발생한다는 것이다. 해당 판결에서 전자정보의 소유자 내지 정보저장매체 소유자(대법원 표현에 따르면, 저장매체 내 전자정보의 전속적 관리처분권자)가 실질적 피압수자에 해당하는지 여부를 '피의자인지 여부와 관계없이 기본권제한을 받는 정보소유자 등의 일반적 참여권을 인정하여야 한다.'라는 [반대의견]과 '참여권이 형사절차상 권리라는 한계상 피의자 지위 또는 범죄혐의와의 관련성을 떠나 실질적 피압수자 여부를 논해서는 안 된다.'라는 [다수의견]의 관점 차이에서 명백하게 드러나듯이, 참여권의 취지·한계에 대한 논증의 선행 없이는 수사상 압수·수색영장 집행과정에서 참여권의 주체를 누구로 해야 하는지를 쉽게 알 수 없으므로 장차 당사자참여권 법제의 운용·근간이 송두리째 흔들릴 우려가 있다.

---

31) 판례의 실질적 피압수자 개념이 법에 없는 추상적이고 모호한 개념을 창설하여 법 집행 현장에 혼란을 초래하고 있다는 점에서 타당하지 못하다는 견해로 소재환·이선화, "디지털 증거 압수수색 시 참여권자 관련 실무상 문제－대법원의 '실질적 피압수자' 법리 중심으로", 형사법의 신동향 제77호(2022.12), 347면.

Ⅲ. 현행법 준용 규정의 해석과 당사자의 참여권 문제

1. 피의자의 참여권 주체성

1) 피의자 참여권의 법적 근거 및 취지

형사소송법 제121조(영장집행과 당사자의 참여)는 법원의 압수·수색에서의 참여권 주체를 '검사, 피고인 또는 변호인'으로 규정하고, 동조는 법 제219조에 의해 수사기관의 압수·수색에 '준용'되고 있다. 이에 수사상의 압수·수색 과정에 참여권의 주체가 될 '당사자'는 피고인에 대응되는 피의자인지, 압수·수색의 당사자(즉, 피압수·수색자 또는 피압수자)인지가 논란되고 있다. 그간 대법원은 위 규정을 전자정보의 압수집행에서 '피압수자' 참여의 근거로 제시해오다가 최근 대법원 2021도11170 판결로 실질적 피압수자가 아닌 '피의자'의 참여권을 제한하는 듯 판시하면서 동법 제219조를 통한 제121조의 준용 및 해석이 중요하게 되었다.

학계는 대체로 사건의 당사자, 즉 수사받는 피의자가 영장의 집행에 참여할 당사자이므로 법 제121조가 수사상 준용되는 때에는 '피의자' 참여권의 근거라고 한다.[32] 특히 일제의 강압수사를 경험한 우리의 역사적 배경 하에서 형사소송법 제정자는 법 제219조, 제121조를 통해 피의자에게 참여권을 부여함으로써 수사 단계에까지 당사자주의의 적용을 확장하는 한편 예심판사의 강제처분을 승계한 수사기관의 권한을 견제하고자 한 입법자의 법률적 장치라고 설명하는 법제사적 의미부여도 보인다.[33] 제정 형사소송법의 최종안 골자가 된 당시 국회 법제사법위원회 수정

---

32) 이흔재, "제3자 보관 전자정보에 대한 압수·수색영장의 집행과 피의자의 절차적 권리", 형사법의 신동향 제76호(2022), 162－163면, 170－173면; 전치홍, "대법원의 참여권 법리에 대한 비판적 검토 －대법원 2021. 11. 18. 선고 2016도348 전원합의체 판결을 중심으로－", 형사소송 이론과 실무 제14권 제1호(2022), 9면; 조은별, "'실질적 피압수자' 개념에 대한 비판적 검토 (대법원 2021. 11. 18. 선고 2016도348 전원합의체 판결을 중심으로)", 형사판례연구 제31권(2023), 346면; 권순민, "형사절차에서 인터넷서비스 제공자 서버에 저장된 이메일 보호", 형사법연구 제23권 제4호(2011), 250면; 박용철, "디지털 증거 중 카카오톡 대화의 압수·수색 영장 집행에 대한 참여권 － 대법원 2016모587 사건을 통해 본 122조 급속을 요하는 때의 의미", 비교형사법연구 제20권 제4호(2019.1), 26－27면; 이순옥, "디지털 증거의 압수·수색 절차에 대한 비판적 고찰", 중앙법학 제20집 제3호(통권 제69호)(2018. 9), 182－184면.

33) 이흔재, 앞의 논문 162－163면; 조은별, 앞의 논문, 346면. 참고로 일본 형사소송법 제113조는 법원의 압수·수색에서 검찰관, 피고인, 변호인의 입회권을 인정하고 있지만, 동법 제127조의 수사상 강제처분에 관한 준용규정은 제113조를 명시하지 않은 점에서 우리 법이 단지 일

안에서 "당사자(검사, 피고인, 피의자, 변호인)의 참여권 및 신문권을 인정한다. 즉 압수·수색영장의 집행에의 참여(219조, 121조), 검증에의 참여(219조, 145조, 121조), 증인신문에의 참여 및 증인에 대한 직접신문(163조), 감정에의 참여(176조) 등 권한이 인정되었다. 따라서 이들 경우에는 미리 당사자에게 일시, 장소 등을 통지하여야 한다."[34]라고 한 설명에서 입법자의 의사는 피의자에게 영장집행에의 참여권을 인정하였던 것이 명백하다. 더욱이 '준용'의 언어적 의미나 법원의 처분을 수사에 준용하는 현행법규정[35]이 통상 피고인을 피의자로 치환한 점만 봐도 동법 제121조의 수사상 준용은 피고인을 피의자로 읽는 것이 합체계적 해석으로 보인다.

이와 달리 일각에서는 형사소송법 제121조의 '당사자'는 당해 사건의 당사자(즉, 피의자)가 아닌 수사상 영장 집행의 '당사자'로 해석하여 '피압수자'로 보는 것이 타당하다고 한다.[36] 앞에서 검토한 판례의 입장도 대체로 이와 같다. 하지만 피고인

본법의 입회인 제도를 답습한 것만은 아님을 알 수 있다.

일본 형사소송법	
第一一三条(当事者の立会い) ① 検察官、被告人又は弁護人は、差押状、記録命令付差押状又は捜索状の執行に立ち会うことができる。ただし、身体の拘束を受けている被告人は、この限りでない。 ② 差押状、記録命令付差押状又は捜索状の執行をする者は、あらかじめ、執行の日時及び場所を前項の規定により立ち会うことができる者に通知しなければならない。ただし、これらの者があらかじめ裁判所に立ち会わない意思を明示した場合及び急速を要する場合は、この限りでない。 ③ 裁判所は、差押状又は捜索状の執行について必要があるときは、被告人をこれに立ち会わせることができる。	제113조(당사자의 입회) ① 검사, 피고인 또는 변호인은 압수영장, 기록명령부 압수영장 또는 수색영장의 집행에 입회할 수 있다. 다만, 신체의 구속을 받고 있는 피고인은 그러하지 아니하다. ② 압수영장, 기록명령부 압수영장 또는 수색영장의 집행을 하는 자는 미리 집행의 일시 및 장소를 전항의 규정에 의하여 입회할 자에게 통지하여야 한다. 다만, 이들이 미리 법원에 입회하지 않을 의사를 명시한 경우 및 급속을 요하는 경우에는 그러하지 아니하다. ③ 법원은 압수 또는 수색영장의 집행에 있어 필요가 있는 때에는 피고인을 입회시킬 수 있다.
第一二七条(同前) 第百十一条、第百十二条、第百十四条及び第百十八条の規定は、前条の規定により検察事務官又は司法警察職員がする捜索についてこれを準用する。但し、急速を要する場合は、第百十四条第二項の規定によることを要しない。	제127조(동전*) 제111조, 제112조, 제114조 및 제118조의 규정은 전조의 규정에 의하여 검찰사무관 또는 사법경찰직원이 하는 수색에 이를 준용한다. 다만, 급속을 요하는 경우에는 제144조제2항의 규정에 의한 것을 요하지 아니한다. * 제126조의 표제어는 "구인장 등 집행과 피고인의 수색"이다.

34) 신동운, "제정형사소송법의 성립경위", 형사법연구 제22호(2004.1), 215~216면.

35) 형사소송법 제200조의6, 제201조의2 제10항 등.

이나 피의자가 아닌 '피압수자'는 주거의 '수색'이 있는 경우 법 제123조(영장의 집행과 책임자의 참여)에 근거하여 참여권이 인정되는 것은 아닌가.[37] 피의자를 제외하는 해석은 재산권과 프라이버시의 침해를 내용으로 하는 압수·수색영장의 처분 당사자인 피의자를 소외시켜 헌법상 영장주의의 취지가 퇴색하므로, 제121조의 참여권자에는 피의자뿐만 아니라 피압수자도 모두 포함되어야 할 것이다.[38] 수사상 강제처분의 당사자는 피압수자이므로 그에게도 참여권이 보장되어야 한다는 취지이지만, 제121조의 준용에서 바로 피압수자 참여의 법적 근거로 보는 것에는 무리가 있다고 본다.

결국 어느 해석에 의하더라도 법 제121조를 근거로 피의자에게 참여권이 인정된다는 점에는 차이가 없다. 그런데도 수사의 밀행성·비공개원칙을 이유로 피압수자가 아닌 피의자의 참여권을 인정하는 것은 입법정책상 부적절하다[39], 피의자가 '피집행자의 이익 보호'라는 참여권 보장의 취지와 직접 관련이 없는 경우까지 그에게 참여권을 보장하는 것은 적절치 않다[40] 등 피의자의 참여를 제한적으로 인정하려는 주장도 있다. 법문에도 불구하고 이와 같이 생각의 차이가 있는 이유는 증거인멸이나 도주, 또는 수사의 방해가 우려됨에도 수사 과정에 피의자를 참여시켜 수사의 밀행성을 해치는 것이 과연 바람직한가에 의문이 있기 때문이다.

---

36) 박민우, "디지털 증거 압수·수색에서의 적법절차", 고려대학교 박사학위논문(2016), 105면.

37) 헌법 제12조 제3항에서의 '법관이 발부한 영장'과 제16조의 "주거에 대한 압수나 수색"에 법관이 발부한 영장은 수사상 활동에 대한 사법적 통제로 영장주의의 정신은 같지만, 그 정신의 구체적 구현 법제에는 차이가 있을 수 있다. 예컨대 헌법 제12조 제3항 단서와 같은 사전 영장의 예외가 주거의 자유를 규정한 제16조에서는 보이지 않는다. 제12조 제3항에 의한 대물적 강제처분의 대상과 제16조에 의한 압수나 수색의 강제처분의 대상의 차이에 기인하는 차별이 제12조 제3항에 의한 강제처분의 대상인 "증거물 또는 몰수할 것으로 사료되는 물건"(형사소송법 제106조 제1항)과 "압수의 목적물"이 '정보저장매체인 경우'이지만 압수의 대상이 "기억된 정보"인 경우(동조 제3항)는 전자정보의 특성에 따른 사법적 통제, 즉 영장제도의 집행과 운용에의 구별 여지가 생기지 않을까? 기억된 정보의 프라이버시임과 비밀성을 고려한다면 더욱 그렇다.

38) 박민우, 앞의 박사학위논문, 105면. 한편 조은별, 앞의 논문, 346면에서는 위의 견해를 법 제121조의 참여권자를 피의자가 아닌 피압수자라는 입장으로 설명하였으나, 해당 견해는 법 제121조가 피의자 참여권의 근거라는 점을 부정하고 있지는 않으며 피압수자의 참여권도 함께 포함하여 해석하는 태도로 보인다.

39) 이완규, "디지털 증거 압수 절차상 피압수자 참여 방식과 관련성 범위 밖의 별건 증거 압수 방법", 형사법의 신동향 제48호(2015), 107－108면.

40) 이주원, 「형사소송법」, 제5판, 박영사(2022), 184면.

2) 법 제122조 단서에 의한 제한

수사 실무는 위의 문제를 그동안 형사소송법 제122조 단서의 '사전통지의 예외사유'를 넓게 해석·적용함으로써 해결해왔다. 즉, 제122조 단서에 규정된 "급속을 요하는 경우"의 의미를 시간적 급박성뿐만 아니라 '압수·수색 집행 사실을 피의자에게 미리 통지하여 주는 경우 압수·수색의 대상이 된 증거를 인멸하거나 훼손하여 압수·수색의 목적을 달성할 수 없게 되는 때를 의미하는 것'으로 넓게 해석하여 사실상 피의자에 대한 사전 통지를 대부분 생략하였다.[41] 특히 피의자가 아닌 제3자에 대한 압수·수색영장 집행의 경우는 거의 사전에 통지되지 않아 피의자 참여권이 사문화된 것이나 다름없었다.

그런데 전자정보에 대한 현장 외 압수·수색 절차에는 이러한 제122조 단서의 해석으로 피의자의 참여권을 제한하기가 곤란하다는 것이 학계의 다수입장이다. 정보저장매체가 소재한 '집행 현장에서의 선별' 단계는 법 제122조 단서의 사전 통지 예외에 해당한다는 이유로 피의자의 참여 없이 집행 절차가 이루어질 수 있겠으나, 일단 법 제106조 제3항 단서의 예외에 해당하여 수사기관이 저장매체 원본 등의 외부 반출로 증거를 확보한 이상 그 후에 속행하는 '현장 외 선별' 단계에는 피의자에 의한 증거인멸의 우려가 거의 없으므로 피의자의 참여권을 보장해야 한다는 것이다.[42]

다만, 위와 같은 해석에는 과연 법 제122조 단서가 피의자의 '참여를 제한하는 근거인가'의 의문을 제기할 수 있다. 법 제122조 본문은 법 제121조의 참여권자가 실제로 참여권을 행사할 수 있도록 사전에 영장 집행의 일시와 장소를 통지하도록 정하고 있어, 동조 단서는 참여권자의 명시적 불참 의사 또는 '급속을 요하는 경우'에 사전 통지할 필요가 없다는 의미로 이해된다. 이는 당사자의 참여를 배제하는 것이라기보다는 영장 집행 사실에 대한 사전 통지의 필요까지는 없다는 말이다. 예컨대, 증거인멸의 우려를 이유로 법 제122조 단서가 적용되어 사전 통지 없이 영장

---

41) 헌법재판소 2012. 12. 27. 선고 2011헌바225 전원재판부 결정, 대법원 2012. 10. 11. 선고 2012도7455 판결 등.

42) 이규봉, "디지털 증거 압수·수색 과정에서 피압수자 등의 참여 범위", 고려대학교 석사학위논문(2021), 73-75면; 전치홍, 앞의 논문, 33면; 조성훈, 「역외 전자정보 압수·수색 연구」, 박영사(2020), 131면; 조은별, "디지털 증거의 압수·수색에 대한 참여권의 보장", 서울대학교 박사학위논문(2021), 41면 등.

을 (특히 제3자) 집행하더라도 도중에 어떤 경위로든 (실질적 피압수자인) 피의자가 집행 사실을 알고 압수·수색 절차에 참여하겠다는 의사를 명시한다면 그의 참여를 배제하고 집행 절차를 진행할 수 없는 것이다.

다음으로 사전 통지 없이 영장의 집행이 개시되었는데, 현장에서의 선별 압수 절차를 진행하기 현저히 곤란하다고 인정되어 법 제106조 제3항 단서에 따라 정보저장매체등을 외부 반출하여 현장 외 압수·수색하는 경우, (그 경우 영장의 제3자 집행의 경우라면) 이 단계에서 (실질적 피압수자인) 피의자 등 사건관계인에게 영장 집행 사실을 통지해야, 즉 수사기관이 이미 증거를 확보하였기 때문에 증거인멸의 우려 등 제122조 단서의 요급처분 사유가 사라졌으므로 피의자의 참여권 보장을 위한 적절한 조치를 하는 것이 헌법상 영장주의에 합치하는 태도다.[43] 정보저장매체 원본 등의 외부 반출 이후 별도의 압수·수색 절차가 개시되는 것이 아니라 기왕의 집행 절차의 연장으로써 압수수색이 종료된 경우가 아니라면, 저장매체에 전자적으로 기록된 정보 중 피의사실과 관련성 있는 정보의 탐색과 선별의 일시와 장소 등을 통지할 필요가 있다고 본다.[44] 물론 이때에도 피의자는 현장 외 압수·수색 절차에 참여를 거부할 수 있지만, 수사상 기밀 보안 등의 이유로 수사기관이 피의자의 참여를 거부하거나 제한할 수는 없을 것이다.

요컨대 법 제121조에 의해 피의자는 압수·수색에 참여할 권리가 있으며, 수사기관이 피의자의 참여를 거부하거나 제한할 수 없다. 그러나 법 제122조 단서의 적용으로 인해 수사기관의 피의자에 대한 집행 사실의 사전 통지 의무는 면제될 수 있다. 그리고 현장 외 압수·수색으로 집행 절차가 속행되는 경우에도 그 집행이 요급처분으로 사전 통지하지 않고 개시된 절차이더라도 이제는 통지하여 피의자에게 참여의 기회를 보장하여야 할 것이다. 따라서 영장의 제3자 집행의 경우에도 사전 통지 없이 현장 압수를 진행하다가 예외적인 현장 외 압수 절차로 나아간 이후부터는 (실질적 피압수자인) 피의자의 참여권을 보장해야 할 것이다.

---

43) 형사소송법 제121조 문언은 수사기관이 당사자 등을 '참여시켜야 한다는 수사상 권한'이 아닌, 수사기관의 강제처분 절차에 "참여할 수 있다."라고 규정되어 있는 '당사자 등의 권리' 규정이다.

44) 판례 역시 수사기관 사무실 등으로 반출한 후 탐색이 이루어지는 경우를 전체적으로 '압수·수색영장 집행의 일환'으로 보고 있다(대법원 2015. 7. 16.자 2011모1839 전원합의체 결정; 대법원 2021. 12. 30. 선고 2019도10309 판결 등).

2. 전자정보 피압수자의 참여권 주체성

1) 전자정보의 피압수자와 실질적 피압수자 개념의 재검토

피압수·수색 당사자(피압수자)는 법률상의 규범적인 용어라기보다는 판례에서 형성·사용된 현실적 개념으로서 이후에 "검사와 사법경찰관의 상호협력과 일반적 수사준칙에 관한 규정"[45], "디지털 증거의 수집·분석 및 관리 규정"[46], "디지털 증거의 처리 등에 관한 규칙"[47] 등 수사기관의 각종 하위법령에 반영되어 있다. 그러나 압수·수색·검증에는 이들의 '참여를 보장하여야 한다'라고 규정되어 있을 뿐 피압수자에 관한 개념 규정은 보이지 않는다. 다만, 경찰청훈령 제13조 제4항은 '피의자 또는 변호인, 소유자, 소지자, 보관자, 형사소송법 제123조에서 정한 참여인'을 "피압수자등"으로 한정하고 있는데[48], 그중 '소유자, 소지자, 보관자'는 형사소송법 제106조 제2항에서 법원의 제출명령 대상자로 규정[49]되어 있고 또 법 제108조(임의 제출물 등의 압수)는 "소유자, 소지자, 보관자가 임의제출한 물건 또는 유실한 물건은 영장없이 압수할 수 있다"고 규정한다. 이로써 법 제129조(압수목록의 교

---

45) 대통령령 제31089호[2020.10.7., 제정] [시행 2021.1.1.] 제41조 제3항 참조.

46) 대검찰청예규 제876호[2016.12.26., 일부개정] [시행 2017.3.1.] 제15조 제2항 참조.

47) 경찰청훈령 제1086호[2023.7.4., 일부개정] [시행 2023.7.4.]. 제13조 제4항 참조.

48) 디지털 증거의 처리 등에 관한 규칙 "제13조(압수·수색·검증 시 참여 보장) ① 전자정보를 압수·수색·검증할 경우에는 피의자 또는 변호인, 소유자, 소지자, 보관자의 참여를 보장하여야 한다. 이 경우, 압수·수색·검증 장소가 「형사소송법」 제123조제1항, 제2항에 정한 장소에 해당하는 경우에는 「형사소송법」 제123조에 정한 참여인의 참여를 함께 보장하여야 한다.
② 경찰관은 제1항에 따른 피의자 또는 변호인의 참여를 압수·수색·검증의 전 과정에서 보장하고, 미리 집행의 일시와 장소를 통지하여야 한다. 다만, 위 통지는 참여하지 아니한다는 의사를 명시한 때 또는 참여가 불가능하거나 급속을 요하는 때에는 예외로 한다.
③ 제1항에 따른 참여의 경우 경찰관은 참여인과 압수정보와의 관련성, 전자정보의 내용, 개인정보보호 필요성의 정도에 따라 압수·수색·검증 시 참여인 및 참여 범위를 고려하여야 한다.
④ 피의자 또는 변호인, 소유자, 소지자, 보관자, 「형사소송법」 제123조에 정한 참여인(이하 "피압수자 등"이라 한다)이 참여를 거부하는 경우 전자정보의 고유 식별값(이하 "해시값"이라 한다)의 동일성을 확인하거나 압수·수색·검증과정에 대한 사진 또는 동영상 촬영 등 신뢰성과 전문성을 담보할 수 있는 상당한 방법으로 압수하여야 한다.
⑤ 경찰관은 피압수자 등이 전자정보의 압수·수색·검증절차 참여과정에서 알게 된 사건관계인의 개인정보와 수사비밀 등을 누설하지 않도록 피압수자 등에게 협조를 요청할 수 있다."

49) 형사소송법 제106조 제2항 "법원은 압수할 물건을 지정하여 소유자, 소지자 또는 보관자에게 제출을 명할 수 있다."

부)는 "압수한 경우에는 소유자, 소지자, 보관자 기타 이에 준할 자에게 압수목록을 교부하여야 한다."라며 법원의 압수목록 교부 의무를 정하고 있다.[50] 법 제133조(압수물의 환부·가환부) 제1항에서는 가환부청구권자로서 "소유자, 소지자, 보관자 또는 제출인"을 지정하고 있다.

위와 같은 법률의 규정 체계에 따르면, 피압수자는 압수 목적물의 소유자, 소지자, 보관자라고 할 수 있을 것이지만, 여기에는 법원의 압수·수색·검증의 대상자와 제출명령의 대상자가 혼재하고 있다. 정확히 말하면 소유자, 소지자, 보관자는 피압수자가 되는 적격자로서 그들 중 개별·구체적 사건에서 실제로 압수당하는 자가 피압수자가 된다. 피해자(소유자)의 물건을 피고인 또는 피의자가 소지하고 있는 경우 압수·수색영장 집행의 대상인 피고인 또는 피의자가 피압수자일 것이다. 그 물건을 제3자가 단순 소지하거나 보관하고 있는 경우 법원에서는 압수를 위해 영장을 발부하는가, 제출명령을 내리는가, 아니면 어느 명령의 하나를 선택할 수 있는 것인가? 형사소송법상 압수물의 획득에는 '영장의 집행', '제출명령', '임의제출'에 의한 압수 등의 방법이 있고, 특히 법 제108조에는 피압수자와 제출인의 개념상 중첩이 보인다. 피압수자는 법원의 압수를 당한 자인가, 제출명령의 이행자인가? 임의제출한 '소유자, 소지자, 보관자'도 여기에 포함되는 것인가? 어쨌든 압수의 목적물이 유체물인 경우라면 직관적으로 피압수자가 누구인지, 그 답을 알 수 있다. 실제로 압수·수색 단계에서 압수물의 (민법상) 소유가 누구에게 있는지는 중요하지 않으며 사실상 압수를 당하는 자가 즉, 압수물에 대한 영장 집행 당시에 이를 점유하고 있는 소지자 또는 보관자가 '피압수자'가 될 것이다. 피압수자는 당해 사건의 피고인 또는 피의자로서 사건당사자일 수도 있으며, 압수할 물건과의 관련해서는 소유자, 소지자, 보관자 등 제3자일 수도 있다. 유체물의 압수에서는 이처럼 판례나 실무에서 말하는 '피압수자'가 누구인지 간명하게 판단될 수 있다.[51]

그러나 문제는 압수의 대상이 전자정보인 경우다. 전자정보는 그 특성상 소유자,

---

50) 수사 단계에서는 법 제218조(영장에 의하지 아니한 압수)에서 "검사, 사법경찰관은 피의자 기타인의 유류한 물건이나 소유자, 소지자 또는 보관자가 임의로 제출한 물건을 영장없이 압수할 수 있다."고 규정되어 있다.

51) 위와 같이 '피압수자'는 압수·수색 집행의 형식적·직접적 상대방이라는 견해로는 구길모, "디지털 증거 압수·수색과 참여권보장 – 피의자와 피압수자가 일치하지 않는 경우를 중심으로", 형사법연구 제34권 제4호(2022.12), 224면; '피압수자'란 소유자, 소지자(보관자) 중 실제로 압수(수색)당하는 자로 이해하는 견해로는 조은별, 앞의 박사학위논문, 92면.

소지자, 보관자의 개념을 유체물과 동일하게 상정하기 곤란한 측면이 있다. 먼저 전자'정보'의 소유자는 누구인가? 개별 정보를 생성 · 이용하는 자인가, 그 정보의 주체인가, 아니면 양자 모두를 소유자로 파악할 수 있는가?[52] 다음으로 전자정보의 소지자 또는 보관자, 즉 점유자가 누구인가 더욱 판단하기 어렵다. 무형의 정보를 '점유'한다는 상태는 과연 어떤 형상인가? 예컨대, 이를 정보저장매체의 점유를 기준으로 판단했다고 하더라도 그 정보의 점유 관계를 정확히 표상했다고 할 수 없다. 전자정보의 매체독립성으로 인해 그 정보가 기록된 저장매체의 소유자, 소지자, 보관자의 소유나 점유 상태를 그대로 정보의 소유 · 점유 상태라고 볼 수 없기 때문이다. 예컨대 인스턴트 메시지(Instant message) 서비스[53]를 제공하는 메신저 회사의 서버는 그 메신저 회사소유이지만 그 서버에 저장된 개별 이용자의 메시지 정보까지 회사가 소유하고 있다고 하기는 곤란하다. 그렇지만 다른 한편으로 정보와 저장매체를 완전히 독립의 존재(형 · 태)라고 볼 수도 없다. 전자정보는 '성질상' 매체와 독립적이나 그 '존재'는 매체에 의존할 수밖에 없기 때문이다.[54] 이렇듯 전자정보는 저장매체와 독립적이지만 철저하게 분리 · 독립하여 다루기 곤란한 정보의 특성상 유체의 물건과 같은 관점으로만 다루면 전자정보의 압수 · 수색에서 피압수자가 누구인지 파악하고, 나아가 그의 참여를 보장하기란 어려워 보인다.

대법원이 저장매체의 피압수자(또는 임의제출자)와 별도로 '실질적 피압수자'라는 도구적 개념을 고안한 이유는 피해자 등 제3자인 '저장매체'의 피압수자[55]가 아니라 피의사실과 관련이 있는 '전자정보의 피압수자'를 상정하여 그 피의자에게 참여

---

52) 개인정보보호법 제2조 제3호에 따르면 정보주체란 "처리되는 정보에 의하여 알아볼 수 있는 사람으로서 그 정보의 주체가 되는 사람"을 말하는데, 가령 어떤 사람을 촬영한 영상 파일의 소유자를 해당 영상을 생성하고 이용하는 촬영자라고 해야 하는지 아니면 영상에 등장하는 정보주체라고 해야 하는지 아직 명확하게 합의된 정의는 없는 것으로 보인다.

53) 인스턴트 메시지에 대해서는 Naver 개인정보보호실, "인스턴트 메시지(Instant message)와 프라이버시"(https://blog.naver.com/n_privacy/220172292445, 최종검색일: 2024.02.14.) 참조.

54) 특정 저장매체에 기록되지 않고 오로지 전자적 정보만이 존재하는 상태는 생각할 수 없다. 전송 중인 정보는 통신의 실체로 통신비밀보호법상 감청의 대상이며 압수 · 수색의 대상은 아니다.

55) 학계에서는 실질적 피압수자(즉, 피의자)와 구별하여 편의상 '형식적 피압수자'라고 부른다. 예컨대, 구길모, 앞의 논문, 224면; 하태인, "정보저장매체의 임의제출과 참여권 -대법원 2022. 1. 27. 선고 2021도11170 판결-", 법학연구 통권 제72집(2023.9), 45면 등 참조. 판례상으로는 대법원 2023. 9. 18. 선고 2022도7453 전원합의체 판결에서 실질적 피압수자의 범위에 관한 각 의견을 설명하면서 반대의견과 다수의견에 대한 보충의견이 '형식적 피압수자'라는 용어를 사용하였다.

권을 보장해야 할 필요성이 있었기 때문이다.[56] 그러나 대법원 판례가 말하는 실질적 피압수자는 저장매체와 전자정보를 구분하지 않고 양자를 동일시하는 관점 위에서 고안된 개념이라는 문제가 있다. 대법원이 고안한 실질적 피압수자에는 외견상 정보저장매체의 형식적·직접적 피압수자(매체의 소지자·보관자를 말하며 임의제출하는 경우도 포함)가 있으나 피압수자 또는 임의제출자가 아닌 별도의 정보저장매체 소유자(피의자)가 있어서 후자에게 참여권을 보장하게 하려는 취지의 매우 의미심장한 법리이지만, 정작 사실의 증명에 중요한 증거로써 압수 또는 임의제출에 의해 압수되어야 하는 대상은 정보저장매체가 아닌 그 저장매체에 기록된 정보라는 관점에서 재검토가 필요하다. 즉 정보저장매체의 (형식적) 피압수자와 실질적 피압수자로 구별할 것이 아니라 오히려 물건인 저장매체의 피압수자와 이로써 실질적으로 "기억된 정보"가 압수된다고 평가될 전자정보의 피압수자로 구분하는 방법이 더더욱 현장실무에 합치되고 타당하다고 본다.[57] 이에 실질적 피압수자라는 그 의미가 불명한 판례상의 용어를 사용하는 것보다는 형사소송법 제106조 제3항에서 규정된 압수의 목적물(정보저장매체)과 압수의 대상이 되는 "기억된 정보"의 관계에서 영장 집행의 참여권자인 '피압수자'의 정의를 내리는 것이 전자정보 압수·수색의 법리와 현행의 수사 실무에도 부합할 것이다.

2) 정보 피압수자의 판단 기준

전자정보 피압수자를 판단하는 기준은 정보저장매체의 소유자와 실제 정보의 소유자가 다를 경우, 예컨대 피해자 등 제3자가 보관하는 정보증거(물)에 대한 압수·수색 집행이나 임의제출 등 정보 소유자(정보 주체)에게도 압수·수색 절차의 참여권을 인정해야 하는가의 문제와 직접 관련을 맺고 있다. 최근의 판례 동향처럼

56) 위의 대법원 2021. 11. 18. 선고 2016도348 전원합의체 판결 및 대법원 2021. 11. 25. 선고 2019도7342 판결 등 참조.

57) 판례상 실질적 피압수자 개념의 최초로 형성된 대법원 2021. 11. 18. 선고 2016도348 전원합의체 판결의 사안에서도 수사기관의 피의자에 대한 압수·수색 '영장의 집행'사안이 아니라 피해자 등 제3자에 의하여 증거가 저장된 피의자의 정보저장매체(휴대폰)를 수사기관에 '임의제출'한 경우이다. 전자적 정보가 물건인가 아닌가의 원론적 논란을 도외시하더라도 이 사건에서 압수의 목적물은 성폭력처벌법 위반의 불법촬영에 사용한 카메라 기능 장착의 휴대폰 자체와 그 저장매체에 기억된 촬영물(성적 욕망 또는 수치심을 유발할 수 있는 피해자의 신체 영상)이다. 휴대폰은 명백히 피의자의 것이지만 촬영물은 촬영대상자(피해자)의 것이라고도 할 수 있다.

제3자 보관의 전자정보에 대한 압수가 빈번한 상황에서 그저 정보저장매체의 (형식적) 피압수자에게만 참여권을 보장해서는 영장 집행과 당사자 및 책임자의 참여를 규정하여 헌법상 영장주의와 적법절차를 구현하고자 하는 형사소송법상의 영장제도 취지를 제대로 살릴 수 없다고 본다.

그 동안 전자정보의 압수·수색과 참여권자에 대해 학계에서는 정보저장매체의 소유·소지 관계에 따라 피압수자를 정해야 하며 이에 정보 주체는 피압수자에 해당하지 않으나 별도로 참여권자가 된다는 견해[58], 압수·수색으로 인해 실제 기본권 침해를 당하는 자(정보주체)가 피압수자라는 견해[59], 디지털 증거의 소지자·보관자를 판단하면서 해당 정보가 아닌 저장매체의 점유를 기준으로 하는 것이 적절한지는 의문이지만 디지털 증거의 비가시성으로 인하여 그 안에 어떠한 정보가 들어있는지를 알 수 없으므로 저장매체를 기준으로 피압수자를 판별하는 것이 불가피하다는 견해[60], 정당한 계정 정보를 가지고 자신 정보를 실질적으로 지배·관리하는 정보 주체가 정보의 점유자라고 평가되므로 정보 피압수자에 해당하나 실제로는 저장매체의 점유를 기준으로 판단할 수밖에 없다는 견해[61] 등이 주장되어 있다.

우리의 현행법체계에서 피압수자를 논함에 있어서는 먼저 그가 정보저장매체에 대한 실제로 진정한 권리자인지를 묻지 않고 다만 압수물(저장매체)을 사실상 점유하고 있는지만으로 판단한다. 그러나 정보 주체는 압수·수색으로 인해 궁극적으로 프라이버시가 침해되거나 제한을 받는 자이므로 법·절차적 보호의 필요성은 말할 필요도 없지만, 적어도 피압수자의 개념에 포섭시키는 것은 현장의 실무와 일치하지 않는다. 무엇보다 개별 정보를 열람해야 누구의 정보인지, 그 정보의 주체가 드러나는데 수사상 압수·수색은 이처럼 개별적 단위의 정보가 아닌 사건과의 무관정보 및 유관정보가 혼재된 대량의 정보를 대상으로 하며, 그 탐색 및 선별을 개시하기 위해서는 참여권자가 미리 확정돼야 할 것이기 때문에 논리적으로는 정보 주체의 참여권이 도출될 수 없다. 현행법상으로 정보 주체의 보호는 형사소송법 제106

58) 오기두, "전자정보의 수색·검증, 압수에 관한 개정 형사소송법의 함의", 형사소송 이론과 실무 제4권 제1호(2012.6), 163면.

59) 박경신, "E－메일 압수·수색의 제문제와 관련 법률개정안들에 대한 평가", 법학연구 제13권 제2호(2010.8), 276－277면.

60) 허 준, "제3자 동의에 의한 디지털 증거 압수·수색의 한계", 비교형사법연구 제20권 제4호(2019.1), 53－54면.

61) 조은별, 앞의 박사학위논문, 104－105면. 이 문제와 관련된 하급심판결에 대해서는 조은별, 앞의 박사학위논문, 96－105면 참조.

조 제4항의 사후 통지 또는 제129조의 압수목록의 교부를 받는 "기타 이에 준할 자"에 포섭하는 등이 최선으로 보인다.[62]

생각건대 정보는 유체물처럼 물리적인 점유의 대상이 아니라 '관념적인 지배의 대상'이다. 물론 전자정보는 전기적 신호가 저장매체에 기록되는 것으로 그 물리적 실체가 전혀 없다고 할 수는 없지만, 중요한 것은 전기신호 자체가 아니라 그 신호의 배열로 표상되는 정보 내용이기 때문이다. 무엇보다 저장매체와 정보를 분명히 구분하여 별개의 법적 대상으로 파악하는 방향으로 발전한 우리 형사소송법과 실무의 태도에 비추어 양자의 점유 관계를 각각 달리 판단하는 것이 옳을 것이다. 따라서 전자정보의 점유자가 누구인지는 그것이 기억된 저장매체의 점유 관계를 떠나 정보의 관념적인 지배가 누구에게 있는지를 기준으로 따져야 한다. 실질적 피압수자(정보 피압수자)는 "전자정보 전반에 관한 전속적인 관리처분권을 보유·행사"하는 자라고 설명한 대법원도 그러한 시각으로 보인다.[63] 다만, 다시금 "임의제출자 아닌 피의자에게도 참여권을 보장해야 하는 '피의자의 소유·관리에 속하는 정보저장매체'란, 피의자가 압수·수색 당시 또는 이와 시간적으로 근접한 시기까지 해당 정보저장매체를 현실적으로 지배·관리"하는 것을 그 판단 기준으로 제시한 판례의 현실은 저장매체의 사실상 점유 또는 지배하는 자가 정보의 관념적 지배자로 판단되는 주된 기준으로 삼을 수밖에 없는 한계를 나타내기도 한다.

요컨대, 정보의 피압수자는 정보의 관념적 지배자(=정보의 점유자)라고 해야 한다.[64] 저장매체에 대한 사실상의 지배(점유)를 중시하는 것으로는 충분하지 않다. 저장매체를 점유하는 자가 곧 그 점유를 통해 저장된 정보까지 관념적으로 지배하고 있고, 따라서 정보를 점유하고 있다고까지 평가할 수 있다. 그런데 정보의 관념적 지배자가 누구인지의 판단은 실제로 정보를 탐색·선별하기 전 단계에서 행해져야 한다. ISP 등 제3자가 보관 중인 인스턴트 서비스이용자의 메시지 대화 내용 또는 송수신이 완료된 이메일 내용처럼 정보의 관념적 지배자인 서비스이용자가 누

62) 이관희·이상진, 앞의 논문, 218면도 참여권자가 아닌 정보주체가 개인정보보호법 제4조가 보장하는 '개인정보의 처리에 관한 정보를 제공받을 권리'를 보장할 방안을 마련해야 한다고 지적하는 바 형사소송법 제106조 제4항의 적극적인 운용이 필요하다고 생각된다.

63) 여기서는 특히 대법원 2022. 1. 27. 선고 2021도11170 판결.

64) '점유'는 반드시 사실상의 개념에 한정되지 않고 관념적 지배를 포함한다. 결국 정보의 점유자(정보의 피압수자)가 누구인지를 판단하기 위해 정보의 존재적 특성을 고려해야 하며, 저장매체에 대한 사실상 또는 물리적 지배 상태만으로 정보의 점유 관계를 곧바로 단정할 수 없는 것이다.

구인지 선별압수집행 전에 명백하게 드러나는 경우는 (압수·수색이든, 제출명령이든) 법적으로 특히 문제가 되지 않을 것이다. 다만 개인이 소지한 정보저장매체의 경우에는 대법원 판례가 제시한 기준으로는 수사기관의 구체적 판단이 필요할 것이다. 이러한 수사기관의 현장 판단은 저장매체의 실제 소유자가 누구인지, 집행 당시에 누가 저장매체를 지배·관리하고 있는지, 집행 당시 저장매체가 소유자의 지배 범위에서 이탈한 경우라면 어떤 경위로 이탈한 것인지 등을 살펴서 최종적으로 정보저장매체에 의존하여 존재할 수밖에 없는 －저장매체가 아닌－ 전자정보에 관한 지배를 누가 하는가를 판별해야 할 것이다. 수사기관의 실무현장에서 그러한 사전적 판단은 공판단계에서 항상 사후적으로 심판되는 것이 판례상 법리형성의 문제라면 문제다.

3) 정보 피압수자의 참여권의 법적 근거

실질적 피압수자는 형사소송법의 법률용어가 아니라 판례의 법리로 형성되고 수사 관련 하위법령에 반영된, 정보 주체의 절차적 권리를 보장하는데 이바지하는 개념에 해당한다. 정보 피압수자의 절차적 참여권의 법적 근거로는 먼저 형사소송법 제121조를 근거로 한 합목적적 해석론이 있다. 이는 대법원의 판시처럼 유체물의 피압수자가 압수·수색 과정에 당연히 참여하는 것과의 형평상, 무형의 정보 피압수자도 그 과정에 참여할 수 있어야 한다는 논리이다.[65)]

다음은 법 제123조에서 정보 피압수자의 참여권이 바로 도출된다는 것이다. 법 제123조는 집행 장소의 책임자(제1항) 및 주거주 등(제2항)의 참여권을 정하고 있다. 이들은 비록 피고인 등 사건의 당사자가 아니나 각 항의 집행 장소에 대한 법익의 보호를 위하여 참여권이 인정된 것이다. 법 제123조 제1항의 책임자는 공무상 비밀·군사상 기밀 보호를 위하여, 동조 제2항의 사람은 헌법상 주거의 자유와 사생활의 비밀과 자유 등 프라이버시 보장을 위하여 참여하는 것으로 이해된다.[66)] 바로 이 점에서

65) 최문수, "압수·수색 참여권 관련 최근 판례의 동향 - 실질적 피압수자 법리의 의미와 요건을 중심으로", 사법, 제1권 제65호(2023), 446－450면은 형사소송법 제121조가 '피의자인 피압수자'는 물론 '피의자 아닌 피압수자'의 참여권에도 준용되어야 한다고 설명한다. 즉, 법 제123조와 제118조는 규정체계상 피압수자의 참여권 근거가 될 수 없다는 전제하에, 그렇게 되면 피압수자는 압수·수색처분을 받는 당사자로서 직접적인 이해관계자이자 헌법상 권리를 침해받는 자임에도 불구하고 그의 참여권이 아무런 법적 근거를 가지지 못하게 되어 불합리하다는 점을 이유로 제시한다.

66) 한편 형사소송법 제123조 제3항은 동조 제2항의 장소에 제2항의 사람이 참여하게 하지 못할

저장매체의 (형식적) 피압수자가 아니나 피의자인 정보주체의 실질적 피압수자로써의 참여권까지도 인정된다는 결론의 도출이 가능하다.[67] 법 제123조는 '장소'의 피압수·수색에 책임자의 형식적 참여권만을 정하고 있는 것이 아니고 헌법의 '주거의 자유·사생활의 비밀과 자유'와 관련하여, 헌법상 보장된 '개인정보자기결정권'의 수사상 제한에 대해 정보주체를 보호하기 위하여 저장매체의 (형식적) 피압수자만이 아닌 피의자 정보주체의 참여권까지도 실질적 피압수자로서 인정된다는 것이다. 그러나 엄밀히 말하면, 법 제123조의 책임자의 참여권은 장소를 기준으로 정하고 있어 압수할 물건의 수색에 관한 참여의 권리로 해석되어야 한다.[68] 비록 현장의 실무는 압수·수색 영장을 결합·발부하고 있고, 실제로도 수색은 압수를 전제로 행해지는 점에서 사실상 압수와 수색은 하나의 처분으로 집행되지만, 법적으로 양자는 엄연히 구분되어 있다. 법 제123조는 수색당하는 장소에 대한 비밀 보호와 주거권 보호 차원에서 비롯된 책임자의 수색에의 참여권 규정이라고 해야 하지, 주거내 물건의 압수에 정향된 참여와는 다소 거리가 있다. 그런데 전자정보의 압수에는 반드시 유관정보만을 탐색·선별해야 하는, 즉 수색이 행해지고, 영업비밀이나 개인정보자기결정권, 프라이버시 등 사생활의 비밀 침해가 문제인 정보 압수·수색에서 이를 보호하지 않는다는 것은 형평에 맞지 않는다. 법 제123조의 입법 취지를 피수색자의 사생활의 비밀 보호라고 해석하면, 정보의 피수색자에게 프라이버시 등 비밀 보호 차원에서의 참여권도 도출된다.[69]

때는 이웃 사람 또는 지방공공단체의 직원을 참여하게 하여야 하도록 규정한다. 이 규정은 압수·수색 절차의 형식적·객관적 적법성을 담보함으로써 참여권 제도의 입법 취지를 보장하는 것이다.

67) 이관희·이상진, 앞의 논문, 214－215면은 형사소송법 제118조와 제123조에서 참여권의 근거를 찾는 것이 법률의 해석 측면이나 수색에서의 인권침해 방지 측면에서도 유용하다고 주장한다.

68) 형사소송법 제123조는 유체물 압수·수색을 전제로 제3자의 참여를 규정한 것일 뿐이며 전자정보에 관한 참여권 보장의 근거로 볼 수 없다는 견해로는 하태인, "형사절차에서 전자정보의 탐색 및 압수", 비교형사법연구 제24권 제4호(2023), 142－143면.

69) 물론, '피압수자'의 참여권을 논의하면서 '피수색자'의 참여권의 법적 근거로 논의를 마치는 것은 적합하지 않다는 지적이 있을 수 있다. 하지만 위의 상술처럼, 정보저장매체에 기억된 정보를 압수하기 위하여 선별 압수의 수색이 전제되어야 한다는 점에서 결국 피수색자의 참여권은 피압수자의 참여권으로 연계·전환되므로 추가의 상론은 필요치 않을 것이다.

Ⅳ. 전자정보의 저장매체 독립성과 피압수자의 참여권 보장

1. 기존의 제3자 압수·수색에 관한 논의

제3자 보관증거에 대한 압수·수색은 피의사건의 증거·압수물을 피해자 등 제3자가 보관하는 경우 그에게 압수·수색을 집행하거나 그로부터 임의제출 받는 경우와 같이 피의자와 피압수자가 일치하지 아니하는 경우의 문제이다.[70] 판례의 실질적 피압수자 법리도 당해 사건의 피의자가 영장 집행의 피압수자라면(이른바 '당사자 집행') 실질적 피압수자라는 개념을 상정하여 피압수자의 범위를 확장할 필요는 없다. 대법원 2022도7453 전원합의체 판결 중 [다수의견에 대한 보충의견]도 이러한 사실을 명시하고 있다.[71] 대법원 2022도7453 전원합의체 판결 중 다수의견에 대한 보충의견의 논리대로라면, 결국 실질적 피압수자 법리는 피의자에게는 참여권을 인정하지 않으면서 피의사건과 직접적인 이해관계가 없는 – 따라서 실제로 참여권을 행사하지도 않을 – 제3자에게 참여의 기회만 보장하여 수사기관이 압수·수색을 부당하게 진행할 우려가 있으므로 이를 방지하자는 취지이며, 피의자가 참여하였다면 족하다고 한다.[72] 한마디로 <u>압수·수색의 원인인 범죄혐의사실을 기준</u>

70) 제3자 보관의 압수·수색에 관한 선행 연구로는 김혁, "제3자 보관 정보에 대한 압수·수색영장의 집행과 적정절차 – 서울고법 2015. 6. 25. 2014노2389 판결(대법원 2017. 9. 7. 2015도10648 판결)을 중심으로", 형사정책연구 제29권 제1호(2018.03), 75면 이하; 이흔재, "제3자 보관 전자정보에 대한 압수·수색영장의 집행과 피의자의 절차적 권리", 형사법의 신동향 제76호(2022.09), 155면 이하 등 참조.

71) 대법원 2023. 9. 18. 선고 2022도7453 전원합의체 판결 중 "5. 다수의견에 대한 대법관 안철상, 대법관 노태악, 대법관 천대엽의 보충의견": "압수·수색의 원인된 범죄혐의사실의 피의자가 해당 피의사실과 관련되었음은 물론 압수·수색의 대상인 정보저장매체 및 전자증거를 지배·관리함으로써 직접적·실질적·법률상 이해관계를 가지는 경우에, 그와 같은 이해관계자 및 피압수자의 지위를 겸하고 있는 피의자에게 참여권이 보장되었다면 참여권에 관한 절차적 적법성은 이로써 충족·완결된 것으로 볼 수 있다. 달리 특별한 사정이 없는 한 이러한 경우에까지 실질적 피압수자를 별도로 상정할 필요는 없다."

72) 참여권에 관한 일련의 선례에 담긴 취지는, 내장된 다수·다종의 개별 정보의 귀속 주체를 알기 어려운 정보저장매체에 대한 압수·수색에서 원칙적으로 전자정보 전반의 관리처분권자인 피압수자를 중심으로 규율하되, 다만 피압수자가 범죄혐의사실 및 압수물과 아무런 실질적 이해관계가 없는 경우에는 압수·수색 절차에 참여할 이유가 없는 반면, 실질적 이해관계가 있는 피의자는 피압수자가 아니라는 이유로 참여권이 배제됨으로써 누구의 참여도 없이 무분별한 압수·수색집행이 이루어질 수 있는 가능성을 방지하기 위하여, '실질적 피압수자' 개념을

으로 참여권의 인정 여부를 결정하자는 것이다.

하지만 위에서 상술한 바와 같이 피의자의 참여권은 형사소송법 제121조 추론에 의해 인정되며(수사절차에서는 법 제219조, 제121조), 피의자가 피압수자인지의 여부와 직접적 관련은 없어 보인다. 더욱이 법 제122조 단서에 따르면, 실제로 (동조에서 추론된) 피의자의 참여 없이 압수·수색이 집행될 여지도 있다는 점에서, 영장집행의 당사자로서 참여의 배제 대상이 되지 않는 피압수자로서의 참여권이 중요해진다. 그리고 전통적인 유체물 증거의 시대와 달리 현대의 지능정보사회에서 정보 압수·수색에는 피압수자의 의미도 달라져야 할 것이다. 이에 다수의견에 대한 보충의견처럼 피의자와의 관계에서 제3자인 피압수자의 경우에 국한할 것이 아니라 정보의 피압수자와 저장매체의 피압수자로 구분하여 제3자 보관 전자정보의 압수·수색 문제를 다면적으로 검토해야 한다.

2. 저장매체 및 정보의 피압수자가 일치하는 경우

1) 피의자가 피압수자 지위를 겸하는 경우

정보저장매체의 피압수자가 그 저장매체의 소유자이거나 이를 배타적으로 이용·관리하는 자라서 해당 저장매체에 '기억된 정보'를 지배한다고 평가되는 경우(판례의 표현으로는 정보의 전속적 관리처분권자인 경우), 그에게는 저장된 정보의 피압수자로의 참여권도 보장되어야 한다. 이런 경우의 참여는 저장매체를 포함하여 유체물에 대한 현장 압수·수색에의 참여와 전자정보에 대한 현장 및 현장 외 압수·수색에의 참여가 함께 보장되는 것이다.

피의자인 정보저장매체 피압수자의 참여권은 법 제122조 단서에 규정된 사전 통지의 예외에 따라 급속을 요하는 때에는 제한받을 수 있으나, 피의자가 저장매체 및 정보의 피압수자의 지위를 겸하고 있어서 적어도 '정보의 피압수자'로는 참여의 절차적 권리를 반드시 보장받을 것이며 수사기관도 이에 상응하게 조치하여야 한다. 먼저 '저장매체의 피압수자'라는 측면을 고려하면 사전에 통지받아 집행 현장에 있었다면 참여를 한 것이고(사전에 통지받았으나 참여하지 않은 경우라면 참여 거절 의사의 표명으로) 당연히 참여의 기회를 보장받은 것으로 여겨진다. 만일 정보저장

통해 이 문제를 해소하려는 데 있다(대법원 2023. 9. 18. 선고 2022도7453 전원합의체 판결의 다수의견에 대한 보충의견 중).

매체를 피압수자로부터 압수하는데 "급속을 요하여 때"에 해당하여 사전에 통지하지 않고 집행에도 참여시키지 않은 경우라 하더라도 '정보의 피압수자' 지위에서 살펴보면, 저장매체를 외부로 반출하였다고 하더라도 현장 외 선별 단계까지 압수·수색 절차가 종료된 것이 아니므로 범죄혐의사실과 관련성이 있는 정보의 탐색·선별 압수가 종료할 때까지 피의자인 피압수자는 참여권을 보장받을 것이다. 이런 경우 혐의사실 관련 유관정보에 대해서까지 법 제122조 단서의 급속이 필요한 (참여) 배제가 긍정되지 않을 것이기 때문이다.

이처럼 저장매체 및 정보의 피압수자가 범죄혐의사실의 피의자로 일치하는 경우는 일반적인 압수·수색의 집행 상황으로 피압수자의 참여권 보장에 특이한 점은 보이지 않는다.

2) 피의자가 아닌 제3자가 피압수자인 경우

위와 달리 피압수자가 피의자가 아닌 피해자 등 제3자에 해당하면, 즉 피의자에 대한 혐의사실을 입증하기 위한 디지털 증거가 제3자의 지배하에 있는 저장매체 또는 전자정보라면 피압수자인 제3자에게 참여권을 보장하는 것만으로 충분하다. 예컨대 A가 소유·관리하는 휴대전화를 잠시 B에게 빌려주었는데 B가 이를 이용하여 성폭력처벌법 위반의 불법 촬영, 보이스피싱 등 전기통신금융사기 범행을 저지른 이후에 위 A로부터 이 휴대전화를 압수하는 경우를 생각해보자. 사건의 피의자는 B이지만 범죄사실과 관련된 디지털 증거는 제3자인 A 소유의 저장매체 내 A가 관리·지배하는 전자정보에 혼재되어 있다. 이때 수사기관이 피의자 B에게 압수·수색 영장 집행 사실을 사전에 통지하지 않아 사실상 피의자의 참여 없이 집행 절차가 진행되더라도, 저장매체 및 정보의 피압수자 A의 참여권은 보장되어야 할 것이다.

다른 예로 범죄자가 공용 PC에 범죄의 증거를 남겨둔 경우를 생각해보면, 이때 공용 PC를 이용하는 다수의 개별 이용자가 아니라 공용 PC의 소유하는 소유자나 그 소유자로부터 관리를 위임받은 관리책임자 등이 PC의 피압수자에 해당할 것이다(정보저장매체의 압수).[73] 이는 대법원 2022. 1. 27. 선고 2021도11170 판결의 사

---

73) 위와 같이 정보저장매체가 압수의 목적물인 경우 형사소송법 제106조 제3항은 '원칙'으로 저장매체를 압수할 것이 아니라 해당저장매체에 '기억된 정보를 선별'하여 출력·복제 등의 방법으로 '압수'하도록 이른바 '전자정보 압수·수색'영장 집행 방법을 정하고 있다.

안과 유사한 경우이다. 대법원 2021도11170 판결에서는 피압수자(임의제출자)가 대학교 강사휴게실에 있는 공용 PC의 관리자인 학교 법인(또는 학교 법인으로부터 관리 업무를 위임받은 책임자)라고 판시하였고, 수사기관이 피압수자에게 참관(실무상 현장 외 압수·수색 과정에 대한 참여를 지칭) 기회를 부여한 것으로 판단하였기에 임의제출에 의한 압수가 적법하다고 보았다. 이 판결에서 대법원은 피의자가 과거에 공용 PC를 이용한 적이 있던 사람에 불과하다고 보아 실질적 피압수자가 아니라고 판단하였는데, 당해 영장 집행의 당사자가 범죄혐의사실의 피의자가 아니라 피압수자라는 판례의 법리에서 이는 당연한 결과이며, 판례의 법리를 보강하는 근거로서 앞서 제시한, 전자정보에 대한 탐색 및 선별 압수되는 유관 정보가 누구의 소유인지 또는 정보 주체가 누구인지는 정보저장매체에 대한 압수·수색 집행에서 참여권자 확정 단계에서 고려할 수 없는 또는 확정하기 곤란한 요소이므로 판례의 결론은 타당하다고 본다.[74)]

나아가 피압수자가 법인이나 단체이고, 피의자가 그 법인·단체의 구성원인 상황에서 법인·단체가 소유·관리하는 업무용 정보저장매체에 피의자의 범죄 관련 증거가 있을 것이라는 합리적 의심이 있는 경우에도 역시 마찬가지다. 법인· 단체가 소유·관리하는 저장매체 내의 전자정보는 비록 그 안에 피의자가 생성하고 이용한 정보가 혼재되어 있을지라도 해당 법인이나 단체가 관념적으로 지배하고 있는 전자정보라는 점에서 정보의 피압수자는 법인·단체라고 봐야 한다. 대법원 2011. 5. 26.자 2009모1190 결정에서 전국교직원노동조합, 대법원 2015. 7. 16.자 2011모1839 전원합의체 결정에서 주식회사 종근당이 각각 피압수자임을 전제로 이들에 대한 참여권을 보장해야 한다고 판시한 판례의 태도는 이러한 관점에서 이해할 수 있다.

---

74) 위 대법원 2021도11170 판결 사안과 달리 대법원 2021. 11. 18. 선고 2016도348 전원합의체 판결의 취지에 따라 임의제출된 정보저장매체를 탐색하는 과정에도 '실질적 피압수자'의 참여권을 보장해야 한다는 것이 대법원 판례의 일관된 입장이나, 이는 '피의자'로의 참여권을 보장해야 한다는 취지가 아니라는 점에서 마치 피의자의 참여권 자체를 부정하는 듯한 문제의 판시가 나오게 된 것으로 본다.

3. 저장매체와 정보 피압수자가 일치하지 않는 경우

1) 피의자가 정보의 피압수자인 경우

피의자 소유의 전자정보가 피의자 아닌 제3자의 정보저장매체 안에 저장되어 있는 경우, 즉 대법원이 형식적 피압수자와 별도로 참여권을 보장받아야 한다고 말한 실질적 피압수자의 법리를 형성한 대법원 사건들이 바로 이 유형에 해당한다.[75] 판례는 정보저장매체를 임의로 제출한 제3자 또는 영장 집행의 당사자인 ISP에 더하여 범죄혐의사실의 피의자가 전자정보의 실질적 피압수자에 해당함을 이유로 참여권을 보장받는다고 판시하고 있다. 이 경우 판례는 ISP에 대한 집행의 경우에 대해서는 별도의 언급 없이, "'피의자의 소유·관리에 속하는 정보저장매체'라 함은 (중략) 피의자를 그 정보저장매체에 저장된 전자정보에 대하여 실질적인 압수·수색 당사자로 평가할 수 있는 경우를 말하는 것"이라고 하여 저장매체가 임의제출된 사안에서 언급한 실질적 피압수자의 판단기준을 동일하게 제시하였다. 저장매체의 소유나 점유 그 자체만으로 정보 피압수자의 일반적 판단기준이 될 수 없고, 압수의 대상인 전자정보 전반의 관념적 지배 여부를 판단의 주된 요소로 활용한 것이다.[76]

위의 판례 사안들은 (1) 전자정보 자체의 특성상 ISP 등 제3자의 서버 기타 정보저장매체에 저장되는 경우와 (2) 정보저장매체가 그 소유자의 의사에 의하지 않고 점유가 이전·이탈된 경우만을 다루고 있다. 그러나 이론상으로는 (3) 전자정보 소유자의 의사에 따라 형성된 점유매개관계를 기초로 정보저장매체가 제3자의 점유하에 있는 경우 그 제3자에 대한 영장 집행이나 임의제출에서 정보 소유자의 참여권이 문제 되는 사안도 충분히 발생할 수 있다. 예컨대 피의자가 자기소유의 정보저장매체를 수리하기 위하여 수리점에 맡기거나, 은행 등의 금고에 임치하는 경우 또는 가족에게 휴대전화나 노트북을 일시 빌려주는 경우 등이 그러하다. 이때 정보저장매체의 점유는 제3자에게 있어 제3자는 저장매체의 피압수자가 되나, 판례의

75) 대법원 2021. 11. 18. 선고 2016도348 전원합의체 판결(피해자가 피의자 소유의 휴대전화를 임의 제출한 사안); 대법원 2021. 11. 25. 선고 2019도7342 판결(피의자 소유의 불법촬영용 카메라 기기를 숙박업소 점주가 임의 제출한 사안); 대법원 2022. 5. 31.자 2016모587 결정(피의자의 카카오톡 대화 기록을 주식회사 카카오의 서버로부터 압수한 사안); 대법원 2023. 12. 14. 선고 2020도1669 판결(피의자가 유실한 휴대전화를 우연히 제3자를 거쳐 습득한 피해자로부터 임의제출 받은 사안) 등.

76) 판례는 인터넷 통신의 특성상 ISP 소유의 서버 내에 저장된 이용자(피의자)의 전자정보를 그 ISP 소유라거나 ISP가 관리·지배하고 있는 것으로 판단하지 않았다.

법리대로라면 저장매체에 저장된 전자정보 전반에 대한 지배까지도 그 제3자에게 이전되거나 정보 소유자의 지배가 상실되었다고 볼 수 없기에, 압수·수색 시 저장매체의 피압수자와 정보의 피압수자가 분리된다. 정보통신·과학기술의 발달에 따라 정보저장매체의 휴대성과 이동성이 증대되면서 저장매체의 현실적인 점유자와 정보의 실제 소유자가 달라지는 경우가 흔해지고 있다.[77] 이런 경우 판례의 실질적 피압수자 법리에 따르면 정보저장매체에 대해서는 형식적 피압수자가, 저장된 전자정보에 대해서는 피의자가 실질적 피압수자로서 영장 집행 시 참여권이 보장되어야 한다고 판단한다.

결국 수사기관은 압수·수색 영장을 집행하거나 저장매체를 임의제출 받을 때 그 매체의 점유 상태를 떠나 반드시 압수·수색의 대상 전자정보의 지배가 누구에게 있는가를 확인하여 그에 대한 피압수자로서의 참여권 보장을 해야 할 것이다. 물론 실제 정보의 소유자나 정보주체가 누구인지 객관적으로 확인할 필요까지는 없고, 압수·수색 당시를 기준으로 정보를 관념적으로 지배하여 점유하고 있는 것으로 평가될만한 사람이 누구인지 합리적으로 판단하면 족하다. 디지털 증거를 압수·수색하거나 임의제출을 받는 것은 구체적인 범죄혐의가 있을 것을 전제로 하므로, 이미 밝혀진 사실관계 속에서 저장매체의 소유·관리 관계를 포함한 여러 사정을 종합하여 정보저장매체 및 전자정보가 누구의 지배에 있는 것인지 판단하는 것이 수사기관에 그리 과중한 부담이 아니길 기대해야 한다.

2) 피의자가 저장매체의 피압수자인 경우

이는 피의자로부터 정보저장매체를 압수하였으나 그가 타인 소유의 매체를 단순 소지하고 있어 저장된 정보에 대해서까지 지배하고 있다고 볼 수 없는 경우이다. 앞의 예시 사안에서 A의 휴대전화로 B가 범죄를 한 경우 피의자 B로부터 휴대전화를 압수한 경우를 가정하면, B는 피의자이며 저장매체의 피압수자이므로 참여권을 보장받을 것이다. 그러나 A 소유의 휴대전화 안에는 프라이버시 등 A의 법익에 관한 정보가 있을 것이고, 단지 휴대전화의 점유이전만으로 그러한 정보의 지배까지 B로 옮겨졌다고 할 수는 없다. 휴대전화 내의 전자정보에 대한 지배를 여전히 보유한 A도 정보의 피압수자로써 참여권이 보장되어야 한다. 이러한 법리는 저장매체

---

77) 대법원 2023. 9. 18. 선고 2022도7453 전원합의체 판결 중 "대법관 민유숙, 대법관 이흥구, 대법관 오경미의 반대의견" 판시내용 참조.

의 이전이 정보 소유자의 의사에 의하든, 분실·절도 등 그 의사에 의하지 않든 관계없이 마찬가지이다.[78]

이와 달리 전자정보의 지배, 즉 점유를 넘기는 경우가 현실적으로 가능한가에는 의문이 있지만, 대법원 2023. 9. 18. 선고 2022도7453 전원합의체 판결은 이런 특이한 경우를 긍정한다. 따라서 피의자 자신이 소지·보관하는 물건에 대해 압수당하거나 임의로 제출한 사안으로 본다면 통상적인 압수·수색에 해당하고 이때는 피의자(임의제출자)에게 참여권이 보장되면 절차의 적법성이 충족된다. 그러나 저장매체의 소유자는 본범 및 증거은닉 교사범인 동시에 저장매체에 기록된 전자정보의 소유자이므로 해당 전자정보의 관념적으로 지배하는 정보의 피압수자인지가 의문이다. 대법원 2022도7453 전원합의체 판결에서는 본범의 정보에 대한 '전속적 관리처분권'은 증거은닉을 위한 저장매체의 이전과 함께 양도되었다고 보아 본범이 더 이상 참여권자가 아니라는 다수의견과 본범이 증거은닉을 위해 저장매체를 맡겨둔 것만으로는 전자정보에 대한 '전속적 관리처분권'까지 양도하였다고 볼 수 없으므로 저장매체에 기억된 정보의 탐색·선별이라는 정보의 압수에 정보 피압수자로서 본범의 참여권이 보장되어야 한다는 반대의견이 대립하는 것이다. 요컨대, 정보의 관념적 지배, 즉 정보의 점유가 본범에서 증거은닉범으로 이전하였는가에 따라 정보의 소유자인 본범의 참여권 인정 여부에 관하여 판단이 달라진다. 이처럼 대법원의 '전속적 관리처분권'의 유무나 그 권한의 '전속성'의 규범적 판단에는 논쟁이 필연적이다.[79]

그런데 정보의 점유는 – 정보의 특성상 유체물의 점유처럼 완전히 사실상의 개념은 아니지만 – 소유나 관리 접속 등 권한의 유무가 아니라 정보에 대한 지배 상태가 중요하다. 위 대법원 2022도7453 전원합의체 판결에서 본범은 자기의 사건증거를 은닉하라는 의사로 타인에게 저장매체를 맡겼고, 여기서 '증거'는 엄밀히 말하

---

78) 만일 저장매체의 점유 이전과 더불어 그에 저장된 전자정보의 지배까지 이전되는 경우는 제3자 압수·수색에 관한 법리를 검토할 필요 없이 피의자 B가 매체 및 정보의 피압수자가 되므로 – 기존의 피의자 또는 피압수자의 참여이든, 아니면 앞에서 제안한 저장매체 또는 정보의 피압수자가 일치하는 경우이든 – 압수·수색 집행에 대한 참여권의 보장에는 별도의 논의가 필요하지 않을 것이다.

79) 대법원이 제시한 '전속성' 요건에 대하여, 최문수, 앞의 논문, 460–461면은 해당 매체를 형식적으로 점유하고 있으나 전자정보에 대한 관리처분권은 전혀 가지지 못하는 사람, 일시적·일회적 사용자, 불특정 다수가 이용하는 매체인 경우 등을 적용 대상에서 제외하기 위한 취지라고 설명한다.

면 저장매체만이 아니라 그에 저장된 전자정보도 은닉증거의 의미에 포함되어 있다. 이러한 행위는 저장매체를 은행이나 수리점에 맡기거나 타인에게 잠시 빌려주는 것과는 질적으로 차원을 달리한다. 본범이 은닉을 위해 양도한 것은 실질적으로 저장매체가 아니라 전자정보이고, 따라서 그 정보에 대한 점유는 증거은닉범에 있는 상태이다. 결국 증거은닉범이 은닉한 저장매체를 임의제출함으로써 매체뿐만 아니라 기억된 정보까지 함께 제출한 셈이고 또한 정보의 피압수자의 지위에서도 참여권의 보장을 받은 것이라 하겠다.

하지만 위 사안은 증거은닉이라는 특수한 상황에서 해당 증거(여기서는 특히 정보증거)의 피압수자를 누구로 볼 것인가에 규범적 판단이 필요한 사안으로써 전자정보의 압수·수색에 대한 참여권 법리 일반으로 성급히 확장되는데 경계해야 한다. 이런 점에서 대법원 2022도7453 전원합의체 판결이 결론에 이른 이유와 그 법리의 타당성과 별개로, 반대의견이 지적한 것처럼 "전자정보에 관한 수사기관의 강제처분에서 참여권 보장의 법리"가 개별사건의 구체적 타당성을 이유로 "적법절차와 영장주의 원칙을 구현해야 하는 헌법적 요청"을 무력화시킬 수 없도록 게 '전자정보에 대한 강제처분에서 정보 주체의 참여권 보장' 일반 원칙이 입법적으로 마련되어야 한다.[80)]

---

80) 대법원 2023. 9. 18. 선고 2022도7453 전원합의체 판결의 대법관 민유숙, 대법관 이흥구, 대법관 오경미의 반대의견: "다수의견은 현대사회에서 정보저장매체 내의 전자정보가 갖는 중요성과 헌법 및 형사소송법이 구현하고자 하는 적법절차, 영장주의 원칙과 함께 사생활의 비밀과 자유, 정보에 대한 자기결정권 등의 보호를 강조하면서도, 참여권을 보장받는 주체인 '실질적 피압수자'의 의미를 압수·수색의 원인이 된 범죄혐의사실의 피의자를 중심으로 매우 좁게 해석하는 모순된 태도를 취하고 있다. 이로써 다수의견은 그간 선례가 <u>전자정보에 관한 수사기관의 강제처분에서 참여권 보장의 법리</u>를 선언하고 그 귀속 주체의 범위를 확장하는 등 <u>적법절차와 영장주의 원칙을 구현해야 하는 헌법적 요청에 부응하여 이룩한 성과를 상당 부분 무력화하였다</u>. (중략) 이 사건에서 다수의견이, 본범에 대한 피의사실을 수사하던 중 증거은닉범으로부터 그가 은닉하고 있던 본범 소유·관리의 정보저장매체를 임의제출받은 경우, 증거은닉범에 대한 수사절차는 실질적으로 본범에 대한 수사절차의 일환으로 행하여지는 속성을 간과하고, '본범과 증거은닉범' 구조의 점유매개관계에서 참여권의 귀속 주체인 실질적 피압수자는 누구인가라는 법리 문제에 대한 탐구를 회피한 채 본범이 증거은닉범에게 관리처분권을 양도·포기하였느냐라는 의사 해석의 문제로 처리한 것은 인권 보장의 보루인 대법원이 취할 온당한 태도는 아니다." (강조는 필자에 의함).

Ⅴ. 나가는 말

대법원은 위법한 과잉수사를 방지하기 위하여 먼저 전자정보의 압수·수색에는 범죄사실과 관련 있는 정보를 선별하여 필요한 만큼만 압수하라는 원칙을 세웠다. 그러면서 그 절차의 적법성을 담보하기 위하여 피압수자의 참여권을 보장해야 한다는 법리를 제시하였다. 그런데 단순히 '피압수자'라는 개념만으로는 피의자의 정보를 제3자가 보관하는 경우를 포함하여 정보저장'매체의 피압수자'와 그 기억된 '정보의 피압수자'가 달라지는 경우를 적절히 대처하지 못하면서, 현행법 해석론상 생소한 실질적 피압수자의 참여권 법리를 형성하기에 이르렀다. 이 과정에서 일부 판결은 피의자의 참여권이 법률상 당연히 인정되지 않는 권리인 것처럼 오도하는 참여권 규정에 관한 해석에 혼란을 초래하기도 하였다.

피의자는 형사소송법 제219조, 제121조에 따라 사건의 당사자로서 당연히 참여할 권리가 있다. 다만 수사기관이 사전 통지할 의무의 예외를 법 제122조 단서가 정하고 있다. 그렇지만 판례는 수사절차에서는 사건당사자인 피의자의 참여권을 인정하기보다는 압수·수색영장 집행의 당사자인 피압수자의 참여권을 인정하고 있다. 이러한 판례의 법리는 현실의 물리적 공간에서가 아니라 현재의 정보사회에서 전자공간에서 그대로 적용될 수 있는지 문제가 되었다. 전자정보의 세계에서는 피압수자가 정보저장매체의 피압수자와 전자정보의 피압수자로 구별될 수 있기 때문이다. 유체물인 저장매체의 피압수자는 현행법의 해석상으로 당연히, 전자정보의 피압수자는 저장매체 피압수자와 균형상, 나아가 법 제123조의 취지를 고려하게 되면 참여권이 인정되어야 한다. 여기서 말하는 전자정보의 피압수자는 판례 법리에서 말하는 실질적 피압수자와 다르지 않지만, 그 판단 기준은 전자정보의 전속적 관리처분권 보유 여부가 아니라 전자정보의 관념적 지배, 다시 말해 매체에 기록된 전자정보의 점유 여부를 기준으로 판단해야 한다. 이러한 피압수자의 참여권은 성질상 배제할 수 없으며 수사기관은 이들에 대한 참여의 기회를 보장해야 한다.

이렇게 사건의 피의자와 저장매체의 피압수자, 전자정보의 피압수자는 각각 참여권 보장의 취지 및 법적 근거에 따라 절차에의 참여권자가 되어야 헌법상 영장주의 정신과 적법절차 원칙을 준수할 수 있을 것이다. 저장매체의 피압수자와 전자정보의 피압수자가 다른 제3자 압수·수색에서 특히 문제가 될 것인데, 여기서는 위 참여권자 모두가 각각의 지위에서 참여권을 보장받아야 한다고 보았다. 이러한 해석이 대법원에서 지금까지 형성해온 사례의 결론에도 부합할 뿐만 아니라 판례의 법리를 구체적 현실에 모순 없이 적용하는 해석론을 도출할 수 있을 것이다. 그렇지만 물론 절차에의 참여권을 둘러싼 쟁점은 여전히 남아 있다. 참여권자가 여러 명이 있는 경우, 각각의 참여권자가 서로의 참여권을 주장할 때 압수·수색을 집행하는 수사기관이나 법원은 어떠한 방식으로 누구의 참여권을 우선해야 하는지의 문제다. 공범인 다수의 피의자가 각 참여를 원할 때, 또는 공동소유의 정보저장매체의 경우 등 동종의 참여권끼리 경합하는 경우 어느 1인에게만 절차참여의 기회를 주면 충분한 것인지 아니면 그 모두에게 참여의 기회를 보장해야 하는지가 문제일 것이다. 형사소송법 제121조와 제123조, 제219조의 준용 등에서처럼 이종의 참여권이 충돌하는, 예컨대 전자정보의 피압수자가 프라이버시 침해 등을 이유로 압수·수색에 사건관계인으로서의 참여권을 주장할 때 문제가 된다. 현행법상 사전 통지의 예외를 제외하고서는 참여권 자체를 배제하거나 제한할 수 있는 규정이 없다는 점에서 특히 문제이다. 참고로 경찰청훈령 '디지털 증거의 처리 등에 관한 규칙' 제13조 제3항은 "제1항에 따른 참여의 경우 경찰관은 참여인과 압수정보와의 관련성, 전자정보의 내용, 개인정보보호 필요성의 정도에 따라 압수·수색·검증 시 참여인 및 참여 범위를 고려하여야 한다."라고 규정하고 있지만, 이는 어디까지나 경찰 내부적인 효력만 있는 행정규칙이라는 점에서 한계가 있다. 나아가 2024. 10. 20.부터 형사절차전자문서법(법률 제18485호, 2021. 10. 19. 제정)이 시행됨에 따라 장차 전자영장의 집행 등 압수·수색 실무에 디지털 전환이 예상되므로 특히 ISP 등 제3자가 소지·보관하는 전자정보에 대해 영장의 전자적 집행으로 압수할 경우 정보 피압수자인 피의자의 참여권 보장방안에 관한 연구가 모색되어야 한다.[81)]

81) 이에 대한 선구적 연구로는 김형규, "압수수색영장의 전자적 집행 시 참여권의 보장방안 －제3자 보관 전자정보의 압수를 중심으로－", 형사소송 이론과 실무 제15권 제3호 (2023) 참조.

【참고문헌】

강우예, “제3자 보관 전자정보 탐색 시 피의자 참여권 보장에 관한 비판적 분석”, 비교형사법연구 제25권 제4호 (2023)

구길모, “디지털 증거 압수·수색과 참여권보장 – 피의자와 피압수자가 일치하지 않는 경우를 중심으로”, 형사법연구 제34권 제4호(2022.12)

권순민, “형사절차에서 인터넷서비스 제공자 서버에 저장된 이메일 보호”, 형사법연구 제23권 제4호(2011)

김형규, “압수수색영장의 전자적 집행 시 참여권의 보장방안 –제3자 보관 전자정보의 압수를 중심으로–”, 형사소송 이론과 실무 제15권 제3호(2023)

김홍섭, “제3자 보관 전자정보에 대한 압수·수색영장 집행에 있어 참여권 보장”, 사법, 제1권 제65호(2023)

김혁, “제3자 보관 정보에 대한 압수·수색영장의 집행과 적정절차 – 서울고법 2015. 6. 25. 2014노2389 판결(대법원 2017. 9. 7. 2015도10648 판결)을 중심으로”, 「형사정책연구」, 제29권 제1호(2018)

박경신, “E–메일 압수·수색의 제문제와 관련 법률개정안들에 대한 평가”, 법학연구 제13권 제2호(2010.8)

박민우, “디지털 증거 압수·수색에서의 적법절차”, 고려대학교 박사학위논문 (2016)

박용철, “디지털 증거 중 카카오톡 대화의 압수·수색 영장 집행에 대한 참여권 – 대법원 2016모587 사건을 통해 본 122조 급속을 요하는 때의 의미”, 비교형사법연구 제20권 제4호(2019.1)

소재환·이선화, “디지털 증거 압수수색시 참여권자 관련 실무상 문제 – 대법원의 실질적 피압수자 법리 중심으로”, 형사법의 신동향 제77호(2022)

신동운, “제정형사소송법의 성립경위”, 형사법연구 제22호(2004.1)

오기두, “전자정보의 수색·검증, 압수에 관한 개정 형사소송법의 함의”, 형사소송 이론과 실무 제4권 제1호(2012.6)

이규봉, “디지털 증거 압수·수색 과정에서 피압수자 등의 참여 범위”, 고려대학교 석사학위논문(2021)

이순옥, “디지털 증거의 압수·수색절차에 관한 판례 연구: 대법원 2015. 7. 16자

2011모1839 전원합의체 결정을 중심으로", 중앙법학 제19집 제2호(2017.6)
이순옥, "디지털 증거의 압수·수색절차에 대한 비판적 고찰", 중앙법학 제20집 제3호(통권 제69호)(2018. 9)
이완규, "디지털 증거 압수 절차상 피압수자 참여 방식과 관련성 범위 밖의 별건 증거 압수 방법", 형사법의 신동향 제48호(2015)
이주원, 「형사소송법(제5판)」, 박영사(2022)
이창현, "정보저장매체 임의제출 후 집행과정의 참여권 보장과 증거능력", 형사소송 이론과 실무, 제15권 제4호 (2023)
이흔재, "제3자 보관 전자정보에 대한 압수·수색영장의 집행과 피의자의 절차적 권리", 형사법의 신동향 제76호(2022)
전치홍, "대법원의 참여권 법리에 대한 비판적 검토 －대법원 2021. 11. 18. 선고 2016도348 전원합의체 판결을 중심으로－", 형사소송 이론과 실무 제14권 제1호(2022)
조성훈, 「역외 전자정보 압수·수색 연구」, 박영사(2020)
조은별, 디지털 증거의 압수·수색에 대한 참여권의 보장, 서울대학교 박사학위논문(2021)
조은별, "'실질적 피압수자' 개념에 대한 비판적 검토 (대법원 2021. 11. 18. 선고 2016도348 전원합의체 판결을 중심으로)", 형사판례연구 제31권(2023)
하태인, "정보저장매체의 임의제출과 참여권 － 대법원 2022. 1. 27. 선고 2021도11170 판결 －", 법학연구 통권 제72집(2023.9)
하태인, "형사절차에서 전자정보의 탐색 및 압수", 비교형사법연구 제24권 제4호 (2023)
허 준, "제3자 동의에 의한 디지털 증거 압수·수색의 한계", 비교형사법연구 제20권 제4호(2019.1)

【국문초록】

최근 대법원이 전자정보 압수·수색에 있어서 위법한 과잉압수를 방지하기 위한 절차적 장치로써 피압수자의 압수·수색 과정에 대한 참여권의 중요성을 강조하면서 관련 판례가 연이어 나오고 있다. 종래 대법원 2011. 5. 26.자 2009모1190 결정, 대법원 2015. 7. 16.자 2011모1839 전원합의체 결정 등 판례의 주류는 전자정보 압수·수색에 대한 참여권의 주체를 '피압수자'로 보았다. 그러나 피의자의 전자정보가 담긴 정보저장매체를 수사기관이 제3자로부터 임의제출받거나 압수하는 3자간 압수 상황에서는 '피압수자'의 참여권을 형식적으로 보장하게 되면 정보 소유자인 피의자는 절차에서 배제되고 수사기관의 위법한 과잉압수를 효과적으로 예방하지 못 하는 문제가 발생하였다. 이에 따라 최근 대법원은 '실질적 피압수자'의 참여권 법리를 형성하여 피의자에게도 참여권을 보장하도록 하였다. 다만 이 때의 참여권은 피의자 지위에서 인정되는 것이 아니라 전자정보에 대한 '전속적 관리처분권'이 있어야 한다고 한다. 이러한 '전속적 관리처분권'은 압수·수색 당시 또는 이와 근접한 시기까지 보유하고 있어야 하는데, 최근 대법원 2023. 9. 18. 선고 2022도7453 전원합의체 판결에 의하면 증거은닉을 교사한 본범이자 정보저장매체의 소유자는 '전속적 관리처분권'을 증거은닉범에게 양도하여 참여권의 주체가 되는 '실질적 피압수자'에 해당하지 않는다고 한다.

대법원은 피압수자의 참여권의 법적 근거로 형사소송법 제121조와 제123조 등을 들고 있다. 그러나 두 규정은 취지와 내용 등이 상이한데 이에 대한 명확한 구분 없이 피압수자의 참여권의 근거 규정으로 제시하는 판례의 태도는 타당하지 않다. 특히 '실질적 피압수자'의 참여권에 관한 판례 법리는 법적 근거가 명확하지 않아 절차법적 안정성을 해치는 문제가 있다. 따라서 대법원에 의해서 선도되고 축적되어 온 전자정보 압수·수색에 관한 참여권의 법리를 각각의 참여권자가 지니는 참여권의 취지나 성질, 현행법상 근거 등에 따라 명확히 구분하고, 그러한 법률적·논리적 전제 위에서 정보 압수 시 참여권자의 범위에 관한 법리를 형성해 나가는 것이 바람직하다.

형사소송법 제121조는 피고인의 압수·수색에 대한 참여권을 규정하고 있고, 제219조에 의해 수사기관의 압수·수색에 준용되기 때문에 피의자는 참여권 주체가 된다. 다만 수사 활동은 본질상 밀행성이 요청되므로 증거인멸의 우려 등 제122조 단서상의 '급속을 요하는 경우'에 해당한다면 집행 사실의 사전 통지 예외가 인정된다. 이는 피의자의 참여권 자체를 부정하거나 제한하는 것은 아니다. 그러나 사전 통지 없이 일단 집행을 개시한 이상 현장 외 압수·수색을 진행하는 단계에서 피의자에게 집행 사실을 통지할 필요는 없다.

한편 피압수자의 참여권은 형사소송법상 명확한 근거 규정은 없으나 전체적인 법체계 속에서 당연히 인정되거나, 제123조의 책임자 또는 주거주 등의 참여권 규정에서 근거를 찾을 수 있다. 피압수자의 의미는 소유자, 점유자(소지자 또는 보관자) 중 실제 압수를 당하는 자라고 해석할 수 있다. 정보저장매체와 전자정보는 분명히 구분되는 별개의 압수대상이므로, 매체의 피압수자와 정보의 피압수자도 구분되어야 한다. 정보의 피압수자를 피압수자의 일반적 의미에 대입하여 보면 정보의 소유자, 점유자 중 실제 압수를 당하는 자라고 해석할 수 있다. 특히 정보의 점유는 단순히 정보저장매체의 점유를 넘어 매체에 저장된 정보 자체를 관념적으로 지배하고 있을 때 인정된다고 보아야 한다. 이러한 정보 피압수자의 참여권은 매체 피압수자의 참여권과 별도로 인정되어야 한다. 판례의 '실질적 피압수자'는 매체와 정보의 피압수자가 각각 존재한다는 점을 간과하고 있다는 문제가 있으므로, 참여권의 주체가 되는 정보의 피압수자가 누구인지라는 관점으로 접근하는 것이 바람직하다.

결론적으로 기존 3자간 압수에 대한 논의가 피의자와 피압수자가 불일치하는 경우를 중심으로 전개된 것에서 나아가, 매체의 피압수자와 정보의 피압수자가 불일치하는 경우를 상정하고 논의가 이루어져야 할 것이다. 피의자는 수사밀행성 때문에 법 제122조 단서에 의해 사실상 사전에 집행 사실을 알고 참여하기는 어려울 것이나, 그와 별개로 피의자가 정보의 피압수자 지위를 겸하고 있다면 참여권이 보장되어야 한다. 특히 정보의 피압수자는 피의자인지 여부와 관계없이 자신이 소유하거나 점유하는 정보의 압수·수색 과정에 참여할 권리가 있다. 만약 매체의 점유가 이전된 경우, 구체적 사안에 따라 매체의 점유만 이전된 것인지 정보의 점유도 함께 이전된 것인지 가려 누가 피압수자인지 판단해야 한다. 이렇게 피의자와 피압수자의 참여권 주체성과 그 근거를 명확히 한 다음에는, 수인의 참여권자 간에 참여권 경합·충돌 문제에 대한 연구도 이루어져야 할 것이다.

◈ 주제어: 전자정보, 압수·수색, 참여권, 피압수자, 실질적 피압수자, 3자 보관 정보

【Abstract】

The search and seizure of digital evidence held and stored by a third party and the issue of participant

Kyung−Lyul Lee* · Dae Hong Kim**

Recently, the Supreme Court has emphasized the importance of 'the right to participate of the confiscated person' in the search and seizure process as a procedural tool to prevent illegal excessive seizure of electronic stored information(ESI), and related precedents have emerged one after another. The mainstream of precedents, such as the Supreme Court's decision on May 26, 2011, 2009 Mo110 and July 16, 2015, 2011 Mo1839 en banc decision, regarded the subject of the right to participate in the search and seizure of ESI as the confiscated person. However, in a situation where an investigative agency arbitrarily submits or confiscates an information storage device containing the suspect's ESI from a third party, if the right to participate is just formally guaranteed, the suspect, who is the information owner, is excluded from the procedure and there has been a problem that the legal system cannot effectively prevent illegal excessive seizure. Accordingly, the Supreme Court recently formed the legal principle of the right to participate in the "actual confiscated person" to guarantee the right to participate in the suspect. However, it is said that the right to participate at this time should not be recognized in the position of the suspect, but should have the "exclusive management and disposition of electronic information." These "exclusive management and disposition" must be held at the time of seizure or near the time. According to the recent Supreme Court's decision on September 18, 2023, the principal offender and the owner of the information storage device who instigated the concealment of evidence do not constitute a "actual confiscated

* (1st author) Professor, Law School of Sungkyunkwan University, Ph.D. in Law

** (co−author) Department of Forensic Science, Graduate School of Sungkyunkwan University person" who becomes the subject of the right to participate by transferring the "exclusive management and disposition" to the evidence concealment offender.

The Supreme Court cites Articles 121 and 123 of the Criminal Procedure Act as the legal basis for the confiscated person's right to participate. However, those regulations differ in purpose and content, and the attitude of the precedent presented as the basis for the confiscated person's right to participate is not valid without a clear distinction. In particular, the case law on the right to participate of the "actual confiscated person" has a problem of impairing procedural stability because the legal basis is not clear. It is desirable to clearly distinguish the legal principles of the right to participate in the search and seizure of electronic information, which have been led and accumulated by the Supreme Court, according to the purpose and nature of each participant's right to participate, and the basis under the current law, and form a legal principles on the scope of the participant when confiscating information on such legal and logical premises.

Since Article 121 of the Criminal Procedure Act stipulates the defendant's right to participate in the search and seizure, and Article 219 applies mutatis mutandis to the search and seizure of investigative agencies, the suspect is the subject of the right to participate. However, since investigative activities are essentially required to be covert, an exception to prior notice of execution is granted if they fall under the 'case of rapid demand' in the clues of Article 122, such as concerns about destruction of evidence. This does not deny or limit the suspect's right to participate. However, it is not necessary to notify the suspect of the execution at the stage of search and seizure outside the field as long as the execution is initiated without prior notice.

On the other hand, although there is no clear ground rule under the Criminal Procedure Act, the right to participate of the confiscated person is naturally recognized in the overall legal system, or the basis can be found in the regulation of the right to participate in Article 123. The meaning of the confiscated person can be interpreted as being the actual confiscated among the owner or occupant. Since information storage device and electronic information are clearly separate confiscation targets, the confiscated person of the device and the confiscated person of the ESI should also be distinguished. Substituting the confiscated person of ESI into the general meaning of the confiscated person, it can be interpreted as the owner of the information or the actual confiscated person among the confiscated people. In particular, it should be considered that the possession of ESI is recognized when the information stored in the device itself is ideologically dominated beyond the possession of the information storage device. The right of the information confiscated person should be recognized separately from the right of the device confiscated person. Since there is a problem that the actual confiscated person of the precedent overlooks the fact that there are device and information confiscated persons, it is desirable to approach it from the perspective of who the information confiscated person is the subject of the right to participate.

In conclusion, the discussion on third party seizure should be conducted on the assumption that the confiscated person of the device and the confiscated person of the ESI are inconsistent, going beyond the discussion centered on the case where the suspect and the confiscated person of the device are inconsistent. It will be difficult for the suspect to know and participate in advance according to the proviso to Article 122 of the Act due to the execution of the investigation, but apart from that, the right to participate should be guaranteed if the suspect also serves as a confiscated person of information. In particular, the confiscated person of information has the right to participate in the search and seizure process of ESI he owns or occupies, regardless of whether he is a suspect or not. If the possession of the device is transferred, it is necessary to determine who is the confiscated person by determining whether only the possession of the device has been transferred according to specific issues or the possession of ESI has also been transferred. After clarifying the subjectivity and grounds of the right to participate of the suspect and the confiscated person, research on the issue of competition and conflict of the right to participate between several participants should also be conducted.

◈ Key Words: Electronic information, search and seizure, the right to participate, confiscated person, the actual confiscated person, electronic information stored by a third party

한국형사소송법학회『형사소송 이론과 실무』
제16권 제1호 (2024.3) 83~114면.
Theories and Practices of Criminal Procedure Vol. 16 No. 1 (March. 2024) pp. 83~114
10.34222/kdps.2024.16.1.83

바람직한 구속기준의 정립방향에 관한 검토
– 조건부 석방과 예방적 구금의 조화적 운용을 중심으로 –

박 정 난*

목 차

Ⅰ. 들어가며

수사단계에서 수사기관은 체포와 구속[1])으로 피의자의 신병을 확보할 수 있다. 그런데 구속은 체포보다 장기간 피의자를 구금하므로 인정되는 사유가 더 제한적이고 체포와 달리 영장 없는 구속은 허용되지 않는다. 헌법 제12조 제1항에 의하면 모든 국민은 신체의 자유를 가지고 누구든지 법률에 의하지 아니하고는 체포, 구속되지 않는다. 형사소송법도 제198조 제1항에서 피의자에 대한 수사는 불구속 상태에서 함을 원칙으로 한다고 규정하고 있다. 따라서 불구속 수사 및 재판이 형사소송법상 원칙이다.

헌법 제27조 제4항에서 피의자 및 피고인은 유죄판결이 확정될 때까지 무죄로 추정된다는 무죄추정의 원칙을 선언하고 있는데, 구속은 일정 기간 피의자를 구금하여 자유형과 같은 효과를 가져오므로 유죄판결이 확정되기 전까지 불구속 수사 및 재판을 하는 것이 무죄추정의 원칙에 더 부합할 수 있다.[2]) 이는 피의자, 피고인

* 연세대학교 법학전문대학원 부교수, 법학박사

1) 구속은 피의자 구속과 피고인 구속으로 나누어지는데, 본고에서는 수사단계에서의 피의자 구속에 국한하여 연구하였음.

의 기본권이 국가기관에 의하여 부당하게 침해되는 것을 방지하기 위한 것으로 법치국가가 추구하는 실질적 적법절차 원칙의 중요한 내용이다.

그런데 비록 유죄 판결을 내릴 정도의 합리적인 의심을 배제할 정도의 입증은 되지 않았지만 범죄혐의를 입증할 충분한 증거가 존재하는 경우에까지 피의자의 기본권만을 무조건적으로 보호하는 것이 타당한지는 의문이다. 피의자 이외의 나머지 사람들 즉 피해자를 비롯한 국민들의 안전하고 행복하게 삶을 영위할 기본권도 보호받아야 할 중요할 권리이기 때문이다.[3] 구속영장이 발부되기 위하여는 초동수사 단계의 압수수색과 달리 피의자가 죄를 범하였음을 인정할 고도의 개연성이 입증되어야 하는데, 만일 범죄혐의가 위와 같은 정도로 입증이 되었다면 수사 및 공판 그리고 형벌의 집행을 확보하고 피해자 및 일반 사회의 안전을 위하여 구속 수사를 하는 것은 법치국가가 추구하는 실질적 법치국가의 원칙에 반하지 않는다고 생각된다.[4] 법원이 1심에서 실형 선고 후 아직 유죄판결이 확정되지 않았음에도 피고인을 원칙적으로 법정구속하는 것[5]은 같은 이유일 것이다.

구속은 피의자의 헌법상 기본권인 신체의 자유를 제한하고, 이와 더불어 피의자의 방어의 기회를 제한하고 사회에서 고립시켜 피의자 본인이나 가족이 경제적 위험에 처하게 하는 등 피의자 본인에게 중대한 불이익을 줄 수 있다는 점에서 수사기관은 원칙적으로 불구속 상태에서 수사하여야 하겠지만, 필요한 경우에는 기본권 제한의 원칙인 과잉금지의 원칙, 비례의 원칙에 위반되지 않는 범위에서 당연히 구

---

2) 이재상 외, 『형사소송법』, 제14판(박영사, 2022), 91면.

3) 같은 취지로 신의기, “검찰과 법원의 구속영장신청 및 발부기준 차이와 해결방안”, 『형사법의 신동향』, 통권 제26호(대검찰청, 2010), 100면.

4) 비슷한 취지로 이승준, “영장발부에 있어 구속사유 판단의 문제－개정 형사소송법 제70조 제2항을 중심으로－”, 『형사정책연구』, 제19권 제4호(한국형사정책연구원, 2008), 25면; 또한 헌법재판소도 범죄의 상당한 소명이 이루어진 경우에 수반되는 도주 및 증거인멸의 우려라는 절차적 위험이 상당한 정도로 인정되는 때에는 형사절차의 확보를 위하여 구속을 하는 것은 무죄 추정의 원칙 및 불구속 수사·재판 원칙에 반하지 않는다고 판시한 바 있음(헌법재판소 전원재판부 2010. 12. 25. 선고 2009헌바8 결정).

5) 대법원 예규(재판예규 제1795호)인 인신구속사무의 처리에 관한 예규 제57조 제2항에 의하면, 실형을 선고할 때 구속 사유와 필요성이 있으면 법정에서 피고인을 구속한다고 규정되어 있고, 실제 실무에서도 법원이 실형 판결을 선고할 때 피해자와 합의기회를 추가적으로 부여하거나, 사실인정 또는 법리적 측면에서 상급심에서의 방어권을 충분히 보장할 필요가 고도로 인정되는 등의 경우를 제외하고는 법정구속을 하는 것이 다수의 실무례임[법원행정처, 『법원실무제요 형사(Ⅲ)－영장－』, 제1판(사법발전재단, 2022), 354면].

속수사할 수 있는 것이다.

형사소송법 제201조, 제70조 제1항에 의하면 죄를 범하였다고 의심할만한 상당한 이유가 인정되는 피의자에 대한 구속사유는 주거부정, 증거인멸 염려, 도망 또는 도망 염려이다. 그런데 최근에 국민들의 공분을 야기한 신당역 스토킹 살인사건을[6] 비롯하여 위 법정 구속사유에 해당되지 않는다는 이유로 구속영장이 기각되어 석방된 피의자가 피해자에게 보복성 위해를 가하는 등 사회적 불안을 야기하는 사건이 끊이지 않고 있다. 따라서 법원의 구속영장 발부 여부 결정에 대한 국민들의 의구심과 질타의 정도가 높아지고 있고, 법원에서는 이에 대한 대안으로 최근 성범죄, 스토킹 등 재범 우려가 높은 범죄의 경우 재범의 위험성, 피해자에 대한 위해우려 등을 구속사유로 확대하는 방안[7], 조건부 석방의 도입 방안[8] 등이 검토되고 있는 것으로 알려져 있다.

결국 문제는 피의자의 주거가 일정하고, 피의자가 증거를 인멸하거나 도망할 염려가 없지만 다시 피해자를 찾아가 위해를 가하거나 재범으로 또다른 무고한 피해자들을 발생시킬 가능성이 큰 경우 피의자의 신병을 어떻게 하는 것이 타당한 방향인지 여부이다. 전술한 바와 같이 최근 법원이 제시하고 있는 구속사유 확대 및 조건부 석방 도입 논의는 이미 오래 전부터 실무와 학계에서 있어왔지만, 구속사유 확대는 구속수사의 필요성을 강조하는 입장에서, 조건부 석방 도입은 불구속 수사 원칙을 철저히 구현하여야 한다는 입장에서 각각 다른 관점에서 주장되었던 것이 사실이다. 그런데 예방적 구금을 위한 구속사유 확대와 조건부 석방은 결코 평행선상에 놓인 별개의 방향이 아니라 함께 조화롭게 운용되었을 때 바람직한 구속기준을 확립하고 현재 직면한 문제를 해결할 수 있다고 생각되고 이를 본 발표문에서 논증하고자 한다.

본 발표문에서는 우선 현행 구속기준 및 문제점을 살펴보고(Ⅱ), 조건부 석방의 개념을 정립한 후 도입취지에 맞게 조건부 석방을 운용하기 위하여 구속사유 확대가 병행되어야 함을 검토하고(Ⅲ), 구속사유 확대방향 및 조건부 석방의 운용방향

---

6) 신당역 역무원인 피의자가 같은 역무원인 20대 여성 피해자를 장기간 스토킹과 협박을 한 혐의로 구속영장이 청구되었는데, 법원이 "주거 일정 및 도주 우려"로 영장을 기각하였고, 이후 피의자가 불구속 상태에서 피해자를 살해한 사건임.

7) 한겨레, "스토킹 피해자 보호·추가범죄 방지 위해 구속사유 확대의견도", 2022. 9. 26.자 기사 등.

8) 연합뉴스, "대법원, 스토킹범 불구속때 '조건부 석방제'도입해야", 2022. 9. 20.자 기사 등.

을 살펴본 후(Ⅳ), 마지막으로 논지를 정리하고자 한다(Ⅴ).

Ⅱ. 현행 구속기준 및 문제점

1. 구속기준 관계법령

(1) 형사소송법

구속을 하기 위하여는 형사소송법 제201조 제1항, 제70조 제1항에 의하여 일단 피의자가 죄를 범하였다고 의심할만한 상당한 이유가 기본적으로 인정되어야 하고, 추가적으로 같은 법 제70조 제1항 각 호가 규정하고 있는 구속사유가 충족되어야 한다. 규정된 구속사유인 주거 부정(제1호)과 도망 또는 도망 염려(제3호)는 피의자의 신병을 확보하여 수사 및 공판, 형 집행 전반에 걸친 형사소송절차를 원활히 진행함으로서 실체진실발견 지향의 목적을 구현한다. 증거인멸 염려(제2호) 또한 실체진실발견을 꾀하고자 하는 수사 및 공판을 위하여 그 정당성이 인정되는 구속사유이다.

그런데 같은 조 제2항에서는 법원은 위 제1항의 구속사유를 심사함에 있어서 범죄의 중대성, 재범의 위험성, 피해자 및 중요 참고인 등에 대한 위해 우려를 고려하여야 한다고 규정하고 있는데 제1항의 구속사유와의 관계를 어떻게 해석하고 구속여부 판단시 반영의 정도 및 무게를 어떻게 할지가 문제된다. 이에 대하여는 위 제2항에 기재된 사정은 필요적 고려사유일 뿐 독립된 구속사유가 아니므로 형사소송법 제70조 제1항에서 규정하는 구속사유가 없는 한 범죄의 중대성 등을 이유로 구속할 수 없고, 다만 범죄의 중대성과 재범의 위험성은 도망할 염려를 판단하는 중요한 요소이고 피해자 및 중요 참고인 등에 대한 위해 우려는 증거인멸 염려를 판단하는 중요한 요소라는 것이 대다수의 견해이다.[9)]

헌법재판소도 형사소송법 제70조 제2항에 대한 위헌소원 사안에서, 제2항은 새로운 구속사유를 신설하거나 추가하는 것이 아니라 구속사유를 심사할 때 고려해야 할 구체적이고 전형적인 사항을 명시한 것으로, 구속사유가 없는데 위 고려사항

9) 신동운, 『신형사소송법』, 제5판(법문사, 2014), 339면; 이은모 · 김정환, 『형사소송법』, 제8판(박영사, 2021), 260면; 앞의 각주 2)의 책, 177면; 이주원, 『형사소송법』, 제5판(박영사, 2022), 147면; 이창현, 『형사소송법』, 제8판(정독, 2022), 346면.

만을 고려하여 구속하는 것은 허용되지 않는다고 판시하였다. 또한 범죄의 중대성, 재범의 위험성 등 사유를 고려해서 영장 발부를 결정한 기존의 영장실무를 형사소송법 제70조 제2항에 반영함으로써 실무와 법률 사이의 간격을 줄이고 구속사유 판단의 구체적인 지침을 제시하여 인신구속제도의 예측가능성과 투명성을 높임과 동시에 구속 여부 판단에서의 비례의 원칙을 확인하는 의미를 가진다고 판시하였다.[10)]

형사소송법 제70조 제2항은 2007. 6. 1. 법 개정으로 도입되었는데, 구속사유의 객관화 및 예방적 구금의 요구에 의하여 애초 개정작업이 시작되었지만, 개정결과는 기존 구속사유를 유지하고 고려사항을 추가하는 것에 그쳤다. 개정작업 전 구속사유인 도망 염려나 증거인멸 염려가 추상적 개념으로 구속 여부에 대한 예측 가능성이 없어 국민의 불안과 불신을 야기하므로 범죄의 경중이라는 비교적 객관적 기준을 구속사유로 추가하자는 학계와 실무의 비판적 견해가 적지 않았고, 구속영장이 기각된 불구속 피의자가 동종 재범을 저지르거나 피해자 등을 위해하는 사건이 끊이지 않으면서 외국 입법례와 같이 예방의 필요상 피의자를 구금해야 한다는 주장도 많아졌다. 이에 따라 범죄의 중대성, 재범의 위험성, 피해자, 중요 참고인에 대한 위해 우려를 구속사유로 추가하는 입법안이 국회에 제출되었으나 심의과정에서 반대에 부딪혀 결국 절충적으로 위 사유가 고려사항으로 제2항에 규정되게 된 것이다.[11)]

(2) 법원과 검찰의 각 예규

형사소송법 제70조 제1항의 구속사유인 도망 염려, 증거인멸 염려라는 개념이 포괄적이고 추상적이어서 법원과 검찰은 이를 구체화하는 각 예규를 마련하고 있다.

우선 대법원 예규인 인신구속사무의 처리에 관한 예규 제48조 및 제49조는 구속사유 판단시 고려해야 할 요소를 구체적으로 규정하고 있다. 또한 예규에 규정되어 있지는 않으나 법원 실무적으로 구속의 필요성도 별도로 검토하고 있는 것으로 보인다. 즉 구속은 강제처분이기 때문에 비례의 원칙이 준수되어야 하고, 따라서 구

10) 헌법재판소 전원재판부 2010. 12. 25. 선고 2009헌바8 결정.

11) 김희옥·박일환 편, 『주석 형사소송법』, 제5판(한국사법행정학회, 2017), 이완규 작성부분, 165－166면.

속이 피의자에게 가져올 고통, 불이익, 폐해라는 한 축과 국가형벌권의 적정한 행사를 위하여 피의자를 구속하지 않으면 안되는 적극적 필요성이라는 다른 축을 비교형량하여 전자가 후자보다 현저히 큰 경우 구속의 필요성이 없어 구속영장 청구를 기각해야 한다는 것이다. 구속의 필요성 판단시 고려할 사항으로 피의자 또는 관계인에게 미칠 불이익에 관한 요소 구체적으로 피의자가 중병, 정신질환, 고령, 신체장애 등으로 구금을 견뎌낼 수 없는 상태이거나 출산 전후인 경우, 피의자에게 생활능력이 없는 가족이 있고 달리 이를 부양할 사람이 없는 경우 등을 참작해야 한다고 하고 있고, 또한 사안이 비교적 중하지 아닌지 여부를 고려해야 한다고 하고 있다[12]. 형사소송법 제199조 제1항 단서에서도 규정하듯이 강제처분은 필요 최소한도 범위 안에서만 하여야 하므로 비례의 원칙에 의한 구속의 필요성을 고려하는 것은 타당하다고 보인다. 다만 위 고려요소 중 피의자가 정신질환이 있는 경우나 부양해야 할 가족이 있는 경우에는 구속사유가 있다면 신중하게 결정하는 것이 타당하다고 생각된다.[13]

한편 대법원 예규 제48조만을 살펴보면 구속사유인 증거인멸 염려 판단시 고려할 요소로 다음과 같이 규정하고 있다.

1.	인멸의 대상이 되는 증거가 존재하는지 여부
2.	그 증거가 범죄사실의 입증에 결정적으로 영향을 주는지 여부
3.	피의자측에 의하여 그 증거를 인멸하는 것이 물리적·사회적으로 가능한지 여부
4.	피의자측이 피해자 등 증인에 대하여 어느 정도의 압력이나 영향력을 행사할 수 있는지 여부

반면에 대검찰청 예규인 구속수사 기준에 관한 지침도 제5조에서 제7조까지 구속사유 판단시 고려요소를 규정하고 있는데, 제6조는 증거인멸 염려 판단시 고려할 요소로 다음과 같이 규정하고 있다. 또한 같은 조에서 피의자가 실제 증거를 은닉, 위조, 변조했거나 사건 관계인의 진술을 조작, 번복시켰거나 피해자 기타 사건 관계인의 생명, 신체나 재산에 해를 가하였거나 그럴 우려가 있는 등 사실이 인정되는 때에는 증거인멸 염려에 유의하여야 한다고 규정하고 있다.

---

12) 앞의 각주 5)의 책, 97–98면.

13) 구속사유가 존재함에도 구속의 필요성이 없다는 이유로 영장청구를 기각하는 경우에는 영장담당판사의 자의적 판단이라는 비판이 제기될 수 있으므로 신중한 심리가 필요함(앞의 각주 5)의 책, 97면).

1. 범죄의 성격에 따른 증거 인멸·왜곡의 용이성
2. 사안의 경중
3. 증거의 수집 정도
4. 피의자의 성행, 지능과 환경
5. 물적 증거의 존재 여부와 현재 상태
6. 공범의 존재 여부와 현재 상태
7. 피해자, 참고인 등 사건 관계인과 피의자와의 관계
8. 수사 협조 등 범행 후의 정황
9. 범죄 전력

위에서 보는 바와 같이 증거인멸 염려가 있는지 여부에 대한 판단과 관련하여 검찰은 법원보다 조금 더 구체적인 고려인자(예를 들어 피의자의 성행, 지능, 범죄전력, 범행 후 정황 등)를 기재하고 있고, 법원과 달리 '사안의 경중'즉 범죄의 중대성도 고려요소로 명시하고 있음을 확인할 수 있다. 또한 피해자, 참고인에 대한 위해 우려도 증거인멸 염려를 판단함에 있어서 유의해야 할 요소로 적시하고 있다.

이와 비교하여 도망할 염려 판단시 고려요소에 관하여는 인신구속사무의 처리에 관한 예규(제49조)와 구속수사 기준에 관한 지침(제7조) 모두 사안(범죄)의 경중, 범행동기, 수단 및 결과, 피의자의 직업, 범죄경력 등 개인사정 및 가족관계, 피의자의 교우, 지역사회 정착성 정도 등 사회적 환경, 국외 근거지 존재 여부, 출국행태 및 가능성, 자수 여부 등을 열거하고 있는 점에서 비슷한데 다만 대검찰청 예규의 경우 피해자와의 관계, 피해 회복 및 합의 여부도 고려요소로 기재하고 있다. 또한 대검찰청 예규는 같은 조에서 추가적으로 사형, 무기 또는 장기 10년이 넘는 징역이나 금고에 해당하는 중대한 범죄를 범하였거나 누범, 상습범인 경우, 동종 재범 위험성이 있거나 중형 선고 가능성이 높은 경우 등 사실이 인정된 때에는 도망할 염려에 유의하여야 한다고 규정하고 있다.

한편 대검찰청 예규는 형사소송법 제70조 제2항의 고려요소인 범죄의 중대성[14], 재범의 위험성, 피해자 및 중요 참고인에 대한 위해 우려에 대하여도 제1항의 구속사유와 동등한 형식으로 각각 그 판단기준을 명시하고 있다(제8조부터 제10조). 그리고 구속 여부를 판단함에 있어서 피해자 권리 보호, 사회 전반의 질서 유지와 공

14) 예를 들어 범죄의 중대성은 사형, 무기 또는 장기 10년이 넘는 징역이나 금고에 해당하는 죄를 범하였다고 의심할만한 상당한 이유가 있거나 양형기준에 따라 권고형량범위의 하한이 3년 이상이거나 실형이 권고되는 경우라고 규정하고 있음(제8조).

공의 이익 확보 및 피의자의 건강 등 특별한 사정도 고려할 수 있다고 규정(제12조)하여 그 기저에는 구속의 목적이 형사소송의 진행과 형 집행의 확보뿐만 아니라 피해자를 비롯한 일반 전체 사회의 안전을 도모함에 있음이 깔려 있다고 할 수 있다.

나아가 대검찰청 예규는 일반적 구속기준 뿐만 아니라 일반 형사사범, 공안사범, 부패사범, 강력사범 등 범죄유형별로 구체적 구속기준을 규정하고 있는 점에서 대법원 예규와 구별된다. 그리고 예를 들어 가정폭력 사범의 경우 상습적으로 가정폭력을 행사하여 다시 동종의 죄를 범할 우려가 현저한 피의자는 원칙적으로 구속 대상으로 본다고 규정하고 있는바, 형사소송법상 구속사유가 아닌 필요적 고려사항으로 규정되어 있는 범죄의 중대성, 재범의 위험성을 구속 여부 판단의 기준으로 삼고 있음을 확인할 수 있다.

2. 문제점

'구속'을 바라보는 대부분의 관점은, 구속은 피의자의 신체의 자유를 침해하는 수사기관의 권력적 활동이고, 막강한 증거수집능력과 엄청난 법률지식으로 무장한 검사를 상대로 피의자가 실질적인 공방을 할 수 있도록 자유로운 상태에서 증거를 수집하고 전문가인 변호인의 조력을 효과적으로 받을 수 있게 구속은 최소화되어야 하고 이것이 적법절차의 원칙을 구현하는 방향이라는 것이다.[15] 지극히 맞는 말이고 따라서 불구속 수사 및 재판이 형사소송법상 대원칙으로 규정되어 있는 것이다.

그런데 문제는 현실적으로 불구속 상태의 피의자들이 수사 및 재판을 받는 중에도 동종 재범을 하거나 피해자에게 재차 위해를 가하여 생명까지도 빼앗는 상황이 적지 않게 발생하고 있다는 것이다. 추후 무죄를 선고받을 수 있는 피의자를 억울하게 구속하는 것은 타당하지 않지만, 어느 정도 범죄 혐의가 충분히 인정되고 사회에 그대로 둘 경우 피해자를 비롯한 일반 국민들의 안전이 위협받을 가능성이 있는 경우 예방적 차원에서 해당 피의자를 사회로부터 격리하여 구금하는 것은 필요하다고 생각된다.

즉 피의자 이외에 범죄 피해자 및 잠재적 피해자로서의 일반 국민도 인간답게 행복하고 안전하게 살 기본권을 보호받을 권리가 있고, 수사 및 재판과정에서 그들을

15) 오기두, "미국의 인신구속제도", 『인권과 정의』, 제351호(대한변호사협회, 2005), 76면.

위한 적법절차의 원칙 역시 구현되어야 하므로 예방적 구금이 적법절차의 원칙에 반한다고 할 수 없다.[16)]

그런데 현재 형사소송법상 구속사유는 단지 주거부정, 도망 염려, 증거인멸 염려만을 규정하고 있고, 법원 예규도 오로지 이 사유에 초점을 맞추어 구속기준을 규정하고 있다. 그런데 법원은 구속 여부를 결정함에 있어서 구속기준 판단에 대한 일관된 입장을 보이지 않고 있다. 즉 불구속하는 경우에는 위에 열거한 구속사유가 없음을 강조하고, 한편으로는 열거한 구속사유가 없음에도 법정형이 중한 중대범죄의 경우 구속영장을 발부하고 있는 것이다[17)].

반면 검찰은 앞서 검토한 대검찰청 예규에서 확인할 수 있듯이 범죄의 중대성, 재범의 위험성, 피해자 및 참고인에 대한 위해 우려를 법정 구속사유와 비등하게, 오히려 더 중요한 구속사유로 취급하고 있는바, 법원과 상당히 다른 관점에서 구속 여부를 판단하고 있고 따라서 양 기관은 구속영장이 청구된 사건에서 적지 않게 심각한 갈등을 빚어왔다.[18)] 검찰은 수사 및 소추를 담당하는 기관이고, 법원은 최종적으로 심판하는 기관이므로 각자의 업무에 따라 구속을 바라보는 관점과 입장에 차이가 있을 수밖에 없기 때문에[19)], 양 기관의 갈등은 차치하고, 수사 및 재판 과정에서 방어권 보장을 위하여 불구속된 피의자가 그 기회를 이용하여 재범을 저지르고 재차 피해자의 생명과 신체를 위협하는 사건이 적지 않게 발생하여 국민들이 불안에 떨고 사법불신이 깊어지고 있는 상황에서 현행 구속기준을 그대로 유지하는 것은 분명 문제가 있다고 생각된다.

---

16) 비슷한 취지로 강동범, “구속영장재판에 대한 불복 가부 및 구속제도 개선방안”, 『형사법의 신동향』, 제23호(대검찰청, 2009), 228면.

17) 앞의 각주 5의 책, 94면에 의하면, 범죄의 중대성을 독자적 구속사유로 인정할 수는 없으나, 형사소송법 제70조 제2항의 도입취지에 비추어 개별, 구체적 사건에서 사회 구성원들이 해당 범죄의 사회적 해악이나 그로 인한 피해 정도를 어떻게 평가하고 있는지 등과 같은 법공동체의 보편적 법인식도 고려할 필요가 있음을 부인할 수 없다고 설명됨.

18) 비슷한 취지로 박남미, “구속영장 청구 및 발부에 있어서 구속사유 판단기준에 대한 고찰”, 『형사법의 신동향』, 제59호(대검찰청, 2018), 381면; 김재빈, “구속영장 청구 및 발부 기준을 위한 구속기준심의위원회의 신설 등의 제안”, 『법학논총』, 제28권 제2호(조선대학교 법학연구원, 2021), 18－21면(검찰이 청구하는 구속영장청구서에는 구속사유 이외에 필요적 고려사항도 명시적으로 기재하도록 서식화되어 있는 반면 법원이 발부하는 구속영장에는 어떠한 구속사유에 해당하는지 체크하면 될 뿐 필요적 고려사항은 기재되어 있지 않음).

19) 김정환, “조건부 구속의 도입론”, 『연세법학』, 제42호(연세법학회, 2023), 48－49면.

Ⅲ. 조건부 석방과 구속사유 확대의 관계

1. 조건부 석방의 개념 정립

전술한 바와 같이 신당역 스토킹 살인 사건 이후 법원은 조건부 석방의 도입을 적극적으로 검토하고 있다. 조건부 석방은 이미 1999년 사법개혁추진위원회때부터 구속이 불가피한 경우에도 보석 등 석방제도를 최대한 활용하는 방향으로 구속제도를 개선해야 한다는 취지로 주장되었던 제도이다[20]. 조건부 석방은 위 도입취지에서 알 수 있듯이 불구속 수사 및 재판의 대원칙을 좀더 적극적으로 구현하기 위하여 구속사유가 있음에도 피의자에게 일정 조건을 부과하고 석방하는 제도이다. 즉 구속사유는 일단 인정되므로 구속영장은 발부하되 그 집행을 유예하는 이른바 '조건부 구속'인 것이다. 따라서 피의자가 부과된 조건을 위반하였을 때 비로소 발부되어 있는 구속영장을 집행하는 것이다.

조건부 석방 도입의 주된 논거는 피의자를 굳이 구속하지 않아도 도망이나 증거인멸의 우려를 방지할 수 있는 대체방안이 있다면 국가가 당연히 이를 마련하는 것이 무죄추정의 원칙, 불구속 수사 및 재판 원칙에 부합하다는 것이다[21].

따라서 현재의 구속제도는 구속사유가 있으면 구속, 구속사유가 없으면 불구속으로 양자택일로 되어 있으나, 만일 조건부 석방제도가 도입되면 구속사유가 있어도 조건부 석방이 될 수 있으므로 실제 구속영장이 집행될 수 있는 사안의 범위가 줄어들게 된다.

2. 조건부 석방의 도입취지에 부합한 구속사유

(1) 구속사유 확대의 필요성

그러나 최근 법원이 조건부 석방을 도입하고자 하는 취지는 그동안 주장되어 온 불구속 수사 및 재판의 원칙 구현이라는 도입취지와 결을 달리한다. 즉 신당역 스토킹 살인사건 피의자와 같이 구속사유는 없지만 피해자를 위해하거나 재범할 가

20) 앞의 각주 19)의 논문, 34면.

21) 정영훈, "불구속 수사·재판의 원칙의 발전과 정체, 인신구속제도의 재판 방안", 『인권과 정의』, 제485호(대한변호사협회, 2019), 71면; 이동임·천정환, "조건부 석방제도 도입논의 및 발전방안", 『교정연구』, 제31권 제3호(한국교정학회, 2021), 81－82면.

능성이 큰 경우 단순히 구속영장을 기각하는 것이 아니라, 구속영장을 발부하되 일정한 조건을 부과한 후 석방하고 조건 위반시 신속히 구속영장을 집행함으로써 사회적 피해를 방지하고자 하는 것이다.

그렇다면 피해자를 위해하거나 재범할 가능성이 있는 경우 조건부 석방을 하기 위하여는 일단 구속사유에 해당되어 구속영장이 발부될 수 있어야 한다. 그런데 현재 형사소송법상 구속사유에는 피해자에 대한 위해가능성이나 재범 위험성이 포함되어 있지 않으므로 이를 구속사유로 확대하지 않는 이상 조건부 석방은 불가능하다. 형사소송법 제70조 제2항은 고려사항에 불과하지 구속사유가 아니라는 법원의 일관된 입장에 따르면 구속사유인 주거부정, 도주우려, 증거인멸의 여부가 명확하지 않은 경우 아무리 피해자 위해가능성 등이 인정되어도 불구속해야 하는 것이지 조건부 석방을 하는 것은 불구속 수사 및 재판의 원칙에 부합하지 않고, 판사의 재량이 과도하게 확대될 우려가 크다.

이에 대하여 조건부 석방을 '조건부 불구속'으로 해석하면 구속사유의 확대가 필요없다고 반박할 수 있다. 즉 구속사유가 없어 불구속해야 하나 형사소송법 제70조 제2항의 필요적 고려사항에 해당하는 경우 조건을 부과하는 불구속으로 해석한다면 구속사유의 확대가 수반될 필요가 없다는 것이다. 그러나 이와 같이 운용한다면 구속영장이 발부되어 있는 상황이 아니므로 피의자가 부과된 조건을 위반하는 경우 비로소 구속영장을 청구해야 하므로 조건을 위반하여 사회에 위해를 가한 피의자의 신병을 신속하게 확보하고 사회를 방위하는데 큰 차질이 생길 수 있다는 점에서 바람직하지 않은 해석방향이라고 생각된다.

따라서 최근 법원의 도입취지에 부합한 조건부 석방의 도입은 구속사유의 확대가 같이 수반되어야 한다. 미국, 독일, 프랑스 등 주요 국가들 역시 구속사유를 넓게 인정하는 한편 조건부 석방과 비슷한 제도도 함께 운용하고 있는데 이는 항을 바꾸어 살펴보기로 한다.

(2) 외국 입법례

미국은 범죄혐의가 인정될 상당한 이유(probable cause)가 존재하면 체포(arrest)가 가능하고 대부분 영장 없는 체포가 행해지는 반면 이후 최초출석절차(initial appearance)나 예비심문절차(preliminary hearing)에서 치안판사(magistrate judge)에 의한 보석이 광범위하게 인정되는데[보석개혁법(The Bail Reform Act of 1984)

18 U.S.C. §3142], 다만 보석을 제한할 사유가 있는 경우 구금(detention)을 유지하므로 보석제한 사유가 곧 구속사유에 해당한다. 한편 일정한 조건을 붙이면 피의자의 출석, 타인 및 사회의 안전을 담보할 수 있다고 판단하는 경우 조건부 석방을 허용한다.[22)]

보석개혁법(The Bail Reform Act of 1984) 18 U.S.C. §3142-(e)에 의하면 만일 치안판사는 어떠한 조건을 붙여도 보석시 피의자의 출석, 타인 및 사회의 안전을 담보할 수 없다고 판단하는 경우 구금할 수 있다고 하여 보석제한사유를 규정하고 있고, 특정한 중대범죄를 범하였거나 재범을 한 경우 피의자를 석방하였을 때 출석 및 타인과 사회의 안전을 담보할 수 없다고 판단할 수 있다고 규정하고 있다.[23)]

즉 미국은 도주 염려 뿐만 아니라 범죄의 중대성, 피해자 등 타인에 대한 위해 우려 및 사회방위도 구속사유로 넓게 인정하면서 조건부 석방을 함께 운용하고 있다.

한편 독일은 형사소송법 제112조 제2항에서 ① 피의자가 도망 또는 숨어 있는 것이 확실하거나, ② 개별사정을 고려했을 때 피의자가 형사절차를 피할 위험이 있거나, ③ 피의자의 행동에 비추어 증거를 파기, 변경, 은폐, 위조, 변조하거나 공범, 증인, 감정인에게 부적절하게 영향력을 행사하거나 다른 사람들이 위와 같이 하도록 할 것이 강하게 의심되는 사실이 인정되고, 따라서 진실을 밝히는 것이 더 어려워질 위험이 존재하는 경우를 구속사유로 규정하고 있다.

또한 국제형법상 집단학살죄, 침략전쟁에 관한 죄, 형법상 테러단체조직죄, 모살 및 고살죄, 중상해죄, 방화죄, 폭발물에 관한 죄 등의 강한 혐의가 있고, 이 범죄로 타인의 신체 또는 생명을 위협하는 경우 제2항의 구속사유가 없어도 구속될 수 있다고 규정하여, 특정한 중대범죄 혐의가 인정되는 것을 독립된 구속사유로 인정하고 있어 우리나라와 구별된다.

나아가 독일 형사소송법은 특정범죄에 대하여는 재범의 위험성도 별도의 구속사유로 인정하고 있다. 제112a조 제1항에서 ① 성범죄 및 스토킹 범죄의 강한 혐의가 있거나, ② 공안범죄, 중상해죄, 주거침입절도·강도죄, 장물죄, 사기죄, 음주운전죄, 마약범죄 등 법질서를 심각하게 침해하는 범죄를 반복적이거나 지속적으로 저

22) 앞의 각주 15)의 논문, 81-83면.

23) 연방대법원 United States v. Salerno, 481 U.S. 739(1987) 판결에서, 특정 중범죄(felony)에 대하여 피의자의 도주가능성 여부를 검토하지 않고 보석을 허가하지 않을 수 있도록 규정한 것이 위헌이 아니라고 판시하였음.

지르고 있음에 대한 강한 혐의가 있는 경우이다. 이 경우 추가적으로 재판확정 전 피의자가 더 심각한 동종범죄를 저지르거나 범행을 계속할 위험이 있고, 즉각적 위험을 방지하기 위하여 구속이 필요한 경우 구속할 수 있고, 특히 ②항 범죄는 1년 이상 자유형이 선고될 것이 예상되는 점이 입증되어야 한다고 규정하고 있다. 구속사유로 '재범의 위험성'이라고만 적시하고 있으나 대상이 되는 범죄 중 성범죄, 스토킹 범죄는 상당수가 동일 피해자에 대한 재범이므로 피해자 등 타인에 대한 위해우려도 구속사유로 삼고 있다고 판단하여도 무리가 아니라고 보여진다.

한편 제116조 및 제116a조에서 조건부 석방과 유사한 구속영장 집행유예 제도를 규정하고 있는데, 도주위험이나 증거인멸을 구속사유로 영장이 발부된 경우 정해진 시간에 판사 등이 지정한 사무소에 출석하여야 한다는 지시 등 더 경한 명령에 대한 이행으로 구속의 목적을 달성할 수 있는 경우 그 명령이행을 조건으로 영장집행을 유예하도록 하고 있다.

또한 프랑스 형사소송법은 제143－1조에서 중죄형 또는 3년 이상의 징역에 처할 경죄형에 해당하는 범죄만 구속할 수 있도록 규정하여, 범죄의 중대성을 구속사유로 인정하고 중대범죄인지 여부를 법정형을 기준으로 판단하고 있다. 또한 제144조에서 구속사유를 구체적으로 나열하고 있는데, ① 진실발견을 위하여 필요한 증거보전, ② 증인, 피해자 및 그 가족들에 대한 위협 방지, ③ 피의자와 공범 또는 공모자 사이의 부정행위 방지, ④ 피의자 보호, ⑤ 형 집행을 위한 피의자 신병 확보, ⑥ 범죄의 종료 또는 재범 방지, ⑦ 범죄의 중대성, 범행 상황 또는 피해규모 때문에 공공질서에 대하여 초래된 특별하고 지속적인 혼란의 방지이다.

우리나라 형사소송법과 비교해본다면 ①항, ③항이 증거인멸 염려에 해당하고 ⑤항이 도망 염려에 해당하여 우리나라 형사소송법 제70조 제1항이 규정하는 구속사유라고 할 수 있다. 그리고 ②항, ⑥항은 구속사유 심사시 고려사항으로 규정하고 있는 우리나라 형사소송법 제70조 제2항의 각 피해자 및 중요 참고인 등에 대한 위해우려, 재범의 위험성에 해당한다. 더 나아가 피의자 본인의 보호(④항)와 공공질서에 대한 혼란 방지(⑦항)도 구속사유로 규정되어 있다. 모순적으로 보일 수도 있으나 실제로 피의자 본인을 위하여 구속이 필요한 경우가 있다. 실무에서는 피의자가 구속영장이 기각된 후 수사에 대한 압박을 이기지 못하여 자살하는 경우가 적지 않게 발생한다. 원론적으로는 구속이 사람이 자유롭게 활동할 수 있는 신체의 자유를 제한하는 것이 맞지만 경우에 따라서는 신체의 자유보다 더 중요한 법익인 생명을 보호할 수 있는 상황이 분명히 존재하고 프랑스 형사소송법은 이를 반영하고 있다고 할 수 있다. 또한 혐의가 상당히 인정되는 상황에서 일반 국민들의 안전을 위하여 피의자의 신병을 확보할 필요가 있다는 점에서 사회방위적 목적을 구속사유로 규정하고 있는 점은 타당하다고 생각된다.

한편 제138조에서 판사가 지정하는 지역 밖으로 나가지 말 것 등 피의자에게 일정한 의무를 부과하여 통제하는 사법통제를 규정하고, 제142－5조에서 전자감시 하에 가택구금을 규정하여, 사법통제나 전자감시 하에 가택구금으로 구속의 목적을 달성할 수 없는 경우에 구속을 하도록 함으로써 조건부 석방과 유사한 제도를 운용하고 있다.

Ⅳ. 예방적 구금과 조건부 석방의 조화적 운용

1. 구속사유 확대 방향

피의자에 대한 적정한 구속기준을 설정하는 방향의 출발점은 수사단계에서 왜 피의자를 구속하는 것이 필요한가 즉 구속의 목적 내지 의의에서 시작되어야 할 것이다.

구속의 목적에 대하여는 대부분의 교과서가 형사절차의 진행과 형벌의 집행을 확보하는 것으로 설명한다.[24] 즉 수사단계에서 피의자를 구속하는 목적은 실체진실발견을 위한 수사 및 재판의 원활한 진행을 위하여 도주 가능성이 큰 피의자의 신병을 확보하고, 피의자의 자유로운 활동을 막아 증거 인멸을 방지하는 것이라고 설명한다.

그러나 구속의 목적은 여기에 국한되지 않는다고 생각된다. 고도의 개연성 있는 증거로 범죄 혐의가 의심되는 피의자의 자유로운 활동을 막아 또 다른 범죄를 저지르거나 피해자 등에게 재차 피해를 주지 못하도록 하여 국민 개개인과 사회의 안전을 보호하는 것도 구속의 또 다른 중요한 목적이다.[25] 필요적 보석의 예외사유로서

24) 신동운, 앞의 각주 9)의 책, 336면; 이은모·김정환, 앞의 각주 9)의 책, 257면; 앞의 각주 2)의 책, 174면; 이주원, 앞의 각주 9)의 책, 145면; 이창현, 앞의 각주 9)의 책, 343면.

25) 정웅석 외, 『신형사소송법』, 제1판(박영사, 2021), 154면도 같은 취지임. 미국에서는 이를 예방적 구속(preventive detention)이라 칭하는데 이에 관한 자세한 내용은 정진수, "인신구속제도의 일원화에 관한 연구－주요 선진국의 인신구속제도 비교를 중심으로－", 『형사정책연

형사소송법 제95조가 도주우려 및 증거인멸 우려 이외에도 피고인이 사형, 무기 또는 장기 10년이 넘는 징역이나 금고에 해당하는 죄를 범한 때, 피고인이 누범에 해당하거나 상습범인 죄를 범한 때, 피고인이 피해자, 당해 사건의 재판에 필요한 사실을 알고 있다고 인정되는 자 또는 그 친족의 생명, 신체, 재산에 해를 가하거나 가할 염려가 있다고 믿을만한 충분한 이유가 있는 때도 규정하고 있는데, 이는 피의자가 도주 염려나 증거인멸 염려가 없어도 석방시 재범의 위험성이 있거나 피해자 등을 위해할 가능성이 있다면 계속적으로 구금해야 한다는 것으로 입법자도 피해자 및 사회의 안전 보호를 위한 구속을 인정하고 있다고 할 수 있다.

미국 연방대법원은 피의자를 석방시 타인과 사회의 안전에 위해를 가할 가능성이 큰 경우 보석을 허가하지 않는 예방적 구금이 유효하고 위헌이 아니라고 판시한 바 있고,[26] 독일 연방헌법재판소 또한 구속이 절차보전의 수단뿐만 아니라 또 다른 범죄로부터 법공동체를 보호하기 위한 예방적 조치로서의 성격도 갖는다고 판시한 바 있다.[27] 이와 관련하여 구속을 국가와 피의자의 대립관계를 중심으로 한 2면적 시각에서 벗어나 실체진실발견을 추구하는 국가, 피의자의 인권보호, 피해자 보호라는 3면적 관계로 파악해야 한다는 견해가 있는바 경청할만하다고 생각된다.[28]

따라서 형사소송법 제70조 제2항에 규정된 필요적 고려사유를 제70조 제1항에 구속사유로 규정하여 구속사유를 확장하는 것이 바람직하다. 법원이 제70조 제2항 사유의 중요성을 인지하고 이를 합목적적으로 해석하여 제1항의 구속사유에 대한 개연성을 인정할 수 있다는 견해도 있을 수 있으나, 무리하게 개연성을 인정하는 해석을 하는 경우 피의자에게 불리한 유추해석이라는 점에서 허용되기 어려운 문제점이 있다.[29]

또한 구속사유를 현재 형사소송법 조문의 '도망의 염려', '증거인멸의 염려'등과 같이 추상적이고 포괄적으로 규정할 것이 아니라[30] 독일이나 프랑스와 같이 각 구

구원 연구총서』, 2006년 발행호(한국형사법무정책연구원, 2006), 31－35면 참조.

26) United States v. Salerno, 481 U.S. 739, 1987.

27) BVerfGE 19, 342.

28) 김혁, "보복범죄의 방지와 범죄 피해자 보호를 위한 구속제도의 재설계", 『피해자학 연구』, 제29권 제3호(한국피해자학회, 2021), 8－9면.

29) 앞의 각주 4)의 논문, 25면.

30) 법관의 자의적 해석을 야기하고 명확성의 원칙에 위반하여 위헌이라는 견해로 이승주, "현행 구속사유 해석을 둘러싼 혼란과 그 개선방안", 『저스티스』, 통권 제167호(한국법학원, 2018), 139면; 구본진, "현행 피의자 구속제도의 위헌적 요소", 『저스티스』, 통권 제125호(한국법학

속사유를 판단하는 중요인자들을 나열하는 방식으로 좀 더 구체적으로 규정하는 것이 타당하다. 현재 대법원이나 대검찰청 예규에서 정하고 있는 각 구속사유를 판단하는 구체적 내용을 형사소송법 또는 형사소송규칙에 규정할 필요가 있다. 구속사유 판단의 중요인자를 수사기관 및 법원 내부적으로만 공유하는 것이 아니라 국민들이 쉽게 접근할 수 있는 법령에 구체적으로 명시함으로써 구속 여부 판단에 관한 예측가능성을 높이고 나아가 실질적 적법절차 원칙을 구현하는데 도움이 될 것이다.[31)]

(1) 범죄의 중대성

범죄가 중대할수록 중형 선고가 예상되어 인지상정상 이를 피하기 위하여 피의자가 도주하거나 증거를 인멸할 가능성이 크지만 예외가 없다고 단정할 수는 없다. 범죄의 중대성은 도주 우려, 증거인멸 염려와 연결시킬 필요 없이 독자적으로 구속사유로 인정된다. 미국이나 독일의 경우 전술한 바와 같이 특정한 중대범죄를 저지른 혐의가 인정되는 경우에는 다른 사정의 고려 없이 구속할 수 있다고 명시적으로 규정하고 있다. 범죄가 중대한 경우 중범죄자로부터 사회를 방위해야 할 예방적 구금의 필요성이 있으므로, 범죄 혐의가 충분히 입증되는 것을 전제로 독자적인 구속사유로 인정하되 개별 사안에서 범행 수법, 피해규모 등에 비추어 공공질서에 지속적인 위협과 혼란을 야기할 가능성이 있는지를 추가적으로 검토하여 최종 판단하는 것이 타당하다고 생각된다. 이와 관련하여 프랑스 형사소송법 제144조 제7항에서 범죄의 중대성, 범행 상황 또는 피해규모 때문에 공공질서에 대하여 초래된 특별하고 지속적인 혼란의 방지를 구속사유로 규정하고 있는데 참고할만하다.

한편 범죄가 중대한지 여부가 매우 추상적 개념이므로 중대성을 결정하는 기준을 어떻게 할 것인가가 문제된다. 이는 범죄의 종류, 동기 및 수법, 피해 정도, 법정형 등을 고려할 수 있는데 그 중 법정형이 가장 객관적으로 판단할 수 있는 기준으로 판단되고 형사소송법 제95조 제1호에서 필요적 보석의 예외사유로 규정하고 있는 법정형을 참고하는 것도 고려할 수 있다. 프랑스 형사소송법도 법정형을 기준으로 중죄형 또는 3년 이상의 징역에 처할 경죄형에 해당하는 범죄만 구속대상이 된다고 규정하고 있다. 범죄의 중대성을 명시적인 구속사유로 규정한다면, 생계를 유

원, 2011), 173면.

31) 비슷한 취지로 앞의 각주 18)의 논문, 399면.

지할 돈이 없어 빵이나 음료수 등을 훔친 사안임에도 불구하고 노숙자이기 때문에 주거가 부정하고 도주할 가능성이 크다는 이유로 무조건적으로 구속하고, 다수 피해자들을 상대로 고액 사기를 저질렀으나 고급빌라에서 가족들과 행복하게 살고 있는 재력가에 대하여 주거 부정, 도망 염려와 같은 구속사유가 없고 '방어권을 보장해주어야 한다'는[32] 이유로 구속영장을 기각하는 불합리한 결과를 막을 수 있을 것이다.[33]

(2) 재범의 위험성

재범의 위험성은 주로 동종 전력이 많을수록 크다고 할 수 있는데, 이처럼 동종 전력이 다수 있는 피의자는 누범 또는 상습범에 해당되어 향후 중형이 선고될 가능성이 높아 도망 염려가 크므로 결국 재범의 위험성은 도망 염려와 연결된다고 할 수 있을 것이다.[34]

그런데 구속의 목적을 고려할 때 도망 염려와 연결짓지 않더라도 재범의 위험성 자체가 피해자 보호 및 사회구성원들의 안전을 위하여 독자적 구속사유로 반드시 인정되어야 한다.

특히 특정 범죄의 경우는 범행과 범죄자의 특성상 재범의 위험성이 높게 예상되는바, 예를 들어 독일 형사소송법이 재범의 위험성을 구속사유로 판단할 수 있는 대상범죄로 규정하고 있는 성범죄, 스토킹, 사기, 장물, 강도, 음주운전, 마약범죄, 폭력범죄 등이 있다. 프랑스는 대상범죄를 특정하지 않고 재범의 위험성을 일반적인 구속사유로 인정하고 있다. 한편 미국은 '재범의 위험성'이라는 용어를 사용하고 있지는 않으나 피의자가 석방되었을 때 사회의 안전을 담보할 수 없는 경우를 구속사유로 인정하므로 간접적으로 재범의 위험성을 구속사유로 인정하고 있다고 해석하는 것이 무리는 아닌 것으로 보인다.

---

32) 실무에서는 구속영장기각 결정문에 심심치 않게 등장하는 기각사유가 '방어권 보장'인데 이는 구속사유 및 필요적 고려사항과 아무런 관계가 없고 외국 법제에서도 고려되지 않는 사정임, 또한 피의자의 방어권은 구속 여부와 상관 없이 모든 피의자에게 당연히 보장되어야 하는 권리로서 이를 근거로 불구속을 결정하는 것은 타당하지 않음. 한편 이와 관련하여 '방어권 보장'을 기각사유로 드는 대부분의 사안이 일응 범죄혐의 소명은 되나 유죄판결에 이를지 확신이 없는 경우로 차라리 '범죄 혐의 소명이 부족하다'고 구속영장을 기각하는 것이 법률에 부합한다는 견해로 앞의 각주 30)의 논문, 152면.

33) 이와 같은 실태를 '유전불구속, 무전구속'이라고 비판하는 견해로 앞의 각주 30)의 논문, 148면.

34) 앞의 각주 2)의 책, 324면

(3) 피해자, 중요 참고인 등 위해 우려

미국과 프랑스 모두 피해자, 중요 참고인 등에 대한 위해 우려를 구속사유로 인정하고 있다. 독일의 경우 이를 명시적으로 구속사유로 규정하고 있지는 않으나 재범의 위험성 대상 범죄로서 성범죄, 스토킹 범죄를 특정하고 있는데, 이러한 범죄들의 경우 상당수가 동일 피해자에 대한 재범이라는 점에서 간접적으로 '피해자, 중요 참고인 등 위해 우려'를 구속사유로 인정하고 있다고 해석 가능하다.

피해자, 중요 참고인 등에 대한 위해 가능성은 구속 여부를 결정함에 있어서 매우 중요하게 고려해야 할 사유라고 생각된다. 실제로 최근 발생한 신당역 스토킹 살인사건을 비롯하여 구속영장이 기각된 이후 피해자를 폭행하거나 심지어 살해하는 등 보복하는 사건이 적지 않게 발생하고 있다.[35] 소중하고 고귀한 생명의 억울한 죽음을 목도하고서야 '그때 구속했어야 하는데'라고 탄식하는 것은 아무 소용이 없다.

특히 성범죄, 스토킹 범죄, 가정폭력범죄 등을 저지른 피의자의 경우 범죄 자체의 특성 및 범죄자의 대체적인 기질, 범행동기 등을 고려할 때 구금되었다가 석방된 경우 재차 피해자를 찾아가 동종 범행을 저지를 가능성이 매우 크다. 또한 위와 같은 범죄가 아니더라도 각 개별 사안마다 피의자와 피해자의 관계, 피의자의 성향 및 기질, 범행 동기 등 제반사정을 고찰하여 석방시 피해자 등의 생명과 신체를 위협할 가능성이 있는지 여부를 판단하여 구속 여부를 결정하는 것이 매우 중요하다.

한편 중요 참고인의 범위를 설정하는 것이 문제되는데 구속의 목적 및 입법취지를 고려할 때, 피해자의 친족과 고소·고발 등 수사단서를 제공한 사람, 증인으로 채택될 가능성이 큰 목격자, 범죄사실을 피해자로부터 직접 전문한 사람이나 범죄와 관련된 증거를 제출한 사람 등이 포섭될 수 있다.[36]

---

35) 피해자인 동거녀를 감금하고 성폭행한 피의자에 대하여 법원이 주거일정, 방어권 보장을 이유로 구속영장을 기각하였는데 이후 피해자를 살해한 사건(중앙일보, "법원이 풀어준 성폭행범, 18일만에 보복살인, 2012. 4. 24.자 기사), 상습 가정폭력범인 피의자에 대하여 법원이 범행자백 등 구속의 필요성이 없다는 이유로 구속영장을 기각하였는데 이후 피해자인 처를 살해한 사건(연합뉴스, "가정폭력 남편, 구속영장 두 차례 기각 끝에 아내 살해", 2016. 7. 20.자 기사) 등이 있음.

36) 앞의 각주 4)의 논문, 21면.

(4) 기타 사유

프랑스 형사소송법은 '피의자 보호'를 독자적인 구속사유로 인정하고 있다. 실무에서는 구속영장이 기각된 피의자가 수사의 압박을 이기지 못하고 자살한 사례가 심심치 않게 발생한다. 때로는 구속이 피의자의 신병을 확보하여 자살을 방지하는 역할을 하는 것이다. 피의자의 자살방지는 형식적으로만 보면 구속사유인 도주염려와 같이 피의자의 신병을 확보하여 형사소송절차를 원활히 진행함으로써 실체진실을 발견하고 형 집행을 담보한다는 측면으로 생각할 수 있다. 그러나 이는 단순히 실체진실을 발견하고 범죄를 저지른 자를 단죄하기 위한 목적만 있는 것이 아니라 범죄자임을 불문하고 인간의 생명은 고귀하고 소중하므로 이를 보호하고자 하는 것이다.

따라서 우리도 프랑스와 같이 '피의자 보호'를 독자적인 구속사유로 인정하는 것을 적극적으로 검토할 필요가 있다.

2. 조건부 석방의 운용방향

조건부 석방은 일응 구속사유가 인정되는 사안에 대하여 실제 구속영장을 집행하지 않고 조건을 부과하여 석방하는 것이므로, 조건부 석방 도입시 '구속 사안'이 '영장이 집행되는 사안'과 '조건부 석방 사안'으로 나누어지게 된다. 이러한 사안의 구분에 있어서 판사의 자의적 판단이 개입되지 않기 위하여는 이를 방지할 수 있는 제도적 장치가 마련되어야 할 것이다. 현행 상황에서도 동종 사안으로 보이는 사건들에 대하여 판사나 지역에 따라 다른 결정이 내려지는 경우가 적지 않은데[37], 조건부 석방이 도입되고 그 선택 여부를 완전히 판사의 재량에 맡겨 놓는다면 판사 개인의 가치관, 정치적 외압, 여론의 향방 등의 영향을 받을 가능성을 배제할 수 없

37) 김성룡, "삼성전자 이재용 부회장 구속영장 발부를 둘러싼 법적 쟁점", 『형사법연구』, 통권 제71호(한국형사법학회, 2017), 108면(필자는, 2017. 1. 22. 삼성전자 이재용 부회장 사건에서 최초 구속영장청구가 기각된 후 특검의 재청구에 의하여 구속영장이 발부되었는데 기각 및 발부사유가 모두 동일하게 '도망의 우려'로, 비록 보강수사가 있었을지라도 사실상 입증방법이나 내용 등에 큰 차이가 없었음에도 같은 구속사유에 대하여 어느 판사가 담당하느냐에 다르게 판단될 수 있음을 잘 보여주는 사례로, 이와 같은 일관성 없는 법원의 결정이 사법불신을 야기한다고 비판함).

고, 유사한 사안에 대하여 개별 판사마다 각자의 기준으로 판단하여 신병 판단에 일관성을 기할 수 없게 될 것이기 때문이다.

제도적 장치로는 첫째, 형사소송법, 형사소송규칙, 대법원 예규 등 관계법령에 조건부 석방금지 사유나 결정시 고려해야 할 요소 등 일응의 기준을 규정하고, 둘째, 영장전담판사가 신병을 결정할 때 그 이유를 구체적으로 서면화하여 당사자인 피의자측과 검사에게 통지하며, 마지막으로, 영장항고제와 같은 직접적인 불복수단을 마련하여 기준을 정립해나가는 것이 필요하다고 생각된다.

조건부 석방을 어떠한 경우 허용할 것인지를 검토하기 위하여는 해당 사안이 구속사유에 해당한다는 판단이 전제되어야 하는데 구속사유의 유무 판단에 있어서 수사기관 및 법원은 각각 전술한 대법원 및 대검찰청 예규가 제시한 다양한 고려요소들을 실질적, 객관적으로 반영하여야 한다. 이와 관련하여 다양한 양형인자가 반영된 양형기준표에 의하여 양형을 하는 것과 같이 구속사유 판단에 있어서도 다양한 고려요소들을 O, X 방식이나 점수 배점방식 등으로 계량화함으로써 구속여부 결정의 객관성을 높여야 한다는 견해[38]가 있는데 참고할만하다고 생각된다. 또한 조건부석방에 있어서도 구속적부심이나 보석과 같이 그 금지 사유를 ① 증거를 인멸한 충분한 염려가 있는 경우, ② 피해자 등에게 해를 가할 염려가 있는 경우, ③ 사형, 무기 또는 단기 3년 이상의 징역이나 금고에 해당하는 범죄혐의가 있는 경우[39] 등과 같이 구체적으로 명문에 규정하는 것은 법원의 자의적이고 부당한 결정을 사전에 미리 방지할 수 있다는 측면에서 충분히 실익이 있다.

대법원 예규 제50조, 제51조에 의하면 구속하는 경우에는 구속사유 해당란에 표시만 하면 되고, 구속영장 청구를 기각하는 경우에는 기각사유를 간략히만 기재하도록 되어 있어 사실상 당사자인 피의자, 검사는 구속·불구속을 결정한 구체적 이유를 알기 어려운 상황이다.[40] 예를 들어 '피의자가 증거를 인멸할 염려가 있다는 점에 대한 소명이 부족함'이라고만 기재하여 구속영장을 기각하는 경우 구체적으로 왜 그와 같이 판단하였는지 알 수 없고, 반대로 '피의자는 도망할 염려가 있다'라고 부동문자로 기재된 부분에 해당된다고 체크만 하여 구속영장을 발부한 경우 어떠

38) 자세한 내용은 김병수, "구속요소의 계량화를 통한 구속기준 정립", 『형사법연구』, 제24권 제2호(한국형사법학회, 2012) 참조.

39) 형사소송법 일부개정법률안 조응천 의원 대표발의(의안번호 제2117661호, 2022. 9. 30. 발의 및 현재 심사 중) 참고.

40) 비슷한 취지로 앞의 각주 18)의 논문, 390－391면.

한 이유를 근거로 그렇게 판단하였는지 알 수 없으며, 나아가 필요적 고려사항도 어떻게 고려가 되었는지 알 수 없는 상황이므로 예측 가능성이 떨어지고 사법불신을 심화시키고 있다.

뿐만 아니라 법원은 형사소송법에 규정된 구속사유나 필요적 고려사항과 전혀 무관한 '피의자의 방어권 보장', '피해자와 합의', '피해자 처벌 불원', '자백과 수사협조' 등을 구속영장 기각사유로 기재하는 경우가 있는데, 어떠한 구속사유에 해당하지 않아 영장을 기각하는 것인지로 명확히 기재하여야 하고 위와 같은 요소들이 구속사유와 어떠한 관계가 있어서 영향을 미쳤는지를 구체적으로 이해할 수 있도록 설명하는 것이 필요하다.

따라서 법원이 구속사유가 인정되어 구속영장을 발부하는 경우, 구속사유가 인정되나 조건부 석방을 하는 경우, 구속사유가 인정되지 않아 구속영장 청구를 기각하는 경우 각각에 있어서 검사, 피의자가 이해할 수 있을 정도로 왜 그와 같이 판단하였는지 구체적으로 그 이유를 기재하도록 의무화하는 것이 타당하다. 법원에 구체적 이유기재의 의무를 부과하는 경우 판사의 신중한 결정을 유도할 수 있고, 당사자가 법원의 결정을 받아들일지 아니면 불복할지 결정하는데 도움이 될 수 있다.[41] 특히 검찰의 경우 각 사례의 근거자료를 축적하여 법원의 구속 여부 판단기준을 예측할 수 있고 이를 토대로 법원과 검찰이 협의를 통하여 보다 합리적이고 적정한 구속기준을 확립하려고 노력함으로서 양 기관의 간극과 대립을 줄여나갈 수 있을 것이다.

한편 영장항고제 도입은 조건부 석방과 더불어 기존부터 논의되었던 것으로 명확한 구속 및 석방 기준의 확립을 위하여 적극적으로 검토할 필요가 있다. 법관의 판단이 항상 오류가 없을 수 없으므로 오판을 시정하기 위하여 인정하는 제도가 상소제도이다. 즉 상소의 기능은 재판의 잘못을 시정하여 불이익을 받는 당사자를 구제하고, 동종 유사 사안에 대하여 법원 사이에 판단이 다른 경우 상급법원의 해석에 의하여 이를 통일하여 법적 안정성과 사법정의를 실현하는 것이다.[42] 법원은 검사동일체의 원칙이 적용되는 검찰과 달리 결재 없이 법관 개개인이 단독으로 권한을 행사하고 있으므로 상급법원에 의한 통제를 받을 때 보다 객관적이고 타당한 사법권 행사가 담보될 수 있다.[43]그런데 우리 형사소송법은 법원의 유무죄 및 양형

41) 앞의 각주 21)의 논문, 75면.
42) 앞의 각주 11)의 책, 이상주 작성부분, 6면.

판단에 대하여는 상소를 인정하고 있으나, 법원의 구속 여부 판단에 대하여는 상소를 인정하고 있지 않다. 다만 피의자는 구속된 이후 적부심을 청구할 수 있고, 검찰도 구속영장이 기각된 이후 다시 영장을 재청구할 수 있을 뿐이다. 그나마 구속적부심은 구속 이후 사정변경 뿐만 아니라 구속 자체의 적법성 여부를 다툴 수 있어서 구속적부심을 항고 내지 재심의 성격을 갖는다고 해석하기도 하나,[44]영장 재청구는 영장전담판사의 애초 구속영장 기각결정 자체에 대하여 심사를 받는 것이 아니라 재청구 당시 수사상황을 기준으로 구속 여부를 판단하는 것이라는 점에서 피의자와 비교할 때 균형에 어긋난다는 견해도 존재한다.[45] 그리고 영장 재청구시 실무에서는 비록 다른 판사가 담당한다 하더라도 기존 영장전담판사의 결정을 존중하는 것이 대부분이라는 점이 문제이다.[46] 그러나 구속 여부는 형사소송절차에 있어서 유무죄 및 양형만큼이나 당사자에게 가장 큰 이해관계가 있는 영역으로, 미국, 독일, 프랑스 등 다른 국가 대부분이 법원의 구속 여부 판단에 대한 항고를 인정하고 있다.[47]

따라서 당사자에게 영장항고제로 상급심의 판단을 받아 볼 수 있는 법적 권리를 부여하고, 상급심 판단의 통일적 해석이 축적됨으로써 구속기준을 정립해나가는 것이 타당하다. 우리나라는 비록 성문법 국가이기는 하지만 범죄의 성립 유무, 증거판단 등이 대법원의 확립된 판례에 따라 결정되고 따라서 사실상 실무 법조인들은 동종 유사 사안에 관한 판례를 검토하여 그에 따라 판단하고 있고, 일반 국민들도 동종 유사 사안에 관한 판례를 바탕으로 범죄 성립과 처벌 가능성을 예측할 수 있다. 구속 여부의 경우에도 상소제도에 의하여 동종 유사 사안에 대한 통일된 해석이 가능하게 된다면 구속기준이 정립될 수 있고, 이는 형평성과 예측가능성을 높이는데 분명 도움이 될 것이다.[48]

또한 조건부 석방이 구속의 대체방안으로서 성공하기 위하여는 피의자를 석방하

---

43) 앞의 각주 16)의 논문, 252면.

44) 앞의 각주 2)의 책, 309면; 이은모 · 김정환, 앞의 각주 9)의 책, 285면.

45) 박병규, “구속영장재판의 종류, 주체, 항고, 영장재판에 대한 항고”, 『법조』, 제56권 제12호(법조협회, 2007), 385면.

46) 김재빈 · 송광섭, “영장항고와 관련된 쟁점과 개정 법률안 등의 제안”, 「가천법학」 제14권 제3호(가천대학교 법학연구소, 2021), 42면.

47) 미국, 독일, 프랑스 등 외국의 영장항고제의 구체적 형태에 대하여는 앞의 각주 46)의 논문, 63－68면 참조.

48) 구본진, 앞의 각주 30)의 논문, 192면.

면서 어떠한 내용의 의무이행을 조건으로 부과할 것인지가 매우 중요하다. 적절하지 않은 조건의 부과는 피의자가 도주 또는 증거를 인멸하거나 피해자에게 위해를 가하는 것을 방지할 수 없기 때문이다. 이와 관련하여 형사소송법 제98조에서 보석의 조건을 주거지 제한, 보증금 납입 약속의 약정서 제출, 피해자 등의 주거·직장 등 주변에 접근금지 등 다양하게 규정하고 있는데 조건부 석방의 조건을 마련시 참고할 수 있을 것이다.[49] 그런데 주거지 제한, 피해자에 대한 접근금지 등의 조건이 실효적으로 부과되기 위하여는 피의자의 이동여부 및 경로 등을 통제할 수 있도록 전자팔찌 등과 같은 전자장치 부착이 수반될 필요가 있다. 그런데 최근 전자장치 부착 등에 관한 법률이 개정되어 법 제31조의2에서 형사소송법 제98조 제9호의 보석의 조건으로 전자장치 부착을 명할 수 있도록 규정되었는데 바람직한 입법이고, 조건부 석방의 경우에도 주거지 제한, 피해자에 대한 접근금지 등의 조건 부과시 함께 조건으로 부과하는 것이 필요하다. 다만 작년도 전자장치 부착 보석자 등 약 2.7%가 전자장치를 훼손하고 도주한 것으로 확인되는 등 전자장치 부착의 실효성이 완전히 담보되는 상황은 아니다.[50]

마지막으로, 피의자가 부과된 조건을 위반하지 않는지 여부에 대한 감시감독이 중요하다. 피의자가 조건으로 부과된 의무를 위반한 경우 신속히 이를 발견하여 구속영장을 집행하여야 더 큰 사회적 피해를 방지할 수 있다. 따라서 향후 조건부 석방 도입시 감시감독 체계에 대한 논의는 매우 중요하다[51]. 특히 피해자에 대한 접근금지를 조건으로 부과한 경우 피해자에게 스마트 워치를 지급하여 피의자가 접근하면 경보음이 울릴 수 있도록 하는 방안도 고려해볼 수 있다.[52]

---

49) 비슷한 취지로 앞의 각주 19)의 논문, 74－75면[또한 이와 관련하여 형사소송법 일부개정법률안, 박주민 대표발의(의안번호 제2118128호, 2022. 11. 7. 발의 및 현재 심사중), 권인숙 대표발의(의안번호 제2118136호, 2022. 11. 7. 발의 및 현재 심사 중)에서는 형사소송법 제98조의 보석조건 뿐만 아니라 차량운행금지, 마약류 사용금지, 의료기관 검사·치료·입원, 가족부양비·교육비 지급 증명자료 제출, 전자장치 부착, 재범방지 또는 피해자 보호 등을 위하여 판사가 정하는 조건 적당한 조건의 이행 등도 조건으로 제안하고 있음].

50) 법률신문, "전자팔찌 끊고 도주, 김봉현 외에 13명 더 있다", 2022. 11. 19.자 기사.

51) 이와 관련하여 형사소송법 일부개정법률안[박주민 대표발의(의안번호 제2118128호, 2022. 11. 7. 발의 및 현재 심사중), 권인숙 대표발의(의안번호 제2118136호, 2022. 11. 7. 발의 및 현재 심사 중)]에 의하면, 조건부로 석방된 피의자가 조건을 준수하는데 필요한 범위에서 검사는 보호관찰소 등 관공서나 그밖의 공사단체에 대하여 적절한 조치를 할 것을 요구할 수 있고, 해당 관공서나 공사단체는 검사의 요구에 협조해야 한다는 내용이 규정되어 있음.

52) 이동임·천정환, 앞의 각주 21)의 논문, 80면.

한편 지금껏 조건부 석방의 실효적 집행을 위하여 논의한 것과는 별개로 피의자가 조건 위반이 발각되어 구속될 것을 감수하고 고의적으로 조건을 위반하여 보복을 목적으로 피해자에게 접근하여 피해자에게 상해, 심지어는 살해 등 위해를 가하는 경우도 충분히 가능하다는 우려는 여전히 존재한다는 측면에서 조건부 석방 여부에 대한 매우 신중하고 엄격한 접근이 필요하다고 생각된다. 돌이킬 수 없는 2차 피해가 이미 발생한 후 조건을 위반한 피의자를 구속하고 중형을 처하는 것은 사후약방문(死後藥方文)에 불과할 수 있다. 실제로 최근 30대 남성이 다른 여성을 스토킹하여 스토킹범죄의 처벌 등에 관한 법률위반죄로 기소되었고 잠정조치로 피해자 등 주거지 등으로부터 100미터 이내 접근금지 및 피해자 등에 대한 전기통신을 이용한 접근금지 명령을 받았음에도 이를 고의적으로 어기고 피해자를 찾아가 흉기로 살해한 사건이 있었다.[53)]

Ⅳ. 마치며

불구속 수사 및 재판은 형사소송법이 명시적으로 규정하고 있는 원칙이고, 법이 정하는 구속사유가 존재하는 경우에만 피의자를 구속할 수 있다. 따라서 현행법상 아무리 피의자가 피해자에게 위해를 가할 가능성이나 재범 위험성이 높은 경우에도 주거부정, 도주우려, 증거인멸의 구속사유가 없다면 법원은 구속영장 청구를 기각할 수 있다. 그런데 위와 같은 이유로 석방된 피의자들이 피해자에게 보복성 위해를 가하는 등 사회적 불안을 야기하는 사건이 끊이지 않고 있는 상황에서 현행 구속기준을 그대로 유지하는 것은 타당하지 않다고 생각된다.

구속은 기본적으로는 형사절차의 진행과 형벌의 집행을 확보함을 목적으로 하나, 고도의 개연성 있는 증거로 범죄 혐의가 의심되는 피의자의 자유로운 활동을 막아 또다른 범죄를 저지르거나 피해자 등에게 재차 피해를 주지 못하도록 하여 국민 개개인과 사회의 안전을 보호하는 예방적 구금 또한 중요한 목적으로 인정해야 하고 이는 미국, 독일, 프랑스 등 주요 선진국가의 경향이기도 하다.

법원이 최근 검토하고 있는 구속사유 확대와 조건부 석방 도입은 결코 평행선상에 놓인 별개의 방안이 아니라 함께 운용되었을 때 바람직한 구속기준을 마련하고

53) 연합뉴스, "아파트 복도서 옛 여인 살해한 스토킹범…접근금지 명령 무시", 2023. 7. 17.자 기사.

현재 직면하고 있는 문제를 해결할 수 있다.

조건부 석방은 불구속 수사 및 재판의 원칙을 좀더 적극적으로 구현하기 위하여 구속사유가 있음에도 피의자에게 일정 조건을 부과하고 석방하는 제도로서, 일종의 구속의 집행유예라고 할 수 있다. 따라서 조건부 석방을 하기 위하여는 일단 피의자에게 구속사유가 인정되어야 한다. 그런데 최근 법원이 조건부 석방 도입을 고려하게 된 배경은 기존과 같이 불구속 수사 및 재판의 원칙을 좀더 적극적으로 구현하기 위한 것이 아니라, 구속사유가 없지만 피해자를 위해하거나 재범의 위험성이 큰 피의자를 조건부 석방하여 사회적 피해를 방지하고자 하는 것이다. 그런데 조건부 석방은 구속영장의 집행유예이므로 피해자에 대한 위해 가능성, 재범의 위험성 등이 구속사유로 인정되는 것이 전제되어야 하는 것이다. 따라서 조건부 석방의 도입을 위하여는 구속사유의 확대가 같이 수반되어야 한다. 주요 선진국인 미국, 독일, 프랑스 등도 예방적 구금을 포함한 구속사유를 폭넓게 인정하면서 동시에 조건부 석방 유사한 제도를 함께 운용하고 있다.

한편 구속영장을 집행할 사안과 조건부 석방을 할 사안의 선택에 있어서 판사의 자의적인 재량권 남용을 막기 위하여는 일응의 기준이 반드시 필요하고, 이를 위하여 첫째, 형사소송법 등 관계법령에 조건부 석방금지 사유나 결정시 고려해야 할 요소 등 일응의 기준을 규정하고, 둘째, 영장전담판사가 신병을 결정할 때 그 이유를 구체적으로 서면화하여 당사자인 피의자측과 검사에게 통지하며, 마지막으로, 영장항고제와 같은 직접적인 불복수단을 마련하여 기준을 정립해나가야 할 것이다.

또한 조건부 석방이 구속의 대체방안으로서 제대로 실효성 있게 운용되기 위하여는 어떠한 내용의 의무이행을 조건으로 부과할 것인지가 매우 중요하고 이는 보석조건에 관한 형사소송법 제98조를 참고할 수 있고 나아가 주거지 제한, 피해자에 대한 접근금지 등 조건이 제대로 성취되기 위하여는 전자장치 부착명령 조건도 함께 부과되어야 한다. 그리고 충분한 인력과 예산을 바탕으로 조건 이행 여부에 대한 상시 감시감독 체계를 마련하여 조건 위반 발견시 신속히 구속영장을 집행하여 더 큰 사회적 피해가 발생하는 것을 막아야 할 것이다.

피의자 뿐만 아니라 범죄 피해자의 인권도 역시 소중하다. 예방적 구금을 인정하는 구속사유의 확대와 조건부 석방의 조화로운 운용 방향으로 구속기준을 마련하는 것이 피의자와 범죄 피해자의 인권을 모두 보호하는 실질적 적법절차의 원칙을 구현하는 길이라고 감히 생각된다.

【참고문헌】

단행본

김희옥·박일환 편, 『주석 형사소송법』, 제5판(한국사법행정학회, 2017).

법원행정처, 『법원실무제요 형사(Ⅲ) – 영장 –』, 제1판(사법발전재단, 2022).

신동운, 『신형사소송법』, 제5판(법문사, 2014).

이은모·김정환, 『형사소송법』, 제8판(박영사, 2021).

이재상 외, 『형사소송법』, 제14판(박영사, 2022).

이주원, 『형사소송법』, 제5판(박영사, 2022).

이창현, 『형사소송법』, 제8판(정독, 2022).

정웅석 외, 『신형사소송법』, 제1판(박영사, 2021).

논문

김재빈·송광섭, “영장항고와 관련된 쟁점과 개정 법률안 등의 제안”, 「가천법학」 제14권 제3호(가천대학교 법학연구소, 2021).

김정환, “조건부 구속의 도입론”, 『연세법학』, 제42호(연세법학회, 2023).

김혁, “보복범죄의 방지와 범죄 피해자 보호를 위한 구속제도의 재설계”, 『피해자학 연구』, 제29권 제3호(한국피해자학회, 2021).

박남미, “구속영장 청구 및 발부에 있어서 구속사유 판단기준에 대한 고찰”, 『형사법의 신동향』, 제59호(대검찰청, 2018).

박병규, “구속영장재판의 종류, 주체, 항고, 영장재판에 대한 항고”, 『법조』, 제56권 제12호(법조협회, 2007).

신의기, “검찰과 법원의 구속영장신청 및 발부기준 차이와 해결방안”, 『형사법의 신동향』, 통권 제26호(대검찰청, 2010).

오기두, “미국의 인신구속제도”, 『인권과 정의』, 제351호(대한변호사협회, 2005).

이동임·천정환, “조건부 석방제도 도입논의 및 발전방안”, 『교정연구』, 제31권 제3호(한국교정학회, 2021).

이승주, “현행 구속사유 해석을 둘러싼 혼란과 그 개선방안”, 『저스티스』, 통권 제167호(한국법학원, 2018).

이승준, “영장발부에 있어 구속사유 판단의 문제－개정 형사소송법 제70조 제2항을 중심으로－”, 『형사정책연구』, 제19권 제4호(한국형사정책연구원, 2008).

정영훈, “불구속 수사·재판의 원칙의 발전과 정체, 인신구속제도의 재판 방안”, 『인권과 정의』, 제485호(대한변호사협회, 2019).

정진수, “인신구속제도의 일원화에 관한 연구－주요 선진국의 인신구속제도 비교를 중심으로－”, 『형사정책연구원 연구총서』, 2006년 발행호(한국형사법무정책연구원, 2006).

인터넷 기사

법률신문, “전자팔찌 끊고 도주, 김봉현 외에 13명 더 있다”, 2022. 11. 19.자 기사.

연합뉴스, ”가정폭력 남편, 구속영장 두 차례 기각 끝에 아내 살해“, 2016. 7. 20.자 기사.

연합뉴스, “대법원, 스토킹범 불구속때 ‘조건부 석방제’도입해야”, 2022. 9. 20.자 기사.

연합뉴스, “아파트 복도서 옛 여인 살해한 스토킹범…접근금지 명령 무시”, 2023. 7. 17.자 기사.

중앙일보, “법원이 풀어준 성폭행범, 18일만에 보복살인, 2012. 4. 24.자 기사.

한겨레, “스토킹 피해자 보호·추가범죄 방지 위해 구속사유 확대의견도”, 2022. 9. 26.자 기사.

【국문초록】

불구속 수사 및 재판은 형사소송법이 명시적으로 규정하고 있는 원칙이고, 법이 정하는 구속사유가 존재하는 경우에만 피의자를 구속할 수 있다. 그런데 구속사유가 없음을 이유로 석방된 피의자들이 피해자에게 보복성 위해를 가하는 등 사회적 불안을 야기하는 사건이 지금까지 끊이지 않고 있는 상황에서 현행 구속기준을 그대로 유지하는 것은 타당하지 않다고 생각된다.

피의자의 주거가 일정하고, 피의자가 증거를 인멸하거나 도망할 염려가 없지만 다시 피해자를 찾아가 위해를 가하거나 재범으로 또다른 무고한 피해자들을 발생시킬 가능성이 큰 경우 피의자의 신병을 어떻게 하는 것이 타당한지와 관련하여 최근 법원은 구속사유 확대 및 조건부 석방 도입을 논의하고 있는 것으로 알려져 있는데, 이러한 논의는 이미 오래 전부터 실무와 학계에서 있어 왔지만, 구속사유 확대는 구속수사의 필요성을 강조하는 입장에서, 조건부 석방 도입은 불구속 수사 원칙을 철저히 구현하여야 한다는 입장에서 각각 다른 관점에서 주장되었던 것이 사실이다. 그런데 예방적 구금을 위한 구속사유 확대와 조건부 석방은 결코 평행선상에 놓인 별개의 방향이 아니라 함께 조화롭게 운용되었을 때 바람직한 구속기준을 확립하고 현재 직면한 문제를 해결할 수 있는바, 이를 본 논문에서 논증하였다.

조건부 석방은 구속의 집행유예적 성격을 가지므로 조건부 석방을 하기 위하여 전제적으로 피의자에게 구속사유가 인정되어야 한다. 따라서 피해자를 위해하거나 재범의 위험성이 큰 피의자를 조건부 석방하여 사회적 피해를 방지하기 위하여는 피해자에 대한 위해 가능성, 재범의 위험성 등이 구속사유로 인정되도록 확대되어야 한다. 구속은 기본적으로는 형사절차의 진행과 형벌의 집행을 확보함을 목적으로 하나, 고도의 개연성 있는 증거로 범죄 혐의가 의심되는 피의자의 자유로운 활동을 막아 또다른 범죄를 저지르거나 피해자 등에게 재차 피해를 주지 못하도록 하여 국민 개개인과 사회의 안전을 보호하는 예방적 구금 또한 중요한 목적으로 인정되어야 한다. 주요 선진국인 미국, 독일, 프랑스 등도 예방적 구금을 포함한 구속사유를 폭넓게 인정하면서 동시에 조건부 석방 유사한 제도를 함께 운용하고 있다.

한편 구속영장을 집행할 사안과 조건부 석방을 할 사안의 선택에 있어서 판사의 자의적인 재량권 남용을 막기 위하여는 일응의 기준이 반드시 필요하고, 이를 위하여 첫째, 구속사유의 고려인자들이 양형기준과 같이 객관적, 실질적으로 반영될 수 있는 방안을 마련하고 형사소송법 등 관계법령에 조건부 석방금지 사유나 결정시 고려해야 할 요소 등 일응의 기준을 규정하고, 둘째, 영장전담판사가 신병을 결정할 때 그 이유를 구체적으로 서면화하여 당사자인 피의자측과 검사에게 통지하며, 마지막으로, 영장항고제와 같은 직접적인 불복수단을 마련하여 기준을 정립해나가야 할 것이다.

또한 조건부 석방이 구속의 대체방안으로서 제대로 실효성 있게 운용되기 위하여는 어떠한 내용의 의무이행을 조건으로 부과할 것인지가 매우 중요하고 이는 보석조건에 관한 형사소송법 제98조를 참고할 수 있고 나아가 주거지 제한, 피해자에 대한 접근금지 등 조건이 제대로 성취되기 위하여는 전자장치 부착명령 조건도 함께 부과되어야 한다. 그리고 충분한 인력과 예산을 바탕으로 조건 이행 여부에 대한 상시 감시감독 체계를 마련하여 조건 위반 발견시 신속히 구속영장을 집행하여 더 큰 사회적 피해가 발생하는 것을 막아야 할 것이다.

◈ 주제어: 구속기준, 구속사유, 필요적 고려사유, 예방적 구금, 조건부 석방

【Abstract】

A Review for the Direction of Establishing Desirable Detention Standard - Focusing on A Harmonious Operation Between Conditional Release and Preventive Detention -

Park, Jung－nan*

'Investigation and trial without detention' is an explicit principle that criminal procedure law regulates, and suspects can only be detained when grounds for detention under the law exist. However, it is improper to maintain to apply current grounds for detention considering continuous circumstances, in which suspects, who were released for the reason there are no grounds for detention, inflict social hazards such as harming the victims.

For the circumstance that the suspect has a steady residence and when there is no worry about the suspect destroying evidence or running away but there is a high possibility that the suspect harms the victim again or creates another victim by doing another crime, it is known that the Supreme Court is considering 'expansion of grounds for detention' and 'adopt of conditional release' to deal with the suspect's whereabouts.

Although the consideration of the Supreme Court has already been in practice and academia for a long time, claiming two different policies was indeed from two different perspectives. The 'expansion of grounds for detention' has been claimed from the perspective that highlights the necessity of investigation under detention, however the 'adoption of conditional release' has been insisted from the view that emphasizes the thorough realization of the principle of 'investigation without detention'. However, the 'expansion of grounds for preventive detention' and 'conditional release' are by no means separate directions on parallel lines, but when operated in harmony together, desirable detention standards can be established and the problems currently

* Yonsei University Law School Associate Professor, Ph.D. in Law

faced can be resolved. This thesis demonstrated the way to harmoniously operate both policies.

The suspects need 'grounds for detention' to gain conditional release as 'Conditional release' does have a characteristic of probation of detention. Therefore, to prevent social hazards by conditionally releasing the suspects who can harm the victim or have a high danger of recidivism, it is needed to expand 'grounds for detention' so that 'the possibility of harm to the victim', 'the danger of recidivism' and others can be acknowledged to be 'grounds for detention.' The major purposes of detention basically are the progress of the criminal procedure and securing the execution of punishment, though, preventive detention should be recognized to be another important purpose of detention, as it prevents a suspect suspected of a crime with highly probable evidence from freely acting so that he or she cannot cause another crime or harm the victim again and therefore keeps the security of individual citizens and society. Leading countries such as the U.S., Germany, France, and many others broadly accept grounds for detention including preventive detention while they also operate a system similar to conditional release.

On the other hand, specific standards are required to prevent arbitrary abuse of the judge's discretion in selection between executing an arrest warrant or conditional release. The standards need to be established in three concrete ways. Firstly, as sentencing factors do, ways that considering factors for grounds for detention can be reflected objectively and practically should be devised, and specific standards such as reasons for the prohibition of conditional release or those considering factors should be regulated on related laws such as criminal procedure law. Secondly, a judge in charge of a warrant should notify the suspect and the prosecutor with a document that includes detailed reasons for the decision of the suspect's detention. Lastly, direct means of objection, such as a warrant appeal system need to be introduced.

Also, to effectively operate conditional release as a substitute for detention, what kind of duty would be imposed for the condition is very important. Article 98 of the criminal procedure law can be referred for this, and conditions that include orders for electronic device attachment should be imposed to secure the effect of a residence restriction and a restraining order for victims. Moreover, based on enough manpower and budget, it is necessary to establish a regular monitoring and supervision system whether the conditions are fulfilled so that bigger social harm can be prevented from occurring by quickly executing the arrest warrant when a condition is violated.

◈ Key Words: Detention Criteria, Grounds for Detention, Mandatory Consideration, Preventive Detention, Conditional Release

한국형사소송법학회 『형사소송 이론과 실무』
제16권 제1호 (2024.3) 115~174면.
Theories and Practices of Criminal Procedure Vol. 16 No. 1 (March. 2024) pp. 115~174.
10.34222/kdps.2024.16.1.115

형사절차에서 수사보고서의 의미와 역할

김 승 언*

목 차

Ⅰ. 서 론

법무연수원으로 발령받아 신임검사를 지도하게 되면서 그들의 이야기를 듣는 기회가 이전보다 훨씬 많아졌다. 법무연수원은 신임검사들을 상대로 8개월간 집합교육을 통해 일선에서 바로 사용할 수 있는 다양한 실무교육 및 훈련을 진행하고 있지만 그래도 막상 실무에 배치되고 나면 부족한 게 있기 마련이다. 그중 하나가 수사보고서이다. 신임검사들은 연수원 교육을 마치고 일선에 배치되었을 때 당혹스러운 것 중 하나가 수사보고서라고 말한다. 수사보고서가 무언지, 어떻게 작성해야 하는지, 언제 작성하는지 막막하다는 것이다.

예전에 수사하던 경험을 떠올려 보면, 송치 사건에 붙어 있던 수많은 수사보고서를 읽으며 사건처리를 해왔고 스스로 많은 유형의 수사보고서를 작성해 기록에 편철하기도 하였다. 그런데 정작 수사보고서의 의미나 법적 성격 등에 대하여 이론적으로 고민해 본 적은 거의 없던 것 같다. 쉼 없이 밀려드는 사건을 처리하는 데 급

* 법무연수원 용인분원 총괄기획교수

급하다 보니 별다른 고민 없이 종래 해오던 것을 선배들로부터 배워 그대로 따라 하고 또 그렇게 후배들에게 전수해 온 것이다.

수사 실무상 빈번하게 작성되는 것이 수사보고서임에도 개념 정의나 법적 성격을 다루는 형사소송법 교과서를 찾기는 쉽지 않다. 주로 전문법칙의 예외를 다루는 부분에서 간단히 언급[1)]하고 있을 뿐이다. 논문 사이트를 검색해 봐도 수사보고서를 쟁점으로 다룬 논문이 많지 않다. 있더라도 대부분 전문법칙의 예외로서 증거능력을 다루면서 수사보고서의 의의나 법적 근거, 기능 등을 함께 언급하는 정도이다. 수사보고서를 법정에서 증거로 사용해야 하는 경우가 종종 있고 공판에서 주로 수사보고서의 증거능력이 다투어지다 보니 논문에서 이 부분을 쟁점으로 다루는 것을 탓할 일은 아니다. 하지만 수사보고서에 대해 이론적으로 증거능력의 관점에서만 접근하는 것은 아무래도 무언가 부족하다. 수사보고서가 형사절차에서 차지하는 위상은 단순히 법정에서 어떻게 증거로 사용할 수 있느냐의 문제에 그치지 않기 때문이다.

더욱이 이후 살펴보겠지만 여러 논문에서 정의하는 수사보고서의 개념은 실무상 사용되는 수사보고서의 다양한 용도를 생각할 때 그렇게 정의하는 게 맞는지 고개를 갸웃거리게 한다. 개념 정의가 너무 좁거나 넓기 때문이다. 너무 좁은 경우에는 실무상 수사보고서라는 제목으로 작성되고 있음에도 수사보고서가 아니라고 해야 하는 모순된 상황에 놓이고, 반대로 너무 넓으면 수사 과정에서 생성되어 사건기록에 편철되는 서류 중 수사보고서가 아닌 게 없다고 해야 하므로 난감하다.

이처럼 수사보고서의 개념 정의가 만족스럽지 못하고 이론적인 논의 또한 증거능력 부분에 치중되다 보니 수사 과정에서 사용되는 수사보고서의 의미와 역할 등에 대한 심도 있는 논의는 아무래도 부족하다. 일선에 배치된 신임검사들이 실무를 접하며 수사보고서에 대하여 당혹스러워하는 건 어쩌면 당연할지 모른다.

누군가 논의의 물꼬를 틀 필요가 있다. 수사보고서의 본질이 무엇이고 법적 근거는 어떻게 되는지, 수사절차에서 수사보고서가 갖는 기능은 무엇이며 실무상 어떻게 작성되고 사용되는지, 수사보고서의 법적 지위를 어떻게 바라보고 어떻게 취급할지에 대한 논의를 공론의 장으로 끌어들여 이론적 정립을 시도해 볼 필요가 있다는 것이다. 본 글은 이러한 문제의식에서 출발한다.

---

1) 배종대 · 홍영기, 『형사소송법』, 홍문사, 2018, 제348쪽, 이주원, 『형사소송법』, 박영사, 2022, 제551쪽.

이를 위해 먼저 여러 논문이나 교과서에서 밝히고 있는 수사보고서의 개념 정의를 비판적으로 검토하고자 한다. 수사보고서의 개념 정의에서 중요한 것은 실무에서 다양하게 사용 중인 수사보고서의 유형을 모두 포섭함과 아울러 다른 수사 활동과 구별되도록 수사보고서의 본질을 녹여내는 것이다. 따라서 수사보고서의 유형과 그 본질에 대한 고민도 수사보고서의 개념 파악에 있어 빠질 수 없는 쟁점이다.

수사보고서는 원래부터 존재하던 게 아니라 근대 이후 형사절차에서 필요에 따라 만들어진 것인 만큼 수사보고서의 본질이란 수사보고서의 핵심적인 존재 이유나 가치와 연결된 문제이다. 따라서 이를 파악하려면 수사보고서가 형사절차에서 어떤 기능을 수행하고 있는지도 함께 검토해 볼 필요가 있다.

한편, 형사절차에서 이루어지는 모든 활동은 형사소송법에 근거해야 한다. 수사보고서의 작성도 형사절차를 구성하는 활동이라고 할 때 형사소송법에 근거가 있어야 할 것 같은 데 머릿속에 딱하고 떠오르는 법조문이 없다. 형사소송법 전반을 훑어보며 수사보고서 작성의 법적 근거로 볼 만한 조항이 있는지, 그러한 해석의 합리성은 어떻게 도출할 수 있는지 검토해 보는 것도 의미가 있을 것이다.

종래 논의는 법정에 증거로 신청된 수사보고서의 증거능력에 방점이 있었으므로 이번 논의에서는 증거능력 인정 요건의 관점보다는 증거신청 관점에서 어떤 수사보고서를 증거로 신청할지, 그 이유는 무엇인지에 대해 살펴보기로 한다. 이는 피의자나 피고인의 방어권 보호 관점에서 수사보고서의 역할을 모색하는 것이라 할 수 있는데, 왜 그러한지는 아래에서 살펴보기로 한다.

Ⅱ. 수사보고서의 개념

1. 종래 논의

수사보고서와 관련한 논의가 많지 않고 실정법상 정의 규정도 없다 보니 수사보고서의 개념 설명 또한 어디에 중점을 두느냐에 따라 차이가 있다. 몇 편의 논문에서 제시하고 있는 개념 정의를 소개하면 아래와 같다.

① 수사기관이 임의수사의 한 방법으로 수사 중 필요한 경우에 수사상 필요한 사항을 조사·확인하여 보고서 형식으로 작성한 수사서류[2]

2) 한상규, "수사보고서의 증거능력 – 대법원 판결을 중심으로 –", 『강원법학』 제40권(강원대

② 수사기관이 기관 내부적 보고를 위하여 수사와 관련한 일정한 사항, 즉 수사의 경위와 결과를 기술한 문서[3)]

③ 수사 실무상 수사기관이 수사의 단서나 그 입수상황, 수사의 경위나 결과 등 수사에 관계되는 사항을 기록하여 상사에게 보고하기 위하여 내부적으로 작성된 서면[4)]

④ 수사기관이 수사행위와 관련된 사항을 기록한 수사서류(=수사기관이 수사행위를 함에 있어 형사소송법을 비롯한 각종 법령에서 정한 양식에 의한 수사서류가 아닌 그 이외에 수사행위를 기록한 서면)[5)]

견해에 따라서는, 판례가 수사보고서의 개념을 사법경찰관이 수사의 경위와 결과를 내부적으로 보고하기 위하여 작성한 서류로 보고 있다고 설명[6)]하기도 한다. 하지만 그 근거로 제시하는 판결[7)8)]을 찬찬히 뜯어보면 수사보고서의 일반적 개념을 정의한 것이라고 보기는 어렵다. 문맥상 수사보고서 일반이 아닌 검증의 결과가 기재되어 있는 수사보고서에 대한 한정된 풀이로 해석하는 게 자연스럽기 때문이다. 만약 수사보고서에 검증의 결과가 아닌 다른 내용, 예컨대 법리 적용에 관한 의견이 정리되어 있었다면 그 풀이는 "사법경찰관이 해당 사건에 적용되는 법리에 관한 검토 의견을 내부적으로 보고하기 위해 작성한 서류"처럼 설명이 달라졌을 것이다.[9)] 따라서 판례상 수사보고서의 일반적인 개념 정의는 아직 이루어진 적이 없다고 봄이 타당하다.

학교 비교법학연구소, 2013. 10.), 제409쪽.

3) 김정한, "형사소송법 제310조의2의 적용 기준과 범위에 관한 소고", 『인권과정의』 제445호(대한변호사협회, 2014. 11.) 제99쪽.

4) 신이철, "수사보고서에 기재된 참고인과의 전화통화 내용의 증거능력 – 전문법칙과의 관계를 중심으로 –", 『형사법의 신동향』 통권 제45권(대검찰청, 2014. 12.), 제135쪽.

5) 조광훈, "각 유형별 수사보고서의 증거능력에 관한 검토", 『형사법의 신동향』 통권 제47권(대검찰청, 2015. 6.), 제106쪽.

6) 조광훈, 앞의 논문, 제106쪽.

7) 대법원 2001. 5. 29. 선고 2000도2933 판결("수사보고서에 검증의 결과에 해당하는 기재가 있는 경우, … 단지 수사의 경위 및 결과를 내부적으로 보고하기 위하여 작성된 서류에 불과하므로 …")

8) 학자에 따라서는 수사보고서의 개념을 각주 8)의 판결과 같은 내용으로 설명하기도 한다. 강동욱, 『형사증거법』, 박영사, 2022. 제299쪽.

9) 물론, 이렇게 풀이하는 것은 수사보고서를 수사기관 내부적 보고를 위한 서면으로 한정하여 파악하는 것으로 이후 살펴보는 바와 같이 수사보고서의 본질을 정확하게 파악한 것으로 보기는 어렵다.

2. 비판적 검토

위 4가지 정의 유형 모두 수사기관을 작성 주체로 한다는 점에서는 공통된다. 이는 수사보고서가 수사단계에서 작성되어 사건기록에 편철되는 서류라는 점에서 당연하다. 수사기관이 아닌 제3자가 수사와 관련하여 보고서 형식으로 어떤 문서를 작성하여 제출했고 그것이 범죄혐의 입증에 긴요하여 수사기관에서 사건기록에 편철한 뒤 공판에 증거로 제출하였다고 하더라도 그 문서를 수사보고서라고 볼 수 없을 것이다.

차이점을 살펴보자. 제①항은 보고서에 기재된 수사업무 종사자의 행위에 중점을 두어 수사행위의 주된 행태인 조사·확인을 개념 정의에 사용한 것이라면, 제②항은 행위 그 자체보다는 행위의 동기와 결과에 중점을 두어 수사행위가 이루어진 경위와 그에 따른 결과를 개념 정의에 사용한 것으로 볼 수 있다. 달리 말해 수사행위가 기술된 것으로 파악한다는 점에서 큰 차이가 없고 수사행위의 어떤 측면을 강조하여 정의하느냐에 따른 차이 정도만 존재한다. 제③항도 제①항이나 제②항과 비교할 때 큰 틀에서는 차이를 발견하기 어렵다. 개념 정의의 내용상 제②항과 같은 방식을 취하되 수사보고서에 기재되는 내용의 여러 예시 중 하나로 수사 단서나 그 입수 상황을 추가하고 있다는 점이 차이라면 차이겠다.

주목할 점은 제①항부터 제③항까지 모두 수사보고서를 내부적 보고를 위해 작성한 것으로 개념을 정의하고 있다는 것이다. 그런데 이 부분은 수사보고서가 작성되고 사용되는 수사 실무에 비추어 볼 때 적정한지 의문이다. 수사와 관련하여 내부보고를 하기도 하는데 이때 내부 보고를 위해 작성하는 문서는 실무상 수사보고서라는 명칭을 사용하지 않을뿐더러 양식도 다르며 대개 사건기록에도 첨부하지 않기 때문이다. 수사보고서의 사용 측면에서 보더라도 비록 수사보고서 양식에 보고자와 보고받은 자가 구분되어 있기는 하지만 그 용도는 보고자와 보고받는 자 사이의 단순한 내부적 보고에 그치지 않고 수사보고서의 증거능력 논의에서 알 수 있듯이 실무상 증거로도 빈번히 사용된다. 따라서 수사보고서의 개념에 '내부적 보고를 위해 작성되는 것'이라는 의미를 담는 것은 정확한 정의라고 보기 어렵다.

이러한 문제를 극복하기 위해 개념 정의를 새로 한 것이 제④항이다.[10] 하지만

10) 제④항은 "수사기관이 내부적으로 보고하기 위하여 작성하는 서류만 그 개념을 한정시킨다면 법정에 증거로 제출되는 수사보고서를 포함시키기 어렵다."는 것을 이유로 제시한다. 조광훈,

제④항의 개념 정의도 만족스럽지는 못하다. 제④항처럼 "수사기관이 수사행위와 관련한 사항을 기록한 수사서류"라고 정의하면 수사보고서 이외에 사실상 수사와 관련하여 작성되는 모든 서류가 여기에 포함될 수 있기 때문이다. 이 정의대로라면 수사보고서로 보기 어려운 의견서, 범죄인지서, 각종 영장신청서 등도 여기에 해당한다고 해석하지 않을 수 없다. 이를 풀이한 "수사기관이 수사행위를 함에 있어 형사소송법을 비롯한 각종 법령에서 정한 양식에 의한 수사서류가 아닌 그 이외에 수사행위를 기록한 서면"으로 정의하더라도 만족스럽지 않기는 마찬가지다. 위에서 지적한 문제가 해결된다고 보기 어렵고 아래에서 보는 바와 같이 실무상 수사행위로 포섭하기 어려운 수사보고서의 작성 사례도 존재하기 때문이다.

결국, 종래 여러 논문에서 사용하고 있는 다양한 수사보고서의 개념 정의는 실무상 사용되는 수사보고서의 모든 유형을 포섭할 수 없거나 수사보고서만의 본질을 포착하지 못한다는 점에서 정확한 개념 정의라고 보기 어렵다. 모든 유형의 수사보고서를 포섭하면서도 수사보고서의 본질을 그대로 드러낼 수 있는 개념 정의가 필요하다.

수사보고서는 형사소추를 위한 여러 단계에서 매우 다양하게 사용되는데 대부분 해당 사건의 처리 과정에서 기록으로 남겨두어야 할 것들이 담긴다. 사건기록에 편철되는 수사보고서는 수사절차의 적정성, 수사 기간의 합리성, 증거 수집의 합법성, 법리 적용의 타당성, 형사소추의 가능성과 상당성 등을 판단하는 데 필요한 정보가 기록된다. 그런데 위와 같은 판단에 필요한 정보는 수사의 개념에 모두 포섭된다고 보기 어려울 수 있다. 일반적으로 수사는 범인을 발견·확보하며 범죄사실과 관련된 증거를 수집·보전하는 수사기관의 활동[11]으로 정의되는데, 수사보고서의 형태로 사건기록에 첨부되는 정보에는 이러한 수사의 개념에 포섭하기 어려운 활동도 포함되기 때문이다.

예컨대, 특정경제범죄가중처벌등에관한법률위반(알선수재) 사건을 수사하던 중 해당 사건에 적용할 수 있는 관련 법리가 확립되지 않아 범죄 성부 판단에 참고하고자 주임검사가 관련 논문과 판례를 찾아 체계적으로 분석한 뒤 그 결과를 수사보고서 형태로 정리하여 사건기록에 편철한다고 했을 때, 이를 '범인을 발견·확보하는 활동'이라고 볼 수 없음은 자명하고, 그렇다고 법리 적용에 관한 주임검사의 의

앞의 논문, 제106쪽.

11) 신동운, 『신형사소송법』, 법문사, 2014, 제35쪽.

견일 뿐 증거로 볼 수는 없는 논문 및 판례의 분석 결과를 '범죄사실과 관련된 증거를 수집·보전하는 활동'이라고 보기도 어렵다.

이처럼 수사보고서의 명칭에도 불구하고 수사보고서의 개념을 정의할 때 수사를 중심에 놓는 것이 수사보고서의 정확한 개념 정의를 방해할 수 있다. 그렇다면 수사보고서의 개념을 어떻게 정의해야 할까? 그 해답을 구하기 위해서는 수사보고서의 유형과 본질에 관한 고민이 선행되어야 한다. 먼저, 수사보고서의 유형을 살펴보자.

Ⅲ. 수사보고서의 유형

1. 유형 분류 기준

수사보고서는 기준을 어떻게 정하느냐에 따라 여러 유형으로 나눌 수 있다. 여러 논문에 나타난 구분 기준을 살펴보면, 작성 주체에 따른 구분, 기재 내용에 따른 구분, 전문법칙 적용 여부에 따른 구분 등 크게 3가지다. 이 중 전문법칙 적용 여부에 따른 분류는 수사보고서의 증거능력 인정 여부라는 외부적 관점에서 수사보고서를 나눈 것으로 수사보고서 자체를 기준으로 한 유형화라고 보기는 어렵다. 따라서 다음에서는 이를 제외하고 작성 주체에 따른 분류와 기재 내용에 따른 분류에 대해 살펴보기로 한다.

한편, 작성 주체를 기준으로 한 구분이나 기재 내용을 기준으로 한 구분 모두 다음에서 보는 바와 같이 나름의 의미가 있지만 이러한 구분 기준은 다양한 유형의 수사보고서를 체계적으로 이해하는데 한계가 있다. 수사는 재판과 마찬가지로 국가형벌권의 존부 판단을 위한 형사절차의 일부로 그 본질은 사법작용이다. 사법작용은 실무상 법적 삼단논법에 따라 최종 목적인 사법적 판단에 이르게 되는데 ① 제1단계 : 대전제 탐색 및 구체화(법적 분쟁의 관련 법규범 탐색·구체화), ② 제2단계 : 소전제 확정(법적 분쟁의 사실관계 확정), ③ 제3단계 : 결론(법규범을 사실관계에 적용하여 결론 도출)이 그것이다.[12)]

법적 삼단논법에 의할 때, 수사는 제2단계인 소전제 확정과 관련된다. 수사의 개념에서 알 수 있듯 수사는 사실관계를 확정하는데 1차 목적이 있기 때문이다. 하지

12) 양천수, 『삼단논법과 법학방법』, 박영사, 2022. 제18쪽.

만 수사의 궁극적인 목적인 형사소추는 제1단계부터 제3단계까지 모든 단계를 거친 뒤 결정되며 이때 수사보고서는 수사에 해당하는 제2단계에서만 사용되는 것이 아니라 제1단계 및 제3단계에서도 사용된다. 따라서 수사보고서의 유형을 구분할 때 법적 삼단논법에 따라 분류하는 것은 해당 수사보고서가 어느 영역에서 작동되는지 확인할 수 있다는 점에서 의미가 있다. 그러므로 작성 주체에 따른 분류와 기재 내용에 따른 분류를 검토한 뒤 끝으로 법적 삼단논법상 수사보고서의 작동 영역에 따른 분류에 대하여 살펴보기로 한다.

2. 작성 주체에 따른 분류

가. 종래 논의

사법경찰관리 작성의 수사보고서와 검사 작성의 수사보고서로 구분하는 견해가 있다.[13] 이 견해는 사법경찰리가 사법경찰관에게 보고하는 경우, 하급자인 사법경찰관이 지휘계통의 상급자인 사법경찰관에게 보고하는 경우, 주임검사가 부장검사나 검찰 내부의 사무규정에 따라 상급자에게 보고서 형태로 보고하는 경우도 넓은 의미에서 수사보고서로 볼 수 있다는 입장을 취하며, 실제의 수사행위를 주임검사가 행하는 경우도 적지 않고 실제로도 검사가 수사보고서를 작성하는 경우도 적지 않다[14]고 설명한다.

나. 검토

사건기록에 첨부되는 수사보고서는 경찰 수사단계에서는 사법경찰관리 명의로, 송치 이후 검찰 수사단계에서는 검찰주사(보) 내지 검찰서기(이하 '검찰수사관'이라 한다) 명의로 작성되는 것이 일반적이다. 물론 실무상 수사보고서 작성행위를 검사가 하기도 하나, 그때도 그 작성 명의를 검사실에 소속되어 있는 참여계장인 검찰수사관으로 하는 경우가 많았다. 다만, 최근에는 검사 명의로 작성하는 추세이다.

그런데 경찰 수사단계에서 작성되는 사법경찰관리 명의 수사보고서와 검찰 단계에서 작성되는 검찰수사관 명의 수사보고서는 작성의 법적 근거가 다르다. 형사소송법상 사법경찰관리에는 일반사법경찰관리[15]와 특별사법경찰관리[16]가 있는데, 이

13) 조광훈, 앞의 논문, 제110쪽.
14) 조광훈, 앞의 논문, 제111쪽.

들 모두 형사소송법상 부여받은 사법경찰관리로서의 직무수행 권한에 근거하여 수사보고서를 작성한다. 반면, 검사실에 참여하는 검찰수사관은 검찰청법 제46조 제1항 제1호에 따라 검사의 명을 받은 수사의 사무를 수행하는 차원에서 수사보고서를 작성한다. 따라서 양자는 작성 권원이 다르다는 점에서 구별 실익이 있다.

물론 검찰청에 설치된 수사과나 조사과에 근무하는 검찰수사관의 경우 검찰청법 제47조에 따라 사법경찰관리로서 직무를 수행하며 이 경우 작성하는 수사보고서는 형사소송법상 특별사법경찰관리로서의 직무상 권한에 근거하여 작성하는 것이다. 따라서 같은 검찰청에 소속된 검찰수사관이라고 하더라도 검사실 참여 검찰수사관이 작성하는 수사보고서와 수사과·조사과 근무 검찰수사관이 작성하는 수사보고서는 그 작성 권원이 검찰청법 제46조이냐, 검찰청법 제47조이냐에 따른 차이가 있다.

그렇다면, 검찰청법 제46조에 근거한 수사보고서 작성과 검찰청법 제47조에 근거한 수사보고서 작성 즉, 형사소송법에 근거한 수사보고서 작성 사이에는 어떤 차이가 있을까? 단순히 법적 근거만 다를 뿐이라면 구별 실익이 크지 않을 것이다. 하지만 양자는 수사보고서 작성의 독자성 유무에서 차이가 난다. 즉, 검찰청법 제46조에 따른 검찰수사관의 직무상 권한은 '검사의 명을 받은 수사에 관한 사무'에 한정되므로 수사보고서 작성도 독자적으로 할 수 없고 명시적이건 묵시적이건 검사의 명이 있어야 한다. 반면 형사소송법상 특별사법경찰관리는 검사의 지휘를 받기는 하지만 일반사법경찰관리와 마찬가지로 형사소송법 제245조의10 제3항에 따라 독자적인 수사 개시·진행 권한을 가지며 사법경찰관리 명의 수사보고서도 이러한 독자적인 권한에 근거하여 작성하는 것이므로 검사의 명령 없이도 가능하다. 즉, 작성 권원이 다른 것 이외에 작성의 독자성에서도 분명한 차이가 있다.

위에서 소개한 견해는 검사 작성의 수사보고서를 사법경찰관리 작성의 수사보고서와 구별한다. 실무상 검사의 명의로 수사보고서를 작성하는 경우가 있기는 하다. 하지만 그 경우는 상급자인 차장검사 또는 부장검사가 주임검사인 경우로, 수사보고서를 자기의 이름으로 작성하는 검사는 수사팀에 소속된 검사로서 검찰청법상

---

15) 형사소송법 제197조(사법경찰관리) ① 경무관, 총경, 경정, 경감, 경위는 사법경찰관으로서 범죄의 혐의가 있다고 사료하는 때에는 범인, 범죄사실과 증거를 수사한다. <개정 2020. 2. 4.>
② 경사, 경장, 순경은 사법경찰리로서 수사의 보조를 하여야 한다.

16) 형사소송법 제245조의10(특별사법경찰관리) ① 삼림, 해사, 전매, 세무, 군수사기관, 그 밖에 특별한 사항에 관하여 사법경찰관리의 직무를 행할 특별사법경찰관리와 그 직무의 범위는 법률로 정한다.

신분은 검사이겠으나 형사소송법상 소추권자인 검사로서 직무를 수행하는 것은 아니라는 점에서 사법경찰관리가 아니라는 신분상 차이 이외에 특별한 구별 실익을 찾기는 어렵다. 그 경우도 작성 권원이 형사소송법이기 때문이다.

주임검사가 직접 사실관계를 확인한 뒤 자기의 이름으로 수사보고서 양식의 문서를 작성하는 사례가 없던 것은 아니나 이는 실제 행위와 문서의 명칭이 일치하지 않는 문제가 있다. 소추권자인 주임검사가 형사소추 판단을 위해 직접 사실관계를 확인하고 그것을 사건기록에 남길 필요가 있다면 그 서면은 수사보고서 양식이 아닌 수사상황을 기록하는 별도의 서면 양식으로 작성하는 것이 타당하다. 필자는 그 경우 수사보고서 양식에서 수신자란을 없애고 제목을 「수사상황(참고인 진술청취)」와 같이 변경하여 내용을 작성한 뒤 작성자로서 기명날인하는 방식으로 작성하고 있다.

한편, 위 견해는 주임검사가 상급자에게 수사의 진행상황이나 법리검토에 관하여 보고하는 형태는 내부적으로 감독자에게 보고서 형태로 작성된다[17]면서 전체적인 설명의 취지상 이러한 경우도 넓은 의미에서 수사보고서의 한 유형으로 보는 듯하다. 하지만 위와 같은 형태의 보고서는 수사보고서와는 다른 완전히 별개의 것으로 봄이 타당하다. 수사보고서가 위에서 설명한 바와 같이 형사소송법에 근거한 것이라면, 위와 같은 형태의 보고서는 검찰청법 제7조에 따른 검찰사무의 지휘·감독 차원에서 이루어지는 보고와 관련하여 작성되는 것이기 때문이다.

결론적으로, 경찰 수사단계에서의 사법경찰관리 명의 수사보고서와 검찰 송치 후 검사실 참여 검찰수사관 명의 수사보고서, 검찰청 소속 수사과·조사과 근무 검찰수사관 명의 수사보고서와 같이 작성 주체에 따른 수사보고서의 구분은 어느 단계에서 누가 작성하느냐에 따라 작성 권원과 작성의 독자성이 다를 수 있다는 점에서 구별 실익이 있다. 다만, 사법경찰관리 작성의 수사보고서와 검사 작성의 수사보고서로 나누는 것은 구별의 실익이 크다고 보기는 어렵다.

3. 기재 내용에 따른 분류

가. 종래 논의

수사보고서에 기재되어 있는 내용에 따라 ① 수사기관 의견진술형 수사보고서,

17) 조광훈, 앞의 논문, 제112쪽.

② 진술청취형 수사보고서, ③ 자료첨부형 수사보고서, ④ 실황조사형 또는 검증형 수사보고서로 분류하는 견해[18]가 있다.

이 견해는 수사보고서에 기재된 수사기관의 활동에 따라 수사 과정에 수집된 증거자료와 그 의의를 기재한 것은 '자료첨부형'으로, 수사기관이 견문한 사항을 기재한 것은 '실황조사형'으로, 참고인 등의 진술을 청취한 뒤 그 내용을 기재한 것은 '진술청취형'으로 구분하고, 이러한 수사 활동과 별개로 사건 전반에 대한 수사실무자의 의견이 기재되어 있는 경우는 '의견진술형'으로 구분한 것이다.

위 견해와 같이 내용적으로 수사보고서를 구분하되 묶는 기준을 조금 달리하여 ① 사실보고적 수사보고, ② 가치 판단의 수사보고, ③ 체득한 사실과 가치판단이 혼합된 수사보고로 분류하는 견해[19]도 있다.

이 견해는 위에서 언급한 '자료첨부형', '실황조사형', '진술청취형' 모두 수사행위를 하는 과정에서 체득한 사실만을 그대로 기재한다는 점에 착안하여 체득한 사실이 어떤 것이냐를 구분하지 않고 사실보고적 수사보고라는 명칭으로 하나로 묶고, '의견진술형'을 수사기관이 수사행위를 하는 과정에서 체득한 사실을 토대로 작성자의 주관적인 의견과 가치 판단이 들어가 있다고 보아 가치판단의 수사보고라고 명명한 뒤, 실무상 이들 양자가 혼합된 수사보고서가 적지 않다는 점에서 이들이 혼합된 수사보고서를 따로 구분하고 있다는 점에 차이가 있다.

나. 검토

앞서 언급했듯이 형사소송법학에서 수사란 일반적으로 범인을 발견·확보하고 범죄사실과 관련된 증거를 수집·보전하는 수사기관의 활동으로 정의된다. 이 정의에 의할 때 수사활동은 크게 「범인을 발견·확보하는 활동」과 「범죄사실과 관련된 증거를 수집·보전하는 활동」으로 나뉜다. 이를 좀 더 구체적으로 살펴보자.

먼저, 「범인을 발견·확보하는 활동」이란 어떤 행위를 말하는 걸까? 빈집털이 절도 신고가 접수되었다고 치자. 신고자도, 112신고를 받고 현장에 출동한 경찰관도 범인이 누구인지 모른다. 범인을 발견하기 위해서는 집안에 혹시 남겨졌을지 모를 지문, 족적, DNA 등을 채취하고, 집안에 침입할 수 있는 건물 내부와 도로의 동선

18) 명점식, "수사보고서의 증거능력", 『북부검찰실무』 제2집(서울북부지방검찰청, 2009), 제171쪽; 신이철, "형사절차상 수사보고서의 증거능력 규제", 『형사정책연구』 통권 제105호(한국형사법무정책연구원, 2016. 봄), 제47–60쪽; 김정한, 앞의 논문, 제99쪽.

19) 조광훈, 앞의 논문, 제112–113쪽.

을 따라 CCTV, 차량 블랙박스 등을 확인할 필요가 있다. 범인이 훔쳐먹다 방에 버리고 간 빵조각에서 DNA가 나와 절도 전과자였던 그의 신원이 밝혀졌다면 이제 범인의 신병을 확보하기 위한 수사가 진행될 것이다. 주거지 확인을 위한 기본적인 수사와 함께 사용 중인 휴대전화 번호 확인, 통화내역 및 기지국 분석 등도 필요하다. 만약 도망의 우려가 있어 체포해야 하는 상황이라면 실시간 위치추적 등도 함께 진행될 것이다.

다음으로, 「범죄사실과 관련된 증거를 수집·보전하는 활동」이란 어떤 행위를 말하는 걸까? 빈집털이 절도 신고 사건으로 돌아가 보자. 출동한 경찰관은 신고자의 피해 진술 청취 후 피해 현장을 구석구석 촬영할 것이다. 범인이 어떻게 빈집에 침입하고, 침입 후 어디를 뒤졌으며, 어떻게 그곳을 빠져나갔는지, 피해품은 어디에 있었는지, 없어졌다고 하는 피해품의 운반 방식은 어떠했을지, 물건을 훔친 것 이외에 다른 행위를 한 것은 없는지 등을 확인하는 작업이다. 사건이 지구대에서 본서 형사계로 넘어갔다면 현장 상황을 파악하는 것과 별개로 주변 주민들을 상대로 탐문수사를 추가로 진행할 수 있다. 범행 당일이나 그즈음 낯선 사람이 주변을 배회하는 등 이상한 낌새를 느낀 것은 없는지, 창문이 깨지는 소리를 듣지는 못했는지, 범행 시간대 계단을 뛰어 내려가던 사람을 마주친 적은 없었는지 등을 확인할 필요가 있기 때문이다. 탐문수사 중 아랫집 사람이 비협조적으로 나오면서 CCTV에서 확인된 상황과 다르게 진술[20]한다면 아랫집 사람을 범인이나 공범으로 의심해 볼 수도 있겠다.

수사를 위와 같이 진행한다고 치고, 사건을 해결하려면 머리로 사건계획만 세우거나 위와 같은 조치만 취해서는 안 된다. 사건 해결을 위해서는, 즉 범인을 검거하여 죄에 상응한 처벌을 받게 하려면 수사 과정을 사건기록으로 만들어야 한다. 어떻게 만들 수 있을까? 현장 출동 경찰관은 현장에 출동해서 취한 조치를 상세히 기록해서 사건기록으로 남겨두어야 할 것이다. 아울러 신고자로부터 청취한 피해 진술도, 현장에 출동해서 촬영한 사진도 사건기록에 남겨두어야 한다. 현장 감식을 진행한 경찰관은 지문, 족적, DNA를 채취하였다는 사실을 사건기록에 드러내야 함은 물론 채취한 물증이 오염되지 않도록 증거 관리 매뉴얼에 따른 적절한 조치를

20) 예컨대, 외부에서 침입한 흔적이 없고 아랫집 사람이 범행 시간대 이미 집에 귀가한 상태였음이 CCTV를 통해 확인됨에도 그 시간에는 집에 없었다고 주장하며 집을 잠깐 둘러봐도 되겠느냐는 제안을 완강히 거부하면서 무언가 숨기는 듯한 태도를 보이는 경우 등

해야 할 것이다. 그러한 조치 상황도 사건기록에 남겨둘 필요가 있다. 탐문수사를 진행한 경찰관도 주민들로부터 청취한 내용을 사건기록에 남겨두어야 하는데 이때 아랫집 사람과 대화하며 이상하게 느꼈던 자신의 의견도 기록하는 것이 바람직하다. 범인의 신원이 확인되어 그를 추적하기 위해 주민등록등초본을 발급받고 통화내역을 확보하여 이를 분석하였다면 그러한 자료도 사건기록에 첨부해야 한다.

그렇다면 어떻게 기록하고 어떻게 첨부할 것인가? 사건기록을 어떤 방식으로 제조할 것이냐는 물음이다. 해결책은 수사보고서이다. 수사보고서를 활용하여 수사 활동을 기록하고 수사 활동 과정에서 취득한 증거자료를 사건기록에 첨부하는 것이다.

빈집털이 절도 신고 사건 사례에서 보았듯이 경찰은 범죄가 발생한 것을 인지하면 범인을 발견·확보하고 증거를 수집·보전하기 위하여 사건의 특성에 따른 다양한 활동을 하게 된다. 그 활동을 조금 더 추상화해서 설명하면 경찰은 범인 검거와 증거 확보를 위해 물적 증거와 인적 증거를 수집한다. 물적 증거는 범인이 먹다 버린 빵조각처럼 물건일 수도, 지문이나 족적처럼 흔적일 수도, 주민등록등초본처럼 서류일 수도, CCTV 영상처럼 디지털 자료일 수도, 범인이 훔칠 물건을 물색하며 어지럽힌 현장 상황일 수도 있다. 인적 증거는 수사 과정에서 청취한 신고자의 진술, 주변 주민들의 진술이다. 신고자와 주변 주민들을 상대로 나중에 추가 조사를 하며 진술조서를 받을 수도 있으나 그것과 별개로 현장에서 청취한 진술은 그 진술 그대로 사건기록에 남겨두는 것이 바람직하다. 시간의 경과에 따라 기억이 산일되기 쉽고 다른 원인이 개입되어 처음 진술이 달라질 수도 있으며 수사 비협조로 추가 조사가 좌절될 수도 있기 때문이다.

이제 빈집털이 절도 신고 사건에 첨부되어 있을 수사보고서로 어떤 것들이 있을지 대강 감이 잡힐 것이다. 작성 주체의 측면에서 보면, 현장 출동 경찰관이 작성했을 수사보고서, 현장 감식 경찰관이 작성했을 수사보고서, 사건 담당 경찰관이 작성했을 수사보고서가 있겠다. 이들이 작성했을 수사보고서를 내용적 측면에서 유형화해 보면 어떻게 될까? 범인 검거 관련 수사보고서, 증거 수집 관련 수사보고서로 나눌 수도 있고, 물적 증거 수집 수사보고서, 인적 증거 수집 수사보고서, 이러한 수사 활동과 관련하여 형사소추 판단 시 참고할 만한 수사관여자의 의견이 담긴 수사보고서로 나눌 수도 있다.

'자료첨부형', '실황조사형', '진술청취형', 의견진술형'으로 나누는 견해에 따라 살펴보면, (a) 현장 출동 경찰관은 현장 상황을 확인하며 촬영한 사진을 첨부하면서 사진 설명과 함께 범인이 먹다가 버린 빵조각을 확보한 경위를 설명하는 수사보고서를 작성하게 될 텐데 이는 「실황조사형 또는 검증형 수사보고서」가 될 것이다. (b) 사건 담당 경찰관은 인적 증거의 수집 과정에서 청취한 신고자와 주변 주민들의 진술도 수사보고서로 사건기록에 남겨두게 되는데 이렇게 작성되는 수사보고서가 「진술청취형 수사보고서」이다. 아랫집 사람과의 대화는 그가 범인이거나 혹은 진범을 도운 공범일 수도 있으므로 따로 수사보고서를 작성해 둘 필요가 있다. (c) 이때 작성되는 수사보고서는 아랫집 사람의 진술의 신빙성 및 향후 수사 방향에 대한 의견이 담긴 수사보고서가 될 것이다. 즉, 「수사기관 의견진술형 수사보고서」가 되겠다. (d) 만약 범인의 신원이 확인되어 그를 검거하기 위해 물적 증거의 수집으로 주민등록등초본, 통화내역 같은 서류를 사건기록에 첨부하는 경우에는 「자료첨부형 수사보고서」가 작성된다.

이상에서 살펴본 바와 같이, 기재 내용을 기준으로 수사보고서를 유형화하는 견해는 범인 검거와 증거 확보를 위한 수사행위의 유형화와 일치함을 알 수 있다. 즉, 수사보고서는 물적 증거와 인적 증거 수집을 위한 수사의 모든 활동에 사용되는 기록 수단인 것이다.

기재 내용에 따른 수사보고서의 분류는 수사보고서가 언제 어떻게 사용되고 있는지 한눈에 파악하는 데 도움을 준다는 점에서 그 구별 실익이 있다. 다만, 의견진술형 수사보고서의 경우 수사실무자의 의견표명이 수사의 범주에 해당한다고 볼 수 있을지는 의문이다. 이 문제는 다음 유형화 기준인 법적 삼단논법상 수사보고서의 작동 영역에 따른 분류를 검토하는 과정에서 더욱 선명해질 것이다.

4. 법적 삼단논법상 수사보고서의 작동 영역에 따른 분류

가. 구별 실익

근대 이후 형사사법은 과거 유럽의 규문주의[21]의 폐해에 대한 반성으로 소추기관과 심판기관이 분리되었고 우리도 현재 그와 같은 사법체제를 운영하고 있음을 주

21) 18세기 이전 소추기관과 심판기관이 미분리되었던 유럽대륙의 형사사법 절차로서 밀행적 진행과 심리 전 장기간의 구금, 법정증거주의에 따른 고문의 허용, 무죄추정 원칙이나 변호인 조력권의 부재로 특징되는 형사소송제도로 설명된다. 이종엽, 『당사자주의와 직권주의가 조화된 적정한 재판운영』, 사법정책연구원, 2019, 제15쪽.

지의 사실이다. 소추기관이 소추 여부를 결정하기 위해서는 일정한 법적 절차가 필요하고 심판기관도 유무죄를 결정하기 위해 거쳐야 하는 일정한 법적 절차가 필요한데 이들 절차를 규정한 것이 바로 형사소송법[22]이다. 우리 형사소송법은 1954년 법률 제정 시부터 제1편에 총칙을 두고 제2편에서 제1심에 관하여 규정하면서 제1장 수사, 제2장 공소, 제3장 공판 순으로 조문 체계를 구성하고 있는데 이는 형사절차가 수사 → 공소 → 공판의 순서로 차례로 진행된다는 사정을 반영한 것으로 풀이된다. 형사소송법의 조문 체계에서도 알 수 있듯이 수사는 그 자체로 어떠한 독립적인 의미를 갖는 것이 아니라 전체적으로 제1심의 한 구성 부분으로서 기소 여부를 결정하고 공소제기 시 공판에 대비하는 사전 준비로서 절차적 의미가 있다.

한편, 심판기관인 법원의 유무죄 판결이 법적 삼단논법에 따른 논리적 귀결인 것과 마찬가지로 소추기관인 검찰의 기소여부 결정도 법적 삼단논법에 따른 논리적 귀결이다. 그런데 검찰과 법원은 법적 삼단논법에 따라 무엇을 확인하고 무엇을 선언하려는 것인가?

형사사법 절차에서 검찰과 법원은 권력 분립의 원리에 따라 역할을 나누어 각자 형사사법의 한 축을 담당한다. 사법(司法)의 국어사전 정의를 보면 "국가의 기본적인 작용의 하나. 어떤 문제에 대하여 법을 적용하여 그 적법성과 위법성, 권리관계 따위를 확정하여 선언하는 일이다."[23]라고 설명되고 있다. 통상 민사에서 사법절차는 법적 분쟁을 전제로 그 분쟁에서의 승패를 선언하는 것이라고 이해된다.[24] 그렇다면 형사에서도 그럴까? 형사는 조금 다르다. 반드시 법적 분쟁을 전제로 하지는 않기 때문이다. 형사사법에서 확인하고 선언하려는 것은 국가형벌권의 존재 여부이

22) 1954. 9. 23. 제정된 우리 형사소송법은 제1편 총칙에서 법원의 관할(제1장), 법원 직원의 제척, 기피, 회피(제2장), 소송행위의 대리와 보조(제3장), 변호(제4장), 재판(제5장), 서류(제6장), 송달(제7장), 기간(제8장), 피고인의 소환, 구속(제9장), 압수와 수색(제10장), 검증(제11장), 증인신문(제12장), 감정(제13장), 통역과 번역(제14장), 증거보전(제15장), 소송비용(제16장)을, 제2편 제1심에서 수사(제1장), 공소(제2장), 공판(제3장)을, 제3편 상소에서 통칙(제1장), 공소(제2장), 상고(제3장), 항고(제4장)를, 제4편 특별소송절차에서 재심(제1장), 비상상고(제2장), 약식절차(제3장)를 규정하고, 제5편에서 재판의 집행에 관하여 규정하였고, 지금까지 수십 차례 형사소송법 개정이 있었으나 현재도 위와 같은 체계를 유지하고 있다.

23) https://ko.dict.naver.com/#/entry/koko/236ede26a66e44548c85e7ce034b3186 네이버 국어사전 검색(검색어 : 사법)

24) "사법작용에서는 구체적인 법적 분쟁이 발생하였을 때 입법작용으로 정립된 법규범을 이러한 법적 분쟁에 적용하는 것을 목표로 한다. 따라서 사법작용에서는 어떻게 하면 주어진 법적 분쟁에 법규범을 '적절하게' 적용할 수 있는지를 문제 삼는다." 양천수, 앞의 책, 제17쪽.

다. 국가형벌권은 형법에 규정됨으로써 추상적으로 발생하고 구체적인 사안에서 누군가의 행위가 형법에 규정된 구성요건을 충족할 때 구체화된다. 이때 구체화된 국가형벌권이 현실 세계에서 실질적으로 작동하려면 국가의 어느 기관에서든 누군가의 행위가 형법상 구성요건을 충족했는지, 혹시 위법성은 조각되지 않는지, 책임이 조각되는 것은 아닌지, 그러한 행위에 적정한 형벌은 어느 정도여야 하는지 판단해야 하는데, 그러한 국가 작용이 바로 형사사법이다. 그리고 그러한 국가 작용을 권력 분립의 정신에 따라 소추와 재판으로 나누어 검찰과 법원에 분장한 것이 지금 우리의 형사사법 체계이다.

따라서 심판기관인 법원이 공판 절차에서 증거조사 등을 거쳐 사실을 확정한 뒤 법률 및 판례에 대한 탐색과 해석을 통해 적용할 법규범을 구체화하여 공소제기 된 해당 사안에 대해 국가형벌권이 있는지, 있다면 그 정도는 어떠한지 판단하는 것과 마찬가지로 소추기관인 검찰도 범죄 성립이 문제 되는 구체적인 사안에 적용할 수 있는 법률 및 판례를 탐색·분석하고 수사를 통해 관련 사실을 확정한 뒤 구체화된 법규범을 적용함으로써 문제가 된 해당 사안에서 피의자에 대한 국가형벌권이 존재하는지, 어느 정도의 형벌이 적정한지 판단하여 공소를 제기하고 죄에 상응한 형사 처벌이 이루어지도록 공소를 유지하는 것이다.

여기서 의문이 생긴다. 법원이 공판절차를 거쳐 국가형벌권의 존부를 선언하는 것처럼 검찰은 수사 절차를 거쳐 국가형벌권의 존부를 선언하는 것일까? 얼핏 보면 그런 것 같다. 이런 시각에서는 「수사 ≒ 공판」처럼 보일 수 있다. 하지만 양 절차를 자세히 보면 그렇지 않다. 수사는 범인 검거 및 증거 확보를 위해 물적·인적 증거를 수집하기 위한, 즉 사실관계 확정을 위한 수사기관의 활동인 반면, 공판 절차를 이루는 것은 형사소송법의 조문 체계에서도 알 수 있듯이 사실관계의 확정에 국한되지 않기 때문이다. 공판 절차 중 제1편 총칙에 있는 피고인의 소환·구속(제9장), 압수와 수색(제10장), 검증(제11장), 증인신문(제12장), 감정(제13장), 통역과 번역(제14장)과 제2편 제3장의 공판에 있는 증거조사와 피고인신문에 관한 규정 정도가 사실관계 확정에 관련된 것으로 수사에 상응하는 절차라고 할 수 있다. 즉, 공판절차가 수사 절차보다 업무 범위가 더 넓다. 공판절차에서는 법률 및 판례에 대한 탐색과 해석을 통해 적용할 법규범을 구체화하는 작업, 해당 사안에 공소제기 시 적용된 법률을 적용하는 것이 타당한가에 대한 심리까지 공개된 법정에서 공방이 이루어진다. 이런 측면에서 볼 때 수사 절차는 공판절차 중 일부에 상응할 뿐이다.

그렇다면 왜 형사소추가 아닌 수사와 공판이 상호 대응하는 것 같은 착시가 생기는 걸까? 이는 형사소추 절차의 원리와 형사재판 절차의 원리가 다르다는 데서 기인한다. 형사소추 절차는 일반적으로 규문주의(inquisitorial system[25])) 구조로서 밀행주의가 지배하며 형사소추 업무를 수행하는 국가기관에게 절차 진행의 주도권이 인정되므로 피의자는 조사의 객체가 될 뿐이다. 반면 형사재판 절차는 대다수 국가에서 당사자주의(adversary system) 구조이거나 또는 당사자주의적 요소가 도입된 직권주의(inquisitorial system[26])) 구조를 취하고 있는데 어느 소송구조에 의하던 모두 공개주의가 지배하며 심판기관인 법원에 인정되는 절차의 주도권의 범위에 차이가 나더라도 피고인에게 검사와 대립하는 당사자로서의 지위와 권한을 인정한다는 점에서 공통된다. 즉, 형사소추 절차에서 겉으로 드러나는 것은 수사 절차인 반면 형사재판 절차는 절차 개시부터 결론에 이르는 모든 과정이 공개될 것이 기대되고 또 공개된다는 것이다. 따라서 형사소추 절차에서 법적 삼단논법 상 제1단계(법적 분쟁의 관련 법규범 탐색·구체화)와 제3단계(법규범을 사실관계에 적용하여 결론 도출)는 겉으로 드러나지 않고 주로 제2단계(법적 분쟁의 사실관계 확정)만 외부에서 인식되다 보니 형사소추 절차가 곧 수사 절차인 것과 같은 착각에 빠지기 쉽다.

앞서 수사보고서는 수사 활동을 기록하는 수단이라고 언급하였다. 하지만 엄밀하게 따지면 이는 정확한 표현이라고 볼 수 없다. 형사소추가 형사재판과 마찬가지로 법적 삼단논법에 따라 이루어지고, 수사는 법적 삼단논법상 제2단계인 사실관계의 확정과 관련된 절차로서 형사소추의 한 구성 부분이며, 수사는 물론 형사소추에 이르는 과정에 대한 기록도 사건기록에 남겨두어야 하고, 지금까지 그 수단으로 사용되어 오던 것이 수사보고서라는 점에 비추어 볼 때, 수사보고서는 그 사용 범위를 수사 활동으로 한정할 것이 아니라 형사소추에 필요한 활동을 기록하는 수단이라

25) 영미에서는 규문주의와 직권주의를 모두 inquisitorial system으로 번역한다고 한다(이종엽, 앞의 책, 제15쪽). 여기서는 직권주의를 소추기관과 심판기관이 분리되고 피고인의 인권 보장을 위한 조치들과 공개주의가 채택되어 규문주의에 당사자주의적 요소가 도입된 유럽대륙의 형사사법 절차로 이해하는 전제에서, 오늘날 형사소추 절차에도 소송구조론 차원의 직권주의 또는 당사자주의의 영향으로 피의자를 위한 인권보호 장치가 마련되어 있기는 하나, 기본적으로는 여전히 밀행주의가 적용되고 피의자를 절차의 객체로 취급한다는 의미에서 직권주의와 구별되는 용어로서 규문주의를 사용하였다. 즉, 앞서 언급한 각주 22)에서 풀이하고 있는 규문주의의 개념과는 다른 의미로 사용한 것임을 밝혀둔다.

26) 여기서 직권주의는 각주 26)에서 전제하고 있는 직권주의 개념으로서 직권주의라는 용어를 사용한 것이다.

고 정의하는 것이 그 실질과 기능에 부합하기 때문이다. 따라서 법적 삼단논법에 따라 수사보고서의 작동 영역을 ① 적용법령(대전제) 관련 수사보고서, ② 사실의 확정(소전제) 관련 수사보고서, ③ 법률의 적용 관련 수사보고서로 나누는 것은 수사 절차로만 오인되던 형사소추 절차를 있는 그대로 볼 수 있게 한다는 점과 아울러 수사보고서의 실질에 부합하는 개념 정의를 할 수 있게 한다는 점에서 구별 실익이 있다. 이제 구체적인 예를 통해 실무상 어떤 수사보고서들이 작성되고 있는지 알아보자.

나. 분류 유형

(1) 적용법령(대전제) 관련 수사보고서

제목 그대로 법적 삼단논법 상 제1단계(법적 분쟁의 관련 법규범 탐색·구체화)와 관련한 수사보고서이다. 앞서 예로 든 빈집털이 절도 신고 사건 같은 경우에는 적용법령 관련 수사보고서가 사건기록에 편철되는 경우가 아마 없을 것이다. 절도 범죄는 오랜 역사를 가진 범죄로 구성요건이 명확하고 그 해석에도 큰 다툼이 없기 때문이다. 경찰에서 송치되는 대부분의 형법상 범죄나 행정 형법상 범죄도 마찬가지다. 이런 유형의 사건에서 범죄 성부가 문제 되는 행위에 적용되는 법규범에 의문이 있는 경우는 드물다. 따라서 통상적인 사건에서 이러한 유형의 수사보고서를 접할 기회는 거의 없다고 볼 수 있다.

하지만 사건 유형에 따라서는 적용법령 관련 수사보고서를 먼저 작성한 뒤 그에 맞추어 수사를 진행해야 하는 경우도 있다. 예컨대, 국민적 관심이 집중되어 연일 언론에 보도되는 사건이 발생했다고 치자. 그런 사건이 발생하면 어딘가에서 수사를 해 달라며 고발장을 제출한다. 고발장이 접수되지 않더라도 주요 인지부서에서는 신속한 수사를 위해 사전에 해당 사건에 대한 법리 검토에 착수하는 경우가 있다. 왜냐하면 복잡한 사회 현상 속에서 어떠한 사건이 발생했다고 할 때 어떤 형벌 조항을 적용하여 처벌할 수 있을지, 그 조항으로 처벌할 수 있는 인적 범위는 어떻게 되는지, 관련자별로 입증해야 하는 각각의 구성요건적 사실은 무엇인지, 그 구성요건적 사실을 입증할 인적·물적 자료로는 어떤 것이 있으며 그것들을 확보하려면 어떻게 해야 하는지 등을 검토하는 건 결코 쉬운 일이 아니기 때문이다. 더욱이 수사를 진행하는 과정에서 법원으로부터 압수·수색영장을 발부받아 집행해야 하는 경우가 많은데 영장을 발부받기 위해서는 특정한 행위자가 죄를 범하였다고 볼 만한 상당한 이유와 압수의 필요성 및 상당성에 대해 사건기록으로 소명하여 법원을 설득해야 한다. 그러기 위해서는 적용법령 관련 수사보고서가 없어서는 안 된다.

비단 위와 같은 사건에서만 적용법령 관련 수사보고서가 필요한 것은 아니다. 경찰에서 송치한 사건을 보완 수사하는 과정에서도 이런 유형의 수사보고서가 필요한 때가 있다. 대표적인 것이 가습기살균제 피해 사건과 같이 법리상 선례를 찾기 어렵고 그 입증 또한 전문 분야의 지식을 갖춰야만 해결이 가능한 사건들이다. 사회가 갈수록 복잡해지고 분업화되면서 이런 유형의 고난도 사건은 계속 증가할 수밖에 없다. 2016년 1월 서울중앙지검 형사2부에 검사 6명으로 가습기살균제 피해사건 특별수사팀이 꾸려졌을 때 제일 먼저 한 조치가 법리 검토였다. 이러한 법리검토를 거쳐 작성된 것이 「수사보고(형법상 제조물책임과 기업의 주의의무)」[27]라는 제목의 수사보고서이다. 이를 앞서 살펴본 기재 내용에 따른 분류의 기준에서 보면 '자료첨부형', '실황조사형', '진술청취형'에 해당하지 않고 '의견진술형' 정도에 해당한다고 볼 수 있으나 수사보고서의 주된 목적이 법리에 대한 법원 설득에 있다는 점에서 종래 '의견진술형' 수사보고서의 설명과는 다소 거리가 있다.

⑵ 사실의 확정(소전제) 관련 수사보고서

범인 검거 또는 증거 수집을 위해 물적·인적 증거를 확보하기 위한 수사 활동과 관련된 수사보고서가 여기에 해당한다. 기재 내용 측면에서 보자면 앞서 살펴본 '자료첨부형' 수사보고서, '실황조사형' 수사보고서, '진술청취형'수사보고서가 이 유형에 해당하는 수사보고서라고 할 수 있다.

물론, 여기에도 '의견진술형' 수사보고서의 형태가 포함될 수 있다. 예컨대, 증거인멸의 시도가 있을 수 있어 신속한 압수수색을 해야 하는 경우 사법경찰관은 영장을 신청하면서 수사보고서로 왜 증거인멸의 시도가 있을 수 있다고 판단하는지, 신속한 수사를 위해 해당 장소에 대한 압수수색을 진행해야 하는 이유는 무엇인지 등을 정리하여 사건기록에 첨부한다. 이러한 수사보고서는 강제수사 필요성에 관한

---

27) 수사팀은 여러 법령과 국내외 판례, 관련 논문 등을 종합적으로 검토하여 제조물의 하자로 인해 소비자에게 상해나 사망의 결과를 초래한 경우 민사적 책임과 별개로 형사적 책임과 관련하여 제조 및 판매에 관여한 사람들에게 ① 결함이 없는 안전한 제품의 제조·판매 의무, ② 제품의 사용으로 인한 위험을 스스로 통제할 수 있도록 합리적인 정보를 제공할 의무, ③ 제조물의 표시상 적정한 사용 방법 등에 대한 지시 및 경고 의무, ④ 제품 출시 후 제품 관찰 및 적절한 조치 의무가 존재하고 그 근거가 무엇인지 수사보고서로 작성한 뒤 본격적인 수사에 들어갔다.

수사관여자의 의견을 기재한 것으로 사실의 확정과 관련된 수사보고서의 범주에 포함시킬 수 있을 것이다.

사실의 확정 관련 수사보고서는 그 기재 내용에 따라 공판정에서 공소사실에 대한 증거로 사용될 수도 있고, 소송요건과 관련한 사실을 입증하는 데 증거로 사용될 수도 있다. 물론 공소사실 입증에 사용되는 경우와 소송요건 사실을 입증하는데 사용되는 경우 사이에는 증거능력의 인정 요건에 있어 차이가 있다.

대법원은 외국에 거주하는 참고인과의 전화 대화 내용을 문답 형식으로 기재한 수사보고서에 대하여도 진술자의 서명 또는 날인이 있어야 한다고 보아 증거능력을 부정하였고,[28] 수사보고서에 검증의 결과에 해당하는 기재가 있는 경우에도 형사소송법이 예정한 검증조서의 요건을 갖추지 못하였고 그 밖에 전문법칙의 예외요건에 해당하지 않는다는 이유로 그 기재 부분의 증거능력을 배척하였으며[29], 피고인이 범행을 자백하는 내용이 기재된 미국 범죄수사대(CID), 연방수사국(FBI)의 수사관 작성의 수사보고서 또한 피고인이 공판 과정에서 자백의 내용을 부인하는 이상 피의자신문조서와 마찬가지로 증거능력이 없다고 보았다.[30]

반면, 사법경찰관이 작성한 수사보고서가 유인물의 내용을 분석하고 이를 기계적으로 복사하여 그 말미에 그대로 첨부하는 형태라면 형사소송법 제315조 제3호 소정의 문서에 해당하여 당연히 증거능력이 인정된다고 보았고,[31] 피해자들과의 전화 통화 내용을 기재한 검사 작성의 수사보고서는 증거능력이 없으나 그 수사보고서를 피해자들의 처벌희망 의사표시 철회의 효력 여부를 판단하는 증거로 사용한 것 자체는 정당하다고 보았다.[32]

(3) **법률의 적용 관련 수사보고서**

적용 대상 형사처벌 조항이 정해졌고 그것을 토대로 수사를 진행하여 사실관계가 어느 정도 밝혀졌다고 해도 그것으로 형사소추에 대한 판단을 바로 할 수 있는 것은 아니다. 형사처벌 조항에 대한 조문 해석이 다를 수 있고[33] 법률해석 관문을

---

28) 대법원 1999. 2. 26. 선고 98도2742 판결.

29) 대법원 2001. 5. 29. 선고 2000도2933 판결.

30) 대법원 2006. 1. 13. 선고 2003도6548 판결.

31) 대법원 1992. 8. 14. 선고 92도1211 판결.

32) 대법원 2010. 10. 14. 선고 2010도5610 판결.

33) 법원조직법 제7조(심판권의 행사) 제1항은 '종전에 대법원에서 판시한 헌법·법률·명령 또는 규칙의 해석 적용에 관한 의견을 변경할 필요가 있다고 인정하는 경우'(제3호)를 대법관 전원

통과한 뒤에도 물적·인적 증거를 수집해서 얻은 사실들 사이에 모순이 있어 어떤 사실관계를 진실한 것으로 받아들이고 어떤 사실관계를 배척할지에 대한 법적 판단이 남아 있기 때문이다.

물론, 경찰에서 송치되는 대다수 사건은 「(1) 적용법령(대전제) 관련 수사보고서」 목차 부분에서 설명한 바와 같이 구성요건 해석상 다툼의 소지가 크지 않고 사실관계 확정과 관련한 쟁점 또한 복잡하지 않아 법률의 적용 관련 수사보고서가 필요하지 않은 경우가 많다. 하지만 「Ⅱ. 수사보고서의 개념」 목차 부분에서 예로 든 사례와 같이 법리가 까다롭고 해당 사건에 적용할 수 있는 관련 법리가 확립되었다고 보기 어려운 사건에서는 법리를 정리하여 수사보고서 형태로 사건기록에 첨부하게 된다.

한편, 사안에 따라서는 구성요건에 관계된 사실관계가 복잡하고 사건관련자들이 많으며 이들의 진술 간에 모순되는 부분이 있을 뿐만 아니라 객관적인 자료로 보이는 계약서 등 서류의 기재 내용도 각각의 진술과 일부는 부합하고 일부는 모순되는 등 증거 판단이 어려운 사건들도 존재한다. 이때는 쟁점별로 연관된 증거를 종합적으로 분석하여 어떻게 사실을 인정하는 것이 합리적인 판단인지 설명하는 수사보고서를 각각 작성하게 되는데, 이러한 수사보고서는 법률의 적용 관련 수사보고서의 범주에 해당한다.

실무상 법률의 적용 관련 수사보고서의 형태가 가장 많이 사용되는 것은 법원에 구속영장을 청구할 때이다. 사법경찰관리는 구속영장을 신청할 때 구속영장신청서에 구속의 필요성을 기재하는 것과 별개로 수사보고서로 구속의 필요성을 사건기록에 첨부하는 경우가 많으며, 검찰에서 직접 구속영장을 청구하는 경우에도 구속영장청구서에는 구속의 필요성을 요약한 내용만 기재하고 상세한 사유는 사건기록에 수사보고서의 형태로 첨부하는 경우가 적지 않다. 구속을 필요로 하는 사유에 관한 수사보고서는 구속영장의 효력이 미치는 범죄사실을 특정하고 피의자가 해당 범죄사실을 범하였다고 보는 이유를 각각의 증거를 들어 설명하는데 이러한 수사보고서는 그 내용상 전형적인 법률의 적용에 관한 수사보고서에 해당한다고 할 수 있다.

의 3분의 2 이상의 합의체에서 심판권을 행사해야 하는 경우로 규정하고 있는데, 이처럼 형사처벌 조항에 대한 조문 해석도 일의적일 수는 없으며 시대의 흐름에 따른 사회적 변화에 따라 대법원의 법률해석도 달라질 수 있다. 따라서 형사소추 단계에서도 대법원의 종전 판결을 바꿔야 한다고 판단이 서면 대법원판결과 다른 법률해석을 기초로 공소를 제기하게 된다.

검찰에 직접 접수된 고소장을 검사실에서 배당받아 직접 수사하여 형사소추 여부를 결정하는 경우도 있는데, 이때 검사는 참여 검찰수사관에게 명하여 고소사건 직접수사상황보고서 또는 수사결과보고서를 작성하도록 한 뒤 사건기록에 이를 편철하는 것이 일반적이다. 이때 기록에 편철되는 보고서도 법률의 적용 관련 수사보고서에 해당한다. 경찰에서 검찰에 사건을 송치할 때 작성하던 의견서도 이런 관점에서 보면 법률의 적용에 관한 수사보고서를 의견서라는 양식으로 정형화한 것이라 하겠다.

Ⅲ. 수사보고서의 본질

1. 논의 필요성

수사보고서의 본질을 논의하려는 이유는 무엇인가? 우선 본질의 개념부터 살펴보자. 본질은 영어로 essence[34)]다. essence는 라틴어로 essentia이다. 그럼 essentia는? 원래 이 단어는 아리스토텔레스의 용어를 번역한 것으로, 아리스토텔레스가 본질이라는 말을 쓴 것이 아니라 아리스토텔레스가 쓴 'TO TI ÊN EINAI'라는 일종의 명사구를 한 단어로 만들어 essentia라고 번역한 것이다. 그렇다면, 'TO TI ÊN EINAI'은 무슨 뜻일까? 이 표현을 억지로 직역하면 'the what is to be'이다. 즉, 어떤 사물에 대해서 '저것은 ~이다'라고 말할 수 있는 것이라는 뜻이다. 어떤 사물에 대해서 '저것은 무엇인가?'라고 물을 때 그 대답이 될 수 있는 것. 그것이 그 사물의 본질이다. 그리고 본질을 언어로 정식화한 것이 정의(定義)이다.[35)] 따라서 수사보고서의 개념을 정의할 때 수사보고서의 본질을 어떻게 파악하는지는 매우 중요하다.

본질은 알겠는데 왜 굳이 수사보고서의 본질을 논의하려는 건가? 그 이유는 수사보고서의 개념 정의가 만족스럽지 않기 때문이다. 지금까지 살펴보았듯이 수사보고서의 개념 정의에는 크게 2가지 문제가 있다. 첫째, 수사보고서의 개념 정의를 수사 활동의 관점에서만 파악함으로써 수사보고서의 실제 사용 사례를 포괄하지

---

34) 영영사전은 "the basic nature of a thing; the quality or qualities that make a thing what it is"로 풀이한다(https://english.dict.naver.com/english-dictionary/#/entry/enen/748dd3ae08884cdba617c0f79dc7e9a8, 네이버 영영사전, 검색어 : essence).

35) 이정우, 『개념-뿌리들』, 그린비, 2022, 제65쪽.

못한다는 점이다. 둘째, 보고서라는 용어에 갇혀 수사보고서를 수사기관에서 내부적으로 보고하기 위하여 작성한 서면이라고 정의하는 바람에 형사절차에서 수사보고서가 가지는 기능을 담아내지 못하고 있다는 점이다. 이처럼 수사보고서의 개념 정의가 잘못된 이유는 바로 수사보고서의 본질에 대한 이해가 부족하기 때문이다.

수사보고서의 본질과 수사보고서의 개념 정의는 동전의 양면과 같다. 따라서 수사보고서의 본질에 대한 정확한 이해가 선행되어야 수사보고서의 개념 정의를 올바르게 할 수 있다. 본질이란 앞서 살펴보았듯이 '저것은 무엇인가?'라고 물을 때 그 대답이 될 수 있는 것이다. 우리는 이제 질문을 던져야 한다. "수사보고서란 무엇인가?" 여기에 답하려면 수사보고서가 현실에서 어떤 기능들을 수행하고 있는지를 검토하는 것에서부터 출발해야 한다. 우선 수사보고서의 기능을 살펴보자.

2. 수사보고서의 기능[36)]

가. 비정형적 수사행위의 기록 수단

형사재판은 공개주의가 원칙이다. 이는 헌법상 요청이기도 하다. 형사재판은 공판정에서 열린다. 공판정을 개정하려면 판사와 검사, 법원사무관등이 출석해야 한다. 검사나 피고인이 출석하지 않으면 원칙적으로 개정하지 못한다. 공판정에서의 변론은 구두로 해야 한다.

공판정에서 구두로 진행한 재판은 어떻게 해야 할까? 어떻게든 기록으로 남겨야 할 것 같지 않은가? 당연한 이야기다. 그래서 형사소송법도 공판조서 형태로 기록하도록 하고 있다. 형사소송법은 공판조서의 작성 요건, 서명권자와 방식, 조서 정리 기한과 이의제기, 피고인의 열람권 등에 관하여 상세히 규정[37)]하면서 "공판기일의 소송절차로서 공판조서에 기재된 것은 그 조서만으로써 증명한다"[38)]며 절대적 증명력까지 인정하고 있다. 한편, 2007년 형사소송법 제56조의2를 개정하여 공판

---

36) 수사보고서의 기능을 ① 수사 감독자에 대한 보고적 기능과 실무자의 의견제시 기능, ② 수사행위의 수사기록의 현출기능, ③ 실체적 진실발견 기능, ④ 수사서류들 간에 윤활유 기능, ⑤ 수사절차의 적정화 내지는 적법성의 담보 기능으로 나누는 견해도 있다(조광훈, 앞의 논문, 제114－117쪽 참조).

37) 형사소송법 제51조(공판조서의 기재요건), 제52조(공판조서작성상의 특례), 제53조(공판조서의 서명 등), 제54조(공판조서의 정리 등), 제55조(피고인의 공판조서열람권등)

38) 형사소송법 제56조(공판조서의 증명력)

정에서의 심리의 전부 또는 일부에 대한 영상녹화와 그렇게 생성된 영상녹화물의 사본 청구가 가능하게끔 하였다. 드물지만 실무에서 공판조서의 기재가 부정확하거나 불충분하다고 논란되기도 하는데 그런 논란을 차단할 수 있는 효과적인 방법이 생긴 것이다. 물론 실무상 공판정 심리의 영상녹화가 실제로 이루어지는 것을 본 적은 없다.

이처럼 형사재판은 법률상 공판정에서 진행하는 것이 원칙일 뿐만 아니라 실무상 실제로도 형사재판과 관련된 거의 모든 소송행위가 공개된 공판정에서 이루어지며, 그 과정이 모두 공판조서로 기록되고 있다. 부실 기재가 있을지언정 공판조서가 작성되지 않는 형사사건은 없다.

그렇다면, 수사 활동은 어떤가? 형사소송법 조문을 찾아봐도 수사 활동을 공개해야 한다거나 일정한 시간과 장소에서만 수사를 진행해야 한다는 제한을 찾아볼 수 없다. 만약 그런 제한을 둔다면 그러한 법률은 국가형벌권의 행사라는 국가기능의 운용을 본질적으로 저해하는 것으로서 위헌이라고 보아야 할 것이다. 복잡다기한 사회와 그 속에서 이루어지는 다양한 사람들의 평범한 일상을 범죄 수사를 이유로 공개한다는 것은 사생활의 과도한 침해로 용납하기 어렵고, 그 일상들에 몰래 숨어 있을지 모르는 범죄행위를 일정한 시간과 장소에서만 밝히도록 하는 것은 사실상 국가형벌권을 포기하는 것에 다름아니기 때문이다. 따라서 임의수사 활동에는 비례의 원칙[39] 이외에 별다른 제한이 없다. 기본권 침해가 수반되는 강제수사에만 영장주의의 제한이 가해지고, 피의자신문 시 피의자 본인의 확인, 진술거부권 등의 고지, 이익되는 사실의 진술 기회 부여, 검찰수사관 등의 참여, 변호인의 참여, 피의자신문조서의 작성 등이 요구될 뿐이다.[40]

피의자신문은 피의자신문조서를 작성해야 하고, 피의자신문의 전 과정을 피의자

---

39) 형사소송법 제199조 제1항은 "수사에 관하여는 그 목적을 달성하기 위하여 필요한 조사를 할 수 있다. 다만, 강제처분은 이 법률에 특별한 규정이 있는 경우에 한하며, 필요한 최소한도의 범위 안에서만 하여야 한다."고 규정하여 조문상으로는 강제처분에만 비례의 원칙이 적용되는 것처럼 보인다. 하지만 필요성만 인정되면 어떤 수사이건 가능하다고 해석하는 것은 부당하며 형사소송법 제199조 제1항 단서 후문의 비례의 원칙은 임의수사 시에도 적용된다고 봄이 타당하다.

40) 형사소송법 제241조(피의자신문), 제242조(피의자신문사항), 제243조(피의자신문과 참여자), 제243조(변호인의 참여 등), 제244조(피의자신문조서의 작성), 제244조의2(피의자진술의 영상녹화), 제244조의3(진술거부권 등의 고지), 제244조의4(수사과정의 기록), 제244조의5(장애인 등 특별히 보호를 요하는 자에 대한 특칙)

신문조서에 기록하거나 별도의 서면에 기록하여 수사기록에 편철하는 것은 법조문에 있으므로 그에 따르면 된다. 실무상 '수사과정 확인서'라는 양식의 서류가 마련되어 있다. 그렇다면 나머지 수사 활동은 어떻게 해야 하는가? 기록하지 않아도 되는가? 당연히 안 될 일이다. 수사 활동도 엄연한 공무수행이고 강제력이 동원되지 않는 임의수사라고 해도 본질적으로 다른 사람의 권익을 침해할 가능성이 높은 행위인 만큼 수사 활동을 빙자한 권한 남용을 방지하기 위해서라도 수사 활동을 기록하게 해야 한다. 그리고 실제로 실무상 거의 대부분의 수사 활동이 기록되어 사건기록에 편철되고 있다. 어떻게? 수사보고서로. 그렇다. 수사보고서는 비정형적인 수사 활동을 기록하는 수단으로 지금까지 사용되어 온 것이다. 형사재판 절차의 모든 행위가 공판조서 형태로 기록되는 것처럼 형사소추 절차의 모든 행위는 수사보고서 형태로 기록되어 왔다. 따라서 수사보고서는 공판조서와 마찬가지로 형사절차에서 이루어지는 각종 행위의 기록 수단으로서 기능하고 있다고 하겠다.

나. 형사소추 여부의 판단자료

형사소추는 국가형벌권 행사의 첫 단계로 형사소추가 있어야 법원에서 유무죄를 심판할 수 있다. 국가소추주의를 채택[41]한 우리나라는 헌법상으로도 소추기관으로서 검사의 존재를 전제하고 있다.[42] 앞서 살펴봤듯이 형사소추도 형사재판과 마찬가지로 국가의 사법 작용 중 하나이며 따라서 형사소추 절차에서도 법적 삼단논법에 따라 사법적 판단을 하게 된다.

그런데 「Ⅲ. 수사보고서의 유형」 부분에서 이미 살펴보았듯이 수사보고서는 형사소추의 각 단계마다 필요에 따라 작성되며 그렇게 작성된 수사보고서는 형사소추의 판단 및 형사재판의 대응 즉, 공소 유지에 이용된다. 전항에서 수사보고서가 공판조서와 유사하게 형사소추 절차에서 이루어지는 각종 행위의 기록 수단으로서 기능하고 있음을 밝혔는데 사건기록이 역사서가 아닌 이상 기록 그 자체가 목적일 수는 없다. 그렇다면 왜 기록하는가? 기록의 궁극적인 목적은 형사소추에 복무하는 데 있다고 볼 수 있다. 수사는 형사소추를 목적으로 하며 형사소추 절차를 기록하는 수사보고서 또한 형사소추의 판단에 사용되는 것이 궁극의 목적이라 할 수 있다.

---

41) 형사소송법 제246조(국가소추주의) 공소는 검사가 제기하여 수행한다.

42) 대한민국헌법도 제12조 제3항에서 "체포·구속·압수 또는 수색을 할 때에는 적법한 절차에 따라 검사의 신청에 의하여 법관이 발부한 영장을 제시하여야 한다."고 규정함으로써 소추기관으로 검사를 전제하면서 검사에게 영장신청에 있어 독점적 지위를 부여하고 있다.

형사소추를 목적으로 하지 않는 수사도 가능할까? 형사소추는 국가형벌권 행사의 첫 출발로서 인권의 제한이나 박탈을 의미하는 형벌을 목적으로 한다. 그 때문에 국가형벌권의 존부가 확정되지 않은 수사단계에서도 누군가에게 형벌을 부과할 수 있는 개연성이 상당히 높다고 판단되는 경우 일정한 강제력의 사용을 허용하고 있다. 형벌의 본질을 제도화된 합법적 국가폭력이라고 규정할 때 그 형벌을 추구하는 수단 또한 정도의 차이가 있을 뿐 합법적 국가폭력의 일종일 수밖에 없다. 따라서 형사소추를 목적으로 하지 않는 수사권의 행사는 국가형벌권을 행사할 수 없는 상태에서 이루어진 국가의 강제력 사용으로 평가될 수 있어 그 정당성에 의문이 생길 수밖에 없다. 이러한 측면까지 고려하면 형사소추 절차의 기록 수단인 수사보고서는 형사소추 판단을 위하여 필요한 범위 내에서 작성되어야 하며 그러한 한도에서만 정당성을 인정받을 수 있다고 하겠다. 즉, 형사소추 여부의 판단자료로서 수사보고서의 기능은 역으로 형사소추와 무관하게 수사보고서로 개인의 자유와 권리를 침해하거나 제한할 수 있는 내용을 함부로 기재해서는 안 된다는 한계를 내포한다고도 할 수 있다.

다. 수사행위의 적법성·타당성 판단자료

형사소추 절차에서 작성되는 수사보고서 중 적용법령(대전제) 관련 수사보고서와 법률의 적용 관련 수사보고서는 대외적 활동이 수반되지 않는다. 반면 사실의 확정 관련 수사보고서는 '의견진술형'을 제외하고 '자료첨부형', '실황조사형', '진술청취형' 모두 수사기관의 대외적 활동의 동기와 경위 및 그 결과가 기록된다. 사실의 확정 관련 수사보고서에 기재된 대외적 활동을 우리는 수사라고 불러왔다.

수사란 범죄 혐의를 규명하기 위한 수사기관의 대외 활동을 의미하고, 수사가 침익적 성격을 갖고 있는 만큼 수사 과정에서 적극적이건 소극적이건 수사상대방의 인권이 제약되는 경우가 발생할 수 있다. 따라서 수사행위에 대하여 상대방의 동의가 없다면 법원의 영장이 필요할 것이다. 모든 수사행위에 영장을 받는다면 적법성 논란을 피할 수 있어 좋겠지만 현실에서 그러한 방식은 불가능하고 또 수사 효율성의 측면에 비추어 볼 때 바람직하다고 보기도 어렵다. 그래서 많은 사건에서 꼭 필요한 경우가 아니라면 수사는 대부분 임의수사의 형태로 진행된다.

수사기관은 법과 원칙에 따라 결대로 수사한다고 하지만 실무에서는 강제수사건 임의수사건 수사행위에 대한 적법성 논란이 발생하는 경우가 적지 않다. 수사행위 직후부터 논란이 생기기도 하지만 수사행위 당시에는 별다른 이의제기가 없다가 기소 이후 재판 과정에서 수사의 적법성을 따지는 경우도 종종 있다. 증거 수집의 절차가 위법하면 해당 증거는 위법수집증거 배제법칙에 따라 증거능력이 배척될 것이므로 피고인의 입장에서 수사행위의 적법성을 다투는 것은 사안에 따라 효과적인 방어방법이 될 수 있겠다.

수사의 적법성 논란이 발생했을 때 수사기관은 어떻게 해야 할까? 증명은 존재 증명이지 부존재 증명일 수 없다고 할 때 수사행위가 위법했는지 여부는 위법성을 주장하는 측에서 입증해야 할 것처럼 보인다.[43] 하지만 수사의 위법 주장은 수사행위가 적법절차를 지키지 않고 행하여졌다는 것을 내용으로 하는 만큼 절차를 준수한 사실이 있는지는 존재 증명에 해당하므로 그 책임은 수사기관에 있다.

적법절차 준수 여부가 논란되었을 때 수사기관은 적법성을 어떻게 입증할 수 있을까? 수사행위 직후 논란이 발생한 것이고 적법절차를 모두 준수한 것이라면 그 입증이 어렵지 않을 것이다. 수사행위와 논란 발생 사이에 시간적 간격이 크지 않아 수사관여자의 기억도 선명하고 이를 확인해 줄 객관적 자료나 제3자의 진술을 확보하는 게 상대적으로 용이하기 때문이다. 하지만 논란이 전혀 없다가 재판 과정에서 문제가 제기되었다면? 이때 필요한 것이 바로 수사행위를 기록한 수사보고서이다. 수사행위 직후 수사보고서에 수사행위의 경위와 그 결과를 상세히 기록해 두었다면 그 수사보고서를 근거로 당시 수사행위가 적법했다고 주장할 수 있을 것이다.

따라서 이러한 측면에서 보면, 수사보고서는 향후 절차에서 수사행위의 적법성이나 적절성 논란이 발생했을 때 수사관여자의 입장에서는 자신을 보호할 수 있는 장치가 되고, 이를 판단하는 입장에서는 적법성이나 적정성을 심리하는 데 참고할 수 있는 중요한 근거자료가 된다. 아울러 수사행위의 경위와 그 결과를 소상하게 기재해 둔 수사보고서가 존재한다는 사정은 사후에 수사행위의 적법성이나 적절성 시비가 생기는 것을 봉쇄하는 부수적 효과까지 기대해 볼 수 있다고 할 수 있다.

라. 형사소추 결정의 적정성 사후 심사자료

형사소추 결정이란 무엇인가? 기소할지, 말지 판단하는 것이다. 형사소추를 할 수 있다는 것은 형사소추를 하지 않을 수도 있다는 것을 의미한다. 형사소추 권한 속에 형사불소추 권한도 포함되기 때문이다. 그렇다면 형사소추의 권한이 없으면서

43) 대법원 2011. 9. 2. 선고 2009다52649 전원합의체 판결.

도 형사소추를 하지 않겠다는 결정만 하는 것도 가능할까? 만약 가능하다면 그 권한은 어디에 근거하는가? 형사불소추 권한 또한 사법작용일 텐데 사법작용에 요구되는 공정성 등을 담보하기 위해 직무수행자가 갖춰야 할 자격요건은 필요 없는가? 이런 의문들이 제기되나 이러한 논의는 본 글의 쟁점을 벗어나므로 논외로 한다.

형사소추 절차를 통해 소추권자인 검사는 배당된 사건을 기소하기도 하고, 불기소하기도 한다. 기소한다면 그 기소가 적정했는지는 1차적으로 법원에서 유무죄 판단을 통해 가려진다. 만약 무죄가 선고되고 그것이 항소, 상고를 거쳐 확정까지 되었다면? 검찰 내부적으로 무죄 평정을 통해 기소의 적정성을 심사받는다. 부적정했고 여기에 과오가 있었다면 과오 정도에 따라 검사에게 벌점을 부여한다. 벌점이 누적되면 인사에 부정적으로 반영된다. 불기소가 된다면? 검찰청법상 이의제기 절차인 항고, 재항고를 통해 고등검찰청과 대검찰청에서 불기소처분의 적정성을 심사받는다. 만약 형사소송법에 따라 고소인의 재정신청이 이루어진다면 고등법원의 심사도 받게 될 것이다. 기소유예 처분을 받은 피의자가 그 결정에 불복하고자 한다면 헌법재판소에 헌법소원을 청구할 수 있다.[44] 이 경우에는 헌법재판소의 적정성 판단도 받게 된다.

이처럼 형사소추 결정은 그걸로 끝나는 게 아니라 기소건 불기소건 그 결정의 적정성에 대해 사후 심사를 받게 되어 있다. 심사하려면 심사자료가 있어야 한다. 기본적인 심사자료는 사건기록이 될 것이다. 사건기록은? 그렇다. 수사보고서가 주축이 된다. 앞에서 살펴보았듯이 수사보고서는 형사소추 절차를 구성하는 행위를 기록하는 수단으로 기능하며 이렇게 기록된 수사보고서는 형사소추 판단의 적정성을 사후적으로 심사하는 데도 사용되는 것이다. 특히, 법률의 적용 관련 수사보고서의 경우 비록 심사한 결과 기소 또는 불기소가 적정하지 못했다는 판단이 나오더라도 과오 유무에 있어서는 과오가 없는 것으로 평가받게 해줄 수 있다. 나름의 논리에 근거한 합리적 판단이었다는 점에 대한 소명자료로 기능할 수 있기 때문이다. 법령해석의 기준이 될 수 있는 대법원 판례가 없거나 판례가 있더라도 이를 변경할 필요가 있는 경우 법률의 적용 관련 수사보고서를 통해 새로운 해석의 기준을 도출하거나 판례변경의 필요성을 논증한 뒤 이에 기초해 기소나 불기소하면 과오 평가에 대한 부담에서 벗어나 법률가로서 소신껏 결정할 수 있게 해준다.

---

44) 헌법재판소 1995. 3. 23. 선고 94헌마254 전원재판부 결정 등

마. 열람·등사 대상으로서 방어권 보장 수단

제정 형사소송법 제35조 제1항은 "변호인은 소송에 관한 서류 또는 증거물을 열람 또는 등사할 수 있다"고 규정하였으나, 1961년 개정된 형사소송법 제35조는 "변호인은 소송 계속 중의 관계서류 또는 증거물을 열람 또는 등사할 수 있다"라는 내용으로 조문을 개정하였다. 이에 대하여 제정 형사소송법에 의하면 피의자의 변호인은 공소제기 전 수사서류에 대하여도 열람·등사할 수 있었으나 1961년 5·16 쿠데타 이후 법 개정으로 피의자의 열람·등사청구권이 대폭 축소되는 등 피의자의 인권보장이 일보 후퇴하게 되었다는 평가가 있다.[45)]

그 뒤부터 법원에 제출하지 않고 검찰이 보관하고 있는 사건기록에 대한 열람·등사가 허용되는지에 대해 논란이 있었으나[46)] 2007년 형사소송법 제266조의3, 제266조의4가 신설되면서 입법적으로 해결되었다. 형사소송법 제266조의3의 신설은 이른바 '증거개시(Discovery)'제도를 도입한 것으로,[47)] 디스커버리는 미국 당사자주의 시스템에서 핵심적인 요소로 여겨지고 있으나, 그 자체는 적정한 결론과 진실발견을 위하여 관련 사실에 대한 정보를 공유하도록 하는 것이라는 점에서 '분쟁 해결'을 목적으로 하는 전통적인 당사자주의적 제도라기보다는 '실체적 진실발견'에 더 중점을 두는 직권주의적 이념에 가깝다.[48)]

우리 형사소송법의 소송구조가 직권주의를 원칙으로 하느냐, 당사자주의를 원칙으로 하느냐에 대하여 다툼이 있으나[49)] 적어도 양자가 혼합되어 있다는 점에 대하여는 다툼이 없다.[50)] 따라서 우리 형사소송구조에서도 사건기록의 열람·등사

---

45) 권영법, "공소제기 전 수사서류의 열람·등사권", 『법조』 제60권 제8호(법조협회, 2011), 제258쪽.

46) 박혜림, "피의자 또는 피고인에 대한 수사기록 열람·등사권에 대한 검토", 『서울법학』 제27권 제2호(서울시립대학교 법학연구소, 2019. 8.), 제195쪽.

47) 홍진영, "국제형사재판소의 증거개시 제도에 관한 연구 – 형사소송법상 '서류 등의 열람·등사' 제도에 대한 시사점을 중심으로", 『사법』 제1권 제41호(사법발전재단, 2017), 제597쪽. 동 논문 각주 1)은 "형사소송법 제266조의3을 다루고 있는 대부분의 논문이 '증거개시'라는 개념을 사용하고 있는 점에 미루어 보면, 위 용어는 이미 학술적·실무적 용어로 자리를 잡고 있는 것으로 판단된다."고 서술하고 있다.

48) 이종엽, 앞의 책, 제55–56쪽.

49) 강동욱, 앞의 책, 제30쪽, 이종엽, 앞의 책, 제102쪽.

50) 대법원 2009. 10. 22. 선고 2009도7436 전원합의체 판결, 헌법재판소 2012. 5. 31. 선고 2010헌바128 전원재판부 결정 등

는 피의자나 피고인의 방어권 보장은 물론 실체적 진실의 발견을 위해 중요한 역할을 할 것으로 기대된다. 디스커버리는 양 당사자 사이의 정보 조건을 비대칭 조건에서 공유 조건으로 이전시킴으로써 현실적 당사자주의의 효율성과 공정성을 촉진하는 역할을 하기 때문이다.[51] 여기서 주목할 것은 사건기록이다. 증거개시가 제대로 작동하려면 사건기록이 충실하게 작성되어야 한다. 만약 사건기록이 부실하면 열람·등사를 통해서 달성하려고 하는 정보 조건의 비대칭성 해소를 기대할 수 없기 때문이다.

따라서 사건기록은 수사의 개시부터 진행의 전 과정과 기소 혹은 불기소가 되는 이유를 알 수 있도록 작성하는 것이 바람직하다. 사건기록을 구성하는 여러 유형의 서류들이 있지만 그중 가장 많이 사용되는 것은 앞서 살펴본 대로 수사보고서이다. 따라서 수사보고서를 얼마나 충실하게 작성하느냐가 형사사법이 추구하는 실체적 진실의 발견 및 방어권 보장을 통한 공정성 확보의 수준을 결정한다고 볼 수 있다.

그런데 수사보고서의 유형 중 사실의 확정 관련 수사보고서에는 주로 공소사실의 입증과의 관련성이 큰 내용이 기재되고 적용법령이나 법률의 적용과 관련한 수사보고서에는 기소 또는 불기소의 이유와 관련성이 큰 내용이 기재된다. 이러한 특성 때문에 형사소송법 제266조의3을 문언대로 해석하면 사실의 확정 관련 수사보고서와 달리 적용법령이나 법률의 적용 관련 수사보고서는 동조 제1항 제1호의 '검사가 증거로 신청할 서류등'이 아니어서 애초부터 열람·등사의 대상이 아니라고 해석될 여지가 있다. 하지만 검사가 기소하거나 하지 않는 것의 사유가 된 적용법령 및 법률의 적용 관련 해석의 관점 또한 증거 못지않게 고소인, 피의자, 피고인 등 사건관계인의 이해관계에 중대한 영향을 미친다. 이들 수사보고서는 사건관계인의 측면에서 보면, 형사소추 판단의 적정성을 검토하고 위법·부당한 사실인정이나 법률 적용이 이루어진 것은 아닌지 따져볼 수 있는 근거자료가 된다. 따라서 이를 공개할 실익이 있다. 아울러 동조 제1항 제3호는 '제1호 또는 제2호의 서면 또는 서류등의 증명력과 관련된 서류등'을 열람·등사 신청의 대상으로 규정하고 있으므로 여기에 위와 같은 수사보고서가 포함된다고 해석하는 것도 가능하다.

따라서 사실의 확정 관련 수사보고서는 '검사가 증거로 신청할 서류등' 또는 '검사가 증인으로 신청할 사람의 성명·사건과의 관계 등을 기재한 서면 또는 그 사람이 공판기일 전에 행한 진술을 기재한 서류등'에 포함되는 것으로, 적용법령 및 법

51) 이종엽, 앞의 책, 제56쪽.

률의 적용 관련 수사보고서는 '제1호 또는 제2호의 서명 또는 서류등의 증명력과 관련된 서류등'에 포함되는 것으로 해석하여 일반적으로 수사보고서도 열람·등사의 대상으로서 피의자나 피고인의 방어권 보장에 도움을 주는 수단으로 기능한다고 보는 것이 타당하다. 가끔 수사보고서에 대한 정보공개 청구 소송에서 수사보고서를 공개하도록 하는 법원의 판결을 보도하는 뉴스를 접하곤 하는데[52] 이런 판결도 같은 시각으로 수사보고서를 이해하는 것으로 풀이된다.

바. 허위공문서작성죄의 객체로서 기재 내용의 진실성 추정

공무원이 행사할 목적으로 그 직무에 관하여 문서 또는 도화를 허위로 작성하는 때에는 허위공문서작성죄로 처벌된다. 공문서는 사문서에 비하여 사회적 신용성과 증명력이 크기 때문에 사문서와 다르게 허위공문서의 작성까지도 처벌하기 위한 규정이다.[53] 여기서 작성이란 작성 권한 있는 자가 그 권한의 범위 내에서 진실에 반하는 허위 내용을 기재하는 것이고, 변개란 당해 공문서의 작성권한자인 공무원이 이미 작성된 문서·도화에 대해 허위 내용을 기재·가필하는 것을 말한다. 허위공문서 작성의 불법은 작성 권한 있는 공무원이라는 작성 주체에 대한 고도의 공공의 신용이 부여된 공문서의 내용을 허위로 작성하였다는 점에서 찾을 수 있다.[54] 이를 다른 측면에서 보면 우리나라의 법문화는 작성권한이 있는 공무원이 작성한 공문서에 대해 그만큼의 공공의 신용을 부여하고 있다고도 볼 수 있다.

수사보고서가 주로 공무원인 사법경찰관리 또는 검찰수사관이 행사할 목적으로 그 직무에 관하여 작성하는 문서라는 점에 의문이 없으므로 수사보고서도 당연히 허위공문서작성죄의 객체가 된다. 따라서 그 기재 내용이 허위라면 사문서와 달리 작성자인 사법경찰관리 등은 내부적인 징계책임 이외에 형사책임까지 부담하게 된다. 판례는 체포사유 등을 고지하지 않고도 고지하였다는 내용의 현행범인체포서를

52) "법원 "고소인에 구체적 이유 없이 수사보고서 공개거부 부당"", 연합뉴스, 2023년 11월 19일, URL(https://www. yna.co.kr/view/AKR20231118032900004)

53) 편집대표 김대휘·김신, 『주석 형법 – 각칙편(제5판)』, 한국사법행정학회, 2017, 제554쪽.

54) 류전철, "허위공문서와 공문서부정행사죄의 객체", 『법학연구』 통권 제60집 (전북대학교 법학연구소, 2019), 제194쪽. 동 논문에 의하면, 독일 형법은 유형위조를 원칙적으로 처벌하는 형식주의에 근간을 두고 공문서와 사문서의 구별을 폐지하여 제348조에서 허위공문서 작성을 처벌하되 그 규범 목적을 높은 신용력을 갖는 공문서를 작성하는 공무원의 진실의무에 대한 일반의 신뢰를 보호하기 위한 것이라고 보아 문서범죄가 아닌 공무원의 직무범죄로 이해하고 있다고 한다(위 논문, 제193－194쪽).

작성한 사안에서 허위공문서작성죄의 성립을 인정하였는데[55] 이를 현행범인체포서가 아닌 수사보고서로 작성하였더라도 결과는 마찬가지일 것이다.

반면, 사건기록의 작성에서 진술자가 허위로 진술한 것을 알면서도 사법경찰관이 조서에 그대로 기재하였다면 그 기재는 진술 그대로의 적법한 조서 작성이므로 본죄에 해당하지 않는다는 것이 판례이다.[56] 수사보고서가 보고자가 경험한 사실을 있는 그대로 기재하는 문서라는 점을 고려할 때 진술 청취 수사보고서의 핵심은 상대방에게서 들은 진술 내용 그 자체에 있지 진술과 관련된 쟁점의 진실성일 수는 없으므로 당연한 결론이다. 오히려 수사대상자가 허위로 진술했는데 마치 사실대로 진술한 것처럼 수사보고서를 작성하는 것과 같이 청취한 진술과 상반되는 내용을 청취한 것으로 수사보고서에 기재했다면 그 기재 내용이 설령 진실이더라도 상대방이 그렇게 진술한 적이 없는 이상 허위공문서작성죄의 죄책을 진다고 봄이 타당하다.

같은 맥락에서 공문서의 작성 의도 내지 목적이 부정한 것이었다 하더라도 거기에 기재된 내용에 거짓이 없다면 허위공문서작성죄가 성립될 수 없다.[57] 사실에 대한 허위 없이 법령 적용만 잘못한 경우라면 허위공문서작성죄로 처벌되지 않는 것도 같은 이유이다. 판례는 당사자로부터 뇌물을 받고 고의로 적용하여서는 안 될 조항을 적용하여 과세표준을 결정하고 그 과세표준에 기하여 세액을 산출하였다고 하더라도 그 세액계산서에 허위 내용의 기재가 없다면 허위공문서작성죄에 해당하지 않는다고 판시하였다.[58] 이는 허위공문서작성죄가 공문서에 진실에 반하는 기재를 하는 때에 성립하는 범죄이므로 고의로 법령을 잘못 적용하였더라도 그 법령 적용의 전제가 된 사실관계의 내용에 거짓이 없다면 진실에 반하는 기재가 없다고 보아야 하기 때문이다. 이러한 법리는 그 구조상 적용법령 또는 법률의 적용 관련 수사보고서에도 적용된다고 하겠다.

이처럼 우리 형법은 공문서와 사문서를 엄격하게 구별하고 공문서에 대한 공공의 신용을 높게 평가하고 그에 따른 불법을 더 중하게 평가하고 있는데 사실과 다른 허위 내용을 기재할 경우 형사처벌을 받아야 하는 것을 감수하면서까지 수사보고서를 허위로 작성할 만한 동인이 없다는 점에서 사실의 확정 관련 수사보고서에

55) 대법원 2010. 6. 24. 선고 2008도11226 판결.

56) 편집대표 김대휘·김신, 앞의 책, 제558쪽.

57) 대법원 2023. 11. 9. 선고 2023도3451 판결.

58) 대법원 1996. 5. 14. 선고 96도554 판결.

기재된 내용은 사실상 진실한 것으로 추정[59]된다고 할 수 있다. 따라서 수사보고서에 기재된 내용을 그대로 믿고 형사소추에 필요한 사실을 인정하고 그에 따라 기소 여부를 결정하였다면 가사 나중에 그 기재 내용이 허위의 사실이었다는 것이 밝혀졌더라도 그 판단 과정에 과오가 있었다고 볼 수는 없다고 하겠다.

3. 수사보고서의 본질

수사보고서의 본질을 밝히는 작업은'수사보고서란 무엇인가'라는 질문에 "수사보고서는 무엇이다"라고 자신 있게 답변할 수 있는 정의(定義)를 찾아가는 정밀한 과정이다. 우리는 위 질문에 대한 적확한 답을 찾기 위해 종래 증거능력 중심으로 이루어진 수사보고서 논의를 비판적으로 검토하여 ① 수사보고서가 수사기관 안에서 내부적으로 보고하기 위해 작성하는 서면과 구별되는 것이라는 점, ② 수사보고서의 유형은 수사에 대응되는 사실의 확정에 필요한 사항에 국한되어 작성되는 게 아니라 형사소추 절차의 전 과정에서 삼단논법에 따라 거쳐야 하는 적용법령(1단계)의 검토, 사실의 확정(2단계), 법률의 적용(3단계)의 각 단계에서 필요한 수사보고서가 작성되어 사건기록에 편철되어 왔다는 점을 규명하였다.

그리고 본질에 한 발짝 더 다가서기 위해 수사보고서의 기능이라는 관점에서 접근하여 수사보고서에 ① 비정형적 수사행위를 기록하는 수단으로서 기능, ② 형사소추 여부의 판단자료로서 기능, ③ 수사행위의 적법성·타당성 판단자료로서 기능, ④ 형사소추 결정의 적정성 사후 심사자료로서 기능, ⑤ 열람·등사 대상으로서 방어권 보장수단으로서 기능이 부여되어 있음과 아울러 ⑥ 허위공문서작성의 객체로서 기재 내용의 진실성을 인정받아 수사보고서 기재 내용을 의심하지 않고 이를 토대로 판단하는 경우 소추권자가 면책되도록 해주는 기능을 수행해 왔다는 것을 확인하였다.

이제 그 답을 할 차례다. 앞서 말했지만 본질을 언어로 정식화한 것이 정의(定義)이다. 공무원이 작성 권한 범위 내에서 본인의 경험과 의견을 문서화한 것이라는 수사보고서가 갖는 기록의 성격과 사실의 확정은 물론 적용법령의 검토와 법률의

59) 여기서 진실성 추정은 공소사실의 입증과 관련하여 그 기재 내용이 진실하다는 것이 추정된다는 의미가 아니라 반증이 없는 한 수사보고서에 기재된 내용이 작성자의 경험과 의견이 진실에 부합되도록 기재되어 있다는 것을 신빙할 수 있다는 의미에서의 추정이다.

적용 등 형사소추 모든 단계에서 작성되고 있는 폭넓은 사용 범위를 고려할 때 수사보고서란 “해당 사건의 소추권자 이외의 수사관여자 명의로 작성된 형사소추 판단에 필요한 비정형적인 소추 준비 활동을 기록한 서면”이라고 정의하는 것을 제안한다. 이렇게 개념화하는 것이 모든 유형의 수사보고서를 하나의 정의(定義)로 포괄할 수 있다는 점에서 타당할 것이다.

이쯤에서 왜 수사보고서를 수사기관 내부적인 보고적 문서로 오인하게 된 것인지 그 연유를 살펴보는 것도 위에서 정의한 수사보고서의 개념의 타당성을 보강하는 데 도움이 될 듯하므로 이를 간단히 살펴보자.[60]

첫째, 문서의 양식에서 오는 오해이다. 실무에서 사용되는 수사보고서 양식은 다음과 같이 정형화되어 있다. 먼저 맨 위 가운데에 수사보고서를 작성하는 공무원이 소속되어 있는 관서명이 들어가고 그다음 수신자와 제목이 들어간다. 검찰 실무에서 사용하는 수사보고서는 수신자와 제목이 왼쪽 부분에 있고 그와 같은 선상에서 오른쪽에는 주임검사가 날인할 수 있는 네모 칸이 있다.[61] 그 아래에는 수사보고서의 내용인데 어떤 유형의 수사보고서이냐에 따라 글의 형식과 내용이 달라진다. 물론 작성자의 성향이나 문서의 작성 능력에 따른 차이도 생긴다. 수사보고서의 내용을 기재하는 부분의 맨 끝에는 첨부하는 문서나 사진 등의 문서 명칭을 기재하는 란이 있으며, 수사보고서 양식의 마지막 부분에는 작성연월일과 작성자를 기재하는 란에 있다. 검찰실무에서 작성자 란은 통상 기명날인을 하고 있다.

이처럼 수사보고서의 양식을 보면 마치 작성자인 사법경찰리나 사법경찰관이 상급자인 사법경찰관에게, 검찰수사관이 주임검사에게 보고하는 형태를 띠고 있다. 따라서 수사보고서의 유형과 기능을 조망하지 않은 상태에서 문서의 양식만으로 수사보고서를 판단할 때 수사기관 내부에서 보고를 위해 사용하는 서류로 오해하기 쉽다. 따라서 작성자가 수신자에게 보고하는 형태의 수사보고서 양식이 종래 수사보고서의 개념을 정의하는데 오해를 유발한 원인 중 하나로 꼽을 수 있다.

60) 물론 수사보고서를 형사소추 절차 전 과정이 아닌 수사 활동에 한정된 용어로 굳어진 연유도 위 정의 규정의 타당성을 뒷받침한다고 하겠으나 이는 앞서 「4. 법적 삼단논법상 수사보고서의 작동 영역에 따른 분류, 가. 구별 실익」 부분에서 상세히 논의한 바 있으므로 여기서 논의는 생략하기로 한다.

61) 경찰에서 사용되는 수사보고서 양식은 수신자와 제목은 동일한 위치에 있으나 수신자의 날인란은 없으며 전자결재로 수사보고서를 작성하여 출력하면서 수사보고서의 맨 뒤에 기안자와 결재자의 전자서명이 들어가 있다.

둘째, 문서의 명칭에서 오는 오해이다. 수사보고서는 '수사'와 '보고서'가 합쳐진 용어이다. 보고서란? 보고하는 내용이 기재된 서면이다.[62] 그렇다면 보고란? 한자로 報告인데 그 국어사전 의미는 "일에 관한 내용이나 결과를 말이나 글로 알림"이 되겠다. 이쯤 되면 상하관계에서 하급자가 상급자에게 보고하기 위해 작성한 내부 문서로 이해하는 것이 전혀 이상할 것이 없다.

그런데 보고서를 영어로 번역하면 조금 달리 보인다. 인터넷 영어사전에서 '보고서'로 검색하면 "report, paper"가 나온다.[63] 인터넷 번역기[64]로'수사보고서'를 검색하면 "an investigation report"로 번역되고 미국 FBI도 수사 과정에서 report라는 명칭의 다양한 문서를 작성한다.[65] 그러면 report를 우리말로 번역하면? 인터넷 영어사전에서 'report'로 검색하면 "1. 보도, 2. (필요한 정보가 담긴) 기록" 등이 그 뜻으로 검색된다.[66] 그렇다. report에는 위에서 살펴본 보고(報告)의 의미 이외에 기록(記錄)의 의미도 있는 것이다. 'an investigation report'의 경우 각주 66)의 AI 설명에서 볼 수 있듯이 보고의 의미보다는 기록의 의미가 더 강하다.

우리 형사사법 시스템은 일본의 시스템이 이식된 것으로 메이지 유신 당시 일본의 사법직무정제와 치죄법 등은 프랑스법의 영향을, 재판소구성법은 독일 법의 영향을 받아 서구식 사법기구를 도입하였다.[67] 해방 이후에는 기성 제도를 극복하고 영미식 모델에 따라 새로운 사법을 세우는 것이 사법민주화 또는 민주적 사법개혁

62) 국어사전에서는 "보고하는 글이나 문서"로 정의한다.

63) https://en.dict.naver.com/#/entry/koen/23a2933e4ebe414bbce4e2f754be27ac (네이버 영어사전, 검색어 : 보고서, 검색일 : 2024. 2. 26.)

64) https://papago.naver.com/

65) 검색사이트 google에서 "fbi investigation report format"로 검색하면 FBI에서 사용하는 여러 report 양식이 검색되고, 마이크로소프트 AI 서비스인 copilot에서 "What is an investigation report?"라고 질문해 보면 "An investigation report is a document that provides details on the findings of an investigation. Whether it's a simple workplace inquiry or a more complex criminal case, an investigation report serves several crucial purposes: 1. Spark Action: It can prompt some form of action based on the presented findings. 2. Record Keeping: It serves as a record of the steps taken during the investigation. 3. Legal Information: It provides information for legal actions if necessary. 4. Data for Prevention: The report offers valuable data to inform control and preventive measures." 와 같이 설명한다.

66) https://en.dict.naver.com/#/entry/enko/94616f43af3043ea9141637e9c8d64e4 (네이버 영어사전, 검색어 : report, 검색일 : 2024. 2. 27.)

67) 문준영, 『법원과 검찰의 탄생』, 역사비평사, 2010. 제97－104쪽.

으로 인식되었으며[68] 미군정기를 거치면서 효율적인 형사소추기능의 회복이라는 관점에서 검찰과 경찰의 책무가 재분배되었다.[69] 이처럼 우리의 형사소추 절차는 서구의 시스템이 그대로 이식된 것으로 볼 수 있고 수사보고서도 서구 형사사법 시스템의 구성요소였던 investigation report가 번역되어 들어왔을 것으로 추정된다. 물론, 이는 역사적으로 정확히 고증한 것이 아닌 필자의 추론이지만 수사보고서가 비정형적 수사행위의 기록 수단으로 기능하고 있다고 보는 것이 외국의 사례에 비추어 보더라도 전혀 어색하지 않고, 수사보고서를 단순히 내부적인 보고를 위해 작성되는 것으로 한정해서 해석되어서는 안 될 논거로서는 충분한 의미가 있는 추론이라 하겠다.

정리하면, 수사보고서의 본질은 기록이다. 무엇에 대한? 형사소추 절차에 대한 기록이다. 형사재판 절차가 공판조서로 기록되듯 형사소추 절차는 수사보고서로 기록된다. 물론 수사보고서에 보고(報告)의 의미도 담겨 있다. 소추권자 이외의 수사관여자가 형사소추 절차에서 행한 일을 기록으로 남겨 소추권자에게 알린다는 차원에서 보면 보고(報告)의 의미도 가진다. 판사가 부재하는 공판 절차는 존재할 수 없지만 검사가 없는 수사 절차는 존재하며 오히려 검사 없이 사법경찰관리가 독자적으로 개시하여 진행하는 수사가 더 일반적이다. 판사가 주재하는 공판 절차는 그 절차에서 있었던 일을 공판조서에 기록하면 그걸로 족하지만, 즉 판사에게 따로 보고할 필요가 없지만 검사가 주재하지 않는 수사 절차에서는 그 절차에서 있었던 일을 기록하는 것만으론 부족하고 소추권자가 형사소추 판단에 참고할 수 있게 그 일을 알려야 한다. 이러한 측면에서는 기록의 목적이 알리는 것, 즉 보고에 있다고 볼 수도 있다. 어떻게 알릴 수 있을까? 그 수단이 수사보고서가 되겠다. 수사보고서의 본질은 기록이며 그 목적은 소추권자를 비롯하여 사건기록을 검토하게 될 사람들에 대한 수사관여자의 경험과 의견의 전달, 즉 보고에 있다고 정리할 수 있다.

Ⅲ. 수사보고서의 법적 근거

수사보고서는 실무상 가장 많이 사용되는 문서 양식이다. 법무부령인 검찰사건사무규칙은 전화 등의 방법으로 피의자에게 출석을 요구한 경우[70], 약식전자문서법

68) 문준영, 앞의 책, 제651쪽.
69) 문준영, 앞의 책, 제665쪽.

에서 정한 절차를 따르지 않는 경우[71] 등에서 수사보고서로 그 취지를 작성하여 기록에 편철하도록 규정하고, <영상녹화 업무처리 지침>(대검예규 제1325호), <검사의 사법경찰관 협의 관련 지침>(대검예규 제1372호) 등 대검예규에서도 영상녹화 과정 중 기록할 만한 사항이 있는 경우, 사법경찰관의 요청을 받아 협의를 진행한 경우 등에서 그러한 사정을 수사보고서로 작성하도록 하고 있다. 행정안전부령인 경찰수사규칙에도 수사 진행상황을 통지하지 않는 경우[72], 심야조사허가를 받은 경우[73] 등에서 수사보고서로 그 취지를 작성하여 기록에 편철하도록 요구하고 있으며, 경찰청훈령인 범죄수사규칙에도 수사보고서의 사용을 전제로 한 규정이 여럿 있다.[74] 이처럼 수사보고서는 실무상 다양하게 사용될 뿐만 아니라 행정규칙이나 기관 내 훈령·예규에서도 일정한 경우 수사보고서로 그 상황을 기록하여 사건기록에 보존하도록 하고 있다.

하지만 법률인 형사소송법이나 검찰청법 어디에도 수사보고서에 관한 명시적인 법 조항을 찾아보기 어렵다. 물론 하위의 대통령령인 검사와 사법경찰관의 상호협력과 일반적 수사준칙에 관한 규정(이하 '수사준칙'이라 한다)에는 수사보고서의 사용에 관한 규정이 있기는 하다.[75] 하지만 이 수사준칙은 법률이 아닐뿐더러 비교적 최근인 2020. 10. 7. 제정되어 2021. 1. 1. 시행된 것으로, 여기서 규정하는 수사보고서는 그전부터 실무에서 사용되던 수사보고서를 활용하여 출석요구 방식, 신뢰관계인의 동석 신청, 체포·구속 통지 불능 시 그 취지 등을 기재하도록 요구하는 것이어서 이 규정을 수사보고서의 작성에 관한 법적 근거로 보기는 어렵다.

그렇다면, 법률에 수사보고서에 관한 근거는 없다고 해야 할까? 형사소송법을 찬찬히 읽어보면 꼭 그렇지는 않다. 형사소송법의 체계를 보자. 형사소송법은 제1편에 총칙을 두고 수사 절차는 제2편 제1심 제1장에서 규정하고 있다. 따라서 당연히 형사소송법 제1편 부분에 편재된 법 조항은 별다른 사정이 없는 한 제2편 제1장 수사에도 적용된다. 그런데, 형사소송법 제1편 제6장 서류에서는 제48조부터 제56조의2까지 10개 조문을 두어 증인신문 등을 하는 때 작성하는 각종 조서와 공판기

70) 검찰사건사무규칙 제36조(피의자 등의 출석요구)

71) 검찰사건사무규칙 제41조(전자적 처리사건으로 처리하지 않게 된 사건)

72) 경찰수사규칙 제11조(수사 진행상황의 통지)

73) 경찰수사규칙 제36조(심야조사 제한)

74) 범죄수사규칙 제25조(수사지휘의 방식), 제145조(압수물의 보관 등)

75) 수사준칙 제19조(출석요구), 제24조(신뢰관계인의 동석), 제33조(체포·구속 등의 통지)

일의 소송절차를 기록하는 공판조서의 작성 방법 등에 관하여 규정한 뒤 제57조부터 제59조까지 3개 조문에서 공무원의 서류와 비공무원의 서류에 대한 형식적 요건 등을 규정하고 있다. 특히 제58조 제1항의 규정은 이렇다. “공무원이 작성하는 서류에는 법률에 다른 규정이 없는 때에는 작성 연월일과 소속공무소를 기재하고 기명날인 또는 서명하여야 한다.” 이들 규정은 제정 형사소송법부터 쭈욱 있었다. 즉, 형사소송법은 사건기록에 들어가는 서류로 공무원의 서류와 비공무원의 서류가 있음을 예정하면서 사건기록으로서 그 서류가 갖춰야 할 요건을 마련해 둔 것이다.

형사소송법 제1편 통칙 제6장 서류에 각종 조서와 공판조서에 관하여 상세히 규정하면서 수사 과정을 기록하는 서류에 관한 별도의 규정은 따로 두지 않은 채, 왜 일반조항의 성격을 가지는 공무원의 서류와 비공무원의 서류에 관한 법 조항을 마련해 둔 것일까? 그 이유를 추론해 보자.

누차 언급했듯이 형사절차는 크게 형사소추 절차와 형사재판 절차로 나뉜다. 형사소추 절차에는 공무원으로 사법경찰관리, 검찰수사관, 검사 등이 관여하고, 비공무원으로 고소·고발인 내지 피해자와 피의자, 참고인으로 목격자, 감정인 등이 관여될 수 있다. 형사재판 절차에는 공무원으로 판사, 검사, 이외에 재판에 참여한 법원사무관, 실무관, 속기사 등이 관여하고, 비공무원으로 변호인, 고소·고발인(피해자), 증인, 감정인 등이 관여될 수 있다. 그런데 곰곰이 생각해 보면 형사절차에 관여하는 공무원이나 비공무원은 관여된 절차에서 소추나 재판에 영향을 미치는 본인의 경험이나 의견을 서면의 형태로 남기거나 제출하는 경우를 충분히 예상할 수 있다. 이럴 땐 그 서면을 어떻게 하지? 그 서면들도 각 서면별로 갖춰야 할 요건을 따로따로 규정해야 하나? 이런 의문이 드는 건 당연하다. 이 의문에 대한 답이 바로 형사소송법 제57조부터 제59조까지의 규정이다. 당연한 말이겠지만 절차 관여 공무원이나 비공무원이 작성해서 남기거나 제출하는 서류를 일일이 유형화하여 사전에 구체적으로 제한하는 건 쉬운 일이 아니다. 더욱이 절대적 증거능력을 가지는 공판조서 등과 달리 전문법칙의 예외라는 심사 관문을 통과해야 비로소 증거로서 의미가 부여되는 일반적인 서면들에 대하여 공판조서와 같은 엄격한 요건을 미리 규정해 둘 실익도 크지 않다. 다만, 그것이 사건기록에 첨부되는 문서로서, 그리고 앞으로 증거로 사용될지 모르는 서면으로서 최소한의 신용성을 담보할 수 있도록 작성자 이름과 작성연월일을 기재하게 하고 그 옆에 기명날인 또는 서명하게 하는 것은 필요하다. 비공무원의 서류와 달리 공무원의 서류에 대하여는 이미 완성된 문서의 기재 내용에 대한 변개를 제한하고 삽입·삭제·난외기재 시 날인 및 자수를 기재하게끔 한 것도 공문서로서의 신용성을 확보하려는 조치로 이해할 수 있다.

따라서 형사소송법 제57조부터 제59조까지 3개 조문은 형사절차에서 생성되어 사건기록에 편철되는 모든 문서에 대한 법적 근거로서 기능한다고 볼 수 있다. 혹자는 형사절차 상 서류로서 갖춰야 할 형식적 요건을 정한 것이지 어떻게 작성이나 편철의 법적 근거가 될 수 있느냐고 따질지 모르겠다. 만약 그런 주장이 있다면 문언적 해석에 매몰되어 체계적 해석을 그르친 편벽된 견해라고 비판하지 않을 수 없다. 형사소송법이 공판조서 등에 대하여 상세히 규정하면서 작성자를 특정함이 없이 작성자의 신분이 공무원인지 비공무원인지에 따라 문서로서 갖춰야 할 요건만 규정한 것은 형사소송법의 서류 관련 규정에 대한 체계적 해석[76]상 위 3개 조문은 형사소송법이 명시한 공판조서 등에 포함되지 않는 각종 서류의 작성 및 편철을 전제하고 있다고 봐야 하기 때문이다.

형사소송법 제57조 내지 제59조에 근거한 서류로는 어떤 것이 있을까? 먼저, 공무원의 서류로서 형사소추 절차에서 대표적인 것은 수사보고서이다. 형사소추 절차에 관여하는 공무원이 작성하여 수사기록에 편철하는 서류, 이것이 바로 수사보고서이기 때문이다. 형사재판 절차에서 사용되는 서류로는 형사소송기록에 첨부되는 각종 소환서류, 참여 법원사무관의 전화 통화 보고, 재판장의 석명서[77] 등이 여기에 해당될 수 있다. 비공무원의 서류로는 사건관계인이 제출하는 진술서, 진정서, 탄원서, 반성문 등을 생각해 볼 수 있다.

수사보고서의 법적 근거를 형사소송법 제57조, 제58조에서 찾는다고 해서 여기서만 수사보고서의 존재를 엿볼 수 있는 것은 아니다. 형사소송법 제2편 제1장 수사의 여러 조항에서 수사보고서를 예정한 조문을 찾을 수 있다. 첫째, 형사소송법 제244조의2 제3항이다. 피의자의 진술을 영상녹화하는 경우 피의자 또는 변호인의 요구가 있으면 영상녹화물을 재생하여 시청하게 해야 한다. 이때 피의자나 변호인이 이의를 제기한다면 그 취지를 서면에 기재해서 사건기록에 첨부해야 한다. 이때 어떤 서면에 기재해야 할까? 이럴 때 사용하는 것이 바로 수사보고서이다. 따라서 동 조항은 수사보고서를 전제하고 있다고 말할 수 있다. 둘째, 형사소송법 제266조

76) 대법원도 2020. 8. 27. 선고 2019도11294 전원합의체 판결에서 체계적 해석의 필요성을 긍정하고 있다.

77) 형사소송규칙 제141조(석명권등) ①재판장은 소송관계를 명료하게 하기 위하여 검사, 피고인 또는 변호인에게 사실상과 법률상의 사항에 관하여 석명을 구하거나 입증을 촉구할 수 있다.

의3 제2호이다. 형사소송법은 공소제기된 사건에 관한 서류 또는 물건에 대한 열람·등사를 규정하면서 “검사가 증인으로 신청할 사람의 성명, 사건과의 관계 등을 기재한 서면 또는 그 사람이 공판기일 전에 행한 진술을 기재한 서류등”을 열람·등사의 대상으로 명시하고 있다. 앞서 빈집털이 신고 사건의 예를 들은 적이 있다. 그 사례에서 현장 출동 경찰관이 범행 장소를 배회하던 범인을 목격한 사람을 발견하여 그의 인적사항과 목격 경위 등을 수사보고서(이하 ‘수사보고서ⓐ’이라고 한다)로 정리하였고 검사가 이를 토대로 그 목격자를 증인으로 신청한다고 했을 때 수사보고서ⓐ는 열람·등사의 대상이 된다. 만약 검찰 단계에서 그 목격자에게 전화하여 목격 당시 상황, 범인의 인상착의 및 이상 행동 등에 관한 진술을 청취한 뒤 이를 수사보고서(이하 ‘수사보고서ⓑ’라고 한다)로 정리하였다면 수사보고서ⓑ 또한 열람·등사의 대상이 된다. 즉, 동 조항에서 명시하는 증인 관련 서면, 진술 기재 서류 등은 모두 수사보고서를 가리키는 것으로, 동 조항 또한 수사보고서에 관한 법적 근거라고 해도 무리가 없다.

형사소송법 제57조, 제58조가 수사보고서의 법적 근거라고 할 때 만약 동법 제57조 제2항과 달리 서류에 간인을 하지 않으면 어떻게 되는가? 이러한 문제는 수사보고서보다는 공소장에서 더 크게 불거질 수 있다. 공소제기의 절차가 법률의 규정을 위반하여 무효인 때(형사소송법 제327조 제2호)에 해당하는지 여부가 다투어질 수 있기 때문이다. 실무 경험을 떠올려 보면 사건 결재를 올렸을 때 공소장에 간인을 누락한 경우, 수사보고서에 간인을 누락한 경우 반려를 받곤 했다. 하지만 결재과정에서 걸러지지 않고 그대로 법원에 제출되었다면 어떻게 될까? 실제로 그러한 사건이 있었다. 해당 사건에서 법원은 간인이 없다고 해서 무효가 되는 건 아니라고 보았다.[78)]

지금까지 수사보고서의 법적 근거에 대해 살펴보았다. 형사소송법에 수사보고서에 관한 명시적 규정은 없지만 형사소송법상 서류에 관한 규정의 체계적 해석상 동법 제57조, 제58조가 그 법적 근거이며 그 밖에 동법 제244조의2 제3항, 형사소송법 제266조의3 제2호에서도 그 근거를 도출할 수 있음을 논증하였다. 종래 수사보고서의 법적 근거에 대하여 이루어진 논의를 보면, “수사기관이 수사보고서라는 서류를 작성하고 만드는 것이 현행법상 규제나 통제를 받는 것은 아니다. 그러나 그렇다고 해서 수사보고서라는 규정을 법률에서 명시적으로 찾아볼 수 있는 것은 아

78) 대법원 2021. 12. 30. 선고 2019도16259 판결.

니다."[79]거나, "현행 법률 중에서 '수사보고서'에 관하여 규정하고 있는 것을 찾아볼 수는 없다."[80], "현행 법률 중에서 수사보고서와 관련한 규정은 없다."[81]고 설명하고 있다. 이들 견해는 모두 명시적 규정이 없다는 것일 뿐 형사소송법에서 법적 근거를 도출할 수 없다고 평가한 것은 아니므로 이 글의 논증과 충돌하진 않는다.

Ⅳ. 수사보고서와 증거신청

1. 논의 필요성

종래 수사보고서에 관한 논의가 증거능력 인정 여부와 요건에 초점이 맞춰져 있었다는 것은 여러 번 언급하였다. 공판정에서 수사보고서의 증거능력이 쟁점이 된다는 것은 검사가 수사보고서를 증거로 신청했다는 의미다. 수사보고서의 증거 사용에 대하여 "수사보고서가 피고인의 방어권에도 많은 영향을 미치게 될 수 있으므로 현행법 하에서 이를 적절히 규제하면서도 엄격한 요건하에 증거로 활용할 수 있을 것으로 본다."[82]라며 수사보고서의 증거 사용을 규제의 관점에서 바라보기도 한다. 하지만 개인적인 경험에 비추어 보면 수사보고서를 증거로 신청하는 경우가 규제가 필요할 정도로 많지는 않다. 유죄의 증거로 사용할 필요가 없는데 수사보고서를 증거로 신청하는 경우는 드물고, 피고인이 수사보고서에 대해 증거동의하면 모를까[83] 증거 사용이 필요하더라도 부동의가 예상되면 어차피 증거로 신청해도 증거능력이 인정되지 않을 거라서 증거신청을 주저하기 때문이다.

더욱이 앞서 살펴본 것처럼 수사보고서에는 피고인의 방어권 행사 수단으로서의

---

79) 신이철, "형사절차상 수사보고서의 증거능력 규제", 『형사정책연구』 통권 제105호(한국형사법무정책연구원, 2016. 봄), 제45쪽.

80) 한상규, 앞의 논문, 제410쪽.

81) 조광훈, 앞의 논문, 제107쪽.

82) 신이철, "형사절차상 수사보고서의 증거능력 규제", 『형사정책연구』 통권 제105호(한국형사법무정책연구원, 2016. 봄), 제61쪽.

83) 판례는 수사보고서에 대한 증거동의가 유효하다는 입장이다. 대법원 1995. 8. 22. 선고 95도1323 판결 참조 "기록에 의하면, 피고인 4, 피고인 5, 피고인 6은 제1심에서 서울지방검찰청 북부지청 검찰주사보 작성의 수사보고서 및 경장 공소외 12 작성의 수사보고서에 대하여 이를 증거로 함에 각 동의하였음이 명백하므로, 위 각 수사보고서가 증거능력이 없다는 위 피고인들의 변호인들의 주장은 이유 없다."

기능도 있다. 형사소송법상 검사도 당사자이나[84] 민사소송에서 말하는 원고, 피고와 같이 피고인과 같은 지위의 당사자라고 볼 수는 없다. 검사는 객관의무를 부담하기 때문이다. 그렇다면 피고인의 방어권 행사에 도움을 주는 수사보고서라면 이를 증거로 신청해야 하는 것 아닌가 하는 의문이 제기된다. 만약, 그렇다 하더라도 문제는 여전히 남는다. 증거신청은 문언상 신청 대상이 증거이고 증거신청이 필요할 것을 요하는데, 기재 내용이 의견에 불과하여 처음부터 증거가 될 수 없거나 공소사실 입증에 큰 도움이 되지 않아 증거로 신청할 계획이 없는 경우에도 형사소송법상 증거신청이 가능하다고 볼 수 있는지 문제 되기 때문이다.

지금까지의 논의가 소추권자의 입장에서 바라본 수사보고서의 본질과 기능에 관한 논의였다면, 이번 장에서는 형사소추 절차에서 수사기관의 필요에 따라 작성된 수사보고서가 피고인을 위해 어떻게 사용될 수 있는지를 다룬다. 증거신청과 증거능력은 어감상 유사하여 같은 쟁점처럼 보일 수 있다. 그러나 증거신청 논의는 피고인의 관점에서 바라본 수사보고서의 활용인 반면, 증거능력 논의는 검사의 관점에서 바라본 수사보고서의 활용으로서 양자는 접근 시각이 다르다. 다음에서는 위에서 제기한 의문에 대한 해답을 찾아본다.

2. 검사의 객관의무와 증거신청

방송을 보다 보면 "당사자인 검사의 일방적 주장에 불과하다"라는 이야기를 듣곤 한다. 당사자가 뭐길래 국가형벌권의 행사를 임무로 하는 국가기관인 검사가 당사자가 되면 검사의 직무상 행위라도 일방적 주장에 불과하다고 말할 수 있는가?

당사자의 사전적 의미는 어떤 일이나 사건에 직접 관계가 있거나 관계한 사람을 말한다. 하지만 판결절차에서 당사자는 자기의 이름으로 판결을 요구하는 사람과 그 상대방을 칭한다. 민사소송이라면 원고, 피고가 당사자이다. 소송사건의 내용이나 성질에 관계없이 당사자가 될 수 있는 능력을 당사자능력이라 하고, 특정한 소송에서 정당한 당사자로서 본안판결을 받기에 적합한 자격을 당사자적격이라 한다.[85] 당사자능력이나 당사자적격의 유무는 실제 소송에서 중요한 문제로 다뤄진

84) 형사소송법 제294조의 제목이 "당사자의 증거신청"이고 제1항에서 "검사, 피고인 또는 변호인은 서류나 물건을 증거로 제출할 수 있고, …(이하 생략)…"라고 규정하여 검사와 피고인을 모두 당사자로 지칭하고 있다.

85) 이철환, "항고소송에서 국가기관의 원고적격", 『법학논총』 제33집(숭실대학교 법학연구소,

다. 검사의 수사권 제한 입법[86]에 대한 법무부장관과 검사의 권한쟁의심판청구 사건[87]에서도 청구인적격이 쟁점이었는데 이 또한 당사자적격의 문제이다.

형사절차에서 검사는 자기의 이름으로 형사판결을 요구하고, 피고인은 그 상대방이 되므로 판결절차의 당사자 개념상 검사와 피고인 모두 당사자다.[88] 민사소송에서 원고와 피고의 법적 지위가 같다고 하면 '그렇지!' 하다가도 검사와 피고인의 법적 지위가 같다고 하면 뭔가 어색하다. 무기 대등의 원리에 기초한 여러 소송법상 장치에도 불구하고 왜 그렇게 느껴질까? 직업적 편견 때문인가? 둘 다 당사자라는 위치에 있다고 하더라도 검사와 피고인의 법적 지위가 같아도 될까?

이런 의문이 드는 이유는 검사의 객관의무 때문이다. 검사의 객관의무란 검사가 단순한 당사자의 입장을 초월하여 피의자, 피고인의 정당한 이익도 보호하여야 할 의무를 말한다.[89] 검사의 객관의무를 인정한다면 소송법상 같은 당사자라도 검사의 지위가 피고인과 같을 수 없다. 자기부죄금지특권이 있는 피고인에게 객관의무 같은 것을 요구할 수는 없기 때문이다.

그런데 독일과 달리[90] 우리 현행법에는 검사의 객관의무를 명시한 법조문이 없다. 그렇다 보니 객관의무 인정 여부에 대하여 다툼이 있다.[91] 하지만 다수 견해는 객관의무를 인정한다.[92] 헌법재판소는 기소유예처분취소 헌법소원 사건에서 객관

2015. 1.), 제7쪽.

86) 국회가 2022. 4. 30. 검사가 수사를 개시할 수 있는 범죄의 범위를 제한하는 검찰청법 개정안을, 2022. 5. 3. 사법경찰관으로부터 송치받은 사건에 대한 수사를 제한하는 형사소송법 개정안을 통과시킨 법률 개정을 가리킨다.

87) 헌법재판소 2022헌라4 권한쟁의심판청구 사건으로, 헌법재판소는 2023. 3. 23. 법무부장관과 검사 6명이 권한침해 및 그 행위의 무효 확인을 청구한 권한쟁의심판청구를 재판관 5 : 4의 의견으로 각하하였다.

88) 검사를 당사자로 표현하는 것은 첫째, 당사자의 개념이 형사절차에 친숙하지 못하고, 둘째 공익의 대표자인 검사를 당사자로 지칭하는 것은 적절치 못하며 셋째 공판절차의 검찰사법화가 우려된다는 이유로 검사를 가리켜서 피고인에 대립·갈등하는 반대당사자로 표현하는 것은 형사절차의 본질에 비추어 볼 때 용납되지 않는다고 본다는 견해가 있다. 신동운, 앞의 책, 제794－795쪽.

89) 이완규, "검사의 지위와 객관의무", 『저스티스』 통권 제73호(한국법학원, 2003. 6.), 제227쪽.

90) 이완규, 앞의 논문, 제233－234쪽.

91) 김미라, "검사의 객관의무를 현실화하기 위한 몇 가지 제안", 『법학연구』 통권 제92호(부산대학교 법학연구소, 2017. 5.), 제4－5쪽.

92) 박중욱, "검사의 독립성과 객관의무 － 독일에서의 논의를 참고하여 －", 『법학연구』 제31권 제3호(연세대학교 법학연구원, 2021. 9.), 제107쪽.

의무를 명시적으로 인정하는 판시를 한 바 있으며,[93] 대법원도 객관의무라는 표현을 쓰지는 않았으나 "검사가 수사 및 공판과정에서 피고인에게 유리한 증거를 발견하게 되었다면 피고인의 이익을 위하여 이를 법원에 제출하여야 한다"라고 판시하여 검사의 객관의무를 긍정하고 있다.[94][95] 검사의 객관의무의 인정 근거로는 검찰청법 제4조 제3항과 형사소송법 제424조의 해석론 등이 제시되기도 하나[96] 이들 규정에 의해 비로소 검사의 객관의무가 창설되는 것이라고 볼 수는 없다. 검사의 객관의무는 사법 작용인 형사소추의 본질적 속성에 기인한다고 보는 것이 타당하다. 사법의 핵심은 공정성이며 사법이 추구하는 이 공정의 이념으로부터 검사의 객관의무가 도출된다고 보아야 한다는 의미다. 만약 국가가 피의자에게 유리한 증거에는 눈감은 채 오로지 불리한 증거만 수집하여 그를 법정에 세운다면 그것은 사법을 가장한 폭력일 뿐이다. 형사소추 직무수행자인 검사는 공정해야 한다. 검사에게 있어 공정이란 피의자에게 불리한 증거든, 유리한 증거든 가리지 않고 모두 수집해야 하며 그렇게 수집된 증거를 토대로 혐의 유무를 판단해야 한다는 것이다. 이러한 검사의 객관의무는 형사소추 단계는 물론이고 형사재판 단계에서도 그대로 유지된다. 공판정에서 피고인에게 유리한 증거도 함께 제출하여 법원의 판단을 받아야 하며 공소제기에 명백한 잘못이 발견된다면 공소를 취소하거나 무죄 변론을 할 수도 있다. 검사의 피고인신문, 무죄변론 허용 등은 모두 검사의 객관의무에 그 뿌리를 두고 있다고 볼 수 있다.

미연방대법원도 1935년 Berger v. U.S. 사건에서 검사는 단순한 당사자로서 승소가 목적이 아니라 공정한 법 집행과 정의의 실현을 추구해야 한다고 판시하여[97] 검사의 준사법적 지위(quasi－judicial position)를 인정하고 있다. 미국에서는 검사

93) 헌법재판소 2002. 12. 18. 선고 2002헌마527 전원재판부 결정.

94) 대법원 2002. 2. 22. 선고 2001다23447 판결.

95) 한편, 대법원 2010. 10. 28. 선고 2008도11999 판결에서는 "인권침해의 소지가 가장 많은 수사 분야에서 국민의 인권과 자유를 보호하기 위하여 우리 헌법과 법률은 검사 제도를 두어 검사에게 준사법기관으로서의 지위를 부여하고 철저한 신분보장과 공익의 대변자로서 객관의무를 지워 사법경찰관리의 수사에 대한 지휘와 감독을 맡게 함과 동시에 전속적 영장청구권(헌법 제12조 제3항), 수사주재자로서 사법경찰관리에 대한 수사지휘(형사소송법 제196조), 체포·구속 장소 감찰(형사소송법 제198조의2) 등의 권한을 부여하여 절차법적 차원에서 인권보호의 기능을 수행하게 하고 있다."라고 판시하여 '객관의무'라는 용어를 사용하고 있다.

96) 김미라, 앞의 논문, 제6쪽.

97) 한상훈, "형사소송의 구조와 검사, 피고인의 지위 － 당사자주의와 증거개시제도를 중심으로", 『형사법연구』 통권 제41호 (한국형사법학회, 2019), 제413쪽.

가 증인의 진술이 허위라는 사실을 알고도 이를 법원에 제출하여 유죄판결을 받게 하면 헌법상 적법절차 위반이 되며 위법한 행위에 대하여 손해배상책임을 지기도 하는데, 그 이유는 검사는 준사법관이고 공정하게 정의를 추구하며 진실을 규명할 의무가 있기 때문이다.[98] 한편, 대륙법계와 영미법계 법률가들이 모여 두 법계의 차이점에도 불구하고 모두 공감할 수 있는 형사절차를 마련한 것으로 평가할 수 있는 국제형사재판소(International Criminal Court, 이하 'ICC“라 한다)에 관한 로마규정(Rome Statute of the ICC, 이하 '로마규정'이라 한다) 제54조 제1항은 검사에게 유죄 및 무죄의 상황을 동등하게 수사할 의무가 있다고 규정하고, 로마규정 제81조 제1항은 피고인의 이익을 위하여 유죄판결에 대하여 항소할 수 있다고 규정하는 등 ICC 또한 검사의 객관의무를 인정하고 있다고 볼 수 있다.[99] 독일의 입법 태도, 미국 법원의 입장 및 로마규정에 나타난 ICC 형사절차 등을 고려할 때 검사의 객관의무는 법체계가 대륙법계냐 영미법계냐, 형사소송구조가 직권주의냐 당사자주의냐를 가리지 않고 인정된다고 봄이 타당하다.

그러면 검사의 객관의무를 외부에서 확인할 수 있는 것은 언제일까? 검사의 객관의무가 실제로 작동하는 영역을 묻는 것이다. 여러 가지가 있을 수 있겠지만 가장 대표적인 것은 증거신청이다. 증거신청이란 법원에 대하여 특정한 증거조사의 시행을 구하는 당사자의 소송행위를 말한다. 객관의무가 있는 검사는 형사소추 단계에서 피의자에게 유리한 증거도 같이 수집하여 기소 여부를 판단해야 하지만 기소 후 증거를 신청함에 있어서는 공소 유지를 위해 피고인에게 불리한 증거는 물론, 공소 유지를 어렵게 하더라도 검사의 수중에 있는 피고인에게 유리한 증거도 함께 신청해야 한다. 만약, 공판 과정에서 입수한 증거가 피고인에게 유리하다면 그 증거도 제출함이 마땅하다.

피고인을 위한 검사의 증거신청은 실질적으로 어떤 의미가 있을까? 피고인에게 유리한 증거가 법관의 유무죄 심증 형성에 영향을 미치게 되는 것은 당연하다. 하지만 검사가 그러한 증거에도 불구하고 피고인을 기소한 것이므로 해당 증거의 신청이 법관의 유무죄 심증에 큰 영향을 주기 어렵다고 볼 수도 있다. 그 증거로 공소유지가 어렵다고 판단했다면 기소하지 않았을 테니 말이다. 그러면 피고인을 위한 검사의 증거신청은 큰 의미가 없다는 것인가? 그렇지 않다. 피고인을 위한 검사

98) 한상훈, 앞의 논문, 제414－415쪽.
99) 홍진영, 앞의 논문, 제601－603쪽.

의 증거신청은 피고인에게 유리한 자료에 대한 '증거개시'로서 의미를 지닌다. 검사의 증거신청은 피고인의 열람·등사권과 직결되기 때문이다. 형사소송법 제266조의3 제1항은 증거 신청할 서류(제1호) 및 그 서류의 증명력과 관계된 서류(제3호)에 대한 피고인의 열람·등사권을 규정하고 있다. 따라서 검사가 신청한 증거는 위 조항에 따라 열람·등사 신청의 대상이 된다. 증거 분리 제출을 시행 중인 현 실무상 피고인을 위한 검사의 증거신청은 증거조사에 앞서 피고인의 열람·등사권을 두텁게 보호하는 역할을 한다고 할 수 있다.

만약, 검사가 객관의무를 위반하여 피고인에게 유리한 증거를 신청하지 않으면 어떻게 될까? 제일 먼저 생각해 볼 수 있는 것은 형사소송법 제266조의4 제1항에 따라 법원에 열람·등사를 신청하는 것이다. 법원의 열람·등사 명령에도 불구하고 검사가 불응하면? 동조 제5항은 그 경우 해당 증인 및 서류등에 대한 증거신청을 할 수 없다고 규정하고 있다. 이와 별도로 법원의 수사서류 열람·등사 결정에도 불구하고 이를 거부한 검사의 행위는 피고인의 신속하고 공정한 재판을 받을 권리 및 변호인의 조력을 받을 권리를 침해한 것으로 위헌이며,[100] 열람·등사 거부행위 그 자체로 불법행위를 구성하여 국가배상법에 따른 손해배상책임을 부담하게 된다.[101]

검사가 피고인에게 유리한 증거를 제출하지 않은 행위 그 자체를 불법행위로 보아 책임을 추궁할 수는 없을까? 객관의무라는 표현을 명시적으로 사용하지는 않았으나 객관의무를 인정하는 취지의 판시가 처음 등장한 대법원 2001다23447 판결이 바로 그러한 유형의 사건이다. 이 사건은 4건의 강도강간 혐의로 기소된 사안에서 피해자 중 한 명의 속옷에 대한 국과수의 유전자검사결과 피고인이나 피해자의 남편이 아닌 다른 남자의 유전자형이 검출되었다는 감정결과를 검사가 공판 과정에서 입수하고도 법원에 제출하지 않은 사건으로, 대법원은 검사가 피고인에게 유리한 증거인 유전자감정결과를 제출하지 않은 것은 검사의 객관의무를 위반한 것으로 위법하다고 보아 국가의 손해배상책임을 인정하였다. 따라서 피고인에게 유리한 증거를 입수하고도 이를 제출하지 않고 은폐한 검사의 행위는 그 자체로 불법행위에 따른 손해배상책임이 인정될 수 있다.

논점을 달리하여 공판절차 자체를 무효화하는 방법은 없을까? ICC에서는 피고

100) 헌법재판소 2017. 12. 28. 선고 2015헌마632 결정.

101) 대법원 2012. 11. 15. 선고 2011다48452 판결.

인의 형사절차 상의 근본적인 권리가 침해됨으로써 공정한 재판이 불가능하게 된 경우 재판부가 공판절차의 정지를 명할 수 있다는 것이 확립된 판례라고 한다.[102) 하지만 우리나라의 경우 현행법상으로는 아직 없다. 입법적으로 증거개시결정 이행 시까지 재판절차의 중지, 결정 불이행 시 공소기각 판결 등이 제안된 바 있는데[103) 이러한 입법 동향에 비추어 향후 제재를 강화하는 입법이 다시 추진될 것으로 예상된다.

3. 수사보고서의 증거신청과 방어권 보장

검사는 객관의무가 있으므로 수사단계에서 수집한 증거라면 피고인에게 불리하건 유리하건 증거로 신청해야 한다는 것은 앞에서 살펴보았다. 이제 범위를 수사보고서로 좁혀보자. 검사는 증거가 아닌 수사보고서라도 그러해야 하는가? 「2. 수사보고서의 기능 중 마. 열람·등사 대상으로서 방어권 보장 수단」 항목에서 검토한 바와 같이 사실의 확정 관련 수사보고서는 공소사실의 입증에 필요한 증거로 볼 여지가 크다. 따라서 이러한 수사보고서라면 증거이므로 불리하건 유리하건 증거로 제출해야 한다는 주장이 가능하다. 하지만 적용법령이나 법률의 적용 관련 수사보고서는 기소나 불기소 이유의 설명과 관련성이 클 뿐 직접적으로 어떤 공소사실의 존재나 부존재를 입증하는 것은 아니다. 그렇다면 이러한 수사보고서는 증거로 사용될 것도 아니므로 제출하지 않아도 무방한 것 아닌가 하는 의문이 들 수 있다.

증거신청은 서류나 물건을 증거로 제출하고 증인 등의 신문을 신청하는 것을 말하며, 사실조회의 신청이나 공무소 등이 보관하고 있는 서류에 대한 송부요구의 신청 등도 포함된다. 증거신청은 일괄 신청이 원칙이며,[104) 그 증거와 증명하고자 하는 사실과의 관계를 구체적으로 명시하여야 한다.[105) 이러한 설명에 의할 때 적용법령이나 법률의 적용 관련 수사보고서는 그 서면을 통하여 증명하고자 하는 사실이 따로 있는 것이 아니므로 아무래도 증거로 신청할 수 없을 것 같다. 필자의 경

102) 홍진영, 앞의 논문, 제625쪽.

103) 홍진영, 앞의 논문, 제637쪽.

104) 형사소송규칙 제132조(증거의 신청) 검사·피고인 또는 변호인은 특별한 사정이 없는 한 필요한 증거를 일괄하여 신청하여야 한다.

105) 형사소송규칙 제132조의2(증거신청의 방식) ① 검사, 피고인 또는 변호인이 증거신청을 함에 있어서는 그 증거와 증명하고자 하는 사실과의 관계를 구체적으로 명시하여야 한다.

험상 지금의 실무도 이러한 해석에 기반하고 있는 것으로 생각된다.

하지만 수사보고서가 갖는 열람·등사 대상으로서 방어권 보장 수단 기능이라는 각도에서 보면 어떨까? 공소사실에 기재된 여러 사실관계의 존재나 부존재의 증명에 관계된 서류나 물건보다 그러한 서류나 물건이 가지는 증거로서의 가치 설명이 피고인에게는 더 중요할 수 있다. 같은 서류나 물건도 어떤 시각에서 접근하느냐에 따라 증거가치에 큰 영향을 미치기 때문이다. 사법경찰관이 기소 의견으로 사건을 송치할 때 송치결정서를 작성한다. 일반적으로 잘 작성된 송치결정서에는 기소함이 상당하다고 판단하는 이유가 기재되어 있다. 형사재판을 담당한 법관도 유죄판결을 하건 무죄판결을 하건 재판서에 판결이유를 기재한다. 형사소송법 제39조는 "재판에는 이유를 명시하여야 한다. 단, 상소를 불허하는 결정 또는 명령은 예외로 한다."라고 규정하고 있기도 하다. 왜 그럴까? 1차로는 재판에 이유가 있어야 재판의 당사자인 검사와 피고인이 수긍할 수 있고, 2차로는 그러한 재판의 결론에 이르게 된 과정에 어떠한 문제가 있는지 분석하여 사실의 인정이나 법리 적용의 잘못을 항소의 이유로 삼아 상급심에 다시 판단을 구할 수 있기 때문이다. 그런데 공소장에는 공소제기의 이유가 기재되어 있지 않다. 물론 공소장에 기재된 공소사실이 공소제기의 이유가 된다고 볼 수 있고 공판정에서 증거신청을 하고 신청된 증거를 조사하는 과정에서 공소제기의 이유가 더 구체적으로 드러나기는 한다. 하지만 피고인의 방어권 보장 차원에서 보면 때늦은 공개일 뿐이다. 검사가 공소제기를 하게 된 이유는 수사보고서로 작성되곤 한다. 대개 적용법령이나 법률의 적용 관련 수사보고서의 역할이 그렇다. 이런 수사보고서라면 공소제기와 함께 또는 적어도 증거목록에 기재된 서류에 대한 피고인의 열람·등사가 이루어지는 시점에 공개되는 것이 바람직하지 않을까? 바람직하다면 어떤 방식으로 공개할 수 있는가?

이 물음의 해답을 찾기 위해서는 다시 증거신청과 피고인의 열람·등사권에 대한 해석으로 눈을 돌릴 필요가 있다. 형사소송법 제266조의3은 공소제기가 된 사건기록에 대한 열람·등사 신청에 관한 규정이다. 동조 제1항은 제1호부터 제4호까지 열람·등사 대상 서류를 나열하고 있다. 제1호부터 제3호까지는 검사의 증거신청과 관련된 서류이고 제4호는 피고인이나 변호인의 주장과 관련된 서류이다. 검사의 증거신청과 관련된 서류를 다시 뜯어보면 ① 검사가 증거로 신청할 서류등(1호), ② 검사가 증인으로 신청할 사람의 성명·사건과의 관계 등을 기재한 서면 또는 그 사람이 공판기일 전에 행한 진술을 기재한 서류등(2호), ③ 제1호 또는 제2호의 서면 또는 서류등의 증명력과 관련된 서류등(3호)로 세분되어 있다. 세분된 열람·등사 신청 대상 기준에 수사보고서를 적용하면 어떻게 될까? 제①항의 전형적인 모습은 피의자신문조서나 진술조서 같은 형식의 서류일 것이므로 사실의 확정 관련 수사보고서는 주로 제②항에 해당할 것이다. 적용법령이나 법률의 적용 관련 수사보고서는 법령 해석이나 증거자료에 관한 설명, 산재되고 모순된 증거들의 종합판단 등 공소제기의 이유 설명이 주된 내용이므로 제③항에 해당한다고 볼 수 있다. 즉, 수사보고서도 그 유형이 어떠한지에 따라 해당하는 조항만 다를 뿐 형사소송법 제266조의3에 따라 대부분의 수사보고서가 열람·등사의 대상이 되는 셈이다.

이제 증거신청으로 가보자. 형사소송법 제294조 제1항 전단은 "검사, 피고인 또는 변호인은 서류나 물건을 증거로 제출할 수 있고, …(이하 생략)…"라고 하여 증거신청의 대상으로 서류나 물건을 지칭하고 있을 뿐 요증사실의 존재나 부존재의 증명과의 직접적인 관련성을 요구하지 않는다. 형사소송규칙 제132조의2 제1항에서 "증거신청을 함에 있어서는 그 증거와 증명하고자 하는 사실과의 관계를 구체적으로 명시하여야 한다."라고 규정하고 있지만 그 관련성이 반드시 직접증거[106]나 간접증거[107]에 이를 것까지 요구한다고 해석해야만 하는 것은 아니다. 그렇다면 제①항뿐만 아니라 제②항, 제③항에 해당하는 수사보고서도 증거신청의 대상이 된다고 볼 수 있지 않을까? 물론 증거신청의 대상을 증거라는 용어를 충실히 해석하여 직접증거나 간접증거만 신청 대상에 해당한다고 주장하더라도 그러한 해석을 틀렸다고 볼 수는 없다. 하지만 이 해석에 따르면 증거신청 대상과 열람·등사 신청 대상이 달라지는 문제가 생긴다. 실무상 증거신청은 증거목록을 통해 이뤄지며 피고인은 제1회 공판기일 전에 증거목록에 기재된 증거서류에 대하여 열람·등사를 해가고 있다. 그런데 증거신청 대상을 제①항으로 제한하게 되면 제②항, 제③항에 해당하는 수사보고서는 증거목록의 작성에서 제외될 수밖에 없다. 이 경우 피고인이 제②항, 제③항의 수사보고서에 대한 열람·등사를 신청하려면 우선 사건기록 목록의 열람·등사를 신청한 다음 그 목록을 검토하여 사건 이해에 필요한 수사보고서를 특정하고, 이에 대해 다시 열람·등사를 신청해야 한다. 열람·등사에 상당한 시일이 소요되는 것은 물론, 검사의 열람·등사 신청 거부처분이라도 있는 날에

106) 증명을 요하는 요증사실의 증명에 직접 이용되는 증거로서 피고인의 자백, 범행현장을 목격한 증인은 공소사실을 직접적으로 증명할 수 있으므로 직접증거에 해당한다.

107) 요증사실을 증명하는 자료로 되는 각종 정황에 관한 사실을 증명하는 증거로서 범죄현장의 지문, DNA 등은 그 증거의 소유자가 범죄현장에 있었다는 사실을 증명하는 간접증거가 된다.

는 이에 대한 불복절차까지 거쳐야 한다. 피고인이라는 불안정한 지위에서 형사재판을 받아야 하는 사람에게 있어 절차 지연은 새로운 고통일 수밖에 없다. 따라서 증거신청의 대상과 열람·등사 신청 대상을 일치시키는 것이 피고인의 방어권 보장을 위해서도 바람직하다.

그렇다면, 증거신청의 대상을 선정하는 기준은 무엇이 되어야 하는가? 일단 증거라는 용어를 좀 더 유연하게 해석할 필요가 있다. 제②항, 제③항에 해당하는 수사보고서가 엄격한 의미에서는 증거가 될 수 없겠지만 피고인이 증거동의를 한다면 증거로서의 증거능력을 인정받게 된다. 그렇다면 증거신청 단계에서 증거능력의 자격요건을 엄격하게 요구할 필요는 없다고 해야 한다. 증거동의로 증거능력이 인정될 가능성이 있다면 증거신청이 가능하다고 해도 무방하다는 이야기다. 그렇다고 증거 분리 제출을 시행하고 있는 실무상 사건기록에 있는 모든 서류를 증거목록에 기재하여 증거로 신청하는 것도 바람직하지 않다. 어떤 수사보고서는 증거로 신청하고 어떤 수사보고서는 신청하지 않을 것인가? 기준은 피고인의 방어권 보장 관점에서 도출하는 것이 타당하다. 어떤 수사보고서를 열람·등사하는 것이 피고인에게 도움이 될 것인가? 방어계획 수립 차원에서 볼 때 형사소추의 근거로 작용한 수사보고서가 필요할 것이다. 형사소추의 근거가 무엇인지 알아야 자백을 하건 대응을 하건 할 수 있기 때문이다. 따라서 증거신청 대상이 되는 수사보고서의 판단기준은 형사소추의 판단 근거로의 작용 여부에서 찾는 것이 타당하다.

이상의 논증을 통해 사실의 확정 관련 수사보고서는 물론이고 적용법령이나 법률의 적용 관련 수사보고서 또한 증거신청의 대상이 될 수 있으며, 증거신청의 기준은 형사소추 판단의 근거로 사용된 수사보고서에 해당하는지로서 피고인의 방어권 보장을 위해서는 이들 수사보고서에 대하여도 적극적으로 증거신청 하는 것이 바람직하다는 것을 살펴보았다. 지금까지 수사보고서가 가지는 증거로서 역할을 강조한 나머지 적용법령이나 법률의 적용 관련 수사보고서의 기능과 역할에 대한 고민과 활용이 부족했던 것은 사실이다. 사실의 확정 못지않게 왜 이 사건에 이 법령을 적용한 것인지, 직접증거가 없음에도 왜 어떤 증거들에 의해서 어떤 사실을 인정해서 기소한 것인지 등을 정리한 수사보고서는 형사재판의 대응 전략을 짜는 피고인의 입장에서도 중요하다. 복잡한 사건이라면 형사소추를 결정하게 된 이유를 정리하는 수사보고서를 충실하게 작성하여 사건기록에 첨부하고, 이를 증거로 신청하여 피고인이 손쉽게 열람·등사할 수 있도록 하는 것이 적정한 국가형벌권 행사에 꼭 필요한 조치인 만큼, 수사보고서의 작성과 증거신청에 대한 검사들의 더 적극적인 자세가 필요하다.

Ⅶ. 결론

어느 판사가 누구의 형사재판을 맡았다는 기사를 본다면 제일 먼저 어떤 장면이 떠오를까? 아마도 언제가 영화에서 봤을 법한 법정 장면이지 싶다. 법대에 판사가 무심한 표정으로 앉아 있고 한쪽에는 검사가, 다른 한쪽에는 피고인과 변호인이 좌정해 있으며 방청객이 보는 가운데 증인이 질문에 답변하는 장면 말이다. 실무는 어떨까? 보이는 모습은 별반 다르지 않지 않다. 재판은 공개가 원칙이고 변론은 밀실이 아닌 법정에서 모두 이루어져야 하니 실제 재판 광경도 영화 속 장면이겠다. 하지만 법정을 떠난 판사의 모습은 어떨까? 대부분 책상 위에 놓인 컴퓨터 앞에 앉아 실체적 진실을 찾기 위해 기록을 넘기며 사건을 메모하고, 진술 간 또는 진술과 자료 간 모순은 없는지 골똘히 고민하는 모습일 것이다. 재판의 결론인 판결의 정답은 기록 속에 있고 법정에서 이루어지는 재판도 모두 기록으로 남겨지는 만큼, 재판에서 가장 중요한 것은 기록이라고 해도 과언이 아니다. 공판정에서의 심증 형성과 판결이 이상적이지만 판사실에서 이루어지는 기록 검토와 판결문 작성이 없다면 실체적 진실에 다가서는 심증 형성은 어려울 수밖에 없다. 복잡한 사건일수록 기록 검토의 중요성은 더욱 커진다.

형사재판이 그렇다면 형사소추는 어떨까? 형사소추는 국가형벌권 행사의 첫 단계로 형사소추의 목적은 범인필벌에 있다. 죄 없는 사람을 기소하지 않고 죄 지은 사람은 반드시 처벌받도록 하려면 형사소추 과정 또한 꼼꼼하게 기록되어야 한다. 재판권자와 소추권자가 분리되어 있기도 하고, 형사재판과 달리 형사소추는 절차 진행의 상당 부분을 사법경찰관리에게 아웃소싱하고 있기 때문이기도 하다.

형사소추 절차라고 할 때 머릿속에 그려지는 모습이 있는가? 형사소추 절차라는 말이 생소할지 모르겠다. 그러면 수사절차하면 어떤 모습이 그려지는가? 재판과 달리 하나의 정형화된 모습이 그려지지는 않을 것이다. 사람마다 그리는 모습이 다를 수 있고 여러 다양한 모습이 함께 떠오를 수도 있다. 왜 그럴까? 형사소추 절차 내지 수사 절차는 절차에 관여하는 사람이 각 단계별로 달라지고 사건의 내용과 특성에 따라 그리고 수사관여자의 성향에 따라 각 단계별 활동의 모습 또한 매우 다양하게 전개되기 때문이다. 한 번 예를 들어보자. 예컨대, 한강에 놓인 대교가 무너져 사람이 다치는 사고가 발생했다고 치자. 부실공사 의혹이 제기돼 책임자를 처벌하라는 여론이 거센 상황에서 수사를 맡게 되었다면 어떻게 해야 할까? 제일 먼저 해야 할 것은 법리 검토이다. 사고발생원인의 규명과 함께 각 사람별, 행위별로 어떤 죄명이 적용될지, 각 죄명별로 입증해야 할 구성요건 사실은 무엇인지 잠정 확정하는 작업이다. 이는 법적 삼단논법 상 제1단계 적용법령의 검토이다. 그 뒤에는 구성요건 사실의 입증에 필요한 인적·물적 증거를 수집하는 작업이 필요하다. 제2단계 사실의 확정으로서 그 동안 수사라고 불렸던 활동이다. 다수의 사람들로 수사팀을 구성하여 임의수사와 강제수사가 동시다발적으로 이루어질 것이다. 끝으로 확인된 사실관계를 종합할 때 어떤 범죄를 구성하는지, 입증되었다고 볼 수 있는지, 그 근거는 무엇인지, 공판정에서의 증거능력 확보 방안이 있는지 등을 판단하고 입증계획을 수립하는 작업이 필요하다. 3단계 법률의 적용이 되겠다.

여기서 1단계, 2단계, 3단계의 각 활동이 기록되어야 한다는데 이론(異論)이 있을 수는 없다. 기록되지 않으면 형사소추도, 형사재판도 사실상 불가능하다. 그렇다면 어떻게 형사소추 절차를 기록할 수 있을까? 아니 지금까지 어떻게 기록해왔는가? 그렇다. 바로 수사보고서이다. 수사보고서는 그 형식과 명칭에도 불구하고 이제껏 형사소추 절차의 기록수단으로서 묵묵히 그 역할을 다해왔던 것이다. 그런데 왜 수사보고서가 기록수단이 아닌 수사기관 내부의 보고를 위한 서면으로 잘못 이해되었던 것일까? 그 이유는 크게 3가지다. 첫째, 형사소추 절차와 수사절차의 차이를 구별하지 못한 채 수사절차가 곧바로 형사소추 절차인 것처럼 잘못 인식되어 왔기 때문이다. 그러다보니 수사보고서의 개념 정의에서 법적 삼단논법 상 제1단계와 제3단계에서의 활용을 담아내지 못하게 되었다. 둘째, 수사보고서의 형식이다. 문서의 양식 상 작성자가 상급자에게 보고하는 형태를 취하다보니 기록수단의 역할을 의식하지 못한 채 보고의 역할에 방점을 찍어 내부적 보고를 위한 문서라고 착각하게 된 것이다. 셋째, 수사보고서가 갖는 명칭의 문제이다. 보고서를 영어로 번역하면 report이다. 처음부터 report라고 했다면 '보고'가 아닌 '기록'의 의미가 더 크다는 걸 단박에 알아챘을 것이다. 우리의 사법시스템은 일제강점기를 거치면서 외국의 법제가 수입된 것이다. 형사소추 활동의 기록 방법도 외국 법제의 영향이 클 수밖에 없다. investigation report를 번역할 때 가장 자연스러운 번역은 '수사보고(서)'이다. report를 보고서로 번역해서 사용하는 과정에서 '기록'의 의미는 퇴색되고 '보고'의 의미만 강조된 것이 아닐까 한다.

수사보고서의 본질과 그 사용 범위를 모두 포괄하는 개념 정의를 한다면? "해당 사건의 소추권자 이외의 수사관여자 명의로 작성된 형사소추 판단에 필요한 비정형적인 소추 준비 활동을 기록한 서면"으로 정의할 수 있다. 형사소송법은 제51조 이하에서 형사재판 절차의 기록 수단으로서 공판조서를 상세히 규정하면서 형사소추 절차의 기록 수단에 대하여는 제57조 이하에서 공무원의 서류와 비공무원의 서류에 관한 법조문을 통해 개방적으로 규정하였다. 다양한 형사소추 활동의 양상을 고려한 조치라고 봄이 상당하다. 따라서 수사보고서의 법적 근거는 형사소송법 제57조, 제58조에서 찾을 수 있으며 그 밖에 형사소송법 제244조의2 제3항 및 제266조의3 제2호에서도 수사보고서의 존재를 전제하고 있는 형사소송법의 태도를 엿볼 수 있다.

형사소추 절차의 주된 기록 수단인 수사보고서는 사건기록에 편철되어 형사소추 판단 및 그에 대한 사후 적정성 심사, 수사행위의 적법성·타당성 심사 등의 판단 자료로 사용된다. 한편, 소추권자는 수사보고서에 기재된 내용의 진실성을 믿고 그에 따라 판단하면 면책받을 수 있다. 수사보고서는 공무원이 직무상 작성한 문서로서 그 문서를 허위로 작성할 경우 허위공문서작성죄의 대상이 되기 때문이다. 그만큼 수사보고서에 기재된 내용은 있는 그대로의 사실이 기재되어 있다고 믿어도 된다는 의미이다. 따라서 수사보고서를 작성할 때 충실하게 사실을 있는 그대로 기재할 것이 요구된다. 그런데 수사보고서의 위와 같은 기능은 소추기관의 입장에서 바라본 기능이다. 시각을 달리하여 피의자나 피고인의 입장에서 본다면 수사보고서는 어떤 기능을 한다고 볼 수 있을까? 바로 그들의 방어권을 보장하는 수단으로의 기능이다. 왜냐하면 수사보고서에는 영장 청구나 형사소추 판단의 근거가 기재될 수 있어 역으로 피의자나 피고인의 입장에서 소추권자의 그러한 판단의 당부를 따지는 기초자료가 될 수 있기 때문이다.

종래 수사보고서는 증거능력의 관점에서 주로 다루어져왔다. 그런데 증거능력이란 유죄의 입증자료로 증거가 제출되었을 때 그것이 요증사실의 입증에 사용될 수 있는 자격을 갖추었는지의 문제로서, 수사보고서의 증거능력이란 소추권자의 입장에서 수사보고서를 바라본 것이다. 피고인의 방어권 보장 수단으로서 수사보고서를 바라본다면 증거능력이 아닌 증거신청의 관점에서 접근하는 것이 타당하다. 수사보고서가 피고인의 방어권 보장 수단으로서 제대로 작동하려면 먼저 피고인에게 공개되어야 한다. 공개 여부는 해당 수사보고서가 유죄의 증거로 사용될 것이냐의 관점이 아닌 해당 수사보고서가 소추 판단의 근거로 사용되었느냐의 관점에서 접근하여야 한다. 즉, 유죄증거로 사용할 수사보고서만 증거로 신청할 것이 아니라 소추 판단의 근거로 사용된 수사보고서라면 유죄증거로 제출할지에 관계없이 모두 증거로 신청되어야 한다는 의미다. 이렇게 접근하는 것이 검사의 객관의무에도 부합한다.

증거목록에 의해 증거로 신청된 수사보고서는 형사소송법 제266조의3 제항에 따라 별도의 심사 없이 곧바로 열람·등사의 대상이 되며, 이를 통하여 피고인의 열람·등사권을 좀 더 두텁게 보호할 수 있게 될 것이다. 피고인 측은 수사보고서에 기재된 형사소추 이유의 합리성과 타당성을 공판기일 전에 따져봄으로써 방어계획을 좀 더 수월하게 세울 수 있는 한편, 형사소추의 이유가 납득되는 경우에는 공판정에서의 불필요한 공방을 지양함으로써 신속한 재판절차의 진행도 가능하게 될 것이다. 이상으로 수사보고서에 대한 논의를 마친다. 수사보고서에 대한 새로운 접근인 만큼 논증에 오류가 있을 수 있다. 앞으로 수사보고서에 대한 좀 더 심도 있는 논의 과정을 통해 필자의 인식하지 못한 오류가 시정되길 기대해 본다.

【참고문헌】

1. 단행본 및 논문

강동욱, 『형사증거법』, 박영사, 2022.

권영법, “공소제기 전 수사서류의 열람·등사권”, 『법조』 제60권 제8호(법조협회, 2011),

김정한, “형사소송법 제310조의2의 적용 기준과 범위에 관한 소고”, 『인권과정의』 제445호(대한변호사협회, 2014. 11.)

류전철, “허위공문서와 공문서부정행사죄의 객체”, 『법학연구』 통권 제60집 (전북대학교 법학연구소, 2019)

문준영, 『법원과 검찰의 탄생』, 역사비평사, 2010.

박중욱, “검사의 독립성과 객관의무 – 독일에서의 논의를 참고하여 –”, 『법학연구』 제31권 제3호(연세대학교 법학연구원, 2021. 9.)

박혜림, “피의자 또는 피고인에 대한 수사기록 열람·등사권에 대한 검토”, 『서울법학』 제27권 제2호(서울시립대학교 법학연구소, 2019. 8.)

배종대·홍영기, 『형사소송법』, 홍문사, 2018.

신동운, 『신형사소송법』, 법문사, 2014.

신이철, “수사보고서에 기재된 참고인과의 전화통화 내용의 증거능력 – 전문법칙과의 관계를 중심으로 –”, 『형사법의 신동향』 통권 제45권(대검찰청, 2014. 12.)

신이철, “형사절차상 수사보고서의 증거능력 규제”, 『형사정책연구』 통권 제105호(한국형사법무정책연구원, 2016. 봄)

양천수, 『삼단논법과 법학방법』, 박영사, 2022.

이완규, “검사의 지위와 객관의무”, 『저스티스』 통권 제73호(한국법학원, 2003. 6.)

이정우, 『개념–뿌리들』, 그린비, 2022.

이종엽, 『당사자주의와 직권주의가 조화된 적정한 재판운영』, 사법정책연구원, 2019

이주원, 『형사소송법』, 박영사, 2022.

이철환, “항고소송에서 국가기관의 원고적격”, 『법학논총』 제33집(숭실대학교 법학

연구소, 2015. 1.),

조광훈, "각 유형별 수사보고서의 증거능력에 관한 검토", 『형사법의 신동향』 통권 제47권(대검찰청, 2015. 6.)

편집대표 김대휘·김신, 『주석 형법 – 각칙편(제5판)』, 한국사법행정학회, 2017.

한상규, "수사보고서의 증거능력 – 대법원 판결을 중심으로 –", 『강원법학』 제40권(강원대학교 비교법학연구소, 2013. 10.)

한상훈, "형사소송의 구조와 검사, 피고인의 지위 – 당사자주의와 증거개시제도를 중심으로", 『형사법연구』 통권 제41호 (한국형사법학회, 2019)

홍진영, "국제형사재판소의 증거개시 제도에 관한 연구–형사소송법상 '서류 등의 열람·등사' 제도에 대한 시사점을 중심으로", 『사법』 제1권 제41호(사법발전재단, 2017)

2. 대법원 판례 및 헌법재판소 결정

대법원 1992. 8. 14. 선고 92도1211 판결

대법원 1995. 8. 22. 선고 95도1323 판결

대법원 1999. 2. 26. 선고 98도2742 판결

대법원 2001. 5. 29. 선고 2000도2933 판결

대법원 2006. 1. 13. 선고 2003도6548 판결

대법원 2009. 10. 22. 선고 2009도7436 전원합의체 판결

대법원 2010. 6. 24. 선고 2008도11226 판결

대법원 2010. 10. 14. 선고 2010도5610 판결

대법원 2010. 10. 28. 선고 2008도11999 판결

대법원 2011. 9. 2. 선고 2009다52649 전원합의체 판결

대법원 2020. 8. 27. 선고 2019도11294 전원합의체 판결

대법원 2023. 11. 9. 선고 2023도3451 판결

헌법재판소 1995. 3. 23. 선고 94헌마254 전원재판부 결정

헌법재판소 2002. 12. 18. 선고 2002헌마527 전원재판부 결정

헌법재판소 2012. 5. 31. 선고 2010헌바128 전원재판부 결정

헌법재판소 2017. 12. 28. 선고 2015헌마632 결정

3. Website 및 뉴스 검색

https://ko.dict.naver.com/#/entry/koko/236ede26a66e44548c85e7ce034b3186 (네이버 국어사전, 검색어 : 사법, 검색일 : 2024. 2. 19.)

https://english.dict.naver.com/english-dictionary/#/entry/enen/748dd3ae08884cdba617c0f79dc7e9a8, 네이버 영영사전, 검색어 : essence, 검색일 : 2024. 2. 20.)

https://en.dict.naver.com/#/entry/koen/23a2933e4ebe414bbce4e2f754be27ac (네이버 영어사전, 검색어 : 보고서, 검색일 : 2024. 2. 26.)

"법원 "고소인에 구체적 이유 없이 수사보고서 공개거부 부당"", 연합뉴스, 2023년 11월 19일, URL(https://www.yna.co.kr/view/AKR20231118032900004)

【국문초록】

수사절차에서 가장 많이 사용되는 서면이 있다면 아마도 수사보고서일 것이다. 그러나 지금까지 수사보고서의 본질이나 역할에 대한 논의는 충분하지 못했다. 종래 논의를 보면 수사보고서를 수사기관 내부의 보고를 위한 서면으로 이해하는 것으로 보인다. 하지만 이런 이해는 수사보고서의 본질을 제대로 드러내지도, 실무상 작성되는 다양한 수사보고서의 유형을 포섭하지도 못한다. 잘못된 이해의 원인은 수사가 형사소추 절차의 일부라는 점에 대한 이해 부족, 하급자가 상급자에게 보고하는 형태의 수사보고서 양식, '기록'보다는 '보고'에 의미를 두게 되는 수사보고서의 명칭 등에 기인한 것으로 볼 수 있다.

본질이란 어떤 사물에 대해 '저것은 ~이다'라고 말할 수 있는 것이라는 뜻이며 본질을 언어로 정식화한 것이 정의(定義)이다. 수사보고서 작성의 제1목적은 직무수행의 기록에 있으며, 작성 범위는 수사 즉 사실의 확정(2단계)에 그치는 것이 아니라 형사소추 절차에서 법적 삼단논법에 따른 적용법령의 검토(1단계)와 법률의 적용(3단계) 단계까지 포괄한다. 따라서 이들 모두를 포함하는 개념 정의를 새로 한다면 "해당 사건의 소추권자 이외의 수사관여자 명의로 작성된 형사소추 판단에 필요한 비정형적인 소추 준비 활동을 기록한 서면"이라 할 수 있다.

수사보고서는 형사소송법 제57조 등에 근거한 형사소추 절차의 기록 수단으로, 이렇게 기록되어 사건기록에 편철된 수사보고서는 형사소추 판단 및 그에 대한 사후 적정성 심사, 수사행위의 적법성·타당성 심사 등의 판단자료이자 증거개시인 열람·등사 대상으로서 피의자·피고인의 방어권 보장 수단으로서 기능한다.

수사보고서가 제 역할을 다하려면 충실히 작성되어야 한다. 복잡한 사건이라면 기소 이유를 알 수 있도록 적용법령의 검토나 법률의 적용 관련 수사보고서도 작성할 필요가 있다. 수사보고서의 방어권 보장 수단으로서의 기능을 활성화하려면 수사보고서의 증거신청 및 증거개시에 대한 더 적극적인 자세가 요구된다.

◈ 주제어: 형사소추, 수사보고서, 수사기관 내 보고서면, 기록 수단, 방어권 보장, 증거신청, 증거개시

【Abstract】

The meaning and role of investigation reports in criminal proceedings

Kim Sueng eon

If there is a document that is most often used in investigative proceedings, it is probably an investigation report. However, until now there has not been sufficient discussion about the nature and role of investigation reports. From previous discussions, it appears that an investigation report is understood to be a document for internal reporting within an investigative agency. However, this understanding does not properly reveal the essence of the investigation report or encompass the various types of investigation reports written in practice. The cause of the misunderstanding is the lack of understanding that the investigation is part of the criminal prosecution procedure, the form of the investigation report in which a subordinate reports to a superior, and the name of the investigation report that refers to 'report' rather than 'record'.

Essence means being able to say 'that is ~' about an object, and definition is the formalization of essence in language. The primary purpose of writing an investigation report is to record the performance of duties, and the scope of writing is not limited to the investigation, that is, the confirmation of facts (step 2), but also includes the stage of review of applicable laws and regulations in accordance with the legal syllogism (stage 1) and the application of laws (stage 3) in criminal prosecution procedure. Therefore, if we redefine the concept to include all of these, it can be said to be "a document recording atypical prosecution preparation activities necessary for criminal prosecution judgments written in the name of an investigator other than the person authorized to prosecute the case."

The investigation report is a means of recording criminal prosecution procedures based on Article 57 of the Criminal Procedure Act, etc., and the investigation report recorded in this way and included in the case record is judgment data such as the judgment of criminal prosecution, the subsequent adequacy review thereof, and the legality and feasibility of the investigative act. As an object of discovery of evidence, it functions as a means of guaranteeing the right to defense of suspects and defendants.

In order for an investigation report to do its job, it must be faithfully written. If it is a complex case, it is also necessary to prepare an investigation report related to the application of the law or the applicable law so that the reasons for the prosecution can be known. In order to activate the function of the investigative report as a means of guaranteeing the right to defense, a more proactive attitude toward requesting evidence and discovery of evidence in the investigation report is required.

◈ Key Words: criminal prosecution, investigation report, a report within an investigative agency, means of recording, guaranteeing the right to defense, request for evidence, discovery of evidence

한국형사소송법학회『형사소송 이론과 실무』
제16권 제1호 (2024.3) 175~208면.
Theories and Practices of Criminal Procedure Vol. 16 No. 1 (March. 2024) pp. 175~208.
10.34222/kdps.2024.16.1.175

디지털 증거 수집과 위법수집증거배제법칙 적용*
-일본의 위법수집증거배제법칙 논의를 참고하여-

이 정 민**

목 차

Ⅰ. 들어가며

디지털 정보를 저장하기 위해서 최근에는 PC자체에 저장하기보다는 저장용량이나 비용면을 고려하여 클라우드 서비스를 이용하거나 자신의 메일 또는 SNS 등을 활용하여 중요한 내용을 저장해 놓는다. 휴대폰과 클라우드(cloud) 서비스[1]는 서로 연동되어 언제 어디서라도 접속하여 정보 변경 등을 할 수 있어 편리하다. 최근에는 비밀번호 대신 휴대폰에 연동된 서비스를 이용하여 간단한 확인 과정을 거치면 비밀번호를 기억할 필요도 없이 클라우드 서비스 등에 접속할 수 있다.

불법촬영물 관련 범죄자들도 자신의 컴퓨터나 휴대용 저장장치에 보관하기보다

* 이 논문은 2021년 대한민국 교육부와 한국연구재단의 지원을 받아 수행된 연구임(NRF-2021S1A5A2A03068277).

** 단국대학교 법과대학 법학과, 교수, 법학박사.

1) 클라우드를 기능적으로 3가지로 분류할 수 있다. 애플리케이션을 클라우드상에 동작시키는 SaaS(Software as a Service), 애플리케이션 개발 환경을 제공하는 PaaS(Platform as a Service), 시스템 인프라를 제공하거나 이용자에게 스토리지 영역을 제공하는 IaaS(Infrastructure as a Service)이다. 구글 클라우드는 IaaS에 속하는 서비스로 드롭박스 같은 것이 있다. 指宿信·板倉陽一郎 編『越境するデータと法』法律文化社, 2023, 148면 참조.

는 비용면이나 저장용량을 고려하여 클라우드 서비스 등을 많이 이용한다. 과거 불법촬영물 수사를 위해 수사기관은 범죄자(피의자·피고인)의 근거지에 가서 불법촬영된 사진을 찾아 압수하거나 컴퓨터에 있는 파일을 수색하여 압수하면 되었지만, 지금 수사기관은 클라우드 계정이나 메일 계정, SNS 계정을 알고, 비밀번호를 넣어 원격으로 접속하지 않으면 그 정보에 접근할 수 없는 경우가 많다. 한편 수사중 우연히 발견한[2] 불법촬영물에 대한 압수·수색은 가능한 것인지[3], 판례[4]에 따르면 즉시 수색을 중단하고 영장을 새로 받아 집행해야 한다. 그렇다면 이 경우는 어떠한가?

<사례>

경찰관 X가 성폭력범죄의 처벌 등에 관한 특례법(이하 성폭력처벌법)위반의 범죄사실로 받은 영장으로 압수한 甲의 휴대전화가 구글 계정에 연동되어 있음을 이용하여, 휴대전화에 대한 압수·수색영장[5]에 기하여 클라우드에 접속하여 불법촬영물을 다운로드 받았다.[6]

---

2) 미국에서는 육안원칙(plain view doctrine)이 발전했는데, 이 법리는 경찰관이 압수·수색 영장 집행하면서, ① 적법하게 직접 관찰할 수 있는 위치에서 ② 그것에 물리적으로 접근할 수 있는 권한을 가지고 있으며 ③ 그것이 금제품, 범죄의 과실·수단·증거임이 즉각적이고 명백하게 드러나는 경우 이 물건을 영장없이 압수할 수 있다는 원칙이다. 김태명, 미국법상 압수·수색의 법리와 우리나라에 대한 시사점, 법학논총 제27권 제3호, 국민대학교 법학연구소, 2015, 277면 참조.

3) 육안원칙의 디지털 증거의 적용 여부에 대해 미국의 판례를 자세하게 소개한 김성룡, 전자정보에 대한 이른바 '별건 압수·수색', 형사법의 신동향 통권 제49호, 2015/12, 121－129면 참조.

4) 다른 범죄 증거를 우연히 발견하였다면 별도의 영장이 필요하다. 대법원 2015.7.16. 선고 2011모1839 전원합의체 결정. 그러나 일본의 경우, 1976년 판례에서는 별건 사건 영장에 기재된 물건을 압수했지만, 그 압수가 오로지 또는 주로 본건 증거에 이용될 목적인 경우, "영장에 명시되지 않은 압수가 금지되는 것뿐만 아니라 수사기관이 오로지 별죄의 증거에 이용할 목적으로 압수영장에 명시한 물건을 압수하는 것도 금지해야 할 것이다."라고 하면서, 그 압수가 "오로지 별죄의 증거에 이용하기 위한 목적의 압수"의 경우에만 위법이 확실하다고 판시하였다. 일본에서는 이렇게 하지 않고 모든 별건 수색·압수를 허용하지 않는다면 원활한 수사가 불가능할 것이라고 판단하는 입장이다. *伊丹俊彦監修/創持俊宏『適法·違法捜査ハンドブック』立花書房*, 2017, 327－330면 참조. 最判昭51.11.18判時837·104

5) 압수할 물건에 "여성의 신체를 몰래 촬영한 것으로 판단되는 사진, 동영상 파일이 저장된 컴퓨터 하드디스크 및 외부저장매체"가 기재되어 있었다.

6) 이 사례의 자세한 내용은 다음과 같다. 甲은 재력가인 변호사 행세를 하면서 V1에게 통장 압류해지 비용을 빌려주면 해지되는 대로 바로 갚겠다고 하면서 총 14회에 걸쳐 1,300여 만원

<판결요지>

수사기관이 압수·수색영장에 적힌 '수색할 장소'에 있는 컴퓨터 등 정보처리장치에 저장된 전자정보 외에 원격지 서버에 저장된 전자정보를 압수·수색하기 위해서는 압수·수색 영장에 적힌 '압수할 물건'에 별도로 원격지 서버 저장 전자정보가 특정되어 있어야 하고, 압수·수색 영장에 적힌 '압수할 물건'에 컴퓨터 등 정보처리장치 저장 전자정보만 기재되어 있다면 컴퓨터 등 정보처리장치를 이용하여 원격지 서버 저장 전자정보를 압수할 수는 없다. **구글 클라우드 증거는 위법수집증거에 해당**하여 **증거능력이 없고**, 나머지 유죄의 증거들도 위법수집증거에 기한 2**차적 증거에 해당하여 증거능력이 없다.**[7)]

불법촬영물이 甲의 구글 클라우드에 저장되어 있는데, 무죄라니, 법률가들은 이해가 되는 판결[8)]일지 모르겠지만, 일반인들은 무죄인 이유를 납득하기 힘들 것이다.[9)] 더욱 피해자들은 왜 증거가 있는데 처벌하지 못하는 것인지, 법원은 범죄를

을 송금받아 편취하였다. 2020.12.23. 피해자 V1에 대한 사기죄(인천지방법원 2021. 10. 28. 선고 2021고단2168판결) 피의자로 조사를 받다가 경찰관 P가 계좌 거래내역 확인을 요청하자 휴대전화①을 통해 계좌 거래내역을 보여주었다. 위 과정에서 경찰관 P는 피해자 V1 이외에 다른 여성들과의 대화 내역과 거래내역을 확인하였는데, 조사 중 휴식시간에 甲이 그들과의 대화 내역을 삭제하자 여죄가 의심된다는 이유로 휴대전화①을 임의제출할 것을 요청하였다. 피고인은 휴대전화①을 임의제출하였고, 경찰은 송금 내역 등 사기 관련 증거를 확인하는 중, 불법 촬영으로 의심되는 사진과 동영상(범죄일람표 순번 1, 7, 8, 9, 10, 11과 관련)을 발견하였다. 경찰은 이와 관련하여, 2021.2.18. 범죄사실, 수색할 장소, 압수할 물건을 다음과 같이 기재하고 다음과 같은 압수·수색 영장을 발부받았다. <범죄사실> 성폭력처벌법 위반 (카메라등이용촬영·반포등) <수색할 장소> 피의자 주거지인 인천 0구 000건물 000호 <압수할 물건> "여성의 신체를 몰래 촬영한 것으로 판단되는 사진, 동영상 파일이 저장된 컴퓨터 하드디스크 및 외부저장매체" 2021.2.21. 압수·수색 영장을 집행하면서 甲의 휴대전화②와 연결된 클라우드에서 동영상 4개와 사진 3개(범죄일람표 순번 2, 3, 4, 5, 6과 관련)를 압수하였다. 인천지방법원 2021.9.9. 선고 2021고단3305판결 참조; 구체적인 사실관계에 대해서 자세하게 조성훈, 원격지 서버 압수·수색의 적법성, 형사판례연구[31], 2023/6, 395-401면 참조.

7) 대법원 2022.6.30. 선고 2022도1452 판결 및 보도자료 참조. 이하 이 논문의 굵은 글씨 강조는 필자가 표시함.

8) 이 판례에 대한 판례평석으로, 장응혁, 원격 압수수색의 법적 성격: 대법원 2022. 6. 30. 선고 2022도1452 판결을 소재로, 한국디지털포렌식학회, 디지털 포렌식 연구 제16권 제3호, 2022; 조성훈, 앞의 논문; 조은별, 매체와 연결된 원격지 정보 압수·수색에 대한 실증적 검토 – 대법원 2022. 6. 30. 선고 2022도1452 판결을 중심으로 –, 법조 72권 5호, 2023/10, 709면 이하 참조.

9) 양형에 대한 차이 비교이지만, 법관과 일반인의 성범죄 인식차이에 대해 자세하게, 이창한, 성

저지른 자를 처벌할 의지가 있는 것인지, 과연 **위법수집증거**가 무엇이길래 실재하는 증거를 사용하지 못하고 甲을 처벌 할 수 없는 것인지 궁금해 할 것이다. 한편 디지털 증거는 증거인멸, 즉 삭제가 쉽고, 전달과 확산이 빠르다. 피해자들은 불법촬영물이 이전되거나 복사되었을 불안감에 시달리게 된다.[10] 그렇다면 위법수사는 방지하였을지 모르지만[11], 불법촬영물 확산을 막지 못할 우려가 있다. 위법수집증거배제법칙을 판단하는데 디지털 증거의 특성 및 사안의 내용 및 중대성, 위법의 정도는 전혀 고려하지 않아도 되는 것인가에 대한 의문이 든다.

한편, 디지털 정보 압수·수색에서도 가장 큰 문제점은 포괄적인 압수·수색이다. 프라이버시가 그만큼 침해될 수 있기 때문에 특정이 중요하고, 영장에 어디까지 특정해야 하는지 문제가 될 수 있다.[12]

그렇다면 이러한 기술적·시대적 변화 속에서 수사기관은 디지털 정보를 어떻게 수색·압수해야 하는 것인지, 나름대로 위법수집증거배제법칙에서 상대적 배제론이 잘 정착된 일본에서는 이와 같은 사례를 어떻게 해결하는지, 진실규명과 적정절차 원칙이 균형을 찾는 그런 방법이 있는지 모색해 보고자 한다.[13]

이러한 관점으로 본 논문에서는 먼저 디지털 증거 수집 관련 일본 형사소송법과 최근 판례를 중심으로 그 논리 전개를 분석한다(II). 일본의 위법수집증거배제법칙

범죄의 심각성에 대한 법관과 일반인의 인식차이, 한국공안행정학회보 통권 34호, 2009, 273면 참조.

10) 불법촬영물에 대한 수사상 어려움에 대해 자세하게 정수정, 디지털 성범죄 수사 중 우연히 발견된 별건 촬영물에 대한 압수·수색 방안, 형사법의 신동향 Vol.81. 2023/겨울, 70－80면 참조.

11) 미국에서 위법수사 억제효과와 관련해서 실증적으로 증명되지 않았다는 비판이 있다는 소개로 자세하게 이완규, 사개추위안의 위법수집증거배제원칙에 대한 검토, 비교형사법연구 제8권 제1호, 2006, 600면 참조.

12) 일본에서는 수색·압수는 수사 초기단계에 이루어지는 일이 많기 때문에 압수 대상물의 존부·형상 등에 대해 개연성 판단이라는 것을 생각해, 구체적, 개별적 기재를 기본으로 하면서, 어느 정도 추상적 포괄적 기재도 허용한다. 실무에서는 구체적인 개별 물건을 열거하여 물건의 특성을 어느 정도 확실히 한 다음, “기타 본건에 관련되는 것으로 사료되는 문서 및 물건”이라는 기재도 적지 않다. (형사소송법 제219조 해설) 松尾浩也 監修/池田修 外2人『条解刑事訴訟法』弘文堂, 2022, 233, 456면. 참조.

13) 이 연구는 디지털 증거의 압수·수색에 관한 연구를 하던 중, 일본 학자들과 논의 중에 비슷한 사례를 다르게 해석하는 판례의 입장에 서로 놀라면서, 이러한 큰 입장 차이의 시작이 디지털 증거 압수·수색에 관한 형사소송법 조문이 아닌, 위법수집증거배제법칙에서 비롯된 것임에 착안하여 시작하였다. 한편 우리나라는 위법수집증거배제법칙이 명문화되어 있고, 일본은 명문의 규정이 없다는 점은 큰 차이점이기도 하다.

의 적용과 예외 인정의 전개과정과 구체적 기준을 살펴보고자 한다(III). 그리고 적정절차원칙과 진실규명의 균형을 찾아보면서(IV) 이 글을 마무리하고자 한다(V).

Ⅱ. 디지털 증거 수집 관련 일본 형사소송법과 판례

일본은 사이버범죄 방지 조약[14]에 2001년 가입하였고, 이에 따라 2011년 형사소송법을 개정하여 대표적인 디지털 증거 압수·수색인 원격 접속(형사소송법 제218조 제2항)규정과 기록명령부 압수(형사소송법 제99조의 2)규정, 전자적 기록의 압수(형사소송법 제110조의 2)에 관한 규정을 도입하였다.

1. 디지털 증거수집 관련 2011년 형사소송법 주요 개정 내용

(1) 원격 압수·수색 조항(제99조 제2항, 제218조 제2항[15])

영장에 의한 압수할 물건이 컴퓨터 등[16]인 경우, 해당 컴퓨터 등에 전기통신회선으로 연결되어 있는 기록매체로, 해당 컴퓨터 등으로 작성되거나 변경한 전자적 기록 또는 해당 컴퓨터 등으로 변경 또는 삭제할 수 있는 전자적 기록을 보관하기 위해 사용된다고 인정하기에 충분한 상황에서, 그 전자적 기록을 해당 컴퓨터 또는 그 외 기록매체에 복사한 후, 해당 컴퓨터 등 또는 다른 기록매체를 압수할 수 있다. 이러한 예로는 컴퓨터와 연결된 메일서버가 대표적이다. 대상이 되는 기록매체의 범위는 압수영장에 기재되어 특정되어야 한다(형사소송법 제107조 제2항, 제219조 제2항).[17]

---

14) 사이버범죄조약은 사이버범죄 대응에 관한 국제협약으로, 2001년 11월 유럽평의회에서 채택되어, 헝가리 수도 부다페스트에서 30개국이 서명에 참가하여 2004년 7월 발효되었다. 2024년 기준 가입국은 미국·일본·호주 등 총 69개국, 24개국이 초청을 받은 상태이다. 우리나라도 2022년 가입의향서를 제출하고, 2023년 6월 유럽평의회로부터 정식 가입 초청서를 받았다. https://www.coe.int/en/web/cybercrime/parties-observers (최종 검색일 2024.3.5.)

15) 제99조는 주체가 재판소이고, 제218조의 주체는 검찰관, 검찰사무관 또는 사법경찰직원이며 내용은 같다.

16) 일본 원문은 전자계산기(電子計算機)이다. 전자계산기는 자동적으로 계산이나 데이터를 처리하는 전자장치를 말하며 컴퓨터 뿐만 아니라 휴대전화 등도 포함된다. 河上和雄 外『注釈刑事訴訟法』第2巻 立花書房, 2020, 181면. 본 논문에서는 이를 반영하여 '컴퓨터 등'으로 번역한다.

17) 압수할 컴퓨터 등에 전기통신회선으로 연결되어 있는 기록매체로, 그 전자적 기록을 복사해야

(2) 기록명령부 압수(제99조의 2, 제218조 제1항[18])

강제처분으로 필요가 있을 때, 기록명령부압수, 즉 전자기록을 보관하는 자나 그 외 전자기록을 이용하는 권한을 가진 자에게 명령하여 필요한 전자적 기록을 기록매체에 기록하거나 출력한 후, 해당 기록매체를 압수할 수 있다.[19]

기록명령부 압수는 피처분자의 협력을 기대할 수 있을 때 하는 것이고, 할 수 없을 경우 다음의 제110조의 2의 전자적 기록 압수를 한다.

(3) 전자적 기록 압수(제110조의 2)

압수할 대상물이 전자적 기록매체인 경우, 해당 매체를 압수하는 대신[20] 데이터를 다른 기록매체로 복사, 출력 또는 이전함으로써 압수로 간주할 수 있다. (형사소송법 제110조의 2, 제222조 제1항) 위의 제99조의 2와 공통점으로 '필요한 전자적 기록이 기록되어 있는 기록매체 자체는 압수하는 것이 아닌', 그 전자적 기록을 취득하는 것이다.[21]

디지털 증거 수집과 관련해서 우리나라와 일본의 차이는 이러한 사이버범죄 조약 등의 가입 여부와 형사소송법 규정[22]도 있지만, 다음 판례에서 보이는 위법수집증거배제법칙에 대한 관점의 차이에도 기인한다고 보인다.

할 범위를 기재해야 한다.

18) 제99조의 2의 주체는 재판소이고, 제218조의 주체는 검찰관, 검찰사무관 또는 사법경찰직원이며 법관이 발부한 영장이 있어야 하며, 제218조에 기록명령부압수 내용이 포함되어 있다.

19) 형사소송법 제99조 제3항 제출명령과 유사해 보이지만, 제출명령의 경우 물건이 제출대상이 된다는 점, 제출명령은 재판소에게만 인정되는 것이지만, 기록명령부 압수는 수사기관도 할 수 있다는 점이 다르다.

20) 기록매체가 대형 서버이고 이를 압수함으로써 피압수자의 업무에 현저한 지장이 생기는 우려가 있는 등 서버 자체를 압수할 필요가 없고, 이를 압수하지 않아도 특정한 전자적 기록을 취득할 수 있다면 이 방법을 택할 수 있다. 河上和雄 外 앞의 책, 246－247면.

21) 河上和雄 外, 앞의 책, 192면.

22) 법률제정을 촉구하는 김대원, 강제처분법정주의와 역외 원격지 서버에 대한 압수·수색, 형사소송 이론과 실무 제11권 제1호, 2019, 115면 참조.

2. 일본 디지털 증거 관련 판례

(1) 적법하다고 말할 수 없지만, 위법수집증거배제대상은 아니다.

다음은 일본 디지털 증거 관련 판례의 사실관계와 결정내용이다.[23)]

<사실관계>

경찰관 P는 인터넷사이트 X 동영상의 운영관리회사 Y의 업무를 총괄로 관리하는 甲, Y의 대표이사인 乙이 공모하여 형법상 공연음란을 방조[24)], 『풍속영업등의 규제 및 업무 적정화 등에 관한 법률』위반의 각 범행에 해당한다는 피의사실로 원격 접속하여 Y사무소 및 부속설비에 대하여 압수수색을 집행하였다. 영장에서 <압수할 물건>으로 "PC"등이 기재되어 있는 것 외에"압수할 컴퓨터 등에 전기통신 회선으로 연결되어 있는 기록매체로, 그 전자적 기록을 복사할 범위"로서, "압수할 PC(중략)로부터 연결할 수 있는 파일 보관용 서버의 기록매체의 기록영역으로, 해당 PC등 사용자가 사용하고 있는 것", "압수할 PC 등(중략)으로 연결할 수 있는 메일 서버 기록매체인 기록 영역으로 해당 PC사용자의 메일 어드레스에 관련된 송수신 메일, 그 외 전자적 기록을 보관하기 위해 사용된 것"으로 원격접속에 의한 전자적 기록의 복사 처분"(형사소송법 제218조 제2항)이 영장의 내용이었다.[25)]

경찰관 P는 이 영장을 집행하기 전에, Y가 미국에 본사가 있는 A사의 메일 서비스를 사용할 것이라고 생각하였다. 일본 밖에 존재하는 서버에 대한 원격 접속에 의한 전자적 기록의 취득 행위는 현행 일본 형사소송법에서 허용되지 않는다. 이러한 수사는 국제수사 공조에 의하여야 한다.[26)] 이러한 사실을 염두에 두고 경찰관 P

23) 이에 대한 판례평석으로, 指宿信·板倉陽一郎 編, 앞의 책, 145−224면 참조.

24) X동영상 서비스는 유료회원과 무료회원으로 나뉘며, 유료회원에 대해서 무료회원에 비해 여러 가지 특전을 준다. 시청자가 송신한 동영상을 중개하여 신규로 유료회원으로 등록을 한 경우, 송신자는 등록료의 일정 부분을 할인해 주는 포인트를 주고, 현금화할 수 있는 시스템, 송신한 동영상을 시청자에게 평가시키는 등, 송신자에게 많은 동영상을 송신할 수 있는 유인책을 마련하고 있다. X동영상은 일반 카테고리와 성인용 카테고리로 분류되며, X동영상 성인용 송신동영상에는 이전부터 남녀의 성기 등을 노골적으로 표현한 "무수정" 외설 동영상이 상당히 포함되어 있었다. X동영상 성인 카테고리는 甲과 乙이 그 방침을 설계하였다. 令和3年2月1日最高裁判所第二小法廷決定, 平成30年（あ）第1381号,裁時1761号4頁,TKC ローライブラリー LEX/DB 文献番号25571273.

25) 令和3年2月1日最高裁判所第二小法廷決定, 平成30年（あ）第1381号.

26) 본 논문에서는 역외수사는 일부러 논의의 범위를 좁히기 위해 논외로 하였으나, 일본에서는

는 영장에 의해 메일 서버 등에 접속하는 것은 외국 주권을 침해할 우려가 있다고 생각하여, 임의승낙 방식을 취하기로 하고, 해당 PC 사용자의 승낙을 얻어 원격 접속하기로 방침을 세웠다.

경찰관 P는 이 방침에 따라 甲과 乙을 포함하여 Y의 임원이나 종업원에 대하여 메일 서버 등에 원격접속을 하여 메일 등을 다운로드 하는 것에 대해 승낙을 구하고, 계정 및 비밀번호를 받아 원격접속을 하였고, 메일 등 전자적 기록의 복사를 한 PC에 대해서는 乙이 임의제출 하였다는 절차를 취했다. 이 때 경찰관 P는 Y관계자에게 위 원격접속 등이 임의 승낙에 의해 수사한다는 취지를 명확히 설명하지 않았다.

<최고재판소 결정의 내용>

원심은 이러한 절차에 대해 Y관계자는 위 압수·수색 영장 집행에 따른 강제처분이라고 잘못 알고 승낙하였다는 의심이 있기 때문에 임의 승낙으로 인정되지 않는다고 판시하였다. 최고재판소 결정에서도 Y관계자의 임의승낙에 의한 것이라고 인정할 수는 없고[27], 임의수사로서 적법하다고 말할 수 없다.(중략) 그러나 실질적으로 사법심사를 거쳐 발부된 압수·수색영장에 기초한 절차이고, 경찰관이 동 영장의 집행과 같은 절차에 따라 동 영장에서 압수 등 대상이 된 증거를 수집한 것으로, 동 영장이 허가하는 처분의 범위를 넘어선 증거 수집이라고 인정되지 않는다. 또한 본건의 사실관계 하에서 경찰관이 국제수사공조에 의하지 않고, Y관계자의 임의승낙을 얻어 원격접속 등을 실시한다고 하는 방침 자체가 부당하다고 할 수는 없고[28], 경찰관이 임의수사에 의해 수사한 취지를 명확히 설명하지 않은 것 이외

역외수사 문제에 초점을 맞춰 발표한 논문이 많다. 이에 대해 자세하게 이경렬·박제민, 역외 압수·수색 수사에 관한 한일 최고법원 판례 비교연구, 비교형사법연구 제24권 제3호, 2022/10, 129－138면; 방경휘, 수사상 역외 압수·수색에 관한 연구, 법학논총 제35권 제1호, 국민대학교 법학연구소, 2022, 139－143면 참조.

27) 1심에서 승낙은 임의라고 인정되어 증거능력이 인정되었다.(京都地判平成29 · 3 · 24刑集75巻2号203頁) 원심은 최고재판소 내용과 동일하다(大阪高判平成30 · 9 · 11刑集75巻2号220頁)

28) 이에 대해 이와사키(岩﨑正)교수는 판례에서 경찰관이 "국제수사공조에 의하지 않고"라는 점은 국제법상 위법에 대해 언급한 것으로 해석된다고 하면서, "위법의 중대성" 판단에서 판례는 "위법행위에 의해 실제로 침해되는 권리·이익보다도, 오히려 수사관의 위법행위에 대한 '비난가능성'을 중시"한 것으로 해석된다고 보았다. 즉 판례는 경찰관의 귀책성 내지 비난 가능성의 관점에서, 중대하지 않기 때문에 중대한 위법이 아니라고 보았다. 자세한 판례평석은 岩﨑正 「外国に所在する記録媒体へリモートアクセスして収集した証拠の証拠能力[最判

에, 관계자에게 승낙을 강요하거나 하지 않았다면, 경찰관이 영장주의 규정을 잠탈할 의도가 인정되지 않기 때문에 이 절차에 **"중대한 위법"이 있다고 볼 수 없다**.

2. 스마트폰 비밀번호를 물어 데이터에 접속한 증거의 증거능력

<사실관계>

경찰관 P가 체포영장이 발부된 피의자에 대해 "스마트폰 비밀번호를 물어" 데이터에 액세스한 사안이다. 진술거부권 침해 유·무가 논쟁이 되었다.

<도쿄고등재판소 결정내용>[29)]

판결에서는 "압수·수색 현장에서 경찰관이 질문을 할 때 진술거부권 고지를 의무화하는 규정은 없고[30)], 경찰관이 피고인에게 진술의무가 있다고 적극적으로 오신시켰다고 하는 상황이 없기 때문에, 본건 수사가 위법이라고 할 수 없다."라고 판시하였다.

한편 일본에는 형사소송법 제111조의 2(협력요청) "압수할 물건이 전자적 기록에 관한 기록매체인 경우에는 압수·수색 영장의 집행하는 자는 처분을 받는 자에 대하여, 컴퓨터 등의 조작 그 외 필요한 협력을 구할 수 있다."라는 규정이 있다. 이때 협력의 내용은 컴퓨터의 조작 외에도 컴퓨터 시스템 구성이나 시스템을 구성하는 개개의 컴퓨터 등의 역할, 기능, 조작 방법 등 압수할 기록매체나 복사해야 할 전자기록이 기록되어 있는 파일을 지시하는 것, 암호화된 전자적 기록을 복호화하는 것 등도 포함되는 것으로 보고 있다. 협력요청을 받으면 협력해야 할 법적의무는 있지만, 정당한 이유가 있으면 협력을 거부할 수 있다. 예를 들면 피처분자 이외의 자가 독자적인 애플리케이션을 사용하여 작성한 전자적 기록의 가독화, 피처분

令和３年２月１日刑集７５巻２号１２３頁]」 新·判例解説Watch/2021年10月法学セミナー増刊速報判例解説 https://lex.lawlibrary.jp/commentary/pdf/z18817009－00－081422038_tkc.pdf (최종 검색일 2024.2.25.)

29) 東京高裁2019年2月19日判決高等裁判所刑事裁判速報集令和元年 116면, https://www.keiben－oasis.com/21529 (최종 검색일 2024.2.17.)

30) 필자는 이러한 고지의 필요성에 대해 강조한 바 있다. 이정민, "스마트폰 비밀번호 해제 관련 자기부죄거부특권 고지의 필요성", 법학논총 제46권 제2호, 단국대학교 법학연구소, 2022/6, 107면 참조.

자 이외의 자가 암호화한 전자적 기록의 복호화와 같이 피처분자가 아는 지식이나 기술로 가능한 범위를 넘은 협력을 요구하는 경우를 들 수 있다. 의무 위반의 벌칙은 없다. 피처분자가 협력요청에 응하지 않는 경우, 압수에서 필요한 처분(형사소송법 제111조 제1항)으로 스스로 컴퓨터 등을 조작하여, 또는 전문적인 지식이 있는 보조자에게 컴퓨터 등을 조작시키는 방법이 있다.[31]

3. 분석

일본에서는 위법수집증거인지 여부를 판단할 때, 위법하게 얻은 증거라고 일률적으로 배제하는 의무적 배제론을 취하지 않는다.[32] 첫 번째 사례에서"적법하다고 말할 수 없다." 그러나 "중대한 위법이 있다고 볼 수는 없다."라는 최고재판소 결정은 일본의 위법수집증거배제법칙의 상대적 배제론을 잘 보여준다.

일본에서는 수사기관이 피의자에게 임의동의를 구해 스마트폰 잠금해제를 하고, 많은 증거들이 이 방법으로 취득되고 있다.[33] 그러나 이 경우, 수사기관이 비밀번호를 진술할 의무가 있다고 피의자를 믿게 하거나, 수사기관이 기망의 방법을 통하여 피의자에게 스마트폰 비밀번호를 말하게 하였다면 위법수집증거가 된다. 그러나 그렇지 않았다면 이러한 형사절차는 위법하지 않다고 판단한다.[34]

---

31) 松尾浩也 監修/池田修 外2人, 앞의 책, 245면 참조.

32) 우리나라에서 의무적·자동적 배제론을 주장하는 학자로, 권영법, 위법수집증거배제의 기준, 저스티스 통권 제118호, 2010, 304－329면 참조; 김봉수, 재량적 위법수집증거배제론에 대한 비판적 고찰, 비교형사법연구 제11권 제2호, 2009, 202－205면 참조; 이석배, 적법절차에 따라 수집한 증거사용의 한계, 법학논총 제36권 제2호, 단국대학교 법학연구소, 2012, 387－413면 참조; 하태인, 형사소송법 제308조의2(위법수집증거배제법칙)의 해석, 형사정책연구 제25권 제4호, 2014/겨울, 283－301면; 이를 분석한 권순호, 위법수집증거의 의무적 배제를 지지하는 의무적 배제론에 대한 분석적 고찰, 고려법학 제98호, 2020, 68면 참조.

33) https://www.keiben－oasis.com/21529 이에 반해 미국에서는 영장에 의한 취득이 이용된다는 의견으로, https://www.keiben－oasis.com/21529 (최종검색일 2024.2.16.)

34) 비슷한 사례로 하급심인 삿포로 지방재판소의 사례도 있다. 주거침입, 상해, 사체유기, 마약소지 등으로 기소된 사안에서 각성제 소지 사실이 발각되었을 때, 압수된 스마트폰에 있던 데이터가 단서가 되었고, 변호인이 스마트폰의 압수 과정에 위법이 있었다고 다툰 사안이다. 판결에서는 "본건 각성제 압수에 앞서 피고인의 스마트폰을 압수하는 과정에 위법이 있었다고 인정되지 않고, 수사관이 스마트폰 비밀번호를 피고인에게 듣기 위해 기망을 이용했다고 인정할 수 없다"라고 판시하였다. 札幌地裁 2018年 10月17日 판결 https://www.keiben－oasis.com/21529 (최종검색일 2024.2.16.)

일본에서는 수사 절차에 다소 하자가 있어도, 위법수집증거배제법칙을 적용하기 위해서는 그 절차 위반이 중대하며 위법해야하기 때문에, 일본에서 수집된 데이터가 위법수집증거로 배제될 가능성은 생각보다 낮다.[35] 이는 위법수집증거배제법칙에서 상대적 배제론이 적용되기 때문인데, 그렇다면 일본의 위법수집증거배제법칙에 대해서 좀 더 자세히 알아볼 필요가 있다. 우리나라에는 지금까지 이러한 일본의 위법수집증거배제법칙으로 자리 잡은 상대적배제론[36]이 제대로 소개되지 못하였기에 이번 논문을 계기로 이를 자세히 소개하고자 한다.

Ⅲ. 일본의 위법수집증거배제법칙

일본은 1956년에 위법수집증거배제법칙을 도입하였고, 1978년에 최고재판소 판례로 상대적 배제론[37]을 도입하여 정착 중이다.

1. 적정절차원칙의 당연한 요청으로 위법수집증거배제법칙 운용

위법수집증거배제법칙은 일본에서 1956년 하급심 판결에서 채용(大阪高判昭和31·6·19高刑特3巻12号631頁)된 이래, 다수 하급심 판결에서 적용되었다. 1960년대 하급심 판단에서 적극적으로 위법수집증거배제법칙이 적용되었으나, '**적정절차원칙의 당연한 요청**'이라는 이유만이 설시되고, 왜 증거능력이 부정되는 것인지에 대한 설명이 없었다.[38] 이러한 가운데 위법수집증거배제법칙 적용에 대한 의문이 일어났다.[39] 예를 들면, 영장에 따른 적법한 수색과정에서 발견된 증거물 압수에

35) https://www.keiben-oasis.com/21529 (최종검색일 2024.1.7.)

36) 물론 비교법적 연구에서 상대적 배제론을 소개한 논문이 있다. 안성수, 각국의 위법수집증거배제법칙과 우리법상 수용방안, 저스티스 통권 제96호, 2007, 212면 이하 참조.

37) 우리나라에서 비슷한 경향으로 재량적 배제론이 거론되고 있다. 대표적인 논문으로, 김재윤, 위법수집증거 배제기준의 정립에 관한 고찰, 저스티스 통권 제120호, 2010, 158면 참조. 김종구, 재량적 위법수집증거배제법칙과 증거수집의 주체, 형사법연구 제26권 제2호, 2014, 233면 참조; 하태영, 개정 형사소송법 제308조의 2 위법수집증거배제법칙의 법적 의미와 적용범위, 형사법연구 제19권 제4호, 2007, 157-198면 참조; 조국, 2007년 이후 대물적 강제처분 분야에서의 위법수집증거배제, 비교형사법연구 제19권 제1호, 2017, 241면 참조; 권순호, 위법수집증거의 재량적 배제를 지지하는 이른바 '재량적 배제론'에 대한 분석적 고찰, 범죄수사학연구 6(1), 2020/6, 참조.

38) 井上正仁『刑事訴訟における証拠排除』弘文堂, 1985, 38-42면 참조.

대해서 영장주의 위반이 인정되어 증거능력을 부정한 사례인데, 과연 이것이 **정의의 관념**에 맞는가 하는 의문이었다.

예를 들어, 권총 불법소지로 수색하여 발견된 엽총에 대해 해당 영장에 압수 목적물로 표시되었다고 볼지, 그렇지 않다고 볼지 **불명료한 상태**에서 압수이기때문에 위법이라고 볼 것 인지, 피고인의 인권을 침해하였다고 볼 수 있을 것인지 문제가 되었다. 엽총 소지 자체를 범죄로 하여 현행범체포도 불가능하지 않았다고 하여 영장주의 정신을 몰각시킬 정도로 중대한 것이 아니라고 보아, 결국 증거능력을 인정한 사례가 있었다.[40)]

이러한 사정을 반영하여, 1978년 최고재판소에서 일본의 독특한 위법수집증거배제법칙의 기준을 제시(最(一小)判昭和53・9・7刑集32巻6号1672頁)하였다. 일본 자체에서는 위법수집증거배제법칙에 대해, 학설[41)]과 판례가 협동하여 만들어진 법원칙으로 정착된 좋은 사례로 평가하고 있다.[42)]

2. 위법수집증거배제법칙의 수정 : 상대적 배제론

위법수집증거배제법칙의 획기적인 판례(昭和53年(1978년)9月7日第一小法廷判決)로 주목받고 있는 판례의 사실관계와 전개과정을 살펴본다.

＜사실관계＞

경찰관이 자정 무렵 우범지대를 순찰 중, 피고인 자동차가 정차하여 운전석 우측에 있는 건달 여러 명과 이야기하고 있는 것을 보고, 수상하게 여겨 순찰차를 접근시키자 바로 도망가, 자동차를 정지시키고 직무질문을 시작했다. 질문 중 차 안을 보니 야쿠자를 상징하는 물건이 있고, 도박 물품, 그 외 위법한 물건이 있는지 확인하고, 피고인의 불안한 태도, 얼굴색 등을 보니 각성제 중독이 의심되었기에 하차

39) 井上正仁, 앞의 책, 44면 이하 제3절 판례・학설의 문제점 참조.

40) 東京高裁昭和41年5月10日判決° 高刑集19巻3号356頁°

41) 학설도 현재 일부를 빼고 헌법 제31조, 제35조를 근거로 증거수집절차에 **중대한 하자**가 있다면, 그 증거능력을 부정하는 데 이론이 없다. 이러한 것이 위법수사를 억제하는 유효한 면이 있고, 역으로 그러한 증거를 허용하는 것은 심판의 공정을 해하는 적정절차에 반하는 것으로 생각할 수 있다. 三井誠「違法収集証拠の排除」『別冊ジュリスト刑事訴訟法判例百選 第6版』No.119 有斐閣, 1992. 169면 참조.

42) 鈴島晋一「違法収集証拠排除法則」『刑事手続法の理論と実務』成文堂, 2020, 376면 참조.

를 요구했다. 하차한 피고인에 대해 경찰관이 소지품 제시를 요구했으나 처음에 피고인이 거부하였고, 옆에 있는 남자도 도발적 태도로 나왔다. 몇 명의 경찰이 온 뒤 마지못해 피고인은 상의 우측 주머니에서 안약과 휴지를 꺼내 경찰관에게 건넸다. 경찰관은 상의와 하의의 주머니를 밖에서 검사해 보니 상의 왼쪽 주머니에 칼은 아니지만 뭔가 딱딱한 것이 들어 있다고 생각했기 때문에 제시를 요구했다. 그러나 피고인은 그 요구에 응하지 않고 구시렁거리면서 응하지 않았다. 그러던 중 경찰관이 그 주머니 속에 손을 넣어 주사기와 비닐봉투에 들어 있는 각성제를 압수한 사안이다.

<1심 판결>

제1심 오사카지방재판소(大阪地裁)는 직무질문 중 소지품을 검사할 필요성 내지 긴급성은 긍정할 수 있을지 몰라도 피고인의 승낙을 받지 않고 상위 주머니에 손을 넣어 압수한 각성제는 위법수집증거라고 하여 증거능력을 부정하여 무죄를 선고하였다.

<항소심 판결>

항소심에서는 "경찰관이 직무질문 중, 대상자의 상의 주머니에 손을 넣어 소지품 검사를 하는 것은 인권 침해의 소지가 있기 때문에, 외부로부터 만져보는 등, 사람의 생명, 신체 또는 재산에 위해를 가할 위험물을 소지하거나 구체적 상황에서 급박한 상황이라고 판단하여 질서유지를 위해 허용되는 것이라고 생각할 특별한 사정이 있는 경우를 제외하고, 상대방의 명시적 또는 묵시적 승낙을 얻지 않는 한, 허용될 수 없다. 본건에서는 이러한 '특별한 사정'이 존재한다고 인정되지 않고, '피고인의 명시적 묵시적 승낙'이 있다고 생각되지 않는다. 이러한 증거물의 수집 절차의 하자는 매우 중대하고, 헌법 및 형사소송법이 정한 영장주의에 위반되는 것이기 때문에, 증거물을 증거로 이용할 수 없다."라고 판시하였다.

이러한 항소심 판결에 대해 검사는 "압수물은 압수 절차가 위법이라고 해도 물건 그 자체의 성질, 형상에 변이를 가져오는 것은 아니기 때문에 그 형상 등에 관한 증거의 가치는 변하지 않는다. 법원의 자유심증주의[43]에 의한 것으로, 증거로 사용할지 여부는 재판소의 전권에 속한다."라고 주장하며 상고하였다.

---

43) 最判昭和24年12月13日 裁判集刑事15号349頁°

<최고재판소 판결>

이러한 사실에 대해 최고재판소에서는 먼저, 소지품 검사의 적법성 문제에 대해 검토하였다. "상대방의 승낙이 없는 소지품 검사도, 수색에 이르지 않을 정도, 강제로 하지 않는 이상, 그 검사의 필요성, 긴급성, 이에 따라 침해되는 개인의 법익과 보호되어야 할 공공의 이익과의 균형을 고려해 볼 때, 구체적 상황에서 상당하다고 인정되는 한도는 허용되는 경우가 있다." 본건에서 경찰관이 피고인에 대하여 상의 내 주머니 안 소지품 제시를 요구하는 단계에서, 피고인에게 각성제 사용 또는 소지 가능성이 매우 높다는 것이 인정되었으므로, 소지품 검사의 필요성 내지 긴급성이 인정된다. 피고인의 승낙이 없는데, 그 상의 내측 주머니에 손을 넣어 소지품을 꺼내는 검사를 한 경찰관의 행위는 일반적으로 프라이버시 침해의 정도가 높은 행위이며, 그 양태는 수색에 해당한다. 이 사건에서 직무질문에 부수하는 소지품검사의 허용한도를 일탈한 것으로 해석되는 것이 상당하다. 이러한 소지품 검사에 의하여 이루어진 본건 증거물 압수 절차는 위법이라고 말할 수 있다. 둘째, 증거물의 압수 절차에 중대한 위법이 있는 경우까지 증거능력을 인정하는 취지라고는 해석할 수 없다. 그러나 다음과 같은 이유로 원심 및 1심 판결을 파기한다.

1. 위법하게 수집된 증거물의 증거능력에 대해서 헌법 및 형사소송법에 규정이 정해져 있지 않기 때문에, 이 문제는 형사소송법 해석의 문제이다. "형사소송법은 형사사건에서 **공공복리 유지와 개인의 기본적 인권을 보장**하고, 사안의 진상을 규명하는 동시에, 형사 법령을 적정하고 신속하게 적용·실현하는 것을 목적으로 한다."(동법 제1조) 형사법령을 적정하게 적용·실현하고, 공공복리를 유지하는 것은 형사소송의 중요한 임무이고, 이를 위해 사안의 진상을 될 수 있는 한 규명할 필요가 있는 것은 말할 필요도 없다. 증거물은 압수절차가 위법하다고 해도 물건 그 자체의 성질, 형상에 변이가 없고, 그 존재·형상 등 가치가 변하지 않는 것 등 증거물의 증거로서 성격을 보면, 그 압수절차에 위법이 있어 바로 그 증거능력을 부정하는 것은, 사안의 진상 규명에 도움이 되지 않고, 상당하지도 않다. 그러나 다른 한편, 사안의 진상을 규명하고 개인의 기본적 인권을 보장하면서, 주거의 불가침, 수색 및 압수를 받지 않을 권리 보장 관점에서 본다면 증거물의 압수 등의 절차에 영장주의 정신을 몰각하는 **중대한 위법**이 있고, 이것을 증거로 허용하는 것이 장래에 있어 **위법한 수사를 방지하는 차원**에서 상당하지 않다고 인정하는 경우에 그 **증거능력은 부정**되어야 한다.

2. 원심에서 인정한 사실에 따르면, 피고인의 승낙 없이 그 상의 안쪽 주머니로부터 본

건 증거물을 꺼낸 경찰관의 행위는 직무질문 요건이 존재하고, 소지품 검사의 필요성과 긴급성이 인정되는 상황하에, 승낙 여부가 명백하지 않았던 피고인에 대해 소지품 검사로 허용되는 한도를 조금 넘었을 뿐이고, 경찰관이 영장주의에 관한 규정을 잠탈하려고 할 의도가 있었던 것이 아니다. 그 외 소지품 검사시 강제 등 사정도 보이지 않기 때문에 본건 증거물의 압수 절차의 위법은 반드시 중대하다고 말할 수 없기 때문에 본건 증거물의 증거능력은 긍정해야 한다.[44)]

3. 평가

이 최고재판소 판례는 증거의 압수와 관련하여, 헌법과 형사소송법의 "**영장주의 정신을 몰각하는 중대한 위법**이 있고, 이것을 증거로 허용하는 것이, **장래 위법한 수사 방지의 차원**에서 볼 때 상당하지 않다고 인정되는 경우에, 그 **증거능력을 부정**하는 것으로 해석한다."라고 설시하고 있다.[45)]

이러한 일본의 위법수집증거배제법칙의 이론적 근거와 관련해서, 첫째 사법의 염결성[46)], "오염된 증거"로 스스로 손을 더럽히지 않는다는 사법의 무흠결성과 관련해서 오히려 증거배제에 의해 처벌해야 할 범죄를 처벌하지 못한다면 사법에 대한 신뢰를 잃을 가능성이 있다는 점이 지적되었다. 둘째, 증거배제는 위법한 수단으로 수집된 증거의 사용을 금지함으로써 장래에 위법한 증거수집을 방지해야 한다는 위법수사방지론에 기인한다. 셋째, 위법한 침해로 획득된 증거로 피고인을 처벌하는 것 그 자체가 정의에 반하는 것이고, 적정절차 보장을 침해하는 것이라는 적정절차론에 근거하고 있다.[47)] 한편 증거배제에 의해 처벌할 수 없는 것은 위법수사방

---

44) 井上正仁, 앞의 책, 542－543면 참조.

45) 最(一小)判昭和53·9·7刑集32巻6号1672頁, 이에 대해 학설에서는 헌법상 보장된 기본권 침해가 있는 경우에 그 침해의 성과인 증거는 항상 배제해야 하고, 기본권 침해에 해당하지 않는 법위반의 경우에 증거배제법칙을 적용하지 않는다는 견해(규범설)를 주장하고 있다. 鈴島晋一, 앞의 논문, 377면 참조.

46) 'integrity'에 대한 번역어는 염결성, 무흠결성 등 여러 가지가 있겠으나, 강구진 교수가 '염결성'이라고 하였고, 조국교수도 그의 책에서 염결성이 어원의 어감에 부합한다고 서술하고 있다. 조국, 위법수집증거배제법칙, 박영사, 2017, 9면 참조; 미국에서도 초기에 수사기관의 불법적 행위를 법원이 승인해서는 안 된다는 이른바 '염결성(integrity)'을 근거로 하였으나, 이후에는 수사기관의 위법한 행위에 대한 '억제(deterrence)'에 초점이 맞추어졌다는 "미국의 위법수집증거 배제법칙의 적용"에 대해 자세하게 설명하고 있는 손지영·김주석, 디지털 증거의 증거능력 판단에 관한 연구, 사법정책연구원, 2015, 81면 참조.

지의 수단으로서는 희생이 너무 크다는 지적이 있다.[48] 즉, 위법수사방지를 위한 수단으로서는 증거배제 이외에도 보다 효과적인 절차가 존재하기 때문이다. 예를 들어 수사절차상 위법(권리침해)에 대한 구제는 준항고 절차[49]를 이용한다거나, 수사관의 위법행위에 대해서는 직권남용죄 등 형사적 제재, 또는 징계 등 행정적 제재, 손해배상 청구등 민사적 제재 등으로 충분히 억제할 수도 있다. 오히려 이러한 수단이 본래 대처법이라고 할 수 있다.[50]

4. 상대적 배제론 판례의 전개

1978년 이후 일본의 위법수집증거배제법칙은 상대적 배제론[51]을 취하고 있다. 1986년 사건에서도 소변 제출 및 압수절차는 위법성을 띠고 있지만, 감정서의 증거능력은 부정되지 않는다고[52] 판시하였다. 경찰관이 피의자 자택에 승낙없이 들어가 명확한 승낙을 받지 않은 채 피의자를 경찰서로 임의동행하여 퇴거 신청에도 응하지 않는 등 임의수사 절차를 일탈한 일련의 절차 가운데 소변을 제출하고 압수한 경우, 그 채뇨절차는 위법성을 띠고 있다고 평가되지만, 피의자에 대해서 경찰서에 있으라고 강요하거나 하는 등의 경찰관의 언동은 없었고, 또한 소변 제출 자체에 강제도 없었고, 임의로 승낙하여 이루어지는 등 그 위법의 정도는 중대하지 않기

47) 鈴島晋一, 앞의 논문, 376－377면 참조.

48) 小浦美保「違法収集証拠排除論の再考」『岡山大学法学雑誌』第68巻第3 · 4号, 2019, 145면 참조.

49) 검사 또는 사법경찰관의 구금, 압수 또는 압수물의 환부에 관한 처분에 대하여 불복이 있으면 그 직무집행지의 관할법원 또는 검사의 소속검찰청에 대응한 법원에 그 처분의 취소 또는 변경을 청구할 수 있다.

50) 鈴島晋一, 앞의 논문, 378면 참조.

51) 미국에서도 1984년 United States v. Leon, 468 U.S. 897 (1984) 판결에서 '선의의 예외(good faith exception)' 이론이 등장하게 되었다. 이때 연방대법원은 경찰이 영장을 합리적으로 신뢰하여 증거를 수집한 것으로 위법은 경찰에게 있는 것이 아니라 판사에게 있는 것이고, 수사기관의 불법수사 억제효과와 무관하여 배제법칙을 적용할 근거가 없으며, 범죄인이 무죄가 되는 등 사회가 부담하는 비용이 경찰관이 영장의 유효성을 객관적으로 신뢰한 경우까지 배제법칙을 적용하여 얻을 수 있는 이익보다 상당히 크기 때문에 증거배제 법칙이 부정된다고 판시하였다. 이에 대한 자세한 소개로, 박정난, 위법수집증거배제법칙에 관한 미국 판례의 시사점, 법학연구 제30권 제2호, 연세대학교 법학연구원, 2020/6,101면 참조.

52) 最高裁判所判例集40巻3号昭和60年（あ）第427号215－223면 참조; 最高裁 1986.4.25.刑集第40巻3号215면 참조.

때문에 이에 따른 감정서의 증거능력은 부정되지 않았다.[53)]

이후, 1988년 최고재판소는 위법이 있어도 얻어진 증거의 증거능력은 부정되지 않는다.[54)]라고 하는 판례와 1994년 경찰이 피고인에게 폭행을 가한 위법이 있지만 그 이전에 발견된 각성제 증거능력은 부정되지 않는다라는 취지의 판례[55)] 등 상대적 배제론을 유지해 나가고 있다.[56)]

5. 증거배제 요건의 실제 적용

일본의 위법수집증거배제법칙은 2단계로 판단된다. 첫째 증거수집절차에 위법이 있는지 판단하고 이를 선언한다. 둘째, 증거 수집 절차에 위법이 있더라도, 절대적·의무적으로 배제하는 것이 아니라, 배제가 필요하며, 상당하다고 말할 수 있는 경우에 상대적·한정적으로 배제해야 한다고 한다. 이하에서는 구체적으로 어떻게 판단·적용되는지 살펴보기로 한다.

(1) 증거의 위법성 판단

일본에서는 피고인이나 제3자의 권리를 침해한다고 말할 수 없는 경우, 위법수집증거배제법칙이 상정하고 있는 위법의 실태를 갖추지 못한다고 간주한다. 또한 위법수집증거로 주장하는 증거가 범죄의 성부나 양형에 영향을 미치지 않는 경우에

---

53) 그러나 여기에 재판관 島谷六郎의 반대의견이 있었다. 피의자의 자택에 승낙없이 들어간 것은 주거의 불가침의 권리를 침해한 것이고, 사생활의 평온을 침해한 행위 한 것이고 수사관의 위법성은 중대하고 그에 따른 증거의 증거능력을 인정하는 것은 위법한 수사를 용인하는 결과가 된다는 반대의견이 있었다. 最高裁判所判例集40巻3号昭和60年 (あ) 第427号216면 참조.

54) 경찰관이 직무질문을 하려고 하자 도망간 피고인을 승낙 없이 경찰차로 경찰서로 연행한 뒤, 경찰서 안에서 승낙 없이 발목 부근의 양말이 불룩한 것을 보고 각성제를 꺼낸 경우이다. 最高裁判所判例集42巻7号昭和62年 (あ) 第944号1051－1059면 참조.

55) 영장에 의해 수색 현장에서 경찰관이 피고인에게 폭행을 가한 위법이 있어도 그 폭행의 시점은 증거능력이 있는 각성제 발견 후에 일어났고, 피고인의 발언에 촉발된 것으로 증거능력은 부정되지 않는다. 最高裁判所判例集50巻9号平成6年 (あ) 第611号683－687면 참조.

56) 이와 비슷하게 미국에서도 1960년대 진보적인 워렌(Warren)대법원장 시기에 위법수집증거배제법칙이 주장되었으나 그 이론적 근거와 사법적 효과에 대해 많은 비판을 받게 되었고, 1970년대 이후 버거(Burger)대법원장과 렌퀴스트(Rehnquist)대법원장 시기에는 증거배제 완화론, 증거배제 수정론이 강세를 보였다. 특히 위법의 정도가 현저하고 수사기관의 악의적인 위법이 있는 경우로 증거배제를 제한하고자 하였다. 이완규, 앞의 논문, 597－598면 참조.

는 그러한 청구는 불필요하다고 보아 각하되며, 그러한 경우 위법수사에 관한 증거수사는 이루어지지 않고 법관도 판단하지 않는다.57) 다음으로 위법수사와 증거와의 관계를 볼 때, 직접적으로 연결되지 않고, 밀접한 관련성도 없다고 판단하는 경우, 위법수사증거배제법칙은 적용되지 않는다.

(2) 위법수집증거배제기준 : 중대한 위법과 장래 위법수사 방지

일본의 위법수집증거배제법칙의 요건의 적용 방식을 단순화시켜 보면, 먼저 위법의 중대성을 따지게 된다. 앞서 살펴본 디지털 성범죄 판례에서도 "경찰관이 영장주의 규정을 잠탈할 의도가 인정되지 않기 때문에 이 절차에 '중대한 위법'이 있다고 볼 수 없다."라고 판시한 바 있다. 두 번째 기준은 장래 위법한 수사를 방지할 수 있냐는 관점이다.

일본 판례 역시 '중대한 위법이 인정'되는데, 증거배제를 하지 않는 경우는 찾기 힘들다. 일반적으로 중대한 위법이 인정되는 경우 증거배제가 인정된다.58)

(3) 증거배제 기준의 구체화·명확화

일본에서는 "중대한 위법"의 증거배제 기준을 7가지로 제시하고 있다.

1) 절차 위반의 정도

적법 절차로부터 일탈한 정도, 그에 따라 침해된 이익의 중요성 및 침해의 정도를 판단한다.59) 예를 들어 체포영장 없이 체포하고, 이를 무마하기 위해 허위 기재

57) 鈴島晋一, 앞의 논문, 383면 참조.

58) 최고재판소에서 증거 배제한 사례는 체포절차에서 피의자에게 체포영장을 제시하지 않는 중대한 위법이 있고, 이를 감추려고 경찰관이 허위사항을 기재하고 공판정에서 사실에 반하는 증언을 한 경우이다. 2003년平成15年2月14日판례로, 最高裁判所刑事判例集57巻2号 平成13年 (あ) 第1678号, 121－126면 참조.

59) 우리나라에서도 위법수집증거배제법칙이 처음 도입된 일명 제주도지사 사건 판결문에서 보면, 절차 위반의 정도를 고려하는 등 상대적 배제론의 취지와 맥을 같이 하는 부분이 있다. "수사기관의 증거 수집 과정에서 이루어진 절차 위반행위와 관련된 모든 사정 즉, 절차 조항의 취지와 그 **위반의 내용 및 정도, 구체적인 위반 경위와 회피가능성, 절차 조항이 보호하고자 하는 권리 또는 법익의 성질**과 **침해 정도** 및 피고인과의 관련성, 절차 위반행위와 증거수집 사이의 인과관계 등 관련성의 정도, **수사기관의 인식과 의도** 등을 **전체적·종합적으로 살펴 볼 때,** 수사기관의 **절차 위반행위가 적법절차의 실질적인 내용을 침해하는 경우에 해당하지 아니하고,** 오히려 그 증거의 증거능력을 배제하는 것이 헌법과 형사소송법이 형사소송에 관한 절차 조항을 마련하여 적법절차의 원칙과 실체적 진실 규명의 조화를 도모하고 이를 통하여 **형사**

를 한 것은 위반의 정도가 중대한 것으로 본다. 이는 장래의 위법수사방지 차원에서도 중대한 위법으로 보아야 한다는 것이다.[60]

2) 절차 위반이 있었던 상황

긴급하고 위급한 상황에서 법 준수가 극히 힘든 경우인지 여부인지를 판단한다. 옴진리교 사건에서 사법경찰관이 압수·수색 영장에 의해 컴퓨터 1대, 플로피디스크 108개를 압수하였는데, 이 때 이 내용을 확인하지 않고, 압수·수색한 것에 대해 최고재판소는 수사기관은 이를 압수할 때, 피의사실에 관한 정보가 기록될 개연성이 인정되고, 그러한 정보가 실제 기록되었는지에 대해 확인해야 하지만 기록된 정보를 손괴할 위험(정보파괴 위험)이 있는 경우에는 플로피디스크를 포괄적으로 압수할 수 있다고 판시하였다.[61] 포괄적인 압수는 영장과 관련성이 없는 정보의 수집·이용을 인정하는 것은 아니기 때문에 압수 후 수사기관이 내용을 확인한 후에 관련성이 없다고 판명한 디지털 데이터는 신속히 반환 또는 삭제해야 한다. 사후적으로 준항고에 의해 필요성이 없는 압수 처분을 취소할 여지가 있다.[62]

3) 절차위반의 계획성, 인식, 의도 정도

절차 위반의 정도를 적어도 인식할 수 있는 상황 하에서 한 것인가를 판단한다. 이는 수사관, 경찰관의 주관적 측면[63]인데, 영장주의를 잠탈하려는 의도 등이 평가된다.

4) 절차위반의 빈도

절차 위반이 반복적으로 행해질 우려가 있는가를 판단한다. 같은 행위가 반복된 경우, 중대한 위법이 있다고 하여 증거배제 판단으로 이어지기도 한다.[64]

사법 정의를 실현하려 한 취지에 반하는 결과를 초래하는 것으로 평가되는 예외적인 경우라면, 법원은 그 증거를 **유죄 인정의 증거로 사용할 수 있다**고 보아야 한다." 대법원 2007. 11. 15. 선고 2007도3061 전원합의체 판결; 이 판례를 규칙 vs. 원리 개념으로 분석한 논문으로 나기업, 위법수집증거배제법칙과 형량, 형사정책연구 제33권 제1호, 2022/봄, 104-105면 참조.

60) 最高裁判所刑事判例集57巻2号平成13年（あ）第1678号125면 참조.

61) 옴진리교에서 기록된 정보를 한순간에 삭제하는 컴퓨터 소프트웨어를 개발하고 있다는 정보가 있었다. 最決平成10年5月1日刑集52巻4号275면 참조.

62) 벳코아메 준항고 사건(東京地決平成10年2月27日判時1637号152면) 성인 저널 웹사이트 개설희망자 428명의 개인정보인 고객관리 데이터가 기록된 플로피 디스크 1장을 압수하였지만, 피의자 이외의 데이터는 필요성이 없어 압수처분을 취소하였다. 高橋郁夫外 6人『デジタル証拠の法律実務Q&A』日本加除出版株式会社, 2023, 412면 참조.

63) 小浦美保, 앞의 논문, 150면 참조.

5) 절차위반과 당해 증거획득의 인과성 정도

예를 들어 절차가 합법적으로 행하여졌다면 그것을 획득할 수 없었는지를 판단한다. 다만 추상적인 가능성이 아니라 실제적으로 합법적 절차를 이용 가능한지 여부를 검토하는 것이다.

6) 증거의 중요성

그 증거가 당해 사건의 증명에서 중요성의 정도를 고려한다.

7) 사건의 중대성

법정형 정도나 죄질 기준을 고려하여[65] 사건의 중대성을 판단한다. 위법행위의 객관적 측면이라고 볼 수 있다. 침해된 법익의 성질, 정도가 고려된다.

2. 실제 위법수집증거배제법칙 쟁점인 사건의 처리

위법수집증거 주장이 있는 경우, 먼저 주장된 위법의 내용을 검토하고, 변호인이 주장하는 수사절차의 위법이 증거배제 요건에 해당하는지 검토한다.

일본에서 첫째, 피고인에 대한 증거 수집 절차에서 그 절차 전체를 일체로서 부당한 것인지 실질적 위법성이 존재하는지, 그 결과 증거를 이용하여 피고인을 처벌하는 것이 기본적으로 '**정의**[66]**의 관념**'에 반하는 것인지를 확인한다.[67]

둘째, 이때 수사기관의 위법은 증거수집절차에서 명백하고, 확실한 위법이라고 인정될 수 있을 때이다. 이때 위법은 '**수사기관으로서 당연히 알고 있는 사실**'이다. 셋째, 증거가 배제되는 경우는 국민의 신뢰를 확보하기 위해 증거 배제가 필요한 경우이다. 비슷한 절차의 재발 방지를 위해서 증거 배제가 필요한 경우이다. 이 경우, **증거배제의 결과, 불이익과 증거배제의 필요성을 비교 형량하여 증거의 채택**을 정한다.

64) 鈴島晋一, 앞의 논문, 382면 참조.

65) 鈴島晋一, 앞의 논문, 378면 참조.

66) 사개추위 검토에서 당시 이완규검사는 위법수집증거배제법칙을 "위법하게 수집된 증거는 위법이 중대하고 이를 증거로 함이 사법적 정의에 반할 때에는 증거로 할 수 없다."라고 "중대성"기준과 "사법적 정의"기준을 제시하였다. 이완규, 앞의 논문, 614면 참조.

67) 井上正仁, 앞의 책, 403면 참조.

Ⅳ. 적정절차원칙과 진실규명의 균형

형사소송법은 형사사법을 통하여 정의를 실현하고자 한다.[68] 일반적으로 형사소송의 목적으로 실체적 진실발견과 적법절차원칙을 언급한다.[69] 국가 형벌권을 실현 하기 위한 절차이므로 사건의 실체를 파악하여 범죄자를 처벌하고, 범죄인이 아닌 자는 처벌해서는 안된다. 그러나 이러한 실체적 진실발견을 위해 피의자나 피고인의 기본적 인권을 무시해서는 안된다.[70]

지금까지 살펴본 일본의 위법수집배제법칙은 실체적 진실발견[71], 즉 진실규명[72]에 방점이 있는 듯하다. 즉 위법수사인 것은 인정하지만, 중대한 위법이 아니고, 위법수사를 방지할 목적에 부합하지 않으면 증거배제를 하지 않는 방향을 취하였다.

최근 우리나라 디지털 증거 수사에서 문제가 되는 영역은 압수·수색 영장 기재가 모호한 영역이다. 컴퓨터에 대한 영장은 있으나, 클라우드에 대한 영장이 없는 때[73], 클라우드에 대한 영장은 있으나, 클라우드에 대한 비밀번호 등 접근권한에 대한 영장이 없는 때[74], 수사관들은 아직 적법과 위법의 경계를 인식하지 못하고,

---

68) 정웅석·최창호·김한균, 신형사소송법 제2판, 2023, 57－58면 참조.

69) 이창현, 형사소송법 제8판, 정독, 2022, 20면 참조. 이 두 이념의 관계에 대한 서술은 일치하고 있지 않다. 일부 견해는 실체적 진실 발견을 형사절차의 최우선 과제로 삼고서 적법절차원리는 실체적 진실발견을 위한 수단으로 이해한다. 다른 견해는 이 두 이념을 병렬적으로 생각하여 형사절차는 적정절차와 실체적 진실발견을 동시에 달성해야 하는 것으로 보고 있다. 배종대·홍영기, 형사소송법, 홍문사, 2020, 6면 참조; 이주원, 형사소송법, 박영사, 2022, 전론(前論) xliv 참조; 대법원 2009.10.22.선고 2009도7436 전원합의체 판결.

70) 이창현, 앞의 책, 20면 참조.

71) 실체적 진실발견이라 함은 과거에 일어난 범죄사건의 객관적 진실을 있는 그대로 발견함을 뜻한다. 변종필·나기업, 형사소송법, 박영사, 2024, 12면 참조.

72) 진실규명원칙이란, 법원은 최대한의 증거판단을 통해 사안을 적확하게 확정해야 한다는 요청이다. 소송주체를 비롯한 모든 소송관계인이 적극적으로 절차에 참여해 자신의 주장을 피력하고 이를 뒷받침할 증거자료를 제시할 기회를 적정히 보장함으로써 최대한의 증거자료를 확보할 것과 그에 대한 남김없는 증거판단을 통해 진실을 규명할 것을 요구한다. 실체적 진실발견을 형사소송법의 목적으로 언급하는 경우도 많지만, 형사소송에서 진실이 역동적이고 시간·맥락에 의존적이며 참여자들 상호작용에 제약받는 점을 고려하는 차원에서, 형사소송에서 진실은 규명되어야 한다는 요청을 나타내는 '진실규명'원칙이 타당하다. 변종필·나기업, 앞의 책, 16면 참조. 따라서 본 논문에서도 '진실규명원칙'으로 서술하겠다.

73) 최근 논의 중인 클라우드 압수수색 사례와 미국의 사례를 비교해 놓은 논문으로, 김면기, 수사목적(cloud)압수수색의 현재와 미래, 형사법연구 제35권 제1호, 2023/봄, 210－231면 참조.

74) 수원고등법원 2022.6.15. 선고 2022노145판결 참조.

기준도 확실하지 않아 모호하다고 생각한다.[75] 영장에 잘 기재되었거나 현장에 나가서 잘 판단하면 된다고 생각하겠지만, 긴박한 상황에서 직무를 행하는 수사관이 적법여부를 판단하기 어려운 경우가 있다.[76] 모호한 기준으로 위법한 수사를 억제한다는 목적으로, 진실규명을 희생시키고, 위법수집증거배제법칙을 적용해 증거가 있는 성범죄 등을 처벌하지 않는 것이 과연 사법정의를 위한 것인지 의문이다.[77] 이에 더해 위법수집증거배제가 '위법수집증거를 억제한다는 실증적 증거도 없다'라는 연구결과가 있다.[78]

디지털 정보에 대한 수사를 많이 해 본 수사관이나 검사들은 영장에 무엇을 기재하여 신청하거나 청구해야 하는지 정보화[79]되어 있지만, 많은 일선의 수사관들은

---

75) 비슷한 취지의 견해를 소개한 박정난, 앞의 논문, 105면 참조.

76) 이에 대한 적절한 지적으로, 미국의 순회법원 판사에게 압수·수색 시나리오를 보여주고 적법여부를 판단하라고 하였는데 적법과 위법이 1:1로 분분하였다. 상당한 기간 동안 경력을 쌓은 법률 전문가들이 편안하게 휴식을 취하면서 판단한 것도 결론이 분분한데 야간이나 새벽에 긴박한 상황에서 직무를 수행하는 수사기관의 적법여부판단에 대해 사후 위법행위라고 증거를 배제하는 것은 지나치게 가혹하다고 주장한다. Robert Belanger, Judicial Decision Making and the Exclusionary Rule, Texas Review of Law & Politics, Vol. 21, No. 1, 2016, pp.102–103. 재인용: 박정난, 앞의 논문, 105면 참조.

77) 성범죄에 대해 일반인의 법감정을 반영하지 못한다면 사법부의 신뢰를 잃을 가능성에 대해 언급한 칼럼으로 정소민, 강력범죄와 한국인의 법 감정, 법률신문, 2021–07–26 https://www.lawtimes.co.kr/news/171697 (최종검색일 2024.3.2.) 참조.

78) 미국에서 증거배제가 위법수사 억제효과와 관련해서 실증적으로 증명되지 않았다는 비판이 있다. Richard M. Re, THE DUE PROCESS EXCLUSIONARY RULE, Harvard Law Review, Vol. 127, No. 7, MAY 2014, p.1894.

79) 실제 압수·수색 영장에 기재된 <압수할 물건>을 보면 다음과 같다. "압수수색 장소에서 피의자의 휴대전화 등 전자기기를 통해 접속하는 클라우드/이메일/메신저 서비스의 원격지 서버장소" "각 자료가 컴퓨터 파일이나 전자문서 등으로 전산·전자화되어 있거나 전자메일 및 어플리케이션 등에 첨부·화체되어 있는 경우, 그 자료가 저장되어 있는 PC, 노트북 컴퓨터 및 서버컴퓨터, 웹하드, 클라우드 등 가상저장공간, USB, CD/DVD, 플로피디스크, 모바일 인터넷 디바이스 또는 그 내·외장 메모리카드, 이동식 하드디스크, 휴대폰 등 저장장치 및 그 출력물 또는 복사물(단, 전자정보 압수에 협조하지 않거나 그 협조를 구할 수 없는 경우에는 해당 컴퓨터 등 본체 및 이동식 저장장치), 위 각 자료가 전산·전자화되어 있고 방지하는 보안프로그램이 설치되어 있는 경우 그 해제수단, 해당 보안프로그램의 운영체계, 접근코드·권한자 등을 알 수 있는 자료""위와 같은 자료가 저장·수록된 컴퓨터, 노트북 및 주변기기, 서버, 외장 하드디스크, CD, DVD 등 저장매체, USB 메모리 등 저장장치, 녹음기, 대상회사 및 임직원이 회사 업무와 관련하여 직접 관리하거나 임차하여 사용하는 전산서버에 보관된 자료(내부 메신저 및 이메일 송수신 자료 포함) 000가 사용중이거나 사용하였던 휴대전화기(문자

어떻게 기재해야 할지 잘 모르는 경우가 있을 수 있다.[80)]

2018년 출간된 검찰서류작성례에서도 <압수할 물건> “00파일을 업로드 하는데 사용된 개인 컴퓨터, 00파일이 저장된 DVD, USB, 기타 전산자료 저장장치, 피의자가 소지한 휴대전화, 스마트폰, USB 등 전산자료 저장장치”라고 기재되어 있다.[81)] 이 교재에 클라우드나 클라우드 비밀번호나 이메일 등의 언급은 없다. 영장의‘압수할 물건’은 판사의 검토를 마친 것인데, 영장에 문제가 있는 사안이라면 판사의 잘못은 아닌지 궁금하다.

일본은 사이버범죄방지조약에 따른 원격접속, 기록명령부 압수 등이 규정되어 있음을 알 수 있었다. 우리나라도 2023년 사이버범죄방지조약에 정식 초청을 받은 상태이다. 그렇다면 우리나라도 원격접속이 도입될 것이고, 이러한 국내 클라우드 관련 원격접속 문제는 자연스럽게 해결될 것이라는 전망도 하게 된다.

역사적으로 위법수집증거배제법칙은 국가가 법을 준수하지 않은 것에 대한 반성이었으나, 현재 문제되고 있는 디지털 증거와 관련된 사례를 과연 수사기관이 고의로 법을 준수하지 않은 경우라고 볼 수 있는지 의문이다. 고의로 위법수사를 한 경우와 과실로 위법수사를 한 경우는 구별해야 된다고 생각하며, 그런 차원에서 일본의 증거배제 기준을 서론에서 제시했던 경찰관 X의 사례에 적용해 보면 다음과 같다.

① 절차 위반의 정도(적법 절차로부터 일탈한 정도, 그에 따라 침해된 이익의 중요성 및 침해의 정도)를 검토해 보자. 경찰관에게 휴대폰에 대한 압수수색 영장이 있었고, 휴대폰으로 연결된 클라우드에 접속할 수 있었다. 이에 피고인의 프라이버시가 침해될 가능성은 있겠지만, 휴대폰에 대한 압수·수색 영장으로 어느 정도의 프라이버시 침해를 예상했을 것이라고 생각된다. 물론 클라우드에까지 들어갈 줄은 몰랐다고 주장할 수 있을지 모르겠으나 혐의사실과 유관한 압수·수색이었다. 절차 위반은 있었지만, 적법 절차로부터 일탈 정도와 피고인의 침해된 프라이버시 및 침해의 정도로 볼 때 중대한 위법이라고 생각되지는 않는다.

② 절차 위반이 있었던 상황(예를 들어, 긴급하고 위급한 상황에서 법 준수가 극히 힘든 경우인지 여부)을 검토해 보자. 클라우드의 경우 어디서나 접속이 가능하고,

---

메시지 및 영상 포함)”

80) 지인인 검사와 수사관 인터뷰 결과, 디지털 증거 압수·수색영장에 기재를 사수를 통해 구전으로 아는 경우가 많다고 한다.

81) 사법연수원, 검찰서류작성례, 2018, 304면 참조.

삭제 및 변경도 가능하다. 본인이 또는 공범이 있다면 공범이 접속하여 불법촬영한 사진의 이전, 변경, 삭제가 가능하다. 이 경우 긴급성 등이 인정될 수 있을 것이다.

③ 절차위반의 계획성, 인식, 의도 정도(절차 위반의 정도를 적어도 인식할 수 있는 상황하에서 한 것인가)를 검토해 보자. 경찰관 X는 집을 수색하다가 휴대폰을 발견하게 되었고, 휴대폰을 수색하다가 클라우드 서비스에 들어간 것이다.[82] 클라우드에 불법촬영물이 있는 것을 알고 일부러 고의로 처음부터 영장에 기재하지 않고, 영장없이 영장의 목적을 잠탈하려고 절차위반을 계획적으로 인식하고 한 것은 아니다. 과실이라고 보기에도 어려운, 몰라서 절차위반이 있었던 것이라고 보인다.

④ 절차위반의 빈도(반복적으로 행해질 우려가 있는가)[83]를 검토해 보자. 이러한 절차 위반이 반복적으로 행하여지는지는 알 수 없으나, 사기 사건에서 수색을 중단하고, 새로 영장을 받은 것을 보면 별건 수사에 대해서는 영장을 받아야 한다는 인식은 있었던 것 같다.

⑤ 절차위반과 당해 증거획득의 인과성 정도 (예를 들어 절차가 합법적으로 행하여졌다면 그것을 획득할 수 없었는지)를 검토해 보자. 압수·수색을 중단하고 클라우드에 대한 영장을 다시 받아서 행하였다면 피고인이 그 불법촬영물 동영상과 사진을 삭제하거나 이전하거나 유포하였을 가능성도 있다.

⑥ 증거의 중요성(그 증거가 당해 사건의 증명에서 가지는 중요성의 정도를 고려)을 검토해 보자. 성폭력처벌법 위반(카메라 등 이용촬영·반포 등)죄에서 사진과 동영상은 매우 중요한 증거이다.

⑦ 사건의 중대성(법정형 정도나 죄질 기준)을 검토해 보자. 피해자가 있는 범죄로 불법촬영물에 대한 상습범이었고, 누범기간에 범죄를 저지른 차원에서 사건을

82) 물론 이에 대해 디지털 증거 수사를 많이 해 본 수사관이라면, 무심코 파일을 클릭하여 연동된 다른 계정을 탐색하는 경우 압수 범위를 확장한 것으로 볼 수 있어 위법한 압수·수색이 될 수도 있다는 사실을 알 수도 있다. 이러한 경우 긴급압수요건인지 확인하고, 피압수자에게 관련 사항을 고지 후, 수집된 증거에 대하여 사후영장청구를 통해 증거를 수집할 수 있다. 자세히 천성덕·강구민, 실무적 관점에서 본 원격지 서버에 대한 압수·수색 절차 제언, 형사소송 이론과 실무 제11권 제1호, 2019, 82면 참조. 실제 서론의 경찰관 X사례에서 압수·수색의 위법성을 다투자, 경찰은 2021.4.12. 인천지방법원으로부터 2020.12.23. 임의제출한 휴대전화 ①에 저장된 불법 촬영 영상 파일 등에 대한 압수·수색영장도 발부받았다. 인천지방법원 2021.9.9. 선고 2021고단3305판결.

83) 같은 행위가 반복된 경우 중대한 위법이 있다고 하여 증거배제 판단으로 이어지기도 한다. 수사절차가 위법하다는 판단 그 자체에도 위법수사를 방지하기 위한 면이 있다. 鈴島晋一, 앞의 논문, 382면 참조.

처벌해야 할 이유는 충분하였다.

형사소송법의 목적이 진실규명과 적정절차원칙임을 고려해 볼 때, 위법한 수사인지를 판단하고 위법한 수사라면 그것을 '위법하다'라고 어느 정도 인지시키는 것도 장래 위법한 수사 예방을 위해 필요하다고 보인다. 그러나 수사관이 적정절차위반에 대한 고의를 가지고 있지 않고, 앞으로 위법수사 억제차원에서도 증거배제가 반드시 필요하다고 여겨지지 않을 때는 그 수집한 증거를 채택하여 피고인을 처벌하는 것이 국민의 법감정에도 일치하며 진실을 규명하고, 적정절차원칙의 균형을 맞추면서 공공의 이익에도 이바지하는 방법이 아닌가하는 생각이 든다.

Ⅴ. 결론

위법수집증거배제법칙이 명문화되면서 위법이 있으면, 자동적·의무적으로 증거에서 무조건 배제해야한다고 주장하는 견해가 있다. 역사적으로 한국에 존재해 온 위법수사의 트라우마때문이라고 생각한다. 그러나 수사기관의 경미한 위법행위로 범죄인이 누리는 혜택은 너무 크다. 실제 한국에서는 위법수사를 억제하는 예방적 효과라는 이유로, 피해가 있거나 유죄의 증거가 있음에도 증거가 배제되어 피해자 구제에 어려움을 겪는 경우가 발생하고 있다.

위법수집증거배제법칙 때문에 그만큼 수사기관은 더 신경을 써서 수사를 하고 있으므로, 수사관행의 투명성에 기여하는 측면이 분명 있다. 그러나 위법한 수사는 준항고의 절차를 거칠 수도 있고, 징계 등 행정적 제재, 손해배상 등 민사상 제재나 더 나아가서 수사관의 직권남용죄 처벌 등 형사적 제재로도 충분히 억제할 수 있다. 일본의 상대적 배제론에서 보듯이 위법의 중대성과 위법수사 억제의 측면에서 의무적·절대적 배제가 아닌 상대적·재량적 배제를 할 필요가 있다. 특히 디지털 증거와 같이 아직 기준이 명확하지 않은 분야에서는 더욱 그렇다.

특히 디지털 증거에 대한 경미한 위법수사는 수사관이 절차 위반사실의 적법·위법 여부를 인식하지 못하고 위반하는 경우가 많다. 따라서 사이버범죄를 다루어 보지 않고 가끔 디지털 증거를 접하는 경우, 수사관에 대한 교육이 필요하다.

실체법에서 고의·과실의 책임을 달리하듯이, 절차적인 면에서도 고의·과실이나 경·중에 대한 판단 없이 위법수사라는 결과만으로 판단해서는 안 될 것이다. 디지털 증거에 대한 압수·수색 가이드라인을 마련하고 수사기관에 교육하고 홍보해야 한다. 수사기관의 구성원들이 이러한 수사가 적법한 것인지, 위법한 것인지 인식한 후에 한 행위에 대해서만 평가가 내려져야 한다. 적정절차에 대한 합의없이, 애매한 상태에서 기준의 제시도 없이, 위법수사라고 하여 증거를 배제해서는 안된다. 수사기관에 기준을 제시하고, 기준을 지키도록 해야 한다. 자동적이고 의무적인 위법수사 배제는 위법수집증거배제법칙을 형식화하는 것이며, 피해자 권리구제를 도외시 하는 것이다.

형사소송법의 목적을 이루기 위해서 절차적 정의를 희생하면서 실체적 진실을 강조할 수 없는 것처럼, 실체적 진실을 희생하면서 절차적 정의를 강조하는 것도 합리적이지 않다.

【참고문헌】

단행본

배종대 · 홍영기, 형사소송법, 홍문사, 2020.
변종필 · 나기업, 형사소송법, 박영사, 2024.
사법연수원, 검찰서류작성례, 2018.
손지영 · 김주석, 디지털 증거의 증거능력 판단에 관한 연구, 사법정책연구원, 2015.
이주원, 형사소송법, 박영사, 2022.
이창현, 형사소송법 제8판, 정독, 2022.
정웅석 · 최창호 · 김한균, 신형사소송법 제2판, 2023.
조국, 위법수집증거배제법칙, 박영사, 2017.
井上正仁『刑事訴訟における証拠排除』弘文堂, 1985.
指宿信 · 板倉陽一郎 編『越境するデータと法』法律文化社, 2023.
松尾浩也 監修/池田修 外2人『条解刑事訴訟法』弘文堂, 2022.
河上和雄 外『注釈刑事訴訟法』第2巻 立花書房, 2020.
高橋郁夫 外6人『デジタル証拠の法律実務Q&A』日本加除出版株式会社, 2023.
伊丹俊彦監修/創持俊宏『適法 · 違法捜査ハンドブック』立花書房, 2017.

논문

권순호, 위법수집증거의 재량적 배제를 지지하는 이른바 '재량적 배제론'에 대한 분석적 고찰, 범죄수사학연구 6(1), 2020/6.
권순호, 위법수집증거의 의무적 배제를 지지하는 의무적 배제론에 대한 분석적 고찰, 고려법학 제98호, 2020.
권영법, 위법수집증거배제의 기준, 저스티스 통권 제118호, 2010.
김대원, 강제처분법정주의와 역외 원격지 서버에 대한 압수 · 수색, 형사소송 이론과 실무 제11권 제1호, 2019.
김재윤, 위법수집증거 배제기준의 정립에 관한 고찰, 저스티스 통권 제120호, 2010.
김봉수, 재량적 위법수집증거배제론에 대한 비판적 고찰, 비교형사법연구 제11권 제2호, 2009.

김종구, 재량적 위법수집증거배제법칙과 증거수집의 주체, 형사법연구 제26권 제2호, 2014.

김면기, 수사목적(cloud)압수수색의 현재와 미래, 형사법연구 제35권 제1호, 2023/봄.

김성룡, 전자정보에 대한 이른바 '별건 압수·수색', 형사법의 신동향 통권 제49호, 2015/12.

김태명, 미국법상 압수·수색의 법리와 우리나라에 대한 시사점, 법학논총 제27권 제3호, 국민대학교 법학연구소, 2015.

나기업, 위법수집증거배제법칙과 형량, 형사정책연구 제33권 제1호, 2022/봄.

박정난, 위법수집증거배제 법칙에 관한 미국 판례의 시사점, 법학연구 제30권 제2호, 연세대학교 법학연구원, 2020/6.

방경휘, 수사상 역외 압수·수색에 관한 연구, 법학논총 제35권 제1호, 국민대학교 법학연구소, 2022.

안성수, 각국의 위법수집증거 배제법칙과 우리법상 수용방안, 저스티스 제96호, 2007.

이경렬·박제민, 역외 압수·수색 수사에 관한 한일 최고법원 판례 비교연구, 비교형사법연구 제24권 제3호, 2022/10.

이석배, 적법절차에 따라 수집한 증거사용의 한계, 법학논총 제36권 제2호, 단국대학교 법학연구소, 2012.

이완규, 사개추위안의 위법수집증거배제원칙에 대한 검토, 비교형사법연구 제8권 제1호, 2006.

이정민, 스마트폰 비밀번호 해제 관련 자기부죄거부특권 고지의 필요성, 법학논총 제46권 제2호, 단국대학교 법학연구소, 2022/6.

이창한, 성범죄의 심각성에 대한 법관과 일반인의 인식차이, 한국공안행정학회보 통권 34호, 2009.

장응혁, 원격 압수수색의 법적 성격: 대법원 2022. 6. 30. 선고 2022도1452 판결을 소재로, 한국디지털포렌식학회, 디지털 포렌식 연구 제16권 제3호, 2022.

정수정, 디지털 성범죄 수사 중 우연히 발견된 별건 촬영물에 대한 압수·수색 방안, 형사법의 신동향 Vol.81. 2023/겨울.

조국, 2007년 이후 대물적 강제처분 분야에서의 위법수집증거배제, 비교형사법연구 제19권 제1호, 2017.

조성훈, 원격지 서버 압수·수색의 적법성－대법원 2022. 6. 30. 선고 2022도1452 판결과 관련 판례를 중심으로－, 한국형사판례연구회, 형사판례연구 제31권, 2023.

조은별, 매체와 연결된 원격지 정보 압수·수색에 대한 실증적 검토 － 대법원 2022. 6. 30. 선고 2022도1452 판결을 중심으로 －, 법조 72권 5호, 2023/10.

천성덕·강구민, 실무적 관점에서 본 원격지 서버에 대한 압수·수색 절차 제언, 형사소송 이론과 실무 제11권 제1호, 2019.

하태영, 개정 형사소송법 제308조의 2 위법수집증거배제법칙의 법적 의미와 적용범위, 형사법연구 제19권 제4호, 2007.

하태인, 형사소송법 제308조의2(위법수집증거배제법칙)의 해석, 형사정책연구 제25권 제4호, 2014/겨울.

鈴島晋一「違法収集証拠排除法則」『刑事手続法の理論と実務』 成文堂, 2020.

岩﨑正「外国に所在する記録媒体へリモートアクセスして収集した証拠の証拠能力[最判令和3年2月1日刑集75巻2号123頁]」新·判例解説Watch/2021年10月法学セミナー増刊速報判例解説

三井誠「違法収集証拠の排除」『別册ジュリスト刑事訴訟法判例百選 第6版』No.119 有斐閣, 1992.

小浦美保「違法収集証拠排除論の再考」『岡山大学法学雑誌』第68巻第3·4号, 2019.

令和3年2月1日最高裁判所第二小法廷決定,平成30年（あ）第1381号,裁時1761号, TKC ローライブラリー LEX/DB 文献番号25571273.

最高裁判所判例集40巻3号昭和60年（あ）第427号.

最高裁判所判例集42巻7号昭和62年（あ）第944号.

最高裁判所判例集50巻9号平成6年（あ）第611号.

最高裁判所刑事判例集57巻2号平成13年（あ）第1678号.

最決平成10年5月1日刑集52巻4号.

最高裁 1986.4.25.刑集第40巻3号.

Richard M. Re, THE DUE PROCESS EXCLUSIONARY RULE, Harvard Law

Review, Vol. 127, No. 7, MAY 2014.

Robert Belanger, Judicial Decision Making and the Exclusionary Rule, Texas Review of Law & Politics, Vol. 21, No. 1, 2016.

【국문초록】

디지털 증거 수집과 위법수집증거배제법칙 적용
-일본의 위법수집증거배제법칙 논의를 참고하여-

위법수집증거배제법칙이 명문화되면서 위법이 있으면, 자동적·의무적으로 증거에서 무조건 배제해야한다고 주장하는 견해가 있다. 역사적으로 한국에 존재해 온 위법수사의 트라우마때문이라고 생각한다. 그러나 수사기관의 경미한 위법행위로 범죄인이 누리는 혜택은 너무 크다. 실제 한국에서는 위법수사를 억제하는 예방적 효과라는 이유로, 피해가 있거나 유죄의 증거가 있음에도 증거가 배제되어 피해자 구제에 어려움을 겪는 경우가 발생하고 있다.

위법수집증거배제법칙 때문에 그만큼 수사기관은 더 신경을 써서 수사를 하고 있으므로, 수사관행의 투명성에 기여하는 측면이 분명 있다. 그러나 위법한 수사는 준항고나 다른 행정적 제재나 민사상 제재로도 충분히 억제할 수 있다. 일본의 상대적 배제론에서 보듯이 위법의 중대성과 위법수사 억제의 측면에서 의무적·절대적 배제가 아닌 상대적·재량적 배제를 할 필요가 있다. 특히 디지털 정보와 같이 아직 기준이 명확하지 않은 분야에서는 더욱 그렇다.

특히 디지털 증거에 대한 경미한 위법수사는 수사관이 절차 위반사실의 적법·위법 여부를 인식하지 못하고 위반하는 경우가 많다. 특히 사이버범죄를 다루어 보지 않고 가끔 디지털 증거를 접하는 경우, 수사관에 대한 교육이 필요하다.

실체법에서 고의·과실의 책임을 달리하듯이, 절차적인 면에서도 고의·과실이나 경·중에 대한 판단 없이 위법수사라는 결과만으로 판단해서는 안 될 것이다. 디지털 증거에 대한 압수·수색 가이드라인을 마련하고 수사기관에 교육하고 홍보해야 한다. 수사기관의 구성원들이 이러한 수사가 적법한 것인지, 위법한 것인지 인식한 후에 한 행위에 대해서만 평가가 내려져야 한다. 적정절차에 대한 합의없이, 애매한 상태에서 기준의 제시도 없이, 위법수사라고 하여 증거를 배제해서는 안된다. 수사기관에 기준을 제시하고, 기준을 지키도록 해야 한다. 자동적이고 의무적인 위법수사 배제는 위법수집증거배제법칙을 형식화하는 것이며, 피해자 권리구제를 도외시 하는 것이다. 형사소송법의 목적을 이루기 위해서 절차적 정의를 희생하면서 실체적 진실을 강조할 수 없는 것처럼, 실체적 진실을 희생하면서 절차적 정의를 강조하는 것도 합리적이지 않다.

◈ 주제어: 위법수집증거배제법칙, 디지털 증거, 불법수사, 일본의 위법수집증거배제법칙, 상대적 배제론

【Abstract】

Collecting digital evidence and applying the Exclusionary Rule -Referring to the discussion of Japan's exclusionary rule-

Jungmin Lee*

There is a view that when the exclusionary rule was clarified, it should be automatically and mandatorily excluded from evidence if there is an offense by investigative agencies. I think this is due to the trauma of illegal investigations that have historically existed in Korea, but the benefits to criminals from minor misconduct by investigative agencies are too great. In fact, in South Korea, there are cases where evidence is excluded even when there is evidence of harm or guilt, as a deterrent effect to curb misconduct, making it difficult for victims to seek redress.

The exclusionary rule has certainly contributed to the transparency of investigative practices, as law enforcement agencies are more careful in their investigations. However, quasi−appeals and other administrative or civil sanctions can be sufficient deterrents to illegal investigations. As Japan's theory of relative exclusion shows, it is necessary to use relative and discretionary exclusion rather than mandatory and absolute exclusion in terms of the gravity of the offense and the deterrence of illegal investigations. This is especially true in areas where the standards are not yet clear, such as digital evidence.

Minor misconduct investigations, especially for digital evidence, are often committed by investigators without recognizing the legality or illegality of the violation. Investigators need to be educated, especially if they have never dealt with cyber crime and only occasionally encounter digital evidence.

Just as the responsibility of intent and negligence is differentiated in substantive law, it should not be judged only by the result of a criminal

* Dankook University, Department of Law, Professor, Ph.D.in Law.

investigation without judgment of intent and negligence in procedural law. Guidelines for search and seizure of digital evidence should be established, educated and publicized to law enforcement agencies. Evidence should not be excluded because it is an illegal investigation, without agreement on the appropriate process, in a vague state, and without providing criteria.

◈ Key Words: exclusionary rule, digital evidence, illegal investigation, Japan's exclusionary rule, relative and discretionary exclusion

한국형사소송법학회『형사소송 이론과 실무』
제16권 제1호 (2024.3) 209~263면.
Theories and Practices of Criminal Procedure Vol. 16 No. 1 (March. 2024) pp. 209~263.
10.34222/kdps.2024.16.1.209

외국 소재의 전자적 증거 수집 방식과 증거능력 부여 방안에 관한 연구

서 원 익*

목 차

Ⅰ. 시작하며

현대사회는 디지털과 사이버 기술의 발달로 모든 영역에서 컴퓨터, 외장형 디스크 등 각종 정보저장매체를 이용한 정보저장, 통신에 모든 데이터가 전자화되어 교류되고 있는 것이 일상화되었다. 이는 범죄의 영역에서도 영향을 미쳐, 각종 범죄수사에 있어 증거가 종이문서가 아닌 전자적 정보의 형태로 디지털화되어 컴퓨터에 내장되어 있는 불가시적인 데이터를 가시적인 데이터로 출력한 경우, 출력물의 증거능력을 인정하기 위한 요건에 대한 검토가 소송법상 중요한 의미를 갖게 되었다.[1]) 이는 사이버범죄 뿐만 아니라 범죄가 그 성격을 가리지 않고 한 국가의 영역에서 국지적으로 발생하는 것이 아닌 초국경적으로 발생될 수 있다는 의미를 지니고, 결과적으로 그 증거확보에 있어서도 외국에 소재하는 전자적 증거의 확보가 보편화되는 현상을 나타내 준다. 이를 위해 국제사회에서는 국제형사사법공조 뿐만 아니라 사이버범죄조약이나 CLOUD Act 및 그 행정협정 등을 통해 형사사법에서

* 부장검사(서울남부지방검찰청, 박사과정)

1) 정웅석 · 최창호 · 이경렬 · 김한균, 「新형사소송법」, 박영사(2021.), 제596쪽

의 신속한 정보공유를 보편화하는 추세가 두드러진다.

그러나 우리나라의 국제형사사법공조법에서는 공조절차를 통해 외국에서 수집된 증거의 증거능력 판단기준에 대한 규정이 없을뿐더러, 형사소송법에서는 국가 간 디지털 증거 확보 및 증거능력에 관한 제도가 부재하며, 이른바 종래의 '종이문서'에 대한 증거능력에 관한 규정을 대부분 적용하여 판단할 수 밖에 없어 수사 및 재판실무상 어려움과 혼선이 발생한다. 초국가적이고 대규모의 피해가 발생하는 사이버범죄나 각종 범죄에 효과적으로 대응하기 위해서 각 국가간의 외교경로나 사법채널을 통해 핫라인을 구축하는 등 국가 간의 정보 공유에 전력을 기울여야 하는 것은 물론이거와, 컴퓨터 시대에 외국에서 수집된 전자적 증거가 제출되는 현실에 대비하여 그 특성을 감안한 증거능력 인정기준에 대한 논의가 이루어져야 할 것으로 보인다. 국제적 성격을 가지는 범죄영역이나 전자적 증거에 대해 그 증거능력에 대한 근거와 합리적 해결책을 모색하고, 더 나아가 입법으로 정비할 필요성에 대해서도 연구할 필요성이 대두된다.

이에 따라, 외국에 소재하는 증거의 수집방식으로서의 국제형사법공조 외에도 다른 제도적 수단을 개관하고, 종래 공조 제도에 관한 한계점을 분석해 본다. 다음으로, 공조를 통해 외국에서 수집된 증거에 대한 우리나라 법원의 증거능력 판단에 관한 판례를 소개하고, 외국의 입법례와 실무와 비교한 다음, 외국에서 수집된 전자적 증거의 증거능력과 관련하여 국가 간 절차법이 상이함에 따라 우리 국내법에 배치되게 수집된 증거의 증거능력 판단기준, 각 전자증거의 유형에 따른 우리 형사소송법상의 전문법칙 적용 여부에 대해 분석해 보기로 한다.

Ⅱ. 외국 소재 전자적 증거 수집방식

1. 국제형사사법공조

가. 내용과 절차

형사사법공조의 범위와 절차 등을 규정하고 있는 국제형사사법공조법은 형사사법공조를 '한국과 외국간에 형사사건의 수사 또는 재판에 필요한 협조를 제공하거나 제공받는 것'으로 정의한다.[2] 공조 요청서에는 사건의 요지와 공조요청의 목적

2) 국제형사사법공조법 제2조 제1항

과 내용 등을 기재하도록 규정한다.[3] 원칙적인 절차는 검사가 법무부장관에게 요청하고, 법무부장관은 외교부장관에게 이를 송부하는 것이다. 즉, 외교 경로를 거치는 것인데, 요청 절차만으로도 6개 기관(요청국의 수사기관, 법무부, 외교부와 피요청국의 외교부, 법무부, 대상기관)을 거쳐야 한다. 국제형사사법 공조법과 개별 국가 간 체결된 형사사법공조 조약이 다를 때에는 개별 조약의 내용이 우선 적용된다.[4]

나. 제도적 · 현실적 한계

형사사법공조의 요청과 회신은 12개 기관을 왕복으로 거치는 방식으로 이루어지게 된다. 즉, 형사법공조를 통한 디지털 자료의 확보는 기초 절차를 수행하는 과정에 상당한 시일이 소요될 수밖에 없다.[5] 공조요청서를 발송하기 위한 국내의 절차만도 한 달 이상의 시간이 걸리는 경우가 허다하다.[6] 무엇보다 큰 문제는 쌍벌가벌

---

3) 국제형사사법공조법 제12조

4) 국제형사사법공조법 제3조 (공조조약과의 관계) 공조에 관하여 공조조약에 이 법과 다른 규정이 있는 경우에는 그 규정에 따른다. ; 예를 들어, 국제형사사법 공조법 상으로는 원칙적으로 외교 경로를 거치도록 되어 있는 것과는 달리 개별 국가와의 형사사법공조 조약에서는 원칙적으로 굳이 외교경로를 거칠 필요가 없는 것처럼 규정된 경우가 종종 있는데, 우리나라와 미국(조약 제2조 제3호) 및 필리핀(조약 제3조 제4호) 간의 형사사법공조조약은 '중앙기관 간 직접 연락하거나 또는 외교채널을 통할 수 있다'고 규정하고, 형사사법공조에 관한 유럽협약(협약 제15조)은 외교경로를 아예 배제하고 중앙기관간의 송부를 원칙으로 하고, 긴급한 경우 사법 당국 간의 직접 송부가 가능하도록 규정하기도 한다.

5) 국제형사사법 공조법의 원칙적인 내용과는 별개로, 개별 국가와의 조약 체결 시에는 외교경로를 생략함으로써 중앙기관인 법무부장관이 직접 외국의 중앙기관에 자료를 요청하기도 하나, 이 경우 자료 요청 시에는 적어도 4개 기관(요청국의 수사기관, 중앙기관과 피요청국의 중앙기관, 대상기관)을 거쳐야 하고, 회신 시에도 4개 기관을 거치므로, 결국 상당한 시간이 소요될 수밖에 없다. 한편, 동법 제4조는 '공조조약이 체결되어 있지 아니하더라도 동일 또는 유사 사항에 관하여 대한민국의 공조 요청에 따른다는 요청국의 보증이 있는 경우에는 이 법을 적용한다'고 규정하는데, 조약을 체결하지 않은 국가라 하더라도 상호주의 하에서 실질적인 형사사법공조가 이루어질 가능성은 열려 있다는 의미이다.

6) 법률신문, 2016. 7. 28.자 "외국과 형사사법공조 3년 새 2배 이상 늘었다" https://www.lawtimes.co.kr/Legal-News/Legal-News-View?serial=102090(2024. 1. 28. 최종방문) ; 한편, 주요 ISP의 본사를 가지고 있어 세계적으로 가장 많은 공조요청을 받고 있을 것으로 예상되는 미국의 경우 요청을 수신한 때부터 회신까지 평균 10개월이 소요되고 있는 것으로 드러났다[The President's Review Group, Liberty and Security in a Changing World (Report and Recommendations of The President's Review Group on Intelligence and Communications Technologies) p. 227. https://www.justsecurity.org/wp-content/uploads/2013/12/2013-12-12_rg_final_report.pdf(2024. 1. 28. 최종방문)]. ; IP 접속기록, 트위터 계정

성의 원칙 등에 따라 사법공조에 소극적이거나 회신을 받지 못하는 경우도 많다는 점이다.[7] 특히, 휘발성이 강한 전자적 증거의 경우 수사가 지연되면 관련 증거를 인멸할 염려는 더욱 커지며, 결과적으로 혐의에 대한 실체 진실의 발견이 어려워진다. 또한, 공조요청서 자체에 범죄사실의 요지와 그 수사 방향이 어느 정도 명시될 수밖에 없고, 회신은 범죄사실을 입증하는데 필요한 자료로서, 공조의 발신과 수신에 적어도 8개 이상의 기관을 거치면서 수사기밀이 유출될 가능성은 높아질 수밖에 없고, 이는 수사의 밀행성(密行性)을 해쳐 수사의 실패와 인권을 침해할 가능성이 높아진다.[8] 더 나아가, 형사사법공조 조약에 따라 정식 자료제공 요청을 할 수 있는 국가는 수치상으로 제한적인 편이고,[9] 요청할 수 있는 죄명(혐의사실)과 자료에도 뚜렷한 한계가 있다.[10]

접속기록 등 보존기간은 통상 3개월로 공조이행 기간 중 해당 자료가 삭제될 우려가 있으므로 공조이행에 앞서 『첨단범죄 24시간 국제공조 네트워크(The G8's Network of 24 Hour Contacts for International High－tech Crime)』를 통해 범행에 사용된 접속기록 등에 대한 데이터 보존조치(data preservation) 등 추가조치가 필요할 수 있다[법무부, 「형사사법공조 실무」, 성진사(2013. 5.)], 제101쪽.

7) 이지형, "국제범죄 사법공조 수사기법 연구 － 국제형사사법공조 실무와 사례 －", 제1회 국제형사 전문검사 커뮤니티 세미나 자료집, 대검찰청(2014. 6.), 제6쪽 ; 현실적으로 많은 국가들이 쌍방가벌성 결여를 이유로 공조를 거절하고 있다. 미국의 경우 대표적으로 명예훼손죄나 병역법위반 처벌이 불가하다는 이유로 공조를 거절하고 있고, 중국의 경우 위장결혼(공전자기록불실기재) 처벌이 불가하다는 이유로 공조를 거절하고 있다.

8) 수사기관 역시 요청 단계에서 수사기밀의 유출 위험은 어느 정도 감수하고 있는데, 혐의 규명에 반드시 필요함에도 국내에서는 확보하기 어려운 자료를 수집하는 방법이 마땅하지 않아 부득이 외국에 요청할 수밖에 없는 상황에 놓여있기 때문이다.

9) 이동현, "디지털증거의 수집관련 국제공조 방안 － 형사사법공조 절차의 문제점과 이를 해결하기 위해 미국 실무상 논의되는 방안을 중심으로 －", 법과학의 신동향(통권 1호), 대검찰청(2020. 3.), 제271쪽 ; 현재 우리나라는 79개국과 형사사법공조 조약을 체결하였다. UN의 전체 회원국 수가 193개임에 비추어 볼 때 형사사법공조 조약을 체결한 국가의 수는 그 3분의 1에도 미치지 못하는 수준이라고 할 수 있다.

10) 미국의 마이크로소프트의 이메일 압수·수색 거부사건에서 연방치안판사(magistrate judge)는 마이크로소프트에 대해 아일랜드 소재 서버에 저장된 이메일도 제출하여야 한다고 결정하면서, "사법공조 절차는 수사기관에게 많은 시간과 노력을 요구하는 비효율적인 절차이기 때문에 이를 반드시 거쳐야 할 경우 수사 진행이 더뎌지고, 나아가 수사기관이 수사의 진행을 포기하기에 이를 수도 있다."고 언급한 점은 형사사법공조의 현실적 한계에 관한 문제점을 잘 지적해 주고 있다[U.S. District Court, S.D. New York 'In the Matter of a WARRANT TO SEARCH A CERTAIN E－MAIL ACCOUNT CONTROLLED AND MAINTAINED BY MICROSOFT CORPORATION', 15 F.Supp.3d p.474].

2. 인터폴 공조

인터폴 공조는 국제형사사법공조법 제38조와 국제형사경찰기구 대한민국국가중앙사무국운영규칙 제514조에서 규정한다. 국제형사경찰기구(International Criminal Police Organization, ICPO)를 통한 국제공조는 범죄의 예방과 진압을 위해 인터폴 헌장과 각 회원국의 국내법이 허용하는 한도 내에서 국제성 범죄에 관한 정보를 교환하고, 범죄자 체포 및 인도에 대하여 상호 협력하는 것을 말한다.[11] 인터폴 공조는 국가중앙사무국(National Central Bureau, 국제형사사법공조에서의 중앙기관과 동일하며, 우리나라는 경찰청 외사국에 설치)이 국제형사사법공조 절차에서의 중앙기관과 유사한 역할을 하고, 경찰, 검찰, 특별사법경찰관 등 각 수사기관의 요청을 취합한 후 각국 국가중앙사무국 간에 연결된 전용망(인터폴 24/7 네트워크)을 통해 피요청국에 전문을 발송하는 방식으로 이루어진다.[12] 전자적 증거 수집의 공조와 관련하여서는 인터폴에서는 2013년도에 인터폴 글로벌 혁신단지(INTERPOL Global Complex for Innovation, IGCI) 산하에 디지털크라임센터(INTERPOL Digital Crime Center)를 신설하고 다수 국가의 참여하에 수사상황의 전파, 디지털 증거의 공유, 압수수색 및 체포작전 지원 등 공동수사 작전을 조율(coordinating)하고 있으나 직접 수사의 기능은 없다.[13] 인터폴 공조는 외교경로를 통할 필요가 없어 신속한 공조나 정보 교류가 가능하나, 상호주의에 의한 협력으로써 그 구속력의 정도는 각국의 국내법의 범주로 한정되고 있고 외교채널에 의한 협력보다 그 구속력이 약하다. 또한 각국의 경찰제도 및 외교채널과 다른 경찰 간의 채널에 대한 인식의 차이, 경찰과 검찰간의 역할 관계, 형사 관할권에 대한 각국의 민감한 반응 및 데이터보호의 수준에 대한 국가별 차이 등으로 인하여 그 이행에 대한 법적 의무를 명확히 규정하기에는 한계가 있다.[14]

---

11) 정대용, "사이버공간에서의 증거 수집과 기본권 보장에 관한 연구", 박사학위 논문, 고려대학교 정보보호대학원(2017. 10.), 제172쪽.

12) 정대용, 위 논문, 제172쪽.

13) 정대용 · 김성훈 · 김기범 · 이상진, "국제협력을 통한 디지털 증거의 수집과 증거능력", 형사정책연구(제28권 제1호), 한국형사정책연구원(2017 · 봄), 제55쪽.

14) 조규철, "국제범죄수사에 있어 외국에서의 증거수집 및 수집한 증거의 증거능력에 대한 고찰", 한국공안행정학회보(제44호), 한국공안행정학회(2011.), 제288쪽.

3. 역외 원격지 압수·수색 방식

가. 개념

최근 국내외에서 수사기관이 범죄 혐의 수사를 위해 다른 국가의 디지털 정보를 증거로 취득할 수 있는 수단으로, ① 국내 소재 ISP의 본사 또는 지사를 압수·수색할 장소로 기재한 후 해당 ISP가 관리하는 해외 소재 서버로부터 디지털 증거를 국내로 내려받아 압수하는 방안(이하 'ISP 보관 자료에 대한 역외 압수·수색'), ② 이용자 계정 정보(아이디, 비밀번호)를 적법하게 지득한 후 이를 이용하여 해외 서버에 접속한 다음 디지털 증거를 압수하는 방안(이하 '계정 정보를 이용한 역외 압수·수색'이라 한다)이 활용된다.

나. ISP 보관 자료에 대한 역외 압수·수색

먼저, 'ISP 보관 자료에 대한 역외 압수·수색'의 사례를 보면, 2013년 미국 FBI가 마약수사를 하던 중 마이크로소프트사에 단서가 있을 것으로 추정된 이메일 정보를 수색영장으로 요구하였고, MS는 서버에 저장돼 있던 관련 이메일 정보를 경찰에 제출한 반면, 아일랜드 서버에 저장된 이메일 정보는 제출하지 않았다. 이에 사법당국이 곧바로 MS를 제소했고, 1심 법원은 1986년 제정된 저장정보법의 적용범위를 폭넓게 해석하여 미국 정부 편을 들어주었지만, 제2순회 항소법원은 2016. 7.경 "저장통신법은 국경의 경계를 넘을 순 없다"면서 MS 편을 들어준 다.[15] 1986년 제정된 '저장정보법'[16]이 미국 법원이 발부한 영장이 비공개 정보 공개를 요청

15) MS 사건의 경우 "클라우드에 저장된 정보도 물리적 보관장소를 식별할 수 있다"고 설시하였고, 이는 곧 마이크로소프트사는 데이터 국지화 모델에 기반하고 있기 때문에, 미국 정부가 아일랜드 소재 서버에 저장된 고객 이메일 정보를 MS에게 제출하도록 강제할 수 없다고 판단한 것이었다(Microsoft Ireland, 829 F.3d at 220 n.28.). 반면, 2017. 2. 구글 사건의 경우 펜실베니아 동부 주법원은 구글에게 해외 서버에 있는 고객의 이메일에 대한 미국 연방수사국의 압수수색영장에 응하라고 판단하였다. 구글의 경우 이용자도 모르는 사이에 정기적으로 이용자의 데이터를 해외의 한 데이터센터에서 다른 데이터센터로 옮기고 있는 데이터 분산화 모델에 기반하면서, 이러한 정보의 이동은 고객의 접근권이나 소유권을 둘러싼 이해관계를 침해하지 않는다는 점을 지적하면서 MS 사건과 다른 결론이 가능하다고 보았다(Google Pennsylvania, 232 F. Supp. at 725.). ; 클라우딩 시스템의 데이터 분산화 모델(data distribution model), 데이터 국지화 모델(data localization model)의 자세한 설명에 대해서는 조성훈, 「역외 전자정보 압수·수색 연구」, 박영사(2020.), 제35~37쪽 참조)

16) Stored Communication Act, (SCA)

할 수 효력을 갖도록 규정하는바, 이러한 영장의 효력이 국경을 초월한 장소에 미칠 수 있느냐는 것이 위 소송의 쟁점이었다.[17)]

다. '계정 정보를 이용한 역외 압수·수색'

(1) 적법성 여부에 관한 판례의 입장

'계정 정보를 이용한 역외 압수·수색'의 사례는, ⅰ) 국가정보원 수사관이 피고인 차량에서 압수수색한 USB 안에 들어 있던 안티포렌식 처리가 된 파일을 복호화하고, 그 결과 중국 내 서버가 있는 시나닷컴(sina.com)의 피고인의 이메일 아이디와 비밀번호를 취득한 다음, 법원으로부터 위 '시나닷컴 이메일 계정 내 편지함 등에 송·수신이 완료되어 저장되어 있는 내용 등'을 압수할 물건으로, '한국인터넷진흥원 사무실 내 PC'를 수색할 장소로 특정하여 압수수색 영장을 발부받아, 한국인터넷진흥원 직원의 참여로 피고인 이메일 계정에 비밀번호를 입력하고 로그인한 후 이메일 15건을 추출하여 출력·저장하는 방법으로 압수한 '목자단 간첩사건' ⅱ) 수사기관이 PC방에서 해외에서 북한 공작원으로부터 지령을 받고 정치권이나 지역 노동·시민계 동향을 수집·정리한 대북보고서를 작성, 이적표현물과 공산당에 대한 충성맹세문을 작성하여 외국 이메일 계정을 이용하여 발송한 피고인을 체포하고, PC방과 주거지를 압수수색하여 메모장 등에 기재된 아이디와 비밀번호를 입수하여, 해당 이메일 계정에 접속, 범죄혐의 관련 정보를 수집한 'PC방 간첩사건'을 들 수 있다.

대법원은 ⅰ) '목자단 간첩사건'의 항소심은 '해당 이메일 계정에 접근하여 자료를 확보하는 것은 형사소송법이 상정하는 압수수색의 방법이 아니고, 압수수색하는 장소 또한 대상물이 해외에 존재하여 대한민국의 사법관할권이 미치지 않아 위법한 압수수색'이라고 판단하였으나, 상고심에서 '비록 수사기관이 위와 같이 원격지의 저장매체에 접속하여 그 저장된 전자정보를 영장에 기재된 수색장소의 정보처

---

17) 더 명확한 설명을 덧붙이자면, SCA의 영장(Warrent)이라는 개념은 그 성질상 전통적인 압수수색영장에 가까우며, 이러한 영장은 개인의 프라이버시 보호를 위한 수정헌법 제4조의 제한을 받는 역내 적용을 전제로 한다는 것이다(U.S. Court of Appeals, Second Circuit, In the MATTER OF a WARRANT TO SEARCH A CERTAIN E－MAIL ACCOUNT CONTROLLED AND MAINTAINED BY MICROSOFT CORPORATION, 829 F.3d, p.210~222) ; 이상, 서원익·김정화·김종훈, "초국경 전자 증거 수집으로의 EU 형사절차 전환", 법과학의 신동향(통권 제6호), 대검찰청(2022. 11.)(이하, 서원익·김정화·김종훈, "제1논문"이라 함), 11~12쪽에서 재인용

리장치로 내려받거나 그 화면에 현출시킨다 하더라도, 이는 인터넷서비스제공자가 허용한 피의자의 전자정보에 대한 접근 및 처분 권한과 일반적 접속 절차에 기초한 것으로서, 특별한 사정이 없는 한 인터넷서비스제공자의 의사에 반하는 것이라고 단정할 수 없는 것'이라고 보아 적법절차에 위배되지 않는다고 판단하여 항소심의 판결을 뒤집었다.[18]

ⅱ) 'PC방 간첩사건'의 경우에는 '수사기관이 적법하게 알아낸 피고인들의 아이디 등을 입력하는 것은 형사소송법 제120조 제1항의 기타 필요한 처분에 해당하고, 그 방식이 수단과 목적에 비추어 사회통념상 상당한 점' 등을 근거로 항소심은 위법수집증거로 보지 않았고, 피고인 측이 이에 불복하여 상고하였으나 대법원은 상고를 기각하였다.[19]

(2) 적법성 여부에 관한 학계의 입장

원격지 압수수색에 대해 현행 법률의 해석만으로는 허용이 불가능하다는 입장으로는 '영장의 장소적 범위를 벗어난 다른 장소에 있는 컴퓨터에 대하여 영장의 효력이 미친다고 볼 수 없고, 저장매체를 강제처분의 대상으로 보는 이상 그 대상물이 아닌 다른 저장매체에 접속하여 그 내용을 인식하는 것은 허용되지 않는다'는 견해,[20] '수사기관이 영장청구서에 기재하여 원격지 압수수색을 청구하고, 법원이 그러한 집행방식이 기재된 영장을 발부하는 것은 현행법상 근거가 없어 이는 영장의 발부가 아닌 법 창조 행위'라는 견해,[21] '다른 컴퓨터에 대한 접속권한은 개인에게 귀속되는 것이지 컴퓨터에 부여되는 것이 아니기 때문에 접속권한을 관리권의 일부로 볼 수 없다'[22]는 견해 등이 있다.

---

18) 대법원 2017. 11. 29. 선고 2017도9747 판결

19) 대법원 2017. 10. 31. 2017도12643 판결

20) 전승수, "형사절차상 디지털 증거의 압수수색 및 증거능력에 관한 연구", 박사학위논문, 서울대학교(2011.2.), 제187, 197~198쪽 ; 위 논문은 '그 대상물의 관리권이 제한되는 것과 그 제한된 관리권이 어느 범위에서 수사기관에 이전되는지는 전혀 다른 문제이고, 그 처분에 의하여 인식이 허용되는 것은 영장의 집행시점에 당해 컴퓨터 내에 보존되어 있거나 다른 컴퓨터로부터 송신되어 온 데이터에 한정된다'는 일본 문헌을 근거로 제시한다[正上井仁, コンピュ.タ.ネットワ.クと犯罪捜査(2), 法學敎室(245.), 有斐閣(2001), 제52쪽]

21) 박민우, "디지털증거 압수수색에서의 적법절차", 박사학위논문, 고려대학교(2016), 제161쪽

22) 전강진, "일본의 하이테크범죄의 현상과 과제", 해외연수검사연구논문집 제18집(2), 법무연수원(2003), 제234쪽

이에 대해 현재의 압수수색 규정에 대한 해석을 통해 원격 압수수색이 가능하다는 입장으로는, '원격 압수수색을 통해 집행하는 경우 수색장소에서 해당 사이트에 접속하여 다운로드 받게 되는데, 그 경우에는 디지털 정보가 수색장소에 존재하는 것이므로 영장에서 허용한 집행 범위를 초월한지에 관한 문제는 실제로 발생하지 않으며, 원격 압수수색의 방법으로 압수한다는 취지를 영장청구서에 기재하여 영장을 발부받는 경우에는 형사소송법 제120조의 【압수수색영장의 집행에 필요한 처분】의 범위에 포함될 수 있다'는 견해,[23] '원격수색에 관한 명문의 규정은 없으나 종래의 이론상 필요한 처분에 포함되는 것으로 해석된다'는 견해[24] 등이 있다.[25]

한편, 일정한 조건하에서는 허용될 수 있다는 입장으로는, '수사기관이 압수수색영장 청구단계에서 해당 전자적 기록이 피처분자의 컴퓨터가 아닌 다른 지역의 네트워크 시스템에 존재한다는 것을 알지 못한 경우에는 비록 영장 기재장소가 피처분자의 컴퓨터가 존재하는 장소로만 되어 있을지라도 해당 데이터가 그로부터 합법적으로 접속 가능한 시스템 안에 존재하는 한 영장 기재의 특정성을 위반한 것은 아니다'는 견해[26], '수사기관이 저장서버를 특정하기 불가능한 경우 해당 입력장치로 입력한 정보가 범죄와의 관련성이 있는 점, 범죄 정황에 대한 소명 등을 전제로 입력장치를 특정하여 수색 · 검증 영장을 청구하면 되고 모든 정보저장서버까지 특정할 필요는 없다'고 보는 견해[27]가 있다. 수사기관이 구체적 경위, 대상국가의 국내법, 인터넷서비스의 이용약관 등을 종합적으로 검토하여 그 적법성을 판단하여야 한다는 견해도 있다.[28]

---

23) 양근원, "디지털 포렌식과 법적 문제 고찰", 형사정책연구(제17권 제2호), 한국형사정책연구(2006), 제152~153쪽; 이숙연, "형사소송에서의 디지털증거의 취급과 증거능력", 박사학위 논문, 고려대학교(2010), 제34쪽

24) 박봉진 · 김상균, "디지털 증거 압수수색에 관한 연구", 법과 정책(제19집 제1호), 제주대학교 법학연구소(2013. 2), 제717쪽

25) 한편, 일본에서의 원격 압수수색의 경우 '원격의 컴퓨터에 장치된 데이터에 대한 접속권한을 수색 대상 컴퓨터의 이용자가 가지고 있는 경우 수색 대상 컴퓨터가 검증의 대상이 되므로 그 관리권이 수사에 필요한 범위에서 제한이 되기 때문에 수사기관이 그 관리권의 하나인 원격 컴퓨터에 대한 접근권한을 이용하여 다운로드 받아 취득하는 것도 원래의 검증영장의 효력범위 내에 있는 행위로서 허용된다'고 보는 견해도 있다(전강진, 위 논문, 제234쪽)

26) 탁희성, "전자증거의 압수수색에 관한 일고찰", 형사정책연구(제15권 제1호), 한국형사정책학회(2004.), 제32쪽

27) 오기두, "전자정보의 수색 · 검증, 압수에 관한 개정 형사소송법의 함의", 형사소송 이론과 실무(제4권 제1호), (2012. 6.), 제159쪽

4. 조약 및 행정협정에 따른 국가 간 협력

가. 사이버범죄 조약 시행 및 제2차 추가의정서 협상

유럽평의회(Council of Europe)는 1997년 2월 '사이버범죄에 관한 전문가위원회(Commettee of Experts on Crime in Cybercrime, PC－CY)'를 설치하여[29] 사이버범죄조약의 작성을 위임하였으며, 이 전문가위원회에서 작성된 초안이 2001. 6. 22. 제50차 유럽범죄문제위원회에서 최종안으로 채택되어 2001년 11월 8일 유럽평의회 각료위원회에서 마침내 의결되었다.[30] 협약 당사국 간에는 중앙당국 간의 공조로 각 관할국가 내에 소재하는 ISP를 대상으로 저장된 데이터의 신속한 보존과 관련된 공조 임시조치(제29조), 트래픽 데이터의 신속한 보전 및 일부 제공(제17조), 데이터의 제출명령(제18조), 저장된 컴퓨터 데이터의 압수와 수색(제19조)을 할 수 있도록 한다. 더 나아가, 사이버범죄조약(European Convention on Cybercrime)[31] 제32조에서는 일정한 경우 역외 압수수색을 허용하도록 당사국들에게 권고하고 있다. 즉, 다른 당사국의 승인이 없더라도 ① 공개된 데이터 내지 ② 데이터를 공개할 권한이 있는 자의 적법하고 자발적인 동의를 얻었다면 네트워크를 통해 다른 당사국에 위치한 컴퓨터에 저장된 데이터에 접속할 수 있도록 규정한다.[32]

---

28) 조성훈, 위 책, 제29쪽

29) Explanatory Report to the Convention on Cybercrime(Budapest, 23. XI. 2001.), p.2~3 https://rm.coe.int/16800cce5b (2024. 2. 19. 최종 방문)

30) 이영준 · 금봉수 · 정완, "사이버범죄방지조약에 관한 연구", 형사정책연구원 연구총서, 형사정책연구원(2001. 12.), 8~9쪽 ; 2001년 11월 23일 헝가리 부다페스트에서 당시의 유럽평의회 43개 회원국 중 26개 회원국과 미국, 캐나다, 일본, 남아프리카 공화국 등 비회원 4개국에 이 서명하여, 2004년 7월 1일부터 발효되었다. 2021. 8. 19.자를 기준으로 유럽평의회 47개국이 모두 가입되어 있고, 45개국이 비준하고, 미비준국은 아일랜드, 러시아 2개국에 불과한 한편, 같은 날 기준으로 유럽평의회 비회원국의 경우, 협약에 가입한 국가는 총 31개국이고, 비준까지 마친 국가는 OECD 주요 회원국으로서 미국, 호주, 일본 등을 포함한 총 21개국에 이른다. 우리나라는 그 동안 미가입 상태였으나, 외교부에서 2022. 10. 사이버범죄협약 가입의향서를 비로소 제출한 상태이다. https://www.mofa.go.kr/www/brd/m_4080/view.do?seq=372854&page=1.(2024. 3. 1. 최종 방문) ; 서원익 · 김정화 · 김종훈, "초국경 전자적 증거 수집으로의 CLOUD Act 도입가능성", 법과학의 신동향(통권 제7호), 대검찰청(2023. 5.)(이하, 서원익 · 김정화 · 김종훈, "제2논문"이라 함), 42쪽에서 재인용

31) https://www.coe.int/en/web/conventions/full－list/－/conventions/treaty/185(2024. 2. 5. 최종 방문)

32) Article 32(Trans－border access to stored computer data with consent or where publicly

한편, 서비스제공자는 특정 관할지에 본사를 두겠지만, 데이터가 본사 외 다른 관할지의 서버에 저장되는 경우와 같이 그 저장 소재지의 관할권 및 적용 법률이 명확하지 않은 경우가 대다수이다. 또한 이론적으로 데이터는 클라우드 서버에 저장될 때 위치가 정해질 수 있다고 하더라도 서비스제공자 또는 그 관계회사의 주소, 데이터가 저장되는 서버의 위치에 따라 그 저장위치가 불분명해진다. 이렇듯이 서비스 제공업체의 관리시스템에 따라 정보들이 분산되는 행태가 보편화되는 문제점을 해결하기 위해 사이버범죄협약 위원회(Cybercrime Convention Committee, T－CY)는 클라우드 내 데이터에 대한 초국경적 접근문제에 대하여 연구하기 시작했고, 2015년 1월부터 클라우드 내의 전자적 증거에 관한 워킹그룹(Cloud Evidence Group, CEG)을 구성하기에 이른다. CEG는 2016년 9월 T－CY에 "클라우드 내 전자적 증거에 대한 형사사법적 접근 : T－CY에 대한 권고안"이라는 보고서를 제출하였는데, 위 권고안에 따라 사이버범죄 조약의 제2차 추가의정서는 초국경 전자정보와 관련하여 당사국이 외국에 소재하는 서비스제공업체에게 직접 가입자 정보를 제공하도록 제도를 설계하거나(제7조), 다른 당사국에게 신속하게 가입자정보 및 트래픽 데이터를 제출할 수 있는 명령에 대해 효력을 부여하는 내용으로 국내법의 입법이행을 의무화하고 있고(제8조), 논의가 완료되어 30여 개국이 서명하였고 국가별 비준 절차를 진행 중이다.[33)]

나. EU 위원회의 Electric Evidence Regulation 발의

EU 집행위원회(the European Commission, EC)는 2018. 4. 17. 전자증거 규칙(e－Evidence Regulation) 및 전자증거 지침(e－Evidence Directive) 초안을 발표하였고,[34)] 이에 대한 수정 법안이 2018. 12. 7. 채택되었는데, 법안의 취지는 유럽의

---

available) A Party may, without the authorisation of another Party: a. access publicly available (open source) stored computer data, regardless of where the data is located geographically; or b. access or receive, through a computer system in its territory, stored computer data located in another Party, if the Party obtains the lawful and voluntary consent of the person who has the lawful authority to disclose the data to the Party through that computer system.

33) 상세 설명은 서원익·김정화·김종훈, "제2논문", 42쪽 이하 참조

34) Proposal for a Regulation of the European Parliament and of the Council on European Production and Preservation Orders for Electronic Evidence in Criminal Matters, COM (2018) 225 final (Apr. 17, 2018); Proposal for a Directive of the European Parliament

경찰과 사법기관이 초국경적 전자증거에 접근하는 문제에서 이러한 데이터 접근에 대한 기본적인 원칙과 초국경적인 분쟁의 해결방안을 제시하기 위한 것이다.[35] 이러한 입법 제안은 2018. 10. European Council Conclusion[36]에 따라 미국과 협정 체결을 위한 협상[37] 및 위에서 살펴본 유럽평의회 사이버범죄협약에 대한 제2차 추가의정서 협의[38]와 함께 논의되기 시작하였다. 이 법안의 주요 제정목적은 서비스 제공자(CSPs)와 사법당국의 직접적 협력을 추구하기 위한 것이다. EU의 전자증거 규칙은 EU 회원국의 수사기관이 다른 EU 회원국 내에 설립된 서비스 제공자가 보관 중인 데이터를 제출하도록 직접 강제할 수 있는 법적 근거를 규정하고, 그러한 수단으로 법적 구속력이 있는 유럽 제출 명령(European Production Orders, EPO)과 유럽 보존 명령(European Preservation Orders, EPO－PR) 제도를 도입한다.[39]

다. 미국 CLOUD Act 및 행정협정

MS 아일랜드 사건의 항소심이 저장통신법의 불법적인 역외적용으로 판단한 후, 상고심 재판 계속 중, 미국 정부는 2018. 3. 합법적인 해외 데이터 활용의 명확화를 위한 법률(Clarifying Lawful Overseas Use of Data Act, CLOUD Act) 제정·발효시키는데, 현실적으로 클라우드 컴퓨팅의 보편화로 데이터의 해외 서버 저장이 폭증하고, 위 사건에서 역외 데이터에 대한 접근과 관련한 논란이 불거지자, 이를 입법적으로 해결한 셈이다.[40] 즉, 과거 미국 정보통신법에서는 미국 외의 정보통신서비

---

and of the Council Laying Down Harmonised Rules on the Appointment of Legal Representatives for the Purpose of Gathering Evidence in Criminal Proceedings, COM (2018) 226 final (Apr. 17, 2018)

35) 송영진, “수사기관의 클라우드 데이터 접근에 관한 비판적 고찰 : ‘데이터 예외주의’ 논쟁과 각국의 실행을 중심으로”, 형사정책연구(제30권 제3호), 한국형사정책연구원(2019·가을), 제165쪽

36) https://www.consilium.europa.eu/en/press/press－releases/2018/10/18/20181018－european－council－conslusions/ (2024. 2. 24. 최종 방문)

37) EU e－Evidence의 경우에도 EU영역에 해당되지 않는 서비스제공업체의 경우 해당되지 않는다. 특히 미국 소재 글로벌 서비스제공업체의 경우 미국 법률과의 충돌문제가 발생하기 때문에 비슷한 법률인 US CLOUD Act에 명시된 협약체결 조건에 따라 상호협약을 체결하여 이 문제를 해결해야 될 필요성이 있다.

38) https://ec.europa.eu/info/sites/info/files/annex_recommendation_budapest_convention.pdf (2024. 2. 25. 최종 방문)

39) 서원익·김정화·김종훈, “제1논문”, 62쪽 이하 참조

40) https://www.federalregister.gov/documents/2020/03/03/2020－04248/clarifying－lawful－

스제공자가 저장하고 있는 데이터의 접근 가능성을 명시하고 있지 않았다. 그러나 저장통신법 제2713조를 신설하면서 "서비스제공자는 해당 통신, 기록 또는 기타 정보가 미국 영토 내 또는 미국 영토 외에 저장되어 있는지 여부와 상관없이 해당 서비스제공자는 보유, 보관 또는 관리하는 유선 또는 전자통신의 내용 및 기타 기록 또는 고객 또는 가입자의 정보를 보존, 백업(backup), 또는 공개할 법적 의무를 준수하여야 한다."라고 규정하여 미국 외의 해외 서버에 있는 데이터라도 공개할 수 있다는 점을 법문으로 명시하였다.[41] 이에 따라 다수의 IT 글로벌 기업을 보유하는 미국은 CLOUD Act를 통해 기존 미국의 관할에 있는 기업들이 수사기관으로부터 저장통신법에 규정된 절차[42]에 따라 법관이 발부한 영장을 제시받은 경우, '정보 저장 장소에 관계없이' 통신 내용, 트래픽 데이터, 가입자 정보, 고객 정보 등에 관하여 그들이 '보관, 통제 및 소유'하는 정보를 '보관, 백업, 또는 제공'하고 있다.

더 나아가, Cloud Act는 저장통신법 제2523조에서 특정 외국 정부와의 관계에서 자국의 국내법상 데이터 수집과 관련하여 프라이버시를 강력하게 보장하는 형태의 이행입법이 마련된 경우에 미국과 행정협정(executive agreement)을 체결할 수 있도록 하는 근거를 규정했는데, 이는 곧 미국과 외국 정부 사이의 행정협정을 체결한 경우 외국의 정보통신서비스제공자가 정보 제공요청에 수락하는 법적 근거를 도입하기 위한 것으로 보인다.[43] 미국은 최초로 영국과 행정협정을 체결하였다. 호주도 2021. 12. 15. 국제 제출 명령 등을 포함한 새로운 제도 시행을 위한 입법절차를 완료한 결과 미국과 행정협정을 체결하였으며, 미국은 EU와도 행정협정을 협

overseas-use-of-data-act-attorney-general-certification-and-determination (2024. 1. 11. 최종 방문)

41) § 2713. Required preservation and disclosure of communications and records "A provider of electronic communication service or remote computing service shall comply with the obligations of this chapter to preserve, backup, or disclose the contents of a wire or electronic communication and any record or other information pertaining to a customer or subscriber within such provider's possession, custody, or control, regardless of whether such communication, record, or other information is located within or outside of the United States."

42) Chapter 121 of title 18, United States Code : Stored wire and electronic communications and transactional records access, Stored Communications Act

43) Winston Maxwell, Mark W. Brennan, Arpan A. Sura, Demystifying the U.S. CLOUD Act: Assessing the law's compatibility with international norms and the GDPR, Hogan Lovells, 2019, p.12.

상 중에 있다.[44)]

5. 미국 ISP의 임의적 자료 제공

국제적으로 페이스북, 트위터, 구글 등은 널리 보편화된 인터넷 서비스로서, 현대 사회에서 사이버범죄 뿐만 아니라 모든 범죄 수사에 있어 위 사이트의 디지털 정보는 중요한 단서나 증거가 된다. 그러나, 이들 제공업체들은 본사가 대부분 미국에 소재하기 때문에, 우리 수사기관은 외국에 있는 ISP와 협력이 필연적일 수 밖에 없다. 미국의 ISP는 미국의 저장통신법 제2702 C (4)[45)]를 근거로 업체마다 수립한 자체 가이드라인에 따라 외국 수사기관의 요청에 자료를 회신하고 있다.[46)] 대부분의 업체는 외국의 수사기관이 자료를 요청할 경우 그 국가의 법원이 발부한 압수수색영장 등의 사본을 요청하고 있으며, 경우에 따라 긴급공개요청(Emergency Disclosure Request)을 통해 직접 통신자료와 통신사실 확인자료를 제공한다. 이 경우 ISP가 요구하는 압수수색영장은 외국 법원의 강제집행을 허용하는 것이 아니라, 외국의 사법기관이 이러한 증거제공요청을 허용하였다는 사실의 증명에 불과하고, 이는 국외에서 외국의 법률에 따라 이루어지는 절차이기 때문에 우리 법원에서 발부한 영장의 집행력에 의한 것이라고 보기 어렵다.[47)] 제공되는 대부분의 자료는 가입자정보와 접속정보이다.[48)] 계정에 보관된 내용자료를 획득하려면 형사사법공조 절차가 필요하고, 실무상으로 증거자료를 회신받기까지는 평균 2－5주(긴급사안의 경우 48시간 내)가 걸리는 것이 통상적이다. 명예훼손, 모욕, 공직선거법상 후보자

---

44) 서원익 · 김정화 · 김종훈, “제2논문”, 79쪽 이하 참조 ; 반면, 우리나라는 미국과 행정협정을 시도하고 있지 않다.

45) 18 U.S. Code § 2702 C (4) … 신체의 직접적인 위해를 끼칠 수 있는 급박한 상황인 경우 또는 아동음란물의 경우에는 영장 등 법률적 절차 없이 권한 있는 정부기관에 사용자 정보(내용정보 제외)를 제공할 수 있다.

46) 서원익, “압수수색할 장소와 물건의 다양성에 따른 영장집행 방식에 관한 소고 － 영장원본제시, 참여권 보장, 압수목록 교부의 현실과 한계－”, 저스티스(통권 제182－1호), 한국법학원(2021. 2.), 제262쪽 ; 조광훈, “압수 · 수색영장의 ‘원본제시’에 관한 비판적 검토”, 형사법의 신동향(통권 제68호), 대검찰청(2020. 9.), 제6쪽.

47) 같은 의견으로 정대용 · 김성훈 · 김기범 · 이상진, 위 논문, 제71쪽.

48) 전현욱 · 탁희성 · 승재현 · 임석순 · 배상균, 「사이버범죄의 수사 효율성 강화를 위한 법제 개선방안 연구」, 미래사회 협동연구총서, 경제 · 인문사회연구회(2015. 10.), 제171쪽 이하 ; 정대용 · 김성훈 · 김기범 · 이상진, 위 논문, 제71쪽.

비방 등의 혐의와 관련한 자료는 미연방 수정헌법상 언론의 자유(Free Speech)를 이유로 거절될 수 있음을 유념할 필요가 있다.

Ⅲ. 공조절차를 통해 외국에서 수집된 증거의 증거능력 개관

1. 우리 판례 동향

외국에서 수집된 디지털증거의 증거능력에 관한 법원의 판결은 찾기 어렵고, 주로 증거서류에 관한 우리 형사소송법상의 전문법칙의 적용 여부가 쟁점이 된 사안이 대부분이다. 대법원은 "일본하관 세관서 통괄심리관 작성의 범칙물건 감정서등본과 분석의뢰서 및 분석회답서등본 등은 제315조 제1항에 의하여 증거능력이 인정된다."고 판시한바, 이는 외국공무원의 직무상 증명할 수 있는 사항에 관하여 작성된 문서로서 당연히 증거능력을 인정한다는 취지였다.[49] 한편, 미국 주(州) 검찰수사관이 작성한 피해자 및 공범에 대한 질문서와 한국 법원의 사법공조요청에 의해 미합중국 법원의 지명을 받은 수명자(미국 검사)가 작성한 피해자 및 공범에 대한 녹취서는 형사소송법 제315조 소정의 당연히 증거능력이 인정되는 서류로 볼 수는 없지만, "외국공조를 통해 가능한 모든 절차를 다했음에도 진술불능상태에 해당하는 것으로 인정할 수 있으나, 형소법 제312조 또는 제313조에 해당하는 조서 또는 서류이며, 특신상태 등 제314조의 요건을 갖추고 있어 증거능력이 인정된다."는 취지로 판결하였다.[50] 또한, 중국에 거주하는 참고인들이 작성한 진술서와 검찰수사관인 검찰주사보가 참고인들과의 전화통화한 내용을 기재한 수사보고서에 대해서는 ① 참고인들이 작성한 진술서는 제314조에 의하여 증거능력이 인정되지만,[51]

---

49) 대법원 1984. 2. 28. 선고 83도3145 판결.

50) 대법원 1997. 7. 25. 선고 97도1351 판결.

51) 원심(서울지방법원 1998. 8. 7. 선고 97노7443 판결)은 참고인들이 작성한 진술서의 경우 ⅰ) 참고인들이 현재 중국에 거주하는 점 ⅱ) 수사기록에 편철된 참고인들의 진술서와 공판기록에 편철된 참고인들의 진술서 중에서 김△자가 작성한 일부 진술서의 필체가 김○수가 작성한 진술서의 필체와 유사하게 보이지만, 이것만으로는 김△자가 작성한 진술서의 진정성립을 부정할 수 없는 점 등을 들어 특신상태를 인정하였고, 대법원(대법원 1999. 2. 26. 선고 98도2742 판결)도 마찬가지로 ⅰ) 참고인들이 중국에 거주하고 있다는 점을 고려하고, ⅱ) 서류작성에 있어서 허위로 개입할 여지가 거의 없다는 점 ⅲ) 기재내용의 신빙성이나 임의성을 담보할 구체적이고 외부적인 정황이 있다고 보여진다면서 진술서가 특히 신빙할 수 있는 상태

② 검찰주사보가 참고인들과의 전화통화 내용을 기재한 수사보고서에 대해서는 "제313조가 적용되려면 그 진술을 기재한 서류에 진술자의 서명 또는 날인이 필요한데, 수사보고서에는 검찰주사보의 기명날인만 되어 있을 뿐, 원진술자의 서명 내지 기명 날인이 없으므로 제313조에 해당하는 서류가 아니므로, 제313조에 해당하지 않기 때문에 제314조에 의한 증거능력 유무를 따질 필요 자체가 없다."고 설시하면서 그 증거능력을 부정하였다.[52)]

반면 대법원은 미국 범죄수사대(CID), 연방수사국(FBI)이 작성한 피의자에 대한 조서에 대하여 외국의 권한 있는 수사기관은 검사 이외의 수사기관에 포함되므로 형사소송법 제312조 제2항에 따라 피고인이 내용을 부인하면 증거능력이 없다고 판결하였고,[53)] 검사가 영사관계에 관한 비엔나 협약 제5조(j)와 국제형사사법공조법에 근거하여 법원에 영사를 통하여 일본에 있는 중요 관련자의 증인신문을 해줄 것을 신청하고 법원이 이를 받아들여 법무부와 외교통상부를 거쳐 일본 주재 대한민국 영사에게 공조요청서를 송부하여 이루어진 영사진술서에 대하여 법원이나 수사기관의 조서가 아니기 때문에 제313조가 적용되고, 제314조의 진술 또는 작성의 특신상황이 인정되지 않아 증거능력이 없다는 취지로 판결하였다.[54)] 최근 대법원은 '피고인 아닌 자의 진술을 기재한 서류'와 관련하여 진술자의 외국거주로 인한 공판정에서의 진술불능 상태를 판단함에 있어, "제314조의 '외국거주' 진술자가 외국거주의 사유로 증거능력을 인정받기 위해서는 특신상태 이외에도 진술할 수 있는 모든 수단을 강구하고, 증언자체를 거부하는 의사가 아닌 한 사법공조를 통해 외국의 법원을 통한 증인신문 등의 모든 절차를 시도하여야 하는데, 위와 같은 절차를 전혀 시도하지 않은 경우 외국거주 요건으로 제314조 적용할 수 없다."고 판시한 바 있다.[55)] 대법원은 군검사가 정식적인 공조절차없이 외국에 거주하는 국내

하에서 작성된 것으로 판단하였다.

52) 대법원은 동시에 위 수사보고서가 제311조, 제312조, 제315조, 제316조의 적용대상도 아니라고 보았다.

53) 대법원 2006. 1. 13. 선고 2003도6548 판결.

54) '특신상태'와 관련하여 대법원은 사인과 사인 간에 이루어진 진술기재서류가 변호사 앞에서 구술하고 변호사가 준비해간 노트북을 이용하여 작성되었는 등 작성 경위 및 작성의 장소, 방법이 정상적이라고 볼 수 없는 등의 이유로 "특신상태"를 불인정하여 파기환송하였고(대법원 2006. 9. 28. 선고 2006도3922 판결), 파기환송심 이후 최종적으로 공조요청을 통해 작성된 영사 진술서라 할지라도, 진술자의 진술경위 및 동기, 그리고 진술자와 피고인의 관계 등을 고려하여, 원심과 동일하여, "특신상태 불인정"으로 피고인의 무죄를 확정하였다.

인을 직접 참고인 조사한 사안에서, 국제형사공조법에 군검찰관에 대한 규정이 없고 임의수사 행태로 이루어졌으므로 위법수사가 아니라고 보면서도, '형사사법공조 절차나 과테말라 공화국 주재의 우리나라 영사를 통한 조사 등의 방법을 선택하지 않고, 직접 현지 호텔에 가서 조사한 것은 수사의 정형적 형태를 벗어난 것으로 보이는 점' 등의 사유를 들어 특신상태를 부정하며 진술조서에 대한 증거능력을 부정한 바 있다.[56]

결과적으로, 우리 법원은 1980년대와 1990년까지는 외국에서 수집된 증거서류의 증거능력을 인정하는 경향이었으나, 2000년대부터는 형사소송법상의 전문법칙을 엄격히 적용하면서 그 증거능력을 부정하는 추세로 볼 수 있다. 특히, 증거능력을 부정할 경우 '특신상태'의 불인정이 그 근거가 되는 사례가 많다. 다음으로는, 요청국의 절차법에 위배되는 방식으로 외국에서 수집한 증거, 외국에서 수집된 증거로서 전문증거에 해당하는 경우 그 증거능력의 판단에 관한 외국의 입법례와 판례 등의 입장을 살펴본다.

2. 외국 입법례와 판례

가. 독일

독일 연방대법원은 사법공조를 통한 외국에서 획득된 증거의 사용가능성은 내국법에 따라 결정된다고 밝히면서 증거사용가능성 판단 기준을 독일의 형사소송법으로 본다.[57] 위 사건은 체코 국적의 피고인들이 중국산 담배를 독일과 체코로 밀수

55) 대법원 2016. 2. 18. 선고 2015도17115 판결

56) 그 밖에도 대법원은 '참고인이 국외 도피를 통하여 책임을 회피하고 조사 과정의 허위진술에 따른 불이익도 염려할 필요가 없는 상태에서 일방적으로 진술한 것으로 보이고, 그러한 진술 배경에는 참고인 자신의 도피자금 제공 요구를 피고인이 거절한 것에 대한 나쁜 감정이 있기 때문인 것으로 보이며, 참고인은 귀국 후 법정 증언 등을 통해 자신의 진술에 대한 진실성을 담보할 뜻이 없음을 분명히 하고 있으며, 참고인은 진술조서를 작성한 이후 피고인의 부탁에 의한 것이라고는 하지만, 해당 진술조서의 내용이 사실과 다르다는 취지의 서류를 보냈으며, 원심 증인 공소외 2와의 전화통화에서도 공소사실과 달리 피고인의 주장에 일부 부합하는 진술을 한 사정'도 들었다(대법원 2011. 7. 14. 선고 2011도3809 판결). 반면 이 사건의 원심(고등군사법원 2011. 3. 16. 선고 2010노196 판결)은 '참고인이 뇌물을 직접 공여한 자로써 이 사건의 수사단서가 된 고발장을 제출한 자로서, 참고인에 대한 진술서 작성은 사전에 참고인과 일정을 협의하였고, 자유로운 분위기에서 임의수사의 형태로 이루어졌으며, 「군사법원법」에서 정한 절차에 따라 자필로 서명·무인한 점' 등을 들어 특신상태를 인정하였다.

한 사안으로서, 프라하 검찰청이 통화감청을 통해 협의를 포착하여 수사하여 기소하였으며, 독일 함부르크 검찰청이 사법공조요청을 통해 프라하 검찰청의 녹음기록과 통화내역을 송부받아 피고인들을 조세와 관세 포탈과 밀수로 기소하였는데, 프라하 검찰청은 독일의 사법공조요청 없이 독자적으로 수사를 진행하고, 그 증거를 추후 독일의 사법당국에 보낸 것이었다. 연방대법원은 위 사안에서 사법공조법을 준수하지 않는 방법에 의해 획득된 증거라 할지라도 사법공조법을 준수한 경우에도 공조요청국이나 피공조요청국에 의해 수집될 수 있었던 증거였다면 증거로 사용할 수 있고, 단지 제한된 범위 내에서만 그 증거가 공조요청을 받은 회원국가의 내국법에 따를 때 합법적으로 획득되었는지 여부가 심사될 수 있으며, 피요청국가의 증거수집이 그 국가의 사법공조에 근거하지 않은 경우에도 마찬가지로 보고 있다. 즉, 독일의 법원이 감청허가를 내린 체코의 법원결정의 합법성을 체코의 법을 기준으로 심사하게 되면, 국제법과 EU법에 따라 다른 회원국가들과의 관계에서 그들에게 인정되지 아니한 권한을 행사하게 되어 부당하므로, 결과적으로 제한된 심사척도로 심사해야 한다는 입장을 취한 것으로서, 단지 일반적인 법치국가적 근본원칙(allgemeine rechtsstaatliche Grundsätze)과의 조화가능성(Vereinbarkeit), 특히 유럽인권협약과 국가의 공공질서(national ordrepublic)와의 조화가능성만을 심사하는 것이 타당하다고 본 것이다. 다만, 독일에서는 외국에서 수집된 증거의 사용이 허용될 수 없는 중대한 사유를 제시하는 논의가 있다. 우선, '독자적인 사용금지 이론'은 중대한 자기부죄금지의 특권이 실질적으로 보장되지 않은 상태에서의 진술이나 자백 등 헌법 위반적인 사유가 있는 경우 형사절차에서 그러한 증거의 이용행위(Verwertungsakt)는 수집된 국가의 내국법에 따른 합법성과 무관하게 허용될 수 없다고 본다.[58] 다음으로 설령 증거를 수집한 당사국의 내국법령의 위반이 없더라도 집행국가의 법률수준이나 판결의 수준이 '독일 형사소송법의 기본적 원칙'이나 '인권보장을 위한 최소한의 기준'을 충족시키지 못한 경우, 증거사용이 금지되어야 한

57) 안성훈 · 김민이 · 김성룡, 「국제범죄수사에 있어서 외국에서 수집된 증거의 증거능력에 대한 연구」 연구총서(17－AA－10), 한국형사정책연구원(2017. 12.) BGH, Beschl. v. 21. 11. 2012 – 1 StR 310/12, BGHSt 58, 32. https://dejure.org/dienste/vernetzung/rechtsprechung?Gericht=BGH&Datum=21.11.2012&Aktenzeichen=1%20StR%20310%2F12 (2024. 3. 11. 최종 방문)

58) Frank Peter Schuster, Verwertbarkeit von Beweismitteln bei grenzüberschreitender Strafverfolgung, ZIS 2016, S.570.

다는 견해도 있다.[59]

나. 미국

미국은 양자조약을 체결한 국가들에 한해서 형사사법공조와 범죄인인도를 수행하고, 상호주의와 국제간 다자조약의 적용에 소극적이나, 사이버범죄방지조약에 가입하였으며, Cloud Act를 근거로 영국, 호주 등과 행정협정을 체결하여 시행 중이다.[60] 미국의 외국 소재 증거의 수집과 관련하여서는 통상적으로 국제업무실(Office of International Affairs: OIA)을 통해 수행·조정되는데, 검찰교범(US Attorneys' Manual)에서는 정식 요청,[61] 비공식적 수단,[62] 소환장[63]의 세 가지 방식을 제시한다.[64] 그 중 정식 요청으로는 형사사법공조조약(MLAT)이나 행정협정을 통한 공조요청 뿐만 아니라 조약이나 행정협정이 체결되어 있지 않은 외국과의 공조에서 활용되는 증거조사 의뢰장(Letters rogatory)이 있고, 비공식적 수단으로는 인터폴 공조, 각 국의 경찰기관들끼리의 비공식적 요청이나 해외 공관에서 대사나 영사를 통한 조사 등이 있을 수 있다. 다만, 미국법에서 정식이나 비공식적이든 간에 공조를 통해 해외에서 수집된 증거의 증거능력 인정요건은 별도로 규정하지 않아, 결국 실무에서는 전문증거에 대한 증거능력에 대한 법률이 기준이 될 수밖에 없다.[65] 미국은 전문증거의 예외적 인정 법체계를 갖추고 있는데, 외국에서 수집된 전문증거는 현실적으로 증인이 법정에서 증언을 할 수 없는 경우가 통상적인데, 이에 대해서는

59) Schünemann, Bürgerrechte ernst nehmen bei der Europäisierung des Strafverfahrens!, StV 2003, S.115, 123. ; Schünemann, Mindestbedingungen einer effektiven Verteidigung in transnationalen europäischen Strafverfahren, StV 2016, S.178.

60) 서원익·김정화·김종훈, "제2논문", 68쪽 이하 참조

61) CRM 275-277(Letters Rogatory, Treaty Requests, Executive Agreements and Memoranda of Understanding on Mutual Assistance in Criminal Matters).

62) CRM 278(Informal Means).

63) CRM 279(Subpoenas). ; 28 U.S.C. § 1783 ; 이에 따르면 미국 법원이 해외에 있는 미국 시민 혹은 영주권자로 하여금 출석하거나 증거를 제출하도록 소환장을 발부할 수 있도록 규정되어 있어 소환장에 의해 증인으로 하여금 미국 혹은 해외(예를 들어 미국 대사관 혹은 영사관)에 출석을 명할 수 있다.

64) 안성훈·김민이·김성룡, 위 책, 제201~202쪽.

65) 안성훈·김민이·김성룡은 미국의 경우 전문증거라고 하여 무조건 그 증거능력을 배척하려는 의도가 아닌 다양한 예외규정 및 전문증거에 해당하지 아니하는 비전문증거 규정을 통하여 전문증거에 증거능력을 부여하여 피고인의 방어권과 실체적 진실발견 및 사법정의간의 균형을 꾀하는 것으로 평가한다(위 책, 제209, 214쪽).

미국 연방증거법 제803조, 제804조, 제807조가 규정하며, 제803조는 증인이 법정에서 진술 가능한 경우, 제804조는 증인이 법정에서 진술이 불가능한 경우 증거능력이 부여되는 요건, 더 나아가 제807조는 제803조와 제804조에 해당되지 않는 나머지 전문증거 중 신뢰성(reliability)이 동등하게 보장되는 증거를 예외적으로 규정한다.[66] 그러한 사유로 연방증거법 제804조(a)는 증인이 수정헌법 제5조상의 자기부죄금지특권(privilege against selfincrimination)을 가지거나 원진술자의 사망 혹은 정신적 또는 육체적 질병으로 인하여 증언하기가 불가능한 경우 등을, 제804조(b)는 前 소송절차에서의 증언(former testimony),[67] 임종시의 진술(Statement under belief of impending death), 형사상 등의 이익에 반하는 진술(Statement against interest), 범행으로 인한 불이익(forfeiture by wrongdoing)[68]이 각각 규정되어 있다. 연방증거법 제807조는 연방증거법 제803조와 제804조에 의하여 인정되지 않은 전문진술에도 신용성이 동등하게 정황적으로 보장되는 경우에는 증거능력이 있도록 규정하고, 증거능력 인정 요건으로 ① 중요사실에 대한 진술의 제출 ② 그 진술이 증거제출자의 합리적인 노력을 통해 취득할 수 있는 다른 증거보다 높은 증명력 보유 ③ 그러한 진술에 증거능력을 부여하는 것이 연방증거법의 일반적인 목적 및 정의의 이익에 부합 ④ 원진술을 증거로 제출한 당사자는 반대 당사자로 하여금 충분히 대비할 수 있도록 원진술자의 이름과 주소를 포함하여 원진술을 증거로 제출하는 이유 등을 미리 고지하는 것을 그 내용으로 한다.[69]

다. 일본

일본은 외국으로부터 공조요청을 받은 사안에 대해서는 「국제수사공조 등에 관

---

66) 정웅석 · 김희균 · 오경식, 「전문법칙 관련규정의 정비방안」, 연구용역보고서, 대검찰청(2015.), 제40쪽.

67) 그러한 소송절차는 동일한 소송의 예비심리 절차(preliminary hearing)나 deposition 절차에서의 증언 뿐만 아니라 전혀 별개의 소송도 포함되나, 그 경우에도 반대신문이나 이와 유사한 기회가 부여되어야 한다[한웅재, “미국법상 전문법칙의 의의와 예외 – FRE를 중심으로”, 형사법의 신동향(제8호), 대검찰청(2007.), 제140쪽].

68) 정웅석 · 김희균 · 오경식, 위 연구용역보고서, 제116쪽 ; 이에 따르면 고의적으로 원진술자가 증언하지 못하도록 하거나 혹은 이러한 범행에 연관되어 있거나 그 범행을 묵인한 당사자는 자신에게 불리한 원진술자의 법정외 진술에 대하여 전문법칙을 이유로 그 증거능력이 없음을 주장할 수 없다고 한다.

69) 안성훈 · 김민이 · 김성룡, 위 책, 제212쪽.

한 법률」, 외국에 대해 공조요청을 할 경우에는 형사소송법 제197조 제1항[70]에 근거하여 법무성과 외무성을 통한 정식적인 형사공조를 수행하며, 미국과는 2003. 8. 「형사사법공조에 관한 일본국과 미합중국 간의 협약」을 체결하여 외교경로를 통하지 않고 법무대신을 통해 미국 법무부와 직접 공조를 수행하고 있으며, 그 밖에도 한국, 중국, 유럽연합, 러시아 등과 양자조약을 체결하였다.[71] 외국에서 수집된 증거서류 중 전문증거[72]의 경우 형사소송법 제321조 제1항 제3호에 따라 ⅰ) 진술자의 사망, 신체 이상, 소재불명 또는 국외 체류[73]로 인한 진술불능, ⅱ) 범죄사실의 존부와 관련된 사실의 증명에 대해 실질적으로 필요한 불가결성[74], ⅲ) 조사한 당해 외국의 수사기관을 일본의 공판정으로 소환하여 심문하는 것이 곤란하므로 특신성의 확보[75]라는 세 가지 요건 인정 하에 증거능력을 인정한다.

---

70) 일본 형사소송법 제197조 제1항 : 수사에 관하여 그 목적을 달성하기 위하여 필요한 조사를 할 수 있다.

71) 안성훈 · 김민이 · 김성룡, 위 책, 제177~178쪽.

72) 전문증거와 관련하여 일본 형사소송법 제321조 제1항에서는 피고인 이외의 자의 진술서, 진술녹취서의 증거능력과 관련하여 재판관(제1호), 검찰관(제2호)의 면전조서, 그 외 서면(제3호)로 나누어 인정요건을 달리 판단하며, 동법 제322조는 피고인의 진술이 기재된 서류, 즉 피고인의 서명 또는 날인이 있는 서면이라면 작성주체를 가리지 않고 동일한 요건 하에 증거능력을 부여한다.

73) 일본의 판례는 "국외체류의 요건 충족은 일시적으로 국외에 소재한다는 사실만으로는 부족하고, 가능한 수단을 다하여도 공판기일 또는 공판준비기일에 출두시키기 어려운 사정이 있을 것이 필요하다."는 것이 기본 입장이나[東京高判 昭和 48. 4. 26. 高集 26卷2号 500頁 https://www.courts.go.jp/app/hanrei_jp/detail2?id=51906 (2024. 3. 2. 최종 방문), 조규철, 위 논문, 제281쪽], 출석하기 어려운 사정에 대해서는 "재판소가 소환장의 송달 또는 증인신문을 촉탁할 필요는 없고, 검찰관이 진술자에게 입국의사가 없음을 확인한 것만으로 족하다." 고 판시한다[東京高判 昭和 62. 7. 29. 高集 40卷2号 77頁https://www.courts.go.jp/app/hanrei_jp/detail3?id=20309 (2023. 3. 2. 최종 방문)].

74) 東京高判 昭和 29. 7. 24. 高集7卷7号 1105頁 https://www.courts.go.jp/app/hanrei_jp/detail2?id=53262 (2024. 3. 3. 최종 방문)

75) 미국 공증인 앞에서 선서하고 진술한 선서진술서와 관련하여 일본이 미국에 대한 수사공조의 요청에 따라 작성된 것으로서, 증인에 대한 묵비권 고지, 미국 수사관과 일본 검찰관의 신문에 대한 임의 진술 등을 통해 특신성을 인정한 판례(最高裁 平成 12. 10. 31.決定 判例時報 1730号), 미국 법원에 촉탁한 증인신문조서와 관련하여 신문의 주재자가 법조자격을 갖춘 점, 위증죄의 고지가 있고 변호사가 입회한 점, 조서가 일문일답의 형식으로서 증인의 서명이 있는 점(東京高判 昭和 62. 7. 29. 高集40卷2号 77頁) 등을 들어 '특신성'을 인정한 판례가 있다. 한편, 일본 학계에서는 수사공조의 요청절차 및 과정과 당해 외국의 진술작성에 관한 법제도 및 그 실태를 입증함과 동시에 당해 조사의 구체적 상황(조사 시간과 장소, 진술거부권

한편, 외국에서 수집한 증거는 일본 형사법정에서 사용되므로 그 증거능력은 일본의 형사소송법에 따라 판단되는데, 그 수집방식이 피요청국의 절차법에 따를 경우 적법한 반면 일본의 형사소송법에는 위배되는 경우에는 독일과 유사한 '증거의 허용성'의 판단문제로 넘기고 있다. 일본과 관계된 국제마약사건에서, 호주의 법원이 발부한 통신감청 영장의 유효기간이 30일로서 실제 감청도 20일간에 15회 실시한 것에 대해 '비록 일본법에서 감청기간이 7일, 최대 감청횟수도 5일로 제한되어 있지만, 국제적으로 헤로인 밀수출이라는 사안의 중대성 및 증거수집의 필요성 등에 비추어 볼 때 일본 헌법이나 형사소송법의 정신에 비추어 증거인 감청테이프 등의 증거능력을 부정할 수 없다'고 판시한 사례[76]가 있는가 하면, '국제수사공조는 외국에서의 증거수집을 위한 요건이나 절차가 일본에서의 요건이나 절차와 다르다는 것을 당연한 전제로 하여 성립하는 제도이며, 외국 수사기관에 의한 증거수집절차가 형사소송법 전체의 기본이념에 실질적으로 반하는 경우에만 인정된다'고 판시한 사례[77]도 있다.

라. 영국

영국은 형사정의법 제117(4)(b)에서 형사사법공조를 통해 외국으로부터 수집한 진술서면에 대해서는 동법 제116(2)에 규정된 전문법칙의 적용을 배제하고 있다.[78] 그 입법적 근거에 대해서는 공식적인 절차로서 그 증인이 직접 법정에서 증언하지 못하는 피고인의 불이익을 보상할 수 있기 때문이라 본다.[79] 그러나, 정식적인 공조절차가 아닌 비공식적으로 외국에서 수집한 진술서류에 대해서는 그 증

의 고지방법, 진술자의 태도와 상황, 진술조서의 서명 · 무인 상황)에 관한 외국 수사관의 보고서 등을 작성의뢰 받는 방법 등을 특신성의 구체적 입증방법으로 제시하는 견해가 제시되고 있다[安富潔, 犯罪國際化搜查 警察學論集 46卷9号 ; 山本和昭, 國際犯罪刑事手續上諸問題 警察學論集 29卷1号 ; 酒井邦彦, 國際司法共助考察(下) 警察公論44卷 7号 ; 이상, 전국진, "외국에서 수집된 증거의 증거능력: 일본에서의 논의를 중심으로", 해외파견검사 연구논문집, 법무부(2006.), 제46쪽에서 재인용].

76) 大阪高判 平成 8年 7月 16日 判例時報 1585號 157頁 https://www.courts.go.jp/app/hanrei_jp/detail2?id=52508 (2024. 3. 1. 최종 방문)

77) 福岡地判 平成 17年 5月 19日 判時 1903號 3頁

78) 이윤제, "외국에서 수집된 증거자료에 대한 효율적 증거능력 부여 및 증거조사 방안에 대한 연구", 연구용역보고서, 법무부(2011. 9.), 제48~49쪽.

79) Robin Loof, Obtaining, adducing and contesting evidence from abroad: a defence perspective on cross-border evidence, Crim. L.R. 2011. 1., p. 48.

인이 법정증언을 하지 않을 것이라는 점이 예견된 상태에서 정식적인 사법공조에 의해 피고인이 절차에 참여할 수 있는 기회를 제공하지 못하였고, 그 증거가 중요한 증거이며, 반박할 수 있는 다른 증거를 찾기 어려운 상태에서는 피고인에게 반대신문권을 보장하지 못하는 결과가 불공정하므로 증거능력을 인정할 수 없다고 본 판례가 있다.[80]

마. 호주

호주 외국증거법[81]은 형사철자 및 관련 민사절차에서 외국자료의 사용, 외국 공적 서류의 진정성 인정 등에 관한 규정을 두고 있는데, 동법 제24(2)조에 의하면, '증언을 한 사람이 호주 국내에 있고, 법정에서 기일 증언할 수 있음에도 출석하지 않는다면 원진술이 기재된 서류, 테이프, 디스크 등을 증거로 사용할 수 없고(a항)', '증거의 출처인 사람과 관련된 서류, 테이프, 디스크 등이 기일에서 제출되었더라도 증거능력이 인정되지 않는 경우라면 그 자료가 비록 외국자료로 하더라도 증거로 사용될 수 없다(b항)'는 제한을 두는데, 이는 일반적인 전문증거의 증거능력 제한에서 벗어나지 않는 내용이라 볼 수 있다.[82] 다만 위 b항은 업무상의 기록(business record)에는 적용되지 않는데, 그 외국자료가 전문증거로 할지라도 전문증거법칙에 따르면 증거능력이 없는 자료라 할지라도 예외적으로 증거능력을 인정된다(동법 제24(3)조).[83]

---

80) Radak[1999] 1 Cr. App. R. 187 at 200. ; 이윤제, 위 연구보고서, 제51쪽에서 재인용

81) Australia Foreign Evidence Act 1994 http://classic.austlii.edu.au/au/legis/cth/consol_act/fea1994147/(2024. 3. 1. 최종 방문)

82) 같은 취지로 이윤제, 위 연구보고서, 제56쪽.

83) 이윤제, 위 연구보고서, 제57쪽. ; 더 나아가 외국자료의 증거능력이 제24조에 의해 인정되고 있더라도 법원은 당사자의 이익, 정의의 이익을 고려하여 이를 증거로 사용하지 않을 수 있고(제25(1)조), 이 때 법원이 고려하여야 할 요소로는 증거에 대한 접근성, 증거가치, 원진술시 반대신문 여부 및 정도, 소송경제, 공정성 등이다(동법 제25조).

Ⅳ. 외국에서 수집된 전자적 증거의 증거능력 검토

1. 절차에 위반되어 수집된 전자증거의 증거능력

가. 문제점

디지털 기록화와 사이버 공간에서의 일상화가 보편적인 현대사회에서 한 국가의 전자적 증거가 국경을 넘어 다른 국가의 쟁송에서 증거로 사용되는 현상은 과거에 예상하지 못한 현상이고, 국가 간 법률이 상이함에 따른 수사방식의 차이가 있을 경우에는 그 증거가 형사소송에서 사용되는 법정에서는 위법수집증거의 논란까지 발생되며 이로 인한 증거능력의 상실이라는 현실을 직면하게 된다. 예를 들어 우리나라 현행 형사소송법 제106조 제3항은 디지털 압수수색과 관련하여 압수의 목적물로 '정보'가 아닌 '컴퓨터용디스크'와 '그 밖에 이와 비슷한 정보저장매체'를 압수의 목적물만 명시한 채, 그 집행방식은 정보의 범위를 정하여 출력하거나 복제하여 제출받도록 규정하여 압수의 목적물과 집행방식에 있어 모순을 보이는 것은 별론으로 하고, 실무에서는 출력·복제를 원칙으로, 예외적으로 매체를 압수하고 있다. 반면 일본은 전자적 증거와 관련하여 전자기록 등 기록매체의 압수를 원칙으로 하고, 복사 인쇄 등을 예외로 규정하고,[84] 사이버방지조약은 컴퓨터 원본 압수와 출력물 압수를 병렬적으로 규정한다.[85] 한편, 독일에서는 압수대상자의 영업장소에 머무르면서 검색 작업을 하는 것은 영업에 심대한 장애를 가져올 우려가 있어 서버 등 저장장치를 가져오거나 복제 작업을 한 후 파일 검색은 수사기관에서 실시하는 것을 일반적 관행으로 보고 그런 방법에 관한 합리성을 상당히 인정한다.[86] 이렇듯

---

84) 일본 형사소송법 제110조의2 압수할 물건이 전자적 기록에 관련된 기록매체일 때에는 압수영장을 집행하는 자는 그 압수에 갈음하여 다음에 기재된 처분을 할 수 있다. 공판정에서 압수하는 경우에도 같다. 1. 압수할 기록매체에 기록된 전자적 기록을 다른 기록매체에 복사하거나 인쇄하거나 또는 이전한 후 해당 다른 기록매체를 압수하는 것 2. 압수를 당하는 자에게 압수할 기록매체에 기록된 전자적기록을 다른 기록매체에 복사시키거나 인쇄시키거나 또는 이전시킨 후 해당 다른 기록매체를 압수하는 것

85) 사이버조약 제19조 제3항 각 당사국의 권한 있는 기관에게 접속한 컴퓨터에서 자료를 확보하거나 또는 압수를 효과적으로 수행할 수 있도록 컴퓨터 자료가 저장된 매체나 컴퓨터 시스템이나 동 컴퓨터 시스템의 일부를 확보하거나 압수할 수 있는 권한, 컴퓨터 자료를 복사 및 보존할 권한, 저장된 컴퓨터 자료의 무결성을 유지할 권한 그리고 접속한 컴퓨터 시스템의 자료를 제거하거나 접속할 수 없게 만들 권한을 부여하는 입법 등의 조치를 취해야 한다.

86) BVerG 2002. 12. 18. ; NJW, 2003, p.2669 ; 독일 연방헌법재판소는 영업방해의 우려 때문에

디지털 정보 압수수색의 목적물과 집행방식의 국가 간 차이는 공조의 피요청국가의 집행실무 방식이 요청국가의 절차법에 위배될 수 있는 가능성을 내포한다. 디지털 증거는 휘발성과 가변성 등 특성으로 인하여 동일성·무결성의 입증이 중요하다고 보나, 국제형사사법공조법이나 국가 간 조약은 사법공조의 범위와 절차 등 국가 간에 증거수집과 제공 그 자체에 중점을 두었기 때문에 증거능력 판단에 관한 조항은 없다. 이러한 환경에서 국가간 공조나 협력으로 형사절차상의 증거를 수집하는 국가의 절차법이 요청국가의 국내법의 그것과 다르다는 이유로, 때로는 피요청국가의 법에 그러한 절차규정이 부재함을 이유로 요청국가의 법정에서 위법하게 수집된 증거로 보는 것은 사법공조나 국제적 협력, 외국 수사기관의 노력이 수포로 돌아가는 결과를 낳는 적지 않는 문제가 발생하는 것이다.

나. 우리 대법원 판례의 위법수집증거 판단 기준

우리 대법원은 형사소송법 제308조의2가 신설되기 전에도 종전부터 헌법과 형사소송법의 이념과 절차에 중대하게 위반된 채 수집한 진술증거와 관련하여, 진술거부권이 고지되지 않은 채 진행된 피의자신문조서,[87] 이를 녹화한 영상녹화테이프 및 그에 대한 법원의 검증조서,[88] 변호인과의 접견이 위법하게 제한된 상태에서 진행된 피의자신문조서,[89] 위법한 긴급체포에 의한 유치 중에 작성된 피의자신문조서,[90] 검사의 서명·날인이 누락된 검사 작성 피의자신문조서[91] 등의 증거능력을 모두 부정하였다.

그러나, 대법원은 비진술증거의 경우 “헌법과 형사소송법이 정한 절차에 따르지 아니하고 수집한 증거는 기본적 인권 보장을 위해 마련된 적법한 절차에 따르지 않은 것으로서 원칙적으로 유죄 인정의 증거로 삼을 수 없고...(중략)...위법하게 수집한 증거는 물론 이를 기초로 하여 획득한 2차적 증거를 유죄 인정의 증거로 삼을 수 없도록 하는 것”이라 판시하여 절차에 위반하여 수집된 증거에 대해 원칙적으로

자료의 검색이나 확인을 위해 장부나 전산 저장장치를 수사기관 내의 장소로 가져와 작업하는 것을 오히려 권장하고 있다. ; 이상, 한대일, “전자적 증거의 진정성 입증에 관한 연구”, 박사학위 논문, 성균관대학교 법학전문대학원(2014. 10.), 제54쪽에서 재인용

87) 대법원 2009. 8. 20. 선고 2008도8213 판결 ; 2010. 5. 27. 선고 2010도1755 판결

88) 대법원 1998. 6. 23. 선고 98도1323 판결 ; 2010. 5. 27. 선고 2010도1755 판결

89) 대법원 1990. 8. 24. 선고 90도1285 판결 ; 1990. 9. 25. 선고 90도1586 판결

90) 대법원 2002. 6. 11. 선고 2000도5701 판결

91) 대법원 2001. 9. 28. 선고 2001도4091 판결

증거능력을 부정하는 입장을 보인다.[92] 다만, 대법원은 위 판결에서 "실체적 진실 규명을 통한 형벌권의 정당한 실현도 형사소송 절차를 통하여 헌법과 형사소송법이 달성하려는 중요한 목표이자 이념이므로, 형식적인 절차에 따르지 않고 수집한 증거라는 이유만으로 획일적으로 그 증거의 증거능력을 부정하는 것 역시 헌법과 형사소송법이 형사소송에 관한 절차 조항을 마련한 취지에 맞는다고 볼 수 없다."며 예외를 인정하며, 그러한 예외에 해당되는 판단 기준으로, ⅰ) 절차 규정의 취지와 위반의 내용 및 정도, ⅱ) 구체적인 위반 경위와 회피가능성, 절차 조항이 보호하고자 하는 권리 내지 법익의 성질과 그 침해 정도 ⅲ) 피고인과의 관련성 ⅳ) 절차 위반행위와 증거수집 사이의 인과관계 등 관련성의 정도, ⅴ) 수사기관의 인식과 의도 등을 제시한다.

대법원은 이러한 요소들을 기준으로 사안을 전체적·종합적으로 살펴 볼 때, 수사기관의 절차 위반행위가 적법절차의 실질적인 내용을 침해하지 않고, 오히려 그러한 증거의 증거능력을 배제하는 것이 형사소송에 관한 절차 조항을 마련하여 적법절차의 원칙과 실체적 진실 규명의 조화를 도모하고 이를 통해 형사 사법정의를 실현하려 한 헌법과 형사소송법의 취지에 반하는 결과를 초래하는 것으로 평가되는 예외적인 경우라면, 법원은 그 증거를 유죄 인정의 증거로 사용할 수 있다고 본다.[93]

다. 국내절차법에 위반된 외국에서 수집된 전자적 증거의 평가

우리의 디지털 수집 절차는 출력·복제가 원칙이므로, 출력물은 디지털 저장매체에 저장된 원본과의 동일성, 무결성 등 진정성을 입증해야 하는 절차가 필연적일 수 밖에 없다.[94] 이를 위해 현재 국내 수사기관에서는 압수수색 대상자의 참여 하

---

92) 대법원 2007. 11. 15. 선고 2007도3061 전원합의체 판결

93) 한성훈, "위법하게 수집된 증거의 예외적 허용에 관한 소고", 법학연구(제15집 제1호), 인하대학교 법학연구소,(2012.), 제228쪽. ; 안성훈·김민이·김성룡, 위 연구보고서, 제269쪽에서 재인용

94) 우리 대법원도 소위 일심회 사건에서 그 동일성을 인정하기 위해서는 우선, 디지털 저장매체 원본이 압수된 이후 문건 출력에 이르기까지 변경되지 않았음이 담보되고, 다음으로 디지털 저장매체 원본에 변화가 발생하는 것을 방지하기 위해 디지털 저장매체 원본을 대신하여 디지털 저장매체에 저장된 자료를 '하드카피'·'이미징'한 매체로부터 문건이 출력된 경우에는 디지털 저장매체 원본과 '하드카피'·'이미징'한 매체 사이에 자료의 동일성도 인정되어야 하며, 마지막으로 법원 감정을 통해 디지털 저장매체 원본 혹은 '하드카피'·'이미징'매체에 저장된

에 통합 포렌식 프로그램을 이용하여 압수한 저장매체에 대한 이미지 파일을 생성하여 별도의 저장 장치에 이미지 파일을 저장한 다음, 이미지 파일을 이용하여 복구 등의 분석 작업을 거쳐, 쓰기방지장치(Fastblock)를 압수한 저장매체에 연결한 상태에서 이미지 파일 생성작업을 통해 이미지 파일에 대한 해시(Hash)값을 계산하여 대상자로 하여금 해시값이 기재된 서면에 서명, 날인케 하고, 만약 대상자가 재판과정에서 무결성을 부정하는 경우, 압수된 저장장치의 해시값과 이미지 파일의 해시값의 비교를 위한 검증을 신청한다. 또한, 당사자가 원본과 복제본의 해시값이 동일하다는 취지에 대한 확인서명을 받아 법원에 제출하여 증명하는 것이 원칙이지만, 그러한 방법이 불가능하거나 현저히 곤란하면 참여 수사관, 전문가 등의 증언에 의해 해시값이 동일하다거나 저장매체 원본이 압수 시부터 밀봉되어 증거 제출시까지 전혀 변경되지 않았다는 사정을 증명하는 방법 등으로 입증할 수 있다.[95] 그런데, 외국과의 공조를 통해서나 외국의 ISP로부터 제공받아 증거로 제출하는 전자적 증거의 수집에 있어서는 동일성과 무결성에 관한 절차적 규범도 없을 뿐더러 각 국가 간의 다른 법제로 인해 위와 같은 수집절차에 대한 인증도 없는 상태이다.[96] 만약 형사재판에서 피고인이 공조 등을 통해 외국에서 수집된 전자적 증거가 위와 같은 절차를 거치지 않았음을 이유로 위법수집증거로 항변한다면 어떻게 판단해야 하는 것인가?

결론적으로는, 공조의 피요청국이 국내법의 절차에 따라 증거를 수집하였지만, 그 수집절차와 방식이 공조 요청국의 국내법과 상충되는 경우에 발생하는 것으로서, 위 독일과 일본에서의 논의와 같은 '증거의 허용성'에 관한 문제로 귀결된다고 본다.[97] 독일의 증거사용금지이론은 국경을 넘나드는 형사소추에서 형사소추라는 이익(grenzüberschrietende Strafverfolgung)과 시민의 권리(Bürgerrechte)라는 서로 상충하는 이익충돌을 조화롭게 상쇄하기 위하여 중요한 기준으로 보이고,[98] 일본

내용과 출력된 문건의 동일성을 확인하는 과정에서 이용된 컴퓨터의 기계적 정확성, 프로그램의 신뢰성, 입력·처리·출력의 각 단계에서 조작자의 전문적인 기술능력과 정확성이 담보되어야 한다고 판시하였다(대법원 2007. 12. 13. 선고 2007도7257 판결).

95) 대법원 2013. 7. 26. 선고 2013도2511 판결

96) 박다온, "외국의 정보통신 서비스 제공자에 대한 통신자료 요청 방법과 형사법적 문제", 형사정책연구(제32권 제1호), 한국형사정책연구원(2021·봄), 제187쪽

97) 조규철, 위 논문, 제282쪽.

98) 독일의 '증거사용금지이론'은 다음과 같이 요약된다. "첫째, 국가기관에 의한 위법수집증거는 우선적으로 법영역이론을 적용한다. 둘째, 단순한 과실에 의한 적법절차위반은 규범의 보호목

도 각국의 형사절차가 상이하다는 점을 전제로 국제형사사법공조에 의해 외국에서 수집한 증거의 증거능력은 원칙적으로 인정하고, 다만 형사소송법상의 단순한 절차 위반이 아닌 형사소송법 전체의 기본이념에 실질적으로 반하는 정도의 중대한 위법이 있는 경우에만 증거능력을 부정하는 해결책을 제시하는 것이기 때문이다.

우리 법원도 형사소송법 제308조의2 신설 이전에도 비진술증거이기는 하지만, 수사기관이 긴급을 요한다는 이유로 형사소송법 예외 조항에 기하여 영장 없이 검증을 시행하였음에도 사후영장을 발부받지 아니한 경우 그 검증조서,[99] 자백의 임의성이 의심되어 증거능력이 부정될 때 그 자백에 의하여 획득된 증거물[100]에 대해서도 위법하게 수집된 증거라는 이유로 증거능력을 배척한 바 있다. 이는 법률의 개정이나 판례의 변경과 상관없이 증거수집과정에서의 헌법과 법률의 이념에 반하는 중대한 절차적 흠결이 있기 때문이고, 헌법과 형사소송법상의 적법절차의 원칙과 실체적 진술규명 간이 조화로운 모색 안에서 그 증거능력을 판단해야 한다는 위 대법원 2007도3061 전원합의체 판결의 궤와 같이 한다고 보아야 한다. 또한, 위에서 언급한 진술증거와 관련하여 위법수집증거로 인정한 판례의 사안들도 엄밀히 보자면 헌법과 형사소송법이 피의자의 인권 보장을 위해 형사소송에서 보장하는 방어권을 침해하는 중대한 절차위법이 존재하기 때문에 위법으로 판단한 것이지, 단순한 절차규정 위반만으로 위법수집증거로 판단한 것은 아니라고 볼 수 있다.

우리 대법원은 디지털 증거의 동일성·무결성 원칙과 이를 증명하는 절차를 엄격히 요구하고 있지만, 외국 수사기관이 이러한 요건을 구비하지 않고 증거물을 인도

적과 이익형량(적법절차의 내용, 방법, 침해된 권리의 성질 및 적법성의 훼손, 적법절차의 희생을 통해 얻게 되는 실체적 진실발견의 필요성 등에 대한 비교형량)에 따라 판단해야 한다. 국가기관이 증거수집절차의 위법과 무관하게 인간의 존엄권 및 인격권 등을 침해하는 경우에는 불가양의 사적영역(제1단계 : 증거능력 부인), 단순한 사적영역(제2단계 : 공익과 사익의 이익형량) 및 인격권 등과 관련이 없는 사적 영역(3단계: 증거능력 인정)의 3단계이론 내지 핵심영역이론에 의해 해결한다."[이상, 김재윤, "개정 형사소송법상 인권보호와 정의실현 간의 충돌과 타협", 영남법학(제26호), 영남대학교 법학연구소(2008.), 제63~64쪽 ; 류지영, "위법수집증거배제법칙 – 개정 형사소송법 제308조의2와 관련하여 –", 법학연구(제29집), 한국법학회(2008.), 제326쪽 ; 하태영, "개정 형사소송법 제308조의2 위법수집증거배제법칙의 법적 의미와 적용범위", 형사법연구(제19권 제4호), 한국형사법학회(2007.), 제185~186쪽 ; 안성훈·김민이·김성룡, 위 연구보고서, 제274쪽에서 재인용]

99) 대법원 1984. 3. 13. 선고 83도3006 판결 ; 1989. 3. 14. 선고 88도1399 판결 ; 1990. 9. 14. 선고 90도1263 판결

100) 대법원 1977. 4. 26. 선고 77도210 판결

하였을 경우의 문제도 형사사법절차가 각국마다 상이하여 증거수집의 방법과 절차 역시 국가 간 차이를 인정할 수밖에 없으므로, 그 절차와 관련하여 우리와 다르다는 이유만으로 증거능력을 부인한다면 국제 협력 수사는 아무런 의미도 가질 수 없다.[101] 더군다나 형사사법공조는 요청국이 피요청국의 국내법적 절차에 따라 증거를 수집해 줄 것을 요청하는 점을 고려하고, 과학기술 발달과 환경의 급격한 변화에 따라 국가 간에 다를 수 있는 세부적인 절차의 차이로 인한 문제를 적법절차의 위반으로 결론짓는 것은 부당하고, 국제 공조에 있어서도 요청국과 피요청국 어느 한쪽에 맞는 기준을 적용하는 것은 현실적으로도 불가하고 요청국이 피요청국의 수집절차에 개입하는 것이 불가능한 사정 등을 감안한다면, 외국의 수사기관이나 인터넷 서비스 제공업체가 자국의 절차에 따라 합법적으로 확보한 증거의 경우 원칙적으로 증거능력을 인정하되, 예외적으로 증거획득 과정을 전체적으로 평가하여 그 절차가 국내법에 현저하게 위배되어 위법성이 중대하다고 판단되는 경우에만 그 증거능력을 부정하는 것이 타당하다. 그 판단 기준으로는 위반행위가 적법절차에 있어 실질적 내용을 침해하였는지, 증거를 배제함이 형사사법 정의를 실현하는 헌법의 이념과 형사소송법상의 절차에 부합되는지를 기준으로 개별적인 사안별로 판단하면 될 것이다.[102]

다만, 향후에는 형사사법공조나 기타 조약이나 협정 등을 통한 국가 간 협력에 있어서 요청한 피요청국 소재의 디지털 자료가 인터넷 서비스 업체, 외국의 수사기관, 양 국가 간의 외교부나 법무부를 거쳐 국내의 수사기관까지 이관되는 과정에서의 동일성과 무결성에 대한 각 기관들마다 인증절차를 도입하거나 인수·인계 확인서 등을 발급하도록 하여 그 연속성을 담보할 수 있는 제도적 장치를 적극적으로 연구할 필요는 있을 것이다.[103]

한편, 위 「Ⅱ. 3. 역외 원격지 압수·수색 방식」에서의 '계정 정보를 이용한 역외 압수·수색'으로 수집한 외국 소재 전자정보의 증거능력에 대해서도 통신기술의 발전에 따라 현장에서의 유체물을 대상으로 한 압수수색이 차지하는 비중은 점점 줄어들고 있고, 상당수의 주요 사건에서는 정보를 현출하는 매개체에 대해 동일성과 무결성을 유지하는 디지털 포렌식의 방식으로 집행이 이루어지는 현실이 고려되어

101) 조규철, 위 논문, 제282쪽 ; 정대용·김성훈·김기범·이상진, 위 논문, 제67~68쪽

102) 조규철, 위 논문, 제282쪽 ; 정대용·김성훈·김기범·이상진, 위 논문, 제65쪽

103) 서의성, "국외에 존재하는 디지털 증거 수집 방법에 관한 연구 －인터폴 국제공조수사를 중심으로 －", 석사학위 논문, 고려대학교 정보보호대학원(2017. 12.), 제43~46쪽 참조

야 한다. 현행과 같이 물리적 장소와 유체물을 기준으로 한 영장의 범위에 대한 규정은 유지하되, 디지털 정보와 관련한 압수수색에 있어 논리적인 범위로 영장범위를 제한하여 국민의 기본권을 보장하면서도 수사의 실효성은 확보할 수 있도록 압수 영장 범위의 패러다임도 변경될 필요성과 함께 이에 따른 법제도 개선이 절실하다.[104)]

2. 형사소송법의 전문법칙 적용여부

가. 전자적 증거의 유형 분석

전자적 증거에 대한 전문법칙 적용여부를 논하기 전에, 외국의 수사기관이나 ISP로부터 직접 제공될 전자증거의 유형을 살펴볼 필요가 있다. 전자적 증거라 하더라도 단순한 데이터의 존재나 유형을 보여주는 전산적 기록이나 반복·기계적으로 전산상으로 입력·작성되는 업무상의 기록 또는 사건관계이나 참고인의 진술 내용이 요증사실에 대한 입증방법으로 기능하는 전자적 증거가 있을 수 있고, 이러한 모든 전자적 증거에 형사소송법상의 전문법칙이 적용된다고 보기 어렵기 때문이다. 현행 국제형사공조법이나 개별 국가들간의 형사사법공조조약에는 이에 대한 내용이 없기 때문에, 위에서 언급한 국제간 조약이나 협정을 통해 형사사건에서의 전자적 증거 보존, 제출 등의 공조를 위한 사이버범죄조약이나 유럽 전자규칙, CLOUD Act에 영향을 받은 미국 저장통신법(미국 연방법전 제18장 제2701조 내지 제2712조)에 정의되어 있는 공조 대상의 디지털 정보의 정의 및 유형은 다음과 같다.

우선, 사이버범죄조약상 당사국의 수사기관이 다른 당사국에게 제출명령을 발령할 수 있는 디지털 정보와 관련하여 가입자 정보,[105)] 트래픽 데이터[106)] 및 콘텐츠

104) 위 부정설을 주장하는 학자들도 수사의 효율성 뿐 아니라 당사자 보호의 측면에서도 원격지 압수수색에 관한 제도가 필요하고, 그렇지 않다면 압수수색을 위해 해당 서비스를 제공하는 포털사이트, 서버 자체 등을 압수수색해야 하는 결과 제3자에게 피해를 주게 되는 반면, 그러한 제도가 있다면 압수수색 과정에서 오히려 피의자가 어떤 부분이 압수되고 있는지 확인 가능하며 압수수색의 시간이 단축되어 기업의 영업을 방해하는 폐단도 축소시킬 수 있음을 이유로 추가 입법을 통한 보완을 요구한다[노명선, "디지털증거 압수수색에 관한 법률의 문제점과 개선방안", 발표문, 사단법인 한국포렌식학회·한국저작권위원회 개최 국회 디지털 증거 압수수색에 관한 개정법률안 공청회(2012. 11.), 제29~32쪽 ; 정대용, "수색 대상 컴퓨터를 이용한 원격 압수수색의 쟁점과 입법론", 법조(통권 714권), 법조협회(2016. 3.) 제38쪽 등].

105) 조약 제18조 (3) 가입자 정보는 트래픽 데이터나 콘텐츠 데이터가 아닌 것으로 서비스 제공

데이터[107])로 분류한다. 다음으로, 유럽 전자규칙은 관할당국이 EU의 각 국가들이 제출명령을 통해 수집하는 전자정보와 관련하여 우선, 가입자정보[108]) · 접속정보[109]) · 트랜잭션 데이터[110]) 등 비콘텐츠 데이터를 열거하고, 이러한 정보들과 대비되는

자가 업무를 위해 컴퓨터 데이터 또는 그 밖의 형태로 보유하고 있는 가입자와 관련된 ① 이용 중인 통신 서비스 유형(유·무선 통신 여부, 이메일 여부 등), 통신 서비스를 사용하기 취해진 기술적 수단(전화번호, 계정 ID, 이메일 주소 등) 및 통신 서비스의 이용 기간(가입·해지일) ② 서비스관련 계약 또는 약정에 의해 취득된 가입자의 신원, 주소, 다른 연락번호 또는 접속번호, 요금 청구 또는 지급에 관한 자료 ③ 서비스 관련 계약 또는 약정에 의해 취득된 통신장비의 설치장소와 관련된 기타 자료를 의미한다(제3호 각 호).

106) 조약 제1조 제d호 ; 조약 제17조에 규정되어 신속한 보전이나 제공될 수 있도록 하는 트래픽 데이터는 협약 제17조에 규정된 트래픽 데이터는 컴퓨터 시스템을 통한 통신과 관련하여, 통신망의 일부를 구성하는 컴퓨터 시스템에 의해 생성되는 전송 데이터로서, 통신회로의 일부를 형성하여 컴퓨터시스템에서 생성되고, 컴퓨터시스템으로 교환되는 컴퓨터데이터의 발신(origin), 수신(destination), 경로(path or route), 시각(time), 날짜, 용량, 유효기간(duration) 또는 서비스의 기본적 형태(type)를 나타내는 일체의 데이터를 말한다이영준·금봉수·정완, 「사이버범죄방지조약에 관한 연구」, 형사정책연구원 연구총서, 형사정책연구원(2001. 12.), 제64쪽 ; 한편, 트래픽 데이터(traffic data)는 다른 문헌에서는 '통신데이터', '전송데이터', '전송자료', '통신처리정보' '통신정보'등으로 번역되어 사용되고 있다[박희영·최호진·최성진, 「사이버범죄협약 이행입법 연구」, 연구용역보고서, 대검찰청(2015.), 제9쪽].

107) 조약 제21조에서 실시간 수집의 대상으로 규정하는 통신내용데이터는 위 조약상에 개념 정의는 없고, 다만 위 조약의 주석서에서 통신의 의미 또는 요지 내지는 통신을 통해서 전달되는 메시지나 정보들로서, 통신의 구성요소로서 전달되고 트래픽데이터는 아닌 모든 것으로 설명하고 있다[Explanatory Report to the Convention on Cybercrime(Budapest, 23. XI. 2001.), 228, p.39~40. ; https://rm.coe.int/16800cce5b (2024. 2. 4. 최종 방문)]. 말하자면 요증사실의 직접적인 입증방법이 될 수 있는 전화 대화내용, 문자 텍스트, 시각적 이미지 그리고 사운드를 포함한, 불법 콘텐츠를 포함하는 개념이다.

108) 가입자정보는 (a) 이름, 생년월일, 우편 또는 지리적 주소, 청구 및 결제 정보, 전화 또는 이메일과 같은 가입자 또는 고객의 신원가입자 또는 소비자가 사용하거나 가입자 또는 소비자에게 제공한 기술적 조치와 관련된 식별정보 또는 접속기, (b) 이용자가 제공하거나 이용자의 요청에 의해 생성된 비밀번호를 대신하여 사용하는 비밀번호 또는 기타 인증수단을 제외한 고객 및 서비스이용의 유효성에 관한 정보를 포함한 서비스유형 및 기간을 의미한다[Article 2 (7) ; Proposal for a Regulation of the European Parliament and of the Council on European Production and Preservation Orders for Electronic Evidence in Criminal Matters, p.39 https://db.eurocrim.org/db/en/vorgang/380/ (2024. 2. 2. 최종 방문)].

109) Article 2 (8) ; 접속정보는 서비스에 대한 사용자 접속기간의 시작 및 종료와 관련된 정보를 의미하는바, 이용일시, 서비스에 로그인 및 로그오프 정보로서, 인터넷 접속 서비스제공업체가 서비스사용자에게 할당한 IP 주소, 사용된 접속기를 식별하는 정보 및 사용자 ID와 함께 서비스이용자를 식별하기 위한 것이다.

콘텐츠 데이터로서 내용적 정보[111]를 규정한다.[112] 또한, 미국의 저장통신법은 가입자정보를 '기본 가입자 정보(Basic Subscriber Records)'와 '기타 가입자 정보(Other Subscriber Information)'로 구분하여 수사기관의 수집방법을 달리 정하는데, 전자는 가입자의 성명·주소·전화통신기록, 제공된 서비스의 유형과 기간, 지급수단 등을 포함하고, 후자는 거래 기록, 로그 기록, 가입자와 교신한 이메일 주소 등을 포함한다.[113] 그 밖에 통신정보(transactional records), 내용정보(contents)로 분류한다.[114]

각 규정들간의 전자적 증거에 대한 분류가 세부항목별로 다소간 차이가 있을지라도, 기본적으로는 i) 이름, 주민등록번호, ID 등 '가입자 정보', ii) 정보주체의 활동이 반영되나, 그 주체의 의도와 상관없이 통신의 이용에 따라 자동적으로 생성되어 저장되는 인터넷 로그기록 등의 '기록적 정보', iii) 정보주체가 경험이나 의견 등을 직접 입력하거나 인터넷을 통해 다른 사람과 대화한 내용이 저장되는 e-mail, 쪽지류 등 Direct message, SNS 대화 등 '내용적 정보'로 구분할 수 있겠다.[115] 결국 진술로서 텍스트나 음성의 내용을 구성하는 '내용적 정보'로서의 콘텐츠 데이터는 별론으로 하고 대부분의 디지털 정보는 미리 설정된 프로그램에 의해 사람의 작업이나 외부의 환경 변동에 따라 기계적·자동적으로 저장되는 정보에 해

110) Article 2 (9) ; 트랜잭션 데이터는 서비스에 대한 컨텍스트 또는 추가정보를 제공하는 역할을 하는 서비스제공자에 의해 제공하는 서비스제공과 관련된 데이터를 의미하며, 해당 서비스제공자의 정보시스템에 의해 생성되거나 처리된다. 이는 메시지 또는 다른 유형의 상호작용, 장치 위치에 대한 정보, 날짜, 시간, 기간, 크기, 경로, 형식, 사용된 프로토콜 및 압축유형(해당 데이터가 접속정보가 아닌 경우) 등으로 구분된다. 한편, 접속정보, 트랜잭션 데이터에는 '사생활존중 및 전자통신에서 개인정보보호에 관한 규정[Regulation concerning the respect for private life and the protection of personal data in electronic communications https://eur-lex.europa.eu/legal-content/EN/TXT/?uri=CELEX%3A52017PC0010 (2024. 2. 3. 최종 방문)] 제4 (3)조 (g)에 정의된 전자통신 메타데이터가 포함된다.

111) Article 2 (10) ; 내용적 정보로서 콘텐츠 데이터는 가입자·접속·트랜잭션 데이터 이외의 텍스트, 음성, 동영상, 이미지 및 사운드와 같은 디지털 형식으로 저장된 모든 데이터를 의미한다.

112) 서원익·김정화·김종훈, "제1논문", 71쪽 ; 비콘텐츠 데이터 중 접속정보는 가입자정보와 동일한 목적, 즉 사용자식별을 위해 수집되는 것이며 기본권에 대한 침해 수준이 가입자정보와 유사하므로, 따라서 가입자정보와 동일한 조건이 적용되도록 하고 있다.

113) 서원익·김정화·김종훈, "제2논문", 45쪽

114) 정대용·김성훈·김기범·이상진, 위 논문, 제71쪽.

115) 서원익, 위 논문, 제275쪽

당한다.

결과적으로, 사실의 주장이나 진술 내용으로서 진술적 기록과 이와 상관없는 비진술적 기록으로 분류될 수 있고, 디지털 증거가 갖는 기술적인 특성 외에 그 내용과 사용되는 방법에 따라 비진술증거인지 진술을 내용으로 하는 전문증거인지, 경우에 따라서는 진술을 내용으로 하지만 비전문증거인지 구분해서 전문법칙의 적용여부를 판단할 필요가 있다.[116] 그렇다면 외국에서 수집되는 전자적 증거의 전문증거 해당성 및 그 증거능력을 판단하기 위해서는 사람의 진술이나 주장을 포함하는 진술적 증거와 그 외 비진술적 증거로 나누어 설명하는 것이 보다 효율적이라 보인다. 아래에서는 전자적 증거에서의 비진술적 기록과 진술적 기록을 나누어 전문법칙과 그 예외 해당 여부를 검토하고, 진술증거와 관련하여 우리 법에서 외국에서 수집된 디지털 증거에 대한 증거능력의 판단 기준을 설정함에 있어 참고가 될 만한 미국 형사소송에서 디지털 증거에 대한 전문법칙 적용에 관한 태도까지 분석해 본다.

나. 비진술적 기록

(1) 증거물로서의 취급

GPS 추적기록 등과 같이 사람의 의도적인 활동에 의해 생성된 것이 아닌 컴퓨터나 네트워크상으로 자동적으로 처리되어 저장된 전자적 기록이나 입력된 서비스의 접속정보로서 로그인 및 로그오프 또는 텍스트 등의 발신(origin), 수신(destination), 경로(path or route), 시각(time), 날짜 등 사람의 조작이나 입력이 개입되어 있더라도 기계적으로 처리되어 저장되는 전자적 기록들은 사람의 진술을 그 내용으로 하지 않는다.

미국의 제10순회 항소법원은 인터넷 게시판의 아동 포르노 사건에서 인터넷 게시판에 업로드한 이미지 파일에서 사람을 식별해 줄 수 있는 헤더정보가 전문증거에 해당하는지 여부에 대해 헤더정보에는 주제, 게시된 이미지의 일자, 업로드한 사람의 이름과 IP주소가 담겨져 있는데, 이러한 헤더정보는 게시판에 업로드할 당시 호

116) 정교일, "디지털증거의 압수와 공판정에서의 제출방안", 형사법의 신동향(제25호), 대검찰청(2010. 4.), 제187쪽 ; 또한, 디지털 자료에 따라 비진술적·진술적 기록이 혼재되어 있는 형태로 나타날 수 있다. 더 나아가 디지털 데이터에 가시성·가독성 있는 형태를 부여하기 위해 출력 인쇄물 형태로 증거를 제출하였을 경우라 할지라도 모든 경우를 전문증거로 보아 전문법칙을 적용할 수 없음은 명백하다.

스팅 컴퓨터에 의해 자동적으로 생성된 것으로서, 그 처리과정에서 사람의 의도나 진술과 관계없이 독립적으로 생성된 기계화된 기록으로 사람의 진술에 해당하지 않고, 연방증거법 제801(c)의 예외에 해당한다고 판시하였다.[117] 위 판결 후 제4순회항소법원은 컴퓨터에 연결된 유기 화합물 혼합체 분석기(gas chromatograph)를 통하여 혈액샘플을 작동시켜, 혐의자가 알코올, 환각제 등의 주취상태에서 운전한 사실을 보여주는 보고서에 대해 실험에 참여하지 않은 연구자가 법정에서 한 진술은 전문증거라는 피고인 측의 항변에 대해 컴퓨터로 생성된 테스트 결과는 반드시 진술자에 위한 진술이 있어야 하는 전문증거로 볼 수 없고, 단지 기계에 의해 생성된 자료로서 전문법칙에 의해 증거능력이 배제되지 않는다고 판시하였다.[118]

외국에서 수집된 증거가 범죄사실과 관련한 증거물로서 공판정에서 인정되면 당연히 증거능력이 인정된다고 보는 견해도 존재한다.[119] 이러한 입장에서는 위와 같은 전자적 증거라도 단순한 증거물로 보게 된다면 증거능력이 그 자체로 인정된다고 볼 수 있을 것이다.

작성자 자신의 생각이나 의견, 사실관계 등을 입력하여 처리·생성된 것이라도 그 내용의 진실성이 요증사실이 아닌 그 존재 자체가 증거가 되는 경우에는 전문법칙의 적용이 없는 것으로 보아야 한다.[120] 따라서, 전자적 증거가 비진술증거로서의 성격을 띄는 경우 전문법칙이 적용될 여지가 없다.[121] 우리 대법원도 다만 정보저장매체에 기억된 문자정보의 내용의 진실성이 아닌 그와 같은 내용의 문자정보의 존재 자체가 직접 증거로 되는 경우에는 전문법칙이 적용되지 아니한다."고 판시하였다.[122]

그렇다면 어떤 증거를 비진술적 증거로 보는 것인지에 관한 문제만 남는데, 우리

117) United States v. Hamilton, 413 F.3d 1138(10th Cir. 2005). https://casetext.com/case/us-v-hamilton-66 (2024. 2. 16. 최종 방문) ; United States v. Khorozian, 333 F.3d 498, 506(3d Cir. 2003) https://casetext.com/case/us-v-khorozian (2024. 2. 16. 최종 방문)

118) United States v. Washington, 498 F.3d 225(4th Cir. 2007) https://casetext.com/case/usa-v-washington-3 (2024. 2. 17. 최종 방문)

119) 조규철, 위 논문, 제280쪽

120) 한대일, 위 논문, 제103쪽 ; 장상귀, "디지털 증거의 증거능력에 관한 연구", 법학교수·검찰실무연구회 발표자료집(1), 대검찰청(2009.), 제237쪽

121) 한대일, 위 논문, 제130쪽

122) 대법원 2013. 6. 13. 선고 2012도16001 판결 ; 대법원 2013. 2. 15. 선고 2010도3504 판결

가 외국에서 수집할 수 있는 전자적 증거는 위와 같은 국제사회에서의 규범이나 조약, 협정의 내용에 따라 분류될 것이고, 일응 비진술적 증거로 볼 수 있는 전자적 증거가 이에 해당될 것으로 예측될 수 있다.

(2) 구체적 검토

(가) 로그 형태의 기록물

우선, 통신 헤더 부분을 증거로 하는 경우 헤더부분은 사람의 사상이나 관념이 개입될 여지가 없이 기계적·자동적으로 원 데이터에 부가되는 부분으로서 진술증거라 할 수 없으므로, 헤더부분은 비진술증거로서 전문법칙이 적용되지 않는다고 할 것이다.[123] 다음으로, 거래내역이 기록되는 금융계좌 거래내역, 전화의 통화내역, 인터넷 접속 로그기록 등 사용자의 활동 내역 등과 같이 특정 시점의 발생 시간과 함께 기록된 자료인 로그 형태의 기록들이 있다.[124] 금융계좌 거래내역은 금융기관에 따라 메일로 회신하는 첨부자료에 정보 유출 등을 방지하고자 암호를 걸어놓는 경우가 있을 수 있으나, 이에 대해 원본과의 동일성 등을 증명할 해시값을 부여하는 예는 없다. 수사기관이 압수수색영장이나 통신사실 확인자료 제공요청 허가서 등에 의해 획득하는 로그기록와 통화내역 역시 마찬가지로 통신회사는 로그 형태의 기록물에서 수사기관에 의해 특정되어 요청된 데이터를 추출하여 1차로 모사전송 또는 이메일로 회신을 하는데, 그 또한 열람접근권한을 위한 암호가 걸려 있을 수는 있으나, 별도의 해시값을 부여하지는 않는다. 수사기관은 이러한 자료들을 출력하여 법원에 증거로 제출하고 있다. 이러한 기록들은 서버가 저장하는 자료로서 정보 주체나 제3자에 의한 임의 변경, 삭제가 현실적으로 불가하여 정보의 의도적 조작가능성이 매우 희박하고, 그 압수하는 과정에서 데이터가 위 변조된다 하더라도 관리자나 정보 주체에 의한 조회, 출력이 가능한 결과, 원본 데이터의 확인이 용이하므로, 증거능력을 부여하기 위해 굳이 원작성자나 정보의 주체를 통한 성립의 진정이 필요 없을 것으로 보인다.

(나) 제3자 보관의 정보

제3자가 보관하고 있는 디지털 증거는 혐의자나 피해자 등 사건관계인이 아닌 은행 혹은 ISP가 보관하고 있는 디지털 증거로서, 진술적 자료로 볼 수 있는 이메

123) 정교일, 위 논문, 제198쪽

124) 이정희, “제3자 보관 디지털 증거의 압수 관련 문제점 및 개선방안 연구”, 석사학위 논문, 고려대학교 정보보호대학원(2013. 12.), 제18쪽

일, 인터넷 게시판의 글 등을 제외하면 가입자 정보,[125] 통신기록에 의한 정보,[126] ISP 업체가 보관하고 있는 자동저장 파일, 임시파일이나 차량 이동 경로에 대한 GPS 위치 정보, 전자 출입 장치에 남겨진 출입자 정보, 교통카드 시스템에 남겨진 차량 탑승·하차 정보 등을 들 수 있다.

이 중 가입자정보로서 이용자의 성명 등에 대한 통신자료는 전기통신사업법상으로 법원, 검사 또는 수사관서의 장, 정보수사기관의 장이 재판, 수사, 형의 집행 또는 국가안전보장에 대한 위해를 방지하기 위해 공문으로서 그 제공을 요청하고 전기통신사업자가 이에 응할 수 있다고 규정하여 법제상으로도 별도의 압수수색절차가 필요 없고, 동일성이나 무결성 등을 증명하거나 전문법칙의 적용이 없다. 한편, 컴퓨터와 네트워크로 이루어진 사이버 공간 혹은 디지털 공간을 통해 제공되는 서비스를 이용하기 위한 신원확인의 목적으로 수집하는 가입자 정보는 통상적으로 회원가입 방식을 통해 생성되는 ID와 비밀번호, 전자인증서, 바이오 정보 등이다. 이러한 정보들은 일반적으로는 형사소송법의 임의수사 규정, 전기통신사업법 등 특별법의 규정에 근거하여 법집행기관의 요청 공문에 의하는 경우가 대부분으로서, 별도의 동일성이나 무결성을 확보하기 위한 절차가 없고, 실무상으로도 사실상 비진술증거로서 취급되어 전문법칙이 적용되지 않는다.[127]

또한, ISP 업체가 보관하고 있는 위와 같은 전자적 정보의 경우 실무상으로는 수사관이 압수수색 장소에 임장하여 피처분자에게 직접 압수수색영장을 제시 후 현물을 수색하고 압수물을 직접 확보하는 통상적인 압수수색 방식과 달리, 피처분자인 ISP의 관리자 또는 운영자의 협조를 얻어 영장에 기재된 범위에서 특정하는 방식으로 자료를 제공받아 압수하는 방식으로 집행한다. 즉, 현재의 수사 실무는 수

125) 우리 전기통신사업법 제83조는 이용자의 성명, 주민등록번호, 주소, 전화번호, 아이디, 가입 또는 해지 일자 등의 가입자정보를 '통신자료'로 규정한다.

126) 우리 통신비밀보호법 제2조 제11호에서도 통신사실확인자료는 '전기통신사실에 관한 자료로서 가입자의 전기통신일시, 전기통신개시·종료시간, 발·착신 통신번호 등 상대방의 가입자번호, 사용도수, 컴퓨터 통신 또는 인터넷의 사용자가 전기통신 역무를 이용한 사실에 관한 컴퓨터 통신 또는 인터넷의 로그기록 자료, 정보통신망에 접속된 정보통신기기의 위치를 확인할 수 있는 발신기지국의 위치추적자료, 컴퓨터 통신 또는 인터넷의 사용자가 정보통신망에 접속하기 위하여 사용하는 정보통신기기의 위치를 확인할 수 있는 접속지의 추적 자료를 말한다'고 규정하는데, 위에서 살펴본 통신 또는 인터넷의 로그기록, 통상적인 압수수색영장을 수집하는 이메일 등 내용적 기록을 제외한다면 나머지 기록들은 모두 이에 해당하는 것이라 볼 수 있다.

127) 정교일, 위 논문, 제134쪽

사기관이 직접 서버를 수색하는 경우는 드물며, 인터넷서비스제공자의 관리자가 해당 자료를 복제하거나 출력한 다음 수사기관에 제공하는 방식이 통상적이다.[128] 즉, 그런 경우 정보통신서비스제공자로부터 주로 팩스나 이메일을 통해 회신받거나 현장에서 출력물을 교부받게 되는데, 송·수신이나 출력·교부 과정에서의 디지털 증거의 압수방법이나 회신방법 등에 관한 규정이 없고, 현실적으로 제3자의 업무적 보관 대상으로서의 디지털 데이터의 위·변조의 동기나 발생 가능성을 상정하기 힘들다.

다. 진술적 기록

(1) 문제점

디지털 정보 중에서는 전적으로 사람의 진술로 구성된 정보도 있을 수 있으나, 그 외 진술과 관계없는 기계적 기록도 포함되어 있는 정보도 있다. 후자의 가장 대표적인 예는 헤더정보와 진술기록이 포함된 email을 들 수 있겠다. 헤더정보와 같은 기계적 기록은 위에서 언급한 바와 같이 전문법칙이 적용되지 않는 증거물로서 증거능력을 인정할 수 있다. 그러나, 진술이나 주장, 묘사 등과 같은 내용이 요증사실의 입증방법이 되는 전자적 증거의 증거능력은 전문법칙과 관련한 논쟁을 낳을 수 밖에 없다. 최근 들어 형사법정에서는 피압수자와 그 변호인은 공판준비기일의 증거채택 과정에서 검찰이 제출한 모든 증거에 대해 모두 부동의하는 사례도 빈번히 발생한다. 국제적인 공조나 신뢰관계에서의 기관의 협조에 의해 수집한 외국의 전자적 증거가 전문증거로서 원진술자의 성립 진정이 결여되고, 당사자의 부동의에 의해 무조건 증거능력을 상실한다면 실체적 진실은 외면될 수밖에 없다.

(2) 진술적 디지털 증거에 대한 대법원의 입장

우리 대법원은 디지털 증거의 증거능력과 관련한 우리 법제에 특유한 요건으로 동일성·무결성이 입증되었다 하더라도, 그 내용이 사람의 경험사실이 기록된 진술

128) 서원익, 위 논문, 제284쪽 ; 인터넷서비스제공자가 보관하는 전자정보 압수수색은 대부분 위탁방식이며, 수사관이 직접 자료를 수색하고 복제한 사례는 거의 없다. 수사기관이 시스템 구조가 복잡한 업체의 서버를 직접 집행하는 경우 서비스 장애 등 피처분자의 업무 차질과 영업피해 등이 발생할 수 있는바, 이러한 수사기관의 제3자의 협조를 얻어 그가 보관하는 디지털 자료에 대한 압수방식은 절차의 위법성을 사전에 차단할 수 있고, 결과적으로 기존의 현장과 현물 압수수색에 관한 절차규정에 따른 방식보다 타인의 주거나 사업장의 평온, 사생활 등을 보호하게 된다.

증거로서 원진술자의 법정진술에 대신하여 사용되는 경우라면 기본적으로 전문법칙이 적용되므로 형사소송법 제311조 내지 제316조의 요건을 갖추지 않는 한 원칙적으로 증거능력이 없다는 입장을 견지한다. 즉, '영남위원회 사건'[129]이나 '일심회 사건'[130]에서 "디지털 저장매체에 들어 있는 문건의 내용을 증거로 하는 경우 그 기재 내용의 진실성에 관하여는 법 제313조 제1항에 따라 그 작성자 또는 진술자의 진술에 의하여 그 성립의 진정함이 증명된 때에 한하여 이를 증거로 사용할 수 있다."고 판시하였다.[131] 한편, 국제 협력을 통하여 수집된 진술 증거의 전문법칙 적용과 관련하여 우리 법은 별도의 규정을 두고 있지 않는데, 형사소송법상으로 전문법칙의 규정에서 국외 관련 요소를 고려하고 있는지 여부에 대하여 살펴보면 법 제314조의 '외국거주 등', 법 제315조의 '외국 공무원의 직무상 증명할 수 있는 사항에 관하여 작성한 문서 등'을 규정하고 있을 뿐이다. 따라서, 해당 증거가 위와 같은 예외규정에 의해 증거능력이 인정되지 않는다면, 법 제313조 제1항에 따라 증거능력을 판단하여야 하는 구조를 취하고 있다.

(3) 진술적 디지털 증거에 대한 미국 판례의 태도

미국은 컴퓨터에 저장된 기록과 관련하여 연방증거법 제803(6) 규정을 근거로 업무상 정기적 활동에 대한 기록으로 보아 그 증거를 허용하고 있는 경향을 보인다. United States v. Briscoe 판결에서 업무상 기록은 ⅰ) 정기적으로 수행되는 업무상 활동의 과정에서 기록된 것이고, ⅱ) 그 기록을 생성하는 것이 사업상 관례이며, ⅲ) 기록 보관자(custodian) 또는 자격을 갖춘 다른 증인의 증언에 의하여 입증

---

129) 대법원 1999. 9. 3. 선고 99도2317 판결

130) 대법원 2007. 12. 13. 선고 2007도7257 판결

131) 다만, 위 판결들은 "관련 문건의 상당수가 작성자가 없고, 작성자 또는 진술자에 의한 성립의 진정이 없기 때문에 기재내용은 증거로 사용할 수 없고, 그 문건의 존재사실에 관해서만 증거능력이 있다."고 판시하였다. ; 비교적 최근에도 대법원은 "피고인 또는 피고인 아닌 자가 컴퓨터용 디스크 그 밖에 이와 비슷한 정보저장매체에 입력하여 기억된 문자정보 또는 그 출력물을 증거로 사용하는 경우, 이는 실질적으로 피고인 또는 피고인 아닌 사자가 작성한 진술서나 그 진술을 기재한 서류와 크게 다르지 않고, 압수 후 보관 및 출력과정에 조작 가능성이 있는 한편, 기본적으로 반대신문의 기회가 보장되지 않는 등으로, 그 내용의 진실성에 관하여는 전문법칙이 적용되고, 따라서 원칙적으로 형사소송법 제313조 제1항에 의하여 작성자 또는 진술자의 진술에 의하여 성립의 진정함이 증명해야 증거로 사용할 수 있다" 고 판시하였다(대법원 2013. 6. 13. 선고 2012도16001 판결 ; 대법원 2013. 2. 15. 선고 2010도3504 판결).

될 때, 컴퓨터에 저장된 기록은 업무상 기록으로 허용되어 전문법칙의 예외에 해당된다고 판시하였다.[132] 또한 '정기적으로 행해지는 업무상 활동의 과정에서' 기록된 기록은 실질적인 데이터 출력물이 아닌 기본적인 데이터(the underlying data)를 뜻하고, 그러한 데이터의 출력물 자체는 업무상 기록의 예외규정에 저촉됨 없이 소송과정에서 현출될 수 있다.[133] 또한, 미국 법원은 다른 전문법칙 예외규정으로서 연방증거법 제803(8) 공공기록 예외규정에 의해 그 증거능력을 인정하기도 하는데, 경찰의 전산시스템에서 출력한 기록[134]이나, 국세청(Internal Revenue Service, IRS) 전산시스템에서 출력한 기록[135]이 그 예이다.[136] 그 외에도 우리 형사소송법에서는 인정되지 않지만, 형사상으로 불이익한 범죄사실에 대한 고백의 진술 또는 일부 부합되는 진술로서 email이나 대화기록(chat logs)과 같은 컴퓨터 기록은 연방증거법에 의해서 전문진술의 예외로서 증거능력이 있고, 법원에서도 이를 인정한다.[137] 결과적으로, 미국은 전자적 증거가 진술을 포함하여 일응 전문증거에 해당되더라도 연방증거법상의 다양한 예외 규정을 적용하고, 그러한 컴퓨터 기록의 증거능력을 폭넓게 인정하는 경향을 보인다.

(4) 외국 소재 전자적 증거에 대한 전문법칙 예외적용 방안

(가) 성립의 진정

앞서 설명한 바와 같이 압수된 디지털 저장매체로부터 출력한 문서를 진술증거로 사용하는 경우, 그 기재 내용의 진실성에 관하여는 전문법칙이 적용되므로 형사

---

132) United States v. Briscoe, 896 F.2d 1476, 1494(7th Cir. 1990). https://casetext.com/case/us-v-briscoe-15 (2024. 2. 18. 최종 방문)

133) United States v. Fujii, 301 F.3d 535, 539(7th Cir. 2002); United States v. Sanders, 749 F.2d 195, 198(5th Cir. 1984) https://casetext.com/case/us-v-fujii (2023. 2. 18. 최종 방문) [이상, 강구민, "전자적 증거와 관련한 미국의 전문법칙", 형사법의 신동향(제52호), 대검찰청(2016. 9.), 제125쪽 참조]

134) United States v. Smith, 973 F.2d 603, 605(8th Cir. 1992). https://casetext.com/case/us-v-smith-1165-2 (2024. 2. 13, 최종 방문)

135) Hughes v. United States, 953 F.2d 531, 540(9th Cir. 1992). https://casetext.com/case/hughes-v-us-24 (2024. 2. 14. 최종 방문)

136) 강구민, 위 논문, 제125~126쪽

137) United States v. Burt, 495 F.3d 733, 738~39(7th Cir. 2007) https://casetext.com/case/us-v-burt-11 (2023. 2. 19. 최종 방문) ; United States v. Safavian, 435 F. Supp. 2d 36, 43~44(D.D.C. 2006) https://casetext.com/case/us-v-safavian-4 (2024. 2. 20. 최종 방문) ; 이상, 강구민, 위 논문, 제126쪽에서 재인용

소송법 제313조 제1항에 따라 그 작성자 또는 진술자의 공판준비나 공판기일에서의 진술에 의하여 그 성립의 진정함이 증명된 때에 한하여 이를 증거로 사용할 수 있다는 것이 대법원의 기존 입장이었다.[138] 다만, 최근 형사소송법 제313조 제2항의 신설로 진술서의 작성자가 그 성립의 진정을 부인하는 경우에도 과학적 분석결과에 기초한 디지털 포렌식 자료, 감정 등 객관적 방법으로 성립의 진정함이 증명되는 때에는 증거로 할 수 있게 되었다.[139] 여기서 진정성립을 위한 객관적 방법은 '압수 시점 이후 원본과의 동일성, 무결성'이 아니라 그 진술서가 '어떤 특정인이 작성한 대로 기재되어 있음'을 증명하는 것이므로 '저장매체의 사용자나 소유자, 로그기록 등 저장매체에 남게 된 흔적, 초안 문서의 존재, 작성자만의 암호 사용 여부, 전자서명의 유무' 등의 사정들이 과학적 분석 결과에 의해 밝힌 디지털포렌식 자료, 감정 등에 해당될 것이다.[140]

그러나, 작성자가 피고인이 아닌 제3자인 경우에는 피고인 또는 변호인이 공판준비 또는 공판기일에 그 기재 내용에 관하여 작성자를 신문할 수 있었을 것을 요하는데, 피고인 측에 반대신문의 기회가 현실적으로 부여되었을 것이 요구하는 점, 국제공조나 수사협조로 취득하는 외국의 디지털 자료에 대한 포렌식 분석 자료 등이 절차적으로 구비되어 있을 것을 담보할 수 없는 점 등 현실적 한계를 감안한다면, 이 규정은 디지털 증거에 대한 증거능력의 보완적 측면만을 인정하는 방향성만 제시하고 있는 규정에 불과한 것으로 보여 향후 디지털 증거에 대해 보다 더 체계적으로 다룰 수 있는 제도적 개선이 필요할 것이다.[141]

---

138) 대법원 2007. 12. 13. 선고 2007도7257 판결, 대법원 2013. 6. 13. 선고 2012도16001 판결 등 참조

139) 형사소송법 제313조 ② 진술서의 작성자가 공판준비나 공판기일에서 그 성립의 진정을 부인하는 경우에는 과학적 분석결과에 기초한 디지털 포렌식 자료, 감정 등 객관적 방법으로 성립의 진정함이 증명되는 때에는 증거로 할 수 있다. 다만, 피고인 아닌 자가 작성한 진술서는 피고인 또는 변호인이 공판준비 또는 공판기일에 그 기재 내용에 관하여 작성자를 신문할 수 있었을 것을 요한다. ; 개정 전 형사소송법에서는 전문법칙에 의하여 디지털 포렌식 수사관이 작성한 분석결과보고서와 법정 증언에도 불구하고 작성자가 진정 성립을 부인한 경우 증거로 사용할 수 없었던 것에 대한 반면에 디지털 포렌식 분석결과보고서에 의하여 진정 성립이 증명되는 경우에는 증거로 사용할 수 있게 된 것으로 해석된다[김창우, "디지털 증거의 증거능력 개선방안 연구 – 클라우드 컴퓨팅 등 원격 압수·수색을 중심으로 –", 박사학위 논문, 강원대학교(2018. 8.), 제112쪽].

140) 정웅석·최창호·이경렬·김한균, 위 책, 제597~598쪽 ; 대법원 2015. 7. 16. 선고 2015도2625 판결

(나) 특신상태의 증명

앞서 언급한 바와 같이, 우리 형사소송법상의 전문법칙의 규정에서 국외 관련 요소를 반영한 규정으로는 제314조의 '외국거주' 등과 제315조 제1호의 '외국공무원의 직무상 증명할 사항에 관하여 작성한 문서' 정도를 거론할 수 있는데, 이 경우에도 '특신상태'가 인정되어야만 전문법칙의 예외로서 증거능력을 인정할 수 있으므로, 우리 법제상으로는 전자적 증거를 포함한 모든 외국 소재의 진술적 증거는 종국적으로 '특신상태'의 증명문제로 이어진다.

형사소송법의 전문법칙에 규정된 '특히 신빙할 수 있는 상태'란 그 진술내용이나 조서 또는 서류의 작성에 허위개입의 여지가 거의 없고 그 진술내용의 신용성이나 임의성을 담보할 구체적이고 외부적인 정황이 있는 경우로서,[142] 그 의미와 판단기준을 명확히 유형하기에는 너무나 추상적인 개념으로서 구체적 · 개별적으로 판단할 수 밖에 없다.[143] 우리 대법원도 위에서 본 일본 세관의 감정서,[144] 미국의 검사 등이 작성한 진술녹취서,[145] 과테말라 출장수사 사건[146] 등에서 국제적 요소를 특별히 고려하지 않고 국내에서 수집된 증거와 마찬가지로 '특신상태'를 판단하고, 이에 따라 '특신상태'가 부정되는 예도 적지 않다. 또한, 공조를 통하지 않고, 외국 ISP의 협조로 얻은 디지털 증거는 외국공무원의 공권적 증명문서에 해당하지 않으므로, 제315조 제1호의 예외규정에 포섭되기도 어렵다.

한편, 디지털 증거의 증거능력을 인정하기 위한 특신상태 인정과 관련하여서는, 디지털 포렌식을 통하여 문건의 작성자, 작성일시, 작성시기 및 작성과정 등 제반

---

141) 김창우, 위 논문, 제113쪽 ; 한편, 제313조의 대상이 수사기관의 수사와는 무관하게 작성되는 문서라는 점과 실무상 실체진실의 발견을 저해할 어려움이 많은 반면, 문서작성과정과 수사 및 공판과정에서 인권침해의 여지는 비교적 적다는 점 등을 고려할 때, 소추를 예상하지 않고 작성된 '비증언적 진술'의 경우에 성립의 진정함이 증명되어 신용성의 정황적 보장이 있는 경우에는 반대신문권이 보장되지 않더라도 반대신문권을 갈음할 만한 '신용성의 정황적 보장'(특신상태)이 있는 것으로 보아 전문법칙의 예외를 인정하는 것이 타당할 것으로 보는 견해(정웅석 · 최창호 · 이경렬 · 김한균, 위 책, 제598쪽)도 있으나, 이는 '국내에서 수집'된 '비진술적 전자적 증거'에 국한된 논의일 것이다.

142) 대법원 2004. 3. 11. 선고 2003도171 판결; 대법원 2011. 7. 14. 선고 2011도3809 판결.

143) 정대용, 위 논문, 제190쪽

144) 대법원 1984. 2. 28. 선고 83도3145 판결

145) 대법원 1997. 7. 25. 선고 97도1351 판결

146) 대법원 2011. 7. 14. 선고 2011도3809 판결

정황에 대한 과학적인 분석이 가능한바, 개정 형사소송법 제313조 제2항에서 작성자가 부인하는 경우에도 디지털 포렌식 등 과학적인 분석방법을 통해 진정성립을 증명하여 증거능력을 인정할 수 있도록 규정하고 있는 것과 마찬가지로, 특신상태의 증명에 있어서도 디지털 포렌식 조사기법을 활용할 수 있으며, 이때 특신상태의 증명 요건은 진정성립의 증명 요건에 비해 보다 완화될 수 있을 것이라는 견해도 있다.[147] 최근 대법원은 전문법칙의 예외로서 형사소송법 제315조 제3호에서 정한 '기타 특히 신용할 만한 정황에 의하여 작성된 문서에 대해 "형사소송법 제315조 제1호와 제2호의 문서들을 '특히 신용할 만한 정황에 의하여 작성된 문서'의 예시로 삼고 있는 형사소송법 제315조 제3호의 규정형식을 종합하면, 동조 제3호에서 규정한 '기타 특히 신용할 만한 정황에 의하여 작성된 문서'는 동조 제1호와 제2호에서 열거된 '공권적 증명' 문서 및 '업무상 통상' 문서에 준하여 '굳이 반대신문의 기회 부여 여부가 문제 되지 않을 정도의 고도의 신용성에 관한 정황적 보장이 있는 문서'를 의미한다."고 판시하면서, 더 나아가 제315조 제2호의 '업무상 통상문서' 등에 대한 특신상태의 판단기준으로 "위와 같은 형사소송법 제315조 제2호 및 제3호의 입법 취지를 참작하여 정규적·규칙적인 업무활동으로부터 나온 문서인지, 해당 문서를 작성하는 것이 일상적인 업무 관행 내지 직무상 강제되는 것인지, 문서에 기재된 정보가 그 취득된 즉시 또는 그 직후에 이루어져 정확성이 보장될 수 있는 것인지, 문서의 기록이 비교적 기계적으로 행하여져 그 기록 과정에 기록자의 주관적 개입의 여지가 거의 없는지, 문서가 공시성을 갖추는 등으로 사후적으로 내용의 정확성을 확인·검증할 기회가 있어 신용성이 담보되어 있는지 여부 등을 종합적으로 고려하여야 한다."고 설시하였다.[148] 즉, 제315조 제3호에서 특신상태가 인정될 수 있는 서류는 동조 제1, 2호 문서들에 준할 정도의 고도의 신용성이 문서 자체에 의하여 보장되는 서면들을 의미할 것이고, 매우 탄력성을 지닌 규정이므로 그 적용에서 증거수집 경위나 확보 절차 등 여러 가지 사정을 고려하고, 특히 동조 제1호, 제2호 및 제312조와 제313조 규정과의 균형을 행각하여 신중하게 결정해야 할 것이지만, 통상적으로는 공공기록, 보고서, 역서(曆書), 정기간행물의 시장가격표, 스포츠기록, 컴퓨터에 의하여 작성된 서류, 공무소 작성의 각종 통계와 연감 등이 여기에 속할 것이다.[149]

147) 정대용·김성훈·김기범·이상진, 위 논문, 제69~70쪽

148) 대법원 2015. 7. 16. 선고 2015도2625 전원합의체 판결

형사소송법이 이와 같이 예외를 인정하는 이유는 사실인정에 필요한 자료를 지나치게 제한하는 결과를 가져와서 법원이 피고사건의 실체적 진실을 발견하는데 지장을 초래한다는 점과 소송관계인이 반대신문을 행하지 않더라도 증거의 진실성을 인정할 수 있는 사유가 인정되는 경우까지 전문법칙을 고집할 이유가 없기 때문이다.[150] 그렇다면, 전자적 증거라 할지라도 그 성격이 사법공조나 기관의 협조로 외국에서 수집한 것이라면 ① 이미 존재하는 문서라서 작성자가 특정되어 있는 것이 대다수이거나 설령 그렇지 않더라도 다른 기록[151]에 의해 작성자를 충분히 특정할 수 있는 점, ② 범죄사실의 인정 여부와 상관없이 진술자나 문서제출자의 판단이 아닌 사무를 처리한 내역에 불과한 점, ③ 이렇듯 외국의 사법기관의 요청에 의해 제출자가 업무로서 계속적, 기계적으로 처리한 문서는 서면 제출 이상의 의미가 없는 점 등을 고려한다면, 굳이 작성자나 제출자를 소환하여 증거의 작성·취득 경위를 확인하고, 그러한 특신상태와 관련한 피고인 측의 반대신문권을 행사하도록 하는 것이 어떤 의미가 있는 것인지 알기 어렵다. 외국에서 수집되는 전자적 증거는 법정에서 제출된 이후라도 외국의 당국과 기관, ISP로부터 원본과의 동일성 등을 확인받을 수 있는 자료이기도 하다.

증거 수집 과정에서의 어려움 등 실무적인 필요성만으로 예외를 확대하는 것은 직접심리주의와 반대신문권의 보장이라는 전문법칙의 취지에 부합되지 않는 것은 분명하다. 물론, 우리나라 수사기관이 진술적 내용의 디지털 증거에 대한 특신상태를 용이하게 증명할 수 있도록 외국 수사기관과의 긴밀한 협력을 통하여 필요한 디지털 증거 그 자체만이 아니라 관련된 시스템에 대한 정보와 증거의 작성 및 압수수색에 관한 제반 정황 등 다양한 정보를 함께 수집하도록 하는 등 수사기관의 국

149) 정웅석·최창호·이경렬·김한균, 위 책, 제616~617쪽 ; 종래 대법원은 다른 피고사건의 공판조서(대법원 1966. 7. 12. 선고 66도617 판결), 사법경찰관 작성의 이적표현물에 대한 수사보고서(대법원 1992. 8. 14. 선고 92도1211 판결), 외국경찰의 피의자신문조서의 복사본(대법원 1985. 5. 15. 선고 84도321 판결), 구속적부심심문조서(대법원 2004. 1. 16. 선고 2003도5693 판결) 등을 제315조 제3호 해당되는 문서로 증거능력이 있는 것으로 보았다.

150) 신동운, 「신형사소송법」, 법문사(2012.), 제1120쪽 ; 정성남, "형사절차상 디지털 증거의 수집과 증거능력에 관한 연구", 석사학위 논문, 인천대학교 대학원(2012. 6.), 제56쪽

151) 강구민, 위 논문, 제141~142쪽 ; 예를 들어 저장매체에 저장되어 있는 문건이 email 형태로 되어 있다면, email 주소, 송수신의 이름이나 거주지, 가명이나 별명, 조직 내에서의 활동 등의 특징들과 실제 작성자가 사용하는 email과 비교함으로써 그 정황증거에 근거하여 그 작성자가 특정될 수 있는 것이다.

제 수사 역량과 디지털 포렌식 분석 역량을 강화하여 대응할 필요는 있다.[152] 그러나, 장기간의 외교적 노력에 의하여 수집된 증거를 국내 수집 증거와 동일하게 전문법칙을 적용하는 것은 국제 예양, 국제화의 진전, 범죄의 국제화, 사법정의 실현 등에 비추어 타당하지 않다.[153]

정보통신기술이 비약적인 발전 상황을 고려하고, 디지털 강국인 우리나라의 입장에서 유독 디지털 증거에 대해 제315조의 특신상태를 해석함에 있어 종이문서에 적용되는 기준을 계속하여 디지털 증거에 적용하는 나머지, 외국의 당사국이나 기관이 수집한 전자증거마저도 증거능력을 배척하는 것은 합리적이지 않다고 보인다. 피고인의 방어권을 침해할 우려가 없고, 설령 반대신문권을 행사하더라도 증거에 대한 판단이 바뀔 것이 없는 상황에서도, 그 예외에 해당하는 법조문을 탄력적으로 해석하지 않은 채 전문법칙을 고수하여 실체적 진실 발견에 역행하도록 하는 것이 형사소송법의 이념에 부합하는 것인지 오히려 의문스러울 따름이다. 이에 대해서는, 과거 전문법칙이 적용되었던 디지털 증거에 대해 정기적으로 행해진 업무 활동의 과정에서 저장된 메모·보고·기록 또는 데이터 편집물 등,[154] 공무소 또는 공적기관의 기록·보고서·공술서 또는 데이터 편집물로서 공무소 또는 공적기관의 활동, 법령상 보고 의무에 근거한 사항, 피고인 측의 반증이 반영된 민·형사소송 등에서의 사실인정자료[155] 등 원진술자의 진술과 상관없이 정보의 출처나 정황상으로 신뢰성이 담보되는 다양한 증거에 관하여 전문법칙의 예외로서 디지털 자료를 증거로 인정해 온 미국의 예를 잘 참고할 필요가 있다. 더 나아가 현재 사용되고 디지털 증거는 대부분 가시성을 확보한 출력된 인쇄물 형태로 법원에 제출되므로 디지털 증거에 대한 별도의 전문법칙 예외 규정을 신설하거나,[156] 적어도 공조나 수사협조에 의해 외국에서 수집된 전자적 증거에 대해서라도 별도의 증거능력 인정에 관한 예외규정을 두는 것이 보다 합리적인 해결책으로 보인다.

---

152) 정대용, 위 논문, 제191쪽

153) 이윤제, 위 연구보고서, 제90쪽

154) 연방증거법 제803조 제6호

155) 연방증거법 제803조 제8호

156) 전승수, 위 논문, 제275쪽

Ⅴ. 맺으며

우리 수사기관이 외국에 소재하는 전자적 증거를 취득하기 위한 수단으로 국제형사사법공조법에 근거한 사법공조와 인터폴 공조가 있고 일부 수사에서는 적법하게 취득한 이용자 계정 정보를 이용하여 해외 서버에 접속한 다음 디지털 증거를 압수하는 방식도 활용된다. 우리나라는 가입하고 있지 않지만, 이미 국제사회에서는 중앙당국 간의 공조로 각 관할국가에 소재하는 ISP를 대상으로 디지털 정보에 대한 신속한 보존, 제공, 제출명령이 가능한 사이버범죄조약이 시행되고 있고, 직접 외국 관할의 ISP에 대해서도 명령이 가능한 방향으로 개선되고 있으며, CLOUD Act에 기반한 행정협정, 유럽 전자규칙안에서도 이와 같은 절차가 가능한 내용을 반영하고 있다. 더 나아가, 미국의 ISP는 법률과 자체 매뉴얼에 근거하여 요건을 갖추어 전자적 증거를 요청하는 외국의 수사기관에 대해서도 디지털 정보를 임의적으로 제공하고 있다.

이러한 수단을 활용하여 수집된 외국의 전자적 증거는 각 국가들간에 상이한 절차법으로 인해 피요청국가의 수집절차가 요청국가의 국내법에 위반될 소지가 있다. 그러한 경우, 그 위반의 내용이나 정도가 적법절차의 실질적 내용을 침해하였는지 여부, 증거를 배제하는 것이 형사사법 정의를 실현하기 위한 헌법의 이념과 형사소송법상의 절차에 부합되는지를 기준으로 개별적으로 판단하면 될 것이나, 단순한 절차 위반만으로 증거능력을 부정하는 것은 국제사회에서의 사법기관들간에 신뢰나 상호주의 원칙상 합리적이지 않다.

한편, 우리 형사소송법의 증거능력에 대한 규정은 비록 증거능력에 있어서 국내 수집 증거와 외국 수집 증거로 구분하고 있지는 않고, 형사소송법 제315조, 제316조의 규정이 외국 관련 증거에 대한 고려를 일부 반영하고 있을 뿐이다. 대법원도 외국에서 수집된 증거의 증거능력을 판단함에 있어서 외국 관련 요소를 특별히 고려하고 있다고 보기 어려우며 외국에서 수집된 증거이든 국내에서 수집된 증거이든 간에 상관없이 전문법칙에 관한 형사소송법의 규정과 일반적 이론을 그대로 적용하고 있어, 전자적 증거에 있어서도 그 태도가 크게 달라질 이유는 없어 보인다. 비진술적 디지털 증거의 경우 내용의 진실성이 아닌 그와 같은 내용의 문자정보의 존재 자체가 직접 증거로 되는 것이므로, 증거물로 보아 전문법칙이 적용되지 않는 것으로 보는 것이 타당할 것이다. 또한, 진술적 디지털 증거라 할지라도, 업무상 기록 등에 해당하는 것으로 보거나 작성자가 특정되고 미래의 형사절차와 관계없이 작성된 문서인 점, 외국의 기관 등으로부터 향후 진정성 등에 대한 확인·검증이 가능한 점 등을 고려하다면 특신상태에 대해 국내에서 수집된 증거보다 완화된 증명으로 충분하도록 법해석하는 것이 합리적이다. 종국적으로는 공조나 수사협조에 의해 외국에서 수집된 전자적 증거에 대해서라도 별도의 증거능력 인정에 관한 예외규정을 두는 것이 필요할 것으로 보인다.

【참고문헌】

국내 문헌

강구민, “전자적 증거와 관련한 미국의 전문법칙”, 형사법의 신동향(제52호), 대검찰청(2016. 9.)

김재윤, “개정 형사소송법상 인권보호와 정의실현 간의 충돌과 타협”, 영남법학(제26호), 영남대학교 법학연구소(2008.)

김창우, “디지털 증거의 증거능력 개선방안 연구 – 클라우드 컴퓨팅 등 원격 압수·수색을 중심으로 – ”, 박사학위 논문, 강원대학교(2018. 8.)

노명선, “디지털증거 압수수색에 관한 법률의 문제점과 개선방안”, 발표문, 사단법인 한국포렌식학회·한국저작권위원회 개최 국회 디지털 증거 압수수색에 관한 개정법률안 공청회(2012. 11.)

류지영, “위법수집증거배제법칙 – 개정 형사소송법 제308조의2와 관련하여 –“, 법학연구(제29집), 한국법학회(2008.)

박다온, “외국의 정보통신 서비스 제공자에 대한 통신자료 요청 방법과 형사법적 문제”, 형사정책연구(제32권 제1호), 한국형사정책연구원(2021·봄)

박민우, “디지털증거 압수수색에서의 적법절차”, 박사학위 논문, 고려대학교(2016)

박봉진·김상균, “디지털 증거 압수수색에 관한 연구”, 법과 정책(제19집 제1호), 제주대학교 법학연구소(2013. 2)

박희영·최호진·최성진, 「사이버범죄협약 이행입법 연구」, 연구용역보고서, 대검찰청(2015.)

법무부, 「형사사법공조 실무」, 성진사(2013. 5.)

서원익, “압수수색할 장소와 물건의 다양성에 따른 영장집행 방식에 관한 소고 – 영장원본 제시, 참여권 보장, 압수목록 교부의 현실과 한계–”, 저스티스(통권 제182–1호), 한국법학원(2021. 2.)

서원익·김정화·김종훈, “초국경 전자 증거 수집으로의 EU 형사절차 전환”, 법과학의 신동향(통권 제6호), 대검찰청(2022. 11.)

서원익·김정화·김종훈, “초국경 전자적 증거 수집으로의 CLOUD Act 도입가능성”, 법과학의 신동향(통권 제7호), 대검찰청(2023. 5.)

서의성, "국외에 존재하는 디지털 증거 수집 방법에 관한 연구 －인터폴 국제공조 수사를 중심으로 －", 석사학위 논문, 고려대학교 정보보호대학원(2017. 12.)

송영진, "수사기관의 클라우드 데이터 접근에 관한 비판적 고찰 : '데이터 예외주의' 논쟁과 각국의 실행을 중심으로", 형사정책연구(제30권 제3호), 한국형사정책연구원(2019 · 가을)

신동운, 「신형사소송법」, 법문사(2012.)

안성훈 · 김민이 · 김성룡, 「국제범죄수사에 있어서 외국에서 수집된 증거의 증거능력에 대한 연구」연구총서(17－AA－10), 한국형사정책연구원(2017. 12.)

양근원, "디지털 포렌식과 법적 문제 고찰", 형사정책연구(제17권 제2호), 한국형사정책연구(2006)

오기두, "전자정보의 수색 · 검증, 압수에 관한 개정 형사소송법의 함의", 형사소송 이론과 실무(제4권 제1호), (2012. 6.)

오기두, 사단법인 한국포렌식학회 · 한국저작권위원회 개최 국회 디지털 증거 압수 수색에 관한 개정법률안 공청회 토론문(주제발표 : 노명선, "디지털증거 압수수색에 관한 법률의 문제점과 개선방안"), (2012. 11.)

이동현, "디지털증거의 수집관련 국제공조 방안 － 형사사법공조 절차의 문제점과 이를 해결하기 위해 미국 실무상 논의되는 방안을 중심으로 －", 법과학의 신동향(통권 1호), 대검찰청(2020. 3.)

이숙연, "형사소송에서의 디지털증거의 취급과 증거능력", 박사학위 논문, 고려대학교(2010)

이윤제, 「외국에서 수집된 증거자료에 대한 효율적 증거능력 부여 및 증거조사 방안에 대한 연구」, 연구용역보고서, 법무부(2011. 9.)

이영준 · 금봉수 · 정완, 「사이버범죄방지조약에 관한 연구」, 형사정책연구원 연구총서, 형사정책연구원(2001. 12.)

이정희, "제3자 보관 디지털 증거의 압수 관련 문제점 및 개선방안 연구", 석사학위 논문, 고려대학교 정보보호대학원(2013. 12.)

이지형, "국제범죄 사법공조 수사기법 연구 － 국제형사사법공조 실무와 사례 －", 제1회 국제형사 전문검사 커뮤니티 세미나 자료집, 대검찰청(2014. 6.)

장상귀, "디지털 증거의 증거능력에 관한 연구", 법학교수 · 검찰실무연구회 발표자료집(1), 대검찰청(2009.)

전강진, "일본의 하이테크범죄의 현상과 과제", 해외연수검사연구논문집 제18집(2), 법무연수원(2003)

전국진, "외국에서 수집된 증거의 증거능력: 일본에서의 논의를 중심으로", 해외파견검사 연구논문집, 법무연수원(2006.)

전승수, "형사절차상 디지털 증거의 압수수색 및 증거능력에 관한 연구", 박사학위 논문, 서울대학교(2011.2.)

전현욱 · 탁희성 · 승재현 · 임석순 · 배상균, 「사이버범죄의 수사 효율성 강화를 위한 법제 개선 방안 연구」, 미래사회 협동연구총서, 경제 · 인문사회연구회(2015. 10.)

정교일, "디지털증거의 압수와 공판정에서의 제출방안", 형사법의 신동향(제25호), 대검찰청(2010. 4.)

정대용, "사이버공간에서의 증거 수집과 기본권 보장에 관한 연구", 박사학위 논문, 고려대학교 정보보호대학원(2017. 10.)

정대용, "수색 대상 컴퓨터를 이용한 원격 압수수색의 쟁점과 입법론", 법조(통권 714권), 법조협회(2016. 3.)

정대용 · 김기범 · 권헌영 · 이상진, "디지털 증거의 역외 압수수색에 관한 쟁점과 입법론", 법조(제65권 제9호), 법조협회(2016. 12.)

정대용 · 김성훈 · 김기범 · 이상진, "국제협력을 통한 디지털 증거의 수집과 증거능력", 형사정책연구(제28권 제1호), 한국형사정책연구원(2017 · 봄)

정성남, "형사절차상 디지털 증거의 수집과 증거능력에 관한 연구", 석사학위 논문, 인천대학교 대학원(2012. 6.)

정웅석 · 김희균 · 오경식, 「전문법칙 관련규정의 정비방안」, 연구용역보고서, 대검찰청(2015.)

정웅석 · 최창호 · 이경렬 · 김한균, 「新형사소송법」, 박영사(2021.)

조광훈, "압수 · 수색영장의 '원본제시'에 관한 비판적 검토", 형사법의 신동향(통권 제68호), 대검찰청(2020. 9.)

조성훈, 「역외 전자정보 압수 · 수색 연구」, 박영사(2020.)

조규철, "국제범죄수사에 있어 외국에서의 증거수집 및 수집한 증거의 증거능력에 대한 고찰", 한국공안행정학회보(제44호), 한국공안행정학회(2011.)

탁희성, “전자증거의 압수수색에 관한 일고찰”, 형사정책연구(제15권 제1호), 한국형사정책학회(2004.)

하태영, “개정 형사소송법 제308조의2 위법수집증거배제법칙의 법적 의미와 적용범위”, 형사법연구(제19권 제4호), 한국형사법학회(2007.)

한대일, “전자적 증거의 진정성 입증에 관한 연구”, 박사학위 논문, 성균관대학교 법학전문대학원(2014. 10.)

한성훈, “위법하게 수집된 증거의 예외적 허용에 관한 소고”, 법학연구(제15집 제1호), 인하대학교 법학연구소,(2012.)

한웅재, “미국법상 전문법칙의 의의와 예외 – FRE를 중심으로”, 형사법의 신동향(제8호), 대검찰청(2007.)

외국 문헌

Explanatory Report to the Convention on Cybercrime(Budapest, 23. XI. 2001.)

Frank Peter Schuster, Verwertbarkeit von Beweismitteln bei grenzüberschreitender Strafverfolgung, ZIS 2016

Proposal for a Regulation of the European Parliament and of the Council on European Production and Preservation Orders for Electronic Evidence in Criminal Matters

Proposal for a Regulation of the European Parliament and of the Council on European Production and Preservation Orders for Electronic Evidence in Criminal Matters, COM (2018) 225 final (Apr. 17, 2018)

Proposal for a Directive of the European Parliament and of the Council Laying Down Harmonised Rules on the Appointment of Legal Representatives for the Purpose of Gathering Evidence in Criminal Proceedings, COM (2018) 226 final (Apr. 17, 2018)

Robin Loof, Obtaining, adducing and contesting evidence from abroad: a defence perspective on cross–border evidence, Crim. L.R. 2011. 1.

Schünemann, Bürgerrechte ernst nehmen bei der Europäisierung des Strafverfahrens!, StV 2003

Schünemann, Mindestbedingungen einer effektiven Verteidigung in transnationalen europäischen Strafverfahren, StV 2016

Regulation concerning the respect for private life and the protection of personal data in electronic communications

U.S. District Court, S.D. New York 'In the Matter of a WARRANT TO SEARCH A CERTAIN E−MAIL ACCOUNT CONTROLLED AND MAINTAINED BY MICROSOFT CORPORATION', 15 F.Supp.3d

U.S. Court of Appeals, Second Circuit, In the MATTER OF a WARRANT TO SEARCH A CERTAIN E−MAIL ACCOUNT CONTROLLED AND MAINTAINED BY MICROSOFT CORPORATION, 829 F.3d

Winston Maxwell, Mark W. Brennan, Arpan A. Sura, Demystifying the U.S. CLOUD Act: Assessing the law's compatibility with international norms and the GDPR, Hogan Lovells, 2019

安富潔, 犯罪國際化捜査 警察學論集 46卷 9号

山本和昭, 國際犯罪刑事手續上諸問題 警察學論集 29卷 1号

酒井邦彦, 國際司法共助考察(下) 警察公論 44卷 7号

正上井仁, コンピュ.タ.ネットワ.クと犯罪捜査(2), 法學敎室(245.), 有斐閣(2001.)

United States v. Hamilton, 413 F.3d 1138(10th Cir. 2005)

United States v. Khorozian, 333 F.3d 498, 506(3d Cir. 2003)

United States v. Washington, 498 F.3d 225(4th Cir. 2007)

United States v. Briscoe, 896 F.2d 1476, 1494(7th Cir. 1990)

United States v. Fujii, 301 F.3d 535, 539(7th Cir. 2002)

United States v. Sanders, 749 F.2d 195, 198(5th Cir. 1984)

United States v. Smith, 973 F.2d 603, 605(8th Cir. 1992)

Hughes v. United States, 953 F.2d 531, 540(9th Cir. 1992)

United States v. Burt, 495 F.3d 733, 738~39(7th Cir. 2007)

United States v. Safavian, 435 F. Supp. 2d 36, 43~44(D.D.C. 2006)

Microsoft Ireland, 829 F.3d at 220 n.28.

Google Pennsylvania, 232 F. Supp. at 725.

BGH, Beschl. v. 21. 11. 2012 − 1 StR 310/12, BGHSt 58, 32.

BVerG 2002. 12. 18. ; NJW, 2003

東京高判 昭和 48. 4. 26. 高集 26巻2号 500頁
東京高判 昭和 62. 7. 29. 高集 40巻2号 77頁
東京高判 昭和 29. 7. 24. 高集7巻7号 1105頁
大阪高判 平成8年7月16日 判例時報1585號 157頁
福岡地判 平成17年5月19日 判時 1903號 3頁
最高裁 平成12.10.31.決定 判例時報 1730号

【국문초록】

우리 수사기관이 외국에 소재하는 전자적 증거를 취득하기 위한 수단으로 국제형사사법공조법에 근거한 사법공조와 인터폴 공조가 있고 일부 수사에서는 적법하게 취득한 이용자 계정 정보를 이용하여 해외 서버에 접속한 다음 디지털 증거를 압수하는 방식도 활용된다. 우리나라는 가입하고 있지 않지만, 이미 국제사회에서는 중앙당국 간의 공조로 각 관할국가에 소재하는 ISP를 대상으로 디지털 정보에 대한 신속한 보존, 제공, 제출명령이 가능한 사이버범죄조약이 시행되고 있고, 직접 외국 관할의 ISP에 대해서도 명령이 가능한 방향으로 개선되고 있으며, CLOUD Act에 근거한 행정협정, 유럽 전자규칙안에서도 이와 같은 절차가 가능한 내용을 반영하고 있다. 더 나아가, 미국의 ISP는 법률과 자체 매뉴얼에 근거하여 요건을 갖추어 전자적 증거를 요청하는 외국의 수사기관에 대해서도 디지털 정보를 임의적으로 제공하고 있다.

이러한 수단을 활용하여 수집된 외국의 전자적 증거는 각 국가들간에 상이한 절차법으로 인해 피요청국가의 수집절차가 요청국가의 국내법에 위반될 소지가 있다. 그러한 경우, 그 위반의 내용이나 정도가 적법절차의 실질적 내용을 침해하였는지 여부, 증거를 배제하는 것이 형사사법 정의를 실현하기 위한 헌법의 이념과 형사소송법상의 절차에 부합되는지를 기준으로 개별적으로 판단하면 될 것이나, 단순한 절차 위반만으로 증거능력을 부정하는 것은 국제사회에서의 사법기관들간에 신뢰나 상호주의 원칙상 합리적이지 않다. 한편, 비진술적 디지털 증거는 내용의 진실성이 아닌 그와 같은 내용의 문자정보의 존재 자체가 직접 증거로 되는 것이므로, 증거물로 보아 전문법칙이 적용되지 않는 것으로 보는 것이 타당하다. 진술적 디지털 증거라 할지라도, 업무상 기록 등에 해당하는 것으로 보거나 특신상태에 대해서도 외국의 기관 등으로부터 향후 진정성 등에 대한 확인·검증이 가능한 점 등을 고려한다면, 국내에서 수집된 증거보다 완화된 증명으로 충분하도록 법해석하는 것이 합리적이다. 종국적으로는 공조나 수사협조에 의해 외국에서 수집된 전자적 증거에 대해서라도 별도의 증거능력 인정에 관한 예외규정을 두는 것이 필요할 것으로 보인다.

◈ 주제어: 전자적 증거, 형사사법공조, 유럽 사이버범죄조약, 클라우드 액트, 증거능력, 위법수집증거, 전문법칙

【Abstract】

Methods of obtaining foreign electronic evidence and granting evidence admissibility

SEO WONIK*

In order for investigative agencies to acquire electronic evidence located in a foreign country, mutual legal assistance based on the International Criminal Justice Mutual Aid Act and Interpol Collaboration are used. In some investigations, legally obtained user account information is used to access overseas servers. The international community has already implemented the European Convention on Cybercrime, which enables prompt preservation, provision, and submission of digital information for ISPs located in each jurisdiction through cooperation between the central authorities, so orders are also issued to ISPs under direct foreign jurisdiction. The system is being improved in such a way that this way is possible, and the same procedure is reflected in the administrative agreement based on the CLOUD Act and the European Electronic Evidence Regulation. However, Korea has not signed such a treaty or agreement.

For foreign electronic evidence collected using these means, there is a possibility that the collection procedure of the requested country may violate the domestic law of the requesting country due to the different procedural laws between each country. In such a case, whether the content or degree of the violation violated the actual content of due process and whether the exclusion of evidence is in accordance with the constitutional idea and the criminal procedure law procedure for the realization of criminal justice can be judged individually. However, it is not reasonable to deny the admissibility of evidence based on a simple violation of the procedure on the basis of trust or reciprocity among judicial institutions in the international community.

* Senior Procecutor (Seoul Souther District Procecutors' Office)

On the other hand, non-statement digital evidence is not the truth of the content, but the existence of textual information of the same content itself as evidence. Therefore, it is reasonable to regard such evidence as evidence and not to apply the hearsay rule. Even declarative digital evidence can correspond to business records, and it is possible to confirm and verify the circumstantial guarantee of trustworthiness from foreign institutions in the future. In the end, even for electronic evidence collected in foreign countries through cooperation or cooperation in investigations, it seems necessary to establish a separate exception to the recognition of Probative Force.

◈ Key Words: Digital Evidence, Mutual Legal Assistance, European Convention on Cybercrime, CLOUD Act, Probative Force, Illegally Gathered Evidence, Hearsay Rule

한국형사소송법학회『형사소송 이론과 실무』
第16권 第1호 (2024.3) 265~297면.
Theories and Practices of Criminal Procedure Vol. 16 No. 1 (March. 2024) pp. 265~297.
10.34222/kdps.2024.16.1.265

마약류범죄에 대한 형사정책적 대응방안*

이 원 상**

목 차

Ⅰ. 서론

마약으로 인한 사회 문제는 다양한 모습으로 나타나고 있다. 개인적인 차원에서는 마약중독으로 인해 개인의 정신 및 육체 건강에 해를 끼치는 문제가 발생하기도 하고,[1] 의료체계와 관련해서는 마약 및 향정신성의약품의 과다 처방으로 인한 오·남용 문제가 나타나기도 한다.[2] 사회적으로는 마약과 관련된 범죄증가로 인해 다양한 해악들이 발생하고 있으며,[3] 국제적으로는 산업화 및 조직화를 통해 해당 국가에 위기를 초래하기도 하고, 국제적인 분쟁의 원인이 되기도 한다.[4] 따라서 유엔마약범죄사무소(UNODC)는 마약과 관련된 예방·치료·재활뿐 아니라[5] 마약의 생

* 이 논문은 조선대학교 학술연구비의 지원을 받아 연구되었음(2023년).
** 조선대 법학과 교수. 법학박사.
1) <https://www.mk.co.kr/news/world/10920027(2024.3.27. 최종방문)>.
2) <https://www.dailypharm.com/Users/News/NewsView.html?ID=291769&REFERER=NP(2024.3.27. 최종방문)>.
3) <https://www.news1.kr/articles/5289623(2024.3.27. 최종방문)>.
4) <https://www.news1.kr/articles/5286876(2024.3.27. 최종방문)>.
5) <https://www.unodc.org/unodc/en/drug-prevention-and-treatment/index.html(2024.3.

산·밀매와 관련된 문제들도[6] UN 차원에서 매우 중요하게 다루고 있다. 그 가운데 특히 마약으로 인한 범죄 문제는 형사법 영역에서 매우 중요하게 다루어진다. 형사정책 차원에서 마약범죄는 비범죄화, 범죄예방·치료감호·재범방지 등이 논의되고 있으며, 형법 차원에서는 형법 및 특별법에 규정된 마약범죄의 해석과 적용 등에 대한 논의가 이루어진다. 또한 형사소송법 차원에서는 마약범죄와 관련된 강제수사 방법과 증거능력 및 증명력에 대한 문제 등이 주요하게 다루어진다.

그런데 한국은 오랫동안 소위 '마약 청정국' 지위를 유지하면서[7] 국제적인 차원의 마약 문제 담론이나 국내 마약범죄에 있어 논의 및 연구가 충분히 진전되지 못했다. 그로 인해 마약범죄에 대한 내성이 약해졌고, 대응도 무뎌지게 되면서 오히려 마약범죄의 거점이 되어가고 있다는 비판도 제기된다.[8] 특히 최근 마약 투약자가 급증하고, 다양한 마약범죄 결과로 사회적 불안이 가중되고 있지만, 법과 제도는 여전히 마약 청정국 시대에 머물러 있다는 비판도 있다.[9] 이런 상황에서 본 논문은 형사정책적인 차원에서 마약범죄 방안을 모색해 보고자 한다.

형사정책적 차원에서는 다양한 대응방안이 제시될 수 있지만, 본 논문에서는 처벌의 근거가 되는 마약범죄의 규정 체계, 마약 사용자의 처벌과 치료의 중간지대에 있는 치료감호제도, 그리고 마약범죄자에 대한 책임의 기준이 되는 양형기준에 대해 고찰해 보고자 한다. 다만, 현행 관련 법률 체계에서는 마약의 범주를 마약류에 포함해서 이해하고 있으므로 이후부터는 '마약범죄'가 아닌 '마약류범죄'라는 개념을 사용하고자 한다. 결론에 이르기 위해서 우선 마약류범죄의 개념과 주요 국가들의 마약류범죄에 대한 정책을 살펴볼 것이다(II). 마약류범죄에 대응하기 위해서는

---

27. 최종방문)>.

6) <https://www.unodc.org/unodc/en/data-and-analysis/drug-production-and-trafficking.html(2024.3.27. 최종방문)>.

7) 정부는 인구 연간 10만 명당 마약사범 20명, 인구 5천만 명 기준 만 명 이하를 '마약 청정국'으로 표현하고 있는데, 사실 마약 청정국이라는 용어는 학술적으로나 국제적으로 통용되는 개념이 아니다. 학술적으로는 '마약류 범죄계수'라는 용어를 사용하고 있는데, 그에 따르면 한국의 마약류 범죄계수는 2014년 이전까지는 20이하이지만, 2015년부터 20을 넘어서면서 완만하지만 꾸준히 상승하고 있다; 한국형사법무정책연구원 CCJS(범죄와 형사사법 통계정보) 사이트 참조, <https://www.kicj.re.kr/crimestats/portal/crime/selectCrimeIssuePage.do?bbsCd=ISSUE&seq=65923(2024.3.27. 최종방문)>.

8) <https://news.tvchosun.com/site/data/html_dir/2023/12/17/2023121790090.html(2024.3.27. 최종방문)>.

9) <https://www.sisain.co.kr/news/articleView.html?idxno=51562(2024.3.27. 최종방문)>.

형벌규정 생태계가 정합적으로 구축되어야 한다. 하지만 현행 마약류범죄에 대응하는 법률체계가 적절하게 구축되어 있는지는 의문이다. 그러므로 형법과 개별법에 규정되어 있는 마약류범죄 처벌규정의 문제점과 대응방안을 고찰해 볼 것이다(III). 또한 마약류 사용자에 대해서는 처벌과 재활·치료 등의 방법이 모두 필요한데, 두 성격을 모두 포함하고 있는 것이 치료감호제도이다. 그런데 치료감호제도가 적절하게 활용되지 못하고 있다는 문제가 제기된다.[10] 그러므로 마약류범죄와 관련해서 치료감호제도의 운영상황을 살펴보고, 활용방법을 높일 수 있는 방안을 살펴볼 것이다(V). 그리고 우리나라는 기본적으로 마약류범죄의 소비행위나 공급행위에 대해 엄벌을 기본으로 삼고 있다. 하지만 일부에서는 마약류범죄에 대해 솜방망이 선고를 한다는 비판을 하기도 한다.[11] 그러나 마약류범죄 가운데 소비행위와 공급행위를 기계적으로 동등하게 엄벌하는 것은 재고의 여지가 있다. 그러므로 이번에 개정되는 마약류범죄의 양형기준과 현행 기준을 분석해 보고, 제언을 하고자 한다(IV).

Ⅱ. 마약류범죄 동향과 주요 국가 정책 정리

1. 마약류범죄의 개념 및 한국의 동향

사전적 의미로 마약류란 “사람의 중추 신경을 마비시키고 진통, 마취 작용을 갖는 물질 중, 습관성이 있어서 오래 쓰면 중독이 되기 때문에 법률상 단속 대상이 되는 물질을 통틀어서 이르는 말”을 의미한다.[12] 그러나 사전적으로 마약류에 해당한다 해서 모두 처벌되는 것은 아니고, 관련 법적 개념과 대상에 포섭되는 경우만 처벌대상이 된다. 마약류범죄는 국제적인 차원에서 다루어지므로 국제적인 법적 개념을 참고할 필요가 있다. 세계보건기구(WHO)는 마약류를 “약물 사용의 욕구가 강제에 이를 정도로 강하고, 사용 약물의 양이 증가하는 경향이 있으며, 사용하다가 중단 시 온몸에 견디기 어려운 증상이 나타나며, 개인에 한정되지 아니하고 사회에도 해를 끼치는 약물”이라고 정의하고 있다.[13] 그러므로 마약류의 법적 개념에

10) <https://www.newspim.com/news/view/20230428001081(2024.3.27. 최종방문)>.

11) <https://www.newspim.com/news/view/20230412000855(2024.3.27. 최종방문)>.

12) 고려대 한국어대사전 참조; <https://ko.dict.naver.com/#/entry/koko/c33d868419724f1e88cb0615f08e2241(2024.3.27. 최종방문)>.

13) 대검찰청, 『2022년 마약류 범죄백서』, 2023, 2면.

분류	종류	약리작용 (흥분/억제)	의약용도	사용방법	부작용	작용시간
마약	아편	억제	진정 · 진통	경구, 주사	도취감, 신체조정력 상실, 사망	3~6
	모르핀	억제	진정 · 진통	경구, 주사		
	헤로인	억제	진정 · 진통	경구, 주사		
	코카인	흥분	국소마취	주사, 코흡입	흥분, 정신 혼동, 사망	2
	메타돈	억제	진정 · 진통	경구, 주사	아편과 동일	12~24
	염산페티딘	억제	진정 · 진통	주사	〃	3~6
	펜타닐	억제	진정□진통	경구, 주사	호흡곤란, 현기증, 근육마비	4~6
향정신성의약품	메트암페타민	흥분	식욕억제	경구, 주사, 코흡입	환시, 환청, 피해망상, 사망	12~34
	바르비탈류	억제	진정 · 수면	경구, 주사	취한 행동, 뇌손상, 호흡기 장애, 감각상실	1~6
	벤조디아제핀류	억제	신경안정	경구, 주사	〃	4~8
	LSD	환각	없음	경구, 주사	환각, 환청, 환시	8~12
	날부핀	억제	진정 · 진통	주사	정신불안, 호흡곤란, 언어장애	3~6
	덱스트로메토르판, 카리소프로돌	억제	진해거담	경구	취한 행동, 환각, 환청	5~6
	펜플루라민	환각	식욕억제	경구	심장판막질환, 정신분열	6~8
	케타민	억제	동물마취	경구, 주사, 흡연	맥박 · 혈압상승, 호흡장애, 심장마비	1~6
대마	대마	환각	없음	경구, 흡연	도취감, 약한 환각	2~4

<마약류의 종류 및 특징(출처: 대검찰청 『2022년 마약류 범죄백서』 39면 참조)>

는 의존성, 내성, 금단증상, 그리고 개인적·사회적 해악이 포함된다. 다만, 모든 유형의 마약성 물질을 법적 개념에 포함하여 통제하는 것은 아니고, 과학적 판단과 입법적·행정적 결단이 요구된다. 현행 우리 법률체계는 마약류를 법적으로 개념 정의하고, 행정기관이 지정한 물질들을 마약류에 포함하고 있다. 따라서 「마약류관리법」 제2조 제1호에서는 마약류를 "마약[14] · 향정신성의약품[15] 및 대마[16]"라고 정

14) 「마약류관리법」 제2조 제2호에서는 마약을 '양귀비', '아편', '코카 잎', '양귀비·아편 또는 코카 잎에서 추출되는 모든 알카로이드 및 그와 동일한 화학적 합성품으로서 대통령령으로 정하는 것', 앞서 언급한 것 외에 '그와 동일하게 남용되거나 해독(害毒) 작용을 일으킬 우려가 있는 화학적 합성품'으로서 대통령령으로 정하는 것, 앞서 열거된 것을 함유하는 '혼합물질 또는 혼합제제(다만, 총리령으로 정하는 '한외마약(限外麻藥)'은 제외)'라고 정의하고 있다. 천연마약(양귀비, 아편, 코카 잎(엽) 등 성분 3종), 추출 알카로이드(모르핀, 코데인, 헤로인, 코카인 등 성분 35종), 합성마약(페티딘, 메타돈, 펜타닐 등 성분 104종) 등으로 분류할 수 있다(대검찰청, 앞의 책, 4면).

15) 「마약류관리법」 제2조 제3호에서는 향정신성의약품을 "인간의 중추신경계에 작용하는 것으로서 이를 오용하거나 남용할 경우 인체에 심각한 위해가 있다고 인정되는 것" 중에서 대통령령으로 정하는 것이라고 정의한다. 그리고 그 유형을 '오용하거나 남용할 우려가 심하고 의료용으로 쓰이지 아니하며 안전성이 결여되어 있는 것으로서 이를 오용하거나 남용할 경우 심한 신체적 또는 정신적 의존성을 일으키는 약물 또는 이를 함유하는 물질(가목)', '오용하거나 남

의한다. 그리고 마약류 특성에 따라 대통령령이나 총리령으로 지정하는 성분이 포함된 것을 마약류를 통제하거나 금지한다. 따라서 마약류라고 하더라도 법률에 따라 지정되지 않은 것은 처벌대상에서 제외된다. 그러므로 지정되지 않은 마약류에 대한 오·남용의 문제가 발생할 여지가 있어서, 「마약류관리법」 제5조의2에서는 임시마약류 지정과 관련된 규정을 두고 있다. 그에 따르면 식품의약품안전처장은 마약류에 해당하지는 않지만, 물질·약물·제제·제품 등 중에서 오·남용으로 인한 보건상의 위해가 우려되어 긴급히 마약류에 준하여 취급·관리할 필요가 있다고 인정하는 경우에는 '임시마약류'를[17] 지정할 수 있도록 하였다. 이것이 우리 법률체계

용할 우려가 심하고 매우 제한된 의료용으로만 쓰이는 것으로서 이를 오용하거나 남용할 경우 심한 신체적 또는 정신적 의존성을 일으키는 약물 또는 이를 함유하는 물질(나목)', '가목과 나목에 규정된 것보다 오용하거나 남용할 우려가 상대적으로 적고 의료용으로 쓰이는 것으로서 이를 오용하거나 남용할 경우 그리 심하지 아니한 신체적 의존성을 일으키거나 심한 정신적 의존성을 일으키는 약물 또는 이를 함유하는 물질(다목)', '다목에 규정된 것보다 오용하거나 남용할 우려가 상대적으로 적고 의료용으로 쓰이는 것으로서 이를 오용하거나 남용할 경우 다목에 규정된 것보다 신체적 또는 정신적 의존성을 일으킬 우려가 적은 약물 또는 이를 함유하는 물질(마목)', '가목부터 라목까지에 열거된 것을 함유하는 혼합물질 또는 혼합제제(다만, 다른 약물 또는 물질과 혼합되어 가목부터 라목까지에 열거된 것으로 다시 제조하거나 제제할 수 없고, 그것에 의하여 신체적 또는 정신적 의존성을 일으키지 아니하는 것으로서 총리령으로 정하는 것은 제외)(바목)'라고 정의하고 있다. 가목에는 LSD, 메스케치논 및 그 유사체, 크라톰, JWH－018 및 그 유사체 등 성분 119종, 나목에는 암페타민, 메트암페타민, MDMA, 케타민 등 성분 44종, 다목에는 바르비탈, 리저직산 아미드, 펜타조신 등 성분 61종, 라목에는 디아제팜, 플루라민, 졸피뎀, GHB, 카리소프로돌, 프로포폴 등 성분 76종이 지정되어 있다(대검찰청, 앞의 책, 16면).

16) 「마약류관리법」 제2조 제4호에서 대마는 '대마초와 그 수지(樹脂)', '대마초 또는 그 수지를 원료로 하여 제조된 모든 제품', 앞서 언급한 것과 '동일한 화학적 합성품으로서 대통령령으로 정하는 것', 그리고 앞서 언급한 것을 '함유하는 혼합물질 또는 혼합제제'라고 정의한다. 다만, 대마초(칸나비스 사티바 엘(Cannabis sativa L))의 종자(種子)·뿌리 및 성숙한 대마초의 줄기와 그 제품은 제외하고 있다.

17) 동법 동조 제1호에서는 "중추신경계에 작용하거나 마약류와 구조적·효과적 유사성을 지닌 물질로서 의존성을 유발하는 등 신체적·정신적 위해를 끼칠 가능성이 높은 물질"을 1군 임시마약류로 지정할 수 있도록 하였다. 또한 동법 동조 제2호에서는 "의존성을 유발하는 등 신체적·정신적 위해를 끼칠 가능성이 있는 물질"을 2군 임시마약류로 지정할 수 있도록 하였다. 임시마약류와 관련된 금지사항을 위반하는 경우 동법 제60조 제1항 제5호 및 제6호, 제61조 제1항 제8호에 따라 처벌할 수 있다. 2023년 2월 23일 기준으로 1군에는 2,3－DCPP, Norfludiazepam 등 주로 오피오이드 계열 등으로 9종, 2군에는 alkyl nitrite, 1cP－LSD 등 주로 암페타민, 합성대마 계열 등으로 81종이 지정되었다(대검찰청, 앞의 책, 37면).

에 따라 통제되는 마약류의 개념 범위이다.

한국 사회에서 그동안 마약류범죄가 크게 부각되지 않았다. 그러다가 최근 마약류범죄가 증가하면서 중요한 사회 문제로 자리잡게 되었다. 대검찰청의 『2022년 마약류 범죄백서』에 따르면, 연간 마약류사범은 1999년 처음으로 1만명 돌파, 2002년까지 매년 1만 명을 상회하였지만, 2002년 강력한 단속으로 인해 2003년에서 2006년까지 연간 7천 명 대를 유지하였다.[18] 2010년대에 들어서도 2014년까지는 연간 1만 명 이하로[19] 소위 마약 청정국의 지위를 유지할 수 있었다. 그러나 2015년에 1만 명을 넘어선 이후부터는 마약류사범 수가 꾸준히 증가하게 되었고, 2019년 이후부터는 1만 5천 명을 넘어서 2022년에는 18,395명까지 증가하게 되었다.[20] 경찰대학 치안정책연구소의 『치안전망 2024』에서도 마약류범죄는 계속해서 증가하고 있으며,[21] 과거 데이터를 통한 머신러닝 분석결과를 통해 2024년 마약류범죄는 전년 대비 약 13% 증가할 것으로 예상하였다.[22] 이처럼 마약류범죄는 최근 우상향으로 계속해서 증가하고 있으며, 형사정책적으로 주도면밀한 대응이 필요하게 되었다.

2. 주요 국가와 한국의 마약류정책 방향성 개관

마약류범죄는 국제적인 차원에서 범죄로 다루고 있으므로 한국의 마약류정책을

18) 대검찰청, 앞의 책, 102면.

19) 위와 동일.

20) 검찰청에서는 다크넷 및 SNS를 통해 해외에서 손쉽게 국제우편으로 마약을 구입할 수 있게 된 것과 2021년 검·경 수사권 조정으로 인해 마약류범죄에 대해 검찰이 직접수사를 할 수 있는 수사범위가 축소된 것을 주요 원인으로 꼽았다; 대검찰청, 앞의 책, 103면.

21) 경찰청 통계에 따르면 마약류범죄는 2018년 6,513건, 2019년 8,038건, 2020년 9,186건, 2021년 8,088건, 2022년 10,331건으로 계속해서 우상향으로 증가하고 있으며, 2023년에는 10,718건, 2024년에는 12,101건으로 예상되었다; 경찰대학 치안정책연구소, 『치안전망 2024』, 2023, 66면.

22) 경찰대학 치안정책연구소는 마약류범죄 증가세를 낮추는 방법으로 미국의 DEA(Drug Enforcement Administration) 같은 마약전담 수사기구가 설립될 필요성이 있고, 최근 주로 마약 구매가 이루어지는 디지털 플랫폼을 엄격하게 단속하는 것을 제시하였다(경찰대학 치안정책연구소, 앞의 책, 65면). 경찰청은 인터넷 및 SNS와 국제특송 유통망을 통해 밀반입되어 비대면 방식으로 거래되는 사례가 늘면서 생활속으로 확산되고, 다크웹과 비트코인과 같은 가상자산 등이 사용되면서 범죄추적이 어려운 상황이 계속될 것으로 전망하고 있다(경찰청, 『2022 경찰백서』. 2022, 196면).

위해서는 국제적인 흐름을 고려할 필요가 있다. 마약류와 관련된 정책은 학문적 발견이나 경험에 따라 수립되기보다는 각 국가의 역사적 경험이나 정치적 우연성, 사회적 상황, 문화적 특수성, 법정책적 목표, 언론의 관심 등의 영향을 받게 된다.[23) 미국의 대다수 주나 중국, 일본, 노르웨이, 스웨덴 등과 같이 마약을 억제대상으로 보고 강력한 억제정책을 펼치는 국가들이 있는가 하면, 네덜란드와 스위스 일부 주와 같이 자유주의적 관점에서 보건정책에 중점을 두는 국가들도 있다.[24) 독일은 1972년 마약법이 개정된 이후 마약류 사용자에 대해 한편으로 마약의 양과 관련하여 처벌규정을 강화하였지만, 기본적으로는 처벌완화와 치료강화에 중점을 두어 왔다.[25) 그리고 2012년 "마약 및 중독 정책에 관한 국가전략"에서는 독일 내의 거시적인 인구통계학적 변화, 새로운 형태의 행위중독, 중독물질 소비패턴 변화 및 새로운 향정신성 물질의 등장 등을 반영하여 차별화된 11가지 접근법을 제시하였으며, ①개인에의 집중, ②고위험집단에 대한 예방차원의 감독, ③조기 개입의 확대, ④중독예방정책을 직장까지 확대, ⑤전문적 협력 향상을 위한 네트워크 구축, ⑥지속적인 성별감수성 확립, ⑦타겟팅 연구, ⑧정책효과에 대한 평가, ⑨신속한 입법화, ⑩중독자 스스로의 해결능력 강화, 그리고 ⑪개별 맞춤식 상담 및 치료가 그에 해당한다.[26) 대부분의 국가들이 합법적 중독물질과 불법적 중독물질에 중점을 두고 정책을 수립하는 것에 비해, 독일은 약물중독, 도박중독, 인터넷 중독 같은 행위중독 등과 같이 중독의 유형을 넓게 설정하여 마약류를 그 범주에 포섭시키고, 예방교육·상담치료·위해감소·소비감소 등의 네 가지 전략을 기반으로 삼고 있다는 특징이 있다.[27)

미국은 1970~80년대에는 응보적 사법(Retributive Justice)에 중점을 두고 마약류범죄에 대해 '범죄와의 전쟁'을 수행하였는데, 그 결과 교정비용 증가와 교정시설 과밀화, 마약류 범죄자가 처벌을 받은 후, 다시금 범죄를 저지르게 되는 회전문현상(revolving door syndrome) 등으로 인한 재범률 증가 경험하게 됨으로써, 마약류

23) 최준혁, "독일의 마약정책 — 마약법의 제정 및 개정을 중심으로", 형사정책, 제19권 제1호, 2007, 214면~215면.

24) 최준혁, 앞의 글, 212면.

25) 최준혁, 앞의 글, 226면~227면.

26) 김일옥/김순행/박진실, "독일국가전략의 고찰을 통한 한국마약정책에의 시사점", 중앙법학 제22집 제2호, 2020, 115면~119면.

27) 김일옥/김순행/박진실, 앞의 글, 116면.

범죄자의 재사회화와 치료에 중점을 두는 치료적 사법이 등장하였다.[28] 최근 미국 주들은 교도소 과밀 수용 문제로 인해 마약 사용량이 적거나 단순 소지한 행위에 대해서는 가볍게 처벌하고, 많은 양의 마약을 사용하거나 마약 거래 범죄에 대해서는 형량을 높이는 추세를 보인다.[29] 또한 합성 마약, 헤로인, 아편 등의 사용 및 그와 관련된 범죄 처벌은 강화하고 있지만, 알라스카주, 워싱턴 D.C. 등에서는 성인이 유흥을 위해 대마초를 사용할 수 있도록 허가하기도 하였고, 44개 이상의 주는 경미한 마약범죄에 대해서는 징역형 대신 치료감호 등을 선고하도록 하였다.[30]

프랑스는 1970년대부터 마약밀거래 범죄를 조직범죄 차원에서 대응하기 시작하였다. 그와 함께 마약의 불법사용과 밀거래를 억제하고, 마약 중독자를 치료하기 위한 법적 근거를 위해 "마약중독 퇴치를 위한 건강 대책 및 마약 물질의 밀매 및 불법 사용억제에 관한 1970년 12월 31일 제070－1320 법률"을 제정하여 중독성의 강약, 개인 및 공공사용 여부, 정기적 및 부정기적 사용 여부와 상관없이 마약으로 분류된 물질을 단순히 사용하는 것을 범죄로 규정하였다.[31] 하지만 1990년 이후부터는 마약 예방정책에 중점을 두어 '환경 예방 정책', '일반인을 위한 보편적 예방정책', '위험도가 높은 인구를 위한 선택적 예방정책'에 따라 각종 규제와 과세, 빈곤 지역 거주자·보호소년 대상자·취약 가족 등을 위한 예방 교육 및 무료서비스 지원 등을 제공하고 있다.[32] 또한 프랑스는 마약류 예방에 보다 중점을 두고, 국가주도의 '약물과 중독성 행동퇴치를 위한 정부 부처 대표단(MILDECA)'이라는 조직을 창설하여 예산과 인력을 집중하고, 앞서 언급한 예방정책의 범주에 따른 예방교육과 예방활동 등을 수행하고 있다.[33]

우리나라의 마약류범죄 관련 정책을 살펴보면, 국무조정실에서 2023년 11월 22

28) 성경숙, "마약류사범의 재범방지를 위한 치료적 처우제도의 개선방안 － 미국의 약물치료법원(Drug Treatment Court)과 LEAD를 중심으로", 법학논총 제51집, 2021, 257면; 그런 맥락에서 미국 여러 주에서는 문제해결법원으로서 약물치료법원을 설치하여 약물중독 해결을 위해 법원을 중심으로 검사와 변호인과 같은 법률전문가뿐 아니라 사회과학자나 치료전문가, 시민단체 등도 협력할 수 있는 사법체계를 운용한다.

29) 박용철, "미국의 형법 개정 동향", 비교형사법연구 제21권 제4호, 2020, 8면~9면.

30) 박용철, 앞의 글, 9면.

31) 강명원, "프랑스의 건강기본권 보호에 관한 고찰 － 마약 예방전략 및 정책을 중심으로", 유럽헌법연구 제33호, 2020, 5면.

32) 위와 동일.

33) 강명원, 앞의 글, 27면~28면.

일 제7차 마약류대책협의회를 개최하고, “마약류관리 종합대책(이하 ‘종합대책’이라고 함)”을 발표하였다.[34] 종합대책은 ‘불법 마약류 집중 · 단속’, ‘의료용 마약류 관리체계 개편’, ‘치료 · 재활 · 예방 인프라 확충’ 등 3대 분야와 각각의 분야별로 9개 추진과제로 구성되어 있다.[35] 종합대책을 살펴보면, 불법 마약류 집중 · 단속과 최근 문제가 되었던 의료용 마약류 관리체계 개편에 대해서는 비교적 구체적이고 실효적인 방안을 제시하고 있는 것에 비해 치료 · 재활 · 예방 인프라 확충을 위한 방안들은 원론적이고 추상적인 방안을 제시하고 있다.[36] 또한 대법원 양형위원회는 마약류사범에 대한 양형기준을 대폭 강화하는 양형기준안을 마련하였다.[37] 한국도 당연히 마약류범죄에 대한 예방과 치료 등을 중요하게 여기고 있다는 것은 의심의 여지가 없지만, 우리 정부의 종합대책을 살펴보면, 기본적으로 처벌과 규제에 보다 방점을 두고 있는 것으로 보인다. 다만, 처벌과 규제가 강화되어야 할 부분과 예방과 치료에 보다 중점을 두어야 하는 부분을 좀 더 구체화하여 정책을 펼칠 필요가 있어 보인다. 그와 관련해서 이미 선행 연구도 우리나라의 마약류범죄 정책에 대해 다양한 제언을 하였다.[38] 형사정책적으로 많은 쟁점이 있지만, 아래에서는 마약류 범죄의 형사처벌 규정 정비와 치료감호제도의 적극적인 활용, 양형기준의 선별적 강화 등 세 가지를 중점으로 고찰해 보고자 한다.

---

34) <https://www.opm.go.kr/opm/news/press-release.do?mode=view&articleNo=155572&article.offset=150&articleLimit=10(2024.3.27. 최종방문)>.

35) ‘불법 마약류집중단속’의 추진과제는 ①여행자 일제검사 재개 등 마약류 밀반입 차단, ②마약범죄특별수사본부 중심으로 불법 집중단속, ③불법 마약거래 · 유통 추적망 강화이고, ‘의료용 마약류관리체계 개편’의 추진과제는 ①처방제도 개선 등 환자보호 예방관리, ②범부처 합동점검 등 사후감시 · 단속 · 처벌 강화, ③의료용 마약류 거버넌스 구축이며, ‘치료 · 재활 · 예방인프라 확충’의 추진과제는 ①권역별 치료기관 확대 및 운영지원 등 치료 활성화, ②전국 중독재활센터 확대 설치 등 재활 기능 강화, ③예방교육 및 홍보 활성화이다; 위와 동일.

36) 권역별 치료기관 확대 및 운영지원 등 치료 활성화를 위해 치료기관 확충, 건강보험 적용 등을, 전국 중독재활센터 확대 설치 등 재활 기능 강화를 위해 중독재활센터를 3개소에서 17개소로 확대하고, 치유프로그램 운영 확대 등을, 예방교육 및 홍보 활성화를 위해 전문강사 활용확대 및 예방교육 질을 높이는 것 등을 제시하고 있다.

37) <https://www.safetimes.co.kr/news/articleView.html?idxno=211928(2024.3.27. 최종방문)>.

38) 예를 들어, 일부 연구에서는 ‘마약류 사범에 대한 치료보호제도 개선’, ‘마약류 사범에 대한 단속강화 및 종합대책의 실행력 제고’, ‘형사사법 처벌 강화 및 유연성 제고’, ‘범정부 차원의 통합 마약류 전담부서 신설’ 등을 제시하기도 한다; 박동균/장철영, “우리나라 마약실태의 위험과 그 대응방안에 관한 연구”, 한국치안행정논집 제16권 제3호, 2019, 84면~87면.

Ⅲ. 마약류범죄의 형사처벌 체계 정비 필요성과 개선방안

1. 현행 마약류범죄 처벌 규정 체계

우리나라의 마약류범죄 법률체계는 다음과 같다. 먼저 ①순수한 처벌 규정으로 형법 제17장 아편에 관한 죄(제198조~제206조), 「특정범죄 가중처벌 등에 관한 법률(이하 "특정범죄가중법"이라고 함)」 제11조 마약사범등의 가중처벌이 있다. 그리고 ②마약류범죄에 대한 처리절차와 처벌 규정을 규정하고 있는 「마약류 불법거래 방지에 관한 특례법(동 시행령)(이하 "마약거래방지법"이라고 함)」(제6조~제18조), 「마약류 관리에 관한 법률(동 시행령 및 동 시행규칙)(이하 "마약류관리법"이라고 함)」(제8장(제58조~제69조))이 있다. 또한 부수적으로 「화학물질 관리법」 제59조 제6호 및 제22조에서는 환각물질을 섭취·흡입·소지 또는 판매·제공하는 행위를 처벌하는 규정을 두고 있다. ③그 밖에 마약류범죄와 관련된 행정처리와 관련해서는 대법원규칙(제2949호)으로 「마약류범죄 등의 몰수보전 등에 관한 규칙」, 대통령령(제34043호)으로 「마약류중독자 치료보호규정」, 보건복지부령(제187호)으로 「마약류중독자 치료보호 등에 관한 규칙」, 법무부령(제1022호)으로 「마약류보상금 지급규칙」, 국방부령(제1068호)으로 「군수용마약류의 취급에 관한 규칙」 등이 있다. 마약류범죄와 관련된 법률체계에서 처벌체계는 순수 처벌 규정인 ①번과 행정규정과 처벌규정이 혼재된 ②번의 처벌 규정으로 구축되어 있다.

하지만 마약류범죄 처벌체계는 「마약류관리법」이 그 중심에서 기본법 역할을 한다고 할 수 있다. 다만, 마약에 대한 처벌 규정은 형법 제17장 아편에 관한 죄에서도 규정하고 있다. 형법에서 처벌하는 마약류는 '아편, 몰핀 또는 그 화합물'로서 마약으로 한정하고 있다.[39] 형법 제198조와 제199조는 아편, 몰핀 또는 그 화합물, 아편흡식기구를 "제조, 수입 또는 판매"하거나 "판매할 목적으로 소지"하는 행위를 처벌하고 있다.[40] 형법 제201조 제1항은 아편을 흡식하거나 몰핀을 주사하는 등

39) 형법에서는 마약류에 대한 정의 규정을 두고 있지 않지만, 「마약류관리법」 제2조 제1호~제4호에서는 마약류에 대해 상세한 정의를 규정하고 있다.

마약을 사용하는 행위를 처벌하고 있으며, 동조 제2항에서는 아편흡식 또는 몰핀 주사 장소를 제공하여 이익을 취하는 행위를 동일하게 처벌하고 있다. 그뿐 아니라 제205조는 아편, 몰핀 또는 그 화합물, 아편흡식기구를 단순 소지한 자도 처벌하고 있다. 그리고 제200조는 세관의 공무원이 아편, 몰핀 또는 그 화합물, 아편흡식기구를 수입하거나 그 수입을 허용한 경우, 그 신분으로 인해 가중해서 처벌한다. 그 외에 미수범 처벌 규정(제202조)과 상습범 규정(제203조), 자격정지 또는 벌금 병과 규정(제204조)과 몰수·추징 규정(제206조)도 두고 있다.

「마약류관리법」 제8장에서는 제58조~제65조의2에서 마약류와 관련된 여러 행위태양을 처벌하는 규정을 두고 있다. 그리고 제66조에서는 자격정지 및 벌금의 병과 규정, 제67조에서는 몰수에 관한 규정, 제68조에서는 양벌규정을 두고 있다. 해당 처벌 규정의 대상은 마약·향정신성의약품·대마뿐 아니라 임시마약류까지 포함하고, 행위유형도 마약류와 관련된 수출입, 제조, 매매, 매매 알선, 수수, 조제, 투약, 제공, 소지, 소유, 흡연, 섭취, 재배, 관리, 운반, 보관, 사용, 취급, 처방전 발급, 양도, 거부, 방해, 기피 등 매우 다양하다. 또한 그와 관련해서 「특정범죄가중법」 제11조 제1항은 「마약류관리법」 제58조 제1항 제1호~제4호, 제6호 및 제7호에 규정된 죄(단, 매매, 수수 및 제공에 관한 죄와 매매목적, 매매 알선목적 또는 수수목적의 소지 · 소유에 관한 죄는 제외)와 관련해서 가중처벌한다. 그리고 「특정범죄가중법」 제11조 제2항은 「마약류관리법」 제59조 제1항~제3항, 제60조에 규정된 죄(단, 마약 및 향정신성의약품에 관한 죄만 해당함)를 범한 사람을 가중처벌한다. 그에 더하여 「마약거래방지법」에서는[41] 「마약류관리법」의 일부 규정을 가중처벌하고 있으며, 불법수입의 몰수 및 추징을 강화하기 위해 특별한 유형을 처벌하고 있다. 그에

40) 소지란 "목적물을 자기의 사실상 지배하에 두는 것"을 의미하므로 점유보다 넓은 개념이다. 만일 판매할 목적으로 소지하지 않고 단순 소지한 경우에는 동조에 따라 처벌되는 것이 아니라 형법 제205조에 따라 처벌된다; 배종대, 형법각론(제12판), 홍문사, 2021, 628면.

41) 해당 법률의 제정 이유를 살펴보면, "최근 국내에서 급속히 확산되고 있고 국제화·광역화·조직화 되고 있는 마약범죄에 적극적으로 대처하고 마약사범의 효율적 진압을 위한 국제공조의 기틀이 되고 있는 "88유엔마약협약"에 가입하기 위하여 영리목적의 마약류범죄를 가중처벌하고, 마약류범죄행위로 취득한 불법수익등을 철저히 추적·환수하기 위한 제도적 장치와 외국의 몰수·추징재판의 집행을 위한 국제공조절차등을 마련하려는 것임"이라고 되어 있다; <https://www.law.go.kr/lsInfoP.do?lsiSeq=3089&ancYd=19951206&ancNo=05011&efYd=19951206&nwJoYnInfo=N&efGubun=Y&chrClsCd=010202&ancYnChk=0#0000(2024. 3.27. 최종방문)>.

따라 「마약류관리법」의 처벌규정 가운데 제58조~제60조의 일부행위를 업(業)으로 하는 경우를 가중처벌하고 있으며(동법 제6조), 마약류범죄 불법수익등의 은닉 및 가장(동법 제7조), 불법수익등의 수수(동법 제8조), 마약류 물품의 수입등(동법 제9조), 마약류범죄 선동 등(동법 제10조), 불법수익등에 대한 미신고 등(동법 제11조), 양벌규정(동법 제18조) 등을 규정하고 있다. 그리고 국외범에 대한 특별규정과(동법 제12조) 몰수 및 추징과 관련된 특별규정도 두고 있다(동법 제13조~제17조).

우리나라 마약류범죄 처벌체계는 「마약류관리법」을 중심으로 생태계가 마련되어 있다. 형법상 규정은 형법 제정 이후 거의 변화가 없었고, 그 적용범위도 마약으로 한정되기 때문에 오히려 일반법적인 역할을 수행하지 못하고 있다. 따라서 형법은 현재 거의 적용되는 예가 없으며, 주로 「마약류관리법」을 기반으로 구축된 처벌 규정이 적용되는 상황이다. 형법상 처벌 규정은 사실상 사문화 되었다고 할 수 있다.

2. 현행 마약류범죄 처벌 규정 체계의 개선안

대부분 범죄행위의 처벌 규정 체계를 살펴보면, 형법상 규정은 일반법 역할을 수행하고, 특별한 경우에 한하여 개별법 및 특별법 등에서 형법 규정과 별도로 특별한 처벌 규정을 둔다. 따라서 특별법으로 처벌이 불가능한 경우에는 일반법인 형법이 적용될 수 있다.[42] 그런데 앞서 살펴본 바와 같이 형법상 아편에 관한 죄의 대상은 마약에 한정되지만, 「마약류관리법」은 보다 넓은 개념인 마약류를 처벌 대상으로 하고 있으며, 범죄행위 유형도 형법상 유형보다 넓게 규정되어 있다. 그러므로 2000년 1월 12일에 「마약류관리법」이 제정된 이후(2000년 7월 1일 시행)에는 형법상 규정이 실무에서 거의 적용되지 않으며, 판례도 거의 없다.[43] 1992년 법무부 개정안에서는 형법 제17장을 삭제해야 한다고 하였고, 2008년 한국형사법무정책연구원의 개정안에서도 형법 규정 및 특가법 규정을 삭제해야 한다는 견해가 있었다.[44] 또한 마약류범죄를 완전 비범죄화하지 않는 이상, 형법과 행정법을 분리하여

42) 예를 들어, 누군가 인터넷에서 사실을 공표하여 타인의 명예를 훼손하는 경우, 정보통신망법상 소위 사실적시 사이버명예훼손(동법 제70조 제1항)가 적용될 수 있다. 그러나 해당 규정에서는 주관적 요건으로 고의 외에 '비방할 목적'을 요구하고 있는데, 비방할 목적이 없는 경우 일반법으로서 형법상 사실적시 명예훼손죄(동법 제307조 제1항)가 적용된다.

43) 배종대, 앞의 책, 626면.

44) 형법개정연구회, 형사법개정연구(Ⅳ)－형법각칙 개정안, 한국형사법무정책연구원 연구총서,

형법적 규율이 필요한 내용은 형법전에 규정하고, 행정적인 내용은 개별법에 규정하여 '옥상옥'의 입법관행을 정리해야 한다는 견해도 있다.[45]

생각건대, 「마약류관리법」의 규율 범위가 형법 제17장 아편에 관한 죄보다 넓으므로 형법 제17장 규정은 일반법으로서의 역할을 하지 못하고, 오히려 개별법인 「마약류관리법」에 포함된다. 그러므로 형법전의 해당 규정이 적용될 가능성이 거의 없고, 실제로도 그러하다. 형법전의 제17장은 사문화되었다고 해도 과언이 아니고, 앞으로도 적용될 가능성이 거의 없다. 문제는 형법 제17장을 삭제할 것인지, 아니면 「마약류관리법」에서 기본적인 규정을 분리하여 형법전에 편입시켜야 하는지이다. 이미 마약류범죄에 대해서는 「마약류관리법」이라는 하부체계가 자체적으로 전문성 있고 견고하게 구축되어왔다. 따라서 어떤 마약류범죄 유형은 형법전에서 규정하고, 어떤 유형은 「마약류관리법」에서 규정할지를 구분하는 것이 쉽지 않을 정도로 이미 형사처벌 규정이 해당 법률과 밀접하게 유착되어 있다. 그러므로 형법전의 제17장의 내용을 삭제하고 마약류범죄에 대한 형사처벌의 임무를 「마약류관리법」으로 이관하는 것이 적절할 것이다.[46] 다만, 「마약류관리법」상 형사처벌 규정에 대해서는 형법 체계와 연관되어 있다는 것을 명확히 할 필요가 있다. 행정법 분야에서는 개별 행정법 규정에 있는 형사처벌 규정을 형법 체계에서 이해하기보다는 행정법 범주에서 이해하려는 노력이 있기 때문이다. 그러므로 현재 형법전 제17장의 규정은 삭제하고, 그 대신 "마약류범죄의 처벌규정은 「마약류관리법」 '제8장 벌칙' 및 「마약거래방지법」 '제3장 벌칙'에 규정한다"와 같이 한정하여 규정하고, 해당 처벌 규정을 형법 체계에 포함하여 마약류범죄 처벌에 대한 체계정합성이 유지될 수 있도록 하는 방안을 제시하고자 한다. 그에 따라 마약류범죄 처벌규정은 해당 법률의 해당 장에서만 규정하고, 다른 개별법이나 장에서는 새로운 처벌규정을 창설할 수 없도록하여 형벌에 대한 예측가능성을 높일 수 있다.

또 다른 문제는 「특정범죄가중법」 제11조 규정을 삭제해야 하는지이다. 현행 마

2009, 394면.

45) 배종대, 앞의 책, 626면; 이보영/이무선, "마약범죄 처벌의 정당성", 법학연구 제47호, 2012, 217면 이하.

46) 견은 견해로 형법개정연구회, 앞의 책, 398면; 반대로, 장기적으로 형사특별법은 형법화를 통해 형법전으로 통합하는 것이 적절하므로 「마약류관리법」상의 처벌규정들을 형법전으로 편입시키는 것이 바람직하다는 견해도 있다(전지연, 형사특별법 정비방안(3) – 특정범죄가중처벌등에관한법률, 한국형사법무정책연구원 연구총서, 2008, 211면).

약류범죄의 법정형은 마약류가 가지고 있는 위험성뿐 아니라 그 행위유형을 고려해서 법정형을 정하고 있는데, 유통 관련 행위인지 또는 단순 사용행위 인지, 강성 마약이나 향정신성의약품에 관한 것인지 또는 연성 대마에 관한 것인지 등에 따라 법정형을 차등해서 규정하고 있다.[47] 그런데 「특정범죄가중법」은 가액에 따라 한 번 더 가중한다. 해당 규정은 「마약류관리법」 제58조 제1항 제1호부터 제4호까지 및 제6호 · 제7호에 규정된 죄(동조 제1항)와 동법 제59조 제1항부터 제3항까지 및 제60조에 규정된 죄(동조 제2항)들에 대해 그 가액이 5천만 원 또는 5백만 원 이상 5천만 원 미만인 경우를 구분하여 가중처벌한다. 「특정범죄가중법」에 대해서는 해당 법률이 정치적 도구로 사용되어왔고,[48] 특별범죄에 대해 예방적 목적을 강조하여 형을 가중하는 것이 정당한지에 대한 비판도 있으며,[49] 그 액수에 따라 형을 차등화하는 것은 합리적인 입법방식이 아니라는 비판도 있다.[50] 따라서 「특정범죄가중법」의 전면적인 폐지가 타당하다는 주장도 제기된다.[51] 「특정범죄가중법」 제11조가 삭제된다고 하더라도 해당 범죄유형에 대한 입법의 흠결이 생기는 것은 아니고, 가액에 따른 법정형에만 차이가 있을 뿐인데,[52] 이는 양형을 통해서 해결할 수 있을 것이다. 그에 반해 법정형의 상향이 필요하다고 주장도 있을 수 있지만, 그런 경우에는 「특정범죄가중법」 제11조 제1항과 제2항 해당 규정의 내용을 그 규정의 근거가 되는 「마약류관리법」 제58조에서 제60조에서 규정하는 것이 바람직할 것이다.[53] 그러므로 「특정범죄가중법」 제11조는 삭제하는 것이 적절할 것이다.

결론적으로 현행 형법 제17장의 현행 내용과 「특정범죄가중법」은 삭제할 필요가 있다. 그리고 마약류범죄에 대한 형사처벌은 「마약류관리법」을 중심으로 하부생태계를 구성할 필요성이 있다. 다만, 형법과 개별법의 관계를 명확히 하고, 형법 체계

47) 이인영, "마약류 범죄에 대한 형사법적 대응에 관한 일고찰", 비교형사법연구 제16권 제2호, 2014, 181면~182면.

48) 전지연, 앞의 책, 36면.

49) 전지연, 앞의 책, 38면.

50) 전지연, 앞의 책, 40면.

51) 전지연, 앞의 책, 234면; 전지연 교수는 「특정범죄가중법」 중 거의 사문화된 규정은 삭제하고, 형법 규정과 중복 및 유사 규정은 보완 및 수정을 통해 모두 형법전에 편입하며, 형사특별법을 구성요건화하거나 형벌을 가중하고 있는 규정들은 보완 및 수정을 통해 형사특별법 규정으로 환원해야 한다고 주장한다.

52) 전지연, 앞의 책, 211면.

53) 전지연, 앞의 책, 211면~212면.

의 정합성을 유지하기 위해서 형법 제17장에 개별법률의 처벌 규정이 규정된 장을 구체적으로 명시하여 형법 체계 내에서 관리할 필요가 있다.

개정안(형법 제17장 개정 및 「특정범죄가중법」 제11조 삭제)
제17장 마약류에 관한 죄 제OO조 마약류범죄에 대한 처벌 규정은 「마약류 관리에 관한 법률」 제8장, 「마약류 불법거래 방지에 관한 특례법」 제3장에 규정한다.

Ⅳ. 형사절차에서 마약류 사용자의 재범방지방안

1. 마약류 사용자의 형사처벌과 다이버전의 한계

마약류사범의 재범률은 다른 범죄에 비해 상당히 높게 나타난다.[54] 그러므로 호기심이나 권유, 우울감이나 정서적 이유 등으로 처음 마약류를 투약하는 사람에게는 초기부터 적극적으로 대응할 필요가 있다.[55] 물론 각각의 투약 원인이 다양하므로 단순히 처벌할 것인지 아닌지를 따지기보다는 원인별로 대응 방안을 달리할 필요가 있다.[56] 기본적으로 마약류범죄에 대한 형사정책은 수요억제정책과 공급억제정책이 공존한다.[57] 우리나라의 기본입장은 처벌강화를 통해 마약류의 수요와 공급을 억제하는 것으로 보인다.[58] 다만, 형사절차 과정에서 개별 특성을 고려해서

54) 마약류사범의 재범률은 2018년 36.6%, 2019년 35.6%, 2020년 32.9%, 2021년 36.6%, 2022년 35.0%이다(대검찰청, 각주 13의 책, 204면). 2021년 동종 재범률이 가장 높은 범죄가 절도죄로서 22.8%였던 것에 비하면 마약류사범의 동종 재범률은 상당이 높다고 할 수 있다(<https://tbs.seoul.kr/news/newsView.do?seq_800=20445395&typ_800=6(2024.3.27. 최종방문)>).

55) 마약류범죄자 집단을 인지된 중독자군(검·경에 의해 마약류사범으로 적발된 사람들), 미인지 중독자군(불법마약류 사용으로 인해 단속되어야 하지만 적발되지 않은 사람들), 중독위험군(불법마약류를 접촉하지는 않았지만, 위험에 노출될 수 있는 사람들), 그리고 일반국민군으로 구분하여 인지된 중독자군과 미인지된 중독자군에 대해서는 치료재활 대책이, 중독위험군과 일반국민군에 대해서는 예방 및 계몽 대책이 필요하다는 견해도 있다; 이경희, "마약류 중독 재활정책의 변화와 대응", 제31회 세계마약퇴치의 날 기념 심포지엄 기조발제문, 2017, 6면~7면.

56) 박동균, "우리나라 마약실태의 위험과 그 대응방안에 관한 연구", 한국치안행정논집 제16권 제3호, 2019, 82면~83면.

57) 이경희, 앞의 글, 5면.

58) 이경희, 앞의 글, 12면.

다이버전을 통해 마약류 사용자의 치료·재활과 재범예방 목적을 달성하려는 노력도 하고 있다. 마약류 사용자 가운데 일부에게는 형벌의 '위하(威嚇)'기능이 어느 정도 작용할 수도 있을 것이다. 그런 맥락에서 현행 법률이 단순 마약류 사용자까지도 엄격하게 처벌하는 것도 의미가 있다. 일부에서는 단순 마약류 사용자를 비범죄화해야 한다고 주장하지만,[59] 마약류범죄는 은밀하고 점조직으로 발생하며, 단순 마약류 사용자로부터 수사를 시작하여 윗선 및 밀매조직 등 마약류범죄 전반을 수사하는 경우가 많다. 또한 만일 형사절차에서 만일 단순 마약류 사용자를 처벌하지 않는다면, 수사기관이 참고인에 대한 강제권한이 없는 현행 형사소송절차를 고려해 볼 때, 마약류범죄의 참고인 신분이 되는 그들이 마약류범죄 수사에 적극적으로 도움을 주는 것에는 한계가 있다. 그러므로 형사정책적으로 단순 마약류 사용자의 처벌 규정 필요성은 있다. 마약류범죄의 유형에 따라 중형주의 대상이 되는 범죄와 예방과 치료에 목적을 둘 수 있는 범죄로 구분하여 대응할 필요가 있기 때문이다.[60] 그러므로 형사정책적으로 형사책임을 강화하는 것과 함께 치료와 재활 및 재

59) 마약류범죄의 보호법익은 공중의 건강이라고 할 수 있으며, 보호정도는 추상적 위험범이다(배종대, 앞의 책, 626면). 개인이 단순히 마약류를 투약하여 자신의 건강을 해치는 행위에 대해 국가가 처벌하기 위해서는 정당한 근거가 있어야 한다. 그러므로 마약류범죄에 대해서는 타인에게 해가 되고, 중독성이 심한 경우에 한해서 처벌하고, 중대한 범죄로 이어질 수 있다는 이유로 실증적 고려에 따르지 않고 가부장주의에 따라 처벌하는 것은 적절하지 않으므로 대마초와 같은 연성 마약의 단순 사용과 같은 행위를 처벌하는 것은 재고의 여지가 있다는 주장도 제기된다(박용철, "마약류범죄의 처벌에 대한 소고 – 연성 마약을 중심으로", 비교형사법연구 제15권 제2호, 2013, 87면~88면). 그와 함께 연성마약 사용을 비범죄화 함으로서 중한 마약범죄에 사법자원을 집중할 수 있고, 교정시설의 과밀화를 해소하는 것과 같이 법경제학적 관점에서도 이익이 될 수 있다고 한다(이인영, 앞의 책, 175면). 다만, 헌법재판소는 「마약류관리법」 에서 대마 흡연과 수수를 처벌하는 것과 관련된 결정에서 향정신성의약품과 동일하게 처벌하는 것이 과잉금지원칙에 위배되어 행복추구권을 침해하는 것은 아니고, 흡연을 처벌하지 않는 담배와 비교해서도 평등원칙에 위배되지 않는다고 보았다(헌법재판소 2005. 11. 24. 선고 2005헌바46 전원재판부). 학계에서도 연성마약의 비범죄화에 대한 찬반논의가 팽팽하고, 헌법재판소도 여전히 합헌에 중점을 두고 있으므로 외국의 일부 국가들처럼 연성마약을 비범죄화 하는 문제는 공론의 장에서 보다 많은 논의가 있어야 할 것이다.

60) 예를 들어, 청소년 대상 마약류범죄의 증가에 따라 대검찰청은 청소년 관련 마약류범죄자에 대해 구속수사를 원칙으로 하며, 현행범에게 가중처벌 조항을 적용하여 사형까지도 구형할 것이라는 방침을 표명하였다. 또한 외국인 마약사범의 증가에 따라 단속과 처벌을 확대하는 방안도 제시되고 있다. 그에 반해 여성 마약류사범이나 농촌 및 산간 지역의 마약류범죄 문제에 대해서는 예방교육 강화가 필요하다는 의견이 제시되기도 하였다. 이처럼 마약류범죄의 유형과 특징을 고려해서 다원화된 대처 방암이 필요하다는 견해가 제시되고 있다; 이용주/이승욱/

범을 방지할 장치를 모색해야 한다. 그 방법 중 하나가 다이버전이다.

범죄 초기 단순 마약류 사용자를 처벌하여 전과자로 만드는 것에 대한 형사정책적 반성적 고려 등으로 인해 현행 형사절차에서는 여러 가지 다이버전을 마련하고 있다. 예를 들어, 초범인 마약류사범은 수사단계에서는 치료조건부 기소유예를 받는 경우도 많고, 공판단계에서는 선고유예와 함께 일정기간 동안 보호관찰을 받도록 하여 재범을 방지하기도 한다.[61] 그런데 마약류범죄가 재범률이 매우 높고, 중독범죄의 특성이 있으므로, 다이버전을 통해 개인의 의지와 일반적인 의료제도의 방법으로 재범을 방지하도록 하는 것에는 한계가 있다. 또한 단순 투약이라도 재범의 경우에는 상습범이 적용될 수 있으므로 형사절차에서 다이버전이 이루어지지 않고 형벌을 부과받게 되는 경우도 있다. 그러므로 초범이라고 하더라도 중독 정도가 심한 경우와 재범이라고 하더라도 중독 정도가 약하다고 판별되는 경우에는 다이버전이나 형벌 보다 치료감호를 적극적으로 활용할 필요가 있다. 즉, 마약류범죄의 다이버전과 형사처벌의 중간지대를 치료감호가 적극적으로 담당하도록 실무적으로 체계화하는 것이다.

2. 중간처우로서 치료감호제도의 적극 활용 필요성

(1) 마약류범죄에 대한 치료감호 현황

치료감호는 사회적 위해성으로 인해 형벌을 부과해야 하지만, 책임능력이 없거나 미약하여 형벌을 부과하기 어려운 금고 이상의 형에 해당하는 죄를 지은 심신장애인, 마약 및 알코올 중독자, 성적 성벽이 있는 정신장애인을 수용하여 사회복귀를 촉진하는 것을 목적으로 하는 제도이다.[62] 해당 제도는 행위자의 과거 범죄에 기반한 처벌이 아니라 장래의 위험성으로부터 사회방위를 목적으로 형벌의 한계를 보충하는 기능을 하는 보안처분이다.[63] 치료감호와 유사한 제도로서 「마약류관리법」

박병선, "마약류범죄의 특성과 예방대책: 청소년, 여성 및 외국인 마약류범죄를 중심으로", 교정연구 제33권 제3호, 2023, 107면~108면.

61) 다만, 문제는 마약류중독자가 사회에서 일상 생활하면서 일반 병원에서 마약치료를 받는 것이 쉽지 않다; <https://news.kbs.co.kr/news/pc/view/view.do?ncd=7718198(2024.3.27. 최종 방문)>.

62) 박호현, "치료감호제도에 관한 논의 – 정신성적장애자에 대한 치료감호법적 개선을 중심으로", 국제법무 제8권 제2호, 2016, 201면.

63) 윤상민, "현행 치료감호제도의 문제점과 개선방안", 원광법학 제25권 제3호, 2009, 377면.

제40조에서는 치료보호제도를 규정하고 있는데, 해당 제도는 단순 마약류 사용자 가운데 자수를 하거나 개전의 정이 있는 경우 치료보호를 조건으로 기소유예를 함으로써 재범을 방지하고, 사회를 방위하는 보안처분 또는 보호처분이다.[64] 치료보호제도는 마약류사범에 대한 처벌 대신 치료를 목적으로 하는 일종의 다이버전이라고 할 수 있다. 마약류에 대한 상습성이 중하거나 마약류의 제조 및 유통과 관련된 행위, 마약류범죄와 연관되어 다른 범죄를 범하는 경우에는 형사처벌이 필요하다. 그러나 마약류범죄 가운데 단순한 투약 등의 행위는 처벌보다는 치료 및 재활에 중점을 둘 필요가 있다. 앞서 살펴본 것처럼, 국제적으로도 마약류의 단순 사용자에 대해서는 처벌보다는 치료정책이 우선한다. 그를 위한 형사정책적 장치가운데 하나가 치료감호제도이다.

그런데 최근 마약류범죄와 관련해서 치료감호제도에 대한 비판이 제기되고 있다. 대검찰청 마약류 범죄백서 통계에 따르면 2018년에는 마약류사범 총 12,613명 중 투약이 6,177명(49.0%),[65] 2019년에는 총 16,044명 중 8,210명(51.2%),[66] 2020년에는 총 18,050명 중 9,044명(50.1%),[67] 2021년에는 총 16,153명 중 8,522명(52.8%),[68] 2022년에는 총 18,395명 중 8,489명(46.1%)으로 나타난다.[69] 대법원의 사법연감을 보면, 2018년에 접수된 치료감호사건은 282건(전체 형사사건 1,455,735건의 0.02%),[70] 2019년에는 457건(총 1,481,392건의 0.03%),[71] 2020년에는 274건(총 1,463,841건의 0.02%),[72] 2021년는 208건(총 1,419,293건의 0.01%),[73] 2022년에

64) 이인영, 앞의 글, 185면; 치료보호제도에 관한 사항은 대통령령(제34043)인 「마약류중독자 치료보호규정」에 규정하고 있다. 그 밖에도 마약류범죄 중독자들을 대상으로 하는 치료처우로 「마약류 관리에 관한 법률위반 수용자 관리지침」 제40조, 제41조, 제42조 등에 따라 교정시설에 수용되어 있는 미결수 및 기결수를 치료하는 교정치료제도와 「보호관찰 등에 관한 법률」 제32조 및 「마약류관리법」 제40조의2 등에 규정되어 있는 보호관찰제도가 있다(이인영, 앞의 글, 186면).

65) 대검찰청, 『2018년 마약류 범죄백서』, 2019, 126면.

66) 대검찰청, 『2019년 마약류 범죄백서』, 2020, 140면.

67) 대검찰청, 『2020년 마약류 범죄백서』, 2021, 142면.

68) 대검찰청, 『2021년 마약류 범죄백서』, 2022, 130면.

69) 대검찰청, 『2022년 마약류 범죄백서』, 2023, 98면.

70) 대법원, 『2019 사법연감』, 2019, 622면.

71) 대법원, 『2020 사법연감』, 2020, 630면.

72) 대법원, 『2021 사법연감』, 2021, 733면.

73) 대법원, 『2022 사법연감』, 2022, 733면.

는 248건(총 1,517,547건의 0.02%)이다.[74] 그리고 법무부의 2023년 범죄예방정책 통계분석에 따르면, 최근 5년간 국립법무병원의 입원 현황은 완만하게 감소하는데, 2018년 670명, 2019년 600명, 2020년 321명, 2021년 226명, 2022년 311명이고, 그 중 피치료감호자는 2018년 224명(33.4%), 2019년 233명(38.8%), 2020년 192명(59.8%), 2021년 124명(54.9%), 2022년 135명(43.4%)이다.[75] 해당 통계들을 정밀하게 연결하여 정합적으로 분석하기는 쉽지 않지만, 적어도 해당 통계들의 추세를 통해 마약류범죄 사용과 관련해서 전체적인 숫자는 완만하게 증가하고 있는데 반해서, 치료감호사건 및 피치료감호자 숫자는 오히려 완만하게 감소하는 추세를 보인다는 것을 알 수 있다. 그에 따라 마약류사범에 대해 치료감호제도가 적극적으로 활용되지 못한다는 비판도 제기된다.[76]

(2) 마약류중독자에 대한 치료감호 개선방안

마약류범죄 가운데 단순 투약과 같은 범죄유형은 초범이 되지 않도록 하는 일반적 예방도 중요하지만, 일단 초범이 된 이후라면 비록 시설 내 자유박탈 보안처분이지만 치료감호제도를 실효성 있게 운용하여 마약류사범을 치료하고, 재범을 방지하는 것이 중요하다. 물론 여러 경험적 연구에 의하면 마약류사범은 사회복귀 후에도 재범률이 매우 높게 나타나고, 형사절차에 따라 보호관찰 및 가석방 처분을 받는 경우에도 준수사항을 위반하는 경우가 많으므로 사회내처우에서 통제와 감시감독을 강화하는 프로그램 투입도 매우 중요하다.[77] 마약류범죄 초범과 재범 사이에서 초범이 범죄의 대가로 자유를 침해당하지만, 교정시설에서 다른 범죄에 감염되는 것을 방지하고, 사회복귀 후에도 마약류범죄 재범을 범하지 않도록 가교역할을 하는 제도가 치료감호이다. 문제는 우리 사회가 마약류사범에 대한 유무죄 여부에는 관심이 많지만, 사법절차 이후 재범방지에 대한 문제에는 상대적으로 관심이 덜하여 치료감호제도를 위한 운영, 예산, 인력, 프로그램 등이 상대적으로 항상 미흡

74) 대법원, 『2023 사법연감』, 2023, 769면.

75) 법무부 범죄예방디지털정책팀, 『통계분석 - 범죄예방정책 2023』, 2023, 42면~43면.

76) <https://m.kmib.co.kr/view.asp?arcid=0924267053(2024.3.27. 최종방문)>. 치료감호제도뿐 아니라 치료보호제도도 그 이용이 활성화되지 못하고 있다는 견해가 있다; 성경숙, 앞의 글, 264면~265면; 박진실, "마약류사범재범방지를 위한 해외 사례 및 도입방안에 관한 연구", 중앙법학 제19집 제3호, 2017, 196면.

77) 박성수, "마약류중독자의 치료감호 개선방안: AHP 분석을 통한 우선순위 결정", 한국치안행정논집 제11권 제4호, 2015, 69면.

한 점이 많다는 것이다. 따라서 치료감호제도에 대한 여러 문제점이 이미 오래전부터 제기되어 왔지만, 많은 문제점은 지금도 개선되지 않고 있다.[78] 무엇보다 단순 마약류중독자 대한 치료감호가 실질적 효과를 발휘하기 위한 출발점으로서 형사사법기관은 그들을 단순한 범죄자로만 취급해서는 안되고, 재활이 필요한 치료대상자라는 인식이 강화되어야 한다.[79] 실무적으로 치료감호제도를 적극적으로 활용할 필요가 있다.

또한 실무에서 치료감호제도를 적극 활용하기 위해서는 피치료감호자에게 일정한 이익이 있어야 한다. 그를 위해 우선 치료감호제도의 대체주의를 개선할 필요가 있다. 우리나라는 형법에 형벌 규정을 두고 있고, 「치료감호 등에 관한 법률(이하 '치료감호법'이라고 함)」, 「보안관찰법」, 「보호관찰 등에 관한 법률」을 두어 이원주의적 형사체계를 취하고 있다.[80] 그러나 대상자의 자유를 침해하는 본질은 형벌이

---

78) 박성수, "마약류중독자의 치료보호제도 개선방안", 교정연구 제51호, 2011, 207면 이하; 마약중독자 치료감호의 개선방안과 관련하여 법령과 관련해서는 재범위험성판단기준 명확화, 대체주의의 예외규정, 치료감호의 형법전 편입, 기간의 적정화 규정, 비례원칙의 명문화가 제시된다. 제도절차 개선과 관련해서는 치료감호심의위원회 제도의 실질화, 치료감호 대체치료제도 마련, 치료대상군별 분리수용처우, 수용시설의 다양화가 필요하며, 운영전문화와 관련해서는 다양한 프로그램 개발, 전문인력의 확보, 치료감호소의 아웃소싱화, 퇴소자의 사후관리, 예산확보 등이 요구된다; 박성수, 각주 54번 논문, 78면.

79) 그런 맥락에서, 특히 공인이 마약류과 관련된 사건에 관여되는 경우 대중의 알 권리를 우선시하여 수사과정에서 불필요하게 공개소환하거나 수사내용을 언론에 직·간접적으로 제공하는 수사관행에 대해서는 재고의 필요성이 있다. 최근 모 유명 가수는 마약 투약 혐의로 인해 수사를 받는 과정에서 명예실추와 경제적 피해를 입었지만, 수사결과 무혐의로 결론이 내려졌으며(<http://www.stoo.com/article.php?aid=90464851258(2024.3.27. 최종방문)>), 모 유명 연예인은 마약 투약과 관련된 수사과정에 대해 억울함을 토로하면서 자살을 하여 수사를 담당했던 경찰서와 관련 기사를 내었던 언론사가 수사를 받는 사건도 발생했다(<https://www.wikitree.co.kr/articles/920666(2024.3.27. 최종방문)>). 이런 일련의 사건들로 인해 수사기관 뿐 아니라 언론과 정부에 대한 비판이 제기되기도 하였다(<https://news.jtbc.co.kr/article/article.aspx?news_id=NB12160517(2024.3.27. 최종방문)>). 형사정책적으로도 단순한 연성 마약류 투약 행위에 대해서는 비범죄화가 요구될 정도로 형사처벌의 정당성과 필요성에 논란이 있는 범죄유형이다. 또한 언론에서 주장하는 시민의 알 권리가 진정으로 시민들이 반드시 알아야 하는 권리인지도 의문이다. 물론 언론이 수사기관을 통해 정보를 수집하는 것이 아니라 자체적으로 정보를 수집하여 기사를 작성하는 것을 통제할 수는 없을 것이다. 또한 수사기관은 마약 투약을 원인으로 발생하는 강력 범죄에 대해서는 강제력을 동원하여 엄정히 대응할 필요가 있다.

80) 배종대, 형법총론(제15판), 홍문사, 2021, 27면.

나 보안처분이 동일하며, 치료감호도 자유를 박탈당한 상태에서 치료를 받기 때문에 형벌적 성격도 부인할 수 없을 것이다. 그러므로 마약중독자에 대한 형사정책적 관점이 형벌보다 보안과 개선 및 치료에 목적을 두는 보안처분에 있고, 보안처분의 형벌적 성격을 고려한다면, 형벌과 치료감호는 사실상 선택적 관계에 있다. 「치료감호법」 제18조에서는 치료감호와 형벌이 병과된 경우 치료감호를 먼저 집행하고, 치료감호의 집행기간은 형벌 집행기간에 포함하도록 규정하고 있다. 치료감호의 목적이 피감호자의 보안·개선·치료이고, 자유박탈 및 자유제한을 그 내용으로 하고 있으므로 피감호자의 인격특성을 고려한 보안처분을 즉시 집행하여 사회복귀에 도움을 주는 것이 필요하다.[81] 치료감호 기간을 형기에 산입하고, 치료감호 이후에도 남은 형기를 집행하는 것이 형벌과 보안처분을 조화롭게 집행하는 것으로 보이지만, 마약중독자의 재사회화 관점에서 치료감호가 목적하는 바를 달성하도록 해 주는 것인지는 의문이다.[82] 그에 따라 치료감호 이후 잔여 형기 동안 가석방제도를 활용하자는 견해,[83] 마약중독자가 치료를 거부하는 것을 고려해서 치료감호 이전에 형벌의 일부를 우선 집행하여 심리적으로 압박한 후 치료감호를 집행하자는 견해도 제시되고 있다.[84]

독일의 경우 독일 형법전 제61조 이하에서 보안처분에 관한 규정을 상세하게 두고 있다. 우리는 법원이 일단 판결을 내리면 「치료감호법」 제17조에 따라 검사가 집행을 지휘하도록 하도록 하고 있다. 반면, 독일은 치료감호 선고 이후에도 집행과정에서 법원이 개입하고 있다. 동법 제67조를 보면, 법원은 동조 제2항에서는 치료감호와 형벌 집행의 순서를 바꿀 수 있고, 동조 제3항에서 법원은 집행명령을 추후에 발부, 변경, 취소할 수 있으며, 동조 제5항에 따르면 형기의 3분의 2가 채워지면, 남은 형기의 집행을 정지할 수도 있다. 우리나라에서도 재판 이후 법원이 개입할 수 있는 장치들이 필요하다. 예를 들어, 재판 시에는 치료감호를 선고하지 않았지만, 수감 중에 치료감호의 필요성이 발행하는 경우도 있으므로 그에 대한 법적 근거가 필요하다는 주장도 제기된다.[85] 치료감호가 가지고 있는 자유박탈적 성격

81) 윤상민, 앞의 글, 384면.

82) 위와 동일.

83) 박성수, 각주 54번 논문, 83면.

84) 윤상민, 앞의 글, 385면; 이는 독일형법 제67조 제2항 규정을 고려한 견해인데, 그에 대해서는 형벌로 심리적 압박을 하는 것은 바람직하지 않다는 비판도 제기된다; 송문호, "형법상 치료감호에 대한 비판적 고찰", 형사정책 제12권 제1호, 2000, 8면.

은 형벌적 성격을 가지고 있으며, 치료감호의 목적은 피감호자의 치료 및 개선이므로 피감호자가 스스로 재활하려는 동기가 매우 중요하다. 그러므로 치료감호를 집행한 이후 남은 형기 동안에는 그 위험성을 평가하여 가석방제도를 적극활용하고, 전체 기간의 3분의 2가 넘은 상황에서는 독일과 같이 남은 형기를 탕감해 줄 수 있는 제도도 고려해 볼 수 있을 것이다.

Ⅴ. 마약류범죄 양형기준의 선별적 강화방안

마약류범죄 가운데 마약 제조 및 유통 등과 관련된 범죄는 주로 조직범죄와 연관을 맺고 있다. 그러므로 단순 마약류 사용자에 대해서는 치료감호를 통해 재활과 치료에 중점을 두어야 하지만, 마약 제조 및 유통 등과 관련된 범죄에 대해서는 엄중한 처벌이 요구된다. 현행 마약류범죄 관련 법률에서는 기본적으로 법정형을 높게 규정하고 있다. 법정형의 상한이 규정되지 않는 처벌 규정을 살펴보면, 「마약류관리법」에서 동법 제58조 제1항에 해당하는 범죄유형은 법정형이 무기징역 또는 5년 이상 유기징역이고, 동조 제2항은 영업 목적의 경우 사형 · 무기 · 10년 이상 유기징역까지 가중하고 있다. 동법 제58조의2 제1항에 해당하는 유형은 법정형이 2년 이상 유기징역이며, 동조 제2항에서 상습범은 3년 이상 유기징역으로 가중처벌하고 있다. 동법 제59조 제1항에 해당하는 범죄유형도 1년 이상 유기징역이고, 동조 제2항에서 상습법은 3년 이상 유기징역으로 처벌된다. 「마약거래방지법」 제6조에서도 업으로서 한 불법 수입 등의 행위에 대해 제1항에서는 사형 · 무기 · 10년 이상 유기징역으로 처벌하고, 동조 제2항에서도 3년 이상의 유기징역으로 처벌한다.

그런데 이처럼 마약류범죄에 대한 법정형은 높게 규정되어 있는데 반하여 재판에서 선고되는 형량은 매우 낮다는 비판이 제기된다.[86] 그런 비판에는 상습적인 마약중독자에 대한 형량도 솜방망이 처벌이라는 내용도 있다.[87] 다만, 마약중독자의 경우 비록 상습성이 있다고 하더라도 다른 범죄와 관련이 없는 경우에도 형벌을 높여 처벌하는 것이 형사정책적으로 적정한지 의문이다. 마약중독뿐 아니라 알코올중독, 담배중독, 카페인중독, 운동중독, 쇼핑중독, 인터넷중독, 스마트폰중독, 게임중

85) 윤상민, 앞의 글, 385면.

86) <https://news.mt.co.kr/mtview.php?no=2023040713204221581(2024.3.27. 최종방문)>.

87) <https://www.newspim.com/news/view/20230412000855(2024.3.27. 최종방문)>.

독 등 타인에게 직접적인 피해를 입히지 않지만, 자신의 건강에 해를 줄 수 있는 모든 중독행위는 치료의 대상이지 처벌의 대상은 아니다. 다만, 마약중독은 형사정책적으로 범죄화하고 하고 있을 뿐이다. 그런 점을 고려하면 마약 투약의 경우 비록 마약중독 재범자라고 하더라도 중형을 통해 형벌을 부과하는 정책은 재고의 여지가 있다. 반면에 그 외 마약 생산·공급·유통 등과 관련된 범죄에 대해서는 법정형뿐 아니라 양형에 있어서도 엄중한 적용이 필요하다. 그 불법성과 해악이 매우 크기 때문이다. 법원의 양형은 양형기준이 중요한 역할을 한다. 마약류범죄와 관련된 양형기준이 최근 사회적 문제를 충분히 반영하고 있지 못하다는 비판을 의식해서인지 최근 양형위원회도 특정한 마약류범죄에 대해서는 양형기준을 강화하는 양형기준안 권고안을 마련하였다.[88)]

개정이 예고된 마약범죄 양형기준을 살펴보면, 모든 유형의 범죄에 대해 양형기준을 높이고 있다. 투약 및 단순소지 등의 양형은 2011년 최초 양형기준 이후 2023년 양형기준까지 감경, 가중, 기본형량에 변화가 없었다. 특별양형인자 중 감경요소에는 범행가담 또는 범행동기에 특히 참작할 사유가 있는 경우(행위 요소), 농아자·심신미약(본인 책임 없음)·자수·중요한 수사협조(행위자 및 기타 요소)가 있고, 가중요소에는 범행동기에 특히 비난할 사유가 있는 경우·피지휘자에 대한 교사(행위 요소), 상습범인 경우·동종 전과(3년 이내 집행유예 이상)(행위자 및 기타 요소)가 있다. 그리고 일반양형인자 중 감경요소에는 소극 가담(행위 요소), 심신미약(본인 책임 있음)·마약중독자의 자발적 · 적극적 치료의사·형사처벌 전력 없음·일반적 수사협조(행위자 및 기타 요소)가 있고, 가중요소에는 학교 부근 등 특별한 보호가 필요한 장소에서 범행을 저지른 경우(행위 요소), 동종 전과(3년 초과 10년 이내 집행유예 이상) 또는 이종 누범(행위자 및 기타 요소)이 있다. 하지만 2024년 기준안에서는 특별양형인자 행위 요소 감경사유에 '미필적 고의로 범행을 저지른 경우'와 가중사유에 '취급한 마약류의 가액이 매우 큰 경우'를 추가하였다. 그리고 일반양형인자 가중사유에 '범행 후 증거은폐 또는 은폐 시도'를 추가하였다. 2024년 양형기준에서는 감경, 기본, 가중 사유를 높였다. 최근 마약류범죄가 증가하고 있고, 마약중독자 및 소지자에 대해서도 엄벌해야 한다는 사회적 욕구가 반영된 것으로 보인다. 그러나 앞서 언급한 바와 같이 마약류 투약범죄는 처벌을 강화하는 것이 능사가 아니다. 마약류 투약범죄에 대해 예산과 시간이 많이 투여되는 치료 및 재활을 강화

---

88) <https://www.joongang.co.kr/article/25223282(2024.3.27. 최종방문)>.

하는 것보다 시민들의 불만을 손쉽게 무마할 수 있는 법정형이나 양형을 높이는 정책이 실효적일 수 있는지 의문이다. 다만, 2024년 양형기준의 집행유예 기준에서 '투약·단순소지 등을 위한 매수 또는 수수(매매·알선 등)'와 '투약·단순소지 등을 위한 수출입 또는 제조(수출입·제조 등)'를 주요참작사유가운데 긍정적 사유로 새롭게 추가한 것은 긍정적으로 판단된다.

유형	구분	감경	기본	가중
1	환각물질	- 8월	6월 - 1년	8월 - 1년6월
2	대마, 향정 라.목 및 마.목 등	6월 - 10월	8월 - 1년6월	~~10월 - 2년~~ 1년 - 3년
3	향정 나.목 및 다.목	~~6월~~ - 1년6월 8월 -	~~10월 - 2년~~ 1년 - 2년6월	~~1년 - 3년~~ 2년 - 5년
4	마약, 향정 가.목 등	10월 - 2년	1년 ~~- 3년~~ - 4년	~~2년 - 4년~~ 3년 - 6년

〈2024년 마약범죄 양형기준안〉

유형	구분	감경	기본	가중
1	환각물질	- 8월	6월 - 1년	8월 - 1년6월
2	대마, 향정 라.목 및 마.목 등	6월 - 10월	8월 - 1년6월	10월 - 2년
3	향정 나.목 및 다.목	6월 - 1년6월	10월 - 2년	1년 - 3년
4	마약, 향정 가.목 등	10월 - 2년	1년 - 3년	2년 - 4년

〈2011~2023년 마약범죄 양형기준〉

반면에 마약류 매매 및 알선, 수출입 및 제조, 대량범 등에 대한 양형기준은 강화될 필요성이 있다. 앞서 통계에서도 살펴보았지만, 비교적 최근까지 우리 사회에서 마약으로 인한 사회 문제가 크게 부각되지 않았고, 기본적으로 마약이 금지되어 있으므로 마약 일부를 합법화한 미국이나 태국, 네덜란드 등 국가들에서 나타나는 사회적 갈등도 크게 나타나지 않았다. 그와 같은 분위기는 마약류범죄에 대한 양형기준에도 반영되었던 것으로 보인다. 그래서 제조 및 유통 등과 관련된 마약류범죄의 양형기준은 2011년 최초 양형기준 이후 2015년, 2020년, 2023년 양형기준에도 큰 변화가 없었다.

유형	구분	감경	기본	가중
1	환각물질, 향정 라.목 등	- 8월	6월 - 1년4월	10월 - 2년
2	대마, 향정 나.목 및 다.목 등	8월 - 1년6월	1년 - 2년	1년6월 - 4년
3	마약, 향정 가.목 등	2년6월 - 5년	4년 - 7년	5년 - 8년
4	영리 목적 또는 상습범	5년 - 9년	7년 - 11년	9년 - 14년

〈2011년 매매·알선 등 양형기준〉

유형	구분	감경	기본	가중
1	환각물질, 향정 라.목 등	6월 – 10월	8월 – 1년6월	10월 – 2년
2	대마, 향정 나.목 및 다.목 등	8월 – 1년6월	1년 – 2년	1년6월 – 4년
3	마약, 향정 가.목 등	2년6월 – 5년	4년 – 7년	5년 – 8년
4	영리 목적 또는 상습범	5년 – 9년	7년 – 11년	9년 – 14년

〈2023년 매매·알선 등 양형기준〉

유형	구분	감경	기본	가중
1	향정 라.목 등	8월 - 1년6월	10월 - 2년	1년6월 - 3년
2	대마, 향정 다.목	1년 - 3년	2년 - 4년	3년 - 6년
3	마약, 향정 가.목 및 나.목 등	2년6월 - 5년	4년 - 7년	5년 - 8년
4	영리 목적 또는 상습범	5년 - 9년	7년 - 11년	9년 - 14년

〈2011년 수출입 · 제조 등 양형기준〉

유형	구분	감경	기본	가중
1	향정 라.목 등	8월 – 1년6월	10월 – 2년	1년6월 – 3년
2	대마, 향정 다.목	1년 – 3년	2년 – 4년	3년 – 6년
3	마약, 향정 가.목 및 나.목 등	2년6월 – 5년	4년 – 7년	5년 – 8년
4	영리 목적 또는 상습범	5년 – 9년	7년 – 11년	9년 – 14년

〈2023년 수출입 · 제조 등 양형기준〉

유형	구분	감경	기본	가중
1	제1유형	2년 - 4년	3년 - 6년	5년 - 8년
2	제2유형	3년 - 6년	5년 - 8년	7년 - 10년
3	제3유형	6년 - 9년	8년 - 11년	10년 - 14년

〈2011년 대량범 양형기준〉

유형	구분	감경	기본	가중
1	제1유형	2년 – 4년	3년 – 6년	5년 – 8년
2	제2유형	3년6월 – 6년	5년 – 9년	7년 – 11년
3	제3유형	6년 – 9년	8년 – 11년	10년 – 14년

〈2023년 대량범 양형기준〉

〈마약범죄 최초 양형기준 및 현행 양형기준〉

그런데 2024년 마약범죄 양형기준안에는 전반적으로 양형기준을 상향하는 것과 함께 매매 및 알선 등 유형에 미성년자에 대한 매매·수수 등 유형을 분리하여 양형기준을 설정하였다. 이는 최근 미성년자를 대상으로 마약을 유포하는 범죄유형이 사회적으로 큰 쟁점이 된 것을 반영한 것으로 보인다.[89] 앞서 살펴본 바와 같이 이전에는 마약류범죄가 우리 사회에 끼치는 악영향이 제한적이었지만, 이제는 그 폐해와 영향력이 사회 곳곳으로 퍼지고, 점차 커지고 있다. 그리고 제조 및 유통 등과 관련된 마약류범죄는 많은 시민을 마약중독자로 만들어 공중의 건강권을 위협하고, 살인이나 상해, 강간 등 강력범죄 및 국내외 조직범죄와 깊은 관련을 맺는다.

89) <https://www.news1.kr/articles/5217520(2024.3.27. 최종방문)>.

유형	구분	감경	기본	가중
1	환각물질, 향정 라.목 등	6월 - ~~10월~~ 1년	~~8월 1년 6월~~ 10월 - 2년	~~10월 2년~~ 1년6월 - 4년
2	대마, 향정 나.목 및 다.목 등	8월 - ~~1년6월~~ 2년	1년 - ~~2년~~ 3년	~~1년6월 4년~~ 2년6월 - 6년
3	마약, 향정 가.목 등	2년6월 - ~~5년~~ 6년	~~4년 7년~~ 5년 - 8년	~~5년 8년~~ 7년 - 10년
4	영리 목적 또는 상습범	~~5년~~ - 9년 6년	~~7년 11년~~ 8년 - 12년	~~9년 14년~~ 10년 이상, 무기

〈일반 매매 · 알선 등〉

유형	구분	감경	기본	가중
1	환각물질	6월 - 1년	10월 - 2년	1년6월 - 3년
2	대마	1년 - 3년	2년 - 5년	4년 - 7년
3	마약, 향정 등	2년6월 - 6년	5년 - 9년	7년 - 12년
4	영리 목적 또는 상습범	6년 - 10년	8년 - 13년	10년 이상, 무기

〈미성년자에 대한 매매 · 수수 등〉

〈2024년 마약범죄 양형기준〉

양형기준을 높인다고 해서 마약류범죄가 드라마틱하게 감소할 것이라고 장담할 수는 없다. 그러나 그동안 마약청정국이라는 느슨한 생각에 조직적으로 이루어지는 마약류공급범죄에 대해 법원의 양형기준이 변화된 사회환경과 형법체계를 적절하게 반영하였는지는 의문이다. 그런 가운데 최근 마약류범죄에 대한 양형기준 강화는 필요하다고 생각한다. 다만, 단순한 마약류범죄의 양형기준을 높여 마약류 수요를 억제하려는 것에 대해서는 한 번 더 생각해 볼 여지가 있다. 마약류범죄 전체에 대한 양형기준 상향이 아니라 선별적으로 강화되는 것이 마약류범죄의 전체적인 형사정책적 기획에 조금 더 부합할 수 있다고 생각한다.

Ⅵ. 결론

최근까지 우리나라는 자타가 공인하는 소위 '마약청정국'이었다. 형사정책적으로 마약류범죄에 대해 엄벌을 하였고, 마약류에 대한 시민들의 경각심도 아주 높았다. 그런데 이제는 마약류가 다양한 계층과 연령층으로 급속히 퍼지기 시작했으며, 인터넷 등을 통해 마약류를 구입하는 것도 어렵지 않은 상황이 되었다. 그에 따라 정부는 시민들의 마약류에 대한 경각심을 높이기 위해 심지어 '마약김밥', '마약떡볶이'처럼 마약이라는 용어를 친근하게 사용하는 것까지도 법적으로 금지하였다.[90] 또한 경찰과 검찰의 마약범죄 대응 조직을 정비하고, 마약류사범에 대해 엄정대응하며, 마약류범죄에 대한 양형도 높이고, 시민들이 인터넷이나 의료체계 등을 통해 마약이 손쉽게 접할 수 있는 방법을 차단하기 위해 노력하고 있다. 물론 마약류 사

90) <https://www.dailian.co.kr/news/view/1328667/?sc=Naver(2024.3.27. 최종방문)>.

용자에 대한 치료와 재활에도 관심을 기울이고 있지만, 여전히 마약류사범에 대한 엄정한 형사처벌이 주가 되고 있다. 그런 상황에서 본 논문에서는 마약류범죄에 대한 형사정책적 대응방안을 마약류범죄 처벌규정체계, 치료감호제도, 그리고 양형기준의 관점에서 살펴보았다.

기본적으로 단순 마약류 사용자에 대해서는 형사처벌보다 치료 및 재활을 최우선 순위에 둘 필요가 있다. 다만, 조직적인 마약류범죄자들에 대해서는 더욱 강력한 처벌이 필요하다. 이는 마약범죄에 대한 국제적인 동향에도 부합하는 것이다. 그를 위해 첫째로, 형법에 규정되어 있는 마약범죄 관련 규정을 「마약류관리법」을 중심으로 강화하고, 형법은 「마약류관리법」 등의 형사처벌 규정을 형법체계에서 관리하도록 형법을 개정할 필요가 있다. 둘째로, 단순한 마약류 사용자의 치료 및 재활을 위해서 형사절차에서는 다양한 다이버전을 두고 있다. 다만, 마약의 중독성이 높고, 재범률이 높은 점을 볼 때, 치료감호제도를 보다 적극적으로 활용할 수 있도록 해야 한다. 그리고 셋째로, 최근 마약류범죄에 대한 양형기준을 높이는 작업을 수행하고 있는데, 모든 마약류범죄에 대한 양형기준을 높이기 보다는 단순 마약류 사용자의 양형기준은 높이지 않는 대신, 조직적인 마약류범죄나 청소년 등을 대상으로 하는 마약류 범죄에 대한 양형기준은 충분히 높일 필요성이 있다. 이제까지 마약청정국의 환상에 도취되어 학계에서도 마약류범죄에 대한 형사정책적 연구가 충분히 수행되지 못했다. 이제부터라도 마약류범죄에 대한 형사정책적 대응방안에 대해 학문의 영역에서 좀 더 활발한 논의가 진행되기를 바란다.

【참고문헌】

강명원, “프랑스의 건강기본권 보호에 관한 고찰 – 마약 예방전략 및 정책을 중심으로”, 유럽헌법연구 제33호, 2020

경찰대학 치안정책연구소, 『치안전망 2024』, 2023

경찰청, 『2022 경찰백서』. 2022

김일옥/김순행/박진실, “독일국가전략의 고찰을 통한 한국마약정책에의 시사점”, 중앙법학 제22집 제2호, 2020

대검찰청, 『2022년 마약류 범죄백서』, 2023

대검찰청, 『2022년 마약류 범죄백서』, 2023

________, 『2021년 마약류 범죄백서』, 2022

________, 『2020년 마약류 범죄백서』, 2021

________, 『2019년 마약류 범죄백서』, 2020

________, 『2018년 마약류 범죄백서』, 2019

대법원, 『2023 사법연감』, 2023

______, 『2022 사법연감』, 2022

______, 『2021 사법연감』, 2021

______, 『2020 사법연감』, 2020

______, 『2019 사법연감』, 2019

박동균, “우리나라 마약실태의 위험과 그 대응방안에 관한 연구”, 한국치안행정논집 제16권 제3호, 2019

박동균/장철영, “우리나라 마약실태의 위험과 그 대응방안에 관한 연구”, 한국치안행정논집 제16권 제3호, 2019

박성수, “마약류중독자의 치료감호 개선방안: AHP 분석을 통한 우선순위 결정”, 한국치안행정논집 제11권 제4호, 2015

______, “마약류중독자의 치료보호제도 개선방안”, 교정연구 제51호, 2011

박진실, “마약류사범재범방지를 위한 해외 사례 및 도입방안에 관한 연구”, 중앙법학 제19집 제3호, 2017

박용철, “미국의 형법 개정 동향”, 비교형사법연구 제21권 제4호, 2020

______, “마약류범죄의 처벌에 대한 소고 – 연성 마약을 중심으로”, 비교형사법연

구 제15권 제2호, 2013
박호현, “치료감호제도에 관한 논의 – 정신성적장애자에 대한 치료감호법적 개선을 중심으로”, 국제법무 제8권 제2호, 2016
법무부 범죄예방디지털정책팀, 『통계분석 - 범죄예방정책 2023』, 2023
배종대, 형법총론(제15판), 홍문사, 2021
______, 형법각론(제12판), 홍문사, 2021
성경숙, “마약류사범의 재범방지를 위한 치료적 처우제도의 개선방안 – 미국의 약물치료법원(Drug Treatment Court)과 LEAD를 중심으로”, 법학논총 제51집, 2021
송문호, “형법상 치료감호에 대한 비판적 고찰”, 형사정책 제12권 제1호, 2000
윤상민, “현행 치료감호제도의 문제점과 개선방안”, 원광법학 제25권 제3호, 2009
이경희, “마약류 중독재활정책의 변화와 대응”, 제31회 세계마약퇴치의 날 기념 심포지엄 기조발제문, 2017
이보영/이무선, “마약범죄 처벌의 정당성”, 법학연구 제47호, 2012
이용주/이승욱/박병선, “마약류범죄의 특성과 예방대책: 청소년, 여성 및 외국인 마약류범죄를 중심으로”, 교정연구 제33권 제3호, 2023
이인영, “마약류 범죄에 대한 형사법적 대응에 관한 일고찰”, 비교형사법연구 제16권 제2호, 2014
전지연, 형사특별법 정비방안(3) – 특정범죄가중처벌등에관한법률, 한국형사법무정책연구원 연구총서, 2008
최준혁, “독일의 마약정책 — 마약법의 제정 및 개정을 중심으로”, 형사정책, 제19권 제1호, 2007
형법개정연구회, 형사법개정연구(Ⅳ)–형법각칙 개정안, 한국형사법무정책연구원 연구총서, 2009

【국문초록】

마약류범죄에 대한 형사정책적 대응방안

최근까지 우리나라는 자타가 공인하는 소위 '마약청정국'이었다. 형사정책적으로 마약류범죄에 대해 엄벌을 하였고, 마약류에 대한 시민들의 경각심도 아주 높았다. 그런데 이제는 마약류가 다양한 계층과 연령층으로 급속히 퍼지기 시작했으며, 인터넷 등을 통해 마약류를 구입하는 것도 어렵지 않은 상황이 되었다. 그에 따라 정부는 시민들의 마약류에 대한 경각심을 높이기 위해 심지어 '마약김밥', '마약떡볶이'처럼 마약이라는 용어를 친근하게 사용하는 것까지도 법적으로 금지하였다. 또한 경찰과 검찰의 마약범죄 대응 조직을 정비하고, 마약류사범에 대해 엄정대응하며, 마약류범죄에 대한 양형도 높이고, 시민들이 인터넷이나 의료체계 등을 통해 마약이 손쉽게 접할 수 있는 방법을 차단하기 위해 노력하고 있다. 물론 마약류 사용자에 대한 치료와 재활에도 관심을 기울이고 있지만, 여전히 마약류사범에 대한 엄정한 형사처벌이 주가 되고 있다. 그런 상황에서 본 논문에서는 마약류범죄에 대한 형사정책적 대응방안을 마약류범죄 처벌규정체계, 치료감호제도, 그리고 양형기준의 관점에서 살펴보았다.

기본적으로 단순 마약류 사용자에 대해서는 형사처벌보다 치료 및 재활을 최우선 순위에 둘 필요가 있다. 다만, 조직적인 마약류범죄자들에 대해서는 더욱 강력한 처벌이 필요하다. 이는 마약범죄에 대한 국제적인 동향에도 부합하는 것이다. 그를 위해 첫째로, 형법에 규정되어 있는 마약범죄 관련 규정을 「마약류관리법」을 중심으로 강화하고, 형법은 「마약류관리법」 등의 형사처벌 규정을 형법체계에서 관리하도록 형법을 개정할 필요가 있다. 둘째로, 단순한 마약류 사용자의 치료 및 재활을 위해서 형사절차에서는 다양한 다이버전을 두고 있다. 다만, 마약의 중독성이 높고, 재범률이 높은 점을 볼 때, 치료감호제도를 보다 적극적으로 활용할 수 있도록 해야 한다. 그리고 셋째로, 최근 마약류범죄에 대한 양형기준을 높이는 작업을 수행하고 있는데, 모든 마약류범죄에 대한 양형기준을 높이기 보다는 단순 마약류 사용자의 양형기준은 높이지 않는 대신, 조직적인 마약류범죄나 청소년 등을 대상으로 하는 마약류 범죄에 대한 양형기준은 충분히 높일 필요성이 있다. 이제까지 마약청정국의 환상에 도취되어 학계에서도 마약류범죄에 대한 형사정책적 연구가 충분히 수행되지 못했다. 이제부터라도 마약류범죄에 대한 형사정책적 대응방안에 대해 학문의 영역에서 좀 더 활발한 논의가 진행되기를 바란다.

◈ 주제어: 마약류범죄, 마약류사범, 양형기준, 치료감호, 마약류관리법, 다이버전

【Abstract】

A Study on the Criminal Policy Response to Drug Crimes*

Lee, Won Sang**

Until recently, Korea was a self−recognized "drug−free country". In terms of criminal policy, drug crimes were severely punished, and citizens' awareness of drugs was very high. However, now, drugs have begun to spread rapidly to various classes and age groups, and it is not difficult to purchase drugs through the Internet. As a result, the police and prosecutors have been working to improve their organizations to deal with drug crimes, to deal strictly with drug offenders, to increase the sentences for drug crimes, and to block the ways in which citizens can easily access drugs through the Internet and the medical system. Of course, attention is also being paid to the treatment and rehabilitation of drug users, but strict criminal punishment for drug offenders is still the main focus. Under such circumstances, this paper examines criminal policy responses to drug offenses from the perspectives of the drug offense punishment regulation system, treatment and supervision system, and sentencing standards.

As a result, first, it is necessary to strengthen the drug crime−related regulations stipulated in the Criminal Code, centering on the Narcotics Control Act, and amend the Criminal Code to manage the criminal punishment regulations such as the Narcotics Control Act in the criminal law system. Second, there are various diversions in the criminal procedure for the treatment and rehabilitation of simple drug users. However, given the highly addictive nature of drugs and the high recidivism rate, the therapeutic custody system should be utilized more actively. And thirdly, we are currently working on raising the sentencing standards for drug crimes, but rather than raising the sentencing standards for all drug crimes, it is necessary to raise the

* This study was supported by research fund from Chosun University(2023).

** Professor of Chosun University. Doctor.

sentencing standards for organized drug crimes and drug crimes targeting youth, etc. Until now, there has been insufficient criminal policy research on drug offenses in academia due to the illusions of the NDRC. I hope that from now on, there will be more active discussions in the academic field about criminal policy responses to drug offenses.

◈ Key Words: Narcotics Crime, Narcotics Offense, Sentencing Criteria, Treatment and Custody, Narcotics Control Act, Diversion

제16권 제2호

한국형사소송법학회 『형사소송 이론과 실무』
제16권 제2호 (2024.06) 1~36면.
Theories and Practices of Criminal Procedure Vol. 16 No. 2 (June. 2024) pp. 1-36.
10.34222/kdps.2024.16.2.1

제정 70주년, 현실에 부합하는 형사소송법 개정 방향에 대한 단상*

김 성 룡**

목 차

Ⅰ. 시작하며

우리는 형사소송(법)을 헌법의 바로미터(barometer), 헌법의 진동계(vibrometer)라고 부른다. 형사소송법의 핵심은 응용된 헌법(angewandtes Verfassungsrecht[1]))이라고도 하며, 형사소송법의 지향을 종종 '헌법적 형사소송법'이라고 표현하기도 한다. 우리는 이러한 짧은 경구들에서 헌법은 '자유민주적 기본질서' 위에 '우리와 우리들의 자손의 안전과 자유와 행복을 영원히 확보'할 수 있는 헌법다운 헌법이어야 하고, 형사소송법은 그 헌법의 정신을 실현하기 위하여 '국가권력의 가장 폭력적 사용에 대한 제동기(制動機)'가 되어야 한다는 인식을 찾을 수 있다. 따라서 형

* 이 글은 2023. 11. 3. 국회입법조사처와 한국공법학회·한국헌법학회·한국행정법학회·한국형사법학회·한국형사소송법학회·한국상사법학회·한국상사판례학회·한국기업법학회가 공동개최한 '국가비전 입법정책 컨퍼런스'에서 '법치주의에 기초한 기능하는 형사사법을 위한 형사소송법 개정 과제'라는 주제로 발제한 글을 수정·축약한 것이다.
** 경북대학교 법학전문대학원 교수, 경북대학교 법학연구원 연구위원, 법학박사
1) 독일어권에서는 록신(Claus Roxin)이 처음 사용한 말로 소개된다{Mairhofer, Das Fragerecht des Angeklagten und seines Verteidigers gemäß §249 StPO(2016), S. 10}.

사소송법은 헌법에서 보장된 형사절차에서 국민의 기본권에 대하여 현실에서 일어나는 국가권력의 침해나 제한에 대해 헌법의 정신과 의미를 실천적으로 구현하는 법률이어야만 하는 것이다. 그러한 정신을 구체적 생활세계에서 실현하기 위해서는 무엇보다 형사소송법이 헌법 제37조의 기본권침해의 법률유보 원칙을 형사절차에서 실천하는 명실상부한 법률이 되는 것이다. 이런 시각에서 제정 70주년을 맞은 2024년의 우리 형사소송법은 과연 그 고유한 위상과 채워야 할 과제에 걸맞은 옷과 도구를 갖추고 있는지 성찰해 보고, 향후 어떤 방향과 내용의 형사소송법의 변화가 필요할 것인지에 대해 논의해 보는 것은 글자의 고유한 의미에 부합하는 국민이 주권자인 자유민주적 법치주의 국가의 입법활동의 기초이자 정당성의 전제라고 하지 않을 수 없을 것이다.

물론 현행 형사소송법은 1987년 10월 29일 개정되고 1988년 2월 25일부터 시행된 현행 헌법하에서 무려 33차례의 개정을 거치면서 당대의 상황과 동시대 국민의 요청에 따라 부단히 변화·적응해왔다고 볼 수 있고, 그렇다면 2024년 현행 형사소송법도 헌법에 녹아 있는 주권자의 의사가 현실사회를 배경으로 구체화된 것이고, 과거와 다른 오늘 우리 국민들의 인식과 의사에 부합하는 내용을 충실히 담고 있는 법률이어야 할 것이다. 아래에서는 현행 형사소송법제가 이러한 기대에 부합한다고 할 수 있는 것인지, 그렇지 않다면 어떤 방향과 내용의 개정 작업이 필요한 것인지를, 단편적이나마 —한편으로는 체계·구조적 관점에서, 다른 한편으로는 몇몇 개별쟁점에 대한 각론적 관점에서— 논의해 보고자 한다.

Ⅱ. 체계와 구조의 문제

1. 법원 중심의 현행법과 외국 형사소송법의 체계와 구조 비교

우리 형사소송법은 제정 이래 지금까지 법원을 형사절차의 주재자(主宰者)로 전제하고 있고, 형사절차는 법원의 사실규명활동에 중점을 두고 있는 절차임을 그 출발점으로 하고 있다. 비록 당사자주의적 요소가 가미되어 (중립적인!) 심판자로서 법원의 입장이 강조되고는 있지만, 법원의 주도하에 진행되는 소송을 전제로 한 직권주의적 규범체계를 그 기초로 하고 있다는 사실은 부인할 수 없다. 이러한 구조는 1922년 일본 형사소송법이나 현행 일본 형사소송법 구조와 거의 동일한 형태로 오랫동안 유지되어 왔다. 단지 일본의 경우 2011년 전자적 기록매체의 압수, 기록명령부 압수·원격압수, 데이터 취득과정에서 협력 및 보전요청, 통신기록 보전요청, 전자기록 몰수 관련 개정과[2] 2016년 조사과정 녹음·녹화의무화, 유죄답변협상, 통신감청범위를 확대하는 등의 개정을 통해[3] 현재와 같은 구조·내용을 가지게 되었고, 결국 외형상의 체계에서 두 나라 법제는 매우 유사하지만 내용적으로는 적지 않은 차이를 보인다고 하겠다.[4]

이러한 일본 형사소송법과 함께, 일본의 형사소송법 역사에서 중요한 영향을 미쳤을 뿐만 아니라 우리 형사소송법에도 직·간접적으로 영향을 미쳤고, 지금도 적지 않은 영향을 주고 있는, 미국(영국), 독일, 프랑스의 형사소송법 체계와 최근 대규모로 형사소송법을 개정한 스위스의 형사소송법의 체계와 구조를 개괄적으로 비교해 보면서 향후 형사소송법의 개정 방향과 내용에 대한 함의를 도출해 본다.

(1) 일본·독일·프랑스·스위스 형사소송법의 체계

일본 형사소송법은 제1편 총칙에 단 1개의 조문(제1조[5])을 두고 형사소송법의 목적을 규정하고 있다. 우리와 거의 동일하다고 해야 할 편장체계를 보이면서도 앞서 언급한 바와 같이 최근 개정을 통해 피해자참가,[6] 증거수집등에의 협력과 소추에 관한 합의(제2편 제4장), 즉결심판(제2편 제5장)과 같은 내용을 형사소송법에 독립적으로 규정하고 있고, 전자정보·디지털증거와 관련한 비교적 상세한 규정을 두

---

2) 指宿 信/김현조 역, 사이버공간에 있어서 증거수집과 디지털 증거의 확보 −2011년 개정법안을 중심으로−, 형사법의 신동향 제37호(2012), 342쪽 이하 참조; 역외압수와 관련한 최근 일본 대심원 판결에 대한 소개는 방경휘, 수사상 역외 압수·수색에 관한 연구 −일본 최고재판소 레이와 3년 2월 1일 결정을 계기로−, 국민대학교 법학논총, 통권 제71호(2022), 133쪽 이하

3) 세부 내용은 안성훈, 일본에서의 유죄협상제도에 관한 논의와 입법화, 형사소송 이론과 실무, 제8권 제2호(2016), 37쪽 이하 참조

4) 영미의 전문법칙이 도입된 일본 형사소송법은 수사기관의 작성 조서의 증거능력(허용성) 문제도 미국법제에서 피고인의 모순진술을 대하는 방법과 같이 처리하고 있다는 점도 내용적인 큰 차이 중의 하나이다.

5) 제1조 이 법률은 형사사건에 대해 공공복지의 유지와 개인의 기본적 인권의 보장을 완수하면서 사안의 진상을 밝히고 형벌법령을 적정하고 신속하게 적용 실현하는 것을 목적으로 한다 (第一条　この法律は˙刑事事件につき˙公共の福祉の維持と個人の基本的人権の保障とを全うしつつ˙事案の真相を明らかにし˙刑罰法令を適正且つ迅速に適用実現することを目的とする˚).

6) 제2편 제3장 제2절에서 쟁점 및 증거의 정리절차, 제3절에 피해자참가를 독립적으로 규정하고 있다.

고 있어 보다 현실적인 규정내용을 가지고 있다고 하겠다.

우리 형사소송법과 일본 형사소송법은 법원이 주도하는 형사소송을 기본 구조로 하고 있는데 이러한 체계는 아래에서 볼 독일의 입법례가 영향을 미친 것이라고 본다. 그런데 독일은 우리 형사소송법이나 일본의 형사소송법의 모태임에도 불구하고, 제1심 절차 이전인 통칙 부분에 법원의 관할 등에 이어 수사상 처분들을 규정하고 있고, 법원과 검찰 및 경찰의 수사 활동이 모두 하나의 조항에 함께 규정되고 있는 것이 통상적이라는 특징이 있다. 달리 말해 제1편(통칙) 제8장부터 제11장까지는 형사소추기관(법원·수사판사, 검사와 사법경찰관)이 주도하는 수사처분을 규정하고, 제2편의 제1심에서는 실제 절차진행에 상응하게 공소제기부터 규정하고 있다. 즉 제1심에 수사처분을 규정한 우리와 다르다. 또한 상소와 재심을 규정한 후 피해자의 절차참여(제5편), 특별절차(제6편) 등을 독립적으로 규정하고, 제8편에서는 데이터의 보호와 그 사용에 대해 세부적 규정들을 둔 것도 특징적이다.

주지하다시피 일본은 1880년 치죄법에서 프랑스 법제를 따랐다면, 1922년 형사소송법에서는 언급한 독일의 영향을 받았다.[7] 최초에 일본에 영향을 미친 프랑스 형사소송법은 전체 조항의 수가 다른 국가들에 비해서 압도적으로 많다는 점, 사법경찰관과 검사, 예심판사로 이어지는 수사절차 진행에 맞춘 조문 체계를 가지고 있다는 점이 특징적이다. 예를 들면 반인륜적 범죄, 대량살상무기 관련 범죄, 사법공조, 위경죄, 유럽검찰청, 군사범죄, 경제범죄, 테러, 마약 범죄, 증인보호 등 말 그대로 모든 형사절차에 관한 규정들을 통합한 법률로서, 필자가 보기에는, 법치주의에 충실한 형사소송법의 전형을 보여주고 있다고 할 수 있다. 일본과 유사하게 프랑스도[8] 형사소송법의 모두(冒頭)에 서조(Article préliminaire; 序條)를 두고, 프랑스 형사소송법의 근본원칙들과 목적 [9]등을 규정하고 있고, 피해자의 권리를 선언하고

7) 히라라키 토기오 저/조균석 역, 일본 형사소송법, 박영사(2012) 6－7쪽; 이승현 외, 위의 보고서, 27쪽 이하; 이동희, 형사소송법의 편장체계 전면개정의 필요성과 개정시론 －일본 형사소송법에 대한 비교 검토를 포함하여－, 비교형사법연구 제21권 제1호(2019), 1쪽 이하 참조

8) https://www.legifrance.gouv.fr/codes/section_lc/LEGITEXT000006071154/LEGISCTA000006098 229/#LEGISCTA000006098229 : 2023. 10. 19. 최종 확인

9) "I. 1. 형사절차는 공정한 대심구조이어야 하며, 당사자의 권리의 평등을 보장하여야 한다. 2. 형사절차는 공소담당기관과 재판담당기관의 분리를 보장하여야 한다. 3. 유사한 조건에서 동일한 범죄로 기소된 사람들은 동일한 규칙에 따라 재판을 받아야만 한다. Ⅱ. 사법당국은 형사소송의 모든 단계에서 범죄피해자의 권리를 보호하고, 피해자에게 충분한 정보를 제공하여야 한다. Ⅲ. 모든 피의자나 피고인은 유죄가 확정되기 전까지는 무죄로 추정된다. 무죄추정에

있는 것이 특징적이다.

2007년 제정되고 2011년 1월 1일 시행된 스위스 형사소송법도[10] 이와 유사하게 법률의 적용범위와 형사소송법의 원칙들을[11] 가장 앞서 규정하고 있고, 법원의 관할, 재판적(裁判籍), 사법공조, 제척, 당사자, 피해자, 변호인, 증거방법 등을 앞서 규정하면서도, 수사기관의 수사·강제처분, DNA 분석, 비밀감시조치와 은행거래감시, 비밀수사에 이른 사전절차 등을 순서대로 규정하고, 이어서 제1심 공판절차 등을 규정함으로써 절차의 진행순서에 따라 조항을 배치하고 있는 구조를 보여주고 있다. 또한 스위스 현행 형사소송법은 피해자와 사인기소자, DNA 분석, 감시, 감청, 은행거래, 비밀수사 등 최신의 수사기법도 모두 명시하고 있고, 검사의 (형사)

대한 침해는 법률이 정한 바에 따라 기소되고, 처벌되고, 보상된다. 모든 피의자나 피고인은 그에 대한 혐의 내용을 고지 받을 권리와 변호인의 조력을 받을 권리를 가진다. 피의자 또는 피고인이 프랑스어를 이해하지 못하는 경우, 그들은 자신이 이해하는 언어로 절차가 끝날 때까지 변호사와의 인터뷰를 포함하여 통역사의 도움을 받을 권리가 있다. 모든 심문 또는 청문회, 그리고 그의 측에서 명시적이고 충분한 정보를 제공받은 상태에서 포기하지 않는 한 그의 변호권 행사에 필수적인 문서의 번역과 재판의 공정한 성격을 보장하기 위해 본 규정을 적용하여 그에게 통지한다. 피의자나 피고인에 대한 강제조치는 사법당국의 결정이나 사법당국의 효과적인 통제 하에서만 집행된다. 이러한 조치는 절차상 필요한 경우로 엄격히 제한되고, 범죄의 경중에 비례하여야 하며, 개인의 존엄성을 침해하지 않아야 한다. 기소된 사람에 대해 합리적인 기간 내에 종국 판결 선고가 내려져야 한다. 형사소송에서 개인의 사생활에 영향을 미치는 조치는, 범죄의 심각성과 같이, 사건의 상황에 비추어 진실을 밝히는 데 필요하고 그에 비례하는 경우에만 결정에 의해 또는 사법 당국의 효과적인 통제하에 취해질 수 있다. 유죄선고를 받은 모든 사람은, 다른 법원에 자신의 유죄판결을 재심사 받을 권리가 있다. 형사 및 교정 문제에 있어서 변호사와 대화하거나 변호사의 도움을 받지 않고 한 진술만으로 개인에 대한 유죄 판결이 선고될 수 없다. 범죄 또는 경범죄에 있어서, 그가 목격한 내용을 수집하기 전, 그리고 그의 인성에 대한 정보를 얻거나 신문을 받기 전에 피의자 또는 피고인에게는 그들에게 기소된 사실에 대해 묵비권을 행사할 권리가 통보된다. 이 조치는 수사기관, 치안판사, 법원 또는 사법 당국이 위임한 개인이나 수사기관에 처음 출석하는 경우에 적용된다. 해당 권리에 대한 통지 없이 이루어진 진술만으로는 유죄 판결을 내릴 수 없다. 특정 사법 및 법조계를 개혁하는 1971년 12월 31일 법률 제71－1130호 제66－5조에 규정된 변호인 및 변호인의 직업적 비밀유지는 이 법에 규정된 조건에 따라 형사절차 중에 보장된다."

10) https://www.fedlex.admin.ch/eli/cc/2010/267/de#fn－d8e10538 ; 2023. 10. 19. 최종 확인

11) **제1장 적용범위 및 형사사법권 행사기관**: 제1조 적용범위, 제2조 형사사법권한의 행사, **제2장 형사절차의 원칙들**: 제3조 인간존엄성의 존중과 공정성요구, 제4조 독립성, 제5조 신속성요구, 제6조 직권조사원칙, 제7조 기소강제, 제8조 형사소추·재판면제, 제9조 불고불리원칙, 제10조 무죄추정과 의심스러울때는 피고인에게 유리하게 원칙(자유심증주의), 제11조 이중기소의 금지

'조정'(Vergleich) 권한까지 규정하고 있다. 우리의 과태료와 비근한 질서위반범의 형사절차도 형사소송법에서 규정하고 있고, 독립적 몰수규정과 범죄인에게 비범행 보증명령을 내릴 수 있는 특별절차도 담고 있다.[12)]

(2) 영국·미국 형사소송법의 체계

형사절차의 당사자주의 강화, 배심재판의 도입, 전문법칙의 적용 등 우리 형사소송법에 많은 영향을 끼쳐 온 영미의 형사소송법은 이미 불문법 국가라는 분류가 무색할 정도로 갖가지 다양한 법률들로 구성되어 있다고 하는 것은 주지의 사실이다.

미국의 경우[13)] 연방 차원의 형사소송법에서는 주로 법원의 절차를 규정하고 있고, 통칙에 이어 예비심문절차, 대배심·기소, 기소인부·합의·공판준비, 관할, 공판 등으로 이어지는 절차의 순서대로 편장체계를 갖추고 있다. 영국도 수사와 기소단계의 적용법률과 법원의 절차에 적용되는 내용이 기본적으로 분리되어 운영되고 있어서, 위에서 살펴본 대륙법 계통의 국가들과 같이 형사소송법 내에서 수사과 공판의 배치 순서나 강제처분의 적정한 규정 위치와 같은 문제가 크게 쟁점이 될 이유는 없다고 하겠다.

2. 비교법제들의 시사 및 형사소송법의 개정 방향과 내용

법률 체계와 구조만을 주마간산으로 살펴본 몇 개국의 현행 형사소송법에서 도출되는 특징 중 우리 형사소송법의 개선 방안을 논의할 때 숙고할 의미가 있는 몇 가지 시사를 정리해 본다.

(1) 형사소송법의 목적·존재 이유와 근본원칙 등

먼저 우리나라를 제외한 모든 국가들이 형사소송법의 첫 장(章) 또는 첫 조(條)를 형사소송의 목적이나 정신, 형사소송법이 지향하는 내용을 규정하고 있고, 형사소송법의 근본원칙을 선언하는 규정들을 두기도 한다는 점이 특징적이다. 왜 이런

12) 언급한 국가들의 형사소송법 편장 체계와 주요 조항에 대해서는 김성룡, 국회입법조사처 등, 국가비전 입법정책 컨퍼런스 –국가비전과 대한민국 법학의 과제–, 발표자료집(2023. 11. 3.), 120쪽 이하 참조.

13) 2020년 12월 1일 개정 미국 연방형사소송법(Federal Rules of Criminal Procedure): https://www.law.cornell.edu/rules/frcrmp : 2023. 10. 19. 최종 확인)

원칙규정들이 필요한가에 대한 가장 적확한 대답은 그 원칙이 법률해석의 종국적 기준으로 작동하기 때문이라고 할 수 있을 것이다. 무엇보다, 필자가 보기에, 입법부의 게으름과 사법부의 적극성은 "도대체 법률은 누가 만드는 것인가?"라는 의문을 갖게 한다는 점에서, 한편으로는 법률 해석의 최종 근거로 등장하는 이른바 '형사소송법의 이성 · 목적'을 입법자가 사전에 명확하게 할 필요가 있고, 다른 한편으로는 형사소송법 제정 후 70여 년, 헌법개정 후 36년이 지난 오늘 대한민국 국민 다수가 바라보는 형사소송제도의 본질과 목적은 무엇인지, 입법자의 의사는 무엇인지를 재정의할 필요가 있다는 것이다.

(2) 형사절차의 진행순서에 따른 법률 조항 체계

한편, 모든 국가들은 대체로 소송의 진행순서대로 조문의 순서를 정하는 구조를 보이고 있다. 보통법 전통의 영국은 수사와 법원의 절차가 별개의 법률로 규제되고 있어서 국내의 이른바 '수사절차법' 도입 주장의 근거가 되기도 하고, 미국도 연방 형사소송법에서 절차 진행 순서대로 조항들을 규정하고 있다. 대륙법 전통의 프랑스, 독일, 일본 그리고 우리나라 모두 강하고 약한 차이는 있어도 동일한 직권주의적 전통에 영향을 받고 있다는 점에서 법원의 주체성이 강하게 나타나고 있기는 하지만, 일본이나 우리나라를 제외하고, 오히려 직권주의 색채가 아직도 상대적으로 여전히 강한 나라들에서는 제1심 공판 이전에 수사처분에 대한 규정을 두고 (법원과 함께) 검찰과 사법경찰관의 수사 관련 조항들을 배치하고 있다는 것이다.

우리와 일본의 경우 법률의 모두에 법원의 강제처분을 규정하고, 제1심 절차의 하부 편장에 수사기관의 수사활동을 규정하면서 앞서 규정한 법원의 강제처분 규정을 준용(準用)하는 구조를 가지고 있는데, 이러한 구조는 현행법에서는 물론 최근 형사소송법과 검찰청법 개정 과정에서도 웃지 못할 법문을 만들어내는 등 합리적으로 설명하기 어려운 구조적 문제를 야기하고 있다는 것도 잘 알려져 있다.

수사절차[14]에서의 사법경찰관이나 검사의 수사처분을 중심으로 앞서 규정하고,

---

14) '형사절차법' 또는 '형사소송법' 중 어느 것이 보다 적합한 것인가에 대해서도 상반된 의견이 있을 수 있다. 수사'절차', 공판'절차'라는 용어가 익숙하게 활용되고 있고, 형사'소송'은 좁은 의미로 공판절차인 '법원의 소송절차'로 이해되는 것이 일반적이라면 형사절차법이라는 용어의 사용도 가능할 것이다. 물론 영국과 같이 수사절차와 법원의 절차를 나누어 전자를 수사절차법 후자를 형사소송법으로 이분하는 방법을 생각한다면 굳이 형사절차법으로 명명할 이유는 없어 보인다.

해당 조항 관련 법원의 활동을 함께 이에 부가적으로 규정하면 될 것이고, 공소제기 이후 법원의 강제처분 근거는 제1심 이후의 편장에서 규정하는 것이 소송의 진행이나 형사소송법의 수범자들의 이해에도 편한 법률이 될 것이다.

(3) 형사절차 · 강제처분법정주의에 부합하는 형사소송법

1) 강제처분규정들의 형사소송법으로 단일 · 통일화

정도의 차이는 있지만 일본과 우리나라를 제외한 국가들은 형사소송법에 다양한 관련 절차들과 다양한 강제처분 절차들을 규정하고 있다는 것도 대조적이다. 특히 이 부분은 형사소송법이 이른바 '헌법적 형사소송법'의 역할을 충실히 하기 위해서도 결코 가벼이 넘겨서는 안 될 중요한 의미가 있다고 하겠다. 실체법의 '죄형법정주의' 못지않게, 절차법에서 '강제처분(절차)법정주의'는 헌법적 기본권 보장의 가장 직접적인 발현물이라고 하지 않을 수 없기 때문이다. 무엇보다 형사소송과 관련된 각종 특별법에 흩어져 있는 수사처분과 절차규정들을 법률전문가조차도 정확하게 파악하지 못하게 만드는 문제점뿐만 아니라, 그 내용들도 21세기 범죄와 수사의 현실을 충실하게 반영하지 못하고 있다는 문제점은 가장 시급하게 해결되어야 할 입법적 과제라고 하지 않을 수 없다.

우선, 현재 국내 형사소송 관련 법률에 규정된 강제처분을 모두 형사소송법에 모아서 규정하는 노력, 예를 들어, 금융계좌추적, DNA 분석, 통신제한조치, 위치추적 등 강제처분규정들을 형사소송법에 모아 통일 · 일원화하는 방법은[15] 형사소송법이 말 그대로 기본권 보호에 충실한 법률이 되기 위한 첫걸음이라고 생각된다. 간단한 예로 독일의 수사절차상의 강제처분 규정들을 보면, 제8장 수사처분(Ermittlungsmaßnahmen), 제9장 구속과 체포(Verhaftung und vorläufige Festnahme), 제9장의a 형사소추와 집행의 확보를 위한 추가조치(Weitere Maßnahmen zur Sicherstellung der Strafverfolgung und Strafvollstreckung) 및 제9장의b 잠정적 직업금지(Vorläufiges Berufsverbot) 등에 총 97개 조항을 망라하고 있다.[16]

15) 예를 들어 이승현 · 박경규 · 김성룡 · 이석배 · 조기영 · 하태인, 형사소송법 편장체계 개편방안 연구 –수사절차를 중심으로, 한국형사정책연구원 연구총서 19–BB–03(2019), 213쪽 이하 참조.

16) 김성룡, 앞의 발표자료집, 132쪽 이하 참조

2) 현실에 부합하는 수사기법·강제처분의 명문화

독일이나 스위스의 형사소송법에서 볼 수 있듯이 현재 대부분의 국가들은 실무에서 활용되는 수사처분은 형사소송법에 규정하는 것을 원칙으로 할 뿐만 아니라, 새롭게 개발·활용되는 수사기법들도 신속하게 형사소송법에 규정하는 것을 당연한 입법자의 의무로 생각하고 있다는 점도 주목할 필요가 있다. 사회의 변화와 기술의 발전, 이와 관련된 범죄의 태양 변화에 대응하기 위해서 수사기관으로서는 가용하고 효율적인 새로운 수사기법과 처분들을 고안하고 발전시킬 수밖에 없다. 기존과 다른 새로운 수사방법이 도입되고, 적어도 그것이 국민의 기본권에 대한 위협이 될 수 있다면, 국민을 대표하는 입법부는 해당 수사기법의 적법성 요건을 검토·제시해야 하고, 수사기관은 형사소송법이라는 장치를 통해 법치국가적 정형성이라는 기초하에서 해당 수사기법을 활용함으로써, 수사기관 스스로 자신들의 수사가 법치국가적 요청에 맞게 적법하게 이루어지는 것인지를 통제할 수 있도록 하여야 한다는 것이 형사소송법의 가장 본질적인 과제임을 모르는 입법자는 없을 것이다. 수사기관의 수사 과정과 결과가 종국에는 법원의 해석에 의해서 그 적법성 여부는 물론이고 증거사용여부마저 판단된다면, 법학의 과학성이나 법실무의 예측가능성은 고사하고, 그야말로 '형사절차법관주의'이며 '예측가능성을 담보할 수 없는 자의적 형사사법'이라는 비판에서 자유로울 수 없는 것이다.

'판결을 거부할 수 없는 판사'가 '해석'이라는 이름으로 법률에 명시되지 않은 수사활동들의 적법과 불법을 판단하는 것은 불가피한 일이라고 항변한다면, 결국 그 책임은 이러한 입법불비의 상황을 야기한 입법자에게 있다는 주장과 다를 바 없는 것이다. 인구에 회자되고 있는 사법적극주의를 탓하기 전에, 사법부가 겸억적으로 법을 적용할 수 있도록 하려면 입법자의 부지런함이 전제되어야 한다는 것에 대한 진솔한 성찰이 필요한 것이다.

(4) 범죄피해자의 위상제고에 부합하는 형사소송법

한편, 우리나 일본을 제외한 거의 모든 국가들은 피해자의 권리를 형사소송법의 모두(冒頭)에 선언하거나, 피해자보호, 피해자참여, 피해자배·보상의 문제 등을 별도의 편장을 두어 명문으로 규정하기도 한다는 것도 특징적이다. 우리도 이미 오랜 노력의 결실로 피해자에 대한 다양한 특별법적 배려를 두고 있고 피해자의 진술권, 열람 등사권 등에 대한 개선 노력이 있기는 하지만 다른 국가들에 비해 피해자의 지위나 보호에 대한 명확한 입장이 드러나지 않는 형사소송법을 가지고 있음을 알 수 있다. 특히 최근 들어 피해자의 절차 참여 확대 주장은 단순한 일회성의 구호가 아니라 이제 입법자가 어떤 방식이건 모든 형사절차에 적용되는 원칙을 법률에서 제시하는 노력으로 대답할 시기가 되었음을 말하는 것으로 들린다. 프랑스가 형사소송법 모두인 서편(序編; Titre préliminaire)에 두고 있는 피해자권리에 대한 규정 [Sous－titre III : Des droits des victimes (Articles 10－2 à 10－6)] 중 제10－2조의 내용만 소개해 본다.

Des droits des victimes	피해자의 권리(피해자권)
Les officiers et les agents de police judiciaire ou, sous leur contrôle, les assistants d'enquête informent par tout moyen les victimes de leur droit :	사법경찰공무원과 직원들 또는 그들의 지휘하에 있는 수사 직원인력들은 피해자에게 그들의 권리에 관한 모든 수단에 대한 정보를 제공한다.
1° D'obtenir la réparation de leur préjudice, par l'indemnisation de celui-ci ou par tout autre moyen adapté, y compris, s'il y a lieu, une mesure de justice restaurative ;	1. 배상을 통하여 또는 적용가능하다면 회복적 정의의 처분들을 포함하여 기타 적절한 수단에 의하여 그들이 입은 손해를 원상회복하기 위한 정보
2° De se constituer partie civile soit dans le cadre d'une mise en mouvement de l'action publique par le parquet, soit par la voie d'une citation directe de l'auteur des faits devant la juridiction compétente ou d'une plainte portée devant le juge d'instruction ;	2. 검찰에 의한 공소 개시의 일환으로, 또는 범죄를 야기한 자를 관할 법원에 직접 소환하거나 예심 판사에게 제기된 고소를 통해 민사 당사자가 되는 것
3° D'être, si elles souhaitent se constituer partie civile, assistées d'un avocat qu'elles peuvent choisir ou qui, à leur demande, est désigné par le bâtonnier de l'ordre des avocats près la juridiction compétente, les frais étant à la charge des victimes sauf si elles remplissent les conditions d'accès à l'aide juridictionnelle ou si elles bénéficient d'une assurance de protection juridique ;	3. 민사 당사자가 되기를 원하는 경우, 자신이 선택할 수 있거나 요청에 따라 관할 법원의 변호사협회장이 지정하는 변호사의 도움을 받아야만 하며, 법률 구조에 대한 접근 조건을 충족하거나 법적 보호 보험의 혜택을 받는 경우가 아니라면 비용은 피해자가 부담해야 한다는 것
4° D'être aidées par un service relevant d'une ou de plusieurs collectivités publiques ou par une association d'aide aux victimes agréée dans	4. 법령에 정해진 조건에 따라 하나 또는 다수의 관청의 서비스를 통해 또는 승인된 피

des conditions définies par décret ;	해자 지원 협회의 도움을 받는 것
5° De saisir, le cas échéant, la commission d'indemnisation des victimes d'infraction, lorsqu'il s'agit d'une infraction mentionnée aux articles 706-3 ou 706-14 du présent code ;	5. 이 법률 제706조의3 또는 706조의14에서 규정한 범죄가 문제되는 경우라면, 때에 따라서는 범죄 피해자를 위한 보상위원회에 회부하는 것
6° D'être informées sur les mesures de protection dont elles peuvent bénéficier, notamment les ordonnances de protection prévues au titre XIV du livre Ier du code civil. Les victimes sont également informées des peines encourues par les auteurs des violences et des conditions d'exécution des éventuelles condamnations qui pourraient être prononcées ;	6. 특히 민법 제1권 제14장에서 제공되고 있는 보호명령같이 그들이 받을 수 있는 보호조치에 대하여 정보를 제공받는 것, 피해자에게는 또한 폭력의 가해자들이 어떤 형벌을 받게 되는지, 선고될 수 있는 형의 집행 조건도 통보된다는 것.
7° Pour les victimes qui ne comprennent pas la langue française, de bénéficier d'un interprète et d'une traduction des informations indispensables à l'exercice de leurs droits ;	7. 프랑스어를 이해하지 못하는 피해자들을 위해서는 그들의 권리의 실현을 위해서 필수적인 정보의 통역과 번역을 이용할 수 있다는 것
8° D'être accompagnées chacune, à leur demande, à tous les stades de la procédure, par leur représentant légal et par la personne majeure de leur choix, y compris par un avocat, sauf décision contraire motivée prise par l'autorité judiciaire compétente ;	8. 관할 사법 당국이 그에 반하는 이유있는 결정을 내리지 않는 한, 누구나 원하는 경우 절차의 모든 단계에서 법적 대리인과 변호사를 포함하여 선택한 성인을 동행해야만 한다는 것
9° De déclarer comme domicile l'adresse d'un tiers, sous réserve de l'accord exprès de celui-ci. Toutefois, lorsque la victime est une personne dépositaire de l'autorité publique ou chargée d'une mission de service public et que l'infraction a été commise en raison de ses fonctions ou de sa mission, elle est informée qu'elle peut déclarer, sans cet accord, son adresse professionnelle.	9. 제3자의 주소를 거소로 신고하는 것은 제3자의 명시적인 동의를 필요로 한다는 것. 그러나 피해자에게 공권력을 보유하고 있거나 공공 서비스 임무를 맡은 사람이고 그의 직무 또는 임무로 인하여 범죄가 저질러진 경우라면, 피해자는 합의없이 자신의 직업주소를 신고할 수 있다는 것
10° S'il s'agit de victimes de violences pour lesquelles un examen médical a été requis par un officier de police judiciaire ou un magistrat, de se voir remettre le certificat	

d'examen médical constatant leur état de santé.	10. 폭력피해자가 사법경찰관 또는 치안판사로부터 건강진단을 의뢰받은 경우에는 그의 건강상태를 증명하는 건강진단서를 교부받아 제출할 필요가 있다는 것

(5) 형사증거법의 개혁

1) 국민참여재판의 유지 여부와 배심제에 부합하는 증거법

국민참여재판은 여전히 시험 중인지, 아니면 현행 '국민의 형사재판참여에 관한 법률'이 이제 최종 법률로 확정된 것인지 잘 알지 못하겠으나, 2008년 대구지검의 강도치상 사건을 시작으로 형사법정에 배심이 들어선 지 이미 15년을 넘기고 있다. 심판대상을 합의부 사건으로 확대한 후, 종래 연평균 233~489건이었던 참여재판 신청 사건이 최고 865건(2020년)에 달했고 그 중 참여재판으로 처리된 사건이 가장 많은 해가 345건(2013년), 코로나 시기 외에 가장 적은 해가 2019년 175건, 2020년 96건 등이었다고 한다.[17] 형사 제1심 공판사건의 연 평균 사건 수가 약 20만 건을 넘어서고, 그 중 합의부 사건이 약 2만 건 전후이므로 약 1%의 1심 합의부 사건이 국민참여재판으로 해결되고 있는 것이다.[18] 이러한 형사재판방식이 사법개혁에 어떤 상징적 의미를 가지는 것인지, 도대체 국민들이 형사재판에 참여하는 것을 원하여 도입된 제도인지, 피고인이나 국민들의 배심재판 결과에 대한 수용도는 어느 정도인지 하는 근본적인 문제를 차치하고라도, 이른바 배심제를 배심제답게 운영하려면 그 제도의 본질에 부합하는 증거법의 마련은 필수적 장치이자 전제조건이라고 하지 않을 수 없다. 현행 국민참여재판법 제46조 제1항에 근거한 형사재판 전문가인 재판장의 설명만으로도 충분히 배심제의 취지를 살릴 수 있다는 생각은 버려야

17) 법원행정처, 사법연감 2023, 767쪽 참조.

18) 사건 수가 미미하다고 비판한다면 당연히 이런 반박도 가능할 것이다. 배심제도의 종주국의 한 곳인 미국의 경우 전체 형사사건의 약 2% 전후만이 배심재판을 통해 해결되고 있으니 우리와 별반 다르지 않다고 반박할 수 있을 것이다. 정확한 사실이다. 그런데 그러한 사실은 plea bargaining으로 대부분의 사건이 정식 재판절차로 나아가기 전에 해결되어 버림으로써 결국 배심제도 국가에서 배심재판이 예외적 현상이 되고 있다는 것도 분명히 밝히고 반박하라고 재반박할 수도 있을 것이다.

한다. 진정한 의미에서 배심의 유무죄판단이 법원을 기속하고, 법률 문외한인 배심들에 의한 증거평가에 최대한 오류를 줄일 수 있도록 고안된 증거법제의 마련은, 적어도 우리 입법자가 국민참여재판을 유지하려는 의사를 가지고 있는 한, 더 이상 미룰 수 없는, 오랫동안 처박아 놓은 숙제라고 할 것이다.

2) 이상한 전문법칙과 상식적인 증거법

수사단계에서 수사기관이 작성한 피의자신문조서와 참고인진술조서에 기재된 진술을 법원의 유무죄판단의 자료로 사용할 수 있는가에 대하여 우리 형사소송법과 같이 복잡한 조건들을 법률에 규정하고 있는 나라를 찾아보기 어렵다. 피고인에게 수사단계에서의 진술이 기재된 조서에 적힌 진술 내용이 진실인지 물어 그렇지 않다면 증거로 사용할 수 없고, 증인이 수사절차에서 수사기관에 한 진술이 자신이 말한 대로 기재되지 않았다고 진술하면 증거로 사용할 수 없다는 결론에 이르는 우리 형사소송법은 결국 수사절차에서의 진술을 공판정에서 번복하는 경우에는 공판정에서 하는 진술과 다른 어떤 진술도 법원의 유무죄판단의 증거방법으로 들여놓지 않겠다는 것이 된다. 영미 전문법칙의 예외 또는 적용배제사유로 명시되어 있는 법정의 진술과 다른 종래 진술을 법원이 음미할 수 있는 기회 같은 것은 없어도 된다는 것으로 이해할 수밖에 없다. 피고인이 수사단계에서 한 진술이 공판정의 진술과 불일치하는 경우가 발생하면, 공판 전의 진술이 적법한 절차에 따라서 강요 없이 한 진술이라는 요건이 충족된다면, 그 내용이 무엇인지, 왜 그러한 진술을 하였는지 물어보는 것이 상식적인 법원의 모습일 것이다. 즉, 판단자가 무엇이 진실인지, 어떤 말이 더 믿을 만한 진술인지를 판단해야 할 의무를 가졌다면 당연히 밟아야 할 수순인 것이다. 법원의 절차에 대한 불신은 상식에서 벗어난 절차에 따른 결론을 받아들이기 어렵다는 항변과 다를 것이 없다.

범행 직후에 수사기관에서 한 피고인의 진술을 법정에서 부인하는 이유가 무엇인지 묻는 판사의 질문에 피고인은 진술을 거부할 수 있는 권리가 있고, 판사는 어느 진술이 실체 진실에 가까운 것인지를 모든 태도와 행동을 종합하여 판단하는 권한과 직무를 가진 것이다. 어느 나라에도 피고인이 자신의 종래 진술이 기재된 조서의 내용을 부인하면, 그 진술의 내용을 전혀 증거판단의 대상으로 할 수 없다는 나라는, 필자가 아는 한에서는, 없다. 이러한 비정상적으로 보이는, 상식에 멀리 떨어져 있는 증거법을 정상으로, 상식적으로 돌려놓는 근본적인 전문법칙 개혁이 필요한 것이다. 고문하는 경찰, 고문을 묵인하여 피의자를 사망에 이르게 한 검사를 아직도 교육·지도·견제해야 한다면, 피의자의 진술을 강요로 받아낸 자를 엄격히 처벌하는 방법으로 재발 방지노력을 다하는 것이 정상적인 접근방법인 것이지, 그 우려와 염려가 상식과 이성이 통하는 법정에서는 이해하기 어려운 이상한 증거법제를 정당화하는 근거가 될 수는 없기 때문이다.

우리와 가장 유사한 법제와 여러 가지 의미에서 우리의 형사소송법에 영향을 미친 일본 형사소송법의 피의자나 참고인의 진술이 담긴 조서의 사용과 관련한 아래 규정의 내용은 그러한 상식이 무엇인지를 보여주는 하나의 예라고 할 수 있다.

> 第三百二十一条　被告人以外の者が作成した供述書又はその者の供述を録取した書面で供述者の署名若しくは押印のあるものは′ 次に掲げる場合に限り′ これを証拠とすることができる°
> 제321조 피고인 이외의 자가 작성한 진술서 또는 그 자의 진술을 녹취한 서면으로 진술자의 서명 또는 날인이 있는 것은, 다음에 게시한 경우에 한하여, 이것을 증거로 할 수 있다.
>
> 一　裁判官の面前（第百五十七条の六第一項及び第二項に規定する方法による場合を含む°）における供述を録取した書面については′ その供述者が死亡′ 精神若しくは身体の故障′ 所在不明若しくは国外にいるため公判準備若しくは公判期日において供述することができないとき′ 又は供述者が公判準備若しくは公判期日において前の供述と異なつた供述をしたとき°
> 1. 재판관의 면전(제157조의6 제1항 및 제2항에 규정한 방법에 의한 경우를 포함한다)에 있어서의 진술을 녹취한 서면에 대해서는, 그 진술자가 사망, 정신 또는 신체의 고장, 소재 불명 혹은 국외에 있기 때문에 공판 준비 혹은 공판 기일에 있어서 진술할 수 없을 때, 또는 <u>공술자가 공판 준비 혹은 공판 기일에 있어서 전의 진술과 다른 진술을 했을 때.</u>
>
> 二　検察官の面前における供述を録取した書面については′ その供述者が死亡′ 精神若しくは身体の故障′ 所在不明若しくは国外にいるため公判準備若しくは公判期日において供述することができないとき′ 又は公判準備若しくは公判期日において前の供述と相反するか若しくは実質的に異なつた供述をしたとき°

ただし´ 公判準備又は公判期日における供述よりも前の供述を信用すべき特別の情況の存するときに限る°
2 검찰관의 면전에서의 진술을 녹취한 서면에 대해서는, 그 진술자가 사망, 정신 혹은 신체의 고장, 소재 불명 혹은 국외에 있기 때문에 공판 준비 혹은 공판 기일에 있어서 진술할 수 없을 때, 또는 공판 준비 혹은 공판기일에 있어서 전의 진술과 상반되거나 또는 실질적으로 다른 진술을 했을 때. 다만, 공판준비 또는 공판기일에 있어서의 진술보다 이전의 진술을 신용할 만한 특별한 상황이 존재할 때에 한한다.

三 前二号に掲げる書面以外の書面については´ 供述者が死亡´ 精神若しくは身体の故障´ 所在不明又は国外にいるため公判準備又は公判期日において供述することができず´ かつ´ その供述が犯罪事実の存否の証明に欠くことができないものであるとき° ただし´ その供述が特に信用すべき情況の下にされたものであるときに限る°
3 전2호에 게재한 서면 이외의 서면에 대해서는, 공술자가 사망, 정신 혹은 신체의 고장, 소재 불명 또는 국외에 있기 때문에 공판 준비 또는 공판 기일에 있어서 진술할 수 없고, 또한, 그 진술이 범죄 사실의 존재 여부의 증명에 빠질 수 없는 것일 때. 다만, 그 진술이 특히 신용할만한 정황하에 된 것일 때에 한한다.

第三百二十二条 被告人が作成した供述書又は被告人の供述を録取した書面で被告人の署名若しくは押印のあるものは´ その供述が被告人に不利益な事実の承認を内容とするものであるとき´ 又は特に信用すべき情況の下にされたものであるときに限り´ これを証拠とすることができる° 但し´ 被告人に不利益な事実の承認を内容とする書面は´ その承認が自白でない場合においても´ 第三百十九条の規定に準じ´ 任意にされたものでない疑があると認めるときは´ これを証拠とすることができない°
제322조 피고인이 작성한 진술서 또는 피고인의 진술을 녹취한 서면에서 피고인의 서명 또는 날인이 있는 것은 그 진술이 피고인에게 불이익한 사실의 승인을 내용으로 하는 것일 때, 또는 특히 신용해야 할 상황 하에서 이루어진 경우에만 이것을 증거로 할 수 있다. 다만, 피고인에게 불이익한 사실의 승인을 내용으로 하는 서면은 그 승인이 자백이 아닌 경우에도 제319조의 규정에 준하여 임의로 된 것이 아닌 의심이 있다고 인정할 때에는 이것을 증거로 할 수 없다.

> 2. 被告人の公判準備又は公判期日における供述を録取した書面は′ その供述が任意にされたものであると認めるときに限り′ これを証拠とすることができる°
> ② 피고인의 공판준비 또는 공판기일에 있어서의 진술을 녹취한 서면은 그 진술이 임의로 된 것으로 인정하는 때에 한하여 이를 증거로 할 수 있다.

필자가 보기에, 보통법의 전문법칙을 받아들인 일본도 모순진술을 활용하는 방법에 대해서는 비교적 상식에 부합하는 규정을 가지고 있다. 그들의 법규 어디에도 '원진술자의 내용 진정 인정'이 증거능력 인정(허용성)의 요건으로 등장하지는 않는다. 일본 수사기관은 고문하지 않기 때문에 이런 조항이 활용되는 것은 아닐 것이다. 물론 보다 근본적인 형사소송법의 현대화는 영상녹화물과 뗄 수 없는 현실을 어떻게 법률에 적절하게 담을 것인가에 있을 것이다.

Ⅲ. 개별 개정 쟁점

1. 개요

형사소송의 목적은 실체진실발견, 신속한 재판, 적정절차 등으로 요약된다. 이러한 목적들이 상호 긴장관계 또는 길항관계에 있는지, 아니면 보완관계이거나 선택·택일관계인지에 대해 사람들은 각자 서로 다른 생각을 가질 수 있다. 하지만 존재론적으로 모두가 동의해야 하는 것은 그것이 인간사회의 진실에 불과하다고 하더라도, 제약적 조건 아래 불완전한 재판제도의 결과물이라고 하더라도, 적어도 형사절차가 범인의 형사책임을 묻기 위한 것이라면 그것이 역사적 사실에 근거하지 않을 수 없다는 것이다. 자신의 행위에 대한 책임을 진다는 근대 국가·인간사회의 근본원칙, 즉 '책임주의'원칙을 지키지 않는 형사절차는 독재의 도구일 뿐이고, 어떤 이유로건 해당 절차유지의 정당성을 상실할 것이기 때문이다. 한동안 유행처럼 호황을 맞았던 '합의'나 '약속'에 의한 책임부과라는 사고는 적어도 형사법 영역에서는 자리 잡기 어려운 발상인 것이다.

범인의 처벌을 위한 불가결의 전제인 범죄사실의 확정을 위해 형사소송절차를 운영하는 대부분의 민주적 법치국가에서는 아무리 범인의 확인과 처벌이 요구된다고 하더라도 그 사실 확정을 위한 절차가 민주적 헌법질서에 위반되는 경우까지 허용할 수는 없는 것이고, 이를 위해 사전에 법률을 통해 국가의 어떤 행위나 처분이 금지되는 것인지를 명확히 해 두는 것이다. 이른바 적정절차를 지키며 인간의 진실을 찾는 여정이 지나치게 길어 피해자나 가해자 모두에게, 그리고 이를 지켜보는 일반 시민 모두에게 너무 늦은 정의가 되지 않기 위해서는 가능한 신속하게 절차를 진행·종결하라는 요구도 따라오는 것이다.

이러한 형사절차의 세 가지 목적 또는 운영의 기본원칙들이 현실의 형사소송제도 운영에서는 어느 정도 실현되고 있는지에 대해서도 각자 다른 생각들을 할 수도 있을 것이다. 필자가 보기에는 헌법재판소와 대법원이 내세우는 우리 형사소송법의 당사자주의의 강화라는 추세로 인해 실체진실의 발견은 한 걸음 뒤로 물러난 듯 느껴지기도 한다. 신속한 재판은 법전에서 글자로만 존재할 뿐, 중대한 범죄 혐의로 구속된 피의자가 제1심 선고 전에 구속기간의 연장이 더 이상 불가능한 상태가 되어 석방되는 일이 흔해졌다. 그에 반해 적정절차의 원칙은 다행히도 과거 어느 때, 현재 동시대의 어느 다른 국가들의 법률과 실무에 비추어 보더라도, 물론 어디까지가 상대적인 평가에 불과하지만, 상당히 진전된 수준에 도달해 있는 것으로 보이기도 한다.

그렇다면 동시대를 살아가는 다른 국가들의 형사소송법의 이론과 실무에서는 어떤 문제들이 현안으로 다루어지고 있는지를 잠시 들여다보는 것도 우리의 입법적 논의에 유의미한 참고자료가 될 수 있을 것이다.

2. 현대 국가들의 형사소송법 개정 방향과 논의의 주요내용

일본은 2011년 형사소송법 개정을 통해 디지털·전자증거와 관련한 다양한 제도들(전자적 기록매체의 압수, 기록명령부 압수·원격압수, 데이터 취득과정에서 협력 및 보전요청, 통신기록 보전요청, 전자기록 몰수 등)을 명문으로 도입하여 사이버공간에서의 증거수집과 확보라는 현실적 요청에 부응하고[19], 2016년 개정에서는 영상녹화제도와 이른바 유죄답변협상을 법률에 도입하고 통신감청범위를 확대함으로써[20] 이른바 '새로운 시대의 형사사법제도'를 마련한다는 계획을 실천에 옮겼다.

19) 指宿 信/김현조 역, 앞의 논문, 342쪽 이하 참조

20) 안성훈, 앞의 논문, 37쪽 이하 참조

한편 EU 공동체에 속하는 독일어 사용권 국가들의 최근 형사소송법 관련 개정 및 입법 활동에서는 주로 다음과 같은 관심들이 부각되고 있다.[21]

(1) 독일 전문가 위원회의 제언

대부분의 국가들은 소송 범람, 상소율 증가, 절차 지연, 사법자원 활용의 비효율성, AI와 디지털 확산 및 새로운 범죄에 대한 대응력 약화 등 다양한 난제들에 직면해 있다. 이러한 문제들에 대응하기 위한 해법을 찾기 위해 예를 들어 독일은 2014년 7월에 연방 사법(법무) 및 소비자보호부(BMJV)장관 마아스(Heiko Maas)가 학계, 실무계, 각 주의 법무관청, 연방내무부와 사법(법무)·소비자보호부의 대표자 등 총 43인으로 구성된 전문가위원회(Expertenkommission)를 설치하였다. 동 위원회는 176쪽의 보고서와 개별 위원들의 의견서와 회의록 총 2권의 별책자료를 제출하였다. 이들의 논의 결과는 지금까지 지속적인 형사소송법 개정의 근거가 되어 입법으로 나타나고 있다. 위원회의 최종보고서에는 총 50개의 개혁 항목이 제안되었고, 효율적이고 실무적합성이 있는 형사·소년형사소송법의 개혁은 무엇보다 '절차의 신속화와 단순화'를 통해 도달될 수 있다는 점이 강조되고 있다. 동 위원회의 목적은 다음과 같이 정의되고 있다.

> 우리는 일반 형사절차와 소년형사절차를 **법치국가적 원칙을 유지하면서 보다 효과적이고 보다 실무에 유용하게 발전**시키려고 한다. 이를 위해 전문가위원회는 이번 회기의 중반까지 제언들을 논의하게 된다.[22]

---

21) 독일어권 국가들의 최근 10여 년간 형사소송 분야의 주요 개정 방향과 내용에 대해서는 김성룡, 독일의 형사 공판 기록의 디지털화 추진의 의미와 시사, 형사소송 이론과 실무, 제15권 제3호(2023), 69쪽 이하; 김성룡, 공판 심리의 영상녹화 의무규정 도입을 위한 시론, 형사소송 이론과 실무 제12권 제2호(2020), 248쪽 이하; 김성룡, 독일 형사소송법 최근 개정의 형사정책적 시사 –수사절차를 중심으로–, 형사정책 제29권 제3호(2017), 247쪽 이하; 김성룡, 독일·오스트리아·스위스 형법학자들의 형사증거법 개정안의 주요 내용과 시사, 형사정책연구, 제25권 제3호(2014), 245쪽 이하; 김성룡, 독일 형사상소제도 개혁논의의 시사, 형사정책연구 제31권 제4호(2020), 41쪽 이하; 김성룡, 독일 형법상 정보제공범인(공범증인)에 대한 형벌감면규정의 검토, 형사정책, 제21권 제2호(2009), 325쪽 이하; 김성룡, 신분위장수사경찰·비밀정보원 활용과 그 형사법적 문제점에 관한 독일의 논의 현황, 비교형사법연구 제7권 제2호(2005), 275쪽 이하 등 참조.

22) Bundesministerium der Justiz und für Verbraucherschutz, Bericht der Expertenkommission: zur effektiveren und praxistauglicheren Ausgestaltung des allgemeinen Strafverfahrens und

수사절차부터 형집행절차까지 모든 단계들을 대상으로 법치주의원칙을 유지하면서 과연 어떤 방법으로 형사소송절차를 보다 효율적이고 실무에 유용·적합하도록 만들 것인지를 고민한 위원회의 주요 제언은 다음과 같다.

1) **디지털 기록을 통한 진실발견의 최적화, 투명성과 의사소통**

전문가위원회의 제언에는 무엇보다 현대의 과학기술발전, 디지털 영상녹화 등을 활용하여 소송절차(수사와 공판)의 투명성을 고양하고, 당사자간의 소통을 확대·원활하게 하고, 디지털기록을 원칙화하여 이를 통해 진실발견에 최적화된 형사절차로 나아가야 한다는 것이 첫 번째 해법으로 등장하고 있다.[23] 즉, 디지털 영상녹화 및 자동 문서변환 기능을 다양한 단계에 도입한다는 것이다. 주지하다시피 독일에서는 이미 살인과 같은 중대범죄나 미성년이나 약자들이 문제되는 소송에서는 수사절차에서부터 영상녹화가 의무화되어 있고, 이제 공판과정의 모든 절차가 녹음과 자동문서전환되어 공판절차 중에 이전 공판조서의 열람과 활용이 가능하도록 한다는 단계까지 진전하고 있다. 증인신문, 피의자·피고인신문을 영상녹화로 기록하는 것은 진실발견에 최적화하는 것뿐만이 아니라 절차의 투명성에도 기여한다는 것이 그들의 생각이고, 그 방향으로 늦지 않게 적응해야 한다는 것이다. 이런 독일의 현재 형사소송절차의 디지털화는 유럽의 다른 선도 국가보다 10~15년 뒤처진 상태에 있다는 것이 전문기관의 진단이다.

2) **피의자·피고인의 권리 강화**

피의자·피고인의 권리 강화를 위해 다양한 조치가 필요하다는 전문가위원회의 추천내용을 보면 우리 형사소송법과 실무에서는 독일보다 피의자·피고인의 권리가 상당히 진전된 형태로 보호되고 있다는 것을 알 수 있다. 그들의 추천 내용을 보면 피의자의 경찰신문이나 범행의 현장검증에 변호인을 참여하게 하고, 국선변호신청을 가능하게 하고, 신뢰인의 투입에 대한 명문의 규정을 두자는 것 등이다.[24] 이미 우리에게는 대부분 오래전에 보장된 권리가 아직 독일에서는 논의대상이다.

---

des jugendgerichtlichen Verfahrens, 2015, S. 1

23) Bundesministerium der Justiz und für Verbraucherschutz, aaO., S. 2−4

24) Bundesministerium der Justiz und für Verbraucherschutz, aaO., S. 4

3) 절차의 신속화

형사절차의 모든 참여자들의 권리를 보호하면서도 신속하고 단순하고, 보다 효율적으로 절차를 수행할 수 있도록 하기 위해 전문가위원회는 상당히 많은 규정의 개정을 제안했다. 개별 사례에서 검사의 위임이 있으면 경찰의 소환에도 참고인에게 출석의무를 부과하고, 교통범죄에서 혈액체취에 대한 법관 유보를 폐지하고 그 명령권한을 검사에게 위임하고, 민사나 행정적 성격의 사전문제를 공소제기 전에 민사나 행정절차에서 해결되도록 하는 이른바 절차중지의 범위를 확장하라는 것도 이에 속한다. 나아가 검사의 공소제기가 있으면 공판을 개시할 것인지 여부를 판단하는 중간절차를 강화하여 절차의 신속해결에 기여하도록 하고, 공판절차에서는 무엇보다 수사절차에서 확보된 증거를 공판정에 들어오게 하는 (증거전이의) 범위를 확장함으로써 신속한 재판을 도모해야 한다고 권고했다.[25] 우리에게 다소 생소한 부대소송 참가자들의 그룹을 구성해서 공판에서 대표할 자를 지정할 권한을 재판장에게 부여하여 소송의 신속화를 도모하고, 상고심의 경우에 검사에게 청구인의 상소사유에 대한 의견 제출의무를 부과하여 법원의 판단을 쉽게 하도록 하자는 제안도 있었다. 특히 검사의 소환에 출석의무가 인정되는 참고인을 사법경찰관이 수사하는 경우 검사의 위임이 있었다면 사법경찰관의 소환에도 출석의무를 인정하고, 교통범죄의 혈액체취를 검사의 명령에 맡기고, 민사나 행정사건을 형사화하는 의도를 차단하고, 수사단계에서 획득된 증거를 공판정에 전이되도록 하여 이중조사나 심리를 생략하여 절차의 신속을 도모하겠다는 그들의 생각은 국내에서는 아주 다양한 논쟁거리가 될 듯하다.

3. 법치주의적 관점에서 국내 개정논의에 등장하는 개별 쟁점의 검토

우리 사회가 처한 현실도 독일이나 일본, 미국이나 영국 등 다른 국가들의 상황과 큰 차이가 없겠지만, 특정 국가가 자신들의 형사소송법·제도에 던져진 문제와 과제들에 대응하고 해결해 가는 모습은, 저마다 고유한 전통과 현실적 가능성이 배경이 되어 다양한 모습으로 나타날 수밖에 없는 것이다. 그렇다면, 예를 들어, 현재까지 국내 입법론적 논의에서 중요 쟁점으로 등장한 몇몇 개별 제도들을 우리나라 형사소송법에 도입하거나 반영하는 것은 형사소송법의 현대화와 기능하는 형사사

25) Bericht der Expertenkommission, S. 5

법체계를 위한 해법이 될 수는 없는 것인지를 간략하게 검토해 보기로 한다.

(1) 형사소송법의 목적과 원칙에 대한 입법자의 의사가 반영된 법률

법치주의, 법의 지배를 형해화(形骸化)하고 삼권분립의 원칙이 허물어지는 가장 주요한 원인의 하나는 법률의 내용이 부실하거나 불명확하기 때문이다. 법률의 목적이나 이성, 법의 기본원칙에 기대는 해석은 결국 해석자의 자의가 반영될 수 있는 통로가 되고, 이를 제어하는 가장 원론적인 방법은 법률의 내용을 사전에 충실하고 꼼꼼하게 하는 것이다. 형법은 물론이고 형사소송법령의 해석에 있어서도 대법원은 아주 자주 해당 '법률의 목적'이나 '합리적 이성'에 따라 추론할 수 있는 원리를 해석의 근거로 제시한다. 사실상 그런 원칙들은 헌법은 물론 형법, 형사소송법 어디에도 명문으로 규정된 바 없는, 다른 나라 법률의 규정이거나 다른 나라 판례가 만들어 낸 원칙인 경우가 적지 않다. 예를 들어 공판중심주의가 무엇인지 도대체 우리 법률은 알고 있는가?[26] 입법자가 입법자로서 역할을 다하고 사법부가 사법의 역할에 충실하기 위해서는 법률이 규정해야 할 내용을 가능한 빠뜨리지 않고 규정하고, 그 내용이 충실하게 채워질 수 있도록 하는 입법자의 노력이 우선되어야만 한다.

형사소송법의 수범자는 수사와 재판 및 형집행을 담당하는 국가기관은 물론이고, 변호인과 기타 참여자, 피의자와 피고인, 그의 가족들과 잠재적 범죄인으로 언제든지 형사절차에 연루될 수 있는 일반 국민 전체라고 할 수 있다. 형사소송법이 무엇을 보장하고 무엇을 어떻게 처리하겠다는 것인지를 모든 국민이 알 수 있도록, 주권자를 대신한 입법자가 지향하는 형사절차의 목적과 구체적인 그 실현 절차를 명확하게 보여주는 법률이 되도록 부단히 노력해야 하는 것이다. 이런 관점에서 앞서 언급한 형사소송의 목적 규정을 도입하는 것도 적극적으로 검토할 필요가 있어 보인다. 현재의 통설적 입장을 선언적으로 도입하는 것도 명확한 법률해석의 근거가 마련된다는 점에서 결코 무의미한 조문 낭비는 아닐 것이다.

(2) 디지털 증거의 압수수색 등 강제처분 요건의 법률화

전자정보, 디지털증거는 보편적인 증거방법이 된 지 오래라고 보아야 할 것이다. 이런 상황에 아직도 형사소송법 제106조는 형사소송법에서 우체물을 제외한 모든

---

26) 김성룡, 직접성 원칙의 비교법적 검토를 통해 본 향후 개정 과제, 형사소송 이론과 실무 제14권 제3호(2022), 29쪽 이하 참조

물건 또는 정보(?) 압수에 대한 유일한 규정이다. 가까운 일본은 이미 13년 전인 2011년 디지털정보의 압수에 관한 다양한 절차들을 법률화하였다. 법률이 이러하다 보니 대법원의 해석을 통한 법률보충과 명령·규칙·예규를 통한 실무지침이 유효한 기준이 되고 있다. 해석 또는 보충이라는 이름의 법 창조와 입법활동이 사법과 입법의 경계를 허물고, '법치주의'가 아니라 '법관주의'이며, '죄형법정주의'가 아니라 '죄형법관주의'를 넘어서 '형사절차법관주의'라는 우려를 심화시키고 있는 것이다. 관련된 많은 문제를 고민하고 적절한 해법을 찾는 것이 어렵다면, 가까운 일본이 2011년 도입한 규정의 목적은 무엇이며 어떤 작용과 부작용이 있는지를 확인하여, 그들의 경험에 비추어 볼 때 우리 법률에 도입할 필요가 있는 규정들만이라도 입법 절차에 올려놓는 노력이 필요한 것이다. 예를 들어 우연한 발견물에 대한 영미의 실무와 독일의 법률규정 등을 확인하고 명확한 법적 근거를 제시함으로써, 법원의 해석으로 강제처분의 적·불법이 결정되는 현재의 모습을 최대한 지양하고, 형사소송법에 주어진 고유한 역할에 부합하는 형사소송법, 형사절차법정주의가 실현될 수 있는 기초를 제공하는 형사소송법을 만들어야 하는 것이다.

(3) 각종 강제처분의 형사소송법에 통합 규정화

현재 유효한 법률에서 규정하고 있는 대물적 강제수사·처분은 형사소송법 제106조 이하의 유체물과 전자정보에 대한 압수수색 규정 외에 금융실명법에 근거한 법원의 제출명령 또는 영장에 따른 거래정보등의 제공, 통신비밀보호법상 통신제한조치, 아동청소년성보호법의 신분위장수사허가, 스토킹범죄의 처벌 등에 관한 법률의 긴급응급조치, 마약류불법거래방지에 관한 특례법과 범죄수익은닉의 규제 및 처벌 등에 관한 법률 등의 추징·보전청구나 몰수·부대보전청구 등 개별 특별법에서 다양한 강제처분 성격을 가진 조치들이 흩어져 있는 구조이다. 현재 국내 법체계 내에서 어떤 유형의 강제처분이 집행되고 있는지를 찾아볼 수 있는 가장 빠른 방법이 검찰사건사무규칙의 별지 양식을 살펴보는 것이라는 점은 주객이 전도된 현상이라고 하지 않을 수 없다.

한편으로는 형법의 특별법 양산과 연계된 문제라고 할 수도 있겠으나, 형법의 단일법전화와 함께 형사소송법도 관련 강제처분을 하나의 법전에 통합하는 입법적 노력이 필요해 보인다. 형법과 형사소송법 모두 국민의 기본권에 대한 심각한 침해 가능성을 가진 국가의 권한 행사와 관련된 내용을 규율하는 법률인 만큼 명확성과 예측가능성의 요구에 상응한 입법자의 대응이 필요한 것이다.

(4) 새로운 수사기법에 대한 형사소송법적 규제

이미 고전이 되어버린 압수·수색규정에 '압수의 목적물이 컴퓨터용디스크, 그밖에 비슷한 정보저장매체'인 경우에는 기억된 정보의 범위를 정하여 출력 또는 복제하거나, 정보저장매체등 자체를 압수할 수 있다는 조항을 추가하여 모든 유형의 압수수색의 근거조항으로 활용하고 있는 것이 현실이다. 앞서 살펴본 독일 형사소송법에 규정된 다양한 현대형 강제처분(주거감청, 비밀수사요원투입, 감청, 온라인수색, 원격디지털 압수수색, 휴대폰 압수수색 등)들이 우리나라에서는 현재 전혀 활용되지 않고, 앞으로도 허용될 수 없는 수사방법이 아니라면, 외국의 사례를 경험 삼아 어떤 방식으로 부작용을 최소화하면서도, 수범자들에게 자신의 행위의 적법성 여부를 명확하게 판단할 수 있도록 해 줄 것인가를 고민한 규정들이 도입되어야 할 것이다. 기본권침해 가능성이 있다고 제도의 도입에 대한 충실한 논의와 현실적 대안 마련을 도외시하는 것은 그 자체가 '통제 없는 국가권한 행사의 위험'에 국민의 일상을 몰아 넣는 것과 다를 바 없기 때문이다. 이러한 입법자의 과제가 적절히 수행되지 않으면 입법권은 결국 사법부로 넘어가고 대법원의 법률해석과 보충이라는 이름의 법창조가 있을 때까지 예견가능성은 기대할 수 없는 공허한 구호가 된다는 것은 자명하다. 설령 대법원이 합리적인 해석이라는 이름으로 법의 흠결을 보충하였다고 하더라도 그것은 대의기관의 입법활동에서 만들어진 법률이 아니라는 점에서 입법자의 고유한 과제가 사라졌다고 볼 수는 없는 것이다. 나아가 입법자의 입법활동을 비판적으로 감시하는 것을 고유한 과제로 하는 형사소송법학의 과제도 그 속에서 방치되고 있는 것이다.

(5) 법률에 규정되어야 할 규칙조항들

법률에 규정되어야 할 기본권 제한적 성격을 지닌 규정들이 규칙이나 예규 등에 규정된 경우들이 있다. 법률에 규정된 내용을 구체화한다는 의미의 규칙이나 예규 등에서 마련한 규정들이 실질적으로 당사자(한편으로는 피의자·피고인, 다른 한편으로는 피해자·유족)의 권리를 제한하는 결과가 되기도 하는 것이다. 예를 들어 증거신청에 대한 기각 사유가 법률에서는 예정하지 않는 유형임에도 규칙에서 확장적으로 도입된다면 증거신청인의 권리에 대한 침해속성이 있는 것이고, 이는 법률에서 위임을 허용한 범위를 넘어서는 내용의 규칙인 것이고, 결국 형사소송법 위반일 가능성이 있다. 절차법이라는 이유로 다소 등한시되어 있는 부분들을 세부적으로 확인하여 이를 바로 잡는 것도 필요해 보인다.

4. 기능하는 형사사법의 요청을 반영한 형사소송법 개정 쟁점

(1) Plea bargaining, Verständigung,[27] 合意 또는 協議[28] 제도의 도입여부

미국의 형사소송 중 배심제로 진행되는 재판이, 주마다 차이는 있지만, 2% 전후에 불과하다는 것은 익히 알려진 사실이다. 물적 증거의 확보는 물론이고 인적 증거의 확보도 어려운 조직화된 범죄나 중대한 국가사회적 손실을 야기한 범죄이면서 전통적 방법으로 유죄판결을 받아낼 수 없는 경우에 Plea bargaining이 '최소한의 정의'를 실현할 수 있는 방법이라는 평가를 받기도 가지만, 무고한 흑인이나 소수자에게 경한 처벌을 미끼로 쉽게 문제를 해결하려는 편의적 발상으로 인권침해와 부익부 빈익빈을 상징하는 제도로 멀리해야 할 대상이라는 우려도 여전하다. 우리와 유사한 법제를 운영하는 독일과 일본도 이미 도입하여 운영하고 있는 제도이고, 독일의 경우 법원의 실무로 발전되어온 내용이 법률화된 경우이다. 합의라고 하건 협상이라고 하건 그 대상으로 하지 않으면, 국민의 눈으로 볼 때, 국가의 형사소추기관이나 사법부가 과연 범죄를 제대로 수사하여 재판·처벌하고 있는 것인지 의심스럽고, 이 사회에 과연 정의가 살아있다고 믿을 수 있는 것인지 의문을 품게 될 그 범위 내에서, 외국의 경험에서 알고 있는 부작용을 최소화할 수 있는 대책을 마련하여, 명문의 요건을 법률에 도입하는 것을 적극적으로 검토할 필요가 있다.[29] 개인의 전통적 범죄, 약자의 범죄를 대상으로 하는 Verständigung이나 合意는 적어도 독일과 일본제도와는 다르다는 점에서 단지 수사기관의 편의성 증대를 위한 제도로 낙인찍을 이유는 없는 것이다.

---

27) 독일 형사소송법 제257조의c Verständigung zwischen Gericht und Verfahrensbeteiligten

28) 일본형사소송법은 동법 제350조의2부터 제350조의15까지 합의에 대해 규정하고 있다.

29) 김성룡, 독일 개정 형사소송법상 협상제도의 주요 내용과 시사, 부산대학교 법학연구, 제51권 제1호(2010), 137쪽 이하; 조상제·김성룡·이진국, 독일 형사소송법상 협상제도의 도입과 정책적 함의, 한국형사정책연구원 총서(2009), 1쪽 이하; 윤동호, 형사절차에서 협상의 법제화 비판, 비교형사법연구 제11권 제2호(2009), 213쪽 이하

(2) 공범증인, 사법협조자 형벌감면제도 도입 여부

피의자신문조서의 기재사실과 다른 법정의 진술이 있는 경우, 전자의 진술이 적법한 절차를 통해 임의로 진술한 내용을 진술사실과 다름없이 기재된 것임이 증명된다면 이를 공판정이 진술과 비교하며 무엇이 진실에 가까운 것인지를 검토할 기회를 갖는 것은, 만약 당사자의 진술을 듣고 그 진위를 판단하려는 의도를 가진 경우라면 당연히 거쳐 가야할 과정이라고 할 것이다. 그런 방법의 증거조사·증거확보의 가능성이 차단된 상태에서 중대 범죄인에 대한 유죄판결을 이끌어 내기 위해서 공판정에서 증언하거나 범죄 관련 물증을 제공하는 자에 대한 일종의 혜택을 반대급부로 하는 제도는 이미 대륙법 전통의 독일이나 일본에서도 명문으로 법률에 도입된 제도이다. 그렇다면 그들 국가는 사법적 정의를 부정의에 팔아넘긴 것인가?

지능적·조직적 범죄나 부패범죄, 조직내부의 관계자가 아니면 외부에서 접근하기 어려운 범죄에 대해 전통적 방법으로 혐의사실을 증명할 증거확보가 가능하다면 범죄인들과의 거래라는 제도를 택할 이유가 없을 것이다. 최소한의 정의 실현을 위해 불가피한 범위내에서만 활용한다면, 설령 부정의와의 타협·거래라는 평가를 받더라도 도입 여부를 세부적으로 논의해 보아야 한다. 국민이 보기에 엄연한 중범죄인이 명백하다고 판단됨에도 불구하고 국가의 형사소추기관이 증거를 확보하지 못해 불기소하거나 법원에 의해 무죄방면되는 모습을 보면 과연 주권자인 국민들이 형사사법기관은 정의롭다고 평가할 것인지도 성찰해야 한다. 더 큰 정의를 유지하기 위한 현실적 선택이라는 주장도 백안시(白眼視) 할 수는 없는 이유인 것이다.

특히 UN 초국가적 조직범죄 방지협약에서 말 그대로 '단일한 대응방법으로 초국가적 조직범죄를 방지해보자'는 의도로 도입을 권고하고 있고, 미국과 영국은 물론이고 독일, 프랑스, 일본 등 다수의 자유·사회민주적 법치국가의 법질서를 가진 나라에서 도입·운영하고 있다는 점에서, '우리는 결코 부정의와 타협하지 않는다'는 구호로 국가와 사회의 안전과 인권을 보호할 수 있다는 생각은 공감되기 어렵다. 어떤 유형의 범죄를 대상으로, 어떤 요건들이 갖추어진 경우에, 어떤 당사자들이 참가하여, 어떤 방식으로 무엇을 주고 받을 수 있는 것인지에 대해 외국의 운영경험을 타산지석으로 우리 사회에 필요하고 적합한 제도를 고안해 내어야 할 입법자의 과제는 이미 오래전에 던져진 것이다.[30]

30) 최성진, 사법협조자 형벌감면제도를 둘러싼 비교법적 고찰, 부산대학교 법학연구 제57권 제4호

(3) 참고인의 출석의무·중요 참고인 구인제도 또는 법원의 조기개입

독일 검찰의 소환에 대해 불응하는 참고인은 강제처분으로 구인될 수 있다. 검찰의 수사지휘를 받는 독일의 사법경찰관이 참고인을 소환하면서 '검사의 위임에 의해 소환한다'는 것을 명확하게 하면, 참고인은 검찰의 소환과 같이 출석할 의무를 진다. 수사상 진술을 확보하는 것이 공판정에서 거의 무위가 되어버릴 가능성이 높아진 현재 우리 수사기관에서는 참고인의 진술만이라도 확보하여, 이를 법원에 현출하는 방법에 대해 고민할 수밖에 없는 상황이다. 그런데 만약 소수의 특정·중대범죄에 제한하여 참고인의 출석의무를 규정한다고 하더라도 해당 참고인의 법정출석이나 진술이 어려운 상황이라면 위와 같은 난점은 여전히 해소되지 않는다.

법원의 공판중심주의의 기치는 갈수록 높아져 모든 논의를 그 속으로 빨아들이는 블랙홀처럼 되어가고 있다. 수사기관의 수사활동, 특히 판사와 동일한 자격으로 소추기관의 업무를 담당하는 검사의 수사결과를 (이미 범주적으로!) 신뢰할 수 없다면 그 수사과정에 법원이 직접 개입·관여하여 범죄의 실체를 밝혀 범인을 처벌하는 모습을 국민에게 보여줄 수밖에 없고, 정의가 이렇게 실현되고 있음을 보여주어야만 하는 것이고, 죄를 짓지 않는 국민들이 이렇게 존경받고 보호된다는 것을 보여주어야만 한다. 달리 말해 참고인의 출석의무를 인정하는 것을 넘어서, 최근 형사소송법 개정으로 수사기관 작성의 신문·진술조서가 진술자의 내용부인이나 실질적 성립부인으로 증거의 무대에서 사라지게 했다면, 그 빈자리를 적절히 채울 수 있도록 예심판사나 수사판사와 같은 제도를 도입하여, 수사절차에서 법원이 직접 참여하는 증거수집 활동이 강화되어야 한다는 것은 범부의 상식으로도 충분히 생각할 수 있는 일인 것이다.

현재의 증거보전절차, 증인신문제도를 확장하거나, 판사의 수사절차상 증거확보 대상과 방법을 확충하는 방식의 대응책이 없이 기존과 다를 바 없이 공판정에서의 심리(공판중심주의)로 형사사법의 역할을 다할 수 있다는 생각은, 적어도 법원의 직권탐지주의의 모든 요소를 가지고 있는 현행 형사소송법을 운영하는 법원의 태도가 되어서는 안 될 것이다.

(2016), 169쪽 이하; 박달현, 미국의 공범증인 면책조건부 증언취득제도에 관한 연구 －2010년 형사소송법 개정법률안 제247조의2의 '사법협조자에 대한 공소불제기'에 대한 검토를 포함하여－, 비교형사법연구 제19권 제2호(2017), 157쪽 이하 참조

(4) 구속제도 개선(기간연장, 구속기간 불산입규정 · 구속사유 개선)

구속기소되어 재판을 받던 피고인들이 법정 구속기간을 더 이상 연장할 수 없게 되어 석방되고 불구속 상태로 재판을 받는 경우가 있다는 것을 우리 국민들은 이미 언론을 통해 들어 잘 알고 있다. 현재 사법경찰관과 검찰에서의 구속기간 총 30일을 제외하고 법원에서 심급마다 2개월, 연장 2차 등으로 적어도 제1심 법원은 기소 후 6개월까지 피고인을 구속한 상태에서 재판할 수 있다. 이 구속기간에 대해 법조인들의 상당수가 제1심 구속기간을 1년 정도로 늘이는 것이 적정하다고 답했다는 통계결과가 제시되어 있다.31)

〈표 1〉 최대 구속기간 1년 이상의 답변을 선택한 법관과 변호사의 비율

최대 구속기간	법관			변호사		
	제1심(%)	항소심(%)	상고심(%)	제1심(%)	항소심(%)	상고심(%)
① 1년	41.7	36.1	24.0	28.7	22.1	13.2
② 1년 6개월	4.9	3.8	2.5	0.0	1.5	1.5
③ 2년	10.5	7.0	5.9	2.9	2.2	2.2
④ 폐지	21.2	19.1	20.6	6.6	6.6	2.9
합계	78.3	66.0	53.0	38.2	32.4	19.8

구속기간의 연장은 원칙적 연장보다 6개월 기본 구속기간에 예외적 사유가 있는 경우에만 3개월씩 2차 연장하는 것이 가장 합리적인 결과라고 제시하고도 있다. 이와 함께 영장심사를 단일화하고, 조건부 석방 등 다양한 변형태를 운영할 필요성도 제안되고 있다.

구속기간 연장과 관련해서는 무엇보다 구속제도의 유형이나 기간 등은 개별 국가들의 법체계의 특징, 법원과 검찰의 관계, 해당 국가의 전통 등이 복잡하게 작용한 결과이겠으나, 지금 우리에게 던져진 문제는 왜 구속기간의 연장이 필요한 것인지, 연장의 이유가 된 문제는 수사단계에서 해결될 것인지, 기소 후 법원에서 비로소 해소되어야 할 문제인지부터 명확하게 하는 것이다. 앞서 살펴본 다양한 국가들은 공판심리를 신속하게 진행하기 위해 수사과정에서의 결과물을 법정에 들여와 사용하는 이른바 '증거의 전이'(Beweistransfer)를 추진하는 마당에 우리는 오히려

31) 김윤선, 법원의 구속기간에 관한 연구, 사법정책연구원(2023), 299~302쪽

공판심리의 기간을 연장하기 위해 구속기간을 연장하자는 주장이 등장하는 것이 합리적인 해법인지도 생각해 볼 필요가 있다. 물론 특정한 범죄에 국한한다고 하더라도 그 심리의 장기화가 무엇으로 인한 것인지를 정확하게 파악하고 그에 적합한 해법을 찾는 노력이 필요할 것이다.

무엇보다 구속제도와 관련해서는 영장발부와 기각의 기준·적용의 불명확성 또는 지나친 재량이 지적되어왔고, 구속사유와 관련해서는 범죄의 중대성, 재범위험성, 피해자에게 위해 우려 등의 사유가 보충되어야 한다는 주장도, 외국법 상태를 비교해 보면, 설득력이 전혀 없는 것은 아니지만, 무엇보다 영장발부의 정당성에 대한 끊임없는 논란을 줄이는 방법부터 고민해 볼 필요가 있을 것이고, 수량화를 통한 객관성의 증대를 위한 노력도 필요하다.[32)]

5. 형사소송법의 정상화 관점에서 본 개정 쟁점

(1) 직업법관과 국민참여재판에 특화된 증거법 도입

어떤 거짓말과 허위의 조작된 증거가 등장하더라도 이에 속아넘어가지 않는 전문적 능력을 가진 직업법관의 재판과 법 문외한이자 감정에 휘둘리는 배심이 하는 재판은 다르다. 국민참여의 형사재판을 유지하려고 한다면 특히 후자의 재판에 활용될 증거법이 필요하다.

(2) 절차의 진행순서에 따른 법률 규정의 재편

형사소송법의 수범자 논쟁이 형법과 같이 오래되고 깊은 역사를 가지고 진행되지는 않았지만, 형사소송법의 수범자도 당연히 피의자, 피고인, 피해자, 참고인, 증인, 감정인, 통역인, 사법경찰관, 검사, 판사 등 모든 국민이다. 판사만이 이해하고 해석할 수 있는 법률로 형사절차법정주의, 법치주의가 구현될 수는 없다. 절차의 진행 순서에 따라 누가 보아도 쉽게 이해할 수 있는 법률로 개편해야 한다. 그것이 당사자주의를 강조하는 법원의 태도와 더욱 어울린다고 할 것이다.

---

32) 이에 대해서는 예를 들어 김성룡, 삼성전자 이재용 부회장 구속영장 발부를 둘러싼 법적 쟁점, 형사법연구 제29권 제2호(2017), 97쪽 이하; 김병수, 구속요소의 계량화를 통한 구속기준 정립, 형사법연구 제24권 제2호(2012), 1쪽 이하; 조성용, 개정 형사소송법상 구속사유 심사의 필요적 고려사항의 문제점과 개선방향－범죄의 중대성 및 재범의 위험성을 중심으로－, 인권과 정의 통권 제386호(2008), 48쪽 참조

(3) 피의자신문조서의 정상적 사용

독일과 일본은 물론이고 유럽연합 국가들의 관심방향은 수사절차에서부터 진술을 녹음·녹화하여 공판정에서 조사의 대상으로 하고, 증거방법으로 바로 사용하게 하는 조건과 절차를 마련하는 것이다. 공판정의 증거조사도 녹음·영상녹화하고 이를 자동적으로 조서화(녹취)하여 당해 공판 중에 이전 공판절차 기록물을 활용할 수 있도록 하겠다는 것이다. 고문하던 사법경찰, 이를 묵인하고 지시하던 검사의 망령이 떠오른다고 하여 한 국가의 형사절차를 상식적으로 이해할 수 없는 상태로 왜곡하는 것은 이제 그칠 때가 되었다. 전문법칙을 정상으로 돌리고, 위법한 수사로 취득한 증거를 증거로 할 수 없음을 확실하게 지키는 법정이면 충분한 것이다. 비교법적 관점에서 보면 우리와 같이 문답식의 조서, 괄호 속에 종종 행동증거·태도증거까지 상세하게 기재하는 조서는 전 세계적으로 찾아보기 어렵다.

다시 정상으로, 상식적으로 돌아가서, 앞서 언급한 바와 같이 형법 제312조 이하의 조문을 유지하려고 한다면, 적어도 일본의 현행 형사소송법의 태도만이라도 진지하게 검토하고 그 도입 여부를 결정해야 할 것이다. 물론 가까운 장래에는 영상녹화물이 증거의 주요 부분을 차지하는 법률이 등장할 수밖에 없을 것이나, 영상재판이라는 낭비를 줄이는 방법으로 적정절차를 준수한 조서의 공판에서 활용은 여전히 기능적 대안이라고 볼 수밖에 없는 것이다.

(4) 검사의 수사지휘권과 수사종결권의 회복

검찰개혁은 검찰로부터 수사권·수사지휘권을 박탈하는 것이 답이라는 취지의 어느 젊은 교수의 논문에서, 국내에서 검찰의 독립이 문제의 근본적 해법이라는 주장을 하는 사람은 유일하게 필자밖에 없다는 각주를 본 적이 있다. 그 교수가 그런 사실까지 수고를 들여 확인하고 각주에 언급할 정도이니 '검찰의 정치로부터 독립'이 '정치검찰로 인한 문제의 해법'이라는 필자의 주장이 우리나라에서는 참으로 독특한 것임을 배우는 계기도 되었다. 필자는 여전히 '검찰의 중립화는 검찰의 정치로부터 독립'에서 출발하는 것이지, 검찰개혁이 수사권을 사법경찰에게 넘겨주고, 일차적 수사종결권이라는 의미에서 사법경찰관에 대한 검사의 수사지휘권을 박탈하는 것으로 (어느 정도라도) 해결된다고 보는 것은 너무나 근시안적인 임시방편도 되기 어려운, 그 또한 정치적 논리에 불과하다는 믿음을 가지고 있다. 불고불리 원칙의 입구를 담당하는 형사사법기관의 하나인 검사가 스스로 지휘하고 관리하고 스스로 책임질 수 없는 수사 결과를 가지고 기소여부를 결정하게 한다는 것은 사법경찰관과 검사 모두로 하여금 책임의식을 모호하게 하고, 그 피해는 국민에게, 정의에게 돌아가게 한다는 것은 상식의 차원에서 추측할 수 있는 것이다. 목하 그러한 현상이 다양한 경로로 표현되고 있다는[33] 점에서 조속한 원상회복이 필요한 부분이다.

(5) 피해자의 참여 강화

국내의 형사절차상 피해자 보호정책은 날마다 조금씩 개선되고 있다. 하지만 앞서 살펴본 바와 같이 형사절차에서 소외되어 온 피해자의 권리와 지위가 형사소송법의 서문에서 확인되는 국가가 있고, 별도의 편장을 할애하여 세부적인 내용을 규율하고 있는 국가들의 예에서 볼 수 있듯이, 우리나라의 형사절차에 관한 명실상부 기본법률인 형사소송법에 이를 담을 수 있는 개선의 노력이 필요해 보인다.[34]

Ⅳ. 맺으며

제정 70주년을 맞는 형사소송법은 그 체계와 내용면에서 고전적·고식적이며 형식적이고 부실하다.

형사절차법정주의라는 헌법적 요구를 충실히 이행할 역량을 잃어버린 지 오래이다.

입법자의 노력이 부족한 곳을 판결을 거부할 수 없는 판사들이 채우다보니 입법부가 아닌 사법부가 법률을 만든다는 비판에서 자유롭지 못한 상태가 방치되고 있다. 법원을 위해서도 수사기관과 피의자·피고인·피해자 등 국민을 위해서도 결코 바람직한 모습이 아니다.

형사소송법의 개정을 언급하려면 대부분의 주제에서 색깔론을 감당할 용기를 가져야 하는 것이 현실이었다. '우물에 독 뿌리기', '허수아비 공격'과 같은 수사적 전략을 이겨낼 정신적 담력이 있는 사람만이 등장할 수 있는 무대였다고 하는 것이

33) 예를 들어 SBS News, [취재파일] 경찰관의 부당거래...'수사지휘권 폐지' 부작용?, 2023. 1. 15. 기사 참조

34) 여기서 상론할 수 없으나 피해자의 지위강화가 피의자·피고인의 권리약화와 길항관계가 되어서는 안 된다는 점에서 피해자에 대한 관심증대가 피의자·피고인의 형사절차상 보장된 권리의 축소로 나타나고 있고, 이를 경계할 필요가 있다는 국내외의 우려도 정확하게 이해할 필요가 있다.

적절해 보인다.

하지만 이제는, 제정 70주년을 맞는 형사소송법을 현실에 맞는 법률로 거듭나게 한다는 공동의 목표를 설정하고, 앞서 언급한 필자의 제안을 포함하여 그 밖의 다양한 쟁점들에 대해서도 찬반론의 치열한 논의가 이루어지고, 설령 자신의 의사에 반하는 다수의 결과가 나오더라도 그것이 민주주의의 절차적 정의라고 수용한다는 자세로 전문가적 담론이 이루어질 수 있다면, 그것만으로 우리 형사소송법 학계와 실무의 수준은 한층 높아질 것이고, 그 결과물인 형사소송법도 보다 현대화되고 국민의 기본권보호에 더욱 충실한 법률로 거듭날 것이라고 확신한다.

이 글에서 체계적 관점, 법치주의와 기능하는 형사사법, 상식적으로 이해하기 쉬운 형사소송법이라는 관점에서 언급한 몇몇 단편적 쟁점들 외에도 다양한 이론·실무적 관심사들이 연구자와 실무자의 의사소통의 장에 등장하고 깊이 있게 논의되기를 기대하면서, 언급한 주제들에 대한 추가적인 논의도 보다 성숙되기를 희망한다.

【참고문헌】

1. 국내문헌

김병수, 개정 형사소송법상 구속사유 심사의 필요적 고려사항의 문제점과 개선방향 －범죄의 중대성 및 재범의 위험성을 중심으로－, 인권과정의 통권 제386호, 2008

김병수, 구속요소의 계량화를 통한 구속기준 정립, 형사법연구 제24권 제2호, 2012

김성룡, 공판 심리의 영상녹화 의무규정 도입을 위한 시론, 형사소송 이론과 실무 제12권 제2호, 2020

______, 국회입법조사처 등, 국가비전 입법정책 컨퍼런스 －국가비전과 대한민국 법학의 과제－, 발표자료집, 2023. 11. 3.

______, 독일 개정 형사소송법상 협상제도의 주요 내용과 시사, 부산대학교 법학연구, 제51권 제1호, 2010

______, 독일 형법상 정보제공범인(공범증인)에 대한 형벌감면규정의 검토, 형사정책, 제21권 제2호, 2009

______, 독일 형사상소제도 개혁논의의 시사, 형사정책연구 제31권 제4호, 2020

______, 독일 형사소송법 최근 개정의 형사정책적 시사 －수사절차를 중심으로－, 형사정책 제29권 제3호, 2017

______, 독일의 형사 공판 기록의 디지털화 추진의 의미와 시사, 형사소송 이론과 실무, 제15권 제3호, 2023

______, 독일·오스트리아·스위스 형법학자들의 형사증거법 개정안의 주요 내용과 시사, 형사정책연구, 제25권 제3호, 2014

______, 삼성전자 이재용 부회장 구속영장 발부를 둘러싼 법적 쟁점, 형사법연구 제29권 제2호, 2017

______, 신분위장수사경찰·비밀정보원 활용과 그 형사법적 문제점에 관한 독일의 논의 현황, 비교형사법연구 제7권 제2호, 2005

______, 직접성 원칙의 비교법적 검토를 통해 본 향후 개정 과제, 형사소송 이론과 실무 제14권 제3호, 2022

김윤선, 법원의 구속기간에 관한 연구, 사법정책연구원, 2023

박달현, 미국의 공범증인 면책조건부 증언취득제도에 관한 연구 －2010년 형사소송법 개정법률안 제247조의2의 '사법협조자에 대한 공소불제기'에 대한 검토를 포함하여－, 비교형사법연구 제19권 제2호, 2017

방경휘, 수사상 역외 압수·수색에 관한 연구 －일본 최고재판소 레이와 3년 2월 1일 결정을 계기로－, 국민대학교 법학논총, 통권 제71호, 2022

안성훈, 일본에서의 유죄협상제도에 관한 논의와 입법화, 형사소송 이론과 실무, 제8권 제2호, 2016

윤동호, 형사절차에서 협상의 법제화 비판, 비교형사법연구 제11권 제2호, 2009

이동희, 형사소송법의 편장체계 전면개정의 필요성과 개정시론 －일본 형사소송법에 대한 비교 검토를 포함하여－, 비교형사법연구 제21권 제1호, 2019

이승현·박경규·김성룡·이석배·조기영·하태인, 형사소송법 편장체계 개편방안 연구 －수사절차를 중심으로, 한국형사정책연구원 연구총서 19－BB－03, 2019

조상제·김성룡·이진국, 독일 형사소송법상 협상제도의 도입과 정책적 함의, 한국형사정책연구원 총서, 2009

조성용, 개정 형사소송법상 구속사유 심사의 필요적 고려사항의 문제점과 개선방향 －'범죄의 중대성 및 재범의 위험성'을 중심으로－, 인권과 정의 제386호, 2008

지숙 신/김현조 역, 사이버공간에 있어서 증거수집과 디지털 증거의 확보 －2011년 개정법안을 중심으로－, 형사법의 신동향 제37호, 2012

최성진, 사법협조자 형벌감면제도를 둘러싼 비교법적 고찰, 부산대학교 법학연구 제57권 제4호, 2016

히라라키 토기오 저/조균석 역, 일본 형사소송법, 박영사, 2012

2. 국외문헌

Bundesministerium der Justiz und für Verbraucherschutz, Bericht der Expertenkommission: zur effektiveren und praxistauglicheren Ausgestaltung des allgemeinen Strafverfahrens und des jugendgerichtlichen Verfahrens, 2015

Thomas Mairhofer, Das Fragerecht des Angeklagten und seines Verteidigers gemäß §249 StPO, Linz, April 2016

【국문초록】

형사소송(법)은 헌법의 바로미터(barometer)라거나 헌법의 진동계(vibrometer)라고 부른다.

환언하면 형사소송법의 핵심은 응용된 헌법(angewandtes Verfassungsrecht)이라고도 한다. 형사소송법의 지향을 종종 '헌법적 형사소송법'이라고 표현하기도 한다.

우리는 이러한 짧은 경구들에서 헌법은 '자유민주적 기본질서' 위에 '우리와 우리들의 자손의 안전과 자유와 행복을 영원히 확보'할 수 있는 헌법다운 헌법이어야 하고, 형사소송법은 그 헌법의 정신을 실현하기 위하여 국가권력의 가장 폭력적인 사용에 대한 제동기(制動機)가 되어야 한다는 인식을 찾을 수 있다.

이 글은 이런 시각에서 제정 70주년을 맞은 2024년의 우리 형사소송법은 과연 그 고유한 위상과 채워야 할 과제에 걸맞은 옷과 도구를 갖추고 있는지 성찰해 보고, 향후 어떤 방향과 내용의 형사소송법의 변화가 필요할 것인지에 대해, 비록 단편적이나마, 한편으로는 체계적·구조적 관점에서, 다른 한편으로는 개별적인 입법론적 쟁점에 대해서, 논의해 보고자 하였다.

◈ 주제어: 형사소송법, 개정, 70주년, 형사절차법관주의, 강제처분

【Zusammenfassung】

70. Jahrestag der Erlassung der koreanischen StPO, fragmentarische Gedanken zur realitätsgerechten Ausrichtung eines Strafprozessrechts

Kim, Sung−Ryong*

Das Strafverfahrensrecht wird als Barometer der Verfassung oder Vibrometer der Verfassung bezeichnet. Mit anderen Wörten, der Kernstück des Strafprozessrechts ist das angewandte Verfassungsrecht. Das Ziel des Strafprozessrechts wird häufig als „verfassungsrechtliches Strafprozessrecht" bezeichnet.

In diesen kurzen Aphorismen können wir erkennen, dass die Verfassung eine verfassungswürdige Verfassung sein soll, die auf der Grundlage der „liberaldemokratischen Grundordnung" „die Sicherheit, Freiheit und das Glück von uns und unseren Nachkommen für immer gewährleisten kann" und dass das Strafprozessgesetz den gewalttätigsten Einsatz staatlicher Macht bremsen soll, um das geistliche Vorhaben der Verfassung zu verwirklichen.

Aus dieser Perspektive wird in diesem Beitrag darüber nachgedacht, ob unser Strafprozessgesetz im Jahr 2024, das seinen 70. Jahrestag erster Inkraftsetzung feiert, über die seinem besonderen Status und den Aufgaben, die es zu erfüllen hat, angemessenen Gewänder und Werkzeuge verfügt, und versucht zu diskutieren, wie das Strafprozessgesetz in Zukunft geändert werden soll, einerseits aus systematischer und struktureller Sicht, andererseits in Bezug auf einzelne gesetzgeberische Fragestellungen, auch wenn es fragmentarisch wäre.

◈ Key Words: Strafprozessrecht, Gesetzesänderung, 70. Jahrestag, Richterrecht im StPO, Zwansgmassnahme.

* Prof. Dr. iur., Kyungpook National University Law School

한국형사소송법학회『형사소송 이론과 실무』
제16권 제2호 (2024.06) 37~78면.
Theories and Practices of Criminal Procedure Vol. 16 No. 2 (June. 2024) pp. 37-78.
10.34222/kdps.2024.16.2.37

한·미 사법방해죄에 대한 비교 연구*

정 웅 석**

목 차

Ⅰ. 서설

1. 의의

최근 김호중 대리자수 사건[1)]에서 보듯이, 범죄수사가 시작되거나 시작될 우려가 있음을 깨닫게 되는 경우, 수사의 대상이 된 사람이나 그와 관계된 이해관계인은 자신이나 자신과 관련된 자의 이익을 보호하기 위하여 물적 증거를 변경하거나 파손하고, 증인을 협박, 회유하거나 혹은 기타의 방법에 의하여 수사를 방해하고 싶은 유혹을 느끼게 된다. 특히 수사기관의 수사로 인하여 장차 벌금, 몰수, 추징 등의 금전적 부담이나 징역 또는 금고 등의 신체형을 부담하게 될 것으로 예상되는 피의자나 이해관계인은 수사의 목적이 달성되어 진실이 밝혀지게 되는 것에 대하여 직접적이면서도 중대한 반대 이해관계를 가지게 된다.

---

* 본 연구는 2024학년도 서경대학교 교내연구비 지원에 의하여 이루어졌음.
** 서경대학교 공공인재학부 교수
1) 머니투데이 2024. 5. 27.자, "'거짓 또 거짓' 김호중, 직접 대리자수 권했나…구속 신청 이유 들어보니".

그런데 통상적으로 발생하는 일반적 범죄에 대하여는 과학수사기법을 활용하여 어느 정도 증거를 수집할 수 있다. 즉, 압수·수색을 하거나 참고인의 진술 등을 토대로 피의사실을 증명하기 위한 다양한 수사방법을 선택할 수 있다. 그러나 조직범죄나 마약범죄, 뇌물범죄 등에 있어서는 범죄의 은밀성으로 인하여 범죄단서의 발견 등 수사개시 자체가 상당히 곤란할 뿐만 아니라, 관련자의 진술이나 증언이 없으면 수사에 상당한 지장이 초래되고, 실체적 진실을 발견하기도 어렵다. 한편, 이러한 범죄는 다른 일반적인 범죄에 비하여 공공이익의 측면에서 볼 때 반드시 척결해야 할 필요성이 매우 높으므로 관련자의 진술을 확보할 수 있도록 하는 제도적 장치가 마련될 필요가 있다.

문제는 우리나라의 법령상 관련자의 진술이나 증언을 확보할 수 있는 제도적 장치로는 증거보전절차(형사소송법 제184조) 내지 증인신문절차(동법 제221조의2)가 있으나, 이러한 증거보전절차나 증인신문절차의 실효성을 확보할 수 있는 강제적 장치가 없다는 점이다. 즉, 증언을 강제할 수 있는 실질적 방안이 없다. 왜냐하면 위증죄는 '선서한 증인'에게만 적용되어 수사단계의 참고인의 허위진술과 교사행위를 처벌하지 못하기 때문이다. 재판에서 증인으로 채택된 사람을 회유하여 증언을 막는 경우도 처벌하기 어렵다. 법원이 공공기관이나 단체, 전문가 등에 보내는 사실조회나 감정촉탁의 경우에도 당사자와 이해관계가 있거나 부정한 청탁에 영향을 받아 허위보고를 하는 경우가 종종 있는데, 이를 규제하는 명시적인 규정도 없다. 결국 우리나라는 허위진술, 증거조작, 참고인과 증인회유 및 출석방해 등을 막는 장치가 매우 미흡하다고 볼 수 있다.

그런데 거짓말과 조작된 증거가 난무하고, 진실규명을 위한 법관과 검사, 경찰의 명령이나 요구가 무시되어도 전혀 처벌되지 않는다면, 검찰의 처분과 법원의 판결은 잘못될 가능성이 커져 억울한 국민이 양산되고, 사법정의가 무너지게 될 것이며, 결국은 실체진실발견 또한 방해를 받게 될 것이다. 따라서 수사나 재판과정에서 거짓말 내지 이를 방해하는 행위를 막기 위한 제도적 장치가 매우 중요하다 할 것이다. 문제는 상당수 학자들이나 시민들은 수사나 재판에서 거짓말하는 것을 국민의 당연한 권리로 생각하는 경향이 있다는 점이다. 그러나 후술(後述)하는 것처럼, 미국에서는 자기부죄거부특권에 따라 진술을 거부할 수는 있어도, 범행을 부인하는 것은 허용되지 않으며, 면책특권(Immunity)이 부여되면 반드시 진술을 해야 한다는 점이다.

그동안 사법방해죄의 도입에 관한 국내의 부정적 논문은 물론 2002년과 2010년 두 차례에 걸쳐 '참고인에 대한 허위진술죄' 도입과 관련된 형법개정안 논의 역시 기본적으로 '피의자나 참고인에게는 거짓말을 할 권리나 자유가 있다'는 전제에서 출발하고 있다(후술). 그러나 공판중심주의와 관련해서는 미국식 제도를 도입하자고 그렇게 주장하면서, 유독 피의자 내지 피고인의 권리를 제한하는 입법례에 대해서는 갑자기 전혀 다른 주장을 하는, 예컨대 다수 인종, 이민족이 사는 사회에서 정직을 나름 의미있는 가치로 평가하는 미국과 한국의 사회문화적 배경이 다르다는 이유로 또 지나치게 탄압적인 미국의 제도를 엄연히 다른 전통에 서 있는 한국형사법에 적용하는 것은 문제가 있다는 식으로 치부하는 것은 맥락을 한참 벗어난 태도로 보인다. 피의자 등이 죄가 없다면 거짓으로 범죄를 부인하여 허위진술로 처벌받을 일이 없고, 정직하고 죄를 뉘우치는 범인이라면 허위진술로 처벌받을 거짓진술을 선택할 일이 없기 때문이다.

따라서 본 논문은 피의자·피고인의 보호에 치우친 기존 학자들의 한국적 사고방식에 의문을 제기하면서, 미국에서는 사법절차뿐만 아니라 입법, 행정절차와 관련된 모든 법 집행을 방해하는 일체의 행위를 처벌(광의의 사법방해죄)하는 이유는 무엇인지 비교법적 관점에서 고찰하고자 한다.

2. 사법방해죄의 법적 개념

우리 법체계에서는 아직까지 사법방해죄라는 개념이 사용되고 있지 않다. 그러므로 사법방해죄라는 법적 개념이 명확하게 자리 잡고 있지 않다. 미국 역시 사법방해죄(Obstruction of Justice)라는 단일 죄명이 존재하는 것이 아니라 '사법방해를 내용으로 범죄군(群)'의 개념을 통칭하여 표현하는 것이다. 따라서 사법방해죄는 "사법의 실현을 방해하는 일체의 행위"라고 할 수 있다. 이처럼 사법방해죄를 관련 범죄의 집합개념으로 이해하게 되면 사법방해죄에 포함되는 범죄유형에는 어떤 것들이 있는지가 중요하게 될 것이다. 즉, 사법방해죄를 집합의 총합으로 볼 때, 그 집합에 포함되어 있는 범죄유형의 총합이 집합으로서의 사법방해죄와 동일하게 되면 사법방해죄가 충족될 것이다. 또한 사법방해죄 총합의 보호법익은 '사법체계의 정당한 집행'이라고 할 수 있으며, 사법방해죄에 속하는 개별 범죄유형은 그 범위 내에서 각각의 보호법익을 보호하는 기능을 하게 될 것이다. 그런 차원에서 보면 우리도 이미 사법방해죄를 도입하고 있다고 볼 수 있다. 우리 형법에도 전체 공무원의 공무집행 가운데 사법체계와 관련된 일부로서 사법을 방해하는 행위를 처벌하는 유형[위계에 의한 공무집행 방해죄(형법 제136조 제1항), 공무상비밀표시무효죄(동법 제140조 제1항) 등]과 특정한 사법행위를 방해하는 유형[위증죄(동법 제152조 제1항), 무고죄(동법 제156조), 범인은닉죄(동법 제151조 제1항), 증거인멸죄(동법 제155조 제1항), 법정모독죄(동법 제138조) 등]이 있기 때문이다.

Ⅱ. 미국의 연방법상 사법방해죄

1. 의의

사법방해죄란 개념은 우리나라에 없는 것으로, 영어권 나라의 대표적인 법학사전인 Black's Law Dictionary에서는 "법과 정의를 정당하게 집행하는 것을 방해하는 일체의 행위(interference with the orderly administration of law and justice)"[2]로 정의되고 있다. 따라서 'Justice'를 단순히 우리나라의 '사법'이라는 의미로 번역하여 'Obstrution of Justice'를 '사법방해죄'로 정의한다면 진술의 허위 여부 등을 수사기관이 규명할 임무가 있음에 비추어 볼 때, 후술(後述)하는 것처럼 수사기관의 편의주의적 발상이라는 비판이 제기될 수밖에 없다.

미국에서 사법방해죄는 연방법(United States Code; U.S.C.) 제18장의 제73절의 Obstruction of Justice에서 유래한 개념으로, 사법절차의 염결성을 보장하기 위해 사법절차에서 적법한 법 집행을 방해하거나 또는 방해하려고 시도하는 일체의 행위(Any interference with the orderly administration of law and justice)를 처벌하는 것이다. 즉 사법절차뿐만 아니라 입법, 행절절차와 관련된 모든 법 집행을 방해하는 일체의 행위를 말한다. 특히 행위로서 '참고인의 허위진술'을 규제하는 규정을 살펴보면, 대배심에 의한 수사가 이루어진 이후의 단계에서 발생한 참고인의 허위진술 행위는 협의의 사법방해죄로, 그 이전 단계에서 이루어진 참고인의 허위진술 행위는 허위진술죄(18 U.S.C. §1001－Statements or Entries Generally)로 의율하는 것이 보통인데, 이는 당해 진술이 이루어진 단계 및 시점에 의한 차이일 뿐 본질적으로 참고인의 허위진술을 처벌한다는 측면에서는 동일한 가벌적 행위를 전제로 하고 있다.

---

2) Black's Law Dictionary, 10th ed. 2014.

구체적으로 협의의 사법방해죄 규정을 살펴보면, 제1501조부터 제1521조까지 21개의 조문에 걸쳐 규정되어 있는데, 그중 핵심조항은 연방법률 제18절 제1503조, 제1505조, 제1510조, 제1512 등이다.

U.S.C. CHAPTER 73—OBSTRUCTION OF JUSTICE

1501. Assault on process server(집달관에 대한 폭행).
1502. Resistance to extradition agent(범죄인인도 업무담당자에 대한 저항행위).
1503. influencing or injuring officer or juror generally(사법담당 공무원 또는 배심원 등에 대한 방해행위).
1504. influencing juror by writing(문서로 배심원에게 영향을 미치는 행위).
1505. Obstruction of proceedings before departments, agendies, and committees (정부부처, 기관, 위원회의 절차 방해).
1506. Theft or alteration of record or process; false bail(기록 등의 절취·변조, 위계에 의한 보석신청 행위)
1507. Picketing or parading(법원 또는 법원공무원의 주거지 등 인근에서 시위나 농성).
1508. Recording, listening to, or observing proceedings of grand or petit juries while deliberating or voting(대·소 배심원들의 평결과정 등 녹음, 청취, 관찰).
1509. Obstruction of court orders(법원의 명령에 대한 방해).
1510. Obstruction of criminal investigations(범죄 수사 방해).
1511. Obstruction of State or local law enforcement(주 정부 또는 지방정부의 법집행행위).
1512. Tampering with a witness, victim, or an informant(증인, 피해자, 제보자 등에 대한 회유).
1513. Retaliating against a witness, victim, or an informant(증인, 피해자, 제보자 등에 대한 보복행위).
1514. Civil action to restrain harassment of a victim or witness(피해자 또는 증인의 괴롭힘을 억제하기 위한 민사소송).
1514A. Civil action to protect against retaliating in fraud cases(사기사건에 대한 보복을 방지하기 위한 민사소송).

1515. Definitions for certain provisions; general provision(특정조항에 대한 정의, 일반조항).
1516. Obstruction of Federal audit(연방 회계감사 방해).
1517. Obstructing examination of financial institution(금융기관에 대한 조사방해).
1518. Obstruction of criminal investigations of health care offences(보건범죄 수사 방해).
1519. Destruction, alteration, or falsification of records in Federal investigations and bankruptcy(연방조사 및 파산 관련 증거자료, 손괴, 변조, 위조).
1520. Destruction of corporate audit records(기업 회계감사자료 파괴).
1521. Retaliating against a Federal judge or Federal law enforcement officer by false claim or slander of title(무고, 명예훼손에 의한 연방판사, 연방 공무원에 대한 보복).

이러한 사법방해죄 중에서도 제1503조(Influencing or injuring officer or juror generally, 일반적으로 공무원 또는 배심원에게 영향을 미치거나 상해를 입히는 행위)가 대표적인 규정인데, 포괄적인 일반조항으로 규정되어 있기 때문이다. 즉, 협의의 사법방해죄에 해당하는 위 조항은 부정한 의도로 적법한 법 집행을 방해하는 염려가 있는 일체의 행위를 금지하고 있는데, 이를 통해 개별적으로 입법화되지 않은 사법 방해행위를 처벌할 수 있도록 함으로써 사법절차의 완전성을 보장하고 있다.

위 73장 외에도 연방법 별개의 장에서 광의의 사법 방해행위를 처벌하는 규정을 두고 있는데, 예컨대 제115조(공무원과 전직 공무원 그리고 가족들에 대한 폭력과 협박행위), 제201조(연방공무원 및 증인에 대한 뇌물), 제241조(연방권리 행사를 이유로 한 시민에 대한 위협), 제371조 및 제372조(연방공무원에 대한 보복), 제401조(법정모독),[3] 제1001조(허위진술), 제1111조 및 제1112조(연방판사 및 검사에 대한 폭행, 살인), 제1621조 내지 제1623조(위증), 제1341조 및 제1343조(메일에 의한 혹은 전자

3) 제401조 법정의 권위

미연방법원은 법원의 재량에 의하여 법원의 권위에 대한 모독, 그리고 아래와 같은 행위에 대하여 벌금이나 징역 또는 양자를 병과할 수 있다.

(1) 사법정의를 방해하기 위하여 법관 면전에서 또는 아주 가까이에서 이루어진 부당행위

(2) 공무처리에서 법원 공무원에 의한 부당행위

(3) 적법한 영장, 절차, 명령, 규칙, 판결 또는 지휘에 대한 불복종 또는 저항하는 행위

사기에 의한 방해죄), 제1951조(협박 등에 의한 통상방해죄), 제2232조(a)(압수 방지를 위한 재판 파괴 등 방해죄), 제7212조(국세의 적법한 관리에 대한 방해) 등 다수의 죄가 모두 사법방해의 범주에 포함된다.

또한 '범죄 피해자 및 증인에 대한 보호법(the Victim and Witness Protection Act, 1982)', 사베인옥슬리법(Sarbanes－Dxley Act, 2002) 등 다수의 개별법으로도 사법방해행위에 대한 규율을 하고 있다.

2. 제1503조 협의의 사법방해죄

(1) 법 규정

(a) 누구든지 아래와 같은 죄를 범한 경우 (b)항의 규정대로 처벌한다.

- 부정하게 또는 위협이나 유형력을 사용하거나 협박의 내용이 담긴 서신이나 통신을 통해 대배심 또는 소배심의 배심원, 미연방 법원의 공무원, 치안판사 또는 기타 예비심문 담당 판사 앞에 이루어지는 심문 또는 다른 연방 공무원에게 직무와 관련한 영향력을 미치거나, 위협하거나, 방해하려고 시도하는 행위
- 대배심 또는 소배심의 배심원에 대하여 그가 내린 평결 혹은 기소를 동의하였다는 이유로 또는 그러한 배심원이거나 배심원이었다는 것을 이유로 하여 신체 또는 재산에 해를 가하는 행위
- 연방 공무원, 치안판사 또는 예비심문 담당판사 등의 공적인 직무수행을 이유로 신체 또는 재산에 해를 가하는 행위
- 부정하게 또는 위협 또는 위력을 사용하거나 협박의 내용이 담긴 편지나 통신을 통해 정당한 사법집행에 대하여 영향력을 행사하거나 위협 또는 방해하거나 방해하려 시도하는 행위를 하여서는 아니 된다.

이 조항에 따른 위반행위가 형사재판과 관련하여 발생하고, 물리력의 행사 또는 그 위협을 포함하는 경우 최대 구금기간은 해당 범죄에 정한 형과 이 조항에 의해 부과될 수 있는 최고형 중 높은 것으로 한다.

(2) 사법행위에 개입하는 포괄적, 일반조항

연방법 제1503조 (a)항의 전반부는 대·소배심원, 사법공무원,[4] 배심원 등에 대

---

4) Mary C. Spearing, Obstruction of Justice And Attoyrneys Who Work on Civil Fraud Cases, 456 PLI/Lit, 521(정상환, "사법방해죄와 허위진술", 해외연수검사연구논문집 제13집(Ⅱ), 1998, 310면에 따르면, 여기서의 '공무원'은 미연방 각 심급의 판사, 검사, 치안판사, 법원 서기뿐만 아니라 변호사도 포함하는 넓은 개념이라고 한다.

한 협박이나 보복 등을 금지하고, 후반부는 구체적인 적용대상을 정하지 않고, '사법절차의 적정한 집행에 대한 방해행위'를 포괄적으로 금지하고 있는데, 본조가 사법방해의 포괄적 일반조항(Omnibus Clause)으로 불리는 이유이다.[5] 즉, 범죄인들이 새롭고 창조적인 수법을 고안하여 법 집행을 방해함에도 불구하고 제1503조의 구체적 금지범위를 벗어나 법률의 목적을 피해 가는 것을 방지하는 일반조항의 성격을 가지고 있는 것이다. 결국 제1503조는 연방사법절차에 관여되어 있는 개인을 보호하고, 부정한 방법에 의한 오심을 방지하기 위하여 고안된 것이다.

(3) 구성요건

제1503조의 사법방해죄가 적용되기 위해서는 피고인이 '부정한 수단이나 혹은 협박이나 위협을 사용하여, 혹은 위협적인 편지 기타 통신 매체를 통해서 대배심원, 소배심원, 미연방법원의 공무원, 혹은 미연방 치안판사가 실시하는 감정 기타 절차에 관여한 공무원의 직무집행과 관련하여 영향력을 행사하거나 위협하거나 방해하려고 노력하거나, 배심원이 평결 기타 기소에 찬성하거나 참여하고 있거나 했었다는 이유로 배심원의 신체나 재산에 위해를 가한 경우, 상기 공무원, 치안판사 등의 직무수행을 이유로 신체나 재산에 위해를 가한 경우, 혹은 부정한 수단으로, 혹은 협박 또는 위력을 사용하거나 위협적인 편지 기타 통신매체를 통하여 적정한 사법절차의 실행에 영향력을 행사하거나 방해하거나 이러한 노력을 한 경우'이어야 한다.[6]

따라서 본죄가 성립하기 위해서는 ① 사법절차가 계속 중일 것("pending judicial proceeding"), ② 피고인이 사법절차의 계속 중인 사실을 알고 있을 것("the defendant knew this proceeding was pending"), ③ 피고인이 부정하게 정당한 사법절차에 영향을 미치거나 방해 또는 저지하려고 시도[7]하였을 것("the defendant then corruptly endeavored to influence, obstruct, or impede the due administration of justice") 등이 필요하다.[8] 실제로 사법방해의 결과에 이르지 않더

5) 나욱진, "미국의 사법정의 방해 법제", 2011, 국외훈련검사 연구논문집 제26집, 634면.

6) 조상준, 「허위진술죄 Ⅱ －허위진술에 의한 형사사법 부실에 대한 대책－」, 참고인 진술 확보 방안 연구, 미래기획단 연구총서 Ⅲ, 검찰미래기획단, 117면.

7) 시도(endeavor)란 미수보다 광범위한 개념으로서 법에서 금지하고 있는 것을 악의적인 목적을 가지고 수행하려고 노력하거나 시험해 보는 것이다(United States v. Silverman, 745 F.2d 1386 (11th Cir. 1984).

라도 그러한 시도행위만으로도 처벌이 가능한 위험범으로 구성되어 있다.[9] 이 규정은 민, 형사재판에 모두 적용되고, 사법절차의 모든 단계에서 광범위하게 적용되는데,[10] 통상 본죄가 적용되는 전형적인 예는 ⅰ) 사법, 입법, 행정 절차진행에 관련된 문서를 은닉, 변경, 파괴한 경우, ⅱ) 위와 같은 절차에서 허위의 증언을 하거나 이를 권유하는 행위, ⅲ) 수사기관 등 정부기관에게 허위진술을 하는 행위, ⅳ) 증인이 진술거부권을 행사할 특별한 이유가 없음에도 증인으로 하여금 진술거부권을 행사하도록 권유하는 행위, ⅴ) 배심원이나 법원직원 등을 협박하는 행위 등이라고 한다.[11] 물론 연방수사국을 비롯한 법집행기관의 수사 그 자체는 제1503조가 요하는 사법절차에 해당하지 않는다. 따라서 경찰관이 압수수색 사실을 미리 알려 마약을 숨길 수 있게 했다고 하더라도, 당시는 압수수색 영장 집행단계에 불과할 뿐 사법절차가 계속 중이 아니므로 제1503조의 사법방해죄는 성립하지 않는다.[12]

3. 제1510조 수사방해죄

(1) 법 규정

> (a) 누구든지 의도적으로 뇌물을 이용하여 미연방 형사법 규정 위반행위에 관한 정보를 범죄수사관에게 제공하는 것을 방해, 지연 또는 방지하기 위해 시도한 경우, 5년 이하의 징역, 벌금 또는 양자의 병과에 처한다.
> (b) (1) 누구든지 금융기관 임직원으로 종사하면서 형사소송절차를 방해할 의도로 금융기관에 대해 내려진 대배심에 의한 문서제출 명령의 존재 또는 그 내용이나 문서제출명령에 따라 제공된 정보에 관하여 다른 사람에게 직접 또는 간접적으로 알려준 경우, 5년 이하의 징역, 벌금 또는 양자의 병과에 처한다.
> (2) 누구든지 금융기관 임직원으로서 아래의 사람에게 대배심에 의한 문서제출 명령의 존재 또는 그 내용이나 문서제출명령에 따라 제공된 정보에 관하여 직접 또는 간접적으로

8) 자세한 내용은 홍성기, "미국 연방법상 허위진술죄와 사법방해죄에 관한 연구", 국외훈련검사 연구논문집(Ⅱ) 제34집, 497~506면 참조.

9) United States Court of Appeals, 7th Circuit, 120 F.3d 688 (1997)(연방 배심원으로 일한 피고인이 다른 배심원을 설득할 수 있다는 이유로 뇌물을 요구하였으나, 실제 배심원 심의에 참여하지 않은 사안에서 사법 방해행위가 실패로 돌아갔지만 이러한 부정한 시도만으로 사법방해죄는 이미 성립하였다고 판시함).

10) 박미숙, 「미국의 사법방해죄에 관한 연구」, 한국형사정책연구원(1999), 47면.

11) Stuart P. Green, 42 Am. Crim. L. Rev. 9., 18(2005).

12) United States v. Brown, 688 F.2d 596, 598 (9th Cir. 1982).

> 알려 준 경우 1년 이하의 징역, 벌금 또는 양자의 병과에 처한다.
> (A) 대배심의 문서제출 명령 대상이 된 기록을 보유한 금융기관의 고객
> (B) 문서제출 명령에 기재된 다른 사람

(2) 구성요건

제1510조 (a)항 위반이 성립하기 위해서는 피고인이 ① 연방 범죄 위반과 관련된 정보제공의 방지를 의도적으로 기도하였고,[13] ② 위 정보가 범죄수사관(criminal investigator)[14]에게 제공되는 것을 뇌물로 이용하는 방법으로 방해하였고, ③ 의도된 대상이 범죄 수사관이라는 것을 알고 있었을 것이 요구된다. 피고인이 직접 본죄의 행위를 하는 경우 뿐만 아니라, 타인으로 하여금 본죄의 행위를 통해 사법방해에 나아가도록 교사한 경우에도 그 피고인에게 본조 위반죄가 성립한다. 수사방해 행위는 성공하여야 하는 것은 아니고, 수사방해의 의도만 있으면 족하다.[15]

한편, 제1510조 (b)항은 ① 금융기관의 임직원이, ② 다른 사람이나 수사의 대상자에게 대배심의 금융기관의 기록 제출요구 사실을 알리거나, 제출요구에 의하여 대배심에 제출된 정보를 알릴 것이 요구된다. 금융기관의 임원 등이 사법절차를 방해하는 것을 금지하는 조항이다.

(3) 적용범위

이 조항은 연방의 범죄 수사대상이 된 자가 (a) 주로 수사기관에 뇌물을 제공하

13) United States v. Calreo, 576 F.2d 846 (10th Cir. 1978); United States v. Lippman, 492 F.2d 314 (6th Cir. 1974).

14) '범죄수사관'은 부처, 기관 또는 군에 의하여 연방 형사법 위반에 대하여 수사 내지 기소를 행하거나, 이에 종사할 수 있는 정당한 권한이 부여된 개인을 의미한다(§1510. Obstruction of criminal investigations. (C) As used in this section, the term "criminal investigator" means any individual duly authorized by a department, agency, or armed force of the United States to conduct or engage in investigations of or prosecutions for violations of the criminal laws of the United States). 제1512조와 제1513조에 규정된 법 집행기관의 공무원(law enforcement officier)의 정의보다는 좁은 개념이다.

15) United States v. Murray, 751 F.2d 1528 (9th Cir. 1985)(검사는 피고인이 실제도 수사를 방해했거나 범죄 수사관과 의사소통하는 것을 방해했음을 입증할 필요는 없다고 판시).

여 수사기관의 수사를 방해하는 행위, (b) 금융기관 임직원 등의 정보누설에 의한 수사 방해행위에 관하여 규정하고 있다. 1970년 조직범죄규제법의 일부로 제정된 것으로서, 사법절차가 계류 중인 경우에만 증인 및 제보자를 보호하던 것을 그 적용범위를 확대하여 재판절차 개시 전 수사기관에 대하여 범죄정보를 제공하는 잠재적 제보자 및 증인(참고인) 등을 상대로 강요하는 것을 방지하기 위해 제정되었다. 사법방해에 관한 일반조항인 제1503조가 대배심에 의한 수사개시시부터 적용되는 것으로 해석되는 것과 달리, 그 이전 단계의 연방범죄 수사를 방해하는 행위를 (a)항으로 별도로 처벌할 수 있게 된 것이다. 이 조항은 제1503조, 제1505조의 확장으로 잠재적인 증인과 제보자에게도 행정, 사법 또는 의회 절차에 관여한 증인, 배심원 및 기타 사람들에게 제공되는 같은 보호를 부여하는 것으로 해석되었다.[16] 그러나 1982년 연방의회는 제1512조를 신설하면서 제1510는 '뇌물[17]을 이용한 경우'에만 처벌하도록 개정하였다.[18]

(b)항은 금융기관의 직원이 배심원이나 법원으로부터 받은 소환명령이나 제출명령의 내용이나 소환자 등을 알려주는 것을 금지하고 이를 어겼을 경우 사법방해죄로 처벌하는 내용이다. 즉, 수사기관에 정보제공을 하는 것을 방해하는 행위를 별도로 처벌하고, 수사과정에서 금융기관이 정보제공 요청 사실 등을 외부로 누설함으로써 수사의 기밀이 공개되는 것을 막기 위해 그러한 누설행위를 처벌함에 그 취지가 있다.

---

16) United States v. Schwartz 924 F.2d 410, 423, n.3, (2th Cir. 1991).

17) 본죄의 '뇌물'은 국내 형법상의 뇌물 관련범죄에서와 같이 반드시 공무수행자를 대상으로 하는 경우에 한정되는 것은 아니다.

18) Criminal Resource Manual 1728. PROTECTION OF GOVERNMENT PROCESSES — OBSTRUCTION OF FEDERAL CRIMINAL INVESGATION — 18 U.S.C. 1510; 제1510조는 기존의 뇌물과 함께 "허위표현, 위협, 유형력 또는 협박"을 처벌하였으나, 위 규정은 1982년 삭제되었다. 1510조에 대한 개정은 1982년 제1512조가 추가되면서 이루어졌는데, 현재 제1510는 뇌물을 통하여 사법방해를 기도하는 행위만을 처벌한다. 뇌물 이외의 이전 제1510조에 열거된 연방 범죄 수사의 방해는 제1512조, 제1513조의 적용을 받는다.

4. 제1512조 및 제1513조의 증인, 피해자, 제보자에 대한 침해죄

(1) 법 규정

제1512조 증인, 피해자, 제보자 회유

(a) (1) 누구든지 아래 중 어느 하나의 의도로 다른 사람을 살해하거나, 살해 기도를 한 경우 아래 (3)항에 규정된 대로 처벌된다.

(A) 공식절차에서 어떠한 사람의 출석 또는 증언을 방지

(B) 공식절차에서 기록, 문서 또는 다른 물건의 제출을 방지

(C) 법집행기관 또는 미 연방의 판사에게 연방범죄 행위나 집행유예, 가석방 또는 사법절차상의 석방에 관한 조건위반 행위의 발생 또는 발생 가능성에 관한 정보를 제공하는 것을 방지

(2) 누구든지 아래 중 어느 하나의 의도로 다른 사람에게 물리적인 폭력을 사요하거나 이를 협박한 경우 또는 이러한 행위를 기도한 경우 아래 (3)항에 규정된 대로 처벌된다.

(A) 공식절차에서 어떠한 사람의 증언에 대한 영향력 행사, 증언의 지연 또는 방지

(B) 어떠한 사람으로 하여금 아래 중 어느 하나를 하도록 하거나 권유

(i) 공식절차에 있어서 증언 거부나 기록, 문서 또는 다른 물건의 제출 거부

(ii) 공식절차에 있어서 사용될 물건의 온정성 또는 이용가능성을 손상시킬 의도로 그 물건을 변경, 파괴, 훼손 또는 은닉

(iii) 공식절차에 있어서 증인으로 출석하거나 기록, 문서 또는 다른 물건의 제출을 하도록 명령하는 법적 절차의 회피

(iv) 법적 절차에 의해 소환된 공식절차에의 불출석

(C) 법집행기관 또는 미 연방의 판사에게 연방범죄 행위나 집행유예, 감독부석방, 가석방 또는 사법절차상의 석방에 관한 조건위반 행위의 발생 또는 발생가능성에 관한 정보를 제공하는 것을 방해, 지연 또는 방지

제1513조 증인, 제보자, 피해자에 대한 보복

(a) (1) 누구든지 아래 중 어느 하나를 이유로 하여 어떠한 사람에게 보복의 의도로 살해하거나 살해 기도를 한 경우 아래 (2)항에 규정된 대로 처벌된다.

(A) 공식절차에서의 증인 또는 당사자로서의 출석, 증언, 증인에 의해 제출된 기록, 서류 또는 다른 물건

(B) 법집행기관 또는 미 연방의 판사에게 연방범죄 행위나 집행유예, 가석방 또는 사법절차상의 석방에 관한 조건위반 행위의 발생 또는 발생가능성에 관한 정보를 제공

(2) 구성요건 및 적용범위

증인침해(witness tampering)란 증인이 증언하기 전이나 후에 증인을 위협 내지

보복하거나 증인에 영향을 미치거나 증인을 괴롭힘으로써 사법을 방해하는 행위이다. 미국의 판사 또는 대배심 앞에서 이루어진 소송행위, 의회에서 행해지는 조사절차, 권한 있는 행정부 각 기관에서 이루어지는 조사절차 등에 이 조항이 적용된다. 제1512조 내지 제1513조는 다양한 사람들을 대상으로 시도될 수 있는 여러 종류의 증인 회유 내지 보복행위를 처벌한다. 제1512조 내지 제1513는 그 보호대상을 확대하고 있는데, 잠재적 증인(Potential Witness),[19] 대배심 증인,[20] 증언을 마친 증인,[21] 출석이 면제된 증인, 주 수사관[22] 등이 포함되는 것으로 해석되고 있다. 이 때문에 제1503조의 사법방해죄와 달리 관련 절차가 계속 중일 것도 요구되지 않는다.

제1512조 내지 제1513조는 강제적 행위뿐만 아니라 모든 종류의 증인침해 행위에 적용된다. 1988년 이전에는 비강제적 증인침해는 제1512조에 의하여 금지되지 않았고, 논란은 있었지만 1503조의 일반조항에도 해당하지 않았다. 이에 1988년 연방의회는 제1512조(b)에 "부정한 설득(corrupt persuasion)"을 추가하여 법률의 공백을 보충하였고, 비강제적 침해를 비롯한 다양한 증인침해에 적용될 수 있도록 제1512조의 적용범위를 확장하였던 것이다. 그 중에서도 제1512조 (b)항이 적용되기 위해서는 ① 피고인이 알면서(knowingly), ② 증언에 영향을 미칠 의도로, ③ 협박, 유형력 행사, 위협을 가하는 등 구체적으로 열거된 행위를 하였을 것이 요구된다. 제1512조(b)는 협박, 유형력 행사, 위협을 가하거나, 부정하게 타인을 설득하거나, 타인으로 하여금 착오에 빠뜨리는 행위를 규정하고 있다. 즉, 물리적·심리적 압박 수단 일체가 이에 포함되고, 고의의 측면에서도 '부정한 목적'을 가지고 행동할 필요가 없고, 단지 증언에 영향을 미칠 의도만(intent to influence testimony)으로 충분하므로 그 적용범위가 매우 넓다. 특히 타인에 대한 부당한 설득이나 기망 등의 요건이 성립하기 위해서는 ① 피고인이 타인을 부정하게 설득하려고 시도하였고, ② 피고인이 범죄의 실행 또는 그 가능성에 대하여 당해 타인과 수사기관 사이의 의사소통을 저해할 목적을 가졌으며, ③ 범행이 연방법률 위반의 범죄에 해당하고, ④ 부정하게 설득하려 한 상대방이 연방 수사기관과 의사소통할 가능성이 있다고 피고인이 믿었을 것을 필요로 한다[23]고 한다.

---

19) United States v. Tackett, 113 F.3d 603, 609 (6th Cir. 1997).

20) United States v. Balzano, 916 F.2d 1273, 1291−92 (7th Cir. 1990).

21) United States v. Wilson, 796 F.2d 55, 57−58 (4th Cir. 1986).

22) United States v. Veal, 153 F.3d 1233, 1246 (11th Cir. 1998).

5. 위증죄(Perjury and False Declaration)

(1) 법 규정

제1621조 일반적인 위증

누구든지

(1) 미 연방법에 의하여 선서가 행해지도록 권한이 부여된 어떠한 사건에 있어서, 권한 있는 결정기관, 공무원 또는 사람 앞에서 선고한 사람은 진실하게 증언, 진술, 녹취를 하여야 하고, 서면으로 작성되고 서명된 증언, 진술서, 녹취록 또는 확인서는 진실하여야 한다. 알면서 그러한 선서에 반하는 진술을 하거나 자신이 진실이라고 믿지 않는 어떤 중요한 일에 서명을 하거나,

(2) 제28장 1746조에서 인정된 위증죄 처벌 규정에서, 자신이 진실이라고 믿지 않는 어던 진술이나 확인서, 증명서 또는 진술서에 진실하다고 서명을 하는 경우;

위증에 해당하고 다른 법에 명시적으로 규정된 것이 없다면, 벌금이나 5년 이하의 징역 또는 양자를 병과한다. 이 조항은 진술이나 서명이 미국 국내뿐만 아니라 미국 외에서 이루어진 경우에도 적용된다.

제1623조 대배심이나 연방법원에서의 위증

(a) 누구든지 선서 하에, 미연방의 어떤 법원 또는 대배심 앞에서의 어떤 절차 또는 이들에 대한 보조절차에서, 알면서 어떤 중요한 허위진술을 하거나, 어떤 중요한 허위진술을 포함한다는 것을 알면서, 책, 서류, 문서, 기록, 녹음 또는 다른 물건을 포함한 어떤 정보를 만들거나 이용하는 사람은 벌금 또는 5년 이하의 징역 또는 이를 병과한다.

(b) 이 조항은 미국 내외에서 발생했는지에 관계없이 적용된다.

(c) 미 연방법원 또는 대배심 또는 이에 대한 부수적인 절차에서 피고가 고의로 두 개 이상의 진술을 한 경우 다음 각 항과 같은 경우 이 조항 위반으로 인한 기소할 당시 어떤 진술이 거짓인지 입증할 필요가 없다.

(1) 각 진술은 중요성이 인정되어야 한다.

(2) 각 진술은 이 조항에 따라 기소된 범죄에 대한 시효 기간 내에 이루어져야 한다. 이 조항에 따른 기소에서, 기소장 등에 명시된 선서한 진술의 허위성은 피고인이 이전 절차 또는 보조절차에서 양립할 수 없는 모순적인 진술을 했다는 증거로 유죄판결을 받을 수 있을 만큼 충분히 입증되어야 한다. 피고인이 각 진술을 한 당시 자신의 진술이 사실이라고 믿었다면 처벌받지 않는다.

(d) 선고가 이루어진 동급 법원 또는 대배심절차에서 허위의 진술을 한 사람이 그러한 진술이 허위임을 인정하는 경우, 허위진술이 절차에 실질적으로 영향을 미치지 않았거나 허위진술이 밝혀졌거나 밝혀질 것이 명백해지지 않으면 이 조항에 따른 기소는 금지된다.

23) Jamie Quinn, Rail Seoane, Obstruction of Justice, 50 Am. Crim. L.Rev. 1299, 1342 (2013).

(e) 합리적인 의심의 여지가 없는 증거만으로 이 조항에 따른 유죄판결을 할 수 있다. 그러한 증거는 특정한 수의 증인이나 문서 또는 기타 다른 유형의 증거에 의해 이루어질 필요는 없다.

(2) 구성요건 및 적용범위

미 연방법 제1621조는 의회, 행정부 또는 사법부의 앞에서 범해지는 위증을 규율하기 위하여 광범위하게 적용될 수 있는 전통적인 위증조항이고, 1970년에 입법된 제1623조는 연방법원과 대배심 절차에서의 허위진술에 제한적으로 적용되는 대신, 제1621조 위증죄와 관련한 '두 증인의 법칙(two witness rule)'과 관련한 입증책임을 완화한 조항이다. 피의자를 포함한 누구라도 선서를 하고 수사기관 등에서 거짓진술을 하는 경우 위증으로 처벌받는다. 이와 관련하여 미국 연방대법원은 위증죄의 주된 처벌목적은 수사기관 등으로 하여금 피의자 등의 사적 이익에 따른 거짓말 등으로 인하여 수사를 방해받지 않고 수사를 하도록 하는데 있다[24]는 입장이다.

제1621조와 제1623조의 위증에는 차이가 있다. 전자는 선서를 받을 수 있는 권한이 있는 위원회, 공무원, 개인 앞에서 선서 후 행한 허위의 진술을 대상으로 하는 반면, 후자는 법원이나 대배심의 절차 또는 그 이전의 관련된 절차에 있어서의 선서 후 행한 허위의 진술을 대상으로 한다. 검사는 구성요건에 해당되면 제1621조와 제1623조의 위증죄 중 하나를 선택하여 기소할 수 있다. 제1621조의 위증죄가 되려면, ① 선서를 하여야 하고, ② 의도적(willfully)으로, ③ 허위의 진술을 하여야 하며, ④ 허위의 진술은 중요한 것(material)이어야 한다. 반면에 제1623조의 위증죄는 의도적일 필요는 없어 단지 허위인 것을 알면서(mere knowledge) 허위의 진술을 하면 족하고, 그로 인하여 사법정의를 해한다는 구체적 의도까지 필요하지는 않는다. 제1621조의 위증으로 기소를 하려면, '두 증인의 법칙(two witness rule)'의 원칙이 적용됨에 반하여, 제1623조의 위증으로 기소를 할 때에는 위 원칙이 적용되지 않는다.

24) United States v. Williams, 341 U.S. 58, 68(1951).

7. 허위진술죄(False statement)[25]

(1) 법 규정

제1001조(허위진술죄)

(a) 이 조에서 다르게 정하고 있는 경우를 제외하고는 미 연방행정부, 입법부, 사법부의 관할에 속하는 어떠한 사항에 대하여 알면서 의도적으로 다음 각 호의 행위를 하는 자는 이 장에서 정한 벌금 또는 5년 이하의 징역, 만약 그 행위가 제2331조에서 정한 국제적 또는 국내의 테리리즘과 연관된 경우에는 벌금 또는 8년 이하의 징역에 처하거나 양자를 병과할 수 있다. 만약 그 행위가 제109A절, 제109B절, 제110절, 제117절 또는 제1591조와 연관된 경우에는 8년 이하의 징역에 처한다.

(1) 속임수, 계략 또는 계책에 의하여 중요한 사실을 위조, 은닉 또는 은폐하는 행위,

(2) 중요한 사실에 관하여 허위, 가공, 사기의 진술이나 주장을 하는 행위,

(3) 중요한 사실에 관하여 허위, 가공, 사기의 진술이나 기재를 포함한 허위 문서 혹은 자료를 알면서 작성하거나 사용하는 행위

(b) 위 (a)항은 사법절차에 있어서 소송 당사자 또는 변호인이 그 절차내에서 판사나 치안판사에게 진술, 주장, 서류나 문서를 제출한 경우 그 당사자나 변호인에 대해서는 적용하지 않는다.[26]

(c) 입법부의 관할에 속한 사항에 관하여 위 (a)항은 오직 다음과 같은 경우에만 적용된다.

(1) 보수의 지급을 청구하는 것을 비롯한 행정적인 문제, 소속 직원인사 및 채용, 물품이나 용역의 조달, 업무 지원 부서, 법령에 따라 의회에 제출해야 하는 문서, 입법부 내에 있는 부서나 그 소속원과 관련된 문제

(2) 상원 또는 하원의 관련 규정에 따라 각종 위원회, 소 위원회 또는 부서의 권한에 속하는 조사나 검토

(2) 구성요건 및 적용범위

연방법 제1001조의 허위진술죄가 성립하기 위해서는 ① 어떠한 진술을 하거나, 사실을 은폐하거나 문서작성 내지 사용행위가 있었을 것(이하 '진술 등'이라고 함), ② 그 진술이 허위일 것(falsity), ③ 그 진술이 중요한 사항에 관한 것일 것(materiality), ④ 그 진술을 알면서 의도적으로(Knowingly and willfully) 하였을 것, ⑤ 연방정부의 입법, 사법, 행정부 소관사항(within the jurisdiction of the

25) 위증죄(False Declaration)와 허위진술죄(False statement)의 차이는 기본적으로 선서의 유무에 있는데, 전자의 경우에는 선서를 요함에 반하여 후자의 경우에는 이를 요하지 않는다.

26) 사법부에 대해서도 허위진술죄가 적용되는 점을 고려하여, 소송의 당사자나 변호인에게는 허위진술에 대한 책임이 없다는 것을 명시적으로 나타내어 방어권을 보장한 것이다.

executive, legislative, or judicial branch of the Government of the United States)에 대한 진술 등일 것 등이 요구된다.[27)]

위 조항에 의해 형사사법 절차는 물론이고 행정절차 등에 있어서도 허위진술을 하는 경우 형사처벌되는데, 위 조항은 선서 여부나 구두로 진술하는지 여부를 불문하고 진술이나 표현 등을 허위로 하는 경우 처벌하는바, 피의자가 자신의 혐의에 대하여 허위진술한 경우는 물론 참고인이 수사기관에 허위진술하는 경우 본 조항에 의해 형사처벌이 되는 것은 당연하다. 특히 타인의 형사사건인 경우에 한하여 증거인멸죄가 성립하고, 친족 등의 관계가 존재하는 경우 책임 조각되는 우리나라 법제와 달리 미국은 이러한 제한이 없으므로 친족 등에 있는 자라 하더라도 증거인멸이나 허위진술을 한다면 본 조항에 의하여 처벌되는 점에 특색이 있다.

(3) 면책적 부인 이론 내지 무죄변명의 부인

문제는 수사기관이 먼저 질문을 시작한 경우 면책적 부인 이론 내지 무죄변명의 부인(Exculpatory 'No' Doctrine)"을 하는 것이 여기에 포함되는지 여부인데, 종래 다수의 연방항소법원은 제1001조는 진실한 답변을 하는 진술자를 유죄로 만드는 상황에서 정부요원의 질문에 대한 답변으로 행해진 '면책적 부인' 또는 '무죄주장 부인'에는 제1001조가 적용되지 않는다고 보았다. 그 정당화 근거로 첫째, 연방법 제1001조의 입법의 역사를 고려할 때 의회는 제1001죄가 죄에 관한 질문의 답변에 대하여 무죄주장 부인에 미치도록 의도하지 않았고 단지 정부기능을 왜곡시킬 수 있는 확정적인 거짓진술의 경우에만 연방법 제1001조가 적용된다는 것이다.[28)] 둘째, 연방법 제1001조 규정에 따른 동 조항의 적용은 연방 수정헌법 제5조의 자기부죄거부특권(Self-Incrimination)에 위반되며,[29)] 셋째, 연방법 제1001조가 문언대로 적용되면 검찰의 기소권 남용의 가능성이 있다[30)]는 점 등을 들었다.

이에 연방 제9순회재판소는 위 무죄변명의 부인이 허위진술죄가 되지 않기 위한 요건으로 다음과 같은 5가지 요건을 제시하였다. 즉 ① 허위진술이 정부에 대한 청구나 특권의 주장과 관련되지 않아야 할 것, ② 진술자가 연방부처나 기관에 의해 개시된 신문에 답변하는 경우라야 할 것, ③ 허위진술이 법에 의해 그 부처나 기관

27) 자세한 내용은 홍성기, 앞의 논문, 482~487면 참조.

28) United States v. Bedore, 455 F.2d 1109, 1111 (9th Cir. 1972).

29) United States v. Lambert, 501 F.2d 943, 946 (5th Cir. 1974).

30) United States v. Stark, 131 F. Supp. 190, 207 (D. Maryland 1955).

에 위임된 기본적인 기능을 훼손해서는 안 될 것, ④ 정부의 신문은 일상적인 행정 업무의 집행이 아닌 수사활동의 일환일 것, ⑤ 진실하게 답변하는 것이 피고인의 유죄를 인정하는 결과가 되는 경우일 것 등이 여기에 해당한다.[31)]

이에 대하여 미국 연방대법원은 United states v. Grayson 사건[32)]에서 "(1) 위 제161조의 조문의 진술은 어떤 진술도 포함되게 되어 있고, 따라서 문리적으로 볼 때 '아니다'라는 진술도 포함되는 것은 당연하고, (2) 무죄변명의 부인을 처벌하지 않는다는 이유가 무죄변명의 부인이 정부기관의 기능이 저해되지 않는다는 것을 논거로 하는데, 무죄변명의 부인을 하는 경우에도 정부기관의 기능이 저해되지 않는다고 보기 어렵고, (3) 피의자 등으로 하여금 ① 유죄취지의 답변을 하거나, ② 침묵하거나, ③ 거짓으로 범죄를 부인한 경우 허위진술로 처벌받도록 하는 3가지 중 하나를 선택하도록 강요하는 것이 미국 연방수정헌법 제5조의 자기부죄금지의 특권(Self－Incrimination)을 침해하는 것이라는 주장은, 피의자 등이 죄가 없다면 거짓으로 범죄를 부인하여 허위진술죄로 처벌받을 일이 없고, 정직하고 죄를 뉘우치는 범인이라면 허위진술로 처벌받을 거짓진술을 선택할 일이 없으며, 위 미국연방수정헌법 제5조의 자기부죄금지의 특권은 침묵할 권리를 말하며, 허위로 진술할 권리를 말하지 않는다는 면에서 타당하지 않다"고 하여 '무죄변명의 부인'도 처벌되어야 한다고 판시하였다.

United States v. Brogan 사건[33)]에서도 위 판결의 주심판사인 Scalia 대법관은

31) United States v. Equihua－Juarez, 851 F.2d 1222, 1224(C.A.9 1988)(제9 항소법원의 심사를 충족시키기 위한 요건들을 들고 있음); United States v. Taylor, 438 F.2d 774(8th Cir. 1971)(제9 항소법원의 심사방법을 채택함); United States v. Cogdell, 307 F.2d 176(D.C. Cir. 1962)(제4, 8 항소법원도 제9 항소법원의 견해를 따랐음).

32) United states v. Grayson, 438 U.S. 41, 98 S.Ct. 2610, 57 L.Ed.2d 582 (1978).

33) States v. Brogan, 522 U.S. 398, 400, 118 S.Ct. 805, 808, 139 L.ed. 2d 830 (1998)(사안을 살펴보면, 어느 회사의 노조 간부들이 회사로부터 금품을 수수한 혐의로 노동청 직원이 조사를 하던 중 노조 간부 한명인 Brogan의 집을 방문하고 그에게 수사에 협조해 줄 것과 변호인 선임권이 있음을 알려준 후, 회사로부터 금품을 받은 사실이 있는지 물었고, 이에 대해 Brogan은 'No'라고 대답하였다. 그러나 그 당시에 이미 압수수색을 통해 금품 수수한 사실을 입증할 자료가 확보된 상태였는바, 이에 Brogan은 고용주로부터 불법 금품을 수수한 혐의 뿐만 아니라, 연방정부 직원에게 허위진술을 한 혐의로 같이 기소되었다. 이에 Brogan은 무죄변명의 부인 내지 면책적 부인 이론(exculpatory no)을 원용하며 자신은 소극적으로 부인진술을 한 것에 불과하므로 허위진술죄 부분은 무죄라고 항변하였으나, 제1심 및 제2심은 이를 받아들이지 아니하였으며, 연방대법원 역시 7 대 2로 면책적 부인 이론을 받아들이지 아니하고

"만약 이와 같은 단순 부인 진술까지도 처벌할 경우 피의자로서는 (1) 범죄를 인정하여 유죄로 처벌받는 것, (2) 진술을 거부하고 침묵을 지키는 것, (3) 범행을 부인하여 허위진술죄로 처벌받는 것 이상 3가지 중 어느 하나를 선택할 수밖에 없는 이른바 '삼중의 딜레마(trilemma)'라는 잔인한 상황에 빠지므로 부당하다는 논리에 대해, 이러한 상황은 범인 그 자신이 범행을 저질렀기 때문에 자초한 딜레마에 불과하고, 죄를 저지르지 아니한 국민은 결코 이와 같은 상황에 빠질 수가 없으며, 범행을 저질렀으나 뉘우치는 사람은 위 세 번째 선택을 하지 아니할 것이라고 하면서, 자기부죄거부특권은 침묵할 권리를 부여할 뿐, 허위로 증언하는 것을 허용하는 것은 아니다"라고 판시하면서, "정부의 수사기관에 대하여 거짓으로 유죄를 부인하는 것이 정부의 기능을 방해하지 않는다는 것이 진실이라는 것을 상상할 수 없다. 범행을 조사하는 것은 분명히 적절한 정부의 기능이다. 진실을 발견하는 것이 조사의 목적이기 때문에 조사의 대상과 관련된 어떠한 거짓도 정부의 기능을 방해하는 것이다. 정부의 조사관이 잘 속아 넘어가느냐 마느냐에 따라서 범죄가 되기도 하고 말기도 한다는 것은 너무나 이상하다. 유사한 범행인 위증죄에 대하여 이와 같은 논리로 반박하는 것을 들어본 적이 없다. 더구나 정부기능의 방해의 범위에 관하여 이 법정은 정부기능 방해의 위험성만 있으면 된다고 하였고, 수사기관이 자신의 직무와 관련하여 거짓진술을 듣게 되면 즉시 그러한 위험이 발생하게 된다"고 보면서, 피의자인 노조간부가 수뢰여부에 관한 FBI의 신문에 대하여 부인(no)하는 대답을 한 경우에도 (수뢰사실이 진실인 경우에는) 제1001조에 위반된다고 판결함으로써 단순부인의 경우에도 허위진술죄가 성립한다고 보았다.[34]

또 이 사건에서 변호인은 단순부인의 경우에도 허위진술죄의 성립을 인정하게 된다면 검찰권의 남용을 허가하는 것과 같은 결과를 초래할 것이라며, 무죄를 주장하였는데, 이에 대하여 법원은 역사적으로 허위진술죄에 의하여 검찰권이 남용되었다는 점이 입증된 바 없다면서 위 주장을 기각하였고, 허위진술죄의 반대론자들이 가정적인 상상을 하여 검사들에 대하여 불평을 할 것이 아니라 위 허위진술죄를 입법화한 의회에 대하여 불평을 하는 것이 마땅하다고 판시하였다. 나아가 검찰권의 남용의 우려가 있다고 하더라도 무죄변명의 부인이론이 그 해결책은 아니라고 하였

원심의 유죄판결을 유지한 사안이다).

34) 정웅석, "수사상 허위진술과 위계에 의한 공무집행방해죄의 성립여부", 형사법의 신동향 통권 제16호, 2008, 대검찰청, 175면.

다. 거짓말을 하는 피의자의 경우 단순히 "no"라고만 답변하는 것이 아니라 이어지는 수사기관의 질문에 추가적인 거짓말을 하게 될 경우가 많기 때문이라는 것이다.

III. 미국의 사법방해행위 처벌규정과 국내 처벌규정의 비교

1. 국내 처벌규정

(1) 위계에 의한 공무집행방해죄

형법 제137조는 "위계로써 공무원의 직무집행을 방해한 자는 5년 이하의 징역 또는 1천만원 이하의 벌금에 처한다"라고 규정하고 있다. 본조에서 위계라 함은 행위자의 행위목적을 이루기 위하여 상대방에 오인, 착각, 부지를 일으키게 하여 그 오인, 착각, 부지를 이용하는 것을 말한다.[35] 또한 본죄는 위험범에 해당하므로, 반드시 현실적으로 공무집행이 방해되었을 것을 요건으로 하지는 않고, 공무집행방해의 위험성이 있으면 본죄가 성립한다.

특히 '직무집행의 방해'와 관련하여 공무원의 직무집행 그 자체를 방해하는 행위만을 처벌하는가 아니면 직무집행 그 자체는 방해되지 아니하고 직무내용의 적정성이 저해된 경우까지도 포함되는지 문제된다. 이에 대하여 판례는 「사문서인 이 사건 수료증명서의 허위작성이 이른바 무형위조로서 처벌대상이 되지 않는다고 하여도 허위작성한 사문서를 진정한 문서처럼 행사함으로써 공무의 적정집행이라는 법익을 침해하는 상태를 초래하여 위계에 의한 공무집행방해의 범죄구성요건을 충족한다면 이러한 경우에까지 무형위조의 사후행위라 하여 처벌의 대상이 되지 않는다고 볼 수는 없다」[36]고 판시하여 후자의 입장을 따르고 있다.

이와 관련하여, 판례는 진범이 아닌 자가 자신이 진범이라고 자백하는 경우에도 진범을 숨겨 준 것이 범인은닉죄에 해당되는 경우를 제외하고는 위계에 의한 공무집행방해죄로 처벌할 수 없다고 한다. 즉 대법원은 71도186 판결에서, 「형사피의자는 진술거부권, 묵비권이 있고, 또 진실을 진술하여야 할 법률상의 의무가 없으며, 허위로 그 피의사실을 자백하였다 하더라도 수사기관은 그 자백유무에 불구하고 진실을 발견할 수 있는 증거를 조사 수집하여야 할 권리의무가 있을 뿐 아니라 자

35) 대법원 1995. 5. 9. 선고 94도2990 판결.
36) 대법원 1982. 7. 27. 선고 82도1301 판결.

백이 그 진실에 부합되는 자백이라 하더라도 그 자백이 객관적으로 진실에 부합되는 것임을 인정할 수 있는 보강증거가 없는 이상, 그 범죄사실을 인정할 유일한 증거가 되지 못하며, 그 자백이 자유의사에 의한 것인지 혹은 다른 특별한 사정에 의하여 부득이 허위자백을 하게 된 것인지의 여부를 구별하기 어렵고, 수사기관과 그 피의자와는 서로 공격 방어를 하는 위치에서 서로 대립적 위치에 있는 당사자라 할 수 있음에도 불구하고, 그 당사자 중의 일방인 피의자가 그 상대방의 질문에 대하여 가사 허위로 그 피의사실을 자백하였다고 하여서 곧 그 상대방의 공무집행을 방해한 것이라고는 해석할 수 없다. (만일 위와 같은 허위자백이 진실한 범인을 은익 또는 도피케 할 의사로서 한 것이라면 그와 같은 범죄들로서 처벌될 수 있는가의 여부는 별개문제라 할 것이다)할 것이라는 점 등을 종합하여 고찰하면 피고인 1이 그 공소장 기재와 같은 사실을 수사기관에게 대하여 피의자로서 심문을 당함에 있어서 허위로 자백을 하였다는 사실만으로서는 위계에 의한 공무집행방해죄가 성립된다고는 할 수 없고, 또 피고인 1의 교사에 의하여 공동피고인들이 수사기관에서 참고인으로서 진술하면서 그 공소장 기재와 같은 허위사실을 진술하였다 하더라도 법률에 의하여 선서를 한 증인이 허위로 공술을 한 경우에 한하여 위증죄가 성립된다는 점과를 대비할 때에 선서를 시키고 진술을 하게 할 수 없는 참고인이 수사기관에게 대하여 허위진술을 하였다 하더라도 이를 곧 공무집행방해에 해당된다고는 해석할 수 없는 이상, 그 교사자인 피고인 1의 위와 같은 교사행위도 공무집행방해죄에는 해당될 수 없다고 할 것임에도 불구하고 원심이 피고인 1에게 대하여 본건의 위계에 의한 공무집행방해죄에 관한 법리를 오해한 위법이 있다고 아니할 수 없다」[37] 라고 판시한 바 있다. 즉, 전술(前述)한 것처럼, 우리 형법 제137조(위계의 의한 공무집행방해죄)는 "위계로써 공무원의 직무집행을 방해한 자"로 규정하고 있어 그 범행 주체를 제한하는 규정을 두고 있지 않는데, 대법원은 '피의자의 수사기관에 대한 허위진술'은 본죄에 해당하지 않는다는 것이다.

위 대법원 판결의 논거는 ① 형사피의자는 진술거부권, 묵비권이 있고, 또 진실을 진술하여야 할 법률상의 의무가 없으며, ② 허위로 피의사실을 자백하였다 하더라도 수사기관은 자백유무에 불구하고 진실을 발견할 수 있는 증거를 조사수집하여야 할 권리·의무가 있을 뿐만 아니라, ③ 자백이 자유의사에 의한 것인지 혹은 다른 특별한 사정에 의하여 부득이 허위자백을 하게 된 것인지의 여부를 구별하기 어

37) 대법원 1971. 3. 9. 선고 71도186 판결.

렵고, ④ 수사기관과 피의자와는 서로 공격·방어를 하는 위치에서 서로 대립적 위치에 있는 당사자라 할 수 있음에도 불구하고, 그 당사자 중의 일방인 피의자가 상대방의 질문에 대하여 가사 허위로 그 피의사실을 자백하였다고 하여서 곧 그 상대방의 공무집행을 방해한 것이라고는 해석할 수 없다는 것이다.

그러나 ① 형사피의자는 진술거부권, 묵비권이 있지만, 미국 판례(United states v. Grayson 사건; United States v. Brogan 사건)에서 보듯이 거짓진술을 할 권리는 없다고 보아야 하며, ② 수사기관이 증거를 수집·조사하는 것과 피의자가 허위로 진술을 하는 것은 별개의 문제로서 수사기관에게 증거를 조사·수집하는 임무가 있다고 하여 피의자가 거짓진술을 권리가 있다는 것은 논리의 비약이라고 할 수 있으며, ③ 피의자의 거짓진술이 수사기관의 강요에 의한 것인지 여부 등을 확인하는 것은 특히 어려운 문제로 보이지 않고, ④ 수사기관과 피의자와는 서로 공격·방어를 하는 위치에서 서로 대립적 위치에 있는 당사자라 할 수 있는지에 대하여도 형사절차의 객관성과 공익성을 감안하면 우리 형사법체계에서 반드시 타당하다고 보기 어려울 뿐더러, 설사 그렇다고 하더라도 수사기관은 일반 사인이 아니라 국가사법작용을 담당하여 피해자 보호, 진실발견 등 사법정의라는 공익을 실현하는 것이며, 수사기관이 위법한 방법이나 허위의 사실을 수사하여서는 안되는 것처럼, 피의자도 정당한 방법에 따라 자신을 방어해야 하는 것이며, 허위의 진술을 하여서는 안되는 것이고, 사법정의 실현에 협력해야 할 의무도 있는 것이다.

한편, 참고인의 허위진술 시 본죄의 성립여부에 관해서도, 대법원은 「수사기관이 범죄사건을 수사함에 있어서는 피의자나 참고인의 진술 여하에 불구하고 피의자를 확정하고 그 피의사실을 인정할 만한 객관적인 제반 증거를 수집·조사하여야 할 권리와 의무가 있는 것이고, 한편, 피의자는 진술거부권과 자기에게 유리한 진술을 할 권리와 유리한 증거를 제출할 권리가 있지만 수사기관에 대하여 진실만을 진술하여야 할 의무가 있는 것은 아니며, 또한 수사기관에서의 참고인은 형사소송절차에서 선서를 한 증인이 허위로 공술을 한 경우에 위증죄가 성립하는 것과 달리 반드시 진실만을 말하도록 법률상의 의무가 부과되어 있는 것은 아니므로, 피의자나 참고인이 피의자의 무고함을 입증하는 등의 목적으로 수사기관에 대하여 허위사실을 진술하거나 허위의 증거를 제출하였다 하더라도, 수사기관이 충분한 수사를 하지 아니한 채 이와 같은 허위의 진술과 증거만으로 잘못된 결론을 내렸다면, 이는 수사기관의 불충분한 수사에 의한 것으로서 피의자 등의 위계에 의하여 수사가 방해되었다고 볼 수 없어 위계에 의한 공무집행방해죄가 성립된다고 할 수 없을 것」이라고 판시한 바 있다. 다만, 위 판결에서, 「피의자나 참고인이 피의자의 무고함을 입증하는 등의 목적으로 적극적으로 허위의 증거를 조작하여 제출하였고 그 증거 조작의 결과 수사기관이 그 진위에 관하여 나름대로 충실한 수사를 하더라도 제출된 증거가 허위임을 발견하지 못하여 잘못된 결론을 내리게 될 정도에 이르렀다면, 이는 위계에 의하여 수사기관의 수사행위를 적극적으로 방해한 것으로서 위계에 의한 공무집행방해죄가 성립된다 할 것이다. 그리고 헌법에 의하여 누구든지 형사상 자기에게 불리한 진술을 강요당하지 아니할 특권이 부여되어 있으나, 그렇다고 하여 자기의 형사처벌을 면하기 위하여 위법한 방법으로 허위의 증거를 조작하는 것까지 허용되는 것은 아니다」라고 판시하면서, 「피고인이 위와 같이 교통사고 조사를 담당하는 경찰관에게 타인의 혈액을 마치 자신의 혈액인 것처럼 건네주어 위 경찰관으로 하여금 그것으로 국립과학수사연구소에 의뢰하여 혈중알콜농도를 감정하게 하고 그 결과에 따라 피고인의 음주운전 혐의에 대하여 공소권 없음의 의견으로 송치하게 한 행위는, 단순히 피의자가 수사기관에 대하여 허위사실을 진술하거나 자신에게 불리한 증거를 은닉하는 데 그친 것이 아니라 수사기관의 착오를 이용하여 적극적으로 피의사실에 관한 증거를 조작한 것으로서 이는 위계에 의한 공무집행방해죄가 성립한다」[38]는 입장이다.[39]

결국 위 판례의 입장을 정리해 보면, 대법원은 위와 같은 판단의 전제로서 선서한 증인이 위증의 벌을 부담하는 것과 달리, 피의자 또는 참고인이 수사기관에서 진실된 진술을 할 의무가 없다는 입장이다. 또한 형사사건에서의 진실발견 의무는 수사기관에 부과된 것이므로, 피의자나 참고인의 허위진술 등으로 수사기관이 잘못된 결론에 이른 경우라 하더라도 이는 불충분한 수사로 인한 것이지 피의자 내지 참고인의 위계로 인한 것은 아니라는 취지이다. 이러한 판례에 의하면, 허위·조작된 증거의 제출을 수반하는 등 적극적인 행위가 개입되지 아니한 채 단순히 피의자 또는 참고인이 수사기관에서 허위진술을 한 경우에는 그로 인하여 수사기관의 기능이 저해된다고 하더라도 본죄가 성립하는 것이 어려울 것이다.

---

38) 대법원 2003. 7. 25. 선고 2003도1609 판결.

39) 대법원이 위계에 의한 공무집행방해죄를 인정한 사례들을 보면 대체로 부정한 방법으로 공공시험 또는 절차에 참여한 사건에 집중되어 있다(구체적인 판결 내용은, 정웅석, “수사상 허위진술과 위계에 의한 공무집행방해죄의 성립여부”, 형사법의 신동향 통권 제16호(2008. 10.), 대검찰청, 181~182면 참조).

(2) 범인도피죄

형법 제151조 제1항에서는 “벌금 이상의 형에 해당하는 죄를 범한 자를 은닉 또는 도피하게 한 자는 3년 이하의 징역 또는 500만원 이하의 벌금에 처한다”라고 규정하고 있다.

본조의 구성요건 가운데 참고인의 허위진술 등에 의하여 본죄가 성립 가능한지의 쟁점은 ‘도피’의 해석에 달려 있다. 본조의 ‘도피’행위란 은닉 이외의 방법으로 범인에 대한 수사, 재판 및 형의 집행 등 형사사법의 작용을 곤란하게 하거나 불가능하게 하는 일체의 행위를 말한다. 이와 관련하여, 대법원은 ‘적극적’으로 허위사실을 진술하여 수사기관을 기만하여 착오에 빠지게 하고, 그로 인하여 범인의 발견 체포를 곤란 또는 불가능하게 할 정도에 이르러야 범인도피죄가 성립하고,[40] “공범 중 1인이 수사절차에서 자기의 범행을 구성하는 사실관계에 관해 허위진술을 하고 허위자료를 제출하는 것도 방어권행사의 범위를 벗어난 것으로 볼 수 없고, 다른 공범을 도피하게 하는 결과가 되어도 범인도피죄로 처벌할 수 없다”고 판시한 바 있다.[41]

특히 참고인의 허위진술 등으로 범인의 발견을 곤란하게 한 경우 본죄가 성립 가능한지에 대하여, 대법원은 「참고인이 범인 아닌 다른 자를 진범이라고 내세우는 경우 등과 같이 적극적으로 허위의 사실을 진술하여 수사관을 기만, 착오에 빠지게 함으로써 범인의 발견 체포에 지장을 초래케 하는 경우와 달리 참고인이 수사기관에서 진술을 함에 있어 단순히 범인으로 체포된 사람과 동인이 목격한 범인이 동일함에도 불구하고 동일한 사람이 아니라고 허위진술을 한 정도의 것만으로는 참고인의 그 허위진술로 말미암아 증거가 불충분하게 되어 범인을 석방하게 되는 결과가 되었다 하더라도 바로 범인도피죄를 구성한다고는 할 수 없다」[42]는 입장이다. 이에 따라 ‘피해자를 폭행한 가해자의 인적사항을 묻는 경찰관 질문에 단순히 허무인의 이름을 진술하고 구체적인 인적사항에 대하여는 모른다고 진술한 경우’,[43] ‘게임산업진흥에관한법률위반 혐의로 수사기관에서 조사받는 피의자가 사실은 게임장 오락실 피씨방 등의 실제 업주가 아님에도 불구하고 자신이 실제 업주라고 허위로

40) 대법원 2008. 12. 24. 선고 2007도11137 판결; 대법원 1997. 9. 9. 선고 97도1596 판결.
41) 대법원 2018. 8. 1. 선고 2015도20396 판결.
42) 대법원 1987. 2. 10. 선고 85도897 판결.
43) 대법원 2008. 6. 26. 선고 2008도1059 판결.

진술한 경우'[44] 등에도 본죄가 성립하지 않는다고 판시하였다.

결국 대법원 판례의 취지를 살펴보면, 「원래 수사기관은 범죄사건을 수사함에 있어서 피의자나 참고인의 진술 여하에 불구하고 피의자를 확정하고 그 피의사실을 인정할 만한 객관적인 제반증거를 수집 조사하여야 할 권리와 의무가 있는 것이므로 참고인이 범인 아닌 다른 자를 진범이라고 내세우는 경우 등과 같이 적극적으로 허위의 사실을 진술하여 수사관을 기만, 착오에 빠지게 함으로써 범인의 발견 체포에 지장을 초래케 하는 경우와는 달리 참고인이 수사기관에서 진술을 함에 있어 단순히 범인으로 체포된 사람과 동인이 목격한 범인이 동일함에도 불구하고 동일한 사람이 아니라고 허위진술을 한 정도의 것만으로는 참고인의 그 허위진술로 말미암아 증거가 불충분하게 되어 범인을 석방하게 되는 결과가 되었다 하더라도 바로 범인도피죄를 구성한다고 할 수는 없다」는 것으로, 「위와 같이 보지 않는다면 참고인은 항상 수사기관에 대하여 진실만을 진술하여야 할 법률상의 의무를 부담하게 되고, 추호라도 범인에게 유리한 허위진술을 하면 모두 처벌받게 되는 결과가 되어 법률에 의한 선서를 한 증인이 허위의 진술을 한 경우에 한하여 위증죄가 성립된다는 형법의 규정취지와 어긋나기 때문이다」는 것이다.[45]

그러나 참고인이라고 하더라도 ① 사법정의를 실현하기 위해 진실을 찾아내려는 수사기관에 대하여 거짓진술을 해서는 안되고, 범인이 아닌 자를 범인이라고 하는 경우와 범인인 자를 범인이 아니라고 하는 경우에 있어 차이가 없다고 판단되며, 따라서 범인에게 유리한 허위진술을 하여 진범을 놓아주게 하는 경우나 진범이 아닌 피의자를 범인이라고 허위의 진술을 하여 억울하게 타인의 인권을 침해하는 경우 모두를 처벌하는 것이 마땅하고, ② 피의자의 경우에는 진술거부권이 있음을 고지하도록 규정하고 있는 반면(형사소송법 제244조의3 제1항)[46] 참고인에게는 진술거부권을 고지하지 않는 우리 형사소송법 체계상 참고인에게 거짓진술을 허용하고 있지 않다고 보는 것이 타당하며, ③ 우리 형법은 선서한 증인이 위증으로 처벌받

44) 대법원 2010. 2. 11. 선고 2009도12164 판결.

45) 대법원 1987. 2. 10. 선고 85도897 판결.

46) 제244조의3(진술거부권 등의 고지) ① 검사 또는 사법경찰관은 피의자를 신문하기 전에 다음 각 호의 사항을 알려주어야 한다.

1. 일체의 진술을 하지 아니하거나 개개의 질문에 대하여 진술을 하지 아니할 수 있다는 것
2. 진술을 하지 아니하더라도 불이익을 받지 아니한다는 것
3. 진술을 거부할 권리를 포기하고 행한 진술은 법정에서 유죄의 증거로 사용될 수 있다는 것
4. 신문을 받을 때에는 변호인을 참여하게 하는 등 변호인의 조력을 받을 수 있다는 것

은 것(제152조)과 별도로 위계에 의한 공무집행방해죄(제137조)나 범인도피죄(제151조)를 규정하고 있고, 그 각 죄는 선서를 필요로 하지 않는 것으로 규정되어 있으며, 이는 전술(前述)한 것처럼 미국에서도 허위진술죄는 선서를 필요로 하지 않는다는 점에서 판례의 논거는 타당하지 않다.

(3) 증거인멸·증거은닉죄

형법 제155조 제1항은 '타인의 형사사건 또는 징계사건에 관한 증거를 인멸, 은닉, 위조 또는 변조하거나 위조 또는 변조한 증거를 사용한 자는 5년 이하의 징역 또는 700만원 이하의 벌금에 처한다'고 규정하고 있으며, 동조 제2항은 '타인의 형사사건 또는 징계사건에 관한 증인을 은닉 또는 도피하게 한 자도 제1항의 형과 같다'고 규정하고 있다. 따라서 피의자나 피고인은 자기의 형사사건의 증거물을 은닉, 인멸하여도 처벌을 받지 아니하며, 피의자나 피고인이 자기의 이익을 위한 동시에 공범자의 이익이 되는 증거물을 은닉, 인멸한 때에도 처벌받지 아니한다.[47]

본조의 적용대상으로 '증거'는 타인의 형사사건 또는 징계사건에 관한 것에 국한되는데, 그 중 '형사사건'에 관하여 공소제기 전 형사 피의사건도 포함되는지 논란이 있다. 생각건대 ① 구법상 '형사 피고사건'으로 구성요건이 규정된 것이 법개정으로 인하여 '형사사건'으로 변경되었을 뿐만 아니라, ② 수사개시전의 증거인멸도 형사사법작용을 해하는 점은 동일하며, 공소제기후의 사건에 한정한다면 행위후의 사실에 의해서 범죄의 성부(成否)가 좌우될 뿐만 아니라 인멸행위가 성공해서 기소되지 않았다고 하여 불문에 붙이는 것은 불합리하다는 점에서 긍정하는 견해가 타당하다. 대법원 역시 「은닉행위 시에 아직 수사 또는 징계절차가 개시되기 전이라도 장차 형사 또는 징계사건이 될 수 있는 것까지를 포함한다」고 판시하여 공소제기 전의 형사피의사건 뿐만 아니라 수사개시 전의 사건도 본죄의 구성요건 적용대상에 해당한다[48]는 입장이다.

여기서 증거란 범죄의 성부, 형의 가중·감면, 정상 등을 인정할 수 있는 자료로 사용되는 일체의 자료를 말하지만, 증인에게는 별도로 증인은닉·도피죄(형법 제155조 제2항)가 성립하므로 여기의 증거에는 증인 이외의 증거를 의미한다. 또한 증거

---

47) 공범에 대한 증거인멸과 관련하여, 독일 형법 제257조 제3항은 "본범에의 가담으로 인하여 처벌되는 자는 증거인멸을 이유로 처벌되지 아니한다. 본범에 가담하지 아니한 자에게 증거인멸을 교사한 자에 대하여는 그러하지 아니하다"는 규정을 두고 있다.

48) 대법원 1982. 4. 27. 선고 82도274 판결.

의 '인멸'은 증거 자체를 물리적으로 없애는 것뿐만 아니라 증거가치를 멸실 또는 감소하게 하는 일체의 행위를 의미하며, '은닉'이라 함은 소재를 불분명하게 하여 그 발견을 곤란하게 하는 일체의 행위이다. '위조'란 증거자체를 새로이 만들어 내는 것을 말하며, '변조'란 진정한 증거를 변경하여 증거가치나 효과를 변경하는 것을 말한다.

이와 관련하여, 최근 대법원은 증거로 제출된 문서에 허위내용이 없다면 허위주장을 뒷받침하기 위해 만들어진 것이라도 '증거위조'로 볼 수 없다는 이유로 무죄취지로 파기 환송한 바 있는데, 사안을 살펴보면 피고인이 공무원에게 알선청탁을 하였다는 혐의로 기소된 의뢰인을 항소심에서 변호하던 중 양형에서 유리한 판단을 받고자 겉으로 알선대가로 받은 돈을 돌려주는 모양새만 만든 후 실제로는 그 돈을 돌려받았음에도, 재판부에 알선대가로 받은 돈은 모두 반환하였다고 주장하면서, 그 증거로 입금내역서를 제출하여 의뢰인이 실제로 6개월의 감형을 받은 사안이다.

제1심[49]과 항소심[50]은 형법 제155조 제1항에서 규정하고 있는 증거위조죄는 국가의 사법작용, 엄밀히는 형사사건에서의 수사 및 재판의 적정한 집행을 보호법으로 하는 위험범으로서, 여기서 말하는 '위조'란 형사사건 또는 징계사건과 관련되는 부진정한 새로운 증거를 만드는 행위로서 수사기관 및 법원의 판단을 오도할만한 가치를 지닌 기존의 전혀 없는 사실과는 다른 허위의 새로운 부진정한 자료를 작출하고 꾸며대는 것을 말한다고 전제한 후, 받은 돈을 돌려주었다는 거짓주장을 하면서 이를 뒷받침하기 위해 보낸 돈을 다시 돌려받은 사실을 숨긴 채 입금자료만을 모아 자료를 만든 것은'위조'에 해당한다고 판단하였다.

그러나 대법원은 종래 「증거위조죄에서 '증거'라 함은 타인의 형사사건 또는 징계사건에 관하여 수사기관이나 법원 또는 징계기관이 국가의 형벌권 또는 징계권의 유무를 확인하는 데 관계있다고 인정되는 일체의 자료를 의미하고, 타인에게 유리한 것이건 불리한 것이건 가리지 아니하며 또 증거가치의 유무 및 정도를 불문하는 것이고, 여기서의 '위조'란 문서에 관한 죄에 있어서의 위조 개념과는 달리 새로운 증거의 창조를 의미하는 것이므로 존재하지 아니한 증거를 이전부터 존재하고 있는 것처럼 작출하는 행위도 증거위조에 해당한다」[51]고 보면서도, 본 사건에서는

49) 전주지방법원 2019. 6. 12. 선고 2018고단2567 판결.
50) 전주지방법원 2020. 1. 30. 선고 2019노792 판결.
51) 대법원 2007. 6. 28. 선고 2002도3600 판결.

사실의 증명을 위해 작성된 문서가 그 사실에 관한 내용이나 작성명의 등에 아무런 허위가 없다면 '증거위조'에 해당한다고 볼 수 없고, 위조에 해당하는지 여부는 증거방법 자체를 기준으로 하여야 하고, 그것을 통해 증명하려는 사실이 허위인지 진실인지 여부에 따라 위조여부가 결정되어서는 안된다는 이유로 입금확인증의 내용이나 작성명의 등에 아무런 허위가 없는 이상 증거의 '위조'에 해당한다고 볼 수 없고, 설령 사실증명에 관한 문서가 형사사건 또는 징계사건에서 허위의 주장에 관한 증거로 제출되어 그 주장을 뒷받침하게 되더라도 마찬가지라고 판시하면서, 다만, 「증거 자체에는 아무런 허위가 없으나 그 증거가 허위 주장과 결합하여 허위 사실을 증명하게 되는 경우가 있고, 이러한 행위는 국가의 형벌권 행사에 중대한 지장을 초래할 수 있는 행위로서 비난받아 마땅하다는 점은 부인하기 어렵다. 그러나 위와 같은 행위를 처벌하는 구성요건을 신설하는 것은 별론으로 하고, 형법 제155조 제1항이 규정한 '증거위조'의 의미를 확장해석하는 방법으로 그 목적을 달성하는 것은 죄형법정주의 원칙상 허용되지 아니한다」[52]라고 판시하였다.

특히 참고인의 허위진술 등 진술증거 자체가 본죄의 객체에 해당하는지와 관련하여, 대법원은 「형법 제155조 제1항에서 타인의 형사사건에 관한 증거를 위조한다 함은 증거 자체를 위조함을 말하는 것이고, 참고인이 수사기관에서 허위의 진술을 하는 것은 이에 포함되지 아니한다 할 것이다」[53]고 판시함으로써, 본죄의 위조대상인 '증거'에 진술증거는 포함되지 아니한다는 입장이다. 다만 대법원은 「참고인이 타인의 형사사건 등에 관하여 제3자와 대화를 하면서 허위로 진술하고 위와 같은 허위 진술이 담긴 대화 내용을 녹음한 녹음파일 또는 이를 녹취한 녹취록은 참고인의 허위진술 자체 또는 참고인 작성의 허위 사실확인서 등과는 달리 그 진술내용만이 증거자료로 되는 것이 아니고 녹음 당시의 현장음향 및 제3자의 진술 등이 포함되어 있어 그 일체가 증거자료가 된다고 할 것이므로, 이는 증거위조죄에서 말하는 '증거'에 해당한다」[54]고 판시한 바 있는데, 이는 본죄의 객체인 '증거'에 '진술증거'를 포함한 것으로 해석하였기보다는, 위 녹음물에 녹음 당시 현장음향 및 제3자의 진술 등 진술내용 이외의 다른 증거가 일체로 포함되었음을 근거로 한 것이므로, 위 판례를 근거로 대법원이 본 죄의 객체에 진술증거를 포함하는 것으로 보기

52) 대법원 2021. 1. 28. 선고 2020도2642 판결.

53) 대법원 1995. 4. 7. 선고 94도3412 판결(참고인이 강간사건의 수사과정에서 범행을 목격하였다고 허위진술한 행위임).

54) 대법원 2013. 12. 26. 선고 2013도8085 판결.

는 어려울 것이다.[55)]

(4) 무고죄

형법 제156조(무고죄)는 "타인으로 하여금 형사처분 또는 징계처분을 받게 할 목적으로 공무소 또는 공무원에 대하여 허위의 사실을 신고함으로써 성립하는 범죄이다. 무고죄의 보호법익은 국가의 형사사법권 또는 징계권의 적정한 행사를 주된 보호법익으로 하고, 개인(피무고자)의 부당하게 처벌 또는 징계받지 아니할 이익을 부수적 법익으로 하고 있다는 견해가 통설이다. 그 근거로 형법이 본죄를 위증의 죄와 병렬해서 규정하고 있으므로 국가적 법익을 기본으로 보아야 하나, 국가의 수사기관 또는 징계권자가 수사 또는 징계를 위하여 조사를 개시하는 경우에는 피무고자는 당연히 피의자 또는 피조사자로서 그의 사생활의 평온을 침해받을 가능성도 적지 않으므로 개인적 법익도 보호할 필요성이 있다는 것이다.

무고란 공무소 또는 공무원에게 허위사실을 신고하는 것이며, 허위란 신고의 내용이 객관적 진실에 반하는 것을 의미한다. 따라서 허위라고 오신해도 객관적 진실에 합치하면 본죄가 성립하지 않으며 신고된 사실이 허위인가의 여부는 사실의 핵심 또는 중요내용이 진실과 부합하는가에 따라 판단해야 한다. 위증죄에 있어서 허위가 주관적인 기억을 기준으로 결정되는 것과 구별된다.

(5) 특정범죄가중처벌에관한법률위반(보복범죄)죄

특정범죄가중처벌에관한법률 제5조의9에서는 「① 자기 또는 타인의 형사사건의 수사 또는 재판과 관련하여 고소 · 고발 등 수사단서의 제공, 진술, 증언 또는 자료제출에 대한 보복의 목적으로 「형법」 제250조 제1항의 죄를 범한 사람은 사형, 무기 또는 10년 이상의 징역에 처한다. 고소 · 고발 등 수사단서의 제공, 진술, 증언 또는 자료제출을 하지 못하게 하거나 고소 · 고발을 취소하게 하거나 거짓으로 진술 · 증언 · 자료제출을 하게 할 목적인 경우에도 또한 같다. ② 제1항과 같은 목적으로 「형법」 제257조제1항 · 제260조제1항 · 제276조제1항 또는 제283조제1항의 죄를 범한 사람은 1년 이상의 유기징역에 처한다. ③ 제2항의 죄 중 「형법」 제257조제1항 · 제260조제1항 또는 제276조제1항의 죄를 범하여 사람을 사망에 이르게 한

---

55) 신영삼, "미국의 사법방해죄 및 허위진술죄와 국내 처벌규정의 비교법적 검토 －수사기관에서의 허위진술 관련 범죄유형을 중심으로－", 국외훈련검사 연구논문 제35권(Ⅱ), 2020, 41면.

경우에는 무기 또는 3년 이상의 징역에 처한다. ④ 자기 또는 타인의 형사사건의 수사 또는 재판과 관련하여 필요한 사실을 알고 있는 사람 또는 그 친족에게 정당한 사유 없이 면담을 강요하거나 위력을 행사한 사람은 3년 이하의 징역 또는 300만원 이하의 벌금에 처한다.」라고 규정하고 있다.

위 구성요건상 사후적인 보복뿐만 아니라 사전에 수사단서의 제공, 진술을 하지 못하게 할 목적 또는 허위로 진술하게 할 목적으로 살인, 상해, 폭행, 체포감금, 협박의 행위를 한 경우에는 처벌대상이 되지만, 위 규정에서 열거된 이외의 행위 유형, 예컨대 설득 또는 뇌물공여 등의 방법을 통하여 수사단서의 제공 및 진술을 못하게 한 경우나 허위진술을 한 경우에는 본조에 의한 처벌대상이 될 수 없다.[56] 왜냐하면 본 규정은 유형력의 행사를 동원한 강제적인 방법으로써 증인에 대한 위해를 통하여 수사기관에서의 진술을 방해한 경우만을 구성요건으로 삼고 있기 때문이다.

(6) 기 타

참고인이나 증인 등 제3자는 범인은닉죄(형법 제151조 제1항), 위증죄(동법 제152조), 허위감정·통역·번역죄(동법 제154조)로 처벌을 받을 수 있다.

2. 미국 처벌규정

전술(前述)한 것처럼, 미국 연방형법 18. U.S.C. §1001(a)(2)에 규정된 허위진술죄는 허위진술(false statement) 행위가 수사기관에서 이루어진 경우에도 이를 처벌대상으로 명시하고 있다. 다만, 그 처벌의 무제한적인 확대를 방지하기 위하여, 추가적인 구성요건으로서 당해 진술이 '중요한 사실'에 관한 것일 것(materiality)을 요구하면서도, 그 개념에 대한 완화된 해석을 통하여 허위진술 자체의 속성상 정부기관의 기능을 저해할 경향을 가졌다면 처벌대상으로 보는 것이다. 나아가, 형사책임을 부담할 위치에 놓인 사람의 '단순부인의 항변' 또한 허위진술에 포함된다고 봄으로써, 피의자 또는 참고인으로서의 지위에 구애됨이 없이 중요한 사실에 관한 것이라면, 다른 증거의 조작 등 적극적인 행위를 수반하지 않은 경우에도 수사기관에서의 허위진술 행위를 처벌하고 있는 것이다.

56) 신영삼, 위의 논문, 42면.

다음으로 협의의 사법방해죄를 살펴보면, 수사단계 가운데 대배심에 의하여 이루어지는 수사에서의 허위진술 행위는 옴니버스 조항인 18. U.S.C. §1503로 처벌될 수 있으나, 위 규정은 대배심이 아닌 수사기관에 의한 수사단계에서의 허위진술에는 적용될 수 없다. 위 규정은 사법절차의 계속 중('pending judical proceeding') 일 것을 요건으로 하는데, 수사기관에서의 수사는 위 사법절차에 해당하지 않기 때문이다. 다만, 수사기관에서의 수사에 있어서도, 18. U.S.C. §1510에서 규정하고 있는 뇌물공여의 방법에 의한 수사기관에 대한 정보제공의 방해 또는 지연 등 행위는 처벌대상이 될 수 있다. 18. U.S.C. §1510에 의하면, 참고인에게 뇌물을 공여하면서, 그 대가로 수사기관에 대한 허위진술을 하도록 한 경우라면 본조에 의한 처벌을 받게 되는 것이다. 또한 뇌물수수의 대가로서 참고인이 수사기관에 출석 등 협조하지 않도록 하는 행위도 본조의 처벌을 받을 수 있다.

나아가 참고인의 수사기관에 대한 정보제공을 방해, 지연 또는 저지한 경우, 그 수단으로서 유형력의 행사 또는 위협을 사용한 경우에는 18. U.S.C. §1512(a)(2)(c)에 의하여, 협박이나 위협, 부당한 설득, 기망을 사용한 경우에는 18. U.S.C. §1512(b)(3)에 의하여 처벌될 수 있다.[57] 위 규정들은 반드시 '공식절차(official proceeding)'을 전제로 하지 않기 때문이다.

결국 미국에서 검사의 수사란 실질적으로 대배심에 의한 수사라고 일컬어질 만큼 미국 검찰은 대배심 제도를 주도하여 진행하고 있는데, 검사는 대배심 소환장(subpoena) 발부 등을 통해서 증인의 출석을 강제하고 진술을 확보할 수 있고, 증언 거부권 행사시에도 면책특권부여(immunity)를 조건으로 증언을 강제할 수 있으며, 자료제출을 강제할 수 있고, 대배심에서 취득한 증언의 경우 위증죄나 사법방해죄를 통해 사전·사후에 오염되는 것을 방지할 수 있다. 왜냐하면 미국 검사는 대배심을 통하여 증인의 출석을 강제하여 비공개로 변호사나 피의자 측 변호인이 없는 상태에서 그 진술을 확보할 수 있으며, 대배심에서의 증언의 경우 허위진술에 대해서는 위증죄로, 대배심 증인을 회유하는 행위에 대해서는 사법방해죄로 처벌할 수 있기 때문이다.

57) 신영삼, 앞의 논문, 43면.

3. 검 토

국내 처벌규정에 의하면, 수사단계에서 피의자의 진술을 얻기 위한 제도적 장치가 없을 뿐만 아니라 기소 전 수사기관은 물론 기소 후 법원에 대해 허위진술을 하더라도 처벌하는 규정이 없다.[58] 더욱이 피의자의 경우 미국과 달리 증인에 대하여 협박에 이르지 않은 정도의 회유, 압력의 행사를 하여도 어떠한 처벌이나 불이익을 받지 아니한다. 판례는 한발 더 나아가 피의자나 피고인이 수사과정이나 공판과정에 '적극적으로' 허위의 진술을 하더라도 처벌할 수 없고, 피의자나 피고인은 자신을 방어하기 위해 본능적으로 거짓말을 할 수 있으므로 그것을 밝혀야 할 책무는 검사에게 있다[59]고 판시하고 있다.

반면에 미국의 경우 수사단계에서 피의자의 진술을 얻기 위하여 유죄협상제도(Plea Bargaining)를 인정하고 있으며, 대배심제도를 활용할 수도 있다. 또 <표 1>에서 보는 것처럼, 미국의 경우 기소 전에는 허위진술죄(18 U.S.C. § 1001(a)(2))로, 기소 후에는 사법방해죄(18. U.S.C. §1503)로 처벌이 가능하다.

〈표 1〉 피의자 또는 피고인의 허위진술에 대한 처벌규정

	기소 전 수사기관		기소 후 법원(또는 대배심)	
	한 국	미 국	한 국	미 국
피의자 또는 피고인	불가벌	18 U.S.C. § 1001(a)(2) 허위진술죄	불가벌	18. U.S.C. §1503 사법방해죄

한편, 국내 처벌규정에 의하면, 현행법상 수사기관에서 이루어지는 참고인의 허위진술에 대하여는 그 행위에 허위증거의 조작 등 적극적인 수단이 수반된 경우에 한하여 위계에 의한 공무집행방해죄로 의율이 가능하며, 그 밖에 허위진술 자체를 처벌대상 구성요건으로 예정하고 있는 규정은 찾기 어렵다. 참고인(증인)의 출석을 강제로 확보하는 수단는 물론 수사과정에서 허위진술을 한 참고인을 처벌하는 조항도 없다.

58) 대법원 1971. 3. 9. 선고 71도186 판결.

59) 대법원 2011. 10. 10. 선고 2011도7261 판결.

〈표 2〉 참고인의 허위진술에 대한 처벌규정[60]

<table>
<tr><th></th><th colspan="3">미국의 처벌규정</th><th>한국의 처벌규정</th></tr>
<tr><td rowspan="2">참고인의 허위진술</td><td>대배심 수사단계</td><td colspan="2">18 U.S.C. §1503 협의의 사법방해죄 또는 18 U.S.C. § 1001(a)(2) 허위진술죄</td><td rowspan="2">처벌규정 없음(적극적인 증거 조작이 수반되지 않는 이상, 위계에 의한 공무집행방해 성립도 어려움</td></tr>
<tr><td>수사기관 수사단계</td><td colspan="2">18 U.S.C. § 1001(a)(2) 허위진술죄</td></tr>
<tr><td rowspan="5">참고인의 허위진술 유도</td><td rowspan="2">대배심 수사단계</td><td>유형력의 행사 또는 위협을 수반</td><td>18 U.S.C. §1512(a)(2)(B) 협의의 사법방해죄</td><td rowspan="5">- 유형력 행사를 통하여 허위진술을 유도한 경우에 한하여 특가법위반(보복범죄) 성립 가능
- 뇌물공여, 설득 등으로 자발적인 허위진술을 유도한 행위는 처벌 불가</td></tr>
<tr><td>부당한 설득 또는 기망행위를 수반</td><td>18 U.S.C. §1512(b)(2) 협의의 사법방해죄</td></tr>
<tr><td rowspan="3">수사기관 수사단계</td><td>유형력의 행사 또는 위협을 수반</td><td>18. U.S.C. §1512(a)(2)(C) 협의의 사법방해죄</td></tr>
<tr><td>부당한 설득 또는 기망행위를 수반</td><td>18 U.S.C. §1512(b)(3) 협의의 사법방해죄</td></tr>
<tr><td>뇌물공여를 통한 자발적 허위진술 유도</td><td>18 U.S.C. §1510 협의의 사법방해죄</td></tr>
</table>

반면에 미국의 경우 <표 2>에서 보는 것처럼, 참고인의 허위진술은 협의의 사법방해죄(18 U.S.C. §1503) 내지 허위진술죄(18 U.S.C. § 1001(a)(2))로 처벌하고 있으며, 유형력을 행사하거나 위협을 수반하는 경우 협의의 사법방해죄(18. U.S.C. §1512)로 처벌될 수 있다. 더욱이 우리나라와 달리 참고인(증인)의 진술을 얻기 위하여 중요참고인 체포제도(18 U.S.C. §3144) 및 벌칙부 소환영장제도(grand jury subpoena)가 적극적으로 활용되고 있으며, 증인이 자기부죄거부특권을 주장하는 경우 면책특권(Immunity)을 부여하여 증언하도록 하고, 이러한 면책특권을 부여했음에도 불구하고 증언을 거부하는 경우에는 법정모욕죄(18 U.S.C. §401)로 처벌할

60) 신영삼, "미국의 사법방해죄 및 허위진술죄와 국내 처벌규정의 비교법적 검토", 국외훈련검사 연구논문집(Ⅱ) 제35권, 2020, 829면.

수 있다.

이와 관련하여, 법무부는 2002년과 2010년 두 차례에 걸쳐 참고인에 대한 허위진술죄의 도입을 포함한 형법 개정을 추진한 바 있으나, 사법방해죄의 도입에 대하여, 첫째, 이 제도가 도입되면 참고인이 수사기관의 회유·협박에 따라 진술한 내용을 공판과정에서 번복할 경우 오히려 허위진술죄로 처벌받게 돼 공판절차가 유명무실해질 수 있고,[61] 둘째, 수사기관이 참고인 진술의 허위여부를 가려내야 하는 거증책임을 부담하는 데 그러한 부담에서 벗어나기 위하여 형사처벌을 이용하는 것은 인권침해일 뿐더러 이는 수사편의주의적 발상에 불과하며,[62] 셋째, 위증죄(형법 제152조)는 선서한 증인이 허위진술을 할 경우 책임을 지우는데 반해 선서도 하지 않는 참고인을 처벌하는 것은 형평성에 반한다는 견해[63]가 있다. 동일한 맥락에서 사법방해죄는 위계에 의한 공무집행방해죄, 범인도피죄, 증거위조죄, 무고죄 등으로 처벌할 수 있으므로 별도의 규정이 도입될 필요가 없다는 주장[64]도 제기된 바 있다.[65]

그러나 첫째, 허위진술죄를 도입한다는 것은 수사기관에서 '허위'의 진술을 한 경우 이를 처벌한다는 것일 뿐이지, 수사기관에서의 진술과 공판정에서의 진술이 차이가 나는 경우와 같이 진술이 번복되는 경우에 있어 수사기관에서의 진술을 무조건 허위라고 보아 이를 처벌하겠다는 것은 아닌바, 진술이 번복되는 경우 발생하는 허위진술죄와 위증죄의 성부에 대한 궁극적인 판단권은 법원에 있는 것이므로, 허위진술죄 남용에 의한 폐해는 지나친 기우라고 할 것이며, 둘째, 국민이 수사절차에 적극적인 협력을 하여야 할 의무까지는 없다고 하더라도 적어도 수사절차에 개입하여 허위의 진술을 함으로써 수사절차를 방해할 권리와 자유는 없으며, 셋째, 미국 등 해외 주요 국가에서 허위진술죄의 경우 선서를 하지 아니한 채 이루어지는 위증을 기본적인 구성요건으로 하고, 선서를 한 경우에는 이를 가중처벌하고 있다

---

61) 박광섭, "사법방해죄에 관한 연구", 법학연구 제21권 제2호, 2010, 208~209면.

62) 황만성, "사법방해행위의 형사법적 규제방안 – 참고인의 허위진술을 중심으로", 원광법학 제25권 제1호, 2009, 267면.

63) 박광섭, 앞의 글, 209면.

64) 황만성, 앞의 논문, 268면.

65) 2002년 12월 개정안에 대한 각계 의견과 관련하여, 보다 자세한 내용은, 도중진, "사법방해죄의 입법화방안", 형사정책 제20권 제2호, 2008, 186~187면 참조; 2010년 12월 개정안에 대한 각계 의견과 관련하여, 보다 자세한 내용은, 박달현, "사법방해죄의 도입가능성과 그 필요성 검토", 형사정책연구 제23권 제3호, 2012, 13~14면 참조.

는 점에서(독일 형법 제153조, 제154조; 오스트리아 형법 제288조 제1항, 제2항; 스위스 형법 제307조 제1항, 제2항 등),[66] 선서 여부가 반드시 필요한 요건은 아니라고 보아야 한다. 따라서 위증죄와 별도로 적극적인 해석을 통해 사법절차 방해 목적이 있는 경우에 처벌하는 것도 가능할 것이다.

무엇보다도 인권침해란 무고한 자가 누명을 쓰고 처벌을 받거나, 죄를 지은 것으로 의심받는 자가 자백을 강요당하면서 고문이나 가혹행위를 당하는 절차보장의 문제란 점에서, 범죄의 진상이 밝혀져 죄를 지은 자가 제대로 처벌받는 것은 정의와 법률의 실현으로 보아야 할 것이다. 오히려 국민들이 사법방해행위를 처벌한다는 사실을 알면 고질적 온정주의에서 벗어나 진실을 이야기함으로써 피의자를 상대로 자백을 받아 내기 위하여 고문을 하거나 가혹행위를 하여 인권을 침해할 필요성이나 위험성은 오히려 더 줄어들게 될 것이다. 또 위계에 의한 공무집행방해죄, 범인도피죄, 증거위조죄, 무고죄 등으로 처벌할 수 있으므로 별도의 사법방해죄 처벌규정이 도입될 필요가 없다는 주장도 한국의 경우 적극적인 증거조작이 수반되지 않는 이상, 참고인의 허위진술에 대해 위계에 의한 공무집행방해죄의 성립을 인정하는 것은 어려우며, 참고인의 허위진술을 유도하는 행위 역시 유형력 행사를 통하여 허위진술을 유도한 경우에 한하여 특가법위반죄(보복범죄)의 성립이 가능할 뿐, 뇌물공여, 설득 등으로 자발적인 허위진술을 유도한 행위를 처벌하는 것은 불가능할 것이다. 특히 참고인의 출석의무 내지 출석강제 수단이 없는 현행 법제 하에서는 참고인으로서는 원하지 않으면 수사기관에 출석하지 않으면 그만이며, 혹시 출석하여 진술하더라도 자신이 말하고 싶지 않은 부분에 대해서는 진술을 거부하면 된다.[67] 그런데 참고인이 출석하여 허위로 말을 지어내어 수사기관을 '거짓말 경연장'으로 만들고 사법질서를 중대하게 농락하는 행위 자체에 대해서는 어떤 제재를 가하는 것이 타당하지 않을까? 과연 미국의 사법방해죄에 관한 입법태도를 지나치게 탄압적인 것으로 치부하면서, 도입을 거부하는 것이 한국적 형사사법 절차의 염결성을 지탱하는 것일까?

---

66) 다른 나라의 위증죄와 관련한 자세한 내용은, 김석우, "사법정의방해죄에 대한 고찰", 형사법의 신동향 통권 제19호, 2009, 18~43면 참조.

67) 홍성기, 앞의 논문, 531면.

Ⅳ. 결론

우리나라에서는 그동안 엄격한 증거원칙과 피의자·피고인의 인권보장에 치중하여 사법작용의 효율성 및 피해자와 참고인 보호에 대하여는 그 관심을 소홀히 해 온 반면, 수사기관이 모든 것을 밝혀 낼 수 있다는 생각으로 행해진 무리한 수사 내지 강압수사는 국민으로부터 질책을 받아왔다. 더욱이 전술(前述)한 것처럼, 판례는 '형사피의자는 진술거부권, 묵비권이 있고, 또 진실을 진술하여야 할 법률상의 의무가 없으며, 허위로 그 피의사실을 자백하였다 하더라도 수사기관은 그 자백유무에 불구하고 진실을 발견할 수 있는 증거를 조사 수집하여야 할 권리의무가 있다'고 설시하여 거짓말할 권리가 있는 것처럼 판시하고 있다.

그러나 형사소송법이 임의성없는 자백의 배제법칙(제309조), 위법수집증거배제법칙(제308조의2), 자기부죄금지특권(제200조 제2항)을 규정하여 고문 등 강압적 수사를 금지하는 한편, 적법절차를 준수토록 하여 인권보장을 하고 있다고 하더라도 이것이 피의자나 참고인에게 거짓말할 권리를 보장하는 규정은 아니다. 미국 연방수정헌법 제5조가 자기부죄금지특권을 인정하고 있지만, 거짓말 등에 의한 사법방해행위의 규제를 위한 규정을 두고 있는 것을 보더라도 잘 알 수 있다.

그런데 진실을 말할수록 손해를 보고, 거짓을 말할수록 득이 되는 사법제도로써는 법이 제대로 작동하고 있다는 사실을 사람들의 마음에 심어 줄 수 없다. 진실을 밝히고 싶은 동기부여가 되지 않기 때문이다. 무엇보다도 아무런 죄의식없이 행해지는 당사자들의 허위진술 마저도 인권보호 내지 적법절차의 미명 하에 보호한다면 이는 국가가 마땅히 행사해야 할 형벌권행사의 의무를 져버리는 결과를 초래할 것이다.

결국 국민으로부터 신뢰받는 사법기관이 되기 위해서는 부적법하고 부당한 수사는 종식되어야 하지만, 타인의 형사사건에 관하여 진상을 알고 있는 자에게 사건의 실체를 밝히는 데 협조할 의무를 부과하여 일반 국민들을 사법절차에 동참하게 할 수도 있고, 수사기관의 업무부담을 경감함으로써 국가적 이익을 증대시킨다는 점을 고려한다면, 미국에서와 같은 범죄 피해자 및 증인 등에 대한 실효성 있는 보호 장치와 사법방해죄를 처벌하는 사법방해행위에 관한 규제제도를 도입할 필요가 있다고 본다. 다만 사회적 환경이 변화되지 않은 상황에서 미국에서와 같이 피의자, 참고인 모두 적용되고, 모든 국가기관에 적용되는 광범위한 사법방해행위의 규제제도를 도입할 경우 엄청난 범죄자의 양성 및 수사기관의 권한남용의 소지가 있고, 미국의 사법방해행위의 규제제도들이 너무 광범위하고, 모호하여 어느 경우까지가 처벌되는 부분인지 애매한 경우가 적지 않다. 따라서 미국의 입법례를 참조하여 광범위한 사법방해죄 자체를 도입하기보다는 일단 법원의 통제가 가능한 형사재판과정에서 사법방해죄를 도입하는 한편, 행정절차에서 허위진술을 처벌하는 규정을 최대한 활용하여 사법방해죄를 처벌한다는 사실을 보편화시킨 후 수사과정 등에서의 사법방해죄를 도입할 필요가 있을 것이다. 이 경우 자기부죄금지특권과 충돌할 우려가 있는 피의자보다는 참고인의 허위진술에 대해 처벌하는 규정을 먼저 도입하는 것이 상당하다고 보여진다.

【참고문헌】

1. 국내문헌

김석우, 사법정의방해죄에 대한 고찰, 형사법의 신동향 통권 19호, 대검찰청, 2009.

김종구, 미국 연방법상 사법방해죄에 관한 연구, 법학연구 제34호, 한국법학회, 2009.

나욱진, 미국의 사법정의 방해 법제, 국외훈련검사 연구논문집 제26집, 법무연수원, 2011.

노명선, 새로운 진술증거를 확보하기 위한 입법적 개선, 형사법의 신동향, 제29권, 2010.

도중진, 사법방해죄의 입법화 방안, 형사정책 제20권 제2호, 한국형사정책학회, 2008.

박광섭, "사법방해죄에 관한 연구", 충남대학교 법학연구 제21권 제2호, 2010.

박달현, 사법방해죄 도입가능성과 그 필요성 검토, 형사정책연구 제23권 제3호, 한국형사정책연구원, 2012.

박미숙, "미국의 사법방해죄에 관한 연구", 한국형사정책연구원, 1999.

박승환, 사법방해죄 도입론: 수사절차에서의 허위진술을 중심으로, 법조 통권 제629호, 법조협회, 2009.

신영삼, 미국의 사법방해죄 및 허위진술죄와 국내 처벌규정의 비교법적 검토 – 수사기관에서의 허위진술 관련 범죄유형을 중심으로 –, 국외훈련검사 연구논문 제35권(Ⅱ), 2020.

신태훈, 사법협조자 형벌감면제도에 관한 고찰 – 그 도입 필요성과 관련하여, 법과 정책, 제16권, 2010.

이현철 미국의 사법방해행위규제 제도 –미국의 사법방해죄와 허위진술죄를 중심으로–, 형사법의 신동향 통권 제6호, 대검찰청 2007.

정웅석, 수사상 허위진술과 위계에 의한 공무집행방해죄의 성립여부, 형사법의 신동향 통권 제16호, 대검찰청, 2008.

정병곤, "사법방해죄 도입에 대한 고찰", 한국콘텐츠학회논문지 제11권 제12호, 2011

정상환, "사법방해와 허위진술", 해외연수검사연구논문집(Ⅱ), 제13집, 법무연수원, 1997.

정화준, 방어권 남용에 대한 형사법적 규제 필요성 －Obstruction of Jutice(사법방해죄) omnibus provision(일반조항) 도입 필요성 검토를 중심으로－, 국외훈련검사 연구논문집(Ⅰ), 2022.

조동석, "허위진술죄의 도입제안", 법조 통권 제537호, 법조협회, 2001.

조상준, 「허위진술죄 Ⅱ －허위진술에 의한 형사사법 부실에 대한 대책－」, 참고인 진술 확보 방안 연구, 미래기획단 연구총서 Ⅲ, 검찰미래기획단.

______, 「참고인 구인제도」, 참고인 진술 확보 방안 연구, 미래기획단 연구총서 Ⅲ, 검찰미래기획단.

최병천, 미국에 있어서 수사기관에 대한 허위진술의 법적 규제, 형사정책 제15권 제2호, 한국형사정책학회, 2003.

황만성, "사법방해행위의 형사법적 규제방안 －참고인의 허위진술을 중심으로", 원광법학 제25권 제1호, 2009.

홍성기, 미국 연방법상 허위진술죄와 사법방행죄에 관한 연구, 국외훈련검사 연구논문집(Ⅱ) 제34집, 법무연수원, 2019.

2. 국외문헌

Best A., EVIDENCE(4th ed. 2001).

E.S. Podgor, Making 'Materiality' an Element of Obstruction of Justice, Champion, 2005

Friedman, Lawrence M., A History of American Law(2nd ed. 1985).

J. Quinn et al., Obstruction of Justice, American Criminal Law Review, 2013.

K.R. Taylor, Obstruction of Justice Nexus Requirement after Arthur Andersen and Sarbanes－Oxley, Cornell Law Review, 2008.

LaFave, Wayne R. 외 2인, Criminal Procedure(4th ed. 2004).

Roger C. Park 외 2인, EVIDENCE LAW(2nd ed. 2004).

Strong, John William, McCormick on Eevidence(4th ed., 1992).

【국문초록】

우리나라에서는 그동안 엄격한 증거원칙과 피의자·피고인의 인권보장에 치중하여 사법작용의 효율성 및 피해자와 참고인 보호에 대하여는 그 관심을 소홀히 해 온 반면, 수사기관이 모든 것을 밝혀 낼 수 있다는 생각으로 행해진 무리한 수사 내지 강압수사는 국민으로부터 질책을 받아왔다. 더욱이 판례는 '형사피의자는 진술거부권, 묵비권이 있고, 또 진실을 진술하여야 할 법률상의 의무가 없으며, 허위로 그 피의사실을 자백하였다 하더라도 수사기관은 그 자백유무에 불구하고 진실을 발견할 수 있는 증거를 조사 수집하여야 할 권리의무가 있다'고 설시하여 거짓말할 권리가 있는 것처럼 판시하고 있다.

그러나 형사소송법이 임의성없는 자백의 배제법칙(제309조), 위법수집증거배제법칙(제308조의2), 자기부죄금지특권(제200조 제2항)을 규정하여 고문 등 강압적 수사를 금지하는 한편, 적법절차를 준수토록 하여 인권보장을 하고 있다고 하더라도 이것이 피의자나 참고인에게 거짓말할 권리를 보장하는 규정은 아니다. 미국 연방수정헌법 제5조가 자기부죄금지의 특권을 인정하고 있지만, 거짓말 등에 의한 사법방해행위의 규제를 위한 규정을 두고 있는 것을 보더라도 잘 알 수 있다.

결국 국민으로부터 신뢰받는 사법기관이 되기 위해서는 부적법하고 부당한 수사는 종식되어야 하지만, 타인의 형사사건에 관하여 진상을 알고 있는 자에게 사건의 실체를 밝히는 데 협조할 의무를 부과하여 일반 국민들을 사법절차에 동참하게 할 수도 있고, 수사기관의 업무부담을 경감함으로써 국가적 이익을 증대시킨다는 점을 고려한다면, 미국에서와 같은 범죄 피해자 및 증인 등에 대한 실효성 있는 보호 장치와 사법방해죄를 처벌하는 사법방해행위에 관한 규제제도를 도입할 필요가 있다고 본다.

◈ 주제어: 사법방해죄, 위증죄, 허위진술죄, 수사방해죄

【Abstract】

A Comparative Study on the Obstruction of Justice of U.S.-Korea*

Jeong, OungSeok**

In Korea, the focus has been on the strict principles of evidence and the protection of human rights of suspects and defendants, neglecting the efficiency of judicial action and the protection of victims and reference witnesses, while unreasonable or coercive investigations conducted with the idea that investigative agencies can reveal everything have been reprimanded by the public. Moreover, the precedent is judged as if the criminal suspect has the right to refuse to state and to remain silent, and has no legal obligation to state the truth, and even if the suspect confesses falsely, the investigative agency has the right to investigate and collect evidence to discover the truth despite the existence of the confession.

However, even if the revised Criminal Procedure Act prohibits coercive investigations such as torture by stipulating the law of exclusion of confession without randomness (Article 309), the law of exclusion of illegal collection evidence (Article 308－2), and the privilege of prohibiting self－incrimination (Article 200 (2)), while guaranteeing human rights by complying with due process, this does not guarantee the right to lie to suspects or reference persons. Although Article 5 of the U.S. Federal Amendment recognizes the privilege of prohibiting self－incrimination, it is clear from the fact that it has regulations for the regulation of obstruction of justice by lying.

In the end, in order to become a trusted judicial institution by the people, inappropriate and unfair investigations must be ended, but considering that those who know the truth about other people's criminal cases can be obliged to cooperate in revealing the truth of the case, and that it increases national interests by reducing the burden on investigative agencies, it is necessary to introduce effective protection measures for crime victims and witnesses as in

---

* This Research was supported by Seokyeong University in 2024.

** Professor, College of Social Sciences, Department of Law, Seokyeong University.

the United States and a regulatory system on obstruction of justice that punishes obstruction of justice.

◈ Key Words: Obstruction of Justice, perjury, false statements, obstruction of investigation.

한국형사소송법학회 『형사소송 이론과 실무』
제16권 제2호 (2024.06) 79~136면.
Theories and Practices of Criminal Procedure Vol. 16 No. 2 (June. 2024) pp. 79-136.
10.34222/kdps.2024.16.2.79

영국의 취약한 참고인·증인의 의사소통 중개를 위한 등록 중개인 제도에 관한 고찰*
-우리나라의 진술조력인 제도와의 비교를 중심으로-

홍 진 영**·이 상 혁***

목 차

Ⅰ. 들어가며

진술조력인 제도는 2012. 12. 18.「성폭력범죄의 처벌 등에 관한 특례법」(이하 '성폭력처벌법'이라 한다)의 전면 개정(법률 제11556호)으로 처음 도입되어, 2013. 12. 19.부터 시행되었다. 성폭력처벌법 제36조 및 제37조에서는 수사 및 재판과정에 진술조력인이 참여할 수 있는 경우를 "성폭력범죄의 피해자가 13세 미만의 아동이거나 신체적인 또는 정신적인 장애로 의사소통이나 의사표현에 어려움이 있는 경우"로 정하였다. 이후 2014. 1. 28. 법률 제12341호로 제정된「아동학대범죄의

* 이 논문은 공저자들이 연구진으로 참여한 2022년 법무부 연구용역 과제 보고서의 일부(해당 연구용역 내용은 법무부의 공식견해와 다를 수 있음)을 수정·보완한 부분을 포함하고 있습니다. 법원의 실무에 관한 질문에 대하여 충실한 답변을 제공하여 주신 법원행정처 형사지원심의관실 정재우 판사님께 깊이 감사드립니다.
** 서울대학교 법학전문대학원 부교수
*** 국방부 군법무관

처벌 등에 관한 특례법」 제17조 제2항, 2021. 4. 20. 법률 제18100호로 제정된 「인신매매등방지 및 피해자보호 등에 관한 법률」 제18조에서 각기 진술조력인에 관한 성폭력처벌법의 조항을 준용하는 규정을 두면서 진술조력인 제도의 활용 범위가 아동학대범죄 및 인신매매등범죄로 확대되었다. 나아가 2021년 헌법재판소가 아동·청소년 피해자 진술에 관한 영상녹화물 증거능력 특례에 관한 성폭력처벌법 제30조 제6항에 대하여 위헌으로 결정한 것(헌법재판소 2021. 12. 23. 2018헌바524 결정, 이하 '이 사건 위헌결정'이라 한다)을 계기로 2023. 7. 11. 위 조항 및 성폭력처벌법상의 아동·청소년 및 장애인 피해자 진술 관련 조항 전반에 대하여 법률 제19517호로 개정 입법이 이루어져 2023. 10. 12. 시행되었는데, 그와 같은 개정 입법의 일환으로 성폭력처벌법 제36조, 제37조에 따라 진술조력인이 선정될 수 있는 아동·청소년의 연령이 13세 미만에서 19세 미만으로 확대되었다. 그와 별개로 「장애인복지법」 제59조의16이 2021. 7. 27. 법률 제18333호로 신설되어, "범죄사건의 피해자인 장애인[1]이 의사소통이나 의사표현에 어려움이 있는 경우 피해자에 대한 형사사법절차에서의 조력과 원활한 조사·검증 또는 증인 신문을 위하여" 직권이나 피해자 또는 제59조의8 제1항[2]의 보조인의 신청에 따라 성폭력처벌법 제35조 제1항에 따른 진술조력인으로 하여금 조사과정, 검증 또는 증인 신문에 참여하여 의사소통을 중개하거나 보조하게 할 수 있다고 규정하였다. 이로써 장애인의 경우 성폭력범죄와 아동학대범죄를 넘어서서 모든 범죄 피해에 관한 형사절차에서 진술조력인의 조력을 받을 수 있게 되었다.[3]

한편, 2023년 성폭력처벌법 개정 당시, 진술조력인 제도와는 별도로 전문조사관 제도의 도입이 추진되었다. 위 입법을 추진하였던 법무부 형사법제과의 설명에 따르면, 전문조사관은 "아동의 특성을 고려하여 준비절차에서 정한 신문사항을 토대로 개방형으로 질문을 함으로써 대화의 주도권을 진술자에게 넘기는 아동조사면담기법을 활용하여 피해자로부터 최상의 증거를 취득하는 역할"[4]을 하는 반면, 진술

1) 「장애인복지법」 제2조 제1항에서는 "장애인"을 "신체적·정신적 장애로 오랫동안 일상생활이나 사회생활에서 상당한 제약을 받는 자"로 정의하고 있다.

2) "학대받은 장애인의 법정대리인, 직계친족, 형제자매, 장애인권익옹호기관의 상담원 또는 변호사는 장애인학대사건의 심리에 있어서 보조인이 될 수 있다. 다만, 변호사가 아닌 경우에는 법원의 허가를 받아야 한다."

3) 김지영, "장애인복지법상 진술조력인 제도의 현황과 개선방안", 사회법연구 제48호, 한국사회법학회(2022. 12.), 628면.

4) 법무부 2022. 6. 29.자 보도자료, 미성년 성폭력 피해자 맞춤형 증거보전절차 도입, 11면.

조력인은 "피해자가 의사소통이나 표현에 어려움이 있는 경우 원활한 조사를 위하여 진술 내용에 개입하지 않는 범위에서 의사소통을 중개하거나 보조하는 역할을 하는 점"[5]에서 차이가 있다고 한다. 우리의 진술조력인 제도는 영국의 등록 중개인 제도(Registered Intermediary)를 모델로 하여 고안되었는데,[6] 영국의 등록 중개인은 위 법무부 형사법제과의 진술조력인에 대한 설명처럼 수사기관과 재판의 당사자 및 법원이 질문의 주체가 되는 것을 전제로 하여 의사소통을 중개, 보조하는 역할만을 담당한다. 반면 전문조사관 제도는 북유럽의 바르나후스 제도를 모델로 한 것으로,[7] 훈련된 전문조사관이 스스로 질문의 주체가 된다는 점에서 보다 적극적인 역할을 담당하고, 반면 수사기관과 재판의 당사자 및 법원은 전문조사관을 통하여 간접적으로만 질문을 하게 된다. 이에 전자를 직접신문 모델로, 후자를 간접신문 모델로 지칭하기도 한다.[8] 그러나 전문조사관 제도의 도입은 새로운 역할이 부여된 전문인력을 구성하여야 한다는 실무상의 난점 외에도 전문조사관을 통한 질문 과정으로써 이 사건 위헌결정의 취지에 부합하는 반대신문권 보장이 이루어질 수 있는지, 기존의 진술조력인 제도와의 관계 설정은 어떻게 하여야 할 것인지에 대한 심도 있는 논의를 요하는 문제로, 이 사건 위헌결정에 대한 신속한 입법적 대처가 필요한 상황에서 위 제도 도입 여부에 관한 다각도의 검토를 하기에는 적지 않은 어려움이 있었다. 결국 입법 과정에서 전문조사관 제도 도입은 철회되었고, 대신 앞서 언급한 것처럼 진술조력인의 조력 범위를 확대하는 방향으로 논의가 마무리되었다.

그런데 이처럼 이 사건 위헌결정 이후 진술조력인 제도의 활용도가 점차 증가함과 동시에 공판정에서 중요한 역할을 수행할 것이 예상됨에도, 진술조력인 제도가 도입되고 10여 년이 지난 현재까지도 진술조력인의 정확한 업무 범위와 적정한 업무 수행 방식이 실무상 정립되어 있지 않다. 법무부령인 「진술조력인의 선정 등에 관한 규칙」 및 대법원 규칙인 「성폭력범죄 등 사건의 심리 · 재판 및 피해자 보호에

5) 법무부, 위 보도자료(주 4), 11면.

6) 김태경 · 윤성우 · 서민재 · 김경옥 · 한은미, "성폭력 범죄피해 아동 · 장애인을 위한 진술조력인의 한국형 역할모델", 피해자학연구 제21권 제2호, 한국피해자학회(2013. 10.), 195면.

7) 북유럽의 바르나후스 모델에 대하여 상세하게 소개하고 있는 국내 문헌으로는, 여동근, "북유럽 바르나후스 모델이 국내 아동성범죄 피해자의 진술획득절차와 관련하여 주는 시사점과 그 적용 가능성에 관한 연구", 사법논집 제75집, 사법발전재단(2022), 55－98면.

8) 문지선, "아동 성폭력 피해자 보호를 위한 특별 진술절차 도입방안", 법학연구 제34권 제4호, 충남대학교 법학연구소(2023. 11.), 267면.

관한 규칙」에서 진술조력인의 업무 범위에 관하여 꽤 구체적인 조항을 두고 있고 진술조력인 업무매뉴얼도 마련되어 있지만, 절차에 참여하는 관련자들의 진술조력인의 역할에 대한 이해 부족 등을 이유로 의사소통의 중개 및 보조 역할이 적극적으로 전개되지 못하고 진술자의 심리를 지원하는 역할에 그치는 경우가 많은 것으로 보인다.9) 학계에서도 진술조력인에 대한 이해 방식이 일의적으로 수렴되어 있지 않다. 이에 본 논문에서는 우리 진술조력인 제도의 모태가 된 영국의 등록 중개인 제도에 대하여 기존의 선행 연구10)보다 포괄적이고 구체적인 조사를 통해 현재 시행되고 있는 진술조력인 제도의 개선을 위한 시사점을 도출해 보고자 한다.

Ⅱ. 영국11)의 등록 중개인 제도

1. 등록 중개인 제도의 의의

(1) 도입 경위

영국에서는 1980년대부터 형사소송 절차에서 아동·청소년 증인12)의 트라우마를

9) 최근의 진술조력인 제도의 현황에 관한 질적 연구로는 한은미·김태경, "해바라기센터 조사 시 진술조력인의 역할 실제", 공공사회연구 제13권 제4호, 한국공공사회학회(2023), 97－121면.

10) 영국의 등록 중개인 제도가 진술조력인 제도의 모태가 되었다는 평가에도 불구하고, 위 제도에 관한 비교법적 연구가 국내에서 풍부하게 전개되지는 않았다[간략한 정도의 언급으로는, 김태경 외 4인, 앞의 각주 6)의 논문, 198－199면; 김정혜, "진술조력인의 의의와 역할: 성폭력 범죄 피해 장애인을 중심으로", 고려법학 제69호, 고려대학교 법학연구원(2013. 6.), 65－74면]. 그에 대한 예외로 조광훈, 형사절차상 진술조력인 제도에 관한 연구, 고려대학교 법학박사 학위논문(2020)에서는 등록 중개인 제도에 대하여 매우 구체적이고 상세한 정보를 제공하고 있고, 위 논문에서 다루고 있는 많은 내용이 본 논문의 내용과 중첩된다. 그러나 위 논문에서는 관련 내용이 우리 진술조력인 제도의 개선 방안에 관한 본문의 논의를 위한 각주로 흩어져 있어 등록 중개인 제도에 관한 종합적이고 체계적인 이해에는 다소 어려움이 있으므로, 본 논문을 통하여 위 제도를 완결적으로 소개하고자 하였다. 이하의 내용은 영국에서의 등록 중개인 활용의 실무와 관련하여 다소 지엽적이라고 볼 여지가 있는 세부적인 사항까지도 포함하고 있는데, 이는 본 논문이 외국의 관련 제도를 최대한 가감 없이 국내에 소개하는 것을 목적으로 한 연구용역 보고서의 내용에 바탕을 두고 있기 때문이다.

11) 여기서의 영국은 잉글랜드와 웨일즈를 말한다.

12) 아래 영국에 관한 논의에서 '증인(witness)'은 공판 절차에서의 증인뿐 아니라 수사 과정에서의 참고인도 포함하는 개념을 지칭한다. 우리 형사절차의 맥락에 맞게 증인과 참고인을 엄밀히 구분하여 사용하기가 용이하지 아니하여 부득이 '증인'으로 총칭하여 번역하되 명백히 수

최소화하면서도 정확한 진술을 할 수 있도록 돕기 위한 여러 제도를 도입해 왔다. 특히 1999년에 제정된 「아동 · 청소년 사법 및 형사증거법」(The Youth Justice and Criminal Evidence Act, 이하 '아동증거법'이라 한다)은 그간 실행되어 왔거나 새롭게 모색된 아동 · 청소년 증인에 대한 보호 조치를 집대성하고, 증언 과정에서 조력을 필요로 하는 일정 범주의 성인에게도 그 보호 조치를 확대하였다는 점에 특히 중요한 의의가 있다.[13] 등록 중개인 제도는 아동증거법 제정을 추진하는 과정에서 조직된 부처간 실무 그룹(Interdepartmental Working Group)에서 작성한 1998년 보고서("Speaking Up For Justice")에서 '취약한 증인'을 위한 특별조치로 권고한 사항 중 하나로,[14] 최종적으로 아동증거법 제29조에 그 근거가 마련되었다. 아동증거법이 발효됨에 따라 법무부가 주관하는 '증인 중개인 계획(Witness Intermediary Scheme; 이하 'WIS'라 한다)'이 출범하였고, WIS의 주도로 2004년부터 중개인 제도가 파일럿 프로그램을 통해 잉글랜드와 웨일스 지역에서 시범운용되었으며 이후 시범운용이 성공적이었다는 평가와 함께 2008년부터는 전국적으로 확대시행되었다.[15]

사 단계에서의 절차를 의미하는 경우에는 '참고인'으로 번역하였다.

13) 아동증거법에서는 보호의 대상이 되는 증인을 크게 '취약한 증인(vulnerable witness)'과 '위축된 증인(intimidated witness)'으로 나누고 있다. 위 법 제16조의 '취약한 증인'은 (1) 재판 당시 18세 미만의 사람이거나 (2) 법원이 판단하기에 (a) 정신보건법(Mental Health Act 1983)에서 정의하는 바에 따른 정신장애, (b) 지적 · 사회적 기능에 대한 중대한 손상, 또는 (c) 신체장애로 인해 그 증인이 제공하는 진술의 질적 수준이 감소할 가능성이 있는 사람을 포함하고, 위 법 제17조의 '위축된 증인'은 제반 사정을 고려할 때 공포심이나 스트레스로 인해 양질의 증언을 제공하기 어렵다고 판단되는 사람으로 정의된다. 아동증거법에서 마련한 증인 보호를 위한 특별조치로는 ① 차폐시설(screen) 설치를 통한 피고인과 증인의 분리(제23조), ② 원격 영상증인신문(제24조), ③ 증인신문기일의 비공개(제25조), ④ 가발과 법복의 미착용(제26조), ⑤ 수사 과정 조사의 영상녹화(제27조), ⑥ 영상녹화물에 대한 공판 전 반대신문(제28조), ⑦ 중개인(intermediary)에 의한 의사소통 과정 조력(제29조), ⑧ 의사소통 보조수단의 사용(제30조)이 있고, '취약한 증인'에 대해서는 위 모든 조치의 활용이 가능한 반면 '위축된 증인'에 대해서는 ⑦, ⑧의 조치는 적용되지 않는다. 이 중 특히 영상녹화물에 대한 공판 전 반대신문(제28조)에 관한 소개는 홍진영·이상혁, "영국의 아동 성범죄 피해자 진술의 영상녹화물에 대한 공판 전 반대신문 제도에 관한 고찰 －아동 성범죄 재판에서의 증거보전 절차 활용에 관한 시사점을 중심으로－", 사법 제68호, 사법발전재단(2024. 6.), 371면 이하 참조.

14) Home Office, Speaking Up For Justice: Report of the Interdepartmental Working Group on the Treatment of Vulnerable or Intimidated Witnesses in the Criminal Justice System(1998), p.59.

(2) 아동증거법 제29조의 규정 및 기본 개요

1) 중개인 제도의 의의와 중개인의 기본 역할

제29조(중개인을 통한 증인 신문)
① 특별조치 명령은 (어떤 방식으로 언제 시행되는지와 무관하게) 본조의 목적을 위하여 법원에 의해 승인된 통역인 또는 다른 사람(이하 "중개인"이라 한다)을 통해 증인에 대한 신문이 이루어지도록 정할 수 있다.
② 중개인은 (a) 증인에 대하여는 그 증인에게 제기된 질문, 그리고 (b) 그 질문자에 대하여는 증인이 제공한 답변을 각각 의사소통하고, 증인 또는 질문자가 이해할 수 있게끔 필요한 한도 내에서 그러한 질문과 답변을 설명하는 기능을 수행한다.
③ 제1항에 따른 증인 신문은 형사소송규칙(Criminal Procedure Rules) 또는 지침에서 정하는 사람이 현존하는 때에 다음 각 호의 상황에서 이루어져야 한다.
(a) 법관과 검사, 변호인이 증인 신문 과정을 보고 들을 수 있고, 중개인과 의사소통할 수 있으며,
(b) (영상녹화 신문의 경우를 제외하고는) 배심이 (만약 존재한다면) 증인 신문을 보고 들을 수 있는 상황
④ 소송당사자에게 복수의 대리인이 존재하는 경우, 제3항 (a)호의 요건은 모든 주요 순간(all material times)에 그 중 적어도 1인에 대하여 만족되었을 때 충족된 것으로 본다.
⑤ 중개인은 형사소송규칙에서 정한 절차에 따라 중개인으로서의 임무를 성실하게 수행할 것이라는 선서(declaration)를 하지 않고서는 특정 사안에서 중개인으로 활동할 수 없다.
⑥ 제1항은 증인에 대한 주신문을 갈음하기 위하여 영상물의 형태로 녹화된 증인의 인터뷰에 대하여는 적용되지 아니한다. 다만, 특별조치 명령에서는 만약 인터뷰가 중개인에 의해 이루어졌고 다음 각 호의 요건을 만족하는 경우에는 동법 제27조에 따라 그러한 영상녹화물을 증거로 인정할 수 있다.
(a) 그 사람이 인터뷰가 시작되기 전에 제5항을 준수하였고,
(b) 특별조치 명령이 있기 전에 본조의 목적에 따라 법원의 승인을 얻은 경우
⑦ 위증처벌법(Perjury Act 1911) 제1조(위증)는, 소송절차에서 통역인으로서 적법하게 선서한 사람에게 적용되는 것과 마찬가지로 중개인에게도 적용되어야 하고, 이러한 목적 범위 내에서 소송절차가 아닌 절차에서 중개인으로 행동하는 사람의 경우에 해당 절차는 증인의 증거가 제공되는 소송절차의 일환으로 보아야 한다.

중개인 제도는 절차 관여자와 연령이나 장애로 인하여 의사소통에 취약한 증인 사이의 온전하고 정확하며 일관성 있는 쌍방향 의사소통[16]을 위하여 존재하는 것

15) 김태경 외 4인, 앞의 각주 6)의 논문, 198면.
16) The Advocate's Gateway, Toolkit 16 – Intermediaries: step by step(2019), p. 3['Advocate's

으로, 중개인은 의사소통상의 필요를 측정하고 의사소통을 촉진할 수 있는 전문가로서[17] 그 주된 역할은 "진술의 질을 개선하고 법원과 검사, 변호인, 그리고 증인 상호간의 이해를 조력하는 것(to improve the quality of evidence and aid understanding between the court, the advocates and the witness)"이다.[18] 아동증거법 제29조 제2항에서 보는 바와 같이, 의사소통을 촉진하기 위해 중개인이 수행하는 주요한 역할은 두 가지이다. 첫째, 법원이나 피고인 · 변호인 또는 검사 등의 질문자에 의해 제기된 질문을 증인에게 전달하고, 반대로 증인이 그러한 질문에 대하여 제공한 답변을 다시 법원이나 피고인 · 변호인 또는 검사에게 전달하는 것이다. 둘째, 필요한 경우 증인과 질문자의 의사소통을 위하여 질문과 답변을 설명하는 것이다. 이처럼 중개인이 형사절차 관여자와 증인과의 의사소통을 돕거나 제공된 진술을 설명하는 역할을 수행하는 경우에도, 당연히도 해당 증인의 이해 수준에 적정하고 적합한 질문을 제시하여야 할 재판장과 검사, 변호인의 책임이 면제되는 것은 아니다.[19]

중개인의 조력이 허용될 수 있는 증인은 ① 재판 당시 18세 미만의 아동인 사람(제16조 제1항)이거나, ② 법원이 판단하기에 증인이 제공하는 진술의 질적 수준(quality of evidence)이 ⓐ 정신보건법(Mental Health Act 1983)에서 정의하는 바에 따른 정신장애(mental disorder), ⓑ 지적 · 사회적 기능에 있어서의 중대한 손상, ⓒ 신체장애(physical disability or physical disorder)[20]로 인하여 감소할 가능성이

Gateway'(인터넷 링크: https://www.theadvocatesgateway.org/, 2024. 6. 8. 최종 확인)는 2012년에 설립된 독립기구로, 취약한 증인 또는 피고인에 대한 신문 등 이들과의 사법절차상의 의사소통이 원활하고 윤리적으로 이루어질 수 있게끔 법 실무가들을 위해 각각의 절차에서 지켜져야 할 원칙과 모범 실무가 무엇인지에 관한 지침('toolkit')을 19개의 안내 책자로 제공하고 있다. 이 중 지침 6(아동 또는 청소년에 대한 증인신문 준비), 지침 7(7세 이하의 아동에 대한 추가적인 요소), 지침 16(중개인)에 대한 번역문은 한나라(대표 집필), "아동 · 청소년 피해자에 대한 보호 제도 및 영상녹화물의 증거능력에 관한 해외사례 및 번역", 젠더법 실무연구: 재판자료 144집, 사법발전재단(2023), 191면 이하에 수록되어 있다]; Ministry of Justice, Registered Intermediary Procedural Guidance Manual(2023), p. 5.

17) Ministry of Justice, Achieving Best Evidence in Criminal Proceedings: Guidance on Interviewing Victims and Witnesses, and Guidance on Using Special Measures(January 2022), p. 180.

18) Criminal Procedure Direction 6.2.1; Judicial College, Crown Court Compendium Part Ⅰ (June 2023), 3–36.

19) Ministry of Justice, 위 주 17)의 자료, p.178.

20) 청각 장애가 있는 증인은 청각장애인을 위한 수어통역사의 조력을 선택할 수도 있지만, 만일 그러한 증인의 특수한 필요를 충족시키기 위해 중개인의 참여가 더 적합하다고 판단되는 경

있는 사람이다. 아동증거법에서는 위와 같은 '취약한 증인(vulnerable witness)'의 범주에 속하는 증인 외에도 제17조에서 이른바 '위축된 증인(intimidated witness)', 즉 공포심이나 스트레스로 인하여 증인이 제공하는 진술의 질적 수준이 감소할 가능성이 있는 사람에 대하여도 법원이 특별조치를 취할 수 있도록 하는 법적 근거를 제공하고 있지만,[21] 위 유형의 증인에 대하여는 중개인의 조력이 허용되지 않는다.[22]

2) 다른 직역의 실무자와의 구별

이러한 중개인의 역할이나 그에 따른 지위는 다른 직역의 실무자와 구별되어야 한다. 우선, 중개인은 피해자를 위해 선임된 대리인이 아니므로 피해자를 위해 의사소통을 보조하는 경우에도 그러한 업무 수행은 불편부당하고 중립적이어야 하고, 중개인이 부담하는 의무는 증인 또는 소송의 일방 당사자가 아닌 오로지 법원에 대한 의무로 보아야 한다.[23] 또한 중개인은 증인이 아니므로 증인 소환의 방식으로 법정 출석을 명할 수 없다. 다만 증인이 재판 전에 사망하였고 일찍이 그 증인과 접촉한 바 있는 중개인의 증인에 관한 진술이 요구되는 경우와 같이 극히 예외적인 상황에서 검찰 측 증인으로 중개인을 법정에 출석시킬 필요가 있는 때가 있을 수는 있다. 마지막으로, 이러한 중개인은 통역인이 아니라는 점 또한 주지되어야 한다.[24]

제29조에서는 법원이 주재하는 형사재판 절차에서의 중개인 참여에 관하여 규정하고 있지만, 뒤에서 상세히 살펴보는 것처럼 중개인은 통상적으로 경찰 수사 단계에서부터 피해자와 절차 관여자의 의사소통을 중개하는 역할을 수행하게 된다. 여기서는 우선 제29조에 따라 법원의 절차에 참여하는 중개인의 자격과 의무에 관하여 간략히 살핀다. 중개인이 법원의 절차에 참여하려면 제1항에 의거하여 법원의 승인을 얻어야 하고(아동증거법 제27조에 따라 증인에 대하여 사전에 녹화된 영상녹화물을 상영하는 것으로 주신문을 갈음하는 경우에 있어서 이미 중개인이 영상녹화물

우에는 중개인 제도를 선택하여 증언 과정에서 조력을 얻는 것도 가능하다.

21) 위 주 13)의 설명 참조.

22) Ministry of Justice, 위 주 17)의 자료, p.180.

23) Criminal Practice Directions, para. 6.2.1.

24) Crown Prosecution Service, "Special Measures", 2021. 4. 19. (Updated 2023. 8. 29.) (인터넷 링크: https://www.cps.gov.uk/legal-guidance/special-measures, 2024. 6. 8 최종 확인); The Advocate's Gateway, 위 주 16)의 자료, pp.8-9.

에 의한 조사 당시에 증인을 조력하였던 경우에는 소급적인 사후 승인이 가능하다), 제5항에 의거하여 자신의 역할을 충실하고 성실하게 수행할 것이라는 선서를 하여야 한다.[25] 중개인은 통역인과 마찬가지로 증인 또는 법원에 대하여 고의로 잘못되거나 허위의 진술을 전달하지 않아야 할 의무를 부담한다.[26] 또한 제3항 및 제4항이 규정하듯, 중개인이 재판 과정에 참여하는 경우, 판사는 물론 검사 및 피고인 측 변호인 중 각각 최소 한 명은 그 증인의 증언을 보고 들을 수 있어야 하고, 중개인을 통해 증인과 의사소통할 수 있어야 하며, 배심이 관여하는 경우에는 배심 역시 증인의 중개인을 통한 소통 과정을 보고 들을 수 있어야 한다.[27]

(3) 등록 중개인과 미등록 중개인의 구분

위와 같이 아동증거법상 아동 증인의 진술과 의사소통을 보조하기 위해 투입되는 중개인은 원칙적으로 '등록 중개인(registered intermediary)'일 것을 요한다. 등록 중개인이란 WIS에 따라 법무부에 의해 직접 모집되어 교육을 받고 공인된 중개인을 말하는 것으로, 이들은 수사 단계에서의 진술은 물론 법정에서의 증언 역시 보조할 수 있으며, 법무부에서 제공되는 윤리지침(code of ethics) 및 실무지침(code of practice)을 준수하여야 한다.[28] 윤리지침 및 실무지침의 구체적인 내용은 각각 다음과 같다.[29]

등록 중개인 윤리지침(Registered Intermediary Code of Ethics)

등록 중개인은 어떠한 상황에서도 다음의 윤리지침을 준수하여야 한다.

1. 전문가정신(Professionalism)
   등록 중개인은 어떠한 상황에서도 높은 수준의 전문가정신을 가지고 행동해야 한다.
2. 적절성(Propriety)
   등록 중개인은 업무상 취득한 정보나 지식을 자기 자신 또는 주변인의 이익을 위하여 부적절하게 사용하여서는 안 된다.

25) Ministry of Justice, 위 주 17)의 자료, p.178.
26) Ministry of Justice, 위 주 17)의 자료, p.178.
27) Ministry of Justice, 위 주 17)의 자료, p.178.
28) Crown Prosecution Service, 위 주 24)의 자료.
29) Ministry of Justice, 위 주 16)의 매뉴얼, pp.6–7.

3. 존중의식(Respect)
   등록 중개인은 자신의 직업적 의무를 수행하는 과정에서 만나게 되는 모든 이들에게 존중을 보여야 하고, 다른 전문가의 업무 수행을 존중하여야 한다.
4. 회복력(Resilience)
   등록 중개인은 어떠한 예기치 못한 어려움도 극복해내고자 노력하여야 한다.
5. 비밀 보장(Confidentiality)
   등록 중개인은 정보 공유와 데이터 보호에 관한 사항을 포함하여 비밀 보장 의무를 엄격히 준수하여야 한다.
6. 불편부당성(Impartiality)
   등록 중개인은 철저하게 불편부당하여야 하며 형사사법 시스템을 위한 자신의 의무를 다하여야 한다.

등록 중개인 실무지침(Registered Intermediary Code of Practice)

등록 중개인은 어떠한 상황에서도 다음의 실무지침을 준수하여야 한다.

1. 등록 중개인은 법원의 불편부당한 공직자(impartial officer)로 직무 수행을 하여야 한다.
2. 등록 중개인의 가장 주된 책무는 증인과 경찰 또는 법원 사이의 온전하고 정연하며 정확한 의사소통이 가능하게끔 하는 것이다.
3. 등록 중개인은 증언의 내용을 변경하거나, 증인의 진술을 개선하거나 더 상세히 부연하려는 시도를 하여서는 안 된다. 의미를 변경하지 않는 범위 내에서 이해를 개선할 수 있는 조치는 법원의 명백한 승인이 있는 경우에만 취해질 수 있다.
4. 등록 중개인은 증인에게 그들의 역할을 설명하고 중개인에 의한 평가에 참여하는 데에 동의를 얻어야 한다.
5. 등록 중개인은 증인이 제공하는 증언이나 해당 사안의 어떠한 부분에 관하여서도 논의에 참여하거나 조언을 제공하거나 자신의 견해를 표출하지 않아야 한다.
6. 등록 중개인은 증인이 질문을 이해하거나 답변할 수 없거나, 비언어적인 방식으로 의사소통하고 있거나, 스트레스를 받은 상태에 있거나 휴식이 필요한 경우로서 그 증인에게 관심을 기울이는 것이 필요한 때에만 법정 절차에 개입할 수 있다.

7. 등록 중개인은 WIS의 적용을 받는 고소인과 증인에 관한 사건만을 WIS를 통해 수임하여야 한다. WIS를 통하여 수임한 사건에 관한 보수는 WIS의 보수 준칙에 정하여진 조건에 따라 청구되어야 한다.
8. 등록 중개인은 충분한 사전 통지가 있었던 모든 회의, 심문 및 공판 기일과 기타 관련 일정에 참석할 수 있도록 합리적인 노력을 기울여야 한다. 등록 중개인은 수임한 사건의 일정에 충분한 이유 없이, 그리고 가능한 경우에는 관련 당사자의 동의 없이는 일정을 취소하거나 연기해서는 안 된다.
9. 등록 중개인은 스스로 판단하기에 자신의 전문지식과 기술 범위 내에 있는 사건만을 수임하여야 한다.
10. 등록 중개인은 자신을 향해 제기된 수사나 형사절차 또는 자신의 업무 수행이나 역량에 관하여 제기된 이의나 조사가 있는 때에 이를 즉시 법무부의 취약한 이용자 정책 팀(Vulnerable Users Policy Team)을 거쳐 중개인 등록 위원회(Intermediaries Registration Board)에 보고하여야 한다.
11. 등록 중개인은 데이터 보호법상의 의무를 준수하여야 한다.
12. 등록 중개인은 증인의 필요를 평가함에 있어서, 증인이 필요로 하는 바에 대한 명확한 이해를 얻기 위하여 요구되는 모든 정보의 원천을 밝힘으로써 철저함을 기하여야 한다.
13. 등록 중개인은 증인에 대해 어떠한 의학적인 증상이나 질환, 장애를 진단하려 시도해서는 안 된다.
14. 등록 중개인은 증인이 겪는 어려움(증인이 중개인에 대하여 또는 절차 전반에 대하여 제기한 불만족을 포함함)을 기록하거나 전달하는 등으로 경찰이나 검찰 등 최종 수요자(end-user)가 그 점에 관하여 지속적으로 인지하고 있도록 하여야 한다.
15. 등록 중개인은 자신의 전문적 경험이나 교육의 한계를 포함하여 모든 종류의 어려움에 봉착하였을 때 이를 국립범죄청(National Crime Agency; NCA)에 공개하여야 한다.
16. 등록 중개인은 검사와 피고인의 변호인 사이에서 이루어지는 증거개시 절차와 관련한 의무를 존중해야 한다.
17. 등록 중개인은 자신의 지식과 기술을 지속적으로 발전시켜야 하고, 매년 지속적 전문성 개발(continuing professional development) 일지를 작성하여야 한다.
18. 등록 중개인은 WIS나 법무부의 평판을 실추시켜서는 안 된다.

WIS는 오로지 형사사건의 '증인'을 위한 중개인에 대하여 규율하고 있을 뿐이고, 형사사건의 취약한 '피고인', 또는 형사사건 이외에 가정법원 또는 민사법원에 계류 중인 사건의 취약한 소송 당사자를 위한 중개인 제도를 예정하고 있지는 않다. 그럼에도 영국 법원은 판례를 통해 법원에 주어진 고유 권한(inherent powers)에 의거하여 취약한 지위에 있는 피고인의 의사소통을 보조하기 위한 중개인의 존재를 긍정해왔는데,[30] 이러한 유형의 중개인은 자연히 WIS에 따른 등록 중개인이 아니라 '미등록 중개인(non-registered intermediary)'이 된다. 다만 취약한 '증인'의 의사소통을 보조하기 위해서도 등록 중개인이 아닌 미등록 중개인이 투입될 여지가 전혀 없는 것은 아니다. 이 경우 등록 중개인을 지정하는 것이 원칙이기는 하나, 현재 당장 해당 사안에 투입할 등록 중개인이 없고 해당 사안을 더 이상 합리적으로 지연할 수 없다고 판단되는 경우 검사는 WIS에 연락하여 미등록 중개인의 추천을 요청할 수 있다. 이때 검사는 미등록 중개인을 투입한 이유를 기록해두어야 한다.[31] 미등록 중개인은 WIS의 영역 바깥에 있으므로, 자연히 법무부에 의해 공식적으로 모집되거나 교육을 받지는 않고,[32] 위 법무부의 실무지침 및 윤리지침을 준

30) C v. Sevenoaks Youth Court [2009] EWHC 3088 (Admin); R (AS) v Great Yarmouth Youth Court [2011] EWHC 2059 (Admin). 다만, 중개인의 선임이 의무는 아니다. R v Cox [2012] EWCA Crim 549. 검시관 및 사법법(Coroners and Justice Act 2009) 제104조에 중개인을 통한 진술조력을 받을 수 있는 피고인의 범위가 규정되어 있기는 하나, 해당 조항은 아직 시행이 보류된 상태이기 때문에 여전히 법원은 자신의 고유권한에 의해 조력을 요하는 피고인을 위한 미등록 중개인을 선정하고 있다. 이에 관하여, Advocate's Gateway, 위 주 16)의 자료, p.24 참조.

31) Crown Prosecution Service, 위 주 24)의 자료.

32) 미등록 중개인은 주로 Communicourt, Triangle과 같은 민간 사기업 업체들을 통해 양성되고 있다. Louise Tickle, "Justice must be for all': why court intermediaries are vital for vulnerable people", The Guardian, 2020. 10. 28. (인터넷 링크: https://www.theguardian.com/society/2020/oct/28/justice-for-all-court-intermediaries-vulnerable-people-england-wales, 2024. 6. 8. 최종 확인). 그러나 2022년 4월부터는 영국 법원행정처(HM Courts & Tribunals Service)가 이러한 미등록 중개인을 공급하는 민간업체들을 인준하거나 그 선정절차 및 보수를 표준화하고 가이드라인을 제공하는 등 전반적인 틀을 제공함으로써, 기존에는 정부 차원의 규제 없이 개별 민간업체에게만 맡겨져 있던 미등록 중개인 업무의 질을 개선하려는 관리시스템상의 변화가 도입되었다. 이에 관하여, HM Courts & Tribunals Service, "New contracts awarded to support vulnerable court and tribunal users", 2022. 1. 26. (인터넷 링크: https://www.gov.uk/government/news/new-contracts-awarded-to-support-vulnerable-court-and-tribunal-users, 2024. 6. 8. 최종 확인).

수할 의무가 있는 것은 아니다. 그러나 이들 역시 불편부당한 위치에서 법원에 대한 의무를 부담한다는 점은 등록 중개인과 동일하다.[33]

이 글에서는 취약한 증인 및 참고인의 형사절차상 의사소통 중개 및 보조에 초점을 두고 있으므로, 아래에서는 등록 중개인 제도를 중점적으로 살피기로 한다.

(4) 등록 중개인의 선발과 양성 및 인력 현황

등록 중개인의 모집, 선발, 교육 및 훈련과 인준, 사건 수임을 위한 매칭과 감독은 모두 법무부의 '취약한 이용자 정책 팀(Vulnerable Users Policy Team)'에서 주관하되 전반적인 정책과 전략, 업무 표준 수립 및 운영에 관한 감독은 운영 및 표준 위원회(the Governance and Standards Board)[34]에서 담당하고, 예산과 구체적인 행정에 관한 직무 수행은 국립범죄청(National Crime Agency)의 증인 중개인 팀(Witness Intermediary Team)이 위임받아 담당하고 있다.[35] 법무부에서는 상시적으로 등록 중개인을 모집하고 있는데, 등록 중개인으로 선발되는 사람들은 주로 언어치료 분야에 종사하는 사람들이지만, 그 외에도 작업치료, 심리학, 간호학, 사회복지학, 교육학 등 다양한 전문분야에서 실무경험과 기술을 쌓은 사람들이 유입되고 있다.[36] 지원자들은 엄격한 면접을 거쳐 법무부에서 주관하는 교육 및 훈련을 수료해야만 등록 중개인으로서의 활동을 개시할 수 있다.[37] 이들은 런던 시티 대학교(City University London)에서 약 일주일간 형사법 및 형사절차에 관해 교육을 받고, 법정실무 및 후술하는 법정 보고서 작성에 관한 훈련을 받게 된다.[38] 모든 교육 및 훈련을 성공적으로 이수하고 평가에 통과한 지원자들은 고유 등록번호를 부여받고 중개인 등록부(register)에 등재됨으로써 등록 중개인이 된다.[39] 이처럼 등

---

33) Crown Prosecution Service, 위 주 24)의 자료.

34) 위 기구는 종전부터 존재하여 왔던 중개인 등록 위원회와 질적 수준 확보 위원회(Quality Assurance Board)를 업무의 효율성 증진을 위해 2023년에 통합한 것이다. 위원회는 16명의 위원으로 구성되고, 법무부 내부의 전문가 외에도 경찰, 왕립 발화·언어 치료사 협회, 사법부, 법조협회 등을 대표하는 위원들을 포함한다. Ministry of Justice, The Witness Intermediary Scheme Annual Report 2023(2024), pp.7, 9, 10.

35) Ministry of Justice, 위 주 34)의 자료, p.9.

36) 김태경 위 4인, 위 주 6)의 논문, 198면; Penny Cooper and David Wurtzel, "Better the second time around? Department of Justice Registered Intermediaries Schemes and lessons from England and Wales", *Northern Ireland Legal Quarterly*, Vol. 65(1), 2014, p.45.

37) Louise Tickle, 위 주 32)의 기사.

38) Penny Cooper and David Wurtzel, 위 주 36)의 논문, p. 45.

록 중개인은 법무부의 감독 하에 선발되어 양성되며 업무 과정에서도 실무지침 및 윤리지침을 준수해야 하는 등 법무부의 감독을 받지만, 이들은 어디까지나 독립 자영업자에 해당하고 개별적인 계약에 따라 매 사안에 개입하게 되는 것이지 법무부에 소속되어 법무부의 지시에 따라 사안에 투입되는 것이 아니다. 이러한 점은 등록 중개인이 개별 사안의 진행 양상이나 증인의 구체적인 의사소통상의 필요에 따라 수사 초기 단계에서부터 공소제기 이후 단계에 걸쳐 사안마다 상이한 시점에 유동적으로 투입될 수 있다는 것을 시사할 뿐 아니라, 보다 중요하게는 사건진행 초기에 선정된 등록 중개인이 공판 단계에 이르기까지 해당 증인을 위하여 연속적으로 일할 수 있다는 것을 보여준다. 이처럼 증인은 자신을 위해 사건에 투입되어 신뢰를 쌓은 특정 등록 중개인을 통해 진술조력을 받게 되므로, 형사절차의 진행에 따라 상이한 사람들에게 동일 진술을 반복하는 데에서 오는 심리적 부담을 피할 수 있게 되는 것이다.

법무부의 2023년 WIS 연간 보고서(annual report)에 따르면, 2023. 1.부터 2023. 12.까지의 기간의 등록 중개인 수는 평균 212명으로, 이들 중 약 68%에 해당하는 144명이 신규 사건을 지속적으로 수임하는 “활동 등록 중개인(Active RI)”에 해당하였다.[40] 등록 중개인의 조력에 대한 수요가 증가함에 따라 법무부는 등록 중개인 인력의 확보를 우선적인 어젠다로 삼고 여러 노력을 기울여 왔는데, 이와 같은 노력이 성과를 거두어 2022년에 기존보다 10% 정도 등록 중개인의 수가 증가하였다고 한다.[41] 2023년에는 총 9,240건에 대하여 등록 중개인 참여에 대한 요청이 있었고, 그 중 8,756건에 대하여 등록 중개인의 수임이 이루어졌다.[42] 개별 등록 중개인의 활동에 대해서는 매칭을 요청한 수요자(담당 경찰관 또는 검사)로부터 형사절차 준수 여부, 등록 중개인의 행동양태와 전문성, 등록 중개인에 의하여 제공된 정

39) 김태경 외 4인, 위 주 6)의 논문, 198면; Ministry of Justice, 위 주 16)의 매뉴얼, p. 13.

40) Ministry of Justice, 위 주 34)의 자료, p.30(미활동 등록 중개인은 신규 사건을 수임하지 않는 등록 중개인으로, 수임을 하지 않는 사유는 주된 직업에서의 임무 수행, 모성보호 휴가, 안식년, 연수, 휴가 등 다양하다. 다만, 미활동 등록 중개인도 신규 사건을 수임하지 않을 뿐 기존에 수임하여 진행 중인 사건과 관련하여서는 활동을 할 수 있다).

41) Ministry of Justice, 위 주 34)의 자료, p.7.

42) Ministry of Justice, 위 주 34)의 자료, p.8. 전체 요청 건수 중 아동·청소년의 요청이 64%, 정신적 장애 등이 있는 성인의 요청이 36%를 차지한다. 같은 자료, p.22. 또한, 그 중 92.2%가 피해자인 증인이었고, 7.8%가 그 외의 검찰 측 증인에 해당하였다. 피고인 측 증인에 대하여 등록 중개인 매칭 요청이 있었던 사건은 단 1건에 불과하였다. 같은 자료, p.24.

보의 질, 절차 전반에서의 등록 중개인의 유용성의 각 항목에 대해 피드백이 이루어지는데, 모든 항목에서 5단계 평가 중 최상위 평가인 '매우 우수(excellent)'가 90% 이상을 차지하고 있다.[43)]

등록 중개인은 개별 선정요청(request for service)을 수락할 때마다 이들의 선정을 필요로 하는 수요자(즉 경찰 또는 검찰)와의 계약을 통해 보수를 지급받는데,[44)] 구체적인 지급액은 법무부, 검찰, 경찰로 구성된 WIS 보수심의위원회(WIS Remuneration Board)에 의해 책정되며 본 논문 출간 시점 기준으로는 시간당 약 42.64 파운드의 보수를 받고 있다.[45)] 등록 중개인은 반드시 손해배상 책임보험에 가입되어 있어야 한다.[46)]

2. 등록 중개인이 투입된 사건의 구체적인 진행

(1) 수사 초기의 등록 중개인 선정

특정 증인이 그 연령 등의 사유로 인해 의사소통에 어려움을 겪어 중개인을 통한 진술조력을 필요로 하는지 여부는 가능한 일찍 파악되어야 하므로, 가급적 경찰 수사 초기 단계에서부터, 즉 경찰이 최초로 해당 취약한 증인에 대한 증인신문, 곧 최선의 증거 확보(Achieving Best Evidence)를 위한 인터뷰(이하 "ABE 인터뷰")[47)]를 개시하기 전에 등록 중개인을 선정할 것이 권장된다. 그러나 이미 경찰이 ABE 인터뷰를 완료하였거나 검찰 단계로 사건이 이행되어 이미 기소가 이루어지는 등 비교적 늦은 시점에 들어섰다고 하더라도 뒤늦게 해당 증인에게 의사소통상의 필요(communication need)가 있다는 것이 식별될 경우에는 등록 중개인이 사안에 관여하는 것이 가능하다.[48)] 영국 법원의 「평등 처우에 관한 실무 편람(Equal Treatment Bench Book)」에서는 아동 · 청소년 증인이 등록 중개인의 참여를 필요로 하는지는

---

43) Ministry of Justice, 위 주 34)의 자료, p.29.

44) Ministry of Justice, 위 주 16)의 매뉴얼, p.10.

45) Crown Prosecution Service, 위 주 24)의 자료. 보다 상세한 보수 기준은 위 자료의 "Witness Intermediary Scheme: Rates of Remuneration for Registered Intermediaries" 부분 참조.

46) Ministry of Justice, 위 주 16)의 매뉴얼, para. 2.8.

47) ABE 인터뷰 기법에 관하여 상세하게 소개하고 있는 국내 문헌으로, 김면기 · 이정원, "영국의 피해자 조사기법 실무교육과 그 시사점 －포츠머스 대학에서 ABE 가이드에 관한 훈련과정을 중심으로－", 형사법의 신동향 통권 제66호, 대검찰청(2020년 봄), 250－285면 참조.

48) Crown Prosecution Service, 위 주 24)의 자료.

개별 사건에서의 구체적 판단에 따라야 하는 것이지만, 이때 비록 이들의 문해력 수준이 상당히 발전된 것처럼 보이는 경우라 하더라도 성인에 비하여 낮을 가능성이 높다는 점이 고려될 필요가 있다고 언급하고 있다.[49)]

우선 경찰이 ABE 인터뷰를 개시하기 전에 해당 증인의 의사소통상의 필요를 식별한 경우를 전제하여, 최초로 이러한 의사소통상의 필요가 식별된 때부터 ABE 인터뷰가 시행되는 때까지 등록 중개인이 어떤 방식으로 관여하게 되는지 사건 진행 절차를 살펴본다. 취약한 증인의 의사소통을 위해 중개인이 필요하다고 판단되는 경우, 담당 경찰관은 수사 과정에서 최대한 빨리 중개인이 사안에 관여할 수 있게끔 보장하여야 하고, 이때 중개인은 가급적 증인에 대한 최초 인터뷰가 이루어지기 전에 투입되어야 한다.[50)]

담당 경찰관이 이처럼 중개인의 참여가 필요하다고 판단한 경우 국립범죄청 증인 중개인 팀으로 선정요청서를 송부하여야 한다. 선정요청서에는 담당 경찰관이 1차적으로 파악한 해당 증인의 의사소통상의 필요에 관한 정보가 포함되어 있어야 하고, 증인 중개인 팀은 이러한 선정요청에 바탕을 두고 해당 증인을 위하여 가장 적합하다고 판단되는 중개인을 지정하는 매칭 서비스(matching service)를 진행하게 된다. 이때 중개인의 적합성과 관련하여서는 당해 사안에 요구되는 전문적인 경험이나 기술을 갖추었는지, 활동 지역이 가까운지, 일정이 가능한지 등의 요소를 고려한다.[51)] 이후 국립범죄청은 적합하다고 판단된 등록 중개인과 연락을 취하게 되는데, 이때 연락을 받은 등록 중개인은 해당 사안에 요구되는 능력이나 기술이 본인의 전문성 범위 내에 있을 때에만 이러한 요청을 수락하여야 한다.[52)]

이처럼 매칭이 완료되면, 등록 중개인은 24시간 내에 담당 경찰관에게 연락하여 해당 사안에 관한 기초적인 논의를 진행한 후 증인의 의사소통 능력 평가를 위한 일정을 수립하고, 등록 중개인 선정 동의서(Letter of Engagement)를 작성하여 담당 경찰관에게 송부한다.[53)] 담당 경찰관은 그때까지 파악한 해당 증인의 의사소통상

---

49) Judicial College, Equal Treatment Bench Book: February 2021 edition(April 2023 revisions), para. 114. Advocate's Gateway의 지침에서는 인터뷰 대상인 아동·청소년이 10세 미만인 경우 중개인의 선정 필요를 보다 적극적으로 확인할 필요가 있다는 취지로 기술하고 있다. Advocate's Gateway, 위 주 16)의 자료, p. 12. 다만 이러한 설명이 10세 이상인 경우에 중개인의 선정이 필요하지 않다는 것을 의미하지는 않는다는 점은 명백하다.

50) Advocate's Gateway, 위 주 16)의 자료, p.12.

51) Advocate's Gateway, 위 주 16)의 자료, pp. 12－13.

52) Ministry of Justice, 위 주 16)의 매뉴얼, p.15.

의 필요에 관한 정보를 인계한다. 만약 등록 중개인이 그와 같이 제공 받은 정보 외에 해당 증인의 지인과 대화를 나눈다거나 해당 증인의 의사소통 능력에 관해 작성된 기록물 등을 열람하는 식으로 추가 정보를 확보하고자 하는 경우에는 해당 증인의 동의를 얻어야 한다. 또한 문제된 범죄 혐의사실에 관한 정보의 경우, 경찰은 등록 중개인에게 오로지 그 증인의 의사소통 능력을 평가하는 데에 도움이 되는 정보에 한하여 이를 공유할 수 있다. 여기에는 가령 해당 증인의 가족 구성원이 범죄에 가담하였는지 여부와 같은 정보가 포함된다.

(2) 등록 중개인에 의한 증인의 의사소통 능력 평가 및 사전 보고서 작성

1) 의사소통 능력 평가를 위한 면담

경찰로부터 증인에 대한 기본적인 사전 정보를 인계 받은 등록 중개인은 증인의 집이나 학교, 보호센터, 경찰 조사실 등 적합한 시간과 장소에서 증인을 만나 증인의 상태를 평가하게 된다.[54] 증인과 처음 대면하는 순간부터 등록 중개인은 사안 진행 과정 전반에 걸쳐 기록을 유지하여야 하고, 이렇게 중개인이 작성한 기록은 증거개시의 대상이 될 수 있다.[55] 증인의 의사소통 능력이나 상태를 평가함에 있어 공식적인 실무 프로토콜 등은 따로 정해져 있지 않으나, 통상 이러한 평가를 위한 면담은 약 1시간가량 이어질 수 있고, 경우에 따라 40분에서 120분까지 소요되는 경우도 존재하며, 다소 복합적이고 심층적인 도움을 필요로 하는 증인에 대해서는 두 번 이상의 면담이나 평가가 이루어져야 하는 상황도 있을 수 있다고 한다.[56] 물론 구체적인 방법론은 해당 증인의 상황이나 의사소통 능력의 수준, 또는 해당 등록 중개인의 전문적 역량에 따라 달라질 수 있다.[57]

이러한 평가를 위한 면담 과정은 문제된 범죄사건 그 자체 또는 그와 관련된 구체적인 증언을 포함하지 않아야 하고, 단지 해당 증인이 진술을 제공함에 있어 의

53) Ministry of Justice, 위 주 16)의 매뉴얼, p.15.

54) Ministry of Justice, 위 주 16)의 매뉴얼, p.13.

55) Advocate's Gateway, 위 주 16)의 자료, p.13. 다만, 면담 과정을 녹음하거나 그에 상응하는 수준의 대화 기록을 남겨야 하는 것은 아니다. Ministry of Justice, 위 주 16)의 매뉴얼, p.18.

56) Penny Cooper and Michelle Mattison, "Intermediaries, vulnerable people and the quality of evidence: An international comparison of three versions of the English intermediary model", *The International Journal of Evidence & Proof*, Vol. 21(4), 2017, p. 358.

57) Advocate's Gateway, 위 주 16)의 자료, p.14.

사소통적 측면에서 어떤 특징을 보이며 그에 따라 필요로 하는 바가 무엇인지 알아내는 것만을 목적으로 하여야 한다. 등록 중개인은 대개 평가를 위하여 해당 증인에게 (1) 수용적 의사소통 능력(즉, 언어와 질문을 청취하고 이해하는 능력), (2) 표현적 의사소통 능력(즉, 언어를 통해 정보를 제공하고, 상황을 묘사하고 구체화하는 능력), (3) 부정확한 견해를 부인할 능력,[58] (4) 다른 관점에서 바라보는 능력(즉, 타인의 생각이나 믿음, 감정을 이해하는 능력), (5) 주어진 과제에 집중하여 답하고, 자기 자신의 감정 격앙이나 불안감을 통제할 수 있는 능력이 각기 갖추어졌는지 여부와, (6) 그림이나 '큐 카드(cue card)'(즉, 가령 "답을 모를 때는 이렇게 하세요.", "누군가가 잘못된 사실을 말하면 이렇게 하세요."와 같이 일련의 의사소통 규칙을 학습하고 실천할 수 있게끔 도울 수 있는 도구) 등의 외부적 수단을 통해 의사소통을 보조할 가능성이 있는지[59]에 초점을 두고 면담을 진행하게 된다. 다만 유념할 것은 이때 등록 중개인이 증인에게 하는 질문은 그의 심리상태를 진단하기 위함이 아니라 그 증인과 어떻게 해야 최선의 의사소통을 할 수 있는지 알아내기 위한 평가의 목적에서 이루어져야 한다는 것이다.[60] 등록 중개인은 면담 시간을 증인과의 라포 형성을 위하여 활용할 수도 있는데,[61] 증인과의 신뢰를 쌓기 위하여 놀이나 장난감, 그림, 공통의 관심사에 대한 대화 등 다양한 수단을 사용하게 된다.[62]

또한 WIS는 사안의 전 과정에 걸쳐 등록 중개인이 해당 증인과 단둘이 남게 되는 상황이 없어야 함을 강조하는데,[63] 이러한 원칙은 증인에 대한 평가를 위한 면담 과정에도 적용된다. 법무부에서 발간한 「등록 중개인의 절차에 관한 지침 매뉴얼(Registered Intermediary Procedural Guidance Manual, 이하 '매뉴얼'이라 한다)」에서는 당해 사건을 담당하고 이후 신문을 진행할 경찰관이 반드시 동석할 것을 요구한다.[64] 이와 같은 경찰관의 동석은 증인이 등록 중개인에게 등록 중개인 그 자

58) 특히 반대신문에서 유도신문이 이루어지는 경우 그에 대한 정확한 답변을 할 수 있는지에 대한 평가가 필요하다. 가령 "내가 오늘 여기 버스를 타고 왔어. 그렇지 않니?"라는 부정확한 정보를 전제한 질문을 한 후에 그에 대한 답변을 관찰하는 방법을 활용할 수 있다. Joyce Plotnikoff and Richard Woolfson, Intermediaries in the criminal justice system(Policy Press, 2015), p.46.

59) Penny Cooper and Michelle Mattison, 위 주 56)의 논문, p.358.

60) Ministry of Justice, 위 주 16)의 매뉴얼, p.13.

61) Ministry of Justice, 위 주 16)의 매뉴얼, p.13.

62) Joyce Plotnikoff and Richard Woolfson, 위 주 58)의 책, p.42.

63) Ministry of Justice, 위 주 16)의 매뉴얼, pp.15, 38.

신이 또 다른 증인이 될 수 있는 정보를 전달할 위험을 방지하기 위해서 반드시 필요하다고 한다.65) 또한, 경찰관으로서는 등록 중개인이 증인과 만나 그의 의사소통적 필요를 평가하는 모습을 가까이서 관찰하는 것이 이후 증인과 상호작용을 해야 하는 입장에서 해당 증인과 어떻게 의사소통해야 하는지를 알려주는 매우 귀중한 경험이 될 수 있다는 점도 근거가 된다.66) 그 외에도 증인의 부모나 형제자매 등 가족, 보호자, 보육사나 간병인, 사회복지사, 자원봉사자와 같이 증인을 감정적으로 안정시켜줄 수 있는 신뢰관계인 역시 평가를 위한 면담 과정에 동석할 수 있지만, 향후 재판에서 증인의 지위에 있을 가능성이 있는 사람은 동석에서 배제된다.67)

2) 사전 보고서 작성

평가를 마친 등록 중개인은 해당 증인이 증언을 제공할 능력이 있는지, 있다면 어떤 방식으로 증언을 제공할 수 있는지, 등록 중개인을 통한 진술조력이 해당 증인이 제공하는 증언의 완전성이나 일관성, 정확성을 제고할 수 있는지, 해당 증인에게 가장 효과적인 방식으로 질문을 할 수 있는 방법이 무엇인지, 해당 증인과 가장 효과적으로 의사소통하기 위하여 추가적으로 요구되는 다른 특별조치나 배려가 필요하다면 어떤 것인지 등을 진단하여 사전 보고서(preliminary report)를 작성하게 된다. 사전 보고서에는 이러한 진단과 더불어 등록 중개인이 평가를 위한 면담 과정에서 발견한 것과 함께 이후 해당 ABE 인터뷰를 진행함에 있어 고려되어야 할 권고사항이 포함되어야 한다.68) 만일 등록 중개인 스스로 증인의 특수한 의사소통상의 필요에 대응하는 전문성을 갖추고 있지 못하다고 판단할 경우에는 증인 중개인 팀에 그와 같은 사실을 신속히 알려 다른 등록 중개인을 선임하는 조치가 이루어질 수 있도록 하여야 한다.69) 등록 중개인은 증인의 의학적 상황, 질환이나 장애에 대해 진

---

64) Ministry of Justice, 위 주 16)의 매뉴얼, p.15.

65) Ministry of Justice, 위 주 16)의 매뉴얼, p.12. 앞서 언급한 것처럼 등록 중개인은 문제된 범죄사건 그 자체에 관하여 증인과 이야기를 나누지 않지만, 증인이 불쑥 그에 관한 이야기를 꺼낼 수도 있기 때문이다. Joyce Plotnikoff and Richard Woolfson, 위 주 58)의 책, pp.39, 40.

66) 위 주 16)의 매뉴얼, p. 38; Advocate's Gateway, 위 주 16)의 자료, p.13.

67) Ministry of Justice, 위 주 16)의 매뉴얼, p.16.

68) Ministry of Justice, 위 주 16)의 매뉴얼, p.18.

69) Ministry of Justice, 위 주 16)의 매뉴얼, p.17. 이와 같은 상황은 담당 경찰로부터 증인에 대한 충분한 정보를 제공받지 못하였거나 증인에게 진단되지 않은 정신질환이 있는 경우 등에 발생할 수 있다. Joyce Plotnikoff and Richard Woolfson, 위 주 58)의 책, p.27.

단을 하고자 시도하여서는 안 되고, 증인이 진술을 할 수 있는 의학적, 심리적 조건 하에 있는지, 증인에게 미칠 악영향을 상쇄하는 인터뷰의 효용이 있는지는 담당 경찰관이 의학, 심리학 전문가와의 논의를 거쳐 자신의 책임 하에 결정한다.[70)]

사전 보고서를 토대로 등록 중개인과 담당 경찰은 이후 ABE 인터뷰에서 해당 증인과의 의사소통이 어떻게 해야 가장 잘 이루어질 수 있을지에 관한 준비회의를 갖게 되는데, 매뉴얼에서는 다음 사항에 대한 논의가 필요하다고 제시하고 있다.[71)]

- 증인이 인터뷰에서 일어날 일/일어나고 있는 일을 이해하고 있는지 여부를 어떠한 방식으로 확인할 것인지
- 언어: 사용할 어휘, 문장의 복잡성 수준, 질문의 스타일, 어떤 방식의 질문을 피해야 할 것인지
- 증인이 요점에 이를 수 있도록 도울 수 있는 첫 질문을 어떻게 구성할 것인지 (실패에 대비해 대안도 마련 필요)
- 인터뷰가 이루어질 장소의 세팅 - 인터뷰에 참여할 인원의 수 등 환경적 요인 포함
- 등록 중개인이 (투명성을 위해) 카메라의 촬영 각도 내에 들어오는지를 확인
- 카메라와 녹화 시설에 대해 증인에게 어떻게 설명할 것인지
- 의사소통을 도울 수 있는 보조수단을 어떻게 활용할 것인지[72)]
- 휴식 시간을 얼마나 자주, 어느 정도 시간으로 둘 것인지
- 등록 중개인으로 하여금 필요한 경우에 어떤 식으로 중도 개입하도록 할 것인지

---

70) Ministry of Justice, 위 주 16)의 매뉴얼, p.17.

71) Ministry of Justice, 위 주 16)의 매뉴얼, p.19.

72) 가령 그림을 그릴 수 있는 필기도구와 종이, 지도, 그림이나 사진 등이 여기에 해당한다. 이러한 보조수단의 활용은 앞서 주 13)에서 언급하였듯 아동증거법 제30조에 따른 특별조치 명령의 한 내용으로 이미 제시되어 있다. 아동증거법 제30조는 증언 과정에서 "해당 증인이 가지고 있거나 겪고 있는 장애나 질병, 또는 기타 손상에도 불구하고 해당 증인에게 질문이 잘 전달되거나 그 증인이 질문에 대한 답변을 잘 제공할 수 있도록 돕기 위하여 법원이 적절하다고 판단하는 장치"를 제공할 수 있다고 규정하고 있다. 특히 재판장은 증인신문에서 검사 및 변호인이 성범죄의 피해자에 대하여 자신의 신체 부위를 가리키도록 하는 요청을 포함한 질문을 하는 것을 허용하여서는 안 되므로(Criminal Practice Direction 2023, 6.1.11), 피해자가 장애로 인하여 신체의 부위를 언어로 표현하는 것이 불가능한 경우에는 피해자가 자신의 신체 부위를 가리키지 않고도 피해 상황에 대하여 설명할 수 있도록 하는 인형, 그림 등의 보조수단을 활용할 수 있도록 해야 한다. Joyce Plotnikoff and Richard Woolfson, 위 주 58)의 책, p. 60.

- 증인의 의사소통 능력과 관련된 다른 문제들

매뉴얼에서는 증인에 대한 의사소통 능력 평가와 ABE 인터뷰는 통상적으로 같은 날에 진행하지 않는다는 점을 유의해야 한다고 언급하고 있다. 증인은 의사소통 능력 평가를 위한 면담이 끝난 후 피로감을 느끼기 마련이고, 주의 집중력도 떨어질 수 있으며, 의사소통 능력 평가 결과를 토대로 증인과의 의사소통 촉진을 위한 도구를 제작할 시간도 필요할 수 있고, 때로는 추가적인 평가가 필요할 수도 있기 때문이다. 그러나 예외적으로 ABE 인터뷰가 긴급하게 이루어져야 하는 정당한 이유가 있는 경우(인터뷰를 신속하게 실시하는 것이 진술의 질 제고에 더 도움이 되거나, 피의자가 체포되어 있거나, 증인에 대한 의료 검진 이전에 진술을 받는 것이 필요한 상황이거나, 긴급한 안전상의 문제가 있거나 하는 등이 여기에 해당한다)에는 경찰과 등록 중개인의 협의 하에 당일 시행하는 것도 불가능하지는 않다.[73] 이 경우 등록 중개인은 준비회의에서 구두로 사전 보고에 해당하는 내용을 담당 경찰관에게 전달하여야 하되 추후 서면 보고서를 작성하여야 한다.[74]

(3) ABE 인터뷰의 진행

준비회의에서 수립된 계획에 따라 ABE 인터뷰가 개시되면, 등록 중개인은 아동증거법 제29조 제5항에 따라 중개인으로서의 기능을 성실하게 수행하겠다는 선서를 하여야 한다. 선서의 구체적인 문구는 다음과 같다: “저는 저의 기술과 이해력을 최대한 발휘하여, 성실하게 질문과 대답을 전달하고, 모든 사안들에 대하여 참된 설명을 제공할 것을 엄숙히 진심으로 진실하게 선서합니다”.[75] 이러한 선서는 이후 이어질 ABE 인터뷰와 함께 영상녹화될 수 있다.[76] 이후 본격적으로 증인에 대한 ABE 인터뷰가 이루어지는 동안 등록 중개인은 자신이 제2의 신문인(second

73) Ministry of Justice, 위 주 16)의 매뉴얼, p.18. 다만, 당일 시행이 매우 바람직하지 않다는 지적으로, Joyce Plotnikoff and Richard Woolfson, 위 주 58)의 책, p. 32.

74) Ministry of Justice, 위 주 16)의 매뉴얼, p.18.

75) “I swear by Almighty God [or I solemnly, sincerely and truly declare and affirm] that I shall faithfully communicate questions and answers and make true explanation of all matters and things required of me according to the best of my skill and understanding.” Ministry of Justice, 위 주 16)의 매뉴얼, p.20.

76) Advocate’s Gateway, 위 주 16)의 자료, p.14.

interviewer)이 아니라는 사실을 명확히 인지하여야 한다.[77] 달리 말해, 증인에 대한 ABE 인터뷰는 전적으로 담당 경찰관의 몫일 뿐, 등록 중개인은 증인이 경찰관의 질문을 잘 이해하고 있는지 확인하면서 서로가 서로의 진술을 잘 의사소통할 수 있도록 내용에 영향을 주지 않는 한도 내에서 적절한 어휘로 고쳐 전달하고 증인의 휴식 시간을 요청하는 등 자신의 본연의 역할만을 수행해야 하며 그 외의 방식으로 ABE 인터뷰 과정에 실질적으로 개입해서는 안 된다.

(4) ABE 인터뷰 종료 후 중개인 보고서 작성

1) 중개인 보고서 작성의 목적

ABE 인터뷰가 종료하면 등록 중개인은 최종 수요자, 즉 수사기관에 대하여 중개인 보고서의 필요 여부, 필요하다면 관찰된 점 내지 권고 내용에 대한 요약안으로 충분한지 또는 온전한 형태의 보고서가 필요한지 질문한 뒤 수사기관의 요청에 따라 보고서를 작성하게 된다.[78]

작성된 중개인의 보고서는 그 보고서의 작성을 의뢰한 최종 수요자(이 경우 주로 검찰)에게 제출되는데, 이렇게 보고서를 제공 받은 최종 수요자는 이후 필요에 따라 해당 보고서를 법원이나 피고인에게 공유할 책임을 부담한다.[79] 이처럼 ABE 인터뷰 이후 작성되어 수사기관 및 법원, 피고인 등에게 공유된 등록 중개인의 보고서는 추후 형사절차에서 크게 세 가지 방식 내지 목적으로 사용될 수 있다. 첫째, 공소제기 후 아동증거법상의 특별조치 명령에 대한 신청이 제기되었을 때 해당 보고서의 내용이 고려된다. 둘째, 차후 형사절차가 진행되는 과정에서 법원이나 검찰 및 피고인·변호인으로 하여금 어떻게 해야 해당 증인과 가장 잘 의사소통할 수 있을지에 대한 일응의 조언을 제공하여 준다. 셋째, 해당 보고서의 내용은 후술할 증인신문준비기일(Ground Rules Hearing)에서 이루어지게 될 논의의 방향에 대한 지침으로 작용한다.[80]

77) Advocate's Gateway, 위 주 16)의 자료, p.14; Ministry of Justice, 위 주 16)의 매뉴얼, p.19.
78) Advocate's Gateway, 위 주 16)의 자료, p.16.
79) Ministry of Justice, 위 주 16)의 매뉴얼, p. 16.
80) Ministry of Justice, 위 주 16)의 매뉴얼, p. 21; Advocate's Gateway, 위 주 16)의 자료, p. 31.

2) 보고서 작성을 위한 추가 평가의 실시

검찰의 보고서 작성 요구 시점이 등록 중개인의 최초의 의사소통 능력 평가 시점으로부터 12개월이 경과한 시점인 경우 등록 중개인은 증인에 대해 추가적인 평가를 실시해야 한다.[81] 증인이 11세 미만이거나 짧은 기간에도 의사소통상의 필요에 있어서 변동 가능성이 높은 증인에 해당할 때(예컨대 진행 중인 질병이 있는 경우 등)에는 6개월로 추가 평가를 요하는 경과 기간이 단축된다. 그러한 경우가 아니더라도 등록 중개인은 최초 평가에 비교하여 의사소통상의 필요가 변경되었을 가능성이 있다고 판단한 경우 검찰에 추가 평가를 요청할 수 있다. 또한, 뒤에서 언급하는 바와 같이 피치 못할 사정으로 등록 중개인이 절차 도중에 변경되었을 때에도 새로운 보고서가 작성되어야 한다.[82] 다만 이처럼 하나 이상의 중개인 보고서가 요구되는 경우 그 추가 보고서는 반드시 항상 온전한 보고서의 형식을 띨 필요는 없고, 경우에 따라 단순한 부록(addendum)의 형태로 추가될 수도 있다.[83]

3) 중개인 보고서의 형식과 구성

매뉴얼에서는 중개인 보고서의 목차를 다음과 같이 구성하도록 권고하고 있다.[84]

- 등록 중개인의 이력
- 배경
- 증인에 대한 평가
- 특별 조치 및 기타 절차상의 고려에 관한 권고
- 의사소통에 관한 권고
- 등록 중개인 선서

(가) 등록 중개인의 이력

보고서의 도입부에는 해당 보고서를 작성한 등록 중개인의 자격과 경험에 관한

81) Ministry of Justice, 위 주 16)의 매뉴얼, p.22.
82) Ministry of Justice, 위 주 16)의 매뉴얼, p.22.
83) Ministry of Justice, 위 주 16)의 매뉴얼, p.31.
84) Ministry of Justice, 위 주 16)의 매뉴얼, p.22 이하.

내용이 포함되어야 한다. 이력서를 부록으로 첨부할 수도 있다.

(나) 배경

등록 중개인이 해당 사건에 선정된 경위를 간략히 밝히고, 보고서의 목적과 등록 중개인의 역할에 관한 내용을 기재하여야 한다. 여기에는, 등록 중개인은 아동 증인을 둘러싼 의사소통을 보조하기 위하여 선정된 자로 전문가 증인이 아니며, 증인이 사안에 대하여 정확한 기억을 하고 있는지, 증인의 진술이 사실에 부합하는지에 관하여 어떠한 견해도 제시할 수 없다는 점이 적시되어야 한다.[85] 또한 등록 중개인은 해당 보고서를 작성하기 위해 수집한 정보의 출처가 무엇인지(예컨대 아동 증인의 부모나 보호자 또는 담당 경찰, 학교 선생님, 사회복지사 등과의 면담 및 이들로부터 얻은 서류 등의 정보, ABE 인터뷰 영상녹화물의 시청), 그리고 등록 중개인이 처음 해당 아동을 만난 이후 보고서 작성 시점까지 있었던 주요 사건들을 함께 소개하여야 한다.[86]

(다) 증인에 대한 평가

증인을 평가한 과정과 그에 따라 얻은 증인의 의사소통상의 약점 내지 필요에 관한 결론, 그러한 약점 내지 필요가 증언의 질에 어떠한 영향을 미칠 것인가에 관한 포괄적인 설명이 포함되어야 한다.[87]

(라) 특별 조치 및 기타 절차상의 고려에 관한 권고

여기에는 공판 절차 전의 조치에 관한 권고 사항(법정의 사전 방문, 등록 중개인에 의한 사전 질문 검토, 증인신문준비기일의 개최, 증인에 대한 기억 환기), 아동증거법상 특별조치에 관한 권고 사항, 그 외에 의사소통 보조 수단의 활용, 증인 신문에 적합한 시간 및 휴식의 간격, 휴식 장소, 증인의 집중력을 유지시키기 위한 환경 조성 등에 관한 권고 사항이 포함된다.[88]

85) Ministry of Justice, 위 주 16)의 매뉴얼, p.23.
86) Ministry of Justice, 위 주 16)의 매뉴얼, pp.24, 25.
87) Ministry of Justice, 위 주 16)의 매뉴얼, p.24.
88) Ministry of Justice, 위 주 16)의 매뉴얼, pp.24, 25.

(마) 의사소통에 관한 권고

이 부분에는 보고서의 가장 핵심에 해당하는 내용, 즉 증언의 질을 향상시키기 위하여 필요한 의사소통상의 조치에 관한 권고를 상세하게 기재하여야 한다. 여기에는 질문의 속도, 증인의 이름을 질문의 서두에 언급할 것인지, 질문을 이해하고 답변을 하기 위하여 증인에게 어느 정도 더 시간을 허용할 것인지, 질문의 길이와 형식, 복잡한 문법 구조의 단순화, 시간적 흐름을 시각화하거나 신체 부위를 형상화하는 등 질문을 보조할 수 있는 의사소통 수단에 관한 권고 등이 포함될 수 있다.[89] 또한, 선서 과정에서 증인을 어떻게 조력할 것인지, 증인의 화법(특히 특이한 화법을 구사하는 경우), 목소리의 톤이나 주제를 바꿀 때 이를 어떻게 알릴 것인지 등 질문 내용을 전달하는 방식에 관한 조언, 질문 과정에서 등록 중개인의 역할과 등록 중개인이 개입을 필요로 하거나 휴식을 요청해야 할 때 이를 어떤 방식으로 알릴 것인지(가령 큐카드를 드는 방식) 등에 관한 권고도 포함될 수 있다.[90]

권고사항은 실용적인 사례, 구체적인 팁과 함께 설명되어야 한다. 법무부의 매뉴얼에서는 각각의 권고사항－사례－권고의 근거를 도표화해서 기재하는 방식의 예시를 다음과 같이 보여주고 있다.[91]

권고사항	사례	권고의 근거
증인의 이름을 질문의 서두에서 호명할 것	“○○(증인)아, △△(피고인)을 어떻게 만났니?”	증인의 집중력이 언어적인 의사소통 과정에서 약하므로, 이름을 부르는 것이 집중력을 잃지 않도록 하는 데에 도움이 됨
질문이나 코멘트를 할 때 문장별로 핵심 단어가 최대 4개를 넘지 않도록 할 것	“△△가 침대에서 무얼 하고 있었니?”	증인은 5개 이상의 핵심 단어가 포함된 문장을 전체적으로 이해할 수 있는 능력을 결여하고 있음
질문이나 코멘트를 함에 있어서 시제를 정확하게 사용할 것	“침실에서 무얼 하고 있었니?” 또는 “침실에서 무엇을 하였니?”라고 물어야지,	증인은 과거의 일을 현재의 시제로 물을 경우 혼동을 겪을 수 있음

89) Ministry of Justice, 위 주 16)의 매뉴얼, p.25.
90) Ministry of Justice, 위 주 16)의 매뉴얼, p.26.
91) Ministry of Justice, 위 주 16)의 매뉴얼, p.26.

	"침실에서 무얼 하고 있니?"라고 물어서는 안 됨	
'왜'라는 질문을 피할 것	"× 이전에 어떤 일이 일어나고 있었니?"라고 물어야지, "×가 왜 일어났니?"라고 물어서는 안 됨	증인은 종종 '왜'라는 질문에 대해 적절한 답변을 제공하기 어려움

등록 중개인의 보고서는 차후 해당 증인에게 질문을 하거나 해당 증인과 의사소통하게 될 사람들을 보조하는 것에만 그 목적이 있고 이러한 보고서가 증인에 대한 어떤 임상적 보고서라 할 수 없으므로, 경찰이나 검찰 또는 법원 이외의 제3자에게는 해당 증인의 동의나 법원의 명령 없이 공유되어서는 안 된다.[92] 또한 이처럼 보고서가 종국적으로는 수사기관이나 법원에 공유되는 문서임을 고려하여, 등록 중개인은 위 목적을 벗어나는 범위에서 해당 증인을 특정할 수 있을만한 개인정보(가령 주소나 학교 등)를 보고서에 적시하여서는 안 되며, 보고서는 데이터보호법(Data Protection Act 2018) 및 일반데이터보호규정(General Data Protection Regulation)을 준수하여 안전하게 보관되어야 한다.[93]

4) ABE 인터뷰가 종료된 후에 비로소 등록 중개인이 선정된 경우

ABE 인터뷰가 이미 시행된 후에야 비로소 해당 증인의 의사소통상의 필요가 식별되는 등의 이유로 등록 중개인이 뒤늦게 사건에 투입되는 경우가 있을 수 있다는 점은 앞서 설명한 바와 같다. 이러한 경우 담당 경찰관은 등록 중개인 없이 ABE 인터뷰를 실시한 사유를 기재하여 검찰 측에 전달하여야 한다.[94] 해당 등록 중개인은 이미 완료된 ABE 인터뷰의 내용을 확인하지 않은 상태에서(가령 영상녹화물을 시청하지 않거나 증인의 서면진술을 열람하지 않는 방식으로) 해당 증인의 의사소통 능력에 대하여 평가를 내려야 한다.[95] 평가를 마친 해당 등록 중개인은 ABE 인터뷰 내용을 확인하고, 그 이후 이어지는 일련의 순서에 따라 (ABE 인터뷰 사전에 투입된 등록 중개인과 마찬가지로) 후속 업무를 수행하게 된다.

92) Advocate's Gateway, 위 주 16)의 자료, p.15.
93) Ministry of Justice, 위 주 16)의 매뉴얼, p.22.
94) Ministry of Justice, 위 주 16)의 매뉴얼, p.20.
95) Ministry of Justice, 위 주 16)의 매뉴얼, p.20.

이 경우에 등록 중개인이 작성할 보고서에는 (1) 자신이 뒤늦게 투입된 사정과 함께, (2) 만약 해당 ABE 인터뷰 영상을 시청하거나 증인의 서면진술을 읽고 나서 본인이 그러한 내용을 확인하기 전에 증인에 대하여 스스로 내렸던 평가나 견해가 바뀌었다면 그 이유가 무엇인지, 어떻게 바뀌었는지에 관한 내용이 포함되어야 한다.[96]

(4) 공소제기 후의 절차 참여

1) 동일한 등록 중개인의 원칙적 참여

수사 과정에서 증인에 대한 신문에 참여한 등록 중개인은 공판으로 이행되는 과정 전반은 물론 공판 단계에 들어서서도 해당 증인을 위해 사안에 지속적으로 관여하여야 한다.[97] 만약 수사 과정에 관여한 등록 중개인이 공판 단계에서는 업무를 중단하여야 할 사정이 있어 불가피하게 새로운 등록 중개인에게 사건이 이전되는 경우, 새로 선정된 등록 중개인은 전임자의 판단에 전적으로 의존하여서는 안 되고 스스로 해당 증인이 가진 의사소통상의 필요를 평가한 뒤 그에 기초한 보고서를 새로이 작성하여야 한다. 이는 새로 선정된 등록 중개인이 전임자가 제시한 평가나 권고에 전반적으로 동의하는 경우에도 마찬가지인데, 공판 과정에 참석하는 등록 중개인은 자신이 '직접' 해당 증인과 접촉하고 그의 의사소통상의 필요를 평가하는 과정에서 알게 된 바가 무엇인지, 그리고 이를 기초로 어떤 점을 권고하는지에 근거하여 자신의 개입을 정당화할 수 있어야 하기 때문이다.[98]

한편, 여기서도 공소제기가 이루어지고 나서야 뒤늦게 해당 증인의 의사소통상의 필요가 식별되어 등록 중개인의 개입 여부가 논의되는 상황을 상정할 수 있다. 이러한 필요가 파악된 경우 담당 검사는 해당 증인에 대한 조사를 담당한 경찰과 함께 등록 중개인을 통한 진술조력을 위하여 법원에 특별조치를 신청해야 할지에 관하여 논의하여야 하고, 등록 중개인을 투입하기로 결정한 경우 검찰은 WIS에 연락하여 등록 중개인을 선정해줄 것을 요청할 책임을 진다.[99]

---

96) Ministry of Justice, 위 주 16)의 매뉴얼, p.15.
97) Ministry of Justice, 위 주 16)의 매뉴얼, p.28.
98) Ministry of Justice, 위 주 16)의 매뉴얼, p.28.
99) Crown Prosecution Service, 위 주 24)의 자료.

공소제기 이후 새로이 투입되었든 또는 수사 과정에 동석해왔든, 공판 과정에 참여하게 된 등록 중개인은 사건 진행에 따라 다양한 역할을 수행하게 되는데, 이때 가장 주지되어야 하는 것은 해당 등록 중개인과 검찰이 서로 긴밀한 연락을 유지할 것이 강하게 권장된다는 것이다. 검찰은 등록 중개인에게 재판일정과 그 변동 여부를 지속적으로 알려줌으로써 등록 중개인의 참여가 보장될 수 있도록 하여야 하고, 등록 중개인은 해당 일자에 본인이 참석할 수 없다면 그러한 사정을 즉각 검찰에 인지시켜주어야 한다.[100)]

2) 공판준비기일

본격적인 공판절차에 앞서 등록 중개인의 참여를 쟁점으로 한 여러 절차가 문제될 수 있다. 우선, 공판준비기일(Plea and Trial Preparation Hearing)에는 등록 중개인의 참여와 관련하여 다음의 내용을 정하는 일련의 명령이 내려져야 하는데, 이는 (1) 중개인의 선정 명령, (2) 중개인에 대한 안내 사항, (3) 중개인 보고서의 제출일자, (4) 검사와 변호인이 중개인과 법원에 질문을 제출해야 하는 기한, (5) 증인신문기일(Ground Rules Hearing) 이전 검사와 변호인, 중개인 사이에서의 질문에 관한 사전 논의, (6) 증인신문준비기일의 일시, (7) 중개인이 증인신문준비기일에 참석하여야 한다는 명령을 포함한다.[101)]

또한 공판준비기일에 법원은 아동증거법상 특별조치 명령의 신청에 대하여 결정하여야 한다. 만약 검사가 아동증거법 제29조에 따라 중개인의 참여에 관한 특별조치 명령을 신청하였으나 피고인 측에서 위 명령에 대하여 다투는 상황에서는, 해당 등록 중개인은 그 허용 여부를 판단하기 위한 심리 절차에 출석하여 재판장의 질문에 답변을 제공할 수 있어야 한다.[102)] 등록 중개인의 참여를 허용하는 법원의 명령이 이루어진 경우, 이러한 명령은 아동증거법 제20조 제1항에 따라 해당 사안이 확정될 때까지 지속적으로 구속력을 가진다.

3) 사전 방문 및 기억 환기 절차

취약한 증인은 본격적으로 공판이 개시되기 전, 법정이라는 새로운 환경에 친숙해지고 나아가 이후 증인신문 기일에서 어떤 방식으로 증언을 할지(가령, 법정에서

100) Ministry of Justice, 위 주 16)의 매뉴얼, p.28.

101) Judicial College, 위 주 18)의 자료, 3-38.

102) Ministry of Justice, 위 주 16)의 매뉴얼, p.28.

피고인과 사이에 차폐시설을 두고 증언을 할 것인지, 실시간 원격 영상증인신문 방식으로 법정 밖에서 증언을 할 것인지 등)에 관하여 본인의 견해를 표명하고 영상증인신문을 연습할 수 있게끔 증인 친화를 위한 사전 방문(familiarisation visit)을 할 수 있는데,[103] 등록 중개인은 이때 증인과 동석하여 증인이 제공할 증언의 질을 향상시켜줄 수 있는 방안이 있는지 검토하고, 증인의 영상증인신문 방식에 따른 진술 연습을 도와야 한다.[104] 이러한 사전 방문에는 등록 중개인 외에도 담당 경찰이나 해당 증인의 신뢰관계인이 함께 참석할 수 있다. 한편 공판 과정에서 증인의 보호나 증인을 위한 편의 제공 등의 업무는 등록 중개인이 아니라 법원의 증인 담당 부서(Witness Service)가 담당하게 되는데, 증인 담당 부서는 증인이 원할 경우 사전 방문한 증인에게 원격 영상증인신문 장치의 사용 방법을 안내하고, 법정의 모습을 보여줄 수도 있다. 등록 중개인은 이러한 법원의 증인 담당 부서와 연락 하에 사전 방문을 위한 일시를 조율하는 역할을 수행할 수 있고, 나아가 필요하다고 판단될 경우에는 해당 부서 담당자에게 특정한 의료적 상황으로 인해 해당 증인이 공판 과정에서 어떤 조치를 필요로 할 수 있는지(가령 화장실과 가까운 곳에서 대기해야 한다거나, 증인이 경련을 일으키는 등의 긴급 상황이 발생했을 때 어떻게 처리해야 하는지 등)를 공유할 수 있다. 이러한 사전 방문 절차는 실제 증인신문이 시작되기 약 2~3주 전 진행된다.[105]

뿐만 아니라 증인은 영상녹화된 자신의 ABE 인터뷰를 다시 시청하는 등으로 미리 기억을 환기시킬 수 있는 기회를 보장받아야 하는데,[106] 위와 같은 기억 환기(memory refreshing) 절차가 어떤 방식으로 이루어지는 것이 가장 적절한지에 대하여 조언하는 것도 등록 중개인의 역할이다. 예컨대 등록 중개인은 증인이 한꺼번에 너무 많은 정보를 접하는 데에서 오는 부담을 줄이기 위하여 사전 방문과 기억 환기 절차가 같은 날 이루어지지 않도록 해야 한다는 조언을 할 수 있다.[107] 이러한 기억 환기 절차에도 등록 중개인은 증인과 동석하여야 하지만, 등록 중개인이 아닌

103) Advocate's Gateway, 위 주 16)의 자료, p.17.

104) 이 때 연습을 위해서는 사건의 실체에 관한 질의 응답이 이루어져서는 안 되고, 사건과 완전히 무관한 질문, 예컨대 "어제 저녁으로 무엇을 먹었나요?" "오늘 이 장소에 뭘 타고 왔나요?" 등의 질문과 그에 대한 답변이 이루어져야 한다. 또한 이러한 질문들은 검찰에 의하여 사전 승인을 받은 것이어야 한다. Ministry of Justice, 위 주 16)의 매뉴얼, p.29.

105) Advocate's Gateway, 위 주 16)의 자료, p.17.

106) Judicial College, 위 주 49)의 자료, p.68.

107) Ministry of Justice, 위 주 16)의 매뉴얼, p.29.

독립적인 제3자 역시 입회하여 증인이 해당 영상녹화물을 시청하는 동안 추가진술을 하는 경우 이를 기록으로 남긴 뒤 법원에 제출해야 한다.[108)]

등록 중개인이 사전 방문 또는 기억 환기 절차에서 증인의 의사소통상의 필요에 관하여 새롭게 인식하게 된 경우에는 증인과의 의사소통에 필요한 추가적인 사항에 관하여 권고하거나 보충 보고서를 작성하여야 하는 경우가 있을 수 있다. 일례로, 어떤 등록 중개인은 원격 영상증인신문을 연습하는 과정에서 아동 증인이 영상으로는 잘 포착하기 어려운 작은 몸짓을 사용하여 진술을 한다는 점을 포착하였고, 그러한 관찰에 따라 원격 영상증인신문이 이루어지는 법정 외 장소에 검사와 변호인이 동석할 것을 권고하는 내용으로 보충 보고서를 작성한 바 있다.[109)]

4) **증인신문준비기일**(Ground Rules Hearing)[110)]

또 다른 공판 사전 절차로서 매우 중요한 것은 증인신문준비기일이다. 등록 중개인이 개입하는 모든 사건에서는 (기소 전 해당 증인이 이미 등록 중개인의 조력을 받았는지 여부를 불문하고) 증인신문준비기일이 필수적으로 진행되어야 한다.[111)] 증인신문준비기일은 가능한 이른 시점에, 늦어도 공판기일 전날에는 이루어져야 한다.[112)] 증인신문준비기일에는 판사, 검사와 변호인, 그리고 등록 중개인이 함께 모여 해당 증인과 어떻게 상호작용할 것인지 논의하게 되는데, 이는 가령 증인에게 어떤 수준의 용어를 사용하여 어떤 방식으로 질문을 해야 하는지, 질문의 길이는 어느 정도여야 하는지, 어떤 질문이 증인에게 행해질 수 있거나 행해져서는 안 되는지, 증인에 대한 질문이나 증인의 대답을 돕기 위하여 모형이나 그림 등의 보조적 수단을 동원할 수 있는지, 증인을 위해 신문 과정에서 쉬는 시간은 얼마나 자주 줘야 하는지[113)]와 같은 내용이 논의되고, 그에 따라 판사의 결정으로 질문에 관한

---

108) Ministry of Justice, 위 주 16)의 매뉴얼, p.29; Advocate's Gateway, 위 주 16)의 자료, p.18.

109) Ministry of Justice, 위 주 16)의 매뉴얼, p.30.

110) 이 글에서 '증인신문준비기일'이라고 표현한 것은 "Ground Rules Hearing"의 번역어로, 그 이름에서 알 수 있듯 이는 곧 판사와 소송 당사자들이 모여 차후 증인신문을 진행하는 과정에서 해당 취약한 증인을 보호하기 위해 어떤 방식으로 질문을 할 것인지 또는 하지 않아야 하는지와 관련된 '기본 규칙(ground rules)'을 합의하기 위해 개시되는 사전기일을 의미한다.

111) Criminal Practice Directions para. 6.2.10.

112) Advocate's Gateway, 위 주 16)의 자료, pp.18－19.

113) Advocate's Gateway, 위 주 16)의 자료, p.19; Ministry of Justice, 위 주 16)의 매뉴얼,

기본 규칙(ground rules for the conduct of questioning)이 설정되어야 한다. 증인신문준비기일을 진행한 후에 피치 못할 사유로 등록 중개인이 변경된 경우에는 이전에 설정한 기본 규칙을 그대로 따르기로 하는 합의를 공유하기 위하여 새로운 증인신문기일을 진행하여야 한다.114)

증인에 대한 평가 결과 반대신문에 대한 일정한 제한이 필요하다고 판단되는 경우, 재판장은 등록 중개인과 함께 변호인의 증인에 대한 질문사항을 사전에 검토하여야 한다.115) 매뉴얼에서는 등록 중개인이 위와 같은 검토를 요청받은 경우, 등록 중개인은 반대신문의 목표는 증인을 탄핵하는 데에 있다는 점을 염두에 두는 것이 중요하다고 강조하고 있다. 등록 중개인의 역할은 변호인이 증인이 이해할 수 있는 언어로 질문을 구성하는 것을 조력하는 것이지, "증인이 그 진술에 대하여 탄핵의 대상이 되는 것으로부터 '보호'하는 것은 아니라는 것"이다. 따라서 등록 중개인은 변호인의 질문에 대하여 오로지 증인이 그것을 이해할 수 있는가의 관점에서만 질문을 검토하여 그 특수한 의사소통상의 필요에 따라 조력을 제공하여야 한다.116) 등록 중개인이 변호인의 질문을 검토하는 경우에 당해 변호인의 명시적인 서면 동의 없이는 그 내용을 검사나 다른 공동피고인이 있는 경우 검사나 그 공동피고인의 변호인에게 전달할 수 없다.117) 등록 중개인이 변호인의 질문을 검토하여 수정 의견을 제시하는 경우에도, 어떤 질문을 허용하고 허용하지 않을 것인지는 최종적으로 재판장이 자신의 책임 하에 판단한다.118) 이처럼 중개인이 선정된 사건에서 변호인의 질문사항을 사전에 제출받아 검토하는 것은 아동증거법 이후에 보편화된 실무이고, 피고인의 방어권을 침해하는 것으로 받아들여지지 않는다. 1심 재판장은 취약한 증인들이 최선의 증언을 할 수 있도록 보장하여야 하고, 이를 위해서는 질문이 혼란을 가중시키거나 부적절한 경우에 개입할 의무가 있는데,119) 이러한 개입이 증인신문 과정에서 이루어질 경우에는 증인의 집중력이 저해되고 절차를 지연시킬 수 있으며 변호인이 적절한 질문을 재구성하기도 어려워 미리 질문을 제출받

p.30.

114) Ministry of Justice, 위 주 16)의 매뉴얼, p.28.

115) Judicial College, 위 주 49)의 자료, para. 102.

116) Ministry of Justice, 위 주 16)의 매뉴얼, pp.30, 31.

117) Ministry of Justice, 위 주 16)의 매뉴얼, p.31.

118) Judicial College, 위 주 49)의 자료, para. 103

119) R v Lubemba, R v JP [2014] EWCA Crim 2064.

아 검토하는 실무가 정착한 것으로 보인다. 항소법원에서는 이 점과 관련하여 최근 다음과 같이 판시한 바 있다.[120)]

> 아동이나 정신적 장애나 질환을 겪는 증인이 관련된 사건에서 반대신문의 범위와 구조, 성격(scope, structure and nature)을 제한하거나, 신문사항을 미리 제출할 것을 요구하는 것이 본래적으로 공정하지 못한 것이라고 볼 근거가 없다. 이와 같은 실무는 이 법원에 의해 수차례 승인된 바 있으며, 증인에 대한 질문을 통제하고 그것이 증인과 피고인 모두에게 공정한 처사가 되도록 보장하는 것은 재판장의 의무이다.
> 피고인의 권리를 침해하기는커녕, 많은 1심 재판장들의 경험에 따르면 이러한 실무는 피고인의 변호인이 취약한 아동 증인을 신문함에 있어서 더욱 쟁점에 집중되어 있고 효율적인 질문을 할 수 있도록 한다. 변호인은 이미 ABE 인터뷰 영상녹화를 확보하고 있어 증인이 주신문에서 무엇을 말할 것인지를 정확히 알고 있고, 그에 대해 충분한 준비를 할 수 있다. 증인의 신빙성을 탄핵할 수 있는 증인의 이력이나 과거의 모순된 진술에 대해 [증인에게 직접적인 질문이] 제한되더라도 그에 관한 증거능력 있는 증거를 배심원에게 제시하는 것이 가능하다. 이러한 증거와 요점에 집중한 반대신문을 조합하는 것이 증인에게 "아니오", "무슨 말인지 이해가 안 됩니다", "기억나지 않습니다"라는 답변만을 이끌어 낼 뿐인 일련의 가정적 질문들을 늘어놓는 것보다 더 강력한 피고인 측 변론이 될 수 있다.

5) 공판기일에서의 중개인의 역할

본격적으로 공판이 개시되어 등록 중개인이 공판기일에 출석하는 경우, 등록 중개인은 법정 경위(court usher) 등에게 자신의 출석사실을 알려야 하고, 법원에 제출하게 될 중개인 보고서 사본을 지참하여야 한다.[121)] 한편 재판장은 배심원단에 대하여 등록 중개인의 역할과 의미에 관해 설명을 해주어야 하는데, 이러한 설명에는, 등록 중개인의 존재는 취약한 증인이 갖는 의사소통상의 필요를 보조해주기 위함이며 법원에서 이러한 배려를 제공하는 것은 당연하고도 중립적인 것이므로 이러한 사실로부터 배심원이 피고인에 대한 어떠한 불리한 심증을 형성하여서는 안 된다는 것과, 해당 등록 중개인은 전문가 증인이 아닌 독립적인 존재로서 법원과

120) R v Dink [2017] EWCA Crim 1206.
121) Ministry of Justice, 위 주 16)의 매뉴얼, p.31.

증인 사이의 의사소통을 돕기 위해 이 자리에 참석한 것으로 오로지 의사소통상의 문제에 관하여 개입할 뿐이라는 것이 포함된다.[122)]

증인이 법정에서 또는 원격 영상증인신문 방식으로 법정 외에서 증언하기 전, 해당 증인을 위한 등록 중개인은 (마찬가지로 법정 또는 원격 영상증인신문이 시행되는 법정 외 장소에서) 앞서 언급한 선서를 해야 한다.[123)] 이후 증인이 증언을 시작하면 등록 중개인은 증인의 옆에 동석하여 증언 과정을 지켜보면서 의사소통이 원활하게 이루어지는지 관찰한다. 가령 증인이 이해하기에 질문이 너무 복잡하다고 판단되는 등 의사소통상의 조력이 필요한 순간이 있으면 즉각 개입할 수 있는데, 구체적인 개입의 방식은 상술한 증인신문준비기일에서 합의된 바에 따라야 한다.[124)] 물론 증인 신문은 가능한 한 중단과 개입 없이 지속되는 것이 바람직하고, 증인이 등록 중개인의 개입으로 인하여 증언의 동력을 잃어서는 안 된다.[125)] 증인신문준비기일에서의 논의가 충실하게 이루어지고 검사와 변호인이 논의된 사항을 충실히 이행하려 노력할수록, 등록 중개인이 증언 과정 자체에 개입하게 되는 일은 줄어들 수 있다. 등록 중개인이 개입할 경우 의사소통 중에 있는 검사 또는 변호인은 증인이 이해할 수 있는 방향으로 질문을 수정할 수 있는 기회를 부여받아야 하고,[126)] 검사나 변호인이 질문을 제대로 수정하지 못하는 경우에 등록 중개인이 증인을 위하여 그 질문을 적절히 “해석(interpret)”하여 전달할 수 있다.[127)] 검사나 변호인이 계속하여 부적절한 질문을 이어가고, 이것이 질문 방식의 근본적인 문제에 기인하는 경우 등록 중개인은 재판장에게 배심원단을 퇴장시키고 논의해야 하는 사항이 있음을 알린 뒤[128)] 판사와 검사, 변호인만 남은 상황에서 이와 같은 사실을 논의해야 한다. 그러나 종국적으로 이러한 등록 중개인의 개입에 대하여 추가적인 조치를 취할 것인지는 재판장의 책임 하에 판단할 사항이다.[129)]

---

122) Advocate’s Gateway, 위 주 16)의 자료, pp. 20－21; Judicial College, 위 주 18)의 책, 3－36.

123) Advocate’s Gateway, 위 주 16)의 자료, p.21.

124) Ministry of Justice, 위 주 16)의 매뉴얼, p.31.

125) Ministry of Justice, 위 주 16)의 매뉴얼, p.31.

126) Ministry of Justice, 위 주 16)의 매뉴얼, p.31.

127) Alexandra Ward, “Chapter 27: Vulnerable Witnesses, “Special Measures” and Related Matters”, in Peter Rook and Robert Ward eds., Sexual Offences Law & Practice 5th ed, Sweet & Maxwell(2021), p.1530.

128) Ministry of Justice, 위 주 16)의 매뉴얼, p.32.

등록 중개인의 존재는 투명하게 드러나야 한다. 즉, 원격 영상증인신문이 시행되는 때에 등록 중개인은 카메라의 시야 안에 존재해야 하고, 그럼으로써 질문에 대한 답변이 등록 중개인이 아니라 증인 본인으로부터 나온다는 점에 대해 배심원단이나 판사가 정확히 알 수 있어야 한다.130)

이상의 내용은 아동증거법 제28조에 따라 증인에 대하여 공판기일 전에 ABE 인터뷰에 대하여 반대신문을 실시하는 경우에도 기본적으로 동일하게 적용된다.131)

Ⅲ. 영국의 제도가 우리나라 진술조력인 제도의 개선에 시사하는 점

1. 진술조력인 제도의 목적에 대한 올바른 이해의 필요성

서론에 언급한 바와 같이 진술조력인 제도는 2013년부터 시행되었다. 진술조력인 제도가 영국의 등록 중개인 제도를 참조하여 성안된 만큼 진술조력인에 관한 제반 법령 및 진술조력인 업무매뉴얼의 내용은 영국의 등록 중개인에 관한 법령 및 지침에 기술되어 있는 바와 크게 다르지 않다. 그럼에도 불구하고 진술조력인 제도의 목적과 성격에 대한 학계와 실무의 이해가 수렴되어 있지는 않은 것으로 보인다.

진술조력인 제도의 목적에 대한 이해는 실정법상의 근거 법령에서부터 출발하여야 할 것이다. 성폭력처벌법 제35조 제1항에서는 "의사소통 및 의사표현에 어려움이 있는 성폭력범죄의 피해자에 대한 형사사법절차에서의 조력"을 위하여 진술조력인을 양성해야 한다고 한다. 한편, 제38조 제1항에서는 "진술조력인은 수사 및 재판 과정에 참여함에 있어 중립적인 지위에서 상호간의 진술이 왜곡 없이 전달될 수 있도록 노력하여야 한다"고 규정함으로써, 진술조력인의 중립성을 강조하는 동시에 진술조력인의 역할의 핵심이 '진술의 왜곡 없는 전달'에 있음을 표현하고 있다. 「진술조력인의 선정 등에 관한 규칙」 제18조의 진술조력인의 업무 내용에 관한 규정,132) 「성폭력범죄 등 사건의 심리·재판 및 피해자 보호에 관한 규칙」 제23조의

---

129) Ministry of Justice, 위 주 16)의 매뉴얼, p.32.

130) Ministry of Justice, 위 주 16)의 매뉴얼, p.31.

131) Ministry of Justice, 위 주 16)의 매뉴얼, p.33.

132) 제18조(의사소통 중개 · 보조의 범위) ① 진술조력인은 법 제36조 제1항에 따라 의사소통을 중개하거나 보조하기 위해 다음 각 호의 어느 하나에 해당하는 업무를 수행한다.

1. 검사 또는 사법경찰관의 질문의 취지를 피해자등이 이해할 수 있도록 중요한 내용이 바뀌지 아니하는 범위에서 질문을 변환하여 전달하는 업무

진술조력인의 역할에 관한 규정[133]도 의사소통의 중개, 보조에 관한 진술조력인의 역할을 구체화하는 데에 중점을 두고 있다.

이러한 조문에 비추어 볼 때 진술조력인 제도의 궁극적인 목적은 피해자인 참고인 또는 증인으로부터 '최선의 증거'를 획득함으로써 실체진실의 발견에 기여하는 데에 있다고 볼 수 있다. 따라서 진술조력인 제도는 위와 같은 목적을 최대한 효과적으로 달성할 수 있는 방향으로 구성되어야 하고, 진술조력인의 전문성도 그에 부합하는 내용의 전문성이어야 한다. 전문성과 더불어 진술조력인에게 중요한 덕목은 불편부당성과 중립성이다. 특히 진술조력인의 중립성은 피고인의 반대신문권을 통

---

2. 검사 또는 사법경찰관이 피해자등의 의사표현을 이해할 수 있도록 제20조 제4항 각 호의 내용을 설명하는 업무
3. 검사 또는 사법경찰관이 피해자등의 특성에 맞는 조사를 할 수 있도록 제20조 제4항 각 호의 내용을 설명하고, 전문지식을 활용하여 의사소통의 방법, 조사 계획 및 보조수단 등을 논의하거나 조언하는 업무
4. 피해자등이 심리적 안정을 얻고 조사에 집중할 수 있는 환경 등을 조성하는 업무
5. 그 밖에 검사 또는 사법경찰관이 피해자등의 조사에 필요하다고 인정하는 업무

② 진술조력인은 피해자등의 진술에 개입해서는 아니 되며, 검사 또는 사법경찰관이 직접 피해자등의 진술을 청취한 이후에만 피해자등의 진술을 그의 의사표현적 특징 등에 비추어 설명할 수 있다. 다만, 이 경우에도 피해자등의 진술 내용을 변경해서는 아니 된다.

133) 제23조(진술조력인의 중개 · 보조) ① 법원은 필요한 경우 공판준비기일 또는 공판기일에서 검사, 변호인 및 진술조력인과 다음 각 호의 사항에 관하여 협의할 수 있다.
1. 증인이 이해할 수 있는 증인신문의 방식
2. 증인이 이해하지 못하거나 휴식이 필요할 때 법원에 알리는 방식
3. 그 밖에 진술조력인에 의한 증인의 의사소통이나 의사표현의 중개·보조에 필요한 사항

② 진술조력인은 증인이 의사소통에 어려움이 있어 신문의 취지를 이해하지 못하는 사정이 있는 경우 재판장의 허가를 받아 증인에게 질문의 요지를 설명할 수 있다.

③ 제2항의 경우 진술조력인은 재판장의 허가를 받아 검사, 피고인 또는 변호인에게 신문의 취지를 질문하거나 신문사항의 수정을 요청할 수 있다.

④ 진술조력인은 증인이 의사표현에 어려움이 있는 경우 재판장의 허가를 받아 증인의 진술을 소송관계인이 이해할 수 있는 방식으로 진술할 수 있다.

⑤ 진술조력인이 제2항부터 제4항까지의 규정에 따라 증인의 의사소통이나 의사표현을 중개·보조하는 경우 법원, 검사, 피고인 또는 변호인의 신문이나 증인의 진술의 취지를 변경하여서는 아니 된다.

⑥ 재판장은 진술조력인의 중개·보조의 정확성과 공정성을 확인하기 위하여 진술조력인에게 질문할 수 있다.

⑦ 합의부원은 재판장에게 알리고 제6항의 행위를 할 수 있다.

⑧ 검사, 피고인 또는 변호인은 진술조력인의 중개·보조의 정확성과 공정성을 확인하기 위하여 재판장의 허가를 받아 진술조력인에게 질문할 수 있다.

한 공정한 재판을 받을 권리 보장이 아동 · 청소년이나 장애인에 대한 성폭력범죄, 아동학대 범죄 등에 있어서도 원칙적으로 적용될 것을 요구하는 이 사건 위헌결정 이후의 실무에서 더욱 중요성을 띠게 된다.

이러한 점에서, '진술조력인'이라는 명칭은 위 제도가 자칫 '피해자의 조력'에 주안점을 둔 제도라는 오해를 야기할 수 있어 적확한 작명이 아니었다고 생각된다.[134] 물론 여기서의 '조력'은 '해당 형사절차 관여자와 피해자 사이의 의사소통 중개를 조력'한다는 의미로 받아들일 수 있다는 점에서 잘못된 명칭이라고까지 볼 수는 없지만, 일상적인 언어 사용의 관점에서는 '피해자의 진술 과정 전반에 걸쳐 피해자를 조력'한다는 의미로 받아들여질 여지가 다분하기 때문이다. 독일과의 비교법적 연구를 토대로 한 진술조력인에 관한 국내 문헌들 중에는 우리의 진술조력인 제도를 독일의 'Psychosoziale Prozessbegleiter', 즉 '심리 · 사회적 절차보조인' 제도와 유사한 것으로 보아 논의를 전개하는 경우가 있는데,[135] 여기서의 심리·사회적 절차보조인은 의사소통 중개보다는 피해자의 심리적 안정에 조력하는 데에 역할의 주안점을 두는 제도여서, 위 문헌들 또한 진술조력인이 '피해자 조력인'이라는 이해를 강화하는 데에 기여하고 있다고 보인다. 그러나 이처럼 진술조력인을 '피해자 조력인'으로 이해하게 될 경우에는 진술조력인의 역할이 피해자 변호사나 신뢰관계인과 같은 인접한 절차관여인이 수행하여야 하는 역할과 중첩되어 제도의 독자성이 사라져 옥상옥이라는 비판을 피하기 어렵게 되고, 무엇보다도 진술조력인의 중립 의무와의 충돌을 낳게 된다.[136]

물론 피해자로부터 '최선의 증거'를 획득할 수 있도록 하는 제도는 동시에 피해자의 인권 보호에 기여하는 바가 있으므로, 진술조력인 제도가 '피해자 조력'의 측면에서도 중요한 의미를 갖는다는 점을 부인할 수는 없다. 가령 수사단계에서부터 피해자와의 의사소통이 원활하지 않아 수사과정에서 피해자의 유의미한 진술이 정

---

134) 진술조력인보다는 진술중개인이라는 용어가 더 적절하다는 견해로, 정현미, "성폭력범죄 피해 아동 · 장애인을 위한 진술조력인 제도", 이화젠더법학 제4권 제1호, 이화여자대학교 젠더법학연구소(2012. 6.), 84면.

135) 한영수 · 김원아, "진술조력인 제도에 관한 소고: 피해자변호사 제도와의 비교 분석을 중심으로", 형사정책연구 제28권 제2호, 한국형사정책연구원(2017년 여름), 97면 이하; 조상제, "독일의 성폭력 범죄피해자 진술조력인 제도에 관한 연구", 비교형사법연구 제16권 제1호, 한국비교형사법학회(2014), 283－203면; 이진국, "진술조력인제도의 합리적 운영을 위한 몇 가지 제안", 형사정책연구 제25권 제3호, 한국형사정책연구원(2013년 가을), 44면.

136) 같은 취지로, 조광훈, 위 주 10)의 논문, 11면.

확하게 기록되지 않는다면, 법정에서 피해자로부터 사건의 전후 상황에 대한 진술을 총체적으로 다시 청취해야 하는 상황이 발생할 수도 있고, 이는 피해자의 회복을 저해하고 트라우마를 가중시키는 원인이 될 수 있는데, 진술조력인이 적절하게 스스로의 역할을 수행한다면 피해자의 부담과 고통을 최소화하는 데에 중대한 기여를 할 수 있기 때문이다. 이러한 면에서 진술조력인 제도는 헌법 제27조 제5항과 형사소송법 제294조의2에 보장되어 있는 피해자의 재판절차 진술권을 강화하는 효과가 있다.137) 또한, 피해자와 절차 관여자들 사이에서 정확한 의사소통을 할 수 있으려면 진술조력인이 피해자와 충분한 라포 형성을 할 필요가 있는데, 그러한 라포 형성을 통해 피해자가 심리적 안정감을 얻은 상태에서 진술에 임할 수 있으므로 진술조력인 제도는 피해자의 심리적 안정에 기여하는 측면도 분명히 존재한다.

그러나 진술조력인 제도의 이와 같은 효용은 '최선의 증거'의 확보라는 목적이 항상 전제된 상태에서 기대되는 것으로 보아야 한다. 그렇지 않고 피해자의 권리옹호나 피해자의 심리적 안정이 진술조력인 제도를 활용하는 우선적인 목적이라는 이해가 확산된다면, 피해자가 절차 관여자와의 의사소통 자체에는 아무런 문제가 없는 경우에까지 진술조력인이 활용되는 반면 의사소통 조력이라는 진술조력인 본연의 전문성 함양에는 충분한 자원이 투여되지 못하여, 본래의 입법취지에 맞지 않게 국가의 한정된 사법자원 분배가 왜곡되고, 실제 피해자가 필요로 하는 의사소통 조력은 정작 제대로 이루어지지 못하는 문제가 발생한다. 이러한 우려는 실무에서 이미 현실화되어 나타나고 있다. 진술조력인의 역할이 마치 피해자가 겁을 먹거나 긴장하지 않도록 돕고 진술에 소극적인 피해자를 독려하는 정도의 역할138)이라고 이해되고 있어 입법 목적과 운영 사이에 괴리가 나타나고 있다는 것이다.139)

---

137) 조광훈, 위 주 10)의 논문, 16면.

138) 이러한 역할은 이미 형사소송법 제163조의2 제1항, 제2항 및 성폭력처벌법 제34조 제1항 등에 근거가 마련된 신뢰관계인에게 부여되어 있는 것으로, 신뢰관계인이 있는 상황에서 진술조력인으로 하여금 추가적으로 그와 같은 역할을 수행하게 하거나(진술조력인 제도가 이른바 '옥상옥'이라는 잘못된 이해를 강화), 마땅한 신뢰관계인이 없는 상황에서 진술조력인으로 하여금 그 역할을 대신하도록 하는 것(부족한 진술조력인 자원의 왜곡된 분배 초래)은 적절치 않다. 이러한 점에서 진술조력인이 신뢰관계인의 역할을 겸할 수 있다는 법무부, 진술조력인 업무매뉴얼(2017), 38면의 기재는 재고를 요한다.

139) 송진경, "진술조력인제도의 개선방안 –범죄피해자인 지적 장애인에 대한 진술조력을 중심으로–", 명지법학 제20권 제1호, 명지대학교 법학연구소(2021. 7.), 85면; 한은미·김태경, 위 주 9)의 논문, 105면.

물론 성폭력처벌법 제29조 제1항에서는 "수사기관과 법원 및 소송관계인은 성폭력범죄를 당한 피해자의 나이, 심리 상태 또는 후유장애의 유무 등을 신중하게 고려하여 조사 및 심리·재판 과정에서 피해자의 인격이나 명예가 손상되거나 사적인 비밀이 침해되지 아니하도록 주의하여야 한다."고 규정하고 있고,[140] 진술조력인은 여기서의 '그 밖의 소송관계인'에 해당하므로 중립성을 해하지 않는 범위 내에서 피해자의 인권을 보호하고 피해자의 특성을 배려할 의무는 당연히도 갖게 된다. 여기서 피해자의 특성을 누구보다 더 잘 파악할 수 있다는 진술조력인 고유의 전문성으로 인해 피해자의 특성을 배려할 의무를 다른 소송관계인에 비하여 더 강하게 부담할 것이 기대되는 측면이 있다. 이러한 점까지 중립성을 침해하는 것으로 이해되어서는 안 될 것이다.

아래에서는 특히 앞서 살핀 영국의 등록 중개인 제도에서 주목하고 참조할 만한 점을 포함하여 이상과 같이 이해된 진술조력인의 성격을 일관되게 유지하고 그 취지를 효과적으로 구현하기 위하여 필요한 제도적 개선 방안을 구체적으로 제시한다.

2. 제도의 목적에 맞는 법령 정비 필요성

(1) 진술조력인 선정 대상 사건의 범위 확대 및 선정의 의무화

현행법상 진술조력인 선정이 가능한 사건은 ① 19세 미만의 사람이 피해자인 성폭력, 아동학대 범죄, ② 신체적, 정신적 장애인이 피해자인 모든 범죄이다. 「진술조력인의 선정 등에 관한 규칙」 제17조에서는 진술조력인 참여 대상인 장애인을 ㉠ 장애인복지법 제32조에 따라 장애인으로 등록된 사람으로서 신체적 장애나 정신적 장애로 인하여 의사소통이나 의사표현이 어려운 사람(제1호), ㉡ 제1호에 해당하지 아니하더라도 의사소통이나 의사표현이 어려운 장애가 있는 것으로 의심되는 사람(제2호), ㉢ 그 밖에 주의력 결핍, 과잉 행동장애, 정서적 불안, 함묵증, 진술 회피 등으로 의사소통이나 의사표현이 어렵다고 검사 또는 사법경찰관이 판단

140) 「성폭력범죄 등 사건의 심리·재판 및 피해자 보호에 관한 규칙」 제2조 제2항에서도 "법원, 검사, 피고인 또는 변호인 그 밖의 소송관계인은 심리·재판 과정에서 피해자의 인권과 특성을 배려하고, 당해 사건과 무관한 피해자의 사생활에 관한 신문 또는 진술이 이루어지거나 피해자가 성적 수치심 또는 공포감을 느낄 수 있는 상황이 발생하지 않도록 노력하여야 한다"고 규정하고 있다.

하는 사람(제3호)으로 폭넓게 정의하고 있다. 한편, 「성폭력범죄 등 사건의 심리·재판 및 피해자 보호에 관한 규칙」에서는 별도로 진술조력인 참여 대상의 의미를 구체화하고 있지는 않다.

그런데 근본적으로 진술조력인이 성폭력범죄와 아동학대 범죄의 피해자에 대하여만 필요한 것인지 의문이다. 물론 위 유형의 범죄 피해자가 진술 과정에서 어려움을 겪는 빈도가 다른 범죄에 비하여 높은 것이 사실이지만, 의사소통이나 의사표현에 어려움이 있어 의사소통의 중개와 보조가 필요한 상황은 비단 위 범죄에만 국한되어 나타나는 것은 아니기 때문이다.[141] 여기서 영국의 아동증거법이 중개인의 조력을 받을 수 있는 취약한 증인의 범위를 일부 특정 범죄의 피해자로 한정하지 않고 있다는 점에 주목할 필요가 있다. 이는, 진술조력인을 활용할 필요가 있는 상황인지 여부는 당해 사건에서 문제된 범죄의 유형만이 아니라 연령이나 장애 등 진술자의 특성에 기인한 의사소통상의 필요를 궁극적인 기준으로 하여 판단되어야 함을 시사한다. 이러한 점에서 장애인복지법에서 모든 범죄 피해자인 장애인에 대하여 진술조력인을 선정할 수 있도록 법적 근거를 마련한 것은 환영할 만한 일이다. 그러나 여기서 나아가 아동 · 청소년의 경우에도 대상 범죄가 확대되어야 하고, 피해자가 아닌 참고인 · 증인,[142] 더 나아가서는 피의자·피고인에 대하여도 진술조력인이 활용될 수 있어야 한다.[143]

특히 「장애인차별금지 및 권리구제 등에 관한 법률」 제26조 제6항에서는 “사법기관은 사건관계인에 대하여 의사소통이나 의사표현에 어려움을 겪는 장애가 있는지 여부를 확인하고, 그 장애인에게 형사사법 절차에서 조력을 받을 수 있음과 그 구체적인 조력의 내용을 알려주어야 한다. 이 경우 사법기관은 해당 장애인이 형사사법 절차에서 조력을 받기를 신청하면 정당한 사유 없이 이를 거부하여서는 아니

141) 가령 만 6세의 아동이 보호자로부터 폭행당한 경우에는 아동학대 범죄에 해당하여 진술조력인 선정이 가능하지만, 이웃집 어른 등 보호자 아닌 성인으로부터 폭행당한 경우에는 아동학대 범죄에 해당하지 않으므로 진술조력인 선정이 불가능한데, 이러한 차이를 두는 것은 매우 불합리하다.

142) 가령 부모 일방이 다른 부모 일방을 살해하는 장면을 목격한 어린 아이의 진술 과정, 다른 지적장애인이 성폭력범죄를 당하는 장면을 목격한 지적장애인의 진술 과정에는 의사소통에 있어서의 조력이 매우 강력하게 필요하다고 할 수 있다.

143) 같은 취지로, 한은미 · 김태경, 위 주 9)의 논문, 102면; 조광훈, 위 주 10)의 논문, 75면; 김창군·김유정, “진술조력인의 역할 제고방안”, 법과 정책 제24집 제2호, 제주대학교 법과정책연구원(2018. 8.), 105면.

되며, 그에 필요한 조치를 마련하여야 한다"고 규정하고 있는데,[144] 최근 국가인권위원회는 발달장애 등이 있는 피의자인 교정시설 수용자에 대하여 진술조력인 등으로부터 조력을 받을 권리를 보장하지 않은 행위는 위 조항에서 금지하는 차별행위에 해당하므로, 법무부에 의사소통이나 의사표현에 어려움을 겪는 장애인 수용자에 대한 피의자 조사과정에서 장애인의 조력 받을 권리가 보장될 수 있도록 관련 지침이나 매뉴얼 등을 위 조항에 부합하게 개선할 것을 권고하였다.[145] 따라서 적어도 장애인인 피고인·피의자에 대하여 진술조력인이 활용될 수 있도록 하는 즉각적인 조치가 필요하고, 장기적으로는 의사소통이나 의사표현에 어려움이 있는 모든 증인과 참고인, 피고인, 피의자에게 적용될 수 있는 진술조력인 제도를 만들고 이를 뒷받침할 수 있는 별도의 법률을 제정함이 타당할 것이다.[146]

한편, 현장에서는 진술조력인의 의사소통 중개, 보조가 필요한 사건임에도 진술조력인 선정이 수사기관 및 법원의 재량에 맡겨져 있는 결과 의사소통 중개, 보조가 이루어지지 못하는 경우가 많은 것이 현실임을 지적하며, 진술조력인 참여를 의

---

144) 위 조항은 2차례의 개정을 거쳤는데, 최초의 조항(2007. 4. 10. 법률 제8341호로 제정)에서는 "보호자, 변호인, 통역인, 진술보조인 등의 조력을 받기를 신청할 경우 정당한 사유 없이 이를 거부하여서는 아니 되며, 조력을 받을 권리가 보장되지 아니한 상황에서의 진술로 인하여 형사상 불이익을 받지 아니하도록 필요한 조치를 하여야 한다"는 다소 소극적인 취지의 규정을 두고 있었다. 2010. 5. 11. 법률 제10280호로 개정된 조항에서는 사법기관에 "사건관계인에 대하여 의사소통이나 의사표현에 어려움을 겪는 장애가 있는지 여부를 확인"할 의무를 부여함으로써 사법기관의 의무를 보다 적극적으로 규정하였고, 2012. 10. 22. 법률 제11522호로 개정된 조항에서는 그에 더하여 "형사사법절차에서 조력을 받을 수 있음과 그 구체적인 조력의 내용"을 고지할 의무를 부여함으로써 장애인의 조력 신청권이 보다 실질적으로 보장될 수 있도록 하는 근거 조항을 두었다. 그러나 이러한 근거 조항에도 불구하고 진술조력인을 활용할 수 있는 구체적인 제도 정비가 이제까지 뒤따르지 않았던 것이다. 위 조항의 해석에 관한 상세한 논의는 심영진, "의사소통장애와 형사사법절차에서의 조력 -「장애인차별금지 및 권리구제 등에 관한 법률」 제26조 제6항을 중심으로-", 사회보장법연구 제2권 제1호, 서울대 사회보장법연구회(2013), 11면 이하 참조.

145) 국가인권위원회 2024. 2. 14.자 22진정0939800 결정(교정시설의 장애인 수용자에 대한 형사절차상 권리 미보장). 한편, 「발달장애인 권리보장 및 지원에 관한 법률」 제12조 제2항, 제3항 및 제4항에서는 발달장애인이 보조인 및 신뢰관계인의 조력을 받을 권리에 대하여는 명시적으로 규정하고 있으나 진술조력인에 대해서는 언급하고 있지 않다. 그러나 이러한 조항이 보조인, 신뢰관계인에게서는 담보되지 않는 의사소통의 전문적인 중개, 보조에 관한 진술조력인의 활용 가능성을 배제한다고 볼 수는 없을 것이다. 국가인권위원회의 위 결정도 그와 같은 전제에 서 있는 것으로 이해할 수 있다.

146) 김창군·김유정, 위 주 143)의 논문, 105면; 심영진, 위 주 144)의 논문, 22면.

무화해야 한다는 주장이 제기되고 있다.[147] 이와 같은 주장은 매우 경청할 만한 것이라 생각된다. 다만, 현재와 같이 진술조력인 선정 요건을 법률에서 구체화하지 않고 단지 진술조력인 선정 대상 사건의 범위만을 제시하고 있는 상황에서 진술조력인 참여를 의무화한다면 의사소통의 중개 또는 보조가 필요하지 않은 사건까지 자칫 진술조력인이 무용하게 선정되는 결과를 낳을 수 있다. 특히 만 13세[148]에서 만 19세의 성폭력, 아동학대 범죄 피해자로 진술조력인 참여 대상 사건의 범위가 대폭 확대된 개정법 하에서는 개별 사건에서의 '의사소통의 어려움'의 존재 여부에 관한 구체적 판단과 사건 선별이 반드시 필요하다. 물론 영국 법원의 「평등 처우에 관한 실무 편람」에서도 시사하는 바와 같이 13세 이상의 아동·청소년의 경우에도 의사소통의 어려움이 적지 않은 경우가 다수 존재할 수 있으나, 진술조력인의 수가 충분히 확보되지 못한 상황에서는 보다 시급한 사건에 자원을 집중하여야 할 것이기 때문이다. 따라서 '진술할 사람이 의사소통이나 의사표현의 어려움을 겪고 있어 진술조력인의 의사소통 중개 또는 보조가 진술의 질을 향상시킬 수 있는 경우' 등으로 선정 요건을 좀 더 구체화한 상태에서 선정을 의무화하는 법령 개정을 도모함이 타당하다고 생각된다.

(2) 진술조력인 선정에 있어서의 피해자의 의사 고려 방식

성폭력처벌법 제36조 제1항 본문에서는 "성폭력범죄의 피해자가 19세미만피해자 등인 경우 형사절차에서의 조력과 원활한 조사를 위하여 직권이나 피해자, 그 법정대리인 또는 변호사의 신청에 따라 진술조력인으로 하여금 조사과정에 참여하여 의사소통을 중개하거나 보조하게 할 수 있다"고 하면서, 단서에 "다만, 피해자 또는 그 법정대리인이 이를 원하지 아니하는 의사를 표시한 경우에는 그러하지 아니하다"는 조항을 두고 있다. 즉, 피해자 또는 법정대리인이 신청하지 않더라도 진술조

147) 김효정, "[주간칼럼] 범죄피해 장애인 의사소통 돕는 진술조력인", 미디어생활 2023. 8. 3.자 (인터넷 링크: https://www.imedialife.co.kr/news/articleView.html?idxno=45767, 2024. 6. 8. 최종 확인).

148) 이에 진술조력인 제도가 처음 도입되던 당시에 정현미 교수는 19세 미만으로 연령 설정을 할 경우 의사소통에 지장이 없는 사람까지 제도의 적용이 너무 확대되는 측면이 있으므로, 형법상 미성년자의제강간·강제추행죄의 객체인 13세 미만이라는 연령을 기준으로 삼아 13세 미만 성폭력피해자에 대해 원칙적으로 의사소통을 보조하도록 하는 것이 적절하다는 의견을 제시하였고, 이러한 의견이 당시의 입법에 받아들여진 것으로 보인다. 정현미, 위 주 134)의 논문, 76면.

력인을 선정하는 것이 불가능하지 않지만, 피해자 또는 법정대리인이 원하지 않는 경우에는 선정을 할 수 없다는 취지이다.

이러한 배제 요건을 둔 것은 진술조력인 제도가 '피해자 조력'을 위한 제도라는 관점에 지나치게 기댄 결과로 보인다. 그러나 '최선의 증거 획득'의 관점에서 볼 때, 피해자가 원하지 않는다는 점이 진술조력인 선정 배제의 근거가 될 수는 없다. 물론 진술조력인이 원활하게 의사소통을 중개, 보조하기 위해서는 피해자의 협조가 반드시 필요하므로, 피해자가 원하지 않는 상황에서의 진술조력인의 활동은 그 목적을 달성하기 어려울 수 있다. 그러나 피해자의 비협조는 진술조력인의 역할과 효용에 대한 충분한 설명을 통해 해결할 일이지, 의사소통의 중개가 필요함에도 불구하고 진술조력인의 참여를 배제함으로써 해결할 일은 아니다. 한편으로 법원의 진술조력인 선정에 관한 동법 제37조는 그와 같은 단서 조항을 두고 있지 않다는 점도 비일관성과 체계부정합성을 가중시키고 있다.

따라서 성폭력처벌법 제36조 제1항 단서는 "진술조력인 선정 여부를 판단함에 있어서는 피해자 또는 그 법정대리인에게 진술조력인 제도에 관하여 충분히 설명하고 그에 관한 의견을 들어야 한다"는 내용으로 수정하고, 같은 내용을 동법 제37조 제1항 단서에도 포함시키는 것이 적절하다고 생각된다. 피해자가 거부하는 경우에 진술조력인 선정을 배제하는 것은 불가피하다 하더라도, 적어도 법정대리인의 거부 의사에 따르는 것이 적절한지에 대하여는 반드시 재고가 필요하다.

(3) 진술조력인의 중립성과 공정성 강화

성폭력처벌법 제38조 제1항에서는 진술조력인에 대하여 "수사 및 재판 과정에 참여함에 있어 중립적인 지위에서 상호간의 진술이 왜곡 없이 전달될 수 있도록 노력"할 의무를 부과하고 있다. 앞서도 언급한 것처럼 진술조력인의 이와 같은 중립성은 절차의 공정성과 객관성 보장을 위하여 중요하고, 특히 법정에서의 반대신문에서 진술조력인이 의사소통을 중개해야 하는 상황이 늘어나게 된다면 중립성의 요청은 더욱 강조될 수밖에 없다. 진술조력인이 피고인이 반대신문을 통해 피해자에게 질문하고자 하는 바를 정확하게 전달하고, 또한 피해자의 진술 취지를 피해자에게 유리한 방향으로 변경하지 않고 있는 그대로 전달할 수 있어야 피고인의 방어권이 보장되었다고 할 수 있을 것이기 때문이다. 앞서 보았듯, 가령 영국 법무부의 등록 중개인 윤리지침 및 실무지침이 모두 불편부당성을 주요한 원칙의 하나로 명시하고 있다거나, 등록 중개인이 공판기일에 출석하는 경우 재판장이 배심원단에게 '등록 중개인은 의사소통을 돕기 위해 참석한 중립적 존재이므로 이로 인해 피고인에 대한 불리한 심증을 형성하지 않아야 한다'라고 설명해야 한다는 점을 통해 이러한 중립성의 요청이 영국의 등록 중개인 제도에서도 당연히 매우 강조되고 있음을 알 수 있다.

위와 같은 중립성과 공정성에 관한 요청이 단순히 선언적 의미에 그치지 않고, 또한 절차의 관여자 전체에게 공유될 수 있기 위해서는 진술조력인에 대해서도 "양심에 따라 중립적이고 객관적으로 의사소통을 중개, 보조할 것"이라는 취지로 선서를 하도록 하는 근거 조항을 마련할 필요가 있다고 생각된다. 진술조력인이 법원에 허위의 보고서를 제출하거나 의사소통 중개 과정에서 의도적으로 내용을 왜곡하여 전달한 경우에는 형법 제154조의 허위감정·통역·번역죄에 준하는 처벌 규정을 마련하는 것도 고려해 볼 수 있다.[149] 이상과 같은 구상은 앞서 살핀 아동증거법 제29조 제5항 및 제7항을 통해 영국의 실무에 이미 반영되어 있기도 하다.

그런데 몇몇 문헌에서는 진술조력인의 중립성을 근거로 하여 「성폭력범죄 등 사건의 심리 · 재판 및 피해자 보호에 관한 규칙」 제23조 제3항에서 진술조력인의 신문사항에 대한 수정 요청에 관한 권한을 인정하는 것은 타당하지 않다며 이를 수정해야 한다는 견해를 제시하고 있다.[150] 그러나 신문사항에 대한 수정 요청은 의사소통의 중개, 보조를 통해 취약한 증인으로부터 최선의 증언을 이끌어내야 하는 진술조력인의 역할에서 본질적인 부분에 해당하는 것이다. 위 견해는 진술조력인은 피해자의 이익을 대변하거나 소송행위를 대리하는 사람이 아니기 때문에 신문사항의 수정 요청을 할 수 없고 이를 허용하는 것은 피해자 변호사의 권한을 주는 것과 다름없다고 한다.[151] 물론 진술조력인이 신문사항의 내용을 실질적으로 변경하는 취지의 수정을 요청하는 것은 진술조력인의 역할 범위를 넘어선다. 가령 피해자의 사생활에 관한 질문이 당해 사건과 무관하다며 그에 대한 이의를 제기하는 것은 검사나 피해자 변호사가 해야 할 역할이다. 그러나 피해자가 이해하기 어려워 답변을 할 수 없거나 부정확한 답변을 할 가능성이 높은 질문에 대해, 그 질문이 가진 구

149) 김창군 · 김유정, 위 주 143)의 논문, 101면.

150) 조광훈, 위 주 10)의 논문, 106면; 도중진, "범죄피해자 진술조력인제도의 실효화방안", 인하대학교 법학연구 제19권 제2호, 인하대학교 법학연구소(2016. 6.), 52면; 이진국, 위 주 135)의 논문, 46면.

151) 조광훈, 위 주 10)의 논문, 107면.

조적인 문제(가령 유도신문 등)로 인하여 피해자가 이해하기 쉬운 질문으로 바꾸어 묻는 것이 불가능하거나 부적절한 경우에는 진술조력인이 그와 같은 질문의 수정 요청을 정당하게 할 수 있다고 보아야 한다. 이해하기 쉬운 질문으로 바꾸어 묻는 것이 불가능하지 않다 하더라도, 그러한 질문이 반복적으로 제기되고 개별 질문을 바꾸어 전달하는 과정을 거치게 됨으로써 증인의 집중력을 현저히 해할 수 있다면 그 경우에도 진술조력인의 검사나 변호인에 대한 질문 수정 요청은 허용될 수 있어야 한다. 영국의 경우에도 앞서 살펴본 것처럼 등록 중개인이 신문사항에 관하여 증인신문준비기일에 의견을 적극적으로 제시할 뿐 아니라 증인신문 과정에서 필요한 경우에는 개입하여 질문을 수정하거나 휴정 후에 질문 방식 전반에 대하여 재협의를 거치도록 요청하는 것이 당연시되고 있다.[152] 이러한 수정 요청은 그 자체로도 진술조력인의 중립성에 반한다고 볼 수는 없고, 특히 재판장의 승인이 있어야 한다는 점에서 근본적으로 법원의 공정성과 중립성의 범주 내에 있는 활동으로 이해될 수 있다. 오히려 답변의 정확성을 저해할 수밖에 없는 질문을 피해자에게 기계적으로 전달을 하는 것은 증언의 질을 높여 실체진실의 발견에 기여한다는 진술조력인 제도의 취지에 맞지 않으며 진술조력인의 의무 해태로 보아야 할 것이다. 특히나 성폭력처벌법 개정 이후에는 뒤에서 다시 살필 제40조의2의 도입으로 진술조력인의 수정 요청 권한의 법적 근거가 더 강화되었다고 볼 수 있다.

2. 실무에서의 진술조력인 역할에 대한 이해 증진 및 운영의 내실화, 활성화 필요

(1) 수사기관에서의 진술조력인 활용 내실화

진술조력인 제도가 도입된 후 수사기관에서는 진술조력인 제도가 비교적 활발하게 이용되어 왔다.[153] 진술조력 건수는 2014년에 450건이었던 것이 2022년에는 3,822건으로 약 8.5배 증가하였다.[154] 이처럼 건수 자체는 상당한 수준에 이르렀다

---

152) 수정 요청이 적절하지 않다고 하는 견해 중에는 비교법적 근거로 오스트리아나 독일의 진술조력인 제도에서 진술조력인에게 신문사항 수정 요청권을 인정하고 있지 않다는 점을 들고 있기도 하나(도중진, 위 주 150)의 논문, 52면), 오스트리아나 독일의 Psychosoziale Prozessbegleiter는 애초에 의사소통 중개에 초점을 두고 만들어진 제도가 아니므로 이 점을 비교법적 근거로 드는 것은 적절치 않다고 생각된다.

153) 고은설 · 이세라 · 이경민, “미성년 성폭력 피해자 증인신문 관련 소송지휘”, 젠더법 실무연구: 재판자료 제144집, 사법발전재단(2023), 55면.

154) 한은미 · 김태경, 위 주 9)의 논문, 100면.

고 할 수 있어도, 진술조력인 제도가 그 본연의 목적을 제대로 달성하고 있지 못하다는 비판이 많이 있다.[155] 특히 진술조력인의 역할에 대해서 담당 경찰관조차도 충분한 이해를 하지 못하는 결과, 진술조력인에게 피해자의 특성 파악을 위하여 충분한 시간이 주어져야 함에도[156] 그와 같은 기회를 아예 부여하지 않거나 길어도 30분 정도밖에 시간이 주어지지 않는 경우가 빈번하다고 한다.[157] 진술조력인 업무 매뉴얼에서는 진술조력인이 사전평가를 한 후 그 결과를 예비보고서나 구두로 조사자에게 전달하여 진술자의 특성을 고려한 적절한 질문 방식과 조사 방식에 관하여 논의하도록 하고 있음에도, 이와 같은 논의 기회를 제공받은 진술조력인은 거의 없는 것으로 조사되었다.[158] 이처럼 사전 논의가 충분히 이루어지지 않으면 진술조력인의 조사 중 의사소통 중개가 원활하게 진행되기 어렵다. 실제 의사소통 중개가 조사에 방해된다며 이를 제한하거나, 처음부터 중개 시도를 하지 않을 것을 요청하는 조사자도 있는 것으로 보고되고 있다.[159] 조사자 중에는 진술조력인이 조사자나 진술자의 말에 지나친 추임새를 넣거나 의사소통이 원활함에도 과도하게 개입하는 등으로 조사를 방해하는 경우가 있음을 지적하며, 진술조력인의 전문성 함양의 필요성을 강조하는 예도 있었는데,[160] 이처럼 조사자의 비협조적인 태도는 기존에 경험한 진술조력인의 능력에 대한 불신으로부터 비롯되는 경우도 배제할 수 없지만 진술조력인의 역할에 대한 이해와 공감대가 부족하다는 점도 중요한 원인으로 작용한다고 보인다.

앞서 영국의 경우 피해자의 진술 능력 평가를 위하여 등록 중개인이 충분한 시간을 할애하여야 함을 전제로, 진술 능력 평가와 ABE 인터뷰가 같은 날에 진행되지 않도록 함으로써 진술인의 피로도를 최소화하여야 함을 강조하였던 점을 상기할 필요가 있다. 또한, 진술조력인과 조사 방식에 관한 충분한 사전 협의를 통해 진술

155) 송진경, 위 주 139)의 논문, 86면.

156) 「진술조력인 선정 등에 관한 규칙」 제20조 제1항에서는 진술조력인이 조사 전에 피해자등을 면담하려는 경우에는 수사기관은 진술조력인 조력 필요성에 관하여 평가할 수 있는 충분한 시간을 제공하여야 한다고 규정하고 있다.

157) 법무부 공식 블로그, “진실을 보는 눈, 정의를 말하는 입! 진술조력인을 만나다” 중 김진영 상근진술조력인의 답변 내용(인터넷 링크: https://blog.naver.com/mojjustice/221266502239, 2024. 6. 8. 최종 확인).

158) 한은미 · 김태경, 위 주 9)의 논문, 107면.

159) 한은미 · 김태경, 위 주 9)의 논문, 108면.

160) 한은미 · 김태경, 위 주 9)의 논문, 109면.

조력인이 조사 경찰관에 의한 조사 도중에 어떠한 방식으로 개입할 것인지를 미리 정해 두는 등으로 상호 협력을 강화하여야 한다. 관련하여, 영국의 경우 등록 중개인이 진술 능력 평가를 거쳐 작성한 사전 보고서를 토대로 ABE 인터뷰에서의 원활한 의사소통을 위하여 담당 경찰과 사전회의를 갖는다는 점에 주목할 필요가 있다. 특히 이때 영국 법무부의 매뉴얼이 질문의 언어적인 구성방식은 물론 장소 및 참여 인원 등의 세팅, 보조수단의 사용이나 휴식의 부여에 이르기까지 여러 구체적인 사항이 논의되어야 한다고 제시하고 있다는 점은 유용한 참고자료가 될 수 있다.

(2) **법원에서의 진술조력인 활용 실무 정착**

이 사건 위헌결정이 있기 전에는 법원에서 진술조력인을 선정하는 사례를 자주 찾아보기는 어려웠다.[161] 이 사건 위헌결정 이전까지는 아동 · 청소년이나 장애인이 법정에 나와 증언하는 사례가 드물었기 때문에 진술조력인의 활용도 자연스럽게 저조할 수밖에 없었던 것이다. 그 외에도 진술조력인 명부 관리가 법무부에 일임되어 있고 상근 진술조력인의 수가 많지 않아 일선 재판부에서 진술조력인 선정에 번거로움을 느끼는 것이 원인이 된다는 분석도 있다.[162] 그러나 이 사건 위헌결정 이후에는 진술조력인 활용이 필요한 사건이 늘어날 것으로 보이고, 법원에서 진술조력인 활용을 위하여 보다 적극적인 조치를 모색할 필요가 있다.

법원이 직접 진술조력인 명부 관리를 하지 않더라도, 수사기관에서의 조사에 관여했던 진술조력인을 선정하는 것이 원칙이므로[163] 다수의 사건에서 진술조력인 선정의 번거로움은 큰 문제는 아니다. 진술조력인의 필요가 공판 단계에서 뒤늦게 파악된 경우라 하더라도, 현재 법원에서 법무부로부터 진술조력인 명부를 공유받아 법원 내부 통합전산망에서 확인할 수 있도록 등록하여 두고 있으므로 위 명부를 활용하여 진술조력인을 선정할 수 있다.[164] 다만, 해당 명부에는 진술조력인의 이름과 자격 및 종류, 활동 지역, 주소 및 연락처, 자격번호 등의 기본 정보만이 등재되어 있을 뿐 진술조력인의 경력과 학력, 세부 전문 분야, 해당 진술조력인의 활동에 대한 평가, 참여 활동 내역에 대하여는 알 수 없어[165] 법원이 스스로 사건과 진술

161) 고은설 · 이세라 · 이경민, 위 주 153)의 논문, 55면; 장옥선, "진술조력인 제도의 이해", 법원 현대사회와 성범죄 연구회, 성범죄 재판의 현안과 과제들, 사법발전재단(2023), 250면.

162) 고은설 · 이세라 · 이경민, 위 주 153)의 논문, 55면.

163) 「성폭력범죄 등 사건의 심리·재판 및 피해자 보호에 관한 규칙」 제19조 제2항.

164) 공저자들의 질의에 대한 법원행정처 형사지원심의관실 정재우 심의관의 답변 내용.

자의 특성에 가장 부합하는 진술조력인을 선정하기에는 어려움이 따른다. 이 점은 영국에서 WIS를 통하여 충분한 정보에 입각하여 적절한 진술조력인의 매칭 서비스를 제공하고 있는 점과 대비된다. 따라서 향후에는 법무부에서 개별 진술조력인의 경력과 구체적인 사건 수행 경험, 그에 대한 평가에 관한 정보를 체계적으로 데이터베이스화하여 이를 법원에 공유하거나, 적절한 진술조력인을 추천하는 절차를 도입하는 것이 필요하다. 공정성과 중립성을 우선시할 경우 법원이 직접 진술조력인 후보자를 복수로 선정한 후 공판 검사와 피고인 측 변호인의 의견을 청취한 후 최종 선정하는 방식이, 절차의 신속과 효율을 우선시할 경우 법무부로 하여금 적절한 진술조력인 후보를 복수로 제시하게 한 후 피고인 측 의견을 들어 진술조력인을 최종 선정하는 방식이 적절할 것이다.

성폭력처벌법이 개정되면서 제40조의2에는 19세미만피해자등을 증인으로 신문하려는 경우 19세미만피해자등의 보호와 원활한 심리를 위하여 필요한 경우 공판준비절차에 부쳐 증인신문을 위한 심리계획 수립을 위해 공판준비기일을 지정할 수 있고, 위 기일에 진술조력인을 출석하게 하여 진술조력인에게 신문사항과 신문방법 등에 관한 의견을 구할 수 있다는 내용이 신설되었다. 등록 중개인이 선정된 사건에서는 필수적으로 증인신문준비기일을 거치도록 하는 영국의 경우와는 달리, 위 신설조항에서는 공판준비절차 회부를 재판장의 재량 사항으로 규정하고 있어[166] 앞으로 위 조항에 따른 절차가 얼마나 활성화될 것인지는 지켜볼 필요가 있다. 진술조력인을 선정할 정도의 사안이라면 증인과의 의사소통에 관한 쟁점들을 사전에 해결할 필요가 있으므로 증인신문을 위한 심리계획 수립은 －꼭 공판준비절차 회부라는 형식을 거치지는 않는다 하더라도－ 반드시 필요하다고 생각된다. 특히 법정에서의 부적절한 반대신문을 효과적으로 통제하기 위해서는 제40조의2 제5항에 따라 사전에 신문사항을 제출받고 그 신문사항에 관하여 진술조력인의 의견을 구하는 것

165) 공저자들의 질의에 대한 법원행정처 형사지원심의관실 정재우 심의관의 답변 내용. 이러한 답변 내용에 비추어 법무부 자체적으로도 그와 같은 상세 정보를 관리하고 있는지에 대해 확인될 필요가 있으나, 본 논문 작성 과정에서 그에 대한 확인까지는 이르지 못하였다. 반면 감정인이나 전문심리위원의 경우 법원행정처에서 그 명단을 관리하고 있고 법원 내부 통합 전산망을 통해 후보자의 경력과 학력, 세부 전문 분야, 유사 사건 담당 경험 등을 확인할 수 있어 법원이 적절한 후보자를 선정하기가 비교적 용이하다.

166) 이 점은 법무부안 등에 대한 법제사법위원회의 심사 과정에서 법원행정처의 의견이 반영된 것이다. 국회사무처, 제406회 국회(임시회) 법제사법위원회회의록(법안심사제1소위원회), 2023. 5. 22., 24면.

이 필수적이다.[167] 만일 그러한 심리계획의 수립 없이도 진행할 수 있는 사건이라면 역설적으로 진술조력인이 꼭 필요한 사건인지부터 자문해 보아야 할 것이다.

한편, 수사과정에서의 진술조력인의 피해자의 의사소통 능력에 관한 의견 제출 방법에 대하여는 「진술조력인의 선정 등에 관한 규칙」 제20조와 제21조에 그 근거 규정이 있지만, 재판과정에서의 의견 제출 방법(보고서 작성 여부, 작성할 경우 작성 시기와 제출 대상 등)에 대해서는 아무런 규정이 마련되어 있지 않고,[168] 피해자의 의사소통 능력 판단을 위한 면담 기회를 언제 어떤 방식으로 부여할 것인지에 대해서도 아무런 규정이 없다. 이처럼 진술조력인 활용에 관하여 구체적인 절차가 미리 정하여져 있지 않다는 점이 법관들이 진술조력인을 활용하는 데에 있어서 소극적인 태도를 보이는 원인이 될 수 있고, 진술조력인이 선정된 사건에 있어서도 진술조력인의 능동성에 절차 운영의 많은 부분이 좌우되어 버린다.

성폭력처벌법이 개정된 것을 계기로 진술조력인의 공판절차에서의 역할을 보다 구체화하기 위하여 대법원규칙을 정비할 필요가 있다. 위 규칙 제19조에서는 진술조력인 선정 시기를 '증인신문 전'이라고만 하고 있고, 제21조에서는 진술조력인에게 '중개·보조할 기일을 통지'하여야 한다고 되어 있으나 진술조력인이 의사소통의 충실한 중개·보조를 할 수 있기 위해서는 증인신문에 앞서 충분히 이른 시점에 진술조력인이 선정되어, 수사과정에서 피해자의 의사소통 능력 판단의 기회가 없었던 경우 피해자에 대한 면담 기회를 가진 후 성폭력특별법 제40조의2 및 규칙 제23조 제1항에 정하여진 사항과 관련하여 사전 의견 제출을 하도록 하여야 한다. 만일 수사과정에서 피해자의 의사소통 능력 판단의 기회가 있었다면 특별한 사정 변경이 없는 한 해당 기회에 수사기관에 제출하였던 의견서로 사전 의견 제출을 갈음하도록 할 수 있다. 위 의견서는 증인신문 방식에 관한 협의 이전에 검사와 피고인 측에도 공유되어, 이를 토대로 하여 증인신문 환경과 증인신문 방식에 관한 논의가 실질적으로 이루어질 수 있어야 한다.

---

167) 이와 같이 사전에 신문사항을 제출하도록 하는 것은 피고인의 방어권을 침해한다는 의견이 있을 수 있으나, 해당 조항에서는 "제출한 신문사항은 증인신문을 하기 전까지는 열람·복사 등을 통하여 상대방에게 공개하지 아니한다"라고 하고 있어, 방어권 침해의 소지를 최소화하고 있다. 진술조력인의 중립의무가 인정되는 이상 진술조력인에 대하여 신문사항을 검토하도록 하는 것은 '상대방에 대한 공개'로 볼 수 없으므로 절차상 문제가 없다.

168) 이에 진술조력인 업무매뉴얼에서는 보고서 제출에 관한 의무 규정이 없어 법원에 대한 보고서 제출은 의무사항이 아니라고 안내하고 있다. 법무부, 위 주 138)의 업무매뉴얼, 68면.

(3) 제도에 대한 적극적 홍보 및 제도 운영에 있어서 이해관계인 참여 확대

한편, 현재 진술조력인 제도가 마주하는 가장 큰 한계 중 하나로 진술조력인 제도에 대한 인식과 정확한 이해가 매우 부족하다는 점이 반복적으로 지적된다. 사회 일반의 인식이 부족함은 물론, 법원, 검찰, 경찰의 관련 실무 종사자와 피해자 변호사조차도 진술조력인의 역할에 대한 이해를 충분히 하지 못하는 경우가 많으며, 해바라기센터 등 해당 분야의 전담 기관도 개별 기관에 따라 이해의 편차가 큰 것으로 보인다.[169] 법무부에서 발간한 진술조력인 업무매뉴얼은 진술조력인의 개념과 절차의 흐름에 따른 진술조력인의 구체적인 역할을 이해하기 쉽게 설명하고 있어 진술조력인 제도의 이해 확산에 가장 적절한 자료임에도 불구하고, 외부에 공개되어 있지 않다. 진술조력인 연간보고서가 매년 작성되고 있는지도 외부에서 알기 어렵다. 이 점은 등록 중개인 업무매뉴얼뿐만 아니라 등록 중개인 제도의 연간 보고서를 2018년부터 현재까지 매년 홈페이지에 공개하고 있는 영국 법무부의 예와 대비된다. 영국의 경우 민간의 학자들과 중개인 종사자들이 관련 서적과 논문, 칼럼 집필을 활발히 하고 중개인 상호간의 경험을 공유하고 네트워킹을 강화하는 학술회의를 개최[170]하며 제도의 활성화에 기여하고 있는 모습도 주목할 만하다.

진술조력인 제도는 현재 법무부 여성아동인권과에서 전담하여 운영하고 있다. 그런데 진술조력인을 주로 활용하는 기관은 행정안전부 산하의 경찰청과 사법부이고, 해바라기센터를 운영하는 여성가족부도 진술조력인 업무와 깊은 연관이 있으므로, 진술조력인 제도가 실무의 문제의식을 충분히 반영하며 체계적이고 일관성 있게 운영되기 위해서는 위와 같은 여러 국가기관의 협업이 필요함은 물론, 변호사협회와 피해자를 주로 조력하는 인권 단체, 아동 및 장애인 권익 옹호 단체, 언어치료 등을 전문으로 연구하는 단체 등 유관 기관의 의견도 충분히 반영할 수 있어야 한다. 영국의 등록 중개인 운영 및 표준 위원회에서는 등록 중개인 제도가 이처럼 다양한 전문성 및 실무 경험을 통합할 수 있어야 성공적으로 운영될 수 있음을 염두에 두고 다양한 직역을 대표하는 위원들로 위원회를 구성하고 있음은 앞서 본 바와 같다. 그런데 우리나라의 진술조력인 제도의 운영에 있어 법무부 외부의 기관들이

169) 한은미 · 김태경, 위 주 9)의 논문, 112면.

170) 최근의 학술회의의 예로는, The Intermediary Cooperative (TIC) Spring Conference 2024 – Vulnerability: Identification, Facilitation, Inclusion, 2024. 4. 19.

상시적으로, 혹은 주기적인 회의체를 통하여 일정한 관여를 하고 있는지 알려진 바가 없다. 외부 기관의 참여가 이루어지고 있지 않은 상황이라면 그 또한 진술조력인 제도에 대한 인식 부족의 주요 원인이 될 뿐만 아니라, 제도의 체계적인 운영을 불가능하게 하는 원인이 된다. 이에 진술조력인 제도를 보다 투명하고 체계적으로 운영할 수 있도록 주요 이해관계 기관을 운영에 참여시키는 방안에 대하여 논의가 필요하다. 특히 법원, 경찰, 여성가족부와의 협업은 필수적이다.

(4) 진술조력인 전문성 향상을 위한 관리, 감독 및 평가의 체계화

현재 활동 중인 진술조력인의 전문성의 편차가 크고, 이 점이 진술조력인 제도에 대한 충분한 이해와 더불어 위 제도를 적극적으로 활용할 의지가 있는 절차 관여자에게도 제도 활용을 망설이게 하는 요인이 되고 있다고 한다.[171] 특히 진술조력인의 대부분을 차지하는 비상근 진술조력인[172]의 전문성 제고가 시급한데, 이를 위해서는 진술조력인 자격 부여 단계에서뿐만 아니라, 그 이후 단계에서도 지속적인 교육, 사례보고 회의, 모의 사례 연습 등을 통해 전문성 함양을 위한 노력이 이루어져야 한다. 공판절차에서의 진술조력인의 활용 여지가 넓어진 만큼 진술조력인에 대하여 형사재판 절차에 관한 교육을 강화하는 것도 필요하고, 이러한 교육 과정의 수립과 실행에 법원의 적극적 관여가 있어야 한다. 국내 사례가 충분하게 존재하지 않는 경우 외국의 유사 사례를 발굴하여 소개하고, 이를 위해 영국의 중개인 단체 등 유관 외국 단체와의 지속적인 학술 교류를 추진하는 것도 검토해 볼 수 있다. 현재 법무부에서는 진술조력인 교육 과정 개편을 추진하고 있는 것으로 알려져 있는데,[173] 그 결과를 주목할 필요가 있다.

진술조력인의 전문성 편차는 진술조력인에 대한 관리와 감독, 평가가 체계화되지 않았기 때문이라는 지적도 제기된다. 조사 및 공판이 종료된 후에 수사기관의 담당

---

171) 한은미 · 김태경, 위 주 9)의 논문, 113면.

172) 2023. 6. 기준으로 전체 진술조력인 165명 중 상근 진술조력인은 서울 4명, 경기 4명, 부산 2명, 대구 1명, 광주 1명으로 모두 15명에 불과하다. 곽진웅·백서연, “범죄 피해자 ‘진술조력인’ 확대한다는데… 상근은 전국에 15명뿐”, 서울신문 2023. 6. 13.자(인터넷 링크: https://www.seoul.co.kr/news/society/2023/06/13/20230613009009, 2024. 6. 8. 최종 확인).

173) 정혜민 · 오연서, “[단독] 법무부, 10년 만에 ‘진술조력인 교육과정’ 개편…전문성 강화 추진”, 한겨레 2024. 3. 5.자(인터넷 링크: https://www.hani.co.kr/arti/society/society_general/1130942.html, 2024. 6. 8. 최종 확인).

자 및 담당 재판장으로 하여금 개별 진술조력인의 활동에 대하여 체크리스트 형식으로 평가서를 작성하도록 하여 이를 토대로 진술조력인 자격 유지 여부의 평가에 반영하도록 하여야 한다.[174] 또한 이러한 평가과정에서 피해자 및 그 보호자로부터의 피드백도 받을 수 있어야 한다.

낮게 책정된 진술조력인의 보수도 전문성 있는 진술조력인 양성에 있어서의 진입장벽으로 거론된다. 특히 상근 진술조력인의 경우 장기 경력자의 보수를 상향할 필요가 있다는 지적은 경청할 필요가 있다.[175] 한편, 수사 단계에서의 진술조력인 활동에 대해서는 법무부가, 공판 단계에서의 진술조력인 활동에 대해서는 법원행정처가 각기 보수 지급을 담당하고 있는데,[176] 진술조력인의 활동은 수사에서부터 공판까지 연속선상에 있는 경우가 많다는 점을 감안할 때 이와 같은 보수 관리 체계의 분리가 실제의 업무 수준을 충분히 반영하는 방식으로 운영되고 있는지 의문이 든다. 가령 진술조력인이 기소 이후에 비로소 선정된 사건의 경우 피해자의 의사소통 능력 평가부터 새롭게 진행해야 하므로 기소 전부터 진술조력인이 활동한 사건보다 법원에서 지급하는 수당의 액수가 더 높아야 할 것인데, 이러한 점이 실무에 반영되고 있는지 알려져 있지 않다. 「성폭력범죄 등 사건의 심리 · 재판 및 피해자 보호에 관한 예규」 제13조 제1항에서는 재판장이 "사안의 난이, 진술조력인이 수행한 직무의 내용, 재판과정 참여에 소요된 시간 등을 참작"하여 진술조력인의 수당을 기본 수당액의 5배 범위 안에서 증액할 수 있다는 규정을 두고 있으므로 재판부에서 위와 같은 규정을 충분히 활용하여 업무의 양에 상응하는 실질적인 수당을 지급하려는 노력을 할 필요가 있고, 향후 수당 지급에 관한 기준이 현재보다 구체화

174) 현재도 법원의 내부 통합전산망에 등록된 진술조력인 명단에 개별 재판부에서 진술조력인에 대한 평가 내용을 기재할 수 있도록 되어 있기는 하나(공저자들의 질의에 대한 법원행정처 형사지원심의관실 정재우 심의관의 답변 내용), 그 활용이 저조한 것으로 보인다.

175) 곽진웅 · 백서연, "범죄 피해자 '진술조력인' 확대한다는데… 상근은 전국에 15명뿐", 서울신문 2023. 6. 13.자(인터넷 링크: https://www.seoul.co.kr/news/newsView.php?id=20230613009009&wlog_tag3=naver, 2024. 6. 8. 최종 확인); 노유정, "아동 · 장애인 증언 돕는 '진술조력인' 태부족", 파이낸셜뉴스 2023. 1. 1.자(인터넷 링크: https://www.fnnews.com/news/202301011741118320, 2024. 6. 8. 최종 확인).

176) 「성폭력범죄 등 사건의 심리·재판 및 피해자 보호에 관한 예규」 제12조부터 제16조까지 진술조력인 수당 지급에 관한 조항이 마련되어 있고, 현재 대법원회의에서 의결한 바에 따른 진술조력인의 기본수당은 건당 30만 원이다. 다만, 상근 진술조력인의 경우에는 법원에서 추가로 수당을 지급하지는 않는다고 한다(공저자들의 질의에 대한 법원행정처 형사지원심의관실 정재우 심의관의 답변 내용).

되어야 한다.

Ⅳ. 결론

본 논문에서는 2013년 도입되었고 2023년 성폭력처벌법 개정으로 더욱 활용 범위가 확대된 진술조력인 제도에 대한 정확한 이해와 실무 개선을 도모하기 위하여, 진술조력인 제도 도입 과정에서 주된 모델이 되었던 영국의 등록 중개인 제도의 운영 현황 및 구체적인 활용 절차에 대하여 살펴보았다. 그와 같은 비교법적 검토를 토대로, 진술조력인 제도의 궁극적인 목적은 형사절차에서 진술을 필요로 하는 의사소통에 취약한 사람으로부터 '최선의 증거'를 획득함으로써 실체진실의 발견에 기여함과 동시에 진술 과정에서 의사소통의 어려움으로 인해 발생할 수 있는 스트레스와 부담을 완화하는 데에 있다는 결론을 내리고, 그와 같은 제도의 취지에 부합할 수 있도록 현행 제도를 정비하고 진술조력인 제도를 내실화할 수 있는 방안을 제시해 보았다. 물론 이와 같은 비교법적 고찰이 사회적, 문화적 여건의 차이를 무시하고 외국의 제도를 그대로 우리나라에 이식하자는 취지는 아니다. 그러나 제도 자체가 어느 특정한 국가의 것을 주로 참고해서 들여온 것이라고 한다면 먼저 그 나라의 제도에 대한 정확한 이해를 바탕으로 하여 어떤 부분을 그대로 받아들이고 어떤 부분을 우리의 실정에 더 맞게 변용할 수 있는지에 대한 고민이 이루어질 필요가 있는 것임에도, 성격이 다소 다른 제3의 제도의 내용을 모자이크처럼 한데 합쳐서 운영 방안을 구상하는 것은 제도 도입의 본래의 취지를 흩뜨리고 의도한 효용을 얻지 못하는 결과를 낳게 될 수 있다. 이것이 우리 진술조력인 제도의 현 주소가 아닌가 한다. 향후 진술조력인 제도가 공고하게 정착하고 의사소통이 취약한 사람의 의사소통 중개, 보조라는 목적을 충분히 달성하는 데에 이 글이 작은 기여가 될 수 있기를 바란다.

【참고문헌】

1. 국내문헌

고은설 · 이세라 · 이경민, “미성년 성폭력 피해자 증인신문 관련 소송지휘”, 젠더법 실무연구: 재판자료 제144집, 사법발전재단(2023)

김면기 · 이정원, “영국의 피해자 조사기법 실무교육과 그 시사점 －포츠머스 대학에서 ABE 가이드에 관한 훈련과정을 중심으로－ ”, 형사법의 신동향 통권 제66호, 대검찰청(2020년 봄)

김정혜, “진술조력인의 의의와 역할: 성폭력 범죄 피해 장애인을 중심으로”, 고려법학 제69호, 고려대학교 법학연구원(2013. 6.)

김지영, “장애인복지법상 진술조력인 제도의 현황과 개선방안”, 사회법연구 제48호, 한국사회법학회(2022. 12.)

김창군 · 김유정, “진술조력인의 역할 제고방안”, 법과 정책 제24집 제2호, 제주대학교 법과정책연구원(2018. 8.)

김태경 · 윤성우 · 서민재 · 김경옥 · 한은미, “성폭력 범죄피해 아동 · 장애인을 위한 진술조력인의 한국형 역할모델”, 피해자학연구 제21권 제2호, 한국피해자학회(2013. 10.)

문지선, “아동 성폭력 피해자 보호를 위한 특별 진술절차 도입방안”, 법학연구 제34권 제4호, 충남대학교 법학연구소(2023. 11.)

법무부, 진술조력인 업무매뉴얼(2017)

법원 현대사회와 성범죄 연구회, 성범죄 재판의 현안과 과제들, 사법발전재단(2023)

송진경, “진술조력인제도의 개선방안 －범죄피해자인 지적 장애인에 대한 진술조력을 중심으로－”, 명지법학 제20권 제1호, 명지대학교 법학연구소(2021. 7.)

심영진, “의사소통장애와 형사사법절차에서의 조력 －「장애인차별금지 및 권리구제 등에 관한 법률」 제26조 제6항을 중심으로－”, 사회보장법연구 제2권 제1호, 서울대 사회보장법연구회(2013)

여동근, “북유럽 바르나후스 모델이 국내 아동성범죄 피해자의 진술획득절차와 관련하여 주는 시사점과 그 적용 가능성에 관한 연구”, 사법논집 제75집, 사

법발전재단(2022)

이진국, “진술조력인제도의 합리적 운영을 위한 몇 가지 제안”, 형사정책연구 제25권 제3호, 한국형사정책연구원(2013년 가을)

장옥선, “진술조력인 제도의 이해”, 법원 현대사회와 성범죄 연구회, 성범죄 재판의 현안과 과제들, 사법발전재단(2023)

정현미, “성폭력범죄 피해 아동·장애인을 위한 진술조력인 제도”, 이화젠더법학 제4권 제1호, 이화여자대학교 젠더법학연구소(2012. 6.)

조광훈, 형사절차상 진술조력인 제도에 관한 연구, 고려대학교 법학박사 학위논문(2020)

조상제, “독일의 성폭력 범죄피해자 진술조력인 제도에 관한 연구”, 비교형사법연구 제16권 제1호, 한국비교형사법학회(2014)

한나라(대표 집필), “아동·청소년 피해자에 대한 보호 제도 및 영상녹화물의 증거능력에 관한 해외사례 및 번역”, 젠더법 실무연구: 재판자료 144집, 사법발전재단(2023)

한영수·김원아, “진술조력인 제도에 관한 소고: 피해자변호사 제도와의 비교 분석을 중심으로”, 형사정책연구 제28권 제2호, 한국형사정책연구원(2017년 여름)

한은미·김태경, “해바라기센터 조사 시 진술조력인의 역할 실제”, 공공사회연구 제13권 제4호, 한국공공사회학회(2023)

홍진영·이상혁, “영국의 아동 성범죄 피해자 진술의 영상녹화물에 대한 공판 전 반대신문 제도에 관한 고찰 –아동 성범죄 재판에서의 증거보전절차 활용에 관한 시사점을 중심으로–”, 사법 제68호, 사법발전재단(2024. 6.)

2. 국외문헌

Penny Cooper and David Wurtzel, “Better the second time around? Department of Justice Registered Intermediaries Schemes and lessons from England and Wales”, Northern Ireland Legal Quarterly, Vol. 65(1), 2014

Penny Cooper and Michelle Mattison, “Intermediaries, vulnerable people and the quality of evidence: An international comparison of three versions of the English intermediary model", The International Journal of Evidence & Proof, Vol. 21(4), 2017

Home Office, Speaking Up For Justice: Report of the Interdepartmental Working Group on the treatment of Vulnerable or Intimidated Witnesses in the Criminal Justice System(1998)

Judicial College, Crown Court Compendium Part Ⅰ(June 2023)

Judicial College, Equal Treatment Bench Book: February 2021 edition(April 2023 revisions)

Ministry of Justice, Achieving Best Evidence in Criminal Proceedings: Guidance on Interviewing Victims and Witnesses, and Guidance on Using Special Measures(January 2022)

Ministry of Justice, Registered Intermediary Procedural Guidance Manual(2023)

Ministry of Justice, The Witness Intermediary Scheme Annual Report 2023(2024)

Joyce Plotnikoff and Richard Woolfson, Intermediaries in the criminal justice system(Policy Press, 2015)

Peter Rook and Robert Ward eds., Sexual Offences Law & Practice 5th ed, Sweet & Maxwell(2021)

The Advocate's Gateway, Toolkit 16 – Intermediaries: step by step(2019)

【국문 초록】

본 논문에서는 2013년 도입되었고 2023년 성폭력처벌법 개정으로 더욱 활용 범위가 확대된 진술조력인 제도에 대한 정확한 이해와 실무 개선을 도모하기 위하여, 진술조력인 제도 도입 과정에서 주된 모델이 되었던 영국의 등록 중개인 제도의 운영 현황 및 구체적인 활용 절차에 대하여 살펴보았다. 그와 같은 비교법적 논의에 비추어, 진술조력인 제도의 궁극적인 목적은 형사절차에서 진술을 필요로 하는 의사소통에 취약한 사람으로부터 '최선의 증거'를 획득함으로써 실체진실의 발견에 기여함과 동시에 진술 과정에서 의사소통의 어려움으로 인해 발생할 수 있는 스트레스와 부담을 완화하는 데에 있다는 결론을 내리고, 그와 같은 제도의 취지에 부합할 수 있도록 현행 제도를 정비하고 진술조력인 제도를 내실화할 수 있는 방안을 제시해 보았다. 주요 제안은 다음과 같다. 첫째, 진술조력인 제도가 비단 성범죄 등 피해자에만 국한될 것이 아니라 의사소통이나 의사표현에 어려움을 겪는 모든 증인과 참고인, 피고인, 피의자의 의사소통 중개 및 보조에 활용될 수 있도록 전면적 확대 개편이 필요하다. 둘째, 진술조력인이 피고인 측의 반대신문 과정에 관여할 수 있는 기회가 이전보다 확대된 만큼 피고인의 공정한 재판을 받을 수 있는 권리가 보장될 수 있도록 진술조력인의 공정성과 중립성을 강화하는 조치가 필요하다. 셋째, 진술조력인 제도가 더욱 활성화되는 동시에 운영의 내실을 기할 수 있도록 절차 관여자 및 일반 국민에게 진술조력인 제도를 적극 홍보하고, 여러 이해관계자의 의견을 반영하여 체계적, 통합적으로 진술조력인 제도를 운영할 수 있도록 운영 체계를 개편하여야 한다. 넷째, 진술조력인의 전문성이 강화될 수 있도록 교육과 평가 체계를 강화하고, 보수를 실질화, 합리화하여야 한다.

◈ 주제어: 진술조력인, 등록 중개인, 반대신문, 취약한 증인, 아동 · 청소년 증인

【Abstract】

A Study on the Registered Intermediary Scheme for Assisting Vulnerable Witnesses in the UK: Focusing on a Comparison with the Testimony Assistance System in Korea

Hong, Jinyoung* · Lee, Sanghyuk*

This paper aims to promote a precise understanding and practical improvement of the testimony assistance system, which was introduced in 2013 and saw its scope of application expanded with the 2023 amendments to the Act on Special Cases Concerning the Punishment of Sexual Crimes. To this end, the paper examines the specific procedures and current practice of the UK's Registered Intermediary Scheme, which served as the primary model during the introduction of the Korean testimony assistance system. Reflecting on this comparative legal discussion, the paper concludes that the ultimate purpose of the testimony assistance system is to contribute to the discovery of substantive truth by obtaining the 'best evidence' from individuals with communication vulnerabilities who need to testify in criminal proceedings, while also alleviating the stress and burden that may arise from communication difficulties during the testimony process. To align with the purpose of this system, the paper proposes concrete measures to refine the current system and enhance the substance of the testimony assistance system. The main proposals are as follows: 1) The testimony assistance system should not be limited to victims of sexual crimes but should be expanded and reorganized to support the communication and expression of all witnesses, informants, defendants, and suspects who experience difficulties in communication. 2) As the opportunity for testimony assistants to participate in the cross-examination process on behalf of the defendant has increased,

* Associate Professor, Seoul National University School of Law
** Judge Advocate, Ministry of National Defense

measures should be taken to strengthen the fairness and neutrality of the testimony assistants to ensure the defendant's right to a fair trial. 3) To further activate the testimony assistance system and enhance its operation, the system should be actively promoted to procedural participants and the general public. The operational system should be restructured to operate the testimony assistance system systematically and integratively, reflecting the opinions of various stakeholders. 4) The education and evaluation system should be reinforced to enhance the professionalism of testimony assistants, and their compensation should be made substantive and rational.

◈ Key Words: Testimony Assistance, Registered Intermediary, Cross-examination, Vulnerable witnesses, Child witnesses

한국형사소송법학회『형사소송 이론과 실무』
第16권 第2호 (2024.06) 137~167면.
Theories and Practices of Criminal Procedure Vol. 16 No. 2 (June. 2024) pp. 137-167.
10.34222/kdps.2024.16.2.137

죽음을 앞두고 작성한 유서의 특신상태

-대법원 2024. 4. 12. 선고 2023도13406 판결-

신 동 훈*

목 차

* 성균관대학교 법학전문대학원 교수, 변호사

[대상판결: 대법원 2024. 4. 12. 선고 2023도13406 판결]

Ⅰ. 사안의 개요

이 사건 공소사실의 요지는, 피고인들과 망인이 2006. 11. 19. 심야경부터 다음날 새벽 4시경 사이에 술에 만취하여 항거불능 상태에 있는 피해자를 초등학교 벤치로 옮긴 후, 피고인 3은 피해자에게 유사성행위를 하고, 계속하여 망인, 피고인 1, 피고인 2가 순차적으로 피해자를 간음하여, 피고인들이 망인과 합동하여 피해자의 심신상실 또는 항거불능 상태를 이용하여 피해자를 간음하였다는 것이다.

그런데 망인은 2021. 3. 31. 18:30경 자신의 집에서 자살하였다. 망인의 자필 유서 두 개가 발견되었는데, 그중 첫 번째는 가족들에게 남긴 유서이고, 두 번째 유서에는 중학교 3학년 때인 2006년 겨울방학 전에 망인이 피고인들과 함께 저지른 피해자 강간에 관한 내용이 기재되어 있었다. 위 유서들에 대한 필적감정 결과 그 필적이 망인의 것과 일치하는 것으로 확인되었다(이하 두 번째 유서를 '이 사건 유서'라고 한다).

Ⅱ. 제1심의 판단

1. 이 사건 유서에 대한 증거능력 인정 여부

① 망인이 이 사건 유서를 작성하고 자살할 당시 상당히 불안정한 심리상태였다고 추정할 수 있는 점, ② 이 사건 유서의 내용이 상당히 구체적이고 상세하나, ㈀ 피해자가 범행현장에 가게 된 경위에 관한 피해자와 그 친구인 A의 진술과 배치되고, ㈁ 다음날 피해자를 진료한 산부인과 의사가 피해자의 신체에서 피해의 흔적을 발견하지는 못한 것으로 보이고, 피해자의 관련진술은 추측성 진술에 불과한 것으로 보이는 점 등을 고려할 때 반대신문을 통하지 않더라도 그 진술내용의 신빙성이나 임의성을 담보할 수 있다고 보기 어려운 점, ③ 그밖에 ㈀ 이 사건은 15년 전의 일로서 다른 관련자들은 구체적인 내용을 명확히 기억하지 못하고 있음에도 망인만이 당시의 세부적이고 구체적인 내용을 생생하게 기억하고 있다는 것은 이례적

인 점, (ㄴ) 사건 발생일의 최저기온은 3.5℃에 불과하여 외부에서 피해자를 강간하였다면 그 신체에 이상 징후가 충분히 발생할 수 있는 상황이었으나 그러한 정황이 발견되지 아니한 점, (ㄷ) 망인이 자살하기 전 검색한 키워드에는 이 사건 유서와 관련이 없는 것들도 있는 점, (ㄹ) 망인이 자살 전 가족이나 친구 등 지인들에게 이 사건에 관하여 언급하였다고 볼만한 정황을 발견할 수 없는 점 등을 종합하면, 이 사건 유서에 나타난 망인의 진술은 그 내용에 허위개입의 여지가 거의 없고 그 진술내용의 신빙성이나 임의성을 담보할 구체적이고 외부적인 정황이 있다는 증명이 그러할 개연성이 있다는 정도를 넘어 합리적인 의심의 여지를 배제할 정도에 이르렀다고 볼 수 없어 증거능력이 없다. 그럼에도 이 법원이 위 증거를 채택하여 증거조사를 하였으므로 형사소송규칙 제139조 제4항에 의하여 이 판결을 통하여 증거배제결정을 한다.

2. 이 사건 유서의 신빙성에 대한 판단

설령 이 사건 유서에 대한 증거능력을 인정할 수 있다고 하더라도 이 사건 공소사실에 부합하는 유일한 증거인 이 사건 유서는 앞서 본 바와 같이 핵심적인 내용이 피해자와 A의 진술, 그밖에 객관적인 정황과 배치되는 점, 피해자의 진술에 의하더라도 이 사건 당시 성폭력을 당하였는지 여부가 명확하지 않다는 것이고, 이 사건 직후 이루어진 산부인과 진료과정에서 성폭력의 흔적이 발견되지 않은 점 등 여러 사정에 비추어 볼 때, 이 사건 유서는 이를 그대로 믿기 어려우므로 그 기재만으로 공소사실을 인정하기에 부족하고 달리 이를 인정할 만한 증거가 없다.

Ⅲ. 항소심의 판단

항소심은 아래와 같은 이유로 제1심 판결을 파기하고 피고인들의 유죄를 인정한 후 징역형의 실형을 선고하였다.

1. 이 사건 유서의 증거능력 판단

아래와 같은 사실과 사정을 종합하면, 이 사건 유서는 그 내용이나 작성에 허위가 개입할 여지가 거의 없고 진술내용의 신빙성이나 임의성을 담보할 구체적이고 외부적인 정황이 있다는 점이 합리적인 의심의 여지를 배제할 정도로 증명되었다고 봄이 타당하므로 증거능력이 인정된다.

① 이 사건 유서는 망인이 자살을 결심하고서 죽음을 앞둔 시점에 과거의 잘못을 참회하고 자신과 공범들에 대한 수사와 처벌을 촉구하기 위하여 작성된 것으로 보이고, 그 작성과정에 제3자의 강요나 회유 등이 개입되었다고 볼 정황은 찾을 수 없다.

② 망인이 불안정한 심리상태에서 이 사건 유서를 작성하였다고 하더라도 당시 망상이나 환각 상태 등에 빠져 있었다고 보기는 어렵고, 달리 그러한 정황을 찾기 어렵다.

③ 이 사건 유서로 인하여 피고인들에 대한 수사절차가 진행되더라도 망인에게 어떠한 이익이 있다고 볼만한 정황을 찾을 수 없고, 달리 망인이 허위내용으로 이 사건 유서를 작성함으로써 피고인들을 무고할 만한 동기나 이유를 찾을 수 없다.

④ ㈀ 이 사건 유서는 이 사건에 관하여 상당히 구체적으로 기술되어 있고 내용 자체에서 모순되거나 비합리적인 부분을 찾을 수 없는 점, ㈁ 이 사건 유서는 망인에게도 불리한 점을 담고 있는 점, ㈂ 망인이 범행에 대한 자책이나 후회 등으로 피해자의 이름을 오랜 기간 기억하고 있었다고 봄이 자연스러운 점 등에 비추어 이 사건 유서의 내용 자체에 신빙성이 있다.

⑤ 피해자는 이 사건 유서의 내용을 알지 못한 채 수사기관에서 진술한 것으로 보이는데, 피해자가 한 진술을 포함한 당시 상황은 이 사건 유서의 내용과 상당 부분 부합한다.

⑥ 그밖에 제1심이 지적한 사정들만으로는 이 사건 유서의 특신상태를 배척하기 어렵다.

2. 이 사건 유서에 기재된 내용의 신빙성

㈀ 이 사건 유서는 망인이 죽음을 앞둔 시점에 과거의 잘못을 참회하고 자신과 함께 범행을 저지른 공범들에 대한 수사와 처벌을 촉구하기 위해 작성한 것인 점, ㈁ 그 작성과정에 제3자의 강요나 회유 등이 개입되었다고 볼 정황을 찾을 수 없는 점, ㈂ 망인이 이 사건 유서의 작성 당시 망상이나 환각 상태 등에 빠져 있었다고

보기도 어려운 점, ㈃ 망인이 허위내용으로 이 사건 유서를 작성함으로써 피고인들을 무고할 만한 동기나 이유를 찾을 수도 없는 점, ㈄ 이 사건 유서에는 이 사건에 관하여 상당히 구체적으로 기재되어 있는 한편, 자신이 기억하지 못하는 내용에 대해서도 기억이 나지 않는다고 표현하고 있는 점 등을 종합하면, 이 사건 유서의 기재 내용은 신빙성이 인정된다.

Ⅳ. 대법원 판결의 요지

1. 관련법리

형사소송법 제314조에서 '그 진술 또는 작성이 특히 신빙할 수 있는 상태하에서 행하여졌음'이란 그 진술 내용이나 조서 또는 서류의 작성에 허위가 개입할 여지가 거의 없고, 그 진술 내지 작성 내용의 신빙성이나 임의성을 담보할 구체적이고 외부적인 정황이 있는 경우를 가리킨다.

형사소송법 제312조, 제313조는 진술조서 등에 대하여 피고인 또는 변호인의 반대신문권이 보장되는 등 엄격한 요건이 충족될 경우에 한하여 증거능력을 인정할 수 있도록 함으로써 직접심리주의 등 기본원칙에 대한 예외를 정하고 있는데, 형사소송법 제314조는 원진술자 또는 작성자가 사망 · 질병 · 외국거주 · 소재불명 등의 사유로 공판준비 또는 공판기일에 출석하여 진술할 수 없는 경우에 그 진술이 특히 신빙할 수 있는 상태하에서 행하여졌다는 점이 증명되면 원진술자 등에 대한 반대신문의 기회조차도 없이 증거능력을 부여할 수 있도록 함으로써 보다 중대한 예외를 인정한 것이므로, 그 요건을 더욱 엄격하게 해석 · 적용하여야 한다. 따라서 형사소송법 제314조에서 '특히 신빙할 수 있는 상태하에서 행하여졌음에 대한 증명'은 단지 그러할 개연성이 있다는 정도로는 부족하고, 합리적 의심의 여지를 배제할 정도, 즉 법정에서의 반대신문 등을 통한 검증을 굳이 거치지 않더라도 진술의 신빙성을 충분히 담보할 수 있어 실질적 직접심리주의와 전문법칙에 대한 예외로 평가할 수 있는 정도에 이르러야 한다.

2. 이 사건 유서의 증거능력에 대한 판단

이 사건 유서에는 망인이 자신의 범행을 참회하는 듯한 내용이 포함되어 있고, 망인이 피고인들을 무고할 만한 뚜렷한 동기나 이유가 발견되지 않았으며, 피고인들 스스로도 당시 망인 및 피해자와 함께 초등학교 등에서 술을 마셨던 사실은 인정하고 있다. 피해자는 수사기관에서 당시 만취 상태에서 귀가하였는데 속옷에 피가 묻어 있었고 사타구니 부근이 아팠으며 산부인과에서 진료를 받고 사후피임약 등을 처방받았다고 진술하였다. 이러한 사정들에 비추어 보면, 이 사건 유서가 신빙할 수 있는 상태에서 작성되었을 개연성이 있다고 평가할 여지는 있다.

그러나 이 사건 유서는 그 작성 동기가 명확하지 아니하고 망인이 반성과 참회보다는 피고인들에 대한 형사처벌을 목적으로 이 사건 유서를 작성하였을 가능성을 배제할 수 없으며, 수사기관에서 작성 경위, 구체적 의미 등이 상세하게 밝혀진 바가 없다. 게다가 사건 발생일로부터 무려 14년 이상 경과된 후 작성되었고, 그 주요 내용이 구체적이고 세부적이지 않다고 볼 수 있으며, 다른 증거에 의하여 충분히 뒷받침되지도 아니한다. 오히려 일부 내용은 피해자의 진술 등과 명백히 배치되기도 한다. 망인에 대한 반대신문이 가능하였다면 그 과정에서 구체적, 세부적 진술이 현출됨으로써 기억의 오류, 과장, 왜곡, 거짓 진술 등이 드러났을 가능성을 배제하기 어려우므로, 이 사건 유서의 내용이 법정에서의 반대신문을 굳이 거치지 않아도 될 정도로 신빙성이 충분히 담보된다고 평가할 수는 없다.

그럼에도 이 사건 유서의 증거능력을 인정하고 이를 유죄의 주요 증거로 삼아 이 사건 공소사실을 유죄로 판단한 원심의 판단에는 형사소송법 제314조의 '특히 신빙할 수 있는 상태'에 관한 법리를 오해하여 판결에 영향을 미친 잘못이 있다.

[연구]

Ⅰ. 서론

최근 유서의 증거능력에 관하여 형사소송법 제314조(이하 형사소송법의 조문을 인용할 때는 법률 명칭인 '형사소송법'을 생략하고 조문만으로 표기한다)의 적용이 문제된 대상판결이 선고되었다. 유서의 증거능력에 관한 대법원의 판시가 이번이 처음은 아니다. 대법원 2017. 12. 22. 선고 2016도15868 판결에서 유서의 증거능력에 관하여 판단한 바 있다. 위 판결과 대상판결의 판시가 그 표현에 있어 조금 다른 부분은 있으나 그 내용은 같다. 즉 제312조, 제313조는 반대신문권의 보장 등을 조건으로 증거능력을 인정하여 직접심리주의 등 기본원칙에 대한 예외를 정하고 있는데, 제314조는 원진술자 등에 대한 반대신문의 기회조차도 없이 증거능력을 부여할 수 있도록 함으로써 보다 중대한 예외를 인정한 것이므로, 진술이 '특히 신빙할 수 있는 상태'(이하 '특신상태'라고 한다) 하에서 행하여졌다는 요건은 더욱 엄격하게 해석·적용하여야 한다는 취지이다. 종래 판례는 제314조를 제312조, 제313조보다 더욱 엄격하게 해석·적용하여야 한다는 입장을 밝혀 왔는데, 대상판결 역시 그와 같은 맥락에 있다고 해석된다. 그런데 대상판결의 판시에서도 알 수 있듯이 특신상태는 진술내용의 신빙성을 의미하는 것이 아니라 이를 담보할 '구체적이고 외부적인 정황'을 의미하는 것임에도 대상판결은 특신상태의 판단에 있어 유서의 내용뿐만 아니라 피해자와 증인 등 관련자의 진술과 배치되는 점까지 고려하여 유서의 신빙성 자체를 판단하고 있다. 아래에서는 특신상태를 요구하는 규정과 판례가 밝힌 제314조의 특신상태의 의미에 관하여 살펴보고 대상판결의 문제점을 지적해 보고자 한다.

Ⅱ. 형사소송법상 특신상태 규정과 의미

1. 형사소송법상 전문법칙의 예외와 특신상태 규정

전문증거는 반대신문권이 보장되어있지 않고 신용성이 결여되어 있다는 이유로 증거능력이 부정되는데, 공판정 외에서의 진술이더라도 그 진실성이 제반정황에 의하여 담보되는 경우가 있고, 원진술자의 사망과 같이 원진술과 동일한 가치의 증거를 얻는 것이 불가능하거나 현저히 곤란한 경우에는 실체진실의 발견이나 재판의 지연 회피를 위하여 전문증거도 증거로 사용할 필요가 있다.[1] 형사소송법 역시 필요성과 신용성의 정황적 보장을 근거로 전문법칙의 예외를 인정하고 있다. 양자는 모든 경우에 엄격한 수준으로 요구되는 것이 아니라 상호보완 내지 반비례의 관계에 있어 필요성이 강하게 요청되는 경우에는 신용성이 완화될 수 있고 반대로 증거의 신용성이 높으면 필요성의 요구는 감소한다.[2]

예외적으로 증거능력을 인정하는 제311조 내지 제316조의 규정을 원진술자의 출석 여하에 따라 분류하면 ① 원진술자의 출석 여부와 무관한 제311조의 법원 또는 법관의 조서와 제315조의 당연히 증거능력이 인정되는 서류, ② 원진술자의 법정출석이 필요한 제312조의 수사과정에서 작성된 조서와 진술서, 진술기재서 및 제313조의 수사과정 외에서 작성된 진술서, 진술기재서, ③ 원진술자의 법정출석이 불가능한 제314조의 진술조서, 진술서, 진술기재서와 제316조[3]의 전문진술로 나누어 볼 수 있다. 그중 특신상태를 요건으로 하는 것은 ㈀ 제312조 제4항의 진술조서, ㈁ 제313조 제1항의 피고인의 진술서,[4] 진술기재서, ㈂ 제314조의 진술조서 등과 제316조의 원진술자의 진술이다. 그러나 제313조의 피고인 아닌 자의 수사과정 외 진술서, 진술기재서에 대해서는 특신상태를 요구하지 않고 있다. 따라서 수사과정에서 작성된 피고인 아닌 자의 진술을 기재한 조서 및 진술서, 진술기재서에 대하여 증거능력을 인정하기 위해서는 원진술자가 법정에 출석하거나(제312조 제4항, 제5항) 사망 등으로 출석할 수 없거나(제314조) 모두 원진술자의 진술에 특신상태가 요구된다. 반면 피고인 아닌 자가 수사과정 외에서 작성한 진술서 또는 그 진

1) 신동운, 「신형사소송법」, 제5판(박영사, 2014), 1141면, 1147면; 이재상 외, 「형사소송법」, 제15판(박영사, 2023), 673면, 681－682면; 이주원, 「형사소송법」, 제5판(박영사, 2022), 470면, 483－484면

2) 헌법재판소 1994. 4. 28. 선고 93헌바26 결정; 김웅재, “원진술자의 증언거부와 형사소송법 제314조의 전문법칙의 예외 －대법원 2019. 11. 21. 선고 2018도13945 전원합의체 판결－”, 「저스티스」, 통권 제182－1호(한국법학원, 2021. 2.), 448면; 신동운, 앞의 책, 1149면; 이재상 외, 앞의 책, 681면; 이주원, 앞의 책, 484면; 정웅석 외, 「신형사소송법」, 제2판(박영사, 2023), 630면

3) 제316조 제1항 관련하여 원진술자인 피고인의 출석은 출석의무에 따른 것이지 진정성립인정이나 반대신문을 위한 것이 아니다.

4) 판례는 피고인이 작성한 진술서에 대해서도 특신상태를 요구한다(대법원 2001. 9. 4. 선고 2000도1743 판결)

술을 기재한 서류는 진술자의 자필 또는 서명·날인이 있고 원진술자가 법정에 출석하여 성립의 진정을 인정한 경우에는 그것만으로 증거능력을 인정하고(제313조), 원진술자가 사망 등으로 법정에 출석할 수 없는 경우에 한하여 특신상태를 요구한다(제314조).

2. 특신상태의 의미에 대한 판례의 태도

형사소송법이 규정하는 특신상태의 의미에 관하여 원진술자가 피의자인 경우에는 다소 의견의 대립이 있으나, 피의자 아닌 자의 진술에 관하여는 대체로 신용성의 정황적 보장으로 보고 있다.[5] 판례는 특신상태를 요구하는 예외규정이 추가로 규정하는 증거능력의 요건이 각기 다름에도 불구하고[6] 특신상태의 의미는 모두 동일하게 '진술 내용이나 조서의 작성에 허위개입의 여지가 거의 없고, 진술 내용의 신빙성이나 임의성을 담보할 구체적이고 외부적인 정황이 있는 것을 말한다'라고 판시하고 있다.[7] 다만 특신상태에 관한 증명의 정도에 관하여서는 제312조, 제313조의 경우와 제314조, 제316조 제2항을 구분하고 있다. 제312조, 제313조에 의한 증거능력의 인정은 원진술자의 출석과 반대신문을 거쳤음에도 특신상태를 요구하고 있음에 비하여 제314조에 의할 때에는 원진술자에 대한 반대신문 없이 특신상태의 존재로만 증거능력을 인정하므로 제314조는 '예외의 예외'[8] 또는 '보다 중대

5) 김민기, "형사소송법상 특신상태의 의미와 인정방법", 「형사재판의 쟁점과 과제」(법원행정처, 2008), 148면; 김정한, "형사소송법상 특신상태의 의미와 개념 요소 및 판단기준에 관한 소고", 「비교형사법연구」, 제16권 제1호(한국비교형사법학회, 2014. 7.), 158면; 신동운, 앞의 각주 1)의 책, 1178면, 1194면, 1232면; 이재상 외, 앞의 각주 1)의 책, 694면; 이주원, 앞의 각주 1)의 책, 548면; 임동규, 「형사소송법」, 제14판(법문사, 2019), 528면

6) 특신상태의 의미는 그 요건이 규정된 전문증거와 연결시켜 이해해야 한다는 견해로 최준혁, "전문법칙 적용의 예외요건으로서의 특신상태", 「형사판례연구[28]」(한국형사판례연구회, 박영사, 2020. 6.), 363면

7) (ㄱ) 제312조 제4항의 진술조서: 대법원 2012. 7. 26. 선고 2012도2937 판결, (ㄴ) 제313조 제1항의 피고인의 진술기재서: 대법원 2022. 4. 28. 선고 2018도3914 판결, (ㄷ) 제314조: 대법원 2006. 9. 28. 선고 2006도3922 판결, 대법원 2022. 3. 17. 선고 2016도17054 판결, (ㄹ) 제316조 제2항: 대법원 2017. 7. 18. 선고 2015도12981, 2015전도218 판결, 한편 제314조의 특신상태에 관한 법리가 제316조 제2항의 특신상태에 관한 해석에 그대로 적용된다는 판례로는 대법원 2014. 4. 30. 선고 2012도725 판결

8) 대법원 2019. 11. 21. 선고 2018도13945 전원합의체 판결

한 예외'[9]이므로 위 조항의 특신상태를 더욱 엄격하게 해석·적용하여야 하고, 따라서 그 증명의 정도는 반대신문 등을 통한 검증을 굳이 거치지 않더라도 진술의 신빙성을 충분히 담보할 수 있거나[10] 합리적 의심의 여지를 배제할 정도여야 한다[11]고 보고 있다. 대상판결 이전에는 반대신문 등을 통한 검증이나 합리적 의심의 여지 배제 어느 하나만을 설시하였으나, 대상판결에 이르러서는 앞서 본 바와 같이 양자를 병렬적으로 설시하면서 같은 의미임을 명시적으로 밝히고 있다. 이에 대하여 학설은 대체로 판례의 위와 같은 해석에 대하여 찬동하고 있고,[12] 제314조의 특신상태에 대하여는 일반조항으로서의 특성상 일정한 유형을 설정하기는 곤란하므로, 특신상태의 유무는 법원이 실체적 진실발견과 정의의 관점에서 구체적·개별적으로 판단해야 할 문제로 이해하고 있다.[13]

Ⅲ. 특신상태의 판단방법

1. 특신상태의 판단대상

(1) 신빙성에 관한 외부적 정황

증거가 증명력 판단을 받기 위해서는 증거능력 단계를 넘어서야 하므로, 특신상태의 핵심은 법관의 판단을 받아볼 만한 수준의 신빙성을 담보하는 상태를 어느 정도로 요구할 것인가이다. 판례가 설시한 특신상태의 의미에서 허위개입의 여지가 거의 없다는 의미는 신빙성을 담보할만한 정황이 있다는 것과 다르지 않으므로 독립적인 의미가 있다고 보기 어렵다.[14] 진술이 임의적으로 행하여졌다는 것은 신빙

9) 대법원 2022. 3. 17. 선고 2016도17054 판결, 대법원 2014. 2. 21. 선고 2013도12652 판결, 대법원 2014. 4. 30. 선고 2012도725 판결

10) 대법원 2011. 11. 10. 선고 2010도12 판결, 대법원 2014. 8. 26. 선고 2011도6035 판결

11) 각주 9의 판결

12) 김미라, "사망 직전에 남긴 진술과 특신상태", 「형사법의 신동향」, 통권 제62호(대검찰청, 2019. 3.), 182면; 김민기, 앞의 각주 5)의 논문, 182면; 김정한, 앞의 각주 5)의 논문, 161면; 이주원, 앞의 각주 1)의 책, 541면, 548면; 이재상, 앞의 각주 1)의 책, 695면, 716면; 정웅석 외, 앞의 각주 2)의 책, 676면, 680면

13) 김태업, "형사소송법 제314조에 따라 증거능력을 인정하기 위한 요건", 「형사소송 이론과 실무」, 제7권 제1호(한국형사소송법학회, 2015. 6.), 187면; 김미라, 앞의 논문, 184면; 최준혁, 앞의 각주 6)의 논문, 363면

14) 김정한, 앞의 각주 5)의 논문, 163면

성 판단에 있어 하나의 참고자료로 삼을 수는 있으나,[15] 임의성과 신빙성은 서로 구별되는 개념이고 제317조에 의하여 모든 진술에 임의성이 요구되고 있으므로 이를 특신상태에서 독립적인 의미를 부여하기는 어려워 보인다. 그렇다면, 특신상태의 의미는 신빙성에 관한 것으로 모아지므로 신빙성을 담보할 외부적 정황으로 함축하여 정의할 수 있다. 따라서 특신상태의 판단대상으로는 신빙성에 관한 외부적 정황에 한정되고, 원진술 자체의 신빙성은 물론 그에 내재하는 신빙성에 관한 사정도 특신상태의 존부 판단에서 제외된다. 그러나 내부적 사정과 외부적 정황의 구분이 명확하지 않고 서로 영향을 주고 받으며, 앞서 본 바와 같이 특신상태의 유무는 개별사건에서 구체적·개별적으로 판단해야 할 문제이므로, 특신상태의 판단은 외부적 정황으로서 고려되는 요소 내지 징표들을 유형화하고 이를 종합적으로 검토하는 것이 필요하다.[16]

그 징표들에 관한 견해를 살펴보면, (ㄱ) 진술에 이르게 된 동기 내지 경위, (ㄴ) 진술자와 피진술자의 친분 내지 이해관계, 피해자 등 이해관계인과의 부적절한 사전 접촉이나 매수, 협박, 간청 등 사정 유무, (ㄷ) 진술 당시의 진술자의 심신상태, (ㄹ) 피고인과의 대질 등 반대신문의 기회 제공 여부, (ㅁ) 법원의 소환에 대한 원진술자의 태도 등 진술 이후의 진술자의 태도, (ㅂ) 원진술자의 신원 등 특정 여부, (ㅅ) 미국 연방증거규칙 제803조 해당사유(현재 느낌의 표현, 사건 직전이나 직후 기타 상태에서의 자연적·반사적·충동적 진술, 죽음에 직면한 자의 임종진술, 의학적 진단치료 목적의 진술, 재산상의 이익에 반하는 진술, 기록된 회상, 규칙적으로 행해지는 활동의 기록, 공적 보고서, 필수적인 통계기록, 가족관계기록 등) 등을 제시하는 견해가 있고,[17] 다른 견해는 (ㄱ) 사건발생과 동시에 또는 그 직후에 감득한 내용의 진술, (ㄴ) 흥분상태 하의 진술, (ㄷ) 사건발생 당시에 심리상태나 감정을 표현한 진술, (ㄹ) 진찰 및 치료를 위한 진술, (ㅁ) 기억을 보존하기 위하여 기록한 진술, (ㅂ) 사망에 임박하여 행

15) 김정한, 앞의 논문, 164면; 같은 취지로 강우예, "법원에 출석하여 불일치진술한 피고인 아닌 자의 검찰진술조서의 증거능력 －형사소송법 제312조 제4항의 특신상태의 의미에 대한 분석을 중심으로－", 「형사판례연구[26]」(한국형사판례연구회, 박영사, 2018. 6.), 470면

16) 김정한, 앞의 논문, 165－167면

17) 최준혁, "형사소송에서의 직접심리주의의 의미", 「법학연구」, 통권 제36집(전북대학교 법학연구소, 2012. 9.), 75면; 김태업, 앞의 각주 13)의 논문, 184면 각주 22, 그외의 외부적 정황으로 진술거부권의 고지, 수사기관의 부적절한 관여 여부, 변호인의 조력권의 보장 여부 등을 제시하고 있는데, 위 정황은 피의자에게 고유한 정황으로 보인다. 한편 진술내용에 관한 것으로는 진술내용의 구체성, 일관성 여부 등을 들고 있다.

하여진 진술, (ㅅ) 자신의 이익에 반하는 진술 등을 제시하기도 한다.[18] 판례 중에는 (ㄱ) 부지 불각 중에 한 말, (ㄴ) 사람이 죽음에 임해서 하는 말, (ㄷ) 어떠한 자극에 의해서 반사적으로 한 말, (ㄹ) 경험상 앞뒤가 맞고 이론정연한 말, (ㅁ) 범행에 접착하여 범증 은폐를 할 시간적 여유가 없을 때 한 말, (ㅅ) 범행 직후 자기의 소행에 충격을 받고 깊이 뉘우치는 상태에서 한 말 등을 제시한 것이 있다.[19] 이중 다소 논란이 있는 부분에 관하여 항을 바꾸어 살펴본다.

(2) 외부적 정황에 관한 징표의 개별적 검토

1) 진술의 동기 또는 이유

진술의 동기나 이유가 진술의 내부적 요소이므로 외부적 정황에서 배제되어야 하는 것은 아닌지 논의가 있다. 배신감이나 분노의 감정과 같은 진술자의 의도나 감정은 객관적이고 외부적인 정황이 아니라 내부적인 사정으로서 그에 따른 허위 진술의 가능성은 신빙성의 문제라는 견해가 있고,[20] 진술의 직접적 동기나 이유는 외부적 사정으로 볼 수 있으나 진술의 숨은 의도, 드러나지 않은 이해관계 등 신빙성 자체를 판단하는 내부적 사정에 대한 자료를 사용하는 것은 곤란하다는 견해가 있다.[21] 진술의 동기 중 그 진술이 행해지게 된 직접적인 원인이 된 동기는 그 진술의 경위나 배경으로 볼 수 있고, 실제에 있어 진술의 동기와 경위를 구분하기가 어려운 상황이 많다는 등을 고려하면, 진술의 직접적인 동기나 이유는 외부적 사정으로 보는 것이 적절해 보인다.

2) 자신에게 불리한 진술

유리·불리는 진술 내용의 문제이고 자신의 이해관계에 반하는 진술은 진술 자체에 내재하는 사정이라는 점을 고려하면 이를 진술이 행하여진 외부적 정황으로 보기 어려운 점이 있다.[22] 그러나 사람은 대개 자신에게 유리하게 행동하기 마련이라는 전제에서 불이익을 감수하고 하는 진술은 그 자체로 신빙성이 있다고 보는 것이

---

18) 신동운, 앞의 각주 1)의 책, 1232－1233면; 김민기, 앞의 각주 5)의 논문, 182면

19) 대법원 1983. 3. 8. 선고 82도3248 판결

20) 김미라, 앞의 각주 12)의 논문, 185면

21) 김정한, 앞의 각주 5)의 논문, 168면

22) 김정한, 앞의 논문, 168면

므로 유리와 불리 그 자체를 하나의 진술유형으로 볼 수 있다. 제310조에서 자백에 보강증거를 요구하는 이유도 자백의 유형적인 특성에 일부 기인하는 점을 고려하면 진술자에게 불리한 진술을 그와 같이 보지 못할 것은 아니다. 다만, 그 자체에서 불이익이 명백하게 드러나는 진술에 한정할 것이고, 다른 증거들의 내용까지 종합적으로 고려하여 불리한 진술에 해당하는지 검토하는 것은 적절하지 않다. 따라서 범행사실을 구체적으로 밝히면서 자신의 범행을 자백하는 진술과 같이 그 자체로 불이익함이 명백한 경우에는 외부적 정황으로 보는 것이 적절하다.

3) 사망의 경우 피고인과의 대질 등 반대신문의 기회 여부

제314조가 규정하는 특신상태에 관하여 반대신문의 가능성이 고려사유가 되어야 한다는 견해[23)]는 특신상태 외에 원진술자에 대한 신문이 필수적인 제312조 제4항과의 균형상 위 사유를 징표의 하나로 제시한 것으로 보인다.

그러나 재판에 사용될 것을 목적으로 작성된 진술조서와 같은 경우[24)] 또는 원진술자가 반대신문 내지 대질신문을 회피하기 위하여 출국하여 귀국하지 않거나, 잠적하여 소재불명을 야기하는 경우 또는 출석요구에도 불응하는 경우 등과 같이 반대신문의 가능성이 있고 원진술자에게서 반대신문 회피의사가 드러나는 경우에는 반대신문기회의 제공이 중요한 고려요소가 될 수 있으나,[25)] 제314조 중 사망의 경우에는 애초부터 반대신문이 불가능한 경우이므로 반대신문의 가능성을 고려요소로 삼을 것은 아니다.[26)] 더욱이 대상판결에서 문제된 유서에 대하여 적용되는 제313조 제1항에 의하면, 피고인 아닌 자가 작성한 진술서는 진술조서와는 달리 피고인의 반대신문이나 특신상태가 요구되지 않으므로, 원진술자가 증인으로 출석하여 성립의 진정을 인정하였다면, 피고인의 반대신문에 대하여 진술을 거부하여 실질적으로 반대신문권이 보장되지 않았다고 하더라도 증거능력이 인정되므로,[27)] 제312

23) 각주 17 참조[(ㄹ)항]. 한편 대상판결을 비롯한 판례의 태도가 이에 속한다.

24) 강우예, 앞의 각주 15)의 논문, 471면

25) 대법원 2022. 3. 17. 선고 2016도17054 판결(증인이 출석하여 검사의 주신문과 변호인의 일부 반대신문이 진행된 후 속행되었으나, 증인이 보복을 이유로 이후의 공판기일에 불출석한 사안에서 특신상태 부정)

26) 안정빈, "'형사소송법 제314조 증거능력에 대한 예외'의 예외", 「형사소송 이론과 실무」, 제12권 제1호(한국형사소송법학회, 2020. 6.), 269면

27) 이주원, 앞의 각주 1)의 책, 537면; 대법원 2001. 9. 14. 선고 2001도1550 판결(2007. 6. 1. 형사소송법이 개정되기 전 진술조서에 관한 사안)

조 제4항과 비교하는 것은 타당하지 않다.

한편, 이전에 유서의 증거능력이 문제되었던 대법원 2017. 12. 22. 선고 2016도15868 판결의 판시 중에는 '원진술자가 이미 자살을 결심한 상태에서 기자와 인터뷰를 하고 메모를 작성하였다'는 부분이 있는데, 이는 사망이 임박한 경우라고 하더라도 이미 자살을 결심한 상태에서 한 진술은 종래 특신상태로 이해되어 온 '죽음에 직면한 자의 임종진술'로 보기 어렵다는 점을 의미하는 것으로 보인다. 즉 원진술자가 자살을 결심함으로써 상대방이 반대신문을 할 수 없을 것을 예상 내지 의도하였으므로 사망이 임박한 때라고 하더라도 특신상태의 징표로 사용할 수 없다는 취지이다. 그러나 임종진술은 사망을 예견한 자가 자신의 일생을 정리하며 중요 사안을 마무리 짓거나 그에 대한 자신의 생각을 솔직하게 밝히는 과정에서 하는 진술로서 자신이 사망함으로써 그 진술로 야기되는 결과에 대하여 아무런 영향을 받지 않고, 반면 어떠한 의도 아래 거짓진술에 신빙성을 부여하기 위하여 생명을 포기하는 극단적인 수단을 사용할 가능성은 희박하다는 데에 그 신빙성의 근거가 있다. 따라서 자연사나 사고사의 경우와 자살을 예정한 경우를 달리 볼 이유가 없다.[28] 설령 자살의 경우를 달리 본다고 하더라도 자살을 앞두고 한 진술이 언제나 신빙성이 없다는 것이 아니라 구체적 상황에 따라 신빙성의 여부가 달라진다는 의미일 것인데, 결국 이는 신빙성에 관한 외부적 정황이 아니라 진술의 신빙성에 대한 검토를 전제한 것이다. 반대신문의 기회 여부는 반대신문이 실현 가능한 외국거주 또는 소재불명 등의 경우에 진술 이후의 원진술자의 태도로서 특신상태의 판단에 고려할 요소라고는 할 수 있으나, 애당초 반대신문이 불가능한 사망의 경우에 고려할 징표는 아니다.

4) 진술의 내용

특신상태의 판단과 관련하여 가장 문제가 되는 것은 당해진술의 내용을 참작할 수 있는지이다. 이에 관하여 진술 당시의 외부적 정황만으로 판단하여야 하는 견해,[29] 외부적 정황의 판단을 위한 한도에서 진술의 내용을 최소한으로 참조할 수 있다는 견해,[30] 진술의 내용을 판단의 자료로 참작하는 것은 당연히 허용된다는 견

28) 김미라, 앞의 각주 12)의 논문, 183면, 188면

29) 김미라, 앞의 논문, 178면

30) 전윤경, "조사자증언의 증거능력 판단에 대한 실무적 운영 방안", 「형사법의 신동향」, 통권 제

해[31] 등이 있다. 한편, 판례[32]는 당해진술의 내용을 참작하는 것을 넘어서 다른 증거의 내용과 일치하는지 여부까지 살펴 특신상태를 판단하고 있다.

그러나 특신상태는 신빙성을 담보할 수 있는 '외부적 정황'이고 문언적으로도 신빙할 수 있는 '상태'이므로, 특신상태의 판단에서 진술의 내용은 배제되어야 한다. 전문증거의 증거능력에 특신상태를 요구하는 이유는 신빙할만한 정황 아래 행하여진 진술은 그 내용도 신빙성이 있을 가능성이 많기 때문이다. 그런데 진술의 내용을 판단의 자료로 삼고 나아가 다른 증거와의 일치 여부까지 검토하여 신빙성이 있다는 판단을 한 후 그 진술의 특신상태를 인정하는 것은 결국 '원진술에 신빙성이 있으므로 그 진술이 신빙할 수 있는 상태하에서 행하여졌다는 것이 인정된다'는 의미여서 판단의 순서가 완전히 뒤바뀐 것이다. 또한 특신상태가 인정되었다는 것은 다른 증거와의 종합적인 신빙성 판단이 마쳐졌다는 것을 의미하므로 전문증거의 특신상태 인정은 곧 유죄의 판단을 의미한다.[33] 반대의 경우도 마찬가지로 전문증거의 내용과 다른 증거 모두를 종합해 보아도 공소사실을 인정하기에 부족하다는 판단을 내린 후 전문증거의 증거능력이 인정되지 않는다고 결론짓게 된다.

이러한 태도는 소송절차상으로도 문제가 있다. 증거능력이 인정되는 다른 증거의 내용과 대조·비교하기 위해서는 다른 증거들의 조사가 선행되어야 하는데, 전문증거의 증거능력 인정 여부를 판단하기에 앞서 관련 증거들의 조사가 완료되었음을 보장할 수 없다. 이 경우 일단 전문증거에 대하여 증거능력을 인정하고 증거조사를 한 후 판결선고에 즈음하여 증거조사된 다른 증거와의 비교를 통하여 그 신빙성이 부정되면 그제야 증거능력을 배제하게 될 터인데, 이때에는 이미 증거능력이 없는 증거가 법관에게 노출되었고, 다른 한편으로는 공판검사에게 그 증거의 특신상태를 보완할 기회를 박탈하는 결과가 된다.[34]

81호(대검찰청, 2023. 12.), 15면; 최준혁, 앞의 주 17)의 논문, 74면; 한제희, "특신상태의 의의와 판단기준", 「형사판례연구[21]」(한국형사판례연구회, 박영사, 2013. 6.), 548면; 신동운, 앞의 각주 1)의 책, 1179면; 신양균, 「형사소송법」, 신판(화산미디어, 2009), 789면; 정웅석 외, 앞의 각주 2)의 책, 651면

31) 김태업, 앞의 각주 13)의 논문, 184면 각주 22(진술내용의 구체성, 일관성 여부); 이재상 외, 앞의 각주 1)의 책, 694면, 718면; 임동규, 앞의 각주 5)의 책, 528면

32) 대법원 2017. 12. 22. 선고 2016도15868 판결, 대법원 2017. 7. 18. 선고 2015도12981, 2015전도218 판결 등

33) 한제희, 앞의 각주 30)의 논문, 546면, 547면

34) 전윤경, 앞의 각주 30)의 논문, 18면, 25면; 실제 대상판결의 제1심은 이 사건 유서에 관하여

다른 증거와의 종합적 고려 없이 당해 전문증거의 신빙성만을 고려하는 방안도 문제가 없는 것은 아니다. 법관의 자유심증에 의한 범죄사실의 인정은 개별적으로는 범죄사실에 대한 완전한 증명력을 가지지 못하더라도 전체 증거를 상호 관련하에 종합적으로 고찰할 경우 그 단독으로는 가지지 못하는 종합적 증명력이 있는 것으로 판단되면 그에 의하여도 공소사실의 인정이 가능하다.[35] 따라서 당해 전문증거의 신빙성이 다소 부족하더라도 다른 증거와 종합하여 완전한 증명력을 획득할 가능성이 있으므로 신빙성에 관한 최소한의 정황이 있다면 증명력을 판단받을 기회를 부여함이 타당하다.

한편, 증거능력 없는 증거를 증명력 평가 대상에서 제외하는 이유 중 하나는 오판을 가져올 수 있는 허위개입의 가능성이 있는 증거를 배제함에 있다.[36] 허위개입의 가능성에 한하여 볼 때 증거능력 인정 여부는 그 증거가 가지고 있는 신빙성이 증거능력 단계에서 증거를 배제할 정도인지, 아니면 증거능력을 인정하여 증명력 판단의 대상으로 삼을 수 있을 정도인지, 정도의 차이에 관한 문제일 뿐이다. 반면 원진술자가 사망한 때에는 다른 방법으로 동등한 가치의 증거를 찾기가 어려운 정형적인 경우로 전문증거라도 증거로 사용할 필요성이 매우 높다. 이러한 사정을 고려하면, 다른 증거의 내용을 고려하면서까지 신빙성의 '외부적 정황'을 엄격하게 판단할 것은 아니다. 더욱이 우리나라와 같이 전문법관에 의한 재판을 하는 제도하에서는 전문증거배제의 필요성이 배심제나 참심제를 채택한 경우보다 크지 않으므로,[37] 증거능력 단계에서 신빙성에 대한 판단을 과도하게 하는 것은 적절하지 않다.

증거능력의 판단에서 신빙성을 고려하는 것은 상고심 기능의 관점에서도 매우 적절치 않다. 증거능력은 어떤 증거가 유죄인정의 자료로 사용될 수 있는 법률상의 자격으로서 미리 법률에 의하여 형식적으로 정해지고, 이에 비하여 증명력은 요증사실을 증명하는 증거의 힘으로서 법관의 입장에서는 사실인정에서 자유심증의 문

증거조사를 마친 후 판결을 통하여 비로소 증거배제결정을 하였다.

35) 대법원 2013. 2. 14. 선고 2012도11591 판결

36) 신동운, 앞의 각주 1)의 책, 1103면; 한편, 조기영, "증거조사절차상 하자의 소송법적 효과", 「법학연구」, 통권 제36집(전북대학교 법학연구소, 2012. 9.), 98면, 위 견해는 허위개입의 가능성이 있는 증거의 배제(인식론적 근거) 이외에도 공동체의 윤리적 가치를 침해하여 수집된 증거의 배제(윤리적 근거), 단계적 판단을 통한 사고의 경제와 체계성의 확보를 증거능력 제도의 의의로 들고 있다.

37) 헌법재판소 2005. 5. 26. 선고 2003헌가7 결정 참조(2007. 6. 1. 개정 전 제312조 제1항의 검사 작성의 피의자신문조서의 특신상태에 관한 사안)

제이다.[38] 증거능력이 없는 증거를 유죄인정의 근거로 사용할 경우 적법한 상고이유로서 파기사유에 해당한다. 반면 증명력, 즉 사실인정의 문제는 원칙적으로 파기사유가 아니다. 그런데 특신상태의 판단에서 당해증거의 신빙성, 특히 다른 증거와의 합치 여부까지 고려하게 되면 법률심인 대법원에서 증거능력의 판단을 빌미로 전체 증거를 망라하여 신빙력을 판단하는 결과에 이르게 되어 사실상 사실심의 기능을 수행하는 문제점이 발생한다.

그렇다고 하여 진술의 표현이나 내용을 전적으로 도외시하기는 어렵다. 진술의 동기나 경위, 유리·불리 등 진술의 외부적 정황을 파악하기 위해서 내용을 고려하는 것이 불가피한 경우가 있다. 그러나 이 경우에도 그 내용을 미리 검토할 수는 없다고 할 것이므로, 증명책임을 부담하는 검사로 하여금 외부적 정황의 판단에 필요한 최소한도의 범위 내에서 진술서의 내용을 낭독하고 피고인과 변호인의 의견을 듣는 방법으로 특신상태를 조사하는 것이 적절해 보인다.[39]

2. 특신상태의 증명정도

(1) 제314조가 예외의 예외로서 '엄격한 해석 · 적용'의 대상인지 여부

판례는 앞서 본 바와 같이 제314조가 전문법칙의 예외의 예외 또는 보다 중대한 예외로서 제312조, 제313조보다 엄격한 해석·적용이 필요하다고 보고 있다. 제312조, 제313조의 경우에는 원진술자가 법정에 출석하여 피고인에게 반대신문의 기회가 보장됨에도 진술의 특신상태를 요구하고 있는데, 제314조는 원진술자가 사망, 외국거주 등으로 출석하지 않았음에도 특신상태만으로 증거능력을 인정하고 있으므로 특신상태의 해석·적용을 더욱 엄격하게 해야 한다는 견지에서 그와 같은 판시를 하는 것으로 보인다.[40]

그러나 전문법칙의 예외를 인정하는 근거에서 보면 제312조, 제313조는 제314조와 다른 의미를 갖는다. 제314조는 필요성과 신용성의 정황적 보장을 모두 요구하면서도 필요성을 주된 근거로 하는 예외사유이다. 반면 제312조, 제313조와 같이

38) 조기영, 앞의 각주 36)의 논문, 98면; 신동운, 앞의 각주 1)의 책, 1103면; 이재상 외, 앞의 각주 1)의 책, 607면

39) 김민기, 앞의 각주 5)의 논문, 185면

40) 판례와 같은 취지로, 김미라, 앞의 각주 12)의 논문, 180면; 김정한, 앞의 각주 5)의 논문, 175면; 한제희, 앞의 각주 30)의 논문, 549면; 이재상 외, 앞의 각주 1)의 책, 716면

원진술자가 법정에 출석하는 경우에는 출석한 원진술자에게 심리에 필요한 사항을 진술하도록 하고 그에 대하여 반대신문 등 탄핵을 거치면 충분하고, 굳이 수사기관 등 법정 외에서 진술한 내용을 증거로 사용할 필요가 없다.[41] 또한 이를 증거로 사용한다고 하더라도 법정외진술이 유죄를 뒷받침하는 내용이었는데 법정진술에서는 이를 번복할 때에 비로소 그 의미가 있을 뿐인데[42] 진술번복만으로도 그 신빙성에 의문을 던진다. 따라서 제314조를 필요성과 신용성의 정황적 보장을 근거로 증거능력을 예외적으로 인정하는 전형적인 모습으로 이해하는 것이 타당하고, 제312조, 제313조는 필요성이 낮음에도 불구하고 반대신문을 이유로 증거사용을 허용하는 예외적인 모습으로 이해하는 것이 적절하다.[43]

한편, 제314조는 '제312조, 제313조의 경우에 … 진술을 요하는 자가 … 진술할 수 없을 때에는'이라고 규정하여 제312조, 제313조에 대한 예외규정처럼 규정되어 있으나, '제312조, 제313조'의 문언이 없는 제316조 제2항이 제314조와 동일한 형태로 규정하고 있고 그 의미도 동일함[44]에 비추어 문언의 형식적인 측면을 강조하여 예외의 예외로 볼 것은 아니다.[45] 나아가 제311조, 제315조의 내용과 피고인의 법정외진술에 대하여도 일정한 요건 아래 예외적으로 증거능력을 인정하는 점을 고려하면, 전문법칙의 예외를 규정하는 제311조 내지 제316조는 원진술자의 지위 및 그 진술을 증거로 사용할 필요성 등에 상응하여 특신상태 등 증거능력의 요건을 각기 개별적으로 규율한다고 이해함이 적절하다. 특신상태에 관한 입법경과를 보면 더욱 명백하다. 형사소송법 제정 당시 특신상태는 제314조, 제316조에만 규정되어 있었고 원진술자도 피고인 아닌 자로 한정되었는데, 1961. 9. 1. 개정에서 제312조 제1항 단서, 제313조 제1항, 제316조 제1항에 원진술자가 피고인인 때에만 그 법정

41) 김민기, 앞의 각주 5)의 논문, 166-167면; 김웅재, 앞의 각주 2)의 논문, 467면; 김정한, 앞의 각주 5)의 논문, 162면

42) 반대의 경우에는 법정외진술의 증거능력이 문제가 되지 않는다. 피고인은 법정외진술에 증거능력이 없더라도 이를 반대증거 내지 탄핵증거로 사용할 수 있다.

43) 김웅재, 앞의 각주 2)의 논문, 467-468면

44) 대법원 2017. 7. 18. 선고 2015도12981, 2015전도218 판결, 대법원 2014. 4. 30. 선고 2012도725 판결

45) 김웅재, 앞의 각주 2)의 논문, 467면; 손동권 · 신이철, 「새로운 형사소송법」, 제4판(세창출판사, 2019), 592면, 635면은 원칙적인 예외규정이 제314조, 제316조이고 제312조, 제313조가 예외의 예외라고 한다. 한편, 강우예, 앞의 각주 15)의 논문, 480면 각주 88에서는 제312조 제4항의 특신상태가 일률적으로 제314조보다 낮은 기준이며 약한 강도로 심사된다고 보아서는 안된다고 한다.

진술에도 불구하고 증거능력을 인정하기 위한 요건으로 특신상태가 추가되었고, 2007. 6. 1. 개정에서야 비로소 제312조에 의하여 피의자신문조서(검사 작성), 진술조서에 관하여 진정성립 인정과 대등한 요건으로 특신상태가 추가되었다. 입법 당시부터 존재한 제314조, 제316조 제2항의 특신상태를 나중에 추가된 제312조, 제313조의 특신상태에 대비하여 중대한 예외라고 하기는 어렵다.

앞서 본 바와 같이 전문법칙의 예외의 근거인 필요성과 신용성의 정황적 보장은 상호보완적 관계 내지 반비례관계에 놓여 있어 사용의 필요성이 강한 경우에는 신용성의 정황적 보장은 다소 완화될 수 있고 반대도 마찬가지이다. 이러한 관점에서 제314조를 바라보면, 제314조는 원진술자가 사망, 외국거주 등으로 법정진술이 불가능한 경우에 적용되고, 반면 제312조, 제313조는 원진술자가 출석하여 피고인의 반대신문이 가능한 경우에 적용되므로, 제314조의 경우가 증거사용의 필요성이 더욱 크다. 따라서 제314조의 특신상태는 제312조, 제313조보다 더 완화되거나 더 넓은 범위에서 인정되는 것이 타당하다. 원진술자의 출석이 가능한 상태에서도 전문증거의 사용을 허용하는 특신상태라면 원진술자가 출석할 수 없는 상태에서 더욱 더 특신상태로 인정될 수 있으므로 제312조 제4항 또는 제313조 제1항의 특신상태는 제314조의 특신상태에도 해당할 수 있고, 그외에 출석불능의 사유가 제314조의 특신상태로 추가된다는 견해[46]도 같은 입장이라 할 것이다. 판례와 같이 출석불가능을 이유로 특신상태가 더욱 엄격하게 해석·적용되어야 한다고 보면, 증거사용의 필요성이 더 강하게 요청되는 상황에 대하여 더 강화된 신용성의 정황적 보장을 요구하는 결과가 되어 양자가 상호보완적 관계에 있다는 것과 배치된다.

더욱이 원진술자가 출석한다면 이 사건 유서에 적용되는 규정은 제313조 제1항인데 자필이나 서명 또는 날인과 원진술자의 진정성립 인정 외에는 다른 요건이 필요하지 않다. 제313조의 진술서는 제312조가 규정하는 조서보다 신용성의 정황적 보장이 강하여 그 내용의 진실성에 있어 앞선다는 점에서 달리 규정한 것이다.[47]

---

46) 각주 18, 제시 징표 중 (ㄱ) 내지 (ㅁ)의 징표가 제312조, 제313조의 특신상태에 관한 징표이고, (ㅂ), (ㅅ)의 징표가 제314조에 고유한 징표라고 한다. 한편, 최준혁, 앞의 각주 6)의 논문, 374면은 위와 같은 취지로 언급하면서도 원진술자의 진술이 불가능한 제314조의 특신상태에 높은 수준의 증명을 요구하는 대법원의 입장이 타당하다고 한다.

47) 대법원 1982. 9. 14. 선고 82도1479 전원합의체 판결의 별개의견 참조(형사소송법 제312조 제6항이 신설되기 전의 피고인 작성 진술서에 관한 사안); 한제희, 앞의 각주 30)의 논문, 537면, 544면; 신양균, 앞의 각주 30)의 책, 800면과 이재상 외, 앞의 각주 1)의 책, 710면, 정웅석 외, 앞의 각주 2)의 책, 653면도 같은 취지

즉 진술서에 관하여 특신상태는 제314조를 적용하여 증거능력을 인정할 때 비로소 검토되어야 하는 요건이고, 반대신문은 처음부터 증거능력의 요건이 아니므로 제314조의 특신상태를 보다 엄격하게 해석·적용하여야 한다는 전제가 결여되었다고 볼 수밖에 없다.

따라서 적어도 수사과정 외에서 작성된 진술서에 관한 한 제314조의 특신상태를 제312조, 제313조의 경우보다 더 엄격하게 해석할 근거가 없을 뿐만 아니라 필요성의 요청에 비추어 그와 같이 해석하는 것이 적절하지도 않다.

(2) 증거능력의 기초사실에 관한 합리적 의심이 없는 증명

판례는 제314조 특신상태의 증명정도에 관하여 개연성으로는 부족하고 합리적 의심의 여지가 없는 증명이 필요하다고 보고 있다. 특신상태의 존재를 합리적 의심의 여지를 배제할 정도로 증명하여야 한다는 점에는 아무런 이의가 없다. 그러나 엄격한 해석·적용이 합리적 의심의 여지가 없을 정도의 증명이라면 그에 대응하는 통상적인 해석에 입각한 증명의 정도가 개연성인지, 나아가 특신상태를 제외한 다른 증거능력의 기초사실에 관하여는 개연성의 증명으로 충분하다는 것인지 의문이 생긴다.[48] 판례가 특신상태 외에 증거능력의 기초되는 사실에 관하여 합리적 의심을 배제할 수 있을 정도의 증명이 필요하다고 본 사례로 (ㄱ) 압수물의 임의제출에서 임의성의 존재,[49] (ㄴ) 진술의 임의성의 의문점을 없애는 증명,[50] (ㄷ) 2020. 2. 4. 개정 전 제312조 제2항에 근거한 영상녹화물에 의한 진정성립 인정 시 영상녹화물의 조작가능성 배제[51] 등이 있다. 위 사례 외에 증거능력의 기초사실에 관한 증명의 정도에 관한 사례는 보이지 않고, 특히 개연성의 정도로 충분하다는 취지의 법리를 판시한 사례는 아직 보이지 않는다. 그렇다면 판례의 태도는 증거능력의 기초사실에 관한 증명은 합리적 의심을 배제할 정도에 이르러야 한다는 것으로 이해하는 것

48) 특신상태가 증거능력 인정의 기초사실로서 소송법적 사실에 해당하므로서 자유로운 증명에 의한다는 점은 학계에서도 통설적 견해로 보이고[이재상, 앞의 각주 1)의 책, 695면, 718면; 이주원, 앞의 각주 1)의 책, 499면], 판례도 같다(대법원 2012. 7. 26. 선고 2012도2937 판결, 대법원 2001. 9. 4. 선고 2000도1743 판결). 그러나 자유로운 증명이라고 하더라도 엄격한 증명에 비하여 증거능력의 유무와 증거조사 방법에 한정하여 그 기준이 완화되는 것일 뿐이므로, 자유로운 증명만으로 증명의 정도가 합리적 의심의 배제보다 낮게 설정되는 것은 아니다.

49) 대법원 2016. 3. 10. 선고 2013도11233 판결

50) 대법원 2008. 7. 10. 선고 2007도7760 판결

51) 대법원 2022. 7. 14. 선고 2020도13957 판결

이 타당하고 이는 특신상태에 관하여도 동일하다고 할 것이므로, 제314조의 특신상태를 엄격하게 해석·적용해야 하기 때문에 합리적 의심을 배제할 정도의 증명이 필요하다고 보아야 하는 것은 아니다. 판례의 취지대로라면 엄격한 해석·적용이 필요하지 않은 제312조, 제313조의 특신상태는 개연성의 증명으로 족하다고 할 것인데, 그와 같이 해석할 근거가 부족할 뿐만 아니라, 위 각 조항에서 증거능력을 인정하는 취지와 요건 등과의 관계에서 특신상태의 내용이 다소 달라지는 것은 별론으로 하고 동일한 특신상태에 관하여 증명의 정도를 달리 보는 것은 적절하지 않다.

이에 관하여 정면으로 언급하는 것은 아니나 증거능력의 기초사실에 관한 증명도 합리적 의심을 배제할 수 있을 정도의 증명이라고 보는 견해가 다수로 보인다.[52] 이에 비하여 합리적 의심이 없는 정도의 증명을 소송법적 사실, 그것도 증거능력 인정요건의 하나인 특신상태의 인정에까지 요구하는 것은 과잉이라는 견해가 있다.[53] 그러나 증거능력의 인정은 신빙성 판단이라는 심사단계를 남겨두고 있기는 하지만 유죄를 뒷받침하는 증거로 사용될 출발점이라는 점에서 합리적 의심을 배제할 정도의 증명을 요구한다고 보는 것이 타당하다. 위 견해는 증거능력 이후의 신빙성 판단 단계에서도 문제를 야기한다. 특신상태는 외부적 정황이기는 하나 진술의 신빙성을 뒷받침하는 간접자료의 역할을 하므로, 신빙성 판단에서 진술내용의 신빙성과 결합하여 전체적으로 신빙성 판단의 근거로 사용된다.[54] 그런데 증거능력 단계에서 특신상태의 존재를 개연성의 증명으로 충분하다고 하면 공소사실의 인정을 위한 증명력 판단 단계에서 신빙성에 관한 외부적 정황을 참고할 수 없게 되거나 다시금 합리적 의심을 배제할 정도로 증명이 되었는지 판단해야 하므로 위 견해는 받아들이기 어렵다.

(3) 반대신문 등의 검증을 거치지 않더라도 신빙성을 담보할 정도

앞서 본 바와 같이 판례는 법정에서의 반대신문 등을 통한 검증을 굳이 거치지

52) 이주원 앞의 각주 1)의 책, 421면, 423면; 손동권·신이철, 앞의 각주 45)의 책, 528－529면과 정웅석 외, 앞의 각주 2)의 책, 581－585면도 목차의 순서와 서술 내용에 비추어 같은 취지로 보인다.

53) 최병각, “특신상태의 증명정도”, 「비교형사법연구」, 제20권 제1호(한국비교형사법학회, 2018. 4.), 161면, 다만 위 견해는 합리적 의심의 배제 정도의 증명을 반대하고 있으나, 특신상태의 증명에 필요한 증명의 정도에 대해서는 구체적인 언급이 없고, 164면에서 입법론으로 ‘설득력이 있는 정도의 증명’ 또는 ‘상당한 정도의 증명’을 제시하고 있다.

54) 최병각, 앞의 논문, 163면

않더라도 진술의 신빙성을 충분히 담보할 수 있을 정도의 증명을 합리적 의심의 여지를 배제할 정도의 증명과 같은 의미로 이해하고 있다. 그러나 반대신문 등의 검증을 거치지 않더라도 신빙성을 담보한다는 의미는 특신상태의 인정을 위하여 외부적 정황이 가지는 또는 가져야 하는 신빙성과 관련된 '특정한 내용 및 그 신빙성 징표의 수준'이 어떠해야 하는지의 문제로서, '엄격한 해석 · 적용'의 관점에서 더 강화된 것으로 요구할 수 있는 대상일 뿐이지, 그에 관하여 법관이 확신을 가져야 할 심증의 정도가 아니다. 외부적 정황의 위와 같은 내용이나 그가 징표하는 일정 수준의 신빙성의 문제는 이를 개연성의 수준으로 증명할 것인지, 아니면 합리적 의심의 배제 수준으로 증명할 것인지의 문제인 증명의 정도와는 다른 차원의 것이다.[55] 엄격한 해석 · 적용을 위하여 특신상태의 기초사실의 존재에 관하여 합리적 의심의 여지를 배제할 정도의 증명이 필요하다고 볼 수 있고, 다른 한편으로 엄격한 해석· 적용을 위하여 외부적 정황에 필요한 신빙성의 수준을 굳이 검증을 거치지 않더라도 신빙성을 담보할 수 있을 정도로 요구할 수도 있다. 그러나 합리적 의심의 여지를 배제할 정도의 증명이 곧바로 반대신문 등의 검증을 굳이 거치지 않더라도 진술의 신빙성을 충분히 담보할 수 있을 정도의 증명이라고 보기는 어렵다. 판례의 이 같은 설시는 외부적 정황이 가져야 할 신빙성의 수준과 그 증명의 정도를 혼동한 것에 기인하는 것이 아닌가 싶다.

한편, 그 검증절차의 기준을 법정에서의 반대신문으로 보는 것은 적절한가. 피고인의 입장에서 볼 때 반대신문의 기회조차 갖지 못한 증거를 유죄의 증거로 할 수 있다는 것은 매우 가혹하다는 점에서 그와 같은 견해에 일리가 없는 것은 아니다. 그러나 앞서 살펴본 바와 같이 (ㄱ) 제314조는 반대신문이 불가능한 상황을 전제로 한 규정이고, (ㄴ) 제314조가 규정하는 진술 불가능의 상황 중에서 외국거주, 소재불명은 진술 가능성이 전혀 없지 않고 원진술자의 의사에 의한 진술의 회피도 가능함에도 비하여 원진술자의 사망은 진술 가능성이 처음부터 없는 경우이며, (ㄷ) 반대신문권은 헌법상의 기본권은 아니어서 법률에 의한 제한이 가능하고,[56] (ㄹ) 제313조

55) 이주원, 앞의 각주 1)의 책, 548－549면은 반대신문 등의 검증은 특신상태의 '뜻' 부분에서 설명하고, 합리적인 의심의 여지 배제는 '증명의 정도' 부분에서 설명하여 양자를 달리 보고 있다. 한편, 김민기, 앞의 각주 5)의 논문, 182면에서는 특신상태의 의미를 '통상 피고인의 반대신문이 없더라도 흔들리지 않을 정도로 신용할 만한 외부적 정황'이라고 설명하는데, 이 역시 같은 취지로 보인다. 김미라, 앞의 각주 12)의 논문, 186면에서도 외부적 정황이 가지는 신빙성의 상태를 증명하여야 할 대상의 관점에서 설명한다.

에서 규정하는 진술서에 대한 증거능력의 인정요건이 원진술자의 진정성립만을 요구하는 점 등을 고려하면, 사망한 자가 작성한 진술서에 대하여도 반대신문 등의 검증을 잣대로 들이미는 것은 적절하지 않다.

Ⅳ. 대상판결의 검토

1. 특신상태의 판단대상

대상판결은 (ㄱ) 이 사건 유서의 작성 동기나 경위의 불분명, (ㄴ) 유서의 작성경위, 구체적 의미 등에 관한 망인의 수사기관에서의 미진술, (ㄷ) 사건 발생일로부터 14년 경과 후 유서 작성, (ㄹ) 유서 내용의 구체성 결여 및 그에 부합하는 객관적 증거, 진술증거의 결여, (ㅁ) 피해자의 진술과 배치 등의 이유로 이 사건 유서의 특신상태가 결여되었음을 이유로 증거능력을 부인하고 원심판결을 파기하였다.

대상판결은 (ㄱ) 사유와 관련하여 망인이 반성과 참회보다는 피고인들에 대한 형사처벌을 목적으로 이 사건 유서를 작성하였을 가능성을 배제할 수 없다고 판단하여 특신상태에 부정적인 징표로 고려하였다. 그러나 항소심의 인정사실에 비추어 망인이 반성과 참회를 목적으로 작성하였음이 인정되었다고 보기는 어렵지만, 그렇다고 하여 그 반대로 피고인들에 대한 형사처벌을 목적으로 유서를 작성하였다고 볼 별다른 근거가 없다. 오히려 망인은 피고인들과 우호적인 관계를 유지하고 있었던 것으로 보이는데, 동기나 경위가 불분명하다면 이를 고려요소에서 제외하여야 하는 것이지 단순한 모함의 가능성을 부정적 요소로 볼 것은 아니다.

한편, 대상판결이 언급한 위 (ㄴ) 사유는 반대신문의 가능성을 넘어 수사기관에 의한 검증을 요구하는 것으로서 매우 부당하다. 우리 형사소송법은 수사기관에 의한 진술조서의 증거능력 인정요건으로서 반대신문과 특신상태를 요구하고 있는 반면, 수사과정 외의 진술서에 대하여는 성립의 진정만으로 증거능력을 인정하고 있다. 이는 앞서 본 바와 같이 수사기관에서 작성한 진술조서보다 수사과정 외의 진술서에 신용성의 정황적 보장이 강하다는 점을 입법적으로 규정한 것이고, 대법원이 밝힌 바와 같이 진술조서는 원진술자의 진술을 처음부터 끝까지 그대로 기재한 것이 아니라 그중 공소사실과 관련된 주요 부분의 취지를 요약하여 정리한 것이어서 본

56) 헌법재판소 2013. 12. 26. 선고 2011헌바108 결정

질적으로 원진술자의 진술을 있는 그대로 전달하지 못한다는 한계를 가지고 있고, 경우에 따라 조서 작성자의 선입관이나 오해로 인하여 원진술자의 진술 취지와 다른 내용으로 작성될 가능성도 배제하기 어려운 근본적인 한계가 있을 수밖에 없다.[57] 그럼에도 대법원이 신용성의 정황적 보장이 더 높다고 할 수 있는 진술서의 특신상태를 부인하기 위한 근거로서 수사기관에 의한 검증의 결여를 제시한 것은 '미리 정한 결론'을 위한 논거라는 인상을 지울 수 없다. 실제적으로도 자살을 앞둔 사람이 작성한 진술서의 특신상태 확인을 위하여 수사기관에 자수하거나 고소장을 접수하여 그 진술의 신빙성을 검증 받아야 한다는 것은 현실과 너무나 동떨어진 가정이다.

(ㄹ) 사유는 이 사건 유서 자체의 신빙성이 부족하다는 것이고, (ㅁ) 사유는 다른 신빙성 있는 증거에 배치된다는 이유로 유서의 신빙성을 부인한 것이다. 그런데 (ㄱ) 사유는 중립적인 징표로 볼 여지가 많은 점, (ㄴ) 사유는 현실적으로 무리하다는 점과 (ㄱ), (ㄴ) 사유가 신빙성에 영향을 미치는 정도 등을 고려하면 위 사유는 다소 지엽적이고, (ㄷ), (ㄹ), (ㅁ) 사유가 원심판결을 파기한 실질적인 이유로 보이는데, 대법원은 이 사건 유서의 특신상태를 판단한 것이 아니라 유서의 신빙성을 포함하여 다른 증거들의 신빙성까지 종합적으로 고려하여 원심의 사실인정을 문제삼은 것에 다름 아니다. 조금 심하게 표현하는 것인지는 모르겠으나, 대상판결은 마치 유죄를 인정한 제1심 판결에 대하여 왜 이 사건 유서를 믿지 못하는지 논리정연하게 조목조목 반박하며 사실인정이 잘못되었다고 나무라는 항소심 판결처럼 보이기까지 한다. 대상판결은 증거능력의 요건인 특신상태 판단에서 이미 증명력 판단을 선취하였다는 비판을 피하기 어렵다. 유무죄의 차이가 있지만, 대상판결과 동일한 판단구조를 보이는 제1심 및 항소심 판결을 보면 이러한 점이 확연히 드러난다. 제1심 및 항소심 판결에서 특신상태 부분에서 판단한 내용과 증명력 부분에서 판단한 내용은 거의 동일하다. 엄밀히는 특신상태의 판단내용을 증명력 부분에서 요약하였다고 할 수 있을 정도이다.[58]

57) 대법원 2006. 12. 8. 선고 2005도9730 판결

58) 제1심 판결이 증거능력 판단에 할애한 부분은 약 6면을 넘지만, 증명력 판단 부분은 1면에 그치고 있는데 증명력 부분이 가정적 판단임을 고려하더라도 그 차이가 크다. 제1심 판결을 파기하고 유죄를 인정하는 판결을 선고한 항소심도 증거능력 판단에 14면 이상을 할애하였으나, 증명력 판단에는 고작 2면(그중 이 사건 유서 부분은 1면이 채 못 된다)을 할애하고 있을 뿐이다.

이 사건에서 드러난 외부적 정황 중에서 특신상태를 뒷받침할 수 있는 긍정적 징표로 망인이 죽음을 앞두고 이 사건 유서를 작성하였다는 점, 이 사건 유서에 망인도 피고인들과 공범이었다는 내용이 포함되어 있는 점,[59] 망인에게 피고인들을 무고할 아무런 동기가 없었다는 점[60] 등을 들 수 있는데, 각 징표들은 신빙성을 강하게 담보하는 외부적 정황이라 할 수 있다. 반면 이 사건 유서를 사건 발생 후 14년이 경과하여 작성하였다는 점은 부정적 요소[61]로 볼 수 있는데, 한편으로는 그 기간 내내 범행에 대한 자책이나 후회 등으로 사건을 망인의 마음에 담아두었다는 의미로 해석할 가능성도 있다는 점을 고려하면, 위 사정만으로 앞서 본 긍정적 징표들에도 불구하고 특신상태를 부인할 수는 없어 보인다. 따라서 이 사건 유서가 특신상태에서 작성된 것이라고 충분히 인정할 수 있음에도 대상판결이 특신상태의 결여를 이유로 증거능력을 부인한 것은 잘못이다.

2. 특신상태의 증명

대상판결은 사실상 이 사건 유서를 포함한 증거들의 신빙성 내지 증명력을 평가하여 원심의 사실인정을 번복하였다고 할 것이고, 이 사건 유서의 특신상태 부인은 결국 공소사실이 합리적 의심을 배제할 정도로 증명되지 못한 것으로 판단하였다는 의미이다. 증거능력이 아닌 실질적인 증명력 판단이었다는 점을 제외하면, 항소심 판결의 사실인정과 대상판결에서 그 근거로 제시한 판시에 비추어 공소사실의 존재가 합리적 의심을 배제할 정도로 증명되었다고 보기는 어려우므로, 증명의 정도 자체에 있어서는 대상판결이 정당한 판단을 하였다고 보인다.

대상판결은 특신상태 판단의 마지막 부분에서 '망인에 대한 반대신문이 가능하였다면 그 과정에서 구체적, 세부적 진술이 현출됨으로써 기억의 오류, 과장, 왜곡, 거짓 진술 등이 드러났을 가능성을 배제하기 어려워 이 사건 유서의 증거능력을 인

59) 내용의 구체적 검토 없이도 그 표현 자체에서 망인에게 불리한 내용임을 알 수 있으므로 특신상태 판단에 있어 긍정적 요소가 된다.

60) 항소심 판결의 인정사실에 의하면 피고인 중 1인은 망인의 장례 내내 빈소를 지키며 그곳에서 잠을 자기도 하였다.

61) 대상판결은 제1심과 항소심 판결에서 언급된 바 있는 망인의 우울증 치료를 고려요소에서 제외하고 있는데, 우울증의 정도가 어느 정도였는지, 자살에 어떠한 영향을 미쳤는지가 명백하지 않았기 때문에 그러한 것으로 추측된다.

정하기 어렵다.'고 판시하고 있다. 위 판시는 반대신문 등의 검증을 염두에 둔 것으로 보이는데, 단지 이 사건 유서의 내용이 허위일 가능성이 있다는 의미이므로, 신빙성을 판단한 것일 뿐 증명의 정도와는 완전히 무관하고 특신상태를 인정하기 위하여 외부적 정황이 담보하여야 할 신빙성의 정도와도 전혀 관련이 없다. 결론적으로 대상판결은 특신상태의 증명의 정도와 특신상태를 구성하는 외부적 정황이 포함하고 있어야 할 신빙성의 수준을 완전히 혼동하였다.

Ⅴ. 결어

특신상태는 증거능력 인정요건의 하나이므로 가능한 한 법률에 의하여 형식적 기준에 따라 파악하는 것이 타당하다. 하지만 그 개념요소에 신빙성의 담보라는 다소 추상적인 요소를 포함하고 있어 그 의미나 내용을 확정하기가 쉽지 않다. 또한 특신상태는 진술에 관한 외부적 정황이기는 하나 그 내용을 완전히 도외시하기 어려워 그 고려의 정도에 관하여 다양한 의견이 가능할 뿐만 아니라, 진술의 외부적 정황에 해당하는지 내부적 사정에 해당하는지 구별하기 어려운 경우도 많다. 그럼에도 특신상태는 증거능력의 요건이므로 신빙성 내지 증명력의 판단과는 엄격하게 구별하여야 한다. 그러나 대상판결은 이 사건 유서 자체의 신빙성을 직접적으로 검토하였을 뿐만 아니라 나아가 다른 증거와 일치하는지 여부까지 고려하여 특신상태의 존부를 판단하였는바, 이는 증거능력을 판단한 것이 아니라 실질적으로 증거 전체의 신빙성 내지 증명력, 즉 유무죄를 판단하였다고 밖에 볼 수 없고, 결국 사실심의 사실인정에 개입하는 결과를 초래하였다. 이 사건에서 죽음을 앞둔 망인이 자신도 피고인들과 공범이었다는 내용의 유서를 작성하였고 망인에게 피고인들을 무고할 아무런 동기가 없었다는 점 등을 고려하면 이 사건 유서의 특신상태를 인정하는 것이 타당하였다고 본다. 특신상태는 그 개념요소의 특성상 구체적, 개별적으로 판단하여야 할 필요성이 크다. 앞으로 법원실무가 신빙성 판단에서 벗어나 하급심에서 실제 적용할 수 있는 지침의 제시, 즉 외부적 정황을 징표하는 사정들을 구체적으로 유형화하는 방향으로 전환되었으면 하는 바람이 크다.

【참고문헌】

1. 단행본

손동권·신이철, 「새로운 형사소송법」, 제4판(세창출판사, 2019)

신동운, 「신형사소송법」, 제5판(박영사, 2014)

신양균, 「형사소송법」, 신판(화산미디어, 2009)

이재상 외, 「형사소송법」, 제15판(박영사, 2023)

이주원, 「형사소송법」, 제5판(박영사, 2022)

임동규, 「형사소송법」, 제14판(법문사, 2019)

정웅석 외, 「신형사소송법」, 제2판(박영사, 2023)

2. 논문

강우예, "법원에 출석하여 불일치진술한 피고인 아닌 자의 검찰진술조서의 증거능력 －형사소송법 제312조 제4항의 특신상태의 의미에 대한 분석을 중심으로－", 「형사판례연구[26]」(한국형사판례연구회, 박영사, 2018. 6.)

김미라, "사망 직전에 남긴 진술과 특신상태", 「형사법의 신동향」, 통권 제62호(대검찰청, 2019. 3.)

김민기, "형사소송법상 특신상태의 의미와 인정방법", 「형사재판의 쟁점과 과제」(법원행정처, 2008)

김웅재, "원진술자의 증언거부와 형사소송법 제314조의 전문법칙의 예외 －대법원 2019. 11. 21. 선고 2018도13945 전원합의체 판결－", 「저스티스」, 통권 제182－1호(한국법학원, 2021. 2.)

김정한, "형사소송법상 특신상태의 의미와 개념 요소 및 판단기준에 관한 소고", 「비교형사법연구」, 제16권 제1호(한국비교형사법학회, 2014. 7.)

김태업, "형사소송법 제314조에 따라 증거능력을 인정하기 위한 요건", 「형사소송 이론과 실무」, 제7권 제1호(한국형사소송법학회, 2015. 6.)

안정빈, "'형사소송법 제314조 증거능력에 대한 예외'의 예외", 「형사소송 이론과 실무」, 제12권 제1호(한국형사소송법학회, 2020. 6.)

전윤경, “조사자증언의 증거능력 판단에 대한 실무적 운영 방안”, 「형사법의 신동향」, 통권 제81호(대검찰청, 2023. 12.)

조기영, “증거조사절차상 하자의 소송법적 효과”, 「법학연구」, 통권 제36집(전북대학교 법학연구소, 2012. 9.)

최병각, “특신상태의 증명정도”, 「비교형사법연구」, 제20권 제1호(한국비교형사법학회, 2018. 4.)

최준혁, “전문법칙 적용의 예외요건으로서의 특신상태”, 「형사판례연구[28]」(한국형사판례연구회, 박영사, 2020. 6.)

최준혁, “형사소송에서의 직접심리주의의 의미”, 「법학연구」, 통권 제36집(전북대학교 법학연구소, 2012. 9.)

한제희, “특신상태의 의의와 판단기준”, 「형사판례연구[21]」(한국형사판례연구회, 박영사, 2013. 6.)

【국문초록】

최근 유서의 증거능력에 관하여 형사소송법 제314조의 특신상태가 쟁점이 된 판결이 선고되었는데, 판시내용은 종래의 판시와 거의 같다. 형사소송법 제314조의 '그 진술 또는 작성이 특히 신빙할 수 있는 상태하에서 행하여졌음'이란 그 진술 내용이나 조서 또는 서류의 작성에 허위가 개입할 여지가 거의 없고, 그 진술 내지 작성 내용의 신빙성이나 임의성을 담보할 구체적이고 외부적인 정황이 있는 경우를 가리킨다고 보았다. 특신상태는 증거능력 인정요건의 하나이므로 가능한 한 법률에 의하여 형식적 기준에 따라 파악하는 것이 타당하다. 하지만 그 개념요소에 신빙성의 담보라는 다소 추상적인 요소를 포함하고 있어 그 의미나 내용을 확정하기가 쉽지 않다. 또한 특신상태는 진술에 관한 외부적 정황이기는 하나 그 내용을 완전히 도외시하기 어려워 그 고려의 정도에 관하여 다양한 의견이 가능할 뿐만 아니라, 진술의 외부적 정황에 해당하는지 내부적 사정에 해당하는지 구별하기 어려운 경우도 많다. 그러나 특신상태는 증거능력의 요건이므로 신빙성 내지 증명력의 판단과는 엄격하게 구별하여 외부적 정황에 관련된 최소한도 외에는 증거의 내용을 검토하여서는 아니 된다. 그럼에도 대상판결은 특신상태의 판단대상으로 유서 자체뿐만 아니라 다른 증거의 신빙성까지 모두 고려하여 유서의 특신상태를 판단하였다. 사실상 이 사건 유서를 포함한 증거 전체의 신빙성 내지 증명력을 평가하여 원심의 사실인정을 번복한 것이다. 이 사건에서 죽음을 앞둔 망인이 자신도 피고인들과 공범이었다는 내용의 유서를 작성하였고 망인에게 피고인들을 무고할 아무런 동기가 없었다는 점 등을 고려하면 이 사건 유서의 특신상태를 인정하는 것이 타당하였다. 특신상태는 그 개념요소의 특성상 구체적, 개별적으로 판단하여야 할 필요성이 크다. 앞으로 법원실무는 신빙성 판단에서 벗어나 하급심에서 실제 적용할 수 있는 지침의 제시, 즉 특신상태를 징표하는 외부적 정황을 구체적으로 유형화하는 방향으로 전환되어야 한다.

◈ 주제어: 유서, 제314조, 증거능력, 특신상태, 전문증거, 증명정도, 합리적 의심

【Abstract】

The particularly reliable state of a will written ahead of one's death

Shin, Donghoon*

Recently, a decision was sentenced on the particularly reliable state of Article 314 of the Criminal Procedure Act regarding the evidence admissibility of a will, and the content of the decision was almost the same as the previous decision. 'The statement or preparation was made in particularly reliable state' of Article 314 of the Criminal Procedure Act means that there is little room for falsity to intervene in the content of the statement or preparation of the document, and there are specific and external circumstances that guarantee the reliability or voluntary of the statement or contents of document. Since a particularly reliable state is one of the requirements for the recognition of the admissibility of evidence, it is reasonable to determine it according to formal standards of law as much as possible. Therefore, the judgment of a particularly reliable state must be strictly distinguished from the judgment of credibility or probative power, and the content of the evidence should not be reviewed beyond the minimum related to the external circumstances. Nevertheless, the decision determined the particularly reliable state of the will by considering the reliability of not only the will itself but also other evidence. In fact, the decision has overturned the judgment of the original court about fact－finding by evaluating the credibility and probative power of all the evidence, including the will. In this case, considering that the deceased, who was about to die, wrote a will stating that he was an accomplice with the defendants, and that the deceased had no motive to accuse the defendants false, it was appropriate to admit the particularly reliable state of the will. There is a great

* Professor of Law School at Sungkyunkwan University

need to judge the particularly reliable state specifically and individually due to the nature of the conceptual element. In the future, court practice should move away from juddging credibility and move toward providing guidelines that can be actually applied by lower courts, that is, categorizing situations that indicate the particularly reliable state in detail.

◈ Key Words: will, Article 314, admissibility, a particularly reliable state, hearsay evidence, degree of proof, reasonable doubt

제16권 제3호

한국형사소송법학회『형사소송 이론과 실무』
제16권 제3호 (2024.09) 1~42면.
Theories and Practices of Criminal Procedure Vol. 16 No. 3 (September. 2024) pp. 1-42.
10.34222/kdps.2024.16.3.1

‘실질적 피압수자’ 참여권 보장 방안에 관한 소고: 압수수색 도중(途中) 참여 통지 및 ‘보존 조치’를 중심으로

김 민 동* · 이 경 렬**

목 차

Ⅰ. 들어가는 말

개인의 통신 기록은 과거 인터넷 서비스 제공자와 개인의 전자기기에 저장되었으며, 특히 통화 녹음이나 메시지 등 통신의 내용은 전자기기에만 존재하였다. 그러나 스마트폰의 등장으로 ‘서드파티 애플리케이션’이 탑재되면서, 인터넷 서비스 제공자가 제공하는 문자메시지 등 기본서비스 외에 ‘카카오톡’이나 ‘페이스북’ 같은 애플리케이션을 통하여 메시지를 주고받는 다양한 소셜 미디어 서비스들이 등장하였고, 사용자의 통신 내용은 이런 유형의 서비스 제공자[1]의 서버에 저장되고 있다.

* 성균관대학교 대학원 과학수사학과 박사과정(제1저자)
** 성균관대학교 법학전문대학원 교수, 법학박사(교신저자)

1) 제3자 압수수색 관련 논문 등에서는 주로 ‘인터넷 서비스 제공자(ISP)’라는 표현이 사용되나 이는 통신 회사와 같이 인터넷을 이용할 수 있도록 해 주는 사업자만을 일컫는 것으로, 본 논문에서는 ‘인터넷 서비스 제공자’를 포함하면서 가입자 또는 고객이 통신망을 이용해서 접속하는 모든 유형의 서비스를 운영하는 기업 조직을 뜻하는 ‘서비스 제공자(Service Provider)’를 구분하여 사용한다.; TTA정보통신용어사전, “인터넷 서비스 제공자”, https://terms.tta.or.kr/dictionary/dictionaryView.do?word_seq=046631-1 (2024. 5. 5. 확인); TTA정보통신용어사전, “서비스

이처럼 범죄혐의에 대한 증거를 확보할 새로운 '접근점'이 등장하였으나, 이를 수사 과정에서 효과적으로 활용하는 데에는 어려움이 있다. 데이터가 서비스 제공자의 서버에 저장되면, 전자기기처럼 네트워크 케이블의 연결을 해제하거나 비행기 모드 또는 전파 차단 봉투에 넣어 통신을 차단할 수도 없기에 인터넷만 연결되어 있으면 사용자 본인이나 타인이 서비스에 접속하여 언제든지 어디서든 데이터를 삭제하거나 은닉할 수 있어, 오히려 개인의 PC나 스마트폰에 저장되는 데이터보다 증거를 인멸하는 행위를 차단하기가 힘들어졌기 때문이다. 개인의 전자기기에서 대화내용을 삭제하면 해당 서비스 서버에서도 '동기화'로 인하여 그 대화내용이 삭제된다. 전자기기의 완전 삭제 기능과 안티 포렌식 행위가 점차 보편화·고도화되어 증거 획득이 어려워지면서, 서비스 제공자를 통한 데이터 확보가 어느 정도 이를 보완하고 있었으나 그 이점 또한 점차 사라지고 있다.

최근 법원은 제3자가 보관하는 증거를 임의제출 받거나 압수수색 영장을 통해 압수하는 상황에서 '실질적 피압수자'인 피의자의 참여권을 보장하도록 하고 있다. 과거 수사 실무에서는 메신저와 같은 제3자 보관 데이터를 대상으로 피의자에게 별도의 통지를 하지 아니하고 데이터를 확보하는 방식이 일반적이었으며, 이는 수사의 밀행성을 유지하면서 피의자가 데이터를 사전에 삭제하거나 조작하는 것을 방지하는 데 중요한 역할을 했다. 그러나 최근의 판례 경향은 실질적 피압수자 법리를 개발하여 피의자에게 참여권을 통지하고 보장하도록 하면서, 수사기관이 사용하던 기존의 접근법에 변화를 요구하고 있다.

이러한 법원의 입장을 수용하는 경우, 수사의 밀행성을 해쳐 증거인멸의 위험을 증가시킬 우려가 있는 반면에, 기존처럼 수사기관에 의한 참여권의 배제는 적법절차와 비례의 원칙에 어긋났기에 오히려 법원의 입장이 타당하다는 견해도 존재한다.[2] 이에 여기서는 실질적 피압수자인 피의자의 참여권을 보장하면서도 수사의

제공자", https://terms.tta.or.kr/dictionary/dictionaryView.do?word_seq=055408-1 (2024. 05. 05. 확인).

2) 실질적 피압수자인 피의자의 참여권 보장에 대한 견해들을 다룬 논문으로, 박중욱, "제3자 보관 정보의 압수수색과 정보주체에 대한 통지 -강제처분의 공개성/비밀성에 대한 독일 논의를 참고하여-", 『원광법학』, 제38권 제3호(원광대학교 법학연구소, 2022), 51면 이하; 서원익, "압수수색할 장소와 물건의 다양성에 따른 영장집행 방식에 관한 소고 -영장원본 제시, 참여권 보장, 압수목록 교부의 현실과 한계-", 『저스티스』, 통권 제182-1호(한국법학원, 2021), 225면 이하; 소재환·이선화, "디지털 증거 압수·수색 시 참여권자 관련 실무상 문제 -대법원의 '실질적 피압수자' 법리 중심으로-", 『형사법의 신동향』, 통권 제77호(대검찰청, 2022),

밀행성을 유지하며 서비스 제공자 등 제3자 보관의 디지털증거에 대한 인멸을 방지할 수 있는 주요 방안을 살펴보고 그 타당성을 검토하고자 한다.

Ⅱ. '실질적 피압수자' 참여권 보장의 근거와 한계

1. 당사자 참여권의 보장 취지

당사자의 참여권은 헌법에서 보장하는 적법절차 원리와 영장주의에 기초하여, 압수수색 절차에 있어서 직접적이고 실질적인 이해관계를 가진 개인이나 단체가 그 절차에 참여할 수 있는 권리를 말한다.[3] 법원은 참여권의 보장을 "압수수색에 있어 국민의 기본권을 보장하고 헌법상의 적법절차 원칙의 실현을 위한 구체적인 방법의 하나"로 보고,[4] 참여권을 보장하지 아니한 절차적 위법에 대해 '영장주의의 실질적 내용을 침해하는 중대한 위법'[5]이라고 표현할 정도로 참여기회의 보장을 중요한 권리로 여기고 있다. 실무에서는 '참여', '참관', '입회' 등 유사한 의미의 단어를 혼용하는 듯 보이나, 형사소송법에는 '참관'이나 '입회'에 비해 적극적으로 절차에 개입하고 관여하는 의미의 '참여'를 사용하고 있다.[6][7]

참여권 보장의 취지에 관하여, 사건과 무관한 정보를 수사기관이 압수하지 않도록 감시하고 보호하는 것이라는 견해,[8] 동일성과 무결성을 충족시키기 위한 절차적 요건이라는 견해,[9] 사건과 관련 없는 증거의 압수로 인한 증거능력의 다툼을 사

334면 이하; 이인곤, "디지털증거(전자정보) 압수수색에서 피압수자 등 참여권 보장 확보방안", 『성균관법학』, 제33권 제2호(성균관대학교 법학연구원, 2021), 153면 이하.

3) 대법원 2023. 9. 18. 선고 2022도7453 전원합의체 판결 (다수의견에 대한 대법관 안철상, 대법관 노태악, 대법관 천대엽의 보충의견).

4) 헌법재판소 2012. 12. 27. 선고 2011헌바225 전원재판부 결정.

5) 대법원 2015. 7. 16.자 2011모1839 전원합의체 결정 (다수의견에 대한 대법관 이인복, 대법관 이상훈, 대법관 김소영의 보충의견).

6) 조은별, "디지털 증거의 압수·수색에 대한 참여권의 보장", 박사학위 논문, 서울대학교(2021), 194－195면.

7) 대검찰청 예규의 '[별지 13] 전자정보 압수·수색·검증 안내문'에는 압수수색 현장에서의 참여권 보장을 '참여', 수사기관 사무실 등 현장 외로 반출한 이후 참여권의 보장을 '참관'으로 구분하고 있다.; 디지털 증거의 수집·분석 및 관리 규정(2021. 1. 1. 대검찰청예규 제1151호).

8) 대법원 2015. 7. 16.자 2011모1839 전원합의체 결정; 조은별, 앞의 각주 6)의 논문, 31면.

9) 박웅신, "디지털 증거 압수시 참여권 및 별건정보 압수에 관한 연구 –안보범죄에 대한 적용을

전에 방지하기 위함이라는 견해,[10] 강제수사의 주도권은 수사기관이 가지므로 피압수자의 권리를 최대한 보장하기 위함이라는 견해[11] 등이 있으며, 특히 전자정보에 있어서는 사건과 관련된 정보의 선별 압수의 원칙을 보장하고, 피의자의 프라이버시와 개인정보자기결정 등 방어권 보장에 기여하기 위한 것으로 간주된다.[12]

2. '실질적 피압수자' 관련 주요 판례

최근 대법원은 잇따른 2016모587, 2021도11170, 2022도7453, 2020도1669 등 일련의 판례에서 전자정보의 압수수색 과정에서 참여권을 보장하기 위하여 '실질적 피압수자'라는 개념을 사용하고 있다. 전통적인 압수수색에서는 유체물에 대한 규제가 주를 이루었지만, 전자정보와 같은 비물리적·비가시적 증거의 경우 관리나 소유의 귀속이 불분명하고 복잡할 수 있으므로 새로운 접근 방식이 필요하였다고 설명한다.[13] 정보저장매체의 전자정보는 사생활의 비밀과 자유, 자기결정권 등의 보호를 포함해 적법절차, 영장주의, 비례의 원칙을 포함한 헌법적 및 형사소송법적 요구에 따라 관리되어야 하며, 압수된 전자정보는 범죄의 혐의사실과 관련이 있어야 하고 관련 없는 정보의 임의적 복제를 막으려는 조치가 필요한데, 참여권이 제대로 보장되지 않았다면 적법한 압수수색으로 평가하기 어렵다고 보았다. 제3자가 피의자의 소유 및 관리에 속하는 정보저장매체를 임의제출한 경우에도 피의자의 참여권이 보장되어야 하며, 압수된 전자정보의 목록을 교부하는 등 절차적 권리가 보장되어야 한다고 보고 있다.

중심으로－", 『치안정책연구』, 제30권 제3호(경찰대학 치안정책연구소, 2016), 278－279면; 조광훈, "전자정보의 압수수색절차에서 관련성·동일성·참여권 –대법원 2018. 2. 8. 선고 2017도13263 판결에서 제기된 쟁점을 중심으로－", 『법제』, 통권 제681호(법제처, 2018), 12면.

10) 대법원 2015. 7. 16. 선고 2011모1839 전원합의체 결정.

11) 대법원 2015. 7. 16. 선고 2011모1839 전원합의체 결정; 헌법재판소 2012. 12. 27. 선고 2011헌바225 전원재판부.

12) 조은별, 앞의 각주 6)의 논문, 133면.

13) 대법원 2023. 9. 18. 선고 2022도7453 전원합의체 판결, (다수의견에 대한 대법관 안철상, 대법관 노태악, 대법관 천대엽의 보충의견).

(1) 대법원 2016모587 결정

대법원 2016모587 결정은 “집회 및 시위에 관한 법률” 위반 혐의로 피의자에 대한 카카오톡 대화 내용, 사진, 동영상 등을 압수하는 과정에서 수사 절차의 적법성을 다퉜다.[14] 수사기관은 수색 장소를 “주식회사 카카오 본사 또는 압수할 물건을 보관하고 있는 데이터센터”로 하고 피의자와 관련된 데이터에 관한 압수수색 영장을 집행하였다. 카카오 담당자는 사건과 관련된 정보를 선별할 수 없어 피의자가 특정 기간에 주고받은 모든 대화 내용을 수사기관에 전달하였으며, 수사기관 또한 별도의 선별 작업 없이 카카오 담당자에게 전달받은 모든 데이터를 출력하여 증거로 압수하였다. 수사기관은 증거 인멸의 우려를 이유로 피의자에게 압수수색의 집행 일시와 장소를 미리 통지하지 않았으며, 압수한 전자정보의 목록을 교부하지 않았다.

원심은 영장 원본의 미제시, 사건과 무관한 정보의 선별 없이 전체 정보를 압수한 점 등도 위법으로 간주하였고, 특히 이러한 절차가 형사소송법 제122조의 “급속을 요하는 때”에 해당하지 않으므로 참여권을 보장하지 않은 부분 또한 위법하다고 판단했다.[15] 그러나 대법원은 수사기관이 카카오 본사 서버에서 전자정보를 압수하는 과정에서 급박한 상황을 이유로 참여권자에게 통지하지 않은 행위가 형사소송법 제122조의 “급속을 요하는 때”에 해당하지 않는다고 본 것은 잘못이라고 판단하였다. 다만, 다른 위법 사항에 대해서는 원심의 판단이 적절하고 압수수색 절차 전체의 적법성을 저해하는 만큼 압수수색을 취소해야 한다고 판결한 원심의 결정을 유지하였다.

(2) 대법원 2022도7453 판결

대법원 2022도7453 판결은 피고인이 허위 인턴십 확인서를 작성하여 피의자 갑의 자녀 대학원 입시에 활용하도록 하는 등 대학원 입학담당자들의 입학사정업무를 방해한 혐의로 피소된 사건이다.[16] 피의자 갑은 수사가 본격화되자 피의자 을에게 '수사가 끝날 때까지 숨겨'두도록 지시하여 인턴십 확인서 등 증거들이 저장된

---

14) 대법원 2022. 5. 31.자 2016모587 결정.

15) 서울중앙지방법원 2016. 2. 18.자 2015보6 결정.

16) 대법원 2023. 9. 18. 선고 2022도7453 전원합의체 판결.

하드디스크를 은닉하였고, 이후 을은 증거은닉 혐의로 입건되면서 이를 수사기관에 임의제출하였다. 수사기관은 하드디스크 임의제출과 하드디스크에 저장된 전자정보에 관한 탐색·복제·출력 과정에서 을의 참여권을 보장한 반면, 갑에게는 참여의 기회를 보장하지 않아 그 증거능력이 문제가 되었다.

대법원은 을이 하드디스크를 임의제출한 것은 증거은닉죄와 관련된 증거에 한정된 범위에서 이루어진 압수수색이었고, 갑이 하드디스크를 '수사 종료'까지 은닉하도록 지시하고 건네줌으로써 을이 해당 증거물인 정보저장매체에 대한 '실질적인 지배 및 관리'하는 사람의 지위를 가지고 있었기 때문에, '실질적 피압수자'로 평가되는 을에게 참여권을 보장함으로써 절차의 적법성이 인정된다고 보았다. 다수의견에 대한 보충의견에서도 을이 하드디스크에 대한 법률상의 직접적이고 실질적인 이해관계자임을 고려할 때 을의 참여하에 이루어진 압수수색은 절차적 적법성을 충족하며, 증거 인멸의 목적으로 하드디스크를 교부한 피의자 갑에게 참여권을 부여하지 않았기에 갑의 기본권을 침해한다는 견해는 받아들이기 어렵다고 하였다. 압수수색에서 '실질적 피압수자'의 개념과 참여권의 인정은 원칙적으로 압수수색의 원인이 된 범죄혐의사실을 기준으로 결정되어야 하고, 참여권의 범위와 한계는 수사 절차의 특성과 목적, 그리고 침해되는 이익 사이의 비교를 통해 결정되어야 한다고 보았다.

이에 대한 반대의견은 갑이 을에게 하드디스크를 수사 종료까지 '보관'을 맡긴 것에 불과하고, 그 위험성이 사라지면 정보저장매체에 대한 현실적 지배권을 회복하려는 의사가 있다고 봄이 경험칙에 부합한다고 보았다.[17] 즉, 하드디스크를 임의제출한 증거은닉범인 피의자 을을 갑의 하드디스크에 대한 '소지·보관자'로 보고, 사생활의 비밀과 자유 등을 침해받지 않아야 할 실질적인 이익을 가진 본범인 피의자 갑을 '소유·관리자'로 보아 그에게 참여권이 보장되어야 한다는 것이다. 이렇게 되면, 당사자의 참여권은 기본권 등 침해를 실제로 받는 압수수색 처분의 실질적 당사자를 보호하기 위한 방향으로 진화한 만큼, 압수수색의 원인인 범죄혐의사실의 피의자가 아니라고 하더라도 프라이버시 등 실질적 이해관계자는 피압수자로서의 지위를 부여받게 된다고 보았다.

그러나 다수의견에 대한 보충의견에 의하면,[18] 범죄혐의사실이야말로 관련 전자

17) 대법원 2023. 9. 18. 선고 2022도7453 전원합의체 판결 (대법관 민유숙, 대법관 이흥구, 대법관 오경미의 반대의견).

정보의 탐색 · 복제 · 출력 절차에서 가장 중요한 고려 요소이며, 이를 전제로 참여권을 파악하는 것이 참여권의 주체를 간결하고 명확하게 특정할 수 있다는 점에서 현장성 · 신속성 · 적시성 · 밀행성이 중시되는 영장집행실무에 부합하는 것이라 설시하였다. 또, 피의자 갑이 피의자 을에게 하드디스크를 은닉하도록 지시한 것과 더불어, 을이 하드디스크를 자신만이 아는 장소에 은닉함으로써 정보저장매체와 그 안에 저장된 전자정보 전반을 수사기관에 노출되지 않도록 임의로 관리처분할 수 있는 상황에 두었기 때문에 갑이 전속적인 관리처분권을 더 이상 보유 · 행사할 수 없다고 본다.

3. 법원의 입장과 수사실무의 차이

앞선 판례를 종합해 볼 때 대법원의 입장은 제3자가 피의자의 정보저장매체를 임의제출한 경우, 피의자가 압수수색 당시까지 정보저장매체를 실질적으로 지배 및 관리하는 상태라면 해당 정보저장매체에 저장된 전자정보 및 저장매체에 대한 압수수색의 실질적 피압수자로 평가되어 당사자 참여권을 보장받아야 한다. 만약 정보저장매체에 대한 전속적인 관리처분권을 포기하거나 제3자에게 양도하여 현실적 지배 및 관리를 상실하였다면, 피의자의 참여권은 인정되지 않는다고 볼 수 있다. 제3자가 제출한 정보저장매체의 전자정보 전반에 대한 압수가 적법하려면, 해당 전자정보가 범죄혐의사실과 명백히 연관된 것이어야 하며, 범죄와 직접적인 연관이 없는 경우 수사기관이 영장 없이 이를 취득하고 사용하는 것은 적법하지 않아 이렇게 취득된 증거는 증거능력을 상실할 수 있다. 따라서 사건과 무관한 정보에 대해 적절한 절차적 권리 보호 조치가 수반되어야 하며, 그에 따라 실질적 피압수자인 피의자 등에게 참여의 기회를 보장하고 압수된 전자정보의 명세를 작성 및 교부하는 등의 절차가 준수되어야 한다.

그러나 수사기관은 피의자의 참여권 보장에 있어, 법원의 입장을 수사 실무에 그대로 수용하는 데에 난처한 듯하다. 제3자 보관 이메일 압수수색 영장 집행의 기존 실무 절차는 일반적으로 ① 압수수색 영장을 서비스 제공자에게 팩스로 전송하고, ② 서비스 제공자 측으로부터 영장에 기재된 압수 기간에 해당하는 이메일을 압축

---

18) 대법원 2023. 9. 18. 선고 2022도7453 전원합의체 판결 (다수의견에 대한 대법관 안철상, 대법관 노태악, 대법관 천대엽의 보충의견).

파일로 받고, ③ 수사관이 서비스 제공자 측으로부터 받은 이메일 중 사건 관련 여부를 판단하고 선별한 후 압수할 이메일 목록을 서비스 제공자 측에 회신하고, ④ 영장의 유효기간 내에 서비스 제공자 측의 사무실에 방문해 담당자에게 영장 원본을 제시한 다음, 담당자가 압수 대상으로 선별된 이메일을 추출하고 해시값을 생성하여 CD나 USB에 저장하는 방식으로 집행한다. 선별하지 않은 이메일은 모두 삭제하고 압수 목록 등을 서비스 제공자 측 담당자에게 교부하면 압수수색 영장 집행이 종료되며, 이후 피의자에게 통지된다.[19)]

이때 수사기관의 사후 통지는 형사소송법 제107조 제3항을 준용하는 제219조에 근거하는데, 이메일 등 전기통신을 압수하는 경우 "심리에 방해될 염려가 있는 경우"에는 통지하지 않아도 되도록 해석된다. 형사소송법 제219조에 따라 수사 과정에서 동법 제107조가 준용되므로, 수사기관에는 통신비밀보호법 제9조의3에 따라 이메일 압수수색 시 발신인 또는 수신인에 대한 사후 통지의무만 존재한다는 것이다.[20)] 이메일 외 다른 전자정보의 압수수색에서도 형사소송법 제122조의 "급속을 요하는 때"에 해당하면 사전 통지의무조차 없게 된다.[21)] 이때 '급속을 요하는 때'라는 것은 압수수색 영장 집행 사실을 미리 통지하는 경우 증거물을 인멸하거나 훼손할 염려 등이 있어 압수수색의 목적 달성이 불가하게 되는 때를 의미한다.[22)] 따라서 서비스 제공자의 서버에 저장된 메일이나 메시지의 경우 가입자가 자신의 전자기기에 설치된 애플리케이션이나 웹 브라우저를 이용해 데이터를 삭제하거나 계정을 탈퇴하는 방식 등으로 증거를 인멸을 할 가능성이 크기 때문에 '급속을 요하는 때'에 해당한다고 볼 수 있다.

하지만 대법원이 사건 관련 증거를 선별하는 과정에서 실질적 피압수자인 피의자를 참여시키지 않아 위법하다고 판시함으로써, 제3자 보관 증거에 대한 압수수색과 같이 현장 이외의 장소에서 탐색·출력 과정이 진행될 수 있는 전자정보 압수에 대해 사실상 '피압수자'의 참여권 예외를 인정하지 않는 것으로 보이며, 이는 수사의 밀행성을 해치는 결과를 초래하는 것으로 이해될 수 있다.[23)]

---

19) 소재환·이선화, 앞의 각주 2)의 논문, 352면.

20) 소재환·이선화, 앞의 각주 2)의 논문, 353면.

21) 대법원 2022. 5. 31.자 2016모587 결정.

22) 헌법재판소 2012. 12. 27. 선고 2011헌바225 전원재판부 결정; 대법원 2012. 10. 11. 선고 2012도7455 판결.

23) 소재환·이선화, 앞의 각주 2)의 논문, 354면.

그렇다고 해서 선별 과정에서는 참여권을 보장하도록 한 법원의 입장을 준용하지 않을 수 없다. 제3자 보관 압수수색 절차를 볼 때 수사기관이 영장 기재 범위와 관련 없는 정보를 무분별하게 압수할 가능성 또한 존재한다. 일각에서는 서비스 제공자가 영장에 기재된 범위를 확인하고 그에 해당하는 전자정보만을 선별하여 제공하는 방식으로 이루어지기 때문에 수사기관이 영장 기재 범위와 관련 없는 정보를 무분별하게 압수할 가능성은 없다[24]고 하나, 서비스 제공자가 영장을 통해 선별할 수 있는 범위는 기간 정도일 것이고 사건 경위를 알지 못하는 서비스 제공자가 사건 관련성을 판단하고 정보를 선별하는 것은 불가하며, 제3자 보관 이메일 압수수색 절차를 볼 때 수사기관이 선별 전 피의자와 관련된 특정 기간의 전체 데이터를 서비스 제공자로부터 받는다는 점에서 수사기관이 사건과 무관한 정보를 수집할 가능성 역시 배제할 수 없다. 결국, 당사자의 참여권 보장 등 법적 요구와 수사 효율성 사이의 균형을 위해서는 정보저장매체를 압수·수색하는 때 당사자의 참여권 보장과 수사의 밀행성을 동시에 만족시키는 방안이 마련되어야 한다.

Ⅲ. 압수수색 집행 도중 참여 통지

1. 현행법상 압수수색 통지 규정

형사소송법에는 압수수색과 관련하여 그 당사자에게 제공해야 할 '통지' 규정이 존재한다. 형사소송법 제106조 제4항은 법원이 압수수색 집행을 통해 정보를 제공받은 경우 개인정보보호법상 정보주체[25]에게 해당 사실을 지체 없이 통지해야 하며, 동법 제107조 제3항은 통신비밀보호법상 전기통신에 관한 압수 처분을 할 때는 수·발신인에게 그 취지를 통지하도록 하고 있다. 또한 동법 제122조와 제123조에는 압수수색 영장의 집행 시 집행 일시와 장소를 동법 제121조의 당사자와 동법 제123조의 책임자 등에게 통지하도록 정하고 있다. 이들 각 통지의 차이는, 형사소송법 제106조 제4항과 동법 제107조 제3항의 경우 수사행위의 적법성에 대한 이의제기를 보장하기 위한 것이며, 동법 제122조는 압수수색의 참여를 보장하기 위한 것

24) 조은별, 앞의 각주 6)의 논문, 103면.

25) 개인정보보호법 제2조 제3호에서의 정보주체란 "처리되는 정보에 의하여 알아볼 수 있는 사람으로서 그 정보의 주체가 되는 사람"을 말한다.; 개인정보 보호법(2023. 3. 14. 법률 제19234호).

이다.[26]

2. 압수수색 참여 통지의 예외

형사소송법 제122조에는 참여 통지를 압수수색 집행 전 '미리' 하도록 하고 있으며, '참여권자가 참여하지 아니한다는 의사를 명시'하거나 '급속을 요하는 때'에는 예외로 하도록 규정하고 있다. 이 경우 예외로는 통지를 '생략'하는 것이고, 결국 참여의 배제로 되는 것이 실무에서의 일반적인 견해인 듯하다.[27][28] 이렇듯 예외를 통지의 '생략'으로 해석하게 되면, 대법원 2016모587 결정과 같이 실질적 피압수자인 피의자의 참여권이 보장되어야 할 상황에는 반드시 피의자 측에 사전 통지해야 하고, 이는 피의자에게 증거인멸의 기회를 제공하는 것이 된다. 하지만, 형사소송법에서는 단순히 예외로 한다고 규정되어 있을 뿐, 그 어디에도 '통지' 자체의 생략을 규정하고 있지는 않다. 생각건대, 이와 같은 견해는 피압수자와 피의자가 같은 통상의 경우에, 이때 참여권자인 피의자가 참여하지 않겠다는 의사를 표시하는 경우 예외적으로 참여권을 보장하지 않아도 되는 데서 비롯된 것으로 보인다. 그러나 '사전 통지'에 대한 예외를 단순히 '통지 자체의 생략'으로만 한정하는 것은 법문언의 해석범위를 너무 좁혀 이해한 것을 넘어, 당사자의 참여권을 대체할 절차적 권리가 보장되어 있지 않은 상황임에도 참여 의사가 있는 피의자에 대한 개인정보자기결정권, 수사기관의 무관 정보 압수에 대한 감시와 방어권 등 그 참여권의 보장 취지를 충분히 고려하지 못한 해석이다. 그렇다면 '사전 통지'의 예외를 통지의 '생략' 아닌 '유예'로 본다면, 피의자에 대한 참여권을 보장하면서도 수사 밀행성을 유지할 수 있지 않을까? 이에 대한 타당성을 확인하기 위해서는 먼저 참여의 통지와 보장이 이뤄질 수 있는 시간적 범위를 파악하는 것이 중요하다.

---

26) 박중욱, 앞의 주석 2)의 논문, 56－57면.

27) 소재환 · 이선화, 앞의 각주 2)의 논문, 354면; 서원익, 앞의 주석 2)의 논문, 273면.

28) 소재환 · 이선화는 대법원 2017도9747 판결에서도 이메일 압수수색 시 피의자의 참여권 보장을 위한 사전 통지 없이 제3자 보관 증거를 압수한 것을 적법하다고 판시한 바 있다고 하였으나, 해당 사건의 영장판사는 피의자에 대한 참여권을 보장하는 조건 아래에 압수수색 영장을 발부하였으므로, 이는 잘못된 사실이다.; 소재환 · 이선화, 앞의 각주 2)의 논문, 352면.

3. 참여권 보장의 시간적 범위

형사소송법 제121조와 제123조에서는 압수수색의 영장을 집행하는 때 당사자 또는 책임자 등을 참여시키도록 규정하고 있다. 즉, 참여권이 보장될 수 있는 시간적 범위는 압수수색이 시작된 이후부터 종료되기 전까지로 볼 수 있다.[29)]

전자정보의 압수수색은 대법원 2009모1190 결정(일명 '전교조 사건')과 대법원 2011모1839 결정(일명 '종근당 사건') 등 판례를 통하여 원칙적으로 혐의사실과 관련된 부분만을 출력 또는 복사하는 방식으로 진행하고, 사정상 이러한 집행이 불가하거나 현저히 곤란한 경우 예외적으로 저장매체 자체 또는 하드카피, 포렌식 이미지 파일 등을 수사기관 사무실과 같은 외부로 반출하여 사건과 관련 있는 정보만을 압수할 수 있도록 판시하고 있다.[30)] 즉, 외부로 옮겨진 후 영장에 기재된 사건 관련 증거를 탐색하여 이를 문서 형태로 출력하거나 파일 형태로 복사하는 과정 또한 압수수색 영장 집행의 일환이며, 반출된 저장매체 또는 복제본에서 사건 관련 여부를 판단하지 않고 수사기관이 임의로 저장된 전자정보를 압수한다면 영장주의 원칙에 어긋나는 위법한 절차로 본다.

제3자 보관 증거에 대한 원격지 압수수색 집행 과정에서 '수색'과 '압수'의 구분과 개시의 시점은 대법원 2017도9747 판결에 설시하고 있다. 수색행위는 정보통신망을 통해 원격지의 저장매체에 저장된 전자정보를 내려받거나 현출한 후 수색 장소의 정보처리장치를 이용해 이루어지고, 정보처리장치에 존재하는 전자정보의 범위를 정하여 이를 출력하거나 복제하는 것을 압수로 본다. 따라서 내려받거나 화면에 현출된 정보를 확인하는 단계에서 '수색'이 개시되고, 다운로드한 파일에서 선별한 정보를 최종적으로 복제하거나 출력하는 단계에서 비로소 '압수'가 진행되는 것이다.

전자정보에 대한 압수의 종료는 수사기관이 정보저장매체에서 사건과 관련된 정보를 선별하여 이를 문서로 출력하거나 수사기관이 가져온 정보저장매체에 복사하는 방식으로 압수가 완료된 시점이다.[31)] 따라서 현장에서 사건 관련 증거의 선별이 이루어지지 않았다면, 정보저장매체가 포함된 포렌식 이미지 파일이나 정보저장매

---

29) 조은별, 앞의 각주 6)의 논문, 132면.

30) 대법원 2011. 5. 26.자 2009모1190 결정; 대법원 2015. 7. 16.자 2011모1839 전원합의체 결정.

31) 대법원 2011. 5. 26.자 2009모1190 결정; 조광훈, 앞의 주석 9)의 논문, 26면.

체 자체를 외부로 반출하였더라도 선별 전까지는 압수수색절차가 종료되었다고 볼 수 없다.[32] 또한 수색 과정에서 사건 관련 증거를 발견하지 못하였다면 수색의 종료가 곧 압수수색의 종료가 된다.[33] 압수수색 집행이 완료된 이후의 과정에는 당사자의 참여권이 적용되지 않는다.[34]

4. 형사소송법 제122조 예외로서 '통지 유예'

대법원 2016모587 결정을 다시 살펴보면, 서비스 제공자를 대상으로 압수수색의 영장을 집행하는 경우 참여권자인 피의자에게 미리 통지하지 않은 것은 "급속을 요하는 때"에 해당하나, 수사기관이 서비스 제공자로부터 확보한 전자정보를 대상으로 범죄혐의사실에 기반한 선별 작업 없이 압수한 것과 이러한 과정에서 서비스 이용자로서 '실질적 피압수자'인 피의자에게 참여권을 보장하지 않은 것은 위법하다고 보았다. 즉, 제3자 보관 전자정보의 압수수색 시 피의자의 참여권이 반드시 보장되어야 하는 시점은 '제3자인 서비스 제공자에게서 확보한 데이터의 선별 과정부터다'라고 해석할 수 있다. 그렇다면 피의자의 데이터를 보관하고 있는 서비스 제공자에 대한 압수수색 영장을 발부받아 서비스 제공자에게 이를 집행하여 피의자의 데이터를 확보한 시점까지는 '급속을 요하는 때'로 보고 피의자에 대해 통지하지 않고 미루는 것이 가능할 것이다. 즉, 통지를 '생략'하는 것이 아닌 '유예'하는 것이다.[35] 그렇게 되면, 수사의 밀행성을 보장하여 증거의 인멸로부터 안전해지고, 사

32) 대법원 2015. 7. 16.자 2011모1839 전원합의체 결정; 박민우, "디지털증거 압수·수색에서 유관정보 확인 이후 절차와 증거능력", 『고려법학』, 제81호(고려대학교 법학연구원, 2016), 12면; 이세화, "디지털증거에 대한 압수·수색에 있어서 대상과 종료시점", 『법학연구』, 제58권 제4호(부산대학교 법학연구소, 2017), 49－50면.

33) 조광훈, 앞의 주석 9)의 논문, 26면.

34) 조은별, 앞의 각주 6)의 논문, 132면.

35) 같은 견해로는 조은별, 앞의 각주 6)의 논문, 47면; 이경렬·김대홍, "제3자 소지·보관 정보증거의 압수·수색과 참여권자 문제", 『형사소송 이론과 실무』, 제16권 제1호(한국형사소송법학회, 2024), 56－57면. 다만, 형사소송법 제122조에서 참여권자가 참여하지 않는다는 의사를 명시한 경우는 법원에서 통지의 생략 역시 허용하고 있고, 사실상 대부분 압수 대상인 전자정보만 카메라에 저장된 경우였던 대법원 2019도7342 판결과 같이 임의제출의 취지와 경과, 절차 위반행위가 이루어진 과정의 성질과 내용 등을 고려할 때 피압수자 측에 참여권 보장한 취지가 실질적으로 침해되었다고 보기 어렵다면, 피의자에 대한 통지의 생략과 참여권을 배제하였던 사례가 있는 만큼, 이런 경우에는 통지의 '생략'과 '유예'를 모두 예외의 방법으로 파악하

건과 관련 있는 전자정보 증거의 선별이 필요한 때에만 피의자를 참여시켜 그 권리를 보장할 수 있게 된다.

법원의 실무 지침서인 '법원실무제요'에서도 압수수색 영장 집행 시 실질적 피압수자인 피의자와 변호인에게 참여권 통지를 사전에 하는 것을 원칙으로 하되, 형사소송법 제122조에 '급속을 요하는 때'에는 예외적으로 사전 통지하지 않을 수 있으며, 이때 전자정보를 입수한 다음 혐의사실과 관련된 부분을 선별하는 과정에서 서비스 이용자인 피의자와 변호인에게 미리 통지하여 참여권을 보장하도록 명시하고 있다.[36] 즉, 서비스 제공자로부터 전자정보를 확보한 이후에는 '급속을 요하는 때'가 해소되었으므로, 그 이후 피의자 등에게 통지하여 참여권을 보장하도록 하는 것이다.

제22대 국회에서 조국 의원 등 12인은 주로 유체물을 대상으로 압수수색을 규율하던 형사소송법 대신에 전자정보의 특수성을 감안하여 "전자정보의 압수·수색에 관한 특례법안"(이하 '특례법안'이라 한다)을 발의하였다.[37] 이 특례법안은 압수수색 및 검증영장 집행 시 당사자인 검사, 피압수자 또는 그의 변호인뿐만 아니라 수사기관이 전자정보에 대한 압수수색 시 사건 관련 증거와 혼재된 무관 정보의 인격적 법익을 가진 실질적 피압수자[38]의 참여권을 보장하고 미리 통지하도록 하며,[39] 서비스 제공자 등 제3자가 보관 중인 정보와 임의제출물에 대한 압수수색 시에도 이를 적용·준용하도록 하고 있다.[40][41]

는 것이 바람직하다.

36) 사법연수원, 『법원실무제요 형사[Ⅲ] －영장－』, (2022), 259－260면.

37) 조국 의원 발의, "전자정보의 압수·수색에 관한 특례법안", 2201098, (2024. 6. 28) [법제사법위원회 회부 및 심사 중].

38) 특례법안 제2조 제5호 "실질적 피압수자"란 정보저장매체등에 적법한 압수의 대상이 되는 전자정보와 함께 혼재되어 있는 무관정보에 대한 수사기관의 탐색·출력·복제 등을 배제할 사생활의 비밀 기타 정당한 인격적 법익을 가지고 있는 정보주체, 피의자, 피고인을 비롯한 사람을 말한다.

39) 특례법안 제10조(당사자의 참여와 의견진술) ① 검사, 피압수자, 실질적 피압수자 그리고 변호인은 전자정보에 대한 압수·수색 및 검증영장의 집행에 참여하여 의견을 진술할 수 있다. ② 압수·수색영장을 집행함에는 미리 집행의 일시와 장소를 제1항에 규정한 자에게 통지하여야 한다. 다만, 제1항에 규정한 자가 참여하지 아니한다는 의사를 명시한 때 또는 급속을 요하는 때 그리고 제1항에 규정한 자의 인적사항이 불명확하거나 소재불명 또는 그 밖에 이에 준하는 사유로 인하여 압수·수색의 집행에 참여시키기 어려운 경우에는 그러하지 아니하다. 이러한 사유가 해소된 경우 지체 없이 집행의 참여 기회를 부여하여야 한다.

40) 특례법안 제11조(제3자 보관정보의 압수·수색) 수사기관등이 인터넷서비스 제공자 등 제3자

Ⅳ. 사전 증거보존 조치

1. 참여 통지 유예 해석의 한계

형사소송법 제121조의 예외를 참여 사전 통지의 '생략'이나 '유예'의 의미로 해석한다고 하더라도 현재 예외의 의미에 대한 명시규정이 없는 것은 마찬가지다. 법원 실무제요에서 유예가 가능함을 명시하고 있더라도 수사 실무에 적용하는 것은 여전히 불확실성을 가지며, 이는 적법절차의 원칙 위배에 대한 우려를 낳는다. 더불어 피의자의 참여권을 보장하면서 영장 제시, 압수물 목록 교부 등의 절차 보장 여부 또한 따져야 하며, 이는 법적 다툼과 수사 지연을 초래할 수 있다. 또, 제3자에 대한 압수수색 영장 집행의 경우는 피압수자인 제3자에게 참여권이 보장되고, 실질적 피압수자인 피의자에게는 참여권이 거의 사전에 통지되지 않아 사문화된 것이나 다름없게 될 것이며,[42] 현재와 같이 개인의 데이터가 클라우드에 저장되는 것이 보편화되는 상황에서는 결국 당사자 참여 및 책임자 참여의 '원칙'과 '예외'가 전도될 수 있다.

형사소송법 제219조에 명시된 바와 같이, 피고인 아닌 자의 신체, 물건, 주거 등 기타 장소에 관해서는 압수할 물건이 있음을 인정할 수 있는 경우에 한하여 수색할 수 있으며, 이때 혐의사실과 무관한 제3자에 대한 수색은 신중을 기해야 하고, 필요한 최소범위에 그쳐야 한다.[43] 그러나 피의자에게 참여를 통지하고 보장하기 전까지, 압수수색 집행 과정에서 서비스 제공자인 제3자를 통해 확보한 데이터는 민감정보, 사건과 관련되지 않은 정보까지 섞인 채 반출되어 수사기관에 의해 보관된다. 이처럼 데이터가 이미 수집된 후에 선별 압수 과정에만 피의자가 참여하는 것은 참여권 보장의 취지와 그 효과를 제한적으로 만들게 한다. 즉, 압수수색 과정에서 피의자의 기본권 보장과 수사기관의 부정에 대한 감시 및 방지에 틈이 생기는 것이다.

가 보관하는 전자정보에 대한 압수·수색·검증영장을 청구, 발부, 집행하는 경우에도 제3조 내지 제10조에 따라야 한다.

41) 특례법안 제12조(임의제출물의 압수) 제3항 수사기관등은 전자정보 임의제출의 경우에도 실질적 피압수자 등의 참여를 보장하는 등 제8조 내지 제10조를 준용하여야 한다.

42) 이경렬·김대홍, 앞의 각주 31)의 논문, 56면.

43) 서울중앙지방법원 2021. 11. 26 자 2021보10 결정.

데이터의 보관 기간 또한 문제이다. 서비스 제공자 측이 서버 용량 관리, 개인정보보호 등의 이유로 짧은 기간의 채팅 내역만 보관하도록 정책을 바꾸고 있다.[44] 압수수색 영장이 나오기까지 시간이 걸릴 수도 있고, 통지를 유예한다고 하여도 어떤 경위로든 실질적 피압수자인 피의자가 집행 사실을 알게 되어 압수수색 절차에 참여하겠다는 의사를 명시한다면, 형사소송법 제121조에 따라 피의자의 참여를 배제하고 집행 절차를 진행할 수 없다.[45] 따라서 압수수색 영장 발부에 오랜 시간이 소요되거나 피의자를 참여시키기 위해 이를 준비하는 기간이 길어진다면 이미 필요한 데이터는 서버에서 소멸했을 수 있다.

결국, 형사소송법 제121조의 예외 해석을 통한 방안의 한계를 극복하고 효율적인 수사와 피의자의 권리 보장 사이의 균형을 이루기 위해서는 '보존 조치'를 입법화하는 방안이 적절하다고 생각한다. '보존 조치'는 수사기관이 서비스 제공자에게 콘텐츠 데이터에 대해 보존을 요구 · 명령할 수 있고, 서비스 제공자는 이러한 요구나 명령받았을 때 이를 보존해야 할 의무를 갖도록 규정하는 것이다.[46] 이로써, 수사기관은 긴급한 상황에서도 데이터의 즉각적인 삭제나 변경을 방지하는 등 필요한 정보를 보호하면서도 피의자의 방어권 및 개인정보자기결정권을 충분히 보장할 수 있는 절차적 안전장치를 마련할 수 있다.

2. 국제협약에서의 보존 조치

(1) 유럽 사이버범죄협약과 협약가입국의 보존 조치 입법 현황

'부다페스트 협약'으로 알려진 유럽 사이버범죄협약은 사이버범죄에 대한 신속한 국제 공조수사 체계 구축을 위해 사이버범죄 처벌 대상 정의, 협약가입국 간 국제협력 절차 수립 등을 규정하는 내용을 포함하고 있으며,[47] 사이버범죄와 관련된 전

44) 현재 카카오톡의 경우 최근 3일의 채팅 내역을 보관하며, 이후에는 서버에서 사라진다.; Kakao 고객센터, "대화내용은 서버에 얼마동안 보관되나요?", https://cs.kakao.com/helps_html/1073183148?locale=ko (2024. 6. 19. 확인).

45) 이경렬 · 김대홍, 앞의 각주 31)의 논문, 56-57면.

46) 이와 같은 견해로, 이인곤, 앞의 각주 2)의 논문, 176면; 이순옥, "인터넷서비스제공자 보관한 정보에 대한 압수 · 수색 절차", 『법학논문집』, 제43집 제3호(중앙대학교 법학연구원, 2019), 184-185면.

47) 오수진, "정부, 사이버 범죄 대응 '부다페스트협약' 가입 첫 절차 돌입", 연합뉴스, https://www.yna.co.kr/view/AKR20221011141500504 (2022. 10. 11. 16:45).

자정보의 수집에 필요한 절차와 협약가입국이 이를 위한 입법 조치를 하도록 규정하고 있다.[48]

위 협약에는 수사기관에 서비스 제공자가 보관하는 가입자 정보를 제출하도록 명령할 수 있는 권한이 부여되도록 하고(제18조), 서비스 제공자에게 이를 수집할 의무를 부과하도록 규정되어 있다(제20조). 또, 서비스 제공자에게 수집할 의무를 부과할 수 있도록 권한을 부여하는 규정도 존재한다(제21조). 협약가입국은 다른 가입국에 저장된 '컴퓨터 데이터(Computer Data)'와 '트래픽 데이터(Traffic Data)'에 대한 신속한 보존(Expedited Preservation)을 요청하고 이를 제공받을 수 있다(제16조, 제17조, 제29조, 제30조). 여기서 '컴퓨터 데이터'는 컴퓨터 시스템이 어떤 기능을 수행할 수 있도록 하는 데에 적합한 프로그램을 포함해 컴퓨터 시스템에서 처리하는 데에 적합한 형태로 된 모든 사실, 정보 또는 개념으로써,[49] 컴퓨터 시스템에 의해 처리되는 '디지털 데이터(Digital Data)'와 같은 의미이다.[50] '트래픽 데이터'는 컴퓨터 시스템에 의한 통신과 관련된 모든 컴퓨터 데이터로써, 컴퓨터 시스템과 관련된 범죄에 대한 범인과 행위를 특정하고 추적하는 데 기본적으로 필요한[51] 통신의 송·수신지, 경로, 일시, 크기, 기간, 서비스 유형 등을 포함한다.[52] 트래픽 데이

48) 신용우, "유럽 사이버범죄 방지협약 체결 현황과 우리나라 입법·정책적 대응 방향", 『국제관계 동향과 분석』, 제77호(국회입법조사처, 2020), 3면.

49) Article 1(b) "computer data" means any representation of facts, information or concepts in a form suitable for processing in a computer system, including a program suitable to cause a computer system to perform a function.; Convention on Cybercrime (Budapest Convention) (2001), Council of Europe, European Treaty Series No. 185, p.3.

50) 23. A computer system under the Convention is a device consisting of hardware and software developed for automatic processing of digital data.; Explanatory Report to the Convention on Cybercrime (2001), Council of Europe, European Treaty Series No. 185, p.5.

51) 29. In case of an investigation of a criminal offence committed in relation to a computer system, traffic data is needed to trace the source of a communication as a starting point for collecting further evidence or as part of the evidence of the offence.; Council of Europe, 앞의 보고서, p.6.

52) Article 1(d) "traffic data" means any computer data relating to a communication by means of a computer system, generated by a computer system that formed a part in the chain of communication, indicating the communication's origin, destination, route, time, date, size, duration, or type of underlying service.; Council of Europe, 앞의 주석 49)의 협약서, p.3.

터는 컴퓨터 데이터의 한 범주에 속하지만[53], 다른 데이터들에 비해 휘발성이 강해 이를 신속히 확보할 필요가 있어 협약에서 별도로 규정하고 있다.[54]

이렇듯 보존 조치는 데이터가 훼손되지 않도록 신속하고 안전하게 보호·유지하기 위한 것이며, 그 데이터가 수사기관에 실제 제공되기 전에 취하는 임시 조치이다.[55] 보존 조치는 주로 수사 초기 단계에 진행되므로 피의자가 이를 알게 되면 쉽게 삭제할 수 있기 때문에 은밀히 진행되어야 하고,[56] 보존 조치를 명령받은 자는 이를 비밀로 유지준수해야 한다.[57] 유럽 사이버범죄협약에 가입된 미국, 독일, 일본 등 주요 국가들은 이러한 규정들을 입법하여 적용하고 있다.

미국은 저장통신법(Stored Communications Act; SCA) 제2703조(f)에서 정부 기관이 전자 통신 서비스 또는 원격 컴퓨팅 서비스 제공자에게 법원 명령 또는 기타 법적 절차가 발부될 때까지 보유하고 있는 기록 및 기타 증거를 보존하도록 요구할 수 있도록 규정하고 있다.[58] 보존 요청은 데이터 파기를 방지하기 위한 목적이며, 90일 동안 유효하며 갱신 요청 시 90일 더 연장될 수 있다.[59] 수사기관이 취득할 수 있는 정보로는 콘텐츠 정보, 로그기록 등 가입자 관련 비(非) 콘텐츠 정보, 제2703조(c)(2)에 구체적으로 명시된 가입자 정보 및 세션 정보 등이 있으며, 정부 기관이 제공자에게 저장된 전자통신의 내용, 계정기록, 기본 가입자 정보, 세션 정보

53) 28. For the purposes of this Convention traffic data as defined in article 1, under subparagraph d., is a category of computer data that is subject to a specific legal regime.; Council of Europe, 앞의 주석 50)의 보고서, p.6.

54) 유민종, "사이버범죄협약과 국내 법제의 양립 가능성 연구", 석사학위 논문, 서울대학교 (2019), 41면.

55) 유민종, 앞의 논문, 41면.

56) 유민종, 앞의 주석 50)의 논문, 42면.

57) Article 16(1) Each Party shall adopt such legislative and other measures as may be necessary to oblige the custodian or other person who is to preserve the computer data to keep confidential the undertaking of such procedures for the period of time provided for by its domestic law.; Council of Europe, 앞의 주석 49)의 협약서, p.8.

58) 18 U.S. Code §2703(f)(1) In general.—A provider of wire or electronic communication services or a remote computing service, upon the request of a governmental entity, shall take all necessary steps to preserve records and other evidence in its possession pending the issuance of a court order or other process.

59) 18 U.S. Code §2703(f)(2) Period of retention.—Records referred to in paragraph (1) shall be retained for a period of 90 days, which shall be extended for an additional 90-day period upon a renewed request by the governmental entity.

등의 개별 정보 공개를 강제하기 위한 절차가 규정되어 있다.[60)]

독일은 형사소송법 제94조의 압수 규정과 동법 제161조 제1항, 동법 제163조를 통하여 저장된 컴퓨터 데이터의 보존 조치를 집행한다. 독일의 전기통신법 제113조 a, 제113조b에 의하여 서비스 제공자가 일정 기간 트래픽 데이터를 보관할 의무를 부담하도록 규정하고 있다.[61)]

일본은 형사소송법 제197조에 전기통신 사업자에게 전기통신에 대한 송신자, 송신처, 통신일시, 기타 통신 이력의 전자 기록 중 필요한 것을 특정하여 검사, 검찰사무관 또는 사법경찰원이 보존 요청을 할 수 있도록 하고 있다.[62)] 보존 기간은 30일을 초과하지 않는 기간으로 연장할 수 있고 최장 60일을 초과할 수 없다. 전기통신 사업자가 보존 요청에 응하면 민사책임은 면제된다.[63)] 일본은 일률적으로 데이터를 보관하도록 하는 독일과 달리, 법적 근거가 없음에도 적용했던 종전의 수사실무를 반영하여[64)] 개별 사안마다 통신 이력을 보존하고 있으며,[65)] 보존 '명령'이 아닌 보존 '요청'의 형태를 취하고 있다.[66)]

(2) UN 사이버범죄 방지 협약

2024년 8월 8일, UN 사이버범죄 방지 협약안이 타결되었다. UN 차원에서 최초로 마련된 사이버 분야 협약안이면서, 2003년 UN 부패방지협약 이후 약 20년 만의 형사 분야 관련 협약안이다.[67)] 이 UN 협약은 정보통신기술 시스템을 통해 저지르는 범죄를 보다 효율적·효과적으로 예방 및 퇴치하고 심각한 범죄의 전자적 형태로 증거를 공유하기 위한 국제협력을 장려 및 촉진, 강화를 목표로 하고 있다. UN 협약의 각 규정은 범죄 문제 협력에 대한 기존의 국제 및 지역 협약 및 조약과 UN 회원국 간에 존재하는 유사한 조약 등을 고려하여 합의된 것이기 때문에[68)] 유럽

60) 송영진, "미국 CLOUD Act 통과와 역외 데이터 접근에 대한 시사점", 『형사정책연구』, 통권 114호(한국형사법무정책연구원, 2018), 152－153면.
61) 유민종, 앞의 주석 50)의 논문, 100면.
62) 유민종, 앞의 주석 50)의 논문, 102면.
63) 유민종, 앞의 주석 50)의 논문, 104면.
64) 유민종, 앞의 주석 50)의 논문, 103면.
65) 유민종, 앞의 주석 50)의 논문, 101면.
66) 유민종, 앞의 주석 50)의 논문, 103면.
67) 외교부 보도자료, "유엔 사이버범죄 방지 협약안 만장일치로 타결", 국제안보국 (2024. 8. 9), https://www.mofa.go.kr/www/brd/m_4080/view.do?seq=375284 (2024. 8. 17. 확인).

사이버범죄협약의 규정과 그 내용이 대부분 유사하다.

UN 협약 제25조는 저장된 전자정보에 대한 보존 조치 규정을 담고 있다. 특히 전자 데이터가 손실되거나 수정될 가능성이 있다면, 각 당사국은 관할 당국이 정보통신기술 시스템[69]을 통해 저장된 특정 전자 데이터의 신속한 보존을 명령하거나 이와 유사하게 획득할 수 있어야 한다.[70] 여기서 '전자 데이터(Electronic Data)'는 정보통신기술 시스템에서 처리할 수 있는 형태로 표현된 사실, 정보 또는 개념을 의미한다.[71] 유럽 사이버범죄협약과 달리 '트래픽 데이터(Traffic Data)',[72] 콘텐츠 데이터'(Content Data)',[73] '가입자 정보(Subscriber Information)'[74] 등 3가지의 데

68) Draft United Nations convention against cybercrime, Ad Hoc Committee to Elaborate a Comprehensive International Convention on Countering the Use of Information and Communications Technologies for Criminal Purposes, A/AC.291/L.15 (2024), p.2－3.

69) '정보통신기술 시스템(Information and Communications Technology System)'은 프로그램에 따라 자동으로 전자 데이터를 수집, 저장 및 처리할 수 있는 하나 이상의 장치 또는 상호 연결된 장치 그룹을 의미한다. 예를 들어, 컴퓨터, 서버, 네트워크 장비 등이 해당될 수 있다.

70) Article 25(1) Each State Party shall adopt such legislative and other measures as may be necessary to enable its competent authorities to order or similarly obtain the expeditious preservation of specified electronic data, including traffic data, content data and subscriber information, that have been stored by means of an information and communications technology system, in particular where there are grounds to believe that the electronic data are particularly vulnerable to loss or modification.; Ad Hoc Committee to Elaborate a Comprehensive International Convention on Countering the Use of Information and Communications Technologies for Criminal Purposes, 앞의 주석 68)의 UN 문서, p.13.

71) Article 2(b) "Electronic data" shall mean any representation of facts, information or concepts in a form suitable for processing in an information and communications technology system, including a program suitable to cause an information and communications technology system to perform a function.; Ad Hoc Committee to Elaborate a Comprehensive International Convention on Countering the Use of Information and Communications Technologies for Criminal Purposes, 앞의 주석 68)의 UN 문서, p.3.

72) '트래픽 데이터(Traffic Data)'는 정보통신기술 시스템에 의해 생성된 정보통신기술 시스템에 의한 통신과 관련된 모든 전자적 데이터를 의미하며, 통신의 발신지, 목적지, 경로, 시간, 일자, 크기, 기간 또는 서비스 유형을 나타내는 데이터가 포함된다.

73) '콘텐츠 데이터'는 가입자 정보 및 트래픽 데이터를 제외한, 정보통신기술 시스템에서 전송하는 데이터의 내용과 관련된 전자 데이터를 의미한다. 여기에는 이미지, 문자 메시지, 음성 메시지, 오디오 녹음 및 비디오 녹화 등을 포함하며 이에 국한되지 않는다.

74) '가입자 정보'는 트래픽 데이터 및 콘텐츠 데이터를 제외한, 서비스 제공자가 보유한 모든 서비

이터 유형을 정의하고 있으며, 전자 데이터는 이들을 모두 포괄한다. 데이터 소유자는 보존 대상인 데이터를 최대 90일 동안 보존하고 무결성을 유지해야 하며, 해당 기간에 당국이 데이터를 확인할 수 있도록 해야 하고, 필요시 그 기간은 연장될 수 있다.[75] 데이터를 보존하도록 명령받은 개인이나 법인은 수사나 다른 법적 절차의 무결성을 보호를 위해 법에서 정한 기간 중 이러한 절차를 비밀로 유지해야 한다.[76]

UN 협약 제26조는 트래픽 데이터에 대한 보존 조치를 규정하고 있다. 각 당사국은 통신에 여러 서비스 제공자가 관여했더라도, 트래픽 데이터를 신속하게 보존할 수 있도록 법적 조치를 취해야 하며,[77] 필요한 경우 통신이 전달된 경로와 관련 서비스 제공자를 식별할 수 있도록 충분한 트래픽 데이터를 당국에 신속히 공개할 수 있도록 하고 있다.[78] 각 조항에는 체약 각국이 국내법으로 필요한 입법 및 기타 조

스 가입자 관련 정보를 의미하며, 여기에는 사용한 통신 서비스의 유형, 해당 서비스와 관련된 기술적 세부 사항 및 서비스 기간, 구독자의 신원, 주소, 전화번호나 기타 접근 번호(Access Number), 청구 또는 결제 정보, 통신 장비가 설치된 위치에 대한 정보 등이 포함된다.

75) Article 25(2) Where a State Party gives effect to paragraph 1 of this article by means of an order to a person to preserve specified stored electronic data in the person's possession or control, the State Party shall adopt such legislative and other measures as may be necessary to oblige that person to preserve and maintain the integrity of those electronic data for a period of time as long as necessary, up to a maximum of 90 days, to enable the competent authorities to seek their disclosure. A State Party may provide for such an order to be subsequently renewed.; Ad Hoc Committee to Elaborate a Comprehensive International Convention on Countering the Use of Information and Communications Technologies for Criminal Purposes, 앞의 주석 68)의 UN 문서, p.13.

76) Article 25(3) Each State Party shall adopt such legislative and other measures as may be necessary to oblige the custodian or other person who is to preserve the electronic data to keep confidential the undertaking of such procedures for the period of time provided for in its domestic legislation.; Ad Hoc Committee to Elaborate a Comprehensive International Convention on Countering the Use of Information and Communications Technologies for Criminal Purposes, 앞의 주석 68)의 UN 문서, p.13.

77) Article 26(a) Ensure that such expeditious preservation of traffic data is available regardless of whether one or more service providers were involved in the transmission of a communication.; Ad Hoc Committee to Elaborate a Comprehensive International Convention on Countering the Use of Information and Communications Technologies for Criminal Purposes, 앞의 주석 68)의 UN 문서, p.13.

78) Article 26(b) Ensure the expeditious disclosure to the State Party's competent authority, or a person designated by that authority, of a sufficient amount of traffic data to enable

치를 하도록 규정하고 있다.

3. 국내 '보존 조치' 신설의 필요성

우리나라는 2022년 외교부가 유럽평의회에 사이버범죄협약 가입의향서를 제출한 이후[79] 2023년 사이버범죄협약 위원회 총회에 초청되어 유관 부처 관계자들이 참석하는 등 협약 가입을 위한 절차가 원활히 진행되고 있다.[80] 이에 따라, '형사소송법', '통신비밀보호법' 등 협약 가입 이행 입법을 위해 다양한 법률의 개정 논의가 이뤄지고 있다.

유럽 사이버범죄협약과 관련한 보존 조치 규정 논의로는, 협약 제17조의 트래픽 데이터 보존 및 제출 규정이 통신비밀보호법 제13조의 통신사실 확인자료제공 절차와 동법 제15조의2 및 동법 시행령 제41조에서 전기통신사업자의 협조의무 및 통신사실 확인자료의 제공 · 보관 의무 규정으로 충족되지만[81] 통신비밀보호법상 통신사실 확인자료는 협약 제16조의 '컴퓨터 데이터'와 일치하지 않아 보완이 필요하다는 견해,[82] 협약의 트래픽 데이터 역시 통신비밀보호법상 통신사실 확인자료에 해당하지 않아 요청이나 정보통신사업자의 협조 의무 또한 없다는 견해,[83] 협약 제16조의 컴퓨터 데이터 보존은 형사소송법상 압수수색을 통해 가능하므로 별도 입법이 필요 없다는 견해[84], 국내법에는 협약 제16조 및 제17조에 해당하는 제도

---

the State Party to identify the service providers and the path through which the communication or indicated information was transmitted.; Ad Hoc Committee to Elaborate a Comprehensive International Convention on Countering the Use of Information and Communications Technologies for Criminal Purposes, 앞의 주석 68)의 UN 문서, p.13.

79) 외교부 보도자료, "사이버범죄협약(일명 부다페스트협약) 가입의향서 제출", 국제기구국 (2022. 10. 11.), https://www.mofa.go.kr/www/brd/m_4080/view.do?seq=372854 (2024. 8. 4. 확인).

80) 박선정, "(단독) 유럽평의회, '디지털 범죄 국제 공조 협약' 한국 가입 만장일치 찬성", 법률신문, https://www.lawtimes.co.kr/news/188732 (2023. 6. 27. 15:57).

81) 이지우 · 이경렬, "부다페스트 협약 제2 추가의정서 가입을 위한 국내 입법 정비방안 연구 - CLOUD Act와 비교하여 -", 『형사정책연구』, 통권 제135호(한국형사법무정책연구원, 2023), 244면.

82) 정태진, "유럽 사이버범죄 협약과 사이버범죄 대응을 위한 국제공조", 『워킹페이퍼』, 제98호 (서울대학교 국제문제연구소, 2018), 11면.

83) 최호진, "저장된 데이터의 보전명령제도 도입을 위한 시론(試論)", 『형사정책』, 제31권 제2호 (한국형사정책학회, 2019), 303-304면.

가 없고 데이터가 쉽게 삭제될 수 있다는 휘발성을 고려하여 별도의 보존 명령 신설이 필요하다는 견해[85] 등 여러 의견들이 제시되고 있다.

협약 제16조 및 제17조 등에 규정된 보존의 취지는 휘발성이 있는 데이터에 대해 적법한 강제처분을 집행하는 데 필요한 시간을 확보하기 위한 것이다.[86] 형사소송법상 압수수색은 법원의 영장이 필요하기에 수사기관이 영장을 발부받기 위해서는 압수수색의 필요성 및 해당 사건과의 관련성을 인정할 수 있는 자료를 제출하여야 하는 만큼, 영장 청구 과정에서 상당한 시간이 소요되므로 이를 신속한 조치로 평가하기 어렵다.[87] 또, 압수수색은 수사기관이 데이터를 완전히 확보한 상태에서 그 내용을 확인하고,[88] 압수수색 집행 시점에 존재하는 데이터만 확보가 가능하다는 점에서 보존 조치와 다르다.[89]

통신비밀보호법 제2조 제11호에 정의된 통신사실 확인자료에는 가입자의 전기통신일시, 전기통신 개시 및 종료시간, 발·착신 통신번호 등 상대방의 가입자번호, 사용 빈도, 컴퓨터통신 또는 인터넷의 사용자가 전기통신역무를 이용한 사실에 관한 컴퓨터통신 또는 인터넷 로그, 기기의 위치 확인을 위한 발신기지국의 위치추적자료, 컴퓨터통신 또는 인터넷과 연결된 기기의 위치 확인을 위한 접속지 추적자료 등이 포함된다. 통신비밀보호법 제13조와 제13조의2, 제13조의4에 따라 범죄수사, 재판, 국가안보상 필요한 경우 수사기관 및 법원이 정보통신사업자에게 통신사실 확인자료를 요청할 수 있으며, 정보통신사업자는 동법 제15조의2에 따라 통신사실 확인자료에 한정하여 제공에 협조의무를 가진다. 그러나, 협약 제17조의 '트래픽 데이터'는 컴퓨터 시스템에 의한 통신과 관련된 모든 컴퓨터 데이터를 의미하는 만큼,

84) 최혁두, "사이버범죄협약 가입을 위한 이행입법 연구", 『치안정책연구』, 제32권 제3호(경찰대학 치안정책연구소, 2018), 387면; 유민종, 앞의 주석 50)의 논문, 106면.

85) 전현욱·이자영, "사이버범죄협약과 형사절차상 적법절차원칙: 저장된 데이터의 보존 및 일부 공개를 중심으로", 『형사정책연구』, 제25권 제2호(한국형사법무정책연구원, 2014), 93-94면.

86) Assessment Report – Implementation of the preservation provisions of the Budapest Convention on Cybercrime (2013), Cybercrime Convention Committee, p.10.

87) 최호진, 앞의 주석 79)의 논문, 302면; 다만, 보존 조치의 대상 역시 수신이 완료된 데이터이므로 이 점에 형사소송법상 압수수색과 차이는 없다.

88) 전현욱·이자영, 앞의 주석 81)의 논문, 93면.

89) 유럽평의회의 사이버범죄협약위원회 이행평가 보고서에는 수색, 제출 명령과 더불어 압수 또한 보존 명령과 유사하지만, 증거 확보 조건이 너무 제한적이거나 복잡하지 않고 신속한 방법으로 가능해야 한다고 한다.; Cybercrime Convention Committee, 앞의 주석 86)의 보고서, p.10.

통신사실 확인자료에 해당하지 않아 정보통신사업자로부터 제공받지 못하는 데이터의 경우 압수수색 영장이 필요할 수 있고, 제공받은 통신사실 확인자료를 가공하여 경로추적 데이터를 산출·확보한다 하여도 여기에 많은 시간이 소요될 수 있다. 요청 데이터가 통신사실 확인자료에 해당하지 않는다면 정보통신사업자는 협조의무에서 당연히 제외된다.

서비스 제공자가 서버에 보관하는 데이터 역시 트래픽 데이터와 동일한 수준의 휘발성을 갖게 되면서 압수수색 영장이 발부되어 이를 집행하기 이전에 사라질 가능성이 커졌다. 메일이나 메시지의 경우 범죄 혐의와의 관련성을 명확히 판단하기 위해서는 단순히 트래픽 데이터만을 참고하여서는 불가하고 그 내용의 확인이 필수인 만큼, 유럽 사이버범죄협약 및 UN 사이버범죄 방지 협약의 규정 이행을 위함과 동시에 제3자 보관 증거를 확실히 확보하기 위해 통신 기록과 통신 내용을 모두 포함하는 새로운 '보존 조치' 규정을 신설함이 타당할 것이다.

UN 사이버범죄 방지 협약이 발효되기까지는 아직 여러 절차가 남아있고, 유럽 사이버범죄협약의 가입이 승인되더라도 관련 입법안이 만들어지고 통과되기까지 상당한 시간이 소요될 것으로 예상된다.[90] 하지만 이러한 조치가 마련된다면, 수사기관은 압수수색 집행 전 참여 통지를 통해 피의자의 참여권을 보장하면서도 디지털증거의 인멸이나 훼손을 방지하는 등 제3자 보관 증거와 관련된 수사를 효과적으로 수행할 수 있게 되고, 서비스 제공자는 법규에 따라 데이터를 보존함으로써 법적 책임을 명확히 할 수 있다.

4. 기존 입법안 검토 및 입법적 제안

보존 조치는 유럽 사이버범죄협약 가입 신청 이전부터 제3자가 보관한 증거를 온전하게 확보하기 위한 방안으로 논의되었으며, 18대 국회부터 최근 종료된 21대 국회까지도 보존 조치의 입법화 시도가 꾸준히 존재하였다. 먼저 제18대 국회에서 이종걸 의원이 대표발의한 "형사소송법 일부개정법률안"에는 범죄 관련 데이터의 보관자가 범죄와 무관할 때 그 데이터를 현 상태 그대로 보존하게 하는 것이 데이

90) 국가 간 쌍방 가벌성 불요구 문제, 법 집행기관 또는 기업들의 업무 부담, 사생활 침해 우려 등 고려해야 할 사항이 많다. 미국의 경우 2001년 11월 협약에 서명하였으나 2007년 1월 1일자로 발효되었고, 일본은 2001년 협약에 서명한 후 2004년 국회에 비준되었으나 형법 및 형사소송법 개정안은 2011년에 통과 및 발효되었다.; 신용우, 위의 주석 48)의 보고서, 4-5면.

터의 신속한 완전성 및 무결성 확보와 기업의 영업활동과 명성에 덜 침해적인 수단으로 보고, 가입자 관련 정보의 대한 무제한적 유출 차단을 위한 서비스 제공자의 범죄 관련 정보 제출과 개인의 자기정보통제권 보장을 위한 수사기관의 통지의무 부과 등의 내용을 포함하고 있다.[91]

[제18대 국회 형사소송법 일부개정법률안]

형사소송법 (2007. 6. 1. 일부개정, 2008. 1. 1. 시행)	제18대 국회 형사소송법 일부개정법률안 (이종걸 의원 대표발의)
제106조(압수) ② 법원은 압수할 물건을 지정하여 소유자, 소지자 또는 보관자에게 제출을 명할 수 있다.	제106조(압수) ② 법원은 제1항에 따른 압수의 목적이 컴퓨터용디스크 그 밖에 이와 비슷한 정보저장매체(이하 이 조에서 "정보저장매체등" 이라 한다)에 기억된 정보를 얻기 위한 것이고 그러한 목적을 달성하기 위하여 긴급히 필요하다고 인정하면 해당정보를 보관 · 관리하고 있는 자에게 관련 정보의 보전을 명할 수 있다. 이 경우 보전기간은 필요한 최소한도의 범위 안에서만 하여야 한다.
③ 〈신설〉	③ 법원은 압수할 물건을 지정하거나 압수의 목적물인 정보저장매체 등에 기억된 정보의 범위를 지정하여 소유자, 소지자 또는 보관자에게 제출을 명할 수 있다.
④ 〈신설〉	④ 법원은 제3항에 따라 정보를 제공받은 경우 정보주체에 대하여 60일이내에 통지를 하여야 한다.

대검찰청의 2012년 용역보고서[92] 역시 변조용이성, 취약성과 같은 디지털증거의 특성에 따라 수사의 신속성뿐만 아니라 증거의 완전성 및 무결성 보장에 유리하고, 기업의 영업활동과 이미지 및 명성 훼손에 비교적 덜 침해적이라는 점[93]에서 입법

91) 이종걸 의원 발의, "형사소송법 일부개정법률안", 4839, (2009. 5. 13.) [임기만료폐기], 1－2면.

92) 김태경, "형사소송법 개정과 개인정보보호법의 시행에 따른 디지털 증거 압수수색의 신뢰성 확보 방안에 관한 연구", 대검찰청 (2012), 75－77면.

93) 이에 대한 반대 견해는, 전기통신사업자의 경우 이미 통신비밀보호법에 의해 전기통신 일시, 종료시간, 인터넷 로그기록, 접속지 추적자료 등을 일정 기간 보관하고 수사기관 등에 통신제

안을 제시한다. 다만, 프라이버시 침해가 거의 없는 방식이라 하더라도 사전에 법원 등의 허가를 받도록 하고 '수사의 긴급성'을 만족할 때는 이를 생략할 수 있도록 하고 있다.

[대검찰청 용역보고서 제안 입법안]

형사소송법 (2009. 6. 9. 타법개정, 2010. 1. 1. 시행)	대검찰청 용역보고서 제안 입법안
第106조(압수) ② 〈신설〉	第106조(압수) ② 법원은 압수의 목적이 정보저장매체 등에 기억된 전자정보를 얻기 위한 것이고 그 목적 달성을 위하여 긴급히 필요하다고 인정될 때에는 해당 전자정보를 보관 · 관리하고 있는 자에게 1월의 범위 안에서 해당 전자정보를 특정하여 보전을 명할 수 있다. 다만, 계속해서 보전할 필요가 있는 대에는 2월의 범위 안에서 그 기간을 연장할 수 있다.
第215조의2(보전명령) ① 〈신설〉 ② 〈신설〉	第215조의2(보전명령) ① 검사 또는 사법경찰관은 압수의 목적이 정보저장매체 등에 기억된 전자정보를 얻기 위한 것이고 그 목적 달성을 위하여 긴급히 필요하다고 인정될 때에는 해당 전자정보를 보관 · 관리하고 있는 자에게 1월의 범위 안에서 해당 전자정보를 특정하여 보전을 명할 수 있다. ② 제1항의 규정에 의한 보전명령을 하는 경우에는 보전사유 및 보전할 자료의 범위를 기록한 서면으로 관할 지방법원 또는 지원의 허가를 받아야 한다. 다만, 관할 지방법원 또는 지원의 허가를 받을 시간적 여유가 없는 때에는 보전명령을 한 후 지체 없이 그 허가를 받

한조치 및 통신사실 확인자료제공 등에 협조하고 있어, 법원 또는 수사기관 등이 불특정자료를 보전하도록 명령하는 것은 기업의 영업권을 침해하는 것이고 자료 보존으로 인한 막대한 비용이 발생하는 점 등을 이유로 들고 있다.; 곽병선 외, "사이버수사 및 디지털 증거수집 실태조사", 국가인권위원회 (2012), 요약문 20면, 본문 122면.

③ 〈신설〉	아 해당 전자정보를 보관 · 관리하고 있는 자에게 송부하여야 한다. ③ 제1항의 규정에도 불구하고 해당 전자정보를 보관 · 관리하고 있는 자에게 계속해서 보전시킬 필요가 있는 때에는 제2항의 절차에 따라 소명자료를 첨부하여 2월의 범위 안에서 그 기간의 연장을 청구할 수 있다.

제19대와 제20대 국회에서는 법원 및 수사기관이 정보통신서비스 제공자에게 사건 관련 정보의 보존요청을 할 수 있도록 하여 증거적 가치를 가진 정보가 상실되는 것을 방지하려는 취지로써,94) 김도읍 의원이 '정보 보존요청'의 형사소송개정법안을 발의하였다.95)

[제19, 20대 국회 형사소송법 일부개정법률안]

형사소송법 (2016. 5. 29. 일부개정, 2016. 5. 29. 시행)	제19, 20대 국회 형사소송법 일부개정법률안 (김도읍 의원 대표발의)
제108조의2(정보의 보존요청 등) ① 〈신설〉	제108조의2(정보의 보존요청 등) ① 법원은 정보를 압수할 필요가 있는 경우 「정보통신망 이용촉진 및 정보보호 등에 관한 법률」 제2조제1항제3호에 정한 정보통신서비스 제공자에게 30일의 범위 내에서 당해 정보가 삭제 · 변경되지 않도록 보존할 것을 서면으로 요청할 수 있다. 다만, 상당한 이유가 있다고 인정되는 경우 30일의 범위 내에서 1회에 한해 연장할 수 있다.
② 〈신설〉	② 제1항의 경우 당해 정보를 압수할 필요가 없다고 인정되는 때에는 지체 없이 보존 요청을 취소하여야 한다.

94) 남궁석, "형사소송법 일부개정법률안 검토보고", 대한민국 국회 법제사법위원회 (2015. 6.), 11면; 남궁석, "형사소송법 일부개정법률안 검토보고", 대한민국 국회 법제사법위원회 (2016. 11.), 12면.

95) 김도읍 의원 발의, "형사소송법 일부개정법률안", 13878, (2015. 2. 2.) [임기만료폐기], 1－3면; 김도읍 의원 발의, "형사소송법 일부개정법률안", 1352, (2016. 8. 2.) [임기만료폐기], 1－3면.

제120조의2(협력의무 및 제출명령) ① 〈신설〉 ② 〈신설〉 ③ 〈신설〉	제120조의2(협력의무 및 제출명령) ① 정보에 대한 압수·수색 영장을 집행하는 자는 정보 또는 정보저장매체등의 소유자 · 소지자 · 관리자에게 정보저장매체등의 작동, 정보통신망으로 연결되어 있는 다른 정보저장매체등에의 접속 기타 필요한 협력을 요구할 수 있고, 협력 요구를 받은 자는 부득이한 사유가 없는 한 협력하여야 한다. ② 정보에 대한 압수·수색 영장을 집행하는 자는 당해 정보 또는 정보저장매체등의 소유자 · 소지자 · 관리자에게 저장된 정보의 범위를 정하여 출력, 복제, 제출하도록 명령할 수 있다. ③ 법원은 제1항의 요구를 받은 자가 정당한 이유 없이 불응한 때에는 1억원 이하의 과태료 또는 1일당 1천만원 이하의 이행강제금을 부과할 수 있다. 다만, 정보 또는 정보저장매체등의 소유자 · 소지자 · 관리자가 피고인인 경우는 제외한다.
제219조(준용규정) 제106조, 제107조, 제109조 내지 제112조, 제114조, 제115조제1항 본문, 제2항, 제118조부터 제132조까지, 제134조, 제135조, 제140조, 제141조, 제333조제2항, 제486조의 규정은 검사 또는 사법경찰관의 본장의 규정에 의한 압수, 수색 또는 검증에 준용한다. 단, 사법경찰관이 제130조, 제132조 및 제134조에 따른 처분을 함에는 검사의 지휘를 받아야 한다.	제219조(준용규정) 제106조(이 경우 제4항의 "재판"은 "수사"로 본다), 제107조, 제108조의2, 제109조 내지 제112조, 제114조, 제115조제1항 본문, 제2항, ...<생략>... 제486조의 규정은 검사 또는 사법경찰관의 본장의 규정에 의한 압수, 수색 또는 검증에 준용한다. 단, 사법경찰관이 제108조의2, 제130조, 제132조 및 제134조에 따른 처분을 함에는 검사의 지휘를 받아야 한다.

위와 같은 긍정의 입법안과 달리 반대 견해로는, 서비스 제공자의 보존의무가 규정되어 있지 않아 그 실효성이 반감될 우려가 있고 '압수할 필요가 있는 경우'로 인정되면 보존 조치 없이 압수영장을 발부받아 집행하면 되므로 그 필요성이 의문이며, 전기통신서비스 사업자에게 불필요한 부담을 줄 수 있다는 점 등이 지적되어 있다.[96] 만약 해당 제도가 도입된다고 하더라도 보존 기간이 일주일 정도면 충분하

96) 남궁석, 앞의 주석 94)의 검토보고서(2015. 6.), 11－13면; 남궁석, 앞의 주석 94)의 검토보고서(2016. 11.), 12－13면.

고 수사기관의 남용 가능성에 따라 법원의 허가를 받는 것이 필요하며, 영세기업에 대하여는 상당한 업무상 부담이 될 수 있어 일정 규모 이상의 서비스 제공자로 그 범위를 한정할 필요가 있다는 의견도 존재한다.97)

직전 제21대 국회에서는 소병훈 의원이 대표발의한 "형사소송법 일부개정법률안"에는 '긴급보전조치'가 포함되어 있다. 디지털 성범죄가 급증함에 따라 피해자와 수사기관의 신속한 전자정보 증거 확보가 중요해지고 있으나, 수사실무에서는 원격 및 신속한 삭제가 가능한 디지털 증거의 특성상 임의제출 외에 이를 온전히 확보하는 것은 쉽지 않으므로, 수사기관이 디지털 증거의 긴급한 수집 혹은 멸실 우려 등 미리 압수·수색·검증영장을 발부받기 어려운 긴급한 사정이 있는 경우 서비스 제공자에게 해당 데이터가 삭제 또는 변경되지 않도록 요청하여 전자정보 확보의 신속성을 제고하고 범죄자 처벌에 기여함을 들고 있다.98)

[제21대 국회 형사소송법 일부개정법률안]

형사소송법 (2022. 2. 3. 일부개정, 2022. 2. 3. 시행)	제21대 국회 형사소송법 일부개정법률안 (소병훈 의원 대표발의)
제215조의2(전자정보의 긴급보전조치) ① 〈신설〉	제215조의2(전자정보의 긴급보전조치) ① 검사 또는 사법경찰관은 컴퓨터용디스크, 그 밖에 이와 비슷한 정보저장매체(이하 이 조에서 "정보저장매체등" 이라 한다)에 기억된 영상정보, 문자기록 등 전자정보를 얻기 위한 것으로 전자정보의 멸실 우려 등 미리 압수 · 수색 · 검증영장을 발부받기 어려운 긴급한 사정이 있는 경우에는 「정보통신망 이용촉진 및 정보보호 등에 관한 법률」 제2조제1항제3호에서 정한 정보통신서비스 제공자(이하 이 조에서 "정보통신서비스 제공자" 라 한다)에게 해당 전자정보가 삭제 또는 변경되지 않도록 보전할 것(이하 이 조에서 "긴급보전조치" 라 한다)을 요청할 수 있다.
② 〈신설〉	② 제1항의 긴급보전조치를 요청받은 정보통신서비스 제공자는 정당한 사유가 없는 한 해

97) 남궁석, 앞의 주석 94)의 검토보고서(2015. 6.), 13면; 남궁석, 앞의 주석 94)의 검토보고서(2016. 11.), 13－14면.

98) 소병훈 의원 발의, "형사소송법 일부개정법률안", 16983, (2022. 8. 24.) [임기만료폐기], 1－4면.

	당 전자정보의 보전에 적극 협조하여야 한다.
③ 〈신설〉	③ 제1항에 따라 긴급보전조치를 요청한 경우 검사 또는 사법경찰관은 긴급보전조치를 요청한 때부터 48시간 이내에 법원에 압수 · 수색 · 검증영장을 청구하여야 한다.
④ 〈신설〉	④ 검사 또는 사법경찰관은 제3항에 따라 영장을 청구하지 아니하거나 제3항에 따라 청구한 영장을 발부받지 못한 경우 정보통신서비스 제공자에게 즉시 제1항에 따른 긴급보전조치의 요청의 취소를 통보하여야 한다.

전술한 각 형사소송법 일부개정의 입법안은 보존 명령의 주체, 법원 허가 여부, 통지 의무, 제3자 협조 의무, 보존 기간 등 여러 측면에서 차이가 있다. 제18대 국회 입법안과 대검찰청 보고서 입법안, 제19 · 20대 국회 입법안은 법원이 직접 명령을 하도록 규정하고 있으나, 이는 수사기관이 아닌 법원이 구체적으로 어떤 데이터를 보존해야 하는지를 판단하기 어려워 불필요한 자료까지 보존하게 될 가능성이 크다. 이는 통신비밀보호법에서 통신사실 확인자료 요청 권한을 수사기관에만 부여한 이유와 맥락을 같이 한다고 볼 수 있다. 법원의 허가와 관련해서는 대검찰청을 제외한 모든 입법안에서 이를 규정하지 않고 있으며, 정보주체에 대한 사후 통지 역시 제18대 국회 입법안을 제외하고는 미비하다. 이러한 규정 부족은 정보주체의 기본권을 침해할 수 있고, 수사기관에 과도한 권한을 부여하여 남용의 가능성을 높일 수 있다. 특히, 대검찰청 보고서 입법안에서의 사전 허가는 긴급을 요하는 보존조치에 적합하지 않은 규정으로 생각된다. 제21대 국회 입법안에서 보존 기간을 48시간으로 제한한 것은 그 기간이 지나치게 짧아 압수수색 영장 발부까지의 시간이 부족할 수 있으며, 국제 수사 협력의 경우 필요한 시간을 확보하지 못할 가능성이 매우 크다. 이러한 이유로, 긴급 보존 조치는 형사소송법 내 새로운 규정을 신설하기보다 기존의 통신비밀보호법상 제공 대상이 되는 통신사실 확인자료의 범위를 확대하는 개정이 더 실효적일 수 있다고 본다.

[보존 조치 입법안별 비교]

구분	제18대 국회	대검찰청 보고서안	제19, 20대 국회	제21대 국회
보존 명령/요청 주체	법원	법원 및 수사기관	법원 및 수사기관	수사기관
법원 허가	-	원칙적 사전 허가, 예외적 사후 허가	없음	없음
사후 통지	정보주체에게 60일 이내	제3자에게 허가장 송부	없음	없음
제3자 협조 의무	없음	없음	존재 (불응 시 부과처분)	존재
제3자에 대한 보존 명령/요청 방식	없음	사후 허가 시 허가장 송부	서면	없음
보존 기간	필요 최소한도 범위	1개월 (2개월 추가 연장 가능)	30일 (30일 추가 연장 1회 가능)	48시간 이내
보존 취소 통보	없음	없음	존재	존재

결국, 법원의 허가와 정보주체에 대한 통지의무를 명확히 규정하고, 제3자 협조 의무에 대한 지침을 마련하는 것이 필요하다. 이를 통해 수사기관의 신속한 대응을 보장하면서도 정보주체의 권리 보호를 강화하고, 법적 절차의 투명성과 적법성을 확보할 수 있도록 해야 한다. 여기서 제안하는 보존 조치는 단순히 증거 압수에 한정되지 않고, 사건과 관련된 정보를 탐색하고 이를 압수하려는 목적으로 압수수색 전 과정을 위해 필요한 조치다. 공소 제기 이후보다는 수사 과정에서 필요하며, 신속성이 중요하기 때문에 수사기관의 판단에 따라 보존 조치 여부를 결정하고 조치 이후 법원의 허가를 받는 것이 적절하다.

보존 조치는 정보주체가 가진 정보의 관리처분권을 제한하여, 이용자가 삭제했거나 삭제될 것으로 예상하는 정보를 보존하게 된다. 따라서 보존 조치가 이루어진 후 정보주체에게 통지하는 것이 타당하다. 서비스 제공자에게 보존 조치를 명령하여 강제하는 것은 기업의 기술적 한계와 부담, 개인정보보호법 침해 우려 등으로 인해 '명령'보다는 '요청'이 적절하다. 보존 요청의 실효성에 관한 비판이 있을 수 있으나, 통신비밀보호법상 통신사실 확인자료 요청 시에도 기업들이 이러한 요청에 잘 협조해주고 있는 만큼 이러한 보존 조치의 도입으로 인해 발생하는 문제는 거의 없을 것으로 예상된다.

정보를 보관 중인 제3자에게 보존 조치를 통보하는 방법에는 제약을 두지 않고, 신속하고 확실한 전달이 이루어질 수 있도록 다양한 방식을 허용하는 것이 바람직하다. 비례의 원칙에 따라 압수의 제한이 필요한 비밀 등은 보존 조치가 제한될 수 있으며, 데이터의 보존 기간 또한 필요한 범위로 한정하는 것이 필요하다.[99] 국내 수사만 고려할 때 압수수색 영장이 발부되는 데까지 일주일이면 충분하다고 하나, 협약당사국 수사기관의 요청에 따른 협력이 필요한 경우 보존 기간이 너무 짧으면 협조가 어려워지고 잦은 요청으로 기업의 업무에 지장이 생길 수 있다.[100] 따라서, 30일의 기본 보존 기간과 30일의 추가 연장이 가능하도록 규정하는 것이 적절하다.

법원으로부터 사후 승인을 거절받거나 보존 기간이 만료된다면, 데이터를 보존할 법적 근거가 사라짐에 따라 지체 없이 서비스 제공자에게 그 사실을 알려 보존 조치를 해제해야 할 것이다.

[제안 입법안]

현행 형사소송법	제안 입법안
제215조의2 (전자정보 보존 조치) 〈신설〉	제215조의2 (전자정보 보존 조치) ① 검사 또는 사법경찰관은 컴퓨터용디스크, 그 밖에 이와 비슷한 정보저장매체(이하 이 조에서 "정보저장매체등" 이라 한다)에 기억된 영상정보, 문자기록, 통신기록 등 전자정보를 얻기 위한 것으로 범죄의 혐의가 상당히 인정되고 전자정보의 멸실 우려 등 미리 압수 · 수색 · 검증영장을 발부받기 어려운 긴급한

99) 전현욱 · 이자영, 앞의 주석 81)의 논문, 94면.

100) 유럽평의회의 사이버범죄협약위원회 이행평가 보고서에 따르면, 법원의 압수수색 명령 또는 제출 명령 등 사법적 결정에는 24시간 이내에서부터 몇 주까지도 소요될 수 있다고 한다.; Cybercrime Convention Committee, 앞의 주석 86)의 보고서, p.10.

	사정이 있는 경우에는 「정보통신망 이용촉진 및 정보보호 등에 관한 법률」 제2조제1항제3호에서 정한 정보통신서비스 제공자(이하 이 조에서 "정보통신서비스 제공자"라 한다)에게 해당 전자정보가 삭제 또는 변경되지 않도록 보존할 것을 요청할 수 있다. 이때 보존 대상은 필요한 범위 내에서 최소한으로 하여야 한다. ② 제1항의 규정에 의해 정보통신서비스 제공자에게 보존 조치를 명령하는 경우에는 이러한 조치가 이루어진 직후 보존 사유, 보존 범위, 보존 기간 등을 법원에 승인받아야 한다. 다만, 보존 기간은 30일을 초과할 수 없으며, 수사기관은 보존 기간 만료 전에 법원의 승인을 받아 30일 내로 그 기간을 연장할 수 있다. ③ 제1항의 규정에 의해 보존 조치를 명령받은 정보통신서비스 제공자는 정당한 사유가 없는 한 수사기관의 요청에 따라 지체 없이 전자정보를 보존하여야 한다. ④ 제2항의 규정에 의해 법원으로부터 보존 승인을 거절받거나 제3항의 규정에 의해 보존 기간이 만료되는 경우, 검사 또는 사법경찰관은 정보통신서비스 제공자에게 그 사실을 지체 없이 알려 보존 조치를 취소하여야 한다. ⑤ 검사 또는 사법경찰관은 제1항에 따라 전자정보를 보존한 경우 정보주체에게 60일 이내로 통지를 하여야 한다.

Ⅴ. 나가는 말

클라우드 서비스의 등장으로 인해 피의자의 데이터가 제3자인 서비스 제공자가 보유하거나 대여한 서버에 보관되어 이를 압수·수색해야 하는 경우가 늘고 있다. 우리 형사소송법은 압수수색 시 피의자 등 피압수자에게 영장 제시와 참여권을 보장하고, 압수수색이 종료되면 압수 목록을 피압수자에게 교부하도록 정하고 있다. 그러나 제3자 보관 데이터의 경우 증거 인멸이 쉽다는 이유로 피의자(실질적 피압수자) 측에는 참여의 통지가 이루어지지 않고, 데이터를 보관하고 있는 제3자(형식적 피압수자)에게 영장 제시 및 참여 통지가 이뤄지고 압수·수색이 진행된다.

형사소송법 제121조는 검사, 피고인 또는 변호인은 압수수색 영장의 집행에 참여할 수 있도록 하고 있으며, 동법 제122조는 압수수색 영장 집행 시 미리 집행 일시와 장소를 참여권자에게 통지하여야 하지만, 참여권자가 참여하지 않겠다는 의사를 밝히거나 '급속을 요하는 때'에는 그 예외로 정하고 있다. 이때, '급속을 요하는 때'는 '압수수색 영장 집행 사실을 미리 알려주면 증거물을 인멸하거나 훼손할 염려 등이 있어 압수수색의 목적을 달성할 수 없게 되는 때'로 본다. 그러나 최근 일련의 대법원판결에서는 '형식적 피압수자'인 제3자가 피의자의 소유·관리에 속하는 정보저장매체를 임의 제출하였거나 압수수색 시, 특별한 사정이 없다면 해당 매체 내 전자정보에 대한 압수수색 과정에서 '실질적 피압수자'인 피의자의 참여권을 보장해 주어야 함을 판시하고 있다. 즉, 반드시 실질적 피압수자인 피의자의 참여권이 보장된 상태에서 증거의 선별 압수가 이루어지고 압수물 목록이 교부되어야 한다는 취지이다. 이러한 판결은 사실상 당사자의 참여권에 대한 예외를 인정하지 않아 수사의 밀행성을 크게 해치는 결과를 초래한다는 비판을 받는다.

결국 이러한 법적 요구와 수사의 실무적 필요성 사이의 균형, 즉 정보저장매체의 압수수색 시에는 참여권의 보장과 수사의 밀행성을 동시에 만족하는 방안이 요구된다. 그 하나는 현행법의 해석을 통한 방안으로써, 압수수색 도중 '실질적 피압수자'인 피의자의 참여권을 통지하고 보장하는 방안이다. 참여권자에 대한 통지는 '사전 통지'가 원칙이지만 그 예외에 대해서는 통지 여부 및 시점에 대한 명시적으로 정함이 없다. 이를 통지의 '생략'으로 이해해서는 안 되고 사전 통지의 '유예'로 해석하는 것이 타당하다고 하였다. 따라서 압수수색 도중에 '급속을 요하는 때'에 해당하는 시점까지는 통지를 유예하고 이후 피의자에게 참여를 통지한다면 당사자의 참여권을 보장할 수 있다. 다른 하나는 입법적 해결방안으로써, 수사기관이 서비스 제공자에게 콘텐츠 데이터에 대해 증거 보존을 요구·명령할 수 있게 하고, 서비스 제공자가 이러한 요구나 명령을 받았을 때 이를 보존해야 하는 '보존 조치' 제도를 마련하는 것이다. 유럽 사이버범죄협약과 UN 사이버범죄 방지 협약은 이러한 보존 조치를 규정하고 있으며, 현재 발효 중인 유럽 사이버범죄협약 내 협약가입국의 입법 이행 규정에 따라, 미국, 독일, 일본 등은 조금의 차이가 존재하지만 보존 조치 법안을 갖추고 있다. 우리나라 역시 2022년에 유럽 사이버범죄협약 가입 신청과 UN 사이버범죄 방지 협약의 발효를 앞둔 상황에서, 보존 조치 관련 법안의 신설을 위한 입법 작업이 필요하다. 이는 궁극적으로 피의자의 기본권 보장과 더불어 제3자에 의해 보관된 증거를 효과적으로 확보할 수 있는 수사기관의 대응 역량을 강화하고, 명확한 법률에 따라 관련자들이 법적 지침을 준수할 수 있도록 하여 법적 안정성을 높이는 데 기여할 것이다.

【참고문헌】

1. 국내문헌

곽병선 외, "사이버수사 및 디지털 증거수집 실태조사", 국가인권위원회 (2012).

김태경, "형사소송법 개정과 개인정보보호법의 시행에 따른 디지털 증거 압수수색의 신뢰성 확보 방안에 관한 연구", 대검찰청 (2012).

남궁석, "형사소송법 일부개정법률안 검토보고", 대한민국 국회 법제사법위원회 (2015. 6.).

남궁석, "형사소송법 일부개정법률안 검토보고", 대한민국 국회 법제사법위원회 (2016. 11.).

박민우, "디지털증거 압수 · 수색에서 유관정보 확인 이후 절차와 증거능력", 『고려법학』, 제81호(고려대학교 법학연구원, 2016).

박웅신, "디지털 증거 압수시 참여권 및 별건정보 압수에 관한 연구 -안보범죄에 대한 적용을 중심으로-", 『치안정책연구』, 제30권 제3호(경찰대학 치안정책연구소, 2016).

박중욱, "제3자 보관 정보의 압수수색과 정보주체에 대한 통지 -강제처분의 공개성/비밀성에 대한 독일 논의를 참고하여-", 『원광법학』, 제38권 제3호(원광대학교 법학연구소, 2022).

사법연수원, 『법원실무제요 형사[Ⅲ] -영장-』, (2022).

서원익, "압수수색할 장소와 물건의 다양성에 따른 영장집행 방식에 관한 소고 -영장원본 제시, 참여권 보장, 압수목록 교부의 현실과 한계-", 『저스티스』, 통권 제182-1호(한국법학원, 2021).

소재환 · 이선화, "디지털 증거 압수 · 수색 시 참여권자 관련 실무상 문제 -대법원의 '실질적 피압수자' 법리 중심으로-", 『형사법의 신동향』, 통권 제77호(대검찰청, 2022).

송영진, "미국 CLOUD Act 통과와 역외 데이터 접근에 대한 시사점", 『형사정책연구』, 통권 114호(한국형사법무정책연구원, 2018).

신용우, "유럽 사이버범죄 방지협약 체결 현황과 우리나라 입법·정책적 대응 방향", 『국제관계 동향과 분석』, 제77호(국회입법조사처, 2020).

유민종, “사이버범죄협약과 국내 법제의 양립 가능성 연구”, 석사학위 논문, 서울대학교 (2019).

이경렬 · 김대홍, “제3자 소지 · 보관 정보증거의 압수 · 수색과 참여권자 문제”, 『형사소송 이론과 실무』, 제16권 제1호(한국형사소송법학회, 2024).

이세화, “디지털증거에 대한 압수 · 수색에 있어서 대상과 종료시점”, 『법학연구』, 제58권 제4호(부산대학교 법학연구소, 2017).

이순옥, “인터넷서비스제공자 보관한 정보에 대한 압수 · 수색 절차”, 『법학논문집』, 제43집 제3호(중앙대학교 법학연구원, 2019).

이인곤, “디지털증거(전자정보) 압수수색에서 피압수자 등 참여권 보장 확보방안”, 『성균관법학』, 제33권 제2호(성균관대학교 법학연구원, 2021).

이종걸 의원 발의, “형사소송법 일부개정법률안”, 4839, (2009. 5. 13.) [임기만료폐기].

이지우 · 이경렬, “부다페스트 협약 제2 추가의정서 가입을 위한 국내 입법 정비방안 연구 –CLOUD Act와 비교하여–”, 『형사정책연구』, 통권 제135호(한국형사법무정책연구원, 2023).

전현욱 · 이자영, “사이버범죄협약과 형사절차상 적법절차원칙: 저장된 데이터의 보존 및 일부 공개를 중심으로”, 『형사정책연구』, 제25권 제2호(한국형사법무정책연구원, 2014).

정태진, “유럽 사이버범죄 협약과 사이버범죄 대응을 위한 국제공조”, 『워킹페이퍼』, 제98호(서울대학교 국제문제연구소, 2018).

조광훈, “전자정보의 압수수색절차에서 관련성 · 동일성 · 참여권 –대법원 2018. 2. 8. 선고 2017도13263 판결에서 제기된 쟁점을 중심으로–”, 『법제』, 통권 제681호(법제처, 2018).

조은별, “디지털 증거의 압수 · 수색에 대한 참여권의 보장”, 박사학위 논문, 서울대학교 (2021).

최혁두, “사이버범죄협약 가입을 위한 이행입법 연구”, 『치안정책연구』, 제32권 제3호(경찰대학 치안정책연구소, 2018).

최호진, “저장된 데이터의 보전명령제도 도입을 위한 시론(試論)”, 『형사정책』, 제31권 제2호(한국형사정책학회, 2019).

2. 국외문헌

Council of Europe, Convention on Cybercrime (Budapest Convention) (2001), European Treaty Series No. 185.

Council of Europe, Explanatory Report to the Convention on Cybercrime (2001), European Treaty Series No. 185.

Cybercrime Convention Committee, Assessment Report – Implementation of the preservation provisions of the Budapest Convention on Cybercrime (2013).

Draft United Nations convention against cybercrime, Ad Hoc Committee to Elaborate a Comprehensive International Convention on Countering the Use of Information and Communications Technologies for Criminal Purposes, A/AC.291/L.15 (2024).

【국문초록】

스마트폰과 서드파티 애플리케이션의 사용이 보편화되면서, 이용자들은 기존의 문자메시지뿐만 아니라 카카오톡, 페이스북 같은 다양한 소셜 미디어 앱을 통해 소통하게 되었다. 이 과정에서 발생한 데이터는 제3자인 서비스 제공자의 서버에 저장되었고, 이는 전자기기 내에 저장된 전자정보 외에도 새로운 디지털 증거를 확보할 기회를 제공하고 있다. 그러나 동시에 이러한 데이터는 인멸 및 훼손에 취약하여, 수사 과정에서 이를 온전히 활용하는 데에는 어려움이 있다. 또한, 최근 법원은 제3자가 보관 중인 데이터에 대한 압수수색 시에도 '실질적 피압수자'인 피의자의 참여권을 보장하도록 요구하고 있다. 이는 과거 수사 실무에서 제3자 보관 데이터를 임의제출 받거나 압수수색할 때 수사의 밀행성을 위해 피의자에게 별도 통지 없이 증거를 확보하던 방식과 달리, 수사의 밀행성을 저해하여 증거 인멸의 위험을 키워 수사를 더욱 어렵게 만들 것이라는 우려도 제기되고 있다. 본 논문은 이러한 상황에서 수사의 실효성을 유지하면서도 법원의 요구를 충족할 수 있는 방안을 모색하였다. 첫 번째로, 형사소송법 제122조의 해석을 통해 압수수색 집행 중 실질적 피압수자인 피의자에게 참여를 통지하도록 '유예'하는 방안을 제안한다. 즉, 통지의 예외 규정인 '급속을 요하는 때'에 해당하는 제3자가 보관 중인 피의자 데이터 확보 시 사전에 피의자에게 참여를 통지하지 않고, 데이터가 확보된 이후를 '급속을 요하는 때'가 해소된 것으로 보고 압수를 위해 범죄혐의 사실과 관련된 정보를 선별하는 과정에서 피의자에게 통지하고 참여권을 보장하는 것이다. 이는 압수수색 과정에서 피의자의 권리를 보호하면서도, 수사의 밀행성을 유지하여 수사기관이 필요한 증거를 안전하게 확보할 수 있도록 해준다. 두 번째 방안으로는, 보다 근본적인 해결책으로서 '보존 조치' 규정 도입을 제안한다. 보존 조치는 수사기관이 서비스 제공자에게 데이터 보존을 요구하거나 명령할 수 있게 하여, 데이터의 삭제나 변경이 발생할 수 있는 긴급한 상황에서 이를 방지할 수 있는 임시 조치이다. 유럽 사이버범죄협약의 제16조와 17조, 최근 타결된 UN 사이버범죄 방지 협약의 제25조와 제26조에서 이를 규정하고 있고, 미국, 독일, 일본 등 협약가입국 역시 협약상 입법 규정에 의해 보존 조치를 입법·적용하고 있다. 우리나라에서도 18대 국회부터 관련 법안이 지속적으로 발의되는 등 보존 조치와 관련된 논의가 지속적으로 이루어지고 있으나 아직 법률로 제정된 법안은 없는 상황이다. 이에 본 논문은 보존 조치의 필요성을 강조하고, 구체적인 입법 방안을 제안하였다. 보존 조치의 도입은, 명시적 규정의 부재로 인한 적법절차 원칙 위배의 가능성, 참여권 사전 통지 규정의 사문화 등의 우려 없이, 피의자의 기본권 보장과 더불어 수사기관이 제3자에 의해 보관된 증거를 효과적으로 확보할 수 있는 대응 역량을 강화하고, 명확한 법률에 따라 관련자들이 법적 지침을 준수할 수 있도록 하여 법적 안정성을 높이는 데 기여할 것이다.

◈ 주제어: 실질적 피압수자, 참여권, 형사소송법 제122조, 보존 조치, 유럽 사이버범죄협약, UN 사이버범죄 방지 협약

【Abstract】

A Study on Measures to Guarantee the Right to be Present for the Actual Person Subject to Search and Seizure: Focusing on Notification During Search and Seizure, and Data Preservation Orders or Requests

Mindong Kim* · Kyung Lyul Lee**

As the use of smartphones and third-party applications has become widespread, users have begun to communicate not only through traditional text messages but also via various social media apps such as KakaoTalk and Facebook. The data generated in this process is stored on the servers of service providers, offering new opportunities to secure digital evidence beyond the electronic information stored within the devices. However, this data is also vulnerable to destruction and tampering, making it challenging to fully utilize in criminal investigations. Moreover, recent court rulings require that even during searches and seizures involving data stored by third parties, the 'actual person subject to search and seizure,' that is, the suspect, must be granted the right to be present. This stands in contrast to past investigative practices, where evidence was secured from third-party data through voluntary submission or search and seizure without notifying the suspect to maintain the confidentiality of the investigation. There are concerns that this shift may compromise investigative secrecy, increasing the risk of evidence destruction and making investigations more difficult.

This paper sought to explore ways to maintain the effectiveness of investigations while meeting the court's demands. First, it proposes a method to 'defer' notification to the suspect, the actual subject of seizure, during the execution of a search and seizure by interpreting Article 122 of the Criminal

* Ph.D. Candidate, Department of Forensic Science, Graduate School, Sungkyunkwan University (First Author)

** Professor, School of Law, Sungkyunkwan University, Ph.D. in Law (Corresponding Author)

Procedure Act. Specifically, it suggests not notifying the suspect in advance when obtaining data held by third parties under 'urgent circumstances,' such as when there is a risk of data loss, and instead, after the data has been secured and the urgency is resolved, notifying the suspect and guaranteeing their right to be present during the process of selecting information relevant to the alleged crime. This approach aims to protect the rights of the suspect during the search and seizure process while maintaining investigative secrecy, thereby allowing law enforcement to secure necessary evidence safely. The second approach is a more fundamental solution: the introduction of a 'data preservation' regulation. Data preservation would allow investigative agencies to request or order third parties to preserve data, thereby preventing its deletion or alteration in urgent situations. The need for such measures is recognized in Articles 16 and 17 of the European Convention on Cybercrime, as well as Articles 25 and 26 of the recently concluded UN Cybercrime Convention. Countries such as the United States, Germany, and Japan have also legislated data preservation measures under these international agreements. In South Korea, there has also been ongoing discussion regarding data preservation, with related bills consistently proposed since the 18th National Assembly, but none have passed into law. Therefore, this paper emphasized the necessity of data preservation and proposed specific legislative measures. The introduction of data preservation measures would help strengthen the capability of investigative agencies to effectively secure evidence stored by third parties while also ensuring the protection of suspects' fundamental rights, without violating the principles of due process due to the absence of explicit regulations or rendering the advance notification requirement for the right to be present a dead letter. Furthermore, by providing clear legal guidelines, these measures would ensure that all relevant parties can adhere to these guidelines, thereby contributing to enhanced legal stability.

◈ Key Words: The actual person subject to search and seizure, The right to be present, Article 122 of the Criminal Procedure Act, Data preservation orders or requests, European Convention on Cybercrime, United Nations convention against cybercrime

한국형사소송법학회『형사소송 이론과 실무』
第16권 第3호 (2024.09) 43~111면.
Theories and Practices of Criminal Procedure Vol. 16 No. 3 (September. 2024) pp. 43-111.
10.34222/kdps.2024.16.3.43

디지털증거의 압수절차에서 법치주의 실현을 위한 입법과제*

김 승 언**

목 차

Ⅰ. 서론

2005년 창원지방법원 진주지원에서 디지털증거의 조작 가능성을 제기하는 피고인의 주장을 받아들여 재심개시결정[1)]을 한 이래로 많은 사건에서 디지털증거를 둘러싼 다툼이 한창이다. 그와 별개로 수사기관마다 디지털포렌식을 위한 조직이나 기구가 마련되고 디지털포렌식 전문가 양성 과정을 통해 소정의 교육을 수료한 포

* 본고는 2024. 4. 30. 국회입법조사처가 한국형사소송법학회 등 24개 법학회와 공동 주최한 "2024 국가비전입법정책 컨퍼런스" 행사 중 한국형사소송법학회 세션에서 발표한 내용을 보완한 것으로, 여기의 주장 내용은 모두 필자 개인 의견일 뿐 검찰이나 법무부의 공식 입장과 아무 관련이 없음을 밝혀둔다.

** 대전지방검찰청 서산지청장.

1) 동 재심개시결정은 2005. 12. 9. "무죄를 인정할 명백한 증거가 새로 발견된 때"에 해당한다고 볼 수 없다는 이유로 취소되었다(창원지방법원 2005로108 결정).

렌식 전문가들도 꾸준히 배출되고 있으며, 디지털증거를 분석하는 도구 또한 계속 개발되고 고도화하는 중이다. 디지털증거의 증거능력을 어떻게 다룰지에 관한 법리가 대법원 판례를 통해 형성되면서 학계에서도 정보의 압수 대상성, 선별압수, 관련성, 참여권, 역외 디지털증거 압수, 디지털증거의 수집·관리·분석 및 삭제·폐기·반환 등을 둘러싼 다양한 논의와 연구가 쏟아지고 있다.

입법적으로는 2011년에 형사소송법 제106조 제3항을 신설하여 원칙적으로 정보저장매체등에 기억된 정보의 범위를 정해 출력하거나 복제하는 방법으로 압수하는 조항을 마련하였고, 2020년에는 대통령령으로 「검사와 사법경찰관의 상호협력과 일반적 수사준칙에 관한 규정(이하 '수사준칙'이라 한다)」을 제정하면서 수사준칙 제41조, 제42조에 디지털증거의 압수·수색·검증의 방법과 유의사항을 규정하였다. 이수사준칙 규정들은 종래 법원이 압수·수색영장을 발부할 때 첨부한 별지에 기재되어 있던 압수·수색의 방법을 조문화한 것이다.

그런데 디지털증거가 형사사법 실무에서 문제 된 지 약 20년이 되는 지금까지도 수사 실무에서는 디지털증거의 압수·수색을 둘러싼 문제가 해소되기는커녕 어려움만 계속 가중되는 실정이다. 수사에서 그리고 공판에서 디지털증거를 수집하고 이를 증거로 사용하는데 예측 가능성이 확보되지 않다 보니, 디지털증거를 압수하면서도 이 압수가 나중에 위법하다고 평가되면 어쩌나 걱정하며 법을 잘 아는 피의자 측의 수사 지연이나 수사 상황 파악 목적의 과도한 요구에 응하게 되는 경우가 많다. 이래선 제대로 된 수사를 하기 어렵다. 사실인정의 수단인 수사에 장해가 지속되면 국가형벌권의 올바른 행사를 기대하기 어렵고, 이는 결국 법치주의 실현의 위험 요소로 작용하게 된다. 왜 이런 문제가 생긴 걸까? 여러 원인이 있겠지만 디지털증거의 압수·수색을 둘러싸고 국가형벌권의 올바른 행사라는 국가기능의 원활한 작동과 피압수자의 프라이버시 보호라는 충돌하는 법익 간의 이익형량에 관한 기준이 마련되지 않은 것도 그 원인 중 하나일 것이다.

그렇다면 이를 어떻게 해결할 수 있을까? 디지털증거의 특성을 반영한 압수·수색 규정이 형사소송법 제106조 제3항 외에 없다 보니 법률해석을 통한 해결에는 한계가 있다. 이익형량의 관점에서 충돌하는 두 법익을 조화하는 입법을 통하여 문제 해결을 도모할 때이다. 이제 22대 국회가 출범하게 되었다. 22대 국회에서 입법되었으면 하는 디지털증거의 압수·수색과 관련한 과제를 4가지 쟁점으로 나눠 제안하고자 한다. 다만, 그 전에 법원 실무에서 사용되던 전자정보라는 용어가 대통령령인 수사준칙에 들어왔는데, 그 용어의 적합성도 이번 기회를 빌려 함께 살펴보기로 하겠다.

Ⅱ. 전자정보인가? 디지털증거인가?

디지털증거의 정의도 사람마다 제각각이지만[2] 그와 조금은 다른 쟁점으로 디지털증거가 지칭하는 대상을 디지털증거가 아닌 다른 용어들을 사용하여 표현하는 것이 적정한지에 관한 논의도 있어 왔다.[3] 전자기록, 전자문서, 전자증거 혹은 전자적 증거(Electronic Evidence) 등이 그것이다. 그러다가 2020. 10. 7. 수사준칙이 제정되면서 동 규정에 '전자정보'라는 용어가 정식으로 등장한다. 동 규정 제41조[4]에서 '정보저장매체등에 기억된 정보'를 '전자정보[5]'로 약칭한 것이다.

전자정보? 뭔가 말이 되는 것 같다. 대충 이해도 된다. 만약 전자정보가 논문 등에서 사용된 것이라면 그냥 넘어갔을지 모른다. 사실 전자정보는 법원이 압수의 방법을 제한할 때 압수·수색영장에 붙이는 별지에서 사용한 용어이다. 2011. 3. 서울

2) 디지털증거는 여러 기관에서 다양하게 정의하고 있으며(손지영 외, 『디지털 증거의 증거능력 판단에 관한 연구』, 사법정책연구원, 2015, 제21쪽. 참조), 대검 예규인 「디지털 증거의 수집·분석 및 관리 규정(제1285호」 제3조 제2호는 "범죄와 관련하여 디지털 형태로 저장되거나 전송되는 증거로서 가치가 있는 정보"라고 정의한다.

3) 이숙연, "형사소송에서의 디지털증거의 취급과 증거능력", 고려대학교 박사학위논문, 2010, 제9-15쪽.

4) 검사와 사법경찰관의 상호협력과 일반적 수사준칙에 관한 규정 제41조(전자정보의 압수·수색 또는 검증 방법) ① 검사 또는 사법경찰관은 법 제219조에서 준용하는 법 제106조제3항에 따라 컴퓨터용디스크 및 그 밖에 이와 비슷한 정보저장매체(이하 이 항에서 "정보저장매체등"이라 한다)에 기억된 정보(이하 "전자정보"라 한다)를 압수하는 경우에는 해당 정보저장매체등의 소재지에서 수색 또는 검증한 후 범죄사실과 관련된 전자정보의 범위를 정하여 출력하거나 복제하는 방법으로 한다.

5) 전자정보에서 전자를 '電磁'로 이해할지, '電子'로 이해할지 문제 될 수 있는데 필자는 '電磁'로 이해하고 있다. 그 이유는 정보저장매체등에 정보를 기록하는 물리적 방법으로 電氣의 성질을 이용할 수도, 磁氣의 성질을 이용할 수도 있고, 이 양자를 합쳐 전자정보라고 부르는 것으로 해석함이 합리적이기 때문이다. 대법원도 "… 공중전화카드의 자기기록 부분에 전자정보를 기록하여 …"(대법원 1998. 2. 27. 선고 97도2483 판결)라고 판시하는 등 필자와 같은 형태로 이해하고 있다. 다만, 전자정보에서 전자를 '電子'로 이해하더라도 이는 기록 수단으로서 電氣와 磁氣에서 磁氣의 성질을 이용한 기록 방법을 제외할 뿐이므로 이하 논의 내용에 어떠한 영향을 주지는 않는다.

중앙지방법원에서 발부한 영장의 별지에 '전자정보'라는 용어가 발견되는 것으로 미루어 볼 때[6] 적어도 그즈음부터 법원의 영장 실무에서 사용된 것으로 보인다. 하지만 이 용어가 법규성이 인정되는 대통령령인 수사준칙에서 사용된 이상 그것이 적정한지 한 번은 짚고 넘어갈 필요가 있다. 법령에서 사용하는 단어를 선택할 때 고려해야 할 여러 요소가 있겠지만 무엇보다도 가장 중요한 것은 해당 용어의 문언적 의미다. 법령해석은 법률에 사용된 문언의 통상적인 의미에 충실하게 해석하는 것이 원칙이기 때문이다.[7]

전자정보라는 용어가 등장한 수사준칙 제41조 제1항의 뿌리는 형사소송법 제106조 제3항이다. 형사소송법은 2011. 7. 18. 개정을 통해 컴퓨터용디스크 그 밖에 이와 비슷한 정보저장매체가 압수의 목적물인 경우 원칙적으로 기억된 정보의 범위를 정하여 출력하거나 복제하여 제출받도록 압수의 방법을 제한하였다. 이른바 '선별압수'다. 수사준칙 제41조의 문언상으로 전자정보란 정보저장매체등에 기억된 정보를 지칭한다. 전자정보라는 용어가 적정하냐는 물음은 '정보저장매체등에 기억된 정보를 전자정보라고 불러도 되느냐'는 질문과 같다. 논문 등을 찾아보면 정보저장매체등에 기억된 정보를 디지털증거로 부르는 경우가 많고 수사준칙의 제정 과정에서도 처음의 약칭은 '디지털증거'였다고 한다.[8] 그러다 알 수 없는 이유로 전자정보로 바뀌었다는 것인데 위 물음은 그렇게 바꾼 것이 타당하냐는 질문이기도 하다.

이 질문에 답하기에 앞서 우선 정리할 것이 있다. 전자정보와 디지털증거의 관계가 그것이다. 이에 대해 전자정보 안에 전자증거가, 전자증거 안에 디지털증거가 있다고 보는 견해[9]가 있는가 하면, 디지털 방식과 아날로그 방식이 그 특성에 차이가 있으나 증거제출 및 조사절차에서 유사한 측면도 존재하므로 전자적 증거라는 표현을 굳이 배척할 이유는 없다는 견해[10]도 있고, '전자'정보란 전기와 자기신호를 이용하여 저장된 정보로 이는 디지털 방식과 아날로그 방식을 포괄하는 개념임을 전제하면서 '전자증거'는 디지털증거를 포괄하는 개념이라고 보는 견해[11]도 있다.

---

6) 오현석, "전자증거의 선별압수와 매체압수에 관한 연구", 서울대학교 융합과학기술대학원 이학석사 학위논문, 2019, 제17－26쪽.

7) 대법원 2020. 8. 27. 선고 2019도11294 전원합의체 판결.

8) 필자가 2020. 9.경 대검 디지털수사과장으로 발령받아 간 직후 수사준칙이 제정되었는데 당시 수사준칙 제정 과정에 관여했던 실무자로부터 그와 같은 이야기를 전해 들은 내용이다.

9) 이숙연, 앞의 논문, 제10쪽(＜그림 2－1＞ 디지털증거와 유사 개념의 관계도).

10) 손지영 외, 앞의 책, 제23쪽.

11) 김윤섭 · 박상용, "형사증거법상 디지털 증거의 증거능력 – 증거능력의 선결요건 및 전문법칙

이들 견해 모두 전자정보 내지 전자증거와 디지털증거 간의 차이를 인정하면서도 그 차이를 질적 차이가 아닌 양적 차이로 인식하는 것으로 평가할 수 있다.

과연 그럴까? 논의를 좁히기 위해 정보와 증거 간 차이는 무시하기로 하자. 정보를 증거법적 관점에서 보면 증거가 되는 것이니 굳이 따질 실익도 크지 않다. 이제 남은 것은 '전자'와 '디지털'의 차이다. 과연 위 견해들처럼 양자의 차이는 양적인 것에 불과할까? 결론부터 말하면 그렇지 않다. '전자'와 '디지털'은 논의 평면이 다른 별개의 개념이다. 컴퓨터용디스크 그 밖에 그와 비슷한 정보저장매체에 정보를 기록하는 물리적 방식으로 전기 혹은 자기의 성질을 이용하는데 이렇게 기록된 정보가 전자적 정보, 즉 전자정보이다. 반면 디지털이란 정보의 존재 형태를 가리킨다. digital은 라틴어 digitus에서 유래한 것인데 digitus는 손가락을 말한다. 즉 정보가 연속적으로 기록되지 않고(연속적인 것을 우리는 아날로그라고 부른다) 손가락처럼 뚝뚝 끊어져서 이산적(離散的)으로 기록된다는 의미다.

아직은 좀 어렵다. 이해의 편의를 위해 우리가 무언가를 기록한다고 해보자. 무엇이 필요할까? 기록은 기록하고자 하는 의미와 그 의미를 표현하는 기호 즉 문자, 문자를 담아 보존하고 전달할 수 있는 매체, 그리고 매체에 문자를 새길 수 있는 도구와 그 도구를 움직이는 동력이 결합하여 시각적으로 드러난다.[12] 의미, 문자, 매체, 도구, 동력 이렇게 5가지를 기록의 5요소라고 할 때 '전자'와 '디지털'은 이들 중 어디와 연결될까? 형사소송법 제106조 제1항의 '정보저장매체등'이 매체에 해당함은 의문의 여지가 없으므로 여기에 기록하는 수단의 유형을 뜻하는 '전자(적)'는 도구에 해당한다. 그렇다면 디지털은? 디지털은 문자와 연결된다. 2진법을 사용하는 컴퓨터에서 디지털은 0과 1로 표현된다. 사람은 읽을 수 없지만 컴퓨터는 읽을 수 있는 것, 즉 문자이다. 어떤가? 양자의 차이가 조금은 더 선명해지는가?

전자적 방식으로 기록한다고 해서 그것이 모두 디지털 형태라고 할 수 없듯이 디지털 형태로 존재한다고 해서 그것의 기록이 오직 전자적 방식에 의해서만 가능한 것도 아니다. 좀 더 풀어서 설명하자면, 전자적 방식의 기록에 아날로그 형태도 존재할 수 있고, 디지털 형태라도 기계적 방식으로 기록될 수 있다는 것이다. 이처럼 디지털을 전자적인 것과 유사한 것으로 오해하는 것은 지금 우리만의 문제는 아닌

의 예외요건을 중심으로 -", 『형사정책연구』 통권 제102호(한국형사법무정책연구원, 2015. 여름) 제168-169쪽.

12) 김승언, "영상녹화조사물의 지위 회복을 위한 소고", 『형사소송 이론과 실무』 제15권 제2호(한국형사소송법학회, 2023. 6.), 제221쪽.

듯하다. 컴퓨터과학의 아버지로 불리며 그 유명한 '튜링 테스트'를 고안한 앨런 매시슨 튜링(Alan Mathison Turing)은 1950년에 "배비지[13]의 기계는 전기와 관련이 없고 모든 디지털 컴퓨터 역시 어떤 의미에서는 동일하기 때문에 전기의 사용이 이론적으로 중요한 것은 아니라고 봅니다. … 따라서 전기를 쓴다는 특징은 피상적인 유사성에 불과합니다"라고 밝힌 바 있다.[14] 그 이유는 당시 사람들도 디지털 컴퓨터를 본질적으로 전기적이라고 생각했기 때문일 것이다. 하지만 1950년대 사람들이 그렇게 오해했다고 해서 지금의 우리가 그것을 답습할 이유는 없다.

이제 '전자'와 '디지털'의 차이를 알았다. 하지만 이것만으로 앞 질문에 대한 답변은 되지 않는다. 논의 전개상 눈치를 챘겠지만 본 발제의 주장 요지는 "정보저장매체등에 기록된 정보를 디지털증거 혹은 디지털정보로 부르는 건 되지만 '전자정보'로 부르는 건 부적절하다"는 것이다. 왜 그런가? "전자와 디지털증거의 개념이 다른 것이라면 기록의 존재 형태를 강조할 땐 디지털증거로, 기록의 물리적 방식을 강조할 땐 전자정보로 부를 수 있는 것 아닌가?"라며 반문할지도 모르겠다. 하지만 전자정보라고 부르는 것이 잘못이라는 이유는 아래에서 보는 바와 같이 선명하다. 그 근거는 바로 우리가 디지털증거를 별도로 논하는 이유에서 찾을 수 있다.

왜 우리는 디지털증거를 따로 논하는가? 판례를 통해 정착된 법리는 디지털증거의 증거능력 인정 요건으로 동일성과 무결성을 요구하는 것이다. 왜 전자정보 내지 디지털증거는 유체물인 증거에는 없는 그런 추가적인 요건이 필요할까? 그 이유가 뭔가? '전자'적 방식으로 기록되기 때문인가? 아니면 '디지털' 형태로 존재하기 때문인가? 그 이유가 '전자'적 방식 때문이라면 전자정보라고 부르는 것이 맞고, '디지털' 형태 때문이라면 디지털증거라고 부르는 게 맞을 것이다.

디지털증거의 특성으로 흔히 드는 성질이 매체독립성, 복제용이성 즉 원본과 사본 구분의 곤란성, 취약성 내지 변조용이성 등이다. 이러한 성질은 어디에서 유래할까? 그렇다. 이러한 성질은 디지털이라는 존재 형태로 인해 발생하는 문제이다. 기록이 디지털 형태다 보니 즉, 0과 1로만 기록되어 있어 변개가 쉽고 사후적으로 그에 대한 확인도 어려워 법정에 제출된 것이 원본인지, 수사기관이 압수할 당시 그대로의 것인지 확인할 방법이 필요할 수밖에 없다. 증거로 제출되는 디지털증거

13) 찰스 배비지(Charles Babbage), 영국의 수학자, 컴퓨터과학자, 발명가로서 기계식 컴퓨터를 최초로 개발한 사람으로 평가받는다.

14) James Gleick(박래선·김태훈 옮김), 『인포메이션』, 동아시아, 2021(초판 8쇄), 제345-346쪽.

를 유죄 인정의 증거로 사용해도 될지 확인하는 관문을 추가로 만들 필요가 있었고 그래서 고안된 것이 바로 동일성과 무결성이다. 다시 묻겠다. 우리는 왜 전자정보 내지 디지털증거에 주목하는가? 그것이 전자적 방식으로 기록되기 때문인가? 아니면 디지털 형태로 존재하기 때문인가?

정답은 분명하다. 디지털증거라는 적확한 용어가 있음에도 전자정보라는 유사 용어를 사용할 필요는 없다. 한글 사용을 고집하고 싶더라도 이미 우리 형사소송법에는 '디지털포렌식[15]'이란 용어가 들어와 있다. 법률명에도 디지털을 사용한 법률[16]을 어렵지 않게 찾을 수 있다. 전자정부법, 전자문서 및 전자거래 기본법 등 다른 법률에서 '전자적'이라는 용어를 사용하는 것은 '전자적'을 그 의미 그대로 사용하기 때문이다. '디지털'이라는 개념은 위 법률들에서 별다른 의미를 갖지 않기에 단어의 사용이 크게 문제 되지도 않는다. 하지만 증거능력이라는 관문이 있는 형사소송법은 다르다. 디지털의 개념이 매우 중요하다.

그래도 납득이 어려운가? 예를 들어보자. 오늘날 널리 사용되는 프로그램(program) 개념을 최초로 기계적으로 구현한 컴퓨터의 시초이자, 차분기관(差分機關)을 만든 찰스 배비지(Charles Babbage)와 같은 천재가 등장해 AI, 클라우드 등으로 인해 갈수록 증가하는 전기 수요에 따른 전력 공급의 어려움을 타개하고자 전기를 사용하지 않고 기계적 방식으로 2진법에 따라 정보를 기록하는 장치를 만들었다고 치자. 그 장치에 기억된 정보는 전자정보인가? 전자적 방식으로 기록하지 않기 때문에 전자정보라고 부를 수 없다. 문언적 해석상 그렇다는 것이다. 위 장치에 기억된 정보가 증거로 제출된다고 할 때 그 증거는 동일성과 무결성 관문을 거치지 않아도 되는가? 그렇지 않다. 원본 데이터가 디지털 형태로 존재하는 이상 원본과 사본 구별의 어려움, 변개 용이성, 취약성은 여전하기 때문이다. 가상의 사례이긴 하지만 디지털증거라는 적확한 용어가 있음에도 굳이 전자정보라는 논의 평면이 다른 개념의 용어를 사용할 아무런 이유가 없다.

따라서 입법사항은 아니지만 대통령령 개정을 통해 수사준칙에서 사용 중인 '전

15) 형사소송법 제313조(진술서등) ② 제1항 본문에도 불구하고 진술서의 작성자가 공판준비나 공판기일에서 그 성립의 진정을 부인하는 경우에는 과학적 분석결과에 기초한 디지털포렌식 자료, 감정 등 객관적 방법으로 성립의 진정함이 증명되는 때에는 증거로 할 수 있다. 다만, 피고인 아닌 자가 작성한 진술서는 피고인 또는 변호인이 공판준비 또는 공판기일에 그 기재 내용에 관하여 작성자를 신문할 수 있었을 것을 요한다. <개정 2016. 5. 29.>

16) 산업 디지털 전환 촉진법, 디지털 기반의 원격교육 활성화 기본법, 디지털의료제품법 등

자정보'는 '디지털증거' 혹은 '디지털정보'라는 용어로 변경함이 타당하다.

Ⅲ. 공판단계의 압수 참여조항의 준용은 타당한가?

1. 참여권 조항의 규정 형태

지금 실무에서는 디지털증거와 관련한 참여권 보장 문제로 많은 어려움을 겪고 있다. 나중에 절차 위반으로 판단되는 경우 수사를 아무리 열심히 했더라도 증거능력이 날아가는 판이니, 긴장하지 않을 수 없다. 하지만 최선을 다해 잘해보려고 해도 어떻게 해야 할지 참 답답할 때가 많다. 참여권의 주체, 시적 범위, 내용적 범위 등에 대한 기준이 명확하지 않다 보니 생기는 문제다. 대기업 수사처럼 재력이 탄탄한 압수·수색 대상자의 경우에는 더 어렵다. 특히, 항상 그런 것은 아니지만 간혹 수사를 방해할 의도로 사사건건 관련성을 다투며 시간을 끄는 참여 변호인의 태클을 마주하게 되면 실체 진실을 밝히려는 의지마저 흔들린다. 가끔 '법의 취지가 이게 맞나?' 의문이 들 때도 많다. 이번 기회에 지금의 실무 운용이 형사소송법의 취지에 부합하는지 검토하기로 하자.

검사나 사법경찰관의 압수·수색에서 참여가 논란이 되는 원인 중 하나는 형사소송법 제219조[17]가 영장 집행에서의 당사자 참여를 규정한 동법 제121조[18], 제122조[19]를 준용한다는 점이다. 왜 참여하게 할까? 이에 대하여 입법자는 압수수색이 상대방의 재산권이나 자유에 중대한 제약을 초래하므로 그 권익을 보호하기 위하여 여러 장치를 마련하고 있다고 설명하기도 한다.[20] 이 설명이 타당한지는 뒤에서 다시 살펴보기로 하고 여기서는 형사소송법 제121조의 조문 제목에 주목할 필요가

17) 형사소송법 제219조(준용규정) 제106조, 제107조, 제109조 내지 제112조, 제114조, 제115조 제1항 본문, 제2항, 제118조부터 제132조까지, 제134조, 제135조, 제140조, 제141조, 제333조 제2항, 제486조의 규정은 검사 또는 사법경찰관의 본장의 규정에 의한 압수, 수색 또는 검증에 준용한다. 단, 사법경찰관이 제130조, 제132조 및 제134조에 따른 처분을 함에는 검사의 지휘를 받아야 한다.

18) 형사소송법 제121조(영장집행과 당사자의 참여) 검사, 피고인 또는 변호인은 압수·수색영장의 집행에 참여할 수 있다.

19) 형사소송법 제122조(영장집행과 참여권자에의 통지) 압수·수색영장을 집행함에는 미리 집행의 일시와 장소를 전조에 규정한 자에게 통지하여야 한다. 단, 전조에 규정한 자가 참여하지 아니한다는 의사를 명시한 때 또는 급속을 요하는 때에는 예외로 한다.

20) 신동운, 『신형사소송법』, 법문사, 2014, 제424쪽.

있다. '영장집행과 당사자의 참여'가 그것이다. 소송절차에서 당사자란 자기의 이름으로 판결을 요구하는 사람과 그 상대방을 지칭한다. 형사소송절차에서 당사자는 법원에 공소를 제기하는 검사와 그 상대방인 피고인이다. 그런데 수사절차에도 당사자가 있나? 당사자라는 개념 자체가 없는 수사절차에 당사자의 참여를 규정한 이 조문을 왜 준용하지? 그 근거가 무언지 의문이 들지 않을 수 없다.

위 규정을 다른 각도에서 바라볼 필요도 있다. 먼저, 공판 개정이다. 공판정을 개정하려면 판사, 검사, 피고인이 모두 출석해야 한다. 형사소송법 제275조, 제278조는 판사와 검사의 공판정 출석을, 동법 제276조, 제277조의2는 피고인의 공판정 출석을 규정하고 있다. 이들 규정을 종합하면 당사자인 검사와 피고인의 출석이 공판의 개정 요건임을 말해준다. 헌법 제27조는 형사피고인의 공개재판을 받을 권리를, 헌법 제109조는 재판의 심리와 판결의 공개 원칙을 천명하고 있는 만큼 피고인의 참여가 없는 공개재판을 상정할 수는 없다는 점에서[21] 당연한 규정이다.

공개재판의 원칙은 비밀재판을 배제하고 일반 국민의 감시하에서 심리와 판결을 받음으로써 공정한 재판을 받도록 하는데 그 취지가 있다.[22] 따라서 공판정은 물론이고 압수·수색 현장에도 피고인의 참여가 보장된다. 즉 공판절차에서 피고인의 참여는 그것이 소송절차가 진행되는 공판정이건 증거를 확보하기 위한 압수·수색 현장이건 원래 보장되는 것이라는 의미다. 당연한 이야기지만 피고인의 참여권이 여기서만 보장되는 건 아니다. 형사소송법은 제1편 제10장 압수·수색에서 규정한 피고인의 참여권 규정(제121조, 제122조)을 제11장 검증[23]에 준용하고, 제12장 증

---

21) 김주석 외, 『재판공개원칙의 현대적 의미와 한계』, 사법정책연구원, 2023, 제9－11쪽. "공개재판은 재판의 심리와 판결을 널리 일반 국민에게 공개함으로써 재판의 공정성을 제고하기 위한 제도로서 여기서 공개는 재판당사자에 대한 공개를 넘어 일반 국민 혹은 공중에 대한 공개를 의미하고, 공개재판의 제도적 의의는 재판의 심리와 판결이 일반인의 방청이 허용된 공개 법정에서 행해져야 한다는 것으로서 비밀재판을 배척하는 개념이다."

22) 헌법재판소 2005. 12. 22. 선고 2004헌바45 전원재판부 결정. "헌법 제27조 제1항은 "모든 국민은 헌법과 법률이 정한 법관에 의하여 법률에 의한 재판을 받을 권리를 가진다."고 규정하고, 같은 조 제3항은 "모든 국민은 신속한 재판을 받을 권리를 가진다. 형사피고인은 상당한 이유가 없는 한 지체 없이 공개재판을 받을 권리를 가진다."고 규정함으로써 공정하고 신속한 공개재판을 받을 권리를 보장하고 있다. 재판청구권은 재판절차를 규율하는 법률과 재판에서 적용될 실체적 법률이 모두 합헌적이어야 한다는 의미에서의 법률에 의한 재판을 받을 권리뿐만 아니라, 비밀재판을 배제하고 일반 국민의 감시하에서 심리와 판결을 받음으로써 공정한 재판을 받을 수 있는 권리를 포함하고 있다."

23) 형사소송법 제145조(준용규정) 제110조, 제119조 내지 제123조, 제127조와 제136조의 규정은

인신문[24]과 제13장 감정[25]에서는 피고인의 참여권을 따로 규정하며, 제14장 통역과 번역에서는 제13장 감정의 참여권 규정을 준용[26]하도록 하여 형사소송절차 전반에서 피고인의 참여권을 빠짐없이 인정하고 있다. 증인신문이나 감정, 통역과 번역 모두 압수·수색과 마찬가지로 재판절차의 한 부분이므로 당사자인 피고인의 참여는 공개재판의 원칙상 당연히 보장되는 헌법상 권리다. 피고인의 참여가 보장되는 모든 소송절차에서 검사에게도 참여권이 인정되는데 이 또한 탄핵주의 소송 구조상 당연하다. 따라서 소송절차에서 검사와 피고인의 참여는 형사소송에서 공정한 재판을 위한 절차 형성의 필수요건으로서 의미를 갖는다고 봄이 타당하다.

그렇다면 수사절차는 어떨까? 수사절차에는 공개재판의 원칙이 적용되지 않는다. 소송절차에서는 당사자주의냐 직권주의냐 논란이 있지만 수사절차에서 그런 논란은 거의 없다. 당사자주의를 채택한 것으로 평가되는 영미법계 국가에서도 수사절차를 당사자주의처럼 운영하지는 않는다. 따라서 수사절차에서의 피의자의 참여는 당연하지 않고 오히려 수사절차의 진행은 공무상 비밀로 취급되는 경우가 많다.[27][28] 수사절차 중 피의자의 참여가 논란되는 것은 압수·수색에서의 참여가 유

검증에 관하여 준용한다.

24) 형사소송법 제163조(당사자의 참여권, 신문권) ① 검사, 피고인 또는 변호인은 증인신문에 참여할 수 있다.
② 증인신문의 시일과 장소는 전항의 규정에 의하여 참여할 수 있는 자에게 미리 통지하여야 한다. 단, 참여하지 아니한다는 의사를 명시한 때에는 예외로 한다.

25) 형사소송법 제176조(당사자의 참여) ①검사, 피고인 또는 변호인은 감정에 참여할 수 있다.
② 제122조의 규정은 전항의 경우에 준용한다.

26) 형사소송법 제183조(준용규정) 전장의 규정은 통역과 번역에 준용한다.

27) 대법원 2007. 6. 14. 선고 2004도5561 판결. "검찰 등 수사기관이 특정 사건에 대하여 수사를 진행하고 있는 상태에서, 수사기관이 현재 어떤 자료를 확보하였고 해당 사안이나 피의자의 죄책, 신병처리에 대하여 수사책임자가 어떤 의견을 가지고 있는지 등의 정보는, 그것이 수사의 대상이 될 가능성이 있는 자 등 수사기관 외부로 누설될 경우 피의자 등이 아직까지 수사기관에서 확보하지 못한 자료를 인멸하거나, 수사기관에서 파악하고 있는 내용에 맞추어 증거를 조작하거나, 허위의 진술을 준비하는 등의 방법으로 수사기관의 범죄수사 기능에 장애를 초래할 위험이 있는 점에 비추어 보면, 해당 사건에 대한 종국적인 결정을 하기 전까지는 외부에 누설되어서는 안 될 수사기관 내부의 비밀에 해당한다."

28) 대법원 2018. 2. 13. 선고 2014도11441 판결. "검사가 수사의 대상, 방법 등에 관하여 사법경찰관리에게 지휘한 내용을 기재한 수사지휘서는 당시까지 진행된 수사의 내용뿐만 아니라 향후 수사의 진행 방향까지 가늠할 수 있게 하는 수사기관의 내부문서이다. 수사기관이 특정 사건에 대하여 내사 또는 수사를 진행하고 있는 상태에서 수사지휘서의 내용이 외부에 알려질 경우 피내사자나 피의자 등이 증거자료를 인멸하거나 수사기관에서 파악하고 있는 내용에 맞

일하다. 물론 수사절차 중 피의자신문도 피의자가 참석해야 하는 절차이기는 하나 피의자가 없으면 애초에 피의자신문이 진행될 수 없으니 이를 두고 피의자의 참여를 논하는 건 아무래도 어색하다. 피의자신문은 피의자가 참여하는 것이 아니라 수사의 객체가 된다고 보는 게 자연스럽다.

결론적으로 형사소송법은 공개재판의 원칙이 작동되는 소송절차에서 피고인의 참여에 관한 여러 법률조항 중 오직 압수·수색에서의 참여를 규정한 제121조, 제122조의 경우에만, 그것도 공개재판의 원칙이 적용되지 않는 수사절차에 준용한다는 데서 문제가 발생한다. 위 준용 규정의 의미를 어떻게 해석할지에 따라 참여권의 인정 범위에 큰 차이가 생긴다고 하겠다. 그 의미를 해석하기에 앞서 법원 실무는 어떠한지 살펴보기로 하자.

2. 참여권 조항의 적용 상황

(1) 참여권의 보장 대상

과문(寡聞)해서겠지만 디지털증거가 등장하기 전까지 참여권을 둘러싼 논란을 들어본 기억이 별로 없다. 그러다 디지털증거의 중요성이 커지면서 2015년 법원에서 피압수자의 참여권 미보장을 이유로 영장 집행을 위법하다고 판단하였고[29] 그 이

추어 증거를 준비하는 등 수사기관의 증거 수집 등 범죄수사 기능에 장애가 생길 위험이 있다. 또한 수사지휘서의 내용이 누설된 경로에 따라서는 사건관계인과의 유착 의혹 등으로 수사의 공정성과 신뢰성이 훼손됨으로써 수사의 궁극적인 목적인 적정한 형벌권 실현에 지장이 생길 우려도 있다. 그러므로 수사지휘서의 기재 내용과 이에 관계된 수사상황은 해당 사건에 대한 종국적인 결정을 하기 전까지는 외부에 누설되어서는 안 될 수사기관 내부의 비밀에 해당한다."

29) 대법원 2015. 7. 16.자 2011모1839 전원합의체 결정. "검사가 압수·수색영장을 발부받아 갑 주식회사 빌딩 내 을의 사무실을 압수·수색하였는데, 저장매체에 범죄혐의와 관련된 정보(이하 '유관정보'라 한다)와 범죄혐의와 무관한 정보(이하 '무관정보'라 한다)가 혼재된 것으로 판단하여 갑 회사의 동의를 받아 저장매체를 수사기관 사무실로 반출한 다음 을 측의 참여하에 저장매체에 저장된 전자정보파일 전부를 '이미징'의 방법으로 다른 저장매체로 복제(이하 '제1 처분'이라 한다)하고, 을 측의 참여 없이 이미징한 복제본을 외장 하드디스크에 재복제(이하 '제2 처분'이라 한다)하였으며, 을 측의 참여 없이 하드디스크에서 유관정보를 탐색하는 과정에서 갑 회사의 별건 범죄혐의와 관련된 전자정보 등 무관정보도 함께 출력(이하 '제3 처분'이라 한다)한 사안에서, 제1 처분은 위법하다고 볼 수 없으나, 제2·3 처분은 제1 처분 후 피압수·수색 당사자에게 계속적인 참여권을 보장하는 등의 조치가 이루어지지 아니한 채 유관정보는 물론 무관정보까지 재복제·출력한 것으로서 영장이 허용한 범위를 벗어나고 적법절차를

후 참여권 보장이 수사절차에서 가장 어려운 과제로 대두되었다.

먼저, 누구에게 참여의 기회를 보장해야 할까? 공판절차라면 참여권의 보장 대상은 검사와 피고인 그리고 피압수자[30]가 될 것이다. 하지만 수사절차도 그럴까? 피의자가 피압수자라면 고민할 필요가 없겠지만 피압수자가 제3자라면 이럴 때도 피의자에게 참여의 기회를 보장해야 하나? 뭔가 어색하다. 압수물의 소유·소지자도 아닌 자에게 무엇을 위해서 참여 기회를 보장해야 하는지 알 수 없다. 오직 형사소송법 제219조에서 제121조를 준용하고 있으니 어쩔 도리가 없다고 체념하며 법률의 권위에 순응할 뿐이다.

판례는 어떤 태도일까? 일단 피의자와 구분되는 피압수자를 참여 대상으로 보는 것은 분명하다.[31] 그렇다면, 피의자는? 여기서 피의자는 당연히 피압수자가 아닌 피의자를 말한다. 피의자가 피압수자라면 참여권 보장을 따로 논할 필요조차 없을 테니 말이다. 그런데 판례의 태도는 애매하다. 피의자가 피압수자인 사안[32]에서의

위반한 위법한 처분이며, 제2·3 처분에 해당하는 전자정보의 복제·출력 과정은 증거물을 획득하는 행위로서 압수·수색의 목적에 해당하는 중요한 과정인 점 등 위법의 중대성에 비추어 위 영장에 기한 압수·수색이 전체적으로 취소되어야 한다고 한 사례”

30) 형사소송법 제118조는 “압수·수색영장은 처분을 받는 자에게 반드시 제시하여야 하고”라고 규정하고 있는데 여기서 처분을 받는 자를 ‘피압수자’라고 볼 수 있고, 피압수자에게 영장을 제시한다는 것은 그가 압수·수색 현장에 함께 있는 것을 전제하는 것이므로 피압수자에게도 참여권이 인정된다고 봄이 타당하다.

31) 대법원 2022. 7. 14.자 2019모2584 결정. “강제수사는 범죄수사 목적을 위하여 필요 최소한의 범위 내에서만 이루어져야 하므로(형사소송법 제199조 제1항), 수사기관의 압수·수색 또한 범죄수사에 필요한 경우에 한하여 피의자가 죄를 범하였다고 의심할 만한 정황이 있고 해당 사건과 관계가 있다고 인정할 수 있는 것에 한정하여 이루어져야 한다(형사소송법 제215조). <u>수사기관이 압수 또는 수색을 할 때에는 처분을 받는 사람에게 반드시 적법한 절차에 따라 법관이 발부한 영장을 사전에 제시하여야 하고(헌법 제12조 제3항 본문, 형사소송법 제219조 및 **제118조**), 피의자·**피압수자** 또는 변호인(이하 ‘피의자 등’이라 한다)은 압수·수색영장의 집행에 참여할 권리가 있으므로</u>(형사소송법 제219조, 제121조), 수사기관이 압수·수색영장을 집행할 때에도 원칙적으로는 피의자 등에게 미리 집행의 일시와 장소를 통지하여야 한다(형사소송법 제219조, 제122조). 한편 수사기관은 압수영장을 집행한 직후에 압수목록을 곧바로 작성하여 압수한 물건의 소유자·소지자·보관자 기타 이에 준하는 사람에게 교부하여야 한다(형사소송법 제219조, 제129조).”

32) 대법원 2022. 7. 28. 선고 2022도2960 판결. 해당 사안은 성매매처벌법위반(성매매알선등) 혐의로 체포영장과 함께 피의자가 사용·보관 중인 휴대전화(성매매여성 등 정보가 보관되어 있는 저장장치 포함) 등에 대한 사전 압수·수색영장을 함께 발부받은 뒤 피의자를 체포하면서 그 소유의 휴대전화를 압수한 사안으로, 동 사안에서 대법원은 다음과 같이 판시하였다. “압

판시를 보면 "… 그와 같은 일련의 과정에서 형사소송법 제219조, 제121조에서 규정하는 피압수·수색 당사자(이하 '피압수자'라 한다)나 변호인에게 참여의 기회를 보장하고 …"라고 표현한다. 하지만 여기의 피의자는 형사소송법 제121조에 따라 피압수자가 되는 게 아니라 제118조에 따라 피압수자가 되는 것인데 왜 제121조를 끌어다 붙이는지 아무래도 뜬금없다. 덧붙이자면 제121조는 검사, 피고인, 변호인의 참여를 규정하고 있을 뿐이다. 참여한다고 피압수자가 되지는 않는다. 한편, 피의자가 피압수자에 해당하지 않은 사안[33]에서는 "… 나아가 피해자 등 제3자가 피

수의 대상이 되는 전자정보와 그렇지 않은 전자정보가 혼재된 정보저장매체나 그 복제본을 압수·수색한 수사기관이 정보저장매체 등을 수사기관 사무실 등으로 옮겨 이를 탐색·복제·출력하는 경우, 그와 같은 일련의 과정에서 형사소송법 제219조, 제121조에서 규정하는 피압수·수색 당사자(이하 '피압수자'라 한다)나 변호인에게 참여의 기회를 보장하고 압수된 전자정보의 파일 명세가 특정된 압수목록을 작성·교부하여야 하며 범죄혐의사실과 무관한 전자정보의 임의적인 복제 등을 막기 위한 적절한 조치를 취하는 등 영장주의 원칙과 적법절차를 준수하여야 한다."

33) 대법원 2021. 11. 18. 선고 2016도348 전원합의체 판결. 해당 사안은 피의자가 피해자를 상대로 저지른 성폭력처벌법위반(카메라등이용촬영) 범행에 대하여 피해자가 즉시 피해 사실을 경찰에 신고하면서 피의자의 집에서 가지고 나온 피의자 소유의 휴대전화 2대에 피의자가 촬영한 동영상과 사진이 저장되어 있다는 취지로 말하고 이를 범행의 증거물로 임의제출하여 경찰이 압수한 사안으로, 동 사안에서 대법원은 다음과 같이 판시하였다. "압수의 대상이 되는 전자정보와 그렇지 않은 전자정보가 혼재된 정보저장매체나 그 복제본을 임의제출받은 수사기관이 그 정보저장매체 등을 수사기관 사무실 등으로 옮겨 이를 탐색·복제·출력하는 경우, 그와 같은 일련의 과정에서 형사소송법 제219조, 제121조에서 규정하는 피압수·수색 당사자(이하 '피압수자'라 한다)나 그 변호인에게 참여의 기회를 보장하고 압수된 전자정보의 파일 명세가 특정된 압수목록을 작성·교부하여야 하며 범죄혐의사실과 무관한 전자정보의 임의적인 복제 등을 막기 위한 적절한 조치를 취하는 등 영장주의 원칙과 적법절차를 준수하여야 한다. 만약 그러한 조치가 취해지지 않았다면 피압수자 측이 참여하지 아니한다는 의사를 명시적으로 표시하였거나 임의제출의 취지와 경과 또는 그 절차 위반행위가 이루어진 과정의 성질과 내용 등에 비추어 피압수자 측에 절차 참여를 보장한 취지가 실질적으로 침해되었다고 볼 수 없을 정도에 해당한다는 등의 특별한 사정이 없는 이상 압수·수색이 적법하다고 평가할 수 없고, 비록 수사기관이 정보저장매체 또는 복제본에서 범죄혐의사실과 관련된 전자정보만을 복제·출력하였다 하더라도 달리 볼 것은 아니다. 나아가 피해자 등 제3자가 피의자의 소유·관리에 속하는 정보저장매체를 영장에 의하지 않고 임의제출한 경우에는 **실질적 피압수자**인 피의자가 수사기관으로 하여금 그 전자정보 전부를 무제한 탐색하는 데 동의한 것으로 보기 어려울 뿐만 아니라 피의자 스스로 임의제출한 경우 피의자의 참여권 등이 보장되어야 하는 것과 견주어 보더라도 특별한 사정이 없는 한 형사소송법 제219조, 제121조, 제129조에 따라 피의자에게 참여권을 보장하고 압수한 전자정보 목록을 교부하는 등 피의자의 절차적 권리를 보장하기 위한 적절한 조치가 이루어져야 한다."

의자의 소유·관리에 속하는 정보저장매체를 영장에 의하지 않고 임의제출한 경우에는 실질적 피압수자인 피의자가 수사기관으로 하여금 …"이라고 표현하고 있다. 이상하게도 피의자를 피압수자가 아닌 실질적 피압수자로 지칭하는 것이다. 형사소송법 제121조에서 규정하는 참여의 주체는 검사, 피고인, 변호인이다. 동 판결에서도 "형사소송법 제219조, 제121조에서 규정하는 피압수·수색 당사자(이하 '피압수자'라 한다)"라고 표현하고 있다. 문언의 표현상으로는 피의자도 형사소송법 제219조, 제121조에 따라 피압수자가 되어야 한다. 그런데 압수 대상인 휴대폰을 피의자로부터 압수한 것이 아니어서 그런지 피의자는 피압수자가 아닌 실질적 피압수자로 지칭된다. 즉 피의자로서 당연히 참여권이 인정되는 것이 아니라 실질적 피압수자에 해당하기 때문에 참여권이 인정된다는 논리다. 위 두 사안의 판결상 문언을 연결해서 합리적으로 해석하자면 법원은 피의자와 피압수자를 구별하면서 참여권의 보장 대상은 피압수자이고, 피의자에게 참여권이 인정되려면 피의자의 지위만으로는 부족하고 압수·수색영장의 집행 대상인 피압수자이거나 또는 압수된 정보저장매체에 기억된 정보가 피의자의 것이라고 인정할 만한 객관적 사정이 존재하는 것과 같이 그를 실질적 피압수자로 볼 만한 사정이 있어야 한다는 견해를 취하는 것으로 평가할 수 있다.

한마디로 제219조, 제121조의 규정에도 불구하고 피의자에게 해당 규정에 따른 참여권은 인정하지 않는 것이다. 피의자가 실질적 피압수자인 경우에만 동 규정에 따른 참여권을 인정할 뿐이다. 물론 이러한 판례의 태도에 의할 때 실질적 피압수자 개념이 초래하는 참여권 보장 대상의 불명확성 문제는 여전히 남는다.

(2) 참여권의 인정 범위

선별압수가 원칙인 현행법하에서 디지털증거의 압수·수색은 일반적으로 압수·수색 장소 임장 → 압수 대상 정보저장매체 수색 및 확인 → 매체 원본 또는 가선별[34] 파일(전체나 부분 이미징)의 반출 → 봉인 해제 후 관련성 증거의 탐색 → 선별 증거의 복제(이미지 파일 생성 및 해시값 확인 포함) 또는 출력 및 전자정보 상세목록 교부 → 매체 원본의 반환 내지 무관 증거의 삭제 또는 폐기 순으로 진행된

---

34) 대검예규인 「디지털증거의 수집·분석 및 관리 규정」 제3조 제6호에서는 가선별을 "압수·수색·검증 현장에서 사건과 관련이 있는 전자정보만 선별하여 압수하는 것이 어려운 경우 일정한 기준에 따라 전체 전자정보 중 일부만 부분 복제하여 현장 이외의 장소로 반출하는 것을 말한다"라고 규정한다.

다. 이와 같은 일련의 절차 진행 과정에서 피압수자의 참여는 어디부터 어디까지 인정되는가?

대법원은 "저장매체 또는 하드카피나 이미징 등 형태를 수사기관 사무실 등으로 옮겨 복제·탐색·출력하는 경우에도 그와 같은 일련의 과정에서 제219조, 제121조에서 규정하는 피압수·수색당사자(=피압수자)나 변호인에게 참여의 기회를 보장하고 …"라고 판시[35]하여 압수·수색 장소에 임장하는 시점부터 관련성 있는 증거를 선별하기 위한 탐색과 그에 따른 복제·출력 시점까지 참여권을 보장해야 하는 것으로 보고 있다. 동 판결에서 대법원은 참여권이 보장되지 않으면 혐의사실과 관련된 전자정보만을 복제·출력하더라도 특별한 사정이 없는 한 영장주의 위반이라는 견해를 밝히고 있다. 암호가 있어 복호화해야 하는 경우는 어떨까? 대법원의 명시적 입장으로 보기는 어렵지만 복호화 과정에도 참여권을 보장해야 한다고 본 원심을 수긍한 적도 있다.[36] 대법원은 압수·수색절차가 종료한 이후 압수된 이미지 파일을 탐색·복제·출력하는 과정에는 참여의 기회를 보장하지 않아도 된다고 판시[37]하였는데 이는 영장 집행이 종료한 이후의 문제로서 당연한 이야기다. 참여를 논할 압수·수색영장 집행이 이미 끝나고 없는데 어디에 누가 참여할 수 있겠는가?

대법원이 이처럼 참여권의 인정 범위를 넓게 보는 이유는 무엇인가? 이 질문에 딱 들어맞는 답변을 명시적으로 한 적은 없지만, 일명 '종근당 사건[38]'과 증거은닉

---

35) 대법원 2015. 7. 16.자 2011모1839 전원합의체 결정.

36) 대법원 2015. 1. 22. 선고 2014도10978 전원합의체 판결.

37) 대법원 2018. 2. 8. 선고 2017도13263 판결.

38) 대법원 2015. 7. 16.자 2011모1839 전원합의체 결정. "전자정보에 대한 압수·수색에 있어 저장매체 자체를 외부로 반출하거나 하드카피·이미징 등의 형태로 복제본을 만들어 외부에서 저장매체나 복제본에 대하여 압수·수색이 허용되는 예외적인 경우에도 혐의사실과 관련된 전자정보 이외에 이와 무관한 전자정보를 탐색·복제·출력하는 것은 원칙적으로 위법한 압수·수색에 해당하므로 허용될 수 없다. 그러나 전자정보에 대한 압수·수색이 종료되기 전에 혐의사실과 관련된 전자정보를 적법하게 탐색하는 과정에서 별도의 범죄혐의와 관련된 전자정보를 우연히 발견한 경우라면, 수사기관은 더 이상의 추가 탐색을 중단하고 법원에서 별도의 범죄혐의에 대한 압수·수색영장을 발부받은 경우에 한하여 그러한 정보에 대하여도 적법하게 압수·수색을 할 수 있다. 나아가 이러한 경우에도 별도의 압수·수색 절차는 최초의 압수·수색 절차와 구별되는 별개의 절차이고, 별도 범죄혐의와 관련된 전자정보는 최초의 압수·수색영장에 의한 압수·수색의 대상이 아니어서 저장매체의 원래 소재지에서 별도의 압수·수색영장에 기해 압수·수색을 진행하는 경우와 마찬가지로 피압수·수색 당사자(이하 '피압수자'라 한다)는 최초의 압수·수색 이전부터 해당 전자정보를 관리하고 있던 자라 할 것이므로, 특별한 사정이 없는 한 피압수자에게 형사소송법 제219조, 제121조, 제129조에 따라 참여권을 보

범이 본범으로부터 은닉을 교사받고 소지·보관 중이던 본범의 정보저장매체를 임의제출하는 경우 본범의 참여권 인정 여부가 문제 된 사건[39]에서의 각 판시를 종합해 보면, 대법원은 디지털증거의 압수·수색 시 무관 정보의 압수 가능성과 탐색 과정에서 취득한 정보를 이용한 위법한 별건 수사 우려를 차단하고자 피압수자의 참여권 규정을 적극 활용하는 것으로 해석할 수 있다. 이는 정보저장매체가 갖는 대량성[40]에서 기인하는, 압수·수색 과정에서 피할 수 없는 피압수자의 프라이버시나 영업비밀의 침해를 최소화하려는 조치로 이해된다. 다만, 목적이 아무리 좋아도 그 조치가 과도하면 예상치 못한 부작용이 따르기 마련이다. 지금 실무는 그 부작용으로 어려움을 겪고 있다. 따라서 지금은 디지털증거 압수·수색이 갖는 위험성의 효과적인 통제와 국가형벌권의 원활한 행사를 조화하는 방안을 고민해 볼 시점이다. 이 부분 쟁점은 항을 바꾸어 살펴보기로 한다.

3. 현행 실무상 문제점 및 입법과제

수사절차에서 증거 수집을 위해 진행되는 압수·수색에 영장 집행 대상자인 피압수자가 참여해야 한다는데 이의를 제기할 사람은 없을 것이다. 하지만 피의자는 이

장하고 압수한 전자정보 목록을 교부하는 등 피압수자의 이익을 보호하기 위한 적절한 조치가 이루어져야 한다."

39) 대법원 2023. 9. 18. 선고 2022도7453 전원합의체 판결. "정보저장매체 내의 전자정보가 가지는 중요성은 헌법과 형사소송법이 구현하고자 하는 적법절차, 영장주의, 비례의 원칙과 함께 사생활의 비밀과 자유, 정보에 대한 자기결정권 등의 관점에서 유래된다. 압수의 대상이 되는 전자정보와 그렇지 않은 전자정보가 혼재된 정보저장매체나 그 복제본을 임의제출받은 수사기관이 그 정보저장매체 등을 수사기관 사무실 등으로 옮겨 이를 탐색·복제·출력하는 경우, 그와 같은 일련의 과정에서 형사소송법 제219조, 제121조에서 규정하는 압수·수색영장의 집행을 받는 당사자(이하 '피압수자'라 한다)나 그 변호인에게 참여의 기회를 보장하고 압수된 전자정보의 파일 명세가 특정된 압수목록을 작성·교부하여야 하며, 범죄혐의사실과 무관한 전자정보의 임의적인 복제 등을 막기 위한 적절한 조치를 취하는 등 영장주의 원칙과 적법절차를 준수하여야 한다."

40) 손지영 외, 앞의 책, 제28쪽에서는 다음과 같이 설명한다. "아주 적은 저장매체에도 방대한 분량의 정보를 저정할 수 있어 저장매체의 압수에 있어 범죄와의 관련성이 있는 정보뿐 아니라 그와 관련이 없는 수많은 사생활 비밀, 영업비밀 자료가 포함되어 있을 수 있다. 특히 다중이 공동으로 이용하는 서버에는 하나의 저장매체나 시스템에 범죄와 관계없는 수많은 사람들의 데이터가 저장 또는 전송되는 것이 통상이다. 이러한 특성으로 인해 압수·수색의 범위, 방법 등을 제한할 필요가 더 크다고 볼 수 있다."

야기가 다르다. 대법원이 밝히고 있듯이 수사기관이 어떤 자료를 확보하였는지에 관한 정보는 외부에 누설되어서는 안 될 수사기관 내부의 기밀인데[41] 어떤 수사기관이 누군가를 대상으로 밀행적으로 진행하는 압수·수색에 관한 정보를 사전에 피의자에게 알려야 한다면 그 수사가 제대로 될 수 있을까? 수사 정보가 새면 그 수사는 대부분 실패하기 마련이다. 있던 증거는 사라지고, 없던 증거가 만들어지며, 관련자들의 말맞추기로 인해 실체 진실에 접근하는 건 불가능에 가까워진다. 그래서 앞서 살펴봤듯이 법원도 형사소송법 제219조가 명시적으로 제121조, 제122조를 준용함에도 판결문에서 위 법조문을 나열하기만 할 뿐, 단순히 피의자라는 이유만으로는 참여권을 인정하지 않는다. 위 준용 규정에 대해 상대방의 재산권이나 자유에 중대한 제약을 초래하므로 입법자가 그 권익 보호를 위해 마련한 장치라고 설명하는 견해는 피압수자에게 참여권을 보장하는 이유에 대한 설명일 뿐 영장 집행 대상도 아닌 피의자에게 참여의 기회를 보장해야 하는 사유에 대한 설명으로 보기는 어렵다.

만약, 우리가 1954년으로 돌아가 형사소송법을 다시 제정한다고 치자. 수사절차에서 진행되는 압수·수색에 피압수자가 아닌 피의자에게 사전에 그 사실을 알리고 참여하게 하는 법률을 만들 것인가? 공판은 공개재판의 원칙이 작동하므로 당사자인 검사나 피고인의 참석이 필수지만, inquisitorial system[42] 원리가 지배하는 수사절차에서 피의자의 참여가 당연할 수는 없다. 피의자의 참여를 규정하려면 그에 상응하는 입법 목적이 있어야 한다. 하지만 아무리 생각해도 그 입법 목적을 찾기는 어렵다. 이는 다른 나라의 입법례를 살펴봐도 마찬가지다. 미국, 일본, 독일, 영국 그 어디도 피압수자가 아닌 피의자에게 당사자로서 참여권을 인정하는 나라는 없다.[43]

공판절차에서 피고인의 참여는 헌법상 공개재판의 원칙에 따른 규정이지 압수·수색의 침익적 효력에 대응하여 피고인의 권익을 보호하기 위해 마련한 장치는 아

41) 대법원 2007. 6. 14. 선고 2004도5561 판결 등 참조

42) 이 표현은 규문주의로도 직권주의로도 번역되는데, 규문주의로 번역할 경우 수사절차에 대한 오해를 유발할 수 있고 직권주의로 번역할 경우 당사자주의와 대립되는 소송구조의 관점에서 직권주의로 잘못 이해될 소지가 있다. 오늘날 소송구조론 차원의 직권주의 또는 당사자주의 논의의 영향으로 형사소추(≒수사) 절차에도 피의자를 위한 인권보호 장치가 마련되어 있기는 하나, 기본적으로는 여전히 밀행주의가 적용되고 피의자를 절차의 객체로 취급한다는 의미를 그대로 드러내고자 영문을 그대로 사용하였다.

43) 정진우 외, 『디지털증거법 실무』, 대검찰청, 2023, 제83－87쪽.

니다. 법률 규정을 충실하게 따라야 하므로 압수·수색에서의 피의자 참여는 어쩔 수 없다고 한다면, 수사단계의 검증에도 피의자의 참여권을 인정해야 한다. 형사소송법 제219조는 형사소송법 제1편 제11장 검증에 있는 제140조, 제141조를 준용하고, 검증에는 제121조, 제122조도 같이 준용[44]되므로 결국 검증에서도 피의자의 참여권을 인정해야 한다는 결론에 도달하기 때문이다. 하지만 수사단계에서 국과수 등에 의뢰하여 진행하는 마약 감정, DNA 감정 등에 피의자의 참여를 인정해야 한다는 해석을 받아들일 사람은 없을 것이다. 수사절차 하나하나에 피의자의 참여를 인정하여 공무상 비밀인 수사정보를 실시간으로 피의자와 공유해야 한다면 그 수사가 정상적으로 이루어지길 기대하기는 어렵다. 사실상 국가형벌권의 포기이다. 이는 결코 과장이 아니다. 예컨대, 사건과 관련된 질문과 답변이 오가는지 확인한다는 명목으로 피의자가 참고인을 조사하는 데 참여권을 행사하여 참고인 옆에 앉아서 조사 과정을 모두 듣고 있다고 상상해 보자. 일반 사건이야 어떻게든 진행되겠지만 예컨대 권력형 비리 사건이라면 그러한 방식의 조사를 통해 국가형벌권이 올바르게 행사되기를 기대하기 어렵다. 가사 그렇다고 해도 그런 방식의 수사를 통하여 형사사법에 대한 국민의 보편적 신뢰를 확보하는 건 불가능하다.

결론적으로 공판절차의 압수·수색에서 당사자의 참여를 규정한 형사소송법 제121조, 제122조를 준용하는 형사소송법 제219조는 입법 과정에서 발생한 명백한 실수로 봄이 타당하다. 입법상 잘못에도 불구하고 지금까지 준용 규정이 실무에서 별다른 문제를 일으키지 않은 것은 형사소송법 제122조 단서[45]에 규정된 '급속을 요하는 때'를 넓게 적용하여 피의자의 참여 없이 압수·수색을 해왔기 때문이다.[46] 실무적으로 제219조에 따라 준용되는 제121조의 적용을 배제해 왔던 셈이다. 그러나 디지털증거의 등장으로 참여권 조항이 디지털증거 압수·수색의 통제 수단의 중추적 역할을 담당하게 되면서 입법상 과오로 인한 법률적용의 부당함이 도드라지게 되었다. 따라서 이번 22대 국회에서는 형사소송법 제정 당시부터 존재해 온 입

44) 형사소송법 제145조(준용규정) 제110조, 제119조 내지 제123조, 제127조와 제136조의 규정은 검증에 관하여 준용한다.

45) 형사소송법 제122조(영장집행과 참여권자에의 통지) 압수·수색영장을 집행함에는 미리 집행의 일시와 장소를 전조에 규정한 자에게 통지하여야 한다. 단, 전조에 규정한 자가 참여하지 아니한다는 의사를 명시한 때 또는 급속을 요하는 때에는 예외로 한다.

46) 이완규, "디지털 증거 압수 절차상 피압수자 참여 방식과 관련성 범위 밖의 별건 증거 압수 방법", 『형사법의 신동향』 통권 제48호(대검찰청, 2015. 9.), 제108쪽.

법상 실책을 바로잡을 필요가 있다.

이제 피압수자의 참여권에 대해 살펴보자. 피압수자는 왜 압수·수색에 참여해야 할까? 피압수자의 참여권은 제정 형사소송법부터 있었는데 그 당시는 디지털증거와 같은 것은 상상도 못 할 때이니 당시 참여권 규정은 유체물 압수를 상정하고 만들어졌을 것이다. 입법자들은 유체물에 대한 압수·수색에 왜 피압수자의 참여가 필요하다고 보았을까? 이를 위해서는 먼저 압수의 법적 성격부터 찾아들어 갈 필요가 있다. 압수란 물건의 점유를 취득하는 강제처분으로, 압수의 목적물은 증거물 또는 몰수할 것으로 사료하는 물건이다.[47] 이를 피압수자 측에서 보면 재산권 침해다. 국가기관에 의한 재산권 침해가 정당화되기 위해서는 법률에 근거가 있어야 한다. 형사소송법은 제106조에서 법원의 압수를, 제215조에서 검사와 사법경찰관의 압수를 규정하고, 제219조를 통해 법원의 압수에 있는 여러 규정을 수사절차에도 준용하고 있다. 압수는 아무거나 할 수 있는가? 그렇지 않다. 영장에 기재된 범죄혐의와 관련 있는 것만 압수할 수 있다.[48] 관련성이 있어 압수하더라도 재산권을 침해당하는 피압수자의 권익을 보호할 필요가 있다. 압수·수색에 대한 준항고[49], 압수물에 대한 환부 또는 가환부 청구[50]가 그것이다. 피압수자가 이러한 권리를 행사하려면

---

47) 이재상 외, 『형사소송법』, 박영사, 2022, 제215쪽.

48) 압수·수색에 있어 관련성 요건('해당 사건과 관계가 있다고 인정할 수 있는 것에 한정하여')은 2011. 7. 18. 형사소송법 개정으로 법조문에 추가된 것이나, 이는 종전에 인정되지 않던 것을 새롭게 추가한 것이 아니라 종전부터 인정되던 것을 압수·수색에 있어 인권 보호를 강조하는 차원에서 추가된 것으로 봄이 타당하다. 대법원도 법 개정전인 2009. 7. 23. 선고 2009도2649 판결에서 "헌법과 형사소송법이 구현하고자 하는 적법절차와 영장주의의 정신에 비추어 볼 때, 법관이 압수 · 수색영장을 발부하면서 '압수할 물건'을 특정하기 위하여 기재한 문언은 이를 엄격하게 해석하여야 하고, 함부로 피압수자 등에게 불리한 내용으로 확장 또는 유추해석하는 것은 허용될 수 없다고 할 것이나(대법원 2009. 3. 12. 선고 2008도763 판결 참조), 압수의 대상을 압수 · 수색영장의 범죄사실 자체와 직접적으로 연관된 물건에 한정할 것은 아니고, <u>압수 · 수색영장의 범죄사실과 기본적 사실관계가 동일한 범행 또는 동종 · 유사의 범행과 관련된다고 의심할 만한 상당한 이유가 있는 범위 내에서는 압수를 실시할 수 있다</u>."라고 판시하였다.

49) 형사소송법 제417조(준항고) 검사 또는 사법경찰관의 구금, 압수 또는 압수물의 환부에 관한 처분과 제243조의2에 따른 변호인의 참여 등에 관한 처분에 대하여 불복이 있으면 그 직무집행지의 관할법원 또는 검사의 소속검찰청에 대응한 법원에 그 처분의 취소 또는 변경을 청구할 수 있다.

50) 형사소송법 제218조의2(압수물의 환부, 가환부) ① 검사는 사본을 확보한 경우 등 압수를 계속할 필요가 없다고 인정되는 압수물 및 증거에 사용할 압수물에 대하여 공소제기 전이라도

우선 국가기관이 무엇을 압수하는지 알아야 하므로 압수목록 교부 절차가 요구된다. 그래야 준항고건 반환청구건 할지 말지 결정할 수 있다. 피압수자가 현장에서 지켜보며 범죄혐의와 관련되지 않은 것을 애초에 가져가지 못하게 할 필요도 있다. 압수는 피압수자의 점유 상실을 뜻하고 점유 상실은 압수 대상물이 갖는 이용가치의 현실적 제약을 초래하기 때문이다. 따라서 피압수자의 기본권 침해를 최소화하려면 피압수자가 압수·수색 현장에서 압수되는 물건이 무엇인지 확인하고 그 자리에서 이의를 제기할 기회를 줄 필요도 있다. 이제 피압수자의 참여와 압수목록 교부가 갖는 의미가 어느 정도 드러났다. 피압수자의 참여나 압수목록 교부는 모두 국가기관의 압수로 인해 초래되는 피압수자의 재산권 침해를 최소화하기 위한 보호 장치이다.

지금까지 유체물 압수에서 피압수자의 참여권이 갖는 의미를 살펴보았다. 유체물 압수에서 피압수자에게 인정되는 참여권의 역할이 디지털증거의 압수에도 그대로 유효한가? 유체물 압수와 디지털증거 압수가 같다면 그럴 것이다. 하지만 양자는 같지 않다. 유체물 압수는 유체물 그 자체의 압수지만 디지털증거의 압수는 그 특성상 원칙적으로 원본 압수가 아닌 사본 압수이다. 사본 압수가 원칙이므로 유체물 압수와 달리 수사기관의 점유로 인한 이용 가치의 침해 문제는 발생하지 않는다. 재산권의 침해 문제가 없다면 피압수자에게 참여의 기회를 부여할 필요가 없는 것 아니냐는 의문이 자연스럽게 제기된다. 사본 압수인 디지털증거의 압수·수색에도 피압수자의 참여가 필요한 이유는 무엇인가? 앞서 살펴본 대법원의 태도에 비추어 볼 때 그 이유는 무관 정보의 압수 금지와 무분별한 별건 수사의 통제에서 찾을 수 있다. 여기서 유체물 압수에서 참여권과 디지털증거 압수에서 참여권이 갖는 의미가 다르다는 것을 알 수 있다. 즉, 유체물의 압수·수색에서 참여는 재산권 침해의 최소화에, 디지털증거의 압수·수색에서 참여는 무관 정보 압수 금지와 무분별한 별건 수사 통제에 목적이 있다. 양자는 피압수자의 참여라는 태양은 같지만, 그 목적은 다르다.

여기서 또 다른 의문이 제기된다. 현재 수사 실무에서 디지털증거에서의 피압수자의 참여권 보장으로 인하여 수사에 큰 지장이 초래되는 상황에서, 피압수자의 참여권 보장만이 무관 정보의 압수 금지 및 무분별한 별건 수사의 통제라는 목적을 달성하기 위한 유일한 수단이냐는 것이다. 수사에 지장을 주지 않으면서 위 목적을

소유자, 소지자, 보관자 또는 제출인의 청구가 있는 때에는 환부 또는 가환부하여야 한다.

달성하는 다른 방법이 있다면 굳이 피압수자의 참여권을 과도하게 넓게 인정할 필요는 없지 않을까? 매체 원본 압수처럼 재산권을 침해할 때는 참여권을 인정하되 사본 압수처럼 재산권 침해 우려가 없는 경우에는 피압수자의 참여를 다른 방법으로 대체함으로써 원활한 수사 기능의 확보와 피압수자의 인권 보호라는 충돌하는 가치를 조정할 수 있는 것 아니냐는 물음이다. 물론 현행 형사소송법상 무관 정보 압수 금지 등의 목적을 달성하기 위해 수사기관에 의무를 부과하는 수단은 피압수자의 참여와 압수목록 교부 등이 있을 뿐이다. 따라서 위와 같은 논의는 현행법의 해석을 둘러싼 논의라기보다는 입법정책 차원의 논의라 할 수 있다.

디지털증거의 압수·수색 순서로 돌아가 보자. 압수·수색 장소의 임장 및 압수대상인 정보저장매체의 수색·확인 단계까지는 유체물 압수와 차이가 없다. 매체 원본 또는 가선별 파일의 반출 이후 진행되는 유관 증거의 탐색과 선별 증거의 복제·출력은 유체물 압수와 구별되는 디지털증거에만 고유한 압수 절차이다. 논의의 편의를 위해 앞부분을 '유체물 압수 단계'로, 뒷부분을 '디지털증거 선별 단계'로 부르기로 하자. 현재 실무는 압수·수색의 전 과정에 피압수자의 참여를 인정하고 있다. 유체물 압수 단계의 참여는 이전부터 있어 왔고 유체물의 외관 그 자체로 압수 여부를 판단하기 때문에 피압수자의 참여로 인해 특별히 어떤 문제가 발생하지는 않는다. 하지만 디지털증거의 선별 단계에서는 피압수자, 특히 피의자인 피압수자의 동석을 허락하는 형사소송법의 규정으로 인하여 여러 문제가 생겨나고 있다.

그중 가장 큰 문제는 내용적 관련성의 탐색 과정에서 주요한 수사 정보가 피의자에게 그대로 유출된다는 점이다. 압수·수색은 피의자의 증거인멸 가능성을 최소화하기 위해 주로 수사 초기에 이루어지는데 그 시점에는 범죄혐의가 구체화된 상태가 아니다. 대략적인 범죄혐의의 윤곽만 잡혀 있을 뿐 구체적으로 누가, 언제, 어떤 형태로, 어느 범행에 가담했는지 알지 못한 상태에서 수사가 진행된다. 이때 대규모로 꾸려진 법률전문가의 조력을 받는 피의자는 수사기관이 갖고 있는 증거와 찾는 증거가 무엇인지, 어느 범죄혐의로 수사 중이고 앞으로 어떤 방향으로 수사가 전개될지 전망할 수 있어 손쉽게 법망을 빠져나갈 가능성이 커진다. 물론 이러한 부작용이 모든 사건에서 우려되는 건 아니다. 위 예처럼 법률전문가의 아낌없는 조력을 받을 수 있는 재력을 갖춘 사람들이 수사대상자일 때 국한되는 예외적인 문제이긴 하다. 하지만 그게 더 큰 문제이지 않을까? 경제력에 따라 차별적 접근이 허용된, 합법적으로 수사 정보를 취득할 수 있는 백도어(Back Door)[51]가 마련된 셈이니 말이다. 사회적 강자에게만 허용된 백도어? 공정해야 할 사법절차에서 용납하기 어렵다.

둘째, 수사 지연의 문제다. 디지털증거 선별 단계에서의 참여는 언제든지 가능한 것이 아니다. 선별 절차가 진행되는 사무실의 사용이 가능해야 하고, 수사팀과 피압수자의 일정 조율, 수사팀과 디지털포렌식팀의 일정 조율이 모두 되어야 한다. 그런데 이러한 일정 조율보다 더 큰 문제는 탐색 과정에서 발생한다. 정보저장매체에 기억된 정보는 파일확장자나 파일명만으로 범죄혐의와 관련된 데이터인지 확인할 방법이 없다. 대부분은 일일이 그 파일을 열어 범죄혐의와의 관련성을 따져야 한다. 수사팀이 포렌식 수사관의 도움을 받아 일일이 파일을 열어 확인하며 내용적 관련성을 따지는 과정에서 간혹 참여 변호인이 개개 파일마다 수사팀의 관련성 판단에 대한 이의제기를 빙자하여 시간을 끄는 경우가 드물지 않다. 압수·수색의 전 과정에 피압수자의 참여권을 충실하게 보장하였음을 입증해야 하는 수사팀이 참여 변호인의 이의제기를 용감하게 무시하며 그냥 넘어가기는 어렵다. 더욱이 앞서 언급했듯이 압수·수색 시점에는 범죄혐의가 구체적으로 명확하게 특정된 게 아니다. 범죄혐의도 정확히 특정되지 않았는데 이의 제기하는 참여 변호인에게 어떻게 공판절차에서 공소사실과 증거 간의 관련성을 설명하는 수준으로, 그것도 수사 초기의 압수·수색 현장에서 관련성을 선명하게 설명할 수 있겠는가? 압수영장에 기재된 범죄혐의만 알고 있는 참여 변호인이 이의하는 것을 이해하지 못할 바는 아니지만, 그렇다고 관련성을 간단명료하게 설명하지 못하는 수사팀에게 참여 변호인이 이의를 제기하는 디지털증거의 압수를 무조건 포기하라고 권하는 것도 국가형벌권의 올바른 행사라는 관점에서 볼 때 바람직한 일은 아니다. 한마디로 관련성을 둘러싼 탐색 현장에서의 다툼은 탐색 과정에 참여를 허용하는 한 계속 발생할 수밖에 없는 구조적인 문제이다.

탐색 과정에서 이루어지는 피의자 측의 관련성에 대한 이의제기를 탐색 현장에서 하지 않으면 회복할 수 없는 권리 침해를 초래하는 것 같이 촌각을 다투는 시급한 것으로 볼 수는 없다. 관련성 다툼은 압수·수색이 종료된 뒤 압수목록을 받고 나서 이를 꼼꼼히 검토한 후 해도 늦지 않다. 피의자나 변호인은 숙고한 상태에서

---

51) 백도어(Back Door)란 시스템 설계자나 관리자에 의해 고의로 남겨진 시스템의 보안상 허점을 이용한 것으로, 시스템에 인가되지 않은 접근을 가능하게 하는 일종의 '트랩 도어(Trap Door)'다.

이의를 제기할 수 있고, 수사팀도 수사 대상 범죄혐의와의 관련성을 면밀하게 검토하여 피의자 측에 관련성을 명확하게 설명할 수 있으며, 만약 피의자 측의 이의제기처럼 무관 증거가 명백한 경우라면 즉시 삭제·폐기하여 위법 상태를 시정할 수 있기 때문이다.

셋째, 디지털증거 선별 단계에서의 참여는 수사자원의 효율적 운용에 지장을 초래한다. 국가의 수사자원은 제한되어 있지만, 범죄 현상은 무제한적이다. 대한민국에 존재하는 모든 범죄를 수사하여 국가형벌권을 일일이 행사할 수는 없다. 국가의 범죄 대응 역량에 대한 국민 신뢰를 확보·유지하기 위해서는 한정된 수사자원의 효율적 운용이 필수적이다. 그런데 현재 디지털증거의 탐색 및 복제·출력에 소모되는 수사자원의 투입은 과거에 예상하지 못했던 매우 큰 규모이다. 더욱이 AI, 클라우드 서비스, 사물인터넷(IoT, Internet of Things) 등으로 인해 갈수록 디지털증거의 양이 증가하고 그 수집 방식이 어려워질 수밖에 없는 상황에서 지금처럼 디지털증거의 수집에 많은 인력과 시간을 투입하도록 한다면 자칫 매우 중대한 범죄의 수사에서 수사자원이 부족해지는 등 수사자원의 효율적 운용에 지장을 초래하게 되고, 결국 국가의 범죄 대응 역량은 저하될 수밖에 없다. 국가의 범죄 대응 역량을 최대로 유지하기 위해 디지털증거의 확보 방식에 대한 합리적 입법정책의 모색이 절실한 이유다.

이상 현재 디지털증거 압수 실무가 초래하는 문제점을 크게 3가지로 나누어 살펴보았다. 만약 디지털증거 탐색 단계에서 피압수자를 참여시키는 것이 피압수자의 권익 보호를 위하여 필수 불가결한 제도라면 위와 같은 부작용이 수반되더라도 이를 유지할 수밖에 없다. 그러나 수사 실무에 폐단을 발생시키지 않으면서도 피압수자의 권익을 충분히 보호하는 방법이 있다면 당연히 이를 도입하는 것이 국가형벌권 행사와 피압수자의 권리 보호라는 두 공익 간의 조화를 도모하는 합리적인 길일 것이다. 하지만 현실적으로 해석을 통해 디지털증거의 선별 단계에서 피압수자의 참여를 제한하는 걸 기대하기는 어렵다. 다행스러운 것은 입법론의 관점에서 무관증거의 압수 및 무분별한 별건 수사 금지라는 목적을 달성하는 방법으로 피압수자의 참여가 유일한 것은 아니라는 점이다. 무관 증거 압수 금지라는 목적을 달성할 입법 조치가 선행된다면 피압수자의 참여로 인해 초래되는 부작용을 최소화할 수 있다.

그렇다면 입법적으로 어떤 방법이 가능할까? 그 해답의 힌트는 디지털증거의 탐색 단계에서도 피압수자의 참여를 인정하는 이유에서 찾을 수 있다. 대법원은 무관 정보 압수와 무분별한 별건 수사 활용을 억제하기 위해 본래 재산권 침해의 대응 수단인 피압수자의 참여권을 활용해 왔을 뿐이다. 수사기관이 무관 정보를 압수하여 이를 다른 목적으로 사용하는 것을 막을 다른 수단이 있다면 수사기밀 유출 등 부작용이 큰 피압수자의 참여를 고집할 이유가 없다. 도대체 어떤 방법이 있다는 건가? 그것은 수사기관의 탐색과 복제 또는 출력 과정을 객관적 장치를 통해 기록화하여 언제든 사후 검증이 가능하게 하는 것이다.[52] 매체 원본 또는 가선별한 이미징 파일을 반출한 경우 디지털포렌식 사무실에서 반출물의 봉인을 해제한 뒤 분석 도구를 이용한 선별 작업이 진행되며 선별 작업이 끝나면 선별된 파일을 다시 이미징하여 해시값을 구하는 등의 절차가 진행되는데, 이 과정을 객관적 기록으로 남기는 것이다. 기록 방법으로는 분석 과정의 촬영, 분석 도구의 로그파일[53] 보존, 포렌식 수사관의 분석 과정의 서면 기록[54] 등을 들 수 있다. 이 기록을 통해 디지털증거의 선별 단계에서 피압수자의 참여를 통해 얻고자 하는 목적은 충분히 달성할 수 있다. 피압수자는 수사기관의 선별 이후 압수된 유관 증거의 목록을 받게 되므로 무관 증거 압수에 따른 이의제기에 어려움이 가중된다고 보기 어렵고, 만약 무관 증거를 몰래 복제해 둔 것이 의심된다면 법원에 압수·수색 절차에 대한 준항고를 제기하여 이를 다툴 수 있다. 이 경우 수사기관이 적법성을 객관적인 기록으

52) 지금도 대검예규는 디지털 증거의 수집·분석 및 관리 규정 제21조 제2항에서 "제1항에도 불구하고 피압수자등과 변호인이 참여를 거부하는 경우에는 신뢰성과 전문성을 담보할 수 있는 상당한 방법으로 압수·수색·검증을 하여야 한다."라고 규정하고, 실무에서도 봉인 해제 과정 등을 촬영하는 등으로 이를 따르고 있다.

53) 로그는 IT 시스템에서 발생하는 모든 행위와 이벤트에 대한 정보를 시간에 따라 남겨두는 데이터를 의미하는 개념으로, 로그기록을 통해 시스템 내부에서 시동, 정지, 에러 등의 정보를 수집하며 이는 데이터 형태로 보존하게 되는데 로그를 기록한 파일을 로그 파일(Log File)이라고 한다. 로그기록은 시스템 장애나 사고 발생 시 원인을 빠르게 파악하고 대처하는 근거를 찾는 데 활용되는데, 디지털증거의 탐색 및 복제·출력 과정에서도 수사기관이 유관 증거를 압수하는 이외에 무관 증거를 무분별하게 복제하는 등 위법행위를 했는지 사후적으로 검증하는 데 활용될 수 있다.

54) 디지털포렌식 수사관도 수사팀과 같은 소속이므로 같은 편이 아니냐는 의심이 들 수 있으나, 검찰의 경우 수사팀과 디지털포렌식 수사관은 별도의 조직에 소속되어 있으며 실무적으로도 디지털포렌식 수사관은 지속적인 교육과 훈련을 통해 업무적으로 객관성을 유지하고 있을 뿐만 아니라, 서면 기록을 허위로 작성하는 경우 나중에 로그 분석을 통해 허위 작성이 객관적으로 드러날 수 있다는 것을 누구보다 잘 알면서 허위공문서작성죄의 처벌을 감수하면서까지 분석 과정을 허위로 기재할 가능성은 사실상 없다고 본다.

로 입증하지 못한다면 압수·수색 절차 전체가 전부 위법이라고 평가받게 되므로 선별 절차의 기록제도는 통제 수단으로서 그 역할을 충분히 할 수 있다. 즉, 디지털증거의 선별 절차의 경우 '피압수자의 참여'를 '선별 절차의 기록제도'로 대체하는 것이 가능하다. 선별 절차의 기록을 입법화하고 피압수자의 참여를 유체물 압수 단계로 제한하여 디지털증거 선별 단계에서의 피압수자 참여를 생략한다면 피압수자의 참여로 인해 생긴 부작용은 자연스럽게 사라지게 된다.

디지털증거의 탐색 및 출력·복제에 피압수자를 참여하게 하는 의미는 수사기관이 몰래 복제하는 것을 막는 데 있다. 그것 이외에 다른 의미를 찾기는 어렵다. 참여한다고 해서 탐색 자체를 막을 수 있는 것도 아니다. 어디에 어떤 형태로 증거가 존재할지 알지 못하기 때문에 정보저장매체에 기억된 정보를 일일이 탐색하여 관련성 있는 정보만 추려내는 작업은 불가피하다. 카메라로 촬영하고, 탐색하는 과정에 대한 로그를 남기며 포렌식 수사관이 분석 과정을 기록하는 방법으로 수사기관의 무단 복제 가능성은 충분히 통제할 수 있다. 한편, 별건 수사 금지라는 목적은 이미 탐색 과정을 중단하고 별도 영장을 발부받도록 한 대법원 판례를 통해 충분히 통제되고 있다. 따라서 탐색 및 복제·출력하는 과정에 대한 객관적 통제 방법을 입법함으로써 원활한 수사 기능의 확보와 피압수자의 권익 보호라는 충돌하는 가치를 조화하는 것이 바람직하다. 탐색 및 복제·출력에서의 참여권 보장은 이를 통해 얻는 피압수자의 권익 보호의 실익은 적고, 그 부작용만 심대하다. 선별 절차 기록제도를 통해 피압수자의 권익 보호라는 목적도 달성하고 수사 기능의 원활한 작동도 확보할 수 있다. 22대 국회에서는 피압수자의 참여권을 분명히 함과 아울러 탐색 및 복제 출력 과정에 대한 새로운 통제 수단을 도입함으로써 양자를 조화하는 조속한 법률 개정이 추진되기를 기대해 본다.

Ⅳ. 선별압수로 디지털증거의 증거능력 확보가 언제나 가능한가?

1. 선별압수 원칙의 도입

2011. 7. 18. 형사소송법 개정으로 제106조 제3항 본문에 "법원은 압수의 목적물이 컴퓨터용디스크, 그 밖에 이와 비슷한 정보저장매체(이하 이 항에서 "정보저장매체등"이라 한다)인 경우에는 기억된 정보의 범위를 정하여 출력하거나 복제하여 제

출받아야 한다."라는 내용을 신설함으로써 디지털증거의 압수·수색에 있어 이른바 선별압수 원칙을 도입하였다. 물론 단서로 "다만, 범위를 정하여 출력 또는 복제하는 방법이 불가능하거나 압수의 목적을 달성하기에 현저히 곤란하다고 인정되는 때에는 정보저장매체등을 압수할 수 있다."라고 함으로써 선별압수 원칙의 관철로 인하여 초래될지 모를 입증 실패의 위험에 대비하는 예외 규정도 함께 마련하였다.

그런데 선별압수 원칙은 하루아침에 법률로 들어온 게 아니다. 형사소송법이 개정되기 전인 2011. 5. 26. 대법원은 소위 '전교조 시국 선언 사건[55]'에서 "전자정보에 대한 압수·수색영장을 집행할 때에는 원칙적으로 영장 발부의 사유인 혐의사실과 관련된 부분만을 문서 출력물로 수집하거나 수사기관이 휴대한 저장매체에 해당 파일을 복사하는 방식으로 이루어져야 하고, … 저장매체 자체를 직접 혹은 하드카피나 이미징 등 형태로 수사기관 사무실 등 외부로 반출하여(한 경우) … 문서

---

55) 대법원 2011. 5. 26.자 2009모1190 결정(준항고기각결정에 대한 재항고) "전자정보에 대한 압수·수색영장을 집행할 때에는 <u>원칙적으로 영장 발부의 사유인 혐의사실과 관련된 부분만을 문서 출력물로 수집하거나 수사기관이 휴대한 저장매체에 해당 파일을 복사하는 방식으로 이루어져야 하고</u>, 집행현장 사정상 위와 같은 방식에 의한 집행이 불가능하거나 현저히 곤란한 부득이한 사정이 존재하더라도 저장매체 자체를 직접 혹은 하드카피나 이미징 등 형태로 수사기관 사무실 등 외부로 반출하여 해당 파일을 압수·수색할 수 있도록 영장에 기재되어 있고 실제 그와 같은 사정이 발생한 때에 한하여 위 방법이 예외적으로 허용될 수 있을 뿐이다. 나아가 이처럼 저장매체 자체를 수사기관 사무실 등으로 옮긴 후 영장에 기재된 범죄 혐의 관련 전자정보를 탐색하여 해당 전자정보를 문서로 출력하거나 파일을 복사하는 과정 역시 전체적으로 압수·수색영장 집행의 일환에 포함된다고 보아야 한다. 따라서 <u>그러한 경우 문서출력 또는 파일복사 대상 역시 혐의사실과 관련된 부분으로 한정되어야 하는 것은 헌법 제12조 제1항, 제3항, 형사소송법 제114조, 제215조의 적법절차 및 영장주의 원칙상 당연하다</u>. 그러므로 수사기관 사무실 등으로 옮긴 저장매체에서 범죄 혐의 관련성에 대한 구분 없이 저장된 전자정보 중 임의로 문서출력 혹은 파일복사를 하는 행위는 특별한 사정이 없는 한 영장주의 등 원칙에 반하는 위법한 집행이다. 한편 검사나 사법경찰관이 압수·수색영장을 집행할 때에는 자물쇠를 열거나 개봉 기타 필요한 처분을 할 수 있지만 그와 아울러 압수물의 상실 또는 파손 등의 방지를 위하여 상당한 조치를 하여야 하므로(형사소송법 제219조, 제120조, 제131조 등), 혐의사실과 관련된 정보는 물론 그와 무관한 다양하고 방대한 내용의 사생활 정보가 들어 있는 저장매체에 대한 압수·수색영장을 집행할 때 영장이 명시적으로 규정한 위 예외적인 사정이 인정되어 전자정보가 담긴 저장매체 자체를 수사기관 사무실 등으로 옮겨 이를 열람 혹은 복사하게 되는 경우에도, 전체 과정을 통하여 피압수·수색 당사자나 변호인의 계속적인 참여권 보장, 피압수·수색 당사자가 배제된 상태의 저장매체에 대한 열람·복사 금지, 복사대상 전자정보 목록의 작성·교부 등 압수·수색 대상인 저장매체 내 전자정보의 왜곡이나 훼손과 오·남용 및 임의적인 복제나 복사 등을 막기 위한 적절한 조치가 이루어져야만 집행절차가 적법하게 된다.

출력 또는 파일복사 대상 역시 혐의사실과 관련된 부분으로 한정되어야 하는 것은 … 당연하다."라고 판시하여 현장 압수건, 반출 이후 압수건 관계없이 원칙적으로 관련성이 인정되는 디지털증거만 선별하여 압수해야 한다고 판시하였다. 즉, 형사소송법 개정 전부터 정보저장매체가 아닌 그 안에 저장된 정보 중 범죄혐의와 관련이 있는 유관 정보만 추려서 압수해야 한다는 시각이 법원 실무와 학계를 중심으로 널리 형성되어 있었고, 그것이 반영되어 새로 신설된 것이 형사소송법 제106조 제3항인 것이다. 필자가 이 규정에서 주목하는 것은 본문이 아닌 단서이다. 왜 입법자들은 선별압수 원칙을 형사소송법에 도입하면서 그것이 무력화될 수 있는 단서 규정을 함께 도입한 것일까? 선별압수와 관련된 논의를 보면 주로 제106조 본문에 집중되어 있다. 이 글에서는 단서의 취지에 더 집중하고자 한다.

이러한 형사소송법 개정에 대해서는 '선별압수 원칙 도입은 위와 같은 형사소송법 개정보다 앞서 시작되었다. 영장 담당 판사들은 망라적, 포괄적 압수·수색으로 인한 기본권 침해 등의 폐해를 최소화하기 위하여 매체를 가져가지 말고 이미징 등을 하도록, 관련 정보만 골라서 압수하도록 제한함으로써 선별압수 원칙을 세우려고 노력을 기울였다. 그 꾸준한 노력과 의미 있는 판례의 영향력에 힘입어 선별압수 원칙이 수사기관의 압수실무에 정착할 수 있었다.'고 긍정적으로 평가하는 의견[56]이 있다. 영장 담당 판사들의 노력이란 법원의 영장 실무에서 압수 대상 및 방법을 제한하기 위해 압수·수색영장 발부 시 영장에 별지를 첨부하던 관행을 지칭하는 것으로 보인다. 수사기관의 압수·수색으로부터 국민의 권익을 보호하려는 법원의 치열한 고민과 노력을 폄훼할 생각은 추호도 없으나, 위 평가와 결을 좀 달리하여 그동안 법원 실무는 선별압수가 초래하는 국가형벌권 저해의 위험성에 대한 고민은 다소 부족했던 것은 아닌지 아쉬움이 있다고 본다. 필자가 그렇게 느끼는 이유는 다음의 논의 전개 과정에서 자연스럽게 드러날 것이다.

2. 선별압수 원칙의 실무상 문제점

최근 경찰이나 검찰의 압수·수색 실무를 보면 대부분 선별압수 방식으로 압수·수색을 진행한 뒤 매체 원본은 반환하고 선별하기 위해 반출했던 이미징 파일은 대부분 삭제하는 것으로 보인다. 선별압수 원칙의 준수라는 측면에서는 분명 긍정

56) 오현석, 앞의 논문, 제15–16쪽.

적인 면이 있으나 디지털증거의 증거능력이라는 측면에서는 예상치 못한 부작용을 발생시킬 수 있어 필자처럼 디지털증거의 증거능력 입증에 걱정이 많은 입장에서는 우려스러운 일이지 않을 수 없다. 디지털증거의 증거능력? 동일성과 무결성을 입증하는 게 뭐가 그리 힘들다는 이야기냐? 관련성의 범위를 넓히려는 수사기관의 뻔한 핑계에 불과해 보인다고 지적할 수도 있다. 하지만 꼭 그렇지는 않다. 필자가 걱정하는 것은 디지털증거의 진정성 입증이다.

디지털증거의 증거능력 요건에 대해서는 학자마다 견해가 다르고 그 설명에서도 용어와 의미가 혼재되어 사용되거나 같은 용어가 다르게 해석되기도 한다.[57] 대법원은 2007년 이른바 '일심회 사건[58]'에서 디지털증거(여기서는 압수된 디지털 저장매체로부터 출력된 문건)이 증거로 사용되기 위해서는 ① 원본에 저장된 내용과 출력된 문건의 동일성, ② 도구의 기계적 정확성, ③ 조작자의 전문적인 기술능력과 정확성이 담보되어야 한다고 판시[59]하였고, 2013년 이른바 왕재산 사건[60]에서는

57) 이주호 · 이태명, "디지털증거의 선별압수에 따른 원본성 및 동일성 증명에 관한 연구", 『디지털포렌식연구』 통권 제29호(한국디지털포렌식학회, 2020), 제295쪽. 동 논문에서는 디지털증거의 증거능력에 관한 견해로 "첫째, 원본성(Originality), 진정성(Authenticity), 동일성과 무결성(Integrity) 및 신뢰성(Reliability) 등으로 진정성은 디지털증거 특유의 선결 요건인 원본과의 동일성 내지 무결성, 신뢰성 요건과 연결된다는 견해, 둘째, 관련성(relevancy), 신뢰성(reliability), 진정성(authenticity), 원본성(original), 동일성, 무결성 등을 디지털증거의 증거능력 인정을 위한 순차적인 관문으로 보는 견해, 셋째, 디지털증거의 특성상 증거능력 인정을 위하여 동일성, 무결성을 요건으로 하고 신뢰성, 전문성은 동일성과 무결성을 뒷받침하는 인자로 보는 견해, 넷째, 동일성은 사본 제출 시 증거능력의 요건에 불과하고, 무결성은 그와 같은 동일성 인정을 위한 한 요소에 불과하며 동일성과 독립한 증거능력 요건이 되지 않는다는 견해, 다섯째, 무결성, 진정성, 신뢰성, 원본성 등의 문제가 증거능력 인정의 선결 요건이라는 견해 등이 있다"라고 소개하고 있다.

58) 국가보안법위반 사건으로, 검찰은 '일심회'라는 이적단체에서 활동한 피고인들이 제3국에서 북한 공작원을 접선하고 국가기밀을 탐지 · 수집하여 이를 북한에 전달한 사실, 북한 공작원과 전자우편 등을 통해 보고문, 연락문, 지령문 등을 송수신한 사실 등을 입증하기 위해 압수한 정보저장매체로부터 이미징한 파일에서 출력한 문건을 증거로 제출하였고, 피고인 측은 이에 대해 수사 과정에서 원본의 변개 가능성을 주장하였다.

59) 대법원 2007. 12. 13. 선고 2007도7257 판결.

60) 국가보안법위반 사건으로, 검찰은 피고인들의 국가기밀 탐지, 제3국에서의 특수 잠입 · 탈출, 회합, 이적표현물 소지, 통신연락 등의 범죄혐의를 입증하기 위해 정보저장매체로부터 이미징한 파일에서 출력한 문건을 증거로 제출하였고, 피고인 측은 당해 저장매체가 압수된 이후 법정에 제출될 때까지 변개되지 않았다는 것을 확인하는 절차를 거치지 않았고 출력 문건에서 저장매체의 그것과 다른 내용이 다수 발견되어 증거능력이 부인되어야 한다고 주장하였다.

① 원본에 저장된 내용과 출력 문건의 동일성, ② 압수 시부터 문건 출력 시까지 변경되지 않았다는 사정, 즉 무결성, ③ 도구의 기계적 정확성, ④ 조작자의 전문적인 기술능력과 정확성이 필요하다고 판시[61]하여 기억된 문자 정보 자체를 증거로 취급하는 설시를 하면서 동일성과 함께 무결성이라는 표현을 추가하였는데, 이후 이러한 대법원의 입장은 그대로 유지되고 있는 듯이 보인다. 즉, 디지털증거와 관련해서 증거능력 요건으로 따로 진정성을 언급하지는 않고 있다.

그렇다면 대법원은 디지털증거의 경우 진정성의 입증은 필요가 없다고 본 것일까? 이를 명확히 하려면 우선 진정성의 개념부터 정리할 필요가 있다. 진정성은 미연방증거규칙(Federal Rules of Evidence)의 Article IX – Authentication and Identification에서 Authentication을 번역한 법률용어다. 우리 형사소송법은 제312조, 제313조 등에서 전문법칙의 예외로서 조서나 진술서에 증거능력을 부여하기 위한 요건으로 '성립의 진정'을 요구하는데, '진정성'은 이것과 같거나 유사하여 혼동을 초래하므로 동일성·무결성의 문제와 분리된 진정성의 개념을 별도로 인정하여 검토할 실익은 적다는 견해[62]도 있다. 그러나 진정성은 이런 문제가 아니다. 미연방증거규칙 제901조 제1항[63]은 "원칙 : 증거를 제출하고자 하는 자는 그 증거가 자신이 제출하고자 의도하는 것과 동일한 진정성 있는 증거임을 입증하여야 한다."라고 규정하고 있는데, 진정성은 위 설명 그대로의 의미다. 하지만 이러한 설명이 직관적으로 단박에 이해되지는 않는다. 그래서 진정성의 의미와 증거법에서의 역할에 대한 의견이 분분하다.[64] 대법원 판례에서 사용되고 있는 동일성과 무결성의 의미와 양자의 관계에 관한 견해마저도 의견이 일치하지 않는 상황이니,[65][66] 미국에서

61) 대법원 2013. 7. 26. 선고 2013도2511 판결.

62) 손지영, 앞의 책, 제32–33쪽.

63) Federal Rules of Evidence Rule 901 – Authenticating or Identifying Evidence
(a) In General. To satisfy the requirement of authenticating or identifying an item of evidence, the proponent must produce evidence sufficient to support a finding that the item is what the proponent claims it is.

64) 이주호·이태명, 앞의 논문, 제259쪽. 이 논문에서는 진정성을 둘러싼 학계의 논의에 대하여 "학계에서는 최근 형소법의 해석에서 증거의 진정성 내지 진정성 입증을 '증거법의 일반원칙'으로 보거나, 진정성 입증을 전문법칙의 예외 인정 요건으로 보는 견해 등 증거 동의나 탄핵증거 등과 같은 증거법의 일반적인 문제에서부터 전자증거와 관련한 특수한 문제들까지 광범한 영역에 걸쳐 논의되고 있다고 한다"라고 소개하고 있다.

65) 조은별, "디지털증거에 있어 '동일성·무결성'의 증거법적 검토", 『형사법연구』 통권 제89호 (한국형사법학회, 2021), 제353–354쪽. 이 논문에는 ① 동일성을 사본(복사 또는 출력물)이

적용되는 연방증거규칙의 용어를 번역한 진정성에 대한 이해가 일치하지 않는 것도 이해하지 못할 바는 아니다. 하지만 그 용어에 대한 실무종사자와 학자들 사이에 일치된 이해가 없다고 해서 Authentication에 상응하는 진정성이 우리 형사 법정에서 그동안 아무런 역할을 하지 않았다고 생각하는 것은 잘못이다. 그동안 진정성은 증거능력 유무를 판단하는 주된 요건으로 기능해 왔고, 이러한 진정성은 증거능력의 관점에서 볼 때 유체물 증거보다 디지털증거에서 더 중요한 의미가 있다. 왜냐하면 디지털증거의 경우 유체물과 달리 진정성에 대한 다툼이 생기면 디지털증거의 원본과 사본의 구별 어려움, 복제 용이성, 취약성 등 디지털증거만의 고유한 특성으로 인해 그 입증이 쉽지 않기 때문이다.

진정성의 개념도 불명확한데, 어떻게 진정성이 그동안 형사 법정에서 증거능력의 인정 요건으로 작동해 왔다는 것인지 의아할 수 있다. 한 번 예를 들어보자. 식당에 있던 칼로 사람에게 상해를 가한 뒤 현장에서 도주한 사건이 발생했다고 치자. 범인이 도망쳤다가 검거되어 구속 상태로 재판받으러 공판정에 나왔다. 검사가 범행에 사용된 칼이라며 증제1호를 제시하자 피고인은 “그 칼은 제가 범행에 사용한 게 아닙니다.”라고 주장한다. 증제1호인 칼은 증거로 사용할 수 있는가? 필자의 경험상 피고인이 그렇게 주장했다면 검사는 그 칼이 범행에 사용된 칼이라는 점을 추가로 입증해야 한다.[67] 만약 경찰이 칼을 분실해서 그와 똑같은 모양의 칼

제출된 경우만을 전제로 정의하여 동일성이란 사본이 원본과 일치하는지 여부를 뜻한다고 보는 견해, ② 동일성은 증거의 원본성(Original)과 관련되어 정의되기도 하며 이러한 의미에서 동일성은 사본이 제출된 경우 그 원본과 사본이 동일한 것을 전제로 사본을 원본 대신 증거로 제출할 수 있다는 것을 의미하는 견해, ③ 원본이 제출된 경우에도 동일성이 문제되며 동일성은 사본이 원본과 일치하는지 여부 외에 원본이 최초에 수집된 것과 같은지 여부를 뜻하기도 한다는 견해 등이 소개되어 있다.

66) 판례에서 말하는 동일성과 무결성은 다른 개념이다. 동일성은 법정에 제출된 출력물(비가시성이 특징인 정보를 사람이 읽을 수 있는 형태로 변환해야 하니 출력물은 사본일 수밖에 없다)이 정보저장매체에 기억된 정보 즉, 원본과 내용적으로 동일하다는 것을 의미하는 반면, 무결성은 수사기관이 점유를 취득한 시점부터 법정에 현출되는 시점까지 조작·변개가 되지 않았다는 것을 의미한다는 점에서 구별되며, 현재 실무의 해시값 비교는 무결성을 입증할 수 있을 뿐 그 자체로 동일성까지 입증할 수는 없으며 동일성은 해시값 비교 이외에 포렌식수사관과 참여자가 작성한 문서 및 그들의 진술을 통해 추가로 입증해야 한다는 점에서 양자의 구별 실익이 있다.

67) 추가 입증 방법으로 칼 손잡이와 칼날 부위의 지문 및 DNA검사, 범행 장면이 촬영된 CCTV 영상, 피해자나 목격자의 범행도구에 관한 진술 등을 예상해 볼 수 있다.

을 가져다가 증거로 송치한 것이었고 검사가 그러한 사실을 알지 못한 채 실제로 범행에 사용된 칼인 줄 알고 증거로 신청한 것이라면 그 칼은 증거로 사용할 수 없을 것이다. 왜? 증거제출자(검사)가 증거로 제출하고자 의도하는 것(범행에 사용된 칼임을 입증)과 동일한 진정성 있는 증거(입증취지의 그 칼)임을 증명하지 못했기 때문이다. 이때 검사는 무엇을 증명하지 못한 걸까? 그렇다. 바로 증거의 진정성이다. 물론, 검사는 위 사안에서 입증취지를 바꿀 수도 있다. 칼을 증거로 신청한 이유를 '범행에 사용된 그 칼이 현존한다는 것'에서 '범행에 사용된 것과 같은 종류로서 칼 모양과 칼날 길이 등에 비추어 실제 범행에 사용된 칼이 통상의 칼과 달리 매우 위험한 흉기였음을 입증하기 위한 것'으로 말이다. 그런데 이때 피고인이 "그 칼은 제가 사용했던 칼이 아닙니다. 식당에 더 작은 칼이 있었는데 그 칼로 그랬습니다."라고 한다면? 이 경우에도 검사가 추가로 입증[68]하지 않는 한 그 칼을 증거로 사용할 수 없다. 왜? 진정성이 증명되지 않았기 때문이다. 입증취지는 변경되었으나 검사가 입증취지의 그 칼임을 증명하지 못한 이상 그 증거는 사용할 수 없다. 증거능력을 인정받을 수 없다는 것이다. 이러한 법리는 형사소송법에 규정되어 있지는 않지만 지금 우리 형사 법정에서 당연히 작동되는 원칙이다. 물론 유체물은 법정에서 진정성을 다투어도 사후적으로 이를 증명할 방법이 대부분 남아 있어 잘 다퉈지지 않을 뿐이다.

그래서 필자는 진정성을 다음과 같이 설명한다. "진정성은 간단히 말해 '그 증거가 진짜냐?'라는 물음 혹은 '그 증거는 가짜다!'라는 주장에 '진짜다'라고 말할 수 있어야 한다는 의미"[69]라고 말이다. 제출된 증거가 자신이 작성한 게 아닌, 즉 가짜 증거라고 말하는 상황에서 증거제출자에게 그 증거가 진짜임을, 즉 입증취지 그대로의 것임을 입증하라고 촉구하지 않고 그대로 재판할 수는 없다. 따라서 진정성이란 디지털증거에만 고유하게 적용되는 요건이 아닌, 일반적으로 모든 증거에서 진정성이 다퉈지는 경우 증거제출자가 입증해야 할 증거능력 인정 요건이다.[70]

---

68) 이때의 입증은 증제1호가 검사가 증거를 제출하여 입증하고자 했던 의도와 같이 범행에 사용된 칼과 같은 종류의 칼이라는 점에 대한 증명을 말하며, 평소 식당에 작은 칼 이외에 증제1호와 같은 칼이 있었으나 범행 직후 그 칼이 사라졌고 피해자도 증제1호를 범인이 사용한 칼이라고 지목하고 있음을 법정에 현출하는 등의 방법으로 증명할 수 있을 것이다.

69) 김승언, 앞의 논문, 제251쪽.

70) 필자는 필자의 앞의 논문 제250쪽에서 디지털증거가 아닌 통상의 증거가 증거능력을 얻기 위해 필요한 요건으로 ① 관련성이 인정될 것, ② 진정성이 인정될 것, ③ 위법수집증거가 아닐 것, ④ 전문증거라면 전문법칙의 예외에 해당할 것 등 4가지 요건을 제시한 바 있다.

다시 앞의 질문으로 돌아가 보자. 대법원은 디지털증거의 경우 진정성의 입증은 필요가 없다고 본 것일까? 그렇지 않다. 해당 사안에서 진정성이 다투어지지 않아 판단이 없었을 뿐 그에 관한 판시가 없다고 해서 디지털증거의 증거능력에서 진정성의 입증이 필요 없다고 본 것이 대법원의 입장이라고 단언할 수는 없다. 법원 실무에서도 진정성의 입증이 필요하다는 전제에서 논의를 전개하는 실무가도 있다. 진정성을 정면에서 다룬 것은 아니지만, 그는 한 논문에서 형사소송법 제313조 제2항의 진정성립의 입증과 관련하여 진정성립 입증 자료를 관련성 있는 정보로 압수·수색의 대상에 포함된다고 주장할 여지가 있다며 이는 관련성 있는 정보 압수 원칙의 근간을 흔드는 것이어서 허용하기 어렵다고 주장한다.[71] 즉 진정성 입증은 필요하지만 그걸 이유로 관련성의 범위를 넓혀 법원이 그동안 판례를 통해 확립해 온 선별압수 원칙을 무력화해서는 안 된다는 것이다. 법원 실무도 진정성이 다퉈지는 경우 그 입증을 요구하고 있음을 알 수 있는 대목이다.

논의를 전개하며 디지털증거에서 진정성은 유체물에서와 달리 입증이 더 어렵다고 설명하였다. 그 근거는 무엇인가? 이것도 예를 들어 살펴보자. ① 익명으로 피해자를 헐뜯는 우편물을 다량 발송하여 명예훼손으로 고소된 사안에서 범인으로 지목된 사람의 PC를 압수·수색하여 복제 반출한 뒤 포렌식을 하는 과정에서 삭제 파일 중 결정적 증거인 우편물 발송에 사용된 주소록을 복구하고 해당 주소록 파일을 복제 방식으로 압수한 뒤 반출한 복제본을 삭제했다고 치자. 기소된 피고인이 법정에서 "저는 검사님이 제출한 주소록을 작성하기는커녕 본 적도 없습니다"라고 주장한다면? 물론 피의자의 PC는 압수·수색 이후 피고인에 의해 파쇄되었다. 이 경우 복구한 주소록에 증거능력을 인정할 수 있을까? 피고인의 위 진술은 주소록 파일의 진정성을 부인하는 것으로 그 입증은 검사가 해야 한다. PC가 보존되어 있다면 입증할 방법이 있지만 위 사례에서는 불가능하다. ② 압수한 스마트폰의 비할당영역에서 '성접대 사실'을 추단할 수 있는 카톡 대화 내용이 복구되어 해당 부분을 복제 방식으로 압수하고 스마트폰을 반환했는데 법정에서 피고인이 "그 카톡 대화내용은 제가 나눈 대화가 아닙니다. 왜 그런 게 나왔는지 모르겠습니다."라고 주장한다면? 피고인의 이러한 진술 또한 진정성을 부인하는 주장이다. 이 경우도 피고인의 스마트폰이 온전하게 남아 있다면 어떻게 해볼 도리가 있겠지만 피고인이

71) 이숙연, "디지털증거의 증거능력 - 동일성 무결성 등의 증거법상 지위 및 개정 형사소송법 제312조와의 관계 -", 『저스티스』 통권 제161호(한국법학원, 2017. 8.), 제195쪽.

없앴다면 복구한 카톡 대화 파일의 진정성의 입증은 난망이다. ③ 태블릿이 중요 사건이었던 사안에서 태블릿을 압수한 뒤 수사기관이 계속 보관하지 않았다면? "나는 그 태블릿을 사용한 적이 없습니다"라는 피고인의 주장을 깨는 게 쉽지 않았을 것이다. 자칫하면 태블릿을 증거로 사용하지 못했을 수 있다.

이처럼 디지털증거는 사후 조작이나 변개에 취약하고 원본과 사본의 구별이 어려우며 선별압수 시 유체물과 달리 사본을 압수하게 되므로 진정성에 대한 시비가 발생했을 때 매체 원본이나 전체 복제본이 없으면 진정성의 입증이 매우 어렵게 된다. 진정성에 다툼이 있을 때 검사는 정보저장매체에 기록된 메타데이터 분석, 해당 파일의 생성·사용 흔적 및 그와 연관된 다른 파일이나 앱의 사용 기록의 비교분석 등을 통해 증거로 제출한 해당 파일의 생성이나 사용이 피고인에 의해 이루어진 것임을 증명하게 되는데 선별압수를 하게 되면 그걸 할 수 없기 때문이다. 따라서 선별압수 원칙을 관철한다면 해당 디지털증거의 진정성을 입증할 수 없어 이를 증거로 사용할 수 없게 되는 어려움에 직면하게 되고, 이는 결국 수사기관이 아무리 노력해도 극복할 수 없는 국가형벌권 행사에 대한 심각한 장해 상황이다.

그런데 선별압수를 관철하면 국가형벌권의 행사에 장해만 초래되는 것이 아니라 억울한 사람이 나와도 속수무책일 수밖에 없는 비극이 벌어질 수 있다. 예컨대, 갑에게 앙심을 품은 X가 갑 몰래 갑의 스마트폰을 빼내 아동포르노 영상을 내려받아 저장한 뒤 수사기관에 제보했다. 수사기관은 갑의 스마트폰을 압수·수색하여 그 영상을 발견하고 이를 복제하여 이미징한 뒤 갑에게 스마트폰을 반환하였다. X는 다시 갑의 스마트폰을 훔쳐 가서 이를 없애버렸다. 갑이 억울해하며 "자신은 아동포르노 영상을 저장하지도 시청하지도 않았다"라고 호소한다. 이 가상의 사례에서 갑의 억울함을 해소할 방법이 있을까? 선별압수를 강제하는 지금의 실무에서는 뾰족한 수가 없다. 갑의 주장은 압수된 아동포르노 파일의 진정성을 다투는 것이고 위에서 예로 든 것처럼 진정성의 증명이 없으니, 갑이 억울할 일은 없는 것 아니냐며 반문할 수 있다. 만약 갑의 그러한 주장이 허위라면? 아동포르노 영상을 즐겨왔던 갑은 돌려받은 스마트폰을 없애기만 하면 아무런 처벌도 받지 않을 수 있게 되는 것 아닌가? 이게 바로 선별압수가 만드는 부조리한 현실이다. 미국[72], 영국[73],

72) 김민이, "디지털증거 압수·수색 관련 미국, 영국, 프랑스 입법례", 『최신 외국입법정보』 통권 제157호(국회도서관, 2021. 4. 20.) 제2쪽. "미국은 전자정보매체(디지털증거)에 대한 압수·수색 절차와 관련하여 수사의 효율성 측면에 좀 더 가까운 규정을 가지고 있다. 즉 전자정보매체에 저장된 정보와 관련하여서는 원본이든 사본이든 압수·수색 가능할 뿐만 아니라 압수

프랑스[74], 일본, 독일 등 형사사법 선진국에서는 모두 특별한 사정이 없는 한 매체 압수를 허용하고 있으며, 오히려 우리처럼 법률에 명문의 규정을 두어 선별압수를 원칙으로 선언하고 있는 나라를 찾아보기 어렵다.[75] 그 이유가 뭘까? 다른 나라는 형사사법에서 국민의 기본권 보호를 소홀히 하기 때문인가? 그렇지 않다. 매체 원본이 없으면 많은 경우 위와 같은 부조리한 상황이 초래되기 때문이다.

선별압수는 디지털증거의 진정성에 다툼이 있을 때 그 입증을 사실상 불가능하게 만드는 것 이외에도 급속하게 변화되는 수사환경과 신종 범죄의 출현에 대한 국가형벌권의 올바른 행사를 대단히 어렵게 한다. 다양한 각도에서 여러 분석이 가능할 수 있겠지만 여기서는 2가지만 언급하고자 한다. 첫째는 정보보호 기술 발전에 따른 대응력 저하 문제이고, 둘째는 살아 있는 생물과 같은 수사의 진척에 따라 새롭게 밝혀지는 범죄에 대한 대응력 상실의 문제이다.

먼저, 정보보호 기술 발전에 따른 대응력 저하 문제이다. 이를 수사기관 견지에서 보면 안티포렌식에 따른 증거 확보의 어려움이다. 예컨대 감추고자 하는 파일을 암호화 프로그램을 이용하여 암호화하고 이를 다시 스테가노그래피(Steganography)[76] 프로그램을 이용하여 파일을 덧씌워 영화나 음악 파일의 확장자인 avi, mp3로 위장하여 PC 혹은 다른 저장매체에 숨겨놓았다고 치자. 그걸 지금 실무의 선별압수 방식으로 찾아낼 수 있을까? 암호화 기법은 여기에 그치지 않는다. 저장매체의 물리적인 구조와 논리적인 구조의 차이로 발생하는 낭비 공간에

목록기재에 있어서도 압수한 물건 자체를 기재하는 것으로 충분하다. 또한 영장집행관이 압수하거나 복사한 디지털 정보 사본을 보관할 수 있는 규정도 있다."

73) 김민이, 앞의 자료, 제5－6쪽. "영국「경찰 및 형사증거법, 1984」§16. 영장의 집행 (2A) 영장집행에 참여하는 사람은 다음의 점에서는 경관과 같은 권한을 갖는다. (a) 영장의 집행, (b) <u>영장과 관련된 물건의 압수</u> …, §20. 전자화된 정보에 대한 압수권한 확장 (1) 본조를 적용하여 법률에 따라 부여된 권한을 실행하기 위하여 장소에 출입한 경관에게 법률에 따라 부여되는 압수권한은 컴퓨터에 저장되고 그 장소에서 접근가능한 전자양식에 담긴 정보를 가져갈 수 있고 보고 읽기 쉬운 양식으로 제공하거나 보고 읽기 쉬운 양식으로 제공되기 쉽도록 요구할 수 있는 권한을 포함한다."

74) 김민이, 앞의 자료, 제6쪽, "프랑스「형사소송법」 제97조 ③ 범죄수사에 필요한 전자정보를 압수함에는 전자정보가 담긴 물건을 압수하거나 참여자의 입회하에 사본을 출력하는 방법으로 한다."

75) 조은별, "정보저장매체, '압수'의 검토 - 형사소송법 제106조 제3항 단서의 해석을 중심으로 －", 『형사법의 신동향』 통권 제80호(대검찰청 2023. 가을), 제62－66쪽.

76) 그림파일 등의 일정한 빈 공간에 자신의 정보를 심어 놓고 보통 사용할 경우에는 표시하지 않다가 필요할 경우 추출하는 기법이다.

데이터를 은닉하는 기법, 원래 파일에 접근하여 내용을 파악할 수 없게 하는 기법, 별도의 프로그램을 이용하여 시간정보(MAC time)나 파일의 헤드 정보 등을 조작하는 기법들이 주요 안티포렌식 기술로 알려져 있다.77) 다양한 방식으로 암호화된 파일을 찾아낼 수 있는 현장 도구는 없다. 더 슬픈 건 앞으로도 없을 거라는 점이다. 경제성이 없으니 개발할 사람도 없다. 더욱이 현장에서의 선별압수는 선진국에서는 하지 않고 우리나라만 하고 있으니 그런 도구가 다른 나라에서 개발되어 나올 가능성은 더욱 희박하다. 위에서 든 예는 실제 사례다.78) 당시는 지금과 같은 선별압수가 강조되기 이전으로 매체 원본을 압수했기 때문에 장기간 분석을 통해서 숨겨져 있던 암호화된 파일을 발견할 수 있었다. 하지만 지금의 선별압수 방식으로 접근했다면 그러한 행운은 없었을 것이다. 고도의 기술적 방법을 활용할 줄 아는 지능범, 조직범 등에게 선별압수는 인권 보호 장치가 아닌 법망을 빠져나갈 수 있는 탈출구로 작동할 뿐이다.

그뿐만이 아니다. 정보저장매체의 정보보호 기술은 나날이 진화하고 있다. 스마트폰은 패스워드와 같은 접근 정보를 알지 못하면 저장된 파일에 접근조차 하지 못한다. 과거에 나온 기종은 정보보호 기술을 우회하여 그런대로 접근할 수 있었으나 엄청난 자금력을 가진 다국적 기업의 정보보호 기술을 위한 투자 및 발전 속도를 따라가기엔 역부족이다. 산업구조 상 한계가 있을 수밖에 없다. 필자는 어느 토론회 자리에서“그건 수사기관이 열심히 노력해서 해결할 일이지 우리의 문제는 아니다”라고 말하는 걸 들은 적도 있다. 하지만 국가형벌권의 올바른 행사가 어떻게 수사기관만의 문제일 수 있겠는가? 수사기관의 노력으로 극복하기 어려운 해결 과제가 있다면 정책적으로 접근하는 지혜도 필요하다.

다음, 수사의 진척에 따라 밝혀지는 범죄혐의에 대한 대응력 상실의 문제이다. 앞서 언급했듯이 수사단계에서 압수·수색은 수사 초기에 이루어진다. 고소·고발이나 언론보도 등을 단서로 시작되는 수사는 범죄혐의도, 수사대상자도 구체적으로 명확하게 특정되지 않은 채로 진행하게 된다. 수사 초기 수사대상자나 범죄혐의 모두 잠정적인 수사 대상일 뿐이다. 수사 착수 시 법리 검토를 통해 범죄혐의를 구성하지만, 수사 진행 과정에서 밝혀지는 사실관계에 따라 범죄혐의가 달라지거나 추

77) 오미경, “디지털 증거 선별 압수·수색에 따른 문제점 해결을 위한 기술적 방안 연구”, 서울대학교 융합과학기술대학원 이학석사 학위논문, 2019, 제16－17쪽.

78) 허철회, “선별 압수 시 난수성 검정을 통한 안티포렌식 파일 압수 방안 연구”, 서울대학교 융합과학기술대학원 이학석사 학위논문, 2019. 제2－3쪽.

가되고 수사대상자도 변경되거나 추가된다. 단순 참고인이었던 사람이 나중에 피의자가 되는 경우도 드물지 않다. 따라서 수사 초기에 진행되는 압수·수색에서 범죄의 전모를 밝힐 수 있게끔 모든 증거를 수집하는 것은 애초부터 불가능하다. 압수·수색을 통한 증거확보는 압수·수색이 이루어지는 그 시점에 수사대상자의 범죄혐의와 관련성이 인정되는 범위에서만 가능하다. 수사가 갖는 현실적이고 구조적인 한계이다. 이 점이 공판에서 진행되는 압수·수색과 구별되는 근본적인 차이이다. 공판에서는 혐의대상자와 입증 대상 범죄혐의가 공소장으로 특정되어 있고, 압수·수색은 그 공소사실의 유·무죄 판단에 필요한 증거 확보가 목적이므로 다른 범죄혐의를 놓치면 어떡하나 하는 걱정 따위는 하지 않아도 된다. 반면 수사단계에서는 관련 범죄혐의를 놓치면 소위 말하는 '봐주기 수사'를 했다는 논란에 휘말릴 수 있어 수사기관은 압수·수색 대상의 선별 과정에서 더 꼼꼼하게 여러 각도로 탐색 대상 자료와 범죄혐의와의 관련성을 따질 수밖에 없다.

만약 영장에 기재하지 않았던 범죄혐의가 발견되면? 공판단계라면 그냥 무시하고 지나치면 되겠지만, 수사단계에서는 탐색을 중단하고 새로 영장을 발부받아 추가 압수·수색을 진행해야 한다. 여기서 중요한 것은 이러한 추가 수사가 수사기관의 선택이 아닌 '의무'라는 것이다. 수사기관의 수사하여야 할 의무는 영장에 기재된 범죄혐의로 한정되지 않는다. 예컨대, 사회적으로 공분을 일으킨 고위공직자 X가 건설업자 갑으로부터 금품을 수수한 혐의가 알려져 수사에 착수했고 압수·수색 과정에서 골프장 업주 을과의 유착관계를 의심케 하는 카톡 대화 내용을 우연히 발견했다고 치자. 만약 수사책임자가 영장 범죄혐의와 무관하므로 그냥 무시하라고 지시했다면 그 수사책임자는 어떤 평가를 받게 될 것인가? 아마도 '봐주기 수사' 논란의 당사자가 되어 곧 수사 주체가 아닌 수사 대상이 될 가능성이 크다. 수사기관의 내부 사정을 알 길이 없는 일반 대중에게는 오히려 이러한 의심이 당연할 수 있다. 이처럼 압수·수색은 그 특성상 수사단계이냐, 공판단계이냐에 따라 본질적인 차이가 존재한다. 따라서 수사단계의 압수·수색에서 관련성의 범위를 엄격하게 해석하는 것은 수사단계에서 이루어지는 압수·수색의 구조적인 한계, 수사기관의 수사 의무 등과 조화되기 어렵다. 그렇다면 관련성의 인정 범위를 넓게 해석하면 문제가 해결되는가? 그렇지 않다. 새로 밝혀지는 범죄혐의에 대한 대응력 상실은 디지털증거의 관련성을 넓게 인정한다고 해서 극복될 수 있는 성질의 문제가 아니다. 선별압수가 원칙인 이상 필연적으로 수반되는 부정적인 반작용이다.

하지만 선별압수 원칙을 고수함으로써 이러한 반작용을 감수하는 것이 바람직한가? 예를 들어보자. X의 군사기밀 누설 혐의가 언론에 보도되어 한 수사팀(1팀)이 수사에 들어갔다. 드러난 범죄혐의는 A 군사기밀 누설(A사건). 다른 추가 범행도 있을 것 같으나 아직 포착된 혐의는 없다. 1팀은 A사건으로 영장을 받아 X의 정보저장매체를 확보하여 전체를 이미징한 뒤 매체는 반환하였고, 그 안에 A사건의 증거(A증거)가 있어 이를 토대로 1심에서 유죄를 선고받았다. 항소심 계속 중 X의 B 군사기밀 누설 혐의(B 사건)가 다른 수사팀(2팀)에 포착되었고 B사건의 증거(B증거)가 위 이미징 파일에 섞여 있음이 확인되었다. A사건에서 반환한 정보저장매체는 X가 폐기했다고 할 때 2팀은 어떻게 수사해야 하는가? 1팀이 A사건으로 압수·수색할 때 B증거를 발견하고 탐색을 중단한 뒤 새로 영장을 받아 수사했더라면 좋았겠지만, 아무런 정보도 없이 탐색에서 B증거를 우연히 발견하기란 쉽지 않다. 실무상 대부분은 압수·수색 후 한참의 시간이 흐른 뒤 추가 범행의 존재가 확인되는 경우가 일반적이다.[79] 위 사례는 1팀이 선별 없이 전체 복제본을 압수한 것이라 B증거의 보관이 적법한지 문제 된다. B증거가 B사건의 증거이자 A사건의 증거일 수도 있고, B사건의 증거일 뿐 A사건의 증거는 아닐 수도 있다. 전자라면 B증거의 보관이 적법하므로 2팀은 영장을 받아 이를 적법하게 압수하여 X를 B사건으로 기소하여 처벌받게 할 수 있다. 하지만 후자라면? 선별압수 원칙을 강조하는 지금의 법원은 B증거는 폐기대상이고 그럼에도 이를 계속 보관한 것은 위법이므로 영장을 받아 다시 압수해도 위법수집증거 배제법칙에 따라 증거능력이 없다고 판단할 가능성이 크다. 실제도 그랬다.[80]

시간을 돌려 1팀이 A사건으로 X의 정보저장매체를 압수·수색하던 시점으로 돌아가 보자. 우리는 X가 B사건도 저지른 것을 알고 있다. 하지만 1팀은 이를 알지

79) X가 수사 대상이 아닐 때는 X에 대한 범죄혐의 제보가 들어오지 않지만, X가 수사를 받고 사법처리가 되어 그가 직무상 권한을 잃을 것이 명백해지면 그제야 X의 다른 범죄혐의에 대한 제보가 들어오는 경우가 실무 경험상 드물지 않다.

80) 대법원 2023. 6. 1. 선고 2018도19782 판결. 하지만 이 판결은 문제가 있다. 복제본의 보관이 A증거의 진정성을 입증하기 위한 보관이라면 '증거의 증거'로서, 즉 디지털증거인 A의 증거능력(진정성)을 증명하기 위해서 계속 보관이 필요한 증거(복제본)이기 때문에 전체 복제본에 대해 관련성이 인정된다고 보아야 하기 때문이다. 다시 말하면, 전체 복제본 자체가 유관 증거이고 따라서 이를 보관한 것을 두고 폐기 대상인 무관 증거의 계속 보관이라고 평가해선 안 된다. 대법원은 복제본의 보관이 A증거의 진정성을 증명하기 위한 보관으로서 '증거의 증거'를 위한 보관이었는지 다시 심리하도록 원심을 파기했어야 한다.

못한다. X를 나중에 B사건으로 처벌받게 하려면 1팀은 어떻게 수사해야 하는가? X의 정보저장매체 또는 전부 복제본을 확보하고 있어야만 B사건으로 X를 처벌할 수 있다. 하지만 선별압수 원칙을 강조하는 현재 법원 실무에 의할 때 그렇게 할 수 있는 방법이 없다. A사건으로 영장을 받았으니 선별압수 원칙상 A증거만 추출한 뒤 매체를 반환해야 한다. 매체 원본이나 전부 복제본이 없으니 B증거가 없고, 결국 B사건으로 X를 기소할 수 없다. 만약 A사건으로 매체 원본 또는 전부 복제본을 압수한다면? 대법원은 위 사례에서 B증거의 증거능력이 없다고 보았다. X는 무죄다. 하지만 이는 우리 사회의 법 감정에 비추어 현저히 불합리한 결과라 하지 않을 수 없다. X가 A사건 이외에 같은 유형의 추가 범행을 저질렀을 것으로 보여도 현재의 실무에 따르면 정보저장매체에 여러 사건의 범죄혐의 증거가 들어 있어도, X는 A사건 이외의 범죄혐의에 대해서는 면죄부를 받는다. 이것을 정의라고 부를 수는 없다.

과연 선별압수가 범죄에 대한 국가적 대응 역량을 약화하면서까지도 지켜야 할 중대한 원칙일까? 다른 나라와 달리 왜 유독 우리나라에서만 선별압수의 원칙이 강조되는가? 국가형벌권의 올바른 행사라는 국가기능의 정상 작동을 유지하면서 정보저장매체가 갖는 대량성에서 초래되는 프라이버시 침해의 위험성을 제거하거나 완화하는 방법은 없는가? 국가형벌권은 약화하건 말건 사생활의 비밀만 보장하면 그만일까? 그런 의사결정은 누구를 위한 건가? 이런 상황에서 국민과 국가공동체가 범죄로부터 보호받아야 하는 가치는 누가 어떻게 실현하는가? 등등 이러한 질문들이 꼬리에 꼬리를 물듯 계속 일어난다.

선별압수가 수사단계에서만 문제를 일으키는 것은 아니다. 수사단계에서는 쟁점이 되지 않았던 사실관계가 공판정에서 새롭게 쟁점화되어 추가 입증이 필요할 때도 있다. 공판단계에서 추가 입증이 필요한 경우 선별압수 원칙에 따라 정보저장매체를 반환했다면 추가 입증은 어떻게 해야 하는가? 물론 피압수자가 반환받은 매체나 매체 내 정보를 폐기나 삭제하지 않을 수 있다. 하지만 이때도 그 매체를 일상적으로 계속 사용하는 것만으로 메타데이터나 로그기록, 레지스트리는 지속적으로 변경되며 기존의 파일의 삭제나 새로운 파일의 생성으로 인하여 데이터 영역에 덮어쓰기 또한 수시로 이루어진다.[81] 즉, 추가로 확인할 필요가 있어 다시 압수·수색할 때는 이미 해당 매체나 정보가 존재하지 않을 수 있고 남아 있더라도 입증하

81) 오미경, 앞의 논문, 제19－20쪽.

는 데 턱없이 부족한 자료만 남아 입증에 실패할 위험이 커지게 된다.

지금까지 선별압수 원칙이 초래하는 여러 가지 문제들을 두루 살펴보았다. 아마도 형사소송법 제106조 단서를 마련한 것은 선별압수로 인해 초래되는 위와 같은 문제점을 인식했기 때문이지 않을까 싶다. 하지만 실무는 단서를 적극 활용하기보다는 본문에 충실한 쪽으로 방향을 잡아가고 있다. 선별압수 원칙이 갖는 여러 문제점을 고려할 때 그러한 실무가 바람직하다고 보기 어렵다. 물론 그렇다고 선별압수가 가지는 장점을 완전히 무시하고 과거로 돌아가자는 것은 아니다. 다음에서는 선별압수 원칙의 입법 취지는 그대로 살리면서 그로 인한 부정적인 반작용 내지 부작용을 제거하거나 완화하는 입법과제에 대해 살펴보고자 한다.

3. 입법과제

형사소송법 제106조 제3항만 보자면 단서를 활용해서 매체 원본을 적극 압수하는 방법으로 선별압수 원칙으로 인해 초래될지 모를 위험에 대비할 수 있다. 문제는 2020년 새로 제정된 수사준칙이다. 수사준칙 제41조는 디지털증거 압수에 있어 현장 선별압수 → 복제본 반출 → 매체 원본 반출 순으로 압수·수색의 순서를 정할 뿐 복제본이나 매체 원본의 압수는 따로 규정하지 않는다. 이는 자칫 제41조에 따른 복제본 반출(제41조 제2항) 및 매체 원본 반출(제41조 제3항) 후 선별압수만 가능할 뿐 복제본이나 매체 원본의 압수는 허용되지 않는다는 의미로 받아들여질 수 있다. 그러나 그런 해석은 형사소송법 제106조 제3항 단서를 대통령령으로 폐기하는 것으로 허용될 수 없다. 수사준칙 제41조와 무관하게 제106조 제3항 단서 조항에 따라 선별압수로는 디지털증거의 증거능력을 확보하기 어렵다고 예상되는 때에는 매체 원본을 압수할 수 있다고 봄이 타당하다.

하지만 선별압수 원칙을 강조하는 법원 실무, 새로 규정된 수사준칙 제41조, 제42조 등으로 인해 수사 일선에서는 매체나 전부 복제본 압수 시 공판에서 전체 압수 절차가 위법하다고 평가받을지 몰라 제106조 본문에 따라 최대한 선별압수를 하려 노력 중이며, 그로 인해 선별압수로 인한 입증 실패의 위험성이 갈수록 커가는 실정이다. 그렇다고 디지털증거의 진정성 입증을 완화하는 방향으로 증거법을 운용할 수는 없다. 그것은 선별압수 원칙을 유지하려다가 국민의 억울한 옥살이의 위험을 새로 창출하는 셈이기 때문이다. 미국 법원도 진정성을 디지털증거에서 증

거능력을 인정하는 데 필요한 필수요건으로 보고 있다.[82)]

매체 압수 시 촉발될지 모를 선별압수 원칙 위반이라는 논란을 피하고 선별압수에 따른 입증 실패의 위험도 최소화하는 방법은 없을까? 필자는 그 방법으로 매체 원본 또는 전체 복제본의 「제3자 위탁보관 제도」를 제안한다. 선별압수 원칙으로 인한 입증 실패의 위험은 매체 원본이나 전부 복제본을 압수하지 않는 한 늘 존재한다. 하지만 그렇다고 매체 원본이나 전부 복제본에 대한 압수를 쉽게 용인하면 수사기관이 언제든 누구의 간섭도 없이 압수물에 접근하여 무차별적으로 탐색하는 것을 방치하는 셈이어서 이 또한 바람직하지 않다.[83)] 국민의 프라이버시나 기업의 영업비밀의 보호를 수사기관의 선의에만 맡겨놓을 수는 없다. 이 문제를 한 번에 해결하는 방안이 바로 객관적인 제3자의 수중에 압수 대상물을 맡겨두는 것이다. 법원의 명령으로 압수절차 종료 후 매체 원본 또는 전체 복제본을 제3자에게 맡겨 보관하도록 함으로써 수사기관이 임의로 접근하는 것을 차단함과 아울러 법정에서 진정성에 대한 다툼이 발생하는 경우 보관 중인 매체 원본 또는 전체 복제본을 활용하여 입증하도록 하는 방법이다. 물론 압수·수색 전이라도 보전의 필요성을 소명한다면 압수·수색의 사전절차로서 「제3자 위탁보관 제도」를 활용하는 것도 가

82) 전재현, “개정 형사소송법 제313조의 해석론과 공판 심리상 쟁점 – 하급심 판결과 미국법에 대한 비교법적 검토를 바탕으로 –”, 『법조』 제69권 제5호(법조협회, 2020). 제151쪽. “미국 법원은 Lorraine v. Markel American Insurance Company 사건에서 다음과 같은 요건을 차례로 충족하여야 한다고 하였는데, ① 디지털 증거가 연방증거규칙 제401조에서 정한 관련성(relevant)이 있어야 하고, ② 디지털 증거를 신청하는 당사자가 해당 증거가 자신이 주장하는 증거라는 점을 보여야 한다는 연방증거규칙 제901조 (a)항의 진정성(authentic)이 인정되어야 하며, ③ 디지털 증거가 그 내용의 진실성을 위하여 제출된 경우, 연방증거규칙 제801조의 전문증거(hearsay)에 해당한다면 전문법칙의 예외(연방증거규칙 제803조, 제804조, 제807조)에 해당하여야 하고, ④ 디지털 증거의 형태가 원본이거나 원본 문서의 원칙(the original writing rule)에 따른 사본인지, 그렇지 않다면 그 내용을 증명할 증거능력 있는 2차적인 증거가 있어야 하며(연방증거규칙 제1001조 내지 제1008조), ⑤ 연방증거규칙 제403조에서 정한 부당한 편견 등의 위험이 증거가치를 상당히 넘지 않아야 한다는 것이다.”

83) 대검 예규에서는 이러한 우려를 반영하여 디지털증거의 재현이나 검증을 위해 필요한 경우, 즉 증거의 증거로서 전체 복제본의 압수가 필요한 경우에도 시스템의 분리, 보관의 방식으로 전체 복제본에 대한 수사팀의 자유로운 접근을 차단하고 있으며, 피의자나 피고인이 증거로 제출된 디지털증거의 정확성이나 신뢰성을 다투는 등 그에 대한 추가 증명이 필요한 경우와 같이 분리 보관 중인 전체 복제본에 대한 접근이 필요한 때에는 권한을 부여받은 사람이 공문으로 요청한 때에 한정하여 예외적인 접근을 허용하되 그 과정에 대한 피압수자의 참여권을 보장하는 체계를 갖추고 있다(디지털 증거의 수집·분석 및 관리 규정 제38조).

능할 것이다. 이 제도의 도입은 증거의 증거로서 디지털증거의 진정성 증명을 위해 매체 원본 또는 전체 복제본을 압수하며 과도한 압수·수색을 한다고 오해받아야 했던 수사기관의 난제를 빠르게 해결하는 길이 될 것이다.[84)]

이러한 아이디어는 법의 세계에서 생소한 것이 아니다. 이미 민사소송에서는 소송의 확정 또는 집행 전까지 법원이 명하는 잠정처분으로 가압류, 가처분과 같은 보전처분이 마련되어 있다. 보전처분이 민사 본안 소송의 지체로 말미암아 당사자 혹은 사회에 생길 위험을 피하기 위한 잠정적인 구제 수단이라면 압수 대상물의 위탁보관 제도는 선별압수로 인해 생길 입증 실패의 위험을 낮춰 국가형벌권의 올바른 행사를 담보하기 위한 잠정조치이다. 구조도 동일하다. 보전처분이 보전소송과 집행절차로 구성된다면 위탁보관 제도는 법원의 영장심사와 수사기관의 집행절차로 구성된다. 형사절차에서 디지털데이터의 신속한 보전 법제는 이미 글로벌 스탠다드로 자리 잡고 있다. 우리 외교부가 2022년 10월 유럽평의회에 가입의향서를 제출한 사이버범죄협약(일명 '부다페스트협약')[85)] 제16조는 저장된 컴퓨터 데이터의 신속한 보전 입법을[86)], 제17조는 트래픽 데이터의 신속한 보전 및 일부 제공에 관

84) 위탁보관을 한다고 할 때 언제까지 위탁보관을 할지, 즉 보관기간이 문제 된다. 디지털증거를 압수한다고 할 때 압수 대상은 크게 ① 범죄혐의와 관련된 정보(혐의 증거)와 ② 정보의 증거능력을 입증하기 위한 증거(증거의 증거)로 나뉜다. 혐의 증거는 압수 대상으로 사건기록과 일체로서 사건기록과 그 운명을 같이 하는 게 맞지만, '증거의 증거'는 형사재판에서 증거의 증거능력을 입증하기 위한 용도로 보관이 필요한 만큼, 그 소용이 끝나면 바로 폐기하는 게 타당하다. 따라서 위탁보관 대상인 '증거의 증거'의 보관기간은 최대한으로 잡더라도 위탁보관의 근거가 된 사건의 판결 확정 시까지로 보아야 할 것이다.

85) 2001년 11월 유럽평의회에서 채택되고 헝가리 수도 부다페스트에서 30개국이 서명에 참가하여 2004년 7월 발효된 국제조약으로 사이버범죄 수사에 대한 신속한 국제공조를 목표로 하며, 2024. 3. 현재 미·일·호주 등 총 67개국이 가입한 상태이다.

86) 사이버범죄협약 제16조 저장된 컴퓨터 데이터의 신속한 보전
1. 컴퓨터 시스템을 통해 저장된 특정한 컴퓨터 데이터(트래픽 데이터 포함)가 특별히 손실되거나 변경될 수 있다고 인정될 만한 특별한 사정이 있는 경우, 각 당사국은 자국의 권한 있는 기관이 이러한 컴퓨터 데이터를 신속히 보전할 수 있도록 명령하거나 이와 유사한 방법으로 확보할 수 있도록 필요한 입법 및 그 밖의 그 밖의 조치를 취해야 한다.
2. 전항과 관련하여 당사국이 어떤 자에게 그가 소유하거나 관리하고 있는 저장된 특정 컴퓨터 데이터를 보전하도록 명령하는 경우, 해당 당사국은 최대 90일까지 필요한 기간 동안 그가 해당 컴퓨터 데이터의 무결성을 유지한 채 보전하도록 하고 권한 있는 기관에게 제공할 수 있도록 필요한 입법 및 그 밖의 조치를 취해야 한다. 각 당사국은 그러한 명령이 연속하여 연장되게 규정할 수 있다.
3. 각 당사국은 국내법에 따라 규정된 기간 동안 컴퓨터 데이터를 보관 또는 보전하고 있는

한 입법을[87] 가입 당사국에 의무지우고 있다. 물론 사이버범죄협약은 사이버범죄에 대한 신속한 국제공조 수사를 위한 것이나, 동 협약에서 디지털증거의 신속한 확보 및 그 보전의 필요성은 필자가 제안하는 「제3자 위탁보관 제도」의 입법 취지와 그 맥을 같이 한다.

제3자는 위탁보관물에 대해 법원의 허가가 없는 접근을 차단하고 이를 기록하여 수사기관의 무차별적 탐색과 피압수자의 증거인멸로부터 압수 대상물을 안전하게 지켜낼 수 있다. 만약 수사상 필요에 따라 위탁보관물에 대한 추가 탐색이 필요하면 통상의 절차에 따라 법원의 압수·수색영장을 발부받아 집행하여 해당 영장에 기재된 범죄혐의와 관련성이 인정되는 정보를 탐색하여 필요한 정보를 복제나 출력할 수 있다. 수사가 종료하거나 계속 보관의 필요성이 없어지면 검사나 피압수자의 신청 및 법원의 환부 결정으로 피압수자에게 반환하면 된다. 제3자의 역할을 하는 공법인을 설립하는 비용은 크게 문제 되지 않는다. 법무부 산하에 디지털증거와 관련한 여러 업무를 도맡아 처리하는 연구원 형태의 법인을 설립하고 각 지역에 소재하고 있는 검찰청 건물 중 일부를 보관 창고로 활용함과 아울러 지금 대검찰청에서 운영하는 디지털증거 관리시스템(DEMS)을 공법인으로 이양하여 전부 복제본에 대하여 관리하도록 할 수 있기 때문이다. 공법인의 디지털증거 관리업무 수행에 대한 감독을 법원이나 국회에서 한다면 위 법인이 법무부 산하에 있다는 이유로 연구원이 경찰이나 검찰과 유착되는 것을 차단할 수 있을 것이다. 압수 대상물의 위탁보관 제도는 다음 주제인 잘못 압수된 디지털증거의 압수와 관련한 논란을 해소하는 데 이바지할 것으로 예상된다. 그 이유는 다음 주제를 살펴보는 과정에서 자연스럽게 설명될 것이다.

자가 위 절차를 비밀리에 수행하도록 하는 데 필요한 입법 및 그 밖의 조치를 취해야 한다.
4. 이 조에 규정된 권한과 절차는 제14조와 제15조의 규정에 따른다.

87) 사이버범죄협약 제17조 트래픽 데이터의 신속한 보전 및 일부 제공
1. 각 당사국은 제16조에 따라 보전되어야 할 트래픽 데이터와 관련하여, 각 호의 사항을 위해 필요한 입법 및 그 밖의 조치를 취해야 한다.
가. 하나 또는 그 이상의 서비스 제공자가 해당 통신 중개에 관여하고 있는지 여부에 관계없이 트래픽 데이터의 신속한 보전이 가능하도록 보장, 그리고
나. 당사국이 해당 서비스 제공자와 통신 경로를 확인할 수 있는데 충분한 트래픽 데이터를 당사국의 권한 있는 기관이나 그 기관이 지명한 자에게 신속히 제공될 수 있도록 보장
2. 이 조에 규정된 권한과 절차는 제14조와 제15조의 규정에 따른다.

Ⅴ. 잘못 압수된 디지털증거는 다른 사건의 증거로 사용할 수 없는가?

1. 관련성 판단의 어려움과 실무상 문제점

지금 수사 실무는 정보저장매체에 기록된 정보를 압수할 때 피압수자에게 참여의 기회를 부여하고 범위를 정하여 복제 또는 출력하는 방식으로 압수·수색을 진행한다. 물론 그 범위를 결정하는 기준은 관련성이다. 검찰에서 사용 중인 '전자정보 압수·수색·검증 안내문'에서는 관련성을 크게 ① 사건 관련성[88], ② 양형자료[89], ③ 원본성 입증[90] 등 3가지로 구분하여 안내하고 있다. 사건 수사 시 선별압수를 통해 압수되는 정보의 범위는 위 3가지 범주에 포함되는 디지털증거에 한정된다고 할 수 있다. 그런데 압수된 디지털증거가 압수의 원인이 된 범죄혐의와의 관계에서만 증거가 된다는 보장은 없다. 압수된 증거가 다른 범죄혐의에 대한 증거도 될 수 있기 때문이다. 만약 복제·출력의 방식으로, 즉 사본 형태로 압수된 디지털증거가 압수의 근거였던 영장 기재 범죄혐의와 무관한 다른 범죄혐의의 증거라면 다른 범죄혐의를 수사하는 수사팀은 증거를 어떻게 확보해야 하는가? 물론 정보저장매체 원본이 존재한다면 그 원본을 확보하여 해당 정보를 압수할 수 있을 것이다. 하지만 매체 원본이 반환된 뒤 폐기되고 없다면 사본인 디지털증거가 압수 대상이 될 수밖에 없다. 이때 수사팀은 다른 범죄혐의로 압수·수색 영장을 발부받아 참여권을 보장하는 등 통상의 절차를 거쳐 압수할 수밖에 없다.

그런데, 만약 압수된 디지털증거가 압수의 원인이 된 사건의 범죄혐의와 관련성이 인정되지 않음에도 그 사건의 수사팀에서 관련성을 잘못 판단하여 압수한 것이라면 어떻게 해야 하는가? 예컨대, 수사팀(1팀)에서 X가 A에게 공직선거 관련 금품을 제공한 혐의(A사건)로 압수·수색을 하는 과정에서 A와 B 사이의 선거 관련 3억 원 약속 범행(B사건)의 통화녹음(B증거)을 발견하고 A사건과 관련성이 인정된

---

88) 압수·수색 시를 기준으로 압수·수색·검증영장에 기재된 피의자나 진범 및 공범의 범죄혐의와 기본적인 사실관계가 동일하거나 동종·유사 범행과 관련된다고 의심할 만한 상당한 이유가 있는 범위 내의 전자정보

89) 피의자나 진범 및 공범의 범행 동기나 목적 그 밖에 형법 제51조(양향의 조건)에서 규정한 사항에 해당한다고 인정되는 범위 내의 전자정보

90) 위와 같은(사건 관련성, 양형자료) 전자정보의 출처증명 기타 법정에서 디지털 증거의 정확성과 신뢰성의 입증에 필요한 범위 내의 전자정보

다고 보아 새로 영장을 받음이 없이 A사건의 증거로 압수하였다. 이후 다른 수사팀(2팀)에서 B사건을 수사하면서 B증거를 확보하려고 한다. 2팀이 적법하게 B증거를 압수하려면 어떻게 해야 하는가? 이것이 위 질문이다. 대법원은 위 사례에서 B증거를 별도의 영장을 발부받지 않고 압수한 것은 위법수집증거로서 증거능력이 없다고 판단하였다.[91] 그렇다면 B증거는 무관 증거로서 폐기 대상이고 1팀은 폐기해야 할 무관 정보를 법적 근거도 없이 계속 보관한 것이므로 2팀에서 새로 영장을 발부받아 압수하더라도, 이는 위법수집증거를 압수한 것이므로 증거능력이 없게 된다. 매체 원본이 없다고 하면 현재 법원 실무에 의할 때 2팀 입장에서 B증거를 적법하게 확보할 방법이 없다. 1팀이 관련성의 판단을 대법원과 달리 했기 때문에 2팀의 노력에도 불구하고 B사건의 혐의 입증은 불가능해졌다.

하지만 이러한 해석은 통상적인 상식에 부합하지 않는다. 2팀의 입장에서 1팀에 의해 압수된 B증거가 A사건과 관련성이 있는지, 없는지 따져가며 압수할 수는 없기 때문이다. 2팀이 1팀에 협조를 요청하더라도 1팀에서 한 관련성 판단의 당부를 심사할 수 있는 자료까지는 얻지 못할 것이다. 만약 자료를 얻는다고 해도 2팀에서 대법원이 어떤 판단을 할지 알 길은 없다. 1팀에서 관련성 판단을 잘못했다고 해서 그 영향이 2팀 수사에까지 미친다는 것은 위법수집증거 배제법칙의 입법 당시 예상된 모습은 아닐 것이다. 심지어 위 사례에서 관련성은 수사하는 1팀에서만 인정된다고 본 게 아니라 1심 법원도 인정했다. 1심 법원도 관련성을 인정한 점에 비추어 1팀이 위 증거에 관련성이 인정된다고 판단한 것을 두고 현저히 자의적으로 판단하여 압수한 것이라고 할 수는 없다. 현행 법원 실무대로라면 2팀은 장차 대법원이 1심 법원의 판단을 뒤집고 관련성을 부정할 것까지 예측 해가며 수사하여야 한다는 것인데, 이는 수사 주체에게 불가능에 가까운 의무를 부담시키는 것이다.

다른 예를 들어보자. 이 사례는 최근 대법원판결을 각색한 것이다. 경찰이 아동의 성을 매수(A사건)한 X를 긴급체포한 뒤 압수·수색영장을 발부받아 그의 휴대전화를 압수하였다. X가 참여권을 포기하여 경찰 단독으로 휴대전화를 탐색하는 과정에서 성 매수 증거(A증거)와 함께 X가 다른 여성을 촬영한 성행위 몰카(B사건) 영상(B증거)을 발견하였다. 경찰은 B증거도 A사건과 관련성이 있다고 보아 별도의 영장 없이 압수한 뒤 휴대전화를 X에게 반환하였고 X는 이를 폐기하였다. 경찰은 이후 A사건과 B사건 모두 기소의견으로 송치하였다. 주임검사는 경찰의 의견과 달

91) 대법원 2014. 1. 16. 선고 2013도7101 판결.

리 B증거의 관련성을 인정할 수 없어 무관 정보를 압수한 것으로 판단하고 있으나, 부장검사는 그 정도면 관련성이 인정된다며 B사건도 기소하라고 한다. 부장검사는 지하철에서 휴대전화를 이용해 여성을 불법 촬영한 피의자를 검거하고 휴대전화를 압수하여 증거를 탐색하다가 위 범행의 증거 이외에 다른 여성들을 불법 촬영한 300여 건의 동영상까지 압수한 것의 관련성을 인정한 대법원판결[92]이 있음을 근거로 제시하나, 주임검사는 그 사건의 항소심도 관련성을 인정할 수 없다고 본 바 있고, 위 대법원판결과 똑같이 지하철에서 여성을 불법 촬영한 피의자를 검거한 뒤 휴대전화를 임의제출 받아 탐색하는 과정에서 집에서 다른 여성의 나체를 촬영한 파일을 압수한 것에 대해 무관 정보의 무단 압수라는 이유로 증거능력을 인정하지 않은 대법원판결[93]도 있어 1심은 어떻게 통과해도(그 대법원판결도 1심 법원은 증거능력을 인정했다) 대법원에서 관련성을 인정받지 못할 수 있어 무죄가 될지 모른다는 생각에 부장검사의 지도에 따르는 것을 주저하고 있다. 주임검사는 B사건을 기소해야 하는가? 관련성이 없다고 보는 주임검사의 입장에서 다시 B증거를 적법하게 압수할 방법이 있는가?

이 사례는 수사 실무상 관련성 판단이 매우 어려움을 보여준다. 관련성은 압수·수색 당시부터 논란되기 일쑤며 사실상 대법원의 최종 판결을 받아봐야 그제야 관련성의 유무가 판가름 난다. 수사 초기에 진행되는 압수·수색 과정에서 담당 경찰관에게 대법원까지 가봐야 알게 되는 관련성의 유무를 정확히 판단하도록 요구하는 것은 불가능하다. 그럼에도 이러한 불가능한 의무를 수사 주체에게 지우는 불합리한 상황이 현재의 실무이다. 그런데 더 큰 불합리는 후속 조치에 있다. 주임검사가 A사건과 관련성이 인정되지 않는다고 판단한 B증거를 확보하기 위해 B사건으로 새로 영장을 받아 압수하려고 해도 지금의 법원 실무상 B증거는 압수·수색 종료 후 폐기했어야 하는 증거를 계속 보관하던 것이므로, 압수해 봤자 형사소송법 제308조의2에 따라 증거능력을 인정받지 못하게 된다.[94] 위 사례와 유사한 사안에서도 1심·항소심과 대법원의 판단이 갈렸다. 그럼에도 지금의 법원 실무에 의하면 수사기관이 압수·수색 시 관련성 판단을 한 번 잘못하면 이로써 곧바로 해당 증거

92) 대법원 2021. 11. 25. 선고 2019도6730 판결.

93) 대법원 2021. 11. 25. 선고 2016도82 판결.

94) 각색의 대상이 된 대법원 2023. 10. 18. 선고 2023도8752 판결에서 대법원은 인적·객관적 관련성이 인정된다고 본 원심을 압수·수색 종료 후 폐기 대상 전자정보에 대한 재압수라는 이유로 위법하다고 보아 파기하였다.

에 증거능력을 부여받을 길은 영영 사라지게 된다.

얼마나 불합리한가? 관련성의 판단은 평가적 요소가 개입되므로 보는 관점에 따라 관련성을 인정할 수도, 부정할 수도 있다. 위 사례에서 B증거를 A사건의 양형증거라고 보면 관련성을 인정할 수 있다. B증거를 통해 평소 X의 성행을 알 수 있으니 양형증거가 아니라고 못 볼 바도 아니다. 하지만 다른 범죄혐의에 관한 증거를 양형 증거라는 이유로 압수하는 것은 선별압수 원칙을 잠식하므로 허용할 수 없고 탐색을 중단한 뒤 새로 영장을 받아야 한다는 견지에 서게 되면 관련성이 부정된다. 평가 인자를 최종 결정권자가 아닌 사람이 정확하게 판단할 방법은 사실상 없다고 보아야 한다. 평가적 요소가 개입된 판단을 평가권자가 아닌 자가 한다는 것 자체가 어불성설이기 때문이다. 이는 기껏해야 판단권자의 최종적 판단 의사를 '추측'함에 불과하다. 그렇다면 압수·수색 시 관련성의 판단에 오류가 있거나 다툼이 예상되어 분란을 사전에 해소하고자 하는 경우 그 오류를 바로잡거나 다툼을 해소할 수 있는 법적 장치가 마련되어야 한다. 어떤 장치가 있을지는 항을 바꾸어 검토하기로 한다.

2. 입법과제

수사기관의 무관 정보에 대한 무분별한 압수를 통제하기 위한 수단으로 무관 정보의 삭제·폐기·반환을 요구하고, 이를 위반하면 그 증거를 활용하여 수사하지 못하도록 위법수집증거 배제법칙을 적용하는 법원의 깊은 고민을 이해하지 못하는 건 아니다. 하지만 그 과정에서 위에서 살펴본 것처럼 불합리한 결과가 초래되는 것 또한 사실이다. 따라서 법원의 실무 운용의 기본 취지를 살리면서도 부산물로 생기는 불합리만 핀셋으로 제거하는 법적 장치를 만들 필요가 있다.

그런데 위 사례에서 살펴본 불합리한 결과는 모두 선별압수 이후 매체가 반환된 뒤 매체 원본이 사라지거나 저장 내용이 변경되면서 발생하는 문제이다. 따라서 앞서 선별압수로 인해 생기는 부조리한 결과에 대한 해결책으로 제시한 「제3자 위탁보관 제도」를 도입하면 법원 실무를 관철할 때 잘못 압수된 디지털증거를 다른 사건의 증거로 사용하는 과정에서 발생하는 불합리도 상당 부분 제거될 것으로 전망한다. 앞서 든 예로 살펴보자면, 1팀이 관련성 판단을 잘못해서 압수했더라도 2팀은 위탁보관 된 매체 원본을 대상으로 새롭게 압수할 수 있어 1팀의 잘못이 2팀에게 전가되는 문제는 애초에 생기지 않는다.

하지만 「제3자 위탁보관 제도」가 들어와도 매체 원본이나 전부 복제본이 위탁보관 되지 않은 사례가 발생할 수 있고, 그 경우 2팀은 1팀에서 압수한 디지털증거를 대상으로 압수할 수밖에 없는데 이때 1팀의 압수 절차에 문제가 있으면 같은 문제가 생기므로 오류를 바로잡거나 다툼을 해소할 수 있는 별도의 법적 장치는 필요하다. 필자를 이를 위해 「압수된 디지털증거 압수용 영장 청구」 제도를 제안한다. 압수된 디지털증거를 다른 사건의 증거로 압수해야 하는 경우 통상의 압수영장이 아닌 압수된 디지털증거 압수용 영장을 청구하는 별도의 규정을 마련하고, 이 절차에 따라 영장을 발부받을 경우(2차 압수) 압수된 디지털증거의 최초 압수(1차 압수) 과정에서 있었던 하자가 2차 압수에 승계되지 않도록 그 효력을 명문으로 규정함으로써 위 사례에서 제기된 불합리를 제거할 수 있다.

매체 원본이나 전부 복제본이 없어 압수된 디지털증거를 압수해야 하는 2팀은 1팀의 압수 절차상 위법 여부를 따질 필요가 없이 압수된 디지털증거 압수용 영장을 청구함으로써 안정적으로 적법한 증거를 수집할 수 있게 된다. 만약 1차 압수 절차의 위법이 중대해서 증거의 유용을 허용해선 안 될 사정이 있다면 법원은 2팀의 영장 청구를 기각하면 된다. 이로써 수사기관의 무관 정보에 대한 무분별한 압수를 통제하기 위한 법원의 실무 운영의 취지를 살리면서도 1차 압수 절차상 위법으로 그 증거를 어떤 경우에도 사용하지 못하게 되는 불합리를 제거할 수 있다. 여기서 「압수된 디지털증거 압수용 영장 청구」 제도의 입법 가치를 찾을 수 있다.

Ⅵ. 보안 강화에 따른 불가피한 선택, 「복호화 명령제도」를 어떻게 설계할 것인가?

1. 스마트기기의 보안 강화와 암호해독

비밀 유지에 대한 욕망이 만들어 낸 것이 암호다. 기원전의 고대 암호로 스키테일 암호[95], 시저 암호[96] 등이 개발되었다. 그 뒤 복잡한 기계 장치와 전자 장치들

95) 기원전 400년경 고대 그리스의 군사들이 문자의 위치를 서로 바꿔 암호화하는 전치 암호(Transposition cipher)를 사용한 기록이 있는데 이것이 스키테일 암호이다. 특정 지름을 갖는 막대에 종이를 감고 평문을 쓴 다음 종이를 풀면 평문의 각 문자는 재배치되어 정보를 인식할 수 없게 되며, 수신자가 송신자의 막대와 지름이 같은 막대에 종이를 감으면 평문을 읽

을 이용한 암호 기술이 등장했으며, 지금은 컴퓨터를 이용한 암호 기술이 사용되고 있다. 전자를 근대 암호, 후자를 현대 암호로 부른다.[97] 암호의 사전적 의미는 비밀을 유지하기 위하여 당사자끼리만 알 수 있도록 꾸민 약속 기호이다. 사람들은 전하고자 하는 메시지를 오직 의도한 수취인만 읽을 수 있게 하려고 암호를 사용하여 다른 형태로 변환하였는데 그 변환 과정을 암호화(encrypt)라 한다. 암호화하기 이전의 메시지를 평문(plaintext), 암호화한 후의 메시지를 암호문(ciphertext)이라 하는데, 암호화를 거꾸로 하는, 즉 암호문을 평문으로 변환하는 과정을 복호화(decrypt)라고 부른다. 이때 정당한 수신자 외의 사람이 암호문을 평문으로 복원하려고 시도한다면? 정당한 수신자가 복원하는 경우(복호화)와 구별하여 암호해독(cryptanalysis)이라고 부르는 게 그 의미를 더 선명하게 한다. 암호화하고 복호화하는 일련의 과정에 필요한 요소를 모두 합쳐서 암호 시스템이라고 하는데, 암호 시스템은 평문, 암호문, 알고리즘[98](암호/복호), 키(key)[99]로 구성된다.

암호는 끊임없이 암호 해독자들의 공격을 받고, 허점이 노출된 암호는 암호 작성자들에 의해 개발된 더 새롭고 강력한 암호로 대체되었다. 이것이 암호의 역사다. 특히 암호는 가끔 전쟁에도 개입하여 전쟁의 승패를 가르는 데 결정적인 역할을 해

을 수 있다. 이 방식에서는 막대가 송신자와 수신자의 비밀키가 된다.

96) 기원전 100년경 로마의 줄리어스 시저가 사용하였던 암호로, 평문으로 사용되는 알파벳을 일정한 문자 수 만큼 평행 이동시키는 방법으로 암호화한다. 송신자와 수신자는 몇 문자씩 이동할지를 비밀키로 하여 바꿔가면서 사용할 수 있다.

97) KISA 암호이용 활성화, https://seed.kisa.or.kr/kisa/intro/EgovHistory.do (홈>소개>암호기술의 역사, 2024. 4. 2. 확인)

98) 수학이나 컴퓨터과학에서 사용되는 문제 해결 방법을 정의한 '복잡한 문제를 풀기 위한 과정'을 말하며, 암호화 알고리즘이란 데이터의 무결성 및 기밀성을 유지하기 위하여 정보를 쉽게 해독할 수 없도록 암호화하는 알고리즘이다. 복호화한다면 복호화 알고리즘이다. 양자를 합쳐 '암호 알고리즘'이라고 부른다.

99) 요즘 암호화는 대부분 컴퓨터를 이용한 알고리즘을 통해 이루어지므로 평문, 암호문, 키 모두 2진수 열로 표현된다. 암호화할 때나 복호화할 때나 모두 키가 필요한데 암호 알고리즘의 키는 매우 긴 숫자로 되어 있다. 암호는 키의 사용 방법에 따라 ① 암호화할 때 사용하는 키와 복호화할 때 사용하는 키가 동일한 암호 알고리즘을 사용하는 대칭 암호(symmetric cryptography), ② 암호화할 때 사용하는 키와 복호화할 때 사용하는 키가 서로 다른 암호 알고리즘을 사용하는 비대칭 암호(asymmetric cryptography)로 나뉜다. 비대칭 암호는 송신자와 수신자 모두 한 쌍의 키를 갖고 있어야 하고, 한 쌍의 키를 이루는 두 개의 키를 공개 키와 개인 키라고 하는데 공개 키는 궁극적으로 공개하기 때문에 이런 암호 알고리즘을 공개 키 암호(public－key cryptography)라고 부른다.

왔다. 대표적인 사례가 2차 세계대전 당시 암호 기계 '에니그마'를 둘러싼 소리 없는 전쟁이다. 독일의 전기공학자였던 아르투르 세르비우스(Arthur Scherbius)가 고안한 암호 제작 기계인 에니그마는 배선반과 회전자를 결합하여 빈도 분석으로부터 안전하면서 엄청난 수의 열쇠를 선택할 수 있는 암호 기계로 독일군과 연합군 모두에게 절대 깨질 수 없는 난공불락의 암호로 여겨졌다. 그러나 폴란드인 마리안 아담 레예프스키(Marian Adam Rejewski)의 집요한 노력과 천재 앨런 매시슨 튜링(Alan, Mathison Turing)을 위시한 영국 블레츨리 파크에 모인 암호 해독가들의 피나는 헌신으로 제작된 암호해독 기계 '봄브'를 통해 에니그마에 의해 작성된 암호를 바로바로 해독함에 따라 독일군의 여러 비밀 작전은 연합군에 그대로 노출되었고 결국 2차 세계대전은 연합군의 승리로 끝난다.[100]

이처럼 엎치락뒤치락하는 암호작성자와 암호해독자의 싸움은 지금껏 암호해독자의 승리와 더 깨기 어려운 새로운 암호의 개발로 이어져 왔다. 그래서 암호의 세계에서는 "어떤 암호라도 언젠가는 해독된다"라는 이야기가 상식처럼 받아들여져 왔다.[101] 하지만 이제 그 이야기도 더 이상 상식이 아닌 시대가 될지 모른다. 1990년경 이메일 암호화 소프트웨어인 PGP[102]를 개발한 필립 짐머만(Philip Zimmermann)은 "지금까지 알려져 있는 모든 형태의 암호분석 기법을 동원해도 풀 수 없는 암호문 작성이 현대 암호학에서는 가능하다. 그리고 이런 추세는 한동안 계속될 것이라고 생각한다"라고 했고, 미국 NSA[103] 부국장이었던 윌리엄 크로웰도 "전 세계의 개인용 컴퓨터 약 2억 6천만 대가 다 같이 매달려 PGP로 암호화된 하나의 메시지를 해독하는데 우주 나이보다 평균 1,200만 배나 더 걸릴 것이다"라고 했다.[104]

---

100) 사이먼 싱(이현경 옮김), 『비밀의 언어 -암호의 역사와 과학-』, 인사이트, 2019(2쇄 발행), 제141-262쪽.

101) 히로스 유키(이재광·전태일·조재신 옮김), 『알기 쉬운 정보보호개론 -흥미로운 암호 기술의 세계-』, 인피니티북스, 2021(초판 4쇄). 제50쪽.

102) Pretty Good Privacy의 약자로 현재도 전 세계에서 널리 사용되고 있는 암호 소프트웨어이다. PGP에서는 데이터를 압축해서 암호화하며 하이브리드 암호 시스템을 사용하기 때문에 대칭 암호와 공개 키 암호 두 가지 알고리즘을 모두 사용한다.

103) National Security Agency의 약자로 미국 국가안보국을 지칭하며, 1952. 11. 해리 트루먼 대통령에 의해 창설되어 암호해독 분석에 관여하고, 해외 통신과 해외 신호 정보의 수집과 분석을 수행하며, 첨단장비를 활용한 신호 정보 수집에 주력하는 것으로 알려져 있다.

104) 사이먼 싱, 앞의 책, 제445-446쪽.

지금 우리는 이들의 주장이 결코 허언이 아님을 실감하고 있다. 바로 우리가 항상 손에 쥐고 있는 스마트폰의 암호화 기술의 발전을 통해서다. 스마트폰 제조사의 양대 산맥인 삼성과 애플의 운영체제(Operating System, OS)인 안드로이드(Android)와 iOS는 과거 단순히 외부 사용자가 스마트폰 잠금화면 단계에서 내부 데이터에 접근하지 못하도록 하는 암호화 방식에서 지금은 파티션 단위와 시스템 단위에서 내부 데이터에 대한 포렌식 도구의 접근을 막는 실질적이고 강력한 보안 기능을 수행할 수 있게끔 발전해 왔다.[105] 이는 매우 반가운 일임이 틀림없다. 스마트폰에 저장된 우리의 내밀한 정보와 기업의 영업비밀 등이 해킹 등 범죄로부터 더 안전해졌음을 의미하기 때문이다. 하지만 암호 기술의 발전에는 양면성이 있다. 범죄자들이 암호를 이용해서 법망을 빠져나갈 가능성이 그만큼 커진 것을 의미할 수도 있기 때문이다. 이제 사용자의 패스워드 없이 수사기관의 포렌식 장비만으로 압수된 스마트폰을 비롯한 모바일 기기에 저장된 디지털 정보에 접근하는 것은 대단히 어렵게 되었다. 복호화를 가능케 하는 장비가 있더라도 그 해독에 시간이 얼마나 오래 걸릴지 알 수 없다. 범죄로 인한 피해나 위험은 갈수록 커지는 상황에서 암호를 이용해 법망을 빠져나가려는 범죄자를 어떻게 할 것인가? 암호가 풀릴 때까지 넋 놓고 기다리고 있어야 할까? 만약, 그 범죄자가 국가 안위를 위협하거나 테러, 국제적인 마약 유통, 아동·청소년 성 착취 등 중대 범죄를 저지른 사람 또는 그에 적극 협력한 사람으로 이들의 조직범행을 입증할 증거가 스마트폰에 저장되어 있다면, 그리고 그 스마트폰이 최근에 출시된 것이라서 아직 암호 알고리즘조차 알려지지 않아 기술적 방법으로 암호를 해독하는 것이 불가능한 상황이라면 어떻게 할 것인가? 안타깝게도 지금의 우리 법체계에서는 이러한 상황에 속수무책이다.

오늘 발표는 이렇게 속수무책인 상황에서 우리가 취해야 할 구체적인 입법적 조치가 무엇인지 제안하기 위함이 아니다. 부끄럽게도 필자는 아직 그에 관하여 충분히 연구하지 못하였고 그런 과업을 수행할 능력도 부족하다. 하지만 그렇다고 이 주제를 그냥 지나치기에는 지금 우리가 직면한 상황이 백척간두로 보일 정도로 위태롭다. 따라서 비록 21대 국회는 별다른 논의를 하지 못했지만 22대 국회에서는 각계각층의 의견을 수렴하는 등 이에 대한 논의가 활발하게 이루어져 법적 제도화로 이어지기를 소망하는 마음에서 이 주제를 이번 발제에 포함하게 되었다.

---

105) 김대홍, "디바이스 복호화 명령의 도입가능성 연구", 성균관대학교 일반대학원 과학수사학과 석사학위 논문, 2021, 제12-16쪽.

예전에는 상상조차 하지 못했던 신종범죄들이 일어나고 기존의 범죄들도 갈수록 지능화, 국제화, 조직화하는 반면, 그 범죄를 입증할 디지털증거가 저장되어 있을 스마트폰의 암호해독은 갈수록 어려워져만 가는 이러한 이중 난제를 타개하려면 어떤 조치를 해야 하는가? 이 문제를 국가암호 이용 정책의 수립 측면에서 접근하여 검토하는 견해[106]가 있다. 이 견해는 암호 이용 통제 정책을 ① 강제적 키 복구 정책,[107] ② 복호화 명령 정책[108]으로 구분하면서, 강제적 키 복구 정책은 법 집행력 확보라는 목적은 달성하기 어렵고 인권 침해만 과도하여 지금은 거의 모든 나라에서 채택하지 않으며, 복호화 명령 정책은 여러 나라에서 채택했거나 채택을 고려하고 있긴 하나 정보화 사회에서의 법 집행력 확보가 미지수이고 피의자의 자기부죄거부권리와 마찰이라는 큰 장해물이 있다면서, 피의자 개인에 대한 암호이용 통제는 무규제 방임을 택하되 악의적 이용에 대한 행위책임을 엄격하게 묻는 정책을 방향으로 제시한다.[109] 살피건대, 강제적 키 복구 정책에 대한 위 견해의 비판[110]은 타당하나, 대안으로 제시한 무규제 방임 정책은 사실상 백척간두의 위태로운 상황을 그대로 방치하는 셈이어서 실질적인 대안으로 보기는 어렵다. 결국, 복호화

---

106) 백승조 · 임종인, "피의자 개인의 암호이용 통제정책에 대한 연구", 『정보보호학회논문지』 제20권 제6호(정보보호학회, 2010.)

107) 암호화를 이용하는 모든 사람들에게 의무적으로 키복구센터를 이용하도록 하여, 즉 사용자의 비밀키를 신뢰받는 기관에 키를 위탁(key escrow)해 놓고 국가안보, 치안 등의 목적일 경우 정부에서 합법적으로 접근할 수 있게 하는 것을 기술과 제도로서 강제하는 것을 말한다. 미국은 1993년부터 정부가 평문에 접근할 수 있는 통로인 백도어를 설치한 클리퍼칩을 모든 암호화 장비에 설치하도록 강제함으로써 정부의 합법적인 법집행 권한을 보장하는 클리퍼(Clipper) 정책을 발표했는데 이 클리퍼 정책이 대표적인 강제적 키복구 제도이다. 백승조 · 임종인, 앞의 논문, 제277 – 278쪽.

108) 용의자나 관련 조직에 암호화된 정보를 평문과 같이 이해 가능한 형식으로 제공하도록 명령할 수 있는 권한을 주는 것으로, 복호화 명령은 크게 암호문에 대한 복호화를 요청할 수 있는 권리(demanding decryption)와 암호문을 복호화할 수 있는 복호화키 제공을 요청할 수 있는 권리(key delivery)로 나뉜다. 최근 많은 국가에서 채택 혹은 검토하고 있다. 백승조 · 임종인, 앞의 논문, 제280쪽.

109) 백승조 · 임종인, 앞의 논문, 제287쪽.

110) 백승조 · 임종인은 위 논문(제278 – 279쪽)에서 강제적 키 복구 정책의 문제점으로 ① 시스템의 보안 취약성, ② 감청을 통한 프라이버시 침해의 위험성, ③ 강제적 키복구 시스템의 회피 가능성, ④ 시스템 운영의 과다한 비용 등을 들면서 이러한 이유로 미국을 포함하여 강제적 키복구 시스템을 추진하던 많은 나라에서 이 계획을 철회 혹은 유보했으며 그 대안으로 자발적 키복구 시스템과 복호명령이 대두되었다고 설명한다.

명령 정책이 지금의 난제를 해결하기 위한 대안으로 도입을 검토해 볼 만한 하다고 할 수 있다.[111)]

혹자는 수사기관이 암호해독 역량을 키워 스마트폰의 보안 강화에 대응할 생각은 하지 않고 수사 편의를 위한 제도의 도입에만 목소리를 높인다고 나무랄지 모르겠다. 하지만 지금의 상황은 그렇게 녹록하지 않다.[112)] 앞서도 잠깐 언급했듯이 스마트폰 등 모바일 기기의 보안 강화 기술은 초일류 다국적 기업들이 소비자이자 공급자로서 거대한 시장이 형성되어 있지만, 이를 뚫는 암호해독 등 안티포렌식 대응기술은 소비자가 주로 국가기관일 수밖에 없어 시장이 형성되기 어려운 구조이다. 즉, 자발적인 기술 공급자 그룹이 형성되기 어렵다. 기술 발전이 투자 규모에 비례한다고 할 때 안티포렌식 대응 기술의 발전 속도는 모바일 기기의 보안 강화 속도를 도저히 따라갈 수가 없다. 시간이 갈수록 그 격차는 더 벌어질 것이다. 이는 노력의 문제가 아닌 구조의 문제이기 때문이다. 결국 스마트폰 등 모바일 기기의 암호화로 인해 초래되는 법치주의 실현의 공백 문제를 해결할 유일한 길은 '복호화 명령제도'라고 하지 않을 수 없다. 문제는 복호화 명령제도가 헌법 제12조 제2항 자기부죄금지의 원칙에 명백히 위반된다는 주장을 어떻게 극복할 수 있느냐이다.[113)] 이 쟁점은 항을 바꾸어 살펴보기로 한다.

---

111) 복호화 명령제도의 도입이 필요하다는 견해로는 조도준, "디바이스 암호화에 따른 복호화명령 제도 도입의 필요성", 서울대학교 융합과학기술대학원 이학석사 학위논문, 2016. 제76쪽 ("따라서 이와 같은 점 등을 고려할 때 디바이스 암호화에 대응하여 복호화 명령제도를 도입할 필요가 있다") 및 김대홍, 앞의 논문, 제103쪽("암호로 인해 형사사법 자체가 마비될 위기에 처해 있는 시점에서 복호화정보제공명령이 사법절차와 정의를 실현하는데 필요한 역할을 수행하리라 생각한다.")

112) 스마트폰의 파일시스템 전체가 암호화되기 시작하면서 기존의 이미지 덤프(image dump)에 의한 추출은 물론 칩오프(chip－off) 같이 메모리 칩에 대한 물리적 접근을 통한 추출로 유의미한 데이터를 확보하는 것이 사실상 불가능해졌고, 시스템 취약점을 이용한 암호 우회는 취약점이 발견되는 즉시 구글, 애플 등 운영체제 개발사에서 패치를 업데이트하여 대응하기 때문에 사실상 실효성이 없다. 유일한 방법은 복호화 정보를 추론하여 암호를 해제하는 것이나, 암호의 자릿수에 따라 시간이 기하급수적으로 늘어나는 것은 물론 이러한 공격에 대비한 쿨 타임(cool time)이 늘어나는 기능, 영구삭제 기능 등을 개발하여 스마트폰에 탑재하고 있어 이 방법 또한 유효적절한 수단이 되기 어렵다. 김대홍, 앞의 논문, 제17－23쪽.

113) 김학경 · 정제용, "디지털 디바이스 '복호화 명령' 제도에 관한 비교법적 고찰 – 영국의 수사권한규제법 및 테러방지법 중심으로 －", 『형사법의 신동향』 통권 제71호(대검찰청, 2021. 여름), 제230－236쪽. 동 논문에서는 복호화 명령제도의 도입 가능성이나 위헌성 문제 등 향후 법 규범적 논의에 대비한 비교법적인 출발점을 제시하기 위해 영국 복호화 통지(명령)

2. 복호화 명령과 진술거부권 충돌 여부

복호화 명령제도의 도입을 반대할 때 가장 많이 거론하는 것이 자기부죄거부특권과의 충돌, 우리나라로 치면 헌법 제12조 제2항[114]에서 규정한 진술거부권을 침해한다는 주장이다. 어떠한 형태로든 피의자 또는 피고인에게 결과적으로 불리한 결과를 가져오는 정보라면 진술거부권의 대상이 되어야 한다[115]거나 스마트폰이 광범위한 개인정보를 담고 있어 암호 해제를 강제하는 것은 결과적으로 생각이나 경험을 진술하도록 하는 것이나 다름없어 진술거부권의 보호 대상이라는 것[116]을 논거로 한다(이하 '위반설'이라 한다). 반면, 진술거부권의 적용 대상이 아니라는 견해도 있다. 이미 적법하게 압수된 증거물을 복호화하여 제출하는 것은 이미 기존에 압수된 매체를 열어서 그 안의 내용물을 제출하는 행위로서 대상자의 진술을 요구하는 것이 아니라거나,[117] 진술적 복호화 정보냐 생체적 복호화 정보냐에 따라 법적 취급이 달라지는 것은 불합리하고 이는 논리적으로 복호화 정보가 진술인지 여부를 떠나 스마트폰 암호에 대한 진술거부권의 보호가 이루어져야 하는지에 대한 가치판단의 영역으로서 진술거부권의 보호 범위를 지나치게 확장하는 것은 경계해야 하므로 스마트폰의 복호화 정보는 진술적·생체적 정보를 불문하고 모두 진술거부권의 보호 대상이 아니라고 해야 한다는 것을 논거로 한다(이하 '비적용설'이라 한다).[118]

살피건대, 복호화 명령제도가 진술거부권의 적용 대상이 아니라고 보는 견해, 즉 비적용설은 이 부분 쟁점을 진술거부권의 해석론으로 접근하지 않고 복호화 명령제도를 도입하는 데 있어 진술거부권을 적용할 필요가 있는지의 관점에서 접근하

제도에 대한 심층적인 연구를 수행하고자 한다며 논문의 작성 목적을 밝히고 있다.

114) 대한민국헌법 제12조 ② 모든 국민은 고문을 받지 아니하며, 형사상 자기에게 불리한 진술을 강요당하지 아니한다.

115) 조성훈, 『역외 전자정보 압수·수색 연구』, 박영사, 2020. 제164쪽. 이 견해에서는 접근권한 정보 등을 요청하는 경우 진술거부권을 고지해야 하고, 대상자는 진술거부권을 주장하며 위 정보제공을 거부할 수 있으며, 진술거부권을 고지하지 않고 취득한 접근권한정보 등은 진술거부권을 침해한 위법한 증거에 해당한다는 논리까지 나아간다.

116) 최경미, "스마트 전자기기 등의 암호해제 강제에 대한 헌법적 연구", 『한국산업보안연구』 제11권 제2호(한국산업보안연구학회, 2021.), 제166쪽.

117) 조도준, 앞의 논문, 제24－25쪽.

118) 김대홍, 앞의 논문, 제42－44쪽.

여 진술거부권이 적용되지 않는다는 결론을 도출하는 것으로 보인다. 그런데 이러한 접근 방식은 진술거부권을 해석의 관점에서 접근해서 진술거부권의 적용 대상이라는 견해, 즉 위반설과 논의의 평면이 달라 두 입장은 평행선을 달릴 수밖에 없다. 위반설이라고 해서 복호화 명령제도의 도입 배경과 그 현실적 필요성마저 완전히 부정하기는 쉽지 않다. 따라서 이 논의의 쟁점은 "복호화 명령제도의 도입 필요성을 인정하더라도 그것이 현행 헌법상 명문으로 보장하는 진술거부권과 충돌하기 때문에 헌법을 개정하지 않는 한 도입하기 어려운 것 아닌가?"라는 질문으로 이해되어야 한다. 즉, 해석론의 관점에서 진술거부권과 충돌하는지의 문제로 접근해야 한다는 것이다.

해석론으로 접근할 때 복호화 명령은 진술거부권을 침해하여 피의자인 수명자에게 패스워드에 대한 진술을 강요하는 것이 아니라고 볼 수 있을까? 수명자가 진술의 형태로 패스워드에 관한 정보를 국가기관에 알려야 하고 위반 시 형사처벌 등 불이익을 가하는 방식으로 복호화 명령제도가 운용된다면 그러한 방식을 진술의 강요에 해당하지 않는다고 보기는 어려울 듯하다. 정당한 진술의 강요 정도가 되겠다. 하지만 그럼에도 필자는 복호화 명령제도는 헌법상 진술거부권을 침해하지 않는다고 본다. 그 이유는 스마트폰의 패스워드 정보같이 국가기관이 기술적 수준의 한계로 인해 암호를 해독할 수 없거나 그것이 현저히 곤란한 상황이라면, 이는 진술거부권의 내재적 적용 한계, 달리 표현하자면 무기대등의 원리의 작동이 필요한 영역을 벗어난 지점의 문제로서, 패스워드 진술과 관련한 상황은 진술거부권의 적용이 배제되는 영역이라고 보는 것이 타당하기 때문이다. 정리하면, 스마트폰 등 모바일기기의 접근권한정보에 대한 진술을 요구하는 상황은 진술거부권이 작동하지 않는 영역으로서 침해 대상인 진술거부권이 존재하지 않아 침해 문제가 발생하지 않는다고 할 수 있다.

진술거부권은 천부인권으로 분류되는 범위에는 속하지 않는다는 것이 일반적인 견해이다. 진술거부권의 역사적 기원은 아직 논쟁 중으로, 세간의 주목을 받는 견해는 크게 2가지다. 하나는 레비(Leonard W. Levy)의 견해로, 자기부죄 거부의 권리는 16세기 말에서 17세기 초 영국의 커먼로 재판소가 수립한 권리라는 것이고,[119] 다른 하나는 헬름홀츠(R. H. Helmholz) 등 6인의 인사가 펴낸 책에서 주장한 것으로, 오늘날 자기부죄 거부의 특권과 같은 것이라고 말할 수 있는 것의 기원

119) 박지현, "진술거부권에 관한 연구", 서울대학교 대학원 법학박사 학위논문, 2007, 제18쪽.

은 18세기 후반 이전으로 거슬러 올라가지 못하며, 자기부죄 거부의 특권이 법정에서 피고인의 권리로서 일반적인 법 원칙이 된 것은 변호사의 형사소송 대리, 당사자주의가 확립된 18세기 이후라는 것이다.[120] 어느 견해에서건 진술거부권의 시작은 근대 형사법의 태동기와 비슷한 시기라고 할 수 있다. 즉, 자연권적 기본권이 아니라는 이야기다. 진술거부권은 대체로 많은 나라에서 수용되고 있지만 구체적인 권리로서의 모습은 나라마다 차이가 있다.[121] 이것은 진술거부권에 관한 다른 나라의 적용이나 해석의 사례를 곧바로 우리나라의 상황에 적용하는 것에 신중해야 하는 이유를 구성한다. 복호화 명령제도가 자기부죄 거부권리를 침해하는지에 대하여 영국 법원은 침해하지 않는다고 보는 데 반해[122], 미국 법원은 기본적으로 침해라고 보면서 침해가 아니라고 하기 위한 예외 법리(예컨대, Foregone conclusion doctrine[123])를 모색하는 걸 보아도 진술거부권의 적용과 해석에 나라마다 차이가 있음을 알 수 있다.[124]

우리나라 건국헌법에는 진술거부권에 관한 규정이 없었고 1954년 형사소송법 제정 시 피의자와 피고인의 증언거부권을 규정하였다. 헌법상 진술거부권이 기본권으로 규정된 것은 1962년 제5차 개헌 때이다. 당시 제5차 개정헌법 제10조 제2항에서 "모든 국민은 고문을 받지 아니하며 형사상 자기에게 불리한 진술을 강요당하지 아니한다."라고 규정하였는데 해당 문언은 현행 헌법 제12조 제2항에 이르기까지 변함이 없이 그대로 유지되고 있다. 진술거부권의 수용 과정은 우리 헌법에서 진술거부권이 차지하는 비중을 엿볼 수 있는 한 단서라고 할 수 있다. 그렇다면 진술거부권 인정의 이론적 근거는 무엇인가? 헌법재판소는 "헌법 제12조 제2항은 … 형사책임에 관하여 자신에게 불이익한 진술을 강요당하지 아니할 것을 국민의 기본권

---

120) 박지현, 앞의 논문, 제20－21쪽.

121) 박지현, 앞의 논문, 제91－93쪽.

122) 백승조·임종인, 앞의 논문, 제277쪽. "법원은 암호화코드 제출 명령이 자기부죄거부권리를 유발하지 않는다며 상세하게 설명하지 않았으며, 암호화키는 잠긴 서랍과 열쇠의 관계처럼 주체의 의지와는 독립적으로 존재하며 비록 피고가 키를 처음 생성했지만, 일단 생성되고 나면 그것을 변경하기 전까지는 그의 기억에만 존재할 뿐이라고 판시했다."

123) 일정한 행위는 수정헌법 제5조의 목적을 위한 "증언"으로 간주하지 않는다는 법리로, 수사기관이 특정한 사실에 대한 충분하고 구체적인 증거를 갖고 있는 때에는 피의자가 자기부죄 거부특권이 있다는 이유로 그러한 사실에 대하여 진술을 거부할 수 없다는 원칙으로 풀이할 수 있다.

124) 백승조·임종인, 앞의 논문, 제276－277쪽, 김학경·정제용, 앞의 논문, 제238－240쪽.

으로 보장하고 있다. 우리 헌법이 이와 같이 진술거부권을 국민의 기본적 권리로 보장하는 것은, 첫째 피고인 또는 피의자의 인권을 실체적 진실발견이나 사회정의의 실현이라는 국가이익보다 우선적으로 보호함으로써 인간의 존엄성과 가치를 보장하고 나아가 비인간적인 자백의 강요와 고문을 근절하려는 데 있고, 둘째 피고인 또는 피의자와 검사 사이에 무기평등을 도모하여 공정한 재판의 이념을 실현하려는 데 있다."라고 판시하였다.[125] 인간의 존엄과 가치를 보장하기 위한 자백의 강요나 고문의 근절도 공정한 재판의 이념을 달성하기 위한 중요한 요소라고 할 때 진술거부권이 갖는 실천적인 의미는 형사절차에서 무기평등의 원리를 구현하는 데에 있다고 봐도 무방하다.

이는 진술거부권을 형사절차에서 피의자·피고인과 검사 간에 무기평등이 필요한 영역에서 작동되고, 또 작동되어야 하는 원리로 이해할 수 있다는 것을 뜻한다. 여기서 의문이 생긴다. "만약, 무기평등의 원리가 필요 없거나 또는 오히려 피의자·피고인과 검사 사이의 제도적 힘의 관계가 역전되는 상황에서도 진술거부권이 작동되어야 하는가?"하는 질문이 그것이다. 하지만 아무리 고민해 봐도 이러한 상황에서도 진술거부권은 여전히 작동되어야 한다고 해석할 합리적 근거를 찾기 어렵다. 그도 그럴 것이 진술거부권은 그 자체가 목적이 아니라 형사절차에서 무기평등의 원리를 실현하기 위한 도구적 권리라고 이해하는 것이 타당하기 때문이다. 따라서 진술거부권이 어떤 경우에서건 작동하는 절대적 권리로 해석될 수는 없다. 진술거부권이 천부인권이 아닌 한 진술거부권은 그 보장이 필요한 영역에서 작동되고 또 그 영역에 국한하여 작동되어야 한다고 봄이 타당하다. 이것이 바로 진술거부권의 실천적 근거에서 도출되는 진술거부권의 작동 범위를 규정짓는 내재적인 한계이다.

이제 앞으로 다시 돌아가 보자. 암호, 그중에서도 스마트폰의 패스워드 정보처럼 수사기관이 어찌해 볼 도리가 없는 난공불락의 암호는 진술거부권이 도입될 당시에는 전혀 예상하지 못했던 피의자나 피고인이 갖는 강력한 사적(私的) 무기이다. 그동안 암호는 암호의 역사가 증명하듯 암호해독자의 승리로 귀결되는 경우가 많았고, 최근까지도 수사기관은 자체 노력을 통해 암호를 해독해 왔다. 하지만 그런 시대는 스마트폰의 보안 강화 기술의 쉼 없는 고도화와 함께 막을 내리게 되었다. 오죽하면 복호화 명령제도의 도입을 검토해야 한다고 제안하고 있겠는가? 지금 이

125) 헌법재판소 2005. 12. 22. 선고 2004헌바25 결정.

러한 상황은 피의자·피고인과 검사 간에 무기대등의 원리가 상정한 역학관계가 역전된 상황으로 이 지점에서 진술거부권은 작동하지 않는다. 왜? 내재적인 한계를 벗어난 지점이기 때문이다. 따라서 복호화 명령제도가 헌법상 진술거부권을 침해하여 현행법하에서는 도입하기 어렵다는 주장은 진술거부권의 내재적 한계에 관한 법리를 간과한 것으로 타당성을 인정하기 어렵다.

위반설의 지적과 달리 복호화 명령은 헌법상 진술거부권과 충돌하지 않는다. 즉, 복호화 명령제도를 도입하는 데 있어 도입 자체를 막을 헌법상 특별한 장해는 없다. 헌법상 진술거부권을 침해한다는 잘못된 시각에 사로잡혀 국가 안위를 위협하거나 테러, 국제적인 마약 유통, 아동·청소년 성 착취 등 중대 범죄를 저지른 사람 또는 그에 적극 협력한 사람의 조직범행에 손 놓고 있을 수는 없다. 더 늦기 전에 「복호화 명령」제도의 도입 논의를 시작해야 한다.

3. 입법과제

복호화 명령제도의 도입 필요성과 위반설이 간과한 진술거부권의 내재적 한계의 문제는 앞에서 자세히 살펴보았으므로 여기서는 구체적으로 어떤 형태와 방식으로 이 제도를 도입하고 운영할지 검토할 차례다. 다만, 앞서 고백한 대로 다양한 이해관계를 가지는 사람들 대다수가 수긍할 정도의 완성도 높은 법안을 구체적으로 제시할 능력은 없다. 따라서 여기서는 입법을 추진하는 데 있어 고려할 사항에 대한 필자의 짧은 소견을 말씀드리는 것으로 논의를 대신하고자 한다.

첫째, 적용 대상이다. 모든 범죄에 복호화 명령이 가능하게 하는 것은 불필요할 뿐 아니라 과도하여 부당하다. 복호화 명령이 진술거부권을 침해하지는 않지만, 그것과 별개로 제도 자체로 헌법상 국민의 기본권인 사생활의 비밀과 자유, 통신의 비밀과 자유, 개인정보자기결정권, 기업활동의 자유 등을 제약하거나 위축시킨다. 따라서 복호화 명령을 통해 달성하고자 하는 공익과 그로 인해 침해되는 기본권 사이의 비교 형량을 통해 기본권 침해를 용인해서라도 달성해야 할 중대한 공익적 필요가 인정되는 사건에 한정하여 예외적으로 도입되어야 한다. 예컨대, 국가 안위에 관한 범죄, 테러 범죄, 국제적 마약 유통 범죄, 아동·청소년의 성 착취 및 아동 포르노물 유통과 같이 중대 범죄에 한정하여 도입하는 방안을 우선적으로 검토할 필요가 있다. 적용 대상 범죄를 법정형으로 해서 일률적으로 정할지 또는 개개 범죄를 열거하는 방식으로 정할지, 대상 범죄를 국회 입법사항으로 할지 아니면 주요 범주만 정한 뒤 대통령령으로 정할지 등은 입법 과정에서 추가로 고민해 볼 문제겠으나, 동 제도에 대한 국민의 신뢰를 확보하려면 이 제도를 정치적인 목적에서 정적 제거의 수단으로 악용하는 일이 생기지 않도록 적용 대상 범죄를 정할 때부터 유의할 필요가 있겠다.

둘째, 발령 요건이다. 복호화 명령은 예외적인 제도로서 기본권 침해 정도가 중한 만큼, 지금의 기술적 수준 하에서 암호해독이 불가능하거나 현저히 곤란하다는 사정에 대한 충분한 소명이 있는 때만 복호화 명령이 가능하도록 제도를 설계할 필요가 있다. 쉽게 말해 보충성의 원리가 요건이어야 한다. 이때, 누가 암호해독이 불가능하거나 현저히 곤란하다는 사정을 판단할 것인가 문제 된다. 아직 우리나라는 암호해독 등 디지털포렌식과 관련한 독립된 전문기관이 없다. 그렇다 보니 수사기관 별로 포렌식 조직을 만들어 개별적으로 대응하는 실정이다. 하지만 디지털증거의 중요성이 날로 커지는 것과 반대로 디지털포렌식을 둘러싼 기술적, 제도적 환경은 악화일로에 있다. 이번 기회에 디지털포렌식 분야의 사령탑(Control Tower)으로서 국가적 차원에서 장기적인 전략과 구체적인 로드맵을 수립, 시행할 독립된 법인(가칭 '디지털포렌식연구원')을 설립하여 향후 사회변화에 따라 계속 발생할 여러 상황에 대비하게 함과 동시에 그 공법인에 암호해독 가능성에 관한 판단을 맡기는 방안을 추진함이 어떨까? 한다.

셋째, 명령 절차이다. 복호화 명령의 규범력을 높이려면 당사자가 승복하는 것은 물론 그 명령이 공정한 심사 절차를 거쳐 나온 것이라는 점에 대한 국민의 신뢰가 뒤따라야 한다. 우리 사회에서 그 정도의 신뢰를 받으며 충돌하는 가치에 대한 이익형량을 전문적으로 할 수 있는 곳은 당연히 사법부, 즉 법원이다. 따라서 복호화 명령을 발령하는 기관은 법원이 되는 것이 바람직하다. 이 점을 고려하면 적용 절차를 설계하는 데 있어 형사소송법에 규정된 영장 청구 프로세스를 그대로 가져가는 것도 국민의 신뢰를 확보하는 중요한 방법의 하나가 될 것이다.

넷째, 위반 시 제재 수단이다. 복호화 명령제도를 도입한 나라[126]는 대부분 위반 시 형사처벌을 하도록 규정하고 있으나 법정형은 모두 제각각이다.[127] 복호화 명령

---

126) 복호화 명령제도 또는 그와 유사한 제도를 도입한 나라로는 영국, 프랑스, 호주, 싱가포르, 남아프리카공화국, 인도, 말레이시아 등이 있다. 백승조 · 임종인, 앞의 논문, 제280쪽.

127) 백승조 · 임종인, 앞의 논문, 제280쪽.

에도 불구하고 스마트폰의 패스워드를 제공하지 않는 것은 패스워드를 제공했을 때 받는 불이익이 복호화 명령을 위반했을 때 불이익보다 크기 때문이라고 보는 것이 합리적이다. 따라서 복호화 명령 위반에 따른 법정형을 미리 정해두기보다는 수사대상 범죄혐의에서 정한 죄에 상응하는 형사처벌이 가능하도록 수사 대상 범죄와 법정형을 연동하는 방법도 함께 고려해 볼 만하다. 같은 비밀번호 묵비라도, 다중을 살상한 폭탄 테러범의 묵비와 아동 포르노물 소지범의 묵비가 같은 무게의 불법성을 가질 수는 없다는 점에서 보더라도 그러하다.

Ⅶ. 결론

지금까지 디지털증거와 관련하여 실무상 논란이 많은 쟁점을 중심으로 총 4개의 주제에 대하여 문제의 발생 원인과 그 해결을 위한 입법과제를 살펴보았다. 물론 디지털증거를 둘러싼 논란의 중심에 이들 4가지 쟁점만 있는 건 아니다. 예컨대 해외 소재 디지털증거의 확보 방안처럼 아직 해결해야 할 과제가 산적하다. 하지만 이번 발표에서 검토한 쟁점 4가지는 디지털증거를 둘러싼 논란의 근본 원인에 속하는 것으로, 디지털증거와 관련한 여러 문제에 대한 입법적인 해결은 여기서부터 출발해야 한다. 이런 측면에서 오늘 발표는 중요한 의미가 있다. 앞에서 검토한 4가지 쟁점에 관한 본문 내용을 요약하면 다음과 같다.

첫째, 참여권과 관련하여, 공판단계 압수의 참여조항인 형사소송법 제121조, 제122조를 준용하는 형사소송법 제219조가 입법상 과오로 잘못 준용한 것임을 논증하고 동 조항을 개정하여 제121조, 제122조를 준용하는 규정을 삭제해야 함을 밝혔다. 아울러 지금 실무의 참여권 적용 방식이 초래하는 문제점을 3가지로 정리한 뒤 참여를 인정하는 목적은 그대로 살리면서도 그 부작용을 최소화하는 방법으로 피압수자의 참여 범위를 유체물 압수와 같이 반출 전 단계까지만 직접적인 참여를 인정하고, 이후에 진행되는 탐색 및 복제·출력은 참여 대신 객관적인 기록으로 대체할 수 있게 하는 입법을 제안하였다.

둘째, 선별압수와 관련하여, 선별압수로 인해 초래되는 진정성 입증의 실패 사례를 구체적인 사례를 들어 제시하고 그와 관련된 여러 문제점을 진단한 뒤, 선별압수가 가져올 국가의 범죄 대응 역량 약화를 막기 위해 민사소송의 보전처분처럼 디지털증거도 압수·수색 이전 또는 이후에 정보저장매체 원본 또는 전부 복제본을 제3자에게 「위탁 보관」하게 함으로써 수사기관의 무단 접근을 차단함과 동시에 피압수자 등이 매체 원본을 반환받은 후 폐기하는 것을 막아 증거능력의 인정 요건인 디지털증거의 진정성 입증에 실패하는 사례가 생기지 않도록 입법할 것을 제안하였다.

셋째, 수사팀이 관련성이 있다고 판단하여 디지털증거를 압수한다고 하더라도 나중에 대법원에서 관련 없는 증거로 판단해버리면 폐기 대상인 무관 증거를 법적 근거 없이 보관한 것으로 평가됨에 따라 증거능력을 본건은 물론 다른 사건에서도 상실하게 되는 불합리가 발생하고 있음을 실제 사례를 들어 논증한 뒤 그 대안으로 「압수된 디지털증거 압수용 영장 청구」제도를 도입, 잘못 압수된 디지털증거라도 다른 사건의 수사 과정에서 해당 디지털증거를 적법하게 확보할 수 있는 비상구를 열어두는 입법을 제안하였다.

넷째, 거대 자본을 소유한 다국적 기업이 수행하는 스마트폰 보안 강화의 기술개발 속도를 안티포렌식에 대한 수사기관의 대응 역량으로는 도저히 따라갈 수 없어 중대 범죄 수사에서만큼은 복호화 명령제도의 도입이 불가피함을 논증하고, 도입의 장해물로 지목되는 진술거부권의 침해 문제가 실은 진술거부권의 내재적인 한계에 관한 법리를 간과한 잘못된 시각임을 논증하여 「복호화 명령」제도가 현행 헌법 하에서도 도입이 가능한 시급한 입법과제임을 설명하고, 22대 국회에서 다양한 사람들의 의견을 수렴하는 등 입법을 위한 활발한 논의를 시작할 것을 제안하였다.

끝으로, 디지털증거의 난제를 해결하기 위한 쟁점으로 제시된 4가지 주제에 포함되는 것은 아니지만 디지털증거와 관련한 국가의 사령탑으로 장기적인 전략과 구체적인 로드맵을 수립하여 대응하는 기관으로 가칭 '디지털포렌식연구원'의 설립을 제안하였다. 설립 근거는 특별법으로 마련하되 해당 법률에서 조직과 인력구성, 직무 범위 등을 규율하는 방식으로 추진한다면 좀 더 체계적으로 디지털 초연결사회의 변화에 대응할 수 있을 것이다.

이상의 입법과제를 종합하여 이를 조문화하면 아래와 같다. 새롭게 출발하는 22대 국회의 열띤 토론과 적극적인 입법을 응원한다.

1. 참여 준용 규정 개정 및 피압수자의 절차 관여 이원화

개정 前	개정 後
제219조(준용규정) … 제118조부터 제132조까지, …	제219조(준용규정) … 제118조부터 제120조, 제123조부터 제132조까지, …
[신설]	제215조(압수, 수색, 검증) ③ 압수 · 수색 · 검증영장을 집행함에는 피압수자가 참여할 수 있도록 집행의 일시와 장소를 통지하여야 한다. 다만, 피압수자가 참여하지 아니한다는 의사를 명시한 때 또는 급속을 요하는 때에는 예외로 한다.
[신설]	제215조의2(디지털증거의 압수 · 수색 · 검증) 디지털증거를 압수하고자 하는 때에는 정보저장매체등의 소유자, 소지자 또는 보관자(이하 '피압수자'라 한다)에게 제215조 제3항에 따른 참여의 기회를 주어야 한다. 다만, 정보저정매체등에 기억된 정보를 탐색하거나 범죄혐의와 관련 있는 정보를 출력 또는 복제하는 과정을 객관적인 방법으로 기록하는 때에는 피압수자에게 제1항에 따른 참여의 기회를 주지 아니할 수 있다.

2. 제3자 「보관위탁」 제도 신설

개정 前	개정 後
[신설]	제215조의3(제3자 보관위탁 청구) ① 검사는 압수 · 수색 · 검증의 대상인 디지털증거의 보전이 필요한 사정이 있는 때에는 피압수자 이외의 적당한 자를 정하여 정보저장매체등 또는 전체 복제본의 보관을 명하도록 판사에게 청구할 수 있다. ② 사법경찰관이 압수 · 수색 · 검증의 대상인 디지털증거의 보전이 필요한 사정이 있는 때

	에는 피압수자 이외의 적당한 자를 정하여 정보저장매체등 또는 전체 복제본의 보관을 명하도록 판사에게 청구해 줄 것을 검사에게 신청할 수 있다. ③ 제1항, 제2항의 보관 명령을 받은 제3자는 법원의 허가 없이 보관 중인 정보저장매체등 또는 전체 복제본을 열람하거나 복사하게 해서는 아니 된다. ③ 제1항, 제2항의 보관위탁 청구에 관하여는 제184조를 준용한다.

3. 「압수된 디지털증거 압수용 영장 청구」 제도 신설

개정 前	개정 後
[신설]	제215조의4(압수된 디지털증거의 압수 · 수색 · 검증) ① 검사는 다른 범죄혐의로 압수된 디지털증거라도 제215조 제1항에 따라 지방법원판사가 발부한 영장에 의하여 압수, 수색 또는 검증할 수 있다. ② 사법경찰관은 다른 범죄혐의로 압수된 디지털증거라도 제215조 제2항에 따라 지방법원판사가 발부한 영장에 의하여 압수, 수색 또는 검증할 수 있다. ③ 본조의 영장에 의하여 압수, 수색 또는 검증한 디지털증거는 이전의 절차와 무관하게 새로 압수, 수색 또는 검증한 것으로 본다.

4. 「복호화 명령」 제도 신설

개정 前	개정 後
[신설]	제215조의5(복호화 명령) ① 검사는 기술적 방법에 의해 정보저장매체등의 접근권한정보를 얻을 수 없는 때에는 접근권한정보의 소지자, 보관자 기타 이를 알고 있는 자에게 접근권한정보의 제공을 명하도록 판사에게 청구할 수 있다.

	② 사법경찰관이 기술적 방법에 의해 정보저장매체등의 접근권한정보를 얻을 수 없는 때에는 접근권한정보의 소지자, 보관자 기타 이를 알고 있는 자에게 접근권한정보의 제공을 명하도록 판사에게 청구해 줄 것을 검사에게 신청할 수 있다. ③ 본조의 복호화 명령 청구 대상 범죄는 국가안위에 관한 죄, 테러, 마약류 유통, 아동·청소년의 성보호에 관한 법률위반 등의 중대 범죄로서 구체적인 범위는 대통령령으로 정한다. ④ 제1항, 제2항의 복호화 명령 청구에 관하여는 제215조를 준용한다. ⑤ 본조의 복호화 명령을 위반한 사람은 복호화 명령의 영장 대상 범죄에 정한 형으로 처벌한다. 대상 범죄가 수개인 때에는 가장 중한 죄에 정한 형으로 처벌한다.

【참고문헌】

1. 단행본 및 논문

김대홍, "디바이스 복호화 명령의 도입가능성 연구", 성균관대학교 일반대학원 과학수사학 석사 학위논문, 2021.

김민이, "디지털증거 압수·수색 관련 미국, 영국, 프랑스 입법례", 『최신 외국입법정보』 통권 제157호(국회도서관, 2021. 4. 20.)

김승언, "영상녹화조사물의 지위 회복을 위한 소고", 『형사소송 이론과 실무』 제15권 제2호(한국형사소송법학회, 2023. 6.)

김주석 외, 『재판공개원칙의 현대적 의미와 한계』, 사법정책연구원, 2023.

김학경·정제용, "디지털 디바이스 '복호화 명령' 제도에 관한 비교법적 고찰 - 영국의 수사권한규제법 및 테러방지법 중심으로 -", 『형사법의 신동향』 통권 제71호(대검찰청, 2021. 여름)

박지현, "진술거부권에 관한 연구", 서울대학교 대학원 법학박사 학위논문, 2007.

사이먼 싱(이현경 옮김), 『비밀의 언어 -암호의 역사와 과학-』, 인사이트, 2019.

손지영 외, 『디지털 증거의 증거능력 판단에 관한 연구』, 사법정책연구원, 2015.

오미경, "디지털 증거 선별 압수·수색에 따른 문제점 해결을 위한 기술적 방안 연구", 서울대학교 융합과학기술대학원 이학석사 학위논문, 2019.

오현석, "전자증거의 선별압수와 매체압수에 관한 연구", 서울대학교 융합과학기술대학원 이학석사 학위논문, 2019

이숙연, "형사소송에서의 디지털증거의 취급과 증거능력", 고려대학교 박사학위논문, 2010.

이완규, "디지털 증거 압수 절차상 피압수자 참여 방식과 관련성 범위 밖의 별건 증거 압수 방법", 『형사법의 신동향』 통권 제48호(대검찰청, 2015. 9.)

이재상 외, 『형사소송법』, 박영사, 2022.

이주호·이태명, "디지털증거의 선별압수에 따른 원본성 및 동일성 증명에 관한 연구", 『디지털포렌식연구』 통권 제29호(한국디지털포렌식학회, 2020)

전재현, "개정 형사소송법 제313조의 해석론과 공판 심리상 쟁점 – 하급심 판결과 미국법에 대한 비교법적 검토를 바탕으로 –", 『법조』 제69권 제5호(법조협회, 2020).
정진우 외, 『디지털증거법 실무』, 대검찰청, 2023.
조도준, "디바이스 암호화에 따른 복호화명령 제도 도입의 필요성", 서울대학교 융합과학기술대학원 이학석사 학위논문, 2016.
조성훈, 『역외 전자정보 압수·수색 연구』, 박영사, 2020.
조은별, "디지털증거에 있어 '동일성·무결성'의 증거법적 검토", 『형사법연구』 통권 제89호(한국형사법학회, 2021)
조은별, "정보저장매체, '압수'의 검토 – 형사소송법 제106조 제3항 단서의 해석을 중심으로 –", 『형사법의 신동향』 통권 제80호(대검찰청 2023. 가을)
최경미, "스마트 전자기기 등의 암호해제 강제에 대한 헌법적 연구", 『한국산업보안연구』 제11권 제2호(한국산업보안연구학회, 2021.)
허철회, "선별 압수 시 난수성 검정을 통한 안티포렌식 파일 압수 방안 연구", 서울대학교 융합과학기술대학원 이학석사 학위논문, 2019.
James Gleick(박래선·김태훈 옮김), 『인포메이션』, 동아시아, 2021(초판 8쇄)

2. 대법원 판례 및 헌법재판소 결정

대법원 1998. 2. 27. 선고 97도2483 판결
대법원 2015. 1. 22. 선고 2014도10978 전원합의체 판결
대법원 2018. 2. 13. 선고 2014도11441 판결
대법원 2020. 8. 27. 선고 2019도11294 전원합의체 판결
대법원 2021. 11. 25. 선고 2016도82 판결.
대법원 2021. 11. 25. 선고 2019도6730 판결.
대법원 2022. 7. 14.자 2019모2584 결정
대법원 2022. 7. 28. 선고 2022도2960 판결
대법원 2023. 6. 1. 선고 2018도19782 판결
대법원 2023. 9. 18. 선고 2022도7453 전원합의체 판결
대법원 2023. 10. 18. 선고 2023도8752 판결
헌법재판소 2005. 12. 22. 결정 2004헌바25

3. Website

KISA 암호이용 활성화, https://seed.kisa.or.kr/kisa/intro/EgovHistory.do (홈> 소개> 암호기술의 역사, 2024. 4. 2. 확인)

【국문초록】

디지털증거의 수집 절차상 문제가 재심 절차에서 처음 문제 된 지 약 20년이 지난 지금도 디지털증거는 여전히 법률이 아닌 해석의 영역에 맡겨져 있다. 2011년 형사소송법 개정으로 제106조 제3항이 신설되었으나 이 규정은 문제의 원인으로 작동할 뿐이며, 2020년 제정된 수사준칙도 법원이 압수영장에 첨부하던 별지 내용을 규범화하면서 별지가 지닌 문제를 그대로 법규범의 영역으로 끌어올려 문제가 증폭되었다.

더 이상 해석의 영역으로 남겨두기에는 난제가 많고, 갈등을 유발하며, 그로 인한 처벌의 공백도 발생하고 있어 입법적 해결이 시급하다. 22대 국회 출범을 맞이하여 디지털증거와 관련한 시급한 입법과제를 4가지 측면에서 제안하고자 한다.

첫째, 공판단계 압수의 참여조항(§121, §122)을 수사에 준용하는 형소법 제219조는 입법상 잘못이므로 바로잡아야 한다. 참여권의 내용도 충돌하는 가치와 조화를 위해 반출 단계에서만 '참여'로, 이후 탐색 과정은 '기록'으로 이원화하는 것이 타당하다.

둘째, 현행 선별압수는 디지털증거의 진정성 입증 수단의 확보를 막아 법치주의 실현에 공백을 초래하므로 민사상 보전처분과 유사한 디지털증거의 제3자 「위탁보관」제도를 도입하여 선별압수의 장점을 살리되 그 부작용을 제거할 필요가 있다.

셋째, 지금의 판례대로라면 잘못 압수한 디지털증거는 다른 사건의 증거로 사용하는 길까지 막힌다. 「압수된 디지털증거 압수용 영장 청구」제도를 도입하면 혐의가 인정됨에도 과거 수사 시 증거의 관련성 판단 문제로 무죄가 되는 일은 없을 것이다.

넷째, 스마트폰 등 모바일 기기의 보안 강화 속도를 수사기관의 안티포렌식 대응 역량으로 따라가기엔 역부족이다. 테러, 마약, 아동·청소년 성착취같이 국제화·조직화 된 중대 범죄에 적시 대응하려면 늦기 전에 「 복호화 명령」제도를 도입해야 한다.

끝으로, 용어 정리가 필요하다. 수사준칙상 전자정보는 형사절차에서 적합한 용어가 아니다. 디지털증거의 특수성은 '전자'가 아닌 '디지털'에 기인하기 때문이다. 22대 국회에서 디지털증거를 둘러싼 난제가 입법을 통해 합리적으로 해결되기를 기대해 본다.

◈ 주제어 : 디지털증거, 전자정보, 선별압수, 참여권, 제3자 위탁보관, 복호화 명령

【Abstract】

Legislative tasks for the realization of the rule of law In the search and seizure process of digital evidence

Kim Sueng eon*

About 20 years after the problem in the process of collecting digital evidence first became a problem in the retrial process, Digital evidence is still left to the realm of interpretation rather than law. Article 106 (3) was newly established in 2011 due to the revision of the Criminal Procedure Act, but this regulation only works as a cause of the problem, and the investigation rules established in 2020 also standardize the contents of the appendix that the court used to attach to the seizure warrant, and the problem with the appendix remains as is. The problem was amplified by bringing the problem of the annex to the legal code.

There are many difficulties that cannot be left to the realm of interpretation any longer, causing conflict, and creating gaps in punishment as a result, so a legislative solution is urgently needed. In celebration of the launch of the 22nd National Assembly, we would like to propose four aspects of urgent legislative tasks related to digital evidence.

First, Article 219 of the Criminal Procedure Act, which applies the provisions for participation in seizure at the trial stage (§121, §122) to the investigation, is a legislative mistake and must be corrected. In order to harmonize the conflicting values, it is reasonable to divide the content of participation rights into 'participation' only at the step of taking out and 'record' for the subsequent searching process.

Second, the current selective search and seizure prevents the securing of means to prove the authenticity of digital evidence, creating a gap in the realization of the rule of law. Therefore, a third-party "consignment storage"

* Director of the Seosan Branch Office of the Daejeon District Prosecutor's Office

system for digital evidence similar to civil preservation dispositions was introduced to take advantage of selective search and seizure, but to take advantage of its side effects needs to be removed.

Third, according to the current precedent, digital evidence that was seized incorrectly will be blocked from being used as evidence in other cases. By introducing a system to request a warrant to seize confiscated digital evidence, cases in which charges are acknowledged should not be acquitted due to problems in determining the relevance of evidence during past investigations.

Fourth, the anti-forensic response capabilities of investigative agencies are insufficient to keep up with the speed of security enhancement for mobile devices such as smartphones. In order to respond in a timely manner to internationalized and organized serious crimes such as terrorism, drugs, and sexual exploitation of children and adolescents, it is necessary to introduce a decryption order system before it is too late.

Finally, we need to clarify terminology. Electronic information is not an appropriate term in the rules of investigation. This is because the uniqueness of digital evidence is due to 'digital' rather than 'electronic'. We hope that the difficult issues surrounding digital evidence will be reasonably resolved through legislation in the 22nd National Assembly.

◈ Key Words : Electronic information, Digital evidence, Selective search and seizure, Right to participate, Third party consignment storage, Decryption order

한국형사소송법학회『형사소송 이론과 실무』
제16권 제3호 (2024.09) 113~139면.
Theories and Practices of Criminal Procedure Vol. 16 No. 3 (September. 2024) pp. 113-139.
10.34222/kdps.2024.16.3.113

형사소송법상 '피고인이 구속된 때'에 있어서 구속 개념의 해석 및 입법론
-대법원 2024. 5. 23. 선고 2021도6357 전원합의체 판결-

김 한 균*

목 차

I. 서론

현행 형사소송법은 필요적 국선변호인 선정사유 중 하나로 '피고인이 구속된 때'를 정하고 있다. (제33조 제1항 제1호) 종래 대법원은 '피고인이 구속된 때'를 피고인이 해당 형사사건에서 구속되어 재판을 받는 경우만으로 보아왔다.[1] 때문에 별건으로 구속되어 있거나 다른 형사사건에서 유죄로 확정되어 수형 중인 경우는 제33조 제1항 제1호의 사유에 해당되지 아니한다. 학설 또한 별다른 의견없이 이를 따르는 것으로 보인다.[2]

* 한국형사·법무정책연구원 선임연구위원, 법학박사

1) 대법원 2009. 5. 28. 선고 2009도579 판결, 대법원 2011. 9. 29. 선고 2011도10441 판결, 대법원 2011. 11. 10. 선고 2011도12108 판결, 대법원 2012. 6. 28. 선고 2012도5420 판결, 대법원 2016. 6. 9. 선고 2016도4479 판결, 대법원 2017. 1. 12. 선고 2016도19006 판결

2) 강동욱, 형사소송법(2023), 108.; 김정한, 실무형사소송법 (2024) 115; 이은모·김정환, 형사소

그런데 2024년 5월 대법원은 전원합의체 판결로 별건으로 구속영장이 발부되어 집행되거나 다른 형사사건에서 유죄판결이 확정되어 그 판결의 집행으로 구금 상태에 있는 경우도 포함되는 것으로 판례를 변경하였다.[3] 다수의견은 해당 조문의 문언해석, 헌법상 기본권 취지를 고려한 입법자 의사와 입법목적에 따른 해석을 근거로 제시하지만, 문언해석의 범위를 넘는 사실상 입법이라는 별개의견이 대립된다.

현행법상 대법원 전원합의체는 종전 판시한 헌법·법률·명령 또는 규칙의 해석 적용에 관한 의견을 변경할 필요가 있다고 인정하는 경우 대법원의 심판권을 행사하는 형식이다.[4] 전원합의체 판결에 의한 법률 해석 적용에 관한 의견 변경은 입법목적과 내용의 문언범위 내에서 입법자 의사를 구체화하는 권한이지 입법자를 대신하는 권한은 아니라고 봄이 입법자의 의사일 것이다. 하지만 개별 사안에서 특정 법조문에 대한 입법자의 의사 확인 역시 법원의 해석에 달려 있으므로, 해석론상의 해결에 대하여 의견이 갈릴 경우 법개정을 통한 해결 모색의 필요성이 제기될 수 밖에 없다. 본 논문에서는 해당 전원합의체 판결의 각 다수의견과 보충의견, 별개의견간의 해석론적 쟁점을 분석하고, 입법적 해결 방안을 모색해 본다.

II. 대상 판결과 판결 요지

1. 사안 개요

법원은 건조물침입죄로 공소제기된 피고인에 대하여 징역 1년을 선고하면서 구속영장을 발부하였다.(2020. 9. 9.) 이어서 피고인에 대한 상해죄로 공소가 제기됨에 따라(2020.12.22.) 건조물침입죄에 대한 구속 및 확정판결(2021. 3.11.) 집행으로 피고인이 구금된 상태에서, 상해죄 공판절차가 진행되었다.

상해죄 제1심에서 피고인은 빈곤 기타 사유를 이유로 국선변호인의 선정을 청구하였으나, 제1심법원은 이를 기각하고 유죄를 인정하면서 피고인에게 징역 3개월을 선고하였고(2021. 1. 14.), 피고인은 이에 대하여 양형부당을 이유로 항소하였다.

항소심도 피고인을 위한 국선변호인의 선정 없이 진행되어, 항소심은 제1심판결

송법 제9판(2023) 104; 정웅석 외, 신형사소송법 제2판(2023) 352.

3) 대법원 2024. 5. 23. 선고 2021도6357 전원합의체 판결

4) 법원조직법 제7조 제1항 3호

선고 이후 확정된 건조물침입죄와 상해죄가 판결이 확정된 죄와 그 판결확정전에 범한 죄로서 (형법 제37조) 경합범 관계에 있다는 이유로 제1심판결을 파기하면서도 다시 피고인에게 징역 3개월을 선고하였다. (2021. 5. 4.)

2. 대법원 판결 요지 해설

(1) 사안의 주요쟁점

첫째, 형사소송법 제33조 제1항 제1호는 필요적 국선변호인 선정사유 중 하나로 '피고인이 구속된 때'를 정하고 있다. 따라서 이미 구속 상태에 있었던 피고인을 위하여 국선변호인이 선정되지 않은 채 진행된 상해죄 제1심 및 항소심 재판 과정의 위법성이 문제될 수 있다.

둘째, 하지만 종래 대법원은 '피고인이 구속된 때'라고 함은, 피고인이 해당 형사사건에서 구속되어 재판을 받는 경우를 의미하고, 피고인이 별건으로 구속되어 있거나 다른 형사사건에서 유죄로 확정되어 수형 중인 경우는 해당하지 않는다고 판시하여 왔다.

셋째, 종래 대법원의 논거는 구속제도의 본질이 해당 사안 형사소송 진행과 형벌 집행을 위하여 법정 요건과 절차에 따라 피고인 신병을 확보하는데 있다는 것이다. 그렇다면 본 사안처럼 피고인이 별건으로 구속영장이 집행되거나 다른 사안에서 유죄판결이 확정되어 구금형이 집행중인 경우는 '피고인이 구속된 때'에 해당되지 아니한지, 따라서 필요적 국선변호인 선정사유에 해당되지 아니한다고 볼 것인지 검토가 필요하다.

(2) 판결 요지[5)]

피고인은 별건으로 구속 내지 형 집행 중에 있었고 이는 필요적 국선변호인 선정사유인 '피고인이 구속된 때'에 해당된다. 이를 피고인이 해당 형사사건에서 구속되어 재판을 받고 있는 경우를 의미하고, 피고인이 별건으로 구속되어 있거나 다른 형사사건에서 유죄로 확정되어 수형 중인 경우는 이에 해당하지 않는다는 종래 대법원판결은 모두 변경 한다. 그러므로 필요적 변호사건에서 국선변호인 선정 없이 공판을 진행하여 판결을 선고한 원심판결을 파기한다.

---

5) 대법원 2024. 5. 23. 선고 2021도6357 전원합의체 판결

(3) 다수의견의 주요내용

첫째, '피고인이 구속된 때'의 의미는 피고인이 해당 형사사건에서 구속되어 재판을 받고 있는 경우에 한정된다고 볼 수 없고, 피고인이 별건으로 구속영장이 발부되어 집행되거나 다른 형사사건에서 유죄판결이 확정되어 그 판결 집행으로 구금 상태에 있는 경우도 포괄한다고 보아야 한다.

둘째, 그 근거는 ①형사소송법 제33조 제1항 제1호의 문언 해석, ② 해당 조문의 입법 과정에서 고려된 신체의 자유, 변호인 조력을 받을 권리, 공정한 재판을 받을 권리 등 헌법상 기본권 규정 취지에 따른 해석, ③ 입법 목적적 해석, ④피고인이 처한 입장 고려에 기한 종합적 판단이다.

(4) 3인 별개의견의 주요내용

국선변호인 선정 없이 공판을 진행하여 선고한 원심판결을 파기하여야 한다는 점에서 다수의견과 결론을 같이 하지만 그 결론에 이르는 구체적인 이유와 논거는 다르다.

첫째, '피고인이 구속된 때'에 관한 종래의 판례 법리는 법 문언과 규정체계에 부합한다. 형사소송법 제33조 제1항 제1호에서 명시적으로 해당 형사사건으로 인한 구속을 의미하는 '구속'이라고만 규정하고 있다. 따라서 별건으로 구속영장이 발부되어 집행 중이거나 다른 형사사건에서 유죄판결이 확정되어 그 판결의 집행으로 구금 상태에 있는 경우까지 포함된다고 해석할 수 없다.

둘째, 다수의견과 같이 확립된 선례를 변경하지 않고도 구체적 사안에서 타당한 해결이 가능하다. 필요적 국선변호인 선정사유인 구속의 범위를 확대하는 해석론은 문언해석의 범위를 넘는다. 따라서 사회적 공감대가 형성된 후 국회의 입법절차를 통한 해결이 바람직하다.

III. 판결 이유 분석과 평가

본 대법원 판결 이유에서 검토해야 할 주된 문제는 형사소송법 제33조 제1항 제1호의 '피고인이 구속된 때'의 의미에 대한 해석을 문구 그대로 구속의 대상이 피고인이고, 그 피고인이 구금 상태에 있는 경우라 변경하게 된 근거다. 나아가 종래 확립된 판례와 본 새로운 판례상 다수 및 보충의견과 별개의견의 해석차이 문제를 입법적으로 해결할지의 여부다.

이를 고려하여 본 판결의 다수의견, 별개의견, 보충의견의 내용을 구속 개념의 법문언상 의미 해석과 목적론적 의미 해석, 정책적 해석 쟁점별로 재구성하여 유관 법령 및 학설과 함께 평가해 보면 다음과 같다.

1. '구속된 때'의 법문언상 의미

(1) 다수의견의 해석론[6]

첫째, 현행 형사소송법상 구속의 구체적 의미는 법정되어 있지 아니하다. 다만 동법 제69조는 구인과 구금을 포함하는 개념이라고만 정의하고 있다. 다수의견은 구속은 행동뿐만 아니라 의사 자유의 제한까지 포괄하는 개념이고, 구금은 특정 장소에 가두고 장소이동을 강제적으로 금지한다는 의미로 더 좁은 개념이라 본다.[7]

따라서 구속, 구금 개념 자체만으로는 '피고인이 구속된 때'에서 구속의 의미에 대한 문언해석을 도출하기 어렵다. 학설상으로는 피의자 또는 피고인의 신체의 자유를 체포보다 장기간 동안 제한하는 강제처분으로 정의된다. 그 목적은 수사나 재판의 편의가 아니라, 형사소송 진행과 형벌 집행 확보, 나아가 추가범행 차단을 통한 사회보호에 있다고 본다.[8] 다만 형벌권 실현의 가장 효과적인 동시에 인권침해 우려때문에 최후의 예외 수단으로서 사용되어야 한다는 것이다.[9] 이같은 해석론에 따르면 본 판결이 말하는 '해당 사안 형사소송 진행과 형벌의 집행 확보'로 한정해서 볼 이유는 없다.

둘째, 형사소송법은 형 집행에 따른 수용도 구속의 유형인 '구금'에 해당하는 것으로 구성하고 있는바[10], 반드시 수사와 재판을 위한 신병 확보라는 기능적 개념에

---

6) 대법원 2024. 5. 23. 선고 2021도6357 전원합의체 판결

7) 현행 법령상 구금·보호시설을 교도소, 구치소, 외국인보호소, 출입국관리사무소, 소년원, 국립법무병원 등 법령에 따라 사람을 수용·보호하는 시설로 정의 (인권침해 사건 조사·처리 및 구금·보호시설의 실태조사에 관한 규칙 제2조 5호)함을 볼 때, 구금은 법령에 따른 시설 내 수용을 의미한다고 볼 것이다.

8) 강동욱, 형사소송법, 272.; 김정한, 실무형사소송법 (2024) 253.; 이재상 외, 형사소송법 제15판 (2023) 176; 이은모·김정환, 형사소송법,257－258.; 임동규, 형사소송법 제17판(2023) 202; 정웅석 외, 신형사소송법, 193－194.

9) 사법연수원, 법원실무제요 형사(III) (2022). 67

만 한정되는 것이 아니다. 그런 점에서 다수의견은 필요적 국선변호인 선정사유 해당여부를 판단함에 있어서 구금의 개념을 종래 판례처럼'해당 사건과의 관련성 유무'로 구별해서 이해하여야 할 뚜렷한 이유가 없다고 본다.

셋째, 종래 판례가 '구속'의 의미를 해당 형사사건의 구속으로 한정한 것은 법문언의 본래적 의미에 대한 판단이라기 보다는, 피고인의 신병 확보라는 구속제도의 역할과 기능 등을 규범적으로 고려하여 '피고인이 구속된 때'의 의미를 제한적으로 해석하였다고 이해된다. 하지만 다수의견은 필요적 국선변호인 선정사유로서 구속의 의미를 해석함에 있어서 구속으로 인하여 피고인의 헌법 및 형사소송법상 권리에 미칠 부정적 영향 등을 막거나 최소화하기 위하여 마련된 국선변호인 제도의 의미와 기능에도 주목할 필요가 있다는 입장이다.

살펴보면, 다수의견은 구속의 의미를 사전적 의미나 정의 규정에 따라 '피고인의 행동이나 의사의 자유를 제한하거나 속박하는 구금 상태'로 이해하면, 해당 형사사건으로 구속되어 있는 경우와 별건으로 구속되어 있는 경우 그리고 다른 형사사건에서 유죄판결이 확정되어 그 판결의 집행으로 구금 상태에 있는 경우 모두가 구속의 개념에 포함될 수 있다고 보는 것이다. 이러한 구속 개념 해석론에 따르면, 형사소송법 제33조 제1항 제1호 문언 자체는 필요적 국선변호인 선정사유인 구속을 해당 형사사건의 구속으로 한정하지 않게 된다.

하지만 이러한 해석론은 제33조 제1항 제1호 '구속'의 문언해석 문제라기 보다는 구속을 당한 누구든지 즉시 변호인 조력을 받을 권리가 있고, 이러한 권리를 행사할 수 없는 형사피고인에 대해서는 국가가 법률이 정하는 바에 따라 변호인을 붙이도록 명시한 헌법 제12조 제4항에 따라 형사소송법에 정한 필요적 국선변호인 제도의 헌법적, 입법적 취지에 따른 해석 문제임을 보여준다.

그런 점에서 본 판결의 별개의견은 문언해석 차원에서라면 종래 판례 법리가 형사소송법 제33조 제1항 제1호의 문언과 형사소송법의 규정체계에 부합한다고 본다.

---

10) 사형, 징역, 금고 또는 구류의 선고를 받은 자가 구금되지 아니한 때에는 검사는 형을 집행하기 위하여 이를 소환하여야 하고, 소환에 응하지 아니한 때에는 검사는 형집행장을 발부하여 구인하여야 한다'(제473조 제1항 및 제2항), "형집행장은 구속영장과 동일한 효력이 있다."(제474조 제2항), '형집행장의 집행에는 피고인의 구속에 관한 규정을 준용한다'(제475조), '노역장유치의 집행에는 형의 집행에 관한 규정을 준용한다'(제492조)

(2) 별개의견의 해석론[11)]

첫째, 별개의견은 형사소송법은 해당 형사사건에서 적정한 형벌권을 실현하기 위한 절차를 규정한 것이므로, 특별히 달리 규정하지 않는 한 해당 형사사건에서의 신병 확보를 위한 구인 또는 구금을 가리킨다고 본다. 형사소송법상 구속은 수사와 재판을 전제로 하는 개념으로서 원칙적으로 해당 형사사건의 피고인이나 피의자를 대상으로 한 강제처분을 뜻하기 때문이다.

둘째, 형사소송법은 피고인에 대한 소환·구속 및 구속된 피고인의 권리 등에 관해서 규정하면서(제68조부터 제105조까지), 구속에 관한 규정을 피의자의 체포·구속에 준용하고 있다[12)]. 이 같은 규정체계에 따르면, 형사소송법이 '구인과 구금'으로 정의한 (제69조) 구속은 법원이 주체가 되어 해당 형사사건의 수사와 재판을 위한 신병 확보가 필요한 경우 이루어지는 강제처분을 의미한다. 형사소송법상 '구속'에 확정된 유죄판결의 집행에 따른 구금 상태까지 포함하는 개념으로 규정한 조문은 없다.

셋째, 따라서 다수의견처럼 법원이 아닌 법집행기관에 의한 구금상태인 확정 유죄판결의 집행 경우까지 '피고인이 구속된 때'에 포함된다고 보는 것은 법 문언의 해석 가능한 한계를 넘고, 형사소송법 체계와도 맞지 않는다.

따라서 별개의견은 형사소송법상 구속을 해당 형사사건을 전제로 하는 개념으로 보기 때문에 다수 의견과 같이 확정된 유죄판결의 집행에 따른 구금 상태까지 포함한 의미로 달리 보려면 명시적 규정을 두어야 한다는 입장이 된다.

(3) 보충의견의 해석론[13)]

다수의견에 대한 보충의견은 형사소송법 제33조 제1항 제1호의 문언해석에 관하여 별개의견과 반대의 결론에 이른다.

첫째, 형사소송법 제33조 제1항 제1호는 '피고인이 구속된 때'라고만 규정하고 있을 뿐 반드시 해당 사건에서의 구속일 것을 문언상 요구하고 있지 않다. 형사소송법 제69조도 마찬가지다. 별개 의견처럼 해석하려면, 필요적 국선변호인 선정사

---

11) 대법원 2024. 5. 23. 선고 2021도6357 전원합의체 판결

12) 제200조의6, 제201조의2 제10항, 제209조, 제213조의2

13) 대법원 2024. 5. 23. 선고 2021도6357 전원합의체 판결

유에 관한 다른 규정, 예컨대'피고인이 사형, 무기 또는 단기 3년 이상의 징역이나 금고에 해당하는 사건으로 기소된 때'(제6호)처럼 명시적으로 피고인이 해당 사건에서 구속된 때라고 문언을 택했어야 할 것이다.

둘째, 구속의 사전적 의미나 일상적 용법에 비추어 보면, 신체의 자유가 제한·속박된 구금 상태를 포괄적으로 의미한다고 충분히 이해할 수 있다. 따라서 보충의견은 다수의견이 문언의 상식적인 의미와 부합하거나, 문언의 가능한 의미 범위 내에 있는 합리적 해석이 된다고 본다.

셋째, 별개의견은 형사소송법의 다른 조항들에서 '구속'을 '해당 사건으로 인한 구속'의 의미로 사용하고 있다는 점에서 법체계의 일관성을 도모하려는 해석 방법이다. 이에 비해 보충의견은 용어의 의미는 사용되는 목적이나 맥락과 분리해서 확정할 수 없기 때문에, 동일 법률에서도 같은 용어가 사용목적이나 맥락에 따라 서로 다른 의미를 지닐 수 있다는 점을 지적한다. 그렇다면 법원은 문제된 용어를 사용 목적이나 맥락에 부합하는 의미로 해석해야 법의 체계성과 정합성을 높이면서 법과 사회현실 사이의 간극을 좁힐 수 있다는 것이다.

결국 보충의견은 문리적, 체계적 해석에서 목적론적 해석의 차원으로 옮겨간다.

2. '구속된 때'의 목적론적 의미

(1) 다수의견의 해석론[14] – 헌법 정신과 입법자 의사의 충실한 구현

첫째, 다수의견 역시 관련 헌법규정 취지와 정신, 입법 목적에 따른 형사소송법 제33조 제1항 제1호의 제도적 의의[15]를 고려한다면, 국선변호인을 반드시 선정할

14) 대법원 2024. 5. 23. 선고 2021도6357 전원합의체 판결

15) 필요적 국선변호인 제도는 본 논문의 주된 논의대상이 아니므로, 다만 본 판결 다수의견의 관련된 논지를 다음과 같이 정리한다.
① 형사재판은 그 과정 및 결과 모두가 형사재판을 받는 피고인에게 중대한 영향을 미친다. ② 헌법과 형사소송법이 피고인에게 다양한 방어적 권리를 부여하고 있지만, 전문가의 도움 없이 피고인 스스로 수사기관이자 법률전문가인 검사를 상대로 자신을 효과적으로 변호한다는 것은 매우 어려운 일이기 때문에 헌법은 변호인의 조력을 받을 권리를 중요한 기본권으로 정하고 있다. ③ 더구나 피고인이 구속되어 구금된 상태라면 정신적·육체적으로 제한되고 위축될 뿐만 아니라 사회와 단절됨에 따라 유리한 증거 수집 등 공소에 대한 방어에 상당한 제약을 받을 수밖에 없게 된다. ④ 이처럼 형사재판에서 검사와 구속 피고인 사이에 존재할 수 있는 불균형을 바로잡기 위해서는 법률전문가인 변호인의 조력이 필요하다. 때문에 구속 피고인에게 변호인이 없는 때에는 국가의 비용으로 변호인을 선정해야 한다. ⑤ 기본권 옹호를 사

상황으로 입법자가 상정한 피고인이 구속된 때를 '해당 형사사건에서 구속되어 재판을 받는 경우'로 한정해석할 이유가 없다는 해석을 제시한다. 실무적으로 피고인이 구속된 때라 함은 해당 형사사건에서의 구속뿐만 아니라 별건 구속 상태, 다른 형사사건에서 유죄로 확정되어 형 집행 중인 상태도 있을 것인데, 구금 상태로 인한 정신적·육체적 제약이나 피고인 방어권 제약의 실질이 구금 상태의 이유나 상황에 따라 다를 바 없기 때문이다.

둘째, 다수의견은 신체구속을 당한 사람에 대하여 변호인의 조력을 받을 권리를 기본권으로 보장하고 있는 헌법규정의 취지와 형사소송법 규정의 입법 목적을 충실하게 구현할 수 있게 해석해야 한다는 입장이다.

즉 다수의견과 보충의견은 별개의견과 달리 본 규정에 관하여 헌법 정신과 입법자 의사에 충실한 해석은 곧 문언범위를 벗어나지 아니한 합리적 해석이라고 본다.

(2) 별개의견의 해석론[16] – 문언범위를 넘는 목적적 유추해석의 위험성

반면 별개의견은 형사소송법 입법자의 의사를 달리 해석하면서, 오히려 종래 판례 법리가 입법자 의사에 부합한다고 본다.

첫째, 현행법은 해당 형사사건에서의 강제처분을 의미하는 '구속'과 구별하여 구금 상태에 있는 피고인을 지칭할 때에는 '신체구속'이라는 용어를 두고 있다.[17] 예컨대 형사소송법 제34조에서는 변호인의 접견교통권 대상을 '신체가 구속된' 피고인 또는 피의자로 규정하는 바, 그 문언과 입법 취지상 구속은 해당 형사사건에서의 구속뿐만 아니라 공권력에 의한 구금 상태 일반을 의미한다. 그렇다면 형사소송법 입법자가 공권력에 의한 구금 상태 일반을 필요적 국선변호인 선정사유로 규정하려는 취지였다면, '피고인이 신체구속을 당한 때'라고 규정하였을 것이다. 따라서 다수의견이나 보충의견처럼 형사소송법 제33조 제1항 제1호 규정에 별건으로 구속되었거나 확정된 유죄판결의 집행으로 구금 상태에 있는 경우까지 포함된다고 해석한다면, 법 문언 및 체계뿐만 아니라, 입법자의 의사에도 반한다.

명으로 하는 변호인이 구속 피고인의 방어력을 보충함으로써 형사재판에서 피고인과 검사는 대등한 지위에서 공방을 할 수 있다. 이를 통해 공정한 재판에 대한 당사자나 일반 국민의 신뢰를 높일 수 있는 사회적 토대가 두터워질 수 있다.

16) 대법원 2024. 5. 23. 선고 2021도6357 전원합의체 판결

17) 형사소송법 제34조(피고인·피의자와의 접견, 교통, 진료), 제60조(송달받기 위한 신고) 제4항, 제280조(공판정에서의 신체구속의 금지), 제309조(강제등 자백의 증거능력)

둘째, 이처럼 종래의 판례 법리가 문언과 체계에 위배되지 않고 입법자 의사에 부합하는데도, 다수의견처럼 피고인에게 유리한 유추해석이라 할지라도 목적론적 해석을 통해 법률의 내용과 적용 범위를 확장한다면 입법을 해석으로 대체하는 셈이다. 헌법상 체포·구속된 사람의 국선변호인의 조력을 받을 권리는 '법률이 정하는 바에 의하여' 보장하도록 규정(제12조 제4항 단서)하고 있으므로, 필요적 국선변호인 선정사유의 구체적 대상, 범위는 기본적으로 입법사항이라는 점에서 다수의견의 해석은 부당하다는 것이다.

물론 궁극적으로는 필요한 모든 피고인에게 국선변호인을 선정하여 변호인의 조력을 받게 하는 것이 공정한 재판보장을 위해 바람직한 방향이다. 다수의견은 이를 해석으로 실현하려는 입장인 반면, 별개의견은 입법적으로 해결할 문제라는 점에서 의견이 갈린다. 즉 별개의견은 다수의견과 보충의견이 문언해석의 범위를 넘을 뿐만 아니라, 헌법 정신을 인용하여 목적적으로 형사소송법 입법자의 의사와 다른 해석으로 나아간다고 비판한다. "대단히 위험한 접근방법이고 비(非)사법적"이어서 "지나친 목적론적 접근방법에 대한 경계의 필요성"이 있다는 별개의견은 법원에 의한 입법권 침해 경계를 강조하려는 입장으로 보인다.

(3) 보충의견의 해석론[18] – 문언 가능범위내에서의 목적적 해석의 타당성

다시 보충의견은 별개의견과 달리 다수의견의 목적적 해석이 문언 해석의 가능범위 내에 있다고 반론한다.

첫째, 현행 형사소송법상 구속 규정들은 해당 형사사건과의 관련성 아래에서 구속 용어를 사용한다는 별개의견의 체계적 해석은 타당하다. 하지만 수사와 재판을 위한 신병 확보를 통해 형사절차의 원활한 진행을 담보하려는 개별 조항들의 목적이나 맥락에서 달리 이해되어야 필요성 또한 검토되어야 한다.

둘째, 그렇다면 본 사안 쟁점인 구속 개념을 국가권력에 의한 구금 상태로 인하여 취약한 지위에 있는 피고인의 실질적 방어권을 충실히 보장하려는 목적이나 맥락에서 이해한다면, 별건으로 구속되거나 형 집행 중으로 인한 구금 상태를 널리 포함하는 의미로 볼 수 있다. 보충의견은 이 같은 해석이 형사소송법 체계에 반하기 보다는, 오히려 형사소송법 체계 내 필요적 국선변호인 제도의 취지를 더욱 충실하게 구현하도록 함으로써 법의 체계성과 정합성을 제고하는 해석이라고 본다.

18) 대법원 2024. 5. 23. 선고 2021도6357 전원합의체 판결

셋째, 별개의견은 다수의견의 법률 해석이 입법자의 의사에 반한다는 개별 의견에 대해 오히려 입법자가 이 사건 쟁점 조항의 '구속'을 '해당 사건에서의 구속'으로만 한정하였다거나, 별건으로 구속되거나 형 집행 중인 경우를 포함하는 넓은 의미로 해석하는 것을 배제할 명확한 의사를 가졌다고 볼 입법 자료도 없다는 점을 지적한다. 입법자의 의사가 명확하게 표현되어 있는 형사소송법 개정이유[19]에 따르면 적어도 해당 사건으로 구속된 피고인에게만 적용된다는 취지로 입법하였다고 보기 어렵게 된다.

이는 오히려 구금 상태에 있어 방어권 행사가 어려운 피고인의 절차적 기본권을 최대한 보장하고자 하는 다수의견의 해석을 뒷받침한다. 개별 조문에 대한 입법자의 의사가 명확하지 않다면, 또는 해석의 여지가 있다면, 법원은 입법 목적이나 취지를 살펴서 그 의미를 구체화할 수 있기 때문이다.

넷째, 문제는 유추를 금지한 죄형법정주의 원칙이다. 그런데 보충의견은 피고인에게 유리한 유추적용을 허용하는 법리는 형사절차법에도 적용된다고 본다. 형사소송법 규정을 피고인에게 유리하게 유추적용한 대법원 판례도 있다.[20]

다만 보충의견이 본 사안에서 유추적용의 정당성을 단지 피고인에게 유리하다는 점이라기 보다 법내재적 상위 원리에서 근거를 찾는다는 점은 특이해 보인다.[21] 보

---

19) "국선변호인 제도를 두고 있는 헌법 정신을 구체화하고 형사절차에서 침해될 수 있는 인신의 자유, 절차적 기본권 등 국민의 인권을 최대한 보장하기 위하여, 법원은 구속영장심문을 받는 피의자 또는 구속 피고인에 대하여도 필요적으로 국선변호인을 선정하도록 하고, 피고인의 권리보호를 위하여 필요하다고 인정하는 때에는 피고인의 명시적 의사에 반하지 아니하는 한 국선변호인을 선정하도록 하려는 것임." (형사소송법 법률 제7965호, 2006. 7. 19., 일부개정 개정문)

20) 형사소송법이 아직은 구금된 피의자의 피의자신문에 변호인이 참여할 수 있다는 명문규정을 두고 있지는 아니하지만, 신체를 구속당한 사람의 변호인과의 접견교통권이 헌법과 법률에 의하여 보장되고 있을 뿐 아니라 누구든지 체포 또는 구속을 당한 때에는 즉시 변호인의 조력을 받을 권리를 가진다고 선언한 헌법규정에 비추어, 구금된 피의자는 형사소송법의 위 규정을 유추·적용하여 피의자신문을 받음에 있어 변호인의 참여를 요구할 수 있고 그러한 경우 수사기관은 이를 거절할 수 없는 것으로 해석하여야 하고, 이렇게 해석하는 것은 인신구속과 처벌에 관하여 "적법절차주의"를 선언한 헌법의 정신에도 부합한다. (대법원 2003. 11. 11. 자 2003모402 결정)

21) 대법원 판례에서 유추가 해석의 일종인지 아니면 입법에 다름없는 법흠결의 보충에 속하는지조차 구별되지 않는다는 점(김영환, 한국에서의 법학방법론의 문제점 – 법발견과 법형성, 법철학연구 18권 2호 (2015) 155.)이 본 판결 보충의견에서 이른바 내재적 상위원리에 기해 유추해석 논의차원도 넘어 가려는 논리까지 나오게 하는 것으로 보인다.

충의견은 방어권을 실질적으로 행사하기 어려운 상태에 놓인 피고인이 변호인의 조력을 받을 수 있도록 한다는 원리는 “헌법과 형사소송법의 관련 조항에 내재한 상위 원리”라고 본다. 그래서 해당 사건에서 구속된 피고인뿐 아니라 마찬가지로 구금 상태에 놓인 별건으로 구속되거나 형 집행 중인 피고인에게도 공통적으로 적용되는 상위 원리에 입각해 본다면, “유추적용을 배제할 만한 차이가 없다”는 것이다.

살피건대 보충의견이 말하는 법내재적 상위 원리라 함은 입법자의 의사가 불분명할 때 입법 목적이나 취지를 들어 문언의미의 범위를 넘어서는 해석을 정당화하기 위함으로, 별개의견이 우려하는 “지나친 목적론적 접근방법”이라 지적될 수 있을 것이다.

3. ‘구속된 때’ 개념에 대한 정책적 해석

본 판결 다수의견의 해석론은 국선변호인 제도 취지가 사회경제적 약자의 형사절차적 권리를 실질적으로 보장하기 위함이므로 그 적용 범위를 되도록 넓게 인정하는 방향으로 제도를 운용할 필요가 있다는 정책적 인식에 터잡고 있다. 이에 비해 별개의견의 제도 운용에 대한 정책적 인식은 대조적이어서 해석 또한 달리하게 된다.

(1) 별개의견의 해석론[22)] – 현행 제도 및 실무의 안정적 활용과 사법자원의 효율적 배분

첫째, 종래 판례 법리는 해당 형사사건의 구속 외에 다른 구금 상태에 있는 피고인의 경우에 변호인의 조력을 받을 권리 보장 필요성 여부를 개별 사건마다 해당 법원이 판단토록 함이 더 타당하다는 전제에 서 있는 것이다. 별건으로 구속되어 있거나 다른 형사사건에서 유죄로 확정되어 수형 중인 경우를 필요적 국선변호인 선정사유에 해당하지 않는 것으로 보더라도 현행법은 피고인의 청구가 있거나 법원이 권리보호를 위하여 필요하다고 인정하면 국선변호인을 직권선정하도록 제도적으로 뒷받침하고 있기 때문이다.(제33조 제2항 및 제3항)[23)]

22) 대법원 2024. 5. 23. 선고 2021도6357 전원합의체 판결

23) 별개의견은 해당 사건에 대한 구체적 판단에서도 재량 국선(제33조 제3항)에 따른 국선변호인 선정절차가 필요했으며 또한 가능했다고 본다. 그 사실관계는 피고인은 상해죄 사건으로 기소되기 약 3개월 전 주거침입죄로 구속되어 수사 단계에서부터 원심에 이르기까지 계속하

이처럼 별개의견은 현재 판례 법리와 재판 실무[24]가 필요적 선정사유를 한정하는 한편 개별 사안마다 국선변호인 선정 필요성을 판단하도록 함으로써 정책적으로 피고인의 방어권 보장과 사법자원의 효율적인 배분을 조화롭게 도모하는 방향으로 국선변호인 제도를 운용하는 것이라 본다.[25]

둘째, 별개의견의 사법자원 효율분배론은 "피고인의 구금 상태만을 이유로 필요적으로 국선변호인을 선정하여야 한다고 해석하는 것이 과연 바람직한가 하는 의문"의 이유를 말해준다. 즉 다수의견 해석에 따른다면, 해당 형사사건 사안의 경중은 고려하지 않은 채 일률적으로 국선변호인을 선정할 수밖에 없는데, 이로 인하여

여 구금 상태에서 수사 및 재판을 받았다. 제1심에서부터 '본인은 조현병을 앓고 있고, 현재 구치소에서 복역 중이며, 가족은 지적장애인인 부친뿐이다'는 취지의 내용을 의견서에 기재하기도 하였다. 또한 제1심 및 항소심에서 자백하였지만, 수사 단계에서부터 제1심에 이르기까지 자신도 피해자로부터 폭행을 당했다고 주장하는 등 범행의 경위에 대해 일부 다투기도 하였다. 제1심 및 원심은 모두 제1회 공판기일이 진행된 다음 곧바로 종결되었는데, 피고인은 제1심 공판절차 종료 직후에 국선변호인 선정청구를 하면서 이같은 범행의 경위를 다투는 내용을 기재한 의견서를 함께 제출하기도 하였다.

따라서 별개의견에 따르면 피고인에 대하여 제1심 및 원심에서 국선변호인이 선정되었더라면 피고인이 범행의 경위 등에 대하여 보다 구체적으로 다투거나, 자신에게 유리한 양형 자료를 제출하는 등의 방법으로 방어권을 행사할 여지가 있었다. 그러므로 항소심은 피고인의 나이·지능 및 교육 정도, 건강 상태, 다투는 내용에 관하여 구금 상태에서 피고인 홀로 방어권 행사가 가능한 수준과 정도, 피고인의 재판을 도와줄 가족이 있는지 여부 등을 충분히 살펴 권리보호를 위하여 필요하다고 인정되는 때에는 형사소송법 제33조 제3항의 규정을 적용하여 피고인의 명시적 의사에 반하지 아니하는 범위 안에서 국선변호인을 선정하는 절차를 취했어야 했다는 것이다.

24) 국선변호인 제도의 취지 등에 비추어 보면, 피고인에 대하여 제1심법원이 집행유예를 선고하였으나 검사만이 양형부당을 이유로 항소한 사안에서 항소심이 변호인이 선임되지 않은 피고인에 대하여 검사의 양형부당 항소를 받아들여 형을 선고하는 경우에는 판결 선고 후 피고인을 법정구속한 뒤에 비로소 국선변호인을 선정하는 것보다는, 피고인의 권리보호를 위해 판결 선고 전 공판심리 단계에서부터 형사소송법 제33조 제3항에 따라 피고인의 명시적 의사에 반하지 아니하는 범위 안에서 국선변호인을 선정해 주는 것이 바람직하다. (대법원 2016. 11. 10. 선고 2016도7622 판결)

25) 국선변호에 관한 예규에서도 별건으로 구속되어 있거나 다른 형사사건에서 유죄로 확정되어 수형 중인 경우를 청구국선 사유로 명시하여 피고인이 청구하면 특별한 사정이 없는 한 국선변호인을 선정하도록 규정하고 있다.(국선변호에 관한 예규(재형 2003-10 대법원재판예규 제1784호) 제6조 제1항)또한 피고인이 청구를 하지 않더라도 법원은 피고인의 권리보호를 위하여 필요하다고 인정되면 국선변호인을 선정할 수 있다(동 예규 제6조 제2항). 별개의견은 필요적 국선변호인 선정사유와는 달리 법원에 일정한 재량을 부여하고 있기는 하나, 특별한 사정이 없는 한 국선변호인을 선정하는 것이 원칙적인 재판 실무라는 점을 지적하고 있다.

사법자원의 효율적인 배분이 저해될 우려가 있다는 것이다. 예컨대 해당 형사사건이 약식명령에 대한 정식재판청구절차인 경우(특히 피고인만이 정식재판을 청구한 사건이거나 확정된 벌금형에 대한 노역장 유치명령의 집행시기만을 늦추기 위하여 정식재판청구권회복을 거쳐 정식재판을 청구한 경우)[26], 피고인만이 항소한 사건에서 벌금형의 감액만을 주장하는 경우나 아무런 사실적·법리적 다툼이 없는 사안의 경우까지도 필요적 국선변호인 선정사유로 본다면 한정된 사법자원의 효율적 배분 측면에 비추어 오히려 정의와 형평에 반하거나 신속한 사법 정의의 실현을 저해하고 절차의 지연을 야기할 수 있다.

셋째, 별개의견이 지적하는 개별 사안마다 국선변호인 선정 필요성을 판단하는 현행 판례법리와 재판실무의 타당성은 별건 구속이나 확정된 유죄판결의 집행으로 구금 상태에 있는 경우에는 그 구금 상태가 사실상 해당 형사사건의 수사에 이용되거나 재판에 영향을 미친다고 하더라도, 그로 인한 피고인의 방어권에 미치는 영향의 의미나 정도가 해당 형사사건 구속과 동일하다고 평가할 수는 없다는 점에서도 확인된다. 즉 해당 형사사건으로 구속된 피고인에 대하여는 방어권을 실질적으로 보장할 필요성이 불구속의 경우보다 분명 크겠지만, 피고인이 다른 사건에서 발부된 구속영장으로 구금 중이거나 확정된 유죄판결의 집행으로 구금 상태에 있는 경우보다 중대한지는 개별 사안마다 판단할 문제다.

넷째, 별개의견은 종래 판례와 실무상 정책적 입장이 2006년 필요적 국선변호인 선정제도가 도입된 이래 현재까지 안정적으로 유지되고 있고, 학계에서도 그동안 별다른 문제 제기는 없었다고 본다. 더구나 필요적 국선변호인 선정 절차는 공판절차 초기 단계에서 이루어져 이후 재판절차의 적법성 전반에 영향을 미치므로 그 명확성과 예측가능성이 확보되어야 한다는 점을 지적한다. 그렇다면 다수의견처럼 그동안 안정적으로 유지되어 온 재판 실무에 반하여 입법 취지에 부합되지 아니한다고 부정하려면 더욱 신중해야 한다.

---

26) 그래서 국선변호에 관한 예규에서는 별건으로 구속되어 있거나 다른 형사사건에서 유죄로 확정되어 수형 중인 경우를 피고인의 청구에 의한 국선변호인 선정사유로 규정하면서도 약식명령에 대한 정식재판청구절차를 제외하도록 규정하고 있다(제6조 제1항 제8호 단서).

(2) 보충의견의 해석론[27] – 바람직한 형사법 방향에 따른 새로운 제도적 안정성과 사법자원 배분의 효율성 확보

별개의견의 제도적 안정론과 사법자원의 효율적 배분 논거에 대해 보충의견은 재판실무의 방향이 그동안 변화했고, 제도적 취지의 충실한 실현이야말로 사법자원 배분의 효율성을 높여준다는 반대의 논지를 제시한다.

첫째, 변호인 조력을 받을 권리의 충실한 실현이 바람직한 형사사법의 방향임은 물론이다. 그런만큼 별건으로 구속되거나 형 집행으로 구금 상태에 있는 피고인에게도 특별한 사정이 없는 한 국선변호인을 선정하는 것이 원칙적인 재판 실무다. 또한 우리 사회에서 변호사 수가 크게 늘어나면서 사법자원이 확충되었고, 변호인 조력을 받을 권리를 신장하는 각종 제도 도입 필요성에 대한 요청이 높아졌다. 바로 다수의견은 이러한 원칙적인 제도와 실무의 흐름과 일치할 뿐 아니라 그 변화를 제도적으로 뒷받침하는 방향의 해석이기 때문에, 재판 실무에 혼선을 초래한다고 할 수 없다.

둘째, 별개의견은 판례 변경 자제를 통한 법적 안정성을 도모하려는 입장으로 보이는 바, 법적 안정성이나 관련된 신뢰 보호는 중요한 가치로서 적절하게 고려되어야 함은 물론이다. 그러나 별건으로 구속되거나 형 집행 중인 피고인에게 필요적 국선변호인 제도가 적용되어서는 안 된다는 점은 보호될 신뢰나 유지될 안정성이라 보기 어렵다.

셋째, 별개의견처럼 국선변호의 필요성은 재판을 받는 해당 형사사건 사안의 중대성이나 피고인 방어권에 영향을 미치는 정도는 개별 사안마다 다르다는 점이 아니라 피고인이 처한 구금 상태 자체로부터 도출되는 것이다. 즉 보충의견은 다수의견이 필요적 국선변호인 제도의 취지를 피고인의 판단이나 법관의 재량 영역이라기보다는 후견과 기속의 영역에 속한다고 보았던 것이라 설명한다.

넷째, 이미 재판실무에서는 별건으로 구속되거나 형 집행 중인 피고인에게도 청구국선 또는 재량국선의 형태로 국선변호인이 원칙적으로 선정되고 있기 때문에, 다수의견의 해석에 따라 추가로 국선변호인을 선정하게 되었다고 하여 상당한 추가 비용이 발생하지는 않는다. 오히려 구속 피고인 일반을 위한 국선변호인의 조력은 피고인의 실질적 방어권 행사는 물론이고 적정하고 신속한 재판에도 기여함으

27) 대법원 2024. 5. 23. 선고 2021도6357 전원합의체 판결

로써 결국 사법자원을 더욱 적절하고 효율적으로 배분하는 결과로 이어질 수 있다. 왜냐하면 별개의견처럼 국선변호인 선정 여부에 대하여 사건마다 판단한다면, 그에 관한 하급심 판단이 잘못되었을 경우 절차를 처음부터 다시 진행하여야 할 것이며, 이로 인하여 국선변호인 선정 관련 절차의 당부에 대한 판단에 재판역량이 분산되고 불필요한 심급 간 이동이 반복된다면 그야말로 사법자원 낭비가 될 수 있기 때문이다.[28)]

IV. 형사소송법상 구속 개념 해석론 평가 – 동일한 해석방법론과 상반된 해석결과

본 전원합의체 판결의 별개의견은 기존 판례에 기초한 재판 실무의 안정성을 중시하면서, 제도 운영의 유연성을 통해 다수의견의 법률 해석과 다르지 않은 결과를 구현할 수 있다는 입장으로 이해된다. 종래 판례는 제한적 해석의 논거를 상세히 제시하지 않았지만, 본 판결의 별개의견을 살펴보면 종래 논거가 현행 제도 및 실무의 안정적 활용과 사법자원의 효율적 배분이었음을 보여준다.

하지만 이처럼 이제까지의 재판 실무에 별다른 문제가 없었다거나, 앞으로도 실무 차원에서 문제를 해결할 수 있다는 취지의 논거에 맞서 다수의견 및 보충의견은 판례변경을 통해 재판 실무의 개별성과 유동성에 명확성과 예측가능성을 더함으로써 필요적 국선변호인 제도의 안정적인 운영과 제도 취지의 충실한 실현을 보장한다고 본다.

살펴보면, 다수의견의 법률 해석이 재판 실무에 혼란을 초래하거나 법적 안정성을 해칠 것이라는 우려는 실체가 없다고 할 것이다. 이미 재판실무에서 별건으로 구속되거나 형 집행 중인 피고인에게도 청구국선 또는 재량국선의 형태로 국선변호인이 선정되도록 하는 방향으로 실무가 운영되고 있으며 그같은 방향으로 제도 취지에 충실해 나가야 한다는 점에서는 의견이 다르지 않기 때문이다. 다만 변호인 조력권의 신장 및 필요적 국선변호인 제도 확충의 필요성과 정당성을 판례 변경으로 도모할 것인지, 법개정에 맡겨둘 것인지에 입장 차이만 남게 될 것이다. 이는 별개의견이 우려하는 문언범위를 넘는 목적적 유추해석의 문제와 보충의견이 제시하

28) 본 사건에서도 피고인에게 국선변호인을 선정하여 변호인의 조력을 받을 권리를 보장해 줄 필요가 있었지만, 항소심은 변호인 없이 공판절차를 진행하여 판결을 선고하였다.

는 문언 가능범위내에서의 목적적 해석의 타당성에 대한 해석대립의 문제로 좁혀진다.

본 판결에서 구속 또는 피고인이 구속된 때라는 개념은 문리적 해석, 그리고 체계적 해석 내지 목적론적 해석 두 차원에서 판단된다. 해석론을 두고 다수의견 및 보충의견과 별개의견으로 갈리는데, 특히 별개의견과 보충의견의 상반된 이해는 눈에 띄는 부분이다. 본 판결에서 별개의견은 사실상 반대의견에 다름아닌 것으로 보일 정도다. 다수 의견과 결론은 같게 되지만[29] 논리는 달리하는 의견이라는 의미에서 '별개'라 하는데, 외관상 결론만 다르지 않을 뿐 같은 법문언과 개념을 두고 동일한 해석방법론으로 반대의 해석내용에 이르기 때문에 그러하다.

법원의 해석방법론이란 법률문언의 통상적인 의미범위내 입법 목적이나 입법 취지, 입법 연혁, 그리고 법규범의 체계적 구조를 종합적으로 고려하는 것이다. 형법해석의 원칙은 문언에 따른 엄격한 해석, 피고인에게 불리한 방향의 확장해석이나 유추해석 금지일 것이나, 형사소송법의 권리보장적 규정은 체계적, 논리적, 목적론적 해석의 여지가 열려 있다.[30]

다수의견 및 보충의견과 별개의견은 법해석의 원칙보다는 해석방법론, 즉 "법률문언의 통상적인 의미범위내 입법 목적이나 입법 취지, 입법 연혁, 그리고 법규범의 체계적 구조 등을 종합적으로 고려"하는데서 판단이 갈리는 것으로 보인다. 문제는 언어학적으로 대부분 사례에서 문언의 가능한 의미의 한계는 미리 정해져 있는 것이 아니라 그때그때의 상황을 고려한 해석에 의해 비로소 명확해지며, 또는

29) 국선변호인의 선정 없이 피고인만 출석한 상태에서 공판기일을 진행하여 판결을 선고한 원심의 조치에는 판결에 영향을 미친 잘못이 있으므로 원심판결을 파기하여야 한다.(대법원 2024. 5. 23. 선고 2021도6357 전원합의체 판결) 다수의견은 제1항 제1호의 피고인이 구속된 때에 해당된다고 보았고, 별개의견은 제3항의 피고인의 권리보호를 위하여 국선변호인 선정이 필요하다고 인정되는 때에 해당한다고 보았다.

30) 형벌법규는 문언에 따라 엄격하게 해석·적용하여야 하고 피고인에게 불리한 방향으로 지나치게 확장해석하거나 유추해석하여서는 아니 되나, 형벌법규의 해석에 있어서도 가능한 문언의 의미 내에서 당해 규정의 입법 취지와 목적 등을 고려한 법률체계적 연관성에 따라 그 문언의 논리적 의미를 분명히 밝히는 체계적·논리적 해석방법은 그 규정의 본질적 내용에 가장 접근한 해석을 위한 것으로서 죄형법정주의의 원칙에 부합한다. (대법원 2023. 5. 18. 선고 2022도10961 판결) 형벌법규는 문언에 따라 엄격하게 해석·적용하여야 하고 피고인에게 불리한 방향으로 지나치게 확장해석하거나 유추해석하여서는 아니되지만, 형벌법규의 해석에서도 법률문언의 통상적인 의미를 벗어나지 않는 한 그 법률의 입법취지와 목적, 입법연혁 등을 고려한 목적론적 해석이 배제되는 것은 아니다. (대법원 2003. 1. 10. 선고 2002도2363 판결)

해석에 의해 일상적 의미를 벗어날 수도 있다는 점에 있다.[31] 사실 일상언어의 모호함으로 인해 문언의 가능한 범위 자체가 부정될 수도 있다는 점에서 문언해석을 기본으로 하는 판례 해석방법론의 기초는 취약하다.[32] 그리고 가능한 의미범위 내에서 복수의 해석 중 어떤 해석이 논리적이고 합리적인가 별개의 가치판단을 필요로 한다[33]는 점에서 볼 때 문언해석은 가치판단 (목적적 해석이나 체계적 해석)과 겹친다. 결국 가능한 문언의 의미 범위나 문언의 통상적인 의미범위에 대한 다툼은 법률문언 자체로 해소될 수 없어서, 법률 체계와 입법자 의사에 대한 해석을 필요로 하는데, 다시 체계적 해석, 목적적 해석의 타당성은 법률문언의 통상적 의미범위 안에 있는지에 따라 판단된다. 그렇다면 판례가 말하는 해석방법론은 '종합적으로 고려'한다는데 불과한 것으로 보인다. 하지만 전체적, 종합적 해석이라는 기준을 과하게 사용한다면 결국 해당 판결에서 어떤 해석기준이 사용되었는지가 확인되기 어렵다.[34]

본 2024년 판결의 경우 다수의견 및 보충의견은 입법자의 의사에 비추어 문언의 의미를 확장 또는 유추하는 해석을 정당화하고 있고, 반대로 별개의견은 입법자의 본래 의사나 변화된 상황에 따른 의사변화가 있었다면 입법적 조치가 있었을 것이나 그러하지 아니하다는 점이 입법자의 의사라는 점에서 문언 의미 범위를 넘는 확장 또는 유추해석의 위험성을 경고한다. 오히려 이처럼 입법자의 의사가 불분명하거나 여러 가지로 해석된다면, 입법자의 의사에서 벗어나는지의 여부는 법원이 판단할 문제가 될 수 없다.[35] 입법취지라는 개념 자체 역시 모호하며, 입법자의 단일한 의사가 존재하는지도 불분명하다. 오히려 '민주적 의사'는 법률 문언에 구체화되어 있다고 볼 수도 있다.[36] 이처럼 입법자의 의사가 불분명하거나 다양한 해석의 여지를 남겨두어서 심지어 상반되게 해석된다면 입법자의 의사(입법취지, 목적, 연혁)에 따른 어느 해석도 합리적이라 하기 어렵게 된다.

본 판결의 보충의견은 "입법자 의사가 최종적으로 명확하게 표현되어 있는 형사

---

31) 김기영, 법률해석의 언어철학적 한계, 독어학 32 (2013) 1－2.

32) 이용식, 형법해석의 방법, 서울대학교 법학 46 (2005) 37－38.; 김혁기, 법해석에 의한 모호성 제거의 불가능성, 서울대학교 법학 51 (2009) 138, 140.

33) 이용식, 앞의 논문, 44.

34) 김영환, 한국에서의 법학방법론의 문제점, 141.; 이계일, 법해석기준의 서열론에 대한 비판적 연구, 법철학연구 18(3) (2015) 131－132

35) 이용식, 앞의 논문, 46.

36) 김영환, 앞의 논문, 141.; 김혁기, 앞의 논문, 141, 143.

소송법 개정이유"라 하지만, 실로 최종적이고 명확한 표현이라 보기는 어렵다. 국선변호인 제도를 실질적으로 확대한 2006년 개정 형사소송법[37] 개정문에 따르면, "국선변호인 제도를 두고 있는 헌법 정신을 구체화하고 형사절차에서 침해될 수 있는 인신의 자유, 절차적 기본권 등 국민의 인권을 최대한 보장하기 위하여, 법원은 구속영장심문을 받는 피의자 또는 구속 피고인에 대하여도 필요적으로 국선변호인을 선정하도록 하고, 피고인의 권리보호를 위하여 필요하다고 인정하는 때에는 피고인의 명시적 의사에 반하지 아니하는 한 국선변호인을 선정하도록 하려는 것"이라는 내용 뿐이다. 여기서도 피고인이 구속된 때라 할 때 구속의 의미에 관하여 본 2024년 판결 해석의 타당 여부를 가릴 만한 내용은 보이지 아니한다.

살피건대, 대법원 전원합의체는 종전에 판시한 헌법·법률·명령 또는 규칙의 해석 적용에 관한 의견을 변경할 필요가 있다고 인정하는 경우 이를 판결로 제시한다.[38] 그 '의미'에 관하여 대법원 스스로는 대법원 기존 판례에 법해석에 관한 일정한 견해가 설시되어 있다고 하더라도 어떠한 내용 또는 범위에서 장래 국민의 법생활 또는 법관을 비롯한 법률가의 법운용을 구속하는 효력을 가져서 그 변경에 전원합의체 판단이 요구되는가를 살펴야 한다는 취지로 본다. 이 경우 문구보다는 당해 판결의 전체적인 법판단에서 그 설시가 어떠한 위상을 가지는가에 유의하고, 관련 판례들도 고려하면서 면밀하게 따져보아야 한다. 그런데 대법원 판결도 1차적으로 개별적인 사건에 법적인 해결을 부여하는 것을 지향하므로, 대법원 판결에서의 추상적·일반적 법명제 설시도 기본적으로 당해 사건의 해결을 염두에 두고 행해진다. 따라서 그 설시의 의미도 당해 사안과의 관련에서 이해되어야 한다.[39] 그렇다면 본 사안 대법원 판결은 법원 직권에 의한 국선변호인의 필요성을 보지 못한 원심의 문제를 필요적 국선변호 선정사유로서 '피고인이 구속된 때'의 확장해석을 통해 시정하려는 '의미'에서 판례변경에 이른 것이다. 그러나 '종합적 고려'의 내용에서는 다수의견과 별개의견이 동일한 해석방법론으로 상반된 결과에 이름으로써 제도설계와 운용의 일반적 기준을 제시했다고 보기 어렵다.[40] 필요적 국선변호 제도

37) 법률 제7965호, 2006. 7. 19., 일부개정

38) 법원조직법 제7조 제1항 3호

39) 대법원 2009. 7. 23. 선고 2009재다516 판결

40) 헌법상 변호인의 조력을 받을 권리에 대한 법원의 해석이 구체적인 국선변호인 제도 설계의 기본 방향을 제시하게 된다 (조성훈, 필요적 국선변호인 선정 사유인 '피고인이 구속된 때'의 의미: 대법원 2024. 5. 23. 선고 2021도6357 전원합의체 판결을 중심으로, 형사정책

와 정책방향은 법원 판결이 말하는 '종합적 고려'를 넘는 법제정책과 사회적 논의 문제로서 입법적 차원에서 판단할 문제라 보아야 마땅하다.

V. 해석논쟁의 입법적 해결 – 형사소송법 제33조 제1항 제1호 개정론

따라서 특정 제도 법규정에 대해 동일한 해석방법론으로 상반된 해석내용이 도출되나 제도 취지의 충실한 실현 필요성에 대해서는 이견이 없다면 현실적 해법은 입법적 조치가 될 것이다. 별개의견은 "선례를 부정하지 않고 현재 실무에 대한 제한적 해석으로도 지혜로운 해결"을 말하나, 상반된 해석론이 대립하는데 지혜로운 해결이라 하기는 어렵다. 또한 보충의견은 "국선변호인의 조력이 필요하다고 인정되는 피고인에게 그 조력을 받을 충분한 기회를 보편적으로 부여할 국가 책무의 충실한 수행"을 말하나, 이는 입법자의 판단에 맡길 일이다. 다수의견도 이러한 지적을 피하기 위해 필요적 국선변호인 선정사유에 관한 법흠결이라는 점에는 침묵하면서 법흠결이 아님을 전제로 형사소송법 조문체계나 입법자 의사를 들어 해석으로 해결하려는 것으로 보인다.[41] 입법자의 의사 역시 해석자에 따라 상반된다면 객관적인 논거가 되기 어렵다. 현실적인 입법자의 의사 내용에는 소극적 의사, 심지어 의도하지 않았던 빈틈도 있을 것인데 이에 대한 해석 또한 상반된다면 별개의견이 지적하는바, "입법을 해석으로 대체하는 것"이 타당하지 아니한 경우에 해당된다. 따라서 해석자가 아닌 입법자가 메꿔야 한다.

살펴보면, 2003년 대법원 결정[42]의 경우 당시 피의자 신문과정에서 변호인 참여를 보장하는 형사소송법상 명문규정이 없음에도, 법 제34조(피고인·피의자와의 접견, 교통)를 유추·적용하고, 누구든지 체포 또는 구속을 당한 때에는 즉시 변호인의 조력을 받을 권리를 가진다고 선언한 헌법 제12조 제4항에 비추어, 구금된 피의자는 피의자신문을 받음에 있어 변호인의 참여를 요구할 수 있고 그러한 경우 수사기관은 이를 거절할 수 없는 것으로 해석한 바 있다. 이러한 해석의 정당성을 뒷받침하는 논거로서 "인신구속과 처벌에 관하여 적법절차주의를 선언한 헌법의 정신"

36(2)(2024) 362.)

41) 김영환, 앞의 논문, 142 참조.

42) 대법원 2003. 11. 11.자 2003모402 결정

에 부합한다는 점을 들고 있다.[43)]

생각건데, 이에 비해 2024년 본 판결 다수의견의 경우 법 제33조 제1항 제1호 문언의 가능한 범위내 확장적 해석과 헌법 제12조 제4항에 따른 유추해석의 결과다. 본 판결 보충의견이 말하는 "헌법과 형사소송법의 관련 조항에 내재한 상위 원리"는 2003년 결정이 말하는 "헌법의 정신"에 상응할 것인데, 이는 "유추적용의 필요성과 정당성을 승인"하는 근거이지 그 자체가 유추해석의 내용이거나 방법은 아니다. 따라서 2024년 판결의 경우 다수의견 및 보충의견은 명문규정의 확장적 해석을 헌법에 내재한 상위원리 내지 헌법의 정신이라 하여 정당화하는 것이다. 이 때 문언의 '가능한 범위'는 확장적 해석의 정당성에 대한 한계가 되지 못한다. 다수의견 및 보충의견은 "가능" 대한 판단의 근거를 헌법 원리 내지 정신에 두면서, 현실적으로는 사법자원의 효율적 배분 내지 활용에 대한 정책적 판단을 개별 의견과 달리할 뿐이다. 이는 다수의견이 기존 판례를 변경하면서 "종래 판례가 구속의 의미를 해당 형사사건의 구속으로 한정한 것은 법 문언의 본래적 의미가 그렇다는 판단보다는, 피고인의 신병 확보라는 구속제도의 역할과 기능 등을 규범적으로 고려하였기"때문이라고 판단한데서도 알 수 있다.

다만 2024년 판결의 다수의견 및 보충의견의 정책적 판단이 국선변호인 제도에 관한 입법자의 본래 의사에 부합되거나, 또는 보충의견이 말하는 우리 사회"사법자원을 기꺼이 투입할 수 있는 여건"변화를 인정하여 입법자의 의사도 변화할 것이라 본다면, 다음과 같은 법개정 검토를 통해 법원의 해석변화를 반영할 수 있을 것이다. 개정의 취지는 피고인의 신체적 제약 상태로 인해 방어권이 실질적으로 위협받는 구체적 상황에 대한 입법적 대응의 필요성인데, 현실적인 초점은 피고인이 다른 형사사건에서 유죄판결이 확정되고 그 판결의 집행으로 구금 상태에 있는 경우 국선변호인의 필요적 선정사유로 볼 것인지에 대한 해석 문제의 해결에 있다.[44)]

---

43) 이에 따라 2007년 개정 형사소송법(법률 제8496호, 2007. 6. 1., 일부개정.)의 개정문에 따르면, "형사절차에 있어서 피고인 및 피의자의 권익을 보장하기 위하여 인신구속 제도 및 방어권 보장 제도를 합리적으로 개선하고," "피고인 및 피의자의 방어권 보장"을 위해 제243조의2 제243조의2(변호인의 참여 등)가 신설되었다.

44) 조성훈, 앞의 논문, 376.

현행법	개정안
제33조(국선변호인) ①다음 각 호의 어느 하나에 해당하는 경우에 변호인이 없는 때에는 법원은 직권으로 변호인을 선정하여야 한다. 1. 피고인이 구속된 때	제33조(국선변호인) ①다음 각 호의 어느 하나에 해당하는 경우에 변호인이 없는 때에는 법원은 직권으로 변호인을 선정하여야 한다. 1. 피고인이 <u>신체구속된 때</u>

본 개정안은 현행 형사소송법상 용어범위내에서 제33조 제1항 제1호 피고인이 구속된 때에서 '구속'(detention)을 '신체구속'(custody)으로 개정한 것인바[45], 이때 '신체구속'이라 함은 해당사건에서의 수사와 재판진행을 위한 구속, 별건 구속, 형 집행 등 모든 적법한 구금상태를 뜻한다. 구속의 법적 개념(법 제69조)으로서 구금 이외의 구인과 인치, 유치(법 제71조 및 제71조의 2)의 경우는 24시간 구금에 불과하여 여기에 해당될 현실적 가능성은 없다. 현행 형사소송법 체계상 제34조에서 변호인이 '신체가 구속된 피고인'을 접견할 수 있고, 제60조 제4항에서 서류의 송달을 받을 수 있는 주거 또는 사무소 신고규정이 '신체구속을 당한 자에게 적용하지 아니한다'고 한 것에 가까운 의미다. 반면, 제280조 공판정에서의 신체구속 금지, 제309조 강제자백의 증거능력에서 말하는 '신체구속의 부당한 장기화'의 의미는 맥락이 달라 구별될 것이다.

45) 앞의 2. '구속된 때'의 목적론적 의미 (2) 별개의견의 해석론 참조.

【참고문헌】

강동욱, 형사소송법, 오래, 2023

김기영, "법률해석의 언어철학적 한계"독어학 32집, 한국독어학회, 2013

김영환, "한국에서의 법학방법론의 문제점 – 법발견과 법형성", 법철학연구 18권 2호, 한국법철학회, 2015

김정한, 실무 형사소송법, 준커뮤니케이션즈, 2024

김혁기, "법해석에 의한 모호성 제거의 불가능성", 서울대학교 법학 51, 서울대학교 법학연구소, 2009

사법연수원, 법원실무제요 형사(III), 사법연수원, 2022

이계일, "법해석기준의 서열론에 대한 비판적 연구", 법철학연구 18(3), 한국법철학회, 2015

이용식, "형법해석의 방법", 서울대학교 법학 46, 서울대학교 법학연구소, 2005

이은모 · 김정환, 형사소송법 제9판, 박영사, 2023

이재상 외, 형사소송법 제15판, 박영사, 2023

임동규, 형사소송법 제17판, 법문사, 2023

정웅석 외, 신 형사소송법 제2판, 박영사, 2023

조성훈, "필요적 국선변호인 선정 사유인 '피고인이 구속된 때'의 의미: 대법원 2024. 5. 23. 선고 2021도6357 전원합의체 판결을 중심으로", 형사정책 36(2), 한국형사정책학회, 2024

【국문초록】

현행 형사소송법은 필요적 국선변호인 선정사유 중 하나로 '피고인이 구속된 때'를 정하고 있다. (제33조 제1항 제1호) 종래 대법원은 이를 피고인이 해당 형사사건에서 구속되어 재판을 받는 경우로 보아왔다. 때문에 별건으로 구속되어 있거나 다른 형사사건에서 유죄로 확정되어 수형 중인 경우는 해당되지 아니한다. 그런데 2024년 5월 대법원은 피고인이 별건으로 구속영장이 발부되어 집행되거나 다른 형사사건에서 유죄판결이 확정되어 그 판결의 집행으로 구금 상태에 있는 경우도 포함되는 것으로 견해를 변경하였다. (대법원 2024. 5. 23. 선고 2021도6357 전원합의체 판결) 본 논문은 대상 판결의 다수의견, 별개의견, 보충의견의 내용을 구속 개념의 법문언상 의미 해석과 목적론적 의미 해석, 정책적 해석 쟁점별로 재구성하여 유관법령 및 학설과 함께 평가하고, 해석논쟁의 입법적 해결을 모색해 보고자 한다.

종래 판례는 해석의 논거를 상세히 제시하지 않았지만, 본 판결의 별개의견은 그 논거가 현행 제도 및 실무의 안정적 활용과 사법자원의 효율적 배분이었음을 보여준다. 이미 재판실무에서 별건으로 구속되거나 형 집행 중인 피고인에게도 청구국선 또는 재량국선의 형태로 국선변호인이 선정되도록 하는 방향으로 실무가 운영되고 있으며 그같은 방향으로 제도취지에 충실해 나가야 한다는 점에서는 의견이 다르지 않다. 다만 변호인 조력권의 신장 및 필요적 국선변호인 제도 확충의 필요성과 정당성을 판례 변경으로 도모할 것인지, 법개정에 맡겨둘 것인지에 입장 차이만 남게 될 것이다. 이는 별개의견이 우려하는 문언범위를 넘는 목적적 유추해석과 보충의견이 제시하는 문언 가능범위내에서의 목적적 해석의 타당성에 대한 해석대립의 문제로 좁혀진다.

2024년 판결의 다수의견의 정책적 판단이 국선변호인 제도에 관한 입법자의 본래 의사에 부합되거나, 또는 보충의견이 말하는 우리 사회"사법자원을 기꺼이 투입할 수 있는 여건"변화를 인정하여 입법자의 의사도 변화할 것이라 본다면, 제33조 제1항 제1호 피고인이 구속된 때에서 '구속'을 '신체구속'으로 개정하는 안을 제시할 수 있다. 여기서 '신체구속'은 해당사건에서의 수사와 재판진행을 위한 구속, 별건 구속, 형 집행 등 모든 적법한 구금상태를 뜻한다.

◈ 주제어 : 구속, 피고인이 구속된 때, 문언해석, 유추해석, 목적적 해석, 필요적 국선변호인 선정사유

【Abstract】

Supreme Court's *en banc* decision on the meaning of'when the criminal defendant is placed under detention'(Criminal Procedure Act Art. 33 para.1(1))

Kim, Han－Kyun*

Korean Criminal Procedure Act establishes "when the defendant is in custody" as one of the grounds for appointing a public defender. (Article 33, Paragraph 1(1)) The Supreme Court has traditionally viewed this as a case in which the defendant is detained and on trial in the criminal case in question. It may be reasonably concluded, therefore, that being detained in a separate case or being convicted and sentenced in another criminal case does not qualify as a reason for the appointment. However, in May 2024, the Supreme Court reconsidered its position to include cases where a warrant of arrest has been issued and executed in a separate case or where the defendant has been convicted in another criminal case and is in custody as a result of the execution of the judgment.

This artice reviews the decision to reconstruct the contents of its majority opinion, separate opinion, and supplementary opinion by interpreting the legal textual meaning of the concept of restraint, interpreting the purposive meaning, and policy interpretation issues. It will then evaluate them together with related laws and theories, with a view to seeking a legislative solution to the interpretation controversy.

While the existing precedents did not present the interpretation arguments in detail, the individual opinions of the judgments indicate that the arguments were based on the stable utilization of the current system and practice on public defenders and the right to counsel, as well as the efficient allocation of judicial resources. There is a difference of opinion as to whether the

* Senior Research Fellow, Korean Institute of Criminology & Justice

expansion of the right to counsel and the necessary expansion of the public defender system should be achieved by changing case law or by amending the law.

Thus, the author propose the amendment of paragraph 1(1) of the Article 33, "When the criminal defendant is placed under detention"to "When the criminal defendant is placed under custody".

◈ Key words : Detention, Custody, Defendant under detention, Right to counsel, Reason for mandatory appointment of public defender

한국형사소송법학회 『형사소송 이론과 실무』
제16권 제3호 (2024.09) 141~168면.
Theories and Practices of Criminal Procedure Vol. 16 No. 3 (September. 2024) pp. 141-168.
10.34222/kdps.2024.16.3.141

공범 진술의 증거 사용 방안*

조 지 은**

목 차

Ⅰ. 서론

2020. 2. 4. 형사소송법(이하 '법'이라 함)이 개정되면서 검사 작성 피의자신문조서의 증거능력 인정 요건에 큰 변화가 생겼다. 개정 전 법 제312조 제1항은 "검사가 피고인이 된 피의자의 진술을 기재한 조서는 적법한 절차와 방식에 따라 작성된 것으로서 피고인이 진술한 내용과 동일하게 기재되어 있음이 공판준비 또는 공판기일에서의 피고인의 진술에 의하여 인정되고, 그 조서에 기재된 진술이 특히 신빙할 수 있는 상태하에서 행하여졌음이 증명된 때에 한하여 증거로 할 수 있다."라고 하면서, 같은 조 제2항에서 "제1항에도 불구하고 피고인이 그 조서의 성립의 진정을 부인하는 경우에는 그 조서에 기재된 진술이 피고인이 진술한 내용과 동일하게 기재되어 있음이 영상녹화물이나 그 밖의 객관적인 방법에 의하여 증명되고, 그 조

* 이 연구는 영남대학교 학술연구조성비에 의한 것임
** 영남대학교 부교수

서에 기재된 진술이 특히 신빙할 수 있는 상태 하에서 행하여졌음이 증명된 때에 한하여 증거로 할 수 있다."라고 하여 검사 작성 피의자신문조서에 대하여 적법절차, 진정성립, 특신상태의 요건을 갖추면 증거능력을 인정하되, 피고인이 진정성립을 부인하는 경우 영상녹화물이나 그 밖의 객관적인 방법으로 진정성립을 대체할 수 있도록 하였다. 그러나 법 개정으로 제312조 제1항은 "검사가 작성한 피의자신문조서는 적법한 절차와 방식에 따라 작성된 것으로서 공판준비, 공판기일에 그 피의자였던 피고인 또는 변호인이 그 내용을 인정할 때에 한정하여 증거로 할 수 있다."라고 규정하고 제2항은 삭제함으로써 사법경찰관 작성 피의자신문조서에 대한 규정인 제312조 제3항의 "검사 이외의 수사기관이 작성한 피의자신문조서는 적법한 절차와 방식에 따라 작성된 것으로서 공판준비 또는 공판기일에 그 피의자였던 피고인 또는 변호인이 그 내용을 인정할 때에 한하여 증거로 할 수 있다."[1]와 동일하게 '내용인정'을 증거능력 인정 요건으로 규정하고 있다.

공범에 대한 피의자신문조서의 경우 법 개정 전 검사 작성 피의자신문조서와 사법경찰관 작성 피의자신문조서의 증거능력 인정 요건에 차이가 있음을 고려하여, 사법경찰관 작성 피의자신문조서에 대하여는 "검사 이외의 수사기관 작성의 피의자신문조서는 공판준비 또는 공판기일에서 피의자였던 피고인이나 변호인이 그 내용을 인정한 때에 한하여 증거로 할 수 있다는 형사소송법 제312조 제2항 증거능력 제한규정은 당해 피의자였던 피고인에 대해서 뿐만 아니라 공동피의자였던 다른 피고인에 대한 관계에서도 다같이 적용된다."[2]라고 하였으나, 공범에 대한 검사 작성 피의자신문조서에 대하여는 법 제312조 제4항에 의해 진정성립, 특신상태 및 반대신문권 보장의 요건이 갖추어지면 증거능력을 인정해 왔다.[3][4]

---

1) 법 개정 전 제312조 제3항에 대해서도 사경 작성 피의자신문조서의 증거능력을 오로지 피고인의 처분에 맡긴다는 것은 바람직하지 않다는 비판도 있었다.(김희균, "검사 작성 피의자신문조서의 증거능력 개정안 검토", 『법학연구』, 제29권 제1호(경상대학교 법학연구소, 2021), 108면; 김정한, "사법경찰관 작성 피의자신문조서와 조사경찰관 증언의 증거능력", 『법학논총』, 제18권 제2호(조선대학교 법학연구원, 2011), 74면)

2) 대법원 1979. 4. 10. 선고 79도287 판결

3) 이재상 · 조균석 · 이창온, 『형사소송법』, 제15판(박영사, 2023), 697면; 손동권 · 신이철, 『새로운 형사소송법』, 제5판(세창출판사, 2022), 638면; 이주원, 『형사소송법』, 제5판(박영사, 2022), 495면; 이창현, 『형사소송법』, 제9판(정독, 2023), 899면; 임동규, 『형사소송법』, 제17판(법문사, 2023), 540면

4) 대법원 1991. 11. 8. 선고 91도1984 판결, "검사 작성의 공동피고인 갑에 대한 피의자신문조서는 갑이 제1심에서 성립 및 임의성을 인정하는 경우에는 공동피고인 을이 이를 증거로 함

그러나, 법 개정 이후 대법원은 공범에 대한 검사 작성 피의자신문조서의 증거능력에 대해 아래와 같이 판시하였다.

"형사소송법 제312조 제1항에서 정한 '검사가 작성한 피의자신문조서'란 당해 피고인에 대한 피의자신문조서만이 아니라 당해 피고인과 공범관계에 있는 다른 피고인이나 피의자에 대하여 검사가 작성한 피의자신문조서도 포함되고, 여기서 말하는 '공범'에는 형법 총칙의 공범 이외에도 서로 대향된 행위의 존재를 필요로 할 뿐 각자의 구성요건을 실현하고 별도의 형벌 규정에 따라 처벌되는 강학상 필요적 공범 또는 대향범까지 포함한다. 따라서 피고인이 자신과 공범관계에 있는 다른 피고인이나 피의자에 대하여 검사가 작성한 피의자신문조서의 내용을 부인하는 경우에는 형사소송법 제312조 제1항에 따라 유죄의 증거로 쓸 수 없다."[5)]

즉 공범에 대한 검사 작성 피의자신문조서의 증거능력 인정 요건에 관하여 사법경찰관 작성 피의자신문조서와 동일하게 당해 피고인의 내용인정을 요구하고 있는 것이다. 그 결과 공범에 대한 피의자신문조서의 경우 당해 피고인이 그 내용을 부인할 경우 증거로 사용할 방법이 사라지게 되었다.

공범의 진술을 현출하는 수단은 법 제312조의 피의자신문조서 외에도 법 제313조의 진술서·진술기재서류, 제316조의 전문진술이 있고, 공범의 법정진술도 있으나, 현재 판례의 태도에 비추어 보면 공범의 진술을 증거로 사용하는 방법이 상당 부분 제약을 받고 있음을 알 수 있다.

본고에서는 이러한 판결 내용에 대한 당부를 떠나, 대법원이 법 제312조 제1항을 공범에 대한 검사 작성 피의자신문조서에까지 적용함에 따라 수사기관 또는 법정에서의 공범 진술을 증거로 사용할 수 있는 방법이 얼마나 제약되고 있는지를 검토하고, 그에 대한 보완책으로 공범의 진술을 증거로 사용할 수 있는 방안에 대해 모색해 보기로 한다.

에 부동의하였다고 하더라도 피고인 을의 범죄사실에 대한 유죄의 증거로 삼을 수 있다."라고 판시하여 명시적으로 법 제312조 제4항을 적용함을 밝히지는 않았으나, 당해 피고인의 증거 부동의에도 불구하고 증거능력을 인정하였다는 점에서 법 제312조 제4항을 적용한 것으로 보인다.

5) 대법원 2023. 6. 1. 선고 2023도3741 판결

Ⅱ. 법 제312조 피의자신문조서의 증거능력

1. 사법경찰관 작성 피의자신문조서

(1) 판례의 태도

대법원은 "형사소송법 제312조 제2항(현행법 동조 제3항)은 검사 이외의 수사기관이 작성한 당해 피고인에 대한 피의자신문조서를 유죄의 증거로 하는 경우뿐만 아니라 검사 이외의 수사기관이 작성한 당해 피고인과 공범관계에 있는 다른 피고인이나 피의자에 대한 피의자신문조서를 당해 피고인에 대한 유죄의 증거로 채택할 경우에도 적용되는바, 당해 피고인과 공범관계가 있는 다른 피의자에 대한 검사 이외의 수사기관 작성의 피의자신문조서는 그 피의자의 법정진술에 의하여 그 성립의 진정이 인정되더라도 당해 피고인이 공판기일에서 그 조서의 내용을 부인하면 증거능력이 부정되므로 그 당연한 결과로 그 피의자신문조서에 대하여는 사망 등 사유로 인하여 법정에서 진술할 수 없는 때에 예외적으로 증거능력을 인정하는 규정인 형사소송법 제314조가 적용되지 아니한다."[6]라고 판시하였다.[7]

이 경우 원진술자인 공범이 법정에서 경찰 조사시 피의자신문조서에 기재된 것과 같은 내용으로 진술했다는 취지로 증언하더라도 그러한 증언은 원진술자인 공범이 자신에 대한 피의자신문조서의 진정성립을 인정하는 것에 불과하므로, 그 증언 역시 증거능력이 없다.[8]

또한 공범에 대한 사법경찰관 작성 피의자신문조서는 공범이 사망 등 사유로 법정에서 진술할 수 없는 때에도 예외적으로 증거능력을 인정하는 규정인 법 제314조가 적용되지 않는다고 하여 증거능력을 부여하고 있지 않으므로,[9] 설령 공범이

---

6) 대법원 2004. 7. 15. 선고 2003도7185 전원합의체 판결

7) 이에 대해 법 제312조 제3항은 사법경찰관이 작성한 공범에 대한 피의자신문조서까지 포함하는 것으로 볼 수 없다는 비판도 있었다.(강동범, "사법경찰관이 작성한 공범에 대한 피의자신문조서의 증거능력", 『법학연구』, 제41집(전북대학교 법학연구소, 2014), 162면; 이완규, "공범인 피의자에 대한 경찰 피의자신문조서의 증거능력", 『형사법의 신동향』 제18호(대검찰청, 2009), 224면; 박홍식, "공동피고인을 상대로 한 진술증거의 성격과 증거의 인부", 『법학연구』 제26권 제3호(충남대학교 법학연구소, 2015), 78면, 이창섭, "공범에 대한 피의자신문조서의 증거능력 소고", 『비교형사법연구』, 제12권 제2호(한국비교형사법학회, 2010), 141~142면)

8) 대법원 2009. 10. 15. 선고 2009도1889 판결

9) 대법원 2004. 7. 15. 선고 2003도7185 전원합의체 판결

기소된 이후 사망하여 진정성립을 인정하지 못한다 하여도 그 조서에 대하여는 증거능력이 인정될 수가 없다.

판례는 이러한 법리가 적용되는 공범에는 공동정범, 교사범, 방조범 등 형법 총칙상의 공범 외에 강학상 필요적 공범의 경우도 포함된다는 입장[10]에서 더 나아가 양벌규정의 경우에도 행위자와 행위자가 아닌 법인 또는 개인 간의 관계는 사실관계가 동일하거나 중요 부분을 공유하고 있는 등 불가분적 관련성이 있어 형법 총칙의 공범관계와 마찬가지로 법 제312조 제3항이 적용된다고 판시[11] 하여 그 범위를 확대하였다.

(2) 문제점

공범관계인 갑과 을이 수사기관에서 조사를 받으면서 갑은 자백한 반면 을은 부인하였고, 법정에서도 양자가 그 입장을 그대로 유지하였다고 가정했을 때, 갑은 자신에 대한 피의자신문조서에 대해 증거동의할 것이지만, 을은 갑에 대한 피의자신문조서에 대해 내용부인 취지로 부동의하게 될 것이다. 이 경우 갑에 대한 피의자신문조서는 당해 피고인인 을이 내용인정하지 않아 증거능력이 없게 된다. 또한 갑에 대한 증인신문을 통해 갑이 '수사기관에서 피의자신문조서의 내용과 같이 진술하였다'는 취지로 증언하더라도 그 증언은 갑이 자신에 대한 피의자신문조서의 진정성립을 인정하는 것에 불과하므로 증거능력이 없게 된다. 만약, 갑이 수사기관에서 조사를 받은 이후 사망하였다 하더라도 갑의 피의자신문조서에 대하여는 법 제314조의 적용이 인정되지 않아 역시 증거능력이 없게 된다. 결국 갑의 진술은 법정에서의 피고인신문이나 증인신문[12]을 통해 현출된 것만 증거능력이 인정되는 것이고, 수사기관에서의 진술은 증거능력을 부여받지 못해 법정에 현출조차 되지 못하게 된다.

10) 대법원 1996. 7. 12. 선고 96도667 판결

11) 대법원 2020. 6. 11. 선고 2016도9367 판결

12) 공범인 공동피고인은 변론분리되어 피고인의 지위에서 벗어나게 되면 다른 공동피고인에 대하여 증인적격이 인정된다.(대법원 2008. 6. 26. 선고 2008도3300 판결)

2. 검사 작성 피의자신문조서

(1) 판례의 태도

형사소송법 개정 전 학계의 다수 견해는 공범에 대한 검사 작성 피의자신문조서에 대하여 법 제312조 제4항이 적용되는 것으로 이해해 왔으나[13], 대법원은 각주 5)의 판결과 같이 당해 피고인이 내용인정을 해야지만 증거능력이 인정된다고 판시하였다.[14]

검사 작성 피의자신문조서의 증거능력에 대한 법 제312조 제1항의 규정이 개정되어 사법경찰관 작성 피의자신문조서의 증거능력에 대한 법 제312조 제3항과 동일하게 된 이후 나온 판결인바, 향후 법 제314조 적용 여부[15]나 공범의 범위 등에 대해서도 위에서 본 바와 같이 사법경찰관 작성 피의자신문조서의 내용과 동일한 내용의 판결이 나올 것으로 예상된다.

(2) 문제점

이러한 대법원의 태도로 인해 발생하는 문제점 역시 사법경찰관 작성 피의자신문조서의 경우와 동일하다. 과거 공범에 대한 검사 작성 피의자신문조서의 경우 당

---

13) 이재상 · 조균석 · 이창온, 앞의 책, 699면; 이주원, 앞의 책, 517~518면; 배종대 · 이상돈 · 정승환 · 이주원, 『형사소송법』, 제2판(홍문사, 2016), 641면; 손동권 · 신이철, 앞의 책, 638면; 이성윤, "개정 형사소송법상 공동피고인의 피의자신문조서의 증거능력 – 피의자신문조서 관련조항의 해석을 중심으로", 『서울법학』, 제28권 제2호)(서울시립대학교 법학연구소, 2020), 280면; 이은모, "공범자에 대한 피의자신문조서의 증거능력", 『법학논총』, 제32집 제4호(한양대학교 법학연구소, 2015), 219면; 장승혁, "공범인 공동피고인의 진술과 반대신문권의 실질적 보장", 『인권과 정의』, 통권 485호(대한변호사협회, 2019), 86~87면; 이창섭, "공범에 대한 피의자신문조서의 증거능력 소고", 『비교형사법연구』, 제12권 제2호(한국비교형사법학회, 2010), 137면; 김현수, "공동피고인의 진술의 법률관계 – 증거법적 영역을 중심으로", 『서울법학』, 제22권 제2호(서울시립대학교 법학연구소, 2014), 517면; 손동권, "피의자신문조서에 대한 형사소송법 제314조의 적용문제 – 그리고 피의자신문조서의 증거능력에 관한 입법론", 『경찰학연구』, 제11권 제3호(경찰대학 경찰학연구편집위원회, 2011), 43면; 김현철, "형사소송법 제312조 제1항의 개정에 따른 수사와 공판 실무의 예상되는 변화와 바람직한 운영 방안", 『법학논총』, 제41호 제2권(전남대학교 법학연구소, 2021), 261면
한편, 공범인 공동피고인의 경우 제312조 제1항이 적용되나, 공범이 아닌 공동피고인의 경우 제312조 제4항이 적용된다는 견해도 있다.(이창현, 앞의 책, 899 – 900면 참조)

14) 대법원 2023. 6. 1. 선고 2023도3741 판결

15) 이은모 · 김정환, 『형사소송법』, 제9판(박영사, 2023), 676면

해 피고인이 증거부동의 하더라도 원진술자인 공범이 법정에서 진정성립을 인정하고, 반대신문의 기회가 보장되었다면 증거능력이 인정되어 검찰에서의 진술이 최소한 법정에 현출될 수는 있었으나, 이제는 경찰, 검찰 불문하고 수사기관에서의 진술을 법정에 현출할 방법이 없는 상황이 되었다.

Ⅲ. 법 제313조 진술서, 진술기재서류의 증거능력

1. 증거능력 인정 요건

법 제313조 제1항은 '피고인 또는 피고인이 아닌 자가 작성한 진술서나 그 진술을 기재한 서류로서 그 작성자 또는 진술자의 자필이거나 그 서명 또는 날인이 있는 것은 공판준비나 공판기일에서의 그 작성자 또는 진술자의 진술에 의하여 그 성립의 진정함이 증명된 때에 증거로 할 수 있다'고 규정하고 있다.[16)]

위 조항의 서류는 ①피고인이 작성한 진술서, ②피고인의 진술을 기재한 서류, ③피고인 아닌 자가 작성한 진술서, ④피고인 아닌 자의 진술을 기재한 서류로 총 4가지이다.

진술서는 진술자와 작성자가 일치한다. 그러나 진술기재 서류는 진술자가 진술하는 것을 작성자가 듣고서 수기로 또는 타이핑으로 작성하는 경우처럼 진술자와 작성자가 다르다. 따라서 진술기재 서류의 내용은 진술자의 진술내용이 작성자를 거쳐 법원에 제출되어 전문증거가 아니라 재전문증거와 같은 모습을 보인다. 그럼에도 불구하고 작성자에서 곧바로 법원으로 연결되는 전문증거인 진술서와 같은 조항에서 규정되고 있는 이유는 진술자의 서명날인이 있기 때문이다[17)18)]. 진술자가 진술한 내용을 듣고 작성자가 작성한 내용을, 진술자가 확인한 다음 서명날인함으로써 진술자가 직접 작성한 것과 다를 바 없이 되는 것이고, 그래서 재전문증거의

---

16) 수사관계에서 작성한 진술서나 진술기재 서류의 경우 법 제312조의 증거에 해당하는 것이지, 법 제313조의 진술서나 진술기재 서류로 볼 수 없다.(대법원 2004. 7. 15. 선고 2003도7185 판결)

17) 진술기재 서류의 경우 작성자가 따로 있으므로 개념상 진술자의 자필기재는 불가능하고, 진술자의 서명날인만이 가능하다.

18) 정보저장매체에 저장된 것은 자필이나 서명날인을 요하지 않는다.(이재상 · 조균석 · 이창온, 앞의 책, 710면; 노태악 편집대표(이상엽), 주석형사소송법Ⅲ, 제6판(한국사법행정학회, 2022), 617면)

구조를 띠고 있는 진술기재 서류가 전문증거인 진술서와 같이 법 제313조에서 규정되고 있는 것이다. 따라서 진술기재 서류에서 서명날인이 없다면 진술자의 진정성립을 논하기 전에 법 313조의 서류에 해당하지조차 않는 것이다.[19)]

법 제313조의 서류들 중 ①과 ③의 진술서의 경우 작성자의 자필이거나 서명날인이 있으며, 작성자가 진정성립을 한 경우 증거능력이 부여된다. 만약 작성자가 진정성립을 부인할 경우 동조 제2항에 따라 과학적 분석결과에 기초한 디지털포렌식 자료, 감정 등 객관적 방법으로 진정성립을 증명한 때에는 증거능력이 부여되며, ③의 진술서에는 추가로 피고인의 반대신문권을 보장할 것을 요구하고 있다.

반면, ②와 ④의 진술기재 서류의 경우 진술자가 진정성립을 한 경우 증거능력이 부여된다. 그런데 진술자가 진정성립을 부인할 경우 ②피고인 진술기재 서류는 법 제313조 제1항 단서에 의해 작성자가 진정성립을 인정하고, 특신상태가 있는 때에 증거능력이 인정된다. 그러나 ④피고인 아닌 자의 진술기재 서류의 경우 단서의 적용이 없어 진술자가 진정성립을 인정하지 않는 한 증거능력이 부여되지 않는다. 이는 진술자가 피고인 아닌 자의 경우 위증죄의 부담으로 인해 사실대로 진술할 것이 기대되므로 피고인 아닌 자의 진술에 의해 진정성립을 인정하도록 하는 것만으로 충분하나, 진술자가 피고인인 경우 피고인에게는 사실대로 진술할 것을 강제할 수 없어 피고인에 의해 진정성립이 인정되지 않는 경우 작성자로 하여금 진정성립을 인정할 수 있도록 보완책을 마련한 것으로 판단된다.[20)]

2. 공범의 경우

(1) 공범이 작성한 진술서

갑과 을이 공범관계인데 갑은 범행을 자백하고 있고 을은 부인하고 있다고 가정한다. 이때 갑이 작성한 자백 취지의 진술서가 증거로 제출된 경우, 을은 증거에 대해 부동의할 것이다. 이 경우 작성자인 갑이 법정에서 진정성립을 인정하면 증거능력이 부여된다.

그런데 만약 갑이 법정에서 범행을 부인하면서 자신이 작성한 진술서에 대해 진

19) 대법원 1999. 2. 26. 선고 98도2742 판결

20) 김웅재, “공범이 수사기관에서 한 진술의 증거사용－전문법칙의 이론적 관점에서－”, 『판례연구』, 제33호(부산판례연구회, 2022), 151면

정성립을 인정하지 않는 경우, 법 제313조 제2항에 의해 객관적 방법으로 진정성립이 인정되면 증거능력이 부여된다. 여기서 공범인 갑은 을에 대하여 '피고인 아닌 자'에 해당한다고 보면[21] 동항 단서에 의해 을 또는 변호인이 반대신문할 수 있었을 것을 요한다.

결국 공범인 갑이 작성한 진술서의 경우 갑이 수사기관에서 자백하다가 법정에서 부인하면서 진술서의 진정성립을 인정하지 않는다고 하여도 객관적 방법으로 진정성립이 인정되면 그 진술서에 대해 증거능력이 인정될 여지가 있다.

(2) 공범 진술 기재 서류

위와 같은 상황에서 갑이 범행을 자백하는 내용을 A가 대필해 주었고, 그 내용을 갑이 확인한 다음 갑이 서명날인하였다고 가정한다. 이러한 갑의 진술기재 서류에 대해 범행을 부인하고 있는 을은 부동의할 것이다. 이 경우 진술자인 갑이 법정에서 진정성립을 인정하면 증거능력이 인정된다.

그런데 만약 갑이 법정에서 자신의 범행을 부인하면서 자신의 진술기재 서류에 대해 진정성립을 인정하지 않을 경우 문제가 된다. 이때 공범인 갑은 을에 대하여 '피고인 아닌 자'에 해당한다고 보면 갑의 진술기재 서류는 피고인 아닌 자의 진술기재 서류에 해당하여 진술자인 갑이 진정성립을 인정하지 않는 이상 증거능력이 인정될 방법이 전혀 없게 되는 것이다.

실무상 피고인이나 피고인 아닌 자의 진술을 녹음하거나 녹화한 뒤 그 녹취록 등을 증거로 제출하는 경우가 많이 있다.

대법원은 피고인과 상대방 사이의 대화 내용 녹취서가 증거로 제출되면, 피고인의 진술 내용은 피고인의 진술을 기재한 서류에 해당하므로, 피고인이 증거동의하지 않는 이상 법 제313조 제1항 단서에 따라 작성자인 상대방의 진술에 의해 진정성립이 증명되고 나아가 그 진술에 특신성이 인정되어야 증거능력이 인정된다고 한다.[22]

반면, 수사기관이 아닌 사인이 피고인 아닌 사람과 대화하면서 그 내용을 녹음한 녹음테이프는 피고인 아닌 자의 진술을 기재한 서류에 해당하므로, 피고인이 증거

---

21) 대법원은 후술하는 바와 같이 법 제316조 제2항의 '피고인 아닌 자'에 공동피고인이나 공범자도 포함된다고 하고 있다.(대법원 2000. 12. 27. 선고 99도5679 판결)

22) 대법원 2012. 9. 13. 선고 2012도7461 판결

동의하지 않는 이상 녹음테이프가 원본이거나, 복사본인 경우 인위적 개작 없이 원본 그대로 복사된 것일 것, 법 제313조 제1항에 따라 원진술자의 진술에 의해 진정성립이 인정되어야 할 것을 요구하고 있다.[23)]

따라서 위 사안에서 갑을 '피고인'으로 보게 되면 갑이 법정에서 부인하며 자신의 진술을 기재한 서류에 대해 진정성립하지 않더라도, 작성자인 A가 진정성립을 하여 증거능력이 인정될 여지가 있으나, 갑을 '피고인 아닌 자'로 보게 되면 녹음이나 녹화물의 음성이 갑의 음성이 일치한다는 감정 결과가 있다 하더라도 갑이 진정성립하지 않는 이상 증거능력이 인정될 방법이 전혀 없게 된다.

Ⅳ. 법 제316조 전문진술의 증거능력

1. 증거능력 인정 요건

공판준비 또는 공판기일외에서의 타인의 진술을 내용으로 하는 진술은 증거능력이 없다.[24)] 그러나 법 제316조에서 일정한 요건을 갖춘 전문진술에 대하여 증거능력을 부여하고 있다.

제1항은 '피고인 아닌 자의 공판준비 또는 공판기일에서의 진술이 피고인의 진술을 내용으로 하는 때에는 그 진술이 특신상태 하에서 행하여졌음이 증명된 때 한하여 증거로 할 수 있다'고 규정하고 있고, 제2항은 '피고인 아닌 자의 공판준비 또는 공판기일에서의 진술이 피고인 아닌 타인의 진술을 그 내용으로 하는 때에는 원진술자가 사망 등의 사유로 인하여 진술할 수 없고, 그 진술이 특신상태 하에서 행하여졌음이 증명된 때에 한하여 증거로 할 수 있다'고 규정하고 있다. 제2항의 피고인 아닌 자의 진술을 내용으로 하는 전문진술의 경우 필요성과 특신상태를 요건으로 하고 있으나, 제1항의 피고인의 진술을 내용을 하는 전문진술의 경우 원진술자인 피고인이 법정에 출석해 있으므로 필요성은 문제되지 않기 때문에 특신상태만 갖추면 증거능력을 인정하고 있다.[25)] 여기서 '그 진술이 특히 신빙할 수 있는 상태하에서 행하여진 때'라 함은 "그 진술을 하였다는 것에 허위 개입의 여지가 거의 없고, 그 진술 내용의 신빙성이나 임의성을 담보할 구체적이고 외부적인 정황이 있는

23) 대법원 2011. 9. 8. 선고 2010도7497 판결
24) 형사소송법 제301조의2
25) 이은모 · 김정환, 앞의 책, 697면

경우"[26]를 의미한다.

2007년 개정 전 판례는 경찰관이 조사 당시 피고인이 범행사실을 자백하였다는 취지로 증언하거나,[27] 참고인이 경찰에서 피고인과의 대질신문 당시 피고인이 자백하는 내용을 들었다는 취지로 증언하였다 하더라도[28] 피고인이 법정에서 그 진술 내용을 부인하는 이상 증거능력을 인정할 수 없다고 하였다. 그러나 2007. 6. 1. 형사소송법 개정으로 '피고인 아닌 자'에는 피고인을 피의자로 조사하였거나 조사에 참여했던 자도 포함되게 되었다. 이에 대해 피고인이 내용을 부인하면 피의자신문조서의 증거능력이 부인되는데 반해, 피고인의 수사과정에서의 자백을 내용으로 하는 사법경찰관의 증언이 증거능력을 갖게 되면 법 제312조 제3항의 입법취지는 무시될 수 밖에 없다는 비판적 견해도 있으나,[29] 피의자신문조서에 대해 피고인이 내용부인하여 증거능력이 없게 된다 하더라도 사법경찰관의 피의자신문 자체까지 아무 의미없는 국가행위가 된다고 할 수 없으며, 조사자에게 위증죄의 부담을 지우며 증언을 하게 하고, 피고인에게 반대신문권을 보장하여 증언의 신빙성을 탄핵할 수 있도록 한 것은 타당하다고 하는 견해도 있다.[30]

2020년 형사소송법 개정으로 검사 작성의 피의자신문조서에 대해서도 사법경찰관 작성의 피의자신문조서와 같이 피고인의 내용인정을 요건으로 증거능력을 부여함과 아울러 영상녹화물에 의해 실질적 진정성립 인정을 허용하던 규정인 법 제312조 제2항이 삭제됨으로써 사실상 피고인이 수사기관에서 한 진술은 조사자증언을 통해서만 현출될 수 밖에 없다는 점을 고려하면 이를 적극적으로 활용할 필요가 있다.[31]

2. 공범의 경우

갑과 을이 공범관계인데 수사기관에서 갑은 범행을 자백하였고 을은 부인하였다고 가정한다. 을은 검사가 제출하는 갑의 자백이 담긴 조서나 진술서, 진술기재 서

26) 대법원 2010. 11. 25. 선고2010도8735
27) 대법원 2005. 11. 25. 선고 2005도5831 판결
28) 대법원 2001. 3. 27. 선고 2000도4383 판결
29) 이은모·김정환, 앞의 책, 698면
30) 이재상·조균석·이창온, 앞의 책, 723면; 이창현, 앞의 책, 957~958면
31) 이재상·조균석·이창온, 앞의 책, 723면; 앞의 주석형사소송법(송민경), 617면

류 등에 대해 증거부동의할 것이다. 그러나 갑이 법정에서도 여전히 범행을 자백하고 있다면, 갑에 대한 증인신문 또는 갑에 대한 피고인신문을 통해 획득한 갑의 법정진술을 증거로 사용하게 될 것이므로, 전문증거인 조서, 진술서, 진술기재 서류 등은 큰 의미가 없게 된다.

그런데 수사기관에서 자백하였던 갑이 법정에서 범행을 부인하면서 갑에 대한 피의자신문조서(법 제312조)에 대해 내용부인하고, 갑이 작성한 진술서나 갑의 진술기재 서류(법 제313조)에 대해 진정성립을 인정하지 않을 때 문제가 발생한다. 앞서 살펴본 바와 같이, 갑이 작성한 진술서는 객관적 방법으로 진정성립이 인정되면 증거능력이 부여될 여지가 있으나, 갑에 대한 피의자신문조서는 당해 피고인인 을이 내용부인 취지로 부동의하는 이상 증거능력이 없고, 갑의 진술기재 서류는 갑이 진정성립을 인정하지 않는 이상 증거능력이 없다.

이때 갑을 조사했던 사법경찰관이 증인으로 출석하여 갑이 수사과정에서 범행을 자백하였다는 취지로 증언한 경우, 대법원은 공범인 갑은 법 제316조 제2항의 '피고인 아닌 타인'에 해당한다[32]고 보고 있으므로, 갑이 사망 · 질병 · 외국거주 · 소재불명 등의 사유로 진술할 수 없는 경우에만 갑의 진술을 내용으로 하는 조사자증언을 증거로 사용할 수 있게 된다. 따라서 갑과 을이 함께 공소제기되어 공동피고인이거나, 을만 기소되었다 하더라도 갑이 법정에 출석하여 증언할 수 있는 경우에는 조사자증언은 증거능력이 없게 된다.

뿐만 아니라 갑이 출석하여 증언거부권을 행사한 경우에도 법 제314조의 '그 밖에 이에 준하는 사유로 인하여 진술할 수 없는 때'에 해당하지 않으므로,[33] 공범인 갑을 법 제316조 제2항의 '피고인 아닌 타인'에 해당하는 것으로 보게 되면, 사실상 조사자증언을 증거로 사용할 수 있는 가능성이 매우 적어지게 된다.[34]

---

32) "형사소송법 제316조 제2항에 의하면 피고인 아닌 자의 공판준비 또는 공판기일에서의 진술이 피고인 아닌 타인의 진술을 그 내용으로 하는 것인 때에는 원진술자가 사망, 질병 기타 사유로 인하여 진술할 수 없고 그 진술이 특히 신빙할 수 있는 상태 하에서 행하여진 때에 한하여 이를 증거로 할 수 있다고 규정하고 있는데 여기서 말하는 피고인 아닌 자라고 함은 제3자는 말할 것도 없고 공동피고인이나 공범자를 모두 포함한다고 해석된다."(대법원 2000. 12. 27. 선고 99도5679 판결)

33) 대법원은 증인이 정당하게 증언거부권을 행사한 경우(대법원 2012. 5. 17. 선고 2009도6788 전원합의체 판결)뿐만 아니라, 정당하지 않게 증언거부권을 행사한 경우(대법원 2019. 11. 21. 선고 2018도13945 전원합의체 판결)에도 법 제314조의 '그 밖에 이에 준하는 사유로 인하여 진술할 수 없는 때'에 해당하지 않는다고 한다.

Ⅴ. 법정진술, 증언의 증거능력

1. 판례의 태도

공범의 진술을 법정에 현출하는 방법으로 공범에 대한 피고인신문을 통해 법정진술을 획득하거나, 증인신문을 통해 증언을 획득하는 방법을 생각해 볼 수 있다.

공범의 법정진술은 피고인의 반대신문권이 보장되어 있어 증인신문과 다를 바 없으므로 증거능력이 있다.[35] 또한, 공동피고인이 아닌 공범은 당연히 증인적격이 있는 반면, 공범인 공동피고인은 당해 소송절차에서는 피고인의 지위에 있으므로 다른 공동피고인에 대한 공소사실에 관하여 증인이 될 수 없는 것이 원칙이지만, 다만 소송절차가 분리되어 피고인의 지위에서 벗어나게 되면 다른 공동피고인에 대한 공소사실에 관하여 증인이 될 수 있다.[36]

2. 문제점

갑, 을이 공범인데 수사기관에서 갑은 범행을 자백하였고, 을은 범행을 부인하였다고 가정한다. 공판과정에서도 갑이 자백을 유지하고 있다면, 그 자백은 을에 대하여 독립한 증거능력을 가진다. 법 제310조는 "피고인의 자백이 그 피고인에게 불이익한 유일의 증거인 때에는 이를 유죄의 증거로 하지 못한다"고 규정하고 있으나, 여기서 피고인의 자백에는 공범의 자백은 포함되지 아니하므로, 을에 대해 갑의 자백 외에는 다른 증거가 없다 하더라도 갑의 자백은 을에 대한 범죄사실을 인정하는데 증거로 쓸 수 있다.[37]

그런데 갑이 수사기관에서의 진술과 달리 법정에서 범행을 부인한다면 갑의 법정진술이나 증언은 갑뿐만 아니라 을에 대해서도 유죄를 입증하는 증거로서의 가치가 없다. 갑이 공동피고인으로 을과 함께 재판을 받는 중이라면 피고인신문시 진

---

34) 김웅재, 앞의 논문 156면

35) 대법원은 뇌물수수 사건에서 공범인 공동피고인의 자백은 피고인의 반대신문권이 보장되어 있어 증인신문과 다를바 없어 증거능력이 있다고 판시하였다.(대법원 1985. 6. 25. 선고 85도691 판결)

36) 대법원 2008. 6. 25. 선고 85도691 판결

37) 대법원 1985. 3. 9. 선고 85도951 판결

술거부권을 행사할 수 있고, 법 제148조에 따라 증인신문시 증언거부권을 행사할 수 있는데, 그 경우 갑의 법정진술 또는 증언은 증거로 사용할 수 없게 된다. 뿐만 아니라 갑에 대한 재판이 먼저 확정되고, 을에 대한 재판이 그 후에 진행되는 중에 갑이 증인으로 출석한 경우, 갑에게는 더 이상 정당한 증언거부권이 없음에도 불구하고 증언을 거부한다 하더라도, 대법원은 증언거부권 행사의 경우 정당한 이유를 불문하고 법 제314조의 예외사유에 해당하지 않는다고 하므로,[38] 갑의 증언을 증거로 사용할 수 없게 된다.

Ⅵ. 공범의 진술증거 사용 방안-문언의 통일적 해석

1. 판례의 태도

대법원은 법 개정 전 공범에 대한 검사 작성 피의자신문조서에 대하여는 법 제312조 제4항을 적용해 증거능력을 판단하였으나, 법 개정 후 제312조 제1항을 적용하였다. 종전의 사법경찰관 작성 피의자신문조서에 대해 법 제312조 제3항을 적용해온 것과 일관성을 유지한 판결을 한 것이다. 이처럼 대법원은 법 제312조 제1항과 제3항의 '그 피의자였던 피고인'에 공범도 포함되는 것으로 보고 있다. 그리하여 갑에 대한 피의자신문조서에 대해 갑은 내용인정을 하였다 하더라도 공범인 을이 내용부인을 할 경우, 을에 대해서는 증거능력을 부인하고 있다. 이에 반해 법 제313조와 제316조의 피고인에는 공범을 포함하지 않고 있다.

2. 문제점

사법경찰관 작성의 공범에 대한 피의자신문조서와 관련하여 공범은 다른 피의자에게는 참고인에 불과하므로 공범에 대한 사법경찰관 작성 피의자신문조서는 법 제312조 제4항을 적용하여 증거능력을 판단해야 한다는 견해[39]가 있었다. 그러나, 판례는 법 제312조 제3항을 적용하여 당해 피고인의 내용인정을 요구한다고 판시

38) 대법원 2012. 5. 17. 선고 2009도6788 전원합의체 판결; 대법원 2019. 11. 21. 선고 2018도13945 전원합의체 판결

39) 김경락, "개정 형사소송법상 수사기관이 작성한 공범자의 피의자신문조서의 증거능력", 『형사법의 신동향』, 통권 제67호(대검찰청, 2020), 70면

하여 왔고, 2020년 법 개정 이후 검사 작성의 공범에 대한 피의자신문조서에 대해서도 각주5)의 판결과 같이 피고인의 내용인정을 증거능력 인정 요건으로 요구하고 있다. 그 동안 공범에 대한 검사 작성 피의자신문조서가 공범의 진술을 법정에 현출시키는데 큰 역할을 하여 왔으나, 각주5)의 판결 이후 공범의 진술증거를 법정에 현출시키는데 상당히 큰 제약이 따르게 되었다.

과학기술이 발달함에 따라 수사기법도 많이 발달하였으니 수사기관은 더 이상 진술증거에 의존하지 말고 물적 증거 수집을 위해 노력해야 한다는 주장을 종종 듣게 된다. 그러나 모든 범죄에 물적 증거가 존재하는 것은 아니며, 처음부터 물적증거가 존재하지 않거나, 물적 증거가 있다 하여도 진술증거가 뒷받침되어야 유죄인정 증거로 가치를 가지게 되는 경우가 허다하다[40]. 특히 뇌물죄, 정치자금법위반죄, 다단계·유사수신·보이스피싱 등 조직범죄, 기업범죄 등 중대한 범죄일수록 은밀하게 조직적으로 이루어지는 경우가 많고 그런 범죄에서는 내부자의 진술 외에는 직접적인 증거를 확보하기 어려운 경우가 대부분이다.[41] 특히 주범의 경우 직접적으로 범행을 실현하는 경우가 드물고, 하급 가담자를 통해 범행을 실현하는 것이 대부분인데, 주범의 공모사실을 입증하기 위해서는 하급 가담자의 진술이 반드시 확보될 필요가 있다. 그런데 형사소송법 개정으로 공범에 대한 검사 작성의 피의자신문조서까지 증거능력을 인정받지 못하게 되었고, 결국 수사기관이 적법하게 획득한 진술이 피고인의 선택에 따라 무효가 될 수 있게 되었는바, 실체적 진실 발견이라는 형사소송법의 대명제의 실현을 포기하면서까지 피고인에게 이러한 권한을 부여함으로써 향후 중대범죄의 실체진실 발견과 정의 실현에 큰 어려움을 겪을 것으로 예상된다.

3. 문제의 해결 방안 ①: 법 제312조 제1항 및 제3항의 '그 피의자였던 피고인'의 의미에 대한 판례 태도 변경

법 제312조 제1항, 제3항은 '그 피의자였던 피고인'이 내용을 인정한 때 증거능력을 부여하고 있는데, 이때 '그 피의자'는 문언 해석상 당연히 당해 피의자신문조

40) 대법원 2019. 11. 21. 선고 2018도13945 전원합의체 판결 별개의견

41) 김범식, "사법협조자에 대한 형벌감면제도의 도입 가능성", 『비교형사법연구』, 제18권 제4호(한국비교형사법학회, 2016), 345면

서의 진술자인 피의자만을 의미한다고 보는 것이 타당하다. 대법원이 공범에 대한 사법경찰관 작성 피의자신문조서에 관하여 진술자인 공범이 아니라 당해 피고인이 내용부인을 하면 증거능력이 없다고 한 것은 근거없이 문언을 확대해석한 것이라 할 수 있다.[42] 공범이라 하더라도 다른 피고인에 대하여는 제3자의 지위에 있으므로 증인적격이 인정된다. 공범이 아닌 다른 참고인의 진술에 대하여는 피고인이 '그 내용은 사실이 아니다'라고 하더라도 증거능력을 부인하지는 않음에 반해, 공범의 진술에 대하여만 증거능력을 부인하는 것은 타당하지 않다. 범행 직후에 수사기관에서 한 진술이 그 이후 법정에서 한 진술보다 증거가치가 무조건 떨어진다고 볼 수 없고, 증거능력과 증명력은 다른 개념이므로, 무조건 공범의 피의자신문조서에 대하여 증거능력을 부여하지 않을 것이 아니라, 적법절차에 따라 수집된 증거라면 증거능력을 부여하되, 법관으로 하여금 더 많은 증거를 바탕으로 실체 진실을 판단할 수 있는 기회를 부여하는 것이 바람직하다.

다만, 현재로서는 그 해석을 변경할 가능성이 극히 희박해 보인다. 형소법이 개정되어 법 제312조 제1항이 제3항과 동일하게 변경되었으므로, 대법원이 법 개정을 계기로 수사기관에서 작성된 공범에 대한 피의자신문조서에 관하여 새로운 해석을 하고자 한다면 종래의 제312조 제3항에 대한 판례를 변경하였을 것이나, 개정 이후 대법원이 각주5)의 판결과 같이 종전의 입장을 확고하게 유지하고 있기 때문이다.[43] 그렇다면 피의자신문조서가 아닌 다른 진술증거에 대해 증거능력을 부여할 방법은 없는 것일까?

---

42) 이재상 · 조균석 · 이창온, 앞의 책, 699면

43) 한편, 각주5)의 판결 이후 대구지방법원 2024. 5. 10. 선고 2023노5334 판결에서는 '형사소송법 제312조 제1항 및 제3항에서 정한 검사 또는 검사 이외의 수사기관이 작성한 피의자신문조서'는 당해 피고인에 대한 피의자신문조서만을 의미하고, 공범 피신조서는 각 형사소송법 제312조 제4항에 따라 그 증거능력 유무를 판단하여야 한다고 해석함이 타당하다'라고 판시한 바 있다. 피고인이 위 판결에 불복, 상소하여 현재 대법원 2024도8200으로 재판 진행 중이나, 대법원이 각주5)의 판결과 다른 결론을 낼 것으로 크게 기대되지 않는다.

4. 문제의 해결 방안 ②: 법 제313조와 법 제316조의 '피고인'의 의미에 대한 판례 태도 변경

(1) '피고인'의 의미에 관한 통일적 해석의 필요성

위와 같이 법 제312조에서 피고인에는 공범이 포함되는 것으로 보았다면, 법 제313조와 제316조를 해석함에도 공범을 피고인에 해당한다고 해석함이 논리적이다. 같은 법률, 같은 용어에 대하여 아무런 근거없이 다른 해석을 함은 타당하지 않다.[44] 따라서 법 제312조에 공범을 포함하지 않는 것으로 입장을 변경할 수 없다면, 역으로 법 제313조와 제316조에 공범을 포함하는 방안을 생각해 볼 수 있다.

(2) 법 제313조의 경우

대법원은 공범에 대한 사법경찰관 작성 피의자신문조서에 법 제312조 제3항을 적용하는 근거로 "하나의 범죄사실에 대하여 여러 명이 관여한 경우 서로 자신의 책임을 다른 사람에게 미루려는 것이 일반적인 인간심리이므로, 만일 위와 같은 경우 법 제312조 제3항을 해당 피고인 외의 자들에게까지 적용하지 않는다면 인권보장을 위해 마련된 위 규정의 취지를 제대로 살리지 못하여 부당하고 불합리한 결과에 이를 수 있기 때문"이고, "한 피고인이 자기의 범죄에 대하여 한 진술이 나머지 대향적 관계에 있는 자가 저지른 범죄에도 내용상 불가분적으로 관련되어 있어 목격자, 피해자 등 제3자의 진술과는 본질적으로 다른 속성을 지니고 있기 때문"이라는 점을 제시하였다.[45]

그러나 공범끼리 자신의 책임을 다른 사람에게 미루려는 것이 일반적이고, 자신의 범죄에 대하여 한 진술이 다른 공범관계에 있는 자가 저지른 범죄에도 내용상 불가분적으로 관련되어 있는 것은 비단 법 제312조의 피의자신문조서에 한정되는 것은 아니다. 법 제313조의 피고인 진술기재 서류의 경우에도 위의 근거를 그대로 제시할 수 있다.

법 제313조의 피고인 진술기재 서류의 경우 진술자인 피고인이 진정성립을 인정하지 않더라도 작성자가 진정성립을 인정하면 그 서류의 증거능력을 인정하고 있

44) 이승주, "개정 형사소송법상 공범의 진술증거 확보 문제－검사 작성 피의자신문조서의 증거능력 제한에 따른 대안－", 『법조』, 제69권 제4호(법조협회, 2020), 304면; 김웅재, 앞의 논문, 157면

45) 대법원 2020. 6. 11. 선고 2016도9367 판결

다. 이는 진술자가 피고인일 때 피고인에게는 진술을 강제할 수가 없어 피고인의 진술로 진정성립을 결정하는 것은 불가능하다고 평가하여, 대신 작성자가 진정성립을 하는 것을 인정하고 있는 것으로 볼 수 있는 반면, 피고인 아닌 자의 진술기재서류의 경우 진술자인 피고인 아닌 자에게는 위증의 벌을 경고함으로써 사실대로 진술할 것을 기대할 수 있으므로 그 진술에 의해 진정성립을 인정하도록 하는 것만으로 충분하다고 본 것이다.[46]

공범의 진술기재 서류의 경우 공범은 '피고인 아닌 자'에 해당하므로, 공범이 진정성립을 해야지만 그 서류의 증거능력이 인정된다. 그러나, 공범끼리는 서로 책임을 전가하려는 경향이 있고, 자신의 범죄에 대한 진술이 다른 공범에 대하여 내용적으로 불가분한 관계에 있으며, 더욱이 공범에게는 진술거부권과 증언거부권이 인정되므로 공범의 진술을 확보한다는 점에서 '피고인'과 동일하게 취급하는 것이 타당하다고 생각된다.

(3) 법 제316조의 경우

법 제316조의 전문진술의 경우도 마찬가지이다. 전문진술이 피고인의 진술을 그 내용으로 하는 경우에는 제1항이 적용되어 특신상태만 인정되면 증거능력이 부여되는데 반해, 피고인 아닌 자의 진술을 그 내용으로 하는 경우에는 제2항이 적용되어 특신상태 외에 원진술자의 진술불능이라는 필요성 요건까지 요구하고 있다. 원진술자가 피고인인 경우, 당연히 법정에 출석할 것이 전제되므로 필요성을 요구하지 않는 것으로 볼 수 있다.

공범은 '피고인 아닌 자'에 해당하여 제2항이 적용되고, 그 결과 공범이 진술할 수 없을 것을 요구하고 있다. 그러나 공동피고인인 경우 함께 재판받고 있으므로 진술불능 요건을 충족하지 못하고, 공동피고인이 아니라 하더라도 공범이 증언거부권을 행사하면, 그 증언거부권이 정당한지 여부와 관계없이 법 제314조가 적용되지 않으므로 증거능력을 부여받을 방법이 없게 된다. 따라서 공범의 진술을 확보한다는 측면에서 공범 역시 제1항의 '피고인'과 동일하게 취급할 필요가 있다.

공범도 법 제316조 제2항이 아니라 제1항의 적용을 받는다고 하더라도 특신상태 인정이라는 요건을 충족해야 한다. 이 경우 증인이 조사자인 경우가 문제된다. 조사자 증언 제도가 도입된 지 10여년이 경과하였으나, 실무상 조사자 증언이 활발히

46) 김웅재, 앞의 논문 151면

시행되고 있지는 않다. 이는 법원에서 조사경찰관을 증인으로 소환하는 것에 대해 소극적이며, 조사자 증언의 증명력을 높이 평가하지도 않기 때문이라고 보인다.[47] 또한, 조사자 증언이 있었다 하더라도 특신상태를 인정하는 경우가 매우 드물다.

대법원은 특신상태에 대해 "특신상태는 증거능력의 요건에 해당하므로 검사가 그 존재에 대하여 구체적으로 주장·증명하여야 하는데, 피고인의 수사기관의 진술이 특히 신빙할 수 있는 상태하에서 행하여졌음에 대한 증명은 단지 그러할 개연성이 있다는 정도로는 부족하고 합리적인 의심의 여지를 배제할 정도에 이르러야 한다."[48]고 판시하였는데, 위 판결에서 "피고인이 조사 당시 변호인의 동석 없이 진술하였고, 피고인의 진술 중 범인만이 알 수 있는 내용에 관한 자발적, 구체적 진술로 평가될 수 있는 부분도 존재하지 아니한다. 달리 피고인 진술내용의 신빙성 내지 임의성을 담보할 수 있는 구체적·외부적 정황을 인정할 사정이 발견되지 아니한다."는 이유로 특신상태를 부정하였다.[49] 특신상태는 소송상의 사실에 관한 것이므로 엄격한 증명을 요하지 아니하고 자유로운 증명으로 족하나,[50] 엄격한 증명·자유로운 증명을 가리지 않고 합리적 의심의 여지를 배제할 정도로 증명해야 하는 것은 동일하다.

공범도 제1항의 적용을 받는다고 하더라도 특신상태의 벽을 넘지 못하여 증거능력이 인정되지 못할 가능성도 있다. 위 판결 내용에 비추어 수사기관은 피의자를 조사하면서 변호인을 동석하도록 하고[51][52], 조사 내용에 범인만이 알 수 있는 내

47) 김성룡, "검사작성 피의자신문조서의 증거능력 관련 규정 개정이 남긴 과제", 『인권과 정의』, 통권 제491호(대한변호사협회, 2020), 63면; 서원익, "조사자 증언에서의 특신상태 증명수단으로서 영상녹화물 활용", 『형사소송 이론과 실무』, 제13권 제2호(한국형사소송법학회, 2021), 184면

48) 대법원 2023. 10. 26. 선고 2023도7301 판결

49) 그 외 특신상태를 부정한 판결을 검토하면, 구체적인 이유를 설시함이 없이 피고인이 자백했다는 진술을 내용으로 하는 피고인 아닌 자(조사자)의 공판기일에서의 진술은 피고인이 조사자 앞에서 특히 신빙할 수 있는 상태에서 진술했다는 점이 증명되었다고 보기 어려워 증거능력이 없다는 취지로만 판시하고 있다.(대법원 2009. 5. 14. 선고 2008도6013판결, 서울중앙지방법원 2014. 9. 5. 선고 2014고합261 판결 등 참조)

50) 대법원 2001. 9. 4. 선고 2000도1743 판결

51) 이승주, 앞의 논문, 304면; 김웅재, 앞의 논문, 304면; 임웅·도규엽, "개정 형사소송법 제316조에 대한 고찰—조사자 증언제도를 중심으로", 『성균관법학』, 제23권 제2호(성균관대학교 법학연구원, 2011), 216면

52) 변호인이 없는 경우 피의자에게도 국선변호인을 선정해 주는 제도를 도입한다면, 수사절차에서 피의자의 인권보호를 강화할 수 있을 뿐만 아니라, 조사과정에서의 특신상태 인정에도 도

용이 반영되도록 구체적으로 신문하여, 특신상태를 인정받을 수 있도록 해야 할 것이다.[53]

(4) 비판에 대한 반박

한편, 피고인에 공범도 포함된다고 해석하는 것은 문언에 반한다는 비판도 있다.[54] 그러나 대법원이 법 제312조의 피의자신문조서에 대하여 공범을 포함하는 입장을 확고히 유지하고 있는 현 상황에서, 공범의 진술을 증거로 사용하기 어렵게 되어 실체진실 발견과 정의실현에 큰 장애가 초래될 수 있다는 점을 고려하면 문언해석을 통일하여 법 제312조뿐만 아니라 제313조와 제316조의 피고인에도 공범이 포함된다고 해석하는 방안도 고려할 필요가 있다.

Ⅶ. 결론

앞에서 살펴본 바와 같이 공범에 대한 검사 작성 피의자신문조서에 대해 법원이 당해 피고인의 내용인정을 요구함으로써 이제 공범의 진술 내용을 담고 있는 전문증거는 사실상 증거로 사용할 수 없게 되었다. 그러나 대형 부패사건, 조직범죄 사건, 기업범죄 사건이나 뇌물 사건 등의 경우 현실적으로 공범의 진술이 핵심적인 증거가 됨은 부인할 수 없다. 기존에는 검사 작성 피의자신문조서가 공범의 진술을 증거로 사용할 수 있는 방안이 되어 왔으나, 법 개정 이후의 판결에 따라 이제는 그러한 기능을 더 이상 수행할 수 없다.

공범은 자기 사건에 대하여는 피고인이나, 다른 공범 사건에 대하여는 증인이라는 이중적 지위가 있다. 법원은 법 제312조 수사기관 작성의 피의자신문조서의 증

움이 되어 실체진실 발견에도 큰 도움이 될 것이라 생각된다. 이와 관련하여 법무부는 2021. 7. 13. '형사공공변호인 제도 도입을 위한 형사소송법 및 법률구조법 입법예고'를 한 바 있다.(https://www.moj.go.kr/moj/221/subview.do?enc=Zm5jdDF8QEB8JTJGYmJzJTJGbW9qJTJGMTgyJTJGNTQ5ODIyJTJGYXJ0Y2xWaWV3LmRvJTNG)

53) 특신상태 증명수단으로 영상녹화물을 활용할 수 있다는 견해(서원익, 앞의 논문, 200~203면; 김웅재, 앞의 논문, 302면; 한연규, "사법경찰관의 조사자증언과 수사상 진술의 증거활용", 『형사법의 신동향』, 통권 제60호(대검찰청, 2018), 276면), 특신상태의 문제는 반대신문권의 보장에 의하여 사실상 추정된다는 견해(정웅석, "공범에 대한 조사자 증언의 허용여부 및 공범조서와의 관계", 『저스티스』, 통권 제143호(한국법학원, 2014), 184면)

54) 이완규, 앞의 논문, 218면

거능력과 관련하여 공범의 피고인 신분에 중점을 두고 해석하고 있다. 그렇다면 법 제313조, 제316조의 전문증거에 대하여도 공범의 증인 신분이 아닌 피고인 신분에 집중하여 해석할 필요가 있다. 피고인 신분에 중점을 두어 공범에 대한 피의자신문조서의 증거능력을 해석하는 근거는 다른 전문증거에도 그대로 적용될 수 있기 때문이다.

피의자신문조서의 증거능력을 제한하는 취지는 자백위주의 수사관행을 없애고 조서재판의 폐해를 방지하고자 함에 있는 것이고, 그 취지에는 동의하는 바이다. 그러나 지금처럼 공범의 진술을 일체 증거로 사용할 수 없도록 하는 것은 실체진실 발견이라는 형사소송법의 대이념을 외면하는 것으로 동의할 수 없다.

법원이 법 제312조의 해석에 있어 문언을 확대해석하여 공범의 조서를 당해 피고인의 조서와 마찬가지로 보고 있고, 그 해석이 변경될 가능성이 요원해 보이는 바, 그렇다면 역으로 법 제312조뿐만 아니라 제313조, 제316조의 해석에 있어 공범을 피고인에 포함하는 것으로 문언 해석을 통일할 필요가 있다.

그리하여 구조적인 범죄에서 공범 진술을 증거로 사용할 방안을 확보하고, 실체진실발견과 정의실현을 외면하지 않을 필요가 있다.

【참고문헌】

배종대 · 이상돈 · 정승환 · 이주원, 『형사소송법』, 제2판(홍문사, 2016)
손동권 · 신이철, 『새로운 형사소송법』, 제5판(세창출판사, 2022)
이은모 · 김정환, 『형사소송법』, 제9판(박영사, 2023), 676면
이재상 · 조균석 · 이창온, 『형사소송법』, 제15판(박영사, 2023)
이주원, 『형사소송법』, 제5판(박영사, 2022), 495면;
이창현, 『형사소송법』, 제9판(정독, 2023), 899면;
임동규, 『형사소송법』, 제17판(법문사, 2023), 540면

강동범, "사법경찰관이 작성한 공범에 대한 피의자신문조서의 증거능력", 『법학연구』, 제41집(전북대학교 법학연구소, 2014)
김경락, "개정 형사소송법상 수사기관이 작성한 공범자의 피의자신문조서의 증거능력", 『형사법의 신동향』, 통권 제67호(대검찰청, 2020)
김범식, "사법협조자에 대한 형벌감면제도의 도입 가능성", 『비교형사법연구』, 제18권 제4호(한국비교형사법학회, 2016)
김성룡, "검사작성 피의자신문조서의 증거능력 관련 규정 개정이 남긴 과제", 『인권과 정의』, 통권 제491호(대한변호사협회, 2020)
김웅재, "공범이 수사기관에서 한 진술의 증거사용 – 전문법칙의 이론적 관점에서 –", 『판례연구』, 제33호(부산판례연구회, 2022)
김정한, "사법경찰관 작성 피의자신문조서와 조사경찰관 증언의 증거능력", 『법학논총』, 제18권 제2호(조선대학교 법학연구원, 2011)
김현수, "공동피고인의 진술의 법률관계 – 증거법적 영역을 중심으로", 『서울법학』, 제22권 제2호(서울시립대학교 법학연구소, 2014)
김현철, "형사소송법 제312조 제1항의 개정에 따른 수사와 공판 실무의 예상되는 변화와 바람직한 운영 방안", 『법학논총』, 제41호 제2권(전남대학교 법학연구소, 2021)
김희균, "검사 작성 피의자신문조서의 증거능력 개정안 검토", 『법학연구』, 제29권 제1호(경상대학교 법학연구소, 2021)
박흥식, "공동피고인을 상대로 한 진술증거의 성격과 증거의 인부", 『법학연구』 제

26권 제3호(충남대학교 법학연구소, 2015)

서원익, “조사자 증언에서의 특신상태 증명수단으로서 영상녹화물 활용”, 『형사소송 이론과 실무』, 제13권 제2호(한국형사소송법학회, 2021)

손동권, “피의자신문조서에 대한 형사소송법 제314조의 적용문제－그리고 피의자신문조서의 증거능력에 관한 입법론”, 『경찰학연구』, 제11권 제3호(경찰대학 경찰학연구편집위원회, 2011)

이성윤, “개정 형사소송법상 공동피고인의 피의자신문조서의 증거능력－피의자신문조서 관련조항의 해석을 중심으로”, 『서울법학』, 제28권 제2호)(서울시립대학교 법학연구소, 2020)

이승주, “개정 형사소송법상 공범의 진술증거 확보 문제－검사 작성 피의자신문조서의 증거능력 제한에 따른 대안－”, 『법조』, 제69권 제4호(법조협회, 2020)

이완규, “공범인 피의자에 대한 경찰 피의자신문조서의 증거능력”, 『형사법의 신동향』 제18호(대검찰청, 2009)

이은모, “공범자에 대한 피의자신문조서의 증거능력”, 『법학논총』, 제32집 제4호(한양대학교 법학연구소, 2015)

이창섭, “공범에 대한 피의자신문조서의 증거능력 소고”, 『비교형사법연구』, 제12권 제2호(한국비교형사법학회, 2010)

임웅·도규엽, “개정 형사소송법 제316조에 대한 고찰－조사자 증언제도를 중심으로”, 『성균관법학』, 제23권 제2호(성균관대학교 법학연구원, 2011)

장승혁, “공범인 공동피고인의 진술과 반대신문권의 실질적 보장”, 『인권과 정의』, 통권 485호(대한변호사협회, 2019)

정웅석, “공범에 대한 조사자 증언의 허용여부 및 공범조서와의 관계”, 『저스티스』, 통권 제143호(한국법학원, 2014)

한연규, “사법경찰관의 조사자증언과 수사상 진술의 증거활용”, 『형사법의 신동향』, 통권 제60호(대검찰청, 2018)

노태악 편집대표(이상엽), 주석형사소송법Ⅲ, 제6판(한국사법행정학회, 2022), 617면)

【국문초록】

2020. 2. 4. 형사소송법이 개정되면서 검사 작성 피의자신문조서의 증거능력이 인정되기 위해서는 피고인 또는 변호인의 내용인정을 필요로 하게 되었다. 이러한 개정 이후 판례는 공범에 대하여 검사가 작성한 피의자신문조서 역시 사법경찰관이 작성한 것과 마찬가지로 당해 피고인이 내용인정을 한 경우에 한하여 증거능력을 인정할 수 있다고 판시하였다. 즉, 형사소송법 제312조 제1항의 '그 피의자였던 피고인'에 공범을 포함하는 해석론을 전제하여 형사소송법 제312조 제4항이 아닌 동법 제312조 제1항을 적용한 것이다. 그 결과 공범에 대한 수사기관 작성 피의자신문조서는 당해 피고인이 내용을 부인할 경우 증거로 사용할 여지가 없다.

공범의 진술을 현출하는 수단은 동법 제312조의 피의자신문조서 외에도 동법 제313조의 진술서 · 진술기재서류, 동법 제316조의 전문진술이 있고, 공범의 법정진술도 있으나, 현재의 판례의 태도에 비추어 보면 이들 증거에 기재된 공범의 진술을 증거로 사용하는 방법 역시 상당 부분 제약을 받고 있음을 알 수 있다. 동법 제313조 중 공범이 작성한 진술서의 경우를 제외하면, 원진술자가 진정성립을 인정하지 않는 경우 공범 진술 기재 서류와 공범의 진술을 내용으로 하는 전문진술의 경우 증거능력이 인정될 여지가 없다. 현재의 판례는 동법 제312조의 경우와는 달리, 동법 제313조와 제316조의 '피고인'에는 공범이 포함되지 아니한다고 해석하고 있기 때문이다. 공범의 법정진술이나 증언의 경우에도 공범이 진술거부권 혹은 증언거부권을 행사하는 경우 그 법정진술이나 증언은 증거로 사용할 수 없다.

본고는 우리 형사소송법 제311조부터 제316조까지의 개별 규정들의 입법 목적이 공통되는 점, 공범 간의 관계나 수사 실무상의 쟁점들이 개별 증거에 따라 다르지 아니한 점 등에 비추어 동법 제312조에서는 '그 피의자였던 피고인'에 공범이 포함되는 것으로 해석하는 반면, 동법 제313조 및 제316조에서는 '피고인'에 공범이 포함되지 아니하는 것으로 해석하는 위와 같은 현재 판례의 해석론을 비판하였다. 특히, 과학기술의 발달과 중대범죄의 고도화 등에 비추어 모든 범죄에 물적 증거가 존재하는 것은 아니며, 내부자의 진술 외에 직접적인 증거를 확보하기 어려운 경우가 대부분인 점에 비추어 중대범죄의 실체진실 발견과 정의실현을 제고하기 위한 새로운 해석론을 제시하고자 하였다.

새로운 해석론으로서 본고는 우선 형사소송법 제312조 제1항 및 동조 제3항의

'그 피의자였던 피고인'은 당연히 당해 피의자신문조서의 진술자인 피의자만을 의미한다고 보아야 함을 주장하였다. 공범이라 하더라도 다른 피고인에 대하여는 제3자의 지위에 있는 것이므로, 공범을 위 피고인에 포함하여 해석하는 것은 근거 없이 문언을 확대해석한 결과이다. 그러나, 형사소송법 제312조 제1항의 개정 이후에도 여전히 판례는 위 피고인에 공범을 포함하는 해석을 판시한 바, 위와 같이 해석론이 변경될 가능성은 현재로서는 요원해 보인다.

이에 본고는 궁극적으로 형사소송법 제313조와 제316조의 '피고인'에 공범을 포함하는 해석론을 제시하였다. 특히, 대법원이 동법 제312조 제1항 및 제3항의 피고인에 공범을 포함하여 해석하는 논거인 공범 간의 책임 전가 심리, 일방의 진술과 타방의 범죄 내용 간 불가분성 등은 동법 제313조와 제316조에도 마찬가지로 적용될 수 있다. 그렇다면 판례는 특별한 이유 없이 형사소송법 제312조와 동법 제313조 · 제316조의 경우를 달리 취급하고 있는 것이므로, 이들을 통일적으로 해석하여 공범의 진술을 유죄 입증의 증거로 사용할 수 있는 경우를 확장하여야 한다. 설령 위와 같이 해석한다고 하더라도, 여전히 특신상태의 요건이 충족되어야 하므로, 이를 엄격히 인정하여 부작용을 통제할 수 있다.

◈ 주제어 : 공범, 증거능력, 피의자신문조서, 진술기재서류, 공범의 진술을 내용으로 하는 법정증언

【Abstract】

Utilization of Accomplice's Testimony as Evidence

Cho, Jieun*

As the Criminal Procedural Act was amended on February 4, 2020, a written record of interrogation of a criminal suspect prepared by the prosecution is allowed only when it's truthfulness of the contents' in the document is admitted by the defendant. After the amendment, The Supreme Court of Korea decided that the admissibility of the protocol concerning interrogation of an accomplice produced by the prosecution could be allowed only when the defendant admitted the contents, which positioned the prosecution's written evidence to the same level as that of the judicial police. In other words, the court includes accomplice in 'the criminal defendant, who was the suspect at the time' of Article 312 (1) of the Criminal Procedural Act. As a result, there is no way for the protocol concerning interrogation of an accomplice prepared by an investigative agency to be used as evidence if the very defendant denies the contents.

On the contrary, The Supreme Court of Korea does not extend the meaning of the 'defendant' of the written statement and the document containing the statements of Article 313 (1), and the hearsay statement of Article 316 of the same Act to accomplice. As a result, except the case of the written statement of Article 313 (1), without the authenticity proved by the original stater, the aforementioned hearsay evidence could not be used as evidence. Even in the case of accomplice's court statement or testimony, if an accomplice exercises the right to refuse to state or testify, those could not be used as evidence.

This study criticized the court's interpretation, which accomplice is included in the meaning of the defendant of Article 312 of the Criminal Procedural Act while the defendant of Articles 313 and 316 does not include accomplice,

* Associate Professor, Law School of Yeungnam University

despite the commonness of the legislative intent, relationship between accomplices, and practical issues among the hearsay evidence. Particularly, it must be considered that the development of science technology and the advancement of serious crimes are in progress, and that not all crimes have material evidence. Furthermore, it is difficult to obtain direct evidence other than accomplices' statements in most cases.

With two suggestions, this paper first argued that 'the criminal defendant, who was the suspect at the time' in Article 312 (1) and (3) of the Criminal Procedure Act should be regarded as solely for the suspect. Even if being an accomplice, it is in the position of a third party to the other accused. The inclusion of an accomplice in the defendant is the result of an expanded interpretation without reasons. However, even after the amendment of Article 312 (1) of the Criminal Procedure Act, the court still judged with inclusion of an accomplice in the defendant. Therefore, the possibility of changing the meaning of the defendant as mentioned seems to be far off at this time.

Eventually, this paper presented a new interpretation that includes accomplice in the 'defendant' of Articles 313 and 316 of the Criminal Procedure Act in accordance with the meaning of the defendant of the Article 312 (1) and (3). Arguments for the court's interpretation of Article 312 (1) and (3) of the same Act such as accomplices' psychological responsibility avoiding, the inseparability between the statements of one accomplice and the other's crime, could be applied to Articles 313 and 316 of the same Act.

However, the court treats Article 312 of the Criminal Procedure Act and Articles 313 and 316 of the same Act differently without proper reasons. It is necessary to expand the application of accomplice in a unified manner so as to secure evidence of guilt. Even if interpreted as above, the requirements for a particularly reliable state must still be met, so that unexpected side effects could be strictly managed. Therefore, the court by adopting the idea suggested by this paper should discover the truth and defend the justice through increasing the possibility of the admissibility of hearsay evidence of accomplice statements.

◈ Key Word: accomplice, Admissiblity of the protocol, written record of criminal suspect, interrogation of accomplice, accomplice's court statement or testimony

한국형사소송법학회『형사소송 이론과 실무』
제16권 제3호 (2024.09) 169~195면.
Theories and Practices of Criminal Procedure Vol. 16 No. 3 (September. 2024) pp. 169-195.
10.34222/kdps.2024.16.3.169

형사절차에서 수사처분 외주화의 적법성과 필요성*

김 성 룡**

목 차

Ⅰ. 글의 범위와 목적

사람의 손으로 종이라는 유체물에 연필이나 펜으로 사고나 정보를 기록하던 시절에는 만들어지지 않았을 문서나 자료들도 현대사회에서는 IT기술의 도움으로 쉽게 만들어지고, 예전에는 상상조차 할 수 없었던 다양한 방법으로 보관할 수 있게 되었다. 그러다 보니 개인, 단체, 사회, 국가 등 사회의 다양한 주체들이 만들어내는 문서와 기록들은 지금 이 순간에도 쉼 없이 기하급수적으로 생성되고 있다.[1] 퍼

* 이 논문은 2021년 대한민국 교육부와 한국연구재단의 인문사회분야 중견연구자지원사업의 지원을 받아 수행된 연구임(NRF-2021S1A5A2A01069431)
** 경북대학교 법학전문대학원 교수, 경북대학교 법학연구원 연구위원, 법학박사
1) 이미 6년 전 2018년 5월 Forbes의 기사에 따르면, 세계적으로 유명한 미래학자 버너드 마르(Bernard Marr)는 날마다 우리가 만들어내는 데이터는 하루 2,500경 바이트(2.5 quintillion bytes)에 달하고, 이러한 실로 놀라울 정도로 생산되는 데이터는 사물인터넷(IoT)의 성장과 함께 더욱 가속화되고 있다고 진단했다(https://www.forbes.com/sites/bernard-marr/ 2018 /05/21/ how-much-data-do-we-create-every-day-the-mind-blowing-stats-everyone-should-read/?sh=44f63b0260ba: 2023. 12. 02. 최종 검색). 2024년 9월 현재 이 세상에는 어느 정도의 새로운 디지털 데이터가 생산되고 있을지 필자의 식견으로는 전혀

스널 컴퓨터의 저장장치, 휴대용 저장장치, 클라우드 등은 아예 논외로 하고, 단지 개인이 일상적으로 사용하는 휴대폰(mobile phone)에 내장된 기록만도 사람에 따라서는 서류 수백만 장, 사진 수십만 장을 넘는 경우도 있다. 이런 현상은 범죄의 수사와 재판에서도 조사와 분석의 대상이 되는 정보, 즉 증거가치를 가지는 기록과 문서 등이 날이 갈수록 증가하고, 사건의 대소, 혐의의 경중을 불문하고 수사의 성공여부와 재판이 정의로운 결과로 마무리되는지 여부는 전자정보에 대한 제대로 된 포렌식(forensic)이 좌우한다고 해도 무리가 아닌 시대가 되었음을 추단하게 하는 것이다. IT기술의 발달은 시간과 장소의 제약을 받지 않고 엄청난 양의 정보 교환과 보관을 가능하게 만들었고, 결국 수사기관이 단일 사건에서 분석해야 할 정보(기록, 문서, 자료 등)가 며칠, 몇 주의 전문가 분석이 필요한 정도에 달하는 것이 이미 다반사를 넘어서 통상의 모습이 되었다. 거대기업이나 다수의 가해자·피해자가 문제 되는 사안에서는 몇 달 동안 또는 해를 넘기며 관련 전자정보의 분석에 엄청난 전문수사인력이 매달려야 하는 상황은 당연한 듯 여겨지고 있다. 물론 이러한 정보의 범람이 가져온 형사사법의 기능에 대한 위협은 우리만의 문제가 아니라 범세계적인 현상이 되고 있다. 특히, 국내·외를 가리지 않고 최근 관심의 대상으로 부각되고 있는 재판지연의 문제와도 무관할 수 없는 현상이기도 한 것이다.

이러한 상황에서 한편으로 수사대상자들을 무고한 혐의로부터 신속하게 벗어나게 하기 위해서는 물론이고, 추가적인 중대 범죄의 발생을 방지하고, 범죄인의 처벌을 가능하게 할 증거를 효과적으로 확보하기 위해서는 신속한 전자정보의 분석·선별이 필요불가결한 절차가 되었고, 결국 수사기관의 부족한 인적·물적 자원은 IT 관련 사기업이나 사인(私人)인 포렌식 전문가와 같은 외부단체나 개인의 도움으로 해결할 수밖에 없게 됨으로써 이른바 '수사처분·활동의 외주화'(outsourcing)라는 현상이 나타나게 된 것이다. 물론 이러한 외주화의 문제는 단지 IT 영역에만 국한된 현상으로 보기는 어렵고 예를 들어 집단 DNA 분석이나 전문성이 요구되는 급발진사고여부의 판정과 같은 다양한 법과학적 영역에서 수사기관의 역량이나 물적 자원의 부족이 문제되는 경우에는 도입을 생각해 볼 수 있는 하나의 해법일 수도 있는 것이다.

한편 현행 법률에서도 감정, 감정위촉, 통·번역, 전문수사자문위원, 전문심리위원 제도 등을 두어 수사기관이나 법원의 전문적 능력이 결여된 부분에서 이를 도와

짐작조차 할 수 없다.

줄 수 있는 제도를 마련하고 있다는 점에서 수사와 재판을 위해 필요한 모든 일을 수사기관이나 법원이 전담해야만 한다는 것이 입법자의 의사는 아니라는 것도 분명해 보인다.

물론 이러한 기능적 관점의 접근에 대해서는 다양한 측면에서 국민의 기본권침해가 문제되는 수사활동을 국가기관이 아닌 개인이나 단체에 위임하는 것은 허용될 수 없다는 근본적 반론이 당연히 예상된다. 이런 맥락에서 아직 우리나라에서는 구체적인 논의대상으로 조차 떠오르지 않는 문제이지만 필자가 보기에는 조만간 공론화를 거쳐 입법자의 결단이 필요한 부분이라는 점에서 선제적으로 관련 쟁점들을 검토해 볼 필요가 있어 보인다.

아래에서는 무엇보다 한 국가의 형사소추기관에게 허용된 수사처분·활동의 일부나 전부를 외부인에게 위탁하는 이러한 외주화가 과연 필요한 것인지, 현행법상 가능한 것인지, 필요하지만 법적 근거가 부족하다면 어떤 대책이 필요한 것인지를 특히 IT Forensic을 대상으로 비교법적 검토를 중심으로 함께 고민해 보고자 한다.

Ⅱ. 수사처분 외주화의 주요 사례

1. 개관

우리나라 수사기관도 수사처분의 외주화, 즉 전자정보의 포렌식 작업과 같은 수사기관의 수사활동을 외부(개인이나 단체)에 맡겨 이를 수행하게 하는 경우가 있는지에 대해서는 공개된 자료가 없어 정확하게 알 수는 없다. 하지만 예를 들어 2018년 12월 서울중앙지검 특수 2부에서 삼성바이오 분식회계 의혹 수사를 시작하면서, 삼성바이오로직스와 회계법인 등을 압수·수색했고, 2019년 3월엔 삼성SDS 데이터센터와 삼성물산을 압수·수색하였고, 6개월 만에 다시 관련 기업 등을 압수·수색하자 새로운 혐의에 대한 별개의 수사가 다시 시작되는 것으로 생각하는 언론들도 있었지만, 사실은 그 시간 동안 수사기관은 상상을 초월하는 디지털 증거에 대해 변호인의 참관하에 중단 없이 포렌식 분석을 진행해 왔음이 알려진 바 있다.[2] 물론 그 과정에 사인을 포렌식 작업에 활용한 사실은 없었던 것으로 보인다. 이처럼 국

2) JTBC 뉴스, '삼성바이오 수사' 다시 움직이는 검찰... 압수수색 배경은, 2019. 9. 23.자 (news.jtbc.joins.com : 2021. 3. 9. 최종검색); https://v.daum.net/v/Nk9KiNC9ML (2023. 12. 5. 최종 검색)

내에서 수사활동의 외주화와 관련된 자료를 찾기 어려우므로 논의의 편의를 위해 우선 몇몇 국가의 관련 사건을 간단히 살펴본 후 수사처분 외주화의 의미를 이해해 보기로 한다.

2. 독일의 거대 사기사건 Cum-Ex 소송과 아동프로노그래피의 압수와 수색

2017년에 유럽 여러 국가들이 피해를 입은 것으로 밝혀진 소위 '쿰–엑스'(Cum–Ex) 스캔들은 일종의 조세 사기 사건으로 특히 독일, 프랑스, 이태리, 덴마크, 벨기에 등 가장 많은 손해를 입은 국가들의 손해액만도 약 629억 유로(약 90조)에 달하는 희대의 사기사건이었다. 독일에서는 2020년 11월 당시 총 927명의 피고인에 대한 69개의 형사절차 진행 중이었지만,[3] 몇 개월 후인 2021년 2월 24일 관련 기사에 따르면 피고인은 1,000명 이상으로 늘어났고, 수사에 투입된 공무원들은 총 100명(검사 27명, 경찰 43명, 재정부 공무원 35명 등)을 넘어섰다고 한다.[4] 이러한 상황에서 신속한 사건처리를 생각하는 수사기관으로는 '도와줄 사람'(helper)을 필요로 하는 것이 당연지사라고 할 수도 있을 것이다. 특히 독일에서는 이미 2008년 아동포르노범죄의 처리와 관련하여 전자정보의 분석(압수와 수색)을 외주화했던 일이 익히 알려져 있다. 분석해야 할 정보는 넘쳐나고, 수사기관의 금고는 바닥을 보이고, 활용할 수 있는 수사전문인력은 부족한 상황을 극복하기 위해 당시 독일 검찰은 불가피하게 (아동포르노가 문제되고 있는 심각한 사건임에도 불구하고!) 사인인 관련 업자에게 압수한 정보저장매체의 분석을 맡길 수밖에 없었다고 한다. 당시 잉골슈타트(Ingolstadt) 검찰청장은 사인인 포렌식 분석가를 투입하면서, 데이터가 신속하게 분석되어 공소시효가 도과되는 범죄가 없도록 하겠다는 의사를 밝히기도 하였다.[5] 그 이후 위에서 언급한 Cum–Ex 사건에 민간인인 IT–Forensic

---

3) SPIEGEL Wirtschaft, Ermittlungen in Nordrhein–Westfalen, Zahl der Beschuldigten in Cum–Ex–Verfahren weiter gesteigen, 08.11.2020.(https://www.spiegel.de/wirtschaft/zahl–der–beschuldigten–in–cum–ex–verfahren–weiter–gestiegen–a–cb2f4afb–1c6b–4cc1–9515–a25e5b0fba89 : 2024.9.20. 최종검색)

4) Handelsblatt, Mehr Verfahren, mehr Beamte: Nordrhein–Westfalen forciert Ermittlungen wegen illegaler Aktiendeals, 24.02.2021.(https://www.handelsblatt.com : 2023. 12. 5. 최종 검색)

5) SPIEGEL Netzwelt, Outsourcing Privatermittler sichten Beweise bei Konderporno–Anklagen, 05.02. 2008 (https://www.spiegel.de/netzwelt/web/outsourcing– privatermittler–

전문가가 다수 투입되는 일이 발생하자, 비록 그들에게는 새로운 문제는 아니었지만, 본격적인 관련 논의가 필요하다는 목소리가 부각되기 시작한 것이다.

3. 영국의 강간사건 관련 디지털 수사의 외주와 증거능력의 문제[6)]

한편 영국에서도 이미 2018년 2월 당시, 최소 약 15개 이상의 경찰관청에서 디지털 수사(Digital Investigation)를 신뢰하기 어려운 (사설)연구소(unaccredite labs)에 외주한 것으로 알려졌고, 결국 일련의 강간사건들에서 해당 디지털 증거를 사용하지 못함으로써 유죄판결을 포기해야만 하는 일들이 발생했었다고 한다.[7)] 이미 2013년에 영국 경찰청 중에서는 디지털 포렌식을 모두 외주하는 곳도 있었고, 포렌식의 대상 업무가 감당할 수 없을 정도로 넘쳐나는 경우에만 외주를 주는 경우도 있었던 것으로 파악되었다. 이러한 상황에서 영국에서는 무엇보다 그 외주 기업이나 연구소가 형사절차의 기본 요구를 충족시킬 수 있는가의 문제가 중점으로 대두되게 되었다. 달리 말해 영국에서는 외주가 허용되는가의 문제는 관심거리가 되지도 않았고, 필요하다면 당연히 외주가 가능하다고 보고 있으며, 단지 외주를 받는 개인이나 단체가 포렌식의 전문기술을 가지고 있는지가 관심의 대상으로 등장한 것이다.

4. 미국의 수사관행으로 수사의 외주화

2009년 몬타나 미국 연방 지방법원(U. S. District Court)에서 디지털 포렌식 수사와 관련하여 전문감정인으로 진술한 Ham의 보고서에 따르면, 미국의 경찰수사에서는 영국과 다를 바 없이 해당 경찰관서에 디지털 포렌식이 가능한 수사요원이 없는 경우라면 당연히 증거의 발견과 분석은 모두 외주하여 처리하는 것이 일반적인

---

sichten－beweise－bei－kinderporno－anklagen－a－533078.html : 2023. 12. 5. 최종 검색)

6) Wackernagel/Graßie, Die Beauftragung von IT－Forensikern im Ermittlungsverfahren: Zulässige Sachverständigenbeauftragung oder unzulässiges Outsourcing originärer Ermittlungstätigkeit?, NStZ 2022, S. 12

7) 예를 들어 The Guardian, 'Police outsource digital forensic work to unaccredited labs, 12 Feb. 2018 기사 (https://www.theguardian.com/uk－news/2018/feb/12/police－outsource－digital－forensic－work－to－unaccredited－labs: 2023. 12. 5. 최종 검색)

관행이라고 언급되고 있다. Ham의 보고서에 따르면 영국의 경우와 유사하게 제3자인 외주업체가 디지털 포렌식에 관한 신뢰할 만한 전문적인 지식을 가지고 있는가의 문제뿐만 아니라 이들이 법정에서 사용하기 위해 필요한 디지털 포렌식 관련 경험과 지식이 있는지의 문제가 가장 중요한 관심사가 되고 있음을 알 수 있다.[8)]

5. ICC의 수사의 외주화

한편, 국제형사재판소(ICC)의 경우에도 자신들만의 독자적인 수사인력을 가지고 있지 않기 때문에 제3의 주체인 국가나 기구 등의 수사(third－party investigations)에 의존하곤 한다.[9)] 이처럼 국제형사재판소가 설령 사기업이나 연구소가 아니라 어느 정도 중립성과 비당파성을 내세울 수 있는 비정부기구(NGOs)나 관련 유엔기구(UN entities)에 수사를 외주하는 경우라고 하더라도 사실상 그 기관이나 개인들은 국가적 또는 국제적 차원의 수사기관이 아니라는 점에서 그 활동의 정당성과 적법성의 문제는 당연히 제기될 수 있는 것이다. 특히 대상범죄가 가지는 특성에 비추어 중립성과 비당파성을 보장할 수 있으면서도 충분한 역량을 가진 개인이나 단체를 어떻게 확보할 수 있는가하는 실천적 문제가 주요 관심의 대상으로 부각되고 있다.

6. 포렌식 수사 외주화의 장점에 대한 사례연구

법과학적 수사에서 고유한 수사기관의 업무를 외주화하는 경우 어떤 이점이 있는지를 사례연구를 통해 정리하고 있는 남아프리카 공화국의 한 비즈니스 컨설팅 회사의 연구자료에 따르면[10)] 대략 20가지 정도의 유용성을 들 수 있다고 한다. 즉, 전문적인 지식에 접근가능하게 해주고, 비용을 절감하게 하고, 확장성을 강화해주

---

8) Ham, Jonathan M., Report to Paoli, Latino & Kutzman of Expert Witness Testimony in the case of Peschel v. City of Missoula, 2009 WL 5190504, United States District Court, D. Montata, March 30, 2009.

9) 예를 들어 Baylis, Outsourcing Investigations, 14 UCLA J. Int'L. & Foreign Aff. 121 (2009)

10) Duja Consultung, Twenty benefits of outsourcing forensic investigations with case studies, in Linkedin (https://www.linkedin.com/pulse/twenty－benefits－outsourcing－forensic－investigations－case : 2023. 12. 6. 최종 검색)

며, 첨단의 기술과 도구를 제공하며, 증거에 대한 객관적이고 무당파적인 접근을 가능하게 하며, 자원을 효율적으로 배분하며, 수사의 필요성에 대응하는 시간을 단축시켜주고, 국외·국제적 접근을 가능하게 하며, 기밀유지와 프라이버스를 확보하게 하고, 품질을 보장해준다는 것이다. 나아가 외부전문지식을 활용함으로써 위험을 사전에 완화시킬 수 있고, 다양한 증거의 전문화된 관리를 가능하게 하고, 신뢰할 수 있고 설득력있는 전문가 증언의 확보가 가능해지는 등 다양한 장점을 가진 해결책이 될 수 있다는 것이다.

이러한 장점을 활용해야 할 필요성에 대해서는 이외에도 다양한 사실적·제도적 이유들을 제시할 수 있을 것이다. 문제는 일반적인 이해에 따를 때, 수사활동은 국가기관에게 독점적으로 주어진 권한이자 의무라는 점에서 개인이나 사적 단체 또는 기업에 이러한 활동을 위임하거나 국가기관의 활동에 참여하게 하는 것이 현행 법제 내에서 가능한 것인가 하는 문제일 것이다.

7. 국내의 상황

수사기관의 업무·활동의 일부 또는 전부를 외주하는 것에 대해서는 사실자료뿐만 아니라 규범적인 근거도 부재한 것이 국내의 실정이다. 형사소송법 제245조의2와 제245조의3의 수사단계에서 공소제기 결정 이전에 활용할 수 있는 전문수사자문위원제도, 동법 제279조의2, 제279조의3, 제279조의4, 그리고 제279조의5에서 규정하고 있는 법원이 활용하는 전문심리위원제도 외에 일반적인 감정인에 대한 규정인 형사소송법 제169조 이하(제1편 제13장 감정)의 법원의 감정(명령), 제221조의3의 수사기관의 감정의위촉, 그리고 통·번역인의 절차참여를 제외하고, 수사기관의 일을 대신하여 처리하거나 수사처분을 사인에게 위탁하는 것을 예정한 규범은 찾을 수 없는 것이 현재의 법상태이다. 언급한 바와 같이 사실적 측면에서도 수사기관의 디지털포렌식을 외부 업체·기관에게 위탁하였다는 사례는 아직 발견되지 않는다.

그렇다면 영국, 미국, 독일 등 언급한 모든 국가의 수사기관에게 발생하는 문제가 국내 수사기관에게는 발생하지 않는다는 것인지 궁금해진다. 예를 들어 수사기관이 처리해야 하는 모든 피의사실에 관련된 디지털포렌식을 국내 사법경찰과[11]

11) 최근 언론에서는 경찰 수사의 일부를 공인탐정에게 맡기는 방법으로 수사권 조정 이후 경찰

검찰이 스스로 자체의 인적·물적 인프라를 활용하여 충분히 해결할 수 있다는 것인지, 그렇지 못하지만 국가공권력의 행사를 사인인 제3자에게 맡길 수 없기에 궁여지책으로 근근이 버텨가고 있다 보니 절차의 지연이 불가피하게 된 것인지, 정확한 현실을 확인하고 그에 어울리는 해법과 대응책을 마련하는 것이 시급한 현안과제의 하나일 것임에도 불구하고 문제에 상응한 적정한 논의를 발견하기 어렵다는 것이 이해하기 어렵다.

무엇보다 디지털 포렌식은 형사소송법 제106조 이하의 압수, 수색, 검증 등의 강제처분과 동법 제196조 및 제197조에 따른 검사와 사법경찰관의 수사활동, 제215조 이하의 압수, 수색, 검증 등의 강제처분의 일환으로 행해지는 전형적인 수사기관의 활동이기 때문에, 언급한 영국이나 미국식의 접근과는 달리 (원칙적) 외주를 허용할 수는 없는 것인지, 독일처럼 불가피한 경우 예외적인 임시방편적 해결로 대응해야 할 것인지, 현실 상황에 부합하는 외주의 근거조항을 도입하는 것이 필요하며 가능한 것인지, 그 중 어떤 방향설정이 범람하는 잠재적 증거들의 바다에서 제대로 기능하는 형사사법을 유지하면서 관계자의 기본권 침해를 최소화하는 합리적인 대응책이 될 것인지를 살펴볼 필요가 있다.

Ⅲ. 수사처분 외주화의 근거 규범

물론 넓은 의미에서 수사활동의 외주화는 이미 현행법에서 일정 범위 내에서 허용하고 있다고 볼 수도 있다. 예를 들어 형사소송법 제169조의 법원의 감정명령규정, 동법 제221조 제2항의 수사기관의 감정위촉규정에서는 이미 중요한 증거의 확보를 위해 법원이나 수사기관이 아닌 자에게 중요한 증거로 사용될 감정을 위촉할 수 있는 법적 수권규범을 마련해 두고 있다는 점에서 수사기관이 외주한 업무가 어떤 성격의 행위인지가 현행법 질서하에서도 외주 허용여부 판단에 중요한 기준이 될 것임은 쉽게 추론할 수 있다. 즉 예를 들어 이메일 송수신 정보나 챗(chat)프로토콜과 같은 통신데이터의 분석·검색 등의 디지털포렌식이 전문감정인의 감정대상이라면 현재 법상태에서도 감정(위촉)의 형식으로 적법한 외주가 가능

의 업무부담을 경감하는 방법을 제언하는 글이 소개되기도 했다(한국일보, '업무 폭증' 경찰 수사 일부라도 공인탐정에 맡길 수 있을까, 2023. 11. 12.자). 국가가 공인하고 관리하는 탐정제도를 도입하자는 주장이다. 조만간 그에 대한 논의가 활성화될 것으로 보인다. 다른 지면을 통해 그 적절성 여부를 다루기로 한다.

하다고 할 수 있을 것이다. 이와 달리, 만약 그런 활동은 사인이나 사기업 등에 외주할 수는 없는 법원·검찰이나 사법경찰관의 고유한 업무·수사활동(Ermittlungstätigkeit)에 속한다고 한다면 현행 법상태에서 간단히 적법성을 말하기는 어려울 것이다. 아래에서는 이와 관련하여 몇 가지 내용을 분석하고 있는 독일의 자료를 간략하게 정리해 본다.

1. 감정(위촉)제도

(1) IT forensic 영역에서 외주되는 업무의 유형

독일 다수 검찰청에서도'많을수록 많은 도움이 된다'(viel hilft viel)는 듯이 증거확보를 위해 테라바이트(Terabyte)가 넘어가는 엄청난 양의 데이터를 일단 압수하여 수사관서에 가져오는데, 이것은 결국 그 많은 데이터를 확보, 정리, 분석, 평가하는데 필요한 시간·인적·물적·기술적 자원에 대한 수요도 그만큼 점증하는 결과를 가져올 수밖에 없다. 이러한 문제를 해결하기 위해 결국 독일 검찰에서는 외부의 사인이나 사기업의 IT 포렌식 전문가를 감정인으로 위촉(Sachverständigenbestellung)하여 정보의 분석을 의뢰하는 방법을 취하곤 한다.

전자정보 분야에서의 감정위촉 또는 감정명령의 내용, 즉 감정인에게 주어지는 업무는 대용량의 전자정보의 선별, 복구, 재생, 분류, 정리 등의 작업이 될 것이다. 즉 어떤 통화기록·자료들(예를 들어 이메일이나, Skype, Lync, Messenger, Bloomberg, Thomson-Reuters, 네이버, 카톡 등 플랫폼 등에서 나온 챗프로토콜 등)이 존재하는지 확인하고, 이러한 데이터를 해독·처리하고, 사람에 따라서 시간대별로 이를 구조적으로 정리하는 것, 때에 따라서는 이미 알려진 특정인(피의자·피고인)에 대한 통신자료가 있는지 등을 조사하고, 법인·기업 내의 특정인에게 귀속되는 그 밖의 데이터들이 존재하는지, 이를 찾아 구조적으로 분류하고, 정리된 데이터들을 검찰이나 법원이 의뢰한 바에 따르거나, 구체적인 의사소통을 통해 정확하게 그들이 요구하는 바에 따라, 검색하고 그 결과를 제공하는 것 등일 것이다. 우리 대검찰청 포렌식센터의 업무수행에 비교하여 표현하자면, 저장·확보된 증거를 분석하고, 추출, 색인하여 결과를 보고하는 것 등이 감정인에게 위탁되는 주요 업무라고 할 수 있을 것이다.

물론 형사절차가 아닌 다른 법 영역에서는 국내에서도 디지털포렌식 감정(서)이라는 표현이 사실적·법적 의미로 흔히 사용되고 있는데, 이러한 외부 포렌식 전문가의 과업이 형사소송법에서 예정하고 있는 감정인의 일이 될 수 있는지, 그렇지 않다면 이러한 외주가 적법하게 행해질 수 있는 것인지가 문제인 것이다. 그렇다면 먼저 감정인의 업무·과제가 무엇인지를 명확하게 할 필요가 있다.

(2) 감정인 업무의 특징

1) 법관·검사가 가지지 않는 학식과 경험

감정인은 법관의 조력자(Gehilfe des Richters)[12]라고도 한다. 수사단계에서는 수사기관의 조력자이기도 한 것이다. "법관의 지식과 경험을 보충하기 위하여 특별한 학식과 경험을 가진 제3자에게 그 전문적 지식이나 이를 구체적 사실에 적용하여 얻은 판단을 법원에 보고하게"[13]하여 법관의 판단에 도움을 주는 것이다.

형사소송법 제169조에서 규정하고 있듯이 법원이 가지지 못한 학식 경험있는 자의 활동이 감정활동이므로[14] 법원이나 수사기관에게 부족한 전문지식을 활용하여 사실이나 전문분과의 경험법칙에 대하여 정보를 제공하거나 판단을 제공하는 것을 본질로 한다.

2) 감정의 대상을 스스로 확보할 수 없는 감정인

형사소송법 제172조 제2항에서 규정하고 있듯이 법원은 감정에 필요한 경우 감정을 요하는 물건을 감정인에게 교부할 수 있고, 이를 준용하는 동법 제221조의3 제2항에 따라 수사기관도 자신들이 확보하고 있는 물건이나 대상을 감정수탁인에게 교부하여 감정하도록 할 수 있다. 이러한 규정들에서는 감정인이 스스로 증거물 또는 감정대상물을 취득하거나 소지하고 있지 않다는 것을 전제하고 있다. 감정대상으로 의뢰된 대상에 대해서 자신의 전문지식을 적용하여 결론을 도출하는 것에

---

12) BGHSt 3, 27 (28) = NJW 1952, 899; BGH Urt. v. 8.3.1955 - 5 StR 49/55, NJW 1955, 840(841); BGHSt 39, 291 (297) = NJW 1993, 3081 (3082); Detter NStZ 1998, 57; Wackernagel/Graßie, aaO., S. 14; 신양균, 형사소송법상 감정제도에 관한 몇 가지 고찰, 한양대학교 법학논총 제28권 제4호(2011), 333쪽 등 참조

13) 대법원 2021. 10. 14. 선고 2017도10634 판결

14) 감정인의 역할과 기능 등에 대해서는 김성룡, 형사소송법의 전문가감정의 제 문제, 비교형사법연구 제7권 제1호(2005), 271쪽 이하; KK-StPO/Hadamitzky, 8. Aufl. 2019, StPO Vor. § 72 Rn. 1; BGH Urt. v. 8.3.1955 - 5 StR 49/55, NJW 1955, 840 (841)

주안점이 있는 것이지, 스스로 감정대상을 수집하거나 감정의 방향을 결정하는 등의 독자적인 활동을 할 수 있는 것은 아닌 것이다.

3) 수사와 공판절차에서 감정(수탁)인의 4가지 과제

독일의 관련 연구의 분석에 따라 감정인의 과제를 세부적으로 보면 첫째, 혈액샘플채취나 엑스레이검사와 같이 단순히 기계를 다루거나 조작하는 정도의 일이지만 이것을 위해서는 특별한 의료적 자격(의사·간호사 또는 방사선기사)이 필요하기 때문에 검사나 판사가 스스로 할 수는 없는 활동이 문제되는 경우가 있다. 둘째, 이렇게 채취된 혈액을 대상으로 혈중알콜농도를 측정하는 것, 즉 사실의 확정도 감정인 활동의 대상이다. 셋째, 단순한 전문지식의 전달을 감정의 대상으로 할 수도 있고, 넷째, 가장 빈번한 전문감정인 활동으로, 수사기관이나 법원으로부터 주어진 이미 확정된 사실관계에서의 어떤 사실을 자신의 특정 전문지식을 근거로 평가·판단하는 활동이다.[15]

이 모든 활동은 결국 법원이나 검찰에게는 없는 특별한 경험칙과 전문지식에 근거하는 것이어야만 한다. 달리 말해 법원이나 검찰 등 수사기관의 경험칙과 지식으로 가능한 일이라면 감정인의 업무가 아닌 것이다.

4) IT 포렌식에서 감정인의 활동: 수사활동과 감정활동

독일내에서는 앞서 언급한 포렌식 영역에서 활동하는 감정인의 업무 중에서 데이터를 분석하고, 구조적으로 배열하고, 특정한 검색표지·색인(Suchkriterien)을 통해 검색·수색하는 것이 언급한 감정인의 업무 범위에 속하는 것인지에 대해서 의문이 제기되고 있다.[16] 쉽게 말해 이러한 활동이 과연 전문적인 지식을 적용하고 제공하는 것인지에 대해 부정적인 생각이 우세하다. 오히려 이러한 활동은 업무경감을 위해 사인에게 넘겨진 고유한 의미의 수사활동일 뿐이라는 것이다.[17] 그렇다면 이러한 과제는 감정으로 해결할 문제가 아니라는 결론이 된다.

---

15) 이에 대해서는 Wackernagel/Graßie, aaO., S. 13

16) 대표적으로 독일의 Wackernagel/Graßie, aaO., S. 13

17) 이에 관해서는 Wackernagel/Graßie, aaO., S. 14f.

가. 감정활동과 수사활동의 구별

독일의 논의를 잠시 살펴보면, 수사활동과 감정활동은 서로 명확하게 구분되는데, 우선 검사는 수사절차의 주재자(Herrin des Ermittlungsverfahrens)로서 사실관계의 해명·규명에 책임이 있고, 늘어난 팔로서(als verlängertem Arm) 사법경찰을 이용한다. 이에 더하여 사인을 감정수탁인으로 활용할 수도 있다. 여기서 검찰이나 사법경찰관의 수사활동과 구별되는 감정수탁인의 활동의 특징은 특별한 전문지식에 근거하여 경험법칙을 보고하거나 적용하고 학문적인 방법을 이용하여 감정활동 이전에 존재하거나 확정된 사실, 즉 관련·연결사실(Anknüpfungstatsache)이나 감정인이 전문지식을 활용하여 밝힌 사실, 즉 감정·판단사실 (Befundtatsache)에 대해 감정서를 제출하거나 평가하는 것이다.[18] 말하자면 결국 수사활동과 감정활동은 해당 활동을 위해 감정인에게 요구되는 '사안에 관련한 특별한 전문지식'(Sachkunde)이 필요한가에 의해 구별되는 것이다. 이러한 관점에 따르면 수사기관의 수사활동에 해당하는 활동은 감정인을 통해 특별한 전문지식이 제공되는 것과는 구별되는 것이고, 전자는 어떤 전문지식을 요구하지 않고 단지 평가적 결단 또는 재량 행사(wertende Initiative bzw. eine Ermessensausübung)와 결합된 활동이라는 특징이 있다는 것이다. 한편 서류의 복사본을 준비한다거나 수색 장소에 열쇠공을 데리고 오는 등의 수사를 위한 사실상의 준비·보조행위는 이러한 수사활동에도 포함되지 않는 것은 물론이다.

나. 위탁되는 업무유형과 특징

감정형식으로 이루어지는 이러한 독일 검찰의 포렌식 외주화와 관련해서는 결국 이러한 IT 포렌식 업무가 감정인의 업무인지 아니면 단순히 수사활동의 하나에 불과한 것인지에 따라 그 적법성이 판단될 것으로 보인다. 물론 개별 사례에서 사인에게 위임되는 사무의 형태가 일률적이지 않다면 그 위임되는 사무의 구체적 내용을 기준으로 해당 행위의 특성을 판단할 수밖에 없을 것이다. 현재 관심의 중심에 서 있는 IT Forensic과 관련하여, 예를 들어 통신자료 조사의 경우에 위임되는 개별 업무의 내용을 중심으로 그것이 감정인의 감정활동인지[19] 단순한 수사활동인지

18) LG Hamburg Beschl. v. 7.8.2019 – 631 Qs 27/29, BeckRS 2019, 23499; Goßner/Schmitt/Schmitt, 63. Aufl. 2020, StPO Vor § 72 Rn. 1 ff; Geppert, Der Sachverständigenbeweis, Jura 1993, 249 (249 f.); Wackernagel/Graßie, aaO., S. 14

를 판단하고 있는 선행연구의 분석을 우선 간략하게 요약해 보기로 한다. 달리 말해 IT forensic의 세부 과업들을 구체적으로 살펴보면 모든 단계의 활동을 일률적으로 전문감정인의 업무라고 하거나 수사활동의 한 부분일 뿐이라고 평가하기는 어렵다는 것이다.

우선, 저장장치 안에 이메일이나 메신저 정보 등의 통신정보가 존재하고 있는지 그 상태를 확인(Bestandsaufnahme)하기 위하여 정보저장장치를 조사하는 것은 특별한 감정인적 전문지식이 필요하지 않은 단순한 경찰활동으로 볼 수 있다고 한다. 평균적인 직업역량을 가진 경찰관은 누구라도 할 수 있는 일이라고 보는 것이다. 현장에서의 정보매체 수색, 선별압수와 같은 활동은 감정활동으로 보기 어렵다는 것이다.

다음으로 압수·확보된 데이터를 처리(sichergestellte Daten aufzubereiten)하는 작업도 위탁되는 주요 임무인데, 이러한 활동에는 사정에 따라서는 감정인의 전문지식이 요구될 수 있는 경우가 있는데, 특히 통상적이지 않은 데이터형식을 가독적으로 만들어야 하는 작업을 그 예로 들고 있다. 독일의 경우 특정 모바일폰을 해독하는 특정 기기에 특화된 소프트웨어, 특정 데이터베이스솔루션(Lotus Notes) 또는 SAP 제어소프트웨어(SAP－Steuerungssoftware)와 같은 프로그램을 사용해야 하는 경우에는 가독성을 얻기 위해서 특정 정보학에 대한 전문지식이 기초되어야 한다는 것이 강조된다. 달리 말해 이러한 업무는 감정인의 업무로 본다는 것이다.

나아가 데이터를 구조화하여 편집(strukturertes Zusammenstellen von Daten)하는 작업도 외부에 위임되는 사무의 하나인데 그 구체적인 내용은 아직 명확하게 정의된 상태는 아니다. '구조화된'이라는 표현은 특정 내용을 기준으로하여 데이터를 분류하는 과정을 의미하는 것으로 이해되는데 어떤 경우에 이러한 작업에 감정인적 전문지식이 요구되는지, 분류의 유형 중에서는 어떤 분류 방식이나 내용이 전문가감정 영역에 속하는지 등에 대한 명확한 기준도 아직 제시되지 못한 상태이다. 여하튼 이 영역에서도 그 활동이 전문지식을 수사기관이나 법관에게 전달한다거나 전문지식을 적용한 것이라고 보기 어렵다는 분석이 있다.[20] 예를 들어 이메일을 일정 내용에 따라 분류하는 것이 어떤 전문가적 지식이나 경험칙이 요구되는 것은 아

19) 감정인의 활동이면 외주화가 가능한다는 입장으로 Beukelmann, Outsourcing bei Polizei und Strafjustiz, NJW－Spezial 2008, 28f.; Wackernagel/Graßie, aaO., S. 14

20) Wackernagel/Graßie, aaO., S. 14 참조

니라는 것이다.

통신데이터의 시간적 완전성 확인(Feststellunng der zeitlichen Vollständigkeit von Kommunikationsdaten) 작업이 위탁되기도 하는데, 통신데이터의 일부에 결손이 있거나 은폐되었다는 착안점이 존재하는지를 찾아내는 것이 주요 업무이다. 이 작업도 대부분의 사례에서는 특별한 전문지식이 없어도 내용이나 맥락을 추적함으로써 모종의 흠결이 존재하는지를 찾아낼 수 있다는 점에서 감정영역의 작업은 아니라고 본다. 물론 이러한 흠결이 존재한다는 착안점을 도출하기 위해 특별한 소스코드, 메타데이터 등과 같은 복잡한 분석이 필요한 경우에는 전문가적 감정활동이 이루어지는 경우라고 볼 수 있다는 것이다.

무엇보다 외부 전문가에게 위탁하는 주된 작업은 통상 특정 검색표지를 이용하여 데이터를 검색(수색)하는 것이다. 그런데 문제되는 데이터가 구조적으로 편집되고 나면 이제 Relativity, NUIX 또는 ZyLAB등과 같은 포렌식 프로그램을 사용하여 수색하게 되고, 이를 위해서 특별히 전자정보처리(EDV)와 관련한 전문지식이 요구되지는 않는다는 것이다.[21] 해당 프로그램을 시중에서 구입할 수 있고, 사용법을 익히면 평균적 수사관도 할 수 있는 일이라는 것이 그 근거이다.

대상 정보들 중에서 특정 데이터를 수색 · 선별 · 수집하는 작업과정에서 감정행위가 있다고 하기 위해서는 그 집행과정에 전문지식이 필요한 경우이고, 달리 말해 특정 전문지식 없이는 그 수행이 불가능하거나 현저히 곤란한 경우를 말한다는 것이 독일 하급심 판결(LG Hamburg, OLG Koblenz 등)의 입장이다.[22] 단순한 조직적인 업무 또는 기술적인 업무, 예를 들어 확보한 데이터를 가독적으로 만들고 기술적으로 미리 분류하는 등의 작업은, 설령 그 작업을 위해 포괄적인 전문지식이 요구되거나 특정한 소프트웨어, 시중에 판매되는 특정 소프트웨어가 필요하다고 하더라도 이를 전문감정인의 활동으로 보기는 어렵다는 것이다.[23] 존재하는 데이터를 수집하는 것은 다수의 형사절차에서 보여지는 바와 같이 일반적으로 검사나 그로

---

21) Wackernagel/Graßie, aaO., S. 15

22) LG Hamburg Beschl. v. 7.8.2019 – 631 Qs 27/19, BeckRS 2019, 23499; OLG Koblenz Beschl. v. 16.7.2010 – 1 Ws 189/10, NStZ–RR 2010, 359; 상세는 Wackernagel/Graßie, aaO., S. 15

23) OLG Schleswig Beschl. v. 10.1.2017 – 2 Ws 441/16, NStZ–RR 2017, 127 (128); LG Hamburg Beschl. v. 7.8.2019 – 631 Qs 27/19, BeckRS 2019, 23499; Wackernagel/Graßie, aaO., S. 15

부터 위임을 받은 경찰공무원들에 의해 수행되는 전형적인 수사활동이라는 것이 쯔바이브뤽켄 주고등법원(OLG Zweibrücken)이 판시한 내용이다. 감정인의 업무라고 하려면 예를 들어 주어진 증거주제(Beweisthema)에 대해 독립적이고 전문가적인 감정서를 제출하거나 모든 사람이 접근할 수 없고 전문지식이 필요한 특정 컴퓨터프로그램을 사용하는 경우여야 한다고 보는 것이다. 개인이 독자적으로 개발하여 시중에 유통되지 않는 프로그램을 사용하는 경우라면 감정인의 활동으로 볼 수 있다는 것이다.

쉴레스비히 주최고(고등)법원(OLG Schleswig)은 이러한 독일 내 하급심법원의 판결의 법리에 따라서 경찰이 아동포르노데이터를 분석하여 엑셀양식에 송신자, 수신자, 일시, 표현의 발견위치 등을 표시한 자료를 제출한 사안에서 이러한 활동은 전문가감정에 해당하지 않는다고 판시하였다.[24] 이 과정에서 특정 소프트웨어가 사용되었다고 해도 그것이 시중에서 구입할 수 있는 것이라면 그 활용을 두고 전문감정활동으로 보기는 어렵다는 것을 다시 확인한 것이다.

다. 소결

언급한 업무들의 대부분은 결국 감정인의 활동이 아니라 단순히 수사기관의 수사활동이므로 결국 감정대상으로 보기 어렵다는 결론에 이르게 된다. 이러한 독일의 개괄적 기준에 따라 전자정보의 수색·압수 및 증거물 확보·제출을 위한 과정에서 포렌식 전문가인 감정인에게 일부 또는 전부의 업무를 위임하려고 하다면 감정의 대상, 감정인의 자격 등 법률에 정한 요건이 충족하는지를 반드시 확인해야만 할 것이다. 나아가 무엇보다 감정인은 수사기관이 아니기 때문에 감정과정에서도 어떠한 수사활동도 해서는 안된다는 제약을 받게 된다는 점도 명확하게 해야 한다. 형사소송법에서 예정하고 있는 감정인이나 감정수탁인은 법원 또는 수사기관이 감정을 의뢰한 부분에 대해서만 감정의 결과를 제출하는 의무를 지는 것이기 때문이고, 감정이나 감정촉탁의 전 과정은 법관과 검사의 통제가 미쳐야 하기 때문이기도 하다.

또한 법관이나 검사는 감정인이 어떤 대상에 대해 감정서를 제출하여야 하는지를 안내·주재하여야 하고, 감정인은 법원이나 수사기관이 제시·제공하는 사실을 전제로 감정작업을 하여야 하는 것일 뿐 감정인 스스로 자신의 감정의 전제사실

24) 5 OLG Schleswig Beschl. v. 10.1.2017 – 2 Ws 441/16, NStZ–RR 2017, 127 (128).

(Anknüpfungstatsache)을 조사·수사할 수 있는 것은 아니다. 독일 형사소송법 제87조와 우리 형사소송법 제174조의 감정인의 참여권과 신문권 규정도 이러한 내용을 반영하고 있는 것이다. 감정인이 독립적으로 수사할 권한이 없다는 것은 형사절차에서 감정인이란 독립된 하나의 증거방법(Beweismittel)으로 간주된다는 점에서 당연한 귀결이라고도 할 수 있다. 만약 감정인에게 조사·수사의 권한이 주어지는 순간 당파성의 문제에서 벗어날 수 없다는 것은 감정인 선정에 대한 법원의 결정에 대한 당사자들의 민감한 반응에서도 충분히 감지할 수 있는 것이다. 또한 설령 감정인이나 감정수탁인의 도움을 받더라도 사건 해명에 관한 권한과 책임은 여전히 법원과 검찰에게 남아 있는 것이다.

요약하자면 결국 독일의 하급심 판례와 관련 학계의 이해에 따르면 서증이나 전자정보의 검열·검색 업무에 사인인 전문가를 활용하는 것은, 그 업무가 단순한 수사활동이 아니라 전문지식이 필요한 업무라면 가능한 것이다. 하지만 구체적인 감정 업무를 주고 이를 관리·감독하지 않고, 저장장치나 서류 등을 일반적으로 위임해 버리는 것은 법적으로 허용되지 않는 것이다.[25] 즉 검사나 사법경찰관이 현장에 형식적으로만 존재할 뿐 감정인이 현장 수색에서 독자적으로 저장매체 등을 심사하고 추가적인 조사가 필요한 것을 확정하고 수사의 이후 절차를 결정하는 등의 권한을 행사하게 해서는 안된다는 것이다.[26] 비용을 절감하기 위해서건, 인적 자원이나 물적 재원의 부족에 대응하기 위해서건 수사기관이 해야 하는 업무, 감정인의 업무가 아닌 것을 감정위촉해서는 안된다는 것이다.

2. 고유한 수사업무

만약 IT 포렌식 관련 업무의 전부나 일부가 전문가 감정에 해당하지 않는 내용을 대상으로 한다면, 그러한 업무는 수사활동에 속할 것인데, 그럼에도 불구하고 사인인 제3자에게 위임 가능한 것인가라는 물음이 떠오른다. 만약 그렇지 않다면 그런 업무를 외주하는 것은 위법행위가 될 것이고, 이에 기반한 모든 노력이 해당 절차에서 무위로 돌아가는 심각한 부정적 효과가 따르게 될 것이기 때문이다.

---

25) KK－StPO/Bruns, 8. Aufl. 2019, StPO § 110 Rn. 4; Wenzel NZWiSt 2016, 85 (87); LG Kiel NStZ 2007, 169; LG Berlin CR 2013, 19; BeckOK StPO §110 Rn. 7

26) 특히 BeckOK StPO §110 Rn. 7 참조

(1) 수사활동의 특성

형사법적인 수사활동, 즉 형사소추와 그에 따른 사법정형에 부합하는 형사소추시스템을 마련하는 것이 단지 국가에 주어진 의무라는 것에 대해서 독일 기본법이나 우리 헌법에 명문의 규정이 있는 것은 아니다.[27] 하지만 적어도 헌법 제12조 제3항(및 제16조)에서 체포·구속·압수 또는 수색을 할 때 적법절차에 따른 검사의 신청과 법관의 영장발부를 명시하고 있다는 것에서 IT 포렌식이 문제되는 압수·수색은 국가공무원인 검사와 판사에 의해 행사되어야 한다는 것이 입법자의 의사임을 추단할 수 있다. 나아가 헌법 제28조(및 제29조)에서 형사피의자 또는 피고인에 대한 보상청구의무를 국가에 부과하고 있다는 점 등에서 수사는 국가공무원인 검사와 사법경찰관의 관할에 속하는 것임을 추단할 수 있게 한다. 형사소송법 제246조의 국가소추주의에서 검사에게 공소제기권을 독점시키고 있는 것과 검사와 사법경찰관인 국가공무원에게 수사권한을 부여하고 있는 것은 이들 외에 사인들이 수사권한을 행사하는 것은 우리 헌법 질서 아래에서는 허용되지 않는다는 것을 말해준다. 특히 검사나 사법경찰관이 자신의 권한을 사인인 제3자에게 위임할 수 있는 근거조항이 결여된 상태라면, 형사소송법 제199조에서 정하고 있듯이, 압수·수색과 같은 강제처분을 타인에게 위임할 수는 없는 것이다.

(2) 수사활동이라는 국가고권적 활동의 위임에 대한 법적 근거들

한편, 헌법 규정이나 형사소송법 규정을 달리 보면 명시적으로 사인의 수사활동을 금지하는 조항을 발견할 수 없으므로 만약 수사에 필요하다면 사인을 투입하는 것도 적법하다고 볼 수도 있겠으나, 적어도 강제처분 영역에서는 명문의 법적 근거가 필요하다는 것은 형사소송법 제199조 단서에서 읽을 수 있으며, 그러한 명문의 근거규정은 검사에 의한 청구와 판사의 명령을 핵심적인 형식으로 하고 있다는 것에 주목하여야 한다. 따라서 검사는 감정위촉을 통해 감정수탁인의 도움을 받을 수 있지만, 일반적인 수사활동을 위임할 수는 없는 것이다. 달리 말해 그러한 근거조항을 두고 있지 않는 현재의 법상태에서는 위법한 수사활동이 될 수 있는 것이

27) BVerfGE 80, 182 (186); vgl. BVerfGE 80, 244 (256); 독일에서는 헌법적 관점에서 볼 때 국가의 권한독점으로부터, 법치국가의 본질적 요소로서, 그리고 기본법 제33조 제4항의 직업공무원에게 유리한 기능유보로부터 도출된다고 한다. 이에 대해서는 Braun/Roggenkamp Neue Kriminalpolitik 2012, 141; Wackernagel/Graßie, aaO., S. 17, Fn. 58 참조

다. 국민의 입장에서도 검사와 사법경찰관 신분의 국가공무원이 아닌 자의 수사활동을 수용하기는 어려울 것이라는 사실적 근거도 이러한 해석의 중요한 배경이 될 것이다.

3. 소결

현행법의 감정제도가 전문지식을 가진 감정인이 법관이나 수사기관이 가지지 못한 지식을 적용하여 도출된 결론을 보고함으로써 국가 형사사법기관을 도와주는 역할로 고안된 것이라면 그러한 전문적 식견이 요구되지 않는 수사활동은 감정이라는 형식을 통해 사인의 도움을 받을 수는 없는 것이다. 하지만 기하급수적으로 증가하는 전자정보가 수사와 재판의 승패를 가르는 핵심적 증거방법이 되어 있는 현실에서 IT 포렌식에 관련된 모든 업무를 지금처럼 전적으로 수사기관의 작업에 맡겨두는 것은 결코 바람직한 해법이 될 수 없고, 만약 그러한 기조를 유지하려면 그에 상응한 적절한 대응책이 마련되어야 할 것이다.

Ⅳ. 수사처분 외주화의 적법성과 필요성

1. 현행법상태에서 IT 포렌식의 외주

2024년 9월 5일 제주지검에 디지털포렌식팀이 업무를 시작했다는 기사에서는[28] 향후 제주지역 수사의 탄력이 붙고 당사자의 절차참여권 보장이 확대되는 등의 효과를 기대할 수 있다고 한다. 원칙적으로 국가의 수사활동을 스스로 해결한다는 원칙에 충실하면서도 변화하는 환경에 대응하기 위해서는 이와 같이 지속적·확장적으로 수사인력, 포렌식 전문수사요원의 확대·보충이 필요할 것이다. 하지만 국가재원의 무한정한 투입을 기대할 수 없는 한 기하급수적으로 증가하는 전자증거의 분석을 수사기관과 법원의 내부 인력으로 모두 처리한다는 발상은 다소 비현실적이라고 하지 않을 수 없다. 문제를 인식하고 늦지 않은 대책마련의 노력이 없다면 결국 수사의 지연, 구속기간의 만료와 피고인 석방, 재판의 장기화 등 형사소송의 이념과는 멀어지는 형사사법의 기능부전으로 이어질 수밖에 없을 것이다.

---

28) 뉴스 1, "휴대폰 들고 육지 안 간다"…제주지검 디지털포렌식팀 개소, 2024. 9. 5.자 기사 (https://www.news1.kr/local/jeju/5533262 : 2024. 9. 5. 최종검색)

앞서 소개한 외국과 달리 아직 우리 수사기관과 법원에서는 IT 포렌식의 전부 또는 일부를 외부업자에게 위탁하였다는 사실이 알려진 바 없다. 만약 지금까지 모든 것을 수사기관 내부에서 해결해왔다고 하더라도 이제 이러한 내부해결의 원칙을 고수하기에는 한계에 도달했다고 하는 것이 정확한 현실진단이라고 할 것이다.

이러한 상황이라면 적어도 감정인의 업무에 해당하는 부분을 특정하여 IT 포렌식의 일부를 외부 전문가(단체)에 위탁하고, 그 전 과정을 통제하는 방식의 외주화는 현재에도 적법하다는 점에서 적극적인 활용방안을 고민해 볼 필요가 있을 것이다. 물론 무엇이 감정인의 업무에 해당하는지에, 앞서 검토한 바와 같이, 개별 포렌식 단계마다 어떤 업무의 특징이 있는지, 그에 활용되는 도구나 기재들이 일반이 접근 가능한 것인지, 전문적인 식견과 경험이 없다면 아무리 오랜 기간 수사업무에 종사하더라도 해낼 수 없는 업무인지 등에 대한 명확한 구분이 선행되어야 할 것이다. 만약 현재 우리 수사기관의 역량과 내부적 분석기법의 개발이 특정 단계에서는 민간의 수준을 넘어서고 있으므로 감정인이 필요 없는 상태라고 하더라도 그것이 디지털포렌식 분야에서 활동하는 모든 수사관의 평균 능력이 아니라고 한다면, 분석의 대상이 되는 정보의 양이 적정한 처리 속도를 불가능하게 한다면, 외부에 감정위탁도 위법한 처분은 아니라고 해야 할 것이다.

2. 수사처분 외주화에 내재한 위험과 그에 대한 대응책

현대사회는 생성형 AI(generative AI)가 보편화되고 딥러닝으로 무장된 창의적 로봇이 우리의 일상을 채우기 시작한 상태이다. 가까운 미래에는 앞서 언급한 감정의 대상으로 수사기관이 할 수 없는 일을 외주하는 방법으로는 더 이상 적정한 수사활동이나 신속한 수사·재판을 기대할 수 없는 사회가 되고 있는 것이다. 감정의 영역이건 이를 넘어서 영국과 미국 같은 방식의 기능적 관점에서의 수사활동의 외주화를 전면적으로 인정하건 간에, 특히 중요한 문제는 이러한 외주업무는 매우 민감한 개인정보를 포함하고 있는 전자정보에 대한 사인의 접근을 허용하게 된다는 점에서 이로 인해 초래될 다양한 문제들에 어떻게 대응할 것인지가 또 하나의 난제로 등장하게 될 것이다.

예를 들어 형법 제127조의 공무상 비밀누설죄를 사인인 감정인에게 적용할 수 있을 것인지, 형법 제317조의 업무상비밀누설죄의 행위자를 추가해야 할 것인지 검토되어야 할 것이고, 다양한 유형의 외주화를 통해 공무에 조력한 자들에 대한 형사설차상 진술거부나 묵비의무를 부과해야 하는 것은[29] 아닌지도 검토되어야 할 것이다. 예를 들어 감정인이나 사인인 협력자(수사처분 외주의 경우)들에 대해 공무원 의제규정을 도입하고, 그에 상응한 비밀유지의무를 명시적으로 도입해야 하는지도 세부적인 분석의 대상이 되어야 할 것이다.

특히 진보된 기술의 적용을 요구하는 분야의 수사처분이나 감정을 외주하는 것이 활성화되게 되면 시간이 경과함에 따라 국가·형사소추기관의 디지털 주권·독립(Souveränität)을 잃어 버릴 수 있는[30] 심각한 문제가 발생할 것이라는 우려도 있다. 달리 말해 소추기관 스스로 관련 기법과 전문역량을 키워나가는 것이 아니라 외부의 도움에 의존하다보면 어느 순간 그 사인·사기업에 국가의 형사소추사무가 종속되는 현상을 초래할 수 있다는 것이다.[31] 초기에는 국가사무에 참여하는 것으로 만족하던 사인이나 업체가 고가의 비용을 요구하며 사무의 위임을 강요하는 경우도 발생하지 않으리라고 단언할 수 없다는 것이다. 따라서 외주로 돌려야 할 사무들과 인적·물적 부담이 있는 것이라도 국가가 직접 발전시켜야 할 업무를 구분하는 지혜도 필요한 것이다.

Ⅴ. 향후 과제

현재 국내 형사소송절차에서 국가사무를 외부위탁·외주화한 예로는 민영교도소의 운영을 들 수 있다. 물론 이러한 형집행의 사인위탁이[32] 가능한 것은 그에 대한 명문의 법적 근거가 있기 때문이다. 그러한 명문의 예외조항이 없는 현재 우리의 법질서 아래에서는 수사처분은 국가의 형사소추기관이 해야 하는 전속적 사무라고

29) 독일 현황은 예를 들어 Cornelius, Das Non−Legal−Outsourcing für Berufsgeheimnisträger Straf− und berufsrechtliche sowie strafprozessuale Konsequenzen der neuesten Gesetzesnovelle, NJW 2017, S. 3751 ff.

30) 이와 관련한 다양한 논점은 Kelber/Bortnikov, Digitale Souveränität von Sicherheitsbehörden und Nachrichtendiensten, NJW 2023, S. 2000f. 참조

31) 독일 법상태에서 도출되는 관련 문제들의 다양한 함의에 대해서는 Wackernagel/Graßie, aaO., S. 18 참조

32) 우리의 경우 민영교도소 등의 설치·운영에 관한 법률에 근거하여 교정업무를 민간에 위탁한 경우(소망교도소)가 있고, 독일의 경우에도 이른바 PPP(public−private− partnerschip) 프로그램에 기초하여 민간에 형집행시설운영이 위탁된 경우가 있다.

할 수 있고, 단지 법관과 수사기관의 전문지식과 경험으로 해결할 수 없는 전문능력을 감정제도를 통해 보충하는 것이 허용될 뿐이므로 이를 넘어서 단순한 수사활동에 불과한 업무를 외주할 수는 없다고 볼 것이다. 만약 그런 방법으로 획득된 증거라면 위법수집증거로 증거능력이 부정될 것이다.

IT 포렌식의 전 절차 중 일부를 감정위탁하는 경우에도 그에 대한 통제·관리책임은 여전히 국가기관에게 있다는 점에서 감정으로 참여한 자가 업무과정에서 취득한 개인의 비밀·정보를 누설하는 문제를 어떤 방법으로 대응해야 할 것인지에 대한 입법론적 검토도 병행되어야 할 것이다.[33] 수사절차의 주재자, 감정처분의 통제·관리자로서 수사기관의 책임자가 모든 책임을 져야 하는 것이 아니라면 그 책임의 소재와 근거를 명확하게 하는 입법적 조치가 필요할 것이다.

감정을 넘어 일반적인 수사처분을 외주하는 것이 불가능한 것이 아님은 민영교도소의 운영이 보여주고 있다. 따라서 만약 영국이나 미국의 실무적 관행처럼, 수사처분이라고 해도 국가기관의 인적·물적 재원이 부족하다면 외주하여 도움을 받을 수 있는 법적 근거를 마련한다면 보다 효과적인 수사절차의 진행과 신속한 재판의 구현에 중요한 도움이 될 수도 있을 것이다. 하지만 이러한 방향을 선택하기에는 사실상 대륙법적 원리에 익숙한 국민들의 저항을 고려하는 신중한 태도가 필요해 보인다. 수사활동에 사인이 참여하고 그들의 활동결과가 법정에 현출되는 모습을 우리 국민들이 쉽게 수용할 수 있을지 의문이기 때문이다.

어느 순간 생성형 인공지능이 수사기관의 업무를 보조하며 수사외주화의 문제를 모두 해결해 줄 수도 있을 것이다. 상상해 볼 수도 있는 장면이겠으나 가까운 미래에 구현될 수 없는 기대라면 현재 수사기관의 인적·물적 재원의 한계가 드러나는 영역에서 국가의 디지털고권 상실을 염려하지 않아도 되는 부분을 감정의 형태로 외주하는 것을 현실화할 필요가 있는 것이다. 영국의 실패사례를 감안하면 수사기관의 감정사무를 처리할 사인이나 사기업의 자격과 능력을 판단하는 구체적이고 전문적이며 공정한 기준을 마련하는 노력도 함께 해야 할 것이고, 독일의

33) 동일한 형사절차에서도 변호인의 업무 외주는 특별한 일도 아닌 것처럼 여겨지고 있는 것은 그 활동이 수사활동은 아니기 때문이고, 그럼에도 변호인의 업무의 외주화 과정에서 외부전문가가 이를 통해 획득한 타인의 개인정보·비밀을 누설한다면, 현행 형법 제317조 제1항의 '그 직무상 보조자'라는 신분으로 처벌될 수 있을 것이다. 이와 관련한 독일 사정의 분석은 예를 들어 Beukelmann, Stephan, Outsourcing auch bei der Strafverteidigung?, NJW－Spezial 2005, S. 887f.

논의에서 알 수 있듯이 개인정보의 보호나 수사기밀의 유지 등을 위한 명확한 근거와 기준을 마련하는 것도 필요할 것이다. 특히 수사처분의 주체는 여전히 국가 수사기관이라는 점에서 업무의 핵심을 쉽게 외주해서는 안될 것이고 인적·물적 재원을 집중적으로 투입하여 관련 활동의 주도권을 유지하는 노력도 소홀히 되어서는 안될 것이다.

【참고문헌】

김성룡, 형사소송법의 전문가 감정의 제 문제, 한국비교형사법학회, 비교형사법연구 제7권 제1호, 2005

신양균, 형사소송법상 감정제도에 관한 몇 가지 고찰, 한양대학교 법학논총, 제28권 제4호, 2011

Baylis, Elena, OUTSOURCING INVESTIGATIONS, UCLA Journal of International Law and Foreign Affairs, Vol. 14, No. 1 (Spring 2009), pp. 121－147

Beukelmann, Stephan, Outsourcing auch bei der Strafverteidigung?, NJW－Spezial 2005, S. 87 f.

Beukelmann, Stephan, Outsourcing bei Polizei und Strafjustiz, NJW－Spezial 2006, S. 280 f.

Braun, Frank/Roggenkamp, J. Dirk, Privatisierung technisch gestützter Ermittlungsmaßnahmen?, Neue Kriminalpolitik, vol. 24, No.4, 2012, S. 140 ff.

Cornelius, Kai, Das Non－Legal－Outsourcing für Berufsgeheimnisträger Straf－ und berufsrechtliche sowie strafprozessuale Konsequenzen der neuesten Gesetzesnovelle, NJW 2017, S. 3751 f.

Detter, Klaus, Der Sachverständige im Strafverfahren - eine Bestandsaufnahme－, NStZ 1998, S. 57 f.

Geppert, Klaus, Der Sachverständigenbeweis, Jura 1993, S. 249 f.

Graf, Jürgen(Hrsg.), BeckOK StPO mit RiStBV und MiStra, 52. Edition 2024

Ham, Jonathan M., Report to Paoli, Latino & Kutzman of Expert Witness Testimony in the case of Peschel v. City of Missoula, 2009 WL 5190504, United States District Court, D. Montata, March 30, 2009

Hannich, Rolf(Hrsg.), Karlsruher Kommentar zur Strafprozessordnung mit GVG, EGGVG und EMRK, 8. Aufl., 2019

Kelber, Ulrich/Bortnikov, Vyacheslav, Digitale Souveränität von Sicherheitsbehörden und Nachrichtendiensten, NJW 2023, S. 2000 f.

Wackernagel, Udo/Graßie, Christian, Die Beauftragung von IT-Forensikern im Ermittlungsverfahren: Zulässige Sachverständigenbeauftragung oder unzulässiges Outsourcing originärer Ermittlungstätigkeit?, NStZ 2021, 12 ff.

Wenzel, Henning, Rechtliche Grundlagen der IT-Forensik, NZWiSt 2016, S. 85 ff.

【국문초록】

현대사회에서는 IT기술의 도움으로 문서나 자료들이 쉽게 만들어지고, 예전에는 상상조차 할 수 없었던 다양한 방법으로 보관할 수 있게 되었다. 개인, 단체, 사회, 국가 등 사회의 다양한 주체들이 만들어내는 문서와 기록들은 지금 이 순간에도 기하급수적으로 생성되고 있다. 이런 현상은 범죄의 수사와 재판에서도 조사와 분석의 대상이 되는 정보의 급증을 가져오고, 사건의 대소, 혐의의 경중을 불문하고 수사의 성공여부는 물론이고 재판의 결과도 결국 전자정보에 대한 제대로 된 포렌식(forensic)이 좌우한다고 해도 무리가 아닌 상황을 만들어 내고 있다. 수사기관이 단일 사건에서 분석해야 할 정보(기록, 문서, 자료 등)가 며칠, 몇 주의 전문가 분석이 필요한 정도에 달하는 것은 이미 통상의 모습이 되었고, 거대기업이나 다수의 가해자·피해자가 문제 되는 사안에서는 몇 달 동안 또는 해를 넘기며 관련 전자정보의 분석에 엄청난 전문수사인력이 매달려야 하는 상황은 당연한 듯 여겨지기도 한다. 물론 이러한 정보의 범람이 가져온 형사사법의 기능에 대한 위협은 우리만의 문제가 아니라 범세계적인 현상이 되고 있다. 특히, 국내·외를 가리지 않고 최근 관심의 대상으로 부각되고 있는 재판지연의 문제와도 무관할 수 없는 현상이기도 한 것이다.

이 글은 이러한 상황에서 수사대상자들을 무고한 혐의로부터 신속하게 벗어나게 하고, 범죄인의 처벌을 가능하게 할 증거를 효과적으로 확보하기 위해서는 신속한 전자정보의 분석·선별이 필요불가결한 절차가 되었고, 이를 위해서는 결국 수사기관의 부족한 인적·물적 자원은 IT 관련 사기업이나 사인인 포렌식 전문가와 같은 외부단체나 개인의 도움으로 해결할 수밖에 없다는 점에서 이른바 '수사처분·활동의 외주화'(outsourcing)라는 현상에 주목해 보았다. 특히 비교법적 검토를 통해 현행법상태에서 적법한 외주의 방식, 향후 법 개정을 통해 도입이 필요한 외주의 방식과 세부 입법적 대응방법 등을 살펴보았다.

◈ 주제어 : 수사의 외주화, IT 포렌식, 감정인, 쿰-엑스 사건, 디지털 수사

【Abstract】

Legality and necessity of investigation outsourcing in criminal proceedings*

Sung－Ryong Kim**

In modern society, with the help of IT technology, documents and data can be easily created and stored in a variety of ways that were previously unimaginable. Documents and records created by various social entities, such as individuals, organizations, societies, and countries, are being created continuously and exponentially at this very moment. This phenomenon causes the information that is subject to investigation and analysis in criminal setting and trials to increase day by day, and regardless of the size of the case or the severity of the charges, and therefore the success of the investigation and the just result of the trial are determined by the proper forensics on electronic information. Ultimately, it has already become common for the information (records, documents, materials, etc.) that investigative agencies need to analyze in a single case to requires several days or weeks of expert analysis. And in cases where large corporations or multiple perpetrators and victims are at issue, a large number of professional investigators naturally have to analyze relevant electronic information for months or even years.

Of course, the threat to the function of criminal justice system brought about by this overflow of information is not only our problem, but also becoming a global phenomenon. In particular, it is a phenomenon that cannot be unrelated to the problem of trial delays, which has recently emerged as a topic of interest, both domestically and internationally.

This article explained that in this situation, rapid analysis and screening of electronic information has become an indispensable procedure in order to quickly free those under investigation from innocent charges and effectively

* This work was supported by the Ministry of Education of the Republic of Korea and the National Research Foundation of Korea(NRF－2021S1A5A2A01069431)

** Prof. Dr. iur., Kyungpook National University Law School

secure evidence that can enable the punishment of criminals. It revealed that ultimately the problem of lack of human and material resources in investigation agencies cannot resolved without the help of external organizations or individuals, such as IT—related private companies or private forensic experts. In this viewpoint, We focused on the phenomenon of so—called 'outsourcing of investigative actions and activities.

In particular, through comparative legal review, We discussed outsourcing methods that are legal under the current legal status, outsourcing methods that need to be introduced through future law revisions, and detailed legislative methods of meeting problem.

◈ Key Words: Outsourcing of investigation, IT Forensic, Expert witness, Cum-Ex scandal, Digital investigation

한국형사소송법학회『형사소송 이론과 실무』
제16권 제3호 (2024.09) 197~227면.
Theories and Practices of Criminal Procedure Vol. 16 No. 3 (September. 2024) pp. 197-227.
10.34222/kdps.2024.16.3.197

부패범죄 신고자 보호를 위한 법제정비 방안

김 혜 경*

목 차

Ⅰ. 들어가며

한국에서 역대 정권들 중 부패와의 전쟁 또는 부패척결을 국정과제로 선정하지 않은 전례가 없을 정도로 부패문제는 항상적으로 대국민적 관심사이자 국가적 과제가 되어 왔다. 이처럼 국가과제로서 부패척결을 표방하여 왔음에도 불구하고, 여전히 부패와의 전쟁이 현재진행형인 이유는 부패라는 의미의 광범위성과 그것을 범죄로 하는 영역이 가지는 특성에 기인한다. 통상 부패란 부정부패, 즉 바르지 못하고 타락한다는 의미로서, 사회, 경제, 교육 등을 비롯하여 그 어느 영역이든 간에 옳지 않은 방법으로 재물이나 기회, 지위 등의 물질적이거나 사회적인 이익을 취하는 "일체의" 일탈행위[1]를 의미한다. 이러한 통상적인 의미에서 부패는 그 영역과 방법 및 취하는 이익, 즉 행위의 동기와 과정 및 결과가 모두 열려 있는 개념이기 때문에 그 중에서 무엇을 범죄로 할 것인지가 완전하게 입법권자의 입법형성권에 전속하게 된다.

* 계명대학교 경찰행정학과 교수 · 법학박사

1) 국민권익위원회, 부정부패(不正腐敗)란?, https://www.acrc.go.kr/menu.es?mid=a30201000000 (방문일: 2024. 6. 5)

또한 형사입법으로서 부패범죄가 정의되더라도, 현실적으로 그와 같은 범죄들이 행해지는 방식으로서 은폐성과 은밀성, 당사자 간의 이해관계의 공생적인 대향성, 조직화되어 이루어지는 체계성, 피해자 없는 범죄의 특수성과 같은 행위 고유의 특성이 두드러지기 때문에 특정 행위를 범죄라고 하기도 어렵다.

나아가 설령 범죄의 구성요건에 해당한다고 하더라도 은폐성과 은밀성이 해당 범죄의 실제 처벌까지 이어지는데 장애사유로 작동한다. 즉 부패범죄의 형사사법절차 과정에서 이해관계인들의 진술에 의존하여 진실발견이 이루어짐으로써 진술번복에 의한 증명력 확보의 어려움 및 증거 발견 자체의 곤란성이 그에 응당한 국가형벌권의 발동을 어렵게 하는 것이다.

그렇다 보니 부정부패행위 중에서 어떠한 행위를 특정하여 범죄로 구성하는가라는 형사실체법상의 문제만큼이나 중요한 것은 은폐되는 부패범죄를 어떻게 수면위로 드러낼 것인가의 문제일 것이다. 특히 해당 행위들의 은밀성과 은폐성으로 인하여, 행위 관여자들의 자발적인 협조를 통하지 않는 한, 제3자의 신고나 고발에 전적으로 의존할 수는 없다. 따라서 행위 관여자들을 사법절차 내로 포섭하기 위한 법적·제도적 장치들이 필요하게 된다. 앞서 언급한 바와 같이 이해관계인들은 누가 피해자라고 할 수 없는 특성이 있을 뿐만 아니라, 상호 간에 공범적 성격을 가지기 때문에 어느 일방의 사법협조는 타방에 대한 배신적 성격을 가지게 되고, 그로 인하여 신변에의 위협을 수반하지 않을 수 없는 경우가 대부분이기 때문이다.

현행 법률상으로는 부패범죄에 대한 공익신고자와 관련한 규정들이 산재해 있지만, 이들 규정들은 각각의 의미와 효과가 각각 상이할 뿐만 아니라 중첩되기도 하고 실제 그 효과를 담보하기 어려운 면도 내포하고 있다. 따라서 그들이 사법협조자이든 공익신고자이든 내부고발자이든지 간에 그 명칭여하를 불문하고 통일적으로 법적인 보호와 혜택이 부여될 필요가 있다. 이러한 문제의식 하에 여기에서는 우선 부패범죄에 대한 법률상 정의와 한국적 현황을 살펴보고(Ⅱ), 유럽연합의 공익신고자 보호지침의 내용을 살펴보면서 그 시사점이 무엇인지 분석하고자 한다(Ⅲ). 그리고 이를 토대로 하여 부패 범죄 방지를 위한 법·제도적 제언으로서 부패범죄 신고자에 대한 보호방안을 제시함으로써(Ⅳ), 부패범죄에 대한 적절한 형사법적 대응방안을 모색하고자 한다.

Ⅱ. 부패범죄의 관련 법률상 문제점

1. 부패범죄의 개념

(1) 일반적 정의

부정부패란 “사회구성원이 권한과 영향력을 부당하게 사용하여 사회질서에 반하는 사적 이익을 취하는 것”[2]이라고 하거나, “불법적이거나 부당한 방법으로 재물, 지위, 기회 등과 같은 물질적 혹은 사회적 이득을 얻거나 또는 다른 사람으로 하여금 얻도록 돕는 일체의 행위”[3] 라고 한다. 이러한 정의의 핵심은 어떠한 사회적 지위나 영향력을 올바른 방법이 아닌 방식으로 이용할 것과 그러한 행위와 인과관계가 있는 유·무형의 이익 및 그러한 인과성 있는 이익의 취득이 반사회질서적일 것을 요건으로 한다.

용어의 어원을 살펴보면, 한자로는 썩을 부(腐)와 무너질 패(敗)의 합성으로 썩어서 무너진다는 의미이고, 라틴어로는 함께를 의미하는 ‘Cor’와 파멸하다는 의미의 ‘Rupt’의 합성으로서 함께 파멸하다는 의미를 지닌다. 양자 모두 파멸 또는 무너진다는 의미를 가지며, 특히 서양에서는 함께 무너짐, 즉 부패를 행하는 자 뿐만 아니라 그 자가 소속된 사회나 국가도 함께 무너진다는 뜻까지 내포한다. 이를 통해 부패 자체가 뿌리가 깊고 질겨서 손쉽게 제거되거나 청산될 수 있는 문제가 아님을 동서고금을 막론하고 인정하여 왔음을 알 수 있다.

부패의 개념은 공직사회를 중심으로 공직자가 업무수행과정에서 공익을 위반하고 사익을 창출하기 위해 자신의 지위를 부당하게 남용하는 행위를 지칭하였다. 따라서 공직자나 공공기관이 부패척결의 대상이 되었다. 현행 부패방지법 제2조 제3호 역시 공직자와 공공기관 및 그들과 협업하는 일반인을 대상으로 할 뿐이고, 공직과 무관한 영역에서는 이를 다루지 않았던 것이 일반적이다. 또한 공직사회에서의 부패개념도 이익의 창출이라는 요건으로 인하여 주로 뇌물죄를 중심으로 다루어져 왔다.

그러나 기업의 경제활동이 내국의 수요를 넘어서서 국제적으로 거대 기업을 형

2) 위키백과, 부정부패, https://ko.wikipedia.org/wiki/%EB%B6%80%EC%A0%95%EB%B6%80%ED%8C%A8#cite_note-1(방문일: 2024. 6. 2)

3) 국가청렴위원회 보호보상단, 부패신고 및 보호·보상, 직무교육교재, 2006, 1면.

성하고, 자본시장의 규모가 확대되어 때로는 한 기업의 총 자산의 흐름이 소규모 국가의 그것을 넘어서는 현대사회에 이르러서는 부패는 더 이상 공직의 문제가 아닌 것으로 이해된다. 나아가 일반 사경제주체들이 자신에게 유리한 시장구도를 형성하기 위하여 경제정책을 입안하는 공직자나 공공기관에 적극적으로 개입하여 특혜를 이끌어냄이 사회적 및 국제적 문제로 부상하자, 대부분의 국가들은 부패를 시장경제주체에까지 확산하기에 이르렀다.

실제로 미국 해외부패방지법(FCPA)은 영국의 뇌물수수법(UK Bribery Act)과 함께 대표적으로 법인의 부패를 처벌하는 법으로 소개된다. 동법의 엄격한 적용은 법인의 뇌물 등 부패를 방지하고, 법인의 준법활동을 강화하는 예방적 효과를 목적으로 한다. 그런데 그동안 FCPA의 적용결과를 살펴보면, 이는 미국의 자국내 법인에 대한 처벌보다는 해외기업의 처벌에 보다 주력을 한 것은 아닌가 하는 합리적 의심이 들기도 한다.[4] 2019년 사건 중에는 한국의 삼성중공업과 브라질 간의 사건도 포함되어 있다.[5] 이처럼 기업활동의 부패 규제는 한 국가 내의 문제가 아닌 국제적인 이슈로 부상하고 있으며, 사법관할권의 귀속문제까지도 제기한다. 우리나라 역

4) FCPA Enforcement Actions Against Foreign Companies From OECD Convention Peer Countries https://fcpaprofessor.com/fcpa-enforcement-actions-foreign-companies-oecd-convention-peer-countries-4/(방문일: 2024. 6. 3)
다음은 공식적으로 발표된 2016년부터 2019년까지 FCPA 법의 적용결과이다.

연도	전체 집행조치 기업 중 외국기업 비율	총 징벌금액 대비 외국기업 납부액 비율
2019	57% (8/14)	83%
2018	53% (9/17)	72%
2017	38% (5/13)	90%
2016	41% (11/27)	63%

5) 이에 대하여 미국이 비미국 관리들과의 상호작용 혐의로 특정 외국 기업을 기소하기에 적절한 관할권이라고 진정으로 말할 수 있는지에 대한 논란이 제기되기도 하였는데, 2019년 한해만 외국 기업에 대한 집행 조치로 인해 약 22억 달러가 미국 재무부에 유입되었고, 심지어 2017년에는 벌금납부액의 90%가 외국기업에 의한 것이었다.

시 1998년에 "국제상거래에 있어서의 외국공무원에 대한 뇌물방지법"을 제정하기에 이르렀고, 사경제에서 부패의 개념은 공직사회와 마찬가지로 뇌물죄를 중심으로 전개되어 왔다.

한편으로 부패의 개념은 그 사회의 역사와 관행과 직접적 연관이 있어서, 관점의 차이에 따라서 그 엄격성이 매우 차등적이다. 예컨대 서방에서는 금전이 있는 곳에 권력이 있지만, 러시아에서는 권력에 재력이 따라온다거나, 부패라고 일컫는 것이 선물이나 친밀함의 표시일 뿐이라고 보기도 한다.[6] 대체로 독재국가 또는 폐쇄적이거나 후진적인 국가일수록 부패가 만연하지만 사회적·법적 처벌의 대상이 되지 않는 반면, 민주주의 정신이 성숙한 국가일수록 부패척결에 대한 사회적 요구는 크고 사회 전 영역에서의 청렴성을 중요한 가치로 인식한다.

(2) 법률적 정의

부패근절을 위한 대표적인 법률은 "부패방지 및 국민권익위원회의 설치와 운영에 관한 법률(이하 '부패방지법')"로서, 동법 제2조 제4호는 부패행위를 "공직자가 직무와 관련하여 그 지위 또는 권한을 남용하거나 법령을 위반하여 자기 또는 제3자의 이익을 도모하는 행위, 공공기관의 예산사용, 공공기관 재산의 취득·관리·처분 또는 공공기관을 당사자로 하는 계약의 체결 및 그 이행에 있어서 법령에 위반하여 공공기관에 대하여 재산상 손해를 가하는 행위 및 이에 따른 행위나 그 은폐를 강요·권고·제의, 유인하는 행위"로 정의한다. 이러한 정의에 따르면 부패행위란, 공직자의 직무관련 행위, 공적 재산의 침해행위 및 그 은폐목적 행위로서 공무원이나 공공기관 및 그와 이해관계 있는 자들만의 영역이 된다. 따라서 순수 사기업체 등과 같은 민간부문의 각종 비리행위 및 공공기관을 상대로 하는 고충 탄원 등은 부패행위에 해당하지 않고,[7] 따라서 부패신고의 대상도 아니다.

"이익을 도모하는 행위"란 "수령자의 정치적·경제적·법적·인격적 지위를 유리하게 해주는 것"[8]으로, 통상 일체의 유·무형의 득이 되는 것이지만, 비재산적인 이익인 경우에는 이를 객관적으로 측정할 수 있는 정도의 실체를 가져야 한다고 본다. 객관적 측정이 가능한 영역으로 판례는 장기간 처분하지 못하던 재산의 처분으

6) 연합뉴스, "러 기자, '러시아엔 "부패"라는 말 없어... 우정 표시일 뿐", 2016/1/29일자 https://www.yna.co.kr/view/AKR20160129091000009(방문일: 2024. 6. 3)
7) 국가청렴위원회 보호보상단, 앞의 보고서, 10면.
8) 국가청렴위원회 보호보상단, 앞의 보고서, 12면.

로 인한 무형의 이익[9] 뿐만 아니라, 성적 욕구의 충족[10]도 이에 포함된다고 본다.

공공기관이 관여되는 행위여야 한다. 이 경우 공적재산의 침해행위의 주체는 공공기관 내의 공직자일 수도 있지만, 공공기관을 상대로 계약 등을 행하는 사인이나 법인이 될 수도 있다. 공공기관 내부자가 범행에 가담할 때에는 사인은 공범의 형태 또는 대향범의 형태로 가능할 것이다. 반면 공공기관이 전적으로 피해자가 될 수도 있는 바, 공공기관을 대상으로 하는 사기계약 등에서는 사인만이 주체가 될 수 있다.

(3) 법률상 개념의 문제점

우선 직무란 "공무원이 그 지위에 수반하여 공무로서 처리하는 일체의 직무를 말하며, 과거에 담당하였거나 또는 장래 담당할 직무 및 사무분장에 따라 현실적으로 담당하지 않는 직무라고 하더라도 법령상 일반적인 직무권한에 속하는 직무 등 공무원이 그 직위에 따라 공무로 담당할 일체의 직무"[11]를 의미한다. 다만 이러한 정의에 따르면 공무원이 위촉을 통하여 보유하게 된 위원회 등의 지위가 해촉으로 소멸되는 경우, 그 이후에 종전의 위촉으로 수행한 직무에 관하여 금품을 수수하더라도 통상적인 뇌물죄는 성립할 수 없고, 사후수뢰죄 여부만 다툴[12] 수 있는 문제점이 있다. 그런데 사후수뢰죄는 "재직 중에 청탁을 받고 부정행위 후"에 퇴직할 것을 요건으로 하므로, 만일 해촉 이후에 해당 위촉이력을 이용하여 청탁을 받고 이익을 취하는 행위는 사후수뢰죄가 되는지 여부가 논란이 있을 수 있다. 동 판결에서 해촉은 공직에서의 "퇴직"을 의미하는 것이 아니라, 공직은 그대로 유지하되 특정위원회와 같은 특임상태의 해촉이므로 사후수뢰죄의 퇴직자이거나 공직자 윤리법 제18조의4(퇴직공직자 등에 대한 행위제한) 등에 해당하는 퇴직공직자라고 볼 수 없기 때문이다.[13]

나아가 단순 수뢰죄가 부정한 청탁을 요건으로 하지 않는 반면, 사후수뢰죄는 반드시 청탁을 받고 부정행위를 할 것으로 요건으로 한다는 점에서, 광범위하게 사후 권력을 오용하는 행위를 처벌할 수 없게 된다. 한국사회에서 주요 공직에 있었다는

9) 대법원 2023. 6. 15, 2023도1985 판결.
10) 대법원 2014. 1. 29, 2013도13937 판결.
11) 대법원 1995. 6. 30. 선고 94도993 판결.
12) 대법원 2013. 11. 28. 선고 2013도10011 판결.
13) 물론 이에 관하여 다툼의 여지가 없는 것은 아니다.

경력은 퇴직 또는 해촉 이후에도 사회적으로 간접적인 영향력을 행사할 수 있는 특성이 있음을 고려할 때에는 부패행위의 범위를 보다 넓게 해석할 필요가 있다.

이러한 행위와 인과성이 있는 이익에 대하여는 사람의 수요와 욕망을 충족시키기에 족한 것이라고 하여 넓게 해석하면서도 반드시 "객관적으로 측정"될 것으로 요한다. 조합아파트 가입권에 붙은 프리미엄[14]이나 은행채무에 연대보증을 서게 하는 것[15] 등은 무형의 이익이라도 하더라도 거래계의 시세를 고려하여 객관적인 측정이 가능하므로 이들이 이익에 해당함은 물론이다. 반면, 명예욕이나 허영심 등을 충족시키는 것들은 객관적 측정이 불가능하므로 이를 얻는 것은 부패행위가 아니라고 본다.[16] 그러나 현대사회에서 가치의 중심이 현물보다는 무형의 형태로 이전해가는 시점임을 고려한다면 이를 반드시 "객관적으로 측정"될 것으로 한정하는 것은 재고할 필요가 있다. 인터넷이나 가상세계에서 발생하는 이익들은 현재의 가치로 객관적으로 측정될 수 없지만, 장래 그 가치가 매우 높을 수도 있으며, 개인의 수요와 욕망은 다변화되는 사회일수록 그 형상도 해석자(법관)의 이해를 넘어설 수 있다.

또한 공공기관의 내부자이거나 공공기관을 상대하는 사인의 행위일 것을 요건으로 하므로, 경제주체로서 기업내부비리를 비롯한 기업부패행위는 제외된다. 연혁적으로는 부패방지법이 2001년 제정되면서 동법상 부패방지위원회를 두었으나, 2008년 법률폐지제정으로 국민권익위원회를 신설하면서 행정제도개선과 부패관련 업무를 통합하도록 하였다. 그리고 이와 별개로 2011년 공익신고자보호법을 제정하여 부패행위와 별개로 공익침해행위를 규정하고, 공익신고자에 대한 처우를 별도로 두게 되었다. 나아가 2020년에는 고위공직자범죄수사처 설치 및 운영에 관한 법률(이하 공수처법)을 신설하고 내부고발자의 보호를 공익신고자보호법에 따르도록 하였다. 이처럼 신고자에 대한 적용법조가 서로 다름으로 인하여 혼선이 생길 우려가 있다.

---

14) 대법원 1992. 12. 22. 선고 92도1762 판결.

15) 대법원 2001. 1. 5. 선고 2000도4714 판결.

16) 한편 김성천/김형준, 형법각론, 821면은 이 경우도 뇌물로 본다.

2. 신고자 지칭 용어와 보호법의 중첩

(1) 신고자 지칭 용어

일반적으로 내부고발자(Whistleblower)란 조직의 내부에 존재하는 불법 또는 부정한 행위에 관한 정보를 외부에 공개하여 신고하는 자를 의미한다. 그런데 현행법상으로는 개별 법률마다 신고자를 지칭하는 용어가 서로 상이하다.

우선 부패방지법상으로는 부패행위신고자가 있다. 동법은 별다른 정의규정 없이 '신고자'라고 하면서(동법 제57조) 누구든지 부패행위에 대하여 위원회에 신고할 수 있다고 보고, 공직자의 경우에는 의무규정으로 하고 있다(제56조). 따라서 부패방지법상 신고자를 통상 '부패행위신고자'라고 지칭한다.[17]

한편 공익신고자보호법상으로는 공익신고자와 내부 공익신고자가 있다. 동법은 공익침해행위를 국민의 건강과 안전, 환경, 소비자의 이익, 공정경쟁 등을 침해하는 행위로 정의하면서도, 이에 해당하는 행위인지 여부는 별표에 개별법을 제한적 열거 방식으로 지정한다.[18] 그리고 '공익신고자'라는 용어로서 공익신고를 한 자를 정의(동법 제2조 제4호)하고 공익신고자와 공익신고에 대한 절차상 진술자, 증인, 자료제공자를 모두 보호의 대상으로 한다. 한편 일반 공익신고자와 달리 "내부 공익신고자"를 별도의 항목(동법 제2조 제7호)으로 두고, 부패방지법상 공공기관을 포함하여 기업, 법인, 단체 등에 소속되었거나 이들과의 계약에 따른 업무수행(근무)자 및 수행(근무)하였던 자를 보호하고자 한다.

또한 공수처법으로는 정보제공자와 내부고발자라고 지칭한다. 동법 제46조 제1항은 고위공직자범죄 등에 관한 정보를 제공하는 자를 '정보제공자'라고 지칭하면서도, 동조 제2항에서는 '내부고발자'에게 공익신고자보호법상의 보호조치를 할 수 있다고 규정하고 있다. 따라서 동법상 고위공직자가 소속된 기관 외부에서의 고발은 '정보제공자'로, 기관 내부의 고발자는 '내부고발자'로 분류된다.

다른 한편으로 특정범죄신고자 등 보호법(이하 범죄신고자법)은 범죄신고자라는 용어를 사용한다. 동법 제2조 제1호는 특정범죄를 열거하고 제3호는 범죄신고자를 정의하면서 "특정범죄에 관한 신고, 진정, 고소, 고발 등 수사 단서의 제공, 진술 또

17) 곽관훈, "기업 규제 관점에서 본 내부고발자(Whistleblower) 보호의 필요성 및 방안", 기업법연구 제28권 제1호, 한국기업법학회, 2014, 215면.

18) 별표는 491개의 개별 법률을 가나다순으로 "110구조·구급에 관한 법률"부터 "후천성면역결핍증 예방법"까지 공익침해행위 대상 법률을 열거하고 있으며, 다만 형법은 제외되어 있다.

는 증언이나 그 밖의 자료제출행위 및 범인검거를 위한 제보 또는 검거활동을 한 자"라고 명문화하고 있다. 그리고 범죄신고자에 대하여는 불이익처우 금지, 신변안전조치, 구조금지급, 임의적 형 감면제도 등의 혜택을 부여한다. 동법상으로도 공익신고자보호법이 준용된다.[19]

입법까지 이어지지는 못하였으나 2010년 법무부 형법개정안 상으로는 '사법협조자'가 있다. 동 개정안 제52조의2에 따르면 "수인이 관련된 죄의 수사절차나 재판절차에서 그 죄에 대하여 진술함으로써 범죄 규명, 결과발생의 방지, 범인의 검거에 기여한 때에는 그 형을 감경 또는 면제"하도록 하고 있으며[20], 따라서 '사법협조자'란 형의 감면을 조건으로 하여 그와 같이 사법절차에서 진술하거나 증언하는 자라고 정의할 수 있다. 사법협조자에 대한 형벌감면제도는 국제적으로 테러범죄, 마약범죄나 조직범죄에 대한 대응책으로서, 역사적으로는 영국의 공범자증인(Kin's Approver) 또는 공범자증거(King's evidence)로부터 유래하였다고 본다.[21]

외국법제로서 일본에서는 '공익통보자'가 있다.[22] 2006에 제정된 일본 공익통보자보호법을 근거로 하며, 노동기준법상 노동자(공무원 포함)가 부정한 목적이 아니면서 형사벌의 대상이 되는 법령위반행위에 대하여 통보처에 통보하는 것을 의미한다. 동법은 2020년 개정하면서, 공익통보자에 대한 불이익조치로부터의 보호뿐만 아니라 기업 스스로 준법경영을 강화할 수 있도록 함이 목적임을 분명히 하였다.

---

19) 동법 제17조는 범죄신고자에게 공익신고자보호법상 불이익조치(동법 제2조 제6호에 열거됨)를 행한 자를 2년 이하의 징역 또는 2천 만원 이하의 벌금에 처하도록 규정한다.

20) 사법협조자 형벌감면제도와 관련하여서는 김영기, "사법협조자 형벌감면제도에 대한 고찰", 형사법의 신동향 제23호, 2009/12, 446면 이하; 최성진, "사법협조자 형벌감면제도를 둘러싼 비교법적 고찰－2013년 독일 형법 제46조b 개정사항을 중심으로", 법학연구 제57권 제4호, 부산대학교 법학연구소, 2016, 169면 이하 참조.

21) 박종순, "사법협조자 소추면제 형벌감면제도의 원류", 형사법의 신동향 제40권, 대검찰청, 2013/1, 115면. 이에 따르면 공범자 증인이란 중죄로 기소된 이후에 타 공범자를 사인소추 하는 공범자를 의미하고, 곰범자증거란 아직 소추되지 않은 상태에서 공범자가 유죄판결을 받도록 협조하는 타 공범자를 의미한다고 한다.

22) 일본의 공익통보자에 관한 내용은 강경래, "일본의 공익통보자보호제도에 관한 고찰－2020년 공익통보자보호법의 일부를 개정하는 법률을 중심으로－", 한국부패학회보 제25권 제4호, 한국부패학회, 2020/12, 119면 이하; 이우진, "일본의 개정 「공익통보자보호법」에 관한 연구－일본에서의 논의를 중심으로", 한국부패학회보 제26권 제1호, 한국부패학회, 2021/3, 117면 이하 참조.

(2) 근거법률의 산재

앞서 공익적인 목적으로 범죄를 신고하는 자를 지칭하는 용어가 개별법률마다 다르다는 점을 확인하였다. 그와 같은 개별법률들은 유사하면서도 상이한 방식으로 신고자에게 불이익한 조치를 취할 수 없도록 하고, 신고자의 신변보호를 강화하면서도, 신고자가 범죄와 관련된 자인 경우 양형상의 혜택을 부여할 수 있는 법률상 감경규정을 두기도 한다.

기본적으로 공직자나 공공기관 관련 부당한 이익취득행위는 부패방지법이, 형법을 제외한 491개의 법률위반 공익침해행위는 공익신고자보호법이, 고위공직자의 직무관련 범죄는 공수처법이, 특정범죄의 신고와 관련하여서는 범죄신고자법이 근거법이 된다.

그런데, 그와 같은 근거 법률의 산재는 법률에 위반된 행위를 신고하는 자에 대한 특혜와 신변보호를 규정한다는 점, 형사사법절차에의 협조를 통한 범죄로부터의 사회방위를 목적으로 한다는 점, 신고자의 불이익처우를 방지하면서 그와 같은 행위를 한 자를 처벌하고자 한다는 점에서 입법취지가 동일하다. 따라서 근거 법률들을 통일하고, 그 명칭을 동일하게 함으로써 적용상 오해를 차단하고 수범자들의 이해도를 향상시킬 필요가 있다. 신고자들에게 어떤 법률에 근거하여 어떠한 처우를 받는지를 스스로 찾아내야 하는 불편함을 초래한다면, 입법목적을 달성하기 어려울 뿐만 아니라 신고 자체가 신속하고 명확하게 이루어지는데 장애사유로 작용할 우려가 있다.

Ⅲ. 유럽연합의 공익신고자 보호 지침

1. 유럽연합의 지침 선택배경

유럽연합의 부패 비용은 연간 약 1,200억 유로로, 이는 EU전체 GDP의 약 1%에 해당하며, 부패위험으로 인해 유럽연합은 매년 53억 유로의 비용을 지출하는 것으로 추산된다고 한다.[23] 유럽연합은 공공 또는 민간조직 내부자는 해당 맥락에서 발

23) Milleu Ltd., Estimating the Economic Benefits of Whistleblower Protection in Public Procurement Final Report, EUROPEAN COMMISSION, 2017/7, 12면.

생하는 공익에 대한 위협이나 피해를 신고하는 내부고발자 역할을 함으로써 위법행위 폭로와 예방 및 사회복지에 기여하지만, 보복에 대한 위협 등으로 인해 내부고발자 보호의 중요성이 국제적 차원에서 필요하게 되었음을 인식하였다. 이미 2013/36/EU 지침은 금융서비스 관련하여,[24] 그리고 2013/54/EU[25] 및 2009/16/EC[26] 지침이 인명을 위험에 빠뜨릴 수 있는 운송안전과 관련하여 내부고발자 보호규정을 가지고 있지만, 내부고발자 보호체계는 식품 안전, 원자력, 법인세법 및 조세 등 광범위한 영역에서 그 필요성이 증가하게 되었다.

이에 2014년에 유럽평의회는 내부고발자 보호에 참여하기 위한 유럽프레임워크를 옹호하는 권고안(2014/7)을 발표하였고,[27] 2016년 5월에는 유럽의회의 Green/EFA그룹이 유럽 위원회의 이민 및 내무 사무국(DG Home)의 지원을 받아 지침의 초안을 제안하였다. 그리고 유럽연합은 2019년 4월 16일 EU 공익신고자보호지침(whistleblowers in DIRECTIVE (EU) 2019/1937)[28]를 채택하였다. 따라서 회원국들은 2021년 12월 17일까지 지침의 내용을 국내법으로 이행할 것이 의무화되었으며, 2023년 12월 17일까지 50명 이상 249명 이하의 근로자를 고용한 민간부문의 법인에 관하여 내부고발채널 개설의무 준수에 필요한 법률, 규정 및 행정조항을 시행하여야 한다. 또한 집행위원회는 2025년 12월 17일까지 제출된 회원국의 통계를 고려하여 동 지침을 시행하는 국내법의 영향을 평가하는 보고서를 제출하여야 한다.

24) Regulation (EU) No 575/2013 of the European Parliament and of the Council of 26 June 2013 on prudential requirements for credit institutions and investment firms and amending Regulation (EU) No 648/2012 (OJ L 176, 27.6.2013, p. 1).

25) Directive 2013/54/EU of the European Parliament and of the Council of 20 November 2013 concerning certain flag State responsibilities for compliance with and enforcement of the Maritime Labour Convention, 2006 (OJ L 329, 10.12.2013, p. 1).

26) Directive 2009/16/EC of the European Parliament and of the Council of 23 April 2009 on port State control (OJ L 131, 28.5.2009, p. 57).

27) Council of Europe, Committee of Ministers, 2014, Recommendation CM/Rec(2014)7 of the Committee of Ministers to Member States on the Protection of Whistleblowers, https://search.coe.int/.

28) Directive (EU) 2019/1937 of the European Parliament and of the Council of 23 October 2019 on the protection of persons who report breaches of Union law.

2. 지침의 내용

(1) 신고의 범위

동 지침은 "위반행위와 연관 있는 정보를 취득한 사기업 또는 공공단체에 근무하는 신고자(§4(1) 본문)"의 보호를 목적으로 하며 공무원을 포함하여 TFEU[29] §45(1)의 의미 내의 근로자, 자영업자, 비상임위원, 자원봉사자, 연수생을 포함한 사업체 관리 감독기관에 속한 자, 계약자, 하청업체 및 공급업체의 감독과 지시하에 일하는 자들을 포함하며, 해당 업무의 개시 전, 종료 후라도 이에 포함된다. 또한 신고자 자신뿐만 아니라 신고의 지원자, 신고자의 동료 또는 친족이면서 보복의 우려가 있는 자, 신고자와 업무관련성이 있는 법인 등도 포함된다.

동 보호지침은 공공조달, 금융서비스, 제품 시장, 자금세탁 및 테러자금조달방지, 제품안전 및 규정 준수, 운송안전, 환경보호, 방사선 방호 및 원자력 안전, 식품 및 사료안전, 동물건강 및 복지, 공중보건, 소비자보호, 개인정보 및 개인 데이터 보호, 네트워크 및 정보시스템 보안 등의 영역에 적용된다. 또한 TFEU 제325조에 따른 연합의 재정적 이익에 영향을 미치면서 관련 연합 조치에 추가 명시된 위반행위, 유럽연합 경쟁 및 국가 지원 규칙위반을 포함한 내부 시장과 관련된 위반, 법인체 규칙위반, 법인세법의 목적 또는 목적을 무력화하는 세금혜택을 취하기 위한 약정과 관련된 위반행위도 포함된다.

(2) 신고의 방법

신고자는 보고된 위반행위에 대한 정보가 사실이며 그러한 정보가 본 지침의 범위에 속한다고 믿을만한 합리적 근거가 있는 경우, 동 지침 제7조에 따른 내부보고 또는 제10조에 따른 외부보고 및 제15조에 따른 공개와 관련한 보호를 받게 된다(동 지침 제6조). 신고의 방식은 3가지로 이루어지는데, 제7조는 내부보고(Reporting through internal reporting channels), 제10조는 외부보고(Reporting through external reporting channels), 제15조는 공시(Public disclosures)에 관한 보고 규정에 해당한다. 여기에서 보고란 위반에 대한 정보의 구두 또는 서면 전달을 의미한다(§5(3)).

내부보고란 민간 또는 공공부문의 법인 내에서 위반에 대한 정보를 구두 또는 서

29) Treaty on the Functioning of the European Union

면으로 전달하는 것을 의미한다(§5(4)).[30] 회원국이 원칙적으로 권장되는 사항으로, 위반사항이 내부적으로 효과 있게 해결될 수 있고 보고자가 보복의 위험이 없다고 간주되는 경우에 이루어진다. 내부보고는 근로자 50인 이상인 민간부문의 법인에 적용되고(§8(3)), 신고채널은 제3의 위탁자가 운영할 수도 있다. 신고접수 후 7일 이내에 신고자에게 신고접수확인서를 발급하고(§9(1)), 익명보고와 관련한 성실한 후속조치를 마련하여야 한다.

외부보고란 위반에 대한 정보를 관할 당국에 구두 또는 서면으로 전달하는 것을 의미한다(§5(5)).[31] 당국은 신고자가 명시적으로 달리 요청하거나 관할 당국이 신고 접수를 인정하는 것이 신고자의 신원보호를 위태롭게 할 것이라고 합리적으로 판단하지 않는 한 신고접수를 인정하며, 3개월을 초과하지 않는 합리적인 기간 내에 보고자에게 피드백을 하여야 하고, 정당한 사유가 있더라도 6개월을 초과하지 않아야 한다(§11(2)). 외부보고는 정보의 완전성, 무결성 및 기밀성을 보장하여야 하고, 관할 당국의 승인되지 않은 직원의 정보접근을 방지하도록 설계되어야 한다(§12(1)). 또한 외부보고에 대한 후속조치로서 보복으로부터 보호하기 위한 구제절차, 신고를 고려하는 자들을 위한 기밀보장, 신고자가 기밀유지위반에 따른 책임을 지지 않도록 그 조건을 명확하게 하여야 한다.

공시(공개)란 위반에 대한 정보를 공개 도메인에서 사용할 수 있도록 하는 것을 의미한다(§5(6)).[32] 이는 내부적으로나 외부적으로 보고하였으나, 지침이 정한 기간 내에 보고에 대한 적절한 조치가 취해지지 않은 경우, 또는 그 위반이 긴급상황 또는 돌이킬 수 없는 손상의 위험이 있는 경우와 같이 공익에 대한 임박하거나 명백한 위험을 초래할 경우, 외부보고가 증거은폐, 또는 당국이 침해 가해자와 공모하거나 침해에 연루될 가능성이 있는 경우와 같은 사건의 특정 상황으로 인해 보복의 위험이 있는 경우 또는 위반행위가 효과적으로 해결될 가능성이 낮은 경우 이루어진다(§15(1)). 공시 또는 공개는 표현의 자유 및 정보의 자유에 관한 보호체계를 확립한 국가규정에 따라 언론에 직접 정보를 공개하는 경우에는 적용되지 않는다.

---

30) 'internal reporting' means the oral or written communication of information on breaches within a legal entity in the private or public sector.

31) 'external reporting' means the oral or written communication of information on breaches to the competent authorities.

32) 'public disclosure' or 'to publicly disclose' means the making of information on breaches available in the public domain.

3. 불이익조치로부터 신고자 보호

(1) 기밀유지의무

회원국은 신고자의 명시적인 동의 없이 신고자의 신원이 접수 또는 후속조치를 취할 권한이 있는 직원 이외의 누구에게도 공개되지 않도록 하여야 하며, 이는 신고자의 신원을 직접 또는 간접적으로 추론할 수 있는 기타의 모든 정보도 포함한다(§16(1)). 다만 관련자의 방어권을 보호하기 위한 목적을 포함하여 당국의 조사 또는 사법절차의 측면에서 연합 또는 국내법에 의하여 부과된 필요하고 비례적인 의무인 경우에만 공개될 수 있다. 또한 회원국은 영업비밀을 포함한 침해에 대한 정보를 입수한 관할 당국이 적절한 후속조치에 필요한 것 이상의 목적으로 해당 영업비밀을 사용하거나 공개하지 않도록 하여야 한다.

개인정보 처리는 규정 (EU) 2016/679 및 지침 (EU) 2016/680에 따라 따라야 하며, 신고처리와 명백히 관련 없는 개인정보는 수집될 수 없고, 과실로 수집된 경우에도 지체 없이 삭제되어야 한다(§17).

(2) 보복 및 불이익조치 금지

회원국은 신고자 등에 대한 모든 형태의 보복을 금지하기 위하여 필요한 조치를 취하여야 한다. 특히 정직, 해고, 해고에 상응하는 조치, 강등이나 승진보류, 직무이동, 근무지 변경, 임금 삭감, 근로시간 변경, 교육 보류, 부정적 성과평가, 징계조치, 견책 또는 재정적 처벌을 포함한 기타 제재의 부과, 강압이나 협박 또는 괴롭힘이나 업무배제, 차별, 불이익 또는 불공정한 대우, 근로자가 정규직 고용을 제안받을 것이라는 정당한 기대를 가지고 있는 자로서 임시 고용계약을 무기계약으로 전환하지 않는 경우, 임시고용계약을 갱신하지 않거나 조기 종료하는 경우, SNS의 개인평판에 해를 끼치거나 사업손실을 포함한 재정적 손실의 야기, 비공식적 또는 공식적 합의에 근거한 블랙리스트로 장래 해당 부문이나 산업에서 일자리를 찾지 못하도록 하는 경우, 상품 또는 서비스에 대한 계약의 조기종료나 취소, 면허 또는 허가의 취소, 정신과 또는 의료기관의 의료권고 등이 이에 해당한다(§19).

신고자가 입은 손해와 관련하여 법원 또는 기타 당국에 제기되는 소송에서 신고 또는 공개로 인한 손해를 입었다는 것을 입증하는 경우, 신고 또는 공개로 인한 보복으로 손해가 발생한 것으로 추정된다. 이 경우 해악조치를 취한 자는 그 조치가 정당한 근거에 의한 것임을 증명하여야 하는 입증책임을 부담한다(§21(5)).

4. 신고자 보복방지를 위한 조치

(1) 일반적 조치

회원국은 신고자 등에게 쉽게 접근할 수 있고 무료로 이용가능한 포괄적이고 독립적인 정보 및 조언, 이용가능한 절차 및 구제책, 보복으로부터의 보호 및 관련자의 권리에 대한 정보제공, 보복보호와 관련된 관할 당국의 효과적인 지원방법, 형사 및 국경간 민사소송에서의 법률지원, 국내법에 따른 추가절차 및 법률상담 또는 기타 법률지원 등의 정보에 접근할 수 있도록 보장하여야 한다(§20(1)).

또한 법적 절차 내에서 신고자에 대한 재정적 지원 및 심리적 지원을 포함한 지원조치를 제공할 수 있어야 하고, 이러한 조치는 정보센터나 독립기관에 의하여 적정하게 제공되어야 한다.

(2) 보복방지를 위한 조치

회원국은 신고자 등이 보복으로부터 보호받을 수 있도록 필요한 조치를 취하여야 하는 바, 지침을 위반하지 않는 범위 내에서 개인이 위반에 대한 정보를 보고하거나 공개하는 경우에는 해당 정보의 보고 또는 공개가 필요하다고 신뢰할만한 합리적 근거가 있는 경우 정보공개에 대한 제한을 위반한 것으로 간주되지 않으며, 정보공개와 관련한 어떠한 책임도 부담하지 않도록 하여야 한다(§21(2)). 또한 신고인은 신고 또는 공개정보의 취득 또는 접근이 독자적인 형사범죄를 구성하지 않는 한 관련한 책임을 지지 않으며, 만일 그것이 독자적 형사범죄를 구성하는 경우 형사책임은 해당 국내법의 적용을 받는다(§21(3)).

공개와 관련 없거나 동 지침에 따른 위반을 밝히는데 필요하지 않은 작위 또는 부작위로 인하여 발생하는 신고인의 책임은 해당 국내법을 적용하며(§21(4)), 그와 같은 법적 절차가 해결될 때까지는 잠정적인 구제를 포함한 적절한 보복에 대한 구제조치를 받을 수 있어야 한다(§21(6)).

공익신고자는 명예훼손, 저작권침해, 비밀유지위반, 정보보호규칙 위반, 영업 비밀공개, 민간 또는 공공, 단체노동법에 근거한 보상청구를 포함한 법적 절차에서 동 지침에 따른 보고나 공개의 결과로 어떠한 책임도 부담하지 않으며, 공개가 필요하다고 믿을만한 합리적 근거가 있는 경우 그와 관련한 사건의 기각을 청구할 권리가 있다(§21(7)). 회원국은 국내법에 따라 공익신고자 등이 입은 손해에 대하여 구제수단 및 완전한 보상이 이루어지도록 필요한 조치를 취하여야 한다(§21(8)).

(3) 당사자 보호를 위한 조치 및 처벌

회원국은 관련자의 효과적 구제와 공정한 재판을 받을 권리, 무죄추정의 원칙 및 공개재판에서 방청을 할 권리, 자기사건기록에 접근할 권리를 포함한 방어권을 충분히 보장하여야 한다(§22(1)). 관할 당국은 조사진행 과정에서 관련자의 신원이 보호되도록 보장하여야 한다.

나아가 보고를 방해하거나 방해하려고 시도하는 행위, 공익신고자 등에 대한 보복, 신고인 신원에 대한 기밀유지의무 위반행위에 대한 처벌규정을 두어야 한다. 또한 허위정보를 고의로 보고하거나 공표한 사실이 확인되는 경우 신고자에 대하여 처벌규정을 두어야 하고, 그러한 허위보고 등으로 인한 손해를 보상하기 위한 조치를 마련하여야 한다(§23).

5. 평가

유럽연합의 공익신고자 보호지침은 우선 신고의 단계를 두어 내부신고, 외부신고, 공시의 방법을 두고 있는데, 이는 일본의 공익통보자보호법이 3단계의 신고방법을 취하는 것과 유사한 취지로 보인다. 일본의 동법은 우선 당사자가 속한 회사에 내부통보를 행할 수 있고, 다음으로 행정기관 통보할 수 있으며, 만일 내부통보나 행정기관에의 공익통보에 의하여 해고 등의 불이익이 발생할 것이라고 신뢰할 만한 상당한 이유가 있는 경우, 내부통보가 사업자내부에서의 증거은폐, 위조 또는 변조의 우려가 생기게 하는 경우, 기업 등으로부터 내부통보나 행정기관 통보 금지를 정당한 이유 없이 요구받는 경우, 내부통보 20일 초과시에도 내부에서의 조사 등을 행한다는 통지가 없는 경우, 생명 또는 신체의 위험의 발생 또는 발생위험을 신뢰할 만한 상당한 이유가 있는 경우(동법 제3조)에는 제3의 외부통보를 할 수 있다고 규정하고 있다.[33]

33) 이와 관련하여서는 강경래, 앞의 논문, 122면 이하 참조.

이처럼 내부통보를 우선하는 것은 부패의 발견 뿐만 아니라 기업 자체 내에서 준법경영을 할 수 있는 기회를 부여하는 효과를 기대할 수 있다. 그러나 한편으로는 기업에 의한 은폐 등의 우려가 있으므로 반드시 단계별로 외부통보가 가능하여야 한다.

다음으로 불이익조치의 예시를 구체화하고 있다. 특히 의료기관이나 정신과 진료 권고도 보복조치로 명시함으로써, 그 범위가 상당히 넓게 인정될 것으로 기대된다. 또한 신고자 뿐만 아니라 그와 관련된 자, 가족 및 조력인까지도 모두 보호조치의 대상이 될 수 있도록 함으로써, 공익신고의 기회를 보다 확실하게 보장한다는 점에 의의가 있는 것으로 보인다.

Ⅳ. 부패범죄 신고자 보호를 위한 법률정비 방안

1. 근거 법령의 통일적 정비: 공공부문과 민간부문의 통합

부패의 발생을 예방하고 부패행위를 효과적으로 규율하기 위하여 2001년 제정된 부패방지법이 2008년에 부패방지와 고충민원의 통합적 관리를 위한 국민권익위원회 설립과 함께 현행법으로 폐지·제정된 이후에도, 동법이 민간부분에서 발생하는 부패를 규율하지 못한다는 비판이 지속적으로 제기되어 왔다.[34] 즉, 공공부문의 부패만큼이나 민간부문의 조직적이고 은밀한 부패의 방지도 중요하기 때문이다.[35] 그리고 이를 전적으로 수용하여 공익신고의 활성화를 도모하고 공익침해행위 신고자의 보호를 위하여 제정된 법이 2011년의 공익신고자보호법이다. 그런데 동법은 공익신고자 보호지원의 책임을 국민권익위원회에 전속하도록 하고 있다. 부패방지법과 공익신고자보호법상 청렴의 주관이 국민권익위원회가 되는 셈이다.

한편 공직자는 부패방지법상의 부패행위를 인지하면 부패방지법 제56조에 의하여 부패행위 신고의무가 부과되는 반면, 직무상 공익침해행위를 알게 된 때에는 공익신고자 보호법 제7조에 의하여 신고의무가 부과된다. 또한 고위공직자 범죄를 신고하는 내부고발자로서 공직자에게는 공수처법 제46조에 의하여 공익신고자보호법상의 보호조치 및 지원행위를 할 수 있고, 공익신고자보호법에 따른 보상금은 다시

34) 박영원/이주연, 공익신고자 보호제도의 현황과 입법적 개선과제, 국회입법조사처, 2014/3, 3면.
35) 조수영, "공익신고자 보호와 공익신고자보호법 연구–공익신고자보호법 시행을 중심으로", 공법학연구 제12권 제4호, 한국비교공법학회, 2011, 138면.

부패방지법 제69조에 따른 보상심의위원회가 관할한다. 그리고 공익신고자 등의 피해우려를 방지할 수사를 비롯한 형사절차에서의 인적사항 보호는 특정범죄자신고법상의 규정을 준용하도록 되어 있다. 뿐만 아니라 공익신고자 보호법은 동법과 타법의 적용상 경합의 경우 동법의 우선적용 및 공익신고자에게 유리한 법 최우선적용을 규정하고 있다(제5조). 이는 부정부패 및 범죄의 신고와 관련한 법률들의 산재로 인하여 그 적용순서가 문제되기 때문이다.

이처럼 부패방지법, 공익신고자보호법, 특정범죄신고자법, 공수처법 등 부정부패를 신고한 자에 대한 규정들은 서로 준용과 특례적용을 상호 교차하면서 복잡하게 얽혀있어서, 실제로 이를 적용하기 위해서는 여러 관련법들을 비교하여 그 적용여부를 판단해야 하는 번거로움이 있다. 법률상의 그와 같은 중첩과 준용은 입법의 필요성에 따른 순차적 법률의 제·개정으로 인하여 체계적 정비가 미흡하였기 때문이다. 이러한 체계적합성의 불비는 적용상의 혼선뿐만 아니라 부정부패 행위 신고자의 법적 안정성에도 부정적 영향을 미칠 우려도 있다. 신고자는 공익을 위한다는 목적과 함께 신변의 안전을 가장 최우선으로 할 것이지만, 근거 법률에 대한 기초적 이해가 없다면 신고에 대한 확신도 낮아질 수 있기 때문이다.

따라서 공공부문과 민간부문의 부정부패의 신고절차와 신고자의 보호조치 관련 법령을 부패방지 및 신고자 보호법(가칭)으로 통일하여 정비할 필요가 있다. 그리고 동법에는 고위공직자를 비롯한 공무원 및 공공기관의 부패 및 범죄의 신고, 특정범죄를 비롯한 일반 범죄의 신고, 기업을 비롯한 민간부문에서의 부패 및 법률위반 신고 등을 통합하고, 이를 주관할 독립적 기구를 창설하여야 할 것이다.

2. 준법경영과 부정부패 척결의 통합: 내부고발과 외부신고의 통합

민간부문에서 2000년 증권거래법이 금융회사에 의무적인 준법감시인제도를 도입한 이후 2015년 금융사지배구조법은 여러 금융 관련법에 산재하여 규정되었던 내부통제기준과 준법감시인 규정을 통합하였다. 준법감시인은 기업의 내부통제인 위험관리, 재무정보통제, 준법통제를 담당하게 된다. 한편 상법상으로는 준법통제를 담당하는 준법지원인제도가 존치하여, 기업의 부정부패를 사전에 예방하고 준법기업활동을 담보하는 역할을 한다.[36] 이처럼 금융회사의 준법감시인과 상장회

36) 기업의 형사 준법감시제도로서 내부통제기준과 준법감시인에 관하여는 김혜경, “기업의 형사

사의 준법지원인제도는 기업의 준법경영과 부정부패를 사전에 방지하는 역할을 하게 된다.

그러나 준법감시인제도가 형식만 갖추었을 뿐, 실제로 기업범죄를 방지함에 있어서 충분한 역할을 수행하지 못한다는 비판이 제기되어 왔다.[37] 기업에 설치된 준법감시센터들은 내부 임직원의 불공정행위에 대한 신고 등 내부고발을 신속히 조치하고 제반 준법경영 위배사항의 신고와 예방을 담당하여야 함에도 불구하고 그와 같은 비판이 제기되는 이유는, 내부통제기구에 대한 외부통제가 충분히 이루어지지 않기 때문이라고 판단된다.

준법감시인제도가 임직원의 불공정행위, 즉 부정부패에 관한 내부고발을 주관하고 있다면, 이는 유럽연합의 공익 신고 보호지침이나 일본의 공익통보자보호법상의 제1단계인 내부신고와 동일한 역할을 하는 것으로 이해된다.

따라서 유럽연합 및 일본 관련법이 제1단계의 내부고발에 해당하는 신고제와 제2단계 및 제3단계에 해당하는 외부신고 및 공시를 단일의 지침 또는 법률에 정비함과 동일한 취지로 이들 또한 단일의 법률로 정비하고, 이를 주관하는 독립된 기구를 설치함이 부정부패에 관한 공공부문 및 민간부문, 내부고발 및 외부신고를 통합하여 운영하는 효율적 관리의 지표가 될 것이다. 이는 부정부패의 예방과 처벌 및 신고자 보호를 통합하여 관리하는 의미도 가지게 된다. 처벌보다는 예방이, 외부신고보다는 자체통제가 우선되어야 하기 때문이다.

3. 불이익조치로부터의 보호 강화방안

앞서 살펴본 유럽연합의 지침은 신고자가 받아서는 안되는 불이익조치를 열거하면서 매우 상세하게 규정하고 있다. 동 지침상으로는 특별히 15가지의 보복을 열거하고 근로자가 공익신고로 인하여 기업 내부에서 받게 될 위협으로부터의 보호를 강조하였다. 특히 업무상 지위, 고용, 재정상 불이익 및 신체적·정신적 손상 뿐만 아니라 산업전반의 비공식적 또는 공식적 합의에 근거한 블랙리스트를 작성하여 신고자가 장래 해당 부문에서 일자리를 구할 수 없도록 하는 행위 뿐만 아니라 정

준법감시제도 관련 형사실체법 연구－내부통제기준과 준법감시인을 중심으로", 법학연구 제34권 제1호, 연세대학교 법학연구원, 2024/3, 223면 이하 참조.

37) 장대현, "무늬만 준법감시인 차고 넘치는 이유", 2020/10/6, https://www.thescoop.co.kr/news/articleView.html?idxno=41049(방문일: 2024. 6. 10)

신과 또는 의료기관의 진료의뢰까지도 금지하고 있다.

한편 공익신고자보호법 제2조 제6호는 불이익조치를 9가지로 규정하면서 대부분 직장내 신분상의 불이익 및 경제적·신체적·정신적 불이익 행위를 나열하고 있다. 그런데 앞선 유럽연합 지침상의 장래 손실이나 의료적 침해는 이에 포함되지 않는다. 그러나 피고용자인 근로자의 입장에서는 현재 소속 직장에서 받을 손해도 중요하지만, 장래 잠재적 손상의 우려 역시 부정부패의 신고를 저해하는 요소가 될 수 있다는 점을 고려할 필요가 있다.

특히 유럽지침은 "모든 형태의 보복을 금지"하기 위한 필요한 조치를 하여야 할 의무를 부과하면서 특히 그와 같은 15개 형태의 보복이 그 금지 내용 내에 포함되어야 할 것을 요청한다. 즉, 열린 규정으로서, 예시적 열거방식을 취하는 것이다. 반면 공익신고자 보호법상 불이익조치는 제한적 열거방식으로 규정되어 있어서 법문의 명확성은 담보되지만, 그 외에 기타 이에 준하는 불이익을 해당 조항에 포함시킬 수는 없는 닫힌 규정이다.

따라서 유럽지침과 유사하게 "모든 형태의 불이익 또는 보복을 금지"함을 선언하면서 특히 고용관련 불이익을 예시적으로 열거하는 방식을 취함이 타당할 것이다.

4. 신고자 보호조치의 강화방안

(1) 공익신고 국선변호인제도 신설

신고자 보호조치는 신고처리과정상 신고자 비공개, 신고자 주변인 보호, 신고자에 대한 혜택 등 몇 가지 방식으로 접근할 수 있다. 현행법은 여러 법률에서 보호조치를 규정하고 있는데, 여기에서는 몇 가지 강화방안을 제시해 보고자 한다.

우선 부패방지법은 변호사에 의한 비실명 대리신고규정을(제58조의2), 공익신고자보호법은 공익신고자의 인적 사항의 비밀보장을 위하여 비실명 대리신고 규정을 두고 있다(제8조의2). 특히 후자는 보다 자세히 그 내용을 정하면서, 공익신고자가 자신의 인적사항을 밝히지 않는 방법으로 행하는 변호사 대리신고를 인정한다. 그리고 내부공익신고자인 경우 위원회는 변호사비용을 직접 지급할 수 있다(제8조의3). 동 지급대상은 공익신고와 관련하여 공익신고자가 지급한 변호사의 법률상담비, 공익신고대리비, 공익신고에 대한 행정 및 형사절차에서의 변호인조력비이다.

그러나 이를 위하여 공익신고자가 변호인을 선임해야 한다면, 이는 변호사비용 지급에 관한 임의적 규정을 둘 것이 아니라 국선변호인제도를 운영함이 타당하다. 현행법이 피고인국선변호인제도 뿐만 아니라 피해자국선변호인제도까지 운영하면서, 공익신고자 국선변호인제도를 운영하지 않는 것은 형평상에도 문제가 있다. 전자가 개인의 이익보장을 위한 국가비용의 부담이라면, 후자는 공익을 위한 개인의 희생임에도 불구하고 이에 대한 법률지원을 국선으로 보장하지 않는 것은 타당하지 않다. 따라서 공익신고자 보호를 위한 국선변호인제도의 신설을 고려해 보아야 할 것이다.

(2) 신변에 관한 선보호 후승인제도 도입

부패방지법은 신고를 이유로 신고자 및 주변 인물들의 “신변에 불안이 있는 경우” 위원회에 신변보호조치를 신청하면 위원회가 이를 심사한 이후에 신변보호 필요성을 인정한 때에 비로소 경찰에 신변보호조치를 요구할 수 있도록 순차적 절차를 두고 있다. 그러나 신고자에게 신변불안이 있다고 스스로 판단한 시점이라 함은 대체로 그 위협이 목전에 임박한 상태임이 대부분이다. 따라서 신변호보를 위원회에 신청하고 위원회가 경찰에 요청하는 이중의 절차를 단축할 필요가 있다.[38]

예컨대 “스토킹범죄의 처벌 등에 관한 법률(이하 스토킹처벌법)” 제3조는 스토킹행위 신고를 받은 경찰의 응급조치, 제4호는 긴급응급조치를 규정하고 있고, 제5조는 경찰이 긴급응급조치를 한 이후에 지체 없이 검사에게 신청하고 검사는 지방법원 판사에게 긴급응급조치에 대한 사후승인을 청구하도록 하고 있다. 즉, 선조치 후승인의 방식인 것이다.

마찬가지로 신변불안이 긴급한 신변의 보호를 의미한다는 점에서는 신고자가 직접 경찰에 응급신변보호를 요청하면, 경찰이 선 신변보호조치를 하고 사후 즉시 위원회에 신변보호조치에 대하여 보고하고 그 지속여부를 심사하는 방식으로 변경할 필요가 있다.

(3) 가명신원인증절차 도입

공익신고자보호법은 신원의 비공개를 위하여 공익신고자 인적사항 기재 생략 등

---

38) 같은 취지로 김병수, “부패범죄 공익신고자 보호 및 보상에 관한 형사법적 제언”, 한국부패학회보 제27권 제3호, 한국부패학회, 2022, 159면.

조사 및 형사절차에서 범죄신고자법을 준용하도록 하고(제11조 제1항), 범죄신고자법은 신원관리카드를 작성하도록 한다(제10조). 그리고 대검찰청은 예규를 통해 “가명조서 · 신원관리카드 작성 및 관리에 관한 지침”을 제정하여 범죄신고자법상 신원관리에 필요한 사항을 정하고 있다. 이에 따르면 공익신고자 등이 형사절차상 조사 등을 받게 되면 신고자의 신청에 의하여 가명조서 및 가명진술서 등을 작성할 수 있다(제4조 제2항). 그리고 검사는 가명조서, 가명진술서 등의 작성을 승인한 경우 신원관리카드에 등재하여 이를 별도로 관리한다(제8조).

그런데 실무상으로는 가명으로 신원관리를 받게 되면, 신고자는 자신의 사건에 대하여 이를 열람하거나 그 절차의 안내를 받기가 매우 불편하다.[39] 가명이기 때문에 가명으로는 사건조회를 할 수 없고, 실명인증을 하게 되면 신분이 노출된 이후에나 본인확인절차를 통해 비로소 사건조회가 가능하기 때문이다. 따라서 신고자의 신분보장을 위한 신원관리카드 작성의 경우, 신고자의 실명인증이 가명과 가명에 대한 고유번호 부여를 통한 가명인증절차로 대체될 수 있도록 하는 방안이 필요하다.

5. 사법협조자 형벌감면제도의 형법전 도입의 신중한 검토

공익신고자보호법은 공익신고 절차에서 신고자의 범죄행위가 발견된 경우 형의 임의적 감면규정을 두고 있다(제14조 제1항). 부패범죄의 은밀성과 은폐성으로 인하여, 내부고발 또는 내부 공익신고의 경우 신고자가 공범자거나 최소한 해당 범죄에 연루된 자인 경우가 대부분이기 때문에 내부자의 신고 유도를 위한 것이다.[40]

미국 형사절차상으로는 유죄협상제도(guilty plea, plea bargaining)는 피의자 또는 피고인의 유죄답변의 제출을 조건으로, 검사 또는 법원이 원래의 혐의사실보다 상대적으로 가볍게 처벌하거나 형량을 낮춰주는 대가를 부여하는 제도이다. 따라서 유죄협상제도 하에서는 공익신고자는 당연히 형의 감면을 기대할 수 있다.

일본의 경우 2016년 “협의 · 합의제도”라는 이름으로 미국의 유죄협상제도를 도입하는 형사소송법 개정안을 가결하였다. 사법거래제도(司法取引制度)는 타인의 특

39) 신진희, “피해자 재판절차진술권 실질화”, 2024년도 제13회 한국형사학대회 발표집, 153면 이하.
40) 류전철, “부패범죄의 척결과 예방을 위한 형사절차상 대응방안”, 비교형사법연구 제13권 제2호, 한국비교형사법학회, 2011, 842면.

정범죄 형사사건에 관하여 피의자나 피고인이 증거수집에 협력하는 경우에, 그에 대한 대가로 형사책임을 감면해 주는 것이다.[41] 구체적으로는 피의자나 피고인이 검사와 협상하여 유죄를 인정하는 방법과 타인 범죄에 대한 증언제공의 방법이 있다.

그러나 유죄협상제도가 존치하지 않는 현행법상으로는 공익신고자보호법과 같은 특례규정이 존치해야만 형의 감면이 가능하다. 그런데 이미 2011년 법무부 발의 형법개정안에는 사법협조자 형벌감면제도의 신설을 제안하였으나 통과되지 못하였다. 의안번호 12629로 정부가 제출한 개정안은 "인권침해의 우려가 적은 방식으로 새로운 진술증거를 확보하고 형사사법의 경제성과 효율성을 제고하기 위하여 여러 사람이 관련된 사건의 수사 또는 재판 절차에서 수사 또는 재판에 적극 협조하는 진술을 함으로써 범죄의 규명 등에 기여한 경우 형벌을 감면"하는 "내부증언자 형벌감면제도"와 사법방해죄 신설을 주요골자로 하였다.

내부증언자 형벌감면제도 또는 사법협조자 형벌감면제도는 "내부증언자에 대한 형벌감면"이라는 표제 하의 "관련 사건의 피고인이 그 수사절차나 재판절차에서 관련 사건에 관한 다른 사람의 죄에 대하여 진술함으로써 범죄의 규명, 결과발생의 방지 또는 범인의 체포에 기여한 경우(개정안 제52조의2)"에 대한 형의 임의적 감면규정을 의미한다.

물론 동 제도에 대한 찬성[42]과 비판의 논거는 팽팽하다. 반대하는 견해는 오로지 수사의 편의성만을 추구하고 공판중심주의를 해한다거나 검사의 거증책임원칙뿐만 아니라 실체적 진실발견이라는 형사소송절차의 대원칙을 침해한다고 본다. 나아가 적법절차의 원칙, 진술거부권과의 조화, 진술의 신용성 담보 등 현실적인 폐해도 지적된다.[43] 찬성의 논거는 필요성이고 반대의 논거는 정당성이다. 어떠한 법률이나 제도든 필요성과 정당성 사이의 균형은 반드시 필요하다. 필요하다고 하여 모든

---

41) 이에 관하여는 안성훈, "일본에서의 유죄협상제도에 관한 논의와 입법화", 형사소송의 이론과 실무 제8권 제2호, 한국형사소송법학회, 2016, 37면 이하 참조.

42) 김범식/이경렬, "일본의 사법협조자에 대한 형벌감면제도", 형사법의 신동향 제53권, 대검찰청, 2016, 297면 이하; 김홍균, "사법협조자 소추면제제도 도입론 및 입법론", 형사소송 이론과 실무 제15권 제3호, 한국형사소송법학회, 20203/9, 137면 이하 등 참조.

43) 박달현, "사법협조자 형벌감면제도의 도입가능성과 그 필요성 검토", 가천법학 제9권 제1호, 가천대학교 법학연구소, 2016/3, 441면 이하; 이상윤, "검찰의 '사법협조자 조건부 형벌감경약속'(plea bargaining)에 대한 비판적 검토", 치안정책연구 제32권 제2호, 치안정책연구소, 2018/9, 315면 이하 등 참조.

법이 정당성을 얻는 것은 아니다.

동 법안은 16대 국회 임기만료로 자동폐기되었으나, 2023년 다시 검찰을 중심으로 그 부활의 움직임을 보이고 있다.[44] 나아가 "내부증언자 소추면제제도"를 형사소송법 제247조의2로 신설할 것을 주장하기도 한다.

여기에서는 사법협조자 형벌감면제도의 적극적 도입을 주장하고자 하는 것은 아니다. 다만 최근 논의의 부활에 기대어 치밀한 논리적 검토 후에 반대의 논거들을 보완할 수 있는 대안책과 함께 신중하게 도입된다면, 현재 공익신고자법상의 임의적 형의 감면규정은 일반법인 형법에 의하여 삭제되거나, 특별법으로서 의미를 가지려면 그 내용을 보완해야만 할 것이다.

Ⅴ. 마무리하며

청렴사회에 대한 국민의 기대와 열망이 급변하는 우리 사회를 어느 정도 정제해 왔는지는 미지수이다. 국가기능의 효율적 운영의 저해와 부패한 구조 속에서의 기형적인 정치와 경제성장을 경험한 국민들의 고통과 심리적 좌절이라는 악순환을 경험한 우리 사회가 가지는 청렴에 대한 갈망은 특히 그러하다. 그동안 사회적·제도적·법적 측면에서 부패를 척결하고 청렴사회를 조성하기 위한 노력이 이어졌지만, 그것이 본질에 부합하였는지 여부는 판단하기 어렵다. 연일 보도되는 부정부패에 대한 졸속한 대처로 인하여 특히 형사사법은 누더기처럼 메워져 있을 뿐이었다.

여기에서는 부패의 형사사법적 의미와 그 규제법률에 관하여, 특히 부패범죄 신고자 보호규정을 중심으로 살펴보았다. 또한 유럽의 공익신고자보호지침을 확인하고 우리 법제에의 시사점을 분석하였다. 동 보호지침이 내부신고, 외부신고와 공시라는 3단계의 공익신고를 정하고 있다는 점, 각 신고의 절차를 달리하고 있는 점, 불이익조치를 "모든 보복"이라고 하면서 예시적으로 15개 군을 열거하고 있는 점, 개인정보 보호에 관한 특별조치를 요구하는 점 등이 긍정적으로 평가되고 차용가능성이 타진되어야 함도 확인하였다.

그리고 마지막으로 부패범죄신고자 보호를 위한 형사법적 개선방안으로서는 첫째, 산재된 관련 법들을 통일하고(가칭 부패방지 및 신고자 보호법), 독립기구로서

44) 법률신문, "사법협조자 형벌 감면, 한국도 도입해야", 2023/4/22자 https://www.lawtimes.co.kr/news/186458?serial=186458(방문일: 2024. 6. 15).

공공부문과 민간부문을 모두 통괄할 기구의 설치를 제안하였다. 둘째, 민간부문의 내부신고로서 현재 준법지원인 제도와 준법감시인 제도 및 내부통제기준이 금융관련법 및 상사법에 존치함을 근거로 하여, 유럽연합의 지침과 같이 내부신고에 해당하는 금융 및 상사법상의 준법경영제도와 외부신고에 해당하는 부패범죄신고관련법의 통합을 제안하였다. 이는 사전예방과 사후통제를 단일화하는 의미가 있고, 부정부패와 관련하여서는 사전예방과 내부통제강화가 중요함을 반영하고자 함이다. 셋째, 불이익 조치 강화방안으로서, 유럽연합 지침과 같이 "모든 불이익조치"를 금지하고, 이를 예시적으로 열거할 것을 주장하였다.

그리고 구체적인 부패범죄 신고자 보호조치 관련 방안으로는 공익신고 국선변호인제도의 신설, 신변보호에 관한 선보호 후승인제도의 도입, 가명신원인증절차의 도입을 제안하였다. 이들 모두는 신고자의 신원을 보호하기 위한 구체적 제언이라고 할 수 있다. 마지막으로 사법협조자 형벌감면제도에 관하여는 이미 2012년에 임기만료폐기를 경험한 바 있으므로, 그간의 찬반론에 대하여 경청하고 신중하게 도입여부를 판단해야 함을 강조하였다. 그러나 무엇보다도 중요한 점은 공직사회든 민간부문이든 청렴에 대한 자기인식의 강화와 상호 간의 신뢰가 바탕이 되는 사회의 구현임을 상기해야 할 것이다.

【참고문헌】

국내문헌

강경래, “일본의 공익통보자보호제도에 관한 고찰－2020년 공익통보자보호법의 일부를 개정하는 법률을 중심으로－”, 한국부패학회보 제25권 제4호, 한국부패학회, 2020/12

곽관훈, “기업 규제 관점에서 본 내부고발자(Whistleblower) 보호의 필요성 및 방안”, 기업법연구 제28권 제1호, 한국기업법학회, 2014

국가청렴위원회 보호보상단, 부패신고 및 보호 · 보상, 직무교육교재, 2006

김대환, “돌진적 성장이 낳은 이중위험사회”, 사상, 사회과학원, 1998/가을

김범식/이경렬, “일본의 사법협조자에 대한 형벌감면제도”, 형사법의 신동향 제53권, 대검찰청, 2016

김병수, “부패범죄 공익신고자 보호 및 보상에 관한 형사법적 제언”, 한국부패학회보 제27권 제3호, 한국부패학회, 2022

김영기, “사법협조자 형벌감면제도에 대한 고찰”, 형사법의 신동향 제23호, 2009/12

김혜경, “기업의 형사 준법감시제도 관련 형사실체법 연구－내부통제기준과 준법감시인을 중심으로”, 법학연구 제34권 제1호, 연세대학교 법학연구원, 2024/3

김혜경, 처벌의 원리, 마인드탭, 2018

김홍균, “사법협조자 소추면제제도 도입론 및 입법론”, 형사소송 이론과 실무 제15권 제3호, 한국형사소송법학회, 20203/9

류전철, “부패범죄의 척결과 예방을 위한 형사절차상 대응방안”, 비교형사법연구 제13권 제2호, 한국비교형사법학회, 2011

박달현, “사법협조자 형벌감면제도의 도입가능성과 그 필요성 검토”, 가천법학 제9권 제1호, 가천대학교 법학연구소, 2016/3

박영원/이주연, 공익신고자 보호제도의 현황고 ㅏ입법적 개선과제, 국회입법조사처, 2014/3

박종순, “사법협조자 소추면제 형벌감면제도의 원류”, 형사법의 신동향 제40권, 대

검찰청, 2013/1
성경륭, “실업과 사회해체: 총체적 위험사회의 등장”, 사상, 사회과학원, 1998/가을,
신진희, “피해자 재판절차진술권 실질화”, 2024년도 제13회 한국형사학대회 발표집
안성훈, “일본에서의 유죄협상제도에 관한 논의와 입법화”, 형사소송의 이론과 실무 제8권 제2호, 한국형사소송법학회, 2016
양천수, “예방과 억압의 혼융”, 공법학연구 제10권 제2호, 한국비교공법학회, 2009
양천수, “한국 법체계에 대한 ‘비동시성의 동시성’ 테제”, 법철학연구 제10권 제2호, 한국법철학회, 2007/12
유문무, “위험사회의 성찰성 그리고 사회적 안전”, 경호경비연구 제8호, 한국경호경비학회, 2004
이상돈, 형법학, 법문사, 1999
이상윤, “검찰의 ‘사법협조자 조건부 형벌감경약속’(plea bargaining)에 대한 비판적 검토”, 치안정책연구 제32권 제2호, 치안정책연구소, 2018/9
이상학, “부패인식지수(CPI) 순위 하락세로 전환－정치와 경제영역의 부패 상태 악화”, 한국투명성기구, 2023
이우진, “일본의 개정 「공익통보자보호법」에 관한 연구－일본에서의 논의를 중심으로”, 한국부패학회보 제26권 제1호, 한국부패학회, 2021/3
이재열, “체계실패로서의 위험사회: 대형사고에 대한 조직사회학적 연구”, 1998 전기사회학대회 발표문 요약집, 한국사회학회, 1998
장경섭, “압축적 근대성과 복합위험사회”, 비교사회 통권 제2호, 한국비교사학회, 1998
정태석, “벡의 재귀적 현대화 이론과 개인화의 딜레마”, 경제와 사회 제55권, 비판사회학회, 2002
정태석, “위험사회의 사회이론－위험을 어떻게 이론화할 것인가?”, 문화과학 제35호, 문화과학사, 2003
조수영, “공익신고자 보호와 공익신고자보호법 연구－공익신고자보호법 시행을 중심으로”, 공법학연구 제12권 제4호, 한국비교공법학회, 2011
최성진, “사법협조자 형벌감면제도를 둘러싼 비교법적 고찰－2013년 독일 형법 제46조b 개정사항을 중심으로”, 법학연구 제57권 제4호, 부산대학교 법학연구소, 2016

홍성태, “위험연구와 위험정치－위험사회에서 안전사회로－”, 아주법학 제4권 제2호, 아주대학교 법학연구소, 2010/12

국외문헌

Council of Europe, Committee of Ministers, 2014, Recommendation CM/Rec(2014)7 of the Committee of Ministers to Member States on the Protection of Whistleblowers

Directive (EU) 2019/1937 of the European Parliament and of the Council of 23 October 2019 on the protection of persons who report breaches of Union law

Directive 2009/16/EC of the European Parliament and of the Council of 23 April 2009 on port State control

Directive 2013/54/EU of the European Parliament and of the Council of 20 November 2013 concerning certain flag State responsibilities for compliance with and enforcement of the Maritime Labour Convention, 2006

FCPA Enforcement Actions Against Foreign Companies From OECD Convention Peer Countries

Milleu Ltd., Estimating the Economic Benefits of Whistleblower Protection in Public Procurement Final Report, EUROPEAN COMMISSION, 2017/7

Regulation (EU) No 575/2013 of the European Parliament and of the Council of 26 June 2013 on prudential requirements for credit institutions and investment firms and amending Regulation (EU) No 648/2012

【국문초록】

본 논문은 부패의 형사사법적 의미와 그 규제법률에 관하여, 특히 부패범죄 신고자 보호규정을 중심으로 살펴보았다. 또한 유럽의 공익신고자보호지침을 확인하고 우리 법제에의 시사점을 분석하였다. 동 보호지침이 내부신고, 외부신고와 공시라는 3단계의 공익신고를 정하고 있다는 점, 각 신고의 절차를 달리하고 있는 점, 불이익조치를 "모든 보복"이라고 하면서 예시적으로 15개 군을 열거하고 있는 점, 개인정보 보호에 관한 특별조치를 요구하는 점 등이 긍정적으로 평가되고 차용가능성이 타진되어야 함도 확인하였다.

그리고 마지막으로 부패범죄신고자 보호를 위한 형사법적 개선방안으로서는 첫째, 산재된 관련 법들을 통일하고(가칭 부패방지 및 신고자 보호법), 독립기구로서 공공부문과 민간부문을 모두 통괄할 기구의 설치를 제안하였다. 둘째, 민간부문의 내부신고로서 현재 준법지원인 제도와 준법감시인 제도 및 내부통제기준이 금융관련법 및 상사법에 존치함을 근거로 하여, 유럽연합의 지침과 같이 내부신고에 해당하는 금융 및 상사법상의 준법경영제도와 외부신고에 해당하는 부패범죄신고관련법의 통합을 제안하였다. 이는 사전예방과 사후통제를 단일화하는 의미가 있고, 부정부패와 관련하여서는 사전예방과 내부통제강화가 중요함을 반영하고자 함이다. 셋째, 불이익 조치 강화방안으로서, 유럽연합 지침과 같이 "모든 불이익조치"를 금지하고, 이를 예시적으로 열거할 것을 주장하였다.

그리고 구체적인 부패범죄 신고자 보호조치 관련 방안으로는 공익신고 국선변호인제도의 신설, 신변보호에 관한 선보호 후승인제도의 도입, 가명신원인증절차의 도입을 제안하였다. 이들 모두는 신고자의 신원을 보호하기 위한 구체적 제언이라고 할 수 있다. 마지막으로 사법협조자 형벌감면제도에 관하여는 이미 2012년에 임기만료폐기를 경험한 바 있으므로, 그간의 찬반론에 대하여 경청하고 신중하게 도입여부를 판단해야 함을 강조하였다. 그러나 무엇보다도 중요한 점은 공직사회든 민간부문이든 청렴에 대한 자기인식의 강화와 상호 간의 신뢰가 바탕이 되는 사회의 구현임을 상기해야 할 것이다.

◈ 주제어: 부패, 부패방지, 반부패, 내부신고, 유럽 공익신고자 보호지침, 부패범죄, 공익신고, 사법협조, 준법경영, 내부통제

【Abstract】

Criminal Law Response to Corruption Crimes
- Focusing on the protection of whistleblower -

KIM, Hyekyung*

In relation to laws to combat corruption, in particular this paper reviewed the regulations on the protection of reporters of corruption crimes. In addition, "Directive (EU) 2019/1937 of the European Parliament and of the Council of 23 October 2019 on the protection of persons who report breaches of Union law(whistleblowers in DIRECTIVE (EU))" were checked and the implications for our legislation were analyzed. It is necessary to accommodate in our law whistleblowers in DIRECTIVE (EU) stipulate three levels of public interest reporting: Reporting through internal reporting channels, Reporting through external reporting channels, Public disclosures, the procedures for each report are different, the fact that 15 groups are listed exemplarily while disadvantageous measures are referred to as "all retaliation", and special measures for personal information protection are required.

It also proposes ways to improve criminal law to protect corruption crime reporters. First, it is proposed to unify related laws (for example, the Anti-Corruption and Protection of Reporters Act) and to establish an organization that integrates both the public and private sectors as an independent organization. Second, as an internal report of the private sector, based on the existence of the current compliance support system, compliance program, and internal control standards in financial and commercial laws, the integration of the compliance management system of financial and commercial laws corresponding to internal reporting and corruption crime reporting-related laws corresponding to external reporting was proposed, as in whistleblowers in DIRECTIVE (EU). This is meaningful in unifying

* Professor, College of Social Science, Keimyung University, Ph.D. in Law

prevention and post−control. This is because prevention and strengthening internal control are important when it comes to corruption. Third, as a way to strengthen disadvantageous measures, it is argued that "all disadvantageous measures" should be prohibited and listed as an example, as in the European Union guidelines.

In addition, it was proposed to establish a public defender system for public interest reporting, to introduce a pre−protection and post−approval system for personal protection, and to introduce a pseudonymized identity certification procedure. All of these can be said to be specific suggestions for protecting the identity of the reporter. Finally, regarding the punishment reduction and exemption system for judicial cooperators, it was emphasized that discussions made so far should be reviewed and carefully decided whether to introduce it or not, as they had already experienced the abolition of the term of office of the National Assembly in 2012. Most importantly, would like to emphasize that it is the realization of a society based on strengthening self−awareness about integrity and mutual trust, whether in public or private sectors.

◈ Key Words: whistleblower, whistleblowers in DIRECTIVE, corruption Crime, internal reporter, public disclosure, compliance program, anti-corruption, Act on the prevention of corruption and the establishment and management of the anti-corruption and civil rights commission, reporting person.

한국형사소송법학회 『형사소송 이론과 실무』
제16권 제3호 (2024.09) 229~258면.
Theories and Practices of Criminal Procedure Vol. 16 No. 3 (September. 2024) pp. 229-258.
10.34222/kdps.2024.16.3.229

정신질환 범죄자들에 대한 치료적 개입으로서 정신건강법원에 대한 검토*

권 순 민**

목 차

Ⅰ. 서론

1. 현실

최근 강력 범죄의 증가는 시민들을 불안하게 하고 이러한 불안의 증폭은 강력한 형사처벌의 요구로 이어지고 있다.[1] 미온적 처벌과 인권보호를 중시하는 법제도가 범죄를 양산한다고 비판받기도 한다. 기존의 관대한 처벌로 인해 중대 범죄로 발전되는 경우가 많고 재범율이 높아 진다는 것이다. 입법자들은 이러한 시민사회의 불안과 강력 처벌 요구를 수용하여 법정형을 상향하고 수사기관은 구속 수사를 원칙으로 해서 수사를 해 나가겠다는 의지를 피력하기도 한다.[2] 문제는 강력한 처벌 일

* 이 논문은 조선대학교 연구지원금의 지원을 받아 연구되었음(2022년).
** 조선대학교 경찰행정학과 교수
1) 조현병 환자의 범죄에 대한 강력한 처벌을 요구하는 피해자 관점을 제시한 조선일보 2024. 6.12.일자 기사인 현병 환자 흉기에 시한부 된 남편...아내는 법정에서 “엄벌”(https://www.chosun.com/national/regional/honam/2024/06/12/52EEUCSPU5DOBIA4JLRM6BEYDE/)

변도의 형사정책이 효과적인 범죄 예장으로 이어지기 어렵다는 것이다. 교정기관의 재사회화 기능의 한계 때문이다. 치료를 위한 사회 내 처우도 존재하지만 자발적 참여를 기대하기 어렵고 무엇보다 시기적으로 대부분 판결이나 형사처벌 이후에 진행된다. 특히 약물범죄나 정신질환범죄는 범죄자는 강력한 처벌을 통한 일반예방 효과를 기대하기 힘들고 시간이 지날수록 치료 가능성도 낮아져 이른 시기의 효과적인 치료적 처우가 필요하다. 이들을 엄중한 처벌을 통해 장기간 사회와 격리시킨다고 해도 결국은 사회로 돌아올 수밖에 없으며, 더 큰 문제는 오히려 범죄를 야기하는 증상은 더욱 중증이 되어 복귀하게 될 것이라는 점이다. 치료의 골든타임을 놓치지 않고 이른 시기의 계획적이고 자발적인 치료가 중요하다.[3]

정신질환 범죄자의 초기 치료는 재범 방지는 물론 그들의 삶의 질적 향상 즉 웰빙(well-being)을 위해서도 매우 중요하다. 개인적 차원에서 정신질환자뿐만 아니라 그 가족 삶의 질적 향상과 사회적 차원에서 빠른 치료를 통한 재범 방지를 위해 형사사법의 역할과 시스템을 재검토하는 것이 필요한 것이다. 물론 현행법상 정신질환 범죄자에 대해서 치료감호제도나 보안처분 등의 제도들이 존재하지만 치료감호를 받는 수형자 비중도 매우 낮을 뿐 아니라 실효성이 떨어진다. (외래)치료명령제도나 치료관찰제도 역시 여러 문제로 실효성이나 일관적 활용이 떨어지는 문제점이 있다. 얼마 전 정신질환자에 의한 강력범죄가 급증하자 법무부는 중증 정신질환자를 대상으로 사법입원제 도입을 검토한다고 밝힌 바 있지만,[4] 구체적 법적 근거가 없을 뿐만 아니라 강제입원에 따른 인권침해 소지 등의 문제로 비판받고 있다.

2. 법원의 치료적 개입을 내용으로 하는 미국 정신건강법원의 연구 필요성

판결 이후 교정시설에서 이루어지는 재사회화 효과나 적절한 치료를 기대할 수

2) 조선비즈, 대검, '교제 폭력' 대응 강화… "구속 수사 원칙", 2023.3.8.일자 기사(https://biz.chosun.com/topics/law_firm/2023/03/08/7WKHXGFXXNDQTF7BLM2EG3VJFE/).

3) 2023년 8월 소위 '서현역 사건'에서 무차별 테러 행위를 가한 최씨의 경우 2020년 조현병 전단계인 조현성 인격장애 진단을 받았으나 이 후 정신과 치료를 받지 않았고 심각한 피해 망상까지 악화된 것으로 보인다. 특히 치료가 중단된 3년간 증상이 악화된 것으로 알려졌다. 정신질환 선제적 치료 '사법입원제' 다시 주목, 중앙선데이, 2023.8.26.일자 기사.

4) 법무부, "법무부, '사법입원제' 도입 추진 검토", 2023.8.4.일자 법무부 보도자료.

없고 가능한 빠른 치료적 처우가 필요하다면 교정단계가 아닌 재판 단계에서 국가의 지원으로 법원의 감독 하에 중장기적인 치료적 처우를 시작할 필요가 있다. 또한 법원이 관련 필요 분야의 전문가들과의 협의와 협력을 통해 피고인의 적절한 치료 프로그램을 결정하고 진행하는 것이 필요하다. 이는 우리 형사사법에서는 매우 낯설어 보이지만 이미 우리 형사실무에서 법원이 비공식적으로 음주 여부와 치료 이행 여부를 확인하고 석방 여부를 결정하는 경우도 있다는 점에서 수용 불가능한 것은 아니라고 판단된다.[5] 문제해결형법원에 대한 학술적 관심은 높아지고 있고, 미국 마약법원 등에 대한 연구도 이루어지고 있다.[6] 하지만 아직 정신건강법원에 대한 구체적 연구는 부족한 상황이다. 미국의 경우 치료적 사법 이념을 실현하는 문제해결형 법원으로서 정신건강법원(Mental Health Court)이 설립 되어 운영되고 있다. 법관을 비롯한 참여자들이 정신질환 피고인의 치료를 최우선 과제로 삼고 협력하며, 법원에서 결정된 치료 프로그램에 피고인이 자발적으로 일정기간 치료를 완료하는 것이 이 제도의 특징이다. 여기에서는 현재 미국에서 빠르게 성장 및 변화하고 있는 정신건강법원에 대해 살펴보고 우리 형사사법에 미치는 시사점을 검토해 보기로 한다.

Ⅱ. 미국 정신건강법원의 발전

1. 정신건강법원의 출현의 배경

(1) 전통적인 형사사법의 실패

미국의 형사재판은 당사자주의 사법 시스템으로 양 당사자 사이의 문제 해결 과정에서 대등하게 논쟁할 수 있는 기회를 제공하고 공정한 재판을 실현하는 것을 목적으로 삼는다. 하지만 이러한 당사자주의 사법 시스템은 정신질환 범죄자의 특수성을 고려하지 못하고 결과적으로 철저하고 엄격한 처벌이 이들의 재범 장지에 무력하다는 비판에 직면한다.[7] 그리고 미국 교도소 수감자 중 상당 수가 정신질환을

5) 박기쁨, 형사재판에서의 회복적·치료적 사법에 관한 연구, 사법정책연구원, 2021, 201면.

6) 가령 이승호, 형사사법의 담론과 법원운용의 시스템, 형사정책연구, 제20권 제1호, 2009, 813－815면,

7) Gregory L. Acquaviva, Comment, Mental Health Courts: No Longer Experimental, 36 Senton Hall Law Review. Vol. 36, 2006, 971－974면.(Mental Health Courts: No Longer

겪고 있고 그 비율이 계속 증가하고 있으므로 이들을 위한 전문적인 사법 프로그램이 필요하다는 주장이 계속 제기되었다. 정신질환자의 범죄를 예방하기 위해서는 '판결'이 아닌 범죄 원인의 '문제 해결', 즉 치료가 필요하다는 것이다.

정신질환자에 대한 법률 변경과 사회정책의 변화도 중요한 계기가 되었다. 미국은 1950년대부터 효과적인 치료제와 새로운 의료방법의 개발로 정신질환자들의 기관 수용 필요성이 점차 사라졌고, 무엇보다 1970년대 들어 정신질환자들을 시설에 강제 입원시키는 것을 엄격하게 제한하는 법률들이 만들어지면서 정신질환자들 치료의 주도적 주체가 주립 정신병원이나 시설에서 지역사회기반 중심으로 옮겨지게 되었다.[8] 문제는 이러한 탈시설화(Deinstitutionalization) 때문에 지역사회로 내몰린 정신질환자들을 치료하기 위한 지역 기반 보건 서비스나 치료 서비스는 턱 없이 부족했다는 것이다. 설령 정신질환이 있다고 해도 사회에 위협이 되지 않는다면 주(州)가 개인을 정신병원에 구금하지 못한다고 판시한 1975년 연방대법원 판결(O'Connor v. Donaldson) 이후 의료 인프라가 충분치 못한 지역에서 정신질환자에 대한 방치는 더욱 심해졌다는 평가가 많다.[9] 이러한 입법과 판례들은 정신질환자의 인권 보호와 과도한 강제 입원 방지에 효과적이었지만, 다른 한편으로는 지역 기반 치료 인프라 부족으로 인해 아무런 치료를 받지 못하고 방치되는 결과를 가져왔다.[10] 이 때문에 정신병원에서 사회로 내보내져 적절한 치료를 받지 못한 사람들의 범죄율도 크게 증가했으며, 교도소 수감자 중 정신질환자의 비중이 높아졌다.[11]

Experimental (shu.edu)).

8) Eric R. Coolins, Status Courts, The Georgetown Law Journal, Vol. 105, 2017, p1487－1489.

9) Andrea M. Odegaard, Therapeutic Jurisprudence: The Impact of Mental Health Courts on the Criminal Justice System, North Dakota Law Review, Vol. 83, 2007, p233－234.

10) 그래서 지역사회 통제가 이루어지면 오히려 재범 가능성과 석방 조건 이행의 어려움을 가중시킨다고 보는 견해로 Arthur J. Lurigio · Jessica Snowden, Putting Therapeutic Jurisprudence into Practice: The Growth, Operations, and Effectiveness of Mental Health Court, The Justice System Journal, 2013,(https://ncfsc－web.squiz.cloud/__data/assets/pdf_file/0025/18637/putting－therapeutic－jurisprudence－into－practice.pdf). p196

11) 가령 주 교도소 내의 56%, 연방 교도소 내의 45%, 지방 교도소 내의 64%의 수감자가 정신질환이 있었다는 연구 결과로 Doris J. James·Lauren E. Glaze, Mental Health Problems of Prison and Jail Inmates, Bureau of Justice Statistics Special Report, 2006/September(NCJ 213600), U.S. Department of Justice Office of Justice Programs(https://bjs.ojp.gov/content/pub/pdf/mhppji.pdf). p1－2.

정신질환자들에 대한 인권침해도 문제가 되는데, 과밀한 교도소 내에서 적절한 치료를 받는 것이 매우 어려운 것은 물론이고 이들이 정상적인 수감 생활을 견뎌내는 것 자체도 힘든 일이어서, 정신질환자는 일반 수감자들에 비해 미국 교도소 내에서 높은 사망률을 보였다.[12] 출소한 이후 우울증, 양극성 장애, 조현병 그리고 비정신분열증을 포함한 주요 정신질환을 겪고 있는 수감자들의 재범 및 재수감 가능성은 일반인의 경우와 비교해 더 높다.[13] 결국 통상적인 형사사법 시스템이나 단지 처벌수준을 높인 입법체계는 정신질환 범죄자에게 가혹할 뿐만 아니라 범죄 예방이라는 형사정책 효과도 가져오기 힘들다는 현실 인식이 새로운 사법체계 또는 새로운 법원의 역할 변화를 도모하게 된 것으로 보인다.[14]

(2) 이론적 배경인 치료적 사법 이론의 실무 적용과 마약법원의 성공

미국에서 조현병, 조울증, 우울증과 같은 정신질환을 앓고 있는 사람들을 대상으로 한 특수 법원 설립의 이론적 배경이 된 것은 이른바 치료적 사법이념(Therapeutic Jurisprudence)이다. 치료적 사법이념은 1980년대 후반부터 등장한 사법개혁 이론으로 전통적인 사법시스템이 가해적인 결과를 가져온 것을 반성하고, 피고인이나 피해자 등 사법 시스템 참여자들에 대해 치료적 역할을 담당해야 한다는 이론이다.[15] 이러한 치료적 사법 이론을 법원의 역할에 대입하면 법원은 단순히

---

12) 2011년 5월 미국 대법원은 캘리포니아 교도소 시설에서 33,000명의 수감자를 석방하도록 했다(Brown v. Plata(2011)). 이 판결에 따르면 캘리포니아 주 교도소는 오랜 기간 동안 수용능력의 200%를 넘게 운영되었으며, 수감자들의 지속적인 치료가 거부당했다는 것인데, 대법원 판사 케네디는 이를 수정헌법 제8조(Eighth Amendment)의 "잔인하고 비정상적인 형벌의 금지"를 위반한 것으로 보았다. 이에 대한 설명으로 Christine M. Sarteschi, Mentally Ill Offenders Involved With the U.S. Criminal Justice System: A Synthesis, Sage journals, 2013, p1(https://journals.sagepub.com/doi/10.1177/2158244013497029).

13) KiDeuk Kim·Miriam Becker－Cohen·Maria Serakos, The Processing and Treatment of Mentally Ill Persons in the Criminal Justice System, Urban Institute, 2015, (https://webarchive.urban.org/UploadedPDF/2000173－The－Processing－and－Treatment－of－Mentally－Ill－Persons－in－the－Criminal－Justice－System.pdf), p.11.

14) Derek Denckla · Greg Berman, Rethinking the Revolving Door, A Look at Mental Illness in the Courts, Center for Court Innovation, 2001, (https://www.innovatingjustice.org/sites/default/files/rethinkingtherevolvingdoor.pdf), p.8.

15) Bruce J. Winick, Therapeutic jurisprudence: Enhancing the relationship between law and psychology, Law and Psychology Current Legal Issues. Vo1.9, 2006, p.35－36.

절차적 정의를 실현하는 유·무죄 판결에 그치지 않고 재판 과정에서 피고인이나 피해자에게 치료나 치유적 기능을 실현해야 하는 것이다.[16] 이를 위해서 법원이 절차 참여자들의 범죄와 관련된 문제를 해결하는 적극적인 역할까지 담당하는 문제해결형 법원이 출현하게 되었으며, 문제해결형 법원으로 미국 사법 시스템에 가장 먼저 적용된 사례가 마약법원(Drug Court)이다. 1988년 마약남용방지법(Misuse of Drug Act) 제정으로 교도소의 과잉수용이 불가피할 정도로 대대적인 마약범죄 단속이 이어졌지만 마약범죄는 계속 크게 증가했다. 이 과정에서 마약범죄의 중독성과 높은 재범율 낮추고 피고인의 치료를 목적으로 하는 마약법원이 처음 만들어진 것이다. 마이애미의 데이드(Dade) 법원은 미국 최초의 마약법원으로 1989년 처음 사건을 접수하였고, 마약중독은 범죄 행동을 촉진하는 질병이라는 전제하에 처벌보다는 마약을 중단할 수 있도록 약물 치료에 필요한 서비스를 제공하였다.[17] 이와 유사하게 이후 설립된 마약법원들은 판사, 검사, 변호사, 약물 남용 치료 전문가, 보호관찰관, 지역 기반 서비스 기관, 법 집행 관리자 등이 협력하여 마약 사용 금지와 약물 남용 범죄자의 행동 변화를 강요하는 새로운 접근법으로 약물 남용 치료, 제재 및 인센티브를 사건 처리와 통합하여 비폭력적인 마약 범죄 관련 피고인들을 사법 감독 하에 재활 프로그램에 배치했다.[18] 마약법원에서는 피고인이 유죄를 인정하고 의무적인 치료에 참여하거나 재판 진행 후 형사제재를 받는 것에 대한 선택권을 부여하고, 법원이 제시하는 치료 프로그램을 준수 및 성공적으로 완료하는 경우 구두 격려에서 형량 경감, 공소 기각(Dismissals of Charges) 및 집행유예로 보상하고, 준수하지 않는 경우에는 단계별 법적 제재를 가한다.[19] 이 새로운 접근법은 기존의 전통적인 방법에 비해 더 효과적인 대안을 제공하고, 약물 남용이 형사사법 시스템에서 반복적으로 발생하는 문제를 해결하는 새로운 방법을 제시했다는 평가를 받고 있다.[20]

---

16) 특히 마약법원에서 치료적 사법의 역할에 대해서는 Bruce 1. Winick, Forward: The rapeuticJurisprudence Perspectives on Dealing with Victims of Crime, Nova Law Review, Vo1.33, 2009, p.538－539.

17) Arthur J. Lurigio and Jessica Snowden, 앞의 글, p.200.

18) U.S. Department of Justice Office of Justice Programs, Drug Courts Program Office, 2000/6(https://www.ojp.gov/pdffiles1/ojp/fs000265.pdf).

19) Arthur J. Lurigio and Jessica Snowden, 앞의 글, p.201.

20) 1998년 컬럼비아 대학교 중독 및 약물남용 국립센터는 마약법원이 다른 기관보다 더 긴밀하고 포괄적인 감독을 제공하고 더 자주 약물검사와 모니터링을 실시한다고 하면서, 범죄자들이 마약

이후 미국 법무부는 각 주(州)에게 문제해결형 법원의 설립을 촉구했고, 현재 미국 내에 성인마약법원(Adult drug court), 소년마약법원(Juvenile drug courts), 가정처우법원(Family treatment courts), 정신건강법원(Mental health courts), 가정폭력법원(Domestic violence courts) 등 다양한 법원이 설립 및 운영되고 있다.[21] 다만 마약 법원과 정신 건강 법원은 목적과 운영에서 차이가 있다. 정신질환은 마약복용과는 달리 그 자체로 범죄가 아니며 다양한 범죄 혐의를 가진 참가자들을 받아들인다. 따라서 마약 법원은 마약 관련 범죄에 초점을 맞추며 중독에 집중하는 반면, 건강 법원은 다양한 정신질환자들을 수용해야 하므로 참가자의 치료 계획과 모니터링 요구 사항에서 더 큰 변동성을 갖는다.[22]

2. 정신건강법원의 설립과 발전

(1) 설립목적과 최초의 정신건강법원

교도소 수감을 내용으로 하는 형사처벌로는 정신질환 범죄자에게 적절한 치료를 제공할 수 없고 회전문에 불과하다는 반성에서 법원은 이들이 저지르는 사소할 수 있지만 반복적인 문제(범죄)를 해결하기 위해 혁신적인 접근 방식을 개발해왔고 그 중 하나가 정신건강법원의 설립이다.[23] 정신건강법원은 범죄로부터 공공 안전을

법원에 참여하는 동안 마약사용과 범죄행위가 크게 감소했다고 평가한 바 있다. 이에 대해 U.S. Department of Justice Office of Justice Programs, Drug Courts Program Office, 2000/6 중 특히 “Drug Courts Defined” 부분)(https://www.ojp.gov/pdffiles1/ojp/fs000265.pdf).

21) 국립법원성능기준(National Trial Court Performance Standards)은 치료적 사법 개념을 표준 4.5(Standards 4.5)에 맞춰 다음과 같이 기술하고 있다: 법원은 새로운 상황과 나타나는 사건을 예상하고 필요에 따라 운영을 조정한다. 효과적인 법원은 약물 남용, 아동 및 배우자 폭행, AIDS, 음주 운전, 아동 지원 강화, 범죄 및 공공안전, 소비자 권리, 성 차별 등과 같은 새로운 공공 문제에 반응하며, 더 적은 자원을 사용하도록 조정한다. National Center for State Courts and the Bureau of Justice Assistance, United States Department of Justice, Tentative Trial Court Performance Standards, 1989(https://www.ojp.gov/pdffiles1/Digitization/117505NCJRS.pdf), p.18; Arthur J. Lurigio · Jessica Snowden,Arthur J. Lurigio · Jessica Snowden, 앞의 글, p.199.

22) Council of State Governments Justice Center Criminal Justice/Mental Health Consensus Project New York, New York, Mental Health Courts: A Primer for Policymakers and Practitioners, Bureau of Justice Assistance, 2008(https://csgjusticecenter.org/wp－content/uploads/2020/02/mhc－primer.pdf), p.9.

23) Andrea M. Odegaard, 앞의 글, 237면.

확보하고, 정신질환을 앓고 있는 시민의 삶의 질과 치료 접근성을 향상시키며, 교정 및 형사사법의 비용을 줄이는 것을 목표로 하고 있다.[24] 정신건강법원은 정신질환자 피고인이 정신건강 서비스 제공자와 법원 인원으로 구성된 팀이 제시하는 치료 프로그램에 자발적으로 동의하여 진행되고 치료 계획을 준수할 경우에는 (양형상)보상을 받을 수 있다. 법원이 치료 프로그램을 제공하고 피고인이 성공적으로 이행했을 때 기각이나 형량감경이라는 인센티브를 제공한다는 핵심 요소는 동일하지만, 구체적 절차나 정책, 프로그램의 내용이나 기간, 치료 계획 및 방법은 각 관할의 정신건강 법원마다 다양하다. Randal B. Fritzler 판사는 위험 관리의 도구로서 활용될 수 있는 정신건강법원을 구축하기 위해서는 법정 절차를 재구성해야 하는데, 이를 위한 열 가지 핵심 요소를 제시한 바 있다. 첫째, 정신적으로 병든 범죄자들과 관련된 사건을 관리할 특수 팀을 구성하되, 이 팀은 변호사, 정신건강 전문가, 판사로 구성될 것, 둘째, 법정 내에서 라벨링(Labeling)하거나 편견을 허용하지 말 것, 셋째, 판결 과정에서 유죄를 회피할 수 있는 인센티브를 포함할 것. 넷째, 지원 프로그램을 사용함에 있어 그 정도는 최소한도에 그치며, 항상 공공 안전을 고려할 것, 다섯째, 법원은 활용 가능한 기본적인 치료 옵션의 향상을 촉진함에 의해 피고인의 복지를 권장할 것, 여섯째 요소는 법원은 정신건강 팀의 제안과 함께 피고인의 정신건강 문제와 관련된 자율적인 결정을 지원할 것, 일곱 번째, 당사자주의적 논쟁이 아닌 법원 내 참여 주체들 간의 의미 있는 참여를 유도하기 위해 일반 형사법정의 기술적 규정이 정신건강법원 상황에 그대로 적용되어서는 안 되며, 여덟 번째, 법원에서 채택될 특정 절차와 피고인의 권리가 포함된 매뉴얼을 작성할 것, 아홉 번째로는 피고인이 체포된 즉시 개입하여 치료를 받을 기회를 활용할 것, 마지막으로 클라이언트(정신질환 피고인)에게 필요한 것을 검토하는 전담 법원 팀이 필요하며, 이 팀은 계속해서 치료에 대한 참가자의 반응을 재평가하여 위험 관리를 제공할 것 등이다.[25] 이들 요소를 통해 초기 기획된 정신건강법원의 역할과 목표를 알 수 있다.

미국 최초의 정신건강 법원은 1997년 5월에 플로리다 주 브로워드(Broward County)에서 시작되었는데, 설립 후 초반에는 상설법원은 아니었고 비폭력적이고

24) Almquist L, · Dodd E, Mental Health Courts: A guide to research–informed policy and practice. New York, NY: Council of State Governments Justice Center, 2008, 2면 (https://bja.ojp.gov/sites/g/files/xyckuh186/files/Publications/CSG_MHC_Research.pdf).

25) Andrea M. Odegaard, 앞의 논문, p.238.

낮은 수준의 경범죄 혐의를 받는 정신질환 범죄자들을 다루도록 특화되었다.[26] 이 법원의 운영방식과 특징은 다음과 같다. 먼저 피고인들이 치료 프로그램 참여에 대한 진정한 의사 표시를 하고 치료 목표를 달성할 수 있는 능력을 보이는 경우 참여할 수 있고, 여기에 참여하는 판사, 검사, 공공 변호사 및 법원 모니터 스태프들은 모두 정신건강 문제에 대한 상당한 교육을 받고 정기적으로 심리에 배정되게 된다.[27] 법원은 피고인이 치료 프로그램에 적합하며 사회로 안전하게 풀려날 수 있는지 여부를 결정하고, 그 후 팀은 프로그램에 참여한 피고들을 위한 치료 계획을 수립한다. 사건 매니저와 법원 감독관 등 정신건강법원 스태프가 피고인들의 치료 참여를 감독하며, 각 피고의 진행 상황에 대한 주기적인 보고서를 법원에 제출한다. 피고가 치료 프로그램을 성공적으로 마무리하면 판사는 피고의 혐의를 기각한다.[28] 치료적 사법 이념을 활용한 이 법원의 철학과 운영 방안은 향후 미국 전역에 설립되는 정신건강법원의 원형이 되었으며, 혁신적인 절차와 협업, 팀 구성원 간 협력에 중점을 두는 접근 방식은 형사사법에서 폭 넓은 지지를 받게 되었다.

(2) 전통적인 법원과의 차별성

각 주의 정신건강법원이 모두 같은 방식으로 운영되는 것은 아니지만, 적어도 전통적인 법원과 구분되는 다음과 같은 몇 가지 특성은 공유한다.[29] 첫째, 정신질환을 가진 피고인을 식별하기 위한 절차가 존재한다는 것이다. 통상적으로 식별 과정은 통상 체포 후 24시간 내에 이루어진다. 둘째, 식별 후 법원은 특정 유형의 피고인을 대상으로 하는 자격 기준을 마련한다. 셋째, 정신건강법원에는 전담 판사와

---

26) 이 프로그램을 위한 자금은 주정부와 카운티 정부 예산에서 확보되었는데, 주정부 자금으로는 150만 달러, 브로워드 카운티에서 25만 달러, 그리고 교도소 과잉수용으로 발생한 브로워드 카운티에 대한 소송에서 얻은 40만 달러가 포함되었다(Arthur J. Lurigio and Jessica Snowden,, 앞의 글, p.202).

27) 치료적 사법이념을 실현하기 위한 문제해결형법원에서 판사, 검사, 변호사 같은 형사사법 종사자들은 고도의 전문성까지는 아니어도 일정 수준의 심리학 · 정신건강 분야의 지식을 갖추고 있어야 한다. Ian Freckelton. Therapeutic Jurisprudence Misunderstood and Misrepresented, Jefferson Law Review, Vol.30. 2008, p.578－579.

28) Arthur J. Lurigio and Jessica Snowden, 앞의 글, 202－203면. 브로워드 카운티 프로그램의 피고인들은 초기에 치료 능력을 평가받으며 필요한 경우 입원 또는 외래 치료가 진행되기도 한다.

29) Derek Denckla·Greg Berman, Rethinking the Revolving Door, Center for Court Innovation, 2001, p.8－10.

함께 이 분야의 전문성을 가진 스태프들이 함께 협업하며, 이들이 지역 의료 서비스 제공자들과 함께 치료 계획을 준비하며 피고인의 치료 진행 상황을 판사에게 보고한다. 넷째, 피고인의 참여는 철저하게 자발적이어야 하며, 법원 치료 프로그램에 참여할지 여부를 결정하기 위한 기간을 부여한다. 다섯째, 피고인이 법원의 치료 프로그램에 참여하기 위해서는 유죄를 인정해야 하고, 그 죄로 교도소에 복약했을 기간 이상의 치료기간이 요구되는데, 통상 최소 1년 정도이다.

3. 유형과 운영

미국 전역에서 정신건강법원이 증가하면서 현재 약 350개의 성인 정신건강법원이 운영되고 있는 것으로 보인다.[30] 피고인의 정신건강 법원 진입은 관할에 따라 차이가 있는데, 크게 보면 '판결 전 모델(Pre–adjudication model)'과 '판결 후 모델(Post–adjudication model)' 두 가지 모델을 따른다.[31] 판결 전 모델에서는 피고인이 프로그램을 완료할 때까지 혐의에 대한 판단이 유보된다. 보다 더 일반적으로 활용되는 판결 후 모델(Post–adjudication model)은 피고인이 유죄를 인정하고 치료 프로그램 참여에 동의하여야 하는데, 워싱턴 주의 킹 카운티 정신건강법원처럼 중범죄 혐의를 받는 피고인이 경범죄 혐의에 대한 유죄를 인정하는 것을 조건으로 법원의 치료 프로그램에 참여하는 경우도 있다.[32]

피고인이 정신질환을 주장한다고 해서 모두 정신건강법원에서 심리를 받을 기회가 제공되는 것은 아니다. 이들을 정신건강법원으로 추천하는 주체는 정신건강 법원의 코디네이터, 검사, 변호사, 기소된 법원, 보호관찰관 등 다양하다.[33] 추천을

30) Kelli E. Canada · Kathi R. Trawver · Stacey Barrenger, Deciding to Participate in Mental Health Court: Exploring Participant Perspectives, International Journal of Law and Psychiatry, Vol. 72, 2020(HHS Public Acces), p.1–2(https://www.ncbi.nlm.nih.gov/pmc/articles/PMC7554147/pdf/nihms–1626411.pdf).

31) 이 외에 두 모델의 결합형태인 결합모델(Combination model)도 존재한다. 결합모델에서는 대개 피고인이 유죄판결을 받고 치료를 전제로 하는 집행유예를 선고받는다. 이들 모델의 특징과 장 · 단점에 대해서는 Caltlin T. Harrington, Breaking the Cycle and Stepping out of the "Revolving Door": Why the Pre–Adjudication Model is the Way Forward for Illinois Mental Health Courts, University of Illinois Law Review, Vol. 2013, No.1, 2013, p.341–347.

32) Caltlin T. Harrington, 앞의 글, p.345.

33) 초기 정신건강법원인 브로와드 카운티 정신건강법원에 참여하기 위해서는 피고인에게 심각한

받으면 정신건강법원은 적격성 여부를 판단한다. 다만 적격성을 인정 받기 위한 정신질환의 종류와 정도는 법원마다 차이를 보인다.[34] 적격 여부의 기준은 정신질환 증상을 가지고 있으며 비폭력·경범죄 혐의를 받고 있는 피고인이지만, 관할에 따라서는 비폭력 중범죄를 다루는 법원도 있다. 최근 대상 범죄의 범위는 확대되고 있는 추세로 보인다.[35] 뒤에서 자세히 살피겠지만, 적격성 판단에 대한 이러한 불확실성은 학계의 비판의 대상이 되기도 한다. 전문가와 검사, 변호사가 피고인의 정신건강상태 및 치료 필요성에 대한 의견을 제시하면, 판사는 이러한 의견을 종합하여 피고인을 정신건강법원 치료 프로그램에 참여시킬 것인지 최종적으로 결정한다.[36] 피고인의 참여가 결정되면 판결 후 모델을 운영하는 법원에서는 피고인이 유죄 인정을 하고 치료 프로그램이 시작하게 된다. 치료 프로그램에 참여한 피고인이 성공적으로 완료하면 사건이 기각되거나 형량 축소와 같은 인센티브를 받게 된다. 피고인이 치료 프로그램을 성공적으로 완료하지 못하는 경우 전통적인 형사 법원으로 돌아가 통상적인 형사사건으로 처리된다.

Ⅲ. 정신건강법원의 운영 프로그램

정신건강시스템과 형사사법 시스템이 협력하여 처벌보다는 치료를 우선시 한다는 목표는 동일하지만, 구체적인 운영 방법과 절차는 약간의 차이가 있을 수 있다.[37] 따라서 구체적인 파악을 위해서는 어느 한 곳의 정신건강법원의 운영과 절차를 집중적으로 검토할 필요가 있다. 2000년대 초반 미국 국립사법연구소(National Institute of Justice)는 형사사법체계 내에서 정신질환자를 대상으로 하는 두 가지 접근방식들을 평가하기 위해 조사를 시행하고 평가를 한 바 있는데 이 때 대상이 되었던 곳 중 하나가 브루클린 정신건강법원이다.[38] 여기에서는 정신건강법원에

정신적 질환, 뇌손상 또는 발달장애가 있어야 한다고 한다. Andrea M. Odegaard, 앞의 글, p.246.

34) Kelli E. Canada · Kathi R. Trawver · Stacey Barrenger, 앞의 글, p.4.

35) Kelli E. Canada · Kathi R. Trawver · Stacey Barrenger, 앞의 글, p.4−5,

36) 정신건강법원에서 치료 프로그램을 수행할 피고인을 선정하는 주요 근거는 결국 치료 필요성과 치료 가능성으로 보인다.

37) 이러한 성격의 법원들은 미국뿐만 아니라 오스트레일리아, 캐나다, 뉴질랜드, 영국 등 많은 국가에서 운영되고 있다. Phil Bowen and Stephen Whitehead(Centre for Justice Innovation of Canterbury Court), Problem−solving courts: An evidence review, 2015, p.3.

대한 효과적인 이해를 위해 미국의 대표적인 정신건강법원인 브루클린 정신건강법원의 운영 프로그램 구조, 인력 및 주요 법정 역할, 자격 기준 및 대상 인구, 소재 및 기구, 심사 및 평가, 사례 계획 및 치료 등에 대해 구체적으로 살펴본다.

1. 브루클린 정신건강법원(The Brooklyn Mental Health Court)

2002년에 설립된 브루클린 정신건강법원은 뉴욕 주에서 운영되는 다섯 개의 정신건강법원 중 하나로, 그 외 Bronx TASC 정신건강법원 다이버전 서비스, Buffalo City 정신건강법원, Monroe County 정신건강법원, Niagara Falls 정신건강법원이 있다.[39] 브루클린 정신건강법원은 대부분의 유죄 사건(약 80%)을 처리하는 문제해결형 법원으로, 심각하고 지속적인 정신질환을 가진 피고인들을 장기간의 치료와 연결하여 처벌 대신 치료를 제공하며, 이를 통해 피고인의 치료와 지역 사회의 공공 안전 문제를 효과적으로 해결하고자 한다. 브루클린 정신건강법원의 기본 전제는 피고인들의 범죄 행동은 적어도 정신질환이 치료되지 않거나 불충분하게 치료된 결과로 이해하며, 법원의 치료프로그램 운영으로 피고인의 정신질환이 치료되면 범죄 행동이 감소되고 심리사회적 기능이 향상될 것으로 기대하는 것이다.[40]

(1) 행정 구조와 인력

브루클린 정신건강법원은 Kings County Supreme Court 내에서 운영되는 전문법원이다. 심리는 매주 열리며, 프로그램은 판사가 지휘하며 참여자들로는 프로젝트·임상 감독관, 특별 사회복지사, 세 명의 법의 상담사, 상담 정신과의 협의 의사, 지정 검사(Assistant District Attorney: 이하 “ADA”라 함), 법적 조력을 위한 브루클린 변호사 서비스(Legal Aid, Brooklyn Defender Services) 관련 핵심 변호사들이 포함되었는데, 다만 사건에 따라 사선 변호인이 대리하는 경우도 있다.[41]

---

38) Shelli B. Rossman·Janeen Buck Willison·Kamala Mallik−Kane·KiDeuk Kim·Sara Debus− Sherrill, Criminal Justice, Interventions for Offenders with Mental Illness: Evaluation of Mental Health Courts IN Bronx and Brookyn, NEW YORK. Fina; Report, 2012, p.1−2.

39) Kelly O’Keefe, The Brooklyn Mental Health Court Evaluation: Planning, Implementation, Courtroom Dynamics, and Participant Outcomes, Center for Court Innovation, 2006, p.2.

40) Kelly O’Keefe, 위의 글, p.5−6.

41) 브루클린 정신건강법원의 팀은 프로젝트 디렉터, 임상 디렉터, 사회복지사, 2명의 전임 및 한

(2) 참여자(판사, 검사, 변호사, 임상팀 등)의 역할

1) 판사, 검찰, 변호사

브루클린 정신건강법원의 경우, 해당 유형의 사건을 처리하기 위해 필요한 전문지식을 갖춘 특정 판사가 담당하며, 프로그램 시작 이후 사건을 주재하는 판사의 변동은 거의 없다. 판사의 핵심 역할은 심리를 주재하고 프로그램 준수에 성공적인 피고인과 성공하지 못한 피고인에 대한 차등화된 판결을 내리는 것이다.[42] 심리 중 판사는 최초 유죄 합의(Guilty Plea)에서 명시된 피고인의 치료 의무 준수를 감독하고 치료 프로그램을 진행할 것인지 최종 결정한다.[43] 또한 판사는 지역사회의 치료 제공자를 방문하여 피고인들이 치료를 받는 환경을 이해하고 치료 제공자와 참가자들과의 유대 관계를 형성한다.[44] 검사의 경우 브루클린 정신건강법원 심리에는 전담 검사가 배정되며, 법원과 검찰청의 연락 담당자로서 브루클린 정신건강법원 프로그램으로 공식적인 이송(Referral)을 담당한다. 검사는 사건을 검토하고, 법적 관점에서 적격 여부를 평가하고, 사전형량 기간의 개요를 설정하며, 사건을 거부할 수 있는 권한을 갖는다.[45] 사건을 브루클린 정신건강법원에서 심리할지 여부를 평가할 때 증인 동의는 절대적인 요건은 아니지만, 특히 폭행 사건이나 다른 폭력 범죄의 경우에는 검사는 증인과 상담하고 증인의 관점을 고려한다.[46] 변호사는 법률구조기관(Legal Aid)과 브루클린 변호 서비스 기관(Brooklyn Defender Services)에서 주로 피고인을 대리한다. 변호인들은 브루클린 정신건강법원 참여를 고려하는

명의 파트타임 법의학 코디네이터, 전담 판사, 자원 코디네이터, 전담 검사, 그리고 지정된 변호사들로 구성되어 있다. Kelly O'Keefe, 위의 글, p.13－14.

42) Kelly O'Keefe, 앞의 글, p.13.

43) Shelli B. Rossman · Janeen Buck Willison · Kamala Mallik－Kane · KiDeuk Kim · Sara Debus－ Sherrill, Criminal Justice, Interventions for Offenders with Mental Illness: Evaluation of Mental Health Courts IN Bronx and Brookyn, NEW YORK. Fina; Report, 2012, p.57－58.

44) Shelli B. Rossman · Janeen Buck Willison · Kamala Mallik－Kane · KiDeuk Kim · Sara Debus－ Sherrill, 앞의 글, p.58－59.

45) Shelli B. Rossman · Janeen Buck Willison · Kamala Mallik－Kane · KiDeuk Kim · Sara Debus－ Sherrill, p.58.

46) 피해자 증인의 경우 피고인의 정신건강법원 프로그램 진행은 중요한 문제일 수 있다. 피고인의 처벌 여부는 피해자 관점에서 중요할 수 있으므로 프로그램 진행에 있어서 피해자 증인의 의사 확인은 필수적으로 보인다.

참가자들에게 일종의 '법정 오리엔테이션'도 제공한다. 이 과정에서 변호인은 협상의 조건과 법정의 치료 의무를 준수하지 않을 경우의 결과, 정신 건강 법원 이외의 대안 및 정신건강법원 참가가 자발적인 것임을 설명 및 확인한다. 변호인은 또한 치료 계획을 피고인과 검토하여 치료 계획의 조건(치료 의무의 기간, 정신건강법원 프로그램을 완료하지 못하는 경우의 처벌 유형, 성공할 경우의 약속된 처분 등)을 알고 이해하도록 한다.[47] 변호인들은 항상 심리의 전 과정에 참여하는 것은 아니고 예비심리나 선고일에 출석하는 것이 일반적이라고 하는데, 다만 피고인의 프로그램 진행 및 준수 여부를 확인하는 심리에서 피고인의 프로그램 불준수가 문제 되는 경우에는 이를 변론하기 위해 참여하는 것으로 보인다.[48]

2) 임상 팀

임상 팀(Clinical Team)은 별도의 기관이 아니라 정신건강법원의 일부로 구성되며, 임상 감독관(clinical director), 선임 사회복지사(senior social worker), 사회복지사인 리소스 코디네이터, 그리고 세 명의 포렌식 코디네이터들로 구성되는데, 자문 정신과 전문의들이 정신질환 평가를 담당하는 팀을 돕는다.[49] 피고인들은 임상 팀의 여러 구성원(사건 담당자, 사회복지사 및 정신과 의사)들과 회의를 하게 되는데, 이를 통해 피고인에게 폭 넓은 지원을 제공하기 위한 치료 계획을 개발하며 참가자(피고인)를 지역 기반 정신 건강 치료 및 관련 서비스에 연결한다. 또한 임상 팀은 심리사회적 평가(Psychosocial assessment)를 수행 및 적용하고, 그들의 치료 진행 상황에 대해 정기적으로 치료 서비스 제공자와 소통하면서 참가자들의 치료 프로그램의 준수 또는 미준수와 관련된 재판상의 임상 문제에 관해 판사에게 조언한다. 임상 팀의 협력 정신과 의사 중 한 명이 정신 건강 평가를 실시하는데, 이 평가를 통해 법정 프로그램에 참여할 자격 여부를 확인하고, 피고인의 정신 건강 상태를

---

47) Shelli B. Rossman · Janeen Buck Willison · Kamala Mallik－Kane · KiDeuk Kim · Sara Debus－ Sherrill, 앞의 글, p.59.

48) Shelli B. Rossman · Janeen Buck Willison · Kamala Mallik－Kane · KiDeuk Kim · Sara Debus－ Sherrill, 앞의 글, p.59－60.

49) 리소스 코디네이터(Resource Cordinator)는 정신건강법원에서 일하면서 법원과 치료 제공자, 사례 관리자, 변호사, 법 집행 기관, 법원 서기 및 모든 관련 이해관계자 간의 연락을 담당하고, 서면 보고서를 준비하고, 의뢰 기관을 찾는 역할을 담당한다. Kelly O'Keefe, 앞의 글, p.14.

고려하여 가장 효과적인 치료 유형을 결정한다. 임상 팀의 임상 감독관의 업무 중 가장 중요한 것은 피고인의 임상 적격에 대한 최종 승인 권한이며, 치료와 관련된 결정도 한다.[50)]

3) 치료 서비스제공자(Clinical Service Provider) 의 역할

브루클린 정신건강법원 피고인들은 100개 이상의 지역 기반 기관 네트워크를 통해 치료를 받는다. 이러한 의료 조직들은 정신 건강 치료 서비스를 제공하기 위해 정신건강법원의 임상 직원과 정기적으로 연락을 유지한다. 외래 정신 건강 치료, 지역 기반 사례 관리, 주거 지원 서비스, 직업 및 교육 서비스 등이 참가자에게 제공하며, 법원과 의사소통하면서 치료계획을 수립 및 조정한다.[51)]

2. 프로그램의 운영과 효과

(1) 참여의 적격성 판단

피고인들은 프로그램 진행 적격 심사를 받고, 지역기반 치료 시스템과 연결되며, 공식적인 유죄 인정 절차를 통해 법정에 들어가 법원의 모니터링과 치료 서비스 등에 참여하게 된다.[52)] 브루클린 정신건강법원 프로그램에 참여하기 위해서는 프로그램의 임상 및 법적 적격 기준을 모두 충족해야 한다. 임상 자격은 심각하고 지속적인 정신질환(Serious and persistent mental illness) 진단을 받아야 하는데, 예를 들어 조현병, 조울증, 주요 우울증, 조증성 장애와 같은 질환에 해당되어야 하며, 의학적으로 효과적인 치료 방법이 있어야 한다.[53)] 또한 피고인은 재판에 출석할 수

50) Shelli B. Rossman · Janeen Buck Willison · Kamala Mallik－Kane · KiDeuk Kim · Sara Debus－ Sherrill, 앞의 글, p.59－60.

51) Shelli B. Rossman · Janeen Buck Willison · Kamala Mallik－Kane · KiDeuk Kim · Sara Debus－Sherrill, 앞의 글, p.60.

52) 경범죄(misdemeanor)의 경우 전체 치료 기간은 약 12개월이, 비폭력 중죄(Felony)는 12－18개월 정도 소요된다고 한다. Shelli B. Rossman · Janeen Buck Willison · Kamala Mallik－Kane · KiDeuk Kim · Sara Debus－Sherrill, 앞의 글, p.63.

53) 미국 전역의 정신 건강 법원은 피고인이 '정신 질환' 진단을 받아야 한다고 요구하지만, '정신 질환'이라고 정의하는 것은 문제라는 비판도 있다. 피고인이 적격성을 인정받기 위해서는 알려진 치료법이 있는 "심각하고 지속적인 정신 질환"을 앓고 있어야 한다고 판단되어야 하는데, 여기에는 조현병, 양극성 장애, 주요 우울증 또는 분열정동장애가 포함된다. 다만 이 기준을 적용하면 성격 장애, 지적 장애 · 발달 장애 또는 외상성 뇌 손상과 같은 정신 건강 질환이

있고 안정된 상태여야 한다. 법적 적격성(Legal eligibility)은 피고인의 범죄 성격에 따라 결정되는데, 이에 대한 최종적인 결정은 법원의 판사가 ADA와 협의하여 결정한다.[54] 경범죄와 중범죄자 모두를 대상으로 하며, 상습성이 있는 중범죄자(Predicate Felon), 그리고 사안에 따라서는 정신질환이 영향을 미쳤다고 믿어지는 폭력 범죄자까지 대상으로 삼는다.[55] 이를 보면 이 법원의 치료 프로그램이 경미한 정신질환자나 초범의 경우에 한정적으로 시행되는 것은 아니라는 사실을 알 수 있다. 피고인이 정신 건강 기준에 부합하지 않는 것으로 판단되거나, 판사 또는 검사가 피고인의 사건이 브루클린 정신건강법원에 적합하지 않다고 판단하는 경우 그리고 피고인이 적격 판정을 받았으나 참여를 원하지 않는 경우에는 사건은 원래의 형사법원으로 돌아간다.[56]

(2) 법정절차: 참여 및 치료

프로그램 참여 적격성이 인정되면 변호인은 피고인에게 유죄 인정 및 치료명령 준수와 같은 조건의 긍정적·부정적 결과에 대한 설명을 하고 피고인의 프로그램 참여 의사를 확인한다. 이때 참여 적격성이 인정되는 피고인이 유죄를 인정하면 개별화된 치료계획에 참여에 동의하는 단계로 넘어가며 임상팀에 의해 치료 서비스 제공자에게 연계된다.[57] 피고인은 통상 12개월에서 24개월까지 지정된 기간 동안

배제될 수 있다. Kelly O'Keefe, 앞의 글, p.8.

54) 브루클린 정신건강법원에서 이러한 적격성 평가는 통상적으로 한 달 정도 진행된다고 한다. Shelli B. Rossman·Janeen Buck Willison·Kamala Mallik-Kane·KiDeuk Kim·Sara Debus-Sherrill, 앞의 글, 표 3.17 참조. 다만 2003년 이후로는 ADA는 비폭력 중범죄를 정신건강법원으로 이송 여부에 대해서는 막을 수 없고, 다른 폭력 중범죄에 대해서는 여전히 ADA의 동의가 필요하다. 경범죄 사건의 경우 적격성이 인정되지만, 모든 피고인은 12개월 치료 명령과 불이행 시 최소 1년의 징역형에 동의해야 한다고 한다. 이에 대해서는 Kelly O'Keefe, 앞의 글, p.15.

55) 브루클린 정신건강법워에서는 통상적으로 모든 비폭력 중범죄는 적격성이 있으며, 폭행, 강도, 절도죄의 경우는 담당검사나 임상팀에 의해 자격 여부가 검토된다. 강간죄나 살인죄는 제외된다. 대상이 되는 경범죄는 12개월의 치료 의무를 받아들이거나 이를 준수하지 않을 경우 최대 1년 형의 징역형을 선고받을 수 있는 경우이다. Shelli B. Rossman·Janeen Buck Willison·Kamala Mallik-Kane·KiDeuk Kim·Sara Debus-Sherrill, 앞의 글, p.63.

56) Kelly O'Keefe, 앞의 글, p.16.

57) 유죄 인정을 위한 조건은 판사, 검사, 변호사 간에 합의되어야 하며, 변호사는 피고인과 함께 치료계획과 유죄인정 조건을 검토한다. 과거에는 유죄인정 시 법정에서 계약서에 서명하도록 했었으나 이는 다양한 법정 기록으로 증명될 수 있으므로 현재는 폐지되었다고 한다. Kelly

치료 계획을 준수하는 것에 동의하고 프로그램에 참여하게 되며, 판결 선고는 피고인이 정신건강법원 치료 프로그램에 참여하는 동안 유예된다.[58]

법원은 피고인에게 적절한 치료계획을 수립하고 피고인의 치료 프로그램 진행 상황을 모니터링 한다. 치료 계획을 참가자 개인적 필요에 맞추는 개별화된 치료계획은 정신 건강치료, 약물 남용치료, 지역사회 기반 사건 관리 서비스, 주택지원, 직업·교육 서비스 등을 포함하는 것이 일반적이다.[59] 피고인의 프로그램 불이행시 법원이 요구하는 출석 시기는 더욱 잦아진다. 법정에서 판사가 피고인에게 직접 대화하면서 프로그램 준수 여부를 확인하고 지시사항을 전달하게 되는데, 대화의 과정은 피고인 중심으로 진행된다. 즉 판사는 질문할 때 단답형이 아닌 "진행 상황은 어떻습니까?"와 같은 개방형 질문을 사용한다.[60] 판사와 피고인 사이의 대화는 대부분 법정 요구 사항의 준수 여부 확인에 중점을 두는데, 프로그램 준수 모니터링 활동(가령 피고인과의 접견, 소변검사, 치료 제공자로부터의 주기적인 진행 보고서 확인 등)은 주로 법정 외부에서 이루어진다.

브루클린 정신건강 법원은 참가자들이 법원이 제시한 치료 조건을 성공적으로 이행하고 완료한 경우에는 졸업했다(graduated)고 표현하고 이날을 '졸업일'이라고 공표한다.[61] 경범죄자나 초범 비폭력 중범죄자는 유죄인정이 취소되고 사건이 기각된다. 이때 판사는 피고인을 칭찬하면서 피고인에게 증명서를 수여하고 작은 선물(가령 초콜릿)도 준비하는 경우도 있다고 한다.[62] 경범죄자나 초범 비폭력 중범

O'Keefe, 앞의 글, p.27.

58) 브루클린 정신건강법원에서는 가벼운 범죄에 대한 치료기간은 12개월 그리고 비폭력 중범죄자들에 대한 치료기간은 통상 18개월에서 24개월 정도 소용된다고 한다. Rossman·Janeen Buck Willison·Kamala Mallik－Kane·KiDeuk Kim·Sara Debus－Sherrill, 앞의 글, p.61.

59) Rossman·Janeen Buck Willison·Kamala Mallik－Kane·KiDeuk Kim·Sara Debus－Sherrill, 앞의 글, p.69. 판사가 피고인의 치료 진행 상황을 파악하기 위해서는 피고인의 정기적인 출석이 필요할 것인데, 통상적으로 프로그램 시작 후 초기에는 매주 출석하지만 그 후 세 달 동안은 격주로 출석하고, 이후에는 판사의 별도 지시가 없는 한 매달 한 번 출석한다고 한다.

60) 정신건강법원의 모니터링은 크게 보면 판사가 피고인의 정신건강상태를 모니터링하고 치료계획은 업데이트를 제공받는 사법 모니터링과 임상팀이 피고인과 만나 일상적으로 그들의 정신건강상태를 확인하고 커뮤니티 제공자와 연락하여 상황에 대한 업데이트를 받는 임상모니터링이 있다. 이 때 판사의 질의나 훈시는 모두 치료계획 준수와 지속적인 치료 참여를 위한 것이다. Kelly O'Keefe, 앞의 글, p.28.

61) Kelly O'Keefe, 앞의 글, p.30.

62) 사실상 피고인에 대해 치료 프로그램 준수를 격려하거나 축하하는 것, 그리고 선고일을 졸업

죄자는 유죄인정이 취소되고 사건이 기각된다. 상습성 있는 중범죄자나 초범 폭력 중범죄자는 중범죄 혐의가 경범죄로 감형되며, 선고가 조건부 석방이나 보호관찰로 전환될 수 있다. 하지만 법원의 치료 명령 프로그램을 준수하지 않거나 재범을 저지른 피고인들은 초기 유죄 인정 시 합의된 징역형을 선고받게 된다. 프로그램을 준수하지 않은 유형에는 치료 불참, 법정 불출석, 약물검사 양성반응 결과 등이 포함된다.[63] 물론 중간 단계에 미준수가 확인된다고 해서 프로그램이 종료되고 피고인에게 즉시 형사제재가 부과되는 것은 아니다. 미준수의 경우에도 또 다른 기회를 얻게 되는 경우가 있는데, 이 때 판사는 출석 일수나 사건관리 회의 일수를 종전보다 늘리거나 합당한 이유 없이 불출석한 피고인에게 영장이 발부되는 경우도 있다고 한다.[64] 브루클린 정신건강법원의 경우 피고인이 유죄 인정부터 사건종결일까지 평균적으로 15개월이 소요되었으며, 2002년부터 2008년 사이에 브루클린 정신건강법원에 참가한 327명의 피고인 중 약 3/4 이상이 법원의 치료 명령을 성공적으로 완료하고 졸업했다.[65] 아래의 표는 브루클린 정신건강법원의 사건 처리 과정을 요약해서 보여준다.

일로 표현하는 것은 일반 형사법정에서 보기 어려운 피고인과 같은 절차 참여자를 치료나 치유의 대상으로 삼는 치료적 사법의 중요한 특징이라고 할 수 있다.

63) Kelly O'Keefe, 앞의 글, p.31.

64) Rossman · Janeen Buck Willison · Kamala Mallik－Kane · KiDeuk Kim · Sara Debus－Sherrill, 앞의 글, p.74.

65) Rossman · Janeen Buck Willison · Kamala Mallik－Kane · KiDeuk Kim · Sara Debus－Sherrill, 앞의 글, p.75.

[표1: 브루클린 정신건강법원 사건처리 과정][66]

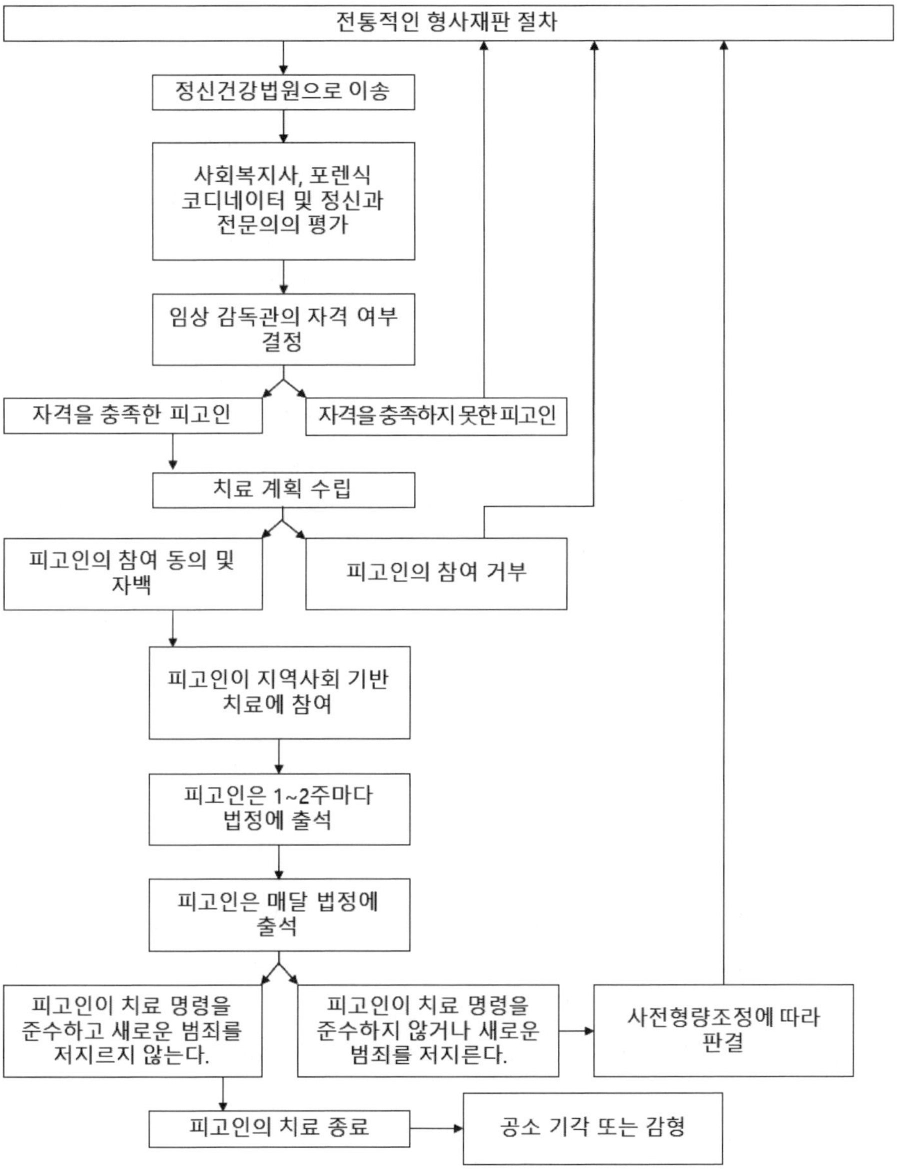

66) Rossman · Janeen Buck Willison · Kamala Mallik−Kane · KiDeuk Kim · Sara Debus−Sherrill, 앞의 글, p.60. 표 3.2를 수정 및 편집한 것임.

3. 검토

브루클린 정신건강법원은 출석율, 치료계획 이행률, 재체포율이나 재수감율 등 다양한 지표를 통해 피고인들의 치료가 성공적이라는 평가를 받고 있다. 브루클린 정신건강법원의 심리나 진행 과정은 일반 형사법정의 모습과는 분명히 다르다. 당사자주의에 따른 형사법정은 검사와 피고인측이 대립하여 진실공방을 벌이지만, 정신건강법원은 검사와 변호사뿐만 아니라 법원과 지역 치료제공자들이 협력하여 피고인의 치료를 위해 노력하며, 법원의 권한으로 정신건강 치료라는 목표를 달성하기 위해 노력한다. 기존 전통적인 형사 법정에 자주 등장하는 증거신청과 증거조사, 반대신문과 탄핵 대신에 대화와 칭찬, 격려, 또 다른 기회 부여 등이 정신건강법원에서는 확인되며, 심지어 많은 문헌이나 보고서에서 피고인이라는 표현 대신 의뢰인(클라이언트)이나 참여자로 표현하기도 한다. 대화, 협력, 동기부여, 치료 기회 제공, 인센티브 부여 등은 브루클린 정신건강법원의 특징이며, 치료적 사법 이념의 핵심이다. 다만 브루클린 정신건강법원이 사용하는 제재, 보상, 치료 등의 개념이 다소 모호하고 다양한 요소들을 문서화해서 명확히 하고 공식화해 나갈 필요가 있다는 개선책도 제기되고 있다.[67]

Ⅳ. 평가: 최근의 비판적 평가를 중심으로

앞에서 살펴 본대로 미국에서 정신건강법원에 대한 평가는 대체로 피고인들이 법원이 제시한 치료 프로그램을 잘 이행하고 재범이 줄었다는 긍정적인 내용이 많다. 정신건강법원 치료 프로그램 완료 이후 교도소에 다시 수감 되는 경우나 그 일수가 그렇지 않은 경우보다 더 적다거나 재체포율이 감소되었다는 것 그리고 정신건강법원 절차에 소요되는 비용이 기존의 전통적인 사법 체계의 비용과 유사하며, 향후 더 낮출 가능성이 있다는 것 등이 주요 근거 들이다.[68] 이를 입증하듯 미국

67) Kelly O'Keefe, 앞의 글, p.57－58.

68) M. Susan Ridgely · John Engberg · Michael D. Greenberg · Susan Turner · Christine DeMartini · Jacob W. Dembos, Justice, Treatment, and Cost: An Evaluation of the Fiscal Impact of Allegheny County Mental Health Court, RAND Corporation Technical Report Series, 2007, 33－34면; Henry J. Steadman · Pamela Clark Robbins, Effect of Mental Health Courts on Arrests and Jail Days: A Multisite Study, Arch Gen Psychatry, 68(2), 2011,

내 정신건강법원 설립도 계속적으로 증가 추세이다. 다만 최근에는 정신건강법원의 치료 개입에 대한 과도한 칭송을 경계하는 비판적 견해도 등장하고 있다. 정확한 평가를 위한 데이터가 충분하지 않다거나 실효성에 대한 우려가 제기되기도 하며, 투입되는 비용 대비 범죄 예방 효과가 다소 과대 평가되고 있다는 주장들이 그것이다.[69] 아래에서는 이러한 비판적 평가에 대해 자세히 살펴본다.

1. 선택편향문제

먼저 정신건강법원에 대한 평가 방법론상 '크리밍(Creaming)'효과에 대한 문제가 제기되고 있다. 피고인이 정신건강법원의 치료 프로그램에 참여하기 위해서는 결국 판사, 검사, 임상 팀 등의 주관적 평가에 의존해야 하므로 경우에 따라 치료 필요성이 높은 피고인보다는 법원이 선호하는 프로그램 이행 가능성 혹은 치료 성공 가능성이 높은 피고인을 선정하는 선택 편향이 발생할 수 있다는 것이다.[70] 앞에서 살펴본 것처럼 피고인이 법원의 자격 기준에 해당하는 범죄 혐의와 정신 질환을 동시에 갖고 있다고 해서 반드시 법원 프로그램 시작이 결정되는 것은 아니며, 마찬가지로, 피고인의 범죄 혐의와 정신 질환이 법원의 자격 기준에 해당하지 않는다고 해서 완전히 배제되지도 않는다. 피고인의 선별에 법원의 재량이 강하게 작용하는 것이다. 정신건강법원의 참여 자격 기준 판단이 명확하지 않고 암시적일수록 법원의 선택 편향이 예상되며, 이러한 선택 편향이 일상적으로 적용될 경우, 오히려 법원의 치료 프로그램이 크게 필요 없는 사람들을 대상으로 운영될 수 있다.[71] 신뢰성 및 치료 효과성을 고려할 때 치료 대상 선정 및 자격기준과 관련된 절차는 보다 공식화되고 정형화될 필요가 있다고 생각된다.

(https://jamanetwork.com/journals/jamapsychiatry/fullarticle/211027) p.170－171.

69) Amy Watson · Patricia Hanrahan · Daniel Luchins · Arthur Lurigio, Mental Health Courts and the Complex Issue of Mentally Ill Offenders. Psychiatr Service, 2001 Apr;52(4), p. 479

70) Nancy Wolff, Nicole Fabrikant, and Steven Belenko, Mental Health Courts and Their Selection Processes: Modeling Variation for Consistency, 2011, National Library of Medicine, National Cernter for Niotechnology Information(https://www.ncbi.nlm.nih.gov/pmc/articles/PMC3874803/). p.8－9.

71) Nancy Wolff, Nicole Fabrikant, and Steven Belenko, 앞의 글, p.9－10.

2. 성공 개념의 불명확성

다음으로 정신건강법원의 '치료 성공'이란 개념이 불명확하다는 비판도 있다.[72)]정신건강법원의 성공 여부는 결국 피고인에 대한 치료가 성공적으로 종료되어 피고인이 재범을 저지르지 않는 것에 달려있을 것이다. 그런데 재판 기간 동안 치료 프로그램을 이수한 것을 성공으로 볼 것인지 아니면 이수 후 어느 시점까지 범죄를 저지르지 않는 것을 성공으로 볼 것인지 불명확하다는 것이다. 법원이 제시하는 치료 프로그램을 종료한 후 일정 기간 후 당시 피고인의 재범률을 파악해야 하는데 현재 이와 관련된 연구는 이 부분이 취약하며 따라서 아직까지 정신건강법원의 실효성에 대한 정확한 판단은 어렵다는 비판이다. 특히 미국의 경우 각 주의 다양한 정신건강법원이 통일되지 않는 방법으로 운영되고 있어서 장기간 방대한 데이터를 축적 및 조사하기 어렵다는 점도 단순한 통계상 수치로 성공을 판단하기 어렵게 하는 부분일 것이다.

현재 미국에서 정신건강법원 같은 문제해결형법원이 확산되고 있는 것도 재범방지의 효과성과는 무관하게 형사법원 판사들의 선호에 의한 것이라는 주장도 있다.[73)] 과거 미국의 형사법원 판사들은 형량 선고에 있어서 엄청난 재량권을 행사할 수 있었지만, 1970년대 이후부터는 양형 가이드라인에 엄격하게 종속되어 왔다. 정신건강법원과 같은 문제해결형 법원은 심리와 양형에서 판사를 엄격하게 규율하는 규칙이 부재하고 따라서 판사들은 보다 광범위한 재량권을 행사할 수 있다.[74)] 미국 사법의 특성상 문제해결형 법원과 같은 특수 법원 설립은 판사의 재량에 맡겨져 있는 경우가 많으므로 판사의 만족도가 높은 문제해결형 법원은 설립이 크게 촉진되고 있다는 것이다.

물론 이 제도를 만병통치약으로 여기는 것은 경계해야겠지만, 정신질환의 경우 초기에 치료가 그 무엇보다 중요하다는 점을 고려한다면, 정신건강법원의 치료적 의미를 부정하기는 어려워 보인다. 특히 우리의 경우 미국과 달리 (특수)법원의 설립이 헌법과 법률에 의해 엄격하게 통제되고 관할을 달리하는 경우에도 통일성이

---

72) Erin R. Collins, The Problem of Problem-Solving Courts, UC Davis Law Review, Vol. 54, No. 1573, 2021, p.1598-1599.

73) Erin R. Collins, 앞의 글, p.1599-1600.

74) 이는 경험적 데이터로도 증명되는데 실제 문제해결형법원의 판사의 직무만족도는 통상의 법원 판사의 경우보다 상당히 높았다. Erin R. Collins, 앞의 글, p.1600.

강하게 작동하므로 이러한 문제점은 발생하기 어려울 것으로 판단된다.

3. 적법절차원칙과의 갈등 문제

법원의 적극적인 치료적 개입이 범죄 예방이라는 효과로 이어질지는 미지수인 상황에서, 지나친 국가 개입의 정당화로 인해 법치국가 이념이나 적법절차원칙이 훼손될 위험성을 경고하는 주장도 있다.[75] 다만 이러한 비판은 비단 법원의 개입뿐만이 아니라 형사사법 혹은 모든 국가 기관의 치료 개입에 적용될 수 있는 문제이며, 지나치게 과도한 개입에 이르지 않는 적절한 수준의 절차조건과 법정책을 개발해 나가야 할 것이다. 오히려 우리 형사사법에서는 심리적인 자백 강요로 인한 법치국가 이념의 침해가 우려된다. 미국의 통상적인 정신건강법원 치료 프로그램에 참여하기 위해서는 먼저 피고인의 유죄 인정이 선행되어야 한다는 점이 우리 형사사법에서 문제가 될 가능성이 크기 때문이다. 피고인 입장에서는 사건을 부인하고 형벌 부과 가능성이 큰 통상의 형사절차를 거치는 것보다 손 쉬운 자백을 하고 정신건강법원으로의 이송을 선택할 가능성이 높기 때문이다.[76] 치료의 강제보다는 자백을 강제할 수 있다는 점이 더 큰 문제이며, 이 제도를 도입하게 된다면 이에 대한 입법적 보완이 필요할 것이다.

Ⅴ. 결론을 대신하여: 우리 형사사법에의 시사점

미국의 경우 전통적인 당사자주의 시스템에서 벗어나 재판 과정에서 법원과 검사·변호인이 피고인의 정신 질환의 치료를 위해 협력하는 치료적 사법에 기반한 문제해결형 법원을 운영하고 있다. 일명 정신건강법원(Mental Health Court)이란 특수 법원이 설립되어 판결 및 양형 전 단계에서 정신질환자 범죄자에 대해 필요한 치료 프로그램을 설정 및 제공한다. 다만 이러한 형사사법의 혁신은 오로지 범죄예방이라는 형사정책적 목표 하에 이루어진 것은 아니며, 형사사법이 형사처벌에만 몰두할 것이 아니고 피고인이나 피해자의 정신적 건강이나 복지에 보다 집중하고

75) 한영수, 범죄인에 대한 치료적 개입의 법적 현황, 보호관찰, 제11권 제1호, 2011, 48면.

76) 정신질환이 있는 피고인은 유죄 인정이나 자백에 필요한 의사능력이 부족할 가능성이 더욱 크므로 변호인의 적절한 조력이 필수적일 것이다.

범죄의 원인을 해결하고자 하는 치료적 사법 이념에서 시작되었음을 주목할 필요가 있다. 정신질환 범죄자를 오로지 범죄 통제 대상으로 삼는 것이 아니라 피고인의 정신건강을 위해 판사, 검사, 변호사, 의료 전문가들이 협력하고 이를 통해 정신질환자의 재범을 방지하고 결과적으로 그들의 안정적인 삶 까지 고려하는 것이다.

중증의 정실질환에 이를 경우 자신의 행동에 대한 위법성 인식이나 형사처벌에 대한 두려움을 느낄 수 없어서 이들에 대한 강력한 형사처벌과 장기간의 구금을 통한 범죄 예방은 사실상 불가능하다. 정신질환 환자도 초기에 적절한 치료를 받는다면 중증에 이르지 않고 정상적인 사회생활이 가능하다고 보지만, 우리 사회에서 많은 경우 정신질환자들과 그 가족들은 병을 은폐하거나 증상이 악화된 후에야 치료에 나서는 경우가 많아 초기에 적극적인 치료가 어려운 실정이다. 정신질환 범죄자를 초기에 적절히 치료하기 위한 사법 제도 개선이 필요한 상황에서 미국의 정신건강법원은 우리가 충분히 고려할 만한 사법 모델이 될 수 있을 것이다. 물론 우리 사법과 다소 이질적인 부분이 존재하고, 법원 관할에 대한 문제나 심리적인 자백 강요로 이어질 수 있는 부분에 대한 문제를 입법적으로 해소해야 한다. 하지만 이미 우리 사법은 특수법원적 성격을 갖는 법원을 운영하고 있고, 일부 형사재판에서는 이미 판사들이 치료적 사법 이념을 적용하여 일정한 치료를 전제로 심리와 판결을 해 나가는 사례도 발견된다. 이제는 우리 사법에서 법원의 이러한 치료적 처우가 일부 판사의 시혜적 처분이 아니라 제도화되어 정형성을 확보할 필요가 있다. 일단은 경미 범죄를 저지른 초기 정신질환 범죄자를 대상으로 먼저 이러한 치료적 처우의 시행을 검토해 볼만할 것이다.

【참고문헌】

국내문헌

박기쁨, 형사재판에서의 회복적 · 치료적 사법에 관한 연구, 사법정책연구원, 2021

이승호, 형사사법의 담론과 법원운용의 시스템, 형사정책연구, 제20권 제1호, 2009

한영수, 범죄인에 대한 치료적 개입의 법적 현황, 보호관찰, 제11권 제1호, 2011,

외국문헌

Amy Watson · Patricia Hanrahan · Daniel Luchins · Arthur Lurigio, Mental Health Courts and the Complex Issue of Mentally Ill Offenders. Psychiatr Service, 2001 Apr;52(4)

Almquist L, · Dodd E, Mental Health Courts: A guide to research－informed policy and practice. New York, NY: Council of State Governments Justice Center, 2008, (https://bja.ojp.gov/sites/g/files/xyckuh186/files/Publications/CSG_MHC_Research.pdf).

Andrea M. Odegaard, Therapeutic Jurisprudence: The Impact of Mental Health Courts on the Criminal Justice System, North Dakota Law Review, Vol. 83, 2007

Arthur J. Lurigio · Jessica Snowden, Arthur J. Lurigio · Jessica Snowden, Putting Therapeutic Jurisprudence into Practice: The Growth, Operations, and Effectiveness of Mental Health Court, The Justice System Journal, 2013, (https://ncfsc－web.squiz.cloud/__data/assets/pdf_file/0025/18637/putting－therapeutic－jurisprudence－into－practice.pdf).

Bruce J. Winìck, Therapeutic jurisprudence: Enhancìng the relationshìpbetween law and psychology, Law and Psychology. Current Legal Issues. Vo1. 9, 2006.

Bruce 1. Winick, Forward: Therapeutìc Jurisprudence Perspectives on Dealing with Victíms of Crime, Nova Law Review, Vo1.33, 2009.

Caltlin T. Harrington, Breaking the Cycle and Stepping out of the “Revolving Door”: Why the Pre–Adjudication Model is the Way Forward for Illinois Mental Health Courts, University of Illinois Law Review, Vol. 2013, No.1, 2013,

Henry J. Steadman · Pamela Clark Robbins, Effect of Mental Health Courts on Arrests and Jail Days: A Multisite Study, Arch Gen Psychatry, 2011

Christine M. Sarteschi, Mentally Ill Offenders Involved With the U.S. Criminal Justice System: A Synthesis, Sage journals, 2013, 1면 (https://journals.sagepub.com/doi/10.1177/2158244013497029).

Council of State Governments Justice Center Criminal Justice/Mental Health Consensus Project New York, New York, Mental Health Courts: A Primer for Policymakers and Practitioners, Ureau of Justice assistance(https://csgjusticecenter.org/wp–content/uploads/2020/02/mhc–primer.pdf).

Derek Denckla · Greg Berman, Rethinking the Revolving Door, Center for Court Innovation, 2001

Doris J. James·Lauren E. Glaze, Mental Health Problems of Prison and Jail Inmates, Bureau of Justice Statistics Special Report, 2006/September(NCJ 213600), U.S. Department of Justice Office of Justice Programs(https://bjs.ojp.gov/content/pub/pdf/mhppji.pdf).

Eric R. Coolins, Status Courts, The Georgetown Law Journal, Vol. 105, 2017,

Erin R. Collins, The Problem of Problem–Solving Courts, UC Davis Law Review, Vol. 54, No. 1573, 2021,

Gregory L. Acquaviva, Comment, Mental Health Courts: No Longer Experimental, 36 SETON HALL L. REV. 2006.(Mental Health Courts: No Longer Experimental (shu.edu)).

Ian Freckelton. Therapeutic Jurisprudence Misunderstood and Misrepresented, Jefferson Law Review, Vol.30. 2008.

Kelli E. Canada · Kathi R. Trawver · Stacey Barrenger, Deciding to Participate in Mental Health Court: Exploring Participant Perspectives, International

Journal of Law and Psychiatry, Vol. 72, 2020(HHS Public Acces), 1－2면, (https://www.ncbi.nlm.nih.gov/pmc/articles/PMC7554147/pdf/nihms－1626411.pdf).

Kelly O'Keefe, The Brooklyn Mental Health Court Evaluation: Planning, Implementation, Courtroom Dynamics, and Participant Outcomes, Center for Court Innovation, 2006,

KiDeuk Kim·Miriam Becker－Cohen·Maria Serakos, The Processing and Treatment of

Mentally Ill Persons in the Criminal Justice System, Urban Institute, 2015, (https://webarchive.urban.org/UploadedPDF/2000173－The－Processing－and－Treatment－of－Mentally－Ill－Persons－in－the－Criminal－Justice－System.pdf),

Nancy Wolff, Nicole Fabrikant, and Steven Belenko, Mental Health Courts and Their Selection Processes: Modeling Variation for Consistency, National Library of Medicine, National Cernter for Niotechnology, 2011 Information(https://www.ncbi.nlm.nih.gov/pmc/articles/PMC3874803/)

Phil Bowen and Stephen Whitehead(Centre for Justice Innovation of Canterbury Court), Problem－solving courts: An evidence review, 2015,

Shelli B. Rossman · Janeen Buck Willison · Kamala Mallik－Kane · KiDeuk Kim · Sara Debus－Sherrill, Criminal Justice, Interventions for Offenders with Mental Illness: Evaluation of Mental Health Courts IN Bronx and Brookyn, NEW YORK. Fina; Report, 2012,

U.S. Department of Justice Office of Justice Programs, Drug Courts Program Office, 2000/6(https://www.ojp.gov/pdffiles1/ojp/fs000265.pdf).

【국문초록】

최근 중대 범죄의 증가는 강력한 형사처벌의 요구로 이어지고 있다. 하지만 중증의 정실질환에 이를 경우 자신의 행동에 대한 위법성 인식이나 형사처벌에 대한 두려움이 없으므로 이들에 대한 강력한 형사처벌과 장기간의 구금을 통한 범죄 예방은 사실상 불가능하다. 정실질환도 초기에 적절한 치료를 받는다면 중증에 이르지 않고 정상적인 사회 생활이 가능하므로 초기에 적극적으로 치료하는 것이 범죄예방을 위해 중요하다. 정신질환 범죄자를 초기에 적절히 치료하기 위한 사법 제도 개선이 필요한 상황에서 미국의 정신건강법원은 우리가 비교법적으로 검토해 볼 만한 가치가 있다. 미국의 경우 치료적 사법 이념 하에 문제해결형 법원으로서 정신건강법원이 설립 및 운영되고 있다. 법관을 비롯한 참여자들이 정신질환 피고인의 치료를 최우선 과제로 삼고 협력하며, 법원에서 결정된 치료 프로그램에 피고인이 자발적으로 일정기간 치료를 완료하는 것이 이 제도의 특징이다. 우리 사법과 다소 이질적인 부분이 존재하지만 이미 우리 사법은 특수법원적 성격을 갖는 법원을 운영하고 있고, 일부 형사 재판에서는 판사들이 치료적 사법 이념을 적용하여 일정한 치료를 전제로 심리와 판결을 해 나가는 사례도 발견된다. 전면적인 도입이 아니어도 법관, 검사, 변호사, 정신질환 전문가들이 함께 피고인의 치료를 위해 협력하고 적절한 치료적 처우를 실무에서 적용해 나갈 필요가 있다.

◈ 주제어: 정신건강법원, 치료적 사법, 정신질환 범죄자, 범죄예방, 문제해결형법원

【Abstract】

A review of mental health courts as a therapeutic intervention for mentally ill offenders

Soonmin Kwon*

The recent increase in major crimes has led to demands for stronger criminal penalties. However, when it comes to severe mental illness, preventing crimes through strong criminal punishment and long-term incarceration is practically impossible due to the lack of awareness of the illegality of their actions or fear of punishment. If mental illness is treated appropriately in its early stages, it is possible to prevent it from becoming severe and allow individuals to lead normal social lives, making early treatment crucial for crime prevention.

In the current situation, where judicial system reform is needed to provide adequate early treatment for criminal offenders with mental illness, the Mental Health Court in the United States is worth examining from a comparative legal perspective. In the U.S., under the concept of therapeutic jurisprudence, mental health courts have been established and operated as problem-solving courts. Participants, including judges, prioritize the treatment of defendants with mental illnesses and cooperate, and the defendant voluntarily completes a treatment program determined by the court over a certain period. While there are some differences from our judicial system, our judiciary already operates courts with specialized functions, and in some criminal trials, judges apply therapeutic jurisprudence, where hearings and rulings are conducted with a certain treatment requirement. Even if not fully implemented, there is a need for collaboration between judges, prosecutors, defense attorneys, and mental health professionals to ensure appropriate therapeutic treatment is applied in practice.

* Professor, Chosun University

◈ Key Words: Mental Health Court, Therapeutic Jurisprudence, Defendants with Mental illness, Crime Prevention,

제16권 제4호

한국형사소송법학회 『형사소송 이론과 실무』
第16권 第4호 (2024.12) 1~13면.
Theories and Practices of Criminal Procedure Vol. 16 No. 4 (December. 2024) pp. 1-13.
10.34222/kdps.2024.16.4.1

형사소송법이 나아갈 길

강 동 범*

목 차

Ⅰ. 들어가며

형사소송법은 형법에 의해 발생한 국가형벌권을 실현하는 절차를 규정한 법이다. 따라서 형법과 형사소송법은 「이와 잇몸의 관계」에 있으며, 형사사법 정의는 형법과 형사소송법이 올바르게 기능하여야만 실현될 수 있다.

형사소송법은 제정 70주년이 되는 지금까지 49회의 크고 작은 개정을 거쳐 오늘에 이르고 있으며, 광의의 형사소송법에 속하는 법률의 제·개정도 많았다. 이러한 제·개정이 형사절차의 적법성과 투명성 및 공정성을 높이고, 피의자·피고인의 방어권을 보장하는데 크게 기여하고 있음은 두말할 필요가 없다.

형사소송법의 이념은 '적정절차에 의한 신속한 실체적 진실의 발견'이다. 그동안 형사소송법의 개정은 주로 '적정절차'의 실현에 초점이 맞춰져 있었으며 타당한 방향이라고 생각한다. 이는 형사소송법의 역사는 '변호권 확대의 역사', '피의자·피고인의 절차적 기본권 강화의 역사'라는 흐름과도 궤를 같이 한다. 그러나 아직도 수사와 재판 과정에서 억울한 사람·무고한 죄인이 발생하고 있음을 유념해야 한다.

적정절차와 더불어 '신속한' 실체적 진실의 발견이 형사소송법의 또 하나의 이념

* 이화여대 법학전문대학원 명예교수

이다. 사법은 신선할수록 향기가 높다거나 지체된 정의는 정의가 아니라는 표현이 널리 회자되는 이유이기도 하다. 그럼에도 국회의원의 임기 시작 즈음 기소된 사람이 4년 임기를 마치고도 5개월이 지나서야 형이 확정되는가 하면, 선거에서 당선된 사람이 선거법 위반으로 기소되고 거의 4년 후, 임기를 이미 마친 상태에서 1심에서 유죄를 선고받는 어처구니없는 현실을 목도하고 있다. 과연 "형사사법 정의"는 실현되고 있는가? 실현될 수 없는 헛된 꿈인가? 자문하지 않을 수 없다.

여기서는 제 개인적으로, 형사소송법의 전환기적 제·개정이라고 생각하는 내용을 중심으로 5개의 주요 형사절차 관련법에 대하여 말씀드리고자 한다. 그것은 국민의 형사재판 참여에 관한 법률(국민참여재판법), 특별검사의 임명 등에 관한 법률(특검법), 고위공직자범죄수사처 설치 및 운영에 관한 법률(공수처법) 그리고 2020년과 2022년 2번의 형사소송법·검찰청법 개정이다.

Ⅱ. 형사절차에 중대한 변화를 초래한 법률의 제정과 개정

1. 국민의 형사재판 참여에 관한 법률(국민참여재판법)

(1) 배경과 실시 현황

국민참여재판(배심제)은 사법의 민주적 정당성을 강화하고 투명성을 높임으로써 국민으로부터 신뢰받는 사법제도를 확립하기 위하여, 국민이 배심원으로 형사재판에 참여하는 제도로서, 사법개혁의 일환으로 도입되었다. 2007년 6월 1일 법률 제8495호로 "국민의 형사재판 참여에 관한 법률"(국민참여재판법)이 제정되어 2008년 1월 1부터 시행되고 있다.

직업법관 아닌 일반인들이 형사재판에 참여하는 형태로, 영국·미국은 배심제, 독일·프랑스는 참심제, 일본은 재판원제[1]를 채택하고 있다. 사법의 민주성을 강화하고 국민의 신뢰를 높인다는 목표로 실시되고 있는 각국의 국민참여재판제는 명분상의 우위에도 불구하고, 참여국민의 대표성에 대한 의문, 과도한 비용, 참여국민의 재판수행능력에 대한 우려 등의 이유로 각국에서 점차 줄어들거나 국민의 관심으로부터 멀어지고 있으며, 우리나라도 그 예외는 아니다.[2]

---

1) 일본의 경우 재판관 3인과 재판원 6인 또는 재판관 1인과 재판원 4인의 합의체에서 재판하므로(재판원이 참가하는 형사재판에 관한 법률 제2조 제1항, 제2항), 참심제에 속한다.

[표 1] 국민참여재판 대상 · 신청 · 실시 현황[3)]

연도	대상사건	신청사건	신청률 (%)	국민참여재판 실시사건	실시율(%)	
					대상사건	신청사건
2008	4,287	233	5.4	64	1.5	27.5
2009	5,661	336	5.9	95	1.7	28.3
2010	6,040	438	7.3	162	2.7	37.0
2011	5,924	489	8.3	253	4.3	51.7
2012	20,464	756	3.7	274	1.3	36.2
2013	19,974	764	3.8	345	1.7	45.2
2014	21,397	608	2.8	271	1.3	44.6
2015	19,521	505	2.6	203	1.0	40.2
2016	20,924	860	4.1	305	1.5	35.5
2017	19,615	712	3.6	295	1.5	41.4
2018	19,717	665	3.4	180	0.9	27.1
2019	17,948	630	3.5	175	1.0	27.8
2020	19,314	865	4.5	96	0.5	11.1
2021	18,758	767	4.1	84	0.5	11.0
2022	21,289	811	3.8	92	0.4	11.3
합계	240,833	9,439	3.9	2,894	1.2	30.7

※ 국민참여재판 실시사건은 신청사건에서 배제 · 철회 · 미제사건을 제외한 것.

제도가 시작된 2008년에 신청률 5.4%, 실시율 1.5%(대상사건 대비), 27.5%(신청사건 대비)에서 점점 증가하여 2011년 신청률 8.3%, 실시율 4.3%(대상사건 대비), 51.7%(신청사건 대비)로 최고조에 이른 후 점차 감소하여 연간 대상사건 대비 신청률은 2－4%, 실시율은 1%대에 그치고 있다.

---

2) 사법정책연구원(연구책임자 임성민), 『국민참여재판의 현황 및 활성화 방안에 관한 연구－실시요건 개선을 중심으로－』, 2024.5, 146면 이하. 국민참여재판에 대한 관심도 하락의 원인으로, 배심원의 능력과 중립성에 대한 불신감, 국민참여재판 준비가 법원과 변호인에 주는 업무부담, 피고인의 국민참여재판에 대한 정보부족 및 국민참여재판 배제결정에 대한 재판부의 재량권, 국민참여재판 진행에 대한 시간적 제약을 들기도 한다(공영호, 『국민참여재판의 허와 실』, 2022, 박영사. 299－305면).

3) 사법정책연구원(연구책임자 임성민), 위의 책, 33면의 통계를 재구성한 것임

(2) 평가

[표 1]에서 보듯, 실시 15년 동안의 신청률 평균이 3.9%이고, 실시율 평균은 대상사건 대비 1.2%(신청사건 대비 30.7%)에 불과한 실정으로, 신청률·실시율 모두 기대 이하이다. 또한 국민참여재판 도입의 목적으로 제시되었던 사법의 민주성과 사법에 대한 국민의 신뢰가 높아졌는지도 지극히 의문이다. 최근 많은 국민의 관심을 끌었던 정치인에 대한 1심판결에 대하여 '정당'하다는 의견과 '부당'하다는 의견이 팽팽하다는 여론조사, 미국에서 있었던 O.J. 심슨 사건과 맥도날드 '뜨거운 커피' 사건의 배심재판[4]에 대한 일반인들의 인식은 국민참여재판의 현재와 미래에 대하여 시사하는 바가 크다고 생각한다.

이러한 상황에서는 국민참여재판은 폐지하거나 대폭적인 변화가 필요하다. 사법의 정당성과 이에 대한 국민의 신뢰는 국민참여재판의 실시와 같은 외양이 아니라, 재판이 신속하고, 과정이 공정하며, 내용이 불편부당하다고 국민이 믿을 수 있을 때 생긴다. 형식이나 거창한 구호가 아니라, 권력이나 여론과 같은 외부의 어떠한 압력에도 굴하지 않고 재판의 독립을 지켜낼 때 사법의 정당성과 사법부에 대한 신뢰는 자연히 높아질 것이다. 배심제가 시작 당시는 물론 오늘날에도 민주성을 징표하거나 사법부에 대한 신뢰를 견인하는 것은 아니다. 그렇다고 믿는 자기 최면이거나 그렇게 되기를 바라는 염원일 뿐이다.

[표 2] 범죄유형별 국민참여재판 대상 · 신청 · 실시 현황[5]

연도	대상사건	신청사건	신청률(%)	국민참여재판 실시사건	실시율(%)	
					대상사건	신청사건
살인 등	10,460	1,072	10.2	547	5.2	51.0
강도 등	20,764	934	4.5	354	1.7	37.9
상해 등	7,820	328	4.2	126	1.6	38.4
성범죄 등	69,642	2,249	3.2	445	0.6	19.8
기타	132,147	4,856	3.7	1,422	1.1	29.3
합계	240,833	9,439	3.9	2,894	1.2	30.7

4) 공영호, 앞의 책, 300면(O.J. 심슨 재판은 배심재판과 배심원에 대하여 대체적으로 대중의 인식을 부정적으로 변화시켰고, 뜨거운 커피를 무릎에 흘려서 상해를 입은 79세의 여성에게 손해배상으로 3백만 달러(2.7백만 달러는 징벌적 손해배상, 10%인 30만달러만 보상적 손해배상)를 평결한 맥도날드 재판은 배심제도에 대해 대중적 논란을 야기하였다).

※ 국민참여재판 실시사건은 신청사건에서 배제·철회·미제사건을 제외한 것.

※ 살인등: 살인, 살인미수, 촉탁살인. 강도등: 강도강간, 강도살인(치사), (준)강도, 강도상해(치상). 상해등: 상해등, 폭행등. 성범죄등: 강간등, 성폭력범죄의 처벌 등에 관한 특례법위반, 아동·청소년의 성보호에 관한 법률위반.

형사재판에 대한 국민의 관심과 이해를 높이기 위해 국민참여재판이 꼭 필요하다면, 대상사건을 생명·신체·자유 등 인격적 법익에 대한 죄로 한정하고, 피고인의 신청이 아닌 필요적 실시를 원칙으로 하며, 법원의 재량적 배제사유를 최소화하는 등의 개선방안을 검토해야 한다. 지난 15년(2008.1.1. ~ 2022.12.31.) 동안 국민참여재판 대상사건에서 살인등, 강도등, 상해등, 성범죄등 생명·신체·자유에 대한 죄가 45.1%, 신청사건에서는 48.6%, 실시사건의 50.9%를 차지하였다(위 [표2] 참조).

2. 특별검사의 임명 등에 관한 법률(특검법)

(1) 제정 이유와 내용

특검법은 2014년 3월 18일 법률 제12423호로 제정되어 2014년 6월 19일부터 시행되고 있는데, 이 법률의 제정 이유는 다음과 같다[6]: 《그동안 대통령 측근이나 고위공직자 등 국민적 관심이 집중된 대형 비리사건에서 검찰 수사의 공정성과 신뢰성 논란이 증폭될 때마다 여러 차례 걸쳐 특별검사제도를 도입하여 운용하였으나, 특별검사제도를 도입하기 위한 근거 법률을 제정하는 과정에서 <u>그 도입 여부 및 특별검사의 수사대상, 추천권자 등을 둘러싸고 여야 간에 정치적 공방이 끊이질 않았고, 결과적으로 특별검사의 수사 결과에 대한 불신으로까지 이어져</u> 왔는바, 미리 특별검사제도의 발동 경로와 수사 대상, 임명 절차 등을 법률로 제정해 두고 문제가 된 사건이 발생하면 곧바로 특별검사를 임명하여 <u>최대한 공정하고 효율적으로 수사할 수 있도록</u>, 상설 특별검사제도의 도입 근거를 마련하고 특별검사에게 국회가 본회의에서 의결한 사건 등에 대한 수사권한 등을 부여하려는 것이다.》

특검법은 제정 이유에 명시된 바와 같이, 어떤 특정한 사건에 대하여 특검에 의한 수사 여부가 논의될 때마다 불필요하고 소모적인 논쟁이 이어졌던 뼈아픈 과거

5) 사법정책연구원(연구책임자 임성민), 앞의 책, 34면을 기반으로 재구성한 것임.

6) 특별검사의 임명 등에 관한 법률[2014.3.18. 제정, 법률 제12423호] 【제정이유】

의 경험에서 만들어진 법이다. 특정 개별사건을 염두에 두고 있지 아니하므로, 특검법의 일반법, 즉 '일반'특검법이라고 할 수 있다.

특별검사의 수사대상은 "국회가 정치적 중립성과 공정성 등을 이유로 특별검사의 수사가 필요하다고 본회의에서 의결한 사건과 법무부장관이 이해관계 충돌이나 공정성 등을 이유로 특별검사의 수사가 필요하다고 판단한 사건"이다(특검법 제2조 제1항). 특별검사의 수사가 결정된 경우 특별검사 후보자의 추천을 위하여 국회에 특별검사후보추천위원회를 두며, 그 위원은 법무부 차관, 법원행정처 차장, 대한변호사협회장, 그 밖에 학식과 덕망이 있고 각계 전문 분야에서 경험이 풍부한 사람으로서 국회에서 추천한 4명을 국회의장이 임명하거나 위촉한다(특검법 제4조). 특별검사는 정치적으로 중립을 지키고 독립하여 그 직무를 수행하며(특검법 제6조), 특별검사의 보수와 대우는 고등검사장의 예에, 특별검사보의 보수와 대우는 검사장의 예에 준한다(동법 제13조 제1항, 제2항).

특검법에 의한 특별검사는 국회의장이 임명·위촉한 위원들로 구성되는 추천위원회에서 2명의 특별검사 후보자를 추천하고, 대통령은 이 중 1명을 특별검사로 임명(특검법 제3조 제1항, 제3항)하므로, 법무부장관·검찰총장으로부터의 독립성·중립성은 보장될 수 있을 것이다. 그러나 국회 몫 추천위원이 위원회의 과반수이므로 특검 추천이 정치적 영향으로부터 자유로울지는 의문이다.

특검법 시행 이후 지난 10년 동안 특별검사의 임명·수사는 1번 있었는데, 그것은 "4·16세월호참사 증거자료의 조작·편집 의혹 사건 진상규명을 위한 특별검사 임명 국회 의결"(2020.12.10)에 따른 이현주 특별검사이다.

(2) **평가**

최근 국회에서 야당 주도로 몇 개 사안에 관해 특별검사를 임명하여 수사하게 하는 법률이 국회를 통과하고 정부로 이송되면, 대통령이 재의요구권(거부권)을 행사하여 재의결의 문턱을 넘지 못하고 폐기되는 사례(헌법 제53조)가 반복되고 있다. 이것은 10년 전의 특검법 제정 이유(특별검사제도 도입을 위한 근거 법률의 제정 과정에서 도입 여부 및 수사대상, 추천권자 등을 둘러싸고 정치적 공방이 끊이질 않았고, 결과적으로 특별검사의 수사 결과에 대한 불신으로까지 이어져 왔음)와 정확히 똑같다. 이러한 특검법핑퐁 상황이야말로 국회와 법의 권위를 해치고, 범죄수사를 정치쟁점화함으로써 사법에 대한 국민의 신뢰를 떨어뜨리므로, 더 이상 반복되어서는 안 된다. 이 점에서 일반특검법을 제정한 것은 바람직하다고 본다.

일반특검법의 제정 이유와 내용(국회 본회의에서 의결로 특별검사의 임명이 가능함)에 비춰볼 때 개별특검법은 보충성을 가져야 한다고 생각한다. 즉 국회의 다수결에 의하여 '일반'특검이 가능하므로 '개별'특검은 국회의 다수당과 소수당이 합의하였을 경우에만 실시하는 것이 바람직하고 타당하며, 일반특검법의 제정 이유와도 부합한다고 할 것이다. 그리고 특별검사후보추천위원회의 구성에서 정치색을 배제하기 위해 국회 몫 추천위원을 중립적인 외부단체로부터 추천받아 위촉하도록 특검법의 해당 규정(특검법 제4조 제4항)을 개정할 필요가 있다. 국회가 정치적 중립성과 공정성 등을 이유로 특별검사의 수사가 필요하다고 판단하였음에도 정치적 방향성을 가진 인물을 추천위원으로 추천할 가능성이 대단히 높기 때문이다.

3. 고위공직자범죄수사처 설치 및 운영에 관한 법률(공수처법)

(1) 제정 이유와 내용

2020년 1월 14일 법률 제16863호로 제정되어 2020년 7월 15일부터 시행된 공수처법에 따라 2021년 1월 21일 공수처가 출범하였다. 공수처법의 제정 이유[7]는 "고위공직자 등의 범죄는 정부에 대한 신뢰를 훼손하고, 공공부문의 투명성과 책임성을 약화시키는 중요한 원인이 되고 있는바, <u>고위공직자 등의 범죄를 독립된 위치에서 수사</u>할 수 있는 고위공직자범죄수사처의 설치 근거와 그 구성 및 운영에 필요한 사항을 정함으로써 <u>고위공직자 등의 범죄를 척결하고, 국가의 투명성과 공직사회의 신뢰성을 높이려는 것</u>"이다. 그러나 실질적으로는 검찰권 분산을 통한 검찰 견제가 공수처 설립의 배경이라고 생각한다.

공수처법에 따르면, 공수처는 '고위공직자범죄등(고위공직자범죄와 관련범죄를 말함: 공수처법 제2조 제5호)에 관한 수사'와 '특정 고위공직자[8]로 재직 중에 본인 또는 본인의 가족이 범한 고위공직자범죄 및 관련범죄의 공소제기와 그 유지'[9]에 필

---

7) 고위공직자범죄수사처 설치 및 운영에 관한 법률[2020.1.14. 제정, 법률 제16863호] 【제정이유】

8) 대법원장 및 대법관, 검찰총장, 판사 및 검사, 경무관 이상 경찰공무원(공수처법 제3조 제1항 제2호, 제2조 제1호).

9) 공수처가 모든 고위공직자범죄등에 관하여 수사권을 가지면서도 기소권을 가지는 대상자를 한정하는 것으로 결정(수사대상범죄와 기소대상범죄의 분리)됨으로써 한 기관 내에서 수사권과 기소권이 분리된 비정형적 체계를 가지게 되었으며, 형사소송법은 이러한 체계를 예상하

요한 직무를 수행하며(제3조 제1항), 그 권한에 속하는 직무를 독립하여 수행하고(동조 제2항), 대통령, 대통령비서실의 공무원은 공수처의 사무에 관하여 업무보고나 자료제출 요구, 지시, 의견제시, 협의, 그 밖에 직무수행에 관여하는 일체의 행위를 하여서는 아니 된다(동조 제2항). 즉 공수처의 직무상 독립성 보장과 대통령(실)의 직무 관여 금지가 명문화되어 있다.

공수처장은 국회에 설치되는 고위공직자범죄수사처장 후보추천위원회가 2명을 추천하고, 대통령이 그중 1명을 지명한 후 인사청문회를 거쳐 임명하는데(공수처법 제5조 제1항, 제6조 제1항), 국회의장은 법무부장관, 법원행정처장, 대한변호사협회장, 대통령이 소속되거나 소속되었던 정당의 교섭단체가 추천한 2명, 그 교섭단체 외의 교섭단체가 추천한 2명을 후보추천위원회의 위원으로 임명하거나 위촉한다(동법 제6조 제4항). 공수처장의 임기는 3년이고 중임할 수 없다(동법 제5조 제3항).

(2) 평가

공수처는 설립 당시부터 그 필요성이나 정당성은 물론 권력분립이나 영장주의 등 헌법원칙에 위배되는지에 대해서도 논란이 많았는데,[10] 출범 후 3년(2021－2023)에 대한 평가는 아쉽게도 만족할 만한 수준에는 미치지 못하고 있다. 그 주된 원인은 조직구조와 인력의 한계[11]라고 할 수 있지만, 보다 근본적으로는 설립 때부터 제기되었던 정치적 편향성에 대한 우려의 불식 실패(태생적 한계),[12] 수사대상과 기소대상의 불일치, 우수인력의 확보 곤란, 수사력 부재라고 할 것이다. 향후 공수처가 정치적 독립성과 중립성에 대한 의심을 완전히 해소하지 못하는 한 공수처의 미래는 보장되기 어려울 수 있다.

지 않고 개정되어서 형사소송법상 검사와 사법경찰관의 관계에 관한 규정을 모두 공수처와 다른 수사기관과의 관계에 적용하기는 어려운 실정이다(김영중 · 오병두, 『고위공직자범죄수사처 설치 및 운영에 관한 법률 주석서』, 2021, 30면).

10) 헌법재판소 2021.1.28. 2020헌마264, 681(병합) 전원재판부 결정과 최호진 · 최준혁, 『공수처 발전 방향－수사와 기소의 분리 · 통합의 관점에서－』, 2023, 21면 이하 참조.

11) 한국정책능력진흥원(책임연구위원 박병식), 『고위공직자범죄수사처 조직역량강화 방안 마련 정책연구』, 2022, 92면; 한국형사법학회(연구책임자 오병두), 『공수처의 효율적 업무체계 구축방안－효율적 협력관계 구축과 조직 안정화를 위한 방안을 중심으로－』, 2023, 106면.

12) 권력형 범죄와 같은 거악 척결에 대한 기대를 한 몸에 받으며 탄생한 공수처에, 기대되는 위상에 비해 턱없이 부족한 조직과 인력만이 주어진 것은 결국 공수처의 중립성과 독립성에 대한 의심과 불신에 그 원인이 있다고 해야 할 것이다(한국형사법학회(연구책임자 오병두), 위의 책, 106면).

공수처가 정치적 중립성을 확보하고 검찰권을 분점하여 검찰을 견제하며,[13] 올바른 형사사법기관이 되려면, 3년이 지난 이 시점까지도 스스로 신생기관이라고 감성적으로 호소하거나(국가기관은 문을 열면서 제대로 기능을 발휘하여야 할 책무가 있음) 인적·물적 자원의 부족[14]을 탓해서는 안 될 것이다. 현재의 여건에서 최선의 성과를 거둘 수 있는 방법을 찾아야 한다. 그것은 광범위한 인적관할[15]을 축소하고 물적관할의 제한과 명확화[16]라고 생각한다.[17] 예컨대 수사 대상 고위공직자를 차관급 이상의 공직자로 하고, 그들이 범한 모든 범죄를 수사대상으로 하는 것이다. 나아가 공수처의 아킬레스건인 정치적 편향성에 대한 우려를 제거하기 위해 공수처장 후보추천위원회의 위원으로 정당의 교섭단체가 추천하는 4명 대신, 정치와 무관한 인사를 추천받아 임명하거나 위촉하도록 공수처법을 반드시 개정하여야 한다.

4. 형사소송법(2020년 · 2022년)과 검찰청법(2022년)의 개정(소위 검수완박법)

(1) 개정 이유와 내용

형사절차에 커다란 변화를 초래한 최근 개정으로, 2020년 2월과 2022년 5월의 2번에 걸친 형사소송법 및 그에 대응한 검찰청법의 개정을 언급하지 않을 수 없다. 2022년 5월의 형사소송법(법률 제18862호)과 검찰청법(법률 제18861호)의 개정은 소위 검수완박법이라고 불린다.

2020년 2월 4일의 형사소송법 개정 이유는, "2018년 6월 21일 법무부장관과 행정안전부장관이 발표한 「검·경 수사권 조정 합의문」의 취지에 따라 <u>검찰과 경찰로 하여금 국민의 안전과 인권 수호를 위하여 서로 협력</u>하게 하고, <u>수사권이 국민을</u>

---

13) 공수처법은 부패척결형 모델을 주로 하면서 예외적으로 검찰분권형 모델을 가미하였다고 평가하는 견해도 있다(최호진·최준혁, 앞의 책, 30면).

14) 현행 4부 5과를 5부 6과로 개편하고, 법정 정원을 현재 85명의 2배인 170명으로 늘려야 한다는 연구도 있다(한국정책능력진흥원(책임연구위원 박병식), 앞의 책, 86－90면, 93면).

15) 공수처의 인적관할인 고위공직자의 범위에 대해서는, 이근우, "공수처 수사의 특수성을 반영한 수사력 제고방안", 『고위공직자범죄 수사·공소기관으로서 수사·공소기관으로서 공수처의 수사·조직역량 강화』(공수처의 발전 방안 논의를 위한 공동학술대회 자료집), 2023.8.25, 59－62면 참조.

16) 공수처의 수사대상범죄에 대한 분석은, 이근우, 위의 논문, 64－69면.

17) 공수처법 개정 전에는 선택과 집중에 의하여 수사력을 제고할 수밖에 없다는 주장(최호진·최준혁, 앞의 책, 143면 이하)도 같은 입장이라고 할 것이다.

위해 민주적이고 효율적으로 행사되도록 하려는 것"이다(밑줄은 필자). 주요 내용은, 검사와 사법경찰관의 상호 협력 규정 신설과 검사의 수사지휘 규정 삭제, 사법경찰관의 불송치결정권 인정(제245조의5 제2호), 검사가 작성한 피의자신문조서의 증거능력 요건을 '성립의 진정 인정'에서 "내용 인정"으로 변경한 것이다.

같은 날의 검찰청법 개정 이유는, "2018년 6월 21일 법무부장관과 행정안전부장관이 발표한 「검·경 수사권 조정 합의문」의 취지에 따라…검사가 수사를 개시할 수 있는 범죄의 범위를 부패범죄, 경제범죄, 공직자범죄, 선거범죄, 방위사업범죄 등으로 구체적으로 규정하고, 검사의 범죄수사에 관한 지휘·감독 대상을 특별사법경찰관리로 한정하는 등 현행 제도의 운영상 나타난 일부 미비점을 개선·보완하려는 것"이다(밑줄은 필자). 이 개정법은 검사의 수사개시범죄로 "부패범죄…방위사업범죄, 대형참사 등 대통령령으로 정하는 중요 범죄"를 규정(제4조 제1항 제1호 가목)하였다. 이에 따라 검사는 모든 범죄가 아닌, 6개 범죄 등 대통령령으로 정하는 중요 범죄에 한하여 수사를 개시할 수 있을 뿐이다.[18]

2년 후인 2022년 5월 9일 개정 형사소송법의 주요 내용은, 검사는 송치요구 등에 따라 사법경찰관으로부터 송치받은 사건 등에 관하여는 동일성을 해치지 아니하는 범위 내에서만 수사할 수 있고, 수사기관이 수사 중인 사건의 범죄 혐의를 밝히기 위한 목적으로 합리적인 근거 없이 별개의 사건을 부당하게 수사하는 것을 금지하며, 다른 사건의 수사를 통해 확보된 증거 또는 자료를 내세워 관련 없는 사건에 대한 자백이나 진술을 강요할 수 없도록 하는 한편, 사법경찰관으로부터 수사결과 불송치결정을 받아 이의신청을 할 수 있는 주체에서 고발인을 제외하였다.

2022년 5월 9일 개정 형사소송법과 함께 개정된 검찰청법의 주요 내용은, 검사가 수사를 개시할 수 있는 범죄의 범위에서 공직자범죄, 선거범죄, 방위사업범죄, 대형참사 등 4개 범죄를 제외하고, 검사는 자신이 수사개시한 범죄에 대하여는 공소를 제기할 수 없도록 한 것이다.

---

18) 가목 외에, 경찰공무원 및 고위공직자범죄수사처 소속 공무원이 범한 범죄(나목)와 가목·나목의 범죄 및 사법경찰관이 송치한 범죄와 관련하여 인지한 각 해당 범죄와 직접 관련성이 있는 범죄(다목).

(2) **평가**

2020년 개정 형사소송법이 검사의 수사지휘권을 삭제하고 사법경찰관에게 불송치결정권을 인정(전건송치주의 폐지)한 것이, 과연 개정 이유인 국민의 인권을 수호하고 민주적·효율적인 수사권의 행사라고 할 수 있을지 의문이다. 수사는 사법절차이며 그 과정에서 대상자의 기본권이 침해될 수 있으므로, 인권 수호와 적법절차 준수를 위해서는 법률전문가이자 준사법기관인 검사의 점검·지휘가 필요하다. 그리고 사법경찰관이 송치 여부를 결정하는 것은 그에게 불기소 결정권을 부여한 것과 마찬가지이므로[19] 기소독점주의·기소편의주의의 정신에 비춰볼 때 문제가 있다. 또한 검사가 작성한 피의자신문조서의 증거능력 요건을 "피고인 또는 변호인의 내용 인정"으로 변경한 것에도 동의하기 어렵다. 변경의 바탕에는 수사기관의 강압수사를 억제하여 피의자의 인권을 보호하고, 조서재판을 지양하여 직접심리주의와 공판중심주의를 구현하겠다는 생각이 깔려 있다고 생각한다. 그러나 피의자신문시 변호인의 참여권 보장(형사소송법 제243조의2)을 비롯하여 적법성을 담보하기 위한 여러 장치가 마련되어 있고(제244조－제244조의4), 피의자신문조서는 시간적으로 앞선 단계(따라서 범죄시부터 좀더 가까운 시점)에서의 진술을 기록한 것이며, 변호인 참여 등 적법하게 이루어진 수사의 결과물을 '내용 부인'의 한 마디로 무용지물로 만드는 것이 바람직한지에 대해서는 고민이 필요하다.

2022년 개정 형사소송법이 합리적 근거 없는 부당한 별건 수사와, 무관한 사건에 대한 자백·진술의 강요를 금지한 것은 너무 당연하다. 그러나 검사가 사법경찰관의 의무 송치(제197조의3 제6항, 제198조의2 제2항, 제245조의7 제2항)에 따라 송치받은 사건에 관하여 동일성을 해치지 아니하는 범위 내에서만 수사할 수 있고, 사법경찰관으로부터 불송치결정을 받은 경우 이의신청 주체에서 고발인을 제외한 것은 문제가 많다. 우선 사법경찰관으로부터 사건을 송치받은 사유에 따라 검사가 수사할 수 있는 사건의 범위가 달라지는 것이 합리적이고 타당한가가 의문이며, 동일성 여부에 대한 판단도 쉽지 않다. 동일성 판단의 어려움은 당연히 수사범위를 벗어났다는 위법수사 논쟁을 촉발할 것이다. 또한 사법경찰관의 불송치결정에 대한

19) 검사는 사법경찰관의 불송치 결정이 위법 또는 부당한 때에는 이유를 문서로 명시하여 사법경찰관에게 재수사를 요청할 수 있고, 사법경찰관은 이러한 요청이 있는 때에는 사건을 재수사하여야 한다(제245조의8 제1항·제2항).

이의신청권자에서 고발인을 제외한 점에 대해서는 피해자를 대리하는 변호사들의 비판과 불편호소가 계속되고 있음은 주지의 사실이다.

2020년과 2022년의 형사소송법 개정과 함께 개정된 검찰청법의 주요 내용도 문제이다. 먼저 검사의 수사권을 제한하기 위해 검사의 수사개시범죄를 한정함으로써 수사범위에 대한 다툼이 예상되고, 이는 공소제기효력이나 위법수집증거 등 불필요하고 소모적인 법리적 논쟁으로 이어질 것이다. 실제로 최근 검사가 수사개시권한이 없는 범죄에 관한 수사를 개시하여 기소한 사건에서 증거의 증거능력이 다투어진 하급심 사례가 있다. 또한 검사 자신의 수사개시범죄에 대한 공소제기금지에 어떠한 합리적인 근거가 있는지 이해하기 어렵다.

2020년 이전 형사소송법을 개정할 때에는 학계·실무계의 상당한 토론을 거쳐 비교적 합리적인 내용으로 입법되었다고 기억한다. 그러나 2020년과 2022년의 개정은 검찰개혁을 명분으로 일방적이고 전광석화로 진행되었다. 그 내용에서도 국민의 기본권 보호에 역행하고 지나치게 복잡하고 불편하며, 일반인은 물론 수사기관이나 전문가들도 관련 절차와 수사 범위를 제대로 파악하기가 쉽지 않다.

Ⅲ. 나가며

형사소송법의 존재 이유는 사안의 진상을 신속하고도 정확하게 밝혀 죄지은 자는 처벌하고 죄 없는 자는 형사절차에서 벗어나게 하는 것이다. 그 과정에서 관련된 사람들의 기본적 인권이 침해되지 않아야 한다. 즉 적정절차에 의하여 신속하게 실체적 진실을 발견해야 한다. 이것은 피의자·피고인은 물론 피해자와 수사기관 그리고 법원에도 도움이 되며, 일반 국민의 사법 신뢰를 높이는 지름길이다. 형사소송법은 피의자나 피고인을 위한 법이 아니라 진실을 위한 법이다.

형사절차는 피의자·피고인은 물론 피해자 등 일반 국민이 쉽게 알 수 있어야 한다. 이 점에서 현재의 수사절차는 낙제점이라고 생각한다. 범죄유형별로 수사할 주체를 달리 정한 규정, 즉 일반범죄는 경찰, 중요 범죄는 검찰, 고위공직자의 특정한 범죄는 공수처가 담당하는 것이 과연 적절한가? 일반 국민은 물론 범죄자, 나아가 수사기관조차 누가 수사할 사건인지 헷갈리는 상황이며, 어떤 범죄의 혐의인지가 처음부터 명백한 사건도 있지만 수사하면서 점차 실체가 드러나는 것이 보통이라는 점을 생각하면 더욱 심각한 문제이다.

모든 범죄에 대하여 직접 수사는 원칙적으로 사법경찰이 담당하고, 검사는 수사권을 보유하면서도, 인권옹호와 적법절차 그리고 정확한 법적용을 위해 수사 지휘를 맡는 방향으로 가야 한다고 사료된다. 다만 일정한 중대범죄, 사건이 복잡하거나 국민적 관심이 지대하거나 사법경찰의 수사가 미진하다고 판단되는 등 특별한 사정이 있는 경우에만 검사가 직접 수사를 담당하면 족하다. 그리고 공수처의 경우 근본적인 재검토가 필요하지만, 현재로는 인적·물적대상을 축소하고, 수사·기소를 일원화하여 공수처의 능력과 존재의의를 증명하여야 한다.

신속한 재판은 피고인의 기본권(헌법 제27조 제3항)이고 사법의 근간이며 사법부에 대한 신뢰의 첩경이다. 임기직(선출직·임명직 불문) 공무원에 대한 형사재판은 해당 피고인의 임기가 만료되기 전에 반드시 판결이 확정될 수 있도록 신속하게 재판을 진행하여야 한다. 죄를 지은 공무원에게 국민의 혈세가 지급되어서는 절대 안 된다. 기소되면 급여의 일정 비율의 지급을 정지[20]하거나 신속한 재판을 위해 필요하다면 전담재판부, 가칭 임기직 공직자 전담재판부의 설치를 검토하여야 한다. 지체된 정의는 비정의가 아니라 부정의이다.

무엇보다 중요한 것은 수사기관·재판기관이 외부세력(정치·기업·여론)의 영향에서 자유로울 수 있는 제도를 구축하고, 구성원이 이를 지키려는 신념을 갖는 것이다. 특히 정치적 독립성과 중립성이 확보되어야 한다. 이를 위해 법무부장관의 검사에 대한 수사지휘권(검찰청법 제8조)을 폐지하고, 검찰총장의 임기(검찰청법 제12조 제3항: 2년, 중임 불가)를 3년으로 늘리는 것을 검토할 필요가 있다. 공수처장의 임기에 비해 검찰총장의 임기가 짧아야 할 이유가 없다.

향후 형사소송법을 개정하는 경우 학계와 실무계 및 대한변호사협회 등 형사사법 관련기관이 충분히 검토할 시간적 여유가 있어야 하며, 개정 절차도 합리적으로 진행되기를 기대한다.

20) 무죄추정의 원칙에 반한다는 주장이 제기될 수 있지만, 급여 전부를 정지하는 것이 아니고, 추후 무죄판결 확정시 법정이자를 붙여 소급 지급한다면 문제가 없다고 생각한다. 급여 일부 정지는 피고인의 재판 지연 전략도 예방할 수 있을 것이다.

한국형사소송법학회『형사소송 이론과 실무』
第16권 第4호 (2024.12) 15~29면.
Theories and Practices of Criminal Procedure Vol. 16 No. 4 (December. 2024) pp. 15-29.
10.34222/kdps.2024.16.4.15

재판권 쟁의에 대한 재정신청
- 대법원 2016. 6. 16. 자 2016초기318 전원합의체 결정 -

허 일 태*

목 차

Ⅰ. 사실관계

피고인은 "예비역 육군 대령으로서, ① 육군사관학교 교수로 재직 중이던 2009. 12. 17.경 외부 업체의 부탁을 받고 다른 업체에 대한 실험데이터를 도용하여 실험결과를 허위로 기재한 육군사관학교장 명의의 시험평가서 36장을 작성한 다음, 전역 후인 2010. 3. 19.경부터 2012. 5. 21.경까지 9회에 걸쳐 위 업체의 사내이사로서 위 허위 시험평가서 11장을 공사 입찰 담당자에게 제출하여 행사하고(허위공문서작성 및 허위작성공문서행사), ② 2009. 10. 7.경 및 2009. 11. 18.경 육군사관학교에서 사용하고 있는 합계 300발의 탄환을 2회에 걸쳐 불출하여 외부업체 직원에게 전달함으로써 군용물을 절취하였으며(군용물절도), ③ 2011. 1. 13.경 허위 내용을 기재한 수입허가신청서를 방위사업청 직원에게 제출하고 그 허가를 받아 탄환을 수입함으로써 사위 또는 부정한 방법으로 화약류 수입에 대한 방위사업청의 허가를 받았다(방위사업법 위반)"라는 공소사실로 2016. 3. 21. 서울중앙지방법원 2016고합215호로 기소되었다가, 제1심 계속 중 군사법원법 제3조의 2에 따라 이 법원

* 동아대학교 법학전문대학원 명예교수

에 재판권 쟁의에 대한 재정신청을 하였다.

Ⅱ. 쟁점 사항과 판결 요지

1. 쟁점 사항

① 군사법원이 군사법원법 제2조 제1항 제1호[1)]에 의하여 군형법 제1조 제4항 각호[2)]에 정한 죄를 범한 일반 국민에 대하여 신분적 재판권을 가지는 경우, 이전 또는 이후에 범한 다른 일반범죄에 대해서도 재판권을 가지는지 여부.

② 일반 국민이 범한 수 개의 죄 가운데 군형법 제1조 제4항 각호에 정한 죄와 그 밖의 일반범죄가 형법 제37조 전단의 경합범 관계에 있다고 보아 하나의 사건으로 기소된 경우, 재판권의 소재(군형법 제1조 제4항 각호에 정한 죄에 대하여는 군사법원, 일반범죄에 대하여는 일반 법원) 및 이 경우 일반 법원이나 군사법원이 사건

---

1) **제2조**(신분적 재판권)

① 군사법원은 다음 각호의 어느 하나에 해당하는 사람이 범한 죄에 대하여 재판권을 가진다. <개정 2015. 2. 3.>

1. 「군형법」 제1조 제1항부터 제4항까지에 규정된 사람. 다만, 「군형법」 제1조 제4항에 규정된 사람 중 다음 각 목의 어느 하나에 해당하는 내국인·외국인은 제외한다.

2) **제1조**

……

④ 다음 각호의 어느 하나에 해당하는 죄를 범한 내국인·외국인에 대하여도 군인에 준하여 이 법을 적용한다.

1. 제13조 제2항 및 제3항의 죄
2. 제42조의 죄
3. 제54조부터 제56조까지, 제58조, 제58조의 2부터 제58조의 6까지 및 제59조의 죄
4. 제66조부터 제71조까지의 죄
5. 제75조 제1항 제1호의 죄
6. 제77조의 죄
7. 제78조의 죄
8. 제87조부터 제90조까지의 죄
9. 제13조 제2항 및 제3항의 미수범
10. 제58조의 2부터 제58조의 4까지의 미수범
11. 제59조 제1항의 미수범
12. 제66조부터 제70조까지 및 제71조 제1항·제2항의 미수범
13. 제87조부터 제90조까지의 미수범

전부를 심판할 수 있는지 여부.

2. 판결 요지

[다수의견]

군사법원법 제2조가 '신분적 재판권'이라는 제목 아래 제1항에서 '군형법 제1조 제1항부터 제4항까지에 규정된 사람'이 '범한 죄'에 대하여 군사법원이 재판권을 가진다고 규정하고 있으므로, 위 조항의 문언해석상 군인 또는 군무원이 아닌 국민(이하 '일반 국민'이라 한다)이 군형법 제1조 제4항 각호에 정한 죄(이하 '특정 군사범죄'라 하고, 그 외의 범죄 등을 '일반범죄'라 한다)를 범함으로써 군사법원의 신분적 재판권에 속하게 되면 그 후에 범한 일반범죄에 대하여도 군사법원에 재판권이 발생한다고 볼 여지가 있다. 그러나 헌법 제27조 제2항[3]은 어디까지나 '중대한 군사상 기밀·초병·초소·유독음식물공급·포로·군용물에 관한 죄 중 법률이 정한 경우'를 제외하고는 일반국민은 군사법원의 재판을 받지 아니한다고 규정하고 있으므로, 이러한 경우에까지 군사법원의 신분적 재판권을 확장할 것은 아니다. 즉 특정 군사범죄를 범한 일반 국민에게 군사법원에서 재판받아야 할 '신분'이 생겼더라도, 이는 군형법이 원칙적으로 군인에게 적용되는 것임에도 특정 군사범죄에 한하여 예외적으로 일반 국민에게 군인에 준하는 신분을 인정하여 군형법을 적용한다는 의미일 뿐, 그 '신분' 취득 후에 범한 다른 모든 죄에 대해서까지 군사법원에서 재판받아야 한다고 새기는 것은 헌법 제27조 제2항의 정신에 배치된다.

군사법원법 제2조 제2항은 예컨대 군에 입대하기 전에 어떠한 죄를 범한 사람이 군인이 되었다면 군사법원이 그 죄를 범한 군인에 대하여 재판을 할 수 있도록 하려는 취지임이 명백하다. 군사법 체계의 특수성에 비추어 볼 때 이러한 경우 군사법원이 재판권을 행사하여야 할 필요성과 합목적성이 충분히 인정된다. 그러나 일반 국민이 특정 군사범죄를 범하였다 하여 그 전에 범한 다른 일반범죄에 대해서까지 군사법원이 재판권을 가진다고 볼 것은 아니다. 군인 등은 전역 등으로 그 신분

---

3) **제27조**

① 모든 국민은 헌법과 법률이 정한 법관에 의하여 법률에 의한 재판을 받을 권리를 가진다.

② 군인 또는 군무원이 아닌 국민은 대한민국의 영역 안에서는 중대한 군사상 기밀·초병·초소·유독음식물공급·포로·군용물에 관한 죄 중 법률이 정한 경우와 비상계엄이 선포된 경우를 제외하고는 군사법원의 재판을 받지 아니한다.

을 상실하게 되면 특별한 경우를 제외하고는 군 재직 중에 범한 죄에 대하여 일반 법원에서 재판을 받게 된다. 그러나 일반 국민은 특정 군사범죄를 범하여 일단 군사법원의 신분적 재판권에 속하게 되면 그 신분에서 벗어날 방법이 없다. 즉 일반 국민이 군형법 제1조 제4항 각호의 죄를 범한 때 그 전에 범한 어떠한 죄라도 아무런 제한 없이 군사법원에서 재판받게 한다면 군인보다 오히려 불리한 처지에 놓이게 된다. 위와 같은 해석은 헌법 제27조의 정신에 부합하지 아니한다.

결론적으로 군사법원이 군사법원법 제2조 제1항 제1호에 의하여 특정 군사범죄를 범한 일반 국민에 대하여 신분적 재판권을 가지더라도 이는 어디까지나 해당 특정 군사범죄에 한하는 것이지 이전 또는 이후에 범한 다른 일반범죄에 대해서까지 재판권을 가지는 것은 아니다.

따라서 일반 국민이 범한 수 개의 죄 가운데 특정 군사범죄와 그 밖의 일반범죄가 형법 제37조 전단의 경합범 관계에 있다고 보아 하나의 사건으로 기소된 경우, 특정 군사범죄에 대하여는 군사법원이 전속적인 재판권을 가지므로 일반 법원은 이에 대하여 재판권을 행사할 수 없다. 반대로 그 밖의 일반범죄에 대하여 군사법원이 재판권을 행사하는 것도 허용될 수 없다. 이 경우 어느 한 법원에서 기소된 모든 범죄에 대해 재판권을 행사한다면 재판권이 없는 법원이 아무런 법적 근거 없이 임의로 재판권을 창설하여 재판권이 없는 범죄에 관한 재판을 하는 것이 되므로, 결국 기소된 사건 전부에 대하여 재판권을 가지지 아니한 일반 법원이나 군사법원은 사건 전부를 심판할 수 없다.

[대법관 김용덕, 대법관 박상옥의 별개의견]

군형법 및 군사법원법은 헌법 제27조에 기초하여 군인, 군무원 및 그 밖의 일정한 일반국민에 대하여 군형법을 적용하여 군사법원에 재판권을 인정하고, 아울러 그들이 범한 다른 일반범죄에 대하여도 군사법원에서 재판할 수 있도록 정하고 있다. 그런데 군형법 및 군사법원법의 관련 규정들에 비추어 보면, 군형법상의 범죄 등과 같은 군사 관련 특수한 사유로 인하여 군사법원에 재판권이 인정되는 경우(이하 이에 해당하는 범죄를 '군사범죄 등'이라 한다)에 이는 고유의 재판권으로서 일반 법원이 행사할 수 없지만, 군사범죄 등이 아닌 일반범죄를 범한 경우에 군사법원에 인정되는 재판권은 군사범죄 등에 관하여 군사법원에서 재판이 이루어짐을 전제로 하여 함께 재판할 수 있도록 인정된 임의적인 것으로서 그에 대한 일반 법원의 재판권이 당연히 소멸된다고 할 수 없다.

따라서 군사범죄 등이 아닌 일반범죄의 경우에는 군사법원의 재판권과 일반법원의 재판권이 병존할 수 있고, 해당 범죄에 대한 구체적인 재판권에 관하여 다툼이 있는 경우에는 대법원이 군사법원법 제3조의2[4]에 의한 재정절차에 의하여 재판권을 행사할 법원을 정할 수 있다.

[대법관 박병대, 대법관 김창석, 대법관 김신의 반대의견]

군사법원법 제2조 제2항이 "군사법원은 제1항 제1호에 해당하는 사람이 그 신분취득 전에 범한 죄에 대하여 재판권을 가진다."라고 한 것은 군인·군무원 등 행위자의 신분적 지위 자체로 군형법의 적용을 받는 군형법 제1조 제1항부터 제3항까지의 사람에 한하여 적용되는 것으로 제한하여 해석할 것이지, 이를 제4항의 경우에도 적용된다고 볼 것은 아니다. 그러한 해석은 헌법 제27조가 일반 국민에게 군사법원의 재판을 받지 아니할 기본권 등을 보장한 근본정신에 배치되므로 합헌적 제한해석을 함이 마땅하다.

그런데 일반 국민이 군사법원의 재판권 대상인 특정 군사범죄와 일반 법원의 재판권 대상인 일반범죄를 범하여 형법상 실체적 경합범 관계로 처벌받아야 할 경우라든가 동일한 기회에 여러 가지 물건을 함께 절취하였는데, 그 가운데 군용물이 섞여 있어서 전체로서 단순 1죄로 처벌되어야 할 경우 또는 일정 기간 동안 단일한 범의로 여러 번에 걸쳐 절도범행을 하였지만, 전체가 포괄일죄의 관계에 있거나 상

---

4) **제3조의 2**(재판권 쟁의에 대한 재정의 신청)

① 법원과 군사법원 사이에서 재판권에 대한 쟁의(爭議)가 발생한 때에는 해당 사건이 계속되어 있는 법원 또는 군사법원이나 이 법과 「형사소송법」에 따른 해당 사건의 상소권자는 대법원에 재판권의 유무에 대한 재정(裁定)을 신청할 수 있다.

② 사건이 계속된 법원 또는 군사법원은 제1항의 신청을 하는 경우에 이유를 갖춘 신청서와 해당 사건의 기록을 대법원에 제출한다.

③ 상소권자가 제1항의 신청을 할 때에는 그 이유를 갖춘 신청서를 해당 사건이 계속되어 있는 법원 또는 군사법원에 제출하고, 신청서를 받은 법원 또는 군사법원은 이를 받은 날부터 7일 이내에 신청서와 해당 사건의 기록을 대법원에 보내야 한다.

④ 재판권 쟁의에 대한 재정의 신청이 있을 때에는 해당 사건에 대한 소송절차는 그 신청에 대한 대법원의 재정이 있을 때까지 정지된다.

⑤ 제2항 및 제3항의 절차를 마친 법원 또는 군사법원은 그 사실을 7일 이내에 검찰총장에게 통보하여야 한다.

[본조신설 2009. 12. 29.]

습절도에 해당하여 1죄로 처벌되어야 하는데, 범행 목적물에 군용물도 포함되어 있어서 범행 대상 물건에 따라 일반 법원과 군사법원이 재판권을 나누어야 할지 아니면 하나의 법원에서 함께 재판받도록 해야 할지를 정해야 할 때가 생긴다. 군인 등이 그 신분을 가진 상태에서 특정 군사범죄와 일반범죄를 범하였는데 전역으로 군인 신분을 벗어난 경우에도 마찬가지 문제가 생긴다.

군사법원법 제3조의2가 규정한 재정신청 제도는 바로 이러한 경우에 어느 법원에서 재판권을 행사할지를 대법원이 결정하도록 한 것이고, 대법원은 여러 가지 사정을 고려하여 자유재량으로 재판권을 행사할 법원을 재정하면 된다. 그러므로 재판 대상인 범죄에 특정 군사범죄와 일반범죄가 혼재되어 있는 경합범의 경우에도, 범죄별로 재판권을 행사할 법원을 나누도록 할 것인지는 대법원이 재정결정으로 정할 수 있다.

다만 일반 국민이 군사법원의 재판을 받지 않을 권리는 헌법이 보장한 기본권이므로, 군인·군무원 등 본래의 신분적 요소가 아니라 특정 군사범죄를 범하였다고 하는 행위적 요소 때문에 군사법원의 재판권 행사 대상이 된 경우에는 특정 군사범죄 이외의 일반범죄에 대하여는 일반 법원에서 재판받도록 한 것이 헌법 규정이다. 따라서 그 경우에는 대법원이 재정결정을 할 때에도 특정 군사범죄와 일반범죄를 분리하여 군사법원과 일반 법원에서 따로 재판받도록 하거나 특정 군사범죄까지 일괄하여 일반법원에서 재판받도록 정할 수는 있지만, 일반범죄까지도 군사법원에서 재판받도록 하는 것은 헌법상 기본권을 침해하는 결과가 되므로 허용될 수 없다.

[대법관 이기택의 반대의견]

누가 어떤 범죄행위를 하였다고 하는 것은 형사재판의 시작임과 동시에 결말이기도 하다. 범죄자가 누구인지를 떠나서는 적정한 형벌을 부과할 수 없으며, 수 개의 범죄행위 역시 이를 구분하여 따로따로 형사법적으로 적정하게 평가할 수는 없다.

일반 법원과 군사법원은 법률심인 상고심 법원을 함께 하는 것 외에는 별도로 조직되어 운영되고 각각 고유한 형사재판권 영역을 담당하고 있다. 현행법상 일반 법원과 군사법원의 재판권에 관한 규정은 헌법 제27조 제2항, 제110조 제3항에 근거한 군사법원법 제2조가 있다. 군사법원의 재판권의 대상을 규정하고 있는 군사법원법 제2조는 재판권의 대상을 범죄가 아니라 사람을 기준으로 구분하고 있다. 한 사람의 피고인에 관한 일반 법원과 군사법원 사이의 재판권 분리를 전제로 한 법령은 찾을 수 없다.

한 사람이 범한 특정 군사범죄와 일반범죄에 대하여 재판권의 분리는 타당하지 아니하다. 헌법 제27조 제2항, 제110조 제3항과 군사법원법 제2조의 규정 등은 모두 군인 등이 아닌 국민은 군사법원의 재판을 받지 않는다는 원칙에 대한 특별법의 지위에 있다고 볼 수밖에 없는 이상 군사법원이 기소된 모든 범죄에 대하여 재판권을 갖는다.

Ⅲ. 판례분석

1. 형법해석의 기본원칙

형벌을 수단으로 삼고 있는 형사법은 죄형법정주의를 기본원칙으로 삼고 있다. 죄형법정주의는 형사법상 금지한 행위가 구체적으로 무엇인지 사전에 명확히 기술하여 한편으로 국민 일반에게 알려야 하고, 성숙한 국민이라면 어떤 행위를 금지하거나 이행해야 할지를 알 수 있고, 그런 규범 위반행위에 대해 회피할 수 있어야 하며, 다른 한편으로 형사법을 적용하는 사법기관이 해당 규정의 범위와 내용을 명확히 파악할 수 있도록 명시되어야 한다. 그리고 통상적으로 허용되는 형사법해석의 방법은 문리해석을 중심으로 역사해석, 체계적 해석과 목적론적 해석(특히 목적론적 축소해석)을 보충적으로 추가한다. 그 밖에도 법원칙의 통일성과 형사법 개념의 독자성 역시 해석에서 필요한 부수적 수단임을 부인할 수 없다. 이러한 해석방법을 뛰어넘어 유추해석이나 목적론적 확장해석을 통하여 법원이 법창조 기능을 하려는 사법적극주의적 태도는 허용될 수 없다고 할 것이다. 그럼에도 우리 법조나 법조실무 출신 학자들 일부는 법해석의 영역조차 법원의 법창조 기능을 인정하려는 이른바 사법적극주의를 주장하는 분들도 적지 않다.

형법상 허용되는 해석은 법규범의 적용내용과 의미를 명확히 하는데 한정됨에 반해, 금지되는 유추는 법조문이 적용되는 범위의 틀을 넘어선 것으로 이해한다. 따라서 해석의 목적은 법률 문언에 대한 의미를 사회적으로 통용되는 요청에 부합하는 범위에서 명확히 하려는 데에 있고, 반면 유추의 목적은 법률의 흠결 부분을 사회적 요청에 부응할 수 있도록 관련 조문의 유추를 통하여 보완하는 데에 있다. 이처럼 해석과 유추의 이론상 구별은 쉽다.

그러나 해석과 유추 모두가 불명료한 법문에 관한 보완 필요성 때문에 사회적 요청에 걸맞게 적용하려는 것이어서 이들을 명확히 상호 구별하는 것은 현실적으로 쉽지 않다. 즉 이들 모두 주어진 상황에 대한 법률 적용 시에 야기되는 문제이며, 해석의 방법상으로도 유사하여 법규범을 특정 사안에 대입시키려고 할 때 실질적으로 동일한 수단과 방법을 사용하기 때문이다. 이런 점에서 일부 학자들의 주장처럼 "법률 문언의 가능한 의미"의 기준만으로 허용되는 해석과 금지되는 유추를 구별하려는 시도는 지나칠 수 있다.

모든 법해석은 법문의 일상적인 의미나 법률적 언어관행을 사용하여 법문의 의미파악부터 시작해야 한다. 그러나 법문의 문언이 애매하거나 다의적일 때는 법규에 명시된 형식상의 용어에만 집착할 수 없고, 법문의 논리적 의미 파악을 비롯한 법률의 입법제정사나 법률 전체의 체계적 해석의 필요성도 발생하며, 헌법 규정이나 헌법정신도 무시할 수 없을 뿐만 아니라 사안에 따라 목적론적 해석(특히 목적론적 축소해석)이 필요할 수도 있다. 왜냐하면 형벌 법규의 입법 시에는 헌법적 가치에 반할 수 없고, 일반조항과 가치 충전이 필요한 개념의 필요성이 불가피한 경우가 발생하며, 이런 때에도 문언에만 집착할 수 없는 목적론적 해석을 통하여서라도 형벌 법규가 일반 국민에 대해 무엇이 금지되어 있는가를 보여줄 수 있어야 하고, 또한 형법조차도 문자로 형식화된 죽어 있는 조문의 집합에 불과한 것이 아니며, 일정한 목적을 갖고 인간의 사회생활 속에서 생활 관계와 함께 진화되는 합목적적 정신을 담고 있기 때문이다. 따라서 법률해석자는 법률해석 시에 단순히 법문에만 집착하여 문언의 일상적 의미 파악에 국한되어서는 아니 된다. 법률의 입법취지, 보호기능과 그 법률의 객관적 의미와 목적을 비롯하여 형법의 성격에 고유한 독자적 개념의 존재를 인식하고 고려해야 한다. 때로는 법률의 흠결이나 법률이 불비된 경우라도 허용되는 해석으로 보완될 필요성이 없지 않다. 예컨대 입법의 불비가 입법자의 편집상 과오에 기인함이 확인될 때 이를 일정한 요건 아래에서 보정할 수 있어야 한다. 또한 문언의 일상적 의미보다 넓은 개념인 문언의 가능한 의미 내에서의 해석도 이에 관한 정당한 논증에 의해 충분한 근거를 갖고, 법치국가원칙의 요청을 만족시킬 수 있다면 허용된 해석으로 간주할 수 있음은 물론이다. 법치국가원칙의 요청을 만족시키는 해석의 허용범위는 형벌 법규의 수범자인 국민에게 무엇이 구체적으로 금지되고 있는가(혹은 요구규범)를 명확하게 인식시킬 수 있고, 그렇게 함으로써 국민은 금지규범(혹은 요구규범)에 대응할 수 있는 자기결정을 할 수 있는 정도에 이르러야 한다.

이뿐만 아니라 우리 헌법은 제11조에서 평등의 원칙을 천명하고 있어서, 같은 것은 같게 하고 다른 것은 다르게 다루도록 요구하고 있다. 이점은 어떤 법관도 무시할 수 없는 재판 강령으로 작동한다.

2. 해당 사안의 전원합의체판결에 대한 비판

(1) 우리 헌법은 민간인의 군사재판 거부권을 인정하고 있다. 그래서 군인 또는 군무원이 아닌 국민은 평화 시와 전시를 막론하고 원칙적으로 군사법원에 의한 재판을 거부할 권리를 가진다. 즉 민간인에 대한 군사법원의 재판권은 헌법 제27조 제2항에 의거하여 예외적으로 ① 중대한 군사상 기밀, 초병·초소·유독음식물공급·포로·군용물에 관한 죄 중 법률이 정한 경우와 ② 비상계엄이 선포된 경우에만 미친다. 이런 경우에 해당하는지 여부는 예외에 속하는 문제이기에, 언제나 엄격히 적용되어야 함은 물론이다.

(2) 이와 관련하여 군사법원법 제2조 제1항 제1호[5]는 '특정 군사범죄'를 범한 일반국민에 대하여 군사법원이 신분적 재판권을 가진다고 규정한다. 이에 근거하여

5) ① 군사법원은 다음 각호의 어느 하나에 해당하는 사람이 범한 죄에 대하여 재판권을 가진다.

1. 「군형법」 제1조 제1항부터 제4항까지에 규정된 사람. 다만, 「군형법」 제1조 제4항에 규정된 사람 중 다음 각 목의 어느 하나에 해당하는 내국인 · 외국인은 제외한다.
   가. 군의 공장, 전투용으로 공하는 시설, 교량 또는 군용에 공하는 물건을 저장하는 창고에 대하여 「군형법」 제66조의 죄를 범한 내국인·외국인
   나. 군의 공장, 전투용으로 공하는 시설, 교량 또는 군용에 공하는 물건을 저장하는 창고에 대하여 「군형법」 제68조의 죄를 범한 내국인·외국인
   다. 군의 공장, 전투용으로 공하는 시설, 교량, 군용에 공하는 물건을 저장하는 창고, 군용에 공하는 철도, 전선 또는 그 밖의 시설에 대하여 「군형법」 제69조의 죄를 범한 내국인·외국인
   라. 가목부터 다목까지의 규정에 따른 죄의 미수범인 내국인·외국인
   마. 국군과 공동작전에 종사하고 있는 외국군의 군용시설에 대하여 가목부터 다목까지의 규정에 따른 죄를 범한 내국인·외국인
2. 국군부대가 관리하고 있는 포로

특정 군사범죄를 저지른 일반 국민에 대해 재판권을 가지게 된 군사법원은 당연히 그 일반 국민이 범한 '특정 군사범죄' 이후의 범죄에 대하여도 신분적 재판권을 가지게 되는지, 이와 더불어서 군사법원법 제2조 제2항에 의해 "군사법원은 제1항 제1호에 해당하는 사람이 그 신분취득 전에 범한 죄에 대하여 재판권을 갖"고 있으므로, 이 규정을 근거로 특정 군사범죄 이전에 저지른 특정 군사범죄 이외의 일반범죄에 대하여도 재판권을 가지는지가 문제가 된다.

(3) 이 문제를 탐색하기 위해서는 우선적으로 군형법의 적용 범위를 파악할 필요가 있다. 군형법의 적용 대상은 제1조에 다음과 같이 명시되어 있다. 즉 ① '대한민국 군인' ② '현역에 복무하는 군인' ③ '군무원', '군적을 가진 학생과 사관후보생·부사관후보생 및 병역법 제57조에 따른 군적을 가지고 있는 학생', '복무 중인 예비역·보충역 및 전시근로역인 군인' 그리고 ④ '특정한 군형법의 죄를 범한 자'들이다.[6)]

---

6) 군형법 제1조(적용대상자) ① 이 법은 이 법에 규정된 죄를 범한 대한민국 군인에게 적용한다.
② 제1항에서 '군인'이란 현역에 복무하는 장교, 준사관, 부사관 및 병을 말한다. 다만, 전환복무 중인 병은 제외한다.
③ 다음 각 호의 어느 하나에 해당하는 사람에 대하여는 군인에 준하여 이 법을 적용한다.
1. 군무원
2. 군적을 가진 군의 학교의 학생·생도와 사관후보생·부사관후보생 및 「병역법」 제57조에 따른 군적을 가지는 재영 중인 학생
3. 소집되어 복무하고 있는 예비역·보충역 및 전시근로역인 군인
④ 다음 각 호의 어느 하나에 해당하는 죄를 범한 내국인·외국인에 대하여도 군인에 준하여 이 법을 적용한다.
1. 제13조 제2항 및 제3항의 죄
2. 제42조의 죄
3. 제54조부터 제56조까지, 제58조, 제58조의 2부터 제58조의 6까지 및 제59조의 죄
4. 제66조부터 제71조까지의 죄
5. 제75조 제1항 제1호의 죄
6. 제77조의 죄
7. 제78조의 죄
8. 제87조부터 제90조까지의 죄
9. 제13조 제2항 및 제3항의 미수범
10. 제58조의 2부터 제58조의4까지의 미수범
11. 제59조 제1항의 미수범
12. 제66조부터 제70조까지 및 제71조 제1항·제2항의 미수범
13. 제87조부터 제90조까지의 미수범

(4) 그러므로 군사법원법 제2조 제2항의 적용 범위는 대한민국 군인 등 특정한 신분적 지위를 취득한 사람뿐만 아니라, 군형법 제1조 제4항에서 명시한 특정 군형법상의 범죄를 범한 자까지 모두 포함하는지를 검토할 필요가 있다.

(5) 이에 관하여 해석할 때 우리 헌법 제27조 제2항의 취지에 걸맞게 목적론적 해석이 요구된다. 그러므로 군사법원법 제2조 제2항의 적용 범위는 군형법의 적용을 받는 군형법 제1조 제1항부터 제3항까지의 사람에게 국한되는 것으로 제한하여 해석해야 마땅하다.

군사법원법 제2조가 명시한 문언을 살펴보면 '본래적 의미의 신분을 내용으로 한 군형법의 포괄적 적용 대상이 되는 군형법 제1조 제1항 내지 제3항의 경우'와, '특정 군사범죄를 범하였기에 그 한도에서 군형법의 적용 대상이 되는 제4항의 경우'는 본질적 성격에서 명백한 차이를 보인다. 이런 점을 감안할 때 '군인 등'의 신분적 지위가 아닌 특정 군사범죄를 범했다는 이유로 일반인을 적용범위로 명시한 제4항의 경우는 적용 대상이 될 수 없다고 해석해야 한다. 이러한 해석만이 헌법 제27조가 일반 국민에 대하여 군사재판을 받지 아니할 기본권을 보장한 근본정신에 어긋나지 않기 때문이다.

(6) 이런 맥락에서 일반 법원과 군사법원 가운데 어느 곳이 재판권을 가지는지의 문제가 발생할 수 있고, 이를 해결하기 위하여 재판권 쟁의에 대한 재정신청에 관한 규정을 군사법원법에 명시하고 있다. 즉 군사법원법 제3조의 2(재판권 쟁의에 대한 재정의 신청) 제1항에 따르면 "법원과 군사법원 사이에서 재판권에 대한 쟁의(爭議)가 발생한 때에는 해당 사건이 계속된 법원 또는 군사법원이나 이 법과 「형사소송법」에 따른 해당 사건의 상소권자는 대법원에 재판권의 유무에 대한 재정(裁定)을 신청할 수 있다."

(7) 재정신청이 가능한 경우로는 반대의견이 사례로 들었던 것처럼 다음과 같은 경우가 예상될 수 있다. 즉 "일반 국민이 군사법원의 재판권 대상인 특정 군사범죄와 일반 법원의 재판권 대상인 일반범죄를 범하여 형법상 실체적 경합범 관계로 처벌받아야 할 경우, 동일한 기회에 여러 가지 물건을 함께 절취하였는데, 그 가운데 군용물이 섞여 있어서 전체로서 단순 1죄로 처벌되어야 할 경우, 또는 일정 기간

동안 단일한 범의로 여러 번에 걸쳐 절도를 범행하였지만, 전체가 포괄일죄의 관계에 있거나 상습절도에 해당하여 1죄로 처벌되어야 하는데 범행 목적물에 군용물도 포함되어 있어서 범행 대상 물건에 따라 일반 법원과 군사법원이 재판권을 나누어야 할지 아니면 하나의 법원에서 함께 재판받도록 해야 할지를 정해야 할 경우, 군인 등이 그 신분을 가진 상태에서 특정 군사범죄와 일반범죄를 범하였는데 전역으로 군인 신분을 벗어난 경우" 등이다.

(8) 바로 이런 쟁점에 관한 재판권의 유무에 대하여 대법원에 재정신청을 할 때 대법원은 어떠한 결정을 내리는 것이 합헌적일 뿐만 아니라 합법적인지가 대상 결정의 핵심 문제이다.

(9) 이와 관련하여 네 가지 의견으로 구분된다. 다수의견, 별개의견 그리고 반대의견에서 다시 두 가지로 나뉜 의견이 그것이다. 이 중에서 대상 결정에 관한 다수의견의 입장은 다음과 같다.

"군사법원법 제2조 제1항 제1호에 따라 군사법원이 특정 군사범죄를 저지른 일반 국민에 대하여 가지는 재판권은 '신분적 재판권'이라는 명칭에도 불구하고 그 이후에 범한 일반범죄에 대하여 미치지 않으며, 그 이전에 범한 일반범죄에 대하여도 미치지 않는다." 그 이유는 특정 군사범죄를 범한 일반 국민에 대한 군사법원의 재판권은 오로지 그 특정 군사범죄에만 미친다고 해석하는 것이 일반 국민의 군사재판을 받지 아니할 기본권을 보장하는 헌법 취지에 걸맞기 때문이다. 또한 군사법원의 일반 국민에 대한 예외적 재판권은 전속적 재판권이므로 일반 법원이 재판권을 행사할 수 없으며, 만약 일반 국민이 저지른 특정 군사범죄와 일반범죄가 형법 제37조의 경합범 규정에 따라 하나의 사건으로 기소된 경우라면 특정 군사범죄는 군사법원에서, 그 밖의 일반범죄는 일반 법원에서 각각 재판할 수 있을 뿐이라는 것이다.

(10) 그러나 이러한 다수의견의 입장에 대해서는 다음과 같은 반론이 가능하다.

첫째, 군사법원법 제3조 2에서 명시하고 있는 재정신청에 관한 규정의 존재의의가 무색해진다. 다수의견처럼 반드시 그리고 언제나 특정 군사범죄는 군사법원, 일반범죄는 일반 법원으로 구별하여 재판받아야 한다면, 굳이 재정신청 제도를 두어

대법원이 결정할 필요가 없기 때문이다.

둘째, 군사법원법 제2조는 재판권의 대상을 범죄가 아니라 특정한 사람에 속하느냐, 아니냐를 기준으로 구분하고 있다. 한 사람의 피고인에 관한 일반 법원과 군사법원 간의 재판권 분리를 전제로 한 법령은 현행 실정법에서 찾을 수 없다는 점을 감안한다면, 한 사람이 범한 특정 군사범죄와 일반범죄에 대한 재판권의 자의적 분리는 정당한 것인지 의심스럽다.

셋째, 헌법 제27조는 원칙적으로 국민이 일반 법원에서 재판받을 권리를 실현하는 근본규범이고, 이의 실현을 위해서는 실정법이 필요하다. 실정법의 형성과 해석·적용에 있어 헌법 제27조의 정신이 철저히 관철되어야 함은 정당하지만, 실정법의 근거 없이 오직 헌법 제27조의 규정에 입각한 해결방식이 바람직하다고는 할 수 없다.

넷째, 한 사람에 대한 재판권이 군사법원과 일반 법원으로 무조건 양분될 경우, 양형의 문제와 함께 형 집행과정에서 비롯되는 문제점이 야기될 수 있다.

(11) 별개의견의 입장은 다음과 같다. "군형법상의 범죄 등과 같은 군사 관련 특수한 사유로 인하여 군사법원에 재판권이 인정되는 경우 이는 고유의 재판권으로서 일반법원이 행사할 수 없지만, 군사범죄 등이 아닌 일반범죄를 범한 때 군사법원에 인정되는 재판권은 군사범죄 등에 관하여 군사법원에서 재판이 이루어짐을 전제로 하여 함께 재판할 수 있도록 인정된 임의적인 것으로서 그에 대한 일반 법원의 재판권이 당연히 소멸된다고 할 수 없다. 따라서 군사범죄 등이 아닌 일반범죄의 경우에는 군사법원의 재판권과 일반 법원의 재판권이 병존할 수 있고, 해당 범죄에 대한 구체적인 재판권에 대해 다툼이 있는 경우에는 대법원이 군사법원법 제3조의 2에 의한 재정절차에 의하여 재판권을 행사할 법원을 정할 수 있다."

이러한 입장은 군사법원법 제3조2의 존재 이유를 감안하였다는 점에서 진일보한 것이라고 볼 수 있다. 그럼에도 별개의견에 따르면 대법원이 재정결정을 할 때 일반범죄까지도 군사법원에서 재판받도록 할 수 있는바, 이는 헌법상 기본권을 침해하는 결과가 되므로 허용될 수 없는 것이다.

(12) 반대의견은 두 가지 견해로 구분된다. 즉 군사법원은 그 법원에 기소된 모든 범죄에 대하여 재판권을 가진다는 견해와 헌법 제27조 제2항의 취지를 최대한

살려서 해결해야 한다는 주장이 그것이다.

(13) 전자의 입장은 다음과 같다.

"군사법원의 재판권의 대상을 규정하고 있는 군사법원법 제2조는 재판권의 대상을 범죄가 아니라 사람을 기준으로 구분하고 있다. 한 사람의 피고인에 관한 일반법원과 군사법원 사이의 재판권 분리를 전제로 한 법령은 찾을 수 없다. 한 사람이 범한 특정 군사범죄와 일반범죄에 대하여 재판권의 분리는 타당하지 아니하다. 헌법 제27조 제2항, 제110조 제3항[7]과 군사법원법 제2조의 규정 등은 모두 군인 등이 아닌 국민은 군사법원의 재판을 받지 않는다는 원칙에 대한 특별법의 지위에 있다고 볼 수밖에 없는 이상 군사법원이 기소된 모든 범죄에 대하여 재판권을 갖는다고 보아야 할 것이다."

그러나 "군사법원이 기소된 모든 범죄에 대하여 재판권을 갖는다"라는 반대의견은 헌법 제27조 제2항과 헌법정신에 그다지 충실하지 않은 해석으로, 바람직하다고 볼 수 없다.

(14) 후자의 입장은 다음과 같다.

군사법원법 제3조의 2가 규정한 재정신청 제도의 취지에 따르면, 군사법원과 일반법원 간에 재판권의 쟁의가 발생할 때 어느 법원에서 재판권을 행사할지는 대법원이 재량으로 결정할 문제라고 본다. 재판 대상인 범죄에 특정 군사범죄와 일반범죄가 혼재된 경합범의 경우에도, 범죄별로 재판권을 행사할 법원을 나누도록 할 것인지는 대법원이 재정결정으로 정할 수 있다는 것이다. "다만 일반 국민이 군사법원의 재판을 받지 않을 권리는 헌법이 보장한 기본권이므로, 군인·군무원 등 본래의 신분적 요소가 아니라 특정 군사범죄를 범하였다고 하는 행위적 요소 때문에 군사법원의 재판권 행사 대상이 된 경우에는 특정 군사범죄 이외의 일반범죄에 대하여는 일반 법원에서 재판받도록 한 것이 헌법 규정이다. 따라서 그 경우에는 대법원이 재정결정을 할 경우에도 특정 군사범죄와 일반범죄를 분리하여 군사법원과 일반 법원에서 따로 재판받도록 하거나 특정 군사범죄까지 일괄하여 일반 법원에

7) **제110조**

……

③ 군사법원의 조직·권한 및 재판관의 자격은 법률로 정한다.

서 재판받도록 정할 수는 있지만, 일반범죄까지도 군사법원에서 재판받도록 하는 것은 헌법상 기본권을 침해하는 결과가 되므로 허용될 수 없다.”

(15) 필자는 반대의견 가운데 후자의 견해에 동의하고 싶다. 그 이유는 다음과 같다.

첫째, 군사법원법 제3조의 2가 재정신청 제도를 인정하고 있고, 이 제도의 취지에 따를 때 대법원이 범죄별로 재판권을 행사할 법원을 지정할 수 있다고 보는 것이 타당하다.

둘째, 일반 국민은 군사법원의 재판을 받지 아니할 권리를 헌법 제27조를 통하여 보장받고 있다. 이에 따라 ‘군인 등 신분적 요소’가 아닌 ‘특정 군사범죄를 범한 행위적 요소’로 군사법원의 재판권 행사 대상이 된 경우에는, 특정 군사범죄 이외의 일반범죄에 대하여 일반 법원에서 재판받도록 하는 것이 헌법정신이다.

셋째, 한 사람에 대한 재판권이 군사법원과 일반 법원으로 합리적인 구분이 되지 않을 경우, 양형의 문제와 함께 형의 집행에서 비롯되는 문제점이 발생할 여지가 있다. 이러한 문제 발생을 예방적으로 해결하기 위함도 군사법원법에 재정신청 제도를 두고 있는 존재의의라 할 것이다.

(16) 따라서 반대의견과 같은 입장에서 “대법원이 재정결정을 할 경우에도 특정 군사범죄와 일반범죄를 분리하여 군사법원과 일반 법원에서 따로 재판받도록 하거나 특정 군사범죄까지 일괄하여 일반 법원에서 재판받도록 정할 수는 있지만, 일반범죄까지도 군사법원에서 재판받도록 하는 것은 헌법상 기본권을 침해하는 결과가 되므로 허용될 수 없다”라고 본다.

한국형사소송법학회『형사소송 이론과 실무』
제16권 제4호 (2024.12) 31~65면.
Theories and Practices of Criminal Procedure Vol. 16 No. 4 (December. 2024) pp. 31-65.
10.34222/kdps.2024.16.4.31

임의제출된 정보저장매체 압수·수색절차에서의 참여권*

이 순 옥**

목 차

Ⅰ. 서론

경찰의 디지털 증거 분석 현황을 살펴보면, 2012년 10,246건이었으나 2023년 79,433건으로 약 11년 동안 무려 7배 가량 증가하였다.[1] 그중에서도 가장 큰 비중을 차지하는 것은 스마트폰 등 모바일 기기에 대한 분석으로 2023년에는 63,244건(79.6%)의 모바일 기기 분석이 이루어졌다.[2] 위 통계자료 수치만 보면, 수사기관에 의해 우리의 일상을 함께 하는 스마트폰 등 모바일 기기 등에 대한 증거분석이 무분별하게 이루어지는 것 아닌가 하는 의심과 함께 디지털 증거의 압수·수색을 엄격히 제한할 필요가 있다는 결론에 이르기 쉽다. 그러나 디지털 증거분석의 증가는 인터넷과 정보통신기술의 발전으로 우리의 일상이 스마트폰 등 디지털 기기와 뗄

* 이 논문은 2023년도 중앙대학교 연구년 결과물로 제출됨
** 중앙대학교 법학전문대학원 교수
1) 경찰청,「2023 경찰통계연보」제67호, (2024. 11.), 340면.
2) 2023년 디지털 증거분석 유형별 현황을 볼 때, 스마트폰 등 모바일 기기에 대한 분석이 63,244건(79.6%), 노트북 등 컴퓨터 기기 12,902건(16.2%), CCTV, 네비게이션 등이 1,811건(2.3%), 해킹 등 기타 파일이 1,476건(1.9%)이다. 경찰청,「2023 경찰통계연보」, 340면.

수 없는 관계가 된 것만큼이나 범죄의 증거 역시 디지털 기기에 남아있을 가능성이 높아진 것과 무관하지 않다. 더 나아가, 보이스피싱, 디지털 성범죄 등 디지털 기술에 기반한 사이버범죄가 증가한 것[3] 또한 디지털 증거분석 증가의 한 요인이라고 할 수 있다.

오늘날 형사사건에서 디지털 증거의 확보는 수사의 성패를 결정지을 만큼 중요하다. 그러나 디지털 증거는 그 특성상 매체와 독립하여 쉽게 은닉, 삭제될 수 있는 취약성을 가지고 있고, 암호화 기술의 발달로 텔레그램 또는 다크웹(Dark－Web) 등을 이용한 경우 추적 또는 압수가 점점 더 어려워지고 있다. 한편, 디지털 증거의 압수·수색은 무관정보가 혼재되어 있는 정보저장매체를 대상으로 하는 것으로, 피압수자의 사생활의 비밀, 개인정보자기결정권 등을 침해할 가능성이 농후한바, 기본권 침해를 최소화하기 위한 방법으로 이루어져야 한다는 요청 또한 무시할 수 없다. 디지털 증거 압수·수색에 있어 수사의 효율성 도모를 통한 실체 진실의 발견과 수사기관에 의한 기본권 침해의 최소화라는 상반된 요청을 모두 충족하기 위해서 적어도 압수·수색 절차와 방법은 구체적으로 '미리' 법률에 규정되어 있어야 한다.

그러나 형사소송법은 2011. 7. 18. 제106조에서 전자정보의 압수와 관련하여 '선별적 사본 압수, 예외적 매체 압수 원칙'을 규정한 이래[4] 아날로그 환경에서 제정된 형사소송법 그대로 멈춰져 있다. 그리고 대법원은 이러한 입법부작위 상태에서

---

3) 사이버범죄는 해킹 등 정보통신망 침해범죄, 보이스피싱 등의 정보통신망 이용범죄, 사이버 성폭력 등 불법컨텐츠 범죄 등이 있다. 경찰청 사이버범죄 현황 통계에 의하면, 2020년 발생한 사이버범죄는 234,098건, 2021년 217,807건, 2022년 230,355건, 2023년 241,842건, 2024년 207,815건(2024년 8월말 기준)으로 해마다 20만 건 이상의 사이버범죄가 발생하였다. 경찰청, 「2023 경찰통계연보」 331면.

4) 형사소송법 제106조 제3항에 "법원은 압수의 목적물이 컴퓨터용디스크, 그 밖에 이와 비슷한 정보저장매체(이하 이 항에서 "정보저장매체등"이라 한다)인 경우에는 기억된 정보의 범위를 정하여 출력하거나 복제하여 제출받아야 한다. 다만, 범위를 정하여 출력 또는 복제하는 방법이 불가능하거나 압수의 목적을 달성하기에 현저히 곤란하다고 인정되는 때에는 정보저장매체등을 압수할 수 있다."고 규정되어 있다. 위 규정은 대법원이 "전자정보에 대한 압수·수색영장을 집행할 때에는 원칙적으로 영장 발부의 사유인 혐의사실과 관련된 부분만을 문서 출력물로 수집하거나 수사기관이 휴대한 저장매체에 해당 파일을 복사하는 방식으로 이루어져야 한다."고 판시한(2011. 5. 26.자 2009모1190 결정 등) 판례와 법원이 압수·수색영장 발부 시 첨부하는 영장 '별지'의 내용을 그대로 법조문에 반영한 것으로 사실상 사법부에 의한 입법이라고 볼 수도 있다.

현실과 법률의 간극을 메우기 위해 개별 사건 판결을 통해 디지털 증거 압수·수색에 관한 절차를 형성하는 판결을 선고하면서, 사실상 입법행위를 하고 있다.

최근 대법원은 피해자가 피의자 소유의 휴대폰을 임의제출한 2016도348 전원합의체 판결에서, 정보저장매체를 임의제출받아 압수한 경우에도, 영장에 의한 압수와 동일하게 '선별적 사본 압수 원칙', 정보저장매체의 탐색·선별·복제과정에 '실질적 피압수·수색당사자(이하, '피압수자'라고 함)의 '참여권'을 보장하여야 한다는 법리를 최초로 설시하였다.[5] 참여권의 주체로 설시된 '실질적 피압수자'라는 개념은 형사소송법에 없는 새로운 개념으로, 그 의미와 범위에 관하여 법원, 수사기관뿐만 아니라 학계에서도 뜨거운 논쟁이 이어지고 있다.

이 글에서는 2016도348 전원합의체 판결과 관련하여 문제가 된 임의제출된 정보저장매체의 압수·수색에서의 참여권자에 관한 것으로 논의의 범위를 한정하고,[6] 이와 관련된 법률 규정 및 그 해석, 최근 대법원 판례에 대한 검토, 개선방안 순서로 살펴보기로 한다.

Ⅱ. 임의제출 정보저장매체의 압수 · 수색과 관련된 규정 및 그 해석

1. 관련 규정

형사소송법은 수사기관의 임의제출물 압수와 관련하여, 제218조에서 "소유자, 소지자 또는 보관자가 임의로 제출한 물건을 영장 없이 압수할 수 있다."는 하나의 규정만 두고 있다.[7] 즉, 임의제출된 정보저장매체의 압수·수색절차에서 참여권을 보장하여야 한다는 규정은 형사소송법 그 어디에도 존재하지 않는다.[8][9] 그러나 최

5) 대법원 2021. 11. 18. 선고 2016도348 전원합의체 판결.

6) 정보저장매체를 임의제출하는 경우, 그 제출의 범위, 관련 증거의 범위 등 여러 쟁점들이 있으나, 이 글에서는 압수·수색절차에서의 참여권자의 확정 문제로 그 논의의 범위를 한정하기로 한다.

7) 우리 형사소송법은 기본적으로 공판단계에서 법원에 의해 이루어지는 압수·수색에 관하여 규정한 다음, 이러한 규정을 수사단계에서의 압수·수색에 준용하고 있다. 그러나 법원 단계에서의 임의제출물 압수는 형사소송법 제108조에서 별도로 규정하고 있다.

8) 대법원은 국정농단사건에서는 제3자가 범위를 한정하지 않고 타인 소유의 외장하드를 임의제출한 경우에도 적법하다고 보고 제출의 범위도 저장된 정보 전체로 보았는바(대법원 2020. 10. 29. 선고 2020도3972 판결), 대법원도 2016도248 전원합의체판결 이전에는 정보저장매체를 임의제출한 경우 영장에 의한 압수·수색에 관한 제106조 제3항 선별압수의 원칙, 제121조

근 대법원은 임의제출된 정보저장매체의 압수·수색절차에도 형사소송법 제219조, 제121조 등이 적용된다고 판시하였는바,[10] 위 규정의 의미 및 참여권자의 범위에 대하여 살펴볼 필요가 있다.

형사소송법 제121조는 "검사, **피고인** 또는 변호인은 압수·수색영장의 집행에 참여할 수 있다."고 규정하고, 제122조에서 압수·수색영장을 집행함에 미리 집행의 일시와 장소를 제121조의 피고인 등에게 **통지**하도록 하고 있다. 그리고 형사소송법 제219조에서 공판단계에서의 피고인 등의 압수·수색절차 참여권에 관한 위 규정들을 그대로 수사기관의 압수·수색에 준용하도록 하고 있는바, 문언 그대로 해석하면 수사기관의 압수·수색절차에서 참여권자는 피고인 등에 대응하는 개념인 피의자와 그 변호인(이하, '피의자 등'이라고 함)에게 참여권을 인정하여야 한다. 그러나 밀행성을 원칙으로 하는 수사절차와 공개성을 원칙으로 공판절차는 그 성격이 다르기 때문에 아래와 같이 참여권의 근거 규정 및 참여권자의 범위에 대하여 견해의 대립이 있다.

첫째, 형사소송법 제219조, 제121조를 근거로 참여권자를 확정하는 견해가 있다. ① 형사소송법 규정을 엄격히 해석하여 공판단계의 '피고인'은 수사단계의 '피의자'에 해당하는바, 형사소송법 제219조, 제121조 등에 따라 수사기관의 압수·수색절차에 있어 '전체 피의자'에 대하여 참여권을 보장하여야 한다는 견해,[11][12] ② 수사

참여권 보장 등의 규정이 임의제출물 압수에도 동일하게 적용된다고 본 것은 아니라고 할 수 있다.

9) 하급심 판결 중에는 임의제출에 의한 압수에서는 압수·수색영장 집행을 전제로 한 형사소송법 제121조, 제122조가 당연히 적용되는 것으로 볼 수 없다고 하면서, 피압수자(임의제출자)의 참여권을 부정한 판례도 다수 있었다. 서울서부지방법원 2018. 5.10. 선고 2017노1029 판결; 서울고등법원 2021. 8. 11 선고 2021노14 판결 등.

10) 대법원 2021. 11. 18. 선고 2016도348 전원합의체 판결.

11) 박중욱, "전자정보의 압수·수색과 피의자의 참여권 -대법원 입장의 비판적 수용 및 독일 논의의 참고 -", 「형사정책연구」 제34권 제1호(한국형사정책연구원, 2023), 40면, 조은별, "디지털 증거의 압수·수색에 대한 참여권의 보장", 박사학위 논문, 서울대학교(2021. 8.). 37-38면, 전치홍, "대법원의 참여권 법리에 대한 비판적 검토 -대법원 2021. 11. 18. 선고 2016도348 전원합의체 판결을 중심으로 -", 「형사소송 이론과 실무」 제14권 제1호(한국형사소송법학회, 2022), 30면.

12) 위 견해는 형사소송법 제정당시 입법배경을 들어 제219조가 제121조를 포함시키게 된 것은 '입법자가 일제 강점기에 자의적이고 억압적인 강제수사의 폐해를 개선하고 미래에 피고인이 될 피의자의 방어권을 보호 및 강제처분의 적법성을 통제하기 위한 것'이었으므로 입법자의 의사를 존중하여 전체 피의자를 참여권자로 보아야 한다고 설명하기도 한다. 조은별, 앞의 논

기관의 압수 · 수색으로 인하여 직접적으로 재산권, 프라이버시권 등 기본권을 침해 받는 사람은 피압수자이므로, 형사소송법 제219조, 제121조에 따른 참여권자는 압수 · 수색처분을 받는 당사자인 '피압수자'라고 보아야 한다는 견해[13] 가 있다.

둘째, 형사소송법 제219조, 제118조, 제123조 등을 근거로 '피압수자'의 참여권이 인정된다고 보는 견해도 있다.[14] 위 견해는 형사소송의 당사자로서 피고인의 방어권을 수사단계의 피의자까지 확대하는 이유를 명확히 알기 어렵고, 형사소송법 제121조에 의하면 참여권의 주체가 피의자에 한정된다는 점 등을 들어 제118조, 제123조에 근거하여 참여권을 도출한다.[15]

셋째, 수사상 압수 · 수색절차에 있어 피의자 등의 참여권은 형사소송법 제219조, 제121조에서 유래되는 임의적 참여권이고, 피의자 등 이외 제3자의 참여권은 제219조, 제123조에서 유래되는 필수적 참여권으로 각각의 참여권이 모두 인정된다는 견해도 있다.[16]

2. 대법원 판례의 태도

대법원은 수사기관의 영장에 의한 압수 · 수색에 있어 참여권의 근거 규정으로 형사소송법 제219조, 제121조를 제시하고 있다. 한편, 참여권자에 대해서는 **'피압수 · 수색당사자**(이하,'피압수자'라 한다)',[17] **'피의자** 또는 그 변호인',[18] **'피의자 · 피압수**

문, 25면; 박중욱, 앞의 논문, 50면.

13) 위 견해에 의하면, 대법원 판례도 위와 같은 취지라고 본다. 최문수, "압수 · 수색 참여권 관련 최근 판례의 동향-실질적 피압수자 법리의 의미와 요건을 중심으로-", 「사법」, 제65호(사법발전재단, 2023), 450면.

14) 이관희 · 이상진, "디지털 증거 압수 · 수색에서 피의자의 참여권 보장 법리에 대한 비판적 고찰", 「형사정책연구」, 제34권 제3호(한국형사정책연구원, 2023.), 213, 218면.

15) 이관희 · 이상진, 앞의 논문, 213, 218면.

16) 위 견해는 형사소송법 제219조에서 공판단계에서의 압수 · 수색절차를 그대로 수사절차에서 준용하도록 하고 있는바, 제121조는 피의자와 변호인의 참여권에 대한 것으로 임의적 참여권이고, 제123조는 피의자와 변호인을 제외한 제3자에 대한 압수 · 수색에 있어서 제3자의 참여권으로, 필요적 참여권이라고 본다. 즉, 피의자와 피의자 아닌 제3자에 대한 압수 · 수색절차의 참여권 근거규정 및 그 성격이 다르다고 보는 것이다. 탁희성 외 3인, 「디지털 증거 압수 · 수색절차 개선에 관한 연구」, 한국형사법무정책연구원(2023), 46면.

17) 대법원 2015. 7. 16. 자 2011모1839 전원합의체 결정; 대법원 2021. 12. 30. 선고 2019도10309 판결.

18) 수사기관이 영장에 의하여 피의자 측이 보관하고 있던 USB를 압수한 사안에서, 판례는 피압

자 또는 변호인'[19]라는 표현을 혼용하고 있다. 즉, 대법원 판례만으로는 정보저장매체의 압수·수색에 있어 참여권자가 ① 피의자 등(변호인 포함)인지, ② 피압수자인지, ③ 피의자 등과 피압수자 모두를 포함하는 것인지 알기가 어렵다.[20][21]

3. 해외 입법례

(1) 미국

미국은 연방형사소송규칙 41(f)(1)(B)[22]에서 "압수·수색영장을 집행한 수사관은 다른 수사관과 피압수자를 참여하게 하고 압수목록을 작성하여 확인하여야 하며, 이것이 불가능한 경우 최소한 신뢰할 수 있는 다른 사람을 참여하게 하고 압수물

수자라는 표현도 쓰지 않고 피의자와 그 변호인에게 참여권을 인정하여야 한다고 판시하였다. 대법원 2018. 2. 8. 선고 2017도13263 판결.

19) 대법원 2022. 7. 14. 자 2019모2584 결정, 대법원 2023. 10. 18. 선고 2023도8752 판결.

20) 대법원은 피의자의 휴대전화 등을 경찰이 영장에 의하여 압수한 사건(제1영장으로 피의자의 휴대전화 압수하였고, 별건 범죄의 추가 수사를 위하여 제2영장을 발부받아 피의자의 휴대전화가 아니라 제1영장에 의하여 확보한 복제본이 저장된 경찰관 컴퓨터의 전자정보를 대상으로 증거를 압수하면서 피의자에게 제2영장을 제시하지 않았고 참여권도 보장하지 않았던 사안임)에서, "수사기관은 압수·수색영장의 집행기관으로서 **피압수자**로 하여금 법관이 발부한 영장에 의한 압수·수색이라는 강제처분이 이루어진다는 사실을 확인할 수 있도록 형사소송법이 압수·수색영장에 필요적으로 기재하도록 정한 사항이나 그와 일체를 이루는 내용까지 구체적으로 충분히 인식할 수 있는 방법으로 압수·수색영장을 제시하고 **피의자에게는** 그 사본까지 교부하여야 하며, 증거인멸의 가능성이 최소화됨을 전제로 영장 집행 과정에 대한 참여권이 충실히 보장될 수 있도록 사전에 **피의자 등**에 대하여 집행 일시와 장소를 통지하여야 함은 물론 **피의자 등**의 참여권이 형해화되지 않도록 그 통지의무의 예외로 규정된 '피의자 등이 참여하지 아니한다는 의사를 명시한 때 또는 급속을 요하는 때'라는 사유를 엄격하게 해석하여야 한다."고 판시하였다. 대법원 2023. 10. 18. 선고 2023도8752 판결.

21) 다만, 최근 대법원은 임의제출된 정보저장매체의 압수수색과 관련하여, "단지 피의자나 그 밖의 제3자가 과거 그 정보저장매체의 이용 내지 개별 전자정보의 생성·이용 등에 관여한 사실이 있다거나 그 과정에서 생성된 전자정보에 의해 식별되는 정보주체에 해당한다는 사정만으로 그들을 실질적으로 압수·수색을 받는 당사자로 취급하여야 하는 것은 아니다."라고 판시하였는바, 원칙적으로 피압수자를 압수·수색절차의 참여권자로 보고 있음을 알 수 있다. 대법원 2023. 9. 18. 선고 2022도7453 전원합의체 판결.

22) Rule 41(f)(B) Inventory. An officer present during the execution of the warrant must prepare and verify an inventory of any property seized. The officer must do so in the presence of another officer and the person from whom, or from whose premises, the property was taken. (이하 생략)

목록을 작성하고 이를 확인받아야 한다."고 규정하고 있다. 위 규정을 피압수자의 참여권을 인정하는 규정이라고 해석하는 견해도 있다.[23] 그러나 이것은 압수목록 작성의 정확성을 담보하기 위한 장치로서 피압수자 등의 참여를 규정한 것이다. 미국의 경우 참여권자에 대한 사전통지제도를 인정하지 않는 점, 압수된 정보저장매체의 이미징, 정보에 대한 탐색 및 분석과정이 압수 장소가 아닌 별도의 장소에서 이루어지고 있으나 이때에는 피압수자의 참여권을 인정하고 있지 않은 점에 비추어 보면, 위 규정을 들어 정보저장매체의 압수·수색절차 전과정에서 피압수자의 일반적 참여권을 인정하고 있다고 보기 어렵다.[24]

(2) 독일

독일은 2004. 8. 24. 전자정보의 열람 과정에 소유자의 참여권을 인정하는 근거로 사용되었던 舊 독일 형사소송법 제110조 제3항[25]을 특별한 이유를 언급하지 않고 삭제하여, 현재 독일 형사소송법은 정보저장매체의 압수시 피압수자의 참여권을 법률로 보장하고 있지는 않다.

다만, 독일 연방헌법재판소는 위 제110조 제3항이 삭제된 이후에도 2005년 결정에서 비례의 원칙에 따라 '피압수자'에게 참여권[26]을 부여할 수 있다[27]고 판시하였고, 2009년 결정에서도 효과적인 공소제기와 기본권 침해의 강도를 비교 형량하여 피압수자의 참여권 보장 여부를 판단하여야 한다[28]고 판시하여 개별 사안에서 비

23) 박병민, 서용성, 「디지털 증거의 압수·수색 개선방안에 관한 연구－법률 개정에 관한 논의를 중심으로－」, 사법정책연구원(2021), 252면.

24) 미국 연방대법원은 연방 수정 헌법 제4조 포괄영장금지 원칙을 준수하기 위해 디지털 정보의 압수·수색에 있어서는 Plain View 법리를 배제하는 등의 방법으로 무관 증거의 압수를 제한하고 있을 뿐, 제도적으로 피압수자의 참여권을 인정하고 있지는 않다.

25) 舊 독일 형사소송법 제110조[서류와 정보저장매체의 열람] ③ 서류의 점유자나 그의 대리인에게는(반출을 위해 봉인된 봉투의 관인 옆에) 자신의 인장을 같이 찍는 것이 허용된다; 그 이후 봉인해제와 서류열람을 명령하는 경우 가능하다면 서류의 점유자나 그의 대리인에게 참여를 요청하여야 한다. 위 규정의 문언이 피압수자의 참여권을 명시적으로 규정한 것은 아니지만, 독일의 지배적인 견해는 수사기관의 참여 요청 의무에 의해서 피압수자의 참여권이 규정된 것이라고 본다. 박중욱, 앞의 논문, 42면.

26) 이 부분은 출석권/입회권으로 번역되기도 하나(박중욱, 앞의 논문, 42면), 우리 형사소송법과의 비교를 위해서 참여권으로 표현하기로 한다.

27) 수사기관이 피의자의 사무실을 수색하여 피의자의 PC 등에 저장된 전자정보를 확보한 사건으로, 피의자가 곧 피압수자인 사안이다. BVerfG, Beschluss vom 12. April 2005 – 2 BvR 1027/02 (= BVerfGE 113, 29, 58 f. [Rn.126 f.]) 박중욱, 앞의 논문, 42면(재인용)

례의 원칙에 따라 피압수자의 참여권을 인정하고 있다. 다만, 독일 하급심은 피압수자의 참여권이 비례의 원칙에 따라 예외적으로 인정되는 권리라는 점을 근거로 참여권을 부정하는 판례가 많고, 위 2005년 결정 및 2009년 결정에 의하더라도 연방헌법재판소가 전자정보의 압수·수색에 있어서 피압수자의 일반적 참여권을 인정한 것은 아니라고 해석하는 것이 일반적이다.[29)]

종합하면, 독일은 정보저장매체의 압수·수색에 있어 피압수자의 일반적 참여권을 인정하는 법률 규정이 없고, 판례도 모든 사건에서 피압수자에게 참여권을 인정하고 있는 것은 아니다. 더욱이 위와 같은 논의는 피압수자의 참여권에 관한 것이고, 우리 형사소송법 제219조, 제121조와 같이 피의자에게 독자적 참여권을 인정하는 규정 자체가 없다.[30)]

4. 소결

오늘날 형사사건에서 디지털 증거의 압수·수색절차에서 수사기관에 의해 무관증거가 압수되지 않도록 해야 한다는 요청은 우리나라의 문제만은 아닐 것이다.

그러나 미국, 독일 등 해외 입법례를 살펴보아도 우리처럼 공판단계에서의 피고인의 압수·수색절차 참여권을 그대로 수사단계에 준용하여 압수·수색절차에 있어 모든 피의자에게 참여권을 인정하는 듯한 규정을 두고 있지는 않고, 수사실무에서도 모든 피의자에게 압수·수색절차의 참여권을 인정하고 있지는 않다. 또한, 디지털 증거의 압수·수색과 관련하여 무관증거 압수·수색을 제한하여야 한다는 필요성에 대하여는 공감하면서도 이를 위해 피압수자 또는 정보주체라는 이유만으로 당연히 참여권을 인정하거나, 복수의 참여권자 모두에게 참여의 기회를 보장하고 있지도 않다.

한편, 참여권은 영장주의의 본질과 맥락을 같이 하는 것으로 유관정보만이 영장

28) 위 결정은 인터넷 서비스 제공자를 대상으로 이메일을 압수한 것으로, 강제처분의 목적에 반하지 않는 한, 정보주체의 참여가 필요하다고 본 것이다. 이 판례에 대하여는 제3자인 인터넷 서비스 제공자가 보관하는 이메일에 대한 압수·수색은 정보주체의 참여권 보장이 원칙이라고 본 것이라고 해석하기도 한다. BVerfG, Beschluss vom 16. Juni 2009 – 2 BvR 902/06 (= BVerfGE 124, 43, 72 [Rn. 96 a.E.]). 박중욱, 앞의 논문, 42면(재인용).

29) 박중욱, 앞의 논문, 44면.

30) 탁희성 외 4인, 앞의 연구보고서, 94면; 박중욱, 앞의 논문, 47면.

집행의 범위이자 압수대상이기 때문에, 수사기관이 유관정보에 한정하여 압수하도록 하기 위해 참여권이 보장되어야 한다고 설명하는 견해[31]도 있다. 그러나 참여권 보장이 무관증거 압수 금지를 위한 유일한 수단 또는 가장 효율적인 수단이라면, 미국, 독일 등 다른 나라에서도 수사기관이 정보저장매체를 압수한 후 이미징, 탐색·선별하는 등의 절차에 피의자 또는 피압수자의 참여권을 제도적으로 보장하고 있어야 할 것인데, 현실은 그렇지 않다.

참여권 보장이 무관 증거 탐색 및 압수금지에 어느 정도 기여하고 있는지, 미국 등 선진 법률 국가들이 어떤 방법으로 무관증거 압수를 막아 영장주의를 관철하고 있는지, 참여권 보장으로 발생하는 증거인멸 등 문제점에 대해 어떠한 제도적 보장책이 있는지 등 구체적 사례를 바탕으로 한 실증적 연구가 필요하다.

Ⅲ. 임의제출 정보저장매체의 압수 · 수색 참여권자에 관한 최근 대법원 판결에 대한 검토[32][33]

1. 대법원 2021. 11. 18. 선고 2016도348 전원합의체 판결 - 피해자의 피의자 소유 핸드폰 임의제출 사건

(1) 사실관계

대학교수인 피고인이 2014. 12. 11. 제자인 피해자 A의 동의 없이 나체를 촬영한 성폭력처벌법위반[34](카메라등이용촬영) 범행('2014년 범행')에 대하여 피해자 A가 즉시 피해 사실을 경찰에 신고하면서 피고인의 집에서 가지고 나온 피고인 소유의

31) 증거은닉범의 하드디스크 임의제출 사건(2022도7453 전원합의체 판결)의 반대의견도 참여권 보장 취지를 무관증거의 압수·수색으로 인한 사생활의 비밀 등 기본권 침해를 방지하는데 있다고 해석하고 있다. 김혜경, "영장주의의 본질을 기초로 한 전자정보 압수·수색의 참여권의 범위", 「연세법학」, 제35호(연세법학회, 2020.), 33면.

32) 이하에서는 판례가 판시한 내용 중 이 글의 주제와 관련된 "참여권자"에 관한 부분을 위주로 검토하기로 한다. 아울러 판례가 디지털 정보라는 표현보다는 '전자정보'라는 표현을 사용하고 있는바, 판례에 대한 설명 및 검토 부분에서 '전자정보'라는 표현을 그대로 사용하기로 한다.

33) 아래 판례에서 등장인물을 A, B, C 등으로 지칭한 것은 이해의 편의를 위한 것으로, 각 사례 안에서만 의미를 지닌다. 즉, (1)~(3) 사례의 A 등은 각각 다른 별개의 인물이다.

34) 정확한 죄명은 '성폭력범죄의 처벌 등에 관한 특례법 위반(카메라등이용촬영)'이나, 이하에서는 약칭인 '성폭력처벌법'을, 아동·청소년의 성보호에 관한 법률 위반의 경우는 약칭 '청소년 성보호법위반'을 사용하기로 한다.

아이폰 1대, 삼성 휴대폰 1대를 임의제출하였다.

경찰은 A로부터 위 휴대전화 2대를 압수한 다음 그 안에 저장된 전자정보를 탐색하다가 A를 촬영한 아이폰이 아닌 삼성 핸드폰에서 피고인이 2013. 12.경 피해자 B, 피해자 C를 상대로 저지른 성폭력처벌법위반(카메라등이용촬영) 범행('2013년 범행')을 발견하고 그에 관한 동영상·사진 등을 영장 없이 CD에 복제하였다.[35] 경찰은 2014. 12. 16. 2013년 범행에 대하여 사전 압수·수색영장을 발부받아 2014. 12. 30. 피고인의 참석하에 위 CD를 증거물로 압수하였다. 검사는 ① 2013년 범행, ② 2014년 범행을 모두 기소하면서 위 CD를 증거로 제출하였다.[36]

(2) 대법원의 판단

대법원은 먼저 "압수의 대상이 되는 전자정보와 그렇지 않은 전자정보가 혼재된 정보저장매체나 그 복제본을 임의제출받은 수사기관이 그 정보저장매체 등을 수사기관 사무실 등으로 옮겨 이를 탐색·복제·출력하는 경우, 그와 같은 일련의 과정에서 형사소송법 제219조, 제121조에서 규정하는 피압수·수색 당사자(이하 '피압수자'라 한다)나 그 변호인에게 참여의 기회를 보장하고 압수된 전자정보의 파일 명세가 특정된 압수목록을 작성·교부하여야"[37]한다고 선언하였다. 즉, 임의제출물 압수에 관한 형사소송법 제218조의 경우 영장에 의한 압수가 아니기 때문에 당연히 제121조에 의한 참여권이 보장된다고 볼 수 없지만, '전자정보에 관한 수사기관의 압수·수색은 사생활의 비밀과 자유, 정보에 대한 자기결정권, 재산권 등을 침해할 우려가 있기 때문에 포괄적으로 이루어져서는 안 되고, 비례의 원칙에 따라 수사 목적상 필요한 최소한의 범위 내에서 이루어 져야 하며'[38] 이 경우 압수물에 대한

---

35) 경찰이 B, C에 대한 불법촬영물을 처음 발견하였을 때에는 B, C의 성명 등 인적사항을 특정할 수 없었고, 영장에 기재된 범죄사실에도 '성명불상자'라고 기재되어 있었다.

36) 위 사건 1심은 ①,②범행에 대하여 모두 유죄를 선고하였으나, 항소심은 대법원 판례와 같은 취지로 ②범행에 대하여 무죄를 선고하였다. 항소심은 "임의제출에 의한 압수·수색 역시 다른 압수·수색과 마찬가지로 전자정보에 대한 압수·수색의 범위를 한정할 필요가 있으며, 그 범위를 결정하는 기준은 임의제출자의 의사가 되어야 하고, 그 의사는 임의제출 당시에 나타난 의사표시를 기준으로 임의제출 당시의 제반 상황을 종합적으로 검토하여 해석하여야 할 것이다."라고 판시하면서 B, C에 대한 불법촬영물은 임의제출범위에 포함되지 않는다고 판단하였다. 청주지방법원 2015. 12. 11 선고 2015노462 판결.

37) 대법원 2021. 11. 18. 선고 2016도348 전원합의체 판결

38) 대법원 2021. 11. 18. 선고 2016도348 전원합의체 판결.

수사기관의 점유취득은 제출자의 의사에 따른 것이지만, 수사목적은 범죄혐의를 전제로 한 것이고, 압수한 이후에는 제출자가 반환을 요구할 수 없기에 영장에 의한 압수·수색과 동일한 법리를 적용하여야 한다고 본 것이다.

더 나아가, 피해자 등 제3자가 피의자의 소유·관리에 속하는 정보저장매체를 영장에 의하지 않고 임의제출한 경우 "특별한 사정이 없는 한 형사소송법 제219조, 제121조, 제129조에 따라 피의자에게 참여권을 보장하고 압수한 전자정보 목록을 교부하는 등 피의자의 절차적 권리를 보장하기 위한 적절한 조치가 이루어져야 한다."[39]고 보았다. 즉, 위 전원합의체 판결은 형식상 피압수자가 아닌 피의자를 '실질적 피압수자'로 보아 참여권을 보장하여야 한다는 법리를 최초로 설시한 판례라고 할 수 있다.[40]

(3) 검토

위 판례는 이후 임의제출된 정보저장매체의 압수와 관련하여 임의제출된 정보의 범위, 관련 증거의 범위뿐만 아니라 참여권자 확정과 관련하여 많은 하급심 판례에 영향을 미쳤다. 다수의 하급심 판례는 위 전원합의체 판결을 피의자와 피압수자가 다른 경우, 피의자를 실질적 피압수자로 보아, 무조건 참여권을 보장하여야 한다는 것으로 받아들이기도 했다. 예를 들면, 모텔 영업주가 피의자가 몰래 설치한 위장형 카메라를 수사기관에 임의제출한 사건(2019도7342 판결, 이하 '위장형 카메라 임의제출 사건'이라고 함)에서 항소심은 피의자를 참여권자로 보고, 정보저장매체의 탐색·복제·출력하는 과정에 피의자의 참여권을 보장하지 않았고, 압수목록도 교부하지 않았다는 등의 이유로 위장형 카메라 및 이에 저장된 정보의 증거능력을 부정하였다.[41] 그러나 대법원은 항소심과 달리 오로지 불법촬영을 위해 설치된 위장형 카메라의 경우 소지·보관자의 임의제출에 따른 통상의 압수절차 외에 피압수자에 대한 참여의 기회 보장 등의 절차가 필요하지 않다고 하면서 증거증력을 인정하였다.[42] 2016도348 전원합의체 판결은 이후 정보저장매체를 임의제출한 경우 누구

39) 대법원 2021. 11. 18. 선고 2016도348 전원합의체 판결.

40) 최문수, 앞의 논문, 452면.

41) 의정부지방법원 2019. 5. 13. 선고 2018노3713 판결.

42) 다만, 대법원은 "임의제출받은 정보저장매체가 '오로지 불법촬영을 목적으로 은밀하게 설치된 위장형 카메라'와 같이 "그 기능과 속성상 임의제출에 따른 적법한 압수의 대상이 되는 전자정보와 그렇지 않은 전자정보가 혼재될 여지가 거의 없어 사실상 대부분 압수의 대상이 되는

에게 참여권을 보장하여야 하는지에 관한 많은 논쟁을 불러일으켰다.[43]

2. 대법원 2022. 1. 27. 선고 2021도11170 판결 - 동양대 강사 휴게실 PC 임의제출 사건

(1) 사실관계

검찰은 2019. 9. 10. 피고인에 대한 동양대 총장 명의 표창장에 관한 사문서위조, 피고인의 딸인 A의 부산대 의학전문대학원 지원 과정 등 위 표창장의 제출로 인한 위조사문서행사 등 범죄혐의사실에 대하여, 피고인의 동양대 교수연구실 등에 대한 압수·수색영장 집행 등의 수사를 진행하였고, 2019. 9. 10. 동양대 조교 B,[44] 동양대에서 물품 관리 총괄하는 행정지원처장 C로부터 이 사건 PC를 임의제출 받았다.[45] B, C는 이 사건 PC를 제출하면서 위 PC의 이미징 및 탐색, 전자정보 추출 등 과정에 참관하지 않겠다고 하였다.

검찰은 포렌식 사무실에서 이 사건 각 PC의 이미징 및 포렌식 작업을 통하여 동

전자정보만이 저장되어 있는 경우에는 소지·보관자의 임의제출에 따른 통상의 압수절차 외에 피압수자에게 참여의 기회를 보장하지 않고 전자정보 압수목록을 작성·교부하지 않았다는 점만으로 곧바로 증거능력을 부정할 것은 아니다."라고 판시하며 해당 전자정보의 증거능력을 인정하였다. 위 사건에서는 무관정보의 혼재 가능성이 없다는 이유로 위 카메라의 제출자인 모텔 영업주에게 상세목록을 교부할 필요도 없고, 피의자의 참여권 보장도 필요하지 않다고 본 것이다. 대법원 2021. 11. 25 선고 2019도7342 판결

43) 수사기관이 피의자 소유의 휴대폰을 압수·수색하는 경우 피의자의 사생활이 침해될 소지가 많기 때문에 피의자에게 무관정보에 대한 탐색을 억제할 실익이 있으므로, 피의자를 실질적 피압수자로 보아 참여권을 보장하게 한 것은 압수의 대상이 정보저장매체가 아닌 전자정보라는 점에서 보면, 수긍할 수 있다는 견해(이관희·이상진, 앞의 논문, 152면), 정보주체의 프라이버시권 보장이라는 측면에서는 환영할 만하지만, 피의자의 참여권에 대한 명확한 설시 없이 불명확한 개념인 실질적 피압수자라는 표현을 사용하여 또 다른 문제를 가져올 수 있다는 견해(전치홍, 앞의 논문, 30면) 등 다양한 평석이 있다.

44) B는 동양대 조교로 강사휴게실 및 그 안에 있는 물건들을 전임자로부터 인계받아 관리하는 업무를 담당하고 있었고, 이 사건 각 PC는 권리관계에 관한 별도의 표식 없이 강사휴게실 내에 보관되어 있었다. 위 PC는 동양대 강사 휴게실에서 공용으로 사용되다가 피고인이 일정 기간 자신의 주거지 등으로 가져가 사용하다가 2016. 12.경 다시 동양대에서 공용 PC로 사용하였다.

45) 당시 수사기관은 B의 협조를 받아 이 사건 각 PC 중 1대에 저장된 전자정보를 확인하던 중 이 사건 관련 폴더를 발견하였고, 탐색 계속 중 위 PC에서 '퍽' 소리가 나면서 전원이 꺼져 버려 현장에서의 탐색을 중단하고 이 사건 각 PC를 임의제출받은 것이다.

양대 총장 명의 표창장에 관한 사문서위조 범행이 2013. 6. 16.경 이 사건 각 PC 중 1대를 이용하여 이루어진 정황을 발견하였고, 이 사건 각 PC에 저장된 전자정보는 2013. 6. 16. 사문서위조 등 A의 의학전문대학원 부정지원 관련 범행의 증거로 사용되었다.[46)]

(2) 대법원의 판단

위 판결에서 대법원은 2016도348 전원합의체 판결에서 설시하였던 '실질적 피압수자'의 의미 및 범위에 대하여 구체적으로 설명하면서, "임의제출자 아닌 피의자에게도 참여권이 보장되어야 하는 '피의자의 소유 · 관리에 속하는 정보저장매체'라 함은, 피의자가 압수 · 수색 당시 또는 이와 시간적으로 근접한 시기까지 해당 정보저장매체를 현실적으로 지배 · 관리하면서 그 정보저장매체 내 전자정보 전반에 관한 전속적인 관리처분권을 보유 · 행사하고, 달리 이를 자신의 의사에 따라 제3자에게 양도하거나 포기하지 아니한 경우로서, 피의자를 그 정보저장매체에 저장된 전자정보에 대하여 실질적인 피압수자로 평가할 수 있는 경우를 말하는 것이다. 이에 해당하는지 여부는 민사법상 권리의 귀속에 따른 법률적 · 사후적 판단이 아니라 압수 · 수색 당시 외형적 · 객관적으로 인식가능한 사실상의 상태를 기준으로 판단하여야 한다. 이러한 정보저장매체의 외형적 · 객관적 지배 · 관리 등 상태와 별도로 단지 피의자나 그 밖의 제3자가 과거 그 정보저장매체의 이용 내지 개별 전자정보의 생성 · 이용 등에 관여한 사실이 있다거나 그 과정에서 생성된 전자정보에 의해 식별되는 정보주체에 해당한다는 사정만으로 그들을 실질적으로 압수 · 수색을 받는 당사자로 취급하여야 하는 것은 아니다."라고 판시하였다.

위 법리에 따르면, ① 피의자가 이 사건 PC의 압수 · 수색 당시 또는 근접한 시점까지 위 PC를 현실적으로 지배 · 관리한 것은 아닌 점,[47)] ② 피의자가 이 사건 PC

46) 위 사건 항소심은 '정보저장매체 및 저장된 전자정보를 임의제출받아 압수하는 경우에는 그 전자정보 탐색 등의 과정에서 원칙적으로 피압수자 측이나 피의자 측에게 참여권을 인정할 여지가 없다'는 취지로 설시하였으나, 대법원은 이 사건 PC를 B 등으로부터 임의제출받아 대검찰청 디지털포렌식센터로 옮겨서 저장된 전자정보를 탐색하고 추출하는 등의 과정에는 원칙적으로 참여권자인 동양대 측에 참여의 기회를 보장하여야 하기 때문에 위와 같은 설시는 잘못된 것이라고 하였다. 다만, 동양대 측은 위 과정에 참여하지 않겠다는 의사를 명시적으로 표시하였기 때문에 참여권을 보장하지 아니한 하자가 없다고 하였다. 대법원 2022. 1. 27. 선고 2021도11170 판결, 서울고등법원 2021. 8. 11. 선고 2021노14 판결.

47) 대법원은 위 PC는 동양대 측이 2016. 12.경 이후 압수 · 수색 시점인 2019. 9. 10.경까지 약

안에 저장된 전자정보 전반에 대한 전속적인 관리처분권을 보유·행사하지 않고 있었던 점에 비추어, 수사기관이 압수·수색 당시 외형적·객관적으로 인식하였을 때, 피의자를 위 PC에 저장된 전자정보의 실질적 피압수자라고 볼 수 없다고 보았다.

(3) 검토

위 판례는 제3자가 피의자가 사용한 적이 있는 정보저장매체를 임의제출한 경우, 형사소송법 제219조, 제121조에 따라 임의제출자인 피압수자에게 참여의 기회를 보장하여야 한다고 보았다. 위 판례를 통해 대법원은 정보저장매체에 대한 압수·수색절차에서 '전체 피의자'에게 당연히 참여권이 인정되는 것은 아니라는 점을 명확히 하였다고 볼 수 있다. 더 나아가, 과거에 '정보저장매체'를 이용한 적이 있는 사람 또는 그 안에 저장된 '개별 전자정보'의 생성·이용 등에 관여한 사실이 있는 사람, '개별 전자정보'의 이용 등 과정에서 생성된 전자정보에 의해 식별되는 정보주체에 해당하는 사람이라는 사실만으로 정보저장매체의 압수·수색절차에서 실질적 피압수자라고 볼 수 없다고 선언한 것이다.

3. 대법원 2023. 9. 18. 선고 2022도7453 전원합의체 판결 - 증거은닉범의 하드디스크 임의제출 사건

(1) 사실관계

피고인은 A의 아들 B가 피고인 소속의 법무법인에서 인턴으로 근무한 사실이 없음에도 2017. 1. 10.부터 같은 해 10. 11.까지 인턴으로 근무하였다는 취지의 '허위 인턴십 확인서'를 작성하여 A에게 교부하고, A 등은 2017. 10.경 및 같은 해 11.경 B의 고려대 대학원 및 연세대 대학원에 지원하면서 위 확인서를 제출하도록 하여, A 등과 공모하여 위계로 고려대 및 연세대의 입학사정 업무를 방해하였다는 사실로 기소되어 2021. 1. 28. 1심에서 징역 8월에 집행유예 2년을 선고받았다.[48] 피고인은 항소심 재판중 대법원 2021. 11. 18. 선고 2016도348 전원합의체 판결이 선고되자, 이를 근거로 제시하면서, 위 허위 인턴십 확인서 등이 발견된 하드디스크(이

3년 동안 강사휴게실 내에 보관하면서 현실적으로 지배·관리하였다'고 판단하였다. 대법원 2022. 1. 27. 선고 2021도11170 판결.

48) 서울중앙지방법원 2021. 1. 28. 선고 2020고단421 판결.

하, '이 사건 하드디스크'라고 함)는 C가 임의제출한 것으로, 실질적인 피압수자인 A 등의 참여권을 보장하지 않아 위법하게 수집된 증거라는 주장을 하였다.[49]

C가 이 사건 하드디스크를 제출한 경위, 이 사건 전자정보의 압수 경위는 다음과 같다. C는 A로부터 2019. 8. 31. A 등의 전자정보가 들어있는 이 사건 하드디스크를 '수사가 끝날 때까지 숨겨 놓아라'라는 말을 듣고 은닉하였다가 2019. 9. 6. A가 기소된 이후 자신에 대한 증거은닉죄 수사가 시작되자, 2019. 9. 11. 검찰에 임의제출하였다. 검찰은 C 및 그 변호인에게 위 하드디스크에 저장된 전자정보의 탐색 · 복제 · 출력 과정에 참여의 기회를 보장하였으나, C와 변호인은 참여하지 않겠다고 하였고, A 등에게는 참여의사를 확인하거나 참여 기회를 부여하지 않았다.[50]

(2) 대법원의 판단

대법원 다수의견은 대법원 2021. 11. 18. 선고 2016도348 전원합의체 판결 및 대법원 2022. 1. 27. 선고 2021도11170 판결 등에서 설시한 법리를 그대로 인용하면서도 "압수 · 수색의 원인된 범죄혐의사실의 피의자가 해당 피의사실과 관련되었음은 물론 압수 · 수색의 대상인 정보저장매체 및 전자증거를 지배 · 관리함으로써 직접적 · 실질적 · 법률상 이해관계를 가지는 경우 그와 같은 이해관계자 및 피압수자의 지위를 겸하고 있는 피의자에게 참여권이 보장되었다면 참여권에 관한 절차적 적법성은 이로써 충족 · 완결된 것으로 볼 수 있다. 달리 특별한 사정이 없는 한 이러한 경우에까지 실질적 피압수자를 별도로 상정할 필요는 없다."[51]고 판시하였다. 즉, 피압수자인 C가 이 사건 하드디스크에 대하여 실질적 이해관계를 가지고 있지 아니한 경우에 보충적으로 실질적 피압수자의 개념이 필요하다고 본 것이다.

다수의견은 이 사건 전자정보는 본범인 A 등의 혐의사실에 관한 증거이기도 하지만, 증거은닉 피의자인 C의 혐의사실에 관한 증거이기도 한 점, C가 압수 · 수색 당시 또는 이와 근접한 시점에 하드디스크를 현실적으로 점유한 이상 이에 저장된

---

49) 위 항소심 법원은 수사기관이 A 등에게 참여의 기회를 부여하지 않은 것이 위법하지 않다며 피고인의 항소를 기각하였다. 서울중앙지법 2022. 5. 20. 선고 2021노363 판결

50) A가 C에게 하드디스크를 은닉하도록 지시한 증거은닉교사죄는 유죄로 확정되었으나, A의 남편에 대한 증거은닉교사 사건은 A가 단독으로 C에게 증거은닉을 교사한 것을 보아 무죄를 선고한 판결이 확정되었다. 대법원 2024. 12. 12. 선고 2024도4021 판결.

51) 대법원 2023. 9. 18. 선고 2022도7453 전원합의체 판결 [다수의견에 대한 대법관 안철상, 대법관 노태악, 대법관 천대엽의 보충의견(이하, '다수의견에 대한 보충의견'이라고 함]

전자정보에 관한 관리처분권을 사실상 보유·행사할 수 있는 지위에 있던 점에 비추어, C가 이 사건 하드디스크에 대하여 실질적 이해관계를 가지고 있고, C에게 참여의 기회를 보장하면 적법절차를 충족한 것으로 보았다. 반면, A는 임의제출의 원인이 된 증거은닉 범행의 피의자가 아닌 점, A가 목적 달성에 필요하다면 '수사 종료'라는 불확정 기한까지 하드디스크에 관한 전속적인 지배·관리권을 포기하거나 C에게 전적으로 양도한다는 의사를 표명한 것으로 볼 수 있으므로 실질적 피압수자라고 볼 수 없는바, A에게 참여권을 보장할 필요는 없다고 보았다.

그러나 반대의견은 2016도348 전원합의체 판결 및 2021도11170 판결 등에서 설시한 법리와 취지에 따르면, "강제처분의 직접 당사자이자 형식적 피압수자인 정보저장매체의 현실적 소지·보관자 외에 소유·관리자가 별도로 존재하고, 강제처분에 의하여 그의 전자정보에 대한 사생활의 비밀과 자유, 정보에 대한 자기결정권, 재산권 등을 침해받을 우려가 있는 경우, 그 소유·관리자는 참여권의 보장 대상인 실질적 피압수자라고 보아야 한다."[52] 라고 하면서 실질적 피압수자가 압수·수색의 원인이 된 범죄혐의사실의 피의자일 필요는 없다고 하였다.

반대의견에 따르면, 증거은닉범이 본범으로부터 증거은닉을 교사받아 소지·보관하고 있던 본범 소유·관리의 정보저장매체를 피의자의 지위에서 수사기관에 임의제출한 경우, "본범이 그 정보저장매체에 저장된 전자정보의 탐색·복제·출력 시 사생활의 비밀과 자유 등을 침해받지 않을 실질적인 이익을 갖는다고 평가될 수 있는 경우, 임의제출자이자 피의자인 증거은닉범과 함께 그러한 실질적 이익을 갖는 본범에게도 참여권이 보장되어야 한다."[53]는 것이다. 즉, 임의제출자인 동시에 피의자인 증거은닉범 C뿐만 아니라, 위 정보저장매체의 소유자이자 본범인 A에게도 참여권을 보장하여야 하는데, 이를 보장하지 않았으므로 위 전자정보는 위법하게 수집된 것으로서 증거능력을 부정하여야 한다고 판단하였다.

---

52) 대법원 2023. 9. 18. 선고 2022도7453 전원합의체 판결[대법관 민유숙, 대법관 이흥구, 대법관 오경미 반대의견(이하, '반대의견'이라고 함)].

53) 반대의견은 A가 C에게 이 사건 하드디스크를 보관하도록 한 것을 ① 하드디스크에 관한 전속적인 지배·관리권을 포기하거나 ② 이를 C에게 전적으로 양도한다는 의사를 표명한 것으로 볼 수 없고, ③ 수사기관이 하드디스크를 임의제출받을 당시 현실적인 소지·보관자인 C 외에 전자정보의 전속적 관리처분권자인 A 등이 존재함을 인식할 수 있었기 때문에 A 등의 참여권을 보장하였어야 한다고 본 것이다. 대법원 2023. 9. 18. 선고 2022도7453 전원합의체 판결[반대의견].

(3) 검토

위 판결에 대하여는 대법원이 그동안 피압수자의 참여권 보장과 관련하여, '실질적 피압수자'의 범위를 확대하여 오던 것을 다시 정보저장매체를 현실적으로 보관하는 '형식적 피압수자'로 축소하여 '실질적 피압수자'의 개념에 혼란을 가져 왔다는 비판,[54] 수사기관의 강제처분으로 인하여 증거은닉의 본범의 개인정보자기결정권, 사생활의 비밀과 자유, 통신의 비밀 등이 침해될 수 있음에도 형식적으로 이 사건 하드디스크를 점유하는 증거은닉범에게만 참여권을 인정한 것은 참여권 보장의 법리를 약화한 것이라는 비판,[55] 외형적 · 객관적으로 인식할 때에도 A 등이 정보저장매체에 저장된 전자정보에 대한 관리처분권을 보유 · 행사할 수 있는 지위에 있다고 볼 수 있고, A 등이 사생활의 비밀 등 무관 정보가 더 많이 저장된 정보저장매체의 지배관리권을 확정적으로 양도 또는 포기하였다고 보는 것은 합리적인 의사 해석이 아니라는 비판[56] 등이 있다.

한편, 위 판례의 반대의견과 같이 증거은닉의 본범도 실질적 피압수자로 보아 원칙적으로 참여권을 보장하는 것이 타당하나, 전자정보의 증거능력과 관련해서는 피의자, 실질적 피압수자가 수인이고, 수사기관의 입장에서 피의자들 또는 실질적 피압수자들 중 참여권자의 확인이 어려운 경우에는 그 중 1인에게만 참여권을 보장하여도 적법절차의 실질적인 내용을 침해한 것이 아니라고 보아 위법수집증거배제법칙의 예외를 인정하는 것이 타당하다는 견해도 있다.[57]

위 판결의 다수의견은 참여권 역시 다른 절차적 권리와 마찬가지로 실체적 진실의 발견이라는 형사사법의 목적과 균형을 이루어야 한다는 점, 국가사법기능을 의도적으로 침해한 본범에게 참여권을 보장하는 것은 참여권 보장 취지에 반한다는 점[58] 등을 고려하여 임의제출의 원인이 된 혐의사실을 기준으로 참여권자의 범위

54) 노신정, "전자정보에 대한 압수 · 수색의 참여권, 실질적 피압수자의 개념의 등장과 흐름 — 대법원 2023. 9. 18. 선고 2022도7453 판례과 관련하여 —", 「아주법학」 제17권 제4호(아주대학교 법학연구소, 2024), 159면.

55) 노신정, 앞의 논문, 159－160면.

56) 이관희 · 이상진, 앞의 논문, 155면.

57) 이창현, "정보저장매체 임의제출 후 집행과정의 참여권 보장과 증거능력 — 대법원 2023.9.18. 선고 2022도7453 전원합의체 판결 —", 「형사소송 이론과 실무」 제15권 제4호(한국형사소송법학회, 2023), 90면

58) 대법원 2023. 9. 18. 선고 2022도7453 전원합의체 판결 [다수의견에 대한 보충의견].

를 정해야 한다고 보았다.

4. 사례를 통한 검토

2022도7453 전원합의체 판결의 다수의견에 대한 보충의견에서 언급한 바와 같이, 외국의 입법례나 재판실무와 비교하더라도 압수·수색절차상 참여권에 관한 우리의 법제 및 법리는 아직 미완의 상태라고 할 수 있다.[59] 특히, 정보저장매체를 임의제출하는 경우, 수사단계에서 법관에 의한 심사조차 받지 않고 있어 피압수자 등의 사생활의 비밀 등 기본권 침해가능성이 높음에도 불구하고, 절차규정이 미비하고 판례의 법리도 일관되지 않아 현재 수사기관조차 적법절차가 무엇인지 알기 어려운 상황이다. 지금까지 대부분의 연구는 정보저장매체의 압수·수색절차에서 참여권자의 범위를 확대하여 기본권침해의 가능성을 최소화하여야 한다는 내용으로, 이로 인해 발생할 수사현장에서의 어려움 및 그 결과에 대해서 크게 다루지 않고 있다.[60] 따라서 이하에서는 구체적인 사례를 통해[61] 대법원 판례에 의할 때, 수사현장에서 발생할 수 있는 문제들에 대하여 살펴보기로 한다.

(1) 피해자가 피의자 소유·관리의 휴대폰을 임의제출한 경우

1) 구체적 사례[62]

피해자 A(여, 20세)는 자신의 아버지인 피의자가 ① A의 나체를 동의 없이 촬영하였다며 피의자의 아이폰 1개, 삼성 휴대폰 1개를 경찰 P에게 임의제출 하였다. 위 휴대폰은 모두 비밀번호로 잠겨있어 동영상 등을 확인할 수 없었기에 P는 A의 진술이 사실인지 확인할 수 없었다. 경찰에 출석한 피의자는 아이폰에 대해서만 비

59) 대법원 2023. 9. 18. 선고 2022도7453 전원합의체 판결 [다수의견에 대한 보충의견].

60) 수사기관의 입장에서, 대법원 판례의 판시내용이 수사현장에서 적용되기 어려운 점을 언급한 논문으로는 소재환·이선화, “디지털 증거 압수·수색 시 참여권자 관련 실무상 문제 –대법원의 ‘실질적 피압수자’ 법리 중심으로 –”, 「형사법의 신동향」, 통권 제77호(대검찰청, 2022.) 참조.

61) 이하는 앞서 제시한 3.에서 언급하였던 판례를 기본틀로 하여 사실관계, 죄명 등을 변형하여 재구성한 가상사례이다.

62) 피해자가 피의자 소유의 휴대폰을 임의제출한 사건(대법원 2021. 11. 18. 선고 2016도348 전원합의체 판결)의 사실관계를 일부 변경하였고, 압수·수색과 관련한 몇 가지 쟁점을 추가하여 재구성하였다.

밀번호를 제공하였고, 동영상이 촬영된 사실 자체는 인정하지만 범행 고의를 부인하였다. 더 나아가 피의자는 삼성 휴대폰은 업무용으로 사용한 것으로 ① 범행에 사용한 적이 없으므로 비밀번호도 제공할 수 없다며 반환을 요구하였다. A는 다음 날 경찰에 출석하여, '아빠가 내 동의를 받고 촬영한 것인데 술에 취하여 기억하지 못한 것이고 처벌을 원하지 않는다'고 진술하며 위 내용의 진술서를 제출하였다. P는 A의 번복 진술을 믿지 않았고, 제출자인 A가 참여권을 포기하였으므로 적법한 절차라고 믿고 피의자의 참여 없이 삼성 휴대폰에 대한 디지털 증거분석을 진행하였다. 위 삼성 휴대폰에는 ② 약 1년 전 다운로드 된 것으로 보이는 100여 개의 아동성착취물[63]이 있었고, 위 삼성 휴대폰에 자동 로그인되어 있는 구글 클라우드에는 200여 개의 딥페이크(deepfake)[64] 성착취물이 보관되어 있었다.[65] 위 삼성 휴대폰 및 이에 저장된 100여 개의 아동성착취물, 구글 클라우드에 저장된 200여개의 딥페이크 성착취물은 증거능력이 인정되는가?

2) 검토

위 2016도348 전원합의체 판결의 취지에 따르면, 피해자 A가 임의제출한 삼성 휴대폰에 대한 이미징, 탐색 등의 절차에 실질적 피압수자인 피의자의 참여권이 보

63) 청소년성보호법 제2조 제5호에 의하면, "아동 · 청소년성착취물"이란 "아동 · 청소년 또는 아동 · 청소년으로 명백하게 인식될 수 있는 사람이나 표현물이 등장하여 제4호 각 목의 어느 하나에 해당하는 행위를 하거나 그 밖의 성적 행위를 하는 내용을 표현하는 것으로서 필름 · 비디오물 · 게임물 또는 컴퓨터나 그 밖의 통신매체를 통한 화상 · 영상 등의 형태로 된 것"을 의미하고, 같은 법 제11조 제5앙에서는 "아동 · 청소년성착취물을 구입하거나 아동 · 청소년성착취물임을 알면서 이를 소지 · 시청한 자는 1년 이상의 유기징역에 처한다."고 규정하고 있다.

64) "딥페이크(Deepfake)는 "deep learning"과 "fake"의 합성어로, 적대관계생성신경망(Generative Adversarial Networks, GAN)을 이용하여 원본 이미지 위에 다른 이미지를 결합해 새로운 이미지를 생성하는 기술이다., 적대관계생성신경망 기술은 원본과 차이가 없는 데이터를 만들려는 생성모델과, 원본과 다른 점을 찾아내는 분류모델을 서로 경쟁시켜 반복실행을 통해 원본과 흡사한 데이터를 만들어내는 알고리즘"을 의미한다. 최창욱, 정유미, 「국내외 언론이 바라본 딥페이크 기술」, 디지털콘텐츠학회논문지 제23호(디지털콘텐츠학회, 2022), 894면.

65) 성폭력처벌법 제14조의2 제1항은 '사람의 얼굴 · 신체 또는 음성을 대상으로 한 촬영물 · 영상물 또는 음성물(이하 이 조에서 "영상물등"이라 한다)을 영상물등의 대상자의 의사에 반하여 성적 욕망 또는 수치심을 유발할 수 있는 형태로 편집 · 합성 또는 가공(이하 이 조에서 "편집등"이라 한다)한' 자를 처벌하도록 규정하고 있는데, 이러한 편집물 등을 딥페이크 성착취물이라고 할 수 있고, 같은 조 제3항은 이러한 편집물등을 '소지 · 구입 · 저장 또는 시청한 자는 3년 이하의 징역 또는 3천만원 이하의 벌금에 처한다'고 규정하고 있다.

장을 보장하지 않았으므로, 유관증거인지 여부를 검토할 필요도 없이 삼성 휴대폰에 저장된 100여 개의 성착취물, 구글 클라우드에 저장된 200여 개의 딥페이크 성착취물의 증거능력은 인정되기 어려울 것이다.[66)][67)]

임의제출물도 일단 제출된 후에는 영장에 의한 압수와 같이 제출자가 반환을 요구하더라도 이에 응할 필요가 없고 수사기관이 계속 점유할 수 있다.[68)] 따라서 A 또는 피의자가 휴대폰의 반환을 요구하더라도 P는 이를 반환할 필요가 없다. 하지만, 성년인 A가 술에 취하여 오해한 것 같다며 진술을 번복한 경우 수사기관은 더 이상 수사의 필요성이 없다고 판단하여 ① 혐의사실에 대한 수사를 종료하고, 삼성 휴대폰을 환부할 수도 있다. 이 경우 삼성 휴대폰에 저장된 아동성착취물 및 위 휴대폰에 연동된 구글 클라우드에 저장된 딥페이크 성착취물에 대한 압수·수색 및 수사는 진행될 수 없고,[69)] 피의자가 위 영상물들을 추후 유포할 가능성을 배제할 수 없다.

한편, P가 A의 번복 진술을 믿지 않고 삼성 휴대폰에 대하여 사전 압수·수색영장을 발부받아 디지털 증거분석을 하려고 한다면 어떤가? 성년인 A가 자신의 동의하에 촬영된 것이라고 진술을 번복하였고, 피의자는 위 삼성 휴대폰은 범행에 사용

---

66) 대법원은 2016도348 전원합의체판결에서, 피해자가 피의자의 정보저장매체를 임의제출한 경우, 임의제출의 동기가 된 혐의사실과 관련된 증거에 한정하여 제출한 것으로 본다고 판시하였는바, 위 사례의 경우 임의제출의 동기가 피해자 A에 대한 단순 불법촬영과 삼성 휴대폰에 저정된 100여 개의 아동성착취물은 관련성이 인정되지 않을 가능성이 크다.

67) 2016도348 전원합의체 판결 선고 이후에도 피의자가 분실한 휴대폰을 약 2일 후 피해자가 수사기관에 임의제출한 사안에서, 휴대폰의 이미징, 탐색 등 절차에 실질적 피압수자인 피의자의 참여권을 보장하지 않은 경우 위법하다고 보았다. 대법원 2023. 12. 14. 선고 2020도1669 판결.

68) 이주원, 「형사소송법」, 제6판(박영사, 2024), 238면; 이창현, 「형사소송법」 제9판(피앤씨미디어, 2023), 491면.

69) 대법원은 '피의자가 휴대폰의 자금장치를 해제하면서 원격지에 저장되어 있는 전자정보를 수사기관에 제출한다는 의사로 클라우드 등에 접속하기 위한 아이디와 비밀번호를 임의로 제공한 경우에는 위 클라우드에 저장된 전자정보도 임의제출된 것으로 보아 압수가 가능하다.'는 취지로 판시한 바 있다(대법원 2021. 7. 29. 선고 2020도14654 판결). 위 판결에 의하면 클라우드에 저장된 정보를 압수할 방법이 있기는 하다. 그러나 삼성 휴대폰의 비밀번호도 제공하지 않는 피의자에게 클라우드 접속 아이디, 비밀번호 등을 임의제출할 것을 기대하기 어렵고, 2016도348 전원합의체 판결의 취지에 의하면, 피의자가 아닌 제3자가 피의자 소유의 휴대폰을 제출한 경우 그 휴대폰 자동로그인 되어 있는 피의자의 클라우드에 저장된 정보까지 임의제출한 것이라고 보기는 어렵다.

한 적이 없다고 주장하면서 비밀번호 제공을 거부하여 그 안에 저장된 정보를 전혀 확인할 수 없는 상태에서,[70] ① 혐의사실로 삼성 휴대폰에 대한 압수·수색영장이 발부될 가능성이 높지 않을 것이다.[71]

설령, 압수·수색영장이 발부된다고 하더라도 전자영장제도가 도입되지 않은 현재의 형사사법시스템에서 영장의 발부에서 집행까지 약 1~2일 이상의 기간이 소요될 것이고, 그동안 피의자는 킬 스위치(Kill Switch) 등 원격 삭제 프로그램을 통해서 삼성 휴대폰을 초기화하여 ② 혐의사실과 관련된 증거를 삭제할 수도 있다. 또한, 압수·수색영장을 발부받아 삼성 휴대폰 내에 저장된 아동성착취물을 압수한 경우에도 영장 기재 혐의사실은 성년인 A에 대한 불법촬영인데, 압수된 것은 성명불상 아동에 대한 성착취물인 경우 관련증거가 아니라고 판단될 수 있다.[72] 이 경우 수사기관은 즉시 탐색을 중단하고 다시 아동성착취물에 관한 혐의사실로 압수·수색영장을 발부받고, 다시 피의자를 참여하게 하는 등의 절차를 거쳐서[73] 아동성

70) 일본의 경우, 수사기관이 스마트폰에 저장된 전자정보를 확인할 때, 피의자에게 동의를 구해 스마트폰 잠금을 해제하는 방법으로 증거를 취득하는 경우가 많다고 한다. 다만, 이 경우에도 수사기관이 피의자 등에게 비밀번호를 진술할 의무가 있다고 믿게 하거나 기망을 통해 비밀번호를 말하게 하면 위법수집증거가 된다(이정민, "디지털 증거 수집과 위법수집증거배제법칙 적용 －일본의 위법수집증거배제법칙 논의를 참고하여－", 「형사소송 이론과 실무」, 제16권 제1호(한국형사소송법학회, 2024.), 184면). 그러나 미국, 우리나라의 경우 범행을 부인하는 경우 스마트폰의 비밀번호 제공을 거부하는 경우가 많고, 이 경우 압수·수색영장을 발부받아 스마트폰을 압수한 다음 디지털 포렌식을 통하여 잠금을 해제하고 저장된 전자정보를 압수한다.

71) 피해자 A가 아동청소년이라면 아버지인 피의자의 회유에 의하여 진술을 번복한 것이라고 볼 여지가 좀 더 많을 것이나, 피해자가 성년인 경우 특별한 사정이 없는 한 번복된 진술이 허위라고 단정하기 어려울 수 있다. 또한 피의자가 삼성 휴대폰의 잠금장치를 해제할 수 있는 비밀번호를 제공하지 않은 상태이기 때문에 휴대폰의 잠금장치를 해제하는 데에도 상당한 시간이 소요된다.

72) 판례는 지하철 등 공중밀집장소에서 여성의 신체를 몰래 촬영한 성폭력처벌법위반(카메라등이용촬영) 사건과 다세대주택에서 교제 중이던 여성의 나체를 몰래 촬영한 성폭력처벌법위반(카메라등이용촬영) 사건은 범행 시간과 장소, 범행 동기와 경위, 범행 수단과 방법 등이 다르므로 별건에 해당한다고 보았는바(대법원 2021. 11. 25. 선고 2016도82판결), 설사 혐의사실을 피해자 A에 대한 불법촬영으로 하여 영장이 발부되었다고 해도, 2016도82판결 및 2016도348 전원합의체 판결의 취지에 비추어 보면, 아동 성착취물은 최초 영장 혐의사실인 성년 피해자 A에 대한 불법촬영과 범행 일시, 피해자 등이 상이하여 구체적, 개별적 관련성이 있다고 보기 어렵다.

73) 대법원 2015. 7. 16. 자 2011모1839 전원합의체 결정, 대법원 2024. 4. 16. 선고 2020도3050 판

착취물을 압수하여야 한다.

한편, 구글 클라우드에 저장된 딥페이크 성착취물의 경우 원격지 서버에 저장된 것으로, 영장의 '압수할 물건'에 위 삼성휴대폰에 저장된 정보 외에도 구글 드라이브에 저장된 전자정보가 특정되어야 압수가 가능하다.[74] 하지만 삼성 휴대폰에 대한 압수·수색영장을 발부받아 저장된 정보를 확인하기 전에는 구글 클라우드의 존재 여부나 그 안에 저장된 딥페이크 성착취물의 존재를 알기 어렵다.[75] 결국, 삼성 휴대폰 및 그 안에 저장된 전자정보에 대한 1차 압수·수색영장을 발부받아 구글 클라우드 등의 존재를 확인한 다음, 다시 원격지에 저장된 정보를 특정하여 2차 압수·수색영장을 발부받아야 하는 것이다. 이러한 과정까지 상당한 시간이 소요될 수밖에 없는데, 그 사이 피의자가 태블릿 PC 등 다른 기기를 이용하여 구글 드라이브에 접속한 다음 저장된 딥페이크 성착취물 등을 삭제하거나 이를 복사하여 수사기관의 추적을 피해 압수·수색이 어려운 해외 클라우드, 다크웹(Dark－web) 등에 저장할 가능성을 배제하기 어렵다.

제3자가 피의자 소유·관리 정보저장매체를 임의제출하는 경우, 실질적 피압수자인 피의자의 참여권을 보장하여야 한다고 하면서도 피의자가 정보저장매체의 탐색, 복제 등 절차에 참여하기까지 해당 정보저장매체에 저장된 정보를 삭제, 은닉하는 것을 막거나, 별건 증거가 발견되어서 긴급히 압수할 필요가 있는 경우 별건 영장을 발부받을 때까지 피의자가 증거를 삭제, 은닉하는 것을 방지할 수 있는 증거보전제도 등의 방법이 마련되어 있지 않다.

결등.

74) 수사기관이 압수・수색영장에 적힌 '수색할 장소'에 있는 컴퓨터 등 정보처리장치에 저장된 전자정보 외에 원격지 서버에 저장된 전자정보를 압수・수색하기 위해서는 압수・수색영장에 적힌 '압수할 물건'에 별도로 원격지 서버 저장 전자정보가 특정되어 있어야 한다. 압수・수색영장에 적힌 '압수할 물건'에 컴퓨터 등 정보처리장치 저장 전자정보만 기재되어 있다면 컴퓨터 등 정보처리장치를 이용하여 원격지 서버 저장 전자정보를 압수할 수는 없다. 대법원 2022. 6. 30. 선고 2022도1452 판결.

75) 삼성 휴대폰 및 그 안에 저장된 전자정보에 대한 압수·수색영장을 청구하면서 압수할 물건에 구글 클라우드를 포함시켜 1개의 영장으로 구글 클라우드에 저장된 전자정보를 압수할 수도 있을 것이다. 그러나 사안과 같이 피의자가 범행을 부인하고 피해자의 진술마저 번복된 상황에서 삼성 휴대폰에 대한 압수·수색영장을 청구하면서, 위 휴대폰과 연동된 구글 클라우드에 저장된 전자정보까지 압수할 물건에 포함시켜 영장을 청구하는 경우 수사비례의 원칙에 반한다는 비판이 있을 수 있다.

(2) 피의자가 사용한 적이 있는 공용 PC를 제3자가 임의제출한 경우

1) 구체적 사례[76]

피의자는 X 대학 강사로 재직하면서 아동성착취물을 제작한 후 강사휴게실에 설치된 공용 PC(이하, '이 사건 PC'라고 함)를 이용하여 유포하였는데 범행일로부터 약 3년이 지난 후 범죄사실이 발각되어 수사를 받게 되었다. 피의자는 아동성착취물을 제작 또는 유포한 사실이 없다며 범행을 부인하였으나, 경찰 P는 X 대학 소속 직원 A로부터 위 PC를 임의제출 받았다. P는 위 PC를 경찰 사무실로 가지고 가 탐색 · 복제하는 과정에 A에게 참여의 기회를 제공하려고 하였으나, A는 참여하지 않겠다는 의사를 표시하였다. 한편, 경찰 P는 피의자에게 참여 여부를 묻거나 참여의 기회를 제공하지 않았다. 위 PC 안에는 ① 피의자가 제작 · 유포한 아동성착취물 뿐만 아니라 ② 아동성착취물의 제작에 관여한 공범들의 인적사항 및 주소록, 공범들과 주고받은 메시지 등이 저장되어 있었다. 위 PC 및 이에 저장된 전자정보의 증거능력은 인정되는가?

2) 검토

2021도11170 판결의 취지를 그대로 적용하면, 위 사건에서 피의자는 실질적 피압수자가 아니어서 참여권을 보장하지 않았더라도 ①, ②를 위법하게 수집한 증거라고 보기 어려울 것이다.

그러나 이 사건 PC가 피의자가 X 대학 강사로 재직하면서 대학에서 제공받은 개인용 PC이고, 위 PC가 수사기관에 임의제출되기 2일 전[77]까지 피의자가 사용하던 것이나, 위와 같은 범죄사실이 발각되자 피의자가 사직하면서 개인 연구실에 두고 간 것을 A가 임의제출하게 된 것이라면 어떠한가?[78] 위 PC는 명시적으로 피의자의

---

76) 동양대 강사 휴게실 PC 임의제출 사건(대법원 2022. 1. 27. 선고 2021도11170 판결)의 사례를 변형한 것이다.

77) 판례는 피의자가 분실한 휴대폰을 2일 후 피해자가 경찰에 임의제출한 사건에서, 압수 · 수색과 인접한 시점에 현실적으로 휴대폰을 지배 · 관리한 사람은 피해자가 아니고 피의자라고 보았다. 대법원 2023. 12. 14. 선고 2020도1669 판결.

78) 대학은 엑셀 등 컴퓨터 프로그램의 사용권을 프로그램 제작사로부터 단체 계약을 통해 취득하기 때문에 교수들에게 교내에서 사용할 개인용 PC를 제공하더라도 그 소유권을 교수에게 이전하지 않고 사용권만 주는 경우가 대부분이어서 교수가 퇴직할 경우 해당 PC를 반납해야 경우가 많다.

의사에 의하여 X 대학 측에 반납된 것도 아니고 임의제출 시점과 근접한 시기까지 피의자가 위 PC의 현실적 지배·관리도 하였으며, 위 PC 안에 저장된 전자정보도 임의제출 직전까지 피의자가 전속적 관리처분권을 가지고 있었던 것이라고 할 수 있다. 이러한 경우라면, 위 PC의 압수·수색절차에 있어 실질적 피압수자는 피의자이고, 피의자의 참여권을 보장하여야 한다고 볼 수 있지 않을까? 위와 같은 사안에서 피의자의 참여권을 보장하지 않더라도 신속하게 ② 아동성착취물 제작에 관여한 공범들의 인적 사항 및 주소록, 공모들과 주고받은 메시지 등을 확보하여 공범에 대한 수사를 진행해야 하지 아닐까? 만일, 피의자가 즉시 참여하지 않고 수사 지연을 의도하면서 참여시기를 늦춘다면 과연 그러한 피의자의 참여권까지 보장하여야 하는 것일까?[79][80]

한편, 피의자가 퇴사한 후 다른 강사 B가 임의제출 2일 전까지 약 1년 동안 위 PC를 사용하다가 퇴사하였고, 직원 A가 피의자가 사용한 적이 있는 PC라는 이유로 임의제출한 것이면 어떠한가? 이 경우 임의제출의 인접 시점까지 현실적으로 위 PC를 지배·관리하였던 B도 실질적 피압수자로 보아 B에게 참여의 기회를 부여하여야 하는 것일까? 2022도7453 전원합의체 판결 반대의견의 입장이라면, 무관증거의 압수·수색로 인하여 사생활의 비밀 등 기본권을 침해당할 우려가 있는 사람은 B이므로, B까지 실질적 피압수자로 볼 수 있다. 그러나 과연 이 사안에서 B를 실질적 피압수자로 보아 참여권을 보장하여야 하는 것일까? 피의자가 과거에 사용하였고 피의자가 생성한 전자정보가 저장되어 있는 PC를 제3자가 제출한 경우, 수사기관은 누구를 실질적 피압수자로 보아 참여의 기회를 부여하여야 하는 것인지 판례가 제시한 법리만으로 판단하기 쉽지 않다.

---

79) 피의자가 고의로 참여의 시기를 늦춘다는 점이 확인되고, 위 PC에 공범자들의 연락처 등까지 저장되어 있다는 것을 수사기관이 알았다면, 형사소송법 제122조 단서 '급속을 요하는 때'에 해당한다고 보아 피의자의 참여 없이 탐색, 선별 등의 절차를 진행할 수 있을 것이다. 그러나 일단, 이 사건 PC에 저장된 전자정보의 내용을 확인하지 않은 상태에서 피의자가 참여의 시기를 늦춘다는 것만으로 급속을 요한다고 단정하여 참여권을 배제하기는 어려울 것이다.

80) 우리 형사소송법은 피압수자가 압수·수색절차에 협력할 의무를 따로 규정하지 않고 있어서 피의자측이 의도적으로 참여의 시기를 지연시키는 경우, 이를 제재할 방법이 없다. 소재환·이선화, 앞의 논문, 356면.

(3) 증거은닉범이 본범 소유의 하드디스크 임의제출 경우

1) 구체적 사례[81)]

피의자 甲은 乙과 함께 피해자 D를 살해하기로 마음먹고 태블릿 PC를 이용하여 살인 방법을 검색한 후, 텔레그램으로 乙과 구체적인 일시, 장소, 시체 처리 방법 등을 논의하였고, 결국 乙이 D를 칼로 찔러 살해하였다. 甲은 위 살인사건 수사가 진행되자, 위 태블릿 PC를 丙에게 주면서 '수사가 끝날 때까지 보관하여 달라'고 부탁하였다. 乙은 도망하였고 甲이 먼저 살인죄로 구속되어 수사를 받으면서 甲은 '乙이 D를 살해한 것이고 나는 살인에 개입하지 않았다'라고 주장하였다. 한편, 丙은 甲으로부터 위 PC를 교부받아 보관하던 중 자신에 대한 증거은닉 혐의사실에 대한 수사가 진행되자 11일 만에 이를 수사기관에 임의제출하면서 PC의 탐색, 복제 등의 절차에 참여하지 않겠다고 하였다. 수사기관은 甲에게 위 PC의 탐색, 복제 등의 절차에서 참여권을 보장하지 않았다. 위 태블릿 PC 및 그 안에 저장된 전자정보는 증거능력이 있는가?

2) 검토

대법원 2022도7453 전원합의체 판결 다수의견의 법리를 그대로 적용한다면, 위 사건에서도 실질적 피압수자는 증거은닉범 丙이고, 증거은닉의 본범 甲은 실질적 피압수자가 아니기 때문에 甲의 참여권을 보장하지 않았다고 하더라도 위 태블릿 PC 등에 대한 압수·수색절차는 적법하다. 그러나 반대의견에 의하면, 피의자 甲이 실질적 피압수자인바, 甲에게 참여권을 보장하지 않은 이상 압수·수색은 위법하고, 위 전자정보는 증거능력은 인정되지 않는다.

만일, 위 사례가 보이스피싱과 같은 조직범죄이고, 甲과 다른 공범들이 함께 위 PC를 사용하였던 것이라면, 반대의견의 입장에서 복수의 공범들을 모두 실질적 피압수자라고 보아 참여권을 보장하여야 할까?

위 사례와 같이 대법관들마저 실질적 피압수자를 누구로 볼 것인지 의견이 첨예하게 대립할 수밖에 없는 사안의 경우, 수사기관이 압수·수색현장에서 신속하게 참여권자를 확정하여 참여권을 보장하는 것은 사실상 불가능에 가깝다. 더 나아가

81) 증거은닉범의 하드디스크 임의제출 사건(대법원 2023. 9. 18. 선고 2022도7453 전원합의체 판결)에서 죄명, 범죄사실 등을 변형한 것이다.

실질적 피압수자라고 볼 수 있는 사람이 여러 명인 경우 이들을 모두 압수·수색절차에 참여시켜야 한다면 수사절차의 신속성은 보장되기 어렵고 그 과정에서 디지털 증거는 얼마든지 삭제될 수 있다. 이러한 경우에 대하여서 우리 형사소송법 및 판례는 아무런 해답을 제시하지 않고 있다.

Ⅳ. 결론

1. 현재까지의 상황

2020년 N번방, 박사방 등 텔레그램을 이용한 성착취 사건(이하, 'N번방 사건 등'이라고 함)이 발생한 이후, 디지털 성범죄에 대하여 엄벌이 필요하다는 사회적 합의에 따라 청소년성보호법 등이 개정되었다. 특히, 청소년성보호법에서는 과도한 수사권한 허용으로 남용의 우려가 있다는 논란에도 불구하고, '신분비공개수사, 신분위장수사'[82] 가 도입되었다. 그리고 불과 3년만에 2024. 4. '서울대 N번방' 사건[83] 으로 불리는 딥페이크(deep fake) 성착취 사건이 발생하자, 이를 강력하게 처벌하여야 한다는 여론에 응답하듯 관련 법률안이 쏟아져 나왔다.[84] 그리고 2024. 11. 28. 불법촬영과 관련된 범죄수익 등의 필요적 몰수·추징(안 제15조의3 신설), 수사기관의 정보통신서비스 제공자 등에 대한 촬영물 등에 대한 삭제·차단 요청권(안

82) 2021. 3. 23. 일부 개정된 청소년성보호법(법률 제17972호, 2021. 9. 24. 시행) 제25조의2에서 제25조의9까지에서, 아동·청소년 대상 디지털 성범죄의 수사특례로 신분을 비공개하고 범죄현장 또는 범인으로 추정되는 자들에게 접근하여 범죄행위의 증거 및 자료 등을 수집하는 '신분비공개수사' 및 부득이한 경우에 신분을 위장하기 위한 문서 등의 작성 변경 또는 행사를 허용하는 '신분위장수사' 등 특례를 마련하였다.

83) '서울대 N번방' 사건이란, 서울대 졸업생들이 2021. 7.경부터 2024. 4.경까지 서울대 동문 등 여성 60여명의 사진을 무단으로 합성해 딥페이크 성착취물을 제작·유포한 사건으로, 2024. 10. 30. 서울중앙지방법원은 이례적으로 검찰 구형 그대로, 위 사건의 주범 박모씨에 대하여 아동·청소년의 성보호에 관한 법률 위반(성 착취물 제작·배포 등)죄 등으로 징역 10년, 공범 강모씨에 대하여 성폭력 범죄의 처벌 등에 관한 특례법 위반(허위영상물 편집 등)등으로 징역 4년을 선고하였다. 김경민 기자, 2024. 10. 30.자, 주간조선, "서울대 딥페이크 사건 주범에 검찰 구형 그대로 선고한 법원", https://weekly.chosun.com/news/articleView.html?idxno=37944

84) 2024. 9.말경부터 10. 2.까지 국회 의안정보시스템에 총 29개의 딥페이크 관련 주요 법률개정안이 발의되었다. 고나린 기자, 2024. 9. 2.자 한겨레, 쏟아지는 '딥페이크' 법안…"불법합성물 범죄 아우를 새 법 필요", "수사·지원 실효성 확보 절실", https://www.hani.co.kr/arti/society/society_general/1156594.html

제23조의2 신설)' 등을 내용으로 하는 성폭력처벌법 개정안이 여야 만장일치로 국회 본회의 통과하였다.[85)]

그동안 사회의 이목을 끄는 사건이 발생할 때마다 입법부는 해당 범죄의 법정형을 상향시키거나, 새로운 수사기법 또는 권한을 창설하는 법률을 제정 또는 개정하여 왔다. 위와 같은 법률이 실효성을 발휘하기 위해서는 수사기관이 적법절차에 따라 신속하게 범인을 검거하고 증거를 확보하여 유죄가 선고될 수 있는 형사사법시스템을 구축하는 것이 선행되어야 한다. 그러나 현실은 디지털 증거 압수·수색절차와 관련된 형사소송법은 아날로그 환경에 기반한 그대로 두고, 대법원 판례 역시 압수·수색절차에 명확한 기준을 제시하고 있지 못하고 있다. 이러한 상황에 대한 개선 없이 수사기관에게 기본권 침해 가능성이 높은 '신분비공개수사', '위장수사'의 권한을 부여하고, 범죄의 법정형만 상향시키는 것은 수사과정에서 기본권 침해의 위험성은 높이고 절차 규정의 부재로 인한 위법수사의 가능성은 활짝 열어둔 것이어서 범죄에 대한 엄중한 처벌이라는 제도의 취지를 실현시킬 수 없는 모순적인 결과를 초래할 수밖에 없다.

다행히 UN이 지난 5년간 정보통신기술의 범죄적 사용을 방지하기 위한 국제협약을 마련하기 위하여 노력한 결과, 2024. 8. 8. 사이버범죄 방지 협약 초안(Draft United Nations convention against cybercrime)을 타결하였다.[86)] 위 협약은 디지털 증거 수집 절차와 관련하여, '보관된 전자정보의 신속한 보전(협약 초안 제25조)[87)] 및 트래픽 데이터의 신속한 보전 및 부분 공개(협약 초안 제26조)[88)] 등 규정을 통해서 디지털 증거의 증거보전, 온라인 압수·수색, 역외 압수·수색 등을 법제화할 것을 의무화하고 있다.[89)] 아직 완성본이 아니지만, 위 협약이 유엔 총회에서 공식적으로 채택되면, 우리 정부도 서명 및 비준 절차를 거쳐 관련 내용에 대하여 이행입법을 마련하는 것이 필요하고,[90)] 디지털 증거의 증거보전제도를 도입하는 등 디

85) 국회의안정보시스템, 의안번호(2205962), https://likms.assembly.go.kr/bill/billDetail.do?billId=PRC_V2K4W1T1T2P6R1I8Y2Q6Q1W8U5P0U1

86) 2024. 8. 9.자 외교부 보도자료, "유엔 사이버범죄 방지 협약안 만장일치로 타결", https://www.mofa.go.kr/www/brd/m_4080/view.do?seq=375284

87) Article 25. Expedited preservation of stored electronic data

88) Article 26. Expedited preservation and partial disclosure of traffic data

89) UN 사이버범죄 방지 협약 초안(Draft United Nations convention against cybercrime)https://undocs.org/Home/Mobile?FinalSymbol=A%2FAC.291%2FL.15&Language=E&DeviceType=Desktop&LangRequested=False,

지털 증거 압수·수색과 관련한 법률 전반에 대한 개정 작업이 있을 것으로 예상된다. 이번 기회에 정보저장매체의 압수·수색절차와 관련하여, 대법원 판례를 그대로 무비판적으로 입법화할 것이 아니라, 사생활의 비밀 등 기본권 침해를 최소화하면서도 수사기관이 현장에서 참여권자를 명확히 알 수 있고 실현 가능한 절차가 입법화되기를 기대하며 아래와 같은 개선방안을 제안해 본다.

2. 개선방안

형사소송법 제정 이후 현재까지 수사상황은 크게 변해왔다. 특히, 주된 압수·수색의 대상이 유체물에서 정보저장매체에 저장된 디지털 정보로 바뀐 것이 가장 큰 변화라고 할 수 있는바, 디지털 증거의 압수·수색절차를 정함에 있어 입법자의 의사를 어떻게 볼 것인가라는 원론적인 문제에 집착할 것이 아니라 오늘날 수사 현실에 맞게 규정할 필요가 있다.[91] 특히, 임의제출된 정보저장매체의 압수·수색절차의 경우, 그 규정이 사실상 존재하지 않는다고 볼 수 있는바, 아래와 같은 점을 참고하여 절차 규정을 마련할 필요가 있다.

첫째, 정보저장매체 자체의 압수절차와 그 안에 저장된 디지털 정보의 압수·수색절차를 구분하여 규정할 필요가 있다. 특히, 디지털 증거분석의 대부분을 차지하는 스마트폰과 같은 모바일기기의 경우 수사실무상 영장에 의한 압수인 경우에도 압수·수색현장에서 바로 관련 증거만 선별하여 사본하기 어렵고 그 자체를 압수하거나 현장에서 전체를 이미징한 후 수사기관에서 탐색, 선별 등의 절차를 거치는 것이 일반적인바, 정보저장매체의 압수와 그 안에 저장된 전자정보의 탐색 등을 통한 압수·수색을 구분하여 참여권자 등을 정할 필요가 있다.

둘째, 수사기관이 정보저장매체를 임의제출받은 경우 제출자에게 정보의 복제, 탐색, 선별 등 과정에 참여할 수 있음을 고지하고,[92] 이를 확인할 수 있는 서면을

---

90) 2024. 9. 21.자, 보안뉴스, [주말판] UN 사이버 범죄 관련 협약서 초안, 어떤 내용 담겨 있나, https://m.boannews.com/html/detail.html?idx=132037

91) 공판단계에서의 임의제출물 압수는 형사소송법 제108조에서, 수사단계에서의 임의제출물 등의 압수는 제218조에서 각각 규정하고 있는바 지금의 편제를 그대로 두더라도 영장에 의한 압수·수색절차를 수사단계에서의 임의제출물 압수에서도 적용하려면, 그 규정을 새롭게 마련할 필요가 있다.

92) 같은 취지로, 박정난, “임의제출된 휴대폰 내 전자정보의 압수범위 및 피압수자의 참여권 보장 –대법원 2021. 11. 18. 선고 2016도348 판결 –”, 「법조」, 통권 752호(법조협회, 2022), 381면.

작성하도록 하여 법률에 무지한 피의자가 참여권을 포기한 것으로 간주되지 않도록 할 필요가 있다.[93] 소유자가 아닌 제3자가 수사기관에 정보저장매체를 임의제출하는 경우 해당 정보저장매체의 취득 경위, 제출이유, 제출범위[94] 등을 명시하도록 하고, 정보저장매체 소유자의 동의 없이 제출하는 이유, 제출자에 대한 불법촬영물 등과 같이 그 소유자에게 알리지 않고 긴급히 확보하여야 할 증거가 있는지 여부 등을 기재하도록 할 필요가 있다.

셋째, 정보저장매체의 소유자가 아닌 사람이 이를 임의제출한 경우 그 소유자 또는 저장된 전자정보 전반에 전속적인 관리처분권을 가진 사람에게도 참여의 기회를 부여할 필요가 있다. 다만, 이때에도 소유자 등이 참여를 고의적으로 지연하거나, 참여로 인하여 증거인멸 및 은닉, 증거위변조의 우려가 있거나, 공범 도주가 우려되는 경우, 복수의 참여권자가 있는 경우 등 참여권 행사를 제한할 수 있는 사유를 명확히 할 필요가 있다.[95] 그리고 참여를 배제하는 경우, 정보저장매체의 탐색, 선별 및 압수 과정을 영상 녹화하도록 하여 절차의 투명성 및 공정성 확보, 무관증거 압수금지 원칙 등이 지켜질 수 있도록 할 필요가 있다.

넷째, 디지털 성범죄와 같이 저장된 정보 자체가 범행의 증거이자 결과물로서 몰수의 대상이거나 피의자 등이 삭제하는 등의 방법으로 증거인멸의 가능성이 농후하나, 삭제하면 복구가 어려워 긴급한 압수가 필요한 경우가 있다. 예를 들어, 정보저장매체에 저장된 증거의 적법한 탐색 과정에서 우연히 별건 디지털 성범죄 증거를 발견한 경우, 사전영장 발부 없이 피압수자의 참여하에 별건 증거를 적법하게

---

93) 같은 취지의 고지의무를 부여하자는 견해도 있다. 탁희성 외 4인, 앞의 보고서, 349－350면.

94) 경찰청 훈령(제1103호) 범죄수사규칙 제142조에 의하면, 임의제출 물건을 압수할 때, 제출자에게 임의제출의 취지 및 이유를 적은 [별지 제62호 서식]의 임의제출서를 받도록 되어 있다. 그러나 [별지 제62호 서식]을 보면, 제출자의 성명, 직업, 주민등록번호, 직업, 연락처, 주거를 기재하도록 되어 있고, "본인은 다음 물건을 임의로 제출하며, 물건의 제출을 거부할 수 있고 특정한 범위를 정하여 제출할 수 있음을 사전에 고지받았음을 확인합니다. 사건처리 후에는 처분의견란 기재와 같이 처분하여 주시기 바랍니다"라는 문구가 부동문자로 기재되어 있을 뿐, 제출자에게 임의제출의 취지, 이유를 직접 기재하도록 하는 란이 없다. 따라서 제출자에게 임의제출의 취지, 이유 및 임의제출의 범위를 직접 기재하도록 하도록 임의제출서 양식을 개선할 필요가 있고, 이러한 내용을 법령에 명시하여 명확히 할 필요가 있다.

95) 입법자가 피의자에게 압수·수색절차에서의 참여권을 인정하여 형사소송법 제219조, 제121조를 그대로 두더라도, 수사의 밀행성 보장, 피의자가 피압수자가 아닌 경우 등 피의자 아닌 제3자의 개인정보보호 등을 위해서 피의자의 참여권을 제한할 수 있는 사유를 구체화할 필요가 있다.

압수한 다음 사후에 영장을 발부받을 수 있도록 하는 긴급압수·수색제도를 도입할 필요가 있다. 형사사법절차에서의 전자문서 이용 등에 관한 법률[법률 제18485호, 약칭 '형사절차전자문서법'」등이 제정·시행되어 우리나라도 2026. 9. 28. 이후에는 전자정보에 대한 압수·수색의 경우 전자영장으로 영장을 전송하는 방법으로 집행할 수 있게 될 것이고, 영장을 발부받아 집행하는 시간을 단축할 수 있을 것이다.[96] 그러나 그전까지는 우연히 별건 증거를 발견하여 긴급히 압수할 필요가 있는 경우 사전압수·수색영장을 발부받아 집행할 때까지 상당한 시간이 소요될 수밖에 없고, 그 기간 동안 피의자 등에 의하여 정보저장매체 내 정보가 삭제될 가능성이 없지 않은바, 이러한 점을 해결할 수 있는 제도적 장치가 필요하다.[97]

---

96) 2021. 10. 19. 제정된「형사사법절차에서의 전자문서 이용 등에 관한 법률(약칭: 형사절차전자문서법), 법률 제18485호」이 2024. 10. 20.부터 시행되어 형사소송의 전자화가 가능해졌다. 다만, 전자영장의 집행은 아직 허용되지 않고, 형사절차전자문서 시행규칙(대법원 규칙 제3164호) [별표 제5] 영장등의 집행에 관한 특례에 그 시행 시점을 달리 정하고 있다. 위 [별표5]에 의하면, 전자영장의 집행은 2025. 6. 9.부터 전자영장을 출력한 서면을 제시하는 방법으로, 2025. 10. 10.부터 전자영장을 현출한 화면을 이용하여 제시하는 방법으로, 2026. 9. 28.부터 전자정보를 대상으로 영장 등을 전송하는 방법으로 집행할 수 있다.

97) 현행 법제 하에서는 디지털 성범죄 사건으로 정보저장매체를 압수하여 증거분석하는 과정에 별건 디지털 성범죄가 증거가 발견된 경우, 수사기관은 일단 탐색을 중단한 후 영장을 발부받아 다시 피압수자를 참여하게 한 다음 별건 증거를 압수하여야 한다. 그러나 압수·수색영장 청구시부터 집행시까지 약 1－2일 이상이 소요되기 때문에 피의자가 체포 또는 구속된 상태가 아니라면 수사기관은 피의자를 돌려보낸 후 영장을 발부받고, 다시 수사기관에 오게 하여 참여의 기회를 부여 하여야 하는데 그 시간 동안 얼마든지 관련 증거를 삭제할 수 있다.

【참고문헌】

단행본

이주원, 「형사소송법」, 제6판(박영사, 2024)

이창현, 「형사소송법, 제9판(정독, 2023)

박병민 · 서용성, 「디지털 증거의 압수 · 수색 개선방안에 관한 연구 – 법률 개정에 관한 논의를 중심으로 –」, 사법정책연구원(2021)

탁희성 외 3인, 「디지털 증거 압수 · 수색절차 개선에 관한 연구」, 한국형사법무정책연구원(2023)

경찰청, 「2023 경찰통계연보」

논문

김혜경, "영장주의의 본질을 기초로 한 전자정보 압수 · 수색의 참여권의 범위", 「연세법학」, 제35호(연세법학회, 2020.)

노신정, "전자정보에 대한 압수 · 수색의 참여권, 실질적 피압수자의 개념의 등장과 흐름 – 대법원 2023. 9. 18. 선고 2022도7453 판례과 관련하여 –", 「아주법학」 제17권 제4호(아주대학교 법학연구소, 2024)

박정난, "임의제출된 휴대폰 내 전자정보의 압수범위 및 피압수자의 참여권 보장– 대법원 2021. 11. 18. 선고 2016도348 판결 –", 「법조」, 통권 752호(법조협회, 2022).

박중욱, "전자정보의 압수 · 수색과 피의자의 참여권 –대법원 입장의 비판적 수용 및독일 논의의 참고 –", 「형사정책연구」, 제34권 제1호(한국형사정책연구원, 2023.)

소재환 · 이선화, "디지털 증거 압수 · 수색 시 참여권자 관련 실무상 문제 –대법원의 '실질적 피압수자' 법리 중심으로 –", 「형사법의 신동향」, 통권 제77호(대검찰청, 2022.)

이관희 · 이상진, "디지털 증거 압수 · 수색에서 피의자의 참여권 보장 법리에 대한 비판적 고찰", 「형사정책연구」, 제34권 제3호(한국형사정책연구원, 2023.)

이정민, "디지털 증거 수집과 위법수집증거배제법칙 적용 –일본의 위법수집증거배제법칙 논의를 참고하여－”, 「형사소송 이론과 실무」, 제16권 제1호(한국형사소송법학회, 2024.)

이창현, “정보저장매체 임의제출 후 집행과정의 참여권 보장과 증거능력 － 대법원 2023.9.18. 선고 2022도7453 전원합의체 판결 －”, 「형사소송 이론과 실무」 제15권 제4호(한국형사소송법학회, 2023)

전치홍, “대법원의 참여권 법리에 대한 비판적 검토 －대법원 2021. 11. 18. 선고 2016도348 전원합의체 판결을 중심으로 －”, 「형사소송 이론과 실무」 제14권 제1호(한국형사소송법학회, 2022.)

조은별, “디지털 증거의 압수·수색에 대한 참여권의 보장”, 박사학위 논문, 서울대학교(2021. 8.).

최문수, “압수·수색 참여권 관련 최근 판례의 동향－실질적 피압수자 법리의 의미와 요건을 중심으로－”, 「사법」, 제65호(사법발전재단, 2023).

최창욱, 정유미, 「국내외 언론이 바라본 딥페이크 기술」, 디지털콘텐츠학회논문지 제23호(디지털콘텐츠학회, 2022),

【국문초록】

인터넷 및 정보통신기술의 발전, 스마트폰 등 디지털 기기의 상용화로 일반인의 일상뿐만 아니라 범죄의 증거까지 디지털 형식으로 기록되는 디지털 사회이지만, 형사소송법은 2011. 7. 18. 제106조 제3항에 전자정보의 압수와 관련하여‘선별적 사본 압수, 예외적 매체 압수원칙’을 도입한 것 이외에 아날로그 시대에 제정된 형사소송법 그대로이다. 디지털 사회에 맞지 않는 형사소송법을 그대로 방치한 입법 부작위 상태에서, 대법원은 디지털 증거 압수 · 수색에 관한 절차를 형성하는 판례를 선고하여, 사실상 판례를 통한 입법행위를 하고 있다.

대법원은 피해자가 피의자 소유의 휴대폰을 임의제출한 사건(2016도348 전원합의체 판결)에서, 정보저장매체를 임의제출 받아 압수한 경우에도 영장에 의한 압수 · 수색과 마찬가지로 형사소송법 제219조, 제106조 제3항의‘선별적 사본 압수, 예외적 저장매체 자체 또는 전부 복제본 압수 원칙’이 준수되어야 하고, 형식적 피압수자 이외에‘실질적 피압수자’에 대하여도 형사소송법 제219조, 제121조에 따른 ‘참여권 보장 원칙’ 등이 적용되어야 한다는 법리를 최초로 설시하였다.

그러나 ‘실질적 피압수자’라는 개념은 형사소송법 규정에 없는 것으로, 그 범위가 명확하지 않다. 위 판결 이후 정보저장매체의 압수 · 수색에서 ‘실질적 피압수자’의 범위를 어떻게 보아야 하는지에 관하여 법원 내에서도 의견이 일치하지 않고 있어, 수사기관이 압수 · 수색절차에서의 참여권자를 판단하는 것은 더욱 어려워졌는바, 명확한 입법이 필요하다.

이 글에서는 ‘임의제출된 정보저장매체 압수 · 수색절차에서의 참여권’과 관련한 근거 규정 및 그 해석, 최근 대법원 판례의 문제점에 대하여 살펴보고, 개선방안을 논의하였다.

◈ 주제어 : 임의제출, 정보저장매체, 전자정보, 압수·수색, 참여권, 형사소송법 제218조

【Abstract】

Right to participate in the seizure and search of voluntarily submitted information storage media

Lee, Soon－ok*

The development of Internet technology and the commercialization of digital devices such as smartphones have led to a digital society in which not only the daily lives of ordinary people but also evidence of crimes are recorded in digital form. However, the Criminal Procedure Code remains the same as the Code enacted in the analog era, except for introducing the 'selective copy seizure and exceptional media seizure rules' in Article 106(3) on 18 July 2011 about the seizure of electronic information. Without legislative action to adapt the Criminal Procedure Code to the digital society, the Supreme Court has handed down precedents that shape the procedures for seizing and searching digital evidence, effectively legislating through precedent.

In the case of a victim's voluntary submission of a mobile phone belonging to a suspect (2016 No. 348), the Supreme Court first established the legal principle that the 'principle of guaranteeing the right to participate' under Article 219 and Article 121 of the Criminal Procedure Act must be applied to 'substantive seizure' in addition to 'formal seizure'. However, the concept of 'actual seizure' is not defined in the Criminal Procedure Code, its scope is ambiguous. Since the judgment in 2016 (348), there has been a lack of consensus among the courts as to the meaning and scope of 'actual seized person' in the seizure and search of information storage media, making it more difficult for investigative agencies to determine who has the right to participate in the seizure and search process, and clarifying legislation is needed.

---

* Professor, School of Law, Chung－Ang University

In this article, we examine the provisions underlying the Right to Participate in the Seizure and Search of Voluntarily Submitted Information Storage Media, their interpretation, and the problems with recent Supreme Court precedents, and discuss ways to improve them.

◈ Key words : voluntary submission, data storage medium, electronic information, search & seizure, right for presence, article 218 of the Criminal Procedure Act

한국형사소송법학회『형사소송 이론과 실무』
제16권 제4호 (2024.12) 67~93면.
Theories and Practices of Criminal Procedure Vol. 16 No. 4 (December. 2024) pp. 67-93.
10.34222/kdps.2024.16.4.67

공소취소의 이유와 재기소 제한
– 대법원 2024. 8. 29. 선고 2020도16827 판결 –

권 창 국*

목 차

사실관계

피고인은 주식회사 ○의 대표이사인 피해자를 기망하여 6회에 걸쳐 총 52억 5천만원을 교부받아 편취한 사실로 기소되었다(이하 선행사건). 이 사건 제1심 공판준비기일 중 변호인은 피고인의 무죄를 항변하면서, 공소장 기재 공소사실과 관련하여 공소장일본주의 위반을 지적하여 공소기각판결의 선고를 주장하였다(공소장에는 공소사실과 함께 각주 형식으로 이를 입증하기 위한 증거와 그 내용이 13회에 인용, 기재되었다). 이에 검사는 이들 각주를 삭제하고 공소사실의 내용 일부를 수정하는 공소장변경을 신청하였으나 변호인은 **공소장일본주의 위반으로 이미 발생한 법원의 예단으로 인한 하자는 공소장변경절차를 통해 치유될 수 없고 '공소취소 내지 재기소'하여야 한다는 취지의 이의를 제기**하였다. 그러나 법원은 공소장변경을 허가하고 공판기일을 일괄 지정하면서 공판준비기일을 종결하였다. 그런데 이후 **검사가 그 이유를 기재하지 않은 채 공소사실 전부를 취소하는 공소취소장을 제출하자 법**

* 전주대학교 사회과학대학 경찰학과 교수, 법학박사

원은 제1회 공판기일에서 공소기각결정을 고지하였다. 검사, 피고인 모두 즉시항고 하지 않아 이 결정은 그대로 확정되었다.[1]

법원의 위 공소기각결정 확정 후, 검사는 추가 참고인조사 등을 거쳐 한 달여 뒤에 선행사건과 거의 동일한 내용의 공소사실로 피고인을 재기소하였다. 이에 대하여 제1심 법원은 형사소송법 제329조를 위반을 이유로 공소기각판결을 선고하였다.[2]

제1심 공판절차에서 검사는 공소취소 후 재기소를 제한하는 **동조는 증거불충분으로 공소를 취소한 경우에만 적용**되는데, 선행사건은 공소취소에 따라 증거조사가 전혀 이루어지지 않은 채로 공판절차가 종결되었을 뿐만 아니라(따라서 재기소 차제가 다른 중요한 증거에 해당할 수 있음), 공소취소 후의 수사로 다른 중요한 증거가 있는 이 사건은 동조의 제한과 무관함을 주장하였다. 그러나 제1심 법원은 ① **공소취소의 이유에 아무런 제한을 두지 않고 동조도 공소취소의 이유와 관계없이 범죄사실에 대한 다른 중요한 증거를 발견한 것으로 재기소 요건을 제한하는데, 이와 같은 문언의 의미를 넘어 피고인에게 불이익하게 확장, 축소해석할 수 없으며,** 공소취소 후 ② **재기소로 인한 법적 안정성의 훼손과 인권침해로부터 피고인을 보호할 필요성은 증거불충분 이외의 사유로 공소를 취소하는 예에서도 동일**할 뿐만 아니라 입법연혁 등에서 살펴보더라도 동일하게 이해될 수 있고, ③ **공소취소 시 이유를 밝히지 않거나 복수의 이유가 경합하는 사례에서 야기될 수 있는 모호성,** 아울러 사안에서 볼 수 있듯이 ④ **공소장일본주의 위반에 의하여 공소기각판결로 절차가 종결되더라도 이후 하자를 치유하여 재기소가 가능하여 같은 의도로 이루어진 공소취소 후 재기소를 달리 해석할 실익의 부재,** 그리고 재기소 요건인 다른 중요한 증거는 공소취소 전 법원이 아닌 검사가 가지고 있던 증거 이외의 것으로(증거의 신규성), 동 증거가 추가됨으로써 유죄의 확신을 가질 수 있는 정도(증거의 중요성)의 증거를 의미하는 점에서, 재기소 자체를 다른 중요한 증거로 볼 수 없음은 물론 보완수사로 획득된 증거도 그 실질은 공소취소 전 검사가 가지고 있던 증거에 해당한다고 하여 검사의 주장을 배척하였고 이에 검사가 항소하였다.

항소심은 유죄의 심증을 갖기에 충분한 증거를 갖추었으나 소송절차 상의 흠결을 보완하기 위하여 공소를 취소하고 재기소하는 예에서도 다른 중요한 증거의 발

---

1) 서울중앙지방법원 2018. 6. 4. 자 2017고합1285 결정.

2) 서울중앙지방법원 2019. 5. 24. 선고 2018고합675 판결.

견을 요구하여 재기소를 제한하는 것은 피고인의 인권이나 방어권 보장과 무관하고 오히려 피고인이 부당하게 처벌을 면할 수 있다는 검사의 주장도 경청할 가치가 있지만, **증거불충분으로 공소를 취소하는 예로 동조의 적용범위를 제한하여야 한다는 검사의 주장이 사실적, 법리적 타당성을 얻기 위하여는 공소취소의 이유가 명확히 확인될 수 있어야** 함에도 ㉠ **사안에서 검사가 공소취소의 이유를 명시하지 않았을 뿐만 아니라**, 공소장일본주의 위반의 하자를 치유하기 위한 공소취소로 그 이유가 추론되는 정황이 있지만, ㉡ **피고인이 일관되게 무죄를 주장하여 사실관계를 다투고, 공소취소 후 재기소전까지 한 달여의 기간 보강수사가 이루어짐으로써 소송절차 상의 흠결을 치유하기 위한 것이라기 보다는 오히려 증거불충분을 이유로 한 공소취소로 추정**될 수도 있고, ㉢ **선행사건의 제1심 법원이 공소장변경을 허가하고 이후 심리를 계속 진행하려 하였던 점에서 검사의 공소취소를 예측하기 어려웠을 것으로 판단되는 점**, 나아가 공소취소의 방식과 절차를 미준수함으로써 발생하게 되는 책임은 오로지 검사에게 있음을 고려할 때, 검사의 주장은 근거가 빈약하여 결과적으로 공소취소 후 재기소 요건을 갖추지 못한 것으로 볼 수 있어 원심의 판단을 정당하다고 보아 검사의 항소를 기각하였다.[3] 이에 검사가 상고하였다.

판결요지 : 상고기각

「형사소송법 제329조는 "공소취소에 의한 공소기각의 결정이 **확정된 때에는 공소취소 후 그 범죄사실에 대한 다른 중요한 증거를 발견한 경우에 한하여 다시 공소를 제기할 수 있다."라고 규정하고 있다. 공소취소 후 재기소는 헌법 제13조 제1항 후문 '거듭처벌금지의 원칙'의 정신에 따라 불안정한 지위에 놓이게 될 수 있는 피고인의 인권과 법적 안정성을 보장한다는 관점에서 엄격하게 해석해야 한다. 따라서 '다른 중요한 증거를 발견한 경우'란 공소취소 전에 가지고 있던 증거 이외의 증거로서 공소취소 전의 증거만으로서는 증거불충분으로 무죄가 선고될 가능성이 있으나 새로 발견된 증거를 추가하면 충분히 유죄의 확신을 가지게 될 정도의 증거가 있는 경우를 말하고, 공소취소 전에 충분히 수집 또는 조사하여 제출할 수 있었던 증거들은 새로 발견된 증거에 해당한다고 보기 어렵다.」

3) 서울고등법원 2020. 11. 19. 선고 2019노1408 판결.

Ⅰ. 들어가는 말

형사소송법은 제정 시부터 검사가 협의의 불기소처분 외에 자신의 재량으로 기소를 유예할 수 있는 기소편의주의와 함께 그 논리적 연장으로 이해되는 기소변경주의를 채택하고 있다. 즉, 검사는 제1심 판결선고 전이라는 시간적 제약이 있지만 어떠한 이유든 이를 명시하여 공소를 취소할 수 있고(법 제255조), 이에 대한 법원의 형식재판으로 공판절차를 종결시킬 수 있다(법 제328조 ①항 1호). 공소의 취소는 검사 스스로 불필요하고 상당치 못한 공소를 철회하여 형식재판으로 절차종결함으로써 피고인을 신속히 절차 밖으로 이탈시켜 형벌권의 위협을 받는 피고인의 인권을 보호할 수 있는 효과를 지향하지만, 일사부재리효가 수반되지 않는 형식재판으로 피고인은 재기소 가능성에 노출되어 오히려 법적 안정성이 훼손되거나 부당하게 방어권이 제약될 수도 있다. 이러한 우려는 검사가 예상되는 무죄판결을 회피하고 차후 재기소하려는 의도로 공소를 취소하는 예에서 심각하다. 이러한 우려를 해소하고자 입법론으로는 재기소를 일률적으로 금지할 수도 있지만, 형사소송법은 공소의 취소 후 다른 중요한 증거가 발견된 것을 요구하여 재기소를 제한하는 방식을 규정하고 있다(법 제329조).

대상판례는 공소취소 후 재기소에서 야기될 수 있는 우려가 현실이 된 사례로 표면적으로는 기존 판례와[4] 같이 문제를 해결하고 있지만, **공소취소 시 그 이유를 명시하여야 하는가**, 나아가 **공소의 취소이유에 따라 법 제329조의 재기소 제한요건을 달리 해석, 적용할 수 있는가**에 대한 판례의 시각을 간접적으로 추론해 볼 수 있는 점에서 주목할 만한 가치를 갖는다.

대상판례의 하급심이 지적하듯, 판례실무는 **특별히 이유를 밝히지 않아도 공소의 취소는 유효한 것으로 판단**하고 **그대로 공소기각결정을 고지**하는 실무 관행을 정착시키고 있다. 학설도 이러한 실무 관행을 문제 삼지 않는 듯하다.[5] 공소취소의

---

4) 대법원 1977.12.27. 선고 77도1308 판결, "공소취소에 의한 공소기각의 결정이 확정된 때에는, 공소취소 후 그 범죄사실에 대한 다른 중요한 증거를 발견한 경우에 한하여 다시 공소를 제기 할 수 있다고 규정하고 있고, 여기서 말하는 '다른 중요한 증거가 발견된 경우'라 함은 공소취소전에 검찰관이 가지고 있던 증거 이외의 증거로서, 공소취소전의 증거만으로서는 증거불충분으로 무죄가 선고될 가능성이 있으나 새로 발견된 증거를 추가하면 충분히 유죄의 확신을 가지게 될 정도의 증거라 할 것인바..."

5) 김희옥, "공소의 취소", 『월간고시』 제18권 제7호, 법지사, 1991. 7, 41면.

이유를 제한하지 않는 법 제255조의 문언 그리고 공소취소의 실무 사례가 많지 않은 점 등이 그 이유로 생각된다.[6] 실제로 통계자료가 공소취소결정의 사유를 구분하지 않아 명확하지 않지만 대략 제1심 형사공판사건 처리인원의 7~8%가 공소기각결정으로 처리되는 점에서 공소취소는 극히 제한적으로 추정된다.[7] 즉, 기소변경주의를 선언한 형사소송법과 달리 **실무는 오히려 기소불변경주의에 근접**한다고 하겠다.

공소취소는 기소유예와 함께 검사가 재량으로 불필요, 불상당한 공소제기를 철회함으로써 신속재판을 도모하고 피고인의 정당한 이익을 보호하는 것에 그 의의가 있음은 명확하다. 그러나 대상판례에서 볼 수 있듯이, 실무에서 이러한 공소취소의 제도적 의의가 정확히 실현되지는 못하고 있다. 즉, 법 제255조는 검사의 공소취소 시기를 제1심 판결선고 전으로 제약과 동시에 그 이유를 명시하도록 하여 무분별한 공소취소를 제한하지만, 판례실무는 이를 무력화시키고 있다. 이러한 판례실무에 따르면 피고인의 성공적인 방어활동으로 무죄판결이 명확히 예상되는 사례에서도 검사가 공소를 취소한다면 피고인은 무죄판결을 얻을 수 없다. 이를 방어권이 충실히 보장된 공정한 재판으로 생각하기 어렵다.

대상판례를 계기로 생각해 볼 수 있는 이러한 문제점과 관련하여, 법 제255조와 제329조의 입법연혁 등을 통해 공소취소의 기능, 특히 **기소재량의 다른 면인 기소변경주의를 제한하고자 한 제1심 판결선고 전이라는 시간적 제약과 공소취소의 이유기재가 갖는 의미**, 그리고 **이에 의하여 현재 판례실무와 달리 법원이 보다 적극적으로 공소취소를 제한할 수 있는지 여부**를 이하에서 살펴보고자 한다.

---

6) 정웅석 등, 『신형사소송법』(제2판), (박영사, 2023), 378면.

7) 2023년 제1심 형사공판사건 처리인원 총 230,927명 중 공소기각결정을 받은 인원은 1,735명(약 7.5%)에 해당한다. 『사법연감』, (법원행정처, 2023), 1096면. https://www.scourt.go.kr/portal/justicesta/JusticestaListAction.work?gubun=10(2024. 12. 16); 2022년 일본 검찰통계에서 공소취소로 처리된 인원은 총 31명으로 상세 이유별로 혐의불충분(0명), 혐의없음(1명), 죄안됨(0명), 형사미성년(0명), 심신상실(2명), 친고죄 등에서 고소, 고발이 없거나 취소된 경우(0명), 확정판결, 사면, 형의 폐지나 면제(1명), 공소시효완성(0명), 피고인의 사망(피고인인 법인의 소멸포함, 10명), 소재불명(7명), 기타(10명)으로 확인된다. https://www.e-stat.g1o.jp/dbview?sid=0003274112(2024. 12. 16).

Ⅱ. 공소취소의 의의와 기능, 입법연혁 등에 대한 검토

1. 기소변경주의와 공소취소

공소취소는 검사가 공소제기를 철회하는 소송행위로 동일한 공소사실의 전부를 철회하는 점에서 그 일부만 철회하는 공소장변경절차에서 공소사실의 철회와 구별된다.[8)]

공소취소를 규정한 법 제255조는 기소편의주의의 논리적 귀결로서 형사소송법이 기소변경주의를 선언한 것으로 이해함이 일반적이다. 검사는 공소제기 전 형법 제51조가 정한 사항을 고려하여 기소유예의 불기소처분을 할 수 있는 것처럼, 공소제기 후 발생한 사정변화를 고려하여 불기소처분이 상당한 때에는 공소를 취소할 수 있다는 것이다. 다만, 공소취소의 사유가 공소제기 후 기소유예 사유가 발생한 경우에 한정되는 것은 아니고 소송조건의 결여, 증거불충분 등의 사유로도 얼마든지 공소를 취소할 수 있고 문언과 달리 취소이유를 기재하지 않아도 공소취소는 유효하다고 한다.[9)] 불분명하지만 일반적으로 법 제255조 문언이 공소취소의 이유를 한정하지 않은 점을 그 이유로 추정한다. 그 결과, 제1심 판결선고 전이라는 시기적 제약을[10)] 제외하면, 검사는 아무런 제한없이 공소를 취소할 수 있다. 물론 공소취

8) 대법원 1992. 4. 24. 선고 91도1438 판결, "공소장변경의 방식에 의한 공소사실의 철회는 공소사실의 동일성이 인정되는 범위 내의 일부 공소사실에 한하여 가능한 것이므로, 공소장에 기재된 수개의 공소사실이 서로 동일성이 없고 실체적 경합관계에 있는 경우에 그 일부를 소추대상에서 철회하려면 공소장변경의 방식에 의할 것이 아니라 공소의 일부 취소절차에 의하여야 하며, 또한 실체적 경합관계에 있는 수개의 공소사실 중 어느 한 공소사실을 전부 철회하는 검찰관의 공판정에서의 구두에 의한 공소장변경신청이 있는 경우 이것이 그 부분의 공소를 취소하는 취지가 명백하다면 비록 공소취소신청이라는 형식을 갖추지 아니하였더라도 이를 공소취소로 보아 공소기각결정을 하여야 할 것이다."

9) 이재상 외, 『형사소송법』(제14판), (박영사, 2022), 306－307면; 이주원, 『형사소송법』(제5판), (박영사, 2022), 273면.

10) 공소취소 시기를 제1심 판결선고 전으로 제한한 것은 ㉠ 법원의 판단을 무위화하는 것을 바람직하지 않고, ㉡ 항소 및 상고심에서 상소취소가 공소취소를 대신할 수 있기 때문으로, 논리적으로 ㉢ 재심, 파기환송 및 이송 후 제1심의 판결선고 전에도 공소를 취소할 수 없다고 하겠다. 이재상 외, 앞의 책, 307면; 반면, 불필요, 불상당한 공소를 검사 스스로 철회하여 조속히 절차배제로 피고인의 권리를 보호한다는 공소취소의 취지를 고려하면, 재심을 제외한 파기환송 및 이송 후 제1심 판결선고 전에도 공소를 취소할 수 있다. 松尾浩也 外, 『條解 刑事訴訟法』(第4版增補版), (弘文堂, 2018), 524면. 일본 판례실무도 동일하다. 名古屋地決昭和63

소 후 다른 중요한 증거의 발견을 요구하여 재기소를 제한하는 법 제329조로 인하여 검사는 공소취소를 신중히 결정하여야 하지만, 동 규정은 재기소에 대한 것일 뿐, 공소를 취소하는 검사의 재량을 직접 제한하는 규정은 아니다.

이처럼 공소취소의 이유를 제한하지 않는 기존 판례실무나 반론없이 이를 수용하는 다수견해는 타당한가? 다음과 같은 이유로 동의하기 어렵다.

㉠ 공소취소는 법원의 공소기각결정이란 의사표시에 의하여 그 소송법적 효과가 발생하는 취효적(효과요구적) 소송행위다.[11] 다른 소송행위와 같이 취효적 소송행위도 일정한 가치판단과정을 거쳐 소송법적 효과가 부여되는데, 법원은 검사의 공소취소라는 소송행위가 적법할 뿐만 아니라 타당한 이유가 갖추어졌다고 판단하는 때에 공소기각결정을 선고하여 소송법적 효과를 부여한다. 그렇다면 **취소이유가 기재되지 않는 등으로 이를 명확히 파악될 수 없거나 기재된 이유가 타당하지 않다면, 법원은 공소기각결정을 고지하지 않아야 한다.**[12]

이와 달리, 법 제255조가 특별히 이유를 열거하지 않기 때문에 그 이유를 밝히지 않은 공소취소도 적법, 유효하여 곧바로 법원이 공소기각결정을 할 수 있다는 설명은 소송행위로서 공소취소를 여효적(효과부여적) 소송행위로 볼 때 도출될 수 있는 결론이다. ㉡ **공소취소의 이유를 구체적으로 열거하지 않은 법 제255조는 사후적으로 불필요하거나 불합리한 공소제기로 인식될 수 있는 사례의 다양성을 고려하여 검사가 합리적 재량을 발휘하도록 한 취지**일 뿐으로, 제1심 판결선고 전의 시기적 제약과 함께 공소취소의 이유를 기재하도록 분명히 규정하고 있다. 이들 요건은 법원이 공소취소 시 검사의 재량을 견제하도록 입법자가 고안한 장치다. 불분명한 이유로 이를 무력화시키는 것은 옳지 않다.

또한 ㉢ 재정신청 범위의 확장 등 여러 입법적 장치는 물론 제한된 요건이지만 공소권남용론 등을 판례가 수용함으로써,[13] **공소제기 단계에서 검사의 재량을 제**

·6·11判時1312号153頁 등

11) 신동운, 『신형사소송법』(제3판), (법문사, 2005), 747면.

12) 구두에 의한 공소취소를 허용하지 않는 일본 刑事訴訟規則 제168조에 따라 서면에 의하지 않은 공소취소를 무효로 판단한 예로, 高松高判昭和30·5·7高裁特2巻10号456頁.

13) 대법원 2021. 3. 11. 선고 2020도12583 판결, "검사가 자의적으로 공소권을 행사하여 피고인에게 실질적인 불이익을 줌으로써 소추재량권을 현저히 일탈하였다고 보이는 경우에는 이를 공소권의 남용으로 보아 공소제기의 효력을 부인할 수 있다. 그러나 여기에서 자의적인 공소권의 행사라 함은 단순히 직무상의 과실에 의한 것만으로는 부족하고 적어도 미필적이나마 어떤 의도가 있어야 한다."

한하는 것과 비교할 때, 법 제329조에 따라 재기소를 제하는 것과 별개로 아무런 제한없이 공소취소를 허용하는 판례실무와 다수견해의 태도에 동의하기 어렵다. 조속한 절차배제로 피고인을 보호하고 소송경제 확보라는 메리트에도 불구하고 구체적 사례에 따라서는 피고인의 방어활동을 무위로 돌리고, 이후 재기소의 위험에 장시간 노출시키는 것은 입법자가 법 제255조에 기대한 결과가 아니다.

2. 입법연혁 등에서 본 공소취소의 이유

대상판례의 제1심은 법 제255조 및 제329조의 입법연혁 등을 검토하여 **공소취소의 이유를 제한하지 않고, 그 이유와 관계없이 공소취소 후 다른 중요한 증거의 발견을 요구하여 재기소를 예외적으로 허용함으로써 공소취소 시 검사의 재량을 제한하는 것이 우리 입법자의 의사**라고 판시한다.

법 제255조의 공소취소는 연혁적으로 1922년 개정된 일본 大正刑事訴訟法(旧刑訴法) 제292조에서 유래한다. 일본 治罪法은 기소법정주의를 명시하지 않았지만, 이에 영향을 준 프랑스 치죄법이 기소법정주의를 취함으로써 기소법정주의는 자연스럽게 당시 통설로 정착되고, 이후 明治刑事訴訟法(旧々刑訴法)에서도 유지되었다. 이에 따라 明治刑事訴訟法은 기소불변경주의를 채택하여 검사의 공소취소를 허용하지 않았다. 그러나 1855년 수형인원 급증에 따른 국가재정부담의 경감을 목적으로 司法卿의 徵罪不檢擧 훈령에 따라 처음에는 경미범죄에 한하여 실무 관행으로 기소편의주의적 취급이 이루어지고 이후 그 적용대상이 확대되는데,[14] 이를 배경으로 1895년경부터 공소취소의 채택이 논의되기 시작하였다.

1898년 刑事訴訟法 개정초안 제183조는 '公訴ハ之ヲ取消スコトヲ得'라고 하여 특별한 제한없이 검사가 공소를 취소할 수 있도록 규정하였는데, 1901년 法典調査会가 작성한 개정안 제197조는 '公訴ハ第一審ノ辯論開始ニ至ルマテ之ヲ取消スコト得'라고 규정하여 시기적 제한을 처음 두게 되었다. 이러한 규정형식은 1903년의 개정안 제202조에서도 유지되었지만, 1916년 개정안에 이르러서는 위의 1989년 개정 초안과 같이 아무런 제한 없이 검사가 공소를 취소할 수 있도록 환원되었다.

이러한 공소취소의 도입을 찬성하는 견해는 먼저 ㉠ 이론적으로 刑事訴訟法이

---

14) 青木孝之, "檢察官調書の史的考察", 『琉大法學』 第80号, (琉球大学文理学部法政学科, 2008), 171－173面頁; 鈴木茂嗣, 『刑事訴訟法』(改訂版), (青林書院, 1990), 100면.

명시적으로 기소편의주의를 규정하지 않았지만(1916년 개정된 大正刑事訴訟法 제284조가 기소편의주의를 명문화) 이미 실무에 안착한 기소편의주의를 배경으로, 검사에게 처분권을 인정한 이상 공소제기 후에도 같은 권한을 부여함이 논리 일관하고, ㉡ 실무적으로는 刑法에 선고유예제도가 없을 뿐만 아니라 기소유예와 달리 집행유예는 피고인이 유죄판결을 피할 수 없고, 만일 공소취소제도가 없다면, 공소제기 후 기소유예 상당의 사정이 발견된 예에서 기소유예와의 형평성을 결여할 수 있음을 고려할 때, 공소취소는 결과적으로 피고인에게 유리한 처분으로 기능하게 된다는 점을 주된 논거로 들었다.

반면, 당시 정치적 사건에서 검사의 불기소처분이 악용된 사례로 인하여 법조일반에서 기소편의주의에 대한 경계심이 높아지면서 공소취소의 전단적 운용을 우려하여 반대견해가 강력히 제기되었다. 이를 의식한 일본정부는 1921년 개정 준비초안 제294조에서 '公訴ハ豫審終結決定又ハ第一審ノ判決アル迄 之ヲ取消スコト得 公訴ノ取消ハ理由ヲ記載シタル書面ヲ以テ之ヲ爲スベシ'로 규정하여, 공소취소는 그 이유를 기재하여 서면으로 함과 동시에 시기적 제약을 부활시키게 된다. 즉, 사법의 위신을 확보하고자 판결 후 공소취소가 불가능하도록 시기적 제약을 부활시키면서, 동시에 **검사의 전단적 공소취소를 견제하기 위하여 공소취소는 그 이유를 기재한 서면에 의하도록 형식면에서 제약을 가한 것**으로,[15] 결국 이 안이 1922년 개정된 大正刑事訴訟法 제292조로 명문화되었다.

한편, 공소취소 후 재기소와 관련한 법 제329조는 전후 제정된 현행 일본 刑事訴訟法 제340조에서 그 원형을 찾아볼 수 있다. 전전 旧刑訴法은 공소취소 후 재기소를 허용하지 않았는데,[16] 1947년 일본정부가 연합군사령부에 제출한 刑事訴訟法案은 예심절차의 폐지에 따라 제229조에서 '公訴は第一審判決があるまでこれを取り消することができる'라고 공소취소를 규정하면서, 이유를 기재한 서면의 요건은 형사소송규칙에 조문화하고,[17] 제290조에서 '公訴の取消による公訴棄却の決定が確定したときは' 公訴の取消後犯罪事実につきあらたな證據を發見した場合に限り, 同一事件につき更に 公訴を提起することができる'고 하여 재기소를 허용하였

15) 平沼騏一郎, "刑事訴訟法改正案の要旨(五完)", 『法學協会雜誌』 第35巻 第6号, (忠愛社), 1925, 85면.

16) 旧刑訴法 264条 左ノ場合ニ於テハ判決ヲ以テ公訴ヲ棄却スヘシ 三 公訴ノ取消ニ因リ公訴棄却ノ決定アリタル事件ニ付更ニ公訴ヲ提起シタルトキ

17) 刑事訴訟規則 第168条 公訴の取消は、理由を記載した書面でこれをしなければならない。

다. 전후 수사활동에 대한 제약의 강화로 발생할 수 있는 무죄판결을 감수할 수밖에 없는 불합리한 사정을 회피하여 차후 공소제기를 허용할 필요가 있다는 취지에서[18] 재기소를 허용하는 일본 정부안에 연합군사령부는 '중요한'이란 문언을 추가하여 '새롭게 중요한 증거를 발견한 경우~'로 재기소 요건을 강화한 수정안을 제시하였고, 이것이 그대로 현행 일본 刑事訴訟法 제340조가 되었다.

공소취소 후 재기소의 허용으로 공소취소는 검사에게 유리한 처분으로 그 성격이 변경되었다고 할 수 있다. 재기소가 허용되지 않는다면, 공소취소는 형벌권 내지는 형식적 소권과 더불어 실체적 소권의 소멸로 해석되어 확실히 피고인에게 유리한 처분이 되고, 검사는 공소취소를 매우 신중히 결정할 수밖에 없기 때문이다. 그러나 재기소가 허용되지 않더라도 공소취소가 피고인에게 유리한 처분될 수 있는 경우는 일반적으로 공판 초기에 한정된다. 공판절차가 어느 정도 진행된 때는 오히려 피고인에게 불리하게 작용할 수도 있다. 앞서 언급한 것처럼, 피고인에게 무죄판결이 명확히 예상되는 예에서 검사가 공소를 취소한다면, 피고인의 방어활동은 무위로 돌려질 수밖에 없다.[19] 또한 재기소의 제한으로 공소취소 시 검사의 재량이 간접적으로 견제될 수 있지만 이것은 어디까지나 재기소를 제한하는 것일 뿐 공소취소를 제한하는 것은 아니고,[20] 무죄판결을 회피하고자 증거불충분을 이유로 한 공소를 취소하는 사례에서 나타나는 문제점은 제한없이 이루어지는 공소취소에서 비롯되는 것이지 재기소의 허용에서 직접 비롯되는 것도 아니다.

결국 공소취소 후 재기소 요건을 제한하는 것과 별개로, 공소취소 시 검사의 재량을 억제할 필요가 있고 입법연혁에서도 공소제기 시 제1심 판결선고 전이라는 시기적 제한과 함께 이유를 기재한 서면에 의하도록 절차적, 형식적 제한은 이와 관련하여 중요한 의미를 갖는다고 하겠다. 그렇다면, 이제 검토를 요하는 문제는

18) 宮下明義, 『新刑事訴訟法逐条解說Ⅱ』, (司法警察研究會公安発行所, 1949), 164－165면; 田口守一 "證據紛失に基づく公訴取消の問題点", 『法律時報』 第63巻 第9号, (日本評論社, 1991. 8), 23－24면.

19) 기소유예처분과의 균형 상, 공소제기 후 기소유예상당의 사유가 발견된 때에 한하여 검사가 공소를 취소할 수 있고, 이후 새롭게 중요한 증거가 발견을 이유로한 재기소는 이중위험금지원칙에 반하지 않는다는 견해로 渥美東洋, 『刑事訴訟法』(全訂第2版), (有斐閣, 2009), 412면; 이중위험금지원칙에 따라 상당 정도 심리가 진행된 경우라면 공소취소 후 재기소가 금지되어야 한다는 견해로, 田宮裕, 『刑事訴訟法』(新版), (有斐閣, 2001), 451면.

20) 指宿信, "公訴取消の再生". 「鹿児島大学法学論集」 第29巻 1·2合併号, (鹿児島大学法文学部, 1994), 210－212면.

어떠한 이유로 공소가 취소될 수 있는가 즉, '**공소취소 이유의 한계**'이다.

Ⅲ. 공소취소 이유의 한계

1. 공소취소 이유의 한계에 대한 제 견해의 검토

법 제255조는 공소취소 시 제1심 판결선고 전의 '시기'와[21] 함께 취소의 '이유'를 명시하도록 규정하고 있다. 대상판례도 동일하지만 기존 판례는 법 제255조가 이유를 한정하지 않기 때문에 형식적으로 제1심 판결선고 전이라면,[22] 검사는 무제한적으로 공소를 취소할 수 있다고 해석하고 다수견해도 특별한 이견을 제기하지 않고 있다. 하지만 결심에 근접하여 특별한 이유없이 검사가 공소를 취소하는 것은 단순히 피고인의 방어권에 대한 침해만이 아니라 재판의 공정성에도 중대한 의문을 야기할 수 있다.[23] 그렇다면 '제1심 판결선고 전'이라는 공소취소 시기도 문언 그대로가 아닌 취소이유에 따른 더 구체화된 해석이 필요한데, 이점에서도 **공소취소의 이유와 그 한계는 기소변경과 관련한 검사의 재량을 제약하고 그 적법성을 담**

---

21) 대법원 2022. 4. 14. 선고 2022도772 판결, "공소취소는 제1심판결 선고 전까지만 가능하므로(형사소송법 제255조 제1항), 항소심으로서는 공소취소로 보아야 하는 검사의 공소장변경신청이 제1심판결 선고 후에 있는 때에는 이를 불허하고 심리를 그대로 진행하여 판단하여야 한다."; 대법원1976. 12. 28.선고76도3203판결, "형사소송법 제255조 제1항에 의하면 공소는 제1심 판결의 선고전까지 취소할 수 있다고 규정되어 있는바 이건 공소사실에 대하여는 이미 오래전에 제1심 판결이 선고되고 동 판결이 확정되어 이에 대한 재심소송절차가 진행중에 있으므로 이 재심절차 중에 있어서의 공소취소는 이를 할 수 없는 것..."

22) 공소취소 시기를 제한하는 이유는 검사의 공소취소에 의하여 법원이 내린 종국판결의 효력이 상실시되는 것을을 방지하기 위한 것으로 설명한다. 신동운, 앞의 주 11)의 책, 749면.

23) 실체심리가 완료되어 무죄로 밝혀진 경우, 소송조건의 흠결운 문제가 되지 않고 무죄선고가 피고인의 이익이 된다는 견해로, 이주원, 앞의 주 9)의 책, 621면; 대법원 2015. 5. 28. 선고 2013도10958 판결, "교통사고처리특례법 제3조 제1항, 제2항 단서, 형법 제268조를 적용하여 공소가 제기된 사건에서, 심리 결과 교통사고처리특례법 제3조 제2항 단서에서 정한 사유가 없고 같은 법 제3조 제2항 본문이나 제4조 제1항 본문의 사유로 공소를 제기할 수 없는 경우에 해당하면 공소기각의 판결을 하는 것이 원칙이다. 그런데 <u>사건의 실체에 관한 심리가 이미 완료되어</u> 교통사고처리특례법 제3조 제2항 단서에서 정한 사유가 없는 것으로 판명되고 달리 피고인이 같은 법 제3조 제1항의 죄를 범하였다고 인정되지 않는 경우, 설령 같은 법 제3조 제2항 본문이나 제4조 제1항 본문의 사유가 있더라도, <u>사실심법원이 피고인의 이익을 위하여</u> 교통사고처리특례법 위반의 <u>공소사실에 대하여 무죄의 실체판결을 선고하였다면, 이를 위법이라고 볼 수는 없다고 할 것</u>이다."

보하는 장치라는 점을 확인할 수 있다.

공소의 취소이유에 어떻게 한계를 설정할 수 있을까? 현재 국내에서 이 문제를 정면에서 언급한 학설을 확인할 수 없는데, 제한된 내용이지만 일본에서 제기된 견해로, **취소이유를 제한할 수 없다는 견해**(비한정설), 반면 해석론을 통해 공소취소 이유를 한정하면서도 **형법 제51조에 제시된 기소유예사유를 기준으로 한다는 견해**(법 제247조 기준설), **공소취소 후 재기소를 제한하는 법 제329조를 기준으로 한다는 견해**(법 제329조 기준설)가 있고, 이들 견해를 기초로 살펴보도록 한다.

첫 번째 **비한정설**은 현재 판례와 다수견해의 시각에 근접한 견해로,[24] 법 제255조가 공소취소 이유를 한정하지 않는 이상, 특별히 제한적으로 해석할 필요가 없다고 한다. 즉, **검사가 상당하다고 판단하는 한**, 기소유예사유는 물론 소송조건의 탈락이나 증거불충분을 이유로도 얼마든지 공소를 취소할 수 있을 뿐만 아니라, 공소취소장에 이유를 기재하지 않아도 소송행위로서 유효하여 법원은 공소기각결정을 고지하여야 한다. 비한정설은 법 제255조의 문리해석으로 부당하다고 할 수 없고, 공소제기 후 기소유예상당 사유의 발견과 무관하게 실무상 공소유지가 불필요하거나 상당하지 못한 사태의 해소에 공소취소의 이유가 집중되는 점과도 상응한다.[25]

그렇지만 입법연혁에서 공소취소는 기소편의주의로부터 유래한 점을 고려할 때, 기소유예사유를 정한 법 제247조와의 균형을 상실한 것으로 볼 수 있고, 공판절차의 진행 과정과 피고인의 방어권을 고려하면 기소유예 시보다 더욱 신중하고 제한적인 재량행사가 요구됨에도 이를 무시한 것일 뿐만 아니라 취효적 소송행위로서 공소취소 이유에 중대한 하자가 있다면, 법원이 그 소송법적 효과에 일정한 제약을 가할 필요를 간과한 것이고, 공소취소 후 재기소를 광범위하게 허용한다면, 유죄입

24) 이재상 외, 앞의 주 9)의 책, 306면; 이주원, 앞의 책, 273면; 일본의 다수견해, 판례실무도 동일하다. 池田修·前田雅英, 『刑事訴訟法』(第七版), (東京大学出版会, 2022), 220면; 寺崎嘉博, 『刑事訴訟法』(第3版), (成文堂, 2013), 289頁; 安富潔, 『刑事訴訟法講義』(第4版), (慶應醫塾大学出版会, 2017), 171면; 田口守一, 앞의 주 18)의 논문, 23면; 공소취소 이유에 특별한 제약이 없다는 취지의 일본판례로, 札幌地決昭和40·12·16下刑集7卷12号2300頁.

25) 공소취소 사유에 아무런 제한이 없다고 하면서도, 실체적 진실을 추구하는 형사절차의 본질에 비추어 민사소송에서의 소 취하와 같은 처분적 권한을 부여하는 것은 바람직하지 않고, 공소취소로 피고인은 무죄판결을 선고받을 기회를 박탈할 수 있으며, 법 제329조에 의하여 재기소 가능성이 남아있어 검사의 자의적 공소권행사가 우려될 수 있다는 견해로, 오명은·김연수, "공소취소와 재기소－기소편의주의와 피고인의 방어권 보호 및 법적 안정성 보장의 조화－", 『인권과 정의』 Vol. 495, (대한변호사협회, 2021. 2), 23－24면.

증 실패에 따른 무죄판결의 일사부재리효를 회피하고자 공소를 취소하고 새롭게 증거를 수집하여 다시 기소할 수 있어 마치 중세 가방면(假放免)에 유사하다는[26] 반론이 제기된다.

두 번째 **법 제247조 기준설**은 기소편의주의와의 논리적 연관과 형사정책적 합목적성에 근거하여 기소 후 기소유예 또는 그에 준하는 사유가 발생한 경우에 한하여 공소를 취소할 수 있다는 견해로 공소취소의 성격을 **공소제기 후의 기소유예처분**으로 파악한다.[27] 이 견해는 형사소송법이 기소 시 그 유예기준을 일정하게 정하고 있는 것과 상반하여 기소 후에 검사에게 무제한의 취소 재량을 인정하는 것은 논리적 일관성을 상실한 것일 뿐만 아니라 공소제기에 따른 피고인의 불이익을 고려할 때도 바람직하지 않고, 과거 大正刑事訴訟法에서 공소의 취소가 명문화하는 과정에서도 취소의 이유로 기소유예사유가 준용되어야 한다는 견해가 있었고 그 타당성은 현재도 유효할 뿐만 아니라, 법 제329조의 재기소 요건은 공소제기 후 기소유예처분을 취소할 수 있을 정도로 중요한 증거가 새롭게 발견된 때로 한정되는 반면, 이중위험금지원칙은 검사에게는 1회의 공정한 소추와 입증기회를 부여, 보장하는 반면 피고인에게는 부당한 재소를 당하지 않는 지위를 보장한다는 상호주의를 내용으로 하는 점에서 증거불충분에 따른 무죄판결을 회피하려는 공소취소 또는 이후의 재기소를 금지할 수 있어 법 제329조의 합헌성을 용이하게 설명할 수 있는 점 등을 근거로 한다.[28]

그러나 공판절차에서 소송외적 사유를 항상 고려할 수 없으며, 피고인의 소재불명, 사망 등으로 공판절차를 정상적으로 진행할 수 없거나 형사재판의 목적을 달성할 수 없는 사례에서도 공소를 취소할 수 없어 소송경제에 반한다는 문제점도 지적된다.

세 번째 **법 제329조 기준설**은 공소취소 후 재기소를 제한하는 동조의 내용을 고려할 때, 사실면에서 증거불충분 여부를 기준으로 공소를 취소할 수 있다는 견해로 앞서 언급한 법 제329조의 입법취지에 기초한다.[29] 이 견해에 따르면 공소취소의

---

26) 白取祐司, 『刑事訴訟法』(第10版), (日本評論社, 2021), 233면.

27) 田口守一, 『刑事訴訟法』(第七版), (弘文堂, 2017), 164－165면; 渥美東洋, 앞의 주 19)의 책, 412－413면.

28) 같은 맥락에서 검사의 기소유예처분 취소 후 기소에도 법 제329조를 준용하여 다른 중요한 증거가 발견되지 않은 경우, 법원은 공소기각판결을 선고하여야 한다. 渥美東洋, 앞의 주 19)의 책, 143면.

이유를 법 제329조의 요건과 충돌하지 않게 설명할 수는 있지만, 법 제255조는 기소편의주의의 논리적 귀결로 공소제기 후에도 이를 실현하기 위한 것이라는 종래 다수견해와 충돌하고, 피고인 보호를 위한 공소취소의 원래 취지와 달리 수사기관에게 편향된 우월적 지위를 인정하여 소송절차에서 당사자 간 균형성을 훼손하게 된다. 또한 법 제329조는 예외적으로 재기소를 허용하는 요건을 정한 규정일 뿐,[30] 공소를 취소할 수 있는 검사의 재량을 직접 규율하는 규정도 아닐 뿐만 아니라, 재기소 여부를 결정하고 공소를 취소하는 것이 아니어서 재기소 요건으로부터 공소취소 이유의 한계를 도출하는 것은 논리적으로도 모순이다. 무엇보다 증거불충분은 사실에 관한 실체문제로 검사는 무죄논고를 하고 법원은 무죄의 실체재판을 하여야지 형식재판사유로 환원시킬 것은 아니다.

이 외에 기존 다수견해와 달리 **파기환송, 이송 후 제1심까지 공소취소시기를 확장하려는 해석론에서 논의가 시작**되어[31] **공소취소를 공소권의 포기로 파악하여 공소취소로 획득, 상실되는 이익 간 비교형량으로 공소취소 이유의 한계를 설정하여야 한다는 견해**(공익기준설)가 있다.[32] 이 견해는 검사의 소추이익 외에 형사재판이 감당하여야 할 양적 부담과 비용, 범인처벌의 형사법적 정의실현 등 제 이익은 공익적 견지에서 충분히 형량, 평가할 수 있음에서 이를 근거로 공소취소 이유의 한계를 설정할 수 있다고 한다. 따라서 공소취소로 충분히 타당한 공익적 요소가 확보될 수 있다면 증거불충분을 포함하여 어떤 이유로도 검사는 공소를 취소할 수 있는데, 여러 견해 가운데 공소취소에서 검사의 재량을 가장 중시하는 입장으로 평가된다.[33] 또한 피고인의 행방불명 등 공판절차의 정상적 진행이 불가능한 상황이라면 파기환송, 이송 후의 제1심이라도 공소를 취소할 수 있지만, 실체심리가 이미 충분히 진행되었다면 제1심 판결선고 전이라도 공소를 취할 수 없다. 이처럼 사례

---

29) 指宿信, 앞의 각주 20)의 논문, 219면.

30) 법 제329조는 공소제기 후 발생한 새로운 사정을 배려하기 위한 형사정책적 기능을 수행한다. 오명은·김연수, 앞의 각주 25)의 논문, 25면.

31) 공갈죄로 기소된 피고인이 제1심에서 무죄판결을 받았지만, 검사의 항소로 이어진 항소심에서 원판결이 파기, 환송되었는데, 파기환송 후 제1심의 1회 공판부터 피고인이 계속 불출석하고 급기야 행방불명되자 검사가 공소를 취소한 사례에서 공소기각결정을 한 첫 번째 일본판례로 千葉地佐倉支決昭和60·3·29判時1148号107頁.

32) 土本武司, "破棄差戻 · 移送事件と公訴の取消", 「法律のひろば」 第37巻 第6号, (法務廳法規課, 1984), 31－45면.

33) 田口守一, 앞의 각주 18)의 논문, 24면.

에 따라 공소취소 이유와 시기의 한계를 종합하여 공소취소의 적법성을 실질적으로 판단할 수 있다.

하지만 '공익'은 추상적 개념으로 공소취소 이유의 한계를 설정하기 위한 기준으로는 불명확하고 공소취소에 관한 법 제255조와 논리적 연장선에 있는 기소편의주의의 법 제247조, 공소취소 후 재기소 요건의 법 제329조에 근거한 앞서 견해들과 달리 검사의 공익 대표성, 객관의무에 관한 일반규정인 검찰청법 제4조에 근거하여 논리적 설득력이 부족하고 판단기준으로 구체성이 결여된 것을 문제점으로 지적할 수 있다.

2. 소결

사실 공소취소의 이유를 제한하려는 시도는 주로 검사가 증거불충분에 따른 무죄판결을 회피하고자 공소를 취소하는 경우, 특히 결심에 근접할 정도로 실체심리가 상당 정도 진행되었음에도 공소를 취소하는 사례에서 비롯된다. 피고인의 성공적 방어활동을 무위로 돌리게 되어 재판의 공정성에 대한 근본적 의문을 야기할 수 있기 때문이다. 따라서 공소취소 이유의 한계에 대한 논의는 이러한 유형의 사례에서 법원이 공소취소를 허용하지 않을 수 있으면서도 소송절차의 진행이 불가능한 등으로 그 유지가 무의미하고 불필요한 공소를 철회할 수 있는 합리적 기준을 제시할 수 있는지로 귀결한다.

이런 점에서 비한정설과 법 제329조 기준설은 적절한 대안이 아니다. 양 견해는 증거불충분을 이유로 한 공소취소를 허용한다. 재기소 요건의 엄격한 제한에도 불구하고 피고인은 적어도 공소시효 도과 시까지 재기소 위험에 노출되며, 무죄판결 등 피고인에게 유리한 결과가 예상되눈 상황에서 기존 방어활동의 성과를 무위로 돌려놓기 때문이다. 또한 제1심 판결선고 전의 시기적 제약 역시 형식적으로 이해하여 공판절차가 결심에 근접한 상황에서도 검사는 공소를 취소할 수 있다. 한편, 법 제247조 기준설에 의하면, 증거불충분은 기소유예 상당의 정상적 사유에 해당하지 않아 법원이 공소취소를 허용하지 않고 무죄의 실체재판을 할 수 있지만, 소추조건이 갖추어지지 않는 등으로 공판절차의 정상적 진행이 불가능한 상황에서 공소를 계속 유지하게 되는데 이는 넌센스가 분명하고, 제1심 판결선고 전이라면 언제든 공소취소가 가능한 점에서도 역시 적절한 선택지가 될 수 없다. 결과적으로 공소취소 이유의 한계를 판단하기 위한 기준으로는 공익기준설이 합리적이다. 구체적 사례에 따라 공소취소의 시간적 한계와 함께 무죄판결을 회피하여 소추이익을 확보하려는 검사의 의도를 견제하면서도 피고인의 방어권 보호, 범인필벌, 소송경제 등 제 이익의 균형점을 찾음으로써 공소취소의 적법성을 담보할 수 있기 때문이다. 또한 공소취소의 이유를 특별히 한정하지 않는 법 제255조 문언과 충돌하지 않는 점도 부가적으로 고려될 수 있다.

Ⅳ. 대상판례의 검토

이상에서 내용에 기초하여 대상판례를 살펴보도록 한다. 첫 번째 ㉠ **공소취소 이유의 한계에 대하여 검토**한다. 대상판례에서 검사는 재기소 이후 공판절차에서 공소장일본주의위반의 하자 해소를 의도한 것으로 주장하지만 선행사건에서 공소를 취소한 이유는 명확하지 않다. 선행사건의 제1심 법원으로서는 이미 공소장변경을 허가함으로써 공소장일본주의 위반의 하자가 치유되어 그 하자 해소를 이유로 한 공소취소는 허용될 수 없다고 판단할 수도 있다. 하지만 변호인이 본격적인 사실심리 진행 전인 공판준비절차에서 공소장일본주의 하자를 다투어 이의를 제기한 점에서[34] 검사는 공소기각판결을 선고받고 이후 재기소하기 보다는 적극적으로 법 제329조의 재기소를 전제로 법원의 예단가능성을 배제하고자 공소취소를 선택할 수 있다. 그렇다면 법원이 이러한 공소취소를 허용하지 않을 이유는 없다.

그러나 대상판례의 사실관계는 다른 측면의 검토도 요구한다. 특별히 실체심리를 포함하여 공판절차의 진행을 불가능하게 하거나 방해하는 요인이 없음에도 검사가 공소를 취소한 점에서 항소심이 지적한 것처럼 무죄판결을 회피하고자 증거불충분을 이유로 공소를 취소한 것으로 해석할 여지도 충분하다. 만일 그렇다면, 선행사건의 제1심 법원으로서는 검사의 공소취소를 불허하고 실체심리를 계속하여 피고

34) 대법원2009. 10. 22.선고2009도7436전원합의체 판결, "공소장일본주의에 위배된 공소제기라고 인정되는 때에는 그 절차가 법률의 규정에 위반하여 무효인 때에 해당하는 것으로 보아 공소기각의 판결을 선고하는 것이 원칙이다(법 제327조 제2호). 그러나 공소장 기재의 방식에 관하여 피고인 측으로부터 아무런 이의가 제기되지 아니하였고 법원 역시 범죄사실의 실체를 파악하는 데 지장이 없다고 판단하여 그대로 공판절차를 진행한 결과 증거조사절차가 마무리되어 법관의 심증형성이 이루어진 단계에서는 소송절차의 동적 안정성 및 소송경제의 이념 등에 비추어 볼 때 이제는 더 이상공소장일본주의위배를 주장하여 이미 진행된 소송절차의 효력을 다툴 수는 없다고 보아야 한다."

인에게 유·무죄의 실체재판을 선고하는 것이 옳다고 생각한다. 기존 공판절차를 유지하여 획득되는 소송경제, 피고인의 보호 등 제 이익이 검사에게 재차 수사와 소추 기회를 부여함으로써 얻는 이익을 상회하기 때문이다.

두 번째 ㉡ **공소취소 절차와 방식에 대하여 검토**한다. 법 제255조는 분명히 공소취소의 이유를 명시하도록 요구한다. 반면 대상판례도 언급하지만 공소취소장에 이유를 전혀 기재하지 않아도 공소취소는 유효하여 법원이 공소기각결정을 고지하는 관행이 이미 실무로 정착하였다. 확실히 법 제255조 문언은 공소취소 이유를 한정하고 있지 않다. 하지만 이 점이 공소취소 시 검사의 재량을 무제한으로 허용하는 근거가 될 수 없고, 이러한 태도는 기소변경주의의 논리적 전제로서 기소편의주의에 대한 기존 판례와도[35] 어울리지 않는다. 또한 취효적 소송행위인 공소취소에 중대한 하자가 있다면, 법원은 그 효과를 당연히 부인하여야 한다. 특히 대상판례의 항소심은 소추조건의 하자를 해소하려는 공소취소 시, 법 제329조가 정한 다른 중요한 증거의 발견이란 요건은 적용되지 않거나 소추조건 흠결의 해소만으로도 동 요건을 갖춘 것으로 판단하여야 한다는 검사의 항소이유에 대하여 그 타당성과 별개로 "**검사가 공소취소를 한 이유가 무엇인지에 관한 사실관계가 피고인과 검사는 물론, 법원에 대하여도 다툼의 여지없이 명확하게 인정될 수 있어야 한다**."고 판시한 것에 주목할 필요가 있다고 본다.

세 번째 ㉢ **공소취소 이유의 한계와 관련하여 대상판례로부터 추론될 수 있는 판단기준**을 검토한다. 대상판례의 항소심과 상고심은 법 제255조의 공소취소 이유를 정면에서 검토하지 않고 법 제329조 요건만으로 사안을 검토한 뒤 제1심의 공소기각판결이 정당하다고 판시하고 있다. 다만, 이유를 기재하지 않은 공소취소장도 유효하다는 기존 실무관행을 간접적으로 추인함으로써 사실상 **비한정설**로 추정된다. 비한정설에 의하면, 법 제255조를 대신하여 재기소를 제한하는 법 제329조에 공소취소와 관련한 검사의 재량을 견제하는 임무를 일임하게 된다. 문제는 법 제

35) 대법원 2017. 8. 23. 선고 2016도5423 판결, "검사는 범죄의 구성요건에 해당하여 형사적 제재를 함이 상당하다고 판단되는 경우에는 공소를 제기할 수 있고 또 형법 제51조의 사항을 참작하여 공소를 제기하지 아니할 수 있는 재량이 있다(형사소송법 제246조, 제247조). 위와 같은 <u>검사의 소추재량은 공익의 대표자인 검사로 하여금 객관적 입장에서 공소의 제기 및 유지 활동을 하게 하는 것이 형사소추의 적정성 및 합리성을 기할 수 있다고 보기 때문이므로 그 스스로 내재적인 한계를 가지는 것</u>이고, 따라서 검사가 자의적으로 공소권을 행사하여 피고인에게 실질적인 불이익을 가함으로써 <u>소추재량을 현저히 일탈하였다고 판단되는 경우에는 이를 공소권의 남용으로 보아 그 공소제기의 효력을 부인할 수</u> 있다."

329조가 이미 결심에 근접하여 증거불충분으로 무죄판결이 명확히 예상되는 사례군에서 재기소를 차단하는 것을 아니라는 점이다. 실무에서 공소취소가 매우 제한적으로 이루어질 뿐만 아니라 재기소되는 사례는 더욱 희소하여 피고인에게 가해질 수 있는 위험은 이론적인 것에 불과하다고 할 수 있지만, 대상판례의 사실관계는 경우에 따라서는 그렇지 않을 수도 있다는 점을 반증한다.

대상판례에서 검사는 항소이유에서 법 제329조는 소추조건의 흠결을 해소하기 위한 공소취소 후 재기소에는 적용되지 않거나, 공소취소 후 소추조건의 흠결해소 자체가 다른 중요한 증거라고 하여 법 제329조 기준설에 근접한 시각을 보여주고 있다. 사실 면에서 증거불충분을 공소취소의 근거로 본다면, 법 제255조와 법 제329조를 종합적으로 이해하기에는 쉽지만 이러한 견해에 따르면, 검사의 기소재량에 근거한 공소취소는 정상 면에 기초하는 기소유예처분과 성격을 달리하게 되는데,[36] 이것은 논리적 모순이다. 또한 법 제329조 기준설에 따라 공소취소 이유의 한계를 설정한다면, 대상판례의 사실관계와 같이 소추조건의 흠결해소를 이유로 한 공소취소는 처음부터 허용될 수도 없다.

결국, 대상판례에서 검사의 공소취소는 허용될 수 없다고 생각된다. 물론 증거불충분에 따른 무죄판결의 회피도 공소취소의 이유가 될 수 있다. 다만, 공소취소의 이익이 충돌하는 여타 이익을 상회할 수 있어야 하는데 대상판례에서는 그렇지 못하다. 선행사건의 제1심 법원이 검사의 공소취소를 허용하지 않고 그대로 실체심리를 진행하여 유·무죄의 실체재판을 하더라도 아무런 문제가 없었고, 이는 재기소 전후 증거관계에서도 분명히 확인된다. 또한 공소취소의 절차적 요건도 갖추지 못했다. 공소취소장에 취소이유를 기재하지 않았을 뿐만 아니라 달리 그 이유를 명확히 확인할 수도 없기 때문에 공소취소의 효과도 인정할 수 없다. 대상판례는 법 제329조로 이 문제를 해결하고 있지만 이는 재기소의 요건을 정한 것일 뿐 공소취소 시 검사의 재량을 직접 견제하기 위한 장치는 아니다.

Ⅴ. 맺음말

외형상 대상판례는 공소취소 후 재기소 된 사안에서 공소취소 이유에 따라 법 제329조의 적용범위가 달라질 수 있는가에 대한 판시에 그치고 있지만, 기존 판례와

36) 高田卓爾, 『刑事訴訟法』(二訂版), (青林書院, 1984), 375면.

달리 공소취소 이유의 한계라는 쟁점을 그 이면에서 포함하고 있다.

기소변경주의는 기소편의주의의 논리적 귀결이고 당사자주의적 소송구조에서 검사의 공소취소는 결코 이질적인 것은 아니다. 또한 불필요하고 불상당한 공소의 효력상실로 피고인을 보호하고 형사재판의 부담경감 등 긍정적 효과도 가져올 수 있다. 그러나 이를 검사의 일방적 재량에 일임하는 것은 바람직하지 않다. 당사자주의적 소송구조를 보다 철저히 한 민사소송에서 판결이 확정될 때까지 소를 취하할 수 있지만 상대방이 본안에 관한 준비서면을 제출하거나 변론준비기일에서 진술 또는 변론을 한 뒤에는 그 동의를 받아야 효력이 발생하고, 종국판결이 있는 뒤에 소 취하하면 같은 소의 제기가 금지되는(민사소송법 제266조 및 제267조) 예와 비교하면 더욱 실감할 수 있다.

비교법적으로 소추자에게 광범위한 재량을 인정하는 영미법에서 공소취소에 해당하는 nolle prosequi(nol pros, 공소철회)과 비교할 때도 역시 같은 문제점을 인식할 수 있다. 영미의 공소철회는 common law의 사인소추제도에서 유래한 것으로 공적 관점에서 소추를 억제할 필요성(피고인에 대한 prosecutorial harassment 방지)에 근거하여 발전하였기 때문에 그 사유에 제한이 없었다. 그러나 '기소 → 공소철회 → 재기소' 등 소추권의 남용으로 지적될 수 있는 문제점이 지적되면서, 현재 연방 및 주 법률에서 ㉠ 검사에게 그 사유를 설명하도록 강제하거나 ㉡ 법원의 허가(judicial approval) 또는 ㉢ 피고인의 동의를 요구하며,[37] 만일 법원이 악의적이고 공소권을 남용한 공소철회로 판단하면, 피고인의 동의에도 불구하고 이를 허용하지 않을 수도 있다.[38] 다만, 철회이유가 재판의 공정성과 공익에 반하지 않는 한 검사는 다양한 사유로 공소를 철회할 수 있다.[39] 한편, 독일 형사소송법은 기소법

---

37) Federal Rule of Criminal Procedure § 48. Dismissal

(a) By the Government. The government may, with leave of court, dismiss an indictment, information, or complaint. The government may not dismiss the prosecution during trial without the defendant 's consent.

38) 이미 주법원에 기소되어 유죄판결이 환정된 사건(강도)이 다시 연방법원에 기소된 사인으로 검사가 동일한 행위에 대한 다중기소를 피하려는 정부정책(Petite Policy: Petite v. United States, 361 U.S. 529(1960) 참조)에 위반한 것을 이유로 공소철회를 신청하자, 법원이 철회이유를 악의적으로 판단, 거부한 것이 문제가 되어 상고된 사례에서, 연방대법원은 공소제기 결정이 아닌 공소철회가 악의적이었는가를 놓고 명백히 공익에 반하는지 여부라는 기준에 따라 판단하여야 하는데, 사례에서 검사의 공소철회는 적법하다고 판시한 예로, Rinaldi v. United States, 434 U.S. 22, 98 S.Ct. 81, 54, L.Ed.2d 207(1977).

39) Wayne R. Lafave, et. al., Criminal Procedure 6th edt., (West Academic Pbulishing, 2017),

정주의에 따라 공소취소를 허용하지 않지만(독일 형사소송법 제152조 및 제156조), 피고인이 다른 범죄행위로 기소되어 형벌, 보안처분을 선고받거나 확정된 상태에서 현재 기소된 범죄사실이 부수적이고 중대하지 않고 앞서 형벌, 보안처분으로 충분한 형벌 및 사회방위효과가 기대될 수 있거나, 사실상 소송절차의 정상적 진행을 기대할 수 없는 때는 검사의 신청으로 법원이 소송절차를 잠정적으로 중단할 수 있도록 규정하고 있다(동법 제154조, Einstellung).[40]

결론적으로, 법 제329조가 일정한 제약을 두고 있지만 광범위하게 재기소를 허용하는 것을 염두에 둔다면, 법원이 구체적 사례에 따라 피고인의 정당한 방어권을 침해하고 재판의 공정성에 근본적 의문을 제기하는 것으로 판단하는 공소취소를 허용하지 않고 실체재판으로 절차는 종결할 필요성이 있다(공익기준설). 이러한 점에서 대상판례가 다수견해와 같이 종래 비한정설에 따라 법 제255조의 해석론을 전개하는 것에 다소 아쉬움이 있지만, 차후 판례의 변화를 기대한다.

---

pp. 860－861.

40) StPO § 154

(1) Die Staatsanwaltschaft kann von der Verfolgung einer Tat absehen,

1. wenn die Strafe oder die Maßregel der Besserung und Sicherung, zu der die Verfolgung führen kann, neben einer Strafe oder Maßregel der Besserung und Sicherung, die gegen den Beschuldigten wegen einer anderen Tat rechtskräftig verhängt worden ist oder die er wegen einer anderen Tat zu erwarten hat, nicht betr ächtlich ins Gewicht fällt oder

2. darüber hinaus, wenn ein Urteil wegen dieser Tat in angemessener Frist nicht zu erwarten ist und wenn eine Strafe oder Maßregel der Besserung und Sicherung, die gegen den Beschuldigten rechtskräftig verhängt worden ist oder die er wegen einer anderen Tat zu erwarten hat, zur Einwirkung auf den Täter und zur Verteidigung der Rechtsordnung ausreichend erscheint.

(2) Ist die öffentliche Klage bereits erhoben, so kann das Gericht auf Antrag der Staatsanwaltschaft das Verfahren in jeder Lage vorläufig einstellen.

【참고문헌】

단행본

신동운, 『신형사소송법』(제3판), (법문사, 2005)
이재상 · 조균석 · 이창온, 『형사소송법』(제14판), (박영사, 2022)
이주원, 『형사소송법』(제5판), (박영사, 2022)
정웅석 · 최창호 · 김한균, 『신형사소송법』(제2판), (박영사, 2023)
『사법연감』, (법원행정처, 2023)

논문

김희옥, "공소의 취소",『월간고시』 제18권 제7호, 법지사, 1991. 7
오명은 · 김연수, "공소취소와 재기소－기소편의주의와 피고인의 방어권 보호 및 법적 안정성 보장의 조화－", 『인권과 정의』 Vol. 495, 대한변호사협회, 2021. 2

해외자료

渥美東洋, 『刑事訴訟法』(全訂 第2版), (有斐閣, 2009)
池田修 · 前田雅英, 『刑事訴訟法』(第七版), (東京大学出版会, 2022)
白取祐司, 『刑事訴訟法』(第10版), (日本評論社, 2021)
鈴木茂嗣, 『刑事訴訟法』(改訂版), (青林書院, 1990)
高田卓爾, 『刑事訴訟法』(二訂版), (青林書院, 1984)
田口守一, 『刑事訴訟法』(第七版), (弘文堂, 2017)
田宮裕, 『刑事訴訟法』(新版), (有斐閣, 2001)
寺崎嘉博, 『刑事訴訟法』(第3版), (成文堂, 2013)
松尾浩也 · 松本時夫 · 土本武司 · 池田修 · 酒巻匡, 『條解 刑事訴訟法』(第4版增補版), (弘文堂, 2018)
宮下明義, 『新刑事訴訟法逐条解說Ⅱ』, (司法警察研究會公安発行所, 1949)
安富潔, 『刑事訴訟法講義』(第4版), (慶應醫塾大学出版会, 2017)
青木孝之, "検察官調書の史的考察", 『琉大法學』 第80号, (琉球大学文理学部法政学科, 2008)

指宿信, "公訴取消の再生". 『鹿児島大学法学論集』 第29巻 1·2合併号, (鹿児島大学法文学部, 1994)

田口守一 "證據紛失に基づく公訴取消の問題点", 『法律時報』 第63巻 第9号, (日本評論社, 1991. 8)

土本武司, "破棄差戻 · 移送事件と公訴の取消", 『法律のひろば』 第37巻 第6号, (法務廳法規課, 1984)

平沼騏一郎, "刑事訴訟法改正案の要旨(五完)", 『法學協会雜誌』 第35巻 第6号, (忠愛社, 1925)

Wayne R. Lafave, et. al., Criminal Procedure 6th edt., (West Academic Publishing, 2017)

【국문초록】

형사소송법 제255조는 제1심 판결선고 전까지 검사가 이유를 기재한 서면이나 공판정에서 구두로 공소를 취소할 수 있도록 규정하고 있다(기소변경주의). 그러나 기존 판례실무는 이유를 전혀 기재하지 않은 공소취소도 유효하여 법원은 공소기각결정을 선고하는 관행을 정착시켜왔고, 다수견해도 이에 특별한 이의를 제기하지 않고 있다. 이러한 판례실무는 법 제255조의 문언에 충실할 지는 모르지만, 증거불충분으로 무죄판결이 예상되는 사례 등에서 자칫 피고인의 방어활동에 따른 성과를 무위로 돌려 재판의 공정성에 심각한 의문을 제기할 수 있다. 또한 법 제329조에 따라 공소취소 후 '다른 중요한 증거가 발견되는 경우'에만 재기소를 허용하여 일정한 제약을 가하고 있지만, 공소취소 후 재차의 수사, 기소를 광범위하게 허용함으로써, 공소취소 후 피고인은 적어도 공소시효가 완성되기까지 불안정한 지위에 있을 수 밖에 없는 문제점을 야기한다.

공소취소 이유의 한계에 대하여 학설에서는, ㉠ 법 제255조 문언에 기초하여 취소이유에 특별한 제한이 없어 증거불충분을 포함하여 어떠한 사유로도 검사를 공소를 취소할 수 있다는 견해(비한정설), ㉡ 기소변경주의는 논리적으로 기소편의주의로부터 유래하는 점에서 기소유예사유를 기준으로 공소취소 이유가 판단되어야 한다는 견해(법 제247조 기준설), ㉢ 공소취소 후 다른 중요한 증거가 발견된 경우에 재기소가 하용되는 점에서 오히려 증거불충분과 같은 실체적 사유만으로 공소취소의 이유가 제한되어야 한다는 견해(법 제329조 기준설)이 제기되어 왔다. 그러나 비한정설과 법 제329조 기준설은 증거불충분을 사유로 한 공소취소 등과 같은 이른바 prosecutorial harassment 사례를 적절히 견제할 수 없어 타당하지 않다. 또한 법 제247조 기준설은 증거불충분을 사유로 한 공소취소는 허용하지 않을 수 있지만, 소송절차의 정상적 진행이 기대될 수 없는 사례의 공소취소까지 허용하지 않는 난점을 갖고 있다. 이에 따라 최근에는 ㉣ 공소취소에 의한 소추이익, 피고인의 방어권 보장, 형사재판에 가해지는 부담경감은 물론 형벌을 통한 형사법적 정의실현과 재판의 공정성 확보 등 제 이익을 형량하여 공소취소로 달성할 수 있는 공익이 우월한 경우로 공소취소 이유가 한정되어야 한다는 견해(공익기준설)도 제시되고 있다.

이 글에서 검토하는 대상판례는 검사가 공소장일본주의위반의 소추조건 상 하자를 해소하고자 공소취소한 뒤, 재기소한 사안에서 공소취소의 구체적 이유가 무엇인가와 관계없이 재기소 요건을 정한 법 제329조는 동일하게 적용될 수밖에 없다하고 검사의 재기소에 대해 공소기각판결을 선고하는데, 외형상 법 제329조에 대한 해석론으로 사안의 쟁점을 해결하지만, 그 이면에 공소취소 이유의 한계라는 쟁점을 내포하여 기존 판례와 차별성을 갖는다. 한편, 대상판례는 여전히 비한정설을 일관하면서도 검사가 앞서 공소취소장에 그 이유를 기재하지 않고, 사실관계에서 오히려 증거불충분으로 인한 무죄판결을 회피하려는 의도가 의심될 수 있는 점에 착안하여, 소추조건의 하자를 해소하고 한 공소취소 후의 재기소에는 법 제329조가 적용되지 않거나, 소추조건의 하자 해소 자체가 동조의 '다른 중요한 증거를 발견한 경우에 해당한다는 주장을 배척하고 있다. 바로 이 점에서 공소취소 이유에 일정한 한계를 긍정하는 동기를 제공하고 있는데, 차후 판례의 변화를 기대해볼 수도 있다고 생각한다.

검사 스스로 불필요, 불상당한 기소를 취소하여 절차를 조기에 종결하는 것은 분명히 소송경제는 물론 피고인의 보호나 공정한 재판에 긍정적으로 기여할 수 있다. 그러나 현재와 같이 공소취소를 검사의 재량에 완전히 일임하는 것은 분명히 문제가 있다. 입법을 통한 개선과 별개로 법원이 법 제255조를 보다 적극적으로 해석하여 공소취소 이유의 한계를 판단하여 견제할 필요가 있다.

◈ 주제어 : 기소편의주의, 기소변경주의, 공소의 취소, 공소취소장, 공소취소의 이유

【Abstract】

Restrictions on Dismissal of Charges and Re-indictment to Cure Defects in Prosecution Requirements
Case Reference: Supreme Court Decision 2024Do16827, rendered on August 29, 2024

Chang Kook Kwon*

Article 255 of the Criminal Procedure Act in Korea allows a prosecutor to withdraw a public prosecution with stated reasons through written documentation or orally in court until the first–instance trial verdict (principle of prosecutorial discretion). However, established judicial practice has evolved to recognize the validity of prosecution withdrawals even when no specific reasons are cited, leading courts to consistently issue a ruling of dismissal. This practice aligns with the literal wording of Article 255, and it has not faced substantial opposition. Yet, this judicial practice, although perhaps faithful to the text of Article 255, raises significant concerns about fairness, particularly in cases where a not–guilty verdict seems likely due to insufficient evidence, as it may nullify the defense's efforts and undermine the trial's fairness. Additionally, although Article 329 imposes some restriction by permitting re–prosecution only if "new significant evidence" is discovered after the withdrawal, the lack of limits on follow–up investigations and re–prosecutions leaves defendants vulnerable and in an uncertain legal status until the statute of limitations expires.

Regarding the limitations on reasons for prosecution withdrawal, academic perspectives vary: ⓐ Based on Article 255's wording, an unrestricted view holds that prosecutors may withdraw a prosecution for any reason, including insufficient evidence (Unrestricted View). ⓑ Some advocate that since the

* Professor, Dept. of Police Science, College of Social Science, Jeonju University, Ph.D. in Law

principle of prosecutorial discretion logically derives from the convenience principle in prosecution, grounds for withdrawal should be assessed based on the criteria of deferred prosecution (Article 247 Standard). ⓒ Another view asserts that, considering Article 329's restrictions on re-prosecution based on new evidence, reasons for withdrawal should be limited to substantive grounds, excluding cases like insufficient evidence (Article 329 Standard). However, the Unrestricted View and Article 329 Standard fail to adequately prevent cases of prosecutorial harassment, such as withdrawals due to insufficient evidence, making them unsound options. The Article 247 Standard may restrict prosecution withdrawals due to insufficient evidence, but it may also unduly limit withdrawals when the normal progress of proceedings cannot be expected. Consequently, a more recent perspective—ⓓ the Public Interest Standard—proposes that reasons for withdrawal should be limited to cases where the public benefit gained, including considerations of prosecutorial efficiency, protection of defendants' rights, alleviating the burden on criminal courts, ensuring justice through penalties, and securing trial fairness, is paramount.

The case examined here involves a prosecutor withdrawing a prosecution to rectify a procedural flaw related to the principle of prosecution based on indictment documents, followed by re-prosecution. In this case, the court ruled that Article 329's re-prosecution criteria applied regardless of the specific reason for the initial withdrawal, issuing a dismissal of the prosecution. On the surface, this decision addresses the issue by interpreting Article 329, but it implicitly involves the issue of limiting prosecution withdrawal reasons, distinguishing itself from prior rulings. Fundamentally, the court adheres to the Unrestricted View yet considers the potential for prosecutorial abuse, where the prosecutor's withdrawal without citing reasons might indicate an intent to avoid an anticipated acquittal due to insufficient evidence. The court's refusal to accept the argument that rectifying the procedural defect or discovering "new significant evidence" justifies re-prosecution after an initial withdrawal suggests a growing judicial openness to setting limits on withdrawal grounds. This case may indicate a potential shift in judicial precedent.

While prosecutorial discretion to cancel unnecessary or inappropriate prosecutions and conclude proceedings early can certainly contribute to procedural efficiency and positively impact fair trials and defendant protection, the current system, which fully delegates prosecution withdrawal to prosecutorial discretion, undeniably has drawbacks. Apart from legislative improvements, it is essential for the judiciary to interpret Article 255 more proactively to set boundaries on the reasons for prosecution withdrawal and ensure a check on prosecutorial discretion.

◈ Key Word: Principle of Prosecutorial Discretion, Principle of Prosecutorial Amendment, Dismissal of Prosecution, Notice of Dismissal of Prosecution, Reasons for Dismissal of Prosecution

한국형사소송법학회『형사소송 이론과 실무』
제16권 제4호 (2024.12) 95~119면.
Theories and Practices of Criminal Procedure Vol. 16 No. 4 (December. 2024) pp. 95-119.
10.34222/kdps.2024.16.4.95

범죄정보 언론보도의 형사법적 의미와 한계*

이 수 진**

목 차

Ⅰ. 서론

수사기관에서 진행하는 포토라인을 통한 공개수사는 국민의 알권리와 피의자의 재범방지 및 범죄예방이라는 우월적 가치를 이유로 정당하게 평가되고 있다. 이러한 '정당화'는 최근 피의자였던 연예인이 수사과정 중 자살한 사건으로 인해 다시 한 번 재조명되면서 그 필요성과 수사기관의 접근방법에 대해 회의적인 의견도 상당히 대두되었다.

해당 사건의 내용을 간략히 정리하면 다음과 같다. 마약의혹을 받은 한 남성 연예인이 비공개 소환을 희망했음에도 불구하고 수사기관은 피의자에게 오히려 손해일 것이라는 입장을 일관하며 미리 약속된 시간에 포토라인에 세우는 형태의 공개 소환 조사를 진행하였다. 특히나 이는 포토라인에 세워 공개소환조사를 하는 것을 원칙적으로 금지하고 있는 경찰 수사공보 규칙[1)]에도 어긋나는 것임에도 강행되었

* 이 논문은 2024년도 동서대학교『Dongseo Frontier Project』지원에 의하여 이루어진 것임
** 동서대학교 경찰학과 교수 / 법학박사(형사법)

1) 경찰수사공보규칙 제4조(수사사건등의 공개금지 원칙) 사건관계인의 명예, 신용, 사생활의 비밀 등 인권을 보호하고 수사내용의 보안을 유지하기 위하여, 수사사건등에 관하여 관련 법령

다. 결국 피의자의 자살사건으로 이어졌고, 수사기관은 해당사건을 피의자 사망으로 인한 공소권 없음으로 마무리 하였다. 구체적인 수사상황과 확인되지 않은 혐의가 실시간으로 보도됨으로 인해 심적 부담감과 압박이 커져 스스로 생을 마감한 것으로 분석되었고, 이에 대한 책임으로부터 수사기관은 벗어나기 힘들었다. 이와 유사한 형태의 피의자 극단적 선택이 적지 않은 횟수로 등장하고 있고,[2] 이에 수사기관에 대한 무능함과 인권에 대한 비상식적 접근이라는 비판은 벗어날 수 없는 꼬리표로 자리매김하게 되었다. 특히 비공개 원칙인 수사 내부보고서가 외부 언론기관에 노출했다는 의혹들이 제기되면서 이 사건 이후 국회에서는 그 실효성 논란이 지속적이었던 피의사실공표죄 개정과 '피의사실 공표금지 청구권'부여에 대한 주장이 있었다.

물론 하나의 범죄사건에 대해 국민의 알 권리 보장 또는 다시 있을 범죄로부터의 안전보장은 국가가 나서서 해야 할 보호조치임은 분명하다. 다만 이를 불필요하게 확장한 경우 무죄추정 원칙의 적용 대상이 되는 피의자에 대한 보호는 도외시 될 수 있다. 유죄확정판결을 받기 전까지 비공개수사를 받고, 함부로 유죄로 치부되어서는 안 되는 것 역시 우리 구성원인 피의자의 권리이기 대문이다. 이러한 논쟁들의 관계에 대한 이해와 해결방안을 모색하기 위해 다음에서는 과연 수사비공개의 원칙을 배제하고 공개를 하여 국민의 알권리 등을 충족하는 경우가 필요한지 그리

과 규칙에 따라 공개가 허용되는 경우를 제외하고는 피의사실, 수사사항 등(이하 "피의사실등"이라고 한다)을 공개하여서는 안 된다.

제5조(예외적인 공개) ① 제4조에도 불구하고, 다음 각 호의 어느 하나에 해당하는 경우에는 수사사건등의 피의사실등을 공개할 수 있다.

1. 범죄유형과 수법을 국민들에게 알려 유사한 범죄의 재발을 방지할 필요가 있는 경우
2. 신속한 범인의 검거 등 인적·물적 증거의 확보를 위하여 국민들에게 정보를 제공받는 등 범죄수사규칙 제101조부터 제103조에 따라 협조를 구할 필요가 있는 경우 (이하 "공개수배"라고 한다)
3. 공공의 안전에 대한 급박한 위험이나 범죄로 인한 피해의 급속한 확산을 방지하기 위하여 대응조치 등을 국민들에게 즉시 알려야 할 필요가 있는 경우
4. 오보 또는 추측성 보도로 인하여 사건관계인의 인권이 침해되거나 수사에 관한 사무에 종사하는 경찰공무원(이하 "수사업무 종사자"라고 한다)의 업무에 지장을 초래할 것이 명백하여 신속·정확하게 사실관계를 바로 잡을 필요가 있는 경우

② 제1항 각 호의 사유로 수사사건 등의 내용을 공개하는 경우에도 피해자와 그 가족의 명예가 손상되거나, 사생활의 비밀 또는 심리적 안정 등이 침해되지 않도록 배려해야 한다.

2) 이러한 조사과정에서 별건 수사와 피의사실공표, 언론의 선정적 보도 때문에 목숨을 잃은 피해자들이 사실 상 100여명이라는 한국형사법무정책연구원 선임연구위원의 발표가 있었다.

고 필요하다면 구체적으로 어떤 요건을 갖춰야 하는지에 대한 논의와 이러한 전제 조건의 충족이 없는 상태에서 특히나 이번 논란 사건에서도 논쟁이 된 기자에게 수사보고서가 유출되는 경우와 같은 피의사실공표죄의 실효성 내지는 가치의 점검을 하고자 한다.

Ⅱ. 수사 비공개 원칙과 피의사실공표죄

수사기관에 의한 수사단계에서의 피의자 신원정보 공개행위는 국민의 알권리, 피의자의 재범방지 및 범죄예방이라는 우월적 가치에 의해 정당화 되고 있다. 그러나 어쨌든 수사는 비공개가 원칙이다.[3] 이를 지켜야하는 주된 주체인 수사기관은 오히려 수사단계 중에도 여러 이유를 들어 수사내용을 공개하고 있다. 흔히 우리가 방송매체를 통해 접하는 사건 내용 발표인 중간수사발표, 공개수배와 특정강력범죄 가중처벌 등에 관한 특례법에 따른 피의자 신상정보 공개 등이 바로 이에 해당한다. 2019년 11월 29일 개정되어 12월 1일 시행된 법무부 훈령「형사사건 공개금지 등에 관한 규정」 제3조 제1항은 "사건관계인의 명예, 사생활 등 인권, 무죄추정의 원칙, 공정한 재판을 받을 권리, 국민의 알권리, 수사의 효율성 및 공정성이 균형을 이루도록 적용되어야 하고, 국민의 알권리 등을 이유로 사건 관계인의 인권이 부당하게 침해되지 않도록 유의해야 한다."고 규정하고 있으며, 동규정 제6조는 "공소제기 후의 형사사건에 대하여는 국민들에게 알릴 필요가 있는 경우 공개할 수 있다. 다만 피고인의 공정한 재판을 받을 권리를 침해하지 않도록 유의해야 한다."고 규정하고 있다. 피의사실이나 피고사실의 공개 및 공표가 당사자의 인권 그리고 공정한 재판을 받을 권리와 밀접하게 관련되어 있음을 명시한 것임을 알 수 있다.

이와 관련하여 형법 제126조는 "검찰, 경찰 기타 범죄수사에 관한 직무를 행하는 자 또는 이를 감독하거나 보조하는 자가 그 직무를 행함에 당하여 지득한 피의사실을 공판 청구 전에 공표한 때에는 3년 이하의 징역 또는 5년 이하의 자격정지에 처한다."라는 '피의사실공표죄'를 규정하고 있다. 특히 이는 국민 참여재판을 받을 수 있는 권리에 대한 내용과도 연계 가능하다고 해석되기도 한다. 피의사실이 공표되

3) 형사소송법 **제198조(준수사항)** ② 검사·사법경찰관리와 그밖에 직무상 수사에 관계있는 자는 피의자 또는 다른 사람의 인권을 존중하고 수사과정에서 취득한 비밀을 엄수하며 수사에 방해되는 일이 없도록 하여야 한다.

어 국민 사이 편견과 선입견이 사전에 널리 퍼져버리면 피고인은 광범위한 언론보도로 오염된 배심원으로 구성되는 국민 참여재판을 신청할 것인지 아니면 포기할지에 대한 문제에 부득이하게 직면할 것이다. 이미 편견을 가진 배심원에 대한 변화기대는 상당한 어려움을 수반하기 때문이고, 결국 이는 국민 참여재판을 받을 피고인의 권리를 침해하는 결과도 될 것이다.[4)]

1. '피의사실공표죄'의 보호법익

피의사실공표죄는 앞서 언급한 바와 같이 우리 형법 제126조에 '~징역 또는 자격정지에 처한다.'는 처벌규정을 두고 있는 범죄이다. 먼저 해당 범죄가 무엇을 보호하고자 한 것인가에 대해서는 견해대립이 있다. i) 피의자의 인권보호라고 하는 견해와 ii) 공정한 재판이 핵심 보호법익이라는 견해 그리고 iii) 피의자의 인권보호에 대한 수사기관의 의무위반이라 보는 견해가 있다.[5)]

피의자의 인격권 보호가 중점 보호법익이라는 견해는 국가의 범죄수사권은 보호법익이 될 수 없다는 관점에서 접근하고 있지만, 이 입장은 인권의 개념의 범주가 불분명하고 해당 규정이 국가적 법익에 포함되는 체계적 분류를 온전히 설명할 수 없다. 두 번째 공정한 재판이 핵심 보호법익이라는 관점은 일방적인 공표를 통해 향후 재판에 영향력이 발현되는 것이 재판의 공정성을 훼손한다는 점에서 이해하고 있다. 그러나 이 견해는 피의사실공표죄가 범죄주체로 수사기관만을 대상으로 하는 이유를 설명하기 어렵다. 마지막으로 피의자의 인권보호에 대한 수사기관의 의무위반을 그 보호법익으로 볼 수 있다는 견해는 피의자의 인권과 공정한 재판 그리고 실체적 진실 발견을 위한 범죄이지만, 국가적 법익에 둔 것을 수사기관으로 하여금 그 같은 의무를 준수하도록 하고 이를 위반하면, 개인적 법익에 대한 죄인 명예훼손죄보다 가중해 처벌하도록 한 것이라 해석한다. 이러한 의무는 제1심 재판까지 이어져야 한다고 이해하고 있고 수사권 행사의 공정성과 정치적 중립을 보호

4) 한상훈, "피의사실공표죄의 문제점과 개선방안", 형사정책 제32권 제64호, 2021, 269면 참조.

5) 이성기, "피의사실공표죄에 관한 연구", 경찰법연구 제19권 제2호, 2021, 112,113면 참조: 허황, 수사단계에서의 피의자 얼굴 등 신상정보의 공개와 관련된 형사법적·헌법적 문제, 형사소송 이론과 실무 제9권 제1호, 2017, 88,89면 참조: 한상훈, "수사기관의 피의사실 공표, 유출 방지를 위한 입법적 개선방안", 법학연구 제34권 제1호, 2024, 131~133면 참조: 한상훈, 앞의 논문(2021년), 261~272면 참조.

법익으로 한다고 한다. 그 보호의무의 범위를 산정하기 어려움이 있다는 한계가 문제로 제기된다. 특히 피의사실공표죄는 타직무범죄들과 같이 공무원이 행한 경우 가중 처벌하는 경우로 명예훼손죄의 수사기관의 직무관련 범죄 형태로 이해할 수 있다고도 한다.[6] 이처럼 피의사실공표죄를 국가의 수사기능을 보호법익을 하기 보다는 인격권, 명예, 공정한 재판을 받을 권리를 훼손하는 수사기관의 직무범죄로 파악하는 견해가 타당하다는 입장이 이를 지지하고 있다. 물론 이에는 피해자의 인격권과 명예 역시 포함된다고 보지 않을 이유가 없다. 이는 단순히 범죄수사와 관련된 비밀을 누설하는 공무상 비밀누설죄의 보호영역과는 다른 '수사직무 담당 공무원의 직무 수행상 공정성과 정치적 중립성 및 피의자 인권'을 그 보호의 대상으로 하고 있는 것이다.

2. '피의사실공표죄'의 정당성

피의사실을 공표하는 것은 앞서 언급한 다수의 견해에 의한다면 수사기관의 의무위반으로 볼 수 있고, 이에 따르면 수사기관 의무의 범주 '내'로 이해될 수 있는 피의사실공표의 경우는 문제 삼지 않을 수 있다. 비공개되어야 할 피의사실의 앞당긴 공표로 인한 자살사건의 문제제기 역시 해당 공표행위가 문제없는 수사기관의 업무에 해당한다면 달리 봐야할 것이다.

그러나 이를 위반한 '피의사실공표죄'로 기소가 실질적으로 이루어진 경우가 없다는 것이 해당 범죄사실에 대한 지금까지의 가장 비판적인 분석결과이다. 이러한 한계사유에 대해서는 먼저 i) 수사기관 및 검사가 범죄행위의 주체가 된다는 점과 ii) 수사기관이 언론을 이용하여 국민적 감정 및 법원에 영향을 주려는 의도를 가지고 있다는 점, iii) 언론은 경쟁적으로 보도하는 점 등을 고려하여 검찰이 실질적으로 수사기관을 피의사실공표를 이유로 공소제기 한 적이 없다는 평가가 유력하다.[7] 이러한 피의사실공표죄를 '법적 식물인간상태'[8]라 지적하는 표현도 아주 적절

---

6) 문재완, "피의사실공표죄의 헌법적 검토", 세계헌법연구 제20권 제3호, 2014, 12면 이하 참조.

7) 김봉수, "피의사실공표죄의 규범적 한계에 관한 고찰: 형법제126조의 사문화 현상에 대한 원인분석과 해결방안을 중심으로", 경찰법연구 제9권 제1호, 2011, 60면 참조: 김재윤, "피의사실 공표죄 관련 법적 쟁점 고찰", 언론중재 제30권 제30호, 2010, 91면 참조: 문재완, 앞의 논문(2014), 17면 참조.

8) 한상훈, 앞의 논문(2024년), 128면.

하다. 이러한 한계 내지는 무의미한 법 규정이라는 문제를 극복하기 위해 지속적인 변화 시도가 있었다. 관련된 법안의 개정요청이 지속적으로 국회에 논의되어 온 점에서 이를 알 수 있다. 해당 개정안은 예외적 허용사유를 두면서 전형적 위반사례에 대해서는 처벌 수위를 '강화'하여야 한다는 내용이기도 하고, 오히려 공무원인 행위자들에게 징역이나 자격정지는 당연 퇴직 사유이므로 벌금형을 추가하는 형태로 '완화'하자는 견해도 있고 위법성조각사유를 신설하여 '무조건적인 수사기관의 죄책을 묻게 되는 문제를 해결'하고자 하는 내용이기도 하였다. 그러나 이러한 노력에도 불구하고 통과된 법안은 없었고 여전히 동일한 피의사실공표죄만 규정되어 있다. 약간의 변화라 하면 재정신청을 통해 고발인이 피의사실공표죄 역시 다룰 수 있게 되었는데, 이러한 변화가 시도된 2011년 이후에도 피의사실공표죄의 소추 등 상황변화는 보이지 않는 것으로 보아, 단순히 수사기관이 범죄주체이기 때문에 기소가 안 된다는 비난에 한계가 있음을 알 수 있기도 하였다. 또한 고위 공직자 범죄 수사처(이하 공수처)의 신설이 되었고, 공수처가 설치된 지 3년 동안 별다른 변화는 나타나지 않았다.

그렇다면 오히려 우리는 법 규정의 문제로 단정지어 한계로 설정하기 보다는 보다 구체적인 기준을 세워 위반행위에 대한 분명한 이해를 하는 방법으로 규정에 대한 접근을 해야 할 것으로 보인다. 규정이 어느 경우에 적용되어 해당 범죄 수사에 대한 정보 취급을 문제 삼아야 하는지를 명확히 규명하는 것이 필요하겠다. 물론 여기서 우리는 국민의 알권리와 여론형성 및 국가기관의 감시통제기능을 수행하는 '언론 보도의 자유' 역시 보장되어야 하는 점을 간과해서는 안 된다. 이를 고려해야 하기 때문에 피의사실공표죄의 적용을 쉽게 할 수 없는 어려움이 있다. 물론 많은 피의사실공표 사례 모두를 '국민의 알권리'와 '언론의 자유'라는 명목 하에 허용영역으로 이해할 수는 없다. 대응되는 피의자의 인권 역시 보호 대상이고 형사소송전반의 절차에는 유죄 확정판결이 있기 전까지는 무죄추정이 되는 것을 원칙으로 하는 '무죄추정원칙'이 지배되고 있기 때문이다. 결국 수사단계는 공판단계와 달리 공정한 재판을 위한 양보보다는 비공개를 통한 수사 대상자의 인권보장을 위하고 있는 형사소송법의 이념에 대한 명확한 검토와 국민의 알권리와 언론의 자유와의 관계 등을 신중히 판단해야 한다. 특히나 국민의 알 권리가 보다 강력히 작동하고 있고 범죄정보가 아주 쉽게 그리고 급속도로 확산이 이루어질 수 있는 현 시점에서는 더 이상 피의사실공표죄를 통한 피의자인권보호만이 절대적 가치라 할 수 없게 되었다.

Ⅲ. 범죄사실 공개와 무죄추정의 원칙

강력범죄 증가에 따라 범죄예방과 재범방지를 위해 제도적 장치를 마련한 것이 '범죄사실의 공개 제도'라 이해할 수 있다. 이 제도는 범죄인 성명, 얼굴 등을 공개하여 범죄자 스스로 사안의 중대성을 인식하고 깊은 뉘우침을 갖는다는 의미이다. 모든 국민은 헌법이 보장하는 모든 기본권의 주체이고 이는 국가로부터 보호받아 마땅한 절대적 권리이다. 이러한 권리의 주체는 피해자만에 한하는 것이 아니라 범죄의 주체가 된 피의자에게도 보장되는 보편적·절대적 권리[9]이다. 그럼에도 불구하고 피의자의 기본권과 인권을 보장한다는 이유로 범죄사실에 대한 공개를 거부하고 비공개를 유지한다면 결국 강력범죄의 사회적 중대성 인식을 결여시킬 수 있고 피해자의 권리보호와 국민의 알 권리를 배제하거나 침해하는 문제로 변질될 수 있다.

1. 비공개 수사의 현대적 의의

형사절차상 수사비공개원칙은 형법 제126조에 명시된 피의사실공표죄에 의한 처벌규정의 존재외에도 형사소송법 제198조의 피의자 인권존중과 수사과정에서 취득한 비밀 엄수규정에 의해 명시되어 있다. 또한 2005년 '인권보호를 위한 경찰관직무규칙(현 경찰 인권보호 규칙)' 및 '인권보호 수사준칙'이 제정되면서 수사기관은 피의자 얼굴 등 신상을 비공개로 전환하게 되었고, 국가인권위원회에서도 공소제기 이전 단계에서 피의자의 신상 등을 공개하는 것은 피의자의 인격권과 초상권의 침해라 명확히 밝힌 바 있기도 한다.

물론 이는 강력범죄의 발생으로 마땅히 피의자의 얼굴이 공개되어야 한다는 사회 안전망을 우선시하는 변화의 흐름을 겪고 있기는 하다. 이는 인륜을 저버린 범죄행위자들에 대한 공개를 희망하는 국민감정과 여론의 상황이 영향을 미친 결과물이다. 이러한 생각의 변화는 2023년에 '특정 중대범죄 피의자 등 신상정보 공개에 관한 법률'이 신설되면서 더 분명히 명문화 되었다. 해당 법규 제1조(목적)에서

---

9) 헌법 제10조는 "모든 국민은 인간으로서의 존엄과 가치를 가지며, 행복을 추구할 권리를 가진다. 국가는 개인이 가지는 불가침의 기본적 인권을 확인하고 이를 보장할 의무를 진다."라고 명시하고 있다.

는 "이 법은 국가, 사회, 개인에게 중대한 해악을 끼치는 특정 중대범죄 사건에 대하여 수사 및 재판 단계에서 피의자 또는 피고인의 신상정보 공개에 대한 대상과 절차 등을 규정함으로써 국민의 알권리를 보장하고 범죄를 예방하여 안전한 사회를 구현하는 것을 목적으로 한다."라 명시하고 있다.

그러나 현재 우리가 문제시 하고 있는 정보의 공개는 이런 필요에 의해 불특정 다수의 안전을 위해 양보되는 '개인정보'가 아닌 경우가 많다. 소위 '예단적 범죄정보'라고 명명할 수 있는 '수사기관의 공식·비공식적 정보'에 의존하고 있는 수사단계에서의 보통 피의사실에 불과하다. 이는 독일에서 논의된 바와 같이 경찰의 예단적 또는 자칫 왜곡·조작된 범죄정보제공이 절대적으로 영향을 미치는 경우로 발전할 수 있고, 경찰 수사 초기에 낸 결론과 가설이 매우 불확실한 것인데도 불구하고 사전에 이미 대규모 구성원이 유죄로 보게 되는[10] 문제가 발생한다. 이처럼 수사기관의 정보에만 의존하는 보도는 구조상 피의자 인권침해에 대한 검토와 수사기관의 적법성과 적정성을 검증하는데 취약할 수밖에 없다. 결국 이런 한계가 있는 정보가 공개되는 것은 헌법상 '무죄추정의 원칙'과 '공정한 재판을 받을 권리'를 기반으로 한 '적법절차' 보장에 중대한 흠결을 가져올 것이다. 유죄의 심증을 가져온다는 쉽게 예상되는 일반적인 문제에서 더 나아가 당연히 피고인의 방어활동은 어려움을 겪을 것이고, 이는 결국 유일한 피고인의 돌파구라 할 수 있는 변호인의 변호활동도 위축시켜 '변호인의 조력을 받을 권리'를 실질적으로 침해할 위험까지 발생한다. 이는 수사기관이 철저히 사실에 입각하여 전달한다 하더라도 제공된 정보의 내용과 성질에는 변화가 없는 만큼 동일한 문제가 야기될 것이다.

2. '무죄추정의 원칙'과 비공개 수사의 관계

(1) 비공개 수사의 의미

언론이 '특정한 범죄'에 관하여 수사과정과 피의자·피고인의 신상정보를 묵시적 또는 명시적으로 보도하는 것도 '무죄추정의 원칙'에 반하는 것으로 봐야 하는 지에는 논란이 있기도 하다. 헌법재판소는 '무죄추정의 원칙'을 피고인이나 피의자를 유죄판결이 확정되기 전에 죄 있는 자에 준해 취급하여 법률적으로나 사실적으로 유

10) Roxin, Strafrechtliche und strafprozessuale Probleme der Vorverurteilung, NJW 1991, S. 158.

형·무형의 불이익을 주어서는 안 된다고 이해하며, 무형의 불이익이라 함은 유죄를 근거로 하여 그에게 사회적 비난내지는 기타 응보적 의미의 차별을 가하는 유죄 인정 효과로의 불이익이라고 하였다.[11] 이러한 헌법재판소의 입장에 의하면 현재 논의 대상이 되는 피의자의 범죄내용을 언론이 공개하여 불이익을 주는 것 역시 무죄추정의 원칙에 반하는 것으로 확인가능하다. 이를 더 나아가 '인격권'이라 부르는 이유는 범죄수사의 대상으로 공개된 피의자는 언론에 의해 사실상 처벌받는 것과 다름없고[12] 이는 무죄를 선고 받는다 하더라도 훼손된 명예가 회복되기는 쉽지 않기 때문이다. 재판이 확정되기 전 이미 언론에 의해 사회적으로 처벌을 받게 되는 셈이라 볼 수 있기 때문이다

이러한 성격을 가진 언론의 범죄보도에 대한 비난의 상당부분은 '무죄추정의 원칙'에 기초하고 있을 수 있는 것이다. 누구나 확정이 되기 전에는 무죄로 추정된다는 원칙이 있음에도 불구하고 언론은 피의자·피고인이 범죄를 저지른 것 같이 '확정적'으로 흥미위주의 내용에 중점을 두고 보도하기 때문이다. 그러나 과연 언론보도까지 수사 대상자에 대한 '무죄추정의 원칙'에 입각하여 다루어야 하는지에 대한 반대 입장이 무조건적으로 배척되어야 하는 것은 아니다. 언론보도에서 밝히는 범죄 사실은 공권력의 행사가 아니라는 점을 충분히 고민해봐야 한다.

(2) '무죄추정의 원칙' 성격

이에 대한 분명한 확인을 위해서는 '무죄추정 원칙'의 진정한 의미와 가치를 확인해 볼 필요가 있다. 먼저 무죄추정의 원칙은 '원리'인지 '권리'인지에 대한 견해대립이 있다. 지도원리라 보는 헌법학자들의 의견[13]이 있고 권리로 이해하는 형사법학자의 견해[14]가 있다. 다만 권리라 한다면 자유권인지 청구권인지가 불명확하다는 적절한 지적이 상당히 설득력이 있다. 물론 원리설에 의하면 독자적 위헌심사기준으로 평가할지 기본권 침해 여부를 판단하는 도구로 작동하는 지에 대한 해석에서 견해가 갈리기도 한다. 다음으로 이 원칙이 과연 누구를 상대로 인정되어야

11) 헌법재판소 2014.1.28. 2012헌바298 결정: 헌법재판소 2015.2.26. 2012 헌바435 결정: 헌법재판소 2015.3.26. 2013헌마461 결정: 헌법재판소 2015.9.24. 2012헌바302 결정 참조.

12) 문재완, "범죄보도와 무죄추정원칙', 언론과 법 제19권 제2호, 2020, 78면.

13) 성낙인, 헌법학, 법문사, 2020, 1198면 참고: 김해원, "시본권심사에서 심사기준의 분별과 중첩의 문제", 영남법학 제48조, 2019, 13면 참조.

14) 신동운, 신형사소송법, 법문사 2014, 813면. (확인할 것_)

하는 원칙인지에 대한 문제가 있다. 피고인만 유죄확정판결 전까지 무죄가 추정되는지, 피의자를 상대로 해서도 적용하도록 확대해야 하는가이다. 물론 앞서 이야기한 바와 같이 통설과 판례는 수사절차상 피의자에게까지 확대하고 있다. 형사피고인에게도 적용되는 무죄 추정원리가 객관적으로 범죄혐의가 인정되지도 않은 피의자에게 적용되는 것은 당연하기 때문이다. 또한 여기서 '추정'이라는 용어는 우리가 흔히 반증에 의해서 변화를 맞이하는 '추정'이 아니고 유죄'확정'판결이 있을 때까지 무죄로 봐야 한다는 의미로 이해해야 한다. 유죄의 선고만으로도 여전히 무죄로 취급되어야 하기 때문이다. 마지막으로 '무죄추정의 원칙' 내용을 위반하여 유죄로 취급한 경우는 헌법 위반으로 이해한다. 유죄로 취급한다 함은 유죄의 단정적 표현을 사용하거나 유죄 인정을 보이는 행위 또는 형사 처벌과 같은 형태의 제약을 가하는 것을 말하고, 모두 대상자의 기본권에 영향을 주는 위반행위라 평가한다. 물론 그렇다 하더라도 사인인 미디어가 무죄추정원칙에 위반한 경우라면 이에 대응할 수 있는 소송법적·실체법적 수단은 존재하지 않기는 한다.[15] 무죄추정의 원칙 위반으로 처벌할 수 있는 경우는 형법 제126조에 해당하는 수사기관의 행위에 한정되기 때문이다. 그 이외의 주체에 대해서는 명예훼손 등 인격권 침해 여부가 문제되어 사실적시 또는 허위사실적시에 의한 명예훼손이 대표적인 형사책임을 지우는 방법이겠다.

이상의 몇 가지 논의가 정리될 필요가 있는 무죄추정원칙은 미디어에까지 직접 적용되지 않는다. 그러나 이러한 명확한 직접적 적용 대상이 아니라는 점만으로 미디어가 무죄추정원칙을 무시해도 된다는 의미라 볼 수 없다. 어쨌든 미디어 역시 헌법적 가치를 존중해야 하고, 무죄추정원칙의 헌법적 가치는 국가형벌권 행사에 대한 통제에 있다. 즉 미디어도 역시 공권력의 행사는 아니라 해도 유죄확정 전에 피의자·피고인을 범죄자로 취급하는 일을 자제해야 하는 것이 바람직하다고 평가된다.[16]

영국은 이러한 '무죄추정원칙'을 입증책임의 소재를 확인하는 규칙으로 이해하고 있다고 한다. 미국은 영국 보다는 조금 더 넓은 의미로 형사재판단계에서 적용되는 이론으로 이해[17]하고, 일본은 증거법 영역에서 적용하는 이론으로 한정해서 보고

15) 이진국, 언론의 범죄보도와 형사법적 문제점, 형사정책연구원 연구보고서, 2002, 131면.

16) 문재완, 앞의 논문(2020), 98면 참조.

17) 이런 이유에서 미국에서는 무죄추정원칙은 미디어에 적용되지 않기 때문에 언론이나 TV에서 피의자를 범인이라고 부르는 것을 금지하지 못한다고 설명한다.:Thomas Weigend, Assuming

있다. 이와 달리 독일은 확장하여 형사절차 전반을 지배하는 원리[18]로 이해한다. 이상에서 설명하고 있는 우리나라 '무죄추정원칙' 논리의 적용범위는 다른 나라에 비해 넓은 것(광의설)으로 보인다. 더 나아가 헌법재판소 판례는 무죄추정원칙이 '모든 기본권에 대한 불이익을 금지'하는 것으로 설명 한다.[19]

Ⅵ. 국민의 알권리와 범죄예방의 가치

알 권리는 의사형성을 위해 정보를 수령·수집·처리할 수 있는 권리를 말한다. 알 권리는 1787년 미국 필라델피아 헌법제정회의에서 처음 사용된 것으로 '정보의 자유'로 표현되기도 한다. 이러한 정보를 습득하는 가장 대표적인 방법은 바로 언론매체를 통하는 것이다. 이러한 언론은 정보를 우리에게 전달하는 역할을 통해 그 중요한 가치를 인정받을 수밖에 없다.

1. 범죄 언론보도의 가치

언론이 제4의 권력이라 불리고, 우리 사회에서 가치 있고 중요한 역할을 담당하고 있다는 점에는 이론이 없다. 언론을 민주주의 사회에 필수 불가결한 제도라고 보고 있다. 자유로운 의견을 표명하는 가운데 부수적으로 관련된 사람의 명예에 부정적인 영향을 끼쳤다고 해서 그러한 의견표명을 금지할 수 없다. 그런 언론이 행하는 범죄보도 내용은 보통 범죄의 경과와 수사 및 처벌관련이다. 이는 언론에 의해 기대되는 다음과 같은 '중요한 역할'로 이해할 수도 있다. 먼저 i) 사회 공동체의 기본질서를 파괴하는 일탈적인 사건을 알려 사회공동체 구성원이 현행법상 사회에서 허용될 수 있는 행위를 인지하고 교육하는 효과가 있다. 또한 이는 ii) 올바른 여론을 형성하는데 기여하고 사회의 온전한 유지를 돕게 될 것이다. 결국은 iii) 공권력의 행사가 올바르게 이루어질 수 있도록 통제하여 iv) 공공의 이익을 위한다는

The Defendant Is Not Guilty: The Presumption Of Innocence In German System of Criminal Justice, 8Crim. L & Phil. p 285, 294, 2014.

18) 해외의 '무죄추정의 원칙' 적용범위에 대한 자세한 내용은 문재완, 앞의 논문, 84~87면 참조.

19) 물론 이러한 입장에 대해서 지나치게 확장되면 피고인에게 유리할 듯하나 무죄추정의 의미가 희석되고 권리의 실체가 불분명해지는 문제가 있다고 비판하기도 한다. 김정한, "무죄추정 원칙의 적용 범위에 관한 소고", 형사정책연구 제17권 제1호, 2006, 357면 참조.

평가도 가능하다. 이러한 언론의 역할을 이미 법원[20]에서도 인정한 바 있다.

반면에 언론의 보도는 다음과 같은 문제야기도 한다. 범죄유형을 공론화함으로써 i) 모방범죄를 조장하고 ii) 범죄의 결과에 대한 불만족으로 통해 형사사법체제에 대한 불신으로 이어질 수 있다. 그리고 수사단계에서의 사건의 공유로 앞서 언급한 바와 같은 iii) 언론을 통한 사전재판을 받은 것이 되어, iv) 실제 재판에서 이루어져야 할 역할이 온전히 기대되기 어렵다. 또한 이런 과정은 결국 v) 범죄관련인의 기본적 인권을 보장할 수 없는 상황으로 이어질 수 있다. 일차적으로 피의자에 대해서 인격권, 프라이버시권, 개인정보자기 결정권 등의 기본권이 침해되고, 더 나아가 그 가족과 관련자들의 신상 공개로 보다 폭넓은 범주의 대상자의 기본권이 침해되는 결과가 나타난다. 긍정적 역할이라 이해할 수 있는 범죄보도가 가지는 교육의 효과도 한편으로는 모방범죄를 조장할 수 있고, 범죄보도를 통해 여론을 형성하고 미비한 법질서를 개선하는 효과는 역으로 형사사법체제에 대한 불신을 조장할 수 있는 것이다.

우리사회에서 언론의 역할과 존재는 부정할 수 없으므로 한계와 문제의 해결을 모색할 수밖에 없다. 언론을 통한 범죄보도의 문제점 중 가장 우려를 사고 있는 직접적인 인격권 침해라는 폐해는 범죄와 범죄인을 분리하여 전달하는 방식을 통해 해결할 수 있어 보인다. 소위 '익명보도'를 통해 문제점을 극복하고자 한 것이다. 그러나 모든 범죄보도가 익명성을 유지하며 이루어질 수는 없다. 피의자에 대한 실명보도가 가치 있는 경우가 있기 때문이다. 이와 관련하여 대법원은 "언론기관이 범죄사실을 보도하면서 피의자를 가명(가명)이나 두문자(두문자) 내지 이니셜 등으로 특정 하는 경우에는 그 보도 대상자의 주변 사람들만이 제한적 범위에서 피의자의 범죄사실을 알게 될 것이지만, 피의자의 실명을 공개하여 범죄사실을 보도하는 경우에는 피의자의 범죄사실을 알게 되는 사람들의 범위가 훨씬 확대되고 피의자를 더 쉽게 기억하게 되어 그에 따라 피의자에 대한 법익침해의 정도 역시 훨씬 커질 것이므로, 범죄사실의 보도와 함께 피의자의 실명을 공개하기 위해서는 피의자의 실명을 보도함으로써 얻어지는 공공의 정보에 관한 이익과 피의자의 명예나 사생활의 비밀이 유지됨으로써 얻어지는 이익을 비교형량한 후 전자의 이익이 후자의 이익보다 더 우월하다고 인정되어야 한다. 또한, 전자의 이익이 더 우월하다고 판단되더라도 그 보도의 내용이 진실과 다를 경우 실명이 보도된 피의자에 대한 법익침

20) 대법원 1998.7.14. 선고 96다17257 판결 참조.

해의 정도는 그렇지 아니한 경우보다 더욱 커지므로, 언론기관이 피의자의 실명을 공개하여 범죄사실을 보도할 경우에는 그 보도내용이 진실인지 여부를 확인할 주의의무는 더 높아진다."[21]고 그 판단 기준에 대해 밝힌 바 있다. 또한 이 판례를 통해 어떠한 경우에 피의자의 실명보도를 허용할 수 있을 정도로 공공의 정보에 관한 이익이 더 우월하다고 보아야 할 것인지는 일률적으로 정할 수는 없음을 확인하였다. 그 확인은 범죄사실의 내용 및 태양, 범죄 발생 당시의 정치·사회·경제·문화적 배경과 그 범죄가 정치·사회·경제·문화에 미치는 영향력, 피의자의 직업, 사회적 지위·활동 내지 공적 인물로서의 성격 여부, 범죄사건 보도에 피의자의 특정이 필요한 정도, 개별 법률에 피의자의 실명 공개를 금지하는 규정이 있는지 여부, 피의자의 실명을 공개함으로써 침해되는 이익 및 당해 사실의 공표가 이루어진 상대방 범위의 광·협 등을 종합·참작하여 정해야 함을 명시하였다.

2. 국민의 알권리와 범죄예방 목적의 조화

언론보도를 통해 범죄사실을 알리고자 하는 행위는 제한 없이 허용되는 것은 아니지만, 사회 구성원은 이에 대한 정보를 습득할 수 있는 「사회에서 발생하는 제반 범죄에 대해 '알권리'」를 가지고 있다. '알 권리'는 원칙적으로 대국가적 효력을 갖는 기본권으로 주권자인 국민의 정보욕구를 충족시켜 주는 것이다. 이를 통해 국민은 주권자의 입장에서 적극적으로 정보전달체계에 직접적 개입이 가능하게 된다는 점에서 인간다운 삶과 자유로운 인격실현의 필수적 요건으로 인정되기도 한다.[22] 이러한 알 권리는 국민을 실질적인 표현의 주체로서 인정하면서 소위 "국민 주권주의의 실질화"를 통해 관료행정의 비밀주의에 따른 폐해를 방지하는 기능을 한다. 이러한 알 권리는 오늘날 대의제 민주주의를 보완하고, 국민의 참여와 여론에 의한 지배를 위한 필수적인 권리로서 인정되고 있다. 명문화 되어있는 기본권은 아니지만, 헌법재판소는 "'알 권리'를 표현의 자유와 표리일체의 관계에 있으므로"라고 표현함으로써 헌법 제21조에 근거한다고 명시한 바 있다.[23]

이러한 알 권리의 측면에서 범죄사건 보도는 범죄 행태를 '비판적'으로 조명하고,

21) 대법원 2009. 9. 10. 선고 2007다71 판결 참조.

22) 강동욱, "국민의 알 권리의 요청에 따른 형사재판중계의 허용에 관한 법정책적 검토", 세계헌법연구 제23권 제1호, 2017, 103면 이하 참조.

23) 헌법재판소 1991. 5. 13. 선고 90헌마133 참조.

사회적 규범이 어떠한 내용이고 그것을 위반한 경우 그에 대한 법적 제재가 어떻게, 어떠한 내용으로 실현되는가를 알리는 역할을 한다. 더 나아가 범죄의 사회·문화적 여건을 밝히고 그에 대한 사회적 대책을 강구하는 등 여론형성에 필요한 정보를 제공하는 등의 의미도 부여할 수 있다. 따라서 대중 매체의 범죄사건 보도는 일반적으로 공공성이 있는 것으로 취급할 수 있는 것이다. 개별적·구체적 사정에 따라서는 범인에 관한 정보 역시 범죄사건 보도에 필요한 요소가 되어 범죄사실과 함께 공중의 정당한 관심사가 될 수 있는 경우가 있음을 부정하기 어렵다.

3. 범죄사실 보도와 관련된 외국에서의 쟁점

지금까지 살펴본 범죄사실의 공개는 단편적으로 정리하자면 형사사건과 관련된 개인의 인격권과 형사사건에 관심 있는 국민의 알 권리의 충돌이라고 이야기 할 수 있다. 이는 둘 다 헌법의 기본권의 대상이고 우열을 가리기가 상당이 힘들다. 이는 더 나아가서 이해를 하자면 언론이 가지는 언론·출판의 자유와 형사절차에 있어서 갖춰져야 할 정의 그리고 궁극적으로 자유민주주의 국가의 대임과도 연계되어 있는 문제이다. 수사의 공정성만을 강조하자면 소위 말하는 '깜깜이 수사'의 우려가 있고 이를 널리 알리면 또 여론에 의한 사전 재판이 이루어지는 온전한 사법절차에 문제를 불러온다. 이렇게 해결할 수 없는 지난한 다툼은 보다 명백하게 적정한 법으로 규율함이 타당하다는 주장[24)]은 상당히 설득력 있다. 관련 문제를 동일하게 겪고 있는 다른 나라의 접근방안을 이해해 보는 것은 우리가 직면한 현안의 해결에 도움이 될 것이다.

(1) 독일

독일에서 논의한 내용은 우리 헌법과 형사법의 관계와 상당한 유사점을 가지고 있으므로 이를 이해하고 검토해 보는 것은 우리나라 언론보도의 논쟁에도 많은 의미를 가질 것이다. 형사사법이 제대로 된 역할을 하기위해서는 법치국가로의 면모를 제대로 갖출 것을 전제로 해야 한다. 실체진실반결과 인권보호를 수호하는 적정

24) 안수길, "수사사건 공개 법규를 둘러싼 독일의 해석론과 입법론", 외법논집 제45권 제1호, 2021 견해 참조: 해당 논문은 수사내용을 공개하는 기준과 범위를 독일, 스위스, 오스트리아의 형법학자가 함께 연구한 내용을 기반으로 하여 형사사법이 어디까지 언론에 공개해야 할지의 문제를 제안하고 있다.

한 형사사법을 보장할 때 형사사법의 원활한 기능이 보장된다는 것이다. 결국 적정한 형사사법은 독일 기본법(GG)에서 이야기하고 있는 출판·보도의 자유와도 유연한 관계가 형성된 범주 안에서 가능하다 볼 수 있다.

실체진실발견과 인권보호에 기여하는 '적정한 형사사법을 보장'하는 것이 우선적으로 실현할 공익이고 이를 지키기 위해서라면 '정보에 대한 획득과 유포의 자유권'도 양보할 필요가 있다는 것이 독일의 연방재판소가 취하고 있는 입장[25]이다. '일반적 인격권'은 개인의 사생활 등 정보가 국가나 다른 사인으로부터 보호받을 수 있다는 것이나 이 역시도 무제한적 보호를 이야기 하지 않고 공동생활의 이해관계 또는 공동 구성원의 사적 영역에 영향을 미치는 경우에는 '지극히 내면적이어서 침해할 수 없는 생활영역'에 속하는 경우를 제외하고 제한 가능하다[26]고 본다. 그러면서 독일 기본법(GG) 제5조 제1항 제2문은 출판의 자유 및 방송 영상을 통한 보도의 자유를 보장하면서 언론이 방해받지 않고 정보에 접근할 수 있을 때 자유민주주의 사회에서 수행할 임무를 제대로 이행할 수 있다[27]고 이해한다.

이상에서 우리가 확인할 수 있는 것은 법치국가로의 면모를 보이기 위한 각각의 권리는 어느 하나의 절대적 보장으로 온전히 이해될 수 없고, 최소한의 범주를 제외하고는 필요에 의해 서로의 양보가 필요한 것으로 봐야 하는 것이다.

(2) 영국

영국의 형사절차는 배심제에 기초하고 있어 배심원의 편견 있는 심증형성을 배제하기 위해 형사절차에 관한 언론보도를 매우 제한하고 있다. 여기서 형사절차의 보호수단으로 법정모욕죄를 생각할 수 있다. 이 규정은 소송절차에 영향을 미치는 출판, 발언을 금지하도록 하고 있다. 보통법에서 금지하는 법정모욕죄는 공식적인 형사절차의 개시 이전에 언론의 보도내용을 금지하는 것에 국한되어 있었다. 그러나 공식적인 형사절차 이후에도 언론의 범죄보도로 인한 배심원의 선판결과 이로

---

25) BVerfGE 50, 234(241)에서는 일반 법률은 자유 민주주의 국가에서 언론의 자유를 침해하지 않도록 해석되어야 하며, 그 고유한 가치가 보장되어야 하는 것을 밝힌바 있다. 그러나 법정에서의 언론인의 출입 제한은 법원 조직법의 조항(§§ 169 ff. GVG)으로 인해 가능하며, 이는 공익 보호와 법정의 질서를 유지하는 목적을 위해 필요하다고 밝혔다.

26) 독일은 법정에서 재판 받는 피고인에 대한 방송촬영을 지나치게 제한하는 것은 기본법 제5조 제1항 제2문에서 제시한 방송을 통한 보도의 자유를 보장하지 않은 것으로 문제된다 밝힌바 있다. vol. BVerfGE 91, 125(137 ff.)

27) BVerfGE 50, 234(240).

인한 형사절차의 공정성이 침해될 위험이 배제되는 것은 아니었다. 이에 오늘날의 '법정모욕법'(1981년)[28]이 등장하였고 이는 피의자가 소환된 시점 또는 구속영장이 발부된 시점부터 시작하여 형사절차의 공정성을 해치는 언론의 범죄보도를 형법적으로 금지하고 있다.

정당한 사법절차에 개입하는 행위를 규제하는 내용으로 이해된다. 즉 피의자가 소환된 시점 또는 구속영장이 발부된 시점부터 형사절차가 진행 중인 재판에 상당한 편견을 줄 심각한 위험이 있는 범죄보도, 방송, 언급, 문서 개시 등을 처벌하고 있다. 금지되는 보도내용으로는 피의자를 진범으로 표현하거나 사진게재 등과 같은 전형적인 사전판단 외에 피고인 전과나 자백 등과 영향을 끼칠 수 있는 모든 사실을 포함한다. 이런 법정모욕과 관련해서는 4가지 범죄유형으로 나누어진다고 분류하고 있다. 첫째 언론의 보도에 대해서는 엄격책임을 인정하여 보도내용이 꼭 형사절차를 위태롭게 한다는 고의가 없더라도 성립된다고 보고 있다. 물론 이는 '심각하게 방해받거나 침해될 현저한 위험을 야기하는 언론매체'에 적용한다고 본다. 또한 주의의무를 다하였지만, 소송절차 중인 사실을 인식하지 못한 경우에는 불가벌로 하여 처벌을 하지 않는다. 다음으로 사법의 영속성을 방해하는, 예를 들어 향후 소환 가능성이 있는 증인과 관련된 보도와 같은 사안을 처벌한다. 셋째 법원은 이와 관련하여 언론기관 종사자에게 형사절차의 특정부분에 대한 보도를 금지시킬 수 있다. 마지막으로 법관이 부패 또는 법 왜곡을 보도하여 법원 자체를 공격하는 보도내용 역시 여기서 이야기하는 법정모욕에 해당한다고 본다.[29]

결국 영국은 법원으로부터 유·무죄 판결의 확정이나 법원의 결정을 받아 형사절차의 종결이 된 경우 또는 기소유예 기타 이와 유사하여 법으로 인정하는 경우에만 형사사건의 보도를 인정하는 것으로 이해할 수 있겠다. '예단배제'라는 원칙을 실현하기 위해 법 규정으로 언론 공개를 금지하고 있는 것이다.

(3) 미국

전통적인 미국 언론의 자유론 입장에 의하면 '언론에 대한 국가의 규제는 어떤 규제든 모두 표현의 자유를 훼손한다.'고 보았다. 그러나 오늘날 언론기관의 형태는

---

28) 관련된 자세한 내용은 하민경·양시훈·계인국·안문희, 각국 법원모욕의 제재 방식에 관한 연구, 사법정책연구원, 2015, 43~58면 참조.

29) 이진국, 앞의 보고서, 162~164면 참조.

과거와 많이 다르다고 평가되고 있다. 미디어에 의한 정보 독점과 유통과정에서의 내용지배 그리고 대다수의 국민은 단순한 정보의 수취인에 불과한 현재 상황에 대한 문제 지적을 하며 왜곡된 정보제공의 위험성을 지적하고 있다. 수사기관의 정보제공으로 피의자나 피고인을 유죄로 취급하는 예단에 찬 언론보도에 무방비로 노출된 배심원인 일반 시민이 형사절차에 참가할 수 있어 공정한 재판 운영에 방해가 발생한다는 것이다. 미국 사회는 1950년대부터 최근까지 미국 사회는 범죄보도가 형사절차에서 '공정한 재판을 받을 권리'의 침해를 야기할 수 있다 문제를 해결[30) 하기 위해 '보도의 자유'와 '적정절차를 제공받을 권리' 사이 모순을 해결하려는 노력과 언론보도를 통한 형사절차상 피의자나 피고인의 권리침해에 대한 실효적 구제수단을 모색하고 논의하였다.

미국은 1976년 Nebraska Press Association 판결[31)에서는 연방대법원이 언론기관에 할 수 있는 가장 강력한 사전억제 수단이라 할 수 있는 '보도금지명령'을 검토하였다. 물론 해당 사안에서는 '언론의 자유'를 피의자나 피고인의 '적정절차를 제공받을 권리'보다 더 중시하였고, 언론의 자유권에 대한 '명백하고 현존하는 위험'이 있지 않는 한에만 언론의 자유 제한을 가능하게 하였다. 이는 결국 언론 보도에 대한 사전제약이 허용되기 어려움을 밝힌 바 있다.[32)

연방법무부에서도 사법매뉴얼 형식으로 비밀유지 및 언론 접촉정책에서 원칙적으로 진행 중인 수사정보의 공개를 금지하기는 한다. 다만, 공공의 안전을 위해 공개가 필요한 때, 긴급한 사정이 없는 한 지역 검사장이나 부검사장의 승인을 받아야 공개할 수 있도록 하였다. 또한 이러한 부득이한 허용을 인용하면서도 배심재판 전에 언론보도가 과도한 경우, 공정한 배심원에 의한 재판을 받을 권리가 침해되었다고 보아, 유죄평결을 파기하고 재심을 결정[33)하기도 하였다.

---

30) 관련 사례는 Irvin v. Dowd(1961), Rideu v. Louisiana(1963), Sheppard v. Maxwell(1966)이 있고 이들은 보도한 때부터 공판까지 상당한 시간적 간격 및 예단을 가진 배심원후보자의 비율 등이 중요 고려 대상이 되었다. 그러나 이들 중 공정한 재판을 받을 권리를 침해하였다고 하여 유죄판결을 파기한 경우는 1971년 Sheppard 판결정도가 있을 뿐이다.

31) 해당 판결문은 https://supreme.justia.com/cases/federal/us/427/539/참조[최종 검색일 2024.12.15.]

32) 특히 미국은 주법이 적용되는 국가로 해당 주 이외의 언론기관의 공개가 해당 지역 대상 배심원에게 영향을 미치는 문제 등에 직면했을 때의 어려움과 관련한 많은 검토를 할 수밖에 없다. 관련 판례들의 주요 내용을 분석한 것은 정한중, "미국에서의 범죄보도의 자유와 공정한 형사절차", 미국헌법연구 제24권 제1호, 2013, 372~375면 참조.

이상의 미국의 견해는 결국 모든 내용을 법 규정 내지는 법원의 결정으로 제한하고 기준설정하는 데에는 한계가 있음을 제시하고 언론기관 스스로가 가지는 가치판단의 절차가 상당한 의미가 있음을 밝히고 있다. 물론 여전히 미국 법원에서도 해당 보도와 관련하여 공정한 재판에 대한 영향력을 중심으로 한 평가를 '적정절차를 제공받을 피의자나 피고인의 권리 vs 언론의 자유를 훼손하는 명백한 위험'의 비교판단을 통해 하고 있음을 보여준다.

Ⅴ. 결론

우리나라 헌법은 일반국민이 사회에서 발생하는 재반 범죄에 대한 알권리를 가지고 있음을 명시하고 있다. 이는 구성원들에게 사회규범에 대한 위반이 어떤 내용을 포함하고 있고 어떻게 법적 제재가 이루어지는 지 알리며, 해당 문제에 대한 사회적 대책 형성을 위한 정보제공에 역할을 한다고 볼 수 있다. 이는 때로는 일반적인 내용 외에 해당 범죄 관련 자들의 정보 역시 범죄사건 보도에 필요한 요소가 되기도 하여 더욱 또 다른 기본권 영역의 침해로 문제가 야기된다. 보도되어 버린 범죄사실의 불특정 다수를 향한 파급 효과를 예상할 수 있는 범주가 아닐 뿐 아니라 이러한 범죄보도는 그 진실여부를 확인할 수 있는 별다른 방법도 없다. 어떠한 정화 없이 단순히 수사기관에서 노출된 일방의 내용만이 불특정 다수의 사회 구성원에게 전달되어 급기야 기정사실로 여겨질 수 있는 것이다.

이에 대해 많은 국가는 예단이 형성되는 점이 가장 큰 문제가 됨을 지적하고 있다. 국민 참여재판은 결국 해당 정보를 접해 일방적인 소위 검증되지 않은 사실에 노출된 배심원에 의해 결론 지워지기 때문이다. '본질적으로, 배심원 재판에 대한 권리는 형사 피고인에게 공정하고 **무관심한 배심원 패널**에 의한 공정한 재판을 보장한다.'라고 설명하며 공정한 재판은 적법 절차의 기본 요건이라는 미국의 법원의 입장은 예단의 위험성을 대변하는 표현[34]으로 이해할 수 있다. 우리나라는 국민 참여재판이 일반화된 것은 아니지만, 이 역시 가능한 재판절차로 도입되었다는 측면에서 해당 분석은 가치가 있다. 또한 우리는 이러한 피의자나 피고인의 인격권을

33) 관련사례 Irvin v. Dowd(1961), Rideu v. Louisiana(1963), Sheppard v. Maxwell(1966) 판결(한상훈, 앞의 논문, 275면) 참조.

34) 구체적인 내용은 In re Murchison,349 U. S. 133, 349 U. S. 136. 참조.

보호할 수사기관의 의무를 보호법익으로 한 '피의사실공표죄'를 두어 해당 범죄보도의 위험을 강조하고 있다. 그렇지만 살펴본 바와 같이 범죄보도에 대한 많은 수요와 언론의 자유와 국민의 알 권리라는 기본권 보장 역시 동등한 헌법상 기본권으로 도외시 될 수는 없다.

이들의 조화를 어떻게 무엇을 기준으로 도모해야 할 것인가가 현재 대부분의 국가의 숙제라 생각할 수 있겠다. 우리는 미국과 영국의 법원에서 제시하고 있는 여러 기준을 고려하여 독일에서 논의하고 있는 것처럼 법으로 명시하는 방안을 함께 고민하여 대안을 마련할 필요가 있다. 우리는 이를 위한 법안 마련은 형법상 '피의사실공표죄'라는 처벌규정을 두고 있는 점에 의미를 부여하면 될 것이다. 물론 '수사기관'이라는 범죄주체에 한계를 두었다는 점이 달리 평가될 수 있으나 이는 범죄보도의 소위 일방의 자료제공을 막을 수 있는 주체의 행위를 제한한다는 측면에서 궁극적인 문제를 해결이 가능하다 생각한다.

지속적으로 검토한 바와 같이 '알 권리'만을 중시하여 무분별하게 이루어지는 범죄보도는 그 정당성을 인정받기 어려울 것이고 이를 위해서는 적어도 그 보도 목적의 공익성과 보도 내용의 공공성을 갖추어야 한다. 민사상 손해배상 재판과 관련하여 해당 내용을 고려한 기준을다음과 같이 제시한 바 있다. "① 사회적으로 고도의 해악성을 가진 중대한 범죄에 관한 것이거나 ② 사안의 중대성이 그보다 다소 떨어지더라도 정치·사회·경제·문화적 측면에서 비범성을 갖고 있어 공공에게 중요성을 가지거나 ③ 공공의 이익과 연관성을 갖는 경우 또는 피의자가 갖는 공적 인물로서의 특성과 그 업무 내지 활동과의 연관성 때문에 일반 범죄로서의 평범한 수준을 넘어서서 공공의 중요성을 갖게 되는 등 시사성이 인정되는 경우 등에는 개별 법률에 달리 정함이 있다거나 그밖에 다른 특별한 사정이 없는 한 '공공의 정보'에 관한 이익이 더 우월하다고 보아 언론보도를 통해 피의자의 실명을 공개하는 것도 허용될 수 있다. 물론 그 보도에 앞서 범죄사실의 진실성을 뒷받침할 적절하고도 충분한 취재를 하여야 하며, 기사의 작성 및 보도시에도 당해 기사가 주는 전체적인 인상으로 인하여 일반 독자들이 사실을 오해하는 일이 생기지 않도록 보도의 내용 및 그 표현방법 또한 객관적이고도 공정하여야[35] 한다." 이는 상당히 일반적

35) 대법원 1999. 1. 26. 선고 97다10215, 10222 판결: 대법원 1998. 7. 14. 선고 96다17257 판결: 대법원 1999. 1. 26. 선고 97다10215, 10222 판결: 대법원 2002. 5. 10. 선고 2000다50213 판결: 대법원 2007. 12. 27. 선고 2007다29379 판결 참조.

이지만 형사법에서도 가치있는 기준[36]으로 제시될 만한다. 직접적인 사안이 등장하기 전에 동등하게 보호받아 마땅한 권리의 한계를 구체적으로 제시하는 방법은 불가능하다. 다만 이를 위해 검토하고 고민해야할 기준을 제시하는 것이 최선의 방법일 뿐이다. 우리가 규정해둔 '피의사실공표죄'의 성립을 위한 기준은 바로 이러한 최소한의 공공성이 되어야 할 것이다. 모든 범죄 구성요건이 구체적으로 해당사안을 나열하고 있지 않고 그렇게 할 수 없다는 점에서 '최소한의 공공성'이라는 해석도 이해할 수 있을 만한 기준이라 생각한다. 현재 수사단계에서 이루어지는 언론브리핑 등 언론기관에 자료 제공에 있어서 해당 내용의 검토가 부재하다면 이는 형사법상 피의사실 공표라는 범죄를 성립할 수 있는 것이다. 다만 피의사실공표죄가 성립하는 시기는 해당 우려에 대한 보호를 위한다는 목적[37]을 분명하게 관철하기 위해 제1심 종료전까지로 변경할 필요는 있다.

결론적으로 언론보도라는 수단이 활용되는 상황에서는 무죄추정원칙을 간과해서는 안된다. 현재 우리 언론기관이 왕왕 행하고 있는 피의자든 피고인이든 모두를 범인으로 단정하는 듯한 표현을 삼가야 한다. 독자들 역시 범인이라는 예단을 갖지 않도록 유죄라는 추측을 불러일으킬 우려가 있는 표현은 피하고 표현 방법에 있어서도 유념해야 한다. 모든 국민이 가지는 기본권을 국가는 확인하고 보장할 의무를 지닌다. 다만 모든 기본권의 완전한 보장이 힘든 경우는 적절한 조화를 위한 방안을 도모해야 하고 이를 위해 이상에서 논의한 기준과 가치에 대한 이해가 선제되어야 할 것이고, 이 기준을 기반으로 한 공정한 법의 운영이 이루어져야 할 것이다.

---

36) 미국은 Nebraska Press Association 판결과 관련하여 이를 위한 가이드라인을 제시하여 이를 그 기준으로 삼기도 한다. https://supreme.justia.com/cases/federal/us/427/539/ 참조[최종검색일 2024.12.15.]

37) 미국은 이를 법정모욕법을 통해 명확히 하였고, 독일의 경우도 참심제를 실시하고 독일형법 제353조d 제3호에 '공판정에서의 낭독 또는 소송절차 종료 이전에 공소장 또는 형사소송절차, 과태료부과절차, 징계절차에 관한 기타 공적문서의 전부 또는 주요부분을 원문대로 공연히 전달한 사람'을 처벌하는 규정을 두고 있음을 참고할 만하다.

【참고문헌】

강동욱, "국민의 알 권리의 요청에 따른 형사재판중계의 허용에 관한 법정책적 검토", 세계헌법연구 제23권 제1호, 2017

김봉수, "피의사실공표죄의 규범적 한계에 관한 고찰: 형법제126조의 사문화 현상에 대한 원인분석과 해결방안을 중심으로", 경찰법연구 제9권 제1호, 2011

김정현, "범죄사건 언론보도의 한계에 관한 비교법적 고찰", 비교형사법연구 제21권 제2호, 2019

김정한, "무죄추정 원칙의 적용 범위에 관한 소고", 형사정책연구 제17권 제1호, 2006

김재윤, "피의사실 공표죄 관련 법적 쟁점 고찰", 언론중재 제30권 제30호, 2010

김태홍, "수사기관의 언론에 대한 범죄정보제공의 제한", 동아법학 제61호, 2021

김학범 · 김현수, 수사기관의 범죄사실 공개와 개인정보보호, 한국공안행정학회보 제57호, 2014

김해원, "시본권심사에서 심사기준의 분별과 중첩의 문제", 영남법학 제48조, 2019

문재완, "피의사실공표죄의 헌법적 검토", 세계헌법연구 제20권 제3호, 2014

문재완, "범죄보도와 무죄추정원칙', 언론과 법 제19권 제2호, 2020

성낙인, 헌법학, 법문사, 2020

신동운, 신형사소송법, 법문사 2014

안수길, "수사사건 공개 법규를 둘러싼 독일의 해석론과 입법론", 외법논집 제45권 제1호, 2021

이동훈, "범죄 보도와 표현의 자유", 공법학연구 제21권 제4호, 2020

이성기, "피의사실공표죄에 관한 연구", 경찰법연구 제19권 제2호, 2021

이진국, "언론보도와 형사법적 무제점, 형사정책연구원 연구보고서, 2002

정한중, "미국에서의 범죄보도의 자유와 공정한 형사절차", 미국헌법연구 제24권 제1호, 2013

하민경 · 양시훈 · 계인국 · 안문희, 각국 법원모욕의 제재 방식에 관한 연구, 사법정책연구원, 2015

한상훈, "피의사실공표죄의 문제점과 개선방안", 형사정책 제32권 제64호, 2021

한상훈, "수사기관의 피의사실 공표, 유출 방지를 위한 입법적 개선방안", 법학연구

제34권 제1호, 2024

허 황, 수사단계에서의 피의자 얼굴 등 신상정보의 공개와 관련된 형사법적·헌법적 문제, 형사소송 이론과 실무 제9권 제1호, 2017

Roxin, Strafrechtliche und strafprozessuale Probleme der Vorverurteilung, NJW 1991

Thomas Weigend, Assuming The Defendant Is Not Guilty: The Presumption Of Innocence In German System of Criminal Justice, 8Crim. L & Phil

【국문초록】

우리나라 헌법은 일반국민이 사회에서 발생하는 재반 범죄에 대한 알권리를 가지고 있음을 명시하고 있다. 이는 구성원들에게 사회규범에 대한 위반이 어떤 내용을 포함하고 있고 어떻게 법적 제재가 이루어지는 지 알리며, 해당 문제에 대한 사회적 대책 형성을 위한 정보제공에 역할을 한다고 볼 수 있다. 이는 때로는 일반적인 내용 외에 해당 범죄 관련 자들의 정보 역시 범죄사건 보도에 필요한 요소가 되기도 하여 더욱 또 다른 기본권 영역의 침해로 문제가 야기된다. 보도되어 버린 범죄사실의 불특정 다수를 향한 파급 효과를 예상할 수 있는 범주가 아닐 뿐 아니라 이러한 범죄보도는 그 진실여부를 확인할 수 있는 별다른 방법도 없다. 어떠한 정화 없이 단순히 수사기관에서 노출된 일방의 내용만이 불특정 다수의 사회 구성원에게 전달되어 급기야 기정사실로 여겨질 수 있는 것이다.

하나의 범죄사건에 대해 국민의 알 권리 보장 또는 다시 있을 범죄로부터의 안전보장은 국가가 나서서 해야 할 보호조치임은 분명하다. 다만 이를 불필요하게 확장한 경우 무죄추정 원칙의 적용 대상이 되는 피의자에 대한 보호는 도외시 될 수 있다. 유죄확정판결을 받기 전까지 비공개수사를 받고, 함부로 유죄로 치부되어서는 안되는 것 역시 우리 구성원인 피의자의 권리이기 대문이다. 이러한 논쟁들의 관계에 대한 이해와 해결방안을 모색하기 위해 다음에서는 과연 수사비공개의 원칙을 배제하고 공개를 하여 국민의 알권리 등을 충족하는 경우가 필요한지 그리고 필요하다면 구체적으로 어떤 요건을 갖춰야 하는지에 대한 논의와 이러한 전제조건의 충족이 없는 상태에서 특히나 이번 논란 사건에서도 논쟁이 된 기자에게 수사보고서가 유출되는 경우와 같은 피의사실공표죄의 실효성 내지는 가치의 점검을 시도해 보았다.

◈ 주제어 : 범죄사실 언론보도, 수사비공개원칙, 피의사실공표죄, 무죄추정의 원칙, 국민의 알 권리

【Abstract】

The Criminal Law Implications and Boundaries of Crime Reporting in the Media*

Lee, Su－jin**

The Constitution of our country explicitly affirms the public's right to know about crimes occurring in society. This right serves to inform citizens about violations of social norms, the nature of such violations, and the legal measures undertaken in response. Furthermore, it plays a role in providing information essential for forming social policies to address these issues. In certain cases, this may include details about individuals involved in criminal cases, as such information is sometimes deemed necessary for reporting on crimes. However, this raises concerns about potential infringements on other fundamental rights.

The dissemination of criminal facts often extends beyond predictable impacts on an unspecified audience. Moreover, there are limited means to verify the truth of these reports. When unverified information, disclosed unilaterally by investigative authorities, is communicated to the public without any filtration, it may eventually be perceived as established fact.

It is undeniable that the state has a responsibility to protect citizens' right to know about criminal cases and ensure public safety against future crimes. However, an excessive expansion of this right could neglect the protection of suspects, who are entitled to the presumption of innocence. Until a final verdict of guilt is reached, suspects have the right to undergo investigations privately and must not be prematurely judged as guilty. As members of society, their rights must also be safeguarded.

To better understand and address the relationship between these conflicting

* This work was supported by Dongseo University 『Dongseo Frontier Project』 Research Fund of 2024

** Professor, Police Department in Dongseo University / Ph.D in Law interests, this discussion explores whether the principle of confidentiality in investigations should be set aside to fulfill the public's right to know and, if so, under what specific conditions such disclosure would be justified. Furthermore, it examines the effectiveness and value of the crime of "public disclosure of investigative facts," especially in instances like the current controversial case, where investigative reports were leaked to journalists without satisfying the prerequisites for such disclosures.

◈ Key Words: Crime Reporting in the Media, The Principle of Confidentiality in Investigations, The Crime of Disclosing Investigative Facts, The Presumption of Innocence, The Public's Right to Know

한국형사소송법학회『형사소송 이론과 실무』
第16권 第4호 (2024.12) 121~151면.
Theories and Practices of Criminal Procedure Vol. 16 No. 4 (December. 2024) pp. 121-151.
10.34222/kdps.2024.16.4.121

형사소송상 피해자의 준주체적 지위*

민 수 영**

목 차

Ⅰ. 들어가며

대부분의 형사소송법 교과서는 소송의 주체 편에서 법원, 검사, 피고인, 변호인을 서술하고 있을 뿐, 피해자는 이에 대한 설명에서 존재하지 않거나, 아주 간략히 소개됨에 그친다. 그러나 소송의 주체로 인정받지 못할지언정 형사절차의 실질적인 이해관계인으로서 빼놓을 수 없는 사람이 바로 피해자이다. 본 글은 이러한 점에 착안하여 '형사소송상 피해자에게 적절한 지위는 어디이고, 그 근거는 무엇일까?'라는 질문에 대해 나름의 대답을 구해보고자 하였다.

* 본 논문은 저자의 학위논문("형사소송상 범죄피해자의 준주체적 지위에 관한 연구", 서울대학교 법학박사 학위논문, 2024)을 바탕으로 수정·보완한 것임을 밝힙니다.

** 경북대학교 법학전문대학원, 조교수

Ⅱ. 형사소송 관여자들의 지위

1. 이른바 '3분류법' vs '2분류법'

형사소송 관여자들은 그 관여의 정도나 권한 여부, 소송에 미치는 영향력 등에 따라 일반적으로 소송주체, 소송관계인 및 소송관여자로 분류된다.[1] 이를 편의상 본 논문에서는 3분류법이라고 칭하기로 한다. 이러한 3분류법은 학계의 다수 견해로 보인다. 이에 따르면 형사소송의 주체는 법원, 검사, 피고인으로 설명되고,[2] 변호인은 소송의 주체가 아니라 소송의 주체인 피고인의 보조자에 해당한다고 본다.[3] 그리고 이러한 소송주체와 보조자를 합하여 소송관계인이라고 한다. 한편, 증인·감정인·고소인·고발인 등은 소송관계인이 아닌 소송관여자로 분류한다.[4] 이를 표로 나타내면 아래 [표 1]와 같다.

[표 1] 형사소송 관여자들의 소송상 지위 분류(3분류법)

소송관계인	소송주체	: 법원, 검사, 피고인
	보조자	: 변호인, 법정대리인, 특별대리인 등
소송관여자		: 증인, 감정인, 고소인, 고발인 등

이에 반해 소송의 주체와 그 외의 자들로 나누어 보아야 한다는 견해도 존재한다.[5] 이러한 입장을 편의상 2분류법이라고 칭하기로 한다. 이 견해는 보조자와 소송관여자의 구별이 불필요하다는 입장이다. 소송관계인이나 소송관여자의 구분이

1) 이재상, 『신형사소송법』, 제2판(박영사, 2007), 61면; 이주원, 『형사소송법』, 제3판(박영사, 2021), 3면.

2) 이재상, 앞의 각주 1)의 책, 61면; 이주원, 앞의 각주 1)의 책, 3면; 이창현, 『형사소송법』, 제9판(정독, 2023), 41면 등.

3) 변호인은 필요적 변호사건에서는 형식적으로 소송주체가 되며, 그 밖의 사건에서는 비록 형식적으로 소송주체는 아니지만 실질적으로는 소송주체로 볼 수 있다는 견해도 있다[정승환, 『형사소송법』, (박영사, 2018), 273면]

4) 이재상, 앞의 각주 1)의 책, 61면; 이주원, 앞의 각주 1)의 책, 3면. 정웅석/최창호/이경렬/김한균, 『新형사소송법』, (박영사, 2021), 257면 등.

5) 신동운, 『신 형사소송법』, 제5판(법문사, 2014), 739면.

상대적인 것이고, 용어 자체도 서로 혼란을 줄 수 있으므로 소송참여자라는 하나의 개념으로 사용하는 것이 더 바람직하다는 견해[6]도 이와 유사한 입장에 있다고 평가할 수 있다. 물론 소송관계인과 소송관여자라는 용어 자체가 서로 혼란을 줄 여지가 없는 것은 아니지만, 증인·감정인 등의 단순한 관여자와 형사소송의 전반에 걸쳐 참석하고, 소송절차에 대해 적극적인 형성력을 행사하는 변호인 등의 보조자는 그 지위가 다르다고 봄이 타당하다. 결국 2분류법보다는 3분류법이 현재 형사소송관여자들의 역학구조를 더 잘 보여줄 수 있는 분류 방법이라고 생각된다.

그런데 이러한 설명에서 피해자는 존재하지 않거나 극히 간략히 소개됨에 그친다. 피해자는 소송의 주체나 당사자에 해당하지 않는다고 간략히 설명되거나,[7] 고소인이나 증인으로서 소송관여자에 불과하다고 설명[8]될 뿐, 피해자라는 일반적인 지위에 근거하여 소송상 어떠한 법적 지위를 갖는지 설명하는 교과서나 문언은 찾아보기 힘들다.[9] 피해자가 형사 소송상 어떠한 지위에 있는지를 검토하기 위하여, 먼저 기존의 분류 방법에서 소송상 각 지위들이 어떻게 개념 정의되고 구별되었는지를 살펴보겠다.

2. 소송관계인과 소송관여자의 구별

3분류법에서는 소송주체를 제외한 나머지 관여자들 가운데 소송에 대한 적극적인 형성력을 가지고 있는 자는 소송관계인으로, 그 외의 자들을 소송관여자로 본다.[10]

예컨대 변호인은 공판기일 출석권(제275조), 증인신문권(제161조의2) 등 소송법적으로 독자적인 권한(고유권)을 보유하고 있고, 형사 절차 전반에 걸쳐 권리를 행

6) 이창현, 앞의 각주 2)의 책, 41면.
7) 이주원, 앞의 각주 1)의 책, 3면.
8) 신동운, 앞의 각주 5)의 책, 739면.
9) 반면 피해자를 소송주체로 인정하여야 하는 견해도 있다[이재상/조균석/이창온, 『형사소송법』, 제15판(박영사, 2023), 397면]. 피해자는 형사 절차에서 일정한 법적 지위가 부여되어 절차를 형성하는 역할을 담당하고 있고, 점차 그 지위가 강화되는 추세에 있기때문에 제한적으로나마 소송주체로 보아야 한다는 것이다. 그러나 이러한 설명은 현재 피해자의 소송상 지위를 설명해 주는 것이 아니라, 피해자의 소송상 지위의 지향점(당위)을 주장하는 것에 불과하다고 보인다.
10) 이재상, 앞의 각주 1)의 책, 61면; 이주원, 앞의 각주 1)의 책, 3면; 정웅석/최창호/이경렬/김한균, 앞의 각주 4)의 책, 257면.

사하면서 소송을 성립·발전시켜 나간다. 이러한 점에 비추어 변호인은 소송관계인으로 분류한다. 구체적으로는 피고인의 보조자의 지위에 있다고 본다. 반면 증인·감정인 등은 증거 방법의 객체로서 형사소송에 관여할 뿐, 법원에 신청할 권리나 법원의 결정에 불복할 권한을 보유하고 있지 않다. 증언거부권(제148조~제150조), 비용청구권(제168조) 등의 권리만으로는 소송 절차를 형성할 수는 없기 때문이다. 따라서 이들은 소송관여자로 분류된다.[11)]

3. 소송주체와 보조자의 구별

소송관계인과 소송관여자의 구별이 비교적 간명한 반면, 소송주체와 보조자를 구별하는 기준은 모호하다. 본 논문에서는 아래의 3가지 측면에서 소송주체와 보조자의 구별기준을 검토해보았다.

(1) 개념적 측면에서

1) 소송주체의 개념 - '소송법적 권리·의무'의 귀속 주체

일반적으로 형사소송의 주체는 법원, 검사, 피고인이라고 한다.[12)] 그러나 한편 필요적 변호 사건에서는 변호인도 형식적으로 소송주체가 되며, 그 밖의 사건에서는 비록 형식적으로 소송주체는 아니지만 실질적으로는 소송주체로 볼 수 있다는 견해도 있고,[13)] 피해자를 소송주체로 인정하여야 한다는 견해[14)]도 있다. 이러한 점에서 보면 형사소송의 주체를 규정하는 개념 요소가 무엇인지에 관하여 명확한 합의가 되지 않은 것으로도 보인다.

여러 교과서들의 설명을 종합해보면 소송주체는 소송적 법률관계의 주체로서 소송법적 권리·의무의 귀속 주체가 되는 자를 말한다.[15)] 법원은 형사재판권(심판권)의 주체이고, 검사는 공소권의 주체이며, 피고인은 방어권의 주체라고도 표현된

11) 이재상, 앞의 각주 1)의 책; 이주원, 앞의 각주 1)의 책, 3면; 정웅석/최창호/이경렬/김한균, 앞의 각주 4)의 책, 257면.
12) 이재상, 앞의 각주 1)의 책, 61면; 이주원, 앞의 각주 1)의 책, 3면 등.
13) 정승환, 앞의 각주 3)의 책, 273면.
14) 이재상/조균석/이창온, 앞의 각주 9)의 책, 397면.
15) 신동운, 앞의 각주 5)의 책, 738면; 이재상, 앞의 각주 1)의 책, 61면; 이주원, 앞의 각주 1)의 책, 3면 등.

다.[16] 그런데 이때 '소송법적 권리·의무'의 귀속주체라는 개념은 여전히 모호한 듯하다. 예컨대, 변호인은 공판기일 출석권(형사소송법 제275조) 등 소송법적으로 독자적인 권한(고유권)을 보유하고 있고, 형사 절차 전반에 걸쳐 권리를 행사하면서 소송을 성립, 발전시켜 나간다. 이처럼 변호인은 '소송법적 권리·의무'를 보유하였음에도 불구하고, 왜 소송주체가 아닌 피고인의 보조자로서, 소송관계인의 지위를 부여받은 것일까? 이러한 점에서 소송주체성을 규정하는 '소송법적 권리·의무'가 무엇을 의미하는지를 살펴본다.

2) 소송법적 권리·의무의 의미 – 소송법률관계설과 소송법률상태설

이에 관하여는 소송법률관계설과 소송법률상태설의 논의를 검토해보고자 한다. 소송법률관계설은 민사소송법학자인 뷜로우(Bülow)에 의해 최초로 주장된 것으로, 소가 제기되면 소송주체인 법원과 당사자, 그리고 당사자 상호 간에 하나의 구체적인 권리·의무 관계가 형성된다는 입장이다. 이러한 소송법률관계는 형사소송에서도 똑같이 채용되어 당시의 통설이 되었다. 이 학설은 피고인을 권리의 주체로 봄으로써 피고인의 지위 향상에 기여하였고, 실체면과 구별되는 소송법률관계를 확립하였다는 점에서 의의가 크다.[17] 반면 소송법률상태설은 1925년 골드슈미트(Goldschmidt)에 의해 주장된 것으로, 소송을 유·무죄의 종국판결을 지향하여 전개·발전되는 여러 소송 행위들의 집합체로 보았다. 소송법상의 권리·의무란 종국판결의 확정에 의하여 비로소 현실적인 권리·의무로서 실현되는 것이며, 그 전 단계에서의 소송법적 권리·의무는 독자적인 의미가 없고 단지 부동적인 상태에서 유리한 종국판결을 얻을 수 있는 가능성 또는 전망에 불과하다고 본다.[18] 현재는 소송법률관계설과 소송법률상태를 절충해서 보는 견해가 일반적이다.

소송법률관계설에서는 법원의 심판을 할 권리와 의무, 당사자가 심판을 받을 권리와 심판을 구하는 권리, 즉 '심판권', '공소권', '방어권'을 소송상 기본적 법률관계라고 한다. 이와 같은 소송상의 '기본적 법률관계' 자체는 그 자체로서는 발전하는 것이 아니고, 이 관계에 기하여 절차가 진행되는 기초가 된다. 그것은 정적인 것이다. 또한 일반적·추상적·고정적 성격을 띠고 있는 것이다.[19] 그러나 한편, 이러한

16) 이주원, 앞의 각주 1)의 책, 3면; 이창현, 앞의 각주 2)의 책, 41면.
17) 안명기, "소송법률관계설과 소송상태설", 『사법행정』, 통권 제139호(사법행정, 1972), 82면.
18) 신동운, 앞의 각주 5)의 책, 538면.
19) 안명기, 앞의 각주 17)의 논문, 84면.

기본적 법률관계 위에 발전하는 파생적 절차적 법률관계도 있다. 예컨대 공소의 제기가 있으면, 법원은 피고인을 소환할 의무가 있고, 소환받은 피고인은 출석 의무가 있는 등 권리·의무가 발생한다. 이 역시 소송법적 권리·의무의 관계로 볼 수 있다. 그러면서 절차가 발전해나가는 것이니, 소송법적 권리·의무의 관계도 반드시 정적인 것이 아니며, 동적일 수 있다고 한다.[20)]

이렇게 '소송법적 권리·의무 관계'를 기본적인 법률관계와 파생적 법률관계로 나누어 볼 수 있다면, 소송의 주체가 되는 소송법상 권리·의무는 바로 기본적 법률관계를 의미한다고도 볼 수 있다. 따라서 심판을 구하고 심판을 받으며, 심판을 하는 권리·의무 관계, 즉 형사소송에서는 공소권, 방어권, 심판권이 소송상 기본적 법률관계가 될 것이고, 소송의 주체는 심판권·공소권·방어권의 주체를 의미한다고 말할 수 있게 된다.

만일 이렇게 보지 않는다면, 형사소송법의 개정으로 특정 소송관여자들이 소송법적 권리·의무를 얻거나 박탈당함에 따라 해당 관여자가 임의로 소송주체로 편입되거나 탈락될 수 있어 타당하지 않다. 따라서 소송 주체의 개념인 '소송법적 권리·의무'의 귀속주체에서 '소송법적 권리·의무'라 함은 '소송상 기본적 법률관계'인 심판권, 공소권, 방어권을 의미한다고 보아야 한다.

(2) 권리의 측면에서

소송주체와 보조자를 합쳐 소송관계인이라 하는데, 보조자의 지위에 있는 대표적인 자로 변호인을 들 수 있다. 변호인은 소송주체가 아니지만 공판기일 출석권(제275조), 증인신문에의 참여권(제163조) 등 소송법적 권리를 상당한 정도로 보유하고 있다. 그러나 소송주체－검사·피고인－의 권리와 비교하여 특징적인 점은 소송을 개시하거나 종료할 권리는 부여되지 않았다는 것이다. 소송주체인 검사의 경우는 소송 개시권(공소권, 상소권)과 종료권(공소 취소권)이 모두 부여되어 있고, 피고인의 경우는 재판에 대한 불복권(상소권), 상소의 포기 또는 취하권 등으로 절차의 종결 및 개시에 관한 권리가 있으나, 변호인의 경우는 이러한 권리는 부여되지 않았다.[21)] 즉, 형사소송의 주체들에 의해서 개시된 소송에서 권리를 행사할 수 있을

20) 안명기, 앞의 각주 17)의 논문, 84면.

21) 물론, 피고인을 위하여 상소할 수는 있다. 그러나 피고인의 명시한 의사에 반하여 상소할 수 있다거나, 변호인의 고유권으로서 상소권이 인정되지는 않는다.

뿐 독자적으로 소송을 개시하거나 종료할 수 있는 권한은 부여되지 않은 것이다. 이는 아래에서 살펴볼 바와 같이 '자신의 소송'이 아니라는 점에서도 당연히 그러하다. 결국, 권리의 측면에서 소송주체가 보조자와 구별되는 특징은 소송의 개시, 종결권의 부여 여부에 있다고 하겠다.

(3) 재판의 효력 측면에서

재판은 확정에 의하여 그 본래의 효력이 발생한다.[22] 재판이 확정되면, 동일한 사건에 대해서 재소가 금지되는 효과, 즉 기판력이 발생하고[23] 집행력도 발생한다. 기판력은 주관적으로는 공소가 제기된 피고인(확정판결을 받은 피고인)에게만 미치고, 객관적으로는 확정판결의 '범죄사실'과 동일성이 인정되는(잠재적 동일성이 인정되는)모든 사실에 미친다고 말해진다.[24] 이렇게 재판이 확정되었을 때 발생하는 대표적인 효력인 집행력과 기판력은 피고인에 대해서만 발생하고, 이러한 점에서 피고인은 명확히 소송의 주체이다.

사실 변호인이 형사 소송의 주체가 아니라는 점은 인식론적으로는 쉽게 수긍될 수 있다. 무엇보다도 변호인은 판결의 효력을 받는 당사자가 아니기 때문이다. 변호인은 자신의 이익을 위해서, 자기의 청구를 하거나 심판을 받는 자가 아니라 '피고인의 이익을 위해서' 소송에 관여하는 자이다. 변호인이 소송 과정에서 얼마나 많이 참여하였고, 소송 수행 과정에서 얼마나 많은 권리가 부여되었는지 여부와 무관하게 결국 재판의 효력—기판력, 집행력—은 피고인에게만 미친다는 것이다. 이러한 측면에서 변호인은 소송주체로 볼 수 없다.

Ⅲ. 현행 피해자 지위의 문제점

1. 현행법상 피해자의 지위

위의 3분류법에 따를 때 현재 피해자에게 소송상 어떠한 지위가 인정되는지를 검토해보고자 한다. 먼저 법원, 검사, 피고인이 아닌 피해자가 형사 소송의 주체에

22) 신동운, 앞의 각주 5)의 책, 1492면.

23) 신동운, 앞의 각주 5)의 책, 1494면; 일사부재리의 효력과 기판력의 관계에 관하여 일치설, 구별설, 포함설 등의 학설이 대립한다. 본 논문은 일치설의 입장에서 작성하였다.

24) 이주원, 앞의 각주 1)의 책, 591면.

해당하지 않음은 명백하다. 그렇다면 피해자를 소송관계인의 지위에 있다고 평가할 수 있는가? 피해자가 형사소송에서 단순히 증인으로 참여한다면 소송관여자로서의 지위에 있다고 평가할 수밖에 없다. 그러나 피해자가 증인으로서의 중성적·지엽적 역할을 넘어 소송상 형성력을 행사할 수 있는 권리가 인정된다면 소송관계인으로서의 지위를 인정할 수 있을 것이다.

형사소송법상 피해자에게 부여된 권리는 ① 피해자의 재판절차진술권(형사소송법 제294조의2, 제2항), ② 소송기록 열람·등사권(법 제294조의4, 제1항)이다.[25] 그런데 소송기록 열람·등사권은 현재 소송 중인 사건과 관련된 정보를 제공받을 권리로, 소송에 대한 적극적인 형성력을 행사하는 권리로는 보기 어렵다. 재판절차진술권 역시 피해자의 신청이 있는 경우에야, 증인신문의 방식으로 이루어질 수 있다는 점, 신청 시기나 방법, 불복 절차 등이 없다는 점 등 권리로서의 성격이 약하다. 피해자가 재판절차진술권을 신청하고 받아들여진 경우에도 증인으로서의 지위에서 증인신문의 방식으로 진술을 행사할 수 밖에 없기 때문에, 재판절차진술권이 일반적인 증인으로서의 지위와는 다른 피해자의 독자적인 형사소송상 지위를 설명해 줄 수 있는 근거가 되기는 어렵다는 것이다.

결국 현재 피해자는 소송관여자로서의 지위 정도가 부여되어 있다고 보아야 한다. 아무리 잘 봐주더라도, 그러니까 보통의 증인이 아닌 범죄의 피해를 받았고, 그래서 특별한 보호가 필요한 증인 정도의 지위를 인정받고 있을 뿐인 것이다.[26]

2. 소송관여자로서 지위의 문제점

(1) 사건의 당사자인 피해자

그러나 피해자는 해당 사건의 당사자라는 점에서, 단순히 해당 사건의 소송관여자로서의 지위만을 부여받는 것은 타당하지 않다.

---

25) 특정 범죄(성폭력범죄, 아동학대범죄) 피해자의 경우 국선변호사를 선정할 수 있고, 법정에서 증인신문을 할 경우에 일정한 보호제도가 마련(비디오 중계 장치나 차폐시설의 설치 등에 의한 증인신문제도의 도입, 신뢰 관계 있는 자의 동석)되어 있으나 증인으로서의 피해자를 '보호'하기 위한 권리가 대부분인 점, 일반적인 범죄의 피해자 전반에게 부여된 권리로는 볼 수 없어 여기에서는 검토하지 않았다.

26) 권순민, "형사사법에서 '피해자 중심'의 의미와 법정책", 『비교형사법연구』, 제23권 제3호(한국비교형사법학회, 2021), 171면.

형사소송은 기본적으로 피고인의 범죄사실과 그에 대한 형벌을 결정하기 위한 과정이다. 그러나 이를 위해서는 벌어진 사건에 대한 명확한 사실관계의 확정이 필요하다. 이는 단순한 사실관계의 확정이 아니라 법률의 적용을 통해 구성된 사실의 확정, 즉 형법상 불법 여부에 대한 확정이다. 예컨대 형사소송 결과 확정되는 범죄사실은 단순한 사실관계의 확정(예컨대, 갑이 2024. 1. 2. A에게 100만 원을 받았다.)이 아니라 증거에 따라 확정된 사실관계에 법률(형법 제347조 제1항)의 적용을 통해 구성된 사실(갑이 2024. 1. 2. A를 '기망하여' 100만 원을 '편취하였다.')이다. 피해자인 A의 입장에서는 자신에게 발생한 과거의 사실이 형사법적으로 '기망'에 해당하고, '편취' 행위에 해당한다는 점, 형법상 불법이 행해졌다는 점은 오직 형사소송을 통해 확인될 수 있다. 즉, 피해자는 형사 소송에서 인정되는 범죄사실의 당사자이다.

이렇듯 형사소송은 피해자가 겪은 사건이 단순한 채무불이행이 아니라 사기였다는 점을 확인할 수 있는 유일한 공적 절차이다. 피해자의 입장에서는 자신에게 벌어진 사실관계를 확정하는 절차에서 일정한 지위가 인정될 필요가 있다는 것이다.

(2) 소송 결과에 대한 이해관계인

또한 피해자는 소송 결과에 대한 이해관계인이다. 물론, 피해자는 형사 재판의 확정으로 인한 효력, 즉 집행력이나 기판력을 직접 받는 대상은 아니다. 이러한 점에서 형사 재판을 통한 해악의 부과(형벌)에만 초점을 두면 피해자는 형사소송의 결과에 특별한 이해관계가 없고, 단지 간접적인 영향(사실적 이익, 반사적 이익)만을 받는 것처럼 보일 수 있다.

그러나 소송 결과에 대해 이해관계가 있다는 것을 민사 소송의 보조참가에서처럼 판결의 결과가 참가인의 법적 지위에 영향을 미칠 경우로 해석할 수 있다면, 피해자는 형사소송 결과에 대해 이해관계를 가진다고 볼 수 있다. 형사소송과는 그 구조와 목적이 다르지만, 민사 소송에서는 계속 중인 소송에 제3자가 적극적으로 개입하는 제3자 소송참가 등 다수당사자 소송제도가 다양하게 존재한다. 민사소송에서 '소송 결과에 대해 이해관계'가 있는 자는 보조참가의 방식으로 참여할 수 있다.[27] 이때 '소송 결과'에 대한 이해관계는 재판의 주문에서 판단한 것에 대한 이해

27) 소송의 제3자가 한쪽 당사자의 승소를 돕기 위하여 소송 밖에서 할 수 있는 행위에는 한계가 있고, 피참가인이 소송을 성의 없이 수행할 경우에는 이를 막을 방법이 없다는 점에서 소송

관계에 한한다고 보는 것이 일반적이다.[28] 또한 '이해관계'는 판결의 결과가 참가인 자신의 법적 지위에 영향을 미칠 경우[29]라고 본다. 법률상의 이해관계를 말하고, 단지 사실상·경제상·감정상의 이해관계만으로는 참가할 수 없다.[30] 그러나 법률상 이해관계인이라면 재산법상의 관계에 한하지 않고, 가족법상의 관계, 공법상의 관계 또한 포함된다.[31]

형사 소송 결과에 대해 이해관계가 있다는 것을 민사 소송의 보조참가에서처럼 판결의 결과가 참가인의 법적 지위에 영향을 미칠 경우로 해석할 수 있다면, 피해자는 소송 결과에 대한 이해관계인으로 볼 수 있다. 피고인에 대한 소송 결과(유·무죄 판결)에 따라 비로소 실체법적으로 피해자라는 법적 지위를 명확히 가지게 되기 때문이다. 형사소송 결과에 따라 피해자는 무고 혐의를 받게 될 수도 있고, 손해배상청구권 등이 인정될 수도 있다.[32][33] 이러한 피해자의 이해관계는 반사적 이익이 아니라 법적 이익[34]으로 볼 수 있다. 그렇다면 피해자는 소송 결과에 대해 아무

결과에 대해 이해관계가 있는 자로 하여금 직접 소송에 참가하여 방어행위를 할 수 있도록 민사소송법상 보조참가 제도가 있다(민사소송법 제71조).

28) 이시윤, 『신민사소송법』, 제16판(박영사, 2023), 785면; 호문혁, 『민사소송법』, 제14판(법문사, 2020), 960면.

29) 이시윤, 앞의 각주 28)의 책, 785면.

30) 김지향 저술부분, 편집대표 민일영, 『주석 민사소송법』(한국사법행정학회, 2023), 606면.

31) 김지향 저술부분, 편집대표 민일영, 앞의 각주 30)의 책 607면.

32) 판례에 따르면, '원래 민사재판에 있어서는 형사재판의 사실 인정에 구속을 받는 것이 아니라고 하더라도 동일한 사실관계에 관하여 이미 확정된 형사판결이 유죄로 인정한 사실은 유력한 증거자료가 되므로 민사재판에서 제출된 다른 증거들에 비추어 형사재판의 사실판단을 채용하기 어렵다고 인정되는 특별한 사정이 없는 한 이와 반대되는 사실을 인정할 수 없다.'고 한다(대법원 1995. 1. 12 선고 94다39215 판결).

33) 그러나 한편 이러한 점 때문에 형사소송을 민사소송을 위한 전략적 측면으로 악용될 수 있다는 여지가 있다는 점도 함께 고려되어야 할 것이다[권순민, "공판절차에서의 피해자보호 방안에 대한 검토", 『성균관법학』, 제20권 제2호(성균관대학교 법학연구소, 2008), 384면.

34) 피해자는 사건의 당사자로서 자신이 겪은 사실관계의 공적 확정에 대해 법적 이익을 갖는다. 한편, 행정법에서는 반사적 이익인가 법적 이익인가 여부를 근거 내지 관계법규의 목적에 따라 판단한다. 근거 내지 관계법규가 공익 보호 뿐 아니라 개인의 이익 또한 보호도 목적으로 하고 있다고 해석되는 경우에는 법적 이익으로 인정한다[박균성, 『행정법강의』, 제20판(박영사, 2023), 83－85면]. 이를 형사소송 영역에 적용해보면, 형사소송의 결정－피고인에 대한 형벌권의 결정－시 근거 법률은 실체 형법(예컨대 형법 제347조)인데, 해당 실체법은 개인적 법익의 보호를 목적으로 하거나(개인적 법익의 경우), 부수적인 목적으로 하는 경우도 있으므로(사회적·국가적 법익 중 일부의 경우) 피해자가 갖는 이해관계는 법적 이익(이해관계)이

런 이해관계가 없는, 혹은 사실상의 이해관계를 가지는 것에 불과한 다른 소송관여자들－변호인, 증인, 감정인－보다는 강화된 지위가 부여될 필요가 있다.

(3) 사법 참여에 대한 인식의 고양

사법의 민주적 정당성을 강화하고 투명성을 높임으로써 국민으로부터 신뢰받는 사법 제도를 확립을 위하여[35] 국민의 형사재판 참여에 관한 법률이 2017년 제정, 시행되고 있다. 이에 따라 '일반 국민들' 도 특정 형사소송에 배심원으로 참여할 길을 열어놓고 있다. 형법의 운용과 같은 국가정책은 국민들의 정의 관념을 충분히 반영하고 있을때에만 법적 정당성을 확보할 수 있다면[36], 범죄로 고통받는 사건의 가장 중요한 이해관계인인 피해자를 단순히 소송관여자로서의 자리에 위치시킨 현재의 형사소송은 정당한 사법 제도로 평가받을 수 없다.[37]

사법의 민주화란 '형사 절차에 관여하는 판사, 검사, 피의자 · 피고인, 변호인, 피해자, 일반시민에게 형사 절차의 규범적 목표와 정당성을 실현하기에 적합한 지위와 역할을 분배하는 것을 전제로 한다.[38] 이러한 측면에서 보면 피해자에게 '당신은 소송의 주체가 아니니 물러나 있으라', '국가가 알아서 객관적이고 공정하게 재판할 테니 기다려라'고 말하는 것은[39] 피해자나 일반 국민의 소송 참여에 관한 기대에 비추어 볼 때 타당한 사법 체계로 평가받기 어렵고, 형사 절차의 정당성을 실현하기 위한 적합한 지위의 분배라고 볼 수 없다.

된다고 이해할 수 있다. 또한 후술할 민사소송상 보조참가 요건으로서의 이해관계 역시 법률상의 이해관계인데, 판결 결과에 따라 손해배상을 청구할 수 있게 되거나 그 염려가 있는 때를 법률상의 이해관계가 있는 경우로 보고 있다.

35) 국민의 형사국민의 형사재판 참여에 관한 법률의 제 · 개정 이유 (https://law.go.kr/LSW/lsRvsRsnListP.do?lsId=010458&chrClsCd=010202&lsRvsGubun=all)

36) 이용식, "회복적 정의와 형사사법 정의－두 정의의 '절충'은 가능한 것인가?", 『동아법학』, 제54호(동아대학교 법학연구소, 2012.), 428면.

37) 김혁, "피해자의 형사절차 참여 강화 방안", 『피해자학 연구』, 제31권 제2호(한국피해자학회, 2023), 129면.

38) 문준영, 『법원과 검찰의 탄생』, (역사비평사, 2010), 925면. 형사 사법에 어느 정도의 민주적 정당성이 반영되어야 하는지는 추가적 검토를 필요로 하는 논의이지만, 시민적 통제의 매커니즘이 형사사법체계에도 작동되어야 할 필요가 있고, 그러한 점에서 피해자의 현재의 소송상 지위는 사법민주화의 관점에서도 문제가 있다고 본다.

39) 권순민, 앞의 각주 26)의 논문, 181면.

3. 피해자의 소송상 지위를 인정하기 위한 근거들

이하에서는 형사 소송상 피해자에게 일정한 지위가 인정되어야 하는 적극적인 근거들을 아래 3가지 측면에서 살펴보았다.

(1) 적법절차의 원칙과 피해자

적법 절차의 원칙은 형사소송의 이념 중의 하나로 여겨질만큼 형사소송에서 중요한 가치를 지닌 원칙임에도 불구하고 피해자와 관련하여 논의된 적은 거의 없다.[40] 적법 절차의 원칙이 역사적으로 가혹한 형벌권 발동을 억제하기 위한 원리로서 등장한 것이라는 점을 고려하면, 피고인과 피의자에 대한 원칙으로 해석되어 온 것도 이해되지 않는 것은 아니다. 그러나 적법 절차의 원칙이 공정성과 인간 존엄성을 주된 근거로 한다면, 형사소송에 직접적인 이해관계를 가지고 있는 피해자에 대해서도 공정하고, 피해자의 인간으로서의 존엄성이 대우받는 절차가 마련될 때에야 적법 절차의 원칙에 따른 형사소송이라고 말할 수 있을 것이다.

1) 적법절차 원칙과 박탈되는 피해자의 이익

형사소송이 피해자의 생명이나 자유, 재산을 박탈하는 국가 작용에 해당하여 피해자에게 절차적 공정성을 보장해주어야 하는 것인지가 문제된다. 미국의 적법 절차는 정부가 개인의 생명 · 자유 · 재산을 박탈할 경우에 적용되므로, 어떠한 이익이 구체적으로 적법 절차에 의해 보호되는 자유이익이나 재산이익에 속하는지에 관하여 많은 논란이 있었다.[41] 그러나 적법 절차의 원칙이 국가가 개인의 생명 · 자유 · 재산을 '박탈'함에 있어 국가와 사인 간의 상호작용의 과정에서[42] 적용되는 원리라고 본다면, 적법 절차의 원칙이 적용되는 '박탈 이익'의 범위가 어디까지인가의 논

---

40) 강동욱, "범죄 피해자보호와 피해자변호사제도", 『한양법학』, 제25권 제1집(한양법학회, 2014.), 210면; 소병도, "피해자의 헌법적 권리와 적법절차를 통한 보장", 『홍익법학』, 제17권 제2호(홍익대학교 법학연구소, 2016.) 정도가 이러한 시도에 대해 언급하고 있을 뿐이다. 반면, 차용석, 형사소송에 있어서의 'Due Process'의 구현, 『형사정책연구』, 제18권 제3호(한국형사정책연구원, 2007), 586면에서는 피해자의 권익 보장은 형사 절차 상 'due process'와는 별개의 문제라고 본다.

41) 윤영미, "절차적 적법절차의 적용대상", 『법학논총』, 제24집 제2호(한양대학교 법학연구소, 2007) 134면

42) 강승식, "절차적 적법절차의 본질에 관한 연구", 『미국헌법연구』, 제25권 제2호(미국헌법학회, 2014), 8면.

쟁은 그다지 별 소용이 없다. 형사소송은 '피해자'의 이익을 '박탈'하는 국가 작용이 아니라 피고인의 생명·자유·재산을 박탈하는 작용이기 때문이다.

2) 적법절차 원칙의 적용 범위

그러나 적법 절차의 원칙을 국가가 사인에 대한 생명·자유·재산을 박탈함에 있어 '이해관계인'에게 고지하고 그 이해관계인의 청문의 기회를 제공해야 하는 것으로 보면, 피고인의 생명·자유·재산의 박탈에 있어 이해관계를 가진 '피해자'에게도 적법 절차의 원칙이 적용되어야 한다고 주장할 수 있을 것이다.

헌법재판소의 몇몇 결정에서 적법절차의 원칙을 직접 처분이나 공권력의 상대방뿐 아니라 해당 결정과 관련 있는 '이해관계인'에게도 적법절차 원칙이 적용될 가능성을 열어둔 것으로도 해석할 수 있는 경우가 있다. 구체적으로 대통령 탄핵사건에서 헌법재판소는 "적법절차원칙이란, 국가공권력이 국민에 대하여 불이익한 결정을 하기에 앞서 국민은 자신의 견해를 진술할 기회를 가짐으로써 절차의 진행과 그 결과에 영향을 미칠 수 있어야 한다는 법원리를 말한다. 국민은 국가공권력의 단순한 대상이 아니라 절차의 주체로서, 자신의 권리와 관계되는 결정에 앞서서 자신의 견해를 진술할 수 있어야만 객관적이고 공정한 절차가 보장될 수 있고 당사자간의 절차적 지위의 대등성이 실현될 수 있는 것이다."[43]라고 설시한 바 있으며, 그 밖에도 지방자치단체 폐치·분할 시 지방자치법 등에서 주민이나 지방의회 의견을 청취하도록 정하고 있는 것을 적법절차원리가 적용된 한 형태로 보아 "이 사건 법률 제정절차와 관련한 적법절차는 이른바 청문절차로서 국민은 자신의 이해관계와 관련하여 그 법적 지위를 확보하기 위하여 국가적인 재편계획에 대하여 입장을 표명할 기회를 주어야 한다는 것이다. 즉 국민이 국가적 활동의 단순한 객체로 전락해서는 안된다는 것이다. 결정을 내리기 전에 일반적으로 상반되는 이익들간의 형량이 선행되어야 하는데, 이러한 이익형량은 이해관계자들의 참여 없이는 적절하게 이루어질 수 없다."[44]라고 판시한 바 있다. 이러한 헌법재판소의 입장을 고려하면, 헌법상 적법절차의 원칙은 국가가 사인에 대한 생명 등을 박탈함에 있어 '이해관계'를 가지는 자에게까지도 적용되는 것으로 해석하고 있다고 판단된다.

설령 헌법에서 적법절차의 원칙에 '이해관계인'에 대한 적법절차의 원칙까지를 예정하고 있지 않다고 해석하더라도, 형사소송의 이념으로서 적법 절차 원칙의 실

43) 헌법재판소 2004. 5. 14. 결정 2004헌나1(밑줄은 필자).

44) 헌법재판소 1994. 12. 29. 결정 94헌마201(밑줄은 필자).

질적 구현을 위해서는 소송의 이해관계인인 피해자에게도 청문과 의견청취의무가 부과되어야 한다고도 주장할 수 있을 것이다. 예컨대 행정절차법에서는 상대방의 권리를 제한하거나 의무를 부과하는 처분에 한하여 '당사자 등'에 대한 처분의 사전통지와 의견청취의무를 정하고 있는데(행정절차법 제21조 제1항, 제22조 제3항), 이때 행정절차법에서 '당사자 등'이란 행정처분에 대해 직접 그 상대가 되는 당사자뿐 아니라(제2조 제4호 가목), 행정청이 직권으로 또는 신청에 따라 행정절차에 참여하게 한 이해관계인도 포함된다(제2조 제4호 나목). 이는 적법절차 원칙의 구체적인 입법화라고 보인다. 이렇듯 행정 절차에서도 이해관계인에 대해 적법절차의 원칙이 적용된다면, 형사소송에서도 이해관계인에 대해 적법절차 원칙이 적용될 수 있고, 적용되는 것이 바람직하다고 볼 수 있기 때문이다.

(2) **양형과 피해자**

양형에서 피해자의 역할은 곧 피해자의 의견진술권의 실질적 보장, 소송상 피해자에게 일정한 지위와 권리가 보장되어야 한다는 근거로 기능할 수 있다. 먼저 양형의 조건에 관하여 규정한 형법 제51조 중 제2호는 '피해자에 대한 관계'를, 제51조 제4호는 '범행 후의 정황'으로 규정하였다. 이러한 양형의 조건으로부터 '피해 회복', '처벌불원 의사' 등의 피해자와 관련한 유의미한 양형 인자를 도출할 수 있다.

피해자의 처벌 불원 의사나 형사 합의가 기존의 양형 실무에서 큰 영향력을 발휘해 온 것에 관한 문제 제기를 하는 입장도 있다.[45] 그러나 피고인이 피해자에게 진심으로 사죄하고, 피해자가 이를 받아들이면서 수사기관 또는 법원에 피고인에 대한 처벌 불원 의사를 표시한 경우라면, 이러한 피해자의 처벌불원 의사는 피고인의 죄질과 책임을 감소시킨다(책임의 관점). 피고인의 이러한 태도는 새로운 범죄를 범하지 않겠다는 의지의 표현이고(특별 예방의 관점), 이러한 피고인의 태도를 통해 규범의 존속성에 대한 일반인의 신뢰를 확인할 수 있다(일반 예방의 관점). 피해 회복, 피해 회복을 위한 진지한 노력 역시 감경적 양형인자로 고려될 수 있다. 피고인이 자신의 책임을 인정하면서 피해자에게 사죄하고, 피해를 배상하는 태도는 장래

45) 예를 들어 피고인의 처벌에 관한 피해자의 의사는 그 자체로는 피고인이 저지른 범죄의 불법이나 책임의 정도와 관련이 없고, 피고인이나 일반인의 재범위험성과도 아무런 관련이 없다고 보아 피해자의 처벌불원 의사를 양형에서 중대한 요소로 고려하는 것을 정당화하기 어렵다는 비판[김웅재, "이른바 '합의'가 양형에 미치는 영향에 관한 소고", 『법학논총』, 제38권 제1호 (한양대학교 법학연구소, 2021), 105면] 등이 있다.

에 새로운 범죄를 범하지 않겠다는 의지를 표현한 것으로 볼 수 있고(특별예방적 관점), 이러한 피고인의 태도를 통해 파괴된 규범이 안정화되고, 규범에 대한 일반 국민의 신뢰를 확인할 수 있기 때문이다(적극적 일반예방의 관점).[46] 그러나 한편, '처벌불원'이든 '피해 회복'이든 피고인의 진지한 반성 여부나 피해자의 진정한 의사 확인 등이 수반되지 않음에도 불구하고 피고인의 한 마디 진술이나 부동문자로 인쇄된 처벌불원서만으로 양형을 크게 감형하였던 실무 관행은 피해자에 대한 2차 피해를 발생시키는 원인이 되기도 하였고, 형사의 민사화 현상을 낳는 등 원래의 취지와는 다른 부작용을 낳았다.

따라서 비재산적 법익이나 완전한 피해 회복이 불가능한 법익과 관련된 특정 범죄군의 경우, 양형 감경 사유로서의 피해 회복을 인정하기 전에 공판절차에서 피해자의 의견을 필수적으로 청취하여 범행으로 인한 피해와 회복의 정도, 처벌불원이나 그에 이른 경위 등에 관하여 피해자 측의 진술을 듣는 것도 하나의 대안이 될 수 있으리라 본다. 결국, 책임과 예방에 부합하는 양형이 이루어지기 위해서도 소송상 피해자에게 일정한 지위가 인정되고, 이에 기초하여 양형에 관한 피해자의 의견이 필수적으로 청취될 필요가 있다는 결론을 도출할 수 있다.

(3) 비교법적 검토

1) 독일

독일 형사소송법은 총 8편으로 구성되어 있고, 그 중 제5편(제374조~제406조h)에서 피해자의 소송참가에 대해 규정하고 있다. 독일 형사소송법 제5편 제2장에 규정된 부대 공소제도는 검사가 공소 제기한 사건에 대하여 피해자 또는 그 상속인 등이 부대하여 참가하는 것이다. 따라서 부대 공소자는 특정한 사건에 대하여 직접 법원에 기소할 권한을 가지지는 않는다. 그러나 일단 부대 공소 허가 결정이 이루어지면, 공소 참가인은 검사의 조력자가 아니라 독립한 권리를 가지고 공판 절차에 주체적으로 참여하게 된다. 검사의 단순한 조력자가 아니고, 검사로부터 독자적인 절차 참가자의 지위를 보장받게 된다. 이는 기존의 검사와 피고인이라는 2당사자 체제에서, 검사, 피해자, 피고인의 3당사자 체제로 이해할 수 있다.[47] 이로써 검찰

46) 이진국, "양형기준에서 특별감경요소로서'피해회복을 위한 진지한 노력'에 관한 고찰", 『형사정책연구』, 제27권 제3호(한국형사정책연구원, 2016), 141면.

47) 이진국, "독일의 부대공소제도에 관한 연구", 『형사소송 이론과 실무』. 제10권 제1호(한국형

권이 통제되는 효과가 있고, 이것이 부대공소제도의 진정한 의의라고 평가하는 견해도 있다.[48)]

독일에서는 주거침입 등 경미한 범죄의 경우 검사의 공소제기 없이도 피해자 스스로 가해자를 상대로 형사 절차를 개시할 수 있는 사인소추주의도 허용하고 있다.

독일 형사소송법상 피해자의 지위와 관련하여 가장 눈에 띄는 점은 바로 형사 절차의 전체 구조 속에서 '피해자'의 지위에 관하여 명확히 한 축을 내어주고 있다는 점이다. 총 8편으로 규정된 형사소송법 중 제5편이 피해자의 소송참가나 권리에 관하여 규정해 둔 장이라는 것은 독일 형사소송과 형사소송법상에서 피해자의 지위를 엿볼 수 있게 한다. 뿐만 아니라 독일 형사소송법에서 피해자 참가제도와 사인소추제도는 1877년 제국 형사소송법에 제정된 것으로, 약 140년의 역사를 자랑한다. 제국 형사소송법 제정 당시부터 피해자의 참여권을 고려해왔고, 이를 명문화하였으며, 그 역사가 현재까지 지속되고 있다는 점은 우리 형사소송법의 발전 방향에 있어서도 시사하는 바가 크다.

2) 프랑스

프랑스 형사소송법은 본문 앞서 서조(序條, Article préliminaire)를 두고 있는데, 서조 제1조는 '형사소송절차는 공정한 대심 절차에 의해야 하고, 당사자의 권리의 평등을 보장하여야 한다'고 규정하면서 제2조에서는 '사법당국은 형사소송의 모든 절차에 피해자의 권리를 보호하고 피해자에게 충분한 정보를 제공해야 한다.'고 규정하여 피해자의 권리에 관한 조문을 두고 있다. 이는 피의자 및 피고인의 무죄추정의 원칙에 관한 서조 제3조보다도 앞선 것이다. 이러한 점을 고려하면 프랑스 형사소송법상 피해자는 다른 당사자, 즉 피의자·피고인, 검사와 마찬가지로 '무기 대등의 원칙'에 입각한 온전한 하나의 당사자이다.[49)]

프랑스 형사소송법 제1조 제2항은 사인소추를 인정하고, 제2조는 '중죄, 경죄, 위경죄에 의해 발생한 피해복구의 사소는 범죄로 인하여 개인적인 손해를 입은 모든 사람이 행사할 수 있다.'라고 규정한다. 위 규정을 보면, 프랑스 사소는 범죄로 인하여 피해를 입은 자가 그 손해를 보상받기 위하여 제기하는 '피해 회복의 소'로서

사소송법학회, 2018), 158면.

48) Klaus Volk/ 박노섭 등 역, 『독일형사소송법』(박영사, 2009), 448면.

49) 손병현, "프랑스 형사법상 사소의 행사", 『비교형사법연구』, 제24권 제4호(한국비교형사법학회, 2023), 35면.

의 성질이 강하다. 그러나 피해자가 사소를 ㅈ기할 경우 범죄자에 대한 처벌이라는 공소의 영역에 개입할 여지를 남기며, 이는 사소의 목적이 단순히 피해 회복에 그치는 것이 아니라 범죄자에 대한 처벌이라는 공소의 영역에 개입할 여지를 남긴다. 따라서 프랑스의 다수의 학자들은 사소 제도가 단순히 회복적 성격에 그치는 것이 아니라 범죄자에 대한 처벌이라는 응보적 성격까지 가지고 있다는 점에 동의하고 있다.[50] 이처럼 프랑스의 부대사소제도의 의의는 피해자가 형사법원에 피해회복의 소를 제기하여 형사와 민사의 심리를 동시에 진행함으로써 피해자의 신속한 피해회복을 도모하려는 데 있다. 민사소송과 형사소송이 엄격히 분리되는 것으로 형사재판의 결과를 기다린 후 또는 이와 동시에 민사소송을 제기하는 우리의 일반적인 관념과 다르다. 우리는 국가형벌권의 실현이라는 형사소송의 목적과 손해배상청구권의 실현이라는 두 개의 소송 목적이 다르고, 각 소송에 적용되는 법리도 다르다고 생각하지만,[51] 반드시 그렇게 생각할 필요가 있는 것인지 프랑스의 제도를 통해 다시 한번 더 살펴볼 필요가 있을 것이다.

3) 일본

일본은 2008년 12월 1일부터 피해자참가제도를 도입하였다. 이에 따라 일부 범죄(일본 형사소송법 제316조의33, 제1항 각 호에 규정)의 피해자 등 일정한 자는 형사 소송에 참가할 수 있다. 이렇게 공판에 참가한 피해자 등을 '피해자 참가인'이라고 하는데, 이들은 형사소송절차의 당사자가 아니라 어디까지나 '피해자 참가인'이라는 지위를 갖게 된다고 본다. 피해자 참가인은 공판기일 출석권, 증인신문권, 피고인에 대한 질문권, 변론으로서 의견진술권 등의 권리를 가지는데, 본 제도의 특징은 검사와의 협력 관계를 바탕으로 한다는 점이다. 그러나 한편, 검찰관은 공익의 대표자이기도 하기때문에 피해자 참가인에게 국선변호인의 선정권을 인정하고 있다.

한편 일본은 피해자참가제도의 도입에 앞서 2000년 형사소송법 개정으로 피해자 등의 의견진술 제도를 먼저 시행하였다(일본 형사소송법 제292조의2). 이는 우리나라 형사소송법 상 피해자의 공판절차진술권과 유사하지만, 증인신문의 형태로 진행되지 않는다는 점이 가장 큰 차이점이다. 증인신문이 아니라 의견진술이기 때문에

50) 김택수, "프랑스 부대사소제도와 피해자의 소송참가", 『경찰학연구』, 제10권 제2호, (한국경찰법학회, 2010), 145면.

51) 김택수, 앞의 논문(주 50), 145면.

피고인의 반대신문권은 인정되지 않고, 또한 범죄사실 인정을 위한 증거로도 사용될 수 없다. 만일 증거로 삼으려면 다시 증인신문을 하여야 한다.

이상과 같이 독일, 프랑스, 일본 등의 국가에서는 피해자의 지위와 절차적 참여권의 보장 정도가 우리나라에서 인정되는 그것보다 상당히 강화되어 있음을 알 수 있다. 이는 우리 형사소송법 상으로도 피해자에게 강화된 지위를 보장하고, 절차적 참여권이 부여되어야 한다는 점에 대한 근거가 될 수 있을 것이다.

Ⅳ. 소송의 준주체로서의 피해자

앞서 피해자에게 부여된 현재의 소송관여자로서의 지위가 타당하지 않다는 점, 피해자에게는 소송관여자보다 강화된 지위가 필요하다는 점에 대한 논거들을 살펴보았다. 이에 따라 본 장에서는 피해자에게 적절한 소송상 지위가 무엇일지를 검토하고자 한다. 먼저 피해자에게 소송주체로서의 지위를 인정할 수 있는지, 다음으로 소송관계인으로서의 지위가 적절한지를 살피고, 그 외 제3의 지위를 모색할 수 있는지를 순차적으로 검토한다.

1. 소송 주체로서의 지위 인정가능성

(1) 개념적 측면에서

소송주체를 소송의 기본적 법률관계의 귀속 주체, 즉 심판권·공소권·방어권의 주체로서 소송을 성립·발전·형성해나가는 구성요소로 정의한다면,[52] 피해자를 소송주체로 평가하기는 어렵다. 피해자는 심판권·공소권·방어권이라는 소송상 기본적 법률관계의 귀속 주체가 아니다. 피해자가 가지는 소송법적 권리인 공판절차진술권이나 소송기록 열람·등사권 역시 소송법상 기본적 법률관계가 아닌 파생적 법률관계에 불과하다고 볼 수밖에 없기 때문이다.[53]

---

52) 본 논문 'Ⅱ. 3. (1) 개념적 측면에서' 참고

53) 반면, 만일 피해자에게 '형벌청구권'을 인정할 수 있다면, 그리고 이러한 권리를 공소권·방어권에 대등한 소송법상의 기본적 법률관계 – 검사의 공소제기와 대등한 피해자의 청구권 – 로 인정할 수 있다면, 피해자를 소송의 주체로 인정할 여지가 있다고 생각된다. 다만, 현재의 우리 형사법 체계(형사소송법은 기본적으로 '국가형벌권'의 행사 절차에 관한 법이고, 형사소송법에 따른 형사절차역시 기본적으로 국가형벌권을 향한 절차이므로, 이러한 체계 내에서 피해

(2) 권리의 측면에서

권리의 측면에서 소송주체가 보조자와 비교하여 가지는 가장 큰 특징은 소송의 개시나 종료에 관한 일정한 권리를 보유한다는 점에 있었다.[54] 따라서 만일 피해자에게 소송의 개시(불복)나 종료에 관한 권리가 인정된다면, 혹은 인정될 수 있어야 한다면 피해자를 형사소송의 주체로 볼 수 있는 근거가 될 것이다. 고소인은 제1심 판결선고 전까지 고소를 취소하여 형사절차를 종결시킬 수 있지만, 이는 친고죄의 경우에 한정된다. 따라서 피해자에게 일반적으로 형사절차 종결권이 인정된다고 보기는 어렵다. 또한 현재까지의 논의만으로는 피해자에게 반드시 소송개시권(사인소추권)이나 종료에 관한 권리가 인정되어야 할 당위성이 도출된다고 보기도 어렵다. 헌법재판소 역시 아래와 같이 국가소추주의를 규정한 우리 형사소송법이 헌법에 반하는 것은 아니라고 판시한 바 있다.

> "우리 헌법은 형벌권의 행사를 위한 형사소추권한을 누구에게 부여할 것인가에 대하여 국가소추주의를 취할 것인지, 사인소추주의를 취할 것인지에 관하여 직접적인 규정을 두고 있지 아니하다. 따라서 형사소송에서 어떤 절차나 형식에 따라 공소를 제기할 것인가의 문제는 헌법원리에 위배되지 아니하는 한 입법자가 우리의 역사와 문화, 입법 당시의 시대적 상황과 국민 일반의 가치관 내지 법감정, 범죄성향, 우리가 채택한 형사사법제도의 기본골격 등을 종합적으로 고려하여 결정해야 할 입법 형성의 자유에 속하는 영역이다(헌법재판소 1997. 8. 21. 결정 94헌바2)"

(3) 재판의 효력 측면에서

피해자에게 형사 재판의 효력이 미친다고 볼 수 있다면 피해자를 소송주체로 인정할 수 있는 하나의 근거가 될 수 있을 것이다. 그러나 재판의 효력으로서의 집행력과 기판력은 피고인에게 발생한다. 따라서 피해자를 형사소송의 주체로 보기는

자의 '형벌청구권'을 어떠한 방식으로 구상할 수 있을지는 깊은 논의가 필요할 것이다.)와 판례의 입장에 따르면(최근에 헌법재판소는 피해자가 적절한 형벌을 청구할 수 있는 권리를 단순히 재판절차진술권의 한 내용으로 본 바 있다 – 헌법재판소 2024. 6. 27. 결정 2020헌마468 등), 피해자에게 공소권이나 방어권에 대응하는 형벌청구권이라는 권리를 인정하기는 어렵다고 본다. 이에 대해서는 추가적인 논의가 필요한 부분일 것이다.

54) 본 논문 'Ⅱ. 3. (2) 권리의 측면에서' 참고

어렵다. 그러나 한편, 앞서 살펴본 바와 같이 피해자는 소송 결과에 대한 이해관계가 있는 자이므로 주체에 준하는 지위를 인정할 필요성도 함께 도출될 수 있다.

2. 소송관계인 지위의 적정성

피해자에게 소송주체로서의 지위를 인정하기 어려움은 살펴본 바와 같다. 그렇다면 피해자에게 소송관계인, 즉 검사의 보조자로서의 지위를 인정할 수 있는가? 사실 피해자의 소송상 지위를 모색함에 있어 구체적으로 착안한 부분은 소송관계인으로서의 변호인의 지위이다. 변호인은 피고인의 보조자에 불과하기 때문에 소송관계인으로서의 지위를 부여받지만, 형사소송 실무에서 큰 역할을 담당하고 있고, 형사소송법 교과서에서도 변호인에 대한 설명은 빠지지 않는 등 형사 소송의 이론과 실무에서 큰 축을 담당하고 있는 자이다. 따라서 피해자에게도 검사의 보조자로서의 소송관계인의 지위를 인정할 수 있다면 변호인이 가지는 소송상 지위나 역할이 부여될 수 있다고 생각한 것이다.

그러나 이러한 위치지움 역시 적절하지 않다고 본다. 먼저 국가형벌권은 기본적으로 공공의 이익을 위해 놓여있고, 검사는 공익의 대변자이기 때문에, 검사를 통해서는 피해자의 이익이 제대로 고려되기 어렵다. 또한 기본적으로 공익 의무가 있는 검사로 하여금 특정 피해자를 대리하여 해당 사건에 임하도록 하는 것은 국가형벌권 행사의 차원에서 바람직한 방향이라고 보기도 어렵다. 검사는 객관 의무가 있기 때문에 피고인에게 유리한 증거도 제출하여야 하고, 피고인에게 유리한 상소를 해야 할 경우도 있기 때문이다. 즉 피해자를 검사의 보조자로 위치시키는 것은 검사의 객관 의무와 조화되기 어렵다.

마지막으로 피해자는 사건의 당사자이자 소송 결과에 대한 이해관계인이라는 점에서 결과에 대한 아무런 이해관계가 없는, 혹은 사실상의 이해관계를 가지는 변호인(소송관계인)보다 더욱 강화된 지위가 부여될 필요가 있다. 즉, 앞서 소송주체와 보조자의 구별 기준 중 '재판의 효력'측면에서 피해자는 변호인보다 좀더 소송 주체로서의 측면에 가까이 있다는 것이다. 이러한 점에서 피해자를 단순히 소송관계인의 지위에 두는 것은 적절한 위치지움으로 보기 어렵다.

3. 소송의 준주체로서의 피해자

이상의 논의를 종합하면, 피해자는 소송주체는 아니지만 보조자보다는 강화된 지위를 보장받을 필요성이 있다는 결론을 도출할 수 있다, 해당 사건의 당사자이자, 소송 결과에 대한 이해관계인이므로 소송관여자 및 소송관계인보다 더욱 강화된 지위를 보장받을 필요성이 있다는 것이다. 소송주체는 아니지만, 보조자보다는 강화된 지위, 피해자의 이러한 지위를 본 논문에서는 소송상 '준주체'의 지위에 있다고 명명하였다.

이는 소송주체인 검사에 의해 피해자의 입장이 대변되는 것이 아니라 피해자를 형사 소송상 또 다른 대화의 한 축, 형사소송의 구성원으로 인정하고자 하는 것이다.[55] 구체적으로, 소송상 준주체로서 피해자는 자신의 독자적인 이해관계에 기해 형사소송의 구성원의 지위를 가지고, 형사 절차에 주체적으로 참여한다. 증인으로서의 지위에서 검사가 신청하고 법원이 소환하여야 법원에 나갈 수 있는 지위가 아니라 피해자가 참석해야 공판절차가 개시되고, 자신이 원할 때 의견을 진술할 수 있는 기회가 제공되는 자로[56] 대우받으면서, 형사소송 진행의 구성원으로서의 지위가 보장된다. 또한 피해자는 형사소송에서 확정되는 범죄사실의 당사자라는 점에서 준주체로서의 지위를 도출하였다. 따라서 범죄사실의 확정과 관련하여 일정한 절차적·실체적 형성력이 인정될 수 있는 지위로 보아야 한다.

이제 형사소송의 관여자들은 아래와 같이 소송주체, 소송의 준주체, 보조자, 소송관여자로 분류될 수 있다. 이 경우 소송주체와 보조자를 합한 소송관계인이라는 개념은 불필요할 것이다.

[표 2] 형사소송의 준주체로서의 피해자

구분	해당자
소송주체	: 법원, 검사, 피고인
소송의 준주체	: 피해자
보조자	: 변호인, 법정대리인, 특별대리인 등
소송관여자	: 증인, 감정인 등

55) 권순민, 앞의 주 26)의 논문, 183면.
56) 권순민, 앞의 주 26)의 논문, 183면.

소송의 준주체로서 피해자는 다음과 같이 정리될 수 있다. 첫째, 피해자는 소송의 주체가 아니다. 따라서 기본적으로 소송에서 제3자이고, 증인능력도 있다. 또한 원칙적으로 피해자의 소송참가나 종료는 소송 계속에 영향을 줄 수 없다. 둘째, 피해자는 형사 소송의 보조자－소송관계인－도 아니다. 소송주체의 보조자로 참가하는 것이 아니라 자신의 독자적인 이익을 옹호하기 위해 주체적으로 소송에 참가한다. 피해자가 소송참가를 할 경우에는 그에 대해 별도로 송달을 하여야 하며, 피해자는 자신의 대리인을 선임할 수도 있다. 이러한 독립성에 기초하여 소송주체에 준하는 절차참여권을 가진다.

4. 소송의 준주체로서의 피해자의 권리

(1) 총론적 관점에서

형사법 체계에서 피해자의 권리 보장 여부는 법적 지위에 좌우된다. 피의자가 피고인으로 법적 지위가 달라짐으로 인하여 수사단계와 공판단계에서 동일인에 대한 권리 범위가 달라지게 된다는 점을 고려해보더라도 법적 지위의 확정은 권리 범위와 연계된다는 것을 알 수 있다.[57] 피해자에게 소송상 '준주체'로서의 지위를 인정한다는 것은, 피해자에게 단순히 증인으로서의 지위를 넘어 각 심급의 주체적 참여자로서의 지위를 보장한다는 것이다.[58]

이를 위해서는 먼저 독일이나 프랑스처럼 피해자를 형사소송법 상 한 축으로 등장시켜 규정하는 것이 필요하다. 형사소송법 개정을 통해 피해자에 관한 편장을 도입하여야 한다는 것이다. 또한 현재 우리 법체계상으로는 피해자가 형사소송 절차에 출석하여 소송법상의 권한을 행사할 수 있는 근거가 없다. 따라서 피해자에게 일정한 소송법상 권한을 부여하고, 그 권한의 행사를 위한 절차적인 부분을 마련하기 위해서는 형사소송법 개정을 통한 피해자 참가제도의 도입이 필요하다.[59] 피해자 참가제도의 설계를 위한 형사소송법 개정안을 마련함에 있어서는 현행 형사소

57) 김혜경, "피해자 중심적 사고와 피해자의 법적 지위－형사절차상 피해자 통지제도를 중심으로－", 『형사법의 신동향』, 통권 제67호(대검찰청, 2020), 193면.

58) 김혜경, 앞의 주 57)의 논문, 200면.

59) 우리나라에서도 피해자 참가를 내용으로 하는 형사소송법 일부개정법률안이 2011. 7. 15. 정부안으로, 2014. 2. 6. 강찰길 국회의원의 대표발의로 각각 제출된 바 있으나, 제대로 논의되지 못한 채 폐기된 바 있다.

송과 체계와 정합성을 이룰 것을 요한다. 이를 구체화하는 것은 절차의 전반적인 부분까지 아울러 하나의 제도를 설계하는 문제로서 본 논문에서 구체적인 방향성을 제시하기는 어려워 향후 과제로 남기고자 한다. 다만 이하에서는 준주체로서의 지위에 기해 도출될 수 있는 권리 목록들을 살펴보고자 한다.

(2) 준주체의 지위에서 도출되는 권리

1) 각종 통지를 받을 권리

피해자에게 소송상 준주체로서의 지위를 인정한다면 피해자에게 소송 진행과 관련한 통지를 받을 권리는 자연스럽게 인정될 수 있고, 필수적으로 인정되어야 한다. 현행 형사소송법 제259조의2조는 피해자 등에게 통지받을 권리를 인정하지만, 피해자의 신청을 요하는 점, 수사단계에서의 통지와 공판단계에서의 통지를 분리하지 않고 공판기일 등의 통지 주체도 검사로 규정하고 있다는 점에서 문제가 있다.

따라서 먼저, 피해자의 신청 유무를 불문하고 통지가 이루어지도록 할 필요가 있다(통지 절차의 의무화). 다음으로, 수사 단계에서의 통지와 공판 단계에서의 통지를 나누어 규정하여 공판단계에서의 통지 주체는 법원으로 변경할 필요가 있다. 다른 소송주체(검사, 피고인)들에 대한 통지는 법원이 하고, 법원의 통지를 받은 검사를 통해 피해자에게 공판기일 통지가 이루어지도록 한 현재의 형사소송법은 적절하지 못한 측면이 있다. 마지막으로 통지의 내용을 확대하여 법원이 검사와 피고인에게 통지하는 형사소송의 진행과 관련된 전반적인 사항에 대해서는 피해자에게도 통지를 해주도록 함이 타당하다.

2) 구성원으로서의 출석권

현행법상 소송주체인 검사, 피고인에게는 당연히 공판기일 출석권이 인정되고, 보조자인 변호인에게도 고유권으로서 공판기일 출석권(제275조)이 인정되지만 피해자에게는 공판기일 출석권이 인정되지 않는다. 그러나 소송의 준주체로서의 피해자는 주체적 참여자, 즉 형사소송의 구성원으로서의 지위에 있으므로 이에 기하여 소송상 각 심급에 출석·재정할 수 있는 권한이 당연히 인정된다. 이를 통해 이제 피해자는 형사소송의 방청객이 아니라, 형사소송의 구성원이 된다.

이는 피해자에 대한 출석의 '기회' 부여가 필수적으로 이루어져야 한다는 것이다. 따라서 출석을 원하지 않는 피해자의 경우, 피해자의 출석 없이 기존의 구성원만으로 재판이 이루어진다. 그러나 출석 의사를 밝힌 경우 피해자는 형사 소송의 구성원이 되고, 피해자에게 공판기일 통지권 및 공판기일 변경 신청권 등의 세부적인 권리 목록도 인정되어야 한다. 또한 공판정 내에 피해자 석을 마련하여 공판기일에 출석한 피해자는 방청석이 아닌 공판정 내에 위치하도록 하여야 한다.

3) 재판절차진술권의 실질화

이와 더불어 피해자의 재판절차진술권 역시 준주체로서의 지위에 맞게 실질화할 필요가 있다. 먼저 해당 권리에 대한 고지 및 의사 확인 절차가 필수적으로 이루어져야 한다. 구체적으로는 공소장 부본의 송달 및 공판기일 통지와 함께 재판절차진술권의 고지가 이루어질 수 있다고 본다. 피해자의 의사 확인 절차가 필수적이라는 것은 재판절차진술권 행사의 '기회'가 필수적으로 부여되어야 한다는 것이다.[60] 이와 더불어 재판절차진술권의 권리로서의 성격을 강화하여야 한다. 신청 시기·방법 등을 명확히 규정하고, 침해된 경우의 구제방법도 마련해두어야 하며, 증인 신문의 방식이 아닌 피해자로서의 진술권이 인정될 수 있어야 한다.[61]

4) 변호인의 조력을 받을 권리

적법절차원칙의 피해자에의 적용은 피해자에게 변호인의 조력을 받을 권리를 부여할 수 있는 근거가 된다. 적법절차원칙은 국가 작용에 대해 책임있는 정부 기관이 구술로서 설명을 하고, 이에 대해 이해관계인이 구두로서 의견을 제시하는 것을 허용하는 절차일 것을 요한다[62]. 따라서 형사소송 절차의 진행과정이나 소송행위에 대한 제대로된 '설명', 충실한 고지가 이루어지기 위해서는 피해자에 대한 법률조력인이 필수적이기 때문이다. 이러한 점에서 사선변호인을 선임할 수 없는 피해자에 대한 국선변호인 선정권도 도출될 수 있다.

---

60) 예컨대 국민의 형사재판에 관한 법률에 따르면, 대상 사건의 피고인에 대하여는 국민참여재판을 원하는지 여부에 관한 의사를 서면 등의 방법으로 반드시 확인하여야 하고(위 법 제8조 제1항), 피고인이 국민참여재판을 원하는지에 관한 의사 확인절차를 거치지 아니한 채 통상의 공판절차로 재판을 진행하였다면, 이는 피고인의 국민참여재판을 받을 권리에 대한 중대한 침해로서 그 절차는 위법하고 이러한 위법한 공판절차에서 이루어진 소송행위도 무효라고 한다(대법원 2012. 4. 26. 선고 2012도1225 판결).

61) 물론, 형사소송규칙에 따르면 피해자가 증인신문에 의하지 아니하고 의견을 진술하게 할 수 있지만(형사소송규칙 제134조의10 제1항), 형사소송법과의 부정합성 때문에 문제가 있다. 이를 형사소송법적 권리로 명확히 규정할 필요가 있다.

62) 강승식, 앞의 주 42)의 논문, 11면.

검사의 이해관계와는 독자적인 피해자의 이해관계가 소송에 반영되어야 한다는 점에서도 피해자의 변호인 조력권은 도출될 수 있다. 검사는 피해자를 보호하는 법률가가 아니기 때문에 피해자를 불편하게 하는 신문 상황을 이용하게 될 우려도 있다. 이러한 상황에서 오직 피해자의 이익만을 위해 법률적 조력을 해줄 변호인이 필요하게 된다. 결국 자신의 정당한 이익을 위해 변호사의 조력을 받아야 할 현실적인 필요성은 피해자나 피고인이나 크게 다르지 않다는 것이다.[63] 수사기관이나 검사에 대항하여 실질적인 방어권을 보장받기 위해서 피고인에게 변호인의 조력이 요청되는 것처럼, 피해자도 형사소송에서 자신의 인격권 등의 침해로부터 보호받고, 정당한 이익을 주장할 수 있도록 법률전문가의 실질적인 도움이 필요하다.[64]

5) 사실심리에 관한 권리

(가) 증거 조사에 관한 권리

앞서 소송상 준주체란 소송법적 권한에 기해 범죄사실의 확정과 관련하여 일정한 절차형성력을 가지는 자로 정의될 수 있었다. 따라서 소송의 준주체의 지위에서, 피해자에게 사실관계의 확정에 관한 소송법적 권리가 인정될 수 있음은 당연하다. 다만 이러한 사실심리에 관한 권리－증거신청권, 증거신청에 대한 의견진술권, 증거조사 참여권, 증인신문권, 증거조사결과에 대한 이의신청권 등－ 중 어떤 권리를 어느 범위까지 인정할 것이고, 그 구체적인 행사 방식 등이 어떠할 것인지는 형사소송법의 개정안을 통한 설계가 필요하다. 비교법적으로 보면, 일본의 피해자참가인은 증거신청권은 인정되지 않지만, 증인신문권과 피고인 질문권은 인정된다. 반면 독일의 부대공소제도에서 공소참가인은 증거신청권과 이의제기권, 증거신청권을 갖는다. 프랑스는 사소제도를 통해 피해자가 당사자로서의 지위를 획득하게 되므로, 사실심리 절차에서도 당사자로서의 모든 권리를 갖게 된다.

이처럼 피해자 참가 제도의 설계 과정에서 사실심리에 관한 피해자의 권리는 일정한 제약이 가해질 수 있다고 본다. 피해자에게 소송상 준주체의 지위를 인정한다고 하더라도 사실심리에 관한 일정한 권리가 인정될 수 있다는 것이지, 사실심리에 관한 모든 권리를 무제한적인 방식으로 행사할 수 있는 것은 아니기 때문이다. 예컨대 피해자의 사실심리절차에 관한 권리는 검사의 권한에 대해 보충적으로 행사

63) 강동욱, 앞의 주 39)의 논문, 211－212면.

64) 장승일, “형사절차상 피해자 권리보호에 관한 연구”, 『법학연구』, 제37권(한국법학회, 2010), 225면.

되어야 한다는 제한을 두거나, 행사 방식에 있어서 원칙적으로 피해자의 변호인을 통해서 하도록 설계하는 방법 등이 가능할 것이다. 사실심리 절차에 관한 피해자 권리의 구체적인 설계는 여러 가지를 검토하여 세밀하게 개정안을 마련해야 하는 문제로서, 후속 과제로 남기고자 한다.

(나) 피고인신문권

피해자에게도 피고인 신문권을 인정할 수 있을지 문제되는데, 소송의 준주체인 피해자에게 소송의 주체인 피고인에 대한 신문권을 인정하기는 어렵다고 생각된다. 2007년 형사소송법 개정 당시에도 검사가 소송주체인 피고인을 공판정에서 심문하는 것은 적절하지 못하다는 입장에서 피고인신문의 전면 폐지에 관하여 논의된 적이 있다.[65] 그러나 피고인 신문절차를 전면 폐지하지는 않고 다만 그 증거 조사 이후의 단계에서 행해지도록 그 순서를 조절하였다. 이러한 점에 비추어볼 때 피해자에게 피고인에 대한 신문권을 주는 것은 적절하지 않다고 보인다. 다만 피고인 신문절차에 대한 이의 사항 등은 피해자의 의견진술이나, 피해자 변호인의 의견서 제출 등을 통하여 이루어질 수 있을 것이다.

6) 모두진술권과 최후진술권

비교법적으로 피해자에게 모두 진술을 인정한 예는 쉽게 찾아보기 어렵다.[66] 피해자의 재판절차진술권의 한 형태로서 모두진술권을 인정할 여지도 있겠지만, 아직 소송 절차가 본격적으로 개시되기도 전인 모두절차에서 피해자에게 모두 진술을 인정할 필요는 없다고 본다. 아직 사실심리절차가 이루어지기 전 단계이기 때문에, 이는 단순히 피해자의 감정적 호소를 위한 수단으로 전락할 위험이 크다.

다만 피해자에게 최후진술권을 인정할 필요는 있다. 특히 피해자의 재판절차진술권의 원칙적인 모습을 기존의 증인신문 방식이 아닌, 최후진술의 방식으로 하는 것도 하나의 방법이 된다고 본다. 최후 진술 단계에서는 이미 증거조사가 완료된 시점이므로 피해자의 진술이 증인 신문의 방식으로 이루어지지 않더라도 피해자의

65) 권순민, "공판절차에서 피해자 직접 참여권의 범위와 한계", 『법학논총』, 제42권 제4호(단국대학교 법학연구소, 2018), 440면.

66) 한편, 국제형사재판소(International Criminal Court, ICC)는 ICC규칙 제89조에서 "재판부는 모두진술과 최종진술을 비롯하여 피해자 참가가 적절하다고 여겨지는 절차 및 방법을 결정할 수 있다"라고 함으로써 모두 진술과 최후진술을 할 권리를 부여하고 있다. 다만 그 허가 여부는 오직 법원의 결정에 맡겨져 있어, 법원의 자의적인 판단에 대해 우려를 표하는 견해가 많다[강성영, "국제형사재판소 공판단계에서의 피해자 절차참가에 관한 소고", 『국제법학회논총』, 제68권 제2호(대한국제법학회, 2023.), 82면.

진술의 증거능력과 관련한 문제의 소지가 적고, 법관의 유죄 심증의 형성에도 큰 영향을 미치지 않을 수 있기 때문이다. 그리고 해당 소송 경과를 지켜본 피해자로서는 최후 진술을 통해 법원의 소송 진행에 대한 이의제기의 형식으로도 발언할 기회가 주어질 수 있다는 점에서도 의미가 있다고 본다.

7) **상소에 관한 권리**

비교법적으로 일본의 피해자 참가인 제도에서는 상소권을 인정하지 않고 있고, 독일의 부대공소제도에서 공소참가인은 검사와 독립적인 상소권을 부여하되, 양형을 이유로는 항소할 수 없도록 하였다. 한편 중국의 경우 피해자를 당사자로 인정하여 포괄적인 권리를 부여하고 있음에도 상소권은 부여하지 않고, 상소요구권(청구권)만을 인정한다.

피해자의 준주체로서의 지위 등에 비추어보면 상소권은 소송의 개시에 관한 권리이므로 기본적으로 주체에게 인정되는 권리이고, 따라서 독자적인 상소권을 부여해야 할 당위성이 도출된다고 보기는 어렵다. 다만 피해자 참가 제도의 설계 시 상소에 관해 검사와 협의할 수 있는 절차를 마련하거나, 검사로 하여금 피해자참가인의 의견을 존중하여 상소권을 행사하도록 하는 규정을 두는 것도 하나의 방안이 될 수 있다고 본다.

Ⅴ. 나가며

본 글은 피해자가 형사 소송상 준주체의 지위에 있다는 점을 주장하였다. 소송의 준주체란 소송주체는 아니지만 보조자보다는 강화된 지위로서, 자신의 독자적인 이해관계에 기해 형사소송의 구성원으로서 주체적으로 참여하는 자이며, 소송법상 권한에 기해 범죄사실의 확정과 관련하여 일정한 절차형성력을 가지는 자로 정의될 수 있다. 이러한 지위에 기해 피해자는 통지를 받을 권리, 출석권, 재판절차진술권, 변호인 조력권, 사실심리에 관한 일정한 권리를 가진다.

피해자의 지위와 권리에 대한 논의는 비단 피해자에 국한된 것이 아니라 국가형벌권의 목적, 정당성, 피고인의 지위와 우리 형사소송 구조에 관한 논의와도 맞닿아 있다. 단지 피해자의 권리를 신장하기 위한 제도의 설계가 아니라 우리 형사소송이 나아갈 방향과 구조, 각 당사자들의 지위에 대해 여러 논의와 제도의 설계가 필요한 시점이다. 이 글은 그 단초에 불과할 뿐이다.

【참고문헌】

단행본

김지향 저, 편집대표 민일영, 『주석 민사소송법』, 한국사법행정학회(2023)
문준영, 『법원과 검찰의 탄생』, 역사비평사(2010)
Klaus Volk/ 박노섭 등 역, 『독일형사소송법』(2009)
박균성, 『행정법강의』, 제20판(박영사, 2023)
신동운, 『신형사소송법』, 제5판(법문사, 2014)
이시윤, 『신민사소송법』, 제16판(박영사, 2023)
이재상, 『신형사소송법』, 제2판(박영사, 2007)
이재상/조균석/이창온, 『형사소송법』, 제15판(박영사, 2023)
이주원, 『형사소송법』, 제3판(박영사, 2021)
이창현, 『형사소송법』, 제9판(정독, 2023)
정승환, 『형사소송법』, (박영사, 2018)
정웅석/최창호/이경렬/김한균, 『新 형사소송법』, (박영사, 2021)
호문혁, 『민사소송법』, 제14판(법문사, 2020)

논문

강동욱, “범죄 피해자보호와 피해자변호사제도”, 『한양법학』, 제25권 제1집(한양법학회, 2014.)
강성영, “국제형사재판소 공판단계에서의 피해자 절차참가에 관한 소고”, 『국제법학회논총』, 제68권 제2호(대한국제법학회, 2023.)
강승식, “절차적 적법절차의 본질에 관한 연구”, 『미국헌법연구』, 제25권 제2호(미국헌법학회, 2014.)
김웅재, “이른바 ‘합의’가 양형에 미치는 영향에 관한 소고”, 『법학논총』, 제38권 제1호 (한양대학교 법학연구소, 2021)
김택수, “프랑스 부대사소제도와 피해자의 소송참가”, 『경찰학연구』, 제10권 제2호(한국경찰법학회, 2010.)
김 혁, “피해자의 형사절차 참여 강화 방안”, 『피해자학 연구』, 제31권 제2호(한국

피해자학회, 2023.)

김혜경, “피해자 중심적 사고와 피해자의 법적 지위－형사절차상 피해자 통지제도를 중심으로－”, 『형사법의 신동향』, 통권 제67호(대검찰청, 2020.)

권순민, “공판절차에서의 피해자보호 방안에 대한 검토”, 『성균관법학』, 제20권 제2호(성균관대학교 법학연구소, 2008.)

권순민, “공판절차에서 피해자 직접 참여권의 범위와 한계”, 『법학논총』, 제42권 제4호 (단국대학교 법학연구소, 2018.)

권순민, “형사사법에서 ‘피해자 중심’의 의미와 법정책”, 『비교형사법연구』, 제23권 제3호 (한국비교형사법학회, 2021.)

소병도, “피해자의 헌법적 권리와 적법절차를 통한 보장”, 『홍익법학』, 제17권 제2호(홍익대학교 법학연구소, 2016.)

손병현, “프랑스 형사법상 사소의 행사”, 『비교형사법연구』, 제24권 제4호(한국비교형사법학회, 2023.)

안명기, “소송법률관계설과 소송상태설”, 『사법행정』, 통권 제139호(사법행정, 1972.)

윤영미, “절차적 적법절차의 적용대상”, 『법학논총』, 제24집 제2호(한양대학교 법학연구소, 2007)

이용식, “회복적 정의와 형사사법 정의－두 정의의 ‘절충’은 가능한 것인가?”, 『동아법학』, 제54호(동아대학교 법학연구소, 2012.)

이진국, “양형기준에서 특별감경요소로서 ‘피해회복을 위한 진지한 노력’에 관한 고찰”, 『형사정책연구』, 제27권 제3호(한국형사정책연구원, 2016.)

이진국, “독일의 부대공소제도에 관한 연구”, 『형사소송 이론과 실무』, 제10권 제1호(한국형사소송법학회, 2018.)

장승일, “형사절차상 피해자 권리보호에 관한 연구”, 『법학연구』, 제37권(한국법학회, 2010.)

조균석, “일본피해자참가제도 시행 7년의 운영 성과와 그 시사점”, 『일감법학』, 제38호 (건국대학교 법학연구소, 2017.)

차용석, “형사소송에 있어서의 ‘Due Process’의 구현”, 『형사정책연구』, 제18권 제3호(한국형사정책연구원, 2007.)

【국문초록】

피해자는 형사소송법상 그리고 소송 실무상으로도 법정에서 소외된 채 소송관여자로서의 지위 정도를 부여받고 있다. 그러나 피해자는 해당 사건의 당사자이고 소송 결과에 대한 이해관계인이다. 형사소송의 이념인 적법절차의 원칙은 소송 결과에 대한 이해관계인인 피해자에게도 적절한 고지와 청문의 기회를 부여할 것을 요한다. 양형에서 피해자의 역할 및 비교법적 검토를 통해서도 피해자에게 보다 강화된 소송상 지위가 필요하다는 점이 도출될 수 있다. 이러한 점을 종합하여 본 논문은 피해자가 형사 소송상 준주체의 지위에 있다는 점을 주장하였다.

먼저 현행법 상 피해자를 소송 주체로 보기는 어렵고, 그렇게 인정할 당위성이 곧바로 도출되지는 않는다고 보았다. 또한 검사는 객관 의무를 가지고, 국가 형벌권은 기본적으로 공공의 이익을 위해 놓여있다는 점에서 피해자에게 소송관계인(검사의 보조자)으로서의 지위를 인정하는 것도 적절하지 않다고 보았다. 그러나 한편 피해자는 사건의 당사자이고 소송 결과에 대한 이해관계인으로서 소송관계인보다 더욱 강화된 지위를 보장받을 필요가 있다고 판단하였다. 소송주체는 아니지만 보조자보다는 강화된 지위, 이러한 지위를 본 논문에서는 소송상 준주체의 지위라고 명명하였다. 소송의 준주체로서 피해자는 형사소송의 구성원으로서 주체적으로 참여하고, 범죄사실의 확정과 관련하여 일정한 절차형성력을 가지는 자로 정의될 수 있다.

이를 위해 피해자를 형사소송법 상 한 축으로 등장시켜 규정하는 것이 필요하다. 즉 형사소송법 상 피해자에 대한 하나의 편장이 별도로 마련될 것을 요한다. 또한 소송상 피해자에게 일정한 절차형성력을 부여하기 위해서는 형사소송법 개정을 통한 피해자 참가제도의 도입이 요구된다. 이를 통해 피해자에게 소송상 준주체적 지위에 근거한 각종 권리가 실질적으로 부여될 수 있을 것이다.

◈ 주제어: 소송주체, 소송의 준주체, 피해자의 지위, 적법절차 원칙과 피해자, 피해자의 소송상 권리

【Abstract】

The semi-party status of crime victims in criminal procedure

Soo－Young Min*

The victim is alienated from the court under the Criminal Procedure Act and in practice. However the real interested party in criminal procedure is the crime victim. From this perspective, this paper sought to find an answer to this question: What is the victim's appropriate status in criminal procedure? The grounds on which crime victims can be granted the right to independent participation in criminal proceedings are as follows : due process of law, victim's role in sentencing, a comparative legal review.

Victims are not a party in criminal procedure. Also, because the government's prosecution and punishment of criminals is done not on behalf of the victim himself but on behalf of society, the victim cannot be an assistant to the prosecutor.

Now, the status of a crime victim can be defined as being a 'semi－party.' 'Semi－party' is a member of a criminal procedure who actively participates in the procedures with an independent interest, and is a person who has a certain procedural power in relation to the confirmation of criminal facts and application of law. As a semi－party, Victims have the right to receive various notifications is recognized as mandatory, the right to appear in court as a member of a criminal proceeding, and the right to receive assistance from a lawyer is also granted. Also, victims must have the right to participate in the determination of criminal facts and application of law.

◈ Key Words: due process of law and victim, party of the criminal procedure, semi-party of the criminal procedure, the status of victim in criminal procedure, victim's rights in criminal procedure

* Kyung－Pook National University Law School, Assistant Professor

한국형사소송법학회『형사소송 이론과 실무』
第16권 第4호 (2024.12) 153~177면.
Theories and Practices of Criminal Procedure Vol. 16 No. 4 (December. 2024) pp. 153-177.
10.34222/kdps.2024.16.4.153

형사소송법 개정의 기본 방향과 입법론* **
- 제1심 공판·재판 분야를 중심으로 -

한 상 규***

목 차

Ⅰ. 들어가며

2024년은 한국 형사소송법이 제정된 지 70년이 되는 해이다. 1954년 9월 23일 우여곡절 끝에 공포된[1] 형사소송법은 대한민국 법치주의의 근간을 이루는 중요한 법률이며, 70년이라는 시간 동안 여러 차례 개정을 통해 변화해 왔다. 그동안의 변화에도 불구하고 형사소송법은 여러 문제를 안고 있기도 하다.

첫째, 수사과정에서의 적법절차 준수이다. 실체적 진실을 밝혀야 하는 수사기관으로서는 효율적인 수사를 통해 수사의 목적을 달성하려는 과정에서 수사절차 참여자들의 인권이 침해되지 않도록 해야 한다. 특히, 수사과정에서 피의자의 변호인

* 이 논문은 2022년 아주대학교 교내 학술진흥연구비 지원에 의해 작성되었음.
** 논문 심사 과정에서 귀중한 조언을 주신 익명의 심사위원들께 감사드리며 보다 심도 있는 연구와 집필을 기약한다.
*** 아주대학교 법학전문대학원 교수
1) 대통령의 공포 지연 등으로 발생한 제정 형사소송법의 발효시점에 관한 논란에 대해서는 이주원, “적법절차 원칙과 형사재판의 과제”, 「우리 재판제도에 대한 성찰과 지향점 - 결과보고서 -」(사법정책연구원·대한변호사협회, 2024), 92쪽 각주 2) 참조.

조력을 받을 권리가 확장되는 등 형사소송의 역사가 '변호권 확대의 역사'라 해도 과언이 아니라는 점은 여전히 중요하다.

둘째, 공판중심주의의 실현이 미흡하다는 것이다. 수사단계에서 확보된 증거에 대한 의존도가 여전히 높고, 공판과정에서의 증거조사 및 심리가 충분히 이루어지고 있는지 의문이다. 이는 한정된 인적 · 물적 사법자원으로 수사와 재판의 효율성[2]을 추구해 온 데 근본적인 원인이 있다고 할 수 있는데, 그러한 문제는 현재도 여전하다고 할 수 있다.

셋째, 피해자가 수사 및 재판 과정에 적극적으로 참여하여 진술할 수 있는 권리가 현실적으로 충분히 보장되지 않고 있다. 피해자에 대한 심리적·경제적 지원제도가 부족하며 2차피해 방지를 위한 노력도 아직 미흡하다고 할 수 있다.

일각에서는 중대한 범죄자에 대한 수사 및 재판이 제대로 이루어지지 않아 형사사법을 통한 정의실현에 대한 국민의 불신이 높아지고 있고, 복잡하고 전문적인 법률지식이 요구되는 사건에 충분하고 적절한 대응능력을 갖춘 인적 사법자원이 부족하다는 비판도 있다.

이 글에서는 형사소송법 제정 이래 큰 변화가 있었던 2007년의 형사소송법 개정의 취지를 중심으로 헌법적 형사소송과 적법절차의 관점에서 우리 형사소송법 개정의 기본방향을 살펴보고(Ⅱ), 그동안 여러 학자들에 의해 주장되어 온 공판절차와 재판절차의 주요 입법론을 개관·정리한 후(Ⅲ), 향후 형사소송법 개정에 도움이 되기를 바라면서 마무리하고자 한다(Ⅳ).

II. 형사소송법 개정의 기본방향

1. 2007년 개정 형사소송법

(1) 형사소송법의 공과

1954년 형사소송법이 제정·공포된 이래 여러 차례 개정을 통해 형사사법제도에 변화가 있었다. 그중 중요한 개정은 영미식 당사자주의 요소와 인권보장기능을 강

---

2) 2007년까지 정치 사회적 상황 변화, 특히 민주화의 진척이 형사소송법 개정에 미친 영향을 다루면서 각 개정시에 인권보호와 사법효율성 사이의 긴장관계를 분석하고 미래 전망을 제시하는 논문으로 변종필, "형사소송법 개정의 역사와 전망", 「형사법연구」 제19권(2007)이 있다.

화한 1961년 9월 1일 법률 제705호 개정 법률과 영장실질심사의 도입을 통해 인신구속제도의 개선을 도모한 1995. 12. 29. 법률 제5054호 개정법률을 들 수 있다. 그럼에도 형사사법제도의 기본적인 틀은 형사소송법 제정 이래 큰 변화 없이 지속되어 왔다고 할 수 있고, 이에 대해서는 우리 형사사법이 주어진 형사사법 인력과 여건 속에서 효율적인 재판시스템을 구축해 왔다는 평가도 있을 수 있다.[3)]

그러나 한정된 사법자원 속에서 기능적 효율성을 추구해 온 밑바탕에는 실체적 진실개념에 입각한 범죄투쟁적 사고방식과 사법자원 부족에서 비롯되는 비용편익 분석 사고가 자리한 것은 아닌가[4)]라는 비판이 제기되기도 한다. 특히, 국민의 인권의식과 권리의식이 향상되면서 우리 형사사법제도가 과연 적절한가, 국제적 기준에 부합할 수 있는가와 같은 의문이 생기게 되었다.[5)]

2003년 대법원 산하에 설치된 사법개혁위원회는 형사사법제도에 관하여 크게 '피의자 · 피고인의 인권보장'과 '형사피해자 보호방안'을 논의하였다. 그 세부 쟁점으로 인신구속절차의 개선, 변호인의 조력을 받을 권리의 실질적 보장, 공판중심주의적 법정심리절차의 확립, 형사사건 처리절차의 다양화, 피해자의 진술권, 신뢰관계자의 동석제도, 재정신청제도의 확대 등을 다루었다.

그 후 2004년 12월 15일 대통령 직속의 "사법제도개혁추진위원회"의 설치를 내용으로 하는 대통령령이 제정, 공포되었다. 사법제도개혁추진위원회는 법원과 검찰, 변호사, 학계, 시민단체대표 등이 참여하여 1년 여 동안의 논의를 거친 끝에 정부입법안을 성안하여 2006년 1월에 국회에 형사소송법 일부 개정 법률안을 제출하였다.

(2) 2007년 개정 형사소송법의 주요 내용

이런 상황 속에서 2007년 6월 1일 공포되어 2008년 1월 1일부터 시행에 들어간 제17차 개정 형사소송법(법률 제8496호)[6)]이 표방한 법률개정안의 제안이유는 다음과 같다. 즉, "형사절차에 있어서 피고인 및 피의자의 권익을 보장하기 위하여 인신구속제도 및 방어권보장제도를 합리적으로 개선하고, 공판중심주의적 법정심리절

3) 법원행정처, 『새로운 형사재판의 이해』(2007), 12쪽. 특히 약식절차와 즉결심판제도는 소송경제 및 사법자원의 효율적 배분을 위한 제도로 이해된다.

4) 변종필 · 나기업, 『형사소송법』(박영사, 2024), 26쪽.

5) 법원행정처, 앞의 책, 12쪽.

6) 이하 경우에 따라 '2007년 개정 형사소송법'이라고만 한다.

차를 도입하며, 재정신청의 대상을 전면 확대함에 따라 이 법의 관련규정을 체계적으로 정비·보완하는 한편, 국민의 알권리 보장 및 사법에 대한 국민의 신뢰 제고를 위하여 형사재판기록의 공개범위를 확대하는 등 현행 형사소송제도의 운영상 나타난 일부 미비점을 개선·보완함으로써 국민의 인권보장과 국가형벌권 행사의 적정성을 획기적으로 제고하려는 것"이 그것이다.[7]

그 주요 내용으로 ① 변호인의 피의자신문참여권 인정, ② 수사과정 기록제도 도입, ③ 구속전피의자심문을 필요적 심문제도로 변경, ④ 공판준비기일제도 및 증거개시제도 도입, ⑤ 공판정의 좌석과 피고인신문 순서 변경, ⑥ 보석조건의 다양화, ⑦ 재정신청제도의 전면 확대, ⑧ 위법수집증거배제법칙 명문화 등 증거법분야 정비, ⑨ 무죄판결확정시의 비용보상 인정 등 형사절차에 있어서 피고인 및 피의자의 권익을 보장하기 위해 인신구속제도 및 방어권보장제도를 개선하였을 뿐만 아니라 공판중심주의적 법정심리절차를 도입하고 국민의 알권리 보장 및 사법에 대한 국민의 신뢰를 높이기 위해 형사재판기록 공개의 범위를 확대하는 등 매우 큰 폭으로 변경되었으며, 이와 함께 형사사법절차에 국민의 참여가 가능하도록 하는 「국민의 형사재판 참여에 관한 법률」이 제정되어 국민참여재판이 시작되었다.[8]

이는 '피의자·피고인의 방어권보장', '인신구속제도 및 압수수색제도의 개편', '재정신청제도의 개편', '공판중심주의적 법정심리절차의 도입'으로 요약될 수 있다.[9]

(3) 공판중심주의 강화

공판중심주의는 공개된 법정에서 형사소송법이 정한 절차에 따라 증거를 조사하고, 이를 바탕으로 형성된 법관의 심증을 토대로 피고인의 유·무죄 및 양형에 관해 판단해야 한다는 원칙을 말한다. 우리 형사소송법에 이러한 공판중심주의의 원칙을 명문으로 선언하지는 않았지만, 공판중심주의가 우리 형사소송법의 기본원칙이라는 점에 대해서는 학설상 아무런 이견이 없는 것으로 보인다.

2007년 개정 전의 형사소송법도 이념적으로는 공판중심주의를 지향하고 있었다. 그러나 형사재판 실무는 수사기록에 의존하는 경향이 강하여, 유·무죄와 양형에 관한 판단이 공개법정에서의 심리를 통하여 이루어지지 않고 법관의 집무실에서

7) 신동운, 『신형사소송법』, 제4판(법문사, 2012), 25쪽.
8) 이창현, 『형사소송법』, 제10판(정독, 2024), 12~13쪽.
9) 신동운, 앞의 책, 25~28쪽.

수사기록을 중심으로 이루어진다는 비판을 받았다. 법관이 각종 조서에 의존하여 심판하게 된 결과 형사재판절차가 지나치게 생략되어 방청객들이 심리의 경과와 재판의 내용을 제대로 알기 어려웠던 것이 사실이다. 그 결과 재판부와의 인맥이나 보이지 않는 외부의 힘에 의하여 재판 결과가 좌우된다는 억측을 낳기도 하여 형사사법에 대한 불신이 확산되기에 이르렀다. 이에 2004년 말부터 진행된 사법개혁작업에서 공판중심주의적 법정심리절차의 확립이 주된 개혁과제로 선정되었고, 이를 구체적으로 실천하기 위하여 입법자는 2007년 개정 형사소송법을 통하여 공판절차의 대대적인 개편을 단행하였다.[10)]

2007년 개정 형사소송법의 내용 중 공판중심주의에 기한 법정심리를 위한 내용들로 집중심리를 도모하기 위한 증거개시제도와 공판준비절차제도를 도입하고 연일 개정 원칙을 규정하였으며,[11)] 증거조사절차를 개선하는 한편,[12)] 증거능력에 관한 규정을 정비하였다. 공판중심주의의 원칙을 구현하기 위해서는 원칙적으로 공판정에서 증거를 조사하여야 한다. 따라서 공판정 밖에서 행하는 증거조사는 가급적 지양하거나 설령 증거조사를 하였다고 하더라도 공판기일에 공개된 법정에서 법원이 증거조사를 다시 하여야 한다. 결국 공판중심주의의 원칙을 구현하기 위해서는 공개주의, 직접주의, 구두변론주의의 원칙이 뒷받침되어야 하는 것이다.[13)] 아울러 공판중심주의를 뒷받침하기 위한 제도적 장치 못지않게 이를 실제 법정에서 구현

---

10) 신동운, 앞의 책, 763쪽.

11) 예를 들어, ① 피고인 또는 변호인이 공소제기된 사건에 대한 서류 또는 물건의 열람·등사를 신청할 수 있도록 하는 증거개시제도를 도입하고(제266조의3, 4), 이에 상응하여 검사도 일정한 범위 내에서 피고인 또는 변호인에게 증거개시를 요구할 수 있도록 하였다(제266조의11, 이하 별도의 언급 없이 조문을 언급하는 경우에는 형사소송법의 조문을 가리킨다). ② 공판기일전에 쟁점정리 및 입증계획의 수립을 위하여 공판준비절차제도를 도입함으로써 심리를 효율적으로 운영할 수 있도록 하고(제266조의5~제266조의10, 제266조의12~제266조의15), ③ 심리에 2일 이상 필요한 경우에는 부득이한 사정이 없는 한 매일 계속하여 공판정을 개정하도록 함으로써 집중심리가 가능하도록 하였다(제267조의2).

12) 증거서류·증거물 등에 대한 조사방식을 보완하고(제292조, 제292조의2, 제292조의3), 피고인신문은 원칙적으로 증거조사 완료 후에 검사 또는 변호인이 할 수 있도록 하되, 재판장은 필요하다고 인정하는 경우 증거조사가 완료되기 전이라도 피고인신문을 허가할 수 있도록 하였다(제296조의2).

13) 2007년 개정 형사소송법은 공개주의, 공판중심주의의 충실화를 위하여 공판정에서의 변론은 구두로 하여야 한다는 원칙을 명문으로 규정하였다(형사소송법 제275조의3). 그리고 집중심리의 원칙(제267조의2)을 규정하는 한편, 효율적이고 집중적인 심리를 위하여 사건을 공판준비절차에 부칠 수 있도록 공판준비절차에 관한 규정을 신설하였다(제265조의5 내지 15).

하고자 하는 재판부의 의지와 노력도 요청되었다.

2. 헌법적 형사소송과 적법절차 원칙

(1) 헌법적 형사소송

헌법적 형사소송은 형사절차를 단순히 법률적 차원에서만 보는 것이 아니라, 헌법의 이념 및 내용과의 합치성을 강조하는 개념이다. 즉, 형사사법은 헌법에 합치하도록 운용되어야 하며, 형사사법제도는 피의자·피고인의 헌법상의 권리를 보장한다는 원리를 말한다.[14] 헌법적 형사소송은 형사소송법의 내용과 해석·적용이 헌법과 일치해야 한다는 것으로, 모든 법률이 최고규범인 헌법에 합치해야 한다는 법체계상의 당연한 논리이자 형사소송법을 헌법의 응용규범으로 보는 관점이다.[15]

'헌법적 형사소송' 개념은 1980년대에 우리 학계에 등장했으며, 영미의 '법의 적정절차(due process of law)'의 영향을 받았다. 특히 1987년 개헌으로 적법절차원칙이 헌법에 명문으로 선언되면서 그 논의가 더욱 활발해졌다.

'헌법적 형사소송 개념'에 대한 학계의 견해는 다양하다. 헌법 제12조 제1항, 제3항을 법의 적정절차에 관한 원론조항으로 해석하여 형사절차상 인권보장을 위한 개별 규정들을 포괄하는 총괄규정으로 이해하는 견해, 피의자·피고인의 자유보장 관점에서 형사절차의 헌법적 보장을 꾀하는 규정으로 파악하는 견해, 모든 법률은 헌법의 하위법이므로 굳이 '헌법적 형사소송'이라는 개념을 사용할 필요가 없다는 견해, 헌법상 형사절차 관련 규정들이 형사소송의 재판규범을 이룬다는 점에서 '헌법적 형사소송' 개념의 독자성을 인정할 수 있다는 견해 등이 있어 왔다.

이처럼 다양한 견해들이 존재하지만, '헌법적 형사소송'이 형사절차를 헌법적 차원에서 바라보고 그 내용과 역할을 중요하게 다룬다는 점에는 큰 이견이 없는 듯하다.[16]

---

14) 이주원, 『형사소송법』, 제6판(박영사, 2024), ｘｘｘⅳ쪽.

15) 변종필·나기업, 앞의 책, 7쪽.

16) 변종필·나기업, 앞의 책, 8쪽. 아울러 헌법적 형사소송의 의의와 비판론 검토 및 헌법과 형사소송법의 관계에 대하여는 강동욱, 『형사절차와 헌법소송』(동국대학교 출판부, 2011), 24~41쪽 참조.

(2) 적법절차 원칙[17]

형사소송에서의 적법절차원칙이란, 국가형벌권 실현은 헌법과 그 정신 및 취지를 구현한 법률에 정한 적법한 절차에 따라 이뤄져야 한다는 요청이다.[18] 적법절차의 구체적 내용, 즉 진실규명을 위한 합리적 절차조건이 무엇인지는 각 시대의 사회현실에 따라 다를 수 있다.[19]

우리 헌법은 1987년 개정으로 제12조 제1항 제2문에서 적법절차 원칙을 천명하여 본격적으로 헌법적 형사소송을 구현하고 있다.[20] 헌법의 적법절차 조항은 중요한 실천적 역할을 담당한다. 적법절차 실현을 위한 구체적 법규가 없는 사안에서 재판규범으로 원용될 수 있고(보충적 재판규범), 법률해석 · 적용에 방향을 제시하며(해석방향 설정), 해석론만으로는 적법절차를 실현할 수 없는 영역에서 입법의 지침이 된다(입법지침).[21] 헌법상 적법절차 조항은 일반조항으로서의 성질을 가지므로 형사절차 전반에 걸친 지도이념으로 기능하고, 다른 기본권에 대하여 일반법 · 특별법의 관계에 서 있기 때문에 다른 기본권이 기능하지 못하는 경우에 보충적으로 개입하는 성질을 갖는다[22]고 할 것이다.

결국 헌법적 형사소송이 형사절차에 미치는 영향은 다음과 같이 정리할 수 있다. 첫째, 형사절차에서 기본권 보장 강화이다. 헌법적 형사소송은 헌법상의 적법절차 원칙을 형사절차에 적용하여 피의자 및 피고인의 기본권 보장을 강화한다. 둘째, 형사소송법 해석의 기준 제시이다. 헌법적 형사소송은 형사소송법의 해석 및 적용에 있어 헌법을 기준으로 삼도록 하여 법률의 자의적인 해석 및 적용을 방지하고 예측 가능성을 높인다. 셋째, 법률적 형사소송과의 연계이다. 헌법적 형사소송은 법

---

17) 적법절차와 관련하여 '적정절차의 원리'라는 용어로 설명하기도 한다(이재상 외 『형사소송법』, 제14판(박영사, 2022), 28쪽 이하.

18) 헌법상 적법절차(법의 적정절차) 조항의 배경과 의의, 내용과 발달과정에 대해서는 강동욱, 앞의 책, 42~59쪽 참조.

19) 다만, 역사적 경험과 정치적 투쟁을 통해 현행법에 자리잡은 적법절차의 내용은 처분 불가능하다고 할 것인바, 이를테면 고문금지와 진술거부권(헌법 제12조 제2항), 변호인의 접견교통권(헌법 제34조), 일사부재리원칙(헌법 제13조 제1항) 등은 법치국가적 형사소송법의 핵심을 이루므로 입법자라도 그 내용을 임의로 삭제 · 변경할 수 없다고 하겠다(변종필 · 나기업, 앞의 책, 17쪽).

20) 이주원, 앞의 책, ⅹⅰ쪽.

21) 변종필 · 나기업, 앞의 책, 17쪽.

22) 신동운, 앞의 책, 8쪽,

률적 형사소송과 상호보완적인 관계를 형성하여 형사절차의 정당성과 합법성을 확보하는 데 기여한다.

앞서 본 것처럼 비록 일부에서는 모든 법률이 헌법에 기반하므로 '헌법적 형사소송'이라는 별도의 개념이 필요하지 않다는 입장도 있지만, 헌법적 형사소송은 헌법적 가치를 형사절차에 직접적으로 반영한다는 점에서 여전히 그 의의를 찾을 수 있고. 나아가 입법지침으로서 형사소송법 개정의 기본방향이 된다고 하겠다.

3. 형사소송법의 특성 고려

(1) 형사정책적 성격

흔히, 형사소송법은 형법을 구체적으로 적용·실현하기 위한 절차를 규정하는 법률체계라고 설명된다.[23] 다만, 형사소송법의 독자적인 가치를 인정하지 않고 형사실체법인 형법의 실현에 봉사하는 규칙들의 총체로 파악할 경우 형사소송법의 독자적 가치와 평가를 상실하고 상황논리나 정치적 의사결정 등에 좌우될 위험성이 있음을 경계하여야 할 것이다.[24]

어찌 됐든 형사소송법의 운용에서 무시할 수 없는 것 중 하나는 적절한 범죄 대응이라는 형사정책적 목표일 수 있다. 범죄는 개인의 법익을 침해할 뿐만 아니라 사회 전체의 안전과 질서를 위협하는 요소이므로 국가는 형사소송법을 통해 범죄자를 적법하게 처벌하고, 범죄로부터 사회를 보호할 의무를 진다. 이때 '적절한 범죄 대응'이란 단순히 범죄자를 강력하게 처벌하는 것을 의미하지는 않는다. 오히려 범죄의 원인을 분석하고 예방하는 노력과 함께, 범죄자의 재사회화를 통해 건전한 사회 복귀를 돕는 것까지 포함하는 개념이라고 할 수 있다.

형사소송법의 또 다른 중요한 목적은 피의자 및 피고인의 인권보장이다. 범죄 혐의를 받는다고 해서 곧바로 범죄자로 취급될 수는 없다. 형사소송절차는 엄격한 증거주의와 적법절차의 원칙에 따라 진행되어야 하며, 피의자 또는 피고인에게는 자신을 방어할 권리, 변호인의 조력을 받을 권리 등이 충분히 보장되어야 한다. 이는 단순히 범죄자를 위한 것이 아니라, 궁극적으로는 모든 국민의 기본권을 보호하기 위한 것이다. 만약 형사절차 진행 과정에서 피의자나 피고인의 인권이 부당하게 침

---

23) 신동운, 위의 책, 3쪽: 이재상 외, 앞의 책, 3쪽, 이창현, 앞의 책, 3쪽 등.

24) 변종필·나기업, 앞의 책, 7쪽.

해된다면, 그것은 곧 국가권력의 남용으로 이어질 수 있다. 이는 궁극적으로 잠재적 범죄자인 일반 국민에 대한 위협이 되고, 국가에 대한 불신과 사회적 불안을 야기할 수 있다는 점에서 지극히 경계해야 할 것이다.

형사소송법은 범죄 대응과 인권보장 사이에서 적절한 균형점을 찾는 것이 중요하다. 범죄에 대한 사회적 불안감이 높아질수록 범죄자를 강력하게 처벌해야 한다는 여론이 높아지고, 이는 정치인들에 의해 피의자나 피고인의 인권을 제한하는 방향으로 작용할 수 있다. 하지만 지나친 범죄자 처벌은 오히려 개인의 자유와 권리를 억압하고, 궁극적으로는 사회 전체의 발전을 저해하는 결과를 초래할 수 있다. 범인필벌의 요구만을 앞세운 과잉입법[25]이 되지 않도록 유의할 필요가 있다.

형사소송법은 '검사와 피고인 사이의 균형'을 통해 이러한 문제를 해결하여야 한다. 검사는 객관적인 증거를 바탕으로 범죄사실을 입증하고 법에 따라 공정하게 기소할 의무가 있으며, 피고인은 변호인의 조력을 받아 자신에게 유리한 주장을 펼치고 불리한 진술을 거부할 권리를 가진다. 이처럼 형사소송법은 절차의 공정성과 투명성을 확보함으로써, 실체적 진실발견과 인권보장이라는 두 가지 목표를 동시에 달성하고자 하는 것이다.

(2) 정치적 색채[26]

형사소송법은 형법과 함께 넓은 의미의 형사법을 구성하는데,[27] 민사법이 개인과 개인, 부분과 부분 사이의 관계임에 비해 형사법은 국가와 개인, 전체와 부분 사이의 관계를 규정함에 따라 민사법보다는 윤리적·정치적 색채가 강하다.[28] 특히 형사소송법은 그 시대의 정치상황을 그대로 반영하며, 형사소송법의 정치적 색채는 우리 근현대사가 이를 증명한다.[29]

사실 공판중심주의를 비롯한 공판절차의 기본원칙도 정치적 성격을 띤다. 공판절

---

25) 예를 들어 헌법재판소 1996. 12. 26. 선고 94헌바1 결정은 참고인으로서 임의로 진술을 한 자가 공판기일에 전의 진술과 다른 진술을 할 염려가 있고 그 진술이 범죄의 증명에 불가결하다는 이유로 제1회 공판기일 전의 증인신문을 허용하는 것은 범인필벌의 요구만을 앞세워 과잉된 입법수단이라는 취지로 판시한 바 있다.

26) 특별검사제도나 고위공직자범죄수사처 등의 존재를 보아도 형사소송법이 정치적 성격을 강하게 띠고 있음을 한 눈에 알 수 있다.

27) 신동운, 앞의 책, 3쪽.

28) 이주원, 앞의 책, x x x viii쪽.

29) 이주원, 위의 책, x x x ix쪽.

차가 정치권력에 의해 타락되는 것을 방지하면서, 입법자의 경험과 철학에 따른 소송원칙을 어떻게 구성할지가 문제되는데, 죄 있는 자를 유죄로 하고 죄 없는 자를 무죄로 하는 완벽한 이상에 접근하기 위한 노력의 산물이 공판절차의 기본원칙이라고 할 수 있다. 공판절차의 기본원칙은 입법자의 선택에 의해 좌우되는 법정책적 · 역사적 성격을 지닌다. 오늘날 인정되고 있는 공판절차의 기본원칙은 19세기 서구(독일)의 절대주의와 규문주의에 대한 자유주의적 투쟁의 산물이라고 할 수 있다.[30]

형사소송법이 정치적 성격을 띤다는 것은 형사소송법 제정 당시 상황, 즉 1954년 2월 19일 제2대 국회에서 형사소송법(안)을 통과시켰으나, 대통령은 같은 해 3월 13일 재의요구권을 행사하였고, 6일 뒤인 같은 해 3월 19일 국회가 재의결하여 법률로 확정되었다.[31] 대통령은 정부로 이송된 법률의 공포를 지연하다가 6개월이 지난 같은 해 9월 23일에야 공포하였는데 당시 대통령이 재의결을 요구하고 공포를 지연한 이유는 국가보안법 문제였다.

또한 형사소송법 제정시부터 논의되어 온 재정신청 제도는 형사소송법의 정치도구화를 방지하는 제도이기도 하다.[32] 즉 정치적 문제, 특히 형사소송법이 정치적으로 이용되거나 기타 세력관계로 인해 불공평하게 적용되는 폐단을 막아야 한다는 생각이 형사소송법 제정 당시부터 있었고, 그 대표적인 예로는 인권유린사건, 선거사범 적발과 기소의 편파성 · 불공정성이 1950년 형사소송법 제정을 위한 법전편찬위원회에서 거론되었다.[33]

위에서 본 것처럼 형사소송법이 정치적 색채를 띠고 있다 하더라도 정치적 고려나 이해관계에 따라 체계에 맞지 않는 입법이 되지 않도록 노력하여야 할 것이다.

III. 제1심 공판 · 재판분야 주요 입법론

형사소송법은 범죄수사 및 재판 절차를 주로 규율하는 법률이다. 특히 재판분야는 피고인의 죄책을 확정하고 형벌을 부과하는 핵심적인 단계로서, 공정하고 신속한 재판을 통해 실체적 진실을 밝히고 정의로운 판결을 내리는 것이 무엇보다 중요

30) 신양균 · 조기영, 『형사소송법』, 제2판(박영사, 2022), 518쪽.

31) 이주원, 앞의 논문, 92쪽.

32) 문준영, 『법원과 검찰의 탄생』(역사비평사, 2010), 869쪽.

33) 문준영, 위의 책, 868~869쪽.

하다.[34] 이를 위해 다양한 논의가 전개되어 오고 있는데, 아래에서는 제1심 공판과 재판 분야와 관련하여 논의되고 있는 내용 중에서 대표적으로 국민참여재판 활성화, 피고인의 방어권 보장·강화, 재판절차의 신속성 향상이라는 관점에서 몇 가지 주요 입법론[35] 또는 개선책을 살펴보기로 한다.[36]

1. 국민참여재판 평결의 기속력

사법개혁의 일환으로 도입된 국민참여재판은 현행 형사사법체계가 보유한 가장 엄격하고 치밀한 형태의 소송절차로 일컬어진다.[37] 그런데, 현행 국민참여재판 제도의 가장 큰 문제점은 배심원의 평결이 법원을 기속하지 않는다는 점이다.[38] 예를 들어 배심원단이 무죄 평결을 내리더라도 판사는 자신의 판단에 따라 유죄를 선고할 수 있다. 이는 국민참여재판의 실효성을 저해하는 주요 요인으로 작용한다.

배심원의 평결에 법적 구속력이 없기 때문에 결국 국민참여재판의 이용률이 저조하고, 영미법 체계에서는 배심원 평결의 구속력을 통해 사법부를 견제하고 재판의 공정성을 확보하며, 판사의 사실인정 부담을 줄여주는 데 반해 현행 국민참여재판은 이러한 장점을 살리지 못하고 있다.[39] 이로 인해 당초의 기대와 달리 국민참

34) 흔히 '적법한 절차에 의한 신속한 실체적 진실발견'이라고 표현된다.

35) 입법론에서 중요한 것은 '현실분석'과 '가치지향성'이 될 것이다. 현실을 도외시한 입법론이나 반대로 가치지향성을 상실한 입법론은 모두 위험하다. 이를 포함한 입법(이)론에 관한 간략한 설명에 대해서는 아르투어 카우프만, 김영환 옮김, 『법철학』(나남, 2013), 60~70쪽 참조.

36) 물론 아래에서 논하는 것 외에 공판중심주의의 실현 방안과 공판 및 재판 분야에서의 피해자 보호 및 지원 확대 또한 중요한 문제이나 지면상 이곳에서 다루지는 않기로 한다. 나아가 각 개별 논점에 대한 심도 있는 논의는 다음 기회로 미루기로 한다.

37) 신동운, "양형판단과 형사항소심의 구조 - 대법원 2015. 7. 23. 선고 2015도3260 전원합의체 판결에 대한 평석", 「서울대학교 법학」 제57권 제4호(서울대학교 법학연구소, 2016), 220쪽.

38) "배심원의 평결과 의견은 법원을 기속하지 아니한다."(국민의 형사재판 참여에 관한 법률 제46조 제5항). 배심원의 평결과 의견에 기속력이 부여되지 않은 것은 현행 국민참여재판이 한국형 국민참여재판 모델을 확정하기 위한 잠정적 단계에 있다는 점과 헌법 제27조 제1항이 규정한 법관에 의한 재판을 받을 권리와 관련하여 '법관'의 범위에 관한 논란의 여지가 있다는 점을 고려하였기 때문이다.

39) 그밖에 국민참여재판은 피고인의 저조한 신청율, 법원의 높은 배제율, 검찰의 높은 항소율이라는 문제를 안고 있다. 국민참여재판의 개선방안으로서, ① 선택적 실시에서 필요적 실시로의 전환(선결과제로서 인적·물적 자원의 확보), ② 배제결정제도의 폐지 내지 축소, ③ 충분한 공판기일 확보, ④ 배심원 평결에의 구속력 부여) ⑤ 항소심 성격의 변화(사후심 내지 법률심으로의 변경) 등이 제시되고 있다.

여재판은 재판 관계자 모두에게 외면받고 있는 실정이라고 하겠다.

국민참여재판의 가장 중요한 개선 방안은 역시 배심원 평결에 기속력을 부여하는 것이다. 이는 국민참여재판의 취지에 부합하며 사법의 민주적 정당성과 신뢰를 높이려는 국민참여재판 도입 취지를 살리는 길이 될 것이다.[40)]

현행 제도에 관해 헌법재판소는 '우리 헌법상 헌법과 법률이 정한 법관에 의한 재판을 받을 권리는 직업법관에 의한 재판을 주된 내용으로 하는 것이므로 국민참여재판을 받을 권리가 헌법 제27조 제1항에서 규정한 재판을 받을 권리의 보호범위에 속한다고 볼 수 없다'는 입장이다.[41)]

대법원이, 배심원이 만장일치의 의견으로 내린 무죄의 평결을 존중해야 한다는 입장을 취하는 것도 국민참여재판의 의의를 살리고자 하는 것으로 볼 수 있다. 즉, 배심원이 증인신문 등 사실심리의 전 과정에 함께 참여한 후 증인이 한 진술의 신빙성 등 증거의 취사와 사실의 인정에 관하여 만장일치의 의견으로 내린 무죄 평결이 재판부의 심증에 부합하여 그대로 채택된 경우라면, 이러한 절차를 거쳐 이루어진 증거의 취사 및 사실의 인정에 관한 제1심의 판단은 실질적 직접심리주의 및 공판중심주의의 취지와 정신에 비추어 항소심에서의 새로운 증거조사를 통해 그에 명백히 반대되는 충분하고도 납득할 만한 현저한 사정이 나타나지 않는 한 한층 더 존중될 필요가 있다는 것이다.[42)]

2. 피고인의 방어권 보장 강화

(1) 소송절차이분론

소송절차이분론은 소송절차를 사실인정절차와 양형절차로 나누어 진행해야 한다는 주장으로,[43)] 공판기일의 절차진행에 관한 논의이므로 공판절차이분이분론[44)]이

40) 2018년 대통령 발의 헌법개정안은 사법영역에서 국민주권주의를 실현하는 수단으로 도입되어 온 국민참여재판의 헌법적 근거를 분명히 하기 위해 국민이 배심 또는 그 밖의 방법으로 재판에 참여할 수 있도록 하였다[박종현, "사법개혁 관련 헌법개정 논의 검토: 법원의 조직과 운영에 대한 논의를 중심으로", 「법학논총」 제34권 제3호(국민대학교 법학연구소, 2022, 388쪽.

41) 헌법재판소는 '우리 헌법상 헌법과 법률이 정한 법관에 의한 재판을 받을 권리는 직업법관에 의한 재판을 주된 내용으로 하는 것이므로 국민참여재판을 받을 권리가 헌법 제27조 제1항에서 규정한 재판을 받을 권리의 보호범위에 속한다고 볼 수 없다'는 입장이다(헌법재판소 2016. 12. 29. 선고 2015헌바63 결정, 헌법재판소 2009.11.26. 선고 2008헌바12 결정).

42) 대법원 2010. 3. 25. 선고 2009도14065 판결.

라고도 한다. 배심제도를 통해 배심원에 의한 유·무죄의 사실인정절차와 법관에 의한 양형절차로 나뉘어 있는 영미의 형사소송절차에서 유래한다.[45]

소송절차이분론은 사실인정절차를 순화하고, 양형의 합리화를 도모하며, 피고인의 인격권을 보호하고 방어권과 변호권을 보장하기 위한 방안으로서 소송경제에도 기여할 수 있다고 하겠다. 시실인정절차와 양형절차가 분리되어 있지 않은 현행 실무에서 변호인은 변론요지서 등에서 피고인의 전부 무죄를 강력하게 변론하는 경우라도 정상관계의 변론에 앞서서 부득이 '가사 견헤를 달리하여 피고인에게 유죄가 인정되는 경우라도 다음과 같은 정상관계를 참작하여 주시기 바랍니다'라는 식의 문구를 기재하여 모순된 주장을 하게 되므로 바람직하지 않다.

국민참여재판의 형태로 배심제도가 도입되었고 사실인정에 있어서 편견 배제, 양형에서 철저한 판결전 조사 및 비공개주의 필요, 무죄추정의 요청에 비추어 볼 때 소송절차이분론의 도입 및 구체화가 필요하다[46]고 생각된다.

그렇지만 소송절차이분론에 대해서는 그 장점과 함께 문제점도 지적되고 있으며, 사실인정절차와 양형절차의 분리에 따른 재판부 구성의 문제, 소송절차 지연에 대한 대책 등 현실적, 제도적 여건을 감안하여야 할 것이다.

(2) 국선변호인 선정 등

현행 국선변호제도 하에서 변호인 없이 재판받는 피고인이 많지는 않겠지만, 경우에 따라 국선변호인의 역량 부족이나 피고인과의 소통 부재 등으로 인해 피고인의 방어권이 충분히 보장되지 못하는 경우가 있을 수 있다.

현행 국선변호인 제도는 주로 경제적 어려움으로 변호인을 선임할 수 없는 피고인에게 국가가 변호인을 선임하여 방어권을 보장하는 중요한 제도이다. 그런데, 법원이 국선변호인과 국선전담변호인을 관리·감독하는 현행 체계는 국선변호인의 독립성을 저해할 우려가 있다. 국선변호인이 관리·감독기관인 담당 재판부에 종속되

43) 신양균·조기영, 앞의 책, 462쪽. 이재상 외, 앞의 책 589쪽.

44) 신동운, 앞의 책, 855쪽 이하

45) 우리 형사소송법은 현재까지 사실인정절차와 양형절차를 구별하지 않고 있는데, 「국민의 형사재판 참여에 관한 법률」에 의하면 배심원은 '사실의 인정, 법령의 적용 및 형의 양정에 관한 의견을 제시할 권한이 있다(제12조 제1항)'고 하여 영미법계의 배심제도와 달리 국민참여재판에서도 두 절차가 분리되지 않고 있음을 알 수 있다.

46) 신양균·조기영, 앞의 책, 462쪽.

어 법원의 입장을 옹호하는 등으로 피고인의 권리보호에 소극적으로 될 수 있는 염려가 있기 때문이다.[47] 대한변호사협회가 국선변호인 선정 권한을 가지는 방안은 이러한 문제를 해결할 수 있는 하나의 대안이 될 수 있을 것이다. 다만, 대한변호사협회 역시 특정 이익단체라는 한계를 지니므로, 국선변호인의 독립성을 완전히 보장할 수 있는 최적의 방안인지에 대한 논의가 필요하다. 궁극적으로는 법원, 검찰, 변호사 단체 등으로부터 독립된 기구에서 국선변호인을 선정하고 관리하는 방안을 고려해 볼 필요가 있다.

나아가 국선변호인의 보수[48]가 낮고 근무환경이 열악할 경우에는 국선변호인의 질 저하로 이어져 피고인의 방어권 보장에 부정적인 영향을 미칠 수 있다. 국선변호인의 처우를 개선하여 유능한 변호사들이 국선변호에 적극적으로 참여할 수 있도록 유도해야 할 것이다. 이를 위해서는 적정 수준의 보수 지급, 업무량 조정, 사무 공간 지원 등 다각적인 지원 방안을 마련해야 한다.

(3) 피고인의 소송비용부담

법원은 유죄판결선고시 피고인에게 소송비용의 전부 또는 일부를 부담시킬 수 있다(제186조). 그러나 실무상 방어권행사를 제약할 수 있기에 적극적으로 활용되지 않고 있다. 특히 국선변호비용[49]을 피고인에게 부담시킬 수도 있다는 것은 입법론상 의문이다. 다음과 같은 점을 고려하여 피고인에게 소송비용을 부담시키기 보다는 재판장의 적절한 소송지휘가 요망된다고 하겠다.

첫째, 소송비용 부담으로 인해 피고인의 방어권 행사가 위축되어서는 안 된다. 증인신청이나 감정신청은 피고인의 방어권 행사에 필수적인데, 이 과정에서 발생하

47) 아울러 국선변호인의 제한된 시간과 경험 부족 및 열의부족은 변론의 질 저하 문제를 불러올 수 있다. 이러한 국선변호제도의 문제점에 대한 문헌으로 정영훈, “국선변호제도의 문제점과 개선방안”, 「인권과 정의」 제479호(대한변호사협회, 2019)가 있다.

48) 국선변호인의 일당, 여비, 숙박료 및 보수는 「형사소송비용 등에 관한 법률」에 기하여 형사소송법에 의한 소송비용에 포함된다(같은 법 제2조 제3호). 국선변호인에게 지급할 일당, 여비, 숙박료 및 보수의 금액은 대법원규칙으로 정한 범위 안에서 법원이 이를 정한다(같은 법 제8조 제1항, 제2항 참조).

49) 「형사소송비용 등에 관한 규칙」 제6조는, 국선변호인의 보수는 매년 예산의 범위 안에서 대법관회의에서 정하며 그 보수는 심급별로 지급하되, 체포 또는 구속적부심에서는 심급에 관계없이 별도로 지급한다고 규정하고 있다(같은 조 제1항). 이 보수는 사안의 난이, 국선변호인이 수행한 직무의 내용, 사건처리에 소요된 시간 등을 참작하여 예산의 범위 안에서 당해 재판장이 이를 증액할 수 있다(같은 조 제2항).

는 비용부담으로 인해 피고인이 적극적으로 방어권을 행사하지 못하게 될 수 있다. 특히 경제적 약자의 경우, 소송비용 부담으로 인해 방어권 행사에 더 큰 제약을 받을 수 있다는 점도 고려해야 한다.

둘째, 형벌은 국가가 행하는 것이므로, 그 비용 또한 국가가 부담하는 것이 원칙이다. 피고인에게 형사 처벌 외에 소송비용까지 부담시키는 것은 이중 처벌의 문제를 야기할 수도 있다. 형사소송은 국가가 범죄 혐의를 입증해야 하는 책임을 부담하는 절차이므로, 그 과정에서 발생하는 비용을 피고인에게 전가하는 것은 부당하다고 하겠다.

3. 공판절차의 신속성 향상

(1) 신속한 재판의 원칙

신속한 재판의 원칙은 실체적 진실발견과 소송경제, 재판의 신뢰성 제고 및 형벌 목적 달성 등과 같은 이익에 기여하는 바가 크다. 그러나 그 본래적 취지는 부당한 절차지연으로부터 피의자·피고인을 보호하는 데 있다고 할 것이다.[50] 피고인의 입장에서 신속한 재판의 요청은 지연 없는 재판을 받을 주관적 공권이자, 피고인이 부당하게 지연된 재판을 받아서는 안 된다는 절차규범으로서의 성격을 가진다[51]고 할 수 있다. 다만, 헌법재판소는 신속한 재판을 받을 권리에 대해, "신속한 재판을 위해서 적정한 판결선고기일을 정하는 것은 법률상 쟁점의 난이도, 개별사건의 특수상황, 접수된 사건량 등 여러 가지 요소를 복합적으로 고려하여 결정되어야 할 사항인데, 이때 관할법원에게는 광범위한 재량권이 부여된다. 따라서 법률에 의한 구체적 형성 없이는 신속한 재판을 위한 어떤 직접적이고 구체적인 청구권이 발생하지 아니한다."는 입장이다.[52]

현행법은 재판지연을 구제하기 위한 별도의 명문규정을 두고 있지 않다.[53] 다만,

---

50) 변종필·나기업, 앞의 책, 24쪽.

51) 변종필·나기업, 앞의 책, 24쪽.

52) 헌법재판소 1999. 9. 16. 선고 98헌마75 전원합의체 결정.

53) 이와 관련하여 법원 스스로 다음과 같은 사건을 '적시에 처리가 필요한 중요사건'으로 선정할 수 있도록 하고 있는 것이 주목된다. 즉 각급 법원은 ① 처리가 지연될 경우 막대한 규모의 국가 또는 지방자치단체의 손실이 예상되는 사건, ② 선거범죄사건의 신속 처리 등에 관한 예규(재형 2004-2)가 정하는 중요 선거범죄사건 등 다수당사자가 관련되어 있거나 이해관계인이 다수 있고, 사건의 성질상 일정 시점까지 처리해야만 하는 사건, ③ 처리가 지연될 경우 불

공소제기된 범죄가 판결의 확정이 없이 공소를 제기한 때로부터 25년을 경과하면 공소시효가 완성한 것으로 간주하는 규정을 두고 있을 뿐이다(제249조 제2항, 의제 공소시효).[54] 따라서, 장기간의 소송진행을 이유로 형식재판에 의해 소송을 종결시킬수는 없으므로, 현저한 재판지연이 있더라도 유죄판결을 할 수밖에 없고 다만 양형에서 참작할 수 있을 뿐이라는 것이 일반적인 견해이다. 다만, 입법론으로는 신속한 재판을 받을 권리가 특별히 심각하게 침해된 경우에는 법치국가원리를 근거로 하여 형식재판으로 소송을 종결할 수 있도록 하는 것이 바람직하다[55]고 하겠다.

나아가 적절한 기간 내에 재판을 받지 못한 경우를 신속한 재판을 받을 권리에 대한 침해로 보아 재판지연에 대한 실효성 있는 구제절차를 마련할 필요도 있다.[56]

(2) 플리바게닝(plea bargaining)

영미의 형사소송에는 검사와 피고인이 기소죄명, 구형량, 범죄인정 여부 등과 관련하여 협의하는[57] 플리바게닝(plea bargaining, 유죄인부협상 또는 유죄거래협상)제도가 있다. 이는 당사자주의의 한 내용으로서 당사자처분주의의 한 표현이다. 대륙법계 국가인 독일과 프랑스에서 구체적인 내용은 다르지만 최근 유죄거래협상제도를 시행하고 있으며, 일본도 형사소송법 개정을 통해 2018년 5월경부터 시행하고 있다고 한다.[58]

실체적 진실발견이라는 형사소송의 이념과 국가형벌권 행사를 당사자 특히 피고

필요하게 사회 전체의 소모적인 논쟁을 불러일으키거나, 사법신뢰를 중대하게 훼손할 염려가 있는 사건, ④ 사안의 내용이 정치, 경제, 사회적으로 파장이 크고, 선례로서의 가치가 있는 사건, ⑤ 그 밖에 당사자의 수, 사안의 내용, 국민적 관심의 정도, 처리시한 등에 비추어 적시처리가 필요하다고 인정되는 사건에 해당하는 사건을 '적시처리 필요 중요사건'으로 선정할 수 있다[적시처리가 필요한 중요사건의 선정 및 배당에 관한 예규(재일 2006－1) 2조]. 주무과장 또는 법원사무관 등은 '적시처리 필요 중요사건'을 재판사무시스템에 등록하고 법원행정처에 보고하도록 되어 있다(같은 예규 제4조 제1항).

54) 의제공소시효제도에 대해 법원이 사법의무를 스스로 회피할 수 있는 길을 열어놓고 있어 극히 의문이라며 위헌이라는 의견에 대해서는 신동운, 앞의 책, 1006쪽 각주 2) 및 487쪽 참조.

55) 신양균·조기영, 앞의 책, 20쪽.

56) 이에 관한 최근 문헌으로 공진성·임기영, 『적절한 기간 내에 재판을 받을 권리와 재판지연에 대한 국가책임 － 유럽인권재판소 판례와 독일의 입법례를 중심으로 －』(헌법재판연구원, 2024)가 있다.

57) 김정한, 『실무형사소송법』, 2024년 개정판(준커뮤니케이션즈, 2024), 6쪽, 각주 6).

58) 이창현, 앞의 책, 31쪽 각주 2.

인의 의사에 맡길 수 없다는 입장에서는 플리바게닝 제도의 도입에 적극적일 수 없을 것이다. 현재 검사의 기소편의주의 활용, 구형 및 선고 과정에서의 고려 등을 통해 실질적으로 플리바게닝 제도가 시행되고 있다고 볼 수 있다는 견해도 있다.[59] 아직 국민참여재판이 정착되지 못하였고, 법조비리나 전관예우, 재판거래의혹 등으로 인해 국민들의 사법신뢰가 낮은 상태에 있기 때문에 당장 플리바게닝 제도를 도입하기는 어려울 것으로 보인다.[60] 그러나 앞으로 당사자주의의 강화와 더불어 플리바게닝 제도의 도입문제가 보다 심층적으로 논의될 수 있을 것으로 예상된다.

(3) 간이공판절차의 대상

형사소송법상 간이공판절차는 입법연혁으로 보아 영미의 기소인부절차(arraignment)에서 유래한 것이다. 다만 영미의 제도는 피고인이 자백했는지만 확인하여 기소내용을 인정하는 경우에는 보강증거 없이 바로 유죄로 확정되고 공판도 열 필요가 없으며 곧바로 중죄의 경우에는 양형자료 조사절차로 이행한 후 형을 정하는 점에 차이가 있다.[61]

종래 1심 단독사건에 대해서만 인정하다가 1997년 1월 1일부터 시행된 개정 형사소송법에서 모든 1심 관할사건으로 확대되었는데, 이에 대해서는 ① 신속한 재판을 위해 적정절차의 이념이 희생되어서는 안 되고 중죄사건에 대해서는 통상의 절차에서 신중한 재판이 행해져야 하며, ② 피고인이 자백하는 합의사건을 간이공판절차에 의하지 않으면 안 될 필요성도 인정되지 않는다는 점에 비추어 볼 때 합의사건을 포함한 모든 1심 관할사건에 대해 간이공판절차에 의한 심판을 인정하는 현행 형사소송법의 태도는 입법론상 타당하다고 보기 어렵다.[62] 특히 사형이나 무기징역 등과 같이 중한 형이 선고될 사건까지 간이공판절차에 의할 수 있도록 하는 것은 피고인 보호와 실체적 진실발견에 문제가 있다 할 것이므로 입법적 개선을 요한다.[63]

---

59) 이창현, 앞의 책, 같은 각주 참조.

60) 이창현, 앞의 책, 31쪽. 플리바게닝에 대한 비교법적 고찰에 대해서는 박종순, 『플리바게닝』(정독, 2023), 138쪽 이하 참조.

61) 사법연수원, 『법원실무제요 형사[Ⅱ] －제1심공판(2)·상소심 등－』(2022), 23쪽.

62) 이재상 외, 앞의 책, 590쪽.

63) 이창현, 앞의 책, 793쪽.

4. 기타

위의 사항 외에도 종래 약식명령과 즉결심판 관여 법관의 제척사유 해당 여부,[64] 공판기일 전의 증거조사 삭제,[65] 사건배당의 입법화,[66] 시·군법원의 관할,[67] 검사의 증거서류 물건·서면의 개시 범위 확대,[68] 약식절차에서 벌금액의 한도 설정 및 선고유예 또는 집행유예 가부,[69] 즉결심판제도의 존재근거와 입법론[70] 등의 논의가 있다.

Ⅳ. 나가며

형법과 더불어 형사법의 중추를 이루는 형사소송법은 1954년 제정된 이래 70년 동안 시대의 변화와 함께 끊임없이 개정되어 왔으며, 앞으로도 그러할 것이다. 물

64) 예를 들어, 이창현, 앞의 책, 70쪽. 이에 대해서는 제척사유로 규정함이 바람직할 것이다.

65) 예를 들어, 이창현, 앞의 책, 708쪽. 공판준비절차가 정비됨에 따라 형사소송법 제273조 및 제274조는 삭제하는 것이 타당하다고 한다.

66) 예를 들어 신동운, 앞의 책, 695쪽. 사건배당 여하에 따라서 구체적 피고사건의 처리결과에 영향을 미치는 일이 많기 때문에 사건배당에 자의의 개입을 방지하고 객관성을 담보하기 위하여 사건배당에 대해서도 관할에 준하는 추상적 기준을 법률의 차원에서 수립할 것이 입법론적으로 요구된다.

67) 예를 들어 신동운, 앞의 책, 698쪽. 시·군법원은 형사사건에 관하여는 20만원 이하의 벌금 또는 구류나 과료에 처할 범죄사건에 대하여 즉결심판한다(법원조직법 제34조 제1항, 제3항). 그런데 시·군법원에는 그에 상응하는 간이검찰청이 설치되지 아니하여 시·군법원이 통상의 형사사건을 재판하지 못하고 있는데, 이것이 우리나라 하급심 사법조직의 파행성을 초래하는 주요 요인이 되고 있다고 한다(신동운, 같은 책, 678쪽).

68) 예를 들어, 신동운, 앞의 책, 780쪽. 피고인의 반대신문에 필요하므로 검사가 증인으로 신청한 사람이 공판기일에 나와 진술할 것으로 예상되는 진술의 요지까지는 피고인측에 서면으로 알려주도록 개정되어야 한다고 한다.

69) 예를 들어 사법연수원, 앞의 책, 444쪽. 입법례(일본)에 따라서는 약식명령을 할 수 있는 벌금액의 한도를 법률에서 따로 정하는 경우도 있으나, 우리 형사소송법상 벌금액수상의 제한은 없다. 또한 약식명령으로 벌금형의 선고유예 또는 집행유예를 할 수 있느냐에 관하여 견해가 나뉘는데, 형사소송법 제448조 제1항 법문의 의미와 서면심리만으로 사건의 신속하고 간이한 해결을 도모하려는 제도의 입법취지에 비추어 허용되지 않는다고 봄이 타당하다고 한다.

70) 신동운, 앞의 책, 1633쪽. 즉결심판대상 사건인 경미범죄를 대폭 비범죄화하고, 무엇보다도 검사의 기소독점주의를 확립하는 방향에서 일본의 부검사제도를 도입하는 등으로 재정비되어야 한다고 한다.

론 그간의 형사사법제도와 형사소송법에 대한 평가는 엇갈릴 수 있다. 그런 와중에 단행된 2007년 개정 형사소송법은 과장해서 이야기하면 새로운 형사소송법의 제정이라고 불릴 만큼 기존 형사소송법에 큰 변화를 가져 온 것이 사실이다. 큰 틀에서 피의자와 피고인의 인권보장과 피해자보호 및 지원 확대를 도모하면서, 특히 공판절차에서는 무엇보다 공판중심주의적 심리절차를 도입한 것이 가장 큰 특징이라고 할 수 있다.

그리고 그 이론적 배경에는 1987년 헌법 개정을 통해 도입된 적법절차 조항을 바탕으로 한 헌법적 형사소송의 관념이 자리잡고 있다고 하겠다. 헌법적 형사소송을 구체화하기 위한 일환으로 2007년 개정 형사소송법이 시행되었다고 볼 수도 있는 것이다. 수사에 있어서는 위법수집증거배제법칙의 수용이 무엇보다 주목을 끌며, 공판절차에서는 앞서 본 것과 같이 공판중심주의의 실현이 주목을 끈다.

앞으로도 사회적 요구와 변화에 대응하기 위한 형사소송법 개정논의는 불가피할 것이지만 형사소송법 개정 자체가 만능 해결책이 될 수 없음은 물론이다. 무엇보다 입법안에 대한 찬반토론을 거쳐 성문법으로 입법되는 과정이 간단하고 신속하게 이루어지기 어렵다. 형사소송법 개정을 위한 공감대와 합의를 형성하는 것도 쉬운 일이 아니다. 게다가 형사소송법의 정치적 성격으로 인해 서로 다른 입장에서 많은 논란이 있고 정치적 이해관계에 따라 입법화될 가능성도 배제하기 어렵다. 형사소송법 개정 논의는 형사사법절차에서 부딪치는 현실적 문제의 해결을 통해 궁극적으로는 인간의 존엄성을 보호하고 정의로운 사회를 실현하기 위한 노력의 일환이라는 점이 결코 간과되어서는 안 될 것이다. 이러한 목표를 달성하기 위해서는 법 개정뿐만 아니라 현재 있는 형사소송법에 대한 올바른 이해와 운용도 필요하다. 형사소송법은 수사, 기소, 재판 등 형사절차의 전 과정을 규율하는 법률로서 형사소송법의 올바른 해석과 적용에는 수사기관, 검찰, 법원 등 형사절차에 참여하는 모든 주체들의 노력을 필요로 한다.

수사기관은 범죄의 혐의를 밝히는 과정에서 피의자의 인권을 존중하고 적법절차를 준수해야 한다. 강압수사나 자백 강요 등 인권침해적인 수사 관행을 근절하고, 피의자의 방어권을 보호하기 위한 노력을 기울여야 할 것이다. 특히 객관의무를 부담하고 있는 검찰은 객관적이고 공정한 자세로 증거를 수집하고 평가하여 기소 여부를 결정해야 한다. 피의자의 범죄 혐의를 입증하는 것뿐만 아니라, 피의자에게 유리한 증거도 함께 고려하여 수사와 공소권을 행사하여야 한다. 법원은 공정하고 신속한 재판을 통해 실체적 진실을 밝히고 정의로운 판결을 해야 한다. 그 과정에서 피고인의 방어권을 충분히 보장하고, 증거에 대한 엄격한 심리를 통해 유죄판결을 선고할 때에도 합리적 의심의 여지가 없도록 하여야 한다.

앞에서 형사소송법 개정의 기본방향과 제1심 공판과 재판분야를 중심으로 주요 입법론을 살펴보았다. 여기에 언급되지 않은 더 많은 쟁점들도 있음은 물론이나, 이에 대해서는 다른 연구를 기약하기로 한다. 특히 앞으로 인공지능, 빅데이터 등 새로운 기술의 발전에 따른 새로운 유형의 범죄[71]에 대한 대응, 수사 과정에서의 인권침해 방지, 피해자 지원 강화 등 법적 대응 체계를 갖추고, 국제범죄에 대한 수사 및 처벌을 위한 국제공조체계 강화도 필요할 것이다. 디지털 기술의 발전과 더불어 형사소송의 전자화에 대해서도 관심의 끈을 놓을 수 없을 것이다.

71) 정보화시대를 맞아 사이버범죄 등 새로운 범죄현상에 대한 형사법적 대응에 대한 최근 연구로 최호진, 『사이버범죄와 형사법』(준커뮤니케이션즈, 2024)가 있다.

【참고문헌】

단행본

강동욱, 『형사절차와 헌법소송』(동국대학교 출판부, 2011).

공진성 · 임기영, 『적절한 기간 내에 재판을 받을 권리와 재판지연에 대한 국가책임 – 유럽인권재판소 판례와 독일의 입법례를 중심으로 –』(헌법재판연구원, 2024).

김정한, 『실무형사소송법』, 2024년 개정판(준커뮤니케이션즈, 2024

김형진, 『재판기록 및 조서에 관한 실무 개선 방안 연구 – 재판서 · 조서의 전자화, 법정녹음 시행을 중심으로』(사법정책연구원,2015).

문준영, 『법원과 검찰의 탄생』(역사비평사, 2010).

박종순, 『플리바게닝』(정독, 2023).

법원행정처, 『새로운 형사재판의 이해』(2007).

법원행정처, 『형사소송법 개정법률 해설』(2007).

변종필 · 나기업, 『형사소송법』(박영사, 2024).

사법연수원, 『법원실무제요 형사[Ⅱ] –제1심공판(2) · 상소심 등–』(2022).

신양균 · 조기영, 『형사소송법』, 제2판(박영사, 2022).

아르투어 카우프만, 김영환 옮김, 『법철학』(나남, 2013).

이영창, 『재판의 지연 실태와 신속화 방안 – 민 · 형사 사실심을 중심으로』(사법정책연구원, 2024).

이재상 · 조균석 · 이창온, 『형사소송법』, 제14판(박영사, 2022).

이주원, 『형사소송법』, 제6판(박영사, 2024).

이창현, 『형사소송법』, 제10판(정독, 2024).

정성민, 『형사 전자소송의 바람직한 발전방향』(사법정책연구원, 2020).

정웅석 · 최창호 · 김한균, 『신형사소송법』, 제2판(박영사, 2023).

최호진, 『사이버범죄와 형사법』(준커뮤니케이션즈, 2024).

카이 암보스(신동일 · 박경규 역), 『나치형법』(박영사, 2022).

논문

군나 두트케(김성은 역), “형사절차에서 보호적 형식: 하나의 낡은 모델?”, 「형사정책연구」 제20권 제4호(2009).

김성룡, “제정 70주년, 현실에 부합하는 형사소송법 개정 방향에 대한 단상”, 형사소송 이론과 실무 제16권 제2호(2024).

김재형, “입법과 사법의 경계: 법률해석의 한계”, 「민사법학」 제108호(2024).

김희균, “재판절차의 바람직한 입법 방향”, 「형사소송 이론과 실무」 제14권 제1호(2022).

박종현, “사법개혁 관련 헌법개정 논의 검토: 법원의 조직과 운영에 대한 논의를 중심으로”, 「법학논총」 제34권 제3호(국민대학교 법학연구소, 2022).

변종필, “형사소송법 개정의 역사와 전망”, 「형사법연구」 제19권(2007).

이주원, “적법절차 원칙과 형사재판의 과제”, 「우리 재판제도에 대한 성찰과 지향점 – 결과보고서 –」(사법정책연구원·대한변호사협회, 2024).

정영훈, “국선변호제도의 문제점과 개선방안”, 「인권과 정의」 제479호(대한변호사협회, 2019).

【국문초록】

우리 형사소송법은 1954년 제정된 이후 70년 동안 시대 변화에 발맞춰 끊임없이 개정되어 왔다. 특히 2007년 개정은 피의자·피고인의 인권보장, 피해자 보호·지원 확대, 공판중심주의 도입 등 기존 형사소송법의 틀을 근본적으로 바꾸는 변혁을 가져왔다. 이는 1987년 헌법 개정으로 도입된 적법절차 조항에 기반한 헌법적 형사소송 관념을 구체화하기 위한 노력의 일환으로 볼 수 있다.

본 논문에서는 형사소송법 개정의 기본방향을 적법절차를 바탕으로 한 헌법적 형사소송의 관점에서 고찰하고, 제1심 공판과 재판 분야를 중심으로 주요한 입법론을 살펴본다. 그에 앞서 공판중심주의의 실현을 비롯한 2007년 개정 형사소송법의 주요 내용을 간략하게 살펴보고, 그 의의에 대해 논한다.

다른 법과 마찬가지로 형사소송법 개정은 사회적 요구와 변화에 대응하기 위한 필연적인 과정이지만, 그 자체가 모든 문제에 대한 해결책이 될 수 없음은 물론이다. 입법 과정의 복잡성, 사회적 합의 도출의 어려움, 정치적 이해관계의 개입 가능성 등 현실적인 제약이 존재하기 때문이다. 우리는 형사소송법 개정 논의가 인간의 존엄성 보호와 정의로운 사회 실현이라는 궁극적인 목표를 위한 것임을 잊지 말아야 하며, 이를 위해서는 법 개정뿐 아니라 현재 시행 중인 기존 법률에 대한 올바른 이해와 운용, 형사절차 참여 주체들의 적극적인 노력이 필요하다.

수사기관은 적법절차를 준수하고 인권침해적인 수사 관행을 근절하여 피의자의 인권을 보호해야 한다. 검찰은 객관적이고 공정한 수사를 통해 실체적 진실 발견에 힘써야 하며, 법원은 공정하고 신속한 재판을 통해 정의로운 판결을 해야 한다.

결론적으로 형사소송법 개정은 형사사법의 발전을 위한 중요한 과제이며, 앞으로도 인공지능 등 새로운 기술 발전과 사회 변화에 대응하여 지속적인 논의가 필요하다. 특히 사이버범죄 등 새로운 유형의 범죄에 대한 형사법적 대응 체계 구축, 국제범죄 수사공조 강화 등 시대적 요구를 반영한 개정 논의가 이루어져야 할 것이다.

◈ 주제어: 형사소송법 개정, 헌법적 형사소송, 적법절차, 공판중심주의, 신속한 재판

【Abstract】

Fundamental Directions and Legislative Theory of the Criminal Procedure Law
- Focusing on the Trial and Judgment -

Han Sangkyou*

The Korean Code of Criminal Procedure has been continuously revised over the past 70 years since its enactment in 1954 to keep pace with the changing times. The 2007 revision, in particular, brought about a fundamental shift in the existing framework of criminal procedure by guaranteeing the human rights of suspects and defendants, expanding the protection and support for victims, and introducing a trial–centered system. This can be seen as part of an effort to realize the concept of constitutional criminal procedure based on the due process clause introduced by the 1987 constitutional amendment.

This paper examines the basic direction of the revision of the Code of Criminal Procedure from the perspective of constitutional criminal procedure based on due process, and analyzes the major legislative arguments centering on the first trial and the trial. Before that, we briefly review the main contents of the 2007 revised Code of Criminal Procedure, including the realization of trial–centeredness, and discuss its significance.

As with other laws, the revision of the Code of Criminal Procedure is an inevitable process to respond to social demands and changes, but it goes without saying that it cannot be a solution to all problems. This is because there are practical limitations such as the complexity of the legislative process, the difficulty of deriving social consensus, and the possibility of intervention by political interests. We must not forget that the discussion on the revision of the Code of Criminal Procedure is for the ultimate goal of protecting human dignity and realizing a just society. To achieve this, it is necessary not

* Ajou University School of Law

only to revise the law, but also to correctly understand and operate the existing laws that are currently in force, and to make active efforts by the parties involved in the criminal procedure.

Investigative agencies must comply with due process and eradicate human rights－violating investigative practices to protect the human rights of suspects. Prosecutors must strive to discover the substantive truth through objective and fair investigations. The court must make a just judgment through a fair and speedy trial.

In conclusion, the revision of the Code of Criminal Procedure is an important task for the development of criminal justice, and continuous discussion is needed to respond to new technological developments such as artificial intelligence and social changes. In particular, discussions on revisions that reflect the demands of the times, such as the establishment of a criminal law response system for new types of crimes such as cybercrime and the strengthening of international crime investigation cooperation, must be held.

◈ Key Words: Revision of the Code of Criminal Procedure, Constitutional Criminal Procedure, Due Process, Trial-Centered System, Principle of Speedy Trial

한국형사소송법학회『형사소송 이론과 실무』
제16권 제4호 (2024.12) 179~211면.
Theories and Practices of Criminal Procedure Vol. 16 No. 4 (December. 2024) pp. 179-211.
10.34222/kdps.2024.16.4.179

개정된 국가정보원법에 대한 소고*
- 국가정보원의 권한을 중심으로 -

허 황**

목 차

Ⅰ. 들어가는 말

지난 정부에서는 중요 국가기관의 권한과 관련하여 많은 변화가 있었다. 검·경 수사권 조정이 그러하고 국가정보원(이하 국정원이라 한다)과 경찰 간의 권한 조정이 그러하다.[1] 국정원과 관련해서는 2020년 국가정보원법 개정으로 3년간의 유예기간을 거치지만 그동안 국정원이 담당하였던 대공수사권이 경찰로 이관되었고 수집할 수 있는 정보에서 국내정보는 제외되는 등 국정원의 권한이 대체로 축소되는 방향으로 변경되었다. 이에 따라 국가정보원은 수사정보기관에서 '순수정보기관'으로 탈바꿈하였다고 평가된다.

이러한 변화의 동인으로는 주로 국정원의 불법적 국내정치 개입 등이 거론되었다. 과거 국정원 댓글조작 사건이나 민간인 사찰 등 일련의 확인된 사건으로 인해 국정원의 정치적 중립성과 본연의 기능에 의심을 품고 국정원 개혁의 당위성을 설

---

* 이 논문은 동아대학교 교내연구비 지원에 의하여 연구되었음
** 동아대학교 경찰학과 조교수
1) 성용은, "국가안보 패러다임의 변화와 국가정보활동의 대응", 한국범죄정보연구, 제6권 제2호 (통권 제12호, 2020), 105면.

파하는 목소리에 점차 힘이 실리게 되었다. 그 결과로 2020년 국정원법이 전부개정되어 국정원의 임무 및 권한에 대한 근본적인 변화가 이루어졌다. 그 변화는 검찰의 경우와 마찬가지로 국정원의 힘을 빼는 방향으로 이루어졌고 법률개정을 통해 이는 어느 정도 목표달성되었다는 점에 대해서는 그 누구도 부인할 수 없을 것으로 보인다.

한편, 2024년 오늘날 4차 산업혁명으로 지칭되는 눈부신 과학기술의 발전으로 전 인류는 새로운 공영에 대한 희망을 품기도 하였지만, 우크라이나－러시아 그리고 이스라엘과 하마스 및 헤즈볼라 간의 전쟁발발이라는 냉혹한 현실을 목도하기도 하였다. 신냉전의 서막이라 일컫는[2] 우크라이나－러시아 전쟁에서 일방적인 수세에 몰릴거라 예상되었던 우크라이나가 서방세계의 도움으로 정보전에서 우위를 차지함으로써[3] 전쟁의 양상이 장기전으로 전개되고 있다는 사실은 정보실패가 러시아에게 얼마나 많은 희생을 치르게 했는지를 알 수 있게 한다. 나아가 이스라엘－헤즈볼라 전쟁에서 이스라엘의 뛰어난 정보전 작전능력으로 인해 헤즈볼라의 수뇌부는 거의 궤멸되다시피 했는데 이것만 보아도 정보전이 얼마나 중요한지를 알 수 있다.[4] 이러한 일련의 사건들은 전 세계적으로 오히려 정보기관의 권한강화와 집중현상을 초래하고 있으며[5] 우리나라에서 국정원의 개혁이 단순히 국정원의 힘 빼기로 나아가서는 안될 것이라는 점을 분명히 하고 있다.

이러한 배경하에서 본 연구는 개정된 「국가정보원법」(이하 국정원법이라한다)상 부여된 국정원의 직무와 권한 그리고 그 통제에 대한 내용을 다룬다. 2020년 개정된 국정원법에 의해 다음과 같은 국정원의 직무 및 권한의 변경이 이루어졌다.

---

2) 국민일보, [여의도포럼] "'21세기 신냉전' 우크라이나 전쟁", 2022－04－28(https://m.kmib.co.kr/view.asp?arcid=0924242836) 2024.10.19. 최종검색.

3) 시사저널, "푸틴은 우크라이나 정보전쟁에서도 유럽에 밀렸다", 2022.04.05.(https://www.sisajournal.com/news/articleView.html?idxno=235815), 2024.10.19. 최종검색.

4) 서울신문, "이스라엘 스파이에 뚫렸나…헤즈볼라 지도부 순식간에 궤멸", 2024－09－29(https://www.seoul.co.kr/news/international/middleeast－africa/2024/09/28/20240928500041), 2024.10.19. 최종검색.

5) 동아일보, "국익과 정권수호 위해?… 스트롱맨－정보기관 '은밀한 거래'", 2018.03.24.(https://www.donga.com/news/Inter/article/all/20180324/89253511/1), 2024.10.19. 최종검색; 윤태영, "미국·영국·독일 국가정보체계 개혁 양상과 한국 국가정보원 개혁에 대한 시사점", 융합보안 논문지 제18권 2호(2018. 06), 167면 이하; 박희영, "최근 독일 정보기관의 정보수집권 확대와 형사정책적 시사점 － 암호통신감청, 전략적 해외통신감청, 온라인 수색을 중심으로 －", 형사정책연구 제32권 제3호(통권 제127호, 2021 · 가을), 101면 이하 참조.

먼저 동법 제4조 제1항에 따르면 국정원은 국외 및 북한에 관한 정보, 방첩(산업경제정보 유출, 해외연계 경제질서 교란 및 방위산업침해에 대한 방첩을 포함한다), 대테러, 국제범죄조직에 관한 정보, 「형법」 중 내란의 죄, 외환의 죄, 「군형법」 중 반란의 죄, 암호 부정사용의 죄, 「군사기밀 보호법」에 규정된 죄에 관한 정보, 「국가보안법」에 규정된 죄와 관련되고 반국가단체와 연계되거나 연계가 의심되는 안보침해행위에 관한 정보, 국제 및 국가배후 해킹조직 등 사이버안보 및 위성자산 등 안보 관련 우주 정보의 수집·작성·배포의 직무를 수행한다. 구국정원법 제3조와 비교하면, 한편으로 정보 중 북한에 관한 정보가 신설되고 방첩정보의 범위가 확대되었지만, 다른 한편 대공 및 대정부전복의 국내 보안정보가 삭제되었다. 그리고 각 법률상의 범죄에 대한 수사권이 폐지되고 그 대신 해당 범죄에 대한 정보를 수집·작성·배포할 수 있는 권한이 부여되었다.

나아가 개정된 국정원법 제4조 제1항 제3호에 의하면, 국정원은 직무수행에 관련된 조치로서 국가안보와 국익에 반하는 북한, 외국 및 외국인·외국단체·초국가행위자 또는 이와 연계된 내국인의 활동을 확인·견제·차단하고, 국민의 안전을 보호하기 위하여 취하는 대응조치의 직무를 수행할 수 있다. 그리고 같은 법 제5조 제2항에 의하면, 국정원 직원은 일정 범위의 직무수행을 위하여 필요한 경우 현장조사·문서열람·시료채취·자료제출 요구 및 진술요청 등의 방식으로 조사할 수 있다.

요컨대, 국정원은 1차적으로 국정원의 목적실현에 필요한 각종 정보를 수집·작성·배포할 수 있고 특정 범죄에 대해서도 정보활동만 수행할 수 있을 뿐 과거처럼 수사권을 가지지 못한다. 국정원은 2차적으로 이러한 정보활동과 관련하여 일정한 대응조치를 취할 수 있고 정보활동을 위하여 필요한 경우 일정한 조사권을 가진다고 할 수 있다.

본 연구에서는 이러한 국정원의 직무 및 권한 변경에 대하여 검토가 이루어진다. 특히 개정된 국정원법에서 허용하고 있는 '대응조치권'과 '조사권'이 무엇을 의미하는지 구체적으로 밝혀져야 한다. 아직까지 이에 관한 연구가 미흡한 실정이다. 우선 개정된 국정원법은 국정원의 활동을 순수한 정보활동으로 제한하면서도 이것과 개념적으로 구별되는 대응조치를 인정하고 있는데[6] 이러한 대응조치가 수사활동이

6) 이는 독일의 정보기관 관련 법과 비교하면 좀 더 분명해진다. 독일의 경우 연방헌법수호법과 연방정보원법이 우리의 국가정보원법에 대응하는데 이러한 법을 살펴보면 연방헌법수호청 내

아니라면 그 실체가 무엇인지 분명하지 않다. 이는 특히 국가안보와 관련되는 범죄의 경우 범죄실현의 초기 단계 즉, 예비·음모단계에서 범죄가 인정될 수 있다는 점을 고려하면 더욱 그러하다(예컨대 형법 제90조 내란죄의 예비·음모죄). 또한 개정된 국정원법은 한편으로 국내보안정보 수집활동을 금지하면서도, 다른 한편 정보활동과 관련된 조치로서 국가안보 등에 반하는 예컨대 북한과 연계된 내국인의 활동을 확인·견제·차단하기 위하여 취하는 대응조치는 허용하고 있는데, 이러한 사정 또한 대응조치의 의미를 불분명하게 하고 있다. '조사권'의 경우, 이를 규정하고 있는 조문의 자구를 살펴보면 해당 조문이 「행정조사기본법」 제2조 제1호의 행정조사에 해당됨을 알 수 있다. 그런데 동법 제3조 제2항 제1호에 따르면 행정조사를 한다는 사실이나 조사내용이 공개될 경우 국가의 존립을 위태롭게 하거나 국가의 중대한 이익을 현저히 해칠 우려가 있는 국가안전보장·통일 및 외교에 관한 사항에 대하여는 행정조사기본법이 적용되지 않는다. 그리고 형사처벌이 뒤따르는 법위반사실을 확인하기 위한 행정조사의 경우 수사와의 경계구분이 모호하다. 이런 점들을 고려한다면 개정된 국정원법에 따른 조사권 또한 정확히 무엇을 의미하는지를 밝히는 것 또한 쉽지 않은 작업이 될 것으로 보인다.

Ⅱ. 개정된 국가정보원법의 의미

개정된 국가정보원법의 '대응조치권'과 '조사권'의 의미를 보다 구체적으로 밝히기 전에 먼저 사전작업으로서 정보기관으로서 국가정보원의 본연의 업무라 할 수 있는 정보활동에 대해 살펴보자.

1. 국가정보원의 정보활동

(1) 정보 및 방첩 활동

1) 정보의 개념

국가정보원의 임무 중 가장 중요한 것은 정보활동이다. 오늘날 국가정보활동은

지 연방정보원의 임무 내지 권한으로 정보의 수집·분석·처리·제공에 관한 것들이 규정되어 있고 이와 관련된 기본권 침해적 조치에 관한 내용들이 있다. 후자의 조치는 정보의 수집 등의 활동에 관한 구체적 내용이고 그것과 별도의 조치는 아니다.

국가의 국내외 활동을 위한 정책수립과 집행을 위해서 중요한 부분이다.[7] '정보활동'의 사전적 의미는 "국가나 기관 따위에서 개인 또는 집단에 필요한 정보나 지식을 조직적으로 수집·처리하는 일"을 의미한다.[8] 이에 비해 '첩보활동'은 "상대편의 정보나 형편을 몰래 알아내어 보고함. 또는 그런 보고"라는 의미에서 좀 더 좁은 적용영역을 가진다. 그리고 '방첩'이란 "간첩 활동을 막"는 것으로 "나라의 기밀이나 정보가 새어 나가지 않게 하고 적국의 간첩·파괴 행위로부터 나라를 보호한다"고 하고 있다.[9] 「국가정보원법」의 하위 법령으로서 대통령령인 「방첩업무 규정」 제2조 제1호에 따르면 "방첩"이란 국가안보와 국익에 반하는 외국 및 외국인·외국단체·초국가행위자 또는 이와 연계된 내국인의 정보활동을 찾아내고 그 정보활동을 확인·견제·차단하기 위하여 하는 정보의 수집·작성 및 배포 등을 포함한 모든 대응활동을 말한다. 동조 제2호는 정보활동에 대한 정의내용을 가지고 있는데 이에 의하면, "외국등의 정보활동"이란 외국등의 정보 수집활동과 그 밖의 활동으로서 대한민국의 국가안보와 국익에 영향을 미칠 수 있는 모든 활동을 말한다. 정보활동이 적극적으로 타인의 영역에 있는 정보를 습득하는 것이라면 방첩활동은 반대로 소극적으로 자신의 영역에 있는 정보를 타인이 습득하는 것을 막는 것으로 이해할 수 있다.

이러한 적극적 의미의 정보활동은 다시 정보의 수집, 분석, 활용으로 구분될 수 있다. 정보의 수집은 정보활동의 한 수단이지만 정보생산, 보안방첩, 비밀공작 등 모든 정보활동의 출발점이자 정보활동에 필요한 기초자료를 제공하는 가장 핵심적인 수단이고, 정보의 분석은 정보생산 과정의 한 부분으로 수집된 첩보로부터 의미 있는 사실이나 결정적인 결론을 도출해 내기 위해 체계적인 검토 과정을 거치고, 이를 토대로 앞으로의 전망과 파급영향을 예측해 필요한 대응방안을 강구하는 활동을 의미한다. 여기에 더해 정보활동의 한 내용으로 비밀공작활동을 인정하고 있는 이는 정보기관에서 수행하는 비밀활동(clandestine operation)의 일부로서 통상 "자국의 대외정책 목표 달성을 위해 다른 나라의 정치, 사회 상황 및 사건 등에 영향을 미칠 목적으로 수행하는 정치적, 경제적, 군사적 활동과 선전활동을 포함하는 것"이라고 정의된다고 한다.[10]

---

7) 성용은, 각주 1)의 논문, 110면.

8) 네이버 국어사전.

9) 네이버 국어사전.

10) 채성준·임석기, "정보기관 수사권에 대한 연구: 주요국 사례를 통해서 본 국가정보원 안보수

한편, 방첩(Counterintelligence)은 문자 그대로 해석하자면 외국정보기관의 정보활동에 대한 대응(對스파이 활동)을 의미하며, 최근에는 국가안보의 영역이 확장되면서 외국정보기관 뿐만 아니라 외국 정부 · 조직 · 개인 등 다양한 종류의 적대세력에 의한 기만 · 파괴 · 전복 등 위협행위에 대한 제반노력들을 포괄한다. 과거 방첩의 주요 대상은 외국정보기관이었으나 오늘날 외국정보기관은 방첩의 주요대상이지만 유일한 대상은 아니다. 방첩의 대상은 외국정보기관에서 외국정부 및 조직, 개인 등 다양한 종류의 적대세력으로 확대되었고, 방첩의 범위도 그들로부터 야기되는 기만, 파괴, 전복 등 다양한 위협행위에 대응하기 위한 제반 노력을 포함하고 있다. 또한 방첩의 대상은 기본적으로 적대국 또는 적대세력이나 우호적인 관계를 유지하는 국가들도 서로 방첩의 대상이 될 수 있다. 나아가 냉전 종식 이후 국가안보의 개념이 군사 · 정치 분야에서 경제 · 기술 · 자원 · 에너지 · 환경 등으로 확대되고 있다. 한편, 방첩활동 중 외국이나 불순 · 적대세력이 중요한 정보나 지식에 접근하는 것을 제한 또는 차단하는데 목적을 두고 수행되는 활동 또는 그와 관련된 정보를 '보안'이라고 한다. 국가정보원법 제3조 제1항 제2호의 국가보안업무에는 비밀보호업무, 신원조사업무, 보안조사업무가 있다. 국가보안 영역을 타파하고 국가의 기밀을 탈취하려는 암흑의 세력에 대한 대처가 바로 넓은 의미에서 국가안보사범 수사라고 할 수 있다.[11)]

2) 정보의 종류

국가정보포럼의 정의에 따르면, 정보활동을 대상지역에 따라서는 크게 국외정보(Foreign intelligence)와 국내정보(Domestic intelligence)로 나눌 수 있고, 이를 다시 각 보안정보와 정책정보로 나누어 국외보안정보와 국외정책정보, 국내보안정보와 국내정책정보로 구분할 수 있다고 한다. 또한, 국외보안정보는 자국의 안전에 위협이 되는 간첩 · 테러 · 선동활동에 대한 정보와 상대국 정보기관의 조직 · 활동방법 · 활동목표 등을 탐지하는 것으로, 국외정책정보는 타국의 정치 · 경제 · 사회 · 군사 · 과학 등에 관한 정보로 정의하고 있다. 마찬가지로 국내보안정보는 국내에 침투한 간첩이나 반국가 세력의 안보위협으로부터 국가의 안전을 유지하는 데에 필요한 정보라 하였고, 국내정책정보는 국내 경제 · 사회 · 과학기술 등 국가내부의 정책결정에 필요한 정보라 하였다.[12)] 많은 경우 정보활동에 있어 국내정보는 '국내보

사권 필요성을중심으로", 글로벌 정부정책연구원, 2018, 97면.

11) 채성준 · 임석기, 각주 10)의 책, 101면 이하.

안정보'에 한정된다.[13]

우리나라의 경우 남북분단과 대치라는 특수한 상황으로 인해 정보활동이 많은 경우 북한에 관한 것에 집중되어왔다. 다시 말해, 한국은 제한된 인원과 예산으로 군사부분을 포함한 산업기술, 경제, 환경, 마약, 국제조직범죄, 테러리즘 등 많은 정보활동을 수행하면서도 현실적으로 대북분야에 대한 정보활동에 우선순위를 둘 수 밖에 없다는 것이다.[14]

한편, 최근 「국가정보원법」 개정은 국외정보와 국내정보를 엄격히 구분하면서 국가정보원의 임무를 국외정보수집으로 무게중심을 옮기는 방향으로 진행되었다.[15] 구「국가정보원법」에서 규정되었던 "국내 보안정보"라는 용어는 빠지고 대신 국내 보안정보 중 "방첩·대테러·국제범죄조직"에 관한 정보는 그대로 존치되었다. 전체적으로 국내정보수집의 권한을 축소한 것으로 보인다. 그러나 그럼에도 불구하고 개정법은 국내 보안정보의 수집을 원칙적으로 배제하지 않는다. 개정법은 방첩정보에 산업경제정보 유출, 해외연계 경제질서 교란 및 방위산업침해에 대한 방첩을 포함시키고 있고, 국가정보원으로부터 안보사범에 관한 기존의 수사권은 박탈하였으나 정보수집 등의 권한은 새롭게 부여되었기 때문이다. 또한 개정법 제4조 제3항은 국가안보 등에 반하는 북한 등과 연계된 내국인의 활동을 확인·견제·차단하는 대응조치권을 인정하고 있다는 점에서 국내정보의 수집권이 여전히 인정되고 있는 것이다. 국내 문헌에서도 국내정보와 국외정보를 분리하는 이분법적 사고가 전략정보의 수집에 크게 도움이 되지 못하며 자칫 정보 분리와 정보 실패 문제를 초래할 수 있다고 지적하는 견해들을 발견할 수 있다.[16] 나아가, 「국가정보원법」은 제4조에서 수집·작성·배포되는 정보를 국외 및 북한에 관한 정보, 방첩·대테러·국제범죄조직에 관한 정보, 안보사범에 관한 정보, 국제 및 국가배후 해킹조직 등 사이버안보 및 위성자산 등 안보 관련 우주정보로 구분하고 있다. 여기에는 개인정보와 위치정보에 대한 언급은 없고, 개인정보는 「개인정보보호법」 제58조에서

12) 문경환·이창무, "국정원 국내 정보활동의 법적 근거 및 활동 방향 연구: 방첩과 정책정보 활동을 중심으로", 국가정보연구 제2권 2호(2008), 99면.

13) 채성준·임석기, 각주 10의 책, 101면.

14) 성용은, 각주 1)의 논문, 110면.

15) 국회정보위원회 연구보고서, 해외 주요국 과학정보(신호, 영상정보)활동 상황 및 법적 체계 분석, 2021, 57면.

16) 성용은, 각주 1)의 논문, 111면.

그 수집 등에 관한 법적 근거를 찾을 수 있고 위치정보는 「위치정보의 보호 및 이용 등에 관한 법률」이 아니라「국가정보원법」 제14조에서 비로소 관련 규정을 발견할 수 있다.

3) 정보의 수집 등과 관련한 개별법령상 수권규범의 불충분

현재 국가정보원이 자신들에게 부여된 기능을 수행하기 위해 다양할 활동을 수행하고 특히 정보업무의 특성상 최첨단 과학기술을 사용하게 된다(기술정보). 오늘날에는 통신감청, 위치추적, cctv를 활용한 영상정보수집, 위성정보, 해킹 등의 첨단기술을 활용한 국가정보기관의 활동들이 주를 이루고 있다. 문제는 경우에 따라 이러한 기술의 사용은 필연적으로 관련자의 기본권 등이 침해될 수 있다는 것이다. 정보활동에 수반되어 침해될 수 있는 국민의 권리로는 헌법상 보장된 정보적 자기결정권 및 통신의 자유 등이 거론될 수 있다.

이와 관련하여 제기되는 문제로는 우리나라의 경우 국가정보원의 실효적인 정보활동을 보장할 법적 근거가 충분치 않다는 것이다. 현재 국가정보원의 구체적인 작용에 대한 주된 법적 근거로는 「국가정보원법」 제4조의 직무규정을 들 수 있는데, 주지하다시피 이는 행정조직법상의 직무규정일뿐 구체적인 작용에 대한 수권규정이 되지 못한다.[17] 물론, 국가정보기관의 업무특성상 모든 활동이 공개되고 수권규범이 필요한 것은 아니지만, 일반적이고 추상적인 국가정보원법 제4조의 규정만으로는 경우에 따라 관련자의 기본권의 침해를 수반하는 정보기관의 활동을 법적으로 모두 커버할 수는 없다.

그런데, 국가정보원법 제14조에 의하면 “원장·차장·기획조정실장 및 그 밖의 직원은 「통신비밀보호법」, 「위치정보의 보호 및 이용 등에 관한 법률」, 「형사소송법」 또는 「군사법원법」 등에서 정한 적법절차에 따르지 아니하고는 우편물의 검열, 전기통신의 감청 또는 공개되지 아니한 타인 간의 대화를 녹음·청취하거나 위치정보 또는 통신사실확인자료를 수집하여서는 아니 된다.”고 하고 있는데, 여기서 알 수 있는 것은, 먼저 우편물의 검열, 전기통신의 감청, 공개되지 아니한 타인간의 대화를 녹음·청취, 위치정보 또는 통신사실확인자료의 수집 등이 인권침해의 소지가 있는 정보활동의 수단이라는 것이고, 다음으로 이러한 활동에 대한 수권규정은 위 조문에서 언급한 개별 법령상의 규정으로 대체한다는 것이다. 그러나 이에 대해서는 첫째, 이렇게 예시된 정보활동들은 국가정보원이 담당하고 있는 모든 활동들을

17) 독일의 연방헌법보호법 제9조 이하 참조.

남김없이 커버하지 못하고 있어 불충분하고, 둘째, 해당 개별법령에는 국가정보원의 인권침해적인 정보활동에 대한 적절한 수권규범을 담고 있지 못하는 경우가 많다는 점을 지적할 수 있다. 「위치정보의 보호 및 이용 등에 관한 법률」을 살펴보면 제15조가 위치정보의 수집에 관한 수권규정으로 볼 수 있는데 여기서 국가정보원의 정보활동과 관련된 연결점을 찾을 수 없다. 동조 제1항 단서 제3호는 단순히 "다른 법률에 특별한 규정이 있는 경우"라고만 하고 있는데 이러한 규범이 국가정보원의 정보활동에 대한 수권규범이 될 수 있는지는 의심스럽다. 또한 「형사소송법」은 수사활동의 범위에서 필요한 강제처분에 대한 수권규범을 담고 있지 정보활동의 영역에서의 조치를 위한 법적 근거가 되지 못한다. 과거 국가정보원이 대공수사권을 가지고 있는 상황에서는 형사소송법도 중요한 수권규범으로서 역할을 하였지만 개정된 법적 상황하에서는 형사소송법상의 규정을 직접 원용하여 국가정보원의 기본권 제한적 조치를 정당화할 수는 없다.

한편, 물론 「통신비밀보호법」 제7조,[18] 「국민보호와 공공안전을 위한 테러방지법」 제9조,[19] 「개인정보 보호법」 제58조,[20] 「정보통신망 이용촉진 및 정보보호 등에 관한 법률」 제51조[21] 등에서 해당 수권규범들이 어느 정도 마련되어 있기는 하

---

18) 제7조(국가안보를 위한 통신제한조치) ①대통령령이 정하는 정보수사기관의 장은 국가안전보장에 상당한 위험이 예상되는 경우 또는 「국민보호와 공공안전을 위한 테러방지법」 제2조제6호의 대테러활동에 필요한 경우에 한하여 그 위해를 방지하기 위하여 이에 관한 정보수집이 특히 필요한 때에는 다음 각호의 구분에 따라 통신제한조치를 할 수 있다.

1. 통신의 일방 또는 쌍방당사자가 내국인인 때에는 고등법원 수석판사의 허가를 받아야 한다. 다만, 군용전기통신법 제2조의 규정에 의한 군용전기통신(작전수행을 위한 전기통신에 한한다)에 대하여는 그러하지 아니하다.
2. 대한민국에 적대하는 국가, 반국가활동의 혐의가 있는 외국의 기관·단체와 외국인, 대한민국의 통치권이 사실상 미치지 아니하는 한반도내의 집단이나 외국에 소재하는 그 산하단체의 구성원의 통신인 때 및 제1항제1호 단서의 경우에는 서면으로 대통령의 승인을 얻어야 한다.

19) 제9조(테러위험인물에 대한 정보 수집 등) ① 국가정보원장은 테러위험인물에 대하여 출입국·금융거래 및 통신이용 등 관련 정보를 수집할 수 있다. 이 경우 출입국·금융거래 및 통신이용 등 관련 정보의 수집은 「출입국관리법」, 「관세법」, 「특정 금융거래정보의 보고 및 이용 등에 관한 법률」, 「통신비밀보호법」의 절차에 따른다.

20) 제58조(적용의 일부 제외) ① 다음 각 호의 어느 하나에 해당하는 개인정보에 관하여는 제3장부터 제7장까지를 적용하지 아니한다. 1. ... 2. 국가안전보장과 관련된 정보 분석을 목적으로 수집 또는 제공 요청되는 개인정보 ...

21) 제51조(중요 정보의 국외유출 제한 등) ① 정부는 국내의 산업·경제 및 과학기술 등에 관한

다. 그러나 수사에서의 형사소송법과 같은 정보활동을 위한 통합적이고 포괄적인 수권규범체계가 마련되어있지 못하고 있다. 이는 국가안보를 위해 반드시 필요한 정보 및 방첩활동을 불법화하고 법적 장애물을 야기시켜 업무상 혼란을 가중시킨다고 할 수 있다.

(2) 보론: 삭제된 권한으로서 수사권

1) 구법에 따른 국정원의 수사권

구 「국가정보원법」[22] 제3조 제1항 제3호에 따르면 국정원은 「형법」 중 내란(內亂)의 죄, 외환(外患)의 죄, 「군형법」 중 반란의 죄, 암호 부정사용의 죄, 「군사기밀보호법」에 규정된 죄, 「국가보안법」에 규정된 죄에 대한 수사에 대한 권한을 가지고 있었다. 또한 제4호에 의해 국정원 직원의 직무와 관련된 범죄에 대한 수사도 가능하였다. 구「정부조직법」 제17조 제1항도 국가안전보장에 관련되는 정보·보안 및 범죄수사에 관한 사무를 담당하기 위하여 대통령 소속으로 국가정보원을 둔다고 하였다.

「정보 및 보안업무기획·조정규정」 제2조 제5호에 따르면 “정보사범 등”이라 함은 형법 제2편 제1장 및 제2장의 죄, 군형법 제2편 제1장 및 제2장의 죄, 동법 제80조 및 제81조의 죄, 군사기밀보호법 및 국가보안법에 규정된 죄를 범한 자와 그 혐의를 받는 자를 말한다. 통상적으로 이 여섯 가지를 위반하는 범죄자들을 ‘정보사범’이라고 하고 정보사범에 대한 수사를 ‘안보수사’라고 한다.[23] 안보수사란 국가의 안전보장, 즉 국가의 존립 및 안전과 자유민주적 기본질서를 위태롭게 하는 범죄에 대한 수사를 말한다. 안보수사의 대상은 국가의 독립을 침해하거나 영토를 침략하며, 헌법과 법률의 기능 및 헌법기관을 파괴·마비시키거나 법치주의적 통치질서의 유지를 위태롭게 하는 범죄유형이라고 할 수 있다. 현행 실정법에서 가장 전형적인 예를 찾는다면 형법상의 내란의 죄에 관한 장 및 외환의 죄에 관한 장에

중요 정보가 정보통신망을 통하여 국외로 유출되는 것을 방지하기 위하여 정보통신서비스 제공자 또는 이용자에게 필요한 조치를 하도록 할 수 있다.

② 제1항에 따른 중요 정보의 범위는 다음 각 호와 같다.

1. 국가안전보장과 관련된 보안정보 및 주요 정책에 관한 정보
2. 국내에서 개발된 첨단과학 기술 또는 기기의 내용에 관한 정보

22) 법률 제12948호, 2014. 12. 30 시행.

23) 채성준·임석기, 각주 10)의 책, 44면.

규정된 일련의 범죄들이 이에 해당한다. 나아가 남북이 분단·대치하고 있는 한반도의 특수한 안보현실 하에서 형법상의 내란의 죄 또는 외환의 죄의 규정만으로는 북한 공산집단의 직간접 침략에 효율적으로 대처할 수 없다는 이유 때문에 특별법인 「국가보안법」을 제정·시행하고 있는데, 바로 여기에 규정된 각종 범죄들이 안보수사의 전형적인 대상이라고 할 수 있다.[24]

한편 구 「국가정보원법」 제16조는 사법경찰권을 규정하고 있는데 이에 의하면 국정원 직원으로서 원장이 지명하는 사람은 정보사범과 직원의 직무와 관련된 범죄에 관하여 「사법경찰관리의 직무를 수행할 자와 그 직무범위에 관한 법률」 및 「군사법원법」의 규정에 따라 사법경찰관리와 군사법경찰관리의 직무를 수행한다고 하였다. 따라서 국가정보원의 직원 모두가 수사권을 행사할 수 있는 것은 아니고, 국가정보원장에 의해 지명된 자만이 수사권을 행사할 수 있었다. 이렇게 국가정보원장에 의해 지명된 직원은 특별사법경찰관리로서의 지위를 가졌었다. 이러한 직원은 그 수사대상이 정보사범인 경우 그 신분이 군사법원의 관할에 속하는 군인·군무원이라 하더라도 수사권을 행사할 수 있었다.[25]

2) 정보업무와 수사업무의 엄격한 분리와 그 비판

그런데 개정 국가정보원법에 따르면 정보사범에 대해서 이제 안보수사를 할 수 없고 해당 범죄 내지 특정 안보침해행위에 관한 정보활동만 할 수 있게 되었다. 안보수사는 이제 경찰(관)이 담당하게 되었다(「국가경찰과 자치경찰의 조직 및 운영에 관한 법률」 제3조 제2호 및 「경찰관 직무집행법」 제2조 제2호). 독일의 경우에도 엄격한 분리원칙(Trennungsprinzip)을 고수하고 있다.

그러나 학계에는 여전히 이러한 분리에 대해 회의적인 견해가 유력하게 제기된다. 국가안보범죄, 특히 대북 첩보와 방첩 업무를 포함한 정보수집과 수사업무는 연동이 되어야 원활한 대처가 가능하며, 필요시 광범위한 감청활동과 비밀분류 시스템이 적용되어 온 영역이라는 점에서 문제가 된다는 지적이 그것이다.[26] 그리고 우리나라에서 최근 개정 통과된 국가정보원법의 내용은 국가정보원의 국내 정치개입을 원칙적으로 차단하고 대공 '정보'와 '수사'의 분리라는 원칙을 실현하면서 정보활동의 민주성 강화를 위한 '국회의 통제'도 강화된 측면이 있다고 하면서도, 그러

24) 채성준·임석기, 각주 10)의 책, 43면.
25) 채성준·임석기, 각주 10)의 책, 45면.
26) 성용은, 각주 1)의 논문, 110면.

나 대공범죄에 대한 정보수집과 수사권을 이원화하게 되면 포괄적이고 유연한 정보 및 방첩활동이 어려워지며 초국가적 안보위협에 효율적으로 대응하기에는 한계가 있다고 한다.[27] 전 세계적으로 보았을 때 정보와 수사의 분리가 대세가 아니라 통합이 대세라는 보고도 보인다. 특히 미국은 법무부 산하의 FBI에 수사권을 부여하고 있다는 점도 부각한다.[28] 독일에서 Schenke는 다음과 같이 분리원칙에 대한 비판적 시각을 드러낸다.

> "외국에서는 낯설고, 헌법이 아닌 법률상 규정된 분리원칙이 헌법상 요구되는지에 관하여 견해대립이 있다. 독일에서 분리원칙은 기본법이 성립될 때 연합군에 의해 요구되었다. 이러한 원칙은 연합군의 유물로서 법적으로 더 이상 구속적이지 않다. 독일 연방헌법재판소는 법치국가원칙, 기본권, 연방국가원칙을 분리원칙의 법적 근거로 삼았지만 연방에 대해서 이로부터 헌법상의 분리원칙이 도출되지 않는다. 경찰과 정보기관의 분리는 외국의 법치국가에서는 규정되어 있지 않고 따라서 법치국가의 관점에서도 본질적인 것은 아니다. 기본권, 특히 정보적 자기결정권은 그러한 분리원칙 없이도 보장될 수 있다. 연방국가원칙으로부터는 오직 위험예방은 원칙적으로 주의 사안이라는 것만 도출된다."[29]

생각건대, 우선 정보사범에 대한 수사권은 박탈하고 안보사범에 대한 정보권을 부여한 것은 오히려 권한남용의 가능성을 증대시킬 우려가 있다. 왜냐하면 범죄에 대한 수사는 이미 발생한 범죄에 대한 사법적 처리를 위해 사후적으로 대응하는 것이나 범죄에 관한 정보를 수집한다는 것은 아직 범죄가 발생하지 않았어도 그 예방을 위해 미리 개입할 수 있음을 의미하기 때문이다. 이러한 해석의 가능성을 방지하기 위해서는 해당 범죄의 수사를 위한 정보수집이라고 못을 박아야 한다. 다음으로 정보업무와 수사업무를 분리하여 수사권을 경찰로 이관하는 것보다 중요한 것은 범죄수사를 염두해두지 않고 통상적인 정보활동의 일환으로 수집된 정보가 사후 범죄와의 관련성이 인정될 때 그러한 정보를 범죄증명을 위한 증거로 사용할 수 있느냐의 문제이다. 이를 인정하게 되면 수사기관은 형사소송법상 인정되는 다양한 장애물, 예컨대 영장주의, 피고인의 진술거부권, 변호인의 조력을 받을 권리 및 각

---

27) 성용은, 각주 1)의 논문, 111면.

28) 채성준 · 임석기, 각주 10)의 책, 45면.

29) Wolf-Rüdiger Schenke, Polizei- und Ordnungsrecht, 10. Aufl., C.F.Müller 2018, §9 Rn. 444.

종 증거법상의 제한들을 우회할 수 있는 길을 터주는 것이기 때문이다. 수사목적 위해 수집되는 정보와 일반적인 정보활동을 통해 수집되는 정보의 차이점은 다음의 설명을 통해 보다 분명하게 인식될 수 있다.

> "수사는 사법절차를 통해 종결되는 것이므로 형사사법 절차를 떠나서는 존재하지 않는다. 그러나 정보는 정책에 반영됨으로써 그 가치가 부여되어 빛을 발하는 것이기 때문에 원천적으로 사법절차를 전제할 필요는 없다. 원래 전통적인 수사는 체포하여 기소한 범죄자에 대한 유죄를 증명하는 것에 집중되어 있다. 그러므로 수사는 과거 지향적이고 사건 중심적이다. 수사 담당자는 증거수집과 현출에 있어서도 사건이나 범인에 대한 모든 자료를 샅샅이 수집하거나 증거로 제출할 필요가 없다. 오직 기소된 사건에 대해 유죄를 인정받기 위하여 필요한 한도 내에서 수사를 전개하고 사건을 종결지을 수 있다. 이 점에서도 아무리 사소하게 보이는 것이라도 끝까지 추적해 분석하여 전체적인 그림을 그려야 하는 정보활동과 차이가 있다."[30]

3) 정보활동과 내사

수사 이전단계에서 "검찰이나 경찰 등이 범죄를 인지하기 전에 보도·풍설·진정·익명의 신고 등을 통하여 범죄혐의 유무를 확인하기 위하여 수행하는 조사활동"을 내사(Vorermittlung)라고 한다면,[31] 정보활동과 내사는 밀접한 관계가 있다. 「정보 및 보안 업무 기획 · 조정규정」 제7조에 의하면 정보 · 수사기관이 정보사범 등의 내사, 입건 전 조사, 수사에 착수하거나 이를 입건한 때와 관할 검찰기관에 송치한 때에는 즉시 이를 국정원장에게 통보하여야 한다. 개정된 「국가정보원법」에 따르면 정보사범에 대해 국정원은 더 이상 수사권을 가지지 못하고 정보권만 가지게 되었는데, 이러한 상황하에서 정보사범에 대한 정보수집 등의 활동은 결국 내사와 다름없다. 그리고 형사소송법적 논의에서 내사와 수사와의 경계가 모호하다는 지적도 제기된다. 즉 내사는 수사기관이 수행하는 활동의 일부로서 수사와 불가분의 관계에 놓여있다는 것이다.[32] 또한 과거 국가보안법 위반사범수사는 내사에 오랜 시간이 걸렸다고 하고,[33] 정보사범에 대한 내사에서 주로 사용되는 방법은 주거지나 시설

---

30) 채성준 · 임석기, 각주 10)의 책, 99면 이하.

31) 허일태, "한국에서 수사와 내사 범위와 한계", 동북아법연구 제6권 제3호 (2013.01), 105면 이하.

32) 조상제, "독일 형사소송법상의 내사제도", 비교형사법연구 제14권 제1호(2012), 143면.

33) 채성준 · 임석기, 각주 10)의 책, 10면.

물에 대한 녹음이나 감청이라고 한다.[34] 이런 점들을 고려하면 정보활동이 곧 내사이고 수사활동과의 구분이 쉽지 않다는 사실을 알 수 있다.

2. 국가정보원법 제4조 제1항 제3호의 '대응조치권'

개정된 국가정보원법에 따를 때 무엇보다 불분명한 개념이 바로 국가정보원법 제4조 제1항 제3호의 '대응조치권'이다. 동법에 따르면 대응조치란 북한을 포함한 외국, 외국기관, 외국단체, 외국인 그리고 이들과 연계된 내국인의 활동 중 국가안보와 국익에 반하는 활동을 확인·견제·차단하는 대응조치와 국민의 안전을 보호하기 위하여 취하는 대응조치로 설명되는데, 이러한 조치가 구체적으로 무엇을 의미하는지는 분명치 않다. 일상 용어적 의미로 대응조치는 '예방조치'에 대별되는 것으로 어떠한 원치않는 사건이 발생한 경우 그에 대한 '후속조치'를 의미한다 할 것이다. 주로 국외 또는 국내에서 자행된 정보통신 시스템에 대한 공격을 통해 보안사고가 발생한 경우 이를 처리하는 데에 필요한 조치들이 될 것으로 보인다. 예컨대 몇 년 전 국내외 IoT 장비 12,000여대가 악성코드에 감염된 사건에서 국가정보원이 취했던 조치들이 여기에 해당될 것이다.[35] 또한 자국의 국가안보 및 국익에 부정적인 영향을 미치는 상대방 국가 또는 기관의 특정 조치에 대항하는 조치를 생각해 볼 수 있는데, 과거 미국의 정보기관이 독일 정부기관에 대해 첩보활동을 벌리자 독일에서도 그 "대응조치(Gegenmaßnahmen)"로 미국에 대해 첩보활동을 벌렸던 사건이[36] 그 좋은 예가 될 것이다.

한편, 대응조치 개념의 불명확성에 대한 비판을 의식한 듯 2023년에서 대통령령으로 「안보침해 범죄 및 활동 등에 관한 대응업무규정」을 제정하여 2024. 1. 1.자로 시행하고 있다. 그러나 모법인 「국가정보원법」은 이러한 위임에 관한 내용을 담고 있지 않다. 어쨌든 동령 제2조 제1호에 따르면 "대응업무"란 국가정보원이 국가안보, 국익 또는 국민안전에 영향을 미칠 수 있는 모든 활동에 관한 정보, 북한에

34) 채성준·임석기, 각주 10)의 책, 50면.

35) 투데이신문, "국내외 IoT 장비, 1만2000대 악성코드 감염…국정원 '대응 조치 중'", 2022.01.19. (http://www.ntoday.co.kr/news/articleView.html?idxno=82556), 2024.10.19. 최종검색.

36) "De Maizière will offenbar die USA überwachen lassen"(https://www.tagesspiegel.de/politik/bnd-affaere-de-maiziere-will-offenbar-die-usa-ueberwachen-lassen/10160902.html), 2024.10.19. 최종검색.

의하여 또는 북한과 연계하여 이루어지는 모든 활동에 관한 정보, 「형법」 중 내란의 죄, 외환의 죄, 「군형법」 중 반란의 죄, 암호 부정사용의 죄, 「군사기밀 보호법」에 규정된 죄에 관한 정보, 「국가보안법」에 규정된 죄와 관련되고 반국가단체와 연계되거나 연계가 의심되는 안보침해행위에 관한 정보와 관련하여 「국가정보원법」 제4조 제1항 제1호 각 목 외의 부분 및 같은 항 제3호에 따라 수행하는 직무활동을 말한다. 나아가 동령 제4조는 「국가정보원법」 제4조 제1항 제3호에 따라 수행하는 직무활동의 세부범위를 정하고 있다. 이에 따르면 안보위해자를 발견·추적하는 활동(제1호), 안보위해자에 대한 정보를 분석·검증하거나 해당 분석·검증 결과를 유관기관 및 국내외 관계기관 등에 배포·공유하는 활동(제2호), 안보위해자에 대한 역이용, 와해 또는 추방 등의 저지 활동(제3호), 안보위해자에 대한 행정 절차 및 사법 절차 등의 지원에 관한 활동(제4호), 국민의 생명·신체·재산을 침해하는 테러·피랍·사고 등을 예방하거나 피해 확산을 방지하기 위한 활동(제5호), 제1호부터 제5호까지의 직무수행과 관련된 해외정보기관 또는 관련 국제기구와의 인력 및 정보 등의 상호 협력 활동(제6호), 그 밖에 안보위해자에 대한 확인·견제·차단 및 국민안전 보호를 위한 대응조치로서 국가정보원장이 필요하다고 인정하는 업무(제7호)가 여기에 해당된다.

게다가 마찬가지로 대통령령인 「방첩업무 규정」 제2조 제1호에 따르면 "방첩"이란 국가안보와 국익에 반하는 외국 및 외국인·외국단체·초국가행위자 또는 이와 연계된 내국인의 정보활동을 찾아내고 그 정보활동을 확인·견제·차단하기 위하여 하는 정보의 수집·작성 및 배포 등을 포함한 모든 대응활동을 말하고, 제3조에 의하면 방첩기관이 수행하는 방첩업무에는 외국등의 정보활동 관련 국민의 안전을 보호하기 위하여 취하는 대응조치도 포함된다.

이러한 규정을 통해 대응조치 또는 대응업무가 무엇인지를 보다 구체적으로 알 수 있게 되었다. 정리하면 대응조치 혹은 대응업무란 안보위해자를 발견·추적·저지하고, 이 자와 관련하여 수집된 정보를 분석, 처리, 제공하며, 관련 행정 및 사법기관 또는 해외정보기관 등의 활동에 공조하고, 테러 등을 예방하거나 방지하는 것으로 이해될 수 있다.

그러나 이들 업무 중 일부는 국가정보원 본연의 임무인 정보 수집·작성·배포의 의미범위를 벗어나지 못한다. 또한 방첩업무에 이미 대응조치의 개념이 포함되어 있기 때문에 대응조치의 독자적 의미를 파악하기 힘들다. 그리고 안보위해자의 발견·추적은 수사활동으로 볼 수도 있는데, 특히 추적행위는 강제수사 행위인 체포 이전 단계를 의미한다고 볼 수 있지만 실무상 추적과 체포를 엄밀히 구별할 수 있는지 의심스럽다. 정보활동을 인식작용, 수사활동을 집행작용으로 도식화시켜 이해한다면 이러한 추적행위는 어떠한 범주에 포함시켜야 할지 모호하다. 그리고 안보위해자를 추적하다가 체포의 필요성이 있는 경우 국가정보원은 뒤로 물러서고 경찰이 투입되어야 하는 것인지 아니면 사법절차 지원(이는 행정법상 행정응원으로 볼 수도 있을 것이다)도 법적으로 가능하니 지원의 형태로 스스로 체포를 할 수 있는지도 분명하지 않다. 무엇보다 마지막의 경우 독일에서는 연방정보원의 행정응원을 통한 분리원칙의 침해가능성이 논의되고 있다.[37)]

한편, 우리나라의 적지 않은 법령에서 예방과 대응 개념을 구별해서 사용하고 있는데[38)] 위 시행령의 대응업무에는 예방의 범주 속하는 활동들도 기술되어 있다. 안보위해자를 저지하는 것이나 테러 등을 예방하거나 방지하는 것이 여기에 속한다. 그리고 분리원칙에 따라 국가활동을 정보활동과 수사활동으로 나누고 통상적 개념분류에 따라 (위험을 포함한) 범죄예방과 범죄수사를 구분할 때, 개정된 「국가정보원법」 및 그 시행령에 따라 그 집행력이 담보된 국가정보원의 활동은 예방 및 (저지를 포함하여) 방지 작용이 될 것이다. 이러한 영역에서는 경찰사무와 중복이 발생할 것으로 보이나 이는 국가정보원법의 개정 취지와는 부합하지 않을 것으로 보인다.

대응조치를 이러한 '예방조치' 가 아니라 이미 발생한 사안에 대한 '후속조치'로 이해한다면 이는 원상회복을 포함한 행정적 또는 사법적 처리 (특히 수사) 이 외의 것을 상정하기가 쉽지 않다. 후속조치로 재발방지조치가 취해진다면 이는 대응조치가 아니라 이미 예방조치이다.

그렇다면, 국정원을 순수한 국가정보기관으로서 변모시키기 위해 새롭게 마련한 국정원의 권한규정임에도 불구하고 해당 규정이 의의는 그리 크지 않을 것으로 보인다. 특히, 이러한 대응조치권은 아래에서 살펴 볼 (행정)조사권과 중복이 될 수

37) 이에 관하여는 허황, "독일의 소위 리히테슈타인 및 스위스 조세포탈 사건과 그 형사법적 시사점", 형사정책 제35권 제4호(2024.1.), 25면 이하.

38) 「국가정보원법」 제4조 제1항 제4호 다음 각 목의 기관 대상 사이버공격 및 위협에 대한 예방 및 대응, 「경찰관 직무집행법」 제8조의2 제2항에 따른 「경찰관의 정보수집 및 처리 등에 관한 규정」 제3조 제1호 범죄의 예방과 대응에 필요한 정보, 제7호 공공안녕에 대한 위험의 예방과 대응을 위한 정책에 관한 정보.

있기 때문에, 국가정보원법 제4조 제1항 제3호의 실효성에 의구심을 자아낼 수 있다. 실례로 위에서 예시로 들었던 사안에서 국가정보원은 2021년 12월 러시아 침해사고대응팀(CERT)으로부터 한국 IP 주소를 경유한 해킹 시도가 있다는 정보를 공유 받고 대응조치로 현장 조사에 나섰다고 한다. 여기서는 대응조치가 곧 현장조사인 셈이다. 그리고 국정원의 대응조치로 볼 수 있는 활동들은 대부분 기존의 정보 및 방첩활동으로 볼 수 있을 것이다. 국정원의 대응조치권이 무엇인지를 파악하기 위해 같은 정보기관이라고 할 수 있는 정보경찰의 대응조치권에 대한 논의를 참고할 만하나 이러한 영역에서도 해당 논의를 찾기가 힘들다.

3. 국가정보원법 제5조 제2항 '조사권'

개정된 「국가정보원법」에 따르면 제5조 제2항에 의하면 국가정보원 직원은 일정한 직무수행을 위하여 필요한 경우 현장조사·문서열람·시료채취·자료제출 요구 및 진술요청 등의 방식으로 조사할 수 있다. 개정된 「국가정보원법」은 안보수사권을 배제하는 대신 상기 내용의 조사권을 신설하였다.

개정된 「국가정보원법」에서 사용하는 조사권의 의미는 행정법상 논의되는 행정조사로 이해되는 것이 일반적이다. 「행정조사기본법」 제2조 제1항에 따르면 "행정조사"란 행정기관이 정책을 결정하거나 직무를 수행하는 데 필요한 정보나 자료를 수집하기 위하여 현장조사·문서열람·시료채취 등을 하거나 조사대상자에게 보고요구·자료제출요구 및 출석·진술요구를 행하는 활동을 말한다. 예컨대, 「통계법」 제5조의3 제1항에 의하면 통계청장은 정책수립과 각종 통계작성의 기초자료로 활용되는 기본통계를 작성하기 위하여 전국을 대상으로 하는 인구, 주택, 사업체 등에 관한 전수조사를 실시하여야 한다. 이러한 행정조사는 유형별로 나누면 위반사실확인, 단순사실확인, 실태조사, 관리감독 등 네 가지로 구분해 볼 수 있다.[39)]

형사법학계에서는 수사와 행정조사간의 경계설정이 오래전부터 문제시되고 있다.[40)] 국정원의 권한과 관련하여 국정원이 법률상 '대공조사권'을 가지게 되면, 수

---

39) 그 밖에도 「감염병의 예방 및 관리에 관한 법률」 제18조에 따른 역학조사, 「소방기본법」 제29조의 화재조사 등, 「국세기본법」 제81조의4의 세무조사, 「관세법」 제290조의 관세범의 조사, 「조세범처벌절차법」 제7조의 조세범칙조사, 「자본시장과 금융투자업에 관한 법률」 제426조의 위반사실조사 등.

40) 독일에서 사용되는 행정조사(Verwaltungsermittlung)은 여기서 말하는 행정조사와 다른 개념

십년 동안 수사기관이었던 조직이 '행정조사'라는 이름으로 사실상의 수사행위를 할 수 있게 된다고 지적하는 견해도 보인다.[41] 수사가 형사재판이라는 국가의 임무를 수행하기 위한 각종 자료를 수집하는 활동이며, 행정조사도 기본적으로 국가를 유지하기 위한 행정활동을 위해 각종 자료를 수집하는 행정작용이라는 점에서 기본적으로는 유사한 국가작용이다.[42] 즉, "어떤 (수사) 개념에 따를 경우에도 수사기관의 위치에 행정기관을 넣는다면, ... '행정조사'의 개념과 본질적으로 구별되는 것은 아니다".[43] 특히 앞의 네 가지 유형 중 '위반사실확인'의 행정조사는 수사의 전단계 혹은 그 자체로 수사가 될 수 있다.[44] 전자의 경우 수사기관에 의한 수사를 위한 증거의 사전수집이 문제되고, 후자의 경우는 행정기관이 직접 수사를 담당한다. 전자의 예로 「전기통신사업법」을 들 수 있는데, 동법 제51조에 따르면 방송통신위원회는 신고나 인지에 의하여 제50조제1항을 위반한 행위가 있다고 인정하면 이를 확인하기 위하여 필요한 조사를 할 수 있고 이러한 조사 위해 필요하면 전기통신사업자 등의 사무소·사업장에 출입하여 장부, 서류, 그 밖의 자료나 물건을 조사 할 수 있고, 동법 제99조에 의하면 제50조제1항 각 호의 금지행위를 한 자는 3억원 이하의 벌금에 처한다. 이 경우 방송통신위원회는 수사기관이 아니기 때문에 동법 제50조 위반죄의 수사는 할 수 없고 행정조사는 수사의 전단계의 역할을 한다. 후자의 예로는 「관세법」 제290조의 관세범의 조사를 거론할 수 있다. 이에 따르면 세관공무원은 관세범이 있다고 인정할 때에 범인, 범죄사실 및 증거를 조사하여야 한다. 여기서 조사를 담당하는 행정기관은 경우에 따라 사법경찰권을 가질 수 있고, 영장에 관한 규정 등 형사소송법이 폭넓게 적용될 수 있다.

이다. 독일의 행정조사는 공무원의 징계절차가 진행될 수 있을 정도로 추측(Vermutungen) 또는 소문(Gerüchte)이 구체화될 수 있는지를 알아보기 위해 이루어진다, 이에 대해서는 Sandra Forkert-Hosser, Vorermittlungen im Strafprozessrecht, Peter Lang 2011, S. 132f. u. 178f.

41) 국정원감시네트워크, 조사권 반대 및 국정원법 전부개정안에 대한 의견서 국가정보원법 전부개정법률안(김병기 의원 대표발의)을 중심으로, 입법의견서 2020.11.12., 5면.

42) 이재구·이호용, "수사로 활용될 수 있는 행정조사의 법적 쟁점 - 실무자의 관점에서 -", 법학논총 제35권 제2호 한양대학교 법학연구소(2018), 417면.

43) 이근우, "행정조사의 형사법적 한계설정", 고려법학 제72호(2014.03), 363면.

44) 김용주, "행정조사와 특별사법경찰관리의 수사의 경계획정 - 특별사법경찰관리의 직무를 중심으로 -", 경찰학연구 제14권 제4호(2014), 96면: "실질적으로 수사에 해당하는 경우, 또는 법 위반사실의 조사가 이후 행정기관의 수사기관에 대한 고발권 행사를 위한 사전조사의 성격을 띠는 경우".

무엇보다 국가안전보장과 관련하여 행정조사권과 수사권의 경계가 무너질 수 있다는 것은「행정조사기본법」 제3조 제2항 제1호에 의해서 더욱 명확하게 된다. 즉 동법은 "행정조사를 한다는 사실이나 조사내용이 공개될 경우 국가의 존립을 위태롭게 하거나 국가의 중대한 이익을 현저히 해칠 우려가 있는 국가안전보장·통일 및 외교에 관한 사항"의 경우 동법을 적용하지 아니하게 된다.[45] 「행정조사기본법」의 적용예외 범위에 관해 비판적 견해에 따르면 동법은 스스로 너무 넓은 적용제외 영역을 가지고 있어서, 결국은 종전처럼 개별법상의 절차적 요건만을 준수하면 되도록 의도하고 있는 것이다.[46] 행정조사의 의미·목적·내용·절차·한계를 비교적 분명히 하고 있는「행정조사기본법」의 적용을 받지 않는 영역에서 행정조사는 그 정체성이 더욱 애매하게 되고 수사와의 구별은 더욱 힘들어 지게 된다.

물론 수사권과 조사권의 구별은 수사권 보유 여부는 안보범죄에 대한 압수(이메일 포함)·수색·체포·구금 등 강제수사 가능 여부를 기준으로 하고, 조사권은 강제수사 수단 외 '감청' 또는 '금융정보 조회' 등 국가안보 위해 혐의자에 대한 개인정보 등 수집·조사권 보유 여부를 기준으로 이루어진다고도 볼 수 있다.[47] 그러나 감청 또는 금융정보의 수집도 실질적으로 관련자의 기본권을 침해할 수 있는 것으로서 강제처분으로 볼 수 있고 형사소송법에 규정된 강제처분이냐 기타 다른 법에 규정된 강제처분이냐에 따라 수사와 조사를 구별하는 것을 설득력이 떨어진다.

4. 구체적인 직무 및 권한(직무유형별 가능여부 판단)

판례의 입장을 살펴보면, 구 「국가정보원법」 제3조의 직무는 예시적으로 열거한 것이 아니라 한정적으로 열거한 것으로 보고 있다.[48] 국가정보원은 국가안전보장과 관련된 국가정보기관으로서 그 업무수행 과정에서 국민의 기본권을 제한하거나 침해할 수 있는 가능성을 내포하고 있기 때문에 헌법 제37조 제2항의 취지에 따라 「정부조직법」에 설립의 근거를 두고 「국가정보원법」에서 그 직무의 범위를 명확하

---

45) 물론 그럼에도 불구하고 동법 제4조(행정조사의 기본원칙), 제5조(행정조사의 근거) 및 제28조(정보통신수단을 통한 행정조사)는 국가안전보장 등의 사항의 행정조사에 적용된다(동법 제3조 제3항).

46) 이근우, 각주 43)의 논문, 357면.

47) 채성준·임석기, 각주 10)의 책, 68면 각주 109).

48) 서울중앙지법 2009. 5. 29., 선고, 2008가합40668, 판결.

게 규정하고 있는 것이므로, 국가정보원의 직무 범위를 규정한 「국가정보원법」 제3조 제1항이 예시규정에 불과하다고 볼 수 없다는 것이다. 이러한 판례의 입장을 고려하면 개정된 「국가정보원법」 제4조의 직무유형도 한정적 열거로 볼 수 있다.

그런데 앞서 설명한 바대로, 개정된 「국가정보원법」은 제4조에서 직무에 관한 것만 규정하고 있을 뿐이고 동법 제14조에 따른 감청 및 위치추적을 제외한다면 해당 직무를 수행하는 데에 필요한 구체적인 권한규정을 갖고 있지 않다. 이는 국정원의 직무특성상 비밀성이 요구되는 부분이 많다는 점을 충분히 고려하더라도 직무수행활동 중에는 필연적으로 국민의 권리와 의무에 영향을 미치는 부분이 반드시 존재하기 때문에 구체적인 수권규정들이 필요하다고 보인다. 기타 개별법령상 수권규정들이 존재하긴 하지만 이것만으로는 충분치 않음을 앞에서 설명하였다. 여기서는 국정원이 가지는 구체적인 권한을 살펴본다.

개정된 「국가정보원법」 제4조에 기술된 직무를 수행하는데 필수적인 활동으로는 신원조사, 사진·동영상 촬영, 활동관찰, 위치추적, 계좌추적, 국가안보 목적 통신사실확인자료 제공요청 및 통신제한조치, 공개되지 아니한 타인간의 대화를 녹음 또는 청취 등이 있을 수 있다. 그리고 외국에서 문제되고 있는 것으로 해킹을 수단으로 하는 온라인수색 및 소스통신감청 등이 있다. 또한 그 도입여부를 검토해보아야 할 것으로 미국 NSA, FBI, CIA 등의 프리즘 프로젝트와 같이 온라인서비스사업자의 데이터센터로부터 국외정보를 수집·분석하는 것이다.[49] 특히 독일에서는 외국 언론인에 대한 감시가 문제되기도 하였다.[50]

좀더 구체적으로 살펴보면, '사진촬영'은 타인의 초상권을 제한할 수 있지만 국정원의 통상적인 정보활동에 포함될 수 있다고 보인다. 이러한 사진촬영에는 동영상 촬영도 포함될 수 있다. 활동관찰 또한 마찬가지이다. 정보활동과 수사활동에 대한 엄격한 분리원칙을 고집하는 독일의 경우 정보기관의 주요활동으로 동향관찰(Observation), 사진촬영(Fotos), 비밀정보원(V-Leute), 위장수단(Tarnmittel), 감청(G 10-Maßnahmen) 등이 거론된다. 이 중 동향관찰과 관련하여 독일 연방정보국(BND) 뿐만 아니라 연방헌법보호청(BfV)과 군정보국(MAD)에도 동향관찰부서가

49) 국회정보위원회 연구보고서, 해외 주요국 과학정보(신호, 영상정보)활동 상황 및 법적 체계 분석, 2021, 57면.

50) Spiegel, BND überwachte ausländische Journalisten, 2017.02.24.,(https://www.lessentiel.lu/de/story/bnd-ueberwachte-auslaendische-journalisten-631361171143), 2024.10.19. 최종검색.

존재한다. 연방헌법보호청의 경우 동향관찰을 위한 법적 근거는 연방헌법보호법 제8조 제2항 제1문이고 군정보국의 경우 군정보국법 제2조 제1항 및 연방헌법보호법 제8조 제2항 제1문이다.[51] 독일은 연방차원뿐 아니라 연방주차원에서도 헌법보호기관이 설치되어 있는데 예컨대 독일 니더작센주 헌법보호법 제14조에 따르면 니더작센주 헌법보호청은 은밀히 정보를 수집하기 위해 비밀정보수단을 투입할 수 있다.[52] 독일 문헌상 동향관찰에 관한 설명에 의하면 이러한 활동은 인물, 사건, 대상에 대한 눈에 띄지 않는 관찰을 의미한다. 보통 일반인들은 동향관찰을 헌법보호청의 임무 전부로 생각하는 경향이 강한데, 사실 이러한 활동은 정보수집의 일부일 뿐이라고 한다. 집회의 경우 그것이 네오나치와 같이 극우주의자에 의해 진행되는 경우에만 헌법보호청에 의해 관찰되어진다고 한다. 사진촬영은 특히 동향관찰의 경우 이루어진다. 동영상촬영 또한 동향관찰 활동에 포함될 수 있다.

정보활동 실무상 많이 제기되는 '유실물습득'과 관련해서는, 수사단계의 경우 수사기관이 수사과정에서 유실물을 습득할 법적 근거가 마련되어 있다(형사소송법 제108조 및 제218조 참조). 그러나 국가정보원 등의 정보기관이 정보활동상, 특히 동향관찰상 관찰대상자로부터 유실된 물건을 습득할 수 있는지에 관하여는 사진촬영의 경우와 마찬가지로 「국가정보원법」에 명문규정이 없다. 2023년에 「안보침해 범죄 및 활동 등에 관한 대응업무규정」 제5조가 신설되어 유류물 및 임의제출물에 대한 법적 근거를 마련하였다고 볼 수 있지만 이는 법률적 근거가 아니라 법규명령상의 근거일 뿐이다.

다만, 현재로서는 이러한 활동들은 모두 국가정보원의 직무규정에 따라 이루어질 수 있는데, 주지하다시피 직무규정은 구체적인 개별활동의 구체적인 법적 근거가 되지 못한다. 특히 관련자의 권리를 제한 내지 침해할 소지가 있는 경우에는 별도의 수권규정이 있어야 하는데, 개정된 국가정보원법은 이에 관하여 여전히 침묵하고 있다. 이러한 활동들이 개인정보와 관련이 된다면 「개인정보 보호법」이 적용될 수 있겠으나 동법 제58조 제1항 제2호의 의하면 국가안전보장과 관련된 정보 분석을 목적으로 수집 또는 제공 요청되는 개인정보에 관하여는 동법 제3장부터 제7장

---

51) 독일의 어느 웹페이지(https://dewiki.de/Lexikon/Observation#Nachrichtendienstliche_Observation), 2024.10.19. 최종검색.

52) 니더작센주 헌법보호청 홈페이지(https://www.verfassungsschutz.niedersachsen.de/startseite/verfassungsschutz/nachrichtendienstliche_mittel/nachrichtendienstliche-mittel-54239.html), 2024.10.19. 최종검색.

까지의 적용이 배제된다. 「개인정보 보호법」의 적용이 배제되는 개인정보에는 동법 제2조 제1호의 개인정보 뿐만 아니라 민감정보 · 고유식별정보 · 주민등록번호 · 영상정보 · 가명정보도 포함된다. 따라서 이러한 법적 상태에서는 해당 정보를 수집하는 활동인 신원조사, 사진 · 동영상 촬영, 활동관찰이 법적으로 아무런 문제가 없는 것처럼 보인다. 그러나 이러한 형태의 수권방식은 전혀 문제가 없는 것이 아니다. 각각의 정보활동이 가지는 기본권 침해적 속성을 고려하여 개별적으로 적극적으로 수권을 해야 함에도 불구하고, 단순히 국가안전보장과 관련된 정보 분석을 목적으로 수집 또는 제공 요청되는 개인정보의 경우 「개인정보 보호법상」의 보호해택이 박탈당한다는 것만으로는 수권이 이루어졌다고 할 수 없기 때문이다. 국가안보목적의 정보수집의 경우 어떠한 국가정보기관에 의해 어떤 정보가 수집될 수 있고 각각의 정보 수집 및 분석의 경우 어떠한 방식으로 이루어질 수 있는지를 그 대강이나마 할 수 있게 규정해야 할 것이다. 입법적 후속조치가 시급히 요청되는 영역이다.

「국가정보원법」 제14조 따르면 원장 · 차장 · 기획조정실장 및 그 밖의 직원은 「통신비밀보호법」, 「위치정보의 보호 및 이용 등에 관한 법률」, 「형사소송법」 또는 「군사법원법」 등에서 정한 적법절차에 따르지 아니하고는 우편물의 검열, 전기통신의 감청 또는 공개되지 아니한 타인간의 대화를 녹음 · 청취하거나 위치정보 또는 통신사실확인자료를 수집하여서는 아니 된다. 이러한 법규정 자체가 간접적인 의미에서 수권규정이라고 말할 수도 있겠으나 해당 조치들에 대한 구체적인 내용은 관련 개별법령에 맡기고 있다. 이는 테러방지법 제9조의 경우에도 마찬가지이다.

통신제한조치와 통신사실 확인자료제공의 경우 「통신비밀보호법」이 주된 법적 근거로서 작용한다. 여기에는 각각의 활동에 대해 비교적 상세한 요건과 절차 규정(제3조 제2항, 제7조, 제8조, 제9조)들이 예정되어있다. 비공개된 타인간의 대화를 녹음 또는 청취의 경우에도 통신비밀보호법 제3조 제1항 및 제14조가 수권규범이 된다.

위치정보의 경우 「국가정보원법」 제14조에 따라 「위치정보의 보호 및 이용 등에 관한 법률」을 검토해 볼 수는 있으나 국가정보원의 위치정보 수집의 법적 근거나 그 구체적인 방법 및 절차에 관한 규정을 찾을 수 없다. 동법 제15조 제1항 제3호와 「국가정보원법」 제14조 그 자체로는 직접적인 법적 근거가 될 수 없다. 위치정보의 수집활동도 당연히 정보기관의 정당한 정보활동에 포함되기 때문에 정보기관의 활동을 보장하기 위한 입법적 조치가 시급할 것이다. 물론 미봉책으로 개인의 위치정보를 개인정보로 파악하여 개인정보 보호법상의 관련 규정을 수권규정으로 이해하는 시도도 있을 수 있겠으나 이에 관해서는 앞의 설명부분이 그대로 유효하다 하겠다.

외국에서 인정되는 해킹기술을 이용한 온라인수색이나 소스통신감청은 우리나라에서 그 도입에 대한 논의는 있지만 아직까지 입법화되지 못하고 있다. 독일의 경우 형사소송법[53] 말고도 연방수사청법이 온라인수색과 소스통신감청을 규율하고 있다. 동법 제49조에 의하면 국제테러위험을 방지할 목적으로 특정 사실이 개인의 신체, 생명 또는 자유에 대한 위험이 있거나, 침해될 경우 연방 또는 주의 토대 내지 존속 혹은 인류의 존속의 토대를 위태롭게 하는 일반적 법익에 대한 위험이 있으면 연방수사청은 해당조취를 취할 수 있다. 대부분의 경우에 국가안보사범에 대한 적발의 단초는 감청이다. 미국과 같은 경우에는 우리나라와 달리 연방법과 해외정보감독법(Foreign Intelligence Surveillance Act)에 국가안보사범에 관한 무영장 감청제도를 도입하고 있다. 또한 해외정보감독법에 의한 무영장 감청은 일방 서면 심리주의로 진행되어 영장 없이도 최장 1년간 감청이 가능하다.[54]

마지막으로 언급되어야 하는 것은 개정된 「국가정보원법」 내지 테러방지법에 의거 적법하게 수집된 사진(동영상)촬영물, 동향관찰자료, 유실물, 감청 및 통신사실 확인 자료, 위치정보, 압수·수색자료라고 하더라도 이것들이 별다른 어려움 없이 그대로 범죄사실의 증거로서 사용될 수 있느냐 하는 문제이다. 즉 해당 자료들의 증거능력에 관한 문제이다. 이러한 문제의식이 발생하는 이유는 정보활동과 수사활동을 엄격히 구별해야 한다는 요청(국가정보원법의 개정취지)과 수집된 정보는 정보를 수집하는 목적 이외에는 원칙적으로 사용이 금지되어야 한다는 원칙(국가정보원법 제3조 제2항) 때문이다. 또한 아무런 제약 없이 정보활동을 통해 수집된 자료를 범죄증명에 활용된다면 피의자 및 피고인에게 형사소송법상 인정된 다양한 권리 및 절차들을 우회할 수 있는 여지를 제공할 수 있다는 비판에 직면할 수 있다. 이렇게 되면 다양한 정보행위를 통해 수집된 정보는 오직 수사의 단서로서의 의미만 가지게 되고 증거능력이 인정되는 증거자료는 별도의 수사기관의 수사행위를 통해서 획득된 것들만 증거로 사용될 수 있겠다. 그러나 이는 타당하지 않다. 우선, 개

53) 이에 관하여 자세히는 허황, "최근 개정된 독일 형사소송법 제100조b의 온라인 수색(Online－Durchsuchung)과 제100조a의 소스통신감청(Quellen－Telekommunikationsüberwachung)에 관한 연구", 형사법의 신동향, 통권 제58호(2018), 94면 이하.

54) 채성준·임석기, 각주 10)의 책, 50면.

정전 「국가정보원법」에 의하면 안보사범의 경우 국정원은 정보권 뿐만 아니라 수사권까지 보유하고 있었고 정보활동을 통해 수집된 정보는 차후 공판정에서 범죄증거로 사용될 수 있었다. 개정 「국가정보원법」에 의해 안보사범에 대한 정보활동과 수사활동이 분리가 되었다고 하여 정보활동을 통해 수집된 정보를 수사목적을 위해 사용될 수 없는 것은 아니다. 정보활동을 통해 수집된 정보를 범죄수사목적으로 사용하는데 높은 장애물을 설정하는 것은 입법자의 입법취지라고 볼 수 없다. 나아가 정보기관의 정보활동이 처음부터 수사목적으로 이루어지는지 아니면 통상적인 동향을 파악하기 위해 이루어지는지 알 수 없는 경우가 대부분이라는 사실은 수집된 정보의 수사목적으로의 전용을 정당화하는데에 기여한다. 이런 점들을 고려한다면, 앞서 언급한 각종 정보활동을 통해 수집된 정보 또한 범죄사실의 증명을 위해 사용될 수 있을 것으로 보인다.

5. 테러방지법과의 비교

국정원의 직무 및 권한에 관한 또 다른 법적 근거는 「국민보호와 공공안전을 위한 테러방지법」(이하 테러방지법이라 한다)이다. 동법의 목적은 "테러의 예방 및 대응 활동 등에 관하여 필요한 사항과 테러로 인한 피해보전 등을 규정함으로써 테러로부터 국민의 생명과 재산을 보호하고 국가 및 공공의 안전을 확보하는 것"인데(제1조), '테러의 예방 및 대응 활동'은 「국가정보원법」 제4조 제1항 제1호 나목의 대테러에 관한 정보의 수집 등 활동과 같은 항 제3호의 대응조치에 각각 상응한다. 이러한 체계에 의하면 적어도 대테러 활동과 관련해서는 테러방지법이 「국가정보원법」에 비해 특별법이라 할 수 있다. 테러방지법에 의하면 테러방지 및 대응과 관련하여 국가정보원장이 다양한 권한을 행사할 수 있다. 즉 국가정보원장은 테러위험인물에 대하여 출입국·금융거래 및 통신이용 등 관련 정보를 수집할 수 있고(제9조 제1항), 테러위험인물에 대한 개인정보와 위치정보를 개인정보처리자 및 개인(사물)위치정보사업자에게 요구할 수 있으며(동조 제3항), 대테러조사권 및 테러위험인물추적권을 가진다.

정보수집 등과 관련하여 테러방지법은 「국가정보원법」에 비해 대테러 활동의 범위에서 수집되는 정보의 유형을 보다 구체적으로 기술하고 있는데, 출입국·금융거래 및 통신이용 등 관련 정보와 개인정보 및 위치정보가 그것이다. 이러한 정보유형은 「국가정보원법」에 규정되어 있지 않아서, 예컨대 어느 특정 국제범죄조직원의 출입국·금융거래 및 통신이용에 관한 정보를 「국가정보원법」 제4조에 근거하여 적법하게 수집할 수 있는지가 불명확하다. 그렇다고 하여 특별법인 테러방지법의 규정을 별도의 법적 근거 없이 「국가정보원법」에 준용할 수 있는 것도 아니다. 이는 국가정보원의 구체적인 권한에 관한 입법흠결이 있다고 볼 수 있기 때문에 최대한 신속히 그 입법공백을 메워야 한다. 이는 독일의 입법과 비교하면 더욱 분명히 알 수 있다. 국가정보원의 기능저하를 방지하면서도 국민의 인권을 최대한 보장하기 위해서는 관련 수권규정에 대한 정비가 시급하다고 보인다. 그리고 이러한 입법적 정비가 이루어지기 전이라도 순수한 정보기관으로서의 위상 및 기능 강화를 위해서라도 「국가정보원법」에 대한 판례해석을 통해 정보기관의 활동을 위한 법적 토대를 마련해주어야 할 것이다.

또한 테러방지법은 테러와 관계된 금융거래의 경우 금융위원회 위원장에 대한 지급정지요청을 인정하고 있고 테러위험인물추적권을 허용하고 있다. 이는 「국가정보원법」 제4조 제1항 제3호의 '대응조치권'의 일환으로 볼 수 있다. 따라서 이러한 권한들에 대해서도 앞에서 행한 논의가 그대로 적용될 수 있겠다. 즉, 테러뿐만 아니라 그 밖의 「국가정보원법」 제4조 제1항에서 규정된 영역과 관계된 금융거래의 경우에도 국가정보원장이 금융위원회 위원장에 대한 지급정지 조치를 요청할 수 있는가가 문제될 수 있는데 현행법을 엄격히 해석한다면 입법의 공백이 있다고 할 수 있기 때문에 신속한 입법적 조치가 요구된다고 볼 수 있겠다. 그러한 입법적 조치가 이루어지기 전이라면 해석을 통해 문제를 해결할 수 있다고 보인다.

마지막으로 조사권과 관련하여 테러방지법은 「국가정보원법」과 비교적 유사한 규정을 가지고 있다. 다시말해 국가정보원장에게 부여되어 있는(제9조 제4항) "대테러조사"란 대테러활동에 필요한 정보나 자료를 수집하기 위하여 현장조사·문서열람·시료채취 등을 하거나 조사대상자에게 자료제출 및 진술을 요구하는 활동을 말한다(제2조 제8호). 이러한 조문은 「국가정보원법」 제5조 제2항의 조사권과 상당히 유사하다고 할 수 있다. 개정전 「국가정보원법」에 의하면 국가정보원은 일정한 범위에서 정보활동과 수사활동을 할 수 있었고, 개정법에 따른 조사권을 알지 못하였다. 이러한 법적 상황하에서는 테러방지법상의 대테러조사권은 그 나름의 독자적인 의의를 가지고 있었다고 할 수 있었다. 그러나 개정 국가정보원법에 따르면 국정원은 더 이상 수사권을 가지지 못하고 제5조 제2항의 의미에서의 조사권만 가지게 되었는데 이러한 상황하에서는 테러방지법의 대테러조사권은 그 의의가 그리 크지 않다고 볼 수 있다.

이를 종합하면, 궁극적으로는 「국가정보원법」에 직무규정 뿐만 아니라 체계적이고 상세한 수권규정들이 마련되어 있어야 하고 테러방지법을 위시하여 여기저기에 흩어져 있는 국가정보원의 권한에 관한 규정들을 통폐합하여야 할 것으로 보인다. 특별법적인 성격을 가지는 테러방지법의 존재로 인해 오히려 원래부터 인정되어야 할 국가정보원의 구체적인 권한들이 법령상의 근거 부재를 이유로 부정되어서는 안될 것이다. 그 동안 법령상 담지 못했던, 그러나 국가안보 및 국익 보장을 위해 반드시 필요한 활동들은 합법화·정당화 과정을 통해 보장되어야 한다. 이를 통해 한편으로 해당 정보기관은 활동의 법적 근거와 그 한계를 분명히 인식할 수 있고, 다른 한편 활동에 의해 자신의 권리 및 이익을 침해당했다고 주장하는 자도 법령상 인정되는 구체적인 구제방법을 동원할 수 있겠다.

Ⅲ. 결론

지난 정부시절 국정원과 검찰에 대한 개혁의 노력은 가시적인 성과를 거두었다고 보인다. 그러한 성과가 긍정적인 것인지 부정적인 것인지에 대한 판단은 섣불리 단정할 수 없다. 모든 개혁은 '국민의 인권보장'이라는 기치 아래에 이루어졌지만 과연 그러한 개혁이 진정으로 국민의 인권보장에 실질적으로 기여하게 되었는지는 여전히 의구심이 존재한다. 개혁의 의미가 양 기관으로부터 분리한 대공 및 검찰 수사권이 단순히 경찰로 이전되는 데에 그친다면 이는 정부기관들 사이에 '밥그릇 싸움' 이상의 의미를 가지기 힘들기 때문이다. 그리고 경찰입장에서도 자신에게 집적된 권한을 배분하기 위한 작업이 필요하다. 합법성의 관점에서 인권강화를 위한 권한의 분배와 상호견제는 합목적성의 관점에서 임무수행의 비효율성을 야기한다. 양보할 수 없는 인권강화의 일면적 타당성만을 옹호하기 위해 권력(권한)을 무한으로 쪼개는 것은 그 동안 의심없이 인정되었던 사회적 제도, 국가적 제도를 해체하는 것이다. 개인은 타인의 도움이 없이도 스스로의 존립을 보장받고 발전할 수 있지만 국가적 혹은 사회적 제도가 없다면 한계에 봉착한다. 이러한 관점에서 국정원의 개혁방향이 단순히 국정원의 힘빼기에 그친다면 이는 국민의 인권보장을 위한 토대를 허무는 것이다.

국정원이 사람의 몸에서 쓸개와 같이 없어도 그만인 조직이 아니라면, 특히 최근 우크라이나－러시아 전쟁과 이스라엘－하마스 및 헤즈볼라 전쟁이 보이는 바와 같이 전 세계 국가가 무한 정보전으로 치닫는 상황이라면 국가안보를 담당하는 국가기관의 의의는 한층 더 중요해 질 수 밖에 없을 것이다. 이런 상황 속에서 단순한 권한축소는 제대로 된 해법이 아니다. 수사권을 박탈할 것이 아니라 권한은 그대로 존속시키되 오남용가능성을 줄일 수 있는 방법을 찾는 것이 정답이다. 즉, 사전적·사후적 통제방법을 강화하는 것이 중요하지 권한 자체를 이관하는 것은 이관된 기관에서도 같은 문제가 발생한다는 미봉책이다.

국정원의 임무는 비밀성과 신속성을 생명으로 한다. 미국에서 발생한 9/11 테러의 교훈은 정보실패이고 이러한 정보실패는 수 천명의 목숨을 앗아갔다. 이는 조금 과장한다면 다수의 정보적 자기결정권을 보다 충실하게 보장을 위해 소수의 생명권을 희생시킨 것이다. 수 천명의 희생을 테러조직의 탓으로만 돌릴 수 없다. 그들이 책임을 져야한다고 해서 테러로부터 국민의 보호임무를 담당하고 있는 국가기관이 면책되는 것은 아니다. 탈냉전 이후 전 세계에서 발생하는 국가안보위험은 너나할 것이 모든 국가와 관계된다. 테러 및 사이버 공격은 이제 맹목적으로 이루어지지 어느 국가를 선택해서 발생되는 것은 아니다.

상황이 이러하다면 국정원의 권한은 유지 혹은 강화하면서 그러한 권한이 올바르게 사용될 수 있도록 법적·제도적 장치를 체계적이고 꼼꼼하게 마련하는 것이 중요하다. 이러한 장치가 마련되어 있지 않으면 국정원대로 자신의 권한행사시 주저하게 되고 국민은 국민대로 자신들의 권리가 침해당했을 때 적절한 권리구제를 받지 못할 것이다. 일부 선진국, 특히 독일에서는 국가정보기관들이 기존에 실무적 수행해왔던 활동을 합법화(Legalisierung)하는 방향으로 나아가고 있다(예컨대 해킹기술을 통한 온라인수색 내지 소스통신감청). 다만, 의회와 헌법재판소 및 법원간의 끊임없는 소통을 통해 해당 활동이 가졌던 기존의 위헌성, 불법성, 부당성을 계속해서 지워 나아가고 있는 것이다. 따라서 현재 직무규정만 있고 권한규정이 불충분한 국가정보원법은 개선되어야 한다. 국정원의 직무수행에 필수적인 활동이라면 다소 문제가 있다하여 처음부터 차단할 것이 아니라 그 필요성을 인정하되 상세하게 검토하여 위헌 내지 불법적 요소만 거를 수 있다면 이를 걸러내는 작업을 수행해야 한다.

【참고문헌】

국내문헌

김용주, "행정조사와 특별사법경찰관리의 수사의 경계획정 – 특별사법경찰관리의 직무를 중심으로 –", 경찰학연구 제14권 제4호(2014).

문경환 · 이창무, "국정원 국내 정보활동의 법적 근거 및 활동 방향 연구: 방첩과 정책정보 활동을 중심으로", 국가정보연구 제2권 2호(2008)

박희영, "최근 독일 정보기관의 정보수집권 확대와 형사정책적 시사점 – 암호통신감청, 전략적 해외통신감청, 온라인 수색을 중심으로 –", 형사정책연구 제32권 제3호(통권 제127호, 2021 · 가을)

성용은, "국가안보 패러다임의 변화와 국가정보활동의 대응", 한국범죄정보연구, 제6권 제2호(통권 제12호, 2020), 105면.

윤태영, "미국·영국·독일 국가정보체계 개혁 양상과 한국 국가정보원 개혁에 대한 시사점", 융합보안 논문지 제18권 2호(2018. 06).

이근우, "행정조사의 형사법적 한계설정", 고려법학 제72호(2014.03).

이재구 · 이호용, "수사로 활용될 수 있는 행정조사의 법적 쟁점 - 실무자의 관점에서 –", 법학논총 제35권 제2호 한양대학교 법학연구소(2018),

조상제, "독일 형사소송법상의 내사제도", 비교형사법연구 제14권 제1호(2012).

채성준 · 임석기, "정보기관 수사권에 대한 연구: 주요국 사례를 통해서 본 국가정보원 안보수사권 필요성을중심으로", 글로벌 정부정책연구원, 2018.

허일태, "한국에서 수사와 내사 범위와 한계", 동북아법연구 제6권 제3호 (2013. 01).

허황, "최근 개정된 독일 형사소송법 제100조b의 온라인 수색(Online–Durchsuchung)과 제100조a의 소스통신감청(Quellen–Telekommunikationsüberwachung)에 관한 연구", 형사법의 신동향, 통권 제58호(2018).

허황, "독일의 소위 리히테슈타인 및 스위스 조세포탈 사건과 그 형사법적 시사점", 형사정책 제35권 제4호(2024.1.).

국회정보위원회 연구보고서, 해외 주요국 과학정보(신호, 영상정보)활동 상황 및 법적 체계 분석, 2021.

국민일보, [여의도포럼] "'21세기 신냉전' 우크라이나 전쟁", 2022-04-28(https://m.kmib.co.kr/view.asp?arcid=0924242836) 2024.10.19. 최종검색.

시사저널, "푸틴은 우크라이나 정보전쟁에서도 유럽에 밀렸다", 2022.04.05.(https://www.sisajournal.com/news/articleView.html?idxno=235815), 2024.10.19. 최종검색.

서울신문, "이스라엘 스파이에 뚫렸나…헤즈볼라 지도부 순식간에 궤멸", 2024-09-29(https://www.seoul.co.kr/news/international/middleeast-africa/2024/09/28/20240928500041), 2024.10.19. 최종검색.

동아일보, "국익과 정권수호 위해?… 스트롱맨-정보기관 '은밀한 거래'", 2018.03.24.(https://www.donga.com/news/Inter/article/all/20180324/89253511/1), 2024.10.19. 최종검색.

투데이신문, "국내외 IoT 장비, 1만2000대 악성코드 감염…국정원 '대응 조치 중'", 2022.01.19.(http://www.ntoday.co.kr/news/articleView.html?idxno=82556), 2024.10.19. 최종검색.

국외문헌

Wolf-Rüdiger Schenke, Polizei- und Ordnungsrecht, 10. Aufl., C.F.Müller 2018.

Sandra Forkert-Hosser, Vorermittlungen im Strafprozessrecht, Peter Lang 2011.

"De Maizière will offenbar die USA überwachen lassen"(https://www.tagesspiegel.de/politik/bnd-affaere-de-maiziere-will-offenbar-die-usa-ueberwachen-lassen/10160902.html), 2024.10.19. 최종검색.

Spiegel, BND überwachte ausländische Journalisten, 2017.02.24.,(https://www.lessentiel.lu/de/story/bnd-ueberwachte-auslaendische-journalisten-631361171143), 2024.10.19. 최종검색.

독일의 어느 웹페이지(https://dewiki.de/Lexikon/Observation#Nachrichtendienstliche_

Observation), 2024.10.19. 최종검색.

니더작센주 헌법보호청 홈페이지(https://www.verfassungsschutz.niedersachsen.de/startseite/verfassungsschutz/nachrichtendienstliche_mittel/nachrichtendienstliche-mittel-54239.html), 2024.10.19. 최종검색.

【국문초록】

본 논문은 2020년 개정된 국가정보원법을 그 내용으로 한다. 개정법은 국정원의 대공수사권을 경찰로 이관하고, 국내정보 수집을 제한하여 순수 정보기관으로 탈바꿈하게 했다. 이는 국정원의 과거 불법 정치 개입과 민간인 사찰 사건으로 인한 신뢰 저하에 따른 개혁 조치다. 다만, 정보전이 국가 안보와 국제 갈등에서 중요한 역할을 한다는 점에서 단순한 권한 축소는 적절치 않다는 논의가 존재한다.

개정된 국가정보원법에 따라면 국정원은 정보활동으로 국외 및 북한 정보, 방첩, 대테러, 국제범죄조직, 사이버 안보 정보 등을 수집 가능하지만 국내 보안정보는 삭제되었다. 그러나 여전히 일부 정보활동은 가능한다. 그리고 새롭게 신설된 권한으로 대응조치권이 있는데 이를 통해 북한 및 외국과 연계된 내국인 활동을 확인, 견제, 차단할 권한이 부여되어 있다. 그러나 이 권한의 정의와 한계가 불분명하여 논란이 있음을 살펴보았다. 그리고 수사권을 대체하여 조사권이 부여되어 있는데, 이에 따라 현장조사, 문서열람, 자료 제출 요구 등이 가능하다. 그러나 여기서도 수사와의 경계가 모호하다는 비판과 함께 명확한 기준 설정 필요함을 살펴보았다.

한편, 국정원의 권한 축소로 인해 정보 및 수사 업무의 단절이 발생하며, 국가안보에 대한 포괄적 대응이 어려워질 가능성도 무시할 수 없다. 무엇보다 정보활동에 대한 구체적 수권규범이 부족해 활동의 법적 안정성이 낮아진다는 문제점이 있다. 그리고 대응조치가 수사활동과 겹칠 수 있기 때문에 관련 법적 근거와 적용 범위가 모호하다는 점도 거론될 수 있다.

따라서 국가정보원의 정보 활동 및 대응조치를 위한 구체적인 법적 근거가 강화되어야 한다. 그와 동시에 권한 남용 방지를 위한 사전적·사후적 통제 체계가 구축되어야 할 것이다. 나아가 정보와 수사의 연계를 통해 국가 안보를 효과적으로 보장할 수 있는 체계가 마련되어야 한다. 궁극적으로 국정원 개혁은 단순히 권한 축소가 아닌 정보 실패를 방지하고 안보 위협에 대비하는 방향으로 이루어져야 한다. 이를 위해 권한의 명확화와 통합적 접근이 필요하며, 국민의 권리 보호와 국가 안보를 조화시키는 노력이 중요하다.

◈ 주제어: 개정된 국가정보원법, 정보권, 수사권삭제, 분리원칙, 대응조치권, 조사권, 수권규범의 부재, 명확성원칙.

【Zusammenfassung】

Eine Betrachtung des novellierten Gesetzes über den Nationalen Nachrichtendienst
- Im Fokus: Die Befugnisse des NIS -

Hwang Heo*

Diese Arbeit befasst sich mit dem im Jahr 2020 novellierten Gesetz über den Nationalen Nachrichtendienst (NIS－Gesetz). Die Novelle übertrug die Ermittlungsbefugnisse des NIS in Bezug auf antikommunistische Aktivitäten auf die Polizei und beschränkte die Sammlung von Inlandsinformationen, sodass der NIS zu einer reinen Informationsbehörde umgewandelt wurde. Dies war eine Reformmaßnahme, die aufgrund von Vertrauensverlust durch illegale politische Eingriffe und Überwachungsfälle der Vergangenheit notwendig wurde. Allerdings gibt es Diskussionen darüber, dass eine bloße Einschränkung der Befugnisse angesichts der Bedeutung von Informationskriegen für die nationale Sicherheit und internationale Konflikte nicht angemessen sei.

Gemäß dem novellierten NIS－Gesetz ist der NIS berechtigt, durch Informationsaktivitäten ausländische sowie nordkoreanische Informationen, Gegenaufklärung, Antiterrorismus, internationale kriminelle Organisationen und Cyber－Sicherheitsinformationen zu erheben. Die Inlandsinformationen wurden jedoch gestrichen, wobei dennoch einige Informationsaktivitäten weiterhin möglich sind. Darüber hinaus wurde eine neue Befugnis, die sogenannte „Gegenmaßnahmenbefugnis", eingeführt. Diese erlaubt es, Aktivitäten von inländischen Personen, die mit Nordkorea oder dem Ausland verbunden sind, zu identifizieren, zu kontrollieren und zu blockieren. Allerdings wurde festgestellt, dass die Definition und die Grenzen dieser Befugnis unklar sind, was zu Kontroversen führt. Als Ersatz für die

* Dong－A Univ. Dept. of Police, Assistant Professor, Dr.iur.

abgeschafften Ermittlungsbefugnisse wurde dem NIS die Befugnis zur „Ermittlung“ (Untersuchungsbefugnis) eingeräumt. Diese ermöglicht Vor−Ort−Untersuchungen, Dokumenteneinsicht und die Anforderung von Material. Auch hier wurde jedoch die Notwendigkeit festgestellt, klare Kriterien zu definieren, da die Abgrenzung zur Strafverfolgung unscharf ist.

Ferner wurde aufgezeigt, dass durch die Einschränkung der Befugnisse des NIS eine Trennung von Informations− und Ermittlungsarbeiten entsteht, was eine umfassende Reaktion auf die nationale Sicherheit erschweren könnte. Besonders problematisch ist der Mangel an konkreten Rechtsgrundlagen für die Informationsaktivitäten, was die rechtliche Stabilität der Aktivitäten verringert. Darüber hinaus überschneiden sich die Maßnahmenbefugnisse mit Ermittlungsarbeiten, was die rechtliche Grundlage und den Anwendungsbereich dieser Befugnisse unklar macht.

Daher sollten die rechtlichen Grundlagen für die Informations− und Gegenmaßnahmenaktivitäten des NIS verstärkt werden. Gleichzeitig muss ein präventives und nachträgliches Kontrollsystem eingerichtet werden, um Machtmissbrauch zu verhindern. Zudem sollte ein System geschaffen werden, das eine effektive Verknüpfung von Informations− und Ermittlungsarbeiten ermöglicht, um die nationale Sicherheit zu gewährleisten. Letztendlich sollte die Reform des NIS nicht nur eine Einschränkung der Befugnisse bedeuten, sondern darauf abzielen, Informationsversagen zu verhindern und Sicherheitsbedrohungen zu begegnen. Dafür sind eine klare Definition der Befugnisse und ein integrativer Ansatz erforderlich, bei dem der Schutz der Bürgerrechte mit der nationalen Sicherheit in Einklang gebracht wird.

◈ Key Words: Schlagwörter: Das novellierte Gesetz über den Nationalen Nachrichtendienst, Informationsbefugnis, Abschaffung der Ermittlungsbefugnis, Trennungsprinzip, Befugnis zur Gegenmaßnahme, Fehlen von Ermächtigungsnormen, Bestimmtheitsprinzip

附 錄

- ▦ 편집위원회의 구성과 운영에 관한 규정
- ▦ 『형사소송 이론과 실무』 투고지침
- ▦ 『형사소송 이론과 실무』 심사규정
- ▦ 연구윤리규정
- ▦ 한국형사소송법학회 학술상 수여에 관한 규정

편집위원회의 구성과 운영에 관한 규정

2009. 12. 11. 제정
2014. 11. 30. 개정
2016. 11. 16. 개정
2021. 1. 1. 개정

제1조(목적) 이 규정은 한국형사소송법학회(이하 '본회'라고 칭한다)가 발간하는 학술지 및 기타 간행물의 발간을 위한 편집위원회의 구성 기타 운영에 필요한 사항을 정함을 목적으로 한다.

제2조(위원회의 구성 및 임기) ① 편집위원회(이하 '위원회'라 한다)는 본회의 정회원 중에서 상임이사회가 선임하는 편집위원장 1인과 편집위원 12인 이내로 구성한다.(2021. 1. 1. 개정)

② 상임이사회는 본회의 정회원으로 대학 기타 연구기관이나 실무기관에서 10년 이상의 경력을 가진 자로서 형사소송법 분야의 연구실적이나 실무경력에 비추어 편집위원회의 업무수행이 적합하다고 판단되는 자 중에서 편집위원을 선임하여야 한다.

③ 편집위원장의 임기는 2년, 편집위원의 임기는 1년으로 하되, 연임할 수 있다.

제3조(업무) 위원회의 주요 업무는 다음과 같다.
1. 본회 학술지의 편집 및 출판
2. 본회 학술지 원고의 접수 및 게재여부 심사
3. 기타 간행물의 편집 및 출판
4. 편집위원회의 업무와 관련된 규정의 제정 및 개정
5. 편집위원회의 업무와 관련된 지침의 제정

제4조(운영) ① 위원회는 위원장이 필요하다고 판단하거나 편집위원 과반수의요구가 있는 경우에 위원장이 소집한다.

② 위원회의 의결은 편집위원 과반수의 출석과 출석위원 과반수의 찬성에 의한다.

③ 편집위원장은 위원회의 업무를 효율적으로 수행하기 위하여 편집간사를 둘 수 있다.

제5조(투고원고의 심사) ① 위원회는 본회 학술지 기타 간행물에 투고된 원고를 심사하여 그 게재여부를 의결한다. 다만, 투고원고를 심사함에 있어서는 다음 사항에 유의하여야 한다.

1. 본회의 설립 취지에 적합할 것
2. 한국형사소송법학의 발전에 실질적인 도움이 될 수 있는 독창성을 갖출 것
3. 기타 위원회에서 정한 심사기준에 부합할 것

② 위원회는 본회 학술지 및 기타 간행물에 투고된 원고의 심사결과에 의하여 그 게재여부를 판단하되, 심사등급은 '게재 가', '수정 후 게재', '수정 후 재심사', '게재 불가'로 나눈다.

③ 수정 및 보완을 요할 경우, 투고자는 이에 응하거나 서면으로 납득할 만한 답변을 해야 한다. 수정 제의에 대한 답변이 없을 경우 위원회는 원고의 게재를 거부할 수 있다.

④ '수정 후 재심사'는 의결된 원고가 수정 투고된 경우 위원회는 그 재심의를 위원장 또는 약간 명의 위원에게 위임할 수 있고, 재심의 결정은 '가' 또는 '부'로 한다.

제6조(본회 학술지의 발행) ① 본회 학술지는 연 4회 발간하며, 발행일은 매년 3월 31일, 6월 30일, 9월 30일, 12월 31일로 한다.(2014. 11. 30., 2021. 1. 1. 개정)

② 학술대회 발표논문 기타 학회에서 개최하는 학술발표회에서 발표된 논문은 본회 학술지의 특집호로 발행할 수 있다.

③ 본회 학술지에 게재된 논문은 본회의 홈페이지 기타 본회와 계약이 체결된 법률정보 사이트에 전자출판 할 수 있다.

제7조(규정 제정) ① 위원회는 본회 학술지에 투고된 원고의 심사기준 및 절차에 관한 지침을 제정할 수 있다.

② 위원회는 본회 학술지에 투고되는 원고의 작성 및 문헌인용방법, 투고절차에 관한지침을 제정할 수 있다.

제8조(규정 개정) 이 규정의 개정은 이사회의 승인을 받아야 한다.

부 칙

이 규정은 2009년 12월 11일부터 시행한다.

부 칙

이 규정은 2014년 11월 30일부터 시행한다.

부 칙

이 규정은 2016년 1월 16일부터 시행한다.

부 칙

이 규정은 2021년 1월 1일부터 시행한다.

「형사소송 이론과 실무」 투고지침

2009. 12. 11. 제정
2014. 11. 30. 개정
2018. 11. 30. 개정
2021. 1. 1. 개정

제1조(목적) 본 지침은 한국형사소송법학회 편집위원회의 구성과 운영에 관한규정(이하 '편집위원회 규정'이라고 한다) 제7조 제2항에 따라 본회 학술지에 투고하는 원고의 작성 및 문헌인용방법, 투고절차 등을 정함을 목적으로 한다.

제2조(논문제출) ① 투고원고는 형사소송법학분야에 관한 것이어야 하며, 다른 학술지 등에 발표되지 않은 것이어야 한다.

② 투고자는 원고마감기한(2월 말, 5월 말, 8월 말, 11월 말) 내에 투고지침에서 정하는 방법으로 투고신청서와 원고를 제출한다.(2014. 11. 30., 2021. 1. 1. 개정)

③ 투고원고는 파일 형식으로 제출하며, 투고신청서와 연구윤리확인서, 논문사용권 등 위임동의서와 인적 사항이 삭제된 심사용 파일을 학회 온라인논문투고시스템의 투고절차에 따라 투고한다. 단, 온라인 전산망의 장애 등으로 온라인투고시스템에 의한 투고가 불가능한 경우에는 편집간사에게 전자우편을 통하여 투고할 수 있다.(2018. 11. 30. 개정)

④ 투고원고의 분량은 200자 원고지 120매를 기준으로 하며, 이를 초과하는 경우 초과 게재료를 납부하도록 할 수 있다.(2018. 11. 30. 개정)

제3조(논문작성방법) ① 투고원고의 작성에 있어서는 편집위원회의 규정 및 이지침에 규정된 사항을 준수하여야 한다.

② 투고원고는 다음 각 호의 체제로 구성되어야 한다.

1. 제목(한글 및 외국어)
2. 저자명, 소속(한글 및 외국어)
3. 목차

4. 본문(항목번호는 I. 1. (1) 1) (가) 가) (a) a)의 순서로 함)
5. 주제어(5단어 내외의 한글 및 외국어)
6. 참고문헌
7. 초록(500단어 내외의 한글 및 외국어)

③ 투고원고는 『흔글』프로그램으로 작성하되, 다음 각 호의 형식에 따라야 한다.

1. 용지종류 및 여백 : A4, 위쪽 35mm, 오른쪽 및 왼쪽 30mm, 아래쪽 30mm
2. 글자모양 및 크기 : 휴먼명조체 11포인트(단 각주는 10포인트)
3. 줄간격 : 160%

④ 논문의 저자가 2인 이상인 경우에는 주저자(First Author)와 공동저자(Corresponding Author)를 구분하고 주저자·공동저자의 순서로 표시하여야 한다.

⑤ 투고원고의 본문은 원칙적으로 한글로 작성되어야 한다. 다만 외국인의 원고 또는 기타 논문의 특성상 외국어로 작성되어야 하는 것은 외국어로 작성할 수 있으나 한글로 된 요약문을 첨부하여야 한다.

⑥ 본 조의 외국어란 영어, 독어, 불어, 중국어, 일어 중의 하나를 의미한다.

제4조(문헌인용의 방법) 다른 문헌의 내용을 인용하는 경우에는 다음 각 호의 방식에 의하고, 각주에서 그 출처를 밝혀야 한다.

1. 인용되는 내용이 많은 경우에는 별도의 문단으로 인용하고, 본문과 구별되도록 인용문단 위와 아래를 한 줄씩 띄우고 글자 크기를 10포인트 그리고 양쪽 여백을 15포인트로 설정한다.
2. 인용되는 내용이 많지 않은 경우에는 인용부호(“ ”)를 사용하여 표시한다.
3. 인용문의 내용 중 일부를 생략하는 경우에는 생략부호(…)를 사용하고, 내용을 변경하는 경우에는 변경표시([ ])를 하여야 한다.
4. 인용문의 일부를 강조하고자 할 때에는 한글, 중국어 및 일어는 밑줄을 쳐서 표시하고 영어, 독어 및 불어는 이탤릭체를 사용한다.

제5조(각주의 내용) ① 각주에서는 원칙적으로 한글을 사용하여야 하고, 인용되는

문헌이 외국문헌인 경우에도 저자명, 논문제목, 서명 또는 잡지명, 발행지, 출판사 등과 같은 고유명사를 제외한 나머지는 한글로 표기한다.

② 인용되는 문헌의 표기는 다음과 같이 표기한다.

1. 국내문헌 및 일본문헌

- 단행본 : 저자명, 『서명』, 판수(발행처, 출판연도), 인용면. [예 : 허균, 『형사소송법』, 제2판(삼우사, 1998), 100면]
- 정기간행물 : 저자명, "논문명", 『잡지명』, 권수(발행처, 간행연도), 인용면.[예 : 홍길동, "공소장의 변경", 『형사정책』, 제1권 제1호(한국형사정책학회, 2000), 1면]
- 기념논문집 : 저자명, "논문제목", ○○○선생기념논문집 『기념논문집명』(발행처, 간행연도), 인용면. [예 : 홍길동, "관할의 개념", 허균선생회갑기념논문집 『21세기 형사소송법의 방향』(삼우사, 2000), 1면]
- 국내문헌 및 일본문헌의 경우 공저자는 중점(·)으로 표기하고, 세 명이상인 경우에는 대표 저자만을 표기한 후 "외"라고 기재한다.
- 인용문헌이 편집물인 경우에는 저자명 뒤에 "편"이라고 기재한다.
- 인용문헌이 번역물인 경우에는 저자명 뒤에 사선(/)을 긋고, 번역자의 이름을 기입한 뒤 "역"이라고 기재한다.
- 기념논문집, 공청회 자료집 등은 서명 다음에 콜론(:)을 표시하고 그 내용을 표시한다.

2. 외국문헌

- 해당 국가에서 통용되는 인용방식에 따라 표시하거나 다음의 예에 따라 표시함.
- 저서 : Thomas Lee Hazen & David R. Rather, Securities Regulation, 6th ed.(Thomson, 2003), p.233.
- 논문 : Daniel R. Fischel, "The Economics of Lender Liability", Yale Law Journal, Vol.120, No.3(1998), p.233.

3. 기타

- 동일논문이나 서명이 다시 나오면 "앞의 각주 ○)의 책, 3면" 또는 "앞의 각주 ○)의 논문, 3-5면"으로 표기함.
- 바로 앞의 각주에서 인용된 문헌을 다시 인용하는 경우는 앞의 글(또는

앞의 책), 면의 순서로 표기한다.

- 하나의 각주에서 동일한 문헌을 다시 인용할 경우는 같은 글(또는 같은 책), 면의 순서로 표기한다.
- 외국문헌의 경우는 해당 국가에서 통용되는 논문, 판결 및 법조항의 인용방식에 따라 표시하면 됨.
- 신문기사의 경우 신문명, 일자, 인용면을 표기함.[예 : 동일일보, 2000. 10. 3. A3면]
- 페이지 단위는 면으로 하되, 여러 면에 걸쳐 인용할 경우는 인용페이지 사이에 대시(-)를 사용함.
- 문헌이 맨 처음에 인용될 때에는 저자, 기관, 서명 등은 full name을 명기함.

② 인용문헌이 여러 개인 경우에는 각각의 문헌 사이에 세미콜론(;)을 표기하여 구분한다.

③ 문헌을 재인용하는 경우에는 원래의 문헌을 표시한 후 괄호 안에 참조한 문헌을 기재한 후 "재인용"이라고 표시한다.

④ 제6조 및 본조 제1항 내지 제3항에 규정된 이외의 사항에 대하여는 한국법학교수협의회에서 결정한 「논문작성 및 문헌인용에 관한 표준(2000)」에 따른다.

제6조(판례의 표시) ① 판례는 선고법원, 선고연월일, 사건번호 순으로 기재한다. [예 : 대법원 1996. 8. 29. 선고 94도39598 판결]

② 외국판례는 당해 국가에서 일반적으로 사용되는 표기방법에 따른다.

제7조(법령의 표시) ① 법령은 공식명칭을 사용하여야 한다.

② 법령의 이름이 긴 경우에는 (이하 ○○○이라고 한다)고 표시한 후 일반적으로 약칭을 사용할 수 있다.[예 : 성폭력범죄의 처벌 및 피해자보호 등에 관한 법률(이하 성폭력특별법이라고 한다)]

③ 법령의 조항은 "제○조 제○항 제○호"의 방식으로 기재하며, 필요한 경우에는 본문, 단서, 전문 또는 후문을 특정하여야 한다.

④ 외국의 법령은 당해 국가에서 일반적으로 사용되는 표기방법에 따른다.

제8조(표 및 그림의 표시) 표와 그림은 <표 1>, <그림 1>의 방식으로 일련번호와 제목을 표시하고, 표와 그림의 왼쪽 아랫부분에 그 출처를 명시하여야 한다.

제9조(논문연구윤리 준수) ① 투고원고는 본회의 논문연구윤리를 준수하여야 한다.
② 투고원고는 논문연구윤리 확인서를 제출한 경우에 한하여 게재될 수 있다.

제10조(논문사용권 등 위임동의서 제출) 투고원고는 논문사용권 및 복제·전송권 위임동의서를 제출한 경우에 한하여 학회지에 게재할 수 있다.

제11조(편집위원회의 결정 통보 및 수정원고 제출) ① 편집위원회는 투고원고에 대한 심사위원의 평가가 완료된 후 편집회의를 개최하여 투고원고에 대한 게재여부를 결정하고 투고자에게 통지한다.
② 편집위원회가 투고원고에 대하여 '수정 후 게재', '수정 후 재심사' 결정을 한 경우 투고자는 정해진 기간 내에 수정원고를 제출하여야 한다.

제12조(학회비 및 게재료 납부) ① 편집위원회에 의해 게재결정된 투고원고는 투고자가 당해 연도 회비를 납부한 경우에 한하여 학회지에 게재될 수 있다.
② 편집위원회에 의해 게재결정된 투고원고의 투고자는 다음의 구분에 의하여 게재료를 납부하여야 한다. 다만 편집위원회는 회원들의 투고 장려를 위해 게재료 납부를 면제할 수 있다.
1. 교수 및 실무계 : 편당 20만원
2. 강사 기타 : 편당 10만원
③ 투고원고의 분량이 200자 원고지 130매(외국어 초록 포함)을 초과하는 경우에는 1매당 2천원의 초과게재료를 납부하여야 한다.

제13조(투고자격의 제한) ① 본회 학술지에 게재된 논문은 다른 학술지에 다시게재할 수 없다.
② 편집위원회는 제1항에 위반한 투고자에 대하여 결정으로 일정기간 투고자격을 제한할 수 있다.

부 칙

이 규정은 2009년 12월 11일부터 시행한다.

부 칙

이규정은 2014년 11월 30일부터 시행한다.

부 칙

이규정은 2018년 11월 30일부터 시행한다.

부 칙

이 규정은 2021년 1월 1일부터 시행한다.

「형사소송 이론과 실무」 심사규정

2009. 12. 11. 제정
2018. 11. 30. 개정
2021. 1. 1. 개정

제1조(목적) 본 지침은 한국형사소송법학회 편집위원회의 구성과 운영에 관한규정(이하 편집위원회 규정이라고 한다) 제7조 제2항에 따라 본회 학술지에 게재할 논문의 심사절차와 기준을 정함을 목적으로 한다.

제2조(원고모집의 공고) ① 편집위원장은 발간예정일 2개월 전(1월 말, 4월 말, 7월 말, 10월 말)에 각 회원에게 전자우편으로 본회 학술지의 원고를 모집하는 공문을 발송하고, 본회의 홈페이지를 통하여 원고모집에 관한 사항을 게시한다.(2018. 11. 30., 2021. 1. 1. 개정)

② 원고모집을 공고함에 있어서는 투고절차, 논문작성 및 문헌인용방법, 심사기준 및 절차에 관한 기본적인 사항을 고지하여야 한다.

제3조(원고의 접수) ① 편집간사는 원고를 접수하고, 논문투고자에게 온라인투고시스템을 통하여 접수결과를 통보한다.(2018. 11. 30. 개정)

② 편집간사는 투고자의 인적 사항, 논문제목, 접수일자, 분량 등을 기재한 접수결과표를 작성하여 투고원고를 편집위원장에게 송부한다.(2018. 11. 30. 개정)

③ 편집위원장은 투고원고가 편집위원회가 정한 투고지침에 현저히 위배된다고 판단하는 경우에는 투고자에게 수정을 요구할 수 있다.

제4조(심사위원의 선정 및 심사원고 송부) ① 편집위원장은 각 투고원고에 대해 3인의 심사위원을 선정하고, 각 심사위원에게 온라인 논문심사시스템으로 심사를 진행할 것을 통보한다.(2018. 11. 30. 개정)

② 심사위원을 선정함에 있어서는 해당 분야에 대한 심사위원의 전문성을 고려하고 심사의 공정성을 기할 수 있도록 유의한다.

③ 심사원고에 투고자의 인적사항에 기재되어서는 안 되며, 이미 기재되어 있는 경우에는 이를 삭제한다.

④ 심사위원에게는 소정의 심사료를 지급할 수 있다.

第5条(투고원고에 대한 심사) ① 심사위원은 투고원고를 심사하고 온라인 논문심사시스템에 심사결과를 입력한다.(2018. 11. 30. 개정)

② 일반논문의 경우, 심사위원은 다음과 같은 기준에 의하여 심사를 한다.

1. 논문체제와 내용의 적합성
2. 연구내용의 독창성
3. 연구방법과 결과의 명확성
4. 참고문헌 인용의 적절성
5. 연구결과의 기여도
6. 각주와 참고문헌의 형식 및 초록의 내용의 적절성

③ 번역논문의 경우, 심사위원은 다음과 같은 기준에 의하여 심사를 한다.

1. 번역의 필요성
2. 번역의 정확성
3. 학문적 기여도

④ 투고원고에 대한 게재여부의 심사평가는 다음의 기준에 의한다.

1. 수정이 필요 없을 때 : '게재가'
2. 간단한 수정이 필요할 때 : '수정 후 게재'
3. 대폭적 수정이 필요할 때 : '수정 후 재심사'
4. 전면적 수정·보완이 필요할 때 : '게재 불가'

第6条(투고원고에 대한 게재여부의 결정) ① 편집위원장은 심사위원의 심사평가가 완료된 후 투고원고에 대한 게재여부의 결정을 위한 편집회의를 개최한다.

② 편집위원장은 심사결과표를 작성하여 편집회의에 보고하고, 편집회의에서는 이를 토대로 게재여부를 결정한다. 다만 투고원고의 게재여부에 대한 최종결정이 있을 때까지 투고자 및 심사위원의 인적사항이 공개되지 않도록 유의하여야 한다.

③ 편집회의에서의 투고원고 여부의 결정은 다음의 기준에 의한다.

1. “수정 후 게재”는 원칙적으로 “게재 가”에 해당하며, 다만 심사위원의 수정의견을 투고자에게 권고한다.
2. 3인의 심사위원 모두 “게재 가”나 “수정 후 게재” 의견을 내거나, 2인의 심사위원이 “게재 가” 나 “수정 후 게재” 의견을 내고 나머지 1인이 “수정 후 재심사” 의견을 낸 때에는 “게재 가”로 결정한다. 다만 후자의 경우 수정을 조건으로 할 수 있다.
3. 1인의 심사위원이 “제재 가”나 “수정 후 게재” 의견을 내고 2인이 “수정 후 재심사” 의견을 내거나 3인의 심사위원이 모두 “수정 후 재심사” 의견을 낸 때에는 “수정 후 재심사” 결정을 한다.
4. 투고원고에 대한 심사결과 심사위원 중 1인 이상이 “게재 불가” 의견을 낸 경우에는 게재하지 아니한다. 다만 2인이 “게재 가”나 “수정 후 게재” 의견을 내고 나머지 1인이 “게재 불가” 의견을 낸 때에는 “수정 후 재심사” 결정을 할 수 있다.

④ 수정원고에 대한 심사는 편집위원회의 규정 제5조 제4항에 따라 편집위원장이 직접 또는 약간의 심사위원에게 위임하여 게재 ‘가’ 또는 ‘부’로 결정한다. 다만 “수정 후 재심사” 결정된 원고에 대하여 투고자가 수정을 거부한 경우에는 ‘부’ 로 결정한다.

⑤ 편집위원장은 게재결정이 내려진 투고원고가 타인의 원고를 표절한 것이거나 이미 다른 학술지에 게재한 사실이 있는 것으로 밝혀진 때에는 게재결정을 취소한다.

제7조(심사결과의 통보 및 이의신청) ① 편집위원장은 편집회의 후 즉시 각 투고자에게 판정결과 및 이유 그리고 사후 절차를 통보한다.

② 게재 ‘부’ 판정을 받은 투고자는 편집위원장에게 이의신청을 할 수 있으며, 편집위원장은 이의신청에 대해서 인용 또는 기각 여부를 결정한다.

③ 편집위원장이 이의신청에 대해 인용결정을 한 때에는 심사위원을 다시 선정하고 심사를 의뢰하여 그 결과에 따라 ‘가’ 또는 ‘부’ 결정을 한다.

제8조(최종원고의 제출, 교정 및 편집) ① 게재 ‘가’의 결정을 통보받은 투고자는 정해진 기간 내에 최종원고를 작성하여 온라인논문투고시스템을 통해 제출

한다.

② 최종원고에 대한 교정 및 편집에 관한 사항은 편집위원장이 결정하며, 필요한 때에는 교정쇄를 투고자에게 송부하여 교정을 하게 할 수 있다.(2018. 11. 30. 개정)

제9조(논문게재예정증명서의 발급) 편집위원장은 본회 학술지의 발행 이전에 최종적으로 게재가 결정된 원고에 대하여 투고자의 신청이 있는 경우에는 '논문게재예정증명서'를 발급한다.

제10조(게재논문의 전자출판) 본회 학술지에 게재된 논문의 전자출판과 관련된사항은 편집위원회에서 결정된 바에 따른다.

제11조(비밀유지의무) 논문 등의 심사에 관여하는 자 또는 관여했던 자는 논문등의 제출자 및 심사위원의 인적사항 및 심사결과 등에 관하여 비밀을 유지하여야 한다.

부 칙

이 규정은 2009년 12월 11일부터 효력을 발생한다.

부 칙

이 규정은 2018년 11월 30일부터 시행한다.

부 칙

이 규정은 2021년 1월 1일부터 시행한다.

연구윤리규정

2010. 6. 27. 제정

제1조 [목적] 이 규정은 연구윤리위반행위의 방지 및 건전한 연구윤리의 확보를 위한 기본적인 원칙과 방향을 제시하고, 한국형사소송법학회(이하 '본회'라 함) 회원의 연구윤리위반행위에 대한 조치와 절차 등을 규정함을 목적으로 한다.

제2조 [연구윤리위반행위] 연구윤리위반행위는 다음 각 호의 하나에 해당하는 것을 말한다.

1. "위조" - 존재하지 않는 데이터 또는 연구결과 등을 허위로 만들어 내는 행위
2. "변조" - 연구의 재료·장비·과정 등을 인위적으로 조작하거나 데이터를 임의로 변형·삭제함으로써 연구의 내용 또는 결과를 왜곡하는 행위
3. "표절" - 타인의 아이디어, 연구의 내용 또는 결과 등을 정당한 승인 또는 인용 없이 도용하는 행위
4. "부당한 논문저자 표시" - 연구내용 또는 결과에 대하여 과학적·기술적 공헌 또는 기여를 한 사람에게 정당한 이유 없이 논문저자 자격을 부여하지 않거나, 과학적·기술적 공헌 또는 기여를 하지 않은 자에게 감사의 표시 또는 예우 등을 이유로 논문저자 자격을 부여하는 행위
5. "중복게재" - 과거에 공간된 논문 등 저작물을 중복하여 출판하는 행위
6. "조사방해·부정은폐" - 본인 또는 타인의 연구윤리위반행위의 의혹에 대한 조사를 고의로 방해하거나 제보자에게 위해를 가하는 행위

제3조 [연구윤리위원회] ① 연구윤리위반행위의 조사·의결을 위하여 연구윤리위원회(이하 '위원회'라 함)를 둔다.

② 연구윤리위원회는 연구윤리위원장을 포함한 10인 이내의 위원으로 구성한다.

③ 연구윤리위원장(이하 '위원장'이라 함)은 본회의 연구윤리담당 상임이사로 한다.

④ 연구윤리위원(이하 '위원'이라 함)은 본회 회원 중에서 이사회가 선임한다.
⑤ 연구윤리위원의 임기는 1년으로 하며, 연임할 수 있다.

제4조 [연구윤리위원회의 조사] ① 위원장은 다음 각 호의 경우 위원회에 연구윤리위반 여부의 조사를 요청하여야 한다.

1. 제보 등에 의하여 연구윤리위반행위에 해당한다는 의심이 있는 때
2. 본회 회원 10인 이상이 서면으로 연구윤리위반행위에 대한 조사를 요청한 때

② 제보의 접수일로부터 만 5년 이전의 연구윤리위반행위에 대해서는 이를 접수하였더라도 처리하지 않음을 원칙으로 한다. 단, 5년 이전의 연구윤리위반행위라 하더라도 피조사자가 그 결과를 직접 재인용하여 5년 이내에 후속연구의 기획·수행, 연구결과의 보고 및 발표에 사용하였을 경우와 공공의 복지 또는 안전에 위험이 발생하거나 발생할 우려가 있는 경우에는 이를 처리하여야 한다.
③ 연구윤리위반행위의 사실 여부를 입증할 책임은 위원회에 있다. 단, 피조사자가 위원회에서 요구하는 자료를 고의로 훼손하였거나 제출을 거부하는 경우에 요구자료에 포함되어 있다고 인정되는 내용의 진실성을 입증할 책임은 피조사자에게 있다.
④ 위원회는 제보자와 피조사자에게 의견진술, 이의제기 및 변론의 권리와 기회를 동등하게 보장하여야 하며 관련 절차를 사전에 알려주어야 한다.

제5조 [연구윤리위원회의 의결] ① 위원회의 연구윤리위반 결정은 재적위원 과반수의 출석과 출석위원 3분의 2 이상의 찬성으로 의결한다.
② 조사·의결의 공정을 기하기 어려운 사유가 있는 위원은 당해 조사·의결에 관여할 수 없다. 이 경우 당해 위원은 재적위원의 수에 산입하지 아니한다.

제6조 [제보자의 보호] ① 제보자는 연구윤리위반행위를 인지한 사실 또는 관련 증거를 위원회에 알린 자를 말한다.
② 제보자는 구술·서면·전화·전자우편 등 가능한 모든 방법으로 제보할 수 있으며 실명으로 제보함을 원칙으로 한다. 단, 익명의 제보라 하더라도

서면 또는 전자우편으로 논문명, 구체적인 연구윤리위반행위의 내용과 증거를 포함하여 제보한 경우 위원회는 이를 실명 제보에 준하여 처리하여야 한다.

③ 위원회는 제보자가 연구윤리위반행위 신고를 이유로 부당한 압력 또는 위해 등을 받지 않도록 보호해야 할 의무를 지니며 이에 필요한 시책을 마련하여야 한다.

④ 제보자의 신원에 관한 사항은 정보공개의 대상이 되지 않으며, 제보자가 신고를 이유로 제3항의 불이익을 받거나 자신의 의지에 반하여 신원이 노출될 경우 위원회 및 위원은 이에 대한 책임을 진다.

⑤ 제보자는 연구윤리위반행위의 신고 이후 진행되는 조사 절차 및 일정 등을 알려줄 것을 위원회에 요구할 수 있으며, 위원회는 이에 성실히 응하여야 한다.

⑥ 제보 내용이 허위인 줄 알았거나 알 수 있었음에도 불구하고 이를 신고한 제보자는 보호 대상에 포함되지 않는다.

제7조 [피조사자의 보호] ① 피조사자는 제보 또는 위원회의 인지에 의하여 연구윤리위반행위의 조사 대상이 된 자 또는 조사 수행 과정에서 연구윤리위반행위에 가담한 것으로 추정되어 조사의 대상이 된 자를 말하며, 조사과정에서의 참고인이나 증인은 이에 포함되지 아니한다.

② 위원회는 검증 과정에서 피조사자의 명예나 권리가 부당하게 침해되지 않도록 주의하여야 한다.

③ 연구윤리위반행위에 대한 의혹은 판정 결과가 확정되기 전까지 외부에 공개되어서는 아니 된다.

④ 피조사자는 연구윤리위반행위의 조사·처리절차 및 처리일정 등을 알려줄 것을 위원회에 요구할 수 있으며, 위원회는 이에 성실히 응하여야 한다.

제8조 [예비조사] ① 예비조사는 연구윤리위반행위의 의혹에 대하여 조사할 필요가 있는지 여부를 결정하기 위한 절차를 말하며, 신고 접수일로부터 30일 이내에 착수하여야 한다.

② 예비조사 결과 피조사자가 연구윤리위반행위 사실을 모두 인정한 경우에는 본조사 절차를 거치지 않고 바로 판정을 내릴 수 있다.

③ 예비조사에서 본조사를 실시하지 않는 것으로 결정할 경우 이에 대한 구체적인 사유를 결정일로부터 10일 이내에 제보자에게 문서 또는 전자우편으로 통보한다. 단, 익명제보의 경우는 그러하지 않다.

④ 제보자는 예비조사 결과에 대해 불복하는 경우 통보를 받은 날로부터 30일 이내에 위원회에 이의를 제기할 수 있다.

제9조 [본조사] ① 본조사는 연구윤리위반행위의 사실 여부를 입증하기 위한 절차를 말하며, 예비조사에서 본조사의 필요성이 인정된 경우 즉시 착수하여야 한다.

② 위원회는 제보자와 피조사자에게 의견진술의 기회를 주어야 하며, 본조사결과를 확정하기 이전에 이의제기 및 변론의 기회를 주어야 한다. 당사자가 이에 응하지 않을 경우에는 이의가 없는 것으로 간주한다.

③ 제보자와 피조사자의 이의제기 또는 변론 내용과 그에 대한 처리결과는 조사결과 보고서에 포함되어야 한다.

제10조 [판정] ① 판정은 본조사결과를 확정하고 이를 제보자와 피조사자에게문서 또는 전자우편으로 통보하는 절차를 말하며, 본조사에 의하여 연구윤리위반이 인정된 경우 즉시 판정하여야 한다.

② 예비조사 착수 이후 판정에 이르기까지의 모든 조사 일정은 6개월 이내에 종료되어야 한다.

③ 제보자 또는 피조사자가 판정에 불복할 경우에는 통보를 받은 날로부터 30일 이내에 본회 회장에게 이의신청을 할 수 있으며, 본회 회장은 이의신청 내용이 합리적이고 타당하다고 판단할 경우 이사회의 결정으로 임시조사위원회를 구성하여 재조사를 실시하여야 한다.

제11조 [위원회의 권한과 의무] ① 위원회는 조사과정에서 제보자·피조사자·증인 및 참고인에 대하여 진술을 위한 출석을 요구할 수 있고 피조사자에게 자료의 제출을 요구할 수 있으며, 이 경우 피조사자는 반드시 이에 응하여야 한다.

② 위원회 및 위원은 제보자의 신원 등 위원회의 직무와 관련하여 알게 된 사항에 대하여 비밀을 유지하여야 한다.

제12조 [조사의 기록과 정보의 공개] ① 위원회는 조사 과정의 모든 기록을 음성, 영상, 또는 문서의 형태로 5년 이상 보관하여야 한다.

② 조사결과 보고서는 판정이 끝난 이후 공개할 수 있다. 단, 증인·참고인·자문에 참여한 자의 명단 등은 당사자에게 불이익을 줄 가능성이 있을 경우 공개하지 않을 수 있다.

제13조 [연구윤리위반행위에 대한 조치] 위원회가 연구윤리위반행위로 결정한때에는 다음 각 호의 조치를 취하여야 한다.

1. 투고원고를 '형사소송이론과 실무' 논문목록에서 삭제
2. 투고자에 대하여 3년 이상 '형사소송이론과 실무'에 논문투고 금지
3. 위반사항을 한국형사소송법학회 홈페이지에 1년간 공고
4. 한국연구재단에 위반내용에 대한 세부적인 사항 통보

제14조 [연구윤리에 대한 교육] 위원회는 본회 회원의 연구윤리의식을 고취시키기 위하여 연구수행과정에서 준수해야 할 연구윤리 규범, 부정행위의 범위, 부정행위에 대한 대응방법 및 검증절차 등에 관한 교육을 실시하여야 한다.

제15조 [규정의 개정] 이 규정의 개정은 이사회의 의결에 의한다.

부　칙 (2010.06.27)

제1조 [시행일] 이 규정은 이사회의 결의가 있는 날로부터 시행한다.

부　칙

이 규정은 2021년 1월 1일부터 시행한다.

한국형사소송법학회 학술상 수여에 관한 규정

2021. 1. 1. 제정

1. 명칭

이 학술상의 명칭은 '한국형사소송법학회 학술상'(이하 '학술상'이라고 칭한다)이라고 한다.

2. 목적

이 학술상은 형사소송법 분야에 대한 연구의욕을 고취시켜 한국 형사소송법 분야의 학문과 실무의 발전 및 법문화 창달에 기여함을 목적으로 한다.

3. 운영

이 학술상은 학술상기금을 별도로 조성하여 관리하고, 그 기금 중에서 매년 1회 최우수상과 우수상 수상자를 각각 선정하여 상패 및 소정의 상금을 수여한다.

4. 수상대상

(1) 당해 학술상 심사일로부터 1년 전부터 직전까지 발간된 「형사소송 이론과 실무」에 게재된 논문 중에서 선정한다.

(2) 한국 형사소송법학이나 그 실무의 발전에 실질적으로 기여한 논문을 대상으로 한다.

(3) 수상자는 최우수상과 우수상 각 1인을 원칙으로 하되, 공동저술 논문이 선정된 경우에는 복수의 저술자가 공동수상자로 된다. 공동수상자에게는 각각 상패를 수여하되, 상금의 경우 매년 책정된 일정액을 공동수상자의 수만큼 나누어 수여한다.

5. 학술상심사위원회

(1) 학술상심사위원회는 회장, 편집위원장, 학술고문 중 2인, 부회장 중 1인, 총무이사 중 1인, 기획이사 중 1인, 연구이사 중 1인, 재무이사 중 1인, 집행이사 중 1인으로 구성한다. 단 심사대상 논문의 저자는 당해 학술상 심사에 참여할 수 없다.

(2) 학술상심사위원회 위원장은 한국형사소송법학회장으로 한다.

(3) 편집위원회가 수상대상 논문을 심사하여 수상대상 후보자를 학술상심사위원회에 추천한다. 편집위원장이 심사대상 논문의 저자인 경우에는 그 논문을 수상 대상에서 제외한다. 심사대상 논문의 저자인 편집위원은 당해 학술상 심사에 참여할 수 없다.

(5) 학술상심사위원회는 추천된 후보자 중에서 학술상 수상자를 선정한다.

6. 기금관리

(1) 기금의 관리는 학회 재무이사가 관장한다.

(2) 심사 및 선정을 위하여 기금을 사용할 수 있다.

부 칙

이 규정은 2021년 1월 1일부터 시행한다.

편집후기

한 해를 시작한 것이 어저께 같은데 벌써 하지를 지나 장마가 시작되었다고 합니다. 예전 어르신들께서 하셨던 '시간이 빨리 지나간다'는 말을 나이와 함께 체감하게 됩니다. 어느덧 2024년 한 해 동안 우리 학회지에 등재된 논문들을 정리하여 단행본으로 출판하게 되었습니다. 이 지면을 빌어 형사소송 이론과 실무가 출판되기까지 고마운 분들께 감사의 말씀을 드리려 합니다. 그동안 형사소송 이론과 실무는 형사소송법에 특화된 전문학술지로 견고하게 자리매김을 해왔다고 자부하고 있고 이에는 우리 학회원 여러분들의 관심과 애정이 큰 역할을 하였습니다. 무엇보다 학회에 투고하여 주신 회원님들과 세심하게 심사하여 주신 심사위원님들 덕분에 오늘날의 결과를 이루어 내었다고 생각하기에 다시 한 번 머리 숙여 감사의 말씀을 드립니다.

더불어 지금도 제17권 제2호 논문을 심사하고 편집하는 과정에 있습니다. 우리 편집위원회는 학회지가 우수학술지로 선정되기 위하여 한층 더 노력하도록 하겠습니다. 여러 회원님의 꾸준한 관심과 사랑을 우수한 논문투고로 보여주시면 감사하겠습니다.

이번 형사소송 이론과 실무 2024년판이 나오기까지 많은 분들의 도움이 있었습니다. 투고해 주신 회원님들, 심사위원님들, 편집위원님들께 감사의 말씀을 거듭 드리며, 특히 논문게재작업을 마치면 다시 논문을 모집하고 심사·편집해서 탑재하는, 반복되고 고된 작업을 마다 않고 묵묵히 해주시는 편집집행이사 동서대학교 이수진 교수님께 감사의 말씀과 마음 한켠의 미안함을 전합니다. 책의 편집과 출간에 힘써 주신 박영사 안종만 회장님 이하 관계자분들께도 감사의 말씀을 드립니다.

무더위와 장마가 시작되는 여름입니다만 모든 회원님 가정에 건강과 행복이 가득하시길 기원합니다.

2025년 6월

편집위원장 김혁돈

형사소송 이론과 실무 (2024)

초판발행 2025년 6월 30일

지은이 (사)한국형사소송법학회
펴낸이 안종만 · 안상준

편 집 장유나
기획/마케팅 장규식
표지디자인 이수빈
제 작 고철민 · 김원표

펴낸곳 (주) 박영사
서울특별시 금천구 가산디지털2로 53, 210호(가산동, 한라시그마밸리)
등록 1959. 3. 11. 제300-1959-1호(倫)
전 화 02)733-6771
f a x 02)736-4818
e-mail pys@pybook.co.kr
homepage www.pybook.co.kr
ISBN 979-11-303-2435-7 93360

정 가 59,000원